WUXI YEARBOOK

2021

无锡市人民政府　主办

无锡市档案史志馆　编

图书在版编目（CIP）数据

无锡年鉴 .2021/ 无锡市档案史志馆编 .-- 北京：
方志出版社，2021.9
ISBN 978-7-5144-4873-3

Ⅰ．①无… Ⅱ．①无… Ⅲ．①无锡 -2021- 年鉴
Ⅳ．① Z525.33

中国版本图书馆 CIP 数据核字 (2021) 第 240935 号

无锡年鉴（2021）

编　　者：无锡市档案史志馆
责任编辑：陈 菁

出 版 者：方志出版社
地址　北京市朝阳区潘家园东里 9 号（国家方志馆 4 层）
邮编　100021
网址　http://www.zgfzcb.cn
发　　行：方志出版社图书经销中心
电话（010）67110500
经　　销：各地新华书店
印　　刷：无锡沪光精美印刷有限公司

开　　本：889 × 1194　1/16
印　　张：44.5
字　　数：1367 千字
版　　次：2021 年 9 月第 1 版　2021 年 9 月第 1 次印刷
印　　数：0001 ~ 1500 册

ISBN 978-7-5144-4873-3　定价：210.00 元

2020 年度获得的主要荣誉

中国最具幸福感城市

中国最佳促进就业城市

全国首个药品进口双港口口岸

中国地级市全面小康指数排名第四

经济活跃城市第四名

2020 夜间经济二十强城市

城市综合经济竞争力排名全国第十

城市营商硬环境竞争力排名全国第九

中国民营企业 500 强入围企业全省第一

全国双拥模范城“八连冠”

全国首个双拥模范城市群

全国体育事业突出贡献奖

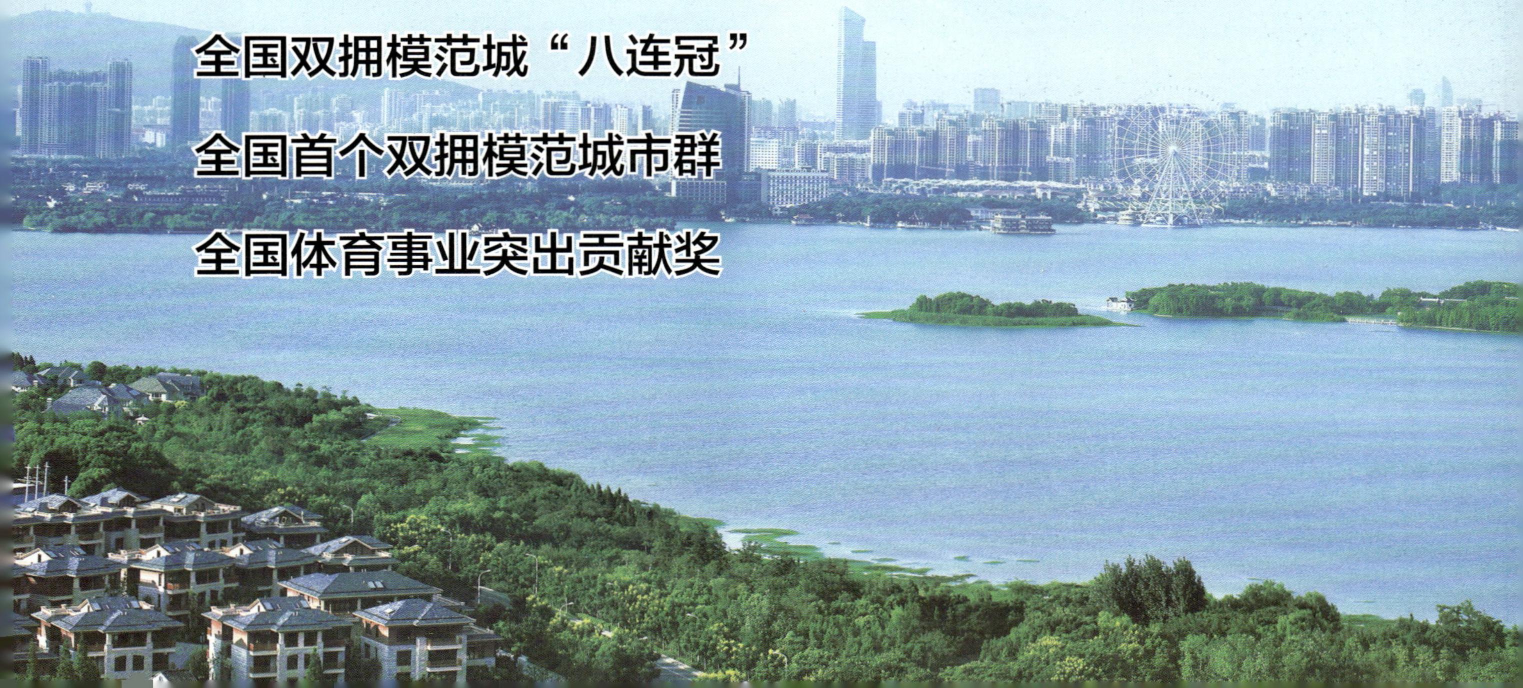

01 稳妥应对风险挑战，综合竞争力迈上更高台阶

无锡新貌

（市委办　供）

■ 2017年，无锡市成为全国地级市中第二个地区生产总值超万亿元城市。2020年以全国0.05%的土地、0.5%的人口，创造了全国1.2%的地区生产总值。

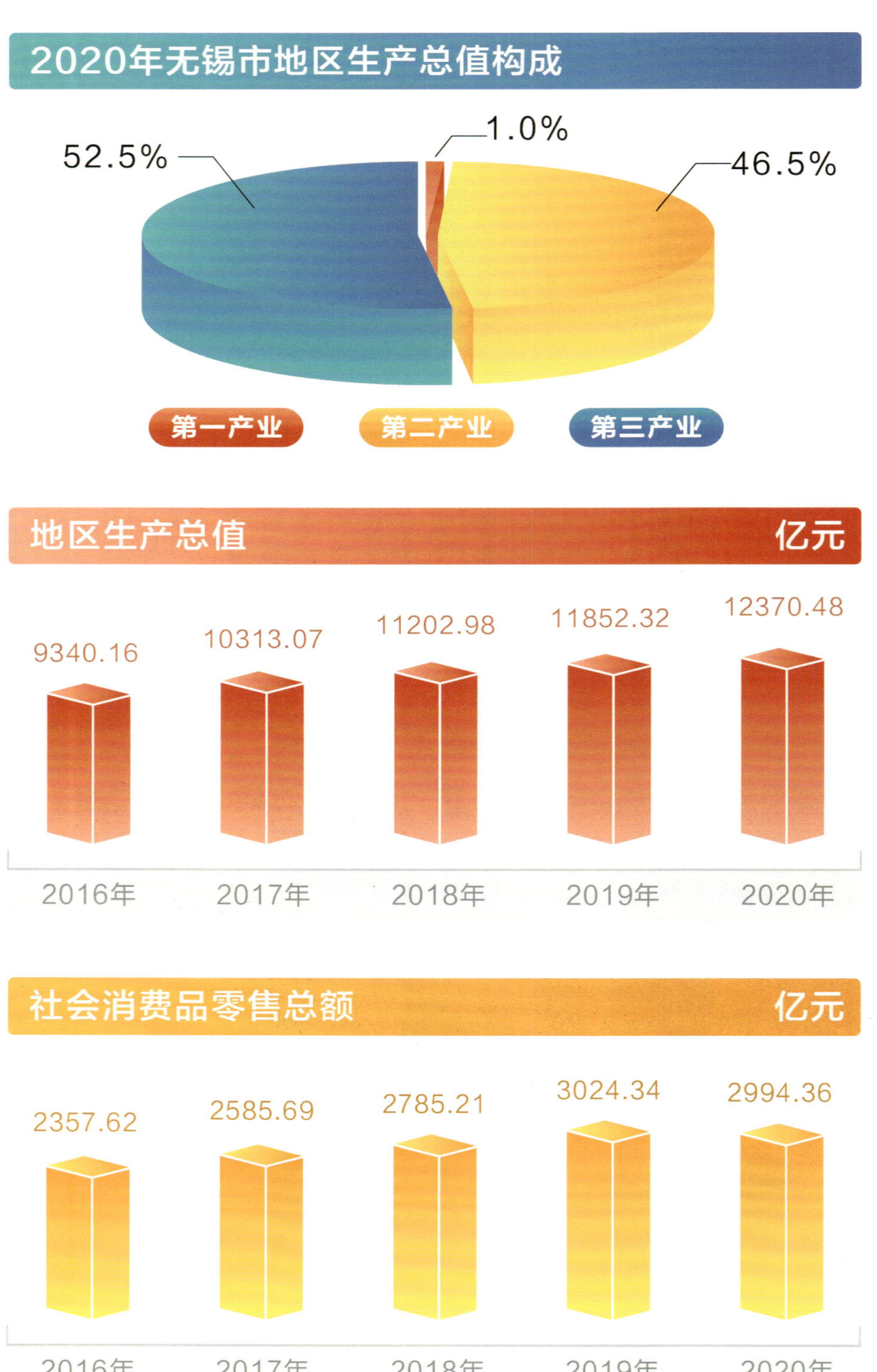

固定资产投资
亿元
4795.25
4967.51
3434.71
3595.94
3815.36
2016年
2017年
2018年
2019年
2020年

一般公共预算收入
亿元
875.00
930.00
1012.28
1036.33
1075.70
2016年
2017年
2018年
2019年
2020年

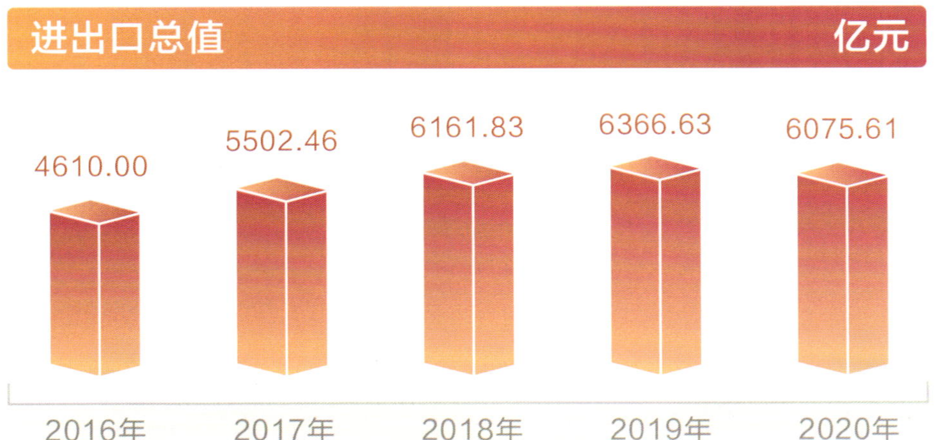
进出口总值
亿元
4610.00
5502.46
6161.83
6366.63
6075.61
2016年
2017年
2018年
2019年
2020年

实际利用外资及港澳台资
亿美元
34.13
36.75
37.15
36.20
36.21
2016年
2017年
2018年
2019年
2020年

城镇居民人均可支配收入
元
48628
52659
56989
61915
64714
2016年
2017年
2018年
2019年
2020年

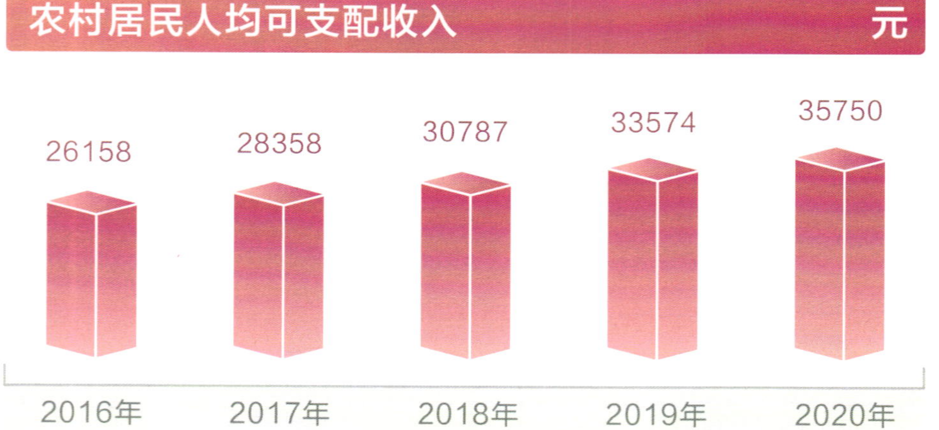
农村居民人均可支配收入
元
26158
28358
30787
33574
35750
2016年
2017年
2018年
2019年
2020年

城市建成区面积
平方千米
332.0
338.4
343.1
347.0
350.0
2016年
2017年
2018年
2019年
2020年

城市道路长度
千米
3715
3846
3891
3930
3986
2016年
2017年
2018年
2019年
2020年

城市道路面积
万平方米
6679
7017
7145
7262
7424
2016年
2017年
2018年
2019年
2020年

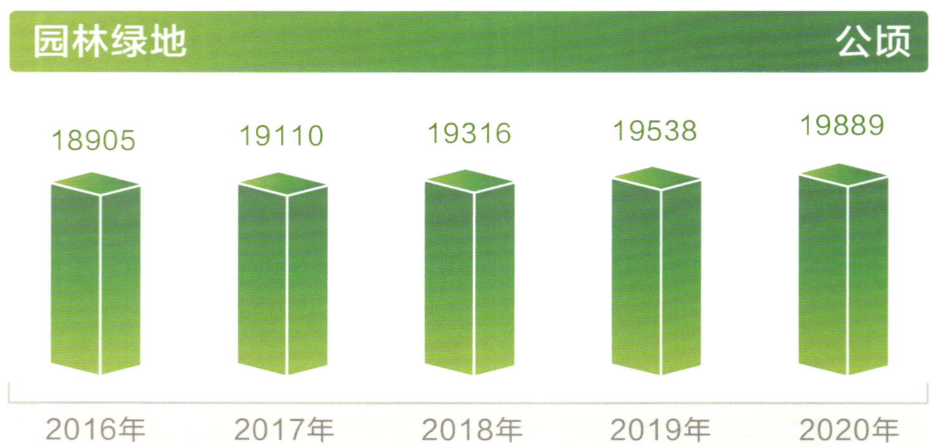

园林绿地
公顷
18905
19110
19316
19538
19889
2016年
2017年
2018年
2019年
2020年

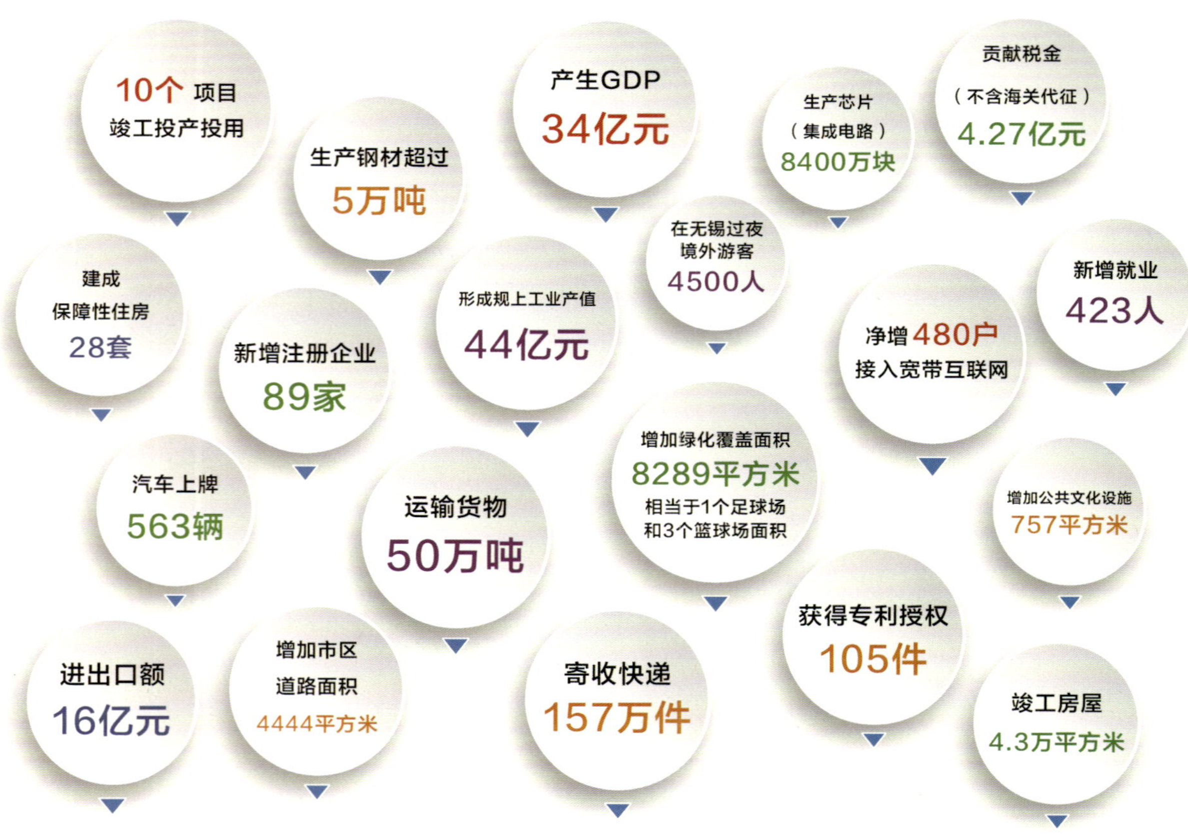

每一天的无锡
10个 项目
竣工投产投用
生产钢材超过
5万吨
产生GDP
34亿元
生产芯片
（集成电路）
8400万块
贡献税金
（不含海关代征）
4.27亿元
在无锡过夜
境外游客
4500人
建成
保障性住房
28套
新增注册企业
89家
形成规上工业产值
44亿元
新增就业
423人
净增480户
接入宽带互联网
增加绿化覆盖面积
8289平方米
相当于1个足球场
和3个篮球场面积
汽车上牌
563辆
运输货物
50万吨
增加公共文化设施
757平方米
获得专利授权
105件
进出口额
16亿元
增加市区
道路面积
4444平方米
寄收快递
157万件
竣工房屋
4.3万平方米

无锡经济在全国、全省所占比重

常住人口 全省占比8.2% 全国占比0.5%
土地面积 全省占比4.3% 全国占比0.05%

地区生产总值
全省占比11.9%
全国占比1.2%

规上工业营业收入
全省占比15.2%
全国占比1.7%

服务业增加值
全省占比11.9%
全国占比1.1%

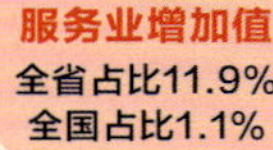

高新技术产业产值
物联产业产值
全省占比15.9%
全国占比50%

规上工业利润总额
全省占比17.7%
全国占比1.8%

太阳能电池产量
全省占比14.2%
全国占比5.3%

锂离子电池产量
全省占比16.3%
全国占比2.3%

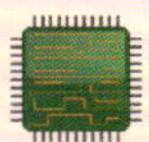
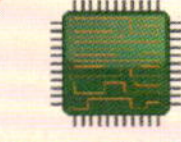

集成电路产量
全省占比50.2%
全国占比12.8%

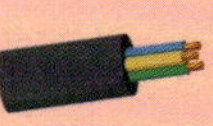

光缆产量
全省占比17.1%
全国占比5.2%

钢材产量
全省占比14.4%
全国占比1.7%

化学纤维产量
全省占比28.9%
全国占比7.5%

家用洗衣机产量
全省占比63.5%
全国占比19.1%

服装产量
全省占比25.8%
全国占比3.1%

法人单位数
全省占比12.0%
全国占比1.1%

进出口总额
全省占比14.7% 全国占比2.0%

全社会用电量
全省占比12.0% 全国占比1.0%

工业用电量
全省占比12.6% 全国占比1.2%

国内旅游收入
全省占比14.5% 全国占比3.5%

实际利用外资
全省占比13.9% 全国占比2.6%

对外直接投资
全省占比17.4%

金融机构
人民币存款余额
全省占比11.2% 全国占比0.9%

金融机构
人民币贷款余额
全省占比10.0% 全国占比0.9%

快递业务量
全省占比14.2% 全国占比1.3%

走在全国前列

人均GDP内地大中城市排名第一 （2020）

经济密度内地万亿城市排名第五 （2019）

制造业企业营收内地城市排名第七 （2018）

集成电路产业规模全国城市排名第二 （2019）

人均用电量内地大中城市排名第三 （2019）

新增A股上市公司数量全国城市第六
科创板上市公司数量全国城市第六 （2020）

中国营商环境指数评价全国城市第九 （2019）

全国137个城市公共服务质量监测排名第一 （2018）

建成全国首个双拥模范城市群 （2020）

建成全国唯一的健康城市示范市城市群 （2019）

勇创江苏第一

◆全员劳动生产率江苏第一

◆近两年“中国500强”四个榜单中企业数据江苏第一

◆2018年规上工业增加值增速江苏第一

◆2019年工业技改投资占工业投资比重江苏第一

◆科技进步贡献率稳居江苏第一

◆获得2020年江苏企业技术创新奖企业数量江苏第一

◆制造业贷款余额占银行贷款余额比重江苏第一

◆获评国土资源节约集约用地模范市频次江苏第一

◆开发区、市（县）区实际到位外资指标排名中，新吴区(高新区)连续四年江苏第一

◆2020年城镇新增就业目标完成率江苏第一

◆国家生态文明建设示范市县数量江苏第一

◆地表水国省考断面水质优Ⅲ比例提升幅度江苏第一

◆危废处置能力增加幅度江苏第一

◆基层文化“三馆一站”覆盖率江苏第一

◆人均公共文化体育场地面积江苏第一

◆公共数据开放能力江苏第一

国家级荣誉

丰碑　国务院和部委的授牌

国务院文件

◆培育发展战略性新兴产业成效明显市

◆工业稳增长和转型升级成效明显市

- 中国旅游休闲示范城市
- 国家全域旅游示范区(宜兴)
- 文化出口基地(全国首批、全省唯一)
- "一带一路"合作样板园区(柬埔寨西港特区)
- 全国社会信用体系建设示范城市
- 全国消费扶贫典型案例（无锡海东扶贫协作项目)
- 国家综合型信息消费示范城市
- 国家公共文化服务体系示范区
- 中国快递示范城市

全国性奖项

奖杯　各条战线获得的高层次奖项

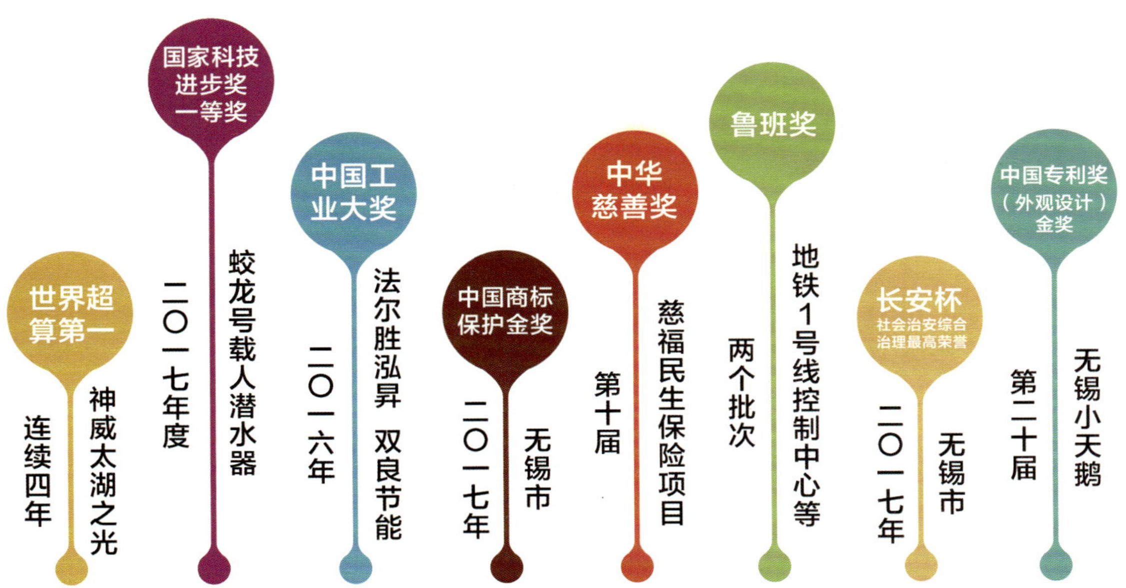

政策功能性机构

口碑 政策性功能性机构

- 国家跨境电商综合试验区
- 国家级制造业创新中心(华进半导体)
- 国家知识产权运营服务体系建设重点城市
- 药品进口口岸(无锡苏南硕放机场和江阴港)
- 国家级旅游度假区(宜兴阳羡生态旅游度假区)
- AAAAA级景区(惠山古镇)
- 国家级车联网先导区
- 无锡国际邮件互换局

专业机构评价

宝贝 社会专业机构的评价

全球智慧城市20强

最佳引才城市
最佳促进就业城市

内地最宜居城市

中国最具竞争力
会展城市

亚洲最佳孵化器奖
（物联网国际创新园）

2020年长三角27市主要经济指标情况表

城市名称	地区生产总值（亿元）	第三产业增加值（亿元）	社会消费品零售总额（亿元）	一般公共预算收入（亿元）	出口总值（亿元）	实际使用外资（亿美元）	城镇常住居民人均可支配收入（元）	农村常住居民人均可支配收入（元）
上海市	38700.58	28307.54	15932.50	7046.30	13725.36	202.33	76437	34911
南京市	14817.95	9306.80	7203.03	1637.70	3398.92	45.15	67553	29621
无锡市	12370.48	6491.19	2994.36	1075.70	3547.05	36.21	64714	35750
常州市	7805.32	4024.87	2421.36	616.60	1796.93	27.17	60529	32364
苏州市	20170.45	10588.47	7701.98	2303.00	12941.49	55.40	70966	37563
南通市	10036.31	4811.76	3370.40	639.30	1792.61	27.12	52484	26141
盐城市	5953.38	2912.79	2216.12	400.10	554.47	10.12	40403	23670
扬州市	6048.33	2954.88	1379.29	337.27	580.03	14.70	47202	24813
镇江市	4220.09	2081.96	1141.93	311.74	512.21	7.88	54572	28402
泰州市	5312.77	2464.57	1333.26	375.20	665.37	14.94	49103	24615
杭州市	16106.00	10959.00	5973.00	2093.00	3693.20	72.02	68666	38700
宁波市	12408.70	6376.40	4238.26	1510.80	6407.00	24.68	68008	39132
温州市	6870.90	3876.60	3497.79	602.00	1878.10	3.27	63481	32428
嘉兴市	5509.52	2524.25	2141.11	598.80	2273.20	26.47	64124	39801
湖州市	3201.40	1473.30	1424.43	336.60	1025.80	12.06	61743	37244
绍兴市	6000.66	3069.64	2322.50	543.52	2386.40	7.21	66694	38696
金华市	4703.95	2732.79	2611.93	423.25	4613.30	3.25	61545	30365
舟山市	1512.10	769.00	532.80	159.20	588.10	4.02	63702	39096
台州市	5262.72	2669.73	2396.07	401.24	1760.90	3.63	62598	32188
合肥市	10045.70	6133.90	4513.76	762.90	1580.76	35.95	48283	24282
芜湖市	3753.02	1804.18	1584.35	331.37	247.30	30.37	44588	24473
马鞍山市	2186.90	1042.34	795.79	169.54	229.80	28.15	51804	25421
铜陵市	1003.70	491.70	350.30	81.80	461.10	4.30	41180	17102
安庆市	2467.70	1160.90	1128.39	141.60	27.20	3.40	35947	15567
滁州市	3032.07	1282.57	1182.59	226.02	65.40	15.97	36051	15732
池州市	868.89	397.79	406.33	66.91	16.30	4.60	35671	17323
宣城市	1607.50	687.30	626.60	168.40	124.50	12.90	42134	18928

■　2020年，无锡市14家企业入选“中国企业500强”，26家企业入围“制造业企业500强”，18家企业入围“服务业企业500强”，企业入围数均居全省第一。

海澜集团飞马水城　　（沈思远　摄）

"双创"计划人才张雷创办的远景能源集团公司　　（远景公司　供）

新扬子造船有限公司外景　　（扬子江船业集团　供）

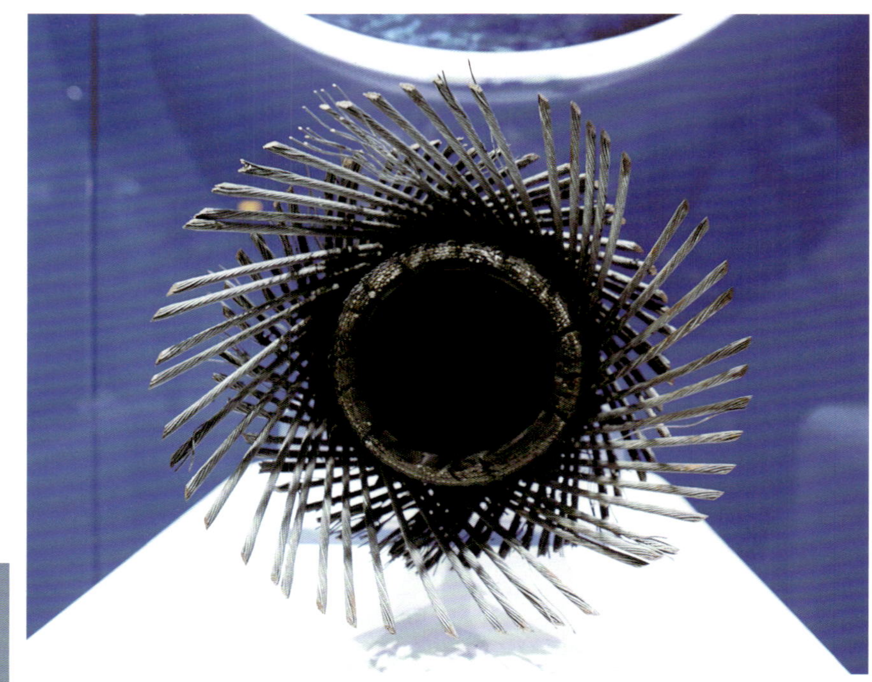

法尔胜泓昇公司生产的钢缆

（无锡日报社　供）

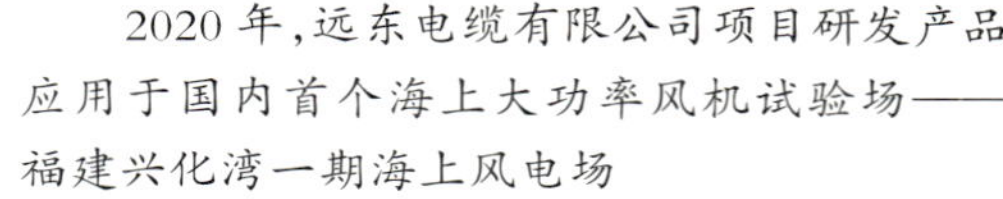

2020 年，远东电缆有限公司项目研发产品应用于国内首个海上大功率风机试验场——福建兴化湾一期海上风电场

（远东公司　供）

江苏阳光集团厂区　　　　（阳光集团　供）

红豆集团有限公司红豆工业城　　　　（红豆公司　供）

■ “十三五”期间，新签约10亿元以上重大产业项目195个，平均投资规模40亿元，其中超100亿元项目20个。

2019年4月18日，SK海力士半导体(中国)有限公司无锡工厂扩建工程竣工

（市发展改革委 供）

2017年10月，总投资约30亿美元的中环领先集成电路用大直径硅片项目启动　（中环领先半导体材料有限公司 供）

■ "十三五"期间，累计新增总部企业 38 家，其中超 100 亿元项目 20 个。

无锡市第一个外商独资的投资性总部经济项目——布勒(中国)投资有限公司　　（市委宣传部　供）

2020 年，江苏华地国际控股集团有限公司在梁溪区注册成立八佰伴商业管理公司作为八佰伴商业管理全国总部。图为锡东无锡八佰伴中心　　（锡山区政府办　供）

■ “十三五”期间，无锡市新增境内外上市公司68家，总数达162家。2020年末，境内上市90家企业的总市值达到12527.91亿元，是全省首个市值过万亿元、且超过地区生产总值的城市。

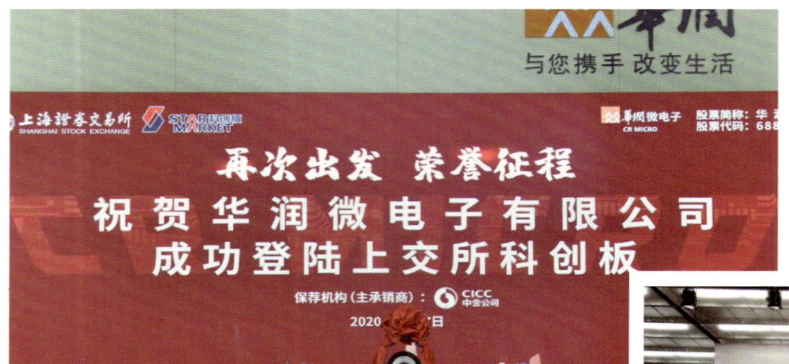

2020年2月27日，华润微电子有限公司在上海证券交易所科创板上市，成为中国A股第一家“红筹股”企业　　（无锡日报社　供）

6月18日，卓胜微电子股份有限公司在深圳证券交易所创业板敲钟上市　　（俞　翔　供）

2018年5月8日，药明康德新药开发有限公司在上海证券交易所上市。图为该公司位于马山的研发公司（市科技局　供）

■ 2020年，市属国企资产规模5900亿元，营收规模1380亿元，居全省首位。

无锡一棉纺织集团的智能车间 （一棉集团 供）

市级国有企业集团国联集团 （国联集团 供）

02 全面深化改革开放，经济发展积蓄更强动能

太湖新城

（陈　平　摄）

■ 完成新一轮行政区划调整，形成“7+1”板块。

2015年10月，国务院同意撤销无锡市崇安区、南长区、北塘区，设立无锡市梁溪区。图为2016年2月20日梁溪区成立大会

（梁溪区档案史志馆供）

梁溪区 （蒋 涛 摄）

2015年10月，国务院同意设立无锡市新吴区，锡山区的鸿山街道和滨湖区的江溪、旺庄、硕放、梅村、新安街道划归新吴区。图为2016年2月20日新吴区成立大会

（新吴区档案史志馆　供）

新吴区　（新吴区档案史志馆　供）

无锡经济技术开发区　　（市档案史志馆　供）

江阴市

2018 年，完成太湖新城管理体制调整。2019 年 1 月 4 日，无锡经开区管委会成立　　（无锡经开区管委会　供）

（黄　丰　摄）

宜兴市

滨湖区

（吴　艳　供）

（市档案史志馆　供）

惠山区　　　　（顾云石　摄）

锡山区　　（周　叶　摄）

■ 完成新一轮政府机构改革和行政体制改革。

2019 年 1 月，推行党政机关机构改革。图为市级党政机构组建成立大会　　（无锡日报社　供）

2017 年 12 月 19 日，市委、市政府召开全市全面深化国有企业改革工作会议　　（无锡日报社　供）

新华日报

责任编辑：沈国仪　版式：周远东

星期一　2019年8月　26

无锡启动
医用耗材联盟带量采购

4种高值耗材最高降幅61.2%

本报讯　23日，在无锡市纪委监委的监督推动下，该市医保局组织全市40家二级及以上公立医院组成的采购联盟，和23家医用耗材厂商“砍价”，对超声刀头等4种高值医用耗材进行集中带量采购价格谈判。谈判结果显示，拟中选品种的最高降幅达61.2%。这标志着无锡医用耗材治理首战告捷。

该市纪委监委派驻第四纪检监察组组长陈士新介绍，督促职能部门推进医用耗材的改革治理，是今年监督工作的一个重点。该市纪委监委强化“监督的再监督”，督促相关职能部门履行主体责任，确保联盟采购谈判“阳光透明”，促使价格回归合理水平，让百姓切切实实得到实惠。

此次列入市级平台集中招标采购的“五大类”医用耗材包括普外科、骨科、口腔科、心胸外科等600多个品种。采购联盟经过多轮遴选，最终选定4种临床普遍使用的医用耗材进行联盟采购。比如超声刀头，主要用于腔镜手术中止血，为减少院内感染，须一次性使用，据测算，全市二级及以上公立医院一年使用量达7000把左右。此次采购价格将于今年12月起执行。

以“实量”换“实价”，是此次联盟采购的最大亮点。原则上以40家公立医院上年度总采购量的80%作为采购总量，最终实现了价格较大幅度降低，4个品种82个品规降幅为48%-61.2%。

“如果不是带量采购、联盟谈判，光靠一两家医院与厂商很难达到这种谈判效果。”谈判专家组组长之一、无锡市儿童医院院长过栋说，此次联盟带量采购，实现了一举多赢局面——耗材价格下降、看病负担减轻、医保资金合理支付、医院运行成本降低。

医用耗材联盟带量采购，只是医药价格体制改革的“一小步”。无锡市医保局主要负责人介绍，该局已启动省试点医药阳光采购平台建设，预计年内平台将建成启用，今后所有公立医疗机构的药品和耗材采购都将在平台上公开交易。

（杨明清　顾敏　马薇）

2019年，无锡市深入推进医药购销体制改革。是年8月26日，《新华日报》报道无锡医用耗材带量采购相关做法

（市档案史志馆　供）

2018年11月28日，江阴市璜土镇璜土村老百姓观看“三务”公开户户通专版　（张　岚　摄）

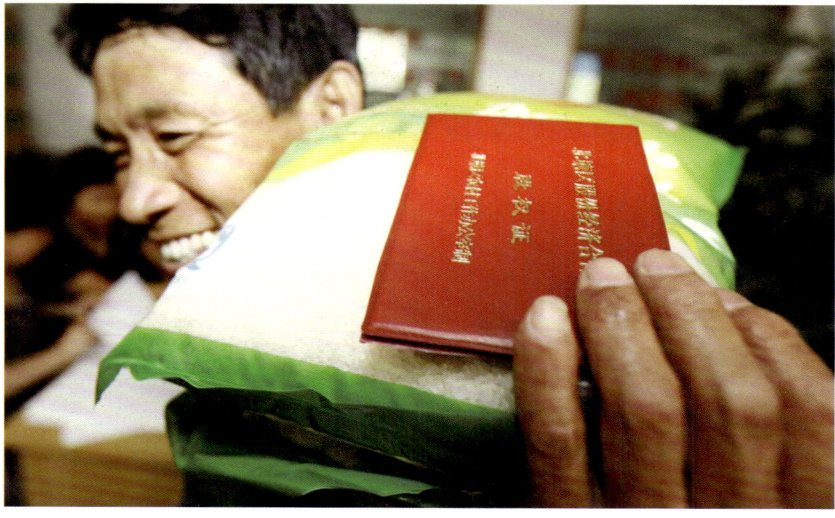

完成农村集体产权制度改革，村级股份合作社实现全覆盖

（无锡日报社　供）

■ 进一步扩大对外开放，深入参与“一带一路”建设。

—— 开发区贡献不断提升。图为无锡的国家级开发区。

无锡国家高新技术产业开发区 （市委宣传部 供）

锡山经济开发区　　（市委宣传部　供）

宜兴环保科技工业园
（宜兴环科园　供）

宜兴经济技术开发区　　（宜兴经济开发区　供）

江阴高新技术产业开发区　　（江阴高新开发区　供）

惠山经济开发区　　　　（敖　翔　摄）

太湖国家旅游度假区　　（市委宣传部　供）

■ 进一步扩大对外开放，深入参与“一带一路”建设。

——对外开放不断扩大，世界五百强企业落户不断增加。

对外交流日益密切。图为参加2018年第九届无锡市国际友城交流会的中外嘉宾　　（市委宣传部　供）

至2020年末，无锡市与世界224个国家和地区有经贸往来，世界500强企业有104家在无锡投资设厂。图为投资无锡的部分世界500强企业标志拼图　　（市商务局　供）

2018 年 8 月，无锡成功获批国家跨境电商综合试验区。图为无锡市第三届跨境电商创新创业大赛　（市委宣传部　供）

立体式口岸开放格局正在形成。2020 年 9 月，国务院同意增设无锡航空口岸、江阴港口岸为药品进口口岸，成为全国首个药品进口双港口口岸。图为江阴港港口　（严汉文　摄）

■ 进一步扩大对外开放，深入参与“一带一路”建设。

—— 深入实施“一带一路”倡议，加快“走出去”步伐。

2018 年 5 月，无锡市首条、江苏省第二条洲际货运航线开通，无锡至欧洲洲际货运航线完美首航　　（苏南机场　供）

“一带一路”标志性项目——柬埔寨西哈努克港经济特区　　（市商务局　供）

2020 年 6 月,“一带一路”海外发展服务平台(无锡)正式启动　　（市侨联　供）

中柬同心——红豆集团向柬埔寨捐赠口罩　　（锡山区政府办　供）

03 坚定推进产业强市，转型升级实现更大突破

国家集成电路（无锡）设计中心

（滨湖区档案史志馆　供）

■ 2020 年，无锡市数字经济核心产业规模达 5500 亿元。

—— 2020 年，无锡市物联网产业营收 3100 亿元，居全省第一。建成全国首个车联网先导区。

2016 年起，无锡市每年举办世界物联网博览会。图为 2020 年世界物联网博览会　　（市委宣传部　供）

2020 年 3 月 18 日，无锡市在全国地级市中率先出台 5G 产业发展规划。图为 2020 年 5 月，“5G+ 工业互联网”融合应用对接云直播　　（无锡日报社　供）

中国南山无锡车联网小镇　　（无锡日报社　供）

2020 年 5 月 29 日，航天科工人工智能与物联网安全基地合作签约　　（新吴区档案史志馆　供）

■ 2020 年，无锡市数字经济核心产业规模达 5500 亿元。

—— 2020 年，无锡市大数据和云计算产业销售收入 280 亿元。

2020 年 2 月 22 日，无锡高新区举行星洲智能信息技术创新园开工奠基仪式　　（新吴区档案史志馆　供）

无锡（国家）软件园　　（新吴区档案史志馆　供）

■ 2020年，无锡市集成电路产业产值1350亿元，居全国前列。

2019年5月22日，ASML半导体供应链服务中心揭牌　　（新吴区档案史志馆　供）

2019年6月6日，华虹无锡集成电路研发和制造基地项目首批光刻机搬入仪式举行

（市发展改革委　供）

■ 2020 年，无锡市生物医药产业营收突破 1000 亿元。

2019 年 4 月 12 日，太湖(马山)生命与健康论坛开幕

（许哲源　供）

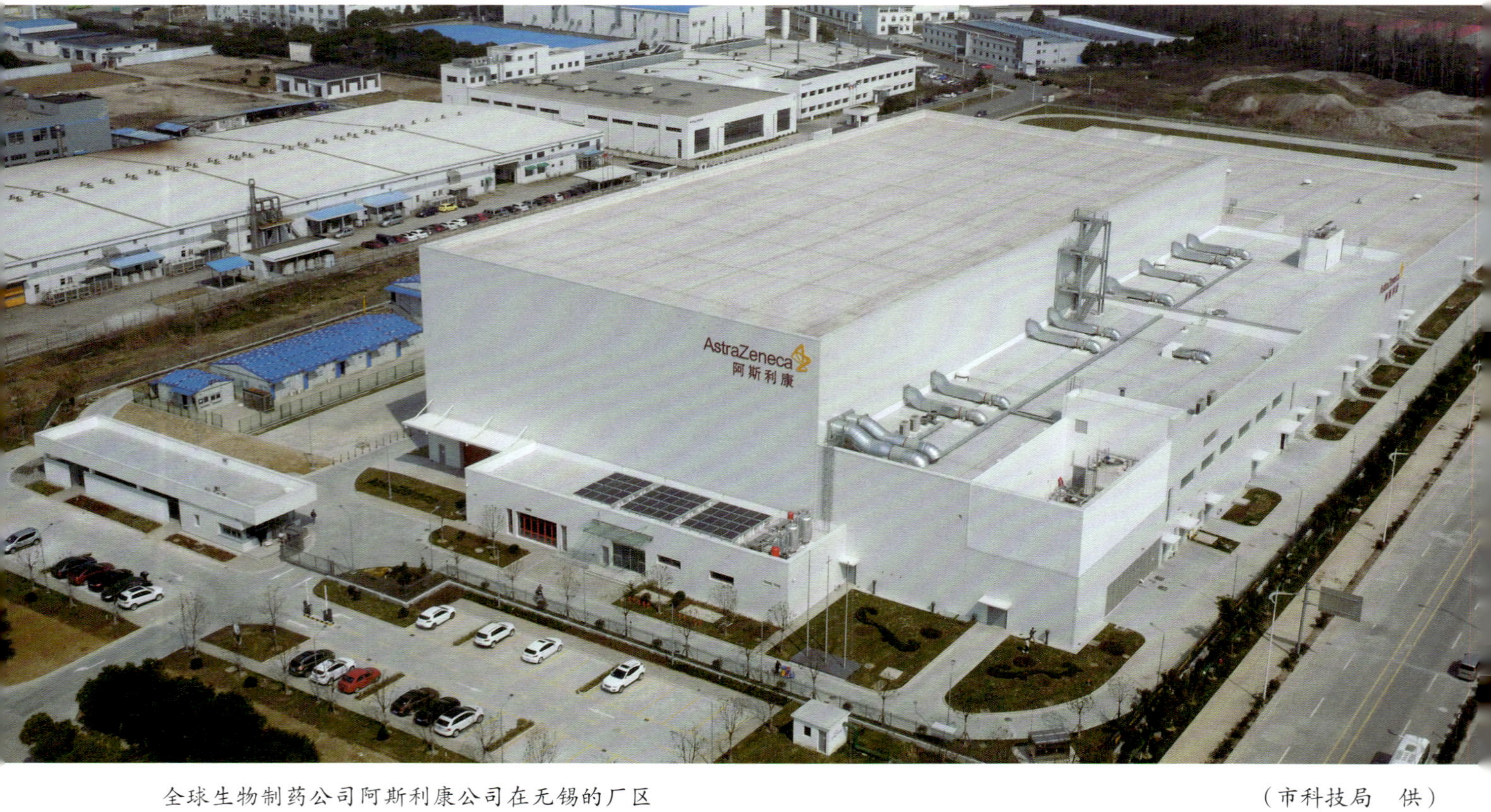

全球生物制药公司阿斯利康公司在无锡的厂区

（市科技局　供）

■ 实施“太湖人才计划”，连续两年获评“中国最佳引才城市”。

2020 太湖人才峰会开幕式　　　　（无锡日报社　供）

2020 年 6 月，市政府决定给予丁汉院士顶尖人才创业团队 1 亿元资金支持。图为丁汉院士在人才峰会上发表演讲　　　　（市委组织部　供）

国家级超声专家莫善珏创立的祥生科技医疗股份有限公司，2019 年 12 月 3 日登陆科创板，成为科创板超声第一股

（市科技局　供）

■ 建成一批重大创新平台，一批重大原创科研成果落地。

“蛟龙号”在5300米深的锰结核矿区抓取海绵（中船集团七〇二所 供）

2017年11月30日，央视新闻直播间报道“深海勇士”号载人潜水器结束验收，总体性能优秀（中船集团七〇二所 供）

2020年7月，“奋斗者”号开展海试试验（市科技局 供）

2016 年，"神威·太湖之光"超级计算机获世界 top500 第一名。图为"神威·太湖之光"机柜组　　（滨湖区政府办　供）

2020 年 9 月 26 日，一汽解放动力奥威 16L 发动机建设项目开工，加速推动发动机行业新旧动能转换

（惠凯丽　供）

■ 2020 年，无锡市制定无锡太湖湾科技创新带发展规划，发出共建太湖湾科创带倡议。

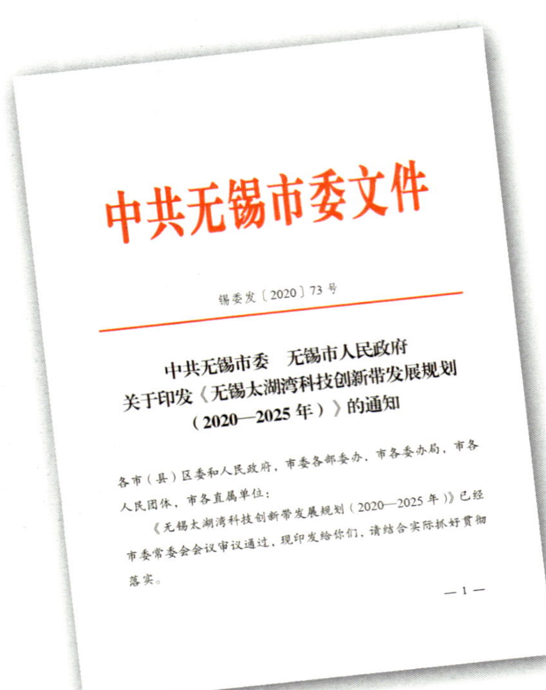

中共无锡市委文件

锡委发〔2020〕73 号

中共无锡市委 无锡市人民政府
关于印发《无锡太湖湾科技创新带发展规划（2020—2025 年）》的通知

各市（县）区委和人民政府，市委各部委办，市各委办局，市各人民团体，市各直属单位：

《无锡太湖湾科技创新带发展规划（2020—2025 年）》已经市委常委会会议审议通过，现印发给你们，请结合实际抓好贯彻落实。

—1—

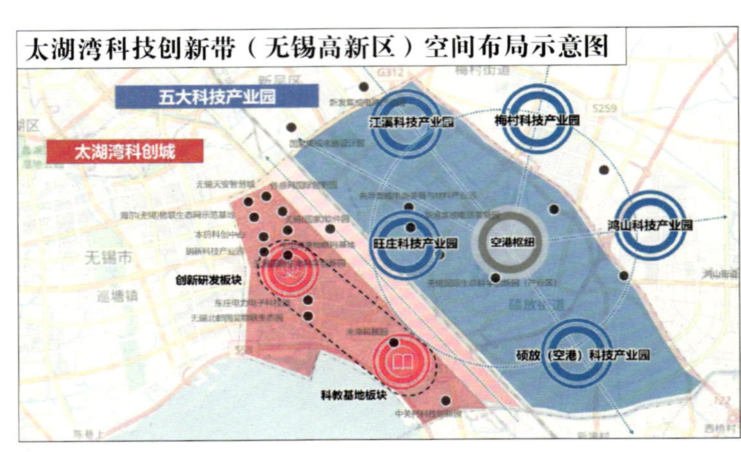

2020 年 9 月 4 日，无锡深入对接长三角一体化发展国家战略的“头号工程”——《无锡太湖湾科技创新带发展规划（2020—2025 年）》正式发布 （市科技局 供）

2020 年 11 月 24 日，《苏锡常共建太湖湾科创带倡议书》发布 （朱吉鹏 摄）

2020 年 6 月，2020 无锡（上海）科技合作洽谈会在上海举行　　　　（市科技局　供）

2021 年 5 月，上海市嘉定区、青浦区，江苏省苏州市、无锡市、常州市，浙江省湖州市、嘉兴市，安徽省宣城市等“两区六市”在无锡签字，共建环太湖科技创新圈　　　　（无锡日报社　供）

04 统筹城乡区域发展，全域一体展现更优面貌

无锡快速内环

（陈　平　摄）

■ 锡澄锡宜一体化进程全面提速，构建一体两翼两区空间结构。

南沿江铁路江阴段与无锡至江阴轨道交通S1线江阴段建设现场　（丁家骏　摄）

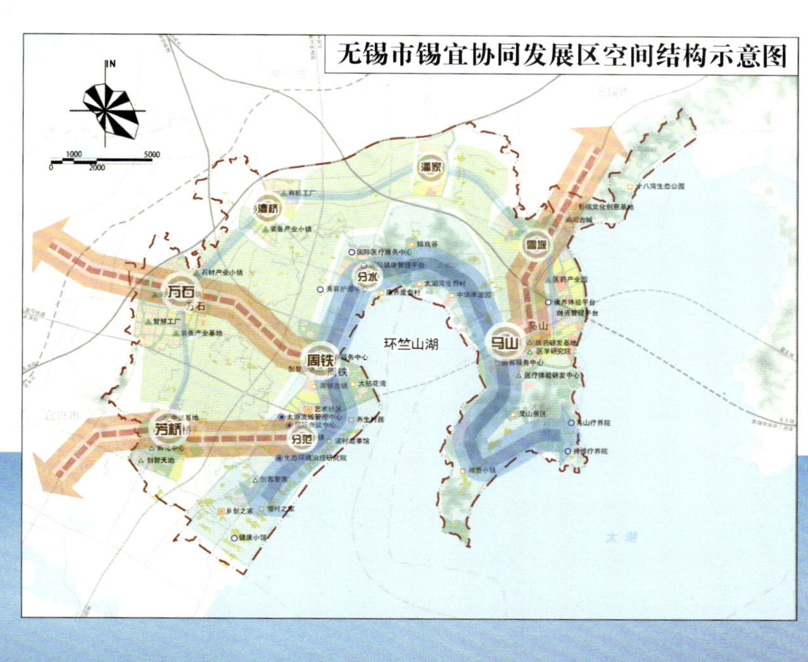

国内在建最长水下隧道——苏锡常南部高速公路太湖湖底隧道建设　　(潘晓鸣　摄)

■ 加快地铁建设，初步形成轨道交通网络。

继2014年无锡地铁1号线开通后，2号线、1号线南延线、3号线先后开通运营，无锡城市轨道交通网络化运营格局基本形成。图为地铁1号线 （潘晓鸣 摄）

2016 年 3 月 30 日，地铁 3 号线一期工程开工，标志着轨道交通建设正式进入第二轮阶段　（潘晓鸣　摄）

朝霞中的地铁 2 号线　（陈锡铭　摄）

■ 加快路网建设改造，形成城市快速交通格局。

锡虞西路新建工程，与312国道相交处的锡虞立交采用“迂回定向+苜蓿叶”的全互通方案，共分3层，设8条匝道

（市住房城乡建设局　供）

鑫湖大道快速化改造
（市住房城乡建设局　供）

夜暮中的凤翔立交

（唐亚伟　摄）

■ 加快对外交通建设，形成航空港口双口岸格局。

苏南硕放机场全景　　　　（徐　荣　摄）

2017 年 6 月 25 日，无锡至柬埔寨西哈努克港航线首航仪式在苏南硕放机场举行

（市委宣传部　供）

江阴港

（沈思远　摄）

■ 市区完成道路、背街小巷、老旧住宅区改造，城市更新进程加快。

“十三五”期间，无锡市完善多层次住房保障体系。图为东璟家园保障性住房小区，小区配套幼儿园、小学以及社区服务中心等服务设施

（市住房城乡建设局　供）

中山路北段改拓建工程完成，改变了老路狭窄、路况较差的旧貌　　（市住房城乡建设局　供）

新吴区在建棚改安置房　　（市住房城乡建设局　供）

■ 实施乡村振兴战略，提升农村人居环境，美丽宜居乡村建设达标率 100%。

2019 年，宜兴市张渚镇善卷村被评为中国美丽休闲乡村
（市委宣传部　供）

无锡市农村住房建设试点——阳山镇桃园村冯巷　（阳山镇政府办　供）

2020 年 9 月，锡山区港下镇山联村被评为中国美丽休闲乡村

（陈　平　摄）

农村人居环境整治典型范例——玉祁街道濮巷　　（惠山区农业农村局　供）

05 切实加强生态和社会建设，民生福祉取得更多改善

全省首批样板河湖——长广溪

（潘晓鸣　摄）

■ 致力构建生态文明，成为首批国家生态文明建设示范市和全国首个生态城市群。

经过多年治理，至 2020 年，太湖连续 13 年安全度夏　（市委宣传部　供）

2017年，锡东电厂复工点火成功，成为全国同类项目中原址复工投运的唯一成功范例。图为整洁干净的锡东电厂　　（市委宣传部　供）

“十三五”期间，无锡市探索“环境医院”创新型模式　　（市委宣传部　供）

■ 就业满意度全省第一，人民幸福指数日益提高。

快乐童年（高　兵　供）

2020 年 11 月 18 日，无锡市入选中国最具幸福感城市(地级市)榜单　　（市委宣传部　供）

2020 年 12 月 2 日，第二届"创响无锡"年度颁奖典礼暨长三角城市群创业交流活动成功举办

（市人力资源社会保障局　供）

耘林生命公寓引进荷兰生命公寓模式，成为居家养老住区品牌项目

（市住房城乡建设局　供）

■ 加强教育、卫生、文化、体育建设，公共服务体系建设全省领先。

2020 年建成启用的江南新城实验中学（顾益明　摄）

2021 年 1 月，教育部批准南京信息工程大学滨江学院转设为无锡学院，图为学院全景图　（无锡日报社　供）

2020 年，无锡博物院晋升为国家一级博物馆　　（陈　平　摄）

2018 年，举办首届江南文脉论坛　　（市委宣传部　供）

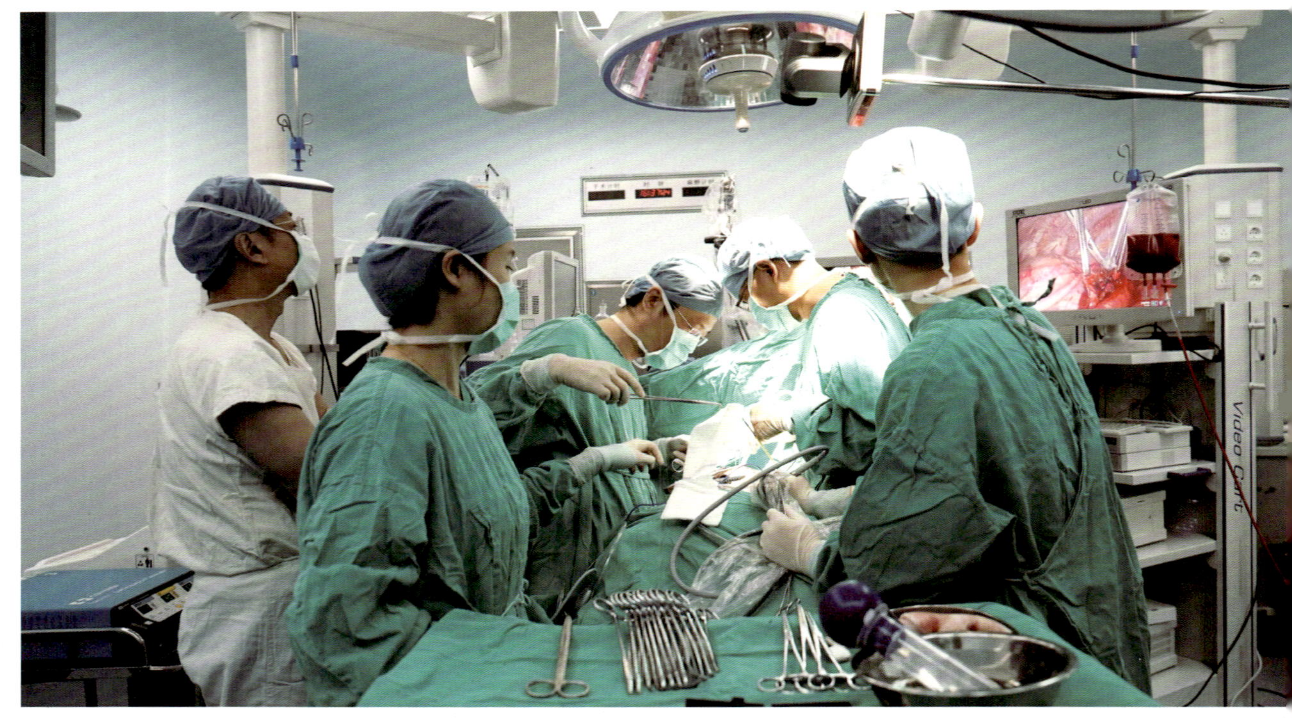

市人民医院肺移植团队成功开展全国首例心脏介入——双肺移植手术 （市委宣传部 供）

“十三五”期间，市属医疗卫生机构布局作重大调整。图为 2020 年 10 月建成投用的江南大学附属医院

（市档案史志馆 供）

2019年，无锡马拉松被授予"世界田径银标赛事""中国田径金牌赛事"称号。图为2019无锡马拉松比赛
（滨湖区政府办　供）

2017年，无锡基本公共服务体系建设效果满意度总指数83.9分，位居全省第一，也是全省唯一超过80分的城市。图为无锡市体育中心夜景
（陈　平　摄）

■ 加快文旅融合，建设国家全域旅游示范区。

国家数字电影产业园　　（滨湖区政府办　供）

2020 年，惠山古镇获评国家 AAAAA 级旅游景区　　（匡维中　摄）

2020 年 9 月 3～7 日，第二届大运河文化旅游博览会举办，主会场设在无锡

（市委宣传部　供）

2019 年，投资超过 400 亿元的融创文旅城开业　　（滨湖区政府办　供）

■ 加强社会治理，建成全国首个文明城市群、双拥模范城市群。

2020 年，无锡市荣膺全国双拥模范城市“八连冠”。图为全市双拥模范表彰会议

（市委办　供）

2017 年 11 月 17 日，在第五届全国精神文明建设表彰大会上，无锡市蝉联全国文明城市，江阴市、宜兴市入选全国文明城市，率先创成首个全国文明城市群。图为 2017 年 3 月 5 日在惠山区万达广场举办的学雷锋快闪活动　（市文明办　供）

编辑说明

一、《无锡年鉴》创刊于1991年，是由无锡市人民政府主办、无锡市档案史志馆编辑出版的年度资料性文献。本卷为第31卷。

二、《无锡年鉴（2021）》以马克思列宁主义、毛泽东思想、邓小平理论、“三个代表”重要思想、科学发展观、习近平新时代中国特色社会主义思想为指导，坚持辩证唯物主义和历史唯物主义的立场、观点和方法，全面、系统地记载2020年度无锡市政治、经济、文化、社会各方面的基本面貌和发展情况，旨在为各级领导决策和管理提供参考依据，为社会各界了解无锡、建设无锡提供最新信息，也为续修地方志书积累资料。

三、《无锡年鉴》按照分类编辑法，设类目、分目、条目3个层次，部分分目下设子分目，条目为记述的基本形式。

四、与《无锡年鉴（2020）》相比，《无锡年鉴（2021）》新设枢纽经济、总部经济类目，进一步突出地方经济特色；新设美丽乡村建设、数字治理类目，进一步突出时代特色；对开发区类目进行调整，改为园区经济，更加突出园区经济特色。全卷设无锡概貌、中共无锡市委员会、无锡市人民代表大会、无锡市人民政府、政协无锡市委员会、无锡市纪委监委、民主党派·工商联、群众团体、法治、军事、经济管理、数字经济、枢纽经济、总部经济、参与“一带一路”建设、对外及港澳台经贸、园区经济、农业、制造业、商贸服务业、金融业、旅游业、房地产·建筑业、城市建设与管理、美丽乡村建设、生态建设、水利、数字治理、科技、教育、文化、大众传播、卫生健康、体育、人民生活、社会事务、社会保障、公共安全、市（县）区发展、人物等40个类目。卷首设特载、专文、大事记，卷末设附录。

五、《无锡年鉴（2021）》记述起讫时间原则上为2020年1月1日至2020年12月31日。卷首专题彩页、特载和附录中的部分内容选用了2020年度以外资料。

六、按2020年行政区划，年鉴中的“无锡市”“全市”，范围包括江阴、宜兴2个市(县)，梁溪、锡山、惠山、滨湖、新吴5个区。年鉴中的“市区”，范围仅指上述5个区。

七、年鉴中的条目，由各部门、各单位和各市(县)、区专人撰写，并经各自单位领导审阅。撰稿人姓名加括号列在每个条目后面，审稿人名单列于卷首。

八、本年鉴的检索方法有目录和索引两种。目录在卷首，编排至条目；英文要目编排至分目。索引在卷末，采用主题分析法编制。

九、读者可以通过手机扫描封底二维码或通过微信搜索“无锡年鉴”，查阅《无锡年鉴（2021）》所有内容。

无锡市地方志编纂委员会

《无锡年鉴（2021）》

各撰稿单位主审人员

（按姓氏笔画为序）

丁鸭锁　丁　寅　丁　琳　丁　源　于伟治　万泽湘　王卫兵
王　元　王云泓　王冰宇　王　兵　王君毅　王荣明　王　晋
王　晓　王　捷　王　萍　王铭涛　王敏军　王粤海　尤志斌
毛加弘　毛晓刚　方枫云　邓小伟　卢　敏　叶　辉　田　赫
史成飞　史国洪　包晓东　冯晓辉　百　炼　吕益华　朱永健
朱秀娟　朱良平　朱　勇　朱　敏　任晓恩　华伟荣　刘一青
刘葱葱　刘韶岭　江　涛　汤忠元　安锡友　安锡友　祁　耀
许朝春　许麟秋　孙协军　严健媛　李　斌　杨百海　杨　建
肖　鹏　吴正国　吴立刚　吴立群　吴红星　吴　鸣　吴　涛
吴象忠　吴智跃　吴满良　邱晓东　余一帆　谷占彬　沈晓冬
沈　雷　沈　源　宋立勤　张小民　张中云　张吉平　张　权
张　伟　张泉荣　张晓波　张　健　张　康　张　赟　张曙峰
张耀斌　陆春晓　陆　洪　陆惠玲　陆　融　陈建东　陈建忠
陈　勇　陈莺歌　陈晓华　杭　成　金卓青　金　磊　周卫平
周　卉　周立军　周伟东　周建辉　周　智　周皖红　周解清
宗　翡　赵　伟　赵建平　胡才鸿　胡小坚　胡建人　胡　逸
钟小白　钟远成　施正洲　胥焱冰　姚　菲　秦顺达　秦　健
袁安庆　陆卫东　耿海华　夏　凯　夏晓东　钱　军　钱　前
钱　烽　钱喜中　徐　叶　徐向阳　徐泽元　徐真柱　徐　鹏
殷兰青　殷　超　高　俭　席永清　唐鸿亮　陶　剑　黄达民
黄浩然　黄　珺　黄维恭　曹　雨　曹　琪　盛卫中　崔时松
符菊成　商　明　彭红宇　董亚婷　蒋永平　蒋　俊　蒋　健
蒋勤芳　蒋蕴洁　韩剑操　谢　军　鲍挚鹏　鲍献东　解令运
蔡文煜　缪国洪　缪建平　缪根宝　潘荣军　潘渔冬　魏燕英

目　　录

特　载

专　文

大事记

无锡概貌

自然地理

历史人文

经济和社会发展

年度荣誉

中共无锡市委员会

综述

重大决策

重要会议

组织工作

宣传工作

统战工作

巡察工作

无锡市人民代表大会

无锡市人民政府

民主党派·工商联

群众团体

共青团无锡市委员会

无锡市妇女联合会

无锡市科学技术协会

无锡市文学艺术界联合会

无锡市哲学社会科学界联合会

法　治

公安

检察

法院

司法行政

税务

审计

统计

市场监督管理

知识产权管理

信用体系建设

数字经济

综述

数字基础设施建设

物联网产业

总部经济

枢纽经济

参与“一带一路”建设

对外及港澳台经贸

园区经济

农业经营

农业装备

制造业

综述

高端装备制造业

新材料产业

生物医药产业

新能源产业

节能环保产业

新能源汽车产业

金融业

旅游业

城市建设与管理

城乡规划

城市重点工程

市政设施管理

公用事业

城市更新

园林绿化

城市公交

地铁

城市管理

美丽乡村建设

镇村规划

镇村建设

农村人居环境整治

强村富民

农村社会治理

生态建设

环境质量

水资源保护

土地资源保护

湿地资源保护

森林资源保护

生物资源保护

太湖治理

节能减排

污染防治

环境监管

水　利

河湖长制

美丽河湖

科 技

教 育

收入与消费

社会事务

社会保障

社会保险

住房保障

社会福利

社会救助

公共安全

应急管理

气象灾害防御

防汛减灾

地质灾害防治

防震减灾

森林防火

市（县）区发展

江阴市

宜兴市

梁溪区

锡山区

附　录

索　引

Contents

Wuxi Municipal Committee of the Chinese People's Political Consultative Conference

Wuxi Municipal Commission for Discipline Inspection of the Communist Party of China & Wuxi Municipal Committee of Supervision

Democratic Parties · Federation of Industry and Commerce

Mass Organizations

Government by Law

Military Affairs

Economic Management

Digital Economy

Headquarters Economy

Hub Economy

Participation in the Construction of "the Belt & Road"

Trade with Foreign Countries and Hong Kong, Macao and Taiwan

Park Economy

Agriculture

Manufacturing Industry

Service Industry

Financial Industry

Tourism Industry

Real Estate Industry · Construction Industry

Urban Construction and Management

Beautiful Countryside Construction

Ecological Construction

Water Conservancy

Digital Governance

Science and Technology

Education

Culture

Mass Communication

Health

Sports

Income and Consumption

Social Affairs

Social Security

Public Security

Development of County-level Cities and Districts

Figures

Appendix

Index

紧抓疫情防控　筑牢健康防线

——2020年无锡市新冠肺炎疫情防控实录

2020年初，面对突如其来的新型冠状病毒肺炎疫情（以下简称新冠肺炎疫情），无锡市委、市政府快速应对，提出“站位务必要高、措施务必要严、责任务必要实、反应务必要快、保障务必要强”和“坚守岗位、靠前指挥，加强组织、凝聚群众，激励担当、褒奖先进”的总体要求，突出严防严控、以防为主、防控结合，各部门通力协作，坚持联防联控、群防群控、群防群治，打赢疫情防控阻击战。同时，认真抓好“六稳”（稳就业、稳金融、稳外贸、稳外资、稳投资、稳预期）工作，落实“六保”（保居民就业、保基本民生、保市场主体、保粮食能源安全、保产业链供应链稳定、保基层运转）任务，全力推动国民经济和社会运行迈上正轨。

在抗击新冠肺炎疫情工作中，无锡市第五人民医院获“全国抗击新冠肺炎疫情先进集体”称号，周海江、陈静瑜获“全国抗击新冠肺炎疫情先进个人”称号；15家单位获“江苏省抗击新冠肺炎疫情先进集体”称号，55人获“江苏省抗击新冠肺炎疫情先进个人”称号；100家单位获“无锡市抗击新冠肺炎疫情先进集体”称号，300人获“无锡市抗击新冠肺炎疫情先进个人”称号。市委专项表彰无锡市优秀共产党员51人、优秀党务工作者20人、先进基层党组织30个。

一、组织领导

2020年1月23日，市政府成立无锡市新型冠状病毒感染的肺炎疫情防控应急指挥部（以下简称市防控应急指挥部），印发《无锡市新型冠状病毒感染的肺炎疫情防控应急工作预案》，由市长杜小刚任总指挥、6名副市长任副总指挥，统一指挥全市新型冠状病毒感染的肺炎疫情防控工作。成员单位有市卫生健康委、市委宣传部、市委网信办、市粮食和物资储备局、市教育局、市工业和信息化局、市公安局、市民政局、市财政局、市交通局、无锡海关、无锡机场、火车站等39个部门，以及各市（县）、区和无锡经开区。

市防控应急指挥部下设办公室、防疫诊治组、社会防控组、企业防控组、宣传舆情组、物资保障组、检查督查组等，统筹协调新型冠状病毒感染的肺炎防治工作的疫情监测、应急响应、人员调度、物资调配、社会稳定、信息汇总、新闻宣传、督促检查等工作。办公室最初设在市卫生健康委，后改设在市政府办公室。

市防控应急指挥部集中办公，实体化运作，按照“岗责规范化、指令扁平化、调度精准化、现场可视化”要求，实现与全市8个板块和23个入锡通道的视频直连，每天9时30分召开视频点名会，17时由市长杜小刚主持召开指挥部全体会议，确保各专项工作组和各板块反映的问题第一时间协调解决，指挥部各项决策部署“一竿子”插到底。

1月26日，市委专门成立应对疫情工作领导小组，在市委常委会领导下开展工作，进一步加强疫情防控组织领导。1月27日，市纪委监委成立以主要领导为组长、班子全体成员参加的疫情防控监督工作领导小组，对各地区、各有关部门及单位开展监督检查，对防控工作落实不力的干部进行问责。市委组织部组建7个考察考核组，深入基层一线，考察领导班子和领导干部开展疫情防控工作的实际表现。市防控应急指挥部和各地区均成立督导检查组，建立“疫情防控黑榜名单”制度，坚持刀刃向内，紧盯关键领域，紧防关键人群，紧抓关键部位，发现问题第一时间督促整改，确保各项防控工作部署不折不扣落到实处。

在市委、市政府的坚强领导下，无锡市在全省率先暂停农产品市场活禽交易，率先取消各类大型公众聚集性活动，率先发布疫情防控通告，率先在车站、机场、高速道口设置体温检测点和隔离场所。1月26日零时起至2月26日零时，无锡实施新冠肺炎疫情一级响应措施，一律停止大型群众性活动，影剧院、歌舞娱乐场所、网吧、浴室、公园、体育健身场馆等非日常生活必需的场所全面停止营业，培训机构一律停止开展线下服务，严禁大规模操办婚丧喜事，公共场所必须戴口罩。率先把体温检测和健康申报对象从武汉市扩大到整个湖北地区，率先对提供湖北地区到无锡人员线索的市民群众给予物质奖励。1月30日，率先对全市4.3万名困难群众发放每人每月120元的临时生活补贴，确保困难群众生活不受疫情影响。1月31日，在市指挥部办公室专门设立数据分析组（全省唯一一家），率先开发建设“疫情防控一点通”和“疫情管理数据平台”，通过每天对疫情地区来锡人员数据的统计、核对、分析，为市委、市政府科学决策提供依据。率先制定贯彻落实国务院《近期防控新型冠状病毒感染的肺炎工作方案》的无锡实施方案以及学校开学返校、企业复工防控和机关事业单位防控工作方案。2月5日，率先研发上线外地返锡工作人员大数据平台“返锡通”，推动各项防控工作“从有到优”“从优到精”，形成一批“无锡规矩”“无锡经验”。

二、疾病控制与治疗

1. 预防控制

检测筛查。1月19日，市疾控中心组建新冠防控应急队伍。制定《无锡市市区新冠肺炎全员核酸检测实施预案》，组建105人核酸检测队伍和1000人市级核酸采样队伍。自1月21日起，无锡在全省率先对新冠肺炎确诊病例、疑似病例、无症状感染者的密切接触者实施集中医学观察，率先对重点疫区到无锡的人员实行集中医学观察，及早发现疑似病例和无症状感染者，最大限度阻断本地传播。1月27日起，针对所有发热病例和全部密切接触者开展检测筛查。1月31日，在全省率先上线远程流行病学调查可视化项目，实现市、市（县）区两级疾控中心、二级以上发热门诊、密切接触者集中医学观察点等120个点位全覆盖。2月2日起，针对医疗机构儿科、呼吸内科、急诊等科室有发热和呼吸道症状的可疑病例、住院肺炎病例开展检测筛查。2月12日，市疾控中心、正则精准医学检验所、华大基因股份有限公司联合共建的无锡市新冠病毒核酸筛查检测专项实验室建成启用。是日起，无锡在全国范围内率先为复工企业开通新冠病毒核酸筛查检测服务。2月15日起，对所有密切接触人员开展胸片检查，与核酸检测同步。3月5日起，对入境人员全部实施集中医学观察和核酸检测。3月25日湖北地区解除人员管控措施以及4月8日离鄂离汉通道解封后，对湖北以及有中风险地区旅居史的到无锡人员全面开展核酸检测，设置38个采样点。

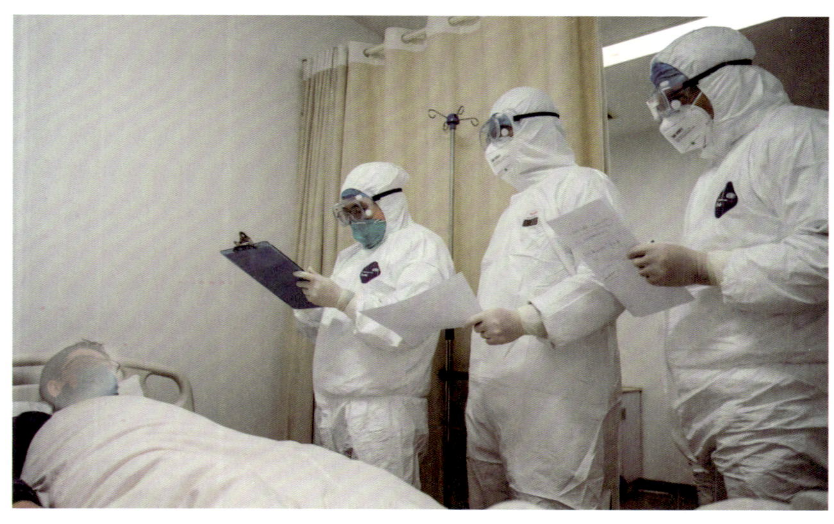

2月17日，市疾控中心工作人员进行新冠肺炎疑似病例流行病学调查

（市卫生健康委 供）

卫生消杀。1月25日，市卫生健康委会同市交通运输局设立4个出租车集中消毒点，对市区营运出租车提供免费消毒服务；重点针对商超、车站、机场、农贸市场、地铁、车站等场所开展消毒，并建立消毒日报制度。无锡消防救援支队协助卫生部门对临时隔离点等场所开展消杀等工作。1月25日至8月6日，全市累计消毒72.13万家单位，消毒面积14.3亿平方米，消毒车辆196.72万辆（次），使用消毒液原液759.92万公斤。集中开展病媒生物消杀活动386755次，新增（增补）毒饵站27987处。市住房城乡建设局发动全市1775个物业小区开展卫生消杀工作，每日消杀面积近6000万平方米。

督查检查。1月24日起，市卫生健康委加强疫情常态化防控督查检查工作，累计检查各级各类医疗卫生机构5887家次，集中隔离医学观察场所434家次、企业单位1090家次、学校992所次、公共场所单位7523家次，排查防控隐患，印发督查通报，督促整改落实。11月23日起，派出监督执法人员进驻无锡市进口冷链食品集中监管仓驻点监督。

野生动物防疫。新冠肺炎疫情发生后，市自然资源规划局加强野生动物管控工作，出动检查人员967人次，检查人工繁育单位155家，检查餐馆等经营户339家，配合检查市场557次，野外巡护1070人次、4947千米，监测到野生动物18076只，查处违法案件4起，解救野生动物17只，发放宣传资料2967册，开展宣传教育8841次。

防疫知识普及。市卫生健康委、市科协等部门编制新冠病毒科普和防控知识手册、读本、宣传折页，摄制防疫及消毒防控视频，通过“无锡疾控”“无锡科协”等微信公众号、“科普无锡”等网站，以及公交、地铁等移动媒体，向全社会普及防疫知识。

2. 医疗救治

定点机构。新冠肺炎疫情发生后，无锡市第五人民医院、江阴市人民医院、宜兴市人民医院被指定为新冠肺炎救治定点医院。2月初，无锡市启动建设市第五人民医院应急发热留观病房，建筑面积2500平方米，设置发热门诊、隔离观察室，有病床55张，病房设置独立卫生间、设备带、氧气、负压吸引、呼吸系统和弱电智能化系统。市住房城乡建设局负责规划建设，经过九昼夜连续作业，2月19日建成投用。市卫生健康委负责建设2个城市核酸检测基地、28个核酸检测医疗机构和135个核酸采样点，全市最大检测量达单检每天6万份。建设54家规范化发热门诊，其中3家被评为省示范发热门诊。

2月17日，住建部门在市第五人民医院组织抢建隔离应急病房

（市住房城乡建设局　供）

集中救治。按照集中患者、集中专家、集中资源、集中救治"四集中"原则，无锡市组建由34人组成的市级医疗救治专家组，按照"一人一策"制定救治方案，对56例确诊病例、36例无症状感染者实施救治，实现"确诊患者零死亡、医务人员零感染"目标。2月29日，市人民医院副院长陈静瑜率肺移植团队成功实施全球首例新冠肺炎转阴患者双肺移植手术。疫情期间，陈静瑜团队累计完成4例肺移植病例双肺移植术。

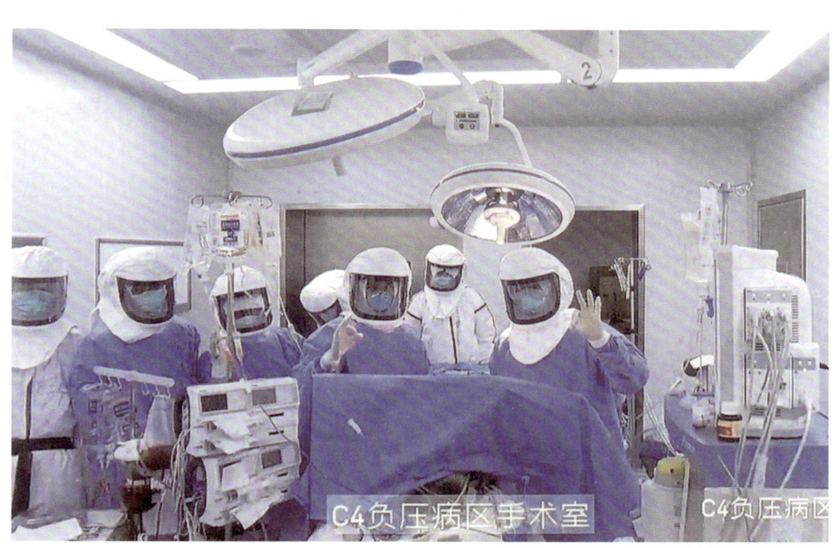

2月29日，著名肺移植专家陈静瑜（右三）在无锡市第五人民医院完成全球首例新冠肺炎转阴患者肺移植手术

（市卫生健康委　供）

中医诊疗。市、市（县）两级建立13人中医会诊专家组，采取中医会诊和医疗救治巡诊相结合的方式，开展新冠肺炎确诊病例的中西医联合诊治工作。全市累计开展中医专家会诊100余次，使用中药汤剂、中成药等中医药手段治疗确诊病例52例，中医药参与救治率95%以上，中西医结合救治组退热时间比纯西医救治组少3.6天。发动全市中医药系统开展疫情防控工作，向一线医护人员、防控工作人员、社区群众、就诊患者发放中药预防方3万余人份、中药防疫香囊1.5万余只、中药雾化包1万余包，并提供中药汤剂、中成药、针刺、艾灸、拔罐、穴位按摩、定向透药等多种诊疗手段。

3. 疫苗接种

12月11日，无锡市印发《关于明确我市承担新冠病毒疫苗紧急使用接种单位的通知》，明确对包括一线防疫人员、发热门诊、急诊医务人员、口岸边检人员、进口冷链食品人员、集中隔离场所工作人员、港口引航员、码头人员、进口货物相关从业人员，以及拟赴疫情较严重国家地区工作或学习培训人员等在内的11类重点人群开展紧急新冠疫苗接种。全市设立112个疫苗接种点，建立从接种单位、120急救中心（站、分站）到医院抢救室的医疗救治绿色通道。至12月31日，接种新冠疫苗8971人，均为首剂次接种。

三、社会防控

1. 对外交通管控

新冠肺炎疫情防控期间，无锡市强化卡口管理，严防疫情输入。在车站、机场、港口、国省道、高速公路路口、镇村道口等处设立2642处留验点，对过往车辆和车内人员实施卫生

公安部门在高速公路出口对过往车辆进行检查　　（市公安局　供）

检疫，建立“车车必查、人人必查”“车车必消毒、人人必见底”“人人必转运到位、人人必交接到位”的道口管控闭环。公安部门在78个入锡通道补装184台智能摄像机，实现对全市249个市际出入口全覆盖。依托移动警务系统，在入锡通道累计核查各地到无锡车辆241万辆、人员824万人次，劝返高、中风险地区人员38510人，排查出发热病情人员94人，排查出来自疫情严重区域人员6.1万人次。

水路通道全面实施过闸船舶信息查验、人员信息核对和测温登记，对重点船舶、重点人员采取针对性措施落地管控，清查京杭运河水域过往船只2400余艘，测温船民3300余人。

市公安局组织成立一支由30人组成的先锋突击队，在无锡火车站负责中高风险疫区人员核查登记。共核查旅客1367423人次，其中劝返1113人次，转运旅客23395人次。无锡火车站针对使用老人机、没有微信、无手机的旅客，设立无健康码通道，体现城市的温度，得到中央媒体报道，并在全国推广。

苏南硕放机场坚守空中门户防输入。在出发环节，严格体温检测与安检同步进行，确保发热人员安全移交“120”；在到达环节，设置机上、行李提取大厅、到达出口3道关口，航司给机上旅客测温、密切接触者机坪分流等做法获得民航江苏监管局认可与推广。机场集团号召14个支部400余名党员组成先锋队支援查验管控站防疫工作，全年核查进港旅客272万余人，包括中高风险地区旅客1.2万余人，查获发热旅客98人，隔离观察9441人。

2. 公共场所管控

医院。1月31日，发布《关于新型冠状病毒感染的肺炎疫情防控一级应急响应期间有关医疗服务的通告》，暂停无锡市内存在较高风险的诊疗活动。2月25日，除口腔科、眼科、耳鼻喉科、美容科类门诊部、诊所继续停诊外，其他类门诊部、诊所恢复诊疗。3月1日起，全市二级及以上医疗机构实行实名就诊，除急诊、发热门诊外，原则上通过电话、网络等形式实行全预约挂号。

学校。新冠肺炎疫情防控一级响应期间，无锡市教育系统构建市—市（县）、区—校—班—家五级群防群控体系，在省内率先开发教育系统疫情防控信息化平台，以大数据精准掌握疫情防控动态信息。组织名师建设“锡慧在线”课程资源，在全省率先实现“全学段、全学科、全名师、全过程、全免费”线上学习。连续12周向全市70万名中小学生提供在线教学，制作在线课程3000多节，访问量超过2亿人次。制定春季学期开学返校工作方案，各类学校在做到“五个全部到位”（在校师生员工以及相关家庭成员健康状况摸清全部到位、校园全面集中消毒全部到位、各项防疫应急物资保障全部到位、各项疫情处置预案制度全部到位、高校集中隔离医学观察场所和中小学临时隔离场所全部到位）后，先后开学。

农贸市场。1月21日，市商务局印发《关于暂时停止市区农产品市场活禽交易的通知》，市场监管、农业农村、商务等部门对活禽交易开展联合检查整治。至1月23日，市区120家农贸市场的259个活禽经营摊位，全部停止交易。市城市管理局每天对路边市场和农贸市场周边活禽交易不间断开展巡查执法，全年共出动执法管理人员36.28万人次，发现并取缔活禽交易摊点144个。6月，北京市新发地农贸市场疫情发生后，市市场监管局配合卫健部门，开展水产品市场、农贸市场从业人员核酸样本采集。组织全市市场监管部门开展以大型农批市场等食品集中交易市场、商超、冷藏冷冻贮存服务提供者、有生食类食品制售项目的餐饮服务单位为重点的食品安全检查，防范农贸市场引发疫情风险。

公共交通。1月27日，无锡公交集团调整市区公交运营线路以及首末班车时间、班次间隔时间，停运偏远线路；地铁集团调整地铁运营班次间隔时间，要求佩戴口罩进站，实施扫码乘车、测温乘车，强化消杀等防控措施。1月31日，除22条主干线路外，其他线路全部停运。2月18日起，市区范围内乘坐公交、地铁和出租汽车，采取扫码方式，全面实行实名登记。2月11日起，无锡公交集团陆续开通70多条防疫保障专线，满足复工企业和医院等重点保障单位职工的交通出行需求，其中20辆应急救援车辆承担外来人员转运任务。2 月 25 日起，逐步恢复市际、县际班线经营。

政务服务。2 月 17 日，市行政审批局出台全省首个《新冠肺炎疫情防控期间政务服务标准指引》，引导企业群众“网上办、不见面，非必须、不现场，非紧急、请延后，确刚需、提前约”。全市 7779 个政务服务事项在江苏政务服务网无锡分厅“应上尽上、全程在线”，无锡综合服务旗舰店开通市场准入、不动产登记、工程建设项目审批等 8 个联办申报专区，App 无锡站提供 120 个热门应用服务，95.8% 的政务服务事项可网上办理、92.8% 的事项实现“不见面审批”服务。新冠肺炎疫情一级响应期间，全市网上办理事项 46.9 万件，占比达 94.66%。依托一体化在线政务服务平台，开通“苏政 50 条”和“小微企业个体工商户”服务专栏、专窗、专席，对 94 个政策文件涉及的 447 个事项统一设置办事入口。至 3 月末，共办理 5568 件，按时办结率 100%。

3. 社区防控

无锡市全面落实以社区防控为主的综合防控措施，充分发挥现代信息技术手段和网格化管理的作用，将新冠肺炎疫情防控重心下沉到社区，严防疫情扩散。围绕“数据见底”“管控到人”“运转有序”目标，打通各方数据链条，及时、精准推送至社区，累计核查比对数据 11.1 万条，实现动态清零。严格落实网格管控。市委政法委依托市网格化社会治理大数据平台和市、市（县）、街道（镇）、村四级综治中心（网格化服务管理中心），通过市网格化社会治理联动处置平台增设“疫情防控综合应用”模块，组织全市网格员 273.53 万人次，排查走访居民 241.79 万余户、608.27 万余人；排查湖北省、武汉市返锡人员 7.46 万人；上门核查上级交办信息 2.84 万条，发现疫情线索 2.85 万条；为居家隔离人员提供送餐等服务 160.09 万次。累计居家观察 22.6 万人。

在农村地区，建立人防、物防、技防的三级监管体系，采用混动排查、交叉排查、多点排查、叠加排查方法，织密农村防控网络。市委组织部发挥党员联户“1+10+N”（1 名先锋党员，指联系 10 名左右党员，联系 N 户群众）制度优势，加强农村疫情防控。市农业农村局开展群防群治“五五”行动，落实租住房、小旅馆、活动室、聚集会、道路口 5 类场所检查，确保网格管理、楼道排查、路口巡查、住户走访、人员登记 5 项覆盖，用好村干部、网格员、志愿者、楼道（院）长、群众骨干 5 支队伍，做好先锋岗、示范户、突击队、责任区、主阵地 5 个示范，建好公开信件、视频短片、移动音响、宣传告示、巡防力量 5 种载体，落实各项防控措施，编牢、扎实农村防控网。建立与部队、高校、科研院所的联防联控机制，全部纳入管理体系，努力做到“墙外定标准、墙内执行，墙内有困难、墙外支持”。

新冠肺炎疫情防控期间，全市投身抗疫一线的网格员计 273.53 万人次，排查走访居民 241.79 万余户、608.27 万余人；排查湖北省、武汉市返锡人员 7.46 万人；上门核查上级交办信息 2.84 万条，发现疫情线索 2.85 万条；发放防疫宣传册页 315.32 万份，为居家隔离人员提供送餐等服务 160.09 万次，调解网格矛盾纠纷 1.3 万余起。

2 月 21 日，江海新村社区工作人员协助小区居民申领“锡康码”

（朱吉鹏 摄）

4. 监狱监所防控

2 月 19 日，无锡监狱、宜兴监狱、丁山监狱的新冠肺炎疫情防控工作纳入无锡市疫情防控体系。强化日常管理，为每批次进入封闭执勤模式的民警做好核酸检测，杜绝输入性风险。设立入监隔离监区，组织新犯开展核酸和抗体检测，临释罪犯在出监监区按时序分区隔离，安排专人进行每日消杀、体温检测、24 小时监督巡查，确保 14 天有效隔离。全年未出现一例输入性疫情和感染病例。

公安部门实施监所封闭管理勤务，按照监所防控标准高于社会面工作标准，严把收押、提审、会见检疫防控关，成功防止 1 例确诊疫源和 3 名新冠病毒血清弱阳性对象输入监所，实现全市监所疫情“零感染”。市公安局监管支队获评全国公安监管部门抗击新冠肺炎疫情成绩突出集体，拘留所民警高波获评江苏省抗击新冠肺炎疫情先进个人。

5. 涉外防控

2 月 26 日，针对日本、韩国新冠肺炎疫情扩散蔓延的势头，无锡市成立疫情防控期间外商投资企业（外籍人士）服务工作小组，提前部署做好境外疫情输入防控工作。3 月，无锡

无锡市对入境人员进行转运　　（市交通集团　供）

市疫情防控指挥部涉外防控协调小组成立。3月8日，落实省疫情防控工作领导小组关于入境人员转运工作的部署要求，24小时内建成转运工作体系，落实工作人员100余人、转运车辆20余辆、防疫物资1000余件。市外办先后派驻北京、南京、昆山、硕放机场防疫一线70余人次，转运入境人员14775人，其中昆山入境人员7961人。牵头制定《无锡市空港口岸“快捷通道”实施方案》，完成无锡海力士“中韩快捷通道”包机、苏州三星“中韩快捷通道”包机等12架次共1331名外籍人士入境接转工作，全年通过“快捷通道”方式入境1378人。启动疫情防控常态化条件下国际客运航班复航工作，开通至菲律宾马尼拉和韩国首尔等航线4条，入境航班28班次，入境旅客3477人。无锡口岸签证部门协同边检机关接收入境外国人数据2万余条，梳理清洗数据110余批次，转递各类数据1.2万余条，锁定涉及确诊旅客密切接触同乘人员航班228班次，摸排统计高危入境人员207人。全年累计查验进港旅客270余万人次，转运至医学观察点9441人，移送发热旅客98人，保障国际及地区旅客1万余人。

所有入境人员一律实施集中医学观察，确实不具备条件的实行居家医学观察，对隔离观察人员至少开展两次核酸检测。指定无锡新瑞医院、江阴市人民医院敌山湾院区、宜兴市人民医院本部发热门诊为发热外籍人员就诊的定点门诊，设置留置观察室84间；指定3家定点收治医院，配备医师50人、护士116人，设置床位145张。各指定医院、定点医院均配备讯飞翻译设备。

10月，针对国内通报的散发疫情主要由国外冷链食品输入的情况，市市场监管局把冷链食品管理作为市场监管疫情防控的重点。执行食品进货查验和索证索票制度，对不能提供合法来源的冷链食品一律查扣。配合卫健部门，对食品生产经营环节和第三方冷库的冷链食品每周开展病毒核酸检测。11月15日，牵头设立无锡市进口冷链食品集中监管仓，并在全省率先开发使用“无锡市进口冷链食品申报追溯系统”，对进入无锡并在无锡储存、销售、加工的进口冷链食品，在集中监管仓进行外包装消杀和采样核酸监测。同时，对冷库储存和市场销售的进口冷链食品开展不间断拉网式检查。至年末，市、市（县）区两级市场监管部门出动跨部门联合执法人员408人次，对301家市场主体进行执法检查，总计封存1838件、47397.38千克进口冷链食品，立案查处涉进口冷链食品违法违规案件32起。无锡市市场监督管理局获评全国市场监管系统抗击新冠肺炎疫情先进集体。

6. 垃圾收运处置

1月25日起，市城市管理局为全市各隔离点、管控站等场所紧急

8月26日，市市场监管人员对进口冷链食品进行检查

（市市场监管局　供）

提供移动公厕78座。每日组织近万名环卫工人对全市1.1万个垃圾桶、36座垃圾中转站、913座环卫公共厕所等场所开展不少于1次消毒消杀；每日配备50辆专运车辆、100名专运人员，对全市3142个废弃口罩收集桶，98家医院（含社区卫生服务中心）、51个隔离观察点产生垃圾和废弃口罩实行专运收集处置。2020年，全市共出动环卫工人350.62万人次，清运生活垃圾174.9万吨，消毒垃圾桶752.4万次，消毒垃圾中转站2.46万次，消毒环卫公共厕所62.45万次，直运处置废弃口罩、隔离点及医院生活垃圾3690吨。

四、数据抗疫

1月29日，市疫情防控指挥部成立数据分析组，研发各类大数据产品工具。市大数据管理局牵头市公安局、市卫生健康委等部门，集聚全市大数据科技力量，在市公安局设立数据核查组，以“数据速度”与疫情赛跑。新冠肺炎疫情初期，48小时内研发上线“疫情防控一点通”（信息发布），36小时内研发上线“疫情管理通”（核查直报），28小时内研发上线“返锡通”（复工复产）；24小时内研发上线“锡康码”，1个月内迭代50多个版本。进入疫情常态化防控阶段后，上线入境人员转运系统、大规模人员核酸检测系统、进口冷链食品申报追溯系统，构建全方位、全过程、多层级、立体式疫情防控核心管理与服务体系。

市大数据管理局研发上线的“疫情防控一点通”

（市大数据管理局 供）

市公安局组建市局、市（县）分局和派出所三级“数据战队”，第一时间分析公安、政府、社会等获取的15类共计2180余万条源头数据，梳理核查湖北返锡人员18225人。通过分析通信、出行、车辆等数据，累计核查见底中高风险地区到无锡人员和全国确诊、疑似病例同行同住人员17.8余万人。

“疫情防控一点通”。1月31日正式发布，至无锡确诊病例清零为止，累计访问量211万次，访问人数82万人，自主申报1530条，提交线索873条。

“返锡通”。2月6日发布上线，2月18日下线，累计实现卡口核查8000余人，社区核查22万余人。之后上线“复工易”模块，展示复工复产政策、复工企业名录等，为企业复工复产和员工返锡返岗提供线上解决方案。保障企业正常复工经营，保证外地健康务工人员便捷返锡。

“疫情管理通”。2月1日发布上线，6月30日下线，累计核查完成30余万人，社区新增核查17.5万余人、社区补录核查4.7万余人，实现重点人群的基础信息采集与匹配。

疫情防控态势系统。2月2日发布上线。采用图表、视频、地图等可视化方式，对指挥部下属各组采集到的返锡人员区域分布、返锡人员风险分布、复工企业排查、市场物资供应、市内交通情况、防控物资生产情况等各类数据进行分类统计和集中展示。

“速行通”。2月18日上线。在全市4000多辆客运出租车、1600多辆公交车、地铁1号线和2号线47个站点等城市交通关键节点张贴二维码，实行乘客扫码实名制乘车登记。累计用户76万人，登记行程405万次。

“锡康码”。2月20发布上线。融合卫健、公安以及社区等多方数据，为全市公共场所、社区、园区、企业或其他人群聚集场所制定通行码应用规则。至年末，注册人数1121.5万余人，累计核验超过1.58亿人次。

入境人员转运系统。8月3日发布上线，支持中、日、英、韩4种语言，为上海入境到无锡人员及苏南机场国际航班入境、接驳、管理等人员在申报、接驳、检测、隔离等环节提供全流程信息化服务。至年末，服务上海入境到无锡人员3100余人，累计解除隔离2400余人。

进口冷链食品申报追溯系统。11月15日发布上线。将集中监管仓、超市酒店、分销商信息在内的全市进口冷链食品进货、流向、分布等信息全部纳入，为监管部门提供进口冻品“来源可溯，去向可追，问题可查，责任可究”的全过程信息链条。12月15日，首次追溯出一批核酸检测呈阳性的进口冷链产品。

大规模人员核酸检测系统。12月1日上线。创新大规模全程检测追溯机制，为市民、现场身份核验人员、现场样本采集人员、转运人员、实验室人员、疾控中心人员在通知、采集、转运、检测等环节提供全流程信息化服务。

五、物资及民生保障

1. 经费保障

1月21日，市财政局启动资金拨付快速通道、政府采购绿色通道、财政服务直通通道。全市各级财政在春节前先行预拨资金9950万元，在春节期间进一步紧急安排资金2.2亿元，节后继续加大资金调度，保障应急单位用款需求。第一时间开设政府采购“绿色通道”，在网上商城设立“疫情防控物资采购专区”，为疫情防控紧急采购提供便利。研究出台“惠企20条”“惠民20条”等重大政策，细化各项扶持政策措施，跟踪政策落实和分析监测工作。出台救治保障政策，对确诊患者和疑似患者使用的药品和医疗服务项目，实行个人零负担政策，对异地就医的新冠肺炎患者实行先救治后结算。向参与疫情防控的医院预拨抗疫应急医保资金12.09亿元，保障医院运行。出台《无锡市新型冠状病毒感染肺炎疫情防控资金管理办法》，保障资金使用安全合规有效。2020年，全市各级财政安排疫情防控资金26亿元，重点用于设备和防控物资购置、重大疫情防控救治体系建设、应急物资保障体系建设等方面，保障推进疫情防控防治和经济社会稳定发展各项工作。此外，下达镇（街道）基本财力保障资金1.72亿元，保障基层防控资金需求。

2. 应急防控物资保障

市粮食和物资储备局在新冠肺炎疫情期间全力保障全市防控物资所需。在全国防控物资严重供不应求的情况下，依托“1+2+N”物资储备体系（1指实物储备，2指合同储备和能力储备，N指联动合作），迅速构建物资采购网络，帮助协调解决原材料、用工、物流运输等实际困难，73家防控物资生产企业全面复工复产。落实“菜篮子”市长负责制，打通粮油加工、储运、配送、供应等关键节点。全市各级地方储备原粮35.83万吨，可保障市民三个半月口粮消费；承担市区主要保供任务的朝阳市场蔬菜日均到货数量1000吨左右，天鹏集团猪肉日均交易量60吨左右、水产日均交易量50吨左右，确保疫情防控期间市场稳定有序。至年末，市粮食和物资储备局累计采购防控物资总价值6500余万元（含各类口罩1690余万只、测温仪1.4万个、医用防护服16.8万件等），发放单位120余家，且采购的物资价格普遍低于同期市场售价。9月，该局被表彰为全国粮食和物资储备系统抗击新冠肺炎疫情工作先进集体。

市农业农村局加强重要农产品稳产保供，新冠肺炎疫情防控期间，发放农产品和农业生产物资车辆通行证466张，其中跨省市172张、市内294张。上线“锡菜通”农产品供需对接系统，为80家种植大户、11家商超平台牵线交易蔬菜、草莓、蛋奶23.47万公斤，受到省厅推广应用，并被“学习强国”转发。

市商务局每天通过市民大药房、天润医药有限公司等药品流通企业及无锡邮政公司投放口罩，一级响应期间，累计向市场投放1000万只口罩。通过发布2批75家团餐供应企业名单，满足商贸企业配餐需求，并协调口罩37万只、测温枪100余个，满足商贸企业防疫需求。

市发展改革委强化能源要素保障，开展电煤库存监测，确保全市电煤库存可用天数不低于15天，保障疫情防控重点物资生产企业持续稳定供电。

3. 医疗物资保障

1月3日，无锡市启动疾控中心应急物资储备，并在全省启动突发公共卫生事件一级响应前完成全市直属医疗机构重点用药储备工作。累计采购发放口罩1145939只、一次医用防护服4575套、D级防护服5235套、护目镜4734副、防护面屏2700只、一次乳胶手套166930副、测温仪932只。市卫生健康委向市纪委报备启动容错纠错机制，开通绿色采购途径，紧急采购应急医疗设备、防控物资、车辆等54840件，金额5711.76万元；为定点医院及疾控中心等重点单位累计调配医疗防控物资123.8万件，调拨急需医疗设备156台（套）；为无锡市援武汉医疗队提供医疗防控物资9.95万件、医疗设备35台（套）。协调督导城市核酸检测基地单位联合采购医疗设备162台（套），金额1938.8万元。常态化疫情防控期间，各级医疗卫生机构按照30天满负荷运转要求储备相应的医疗物资。

4. 防疫物资生产

新冠肺炎疫情防控期间，市发展改革委做好防疫物资生产保障工作。每周跟踪上报全市口罩生产企业及5家防护服生产企业产能、产量等生产数据。加快申报红豆集团防疫物资生产扩能改造专项资金项目，保障其快速投产。协调解决上汽大通无锡分公司原料采购等问题，确保其完成工业和信息化部下达的140辆负压救护车生产任务。牵头协调无锡熔喷布生产企业与福建省口罩生产企业对接，向13家福建口罩生产企业供应熔喷布现货56.4吨。组织疫情防控重点保障企业申请税收优惠和贷款，上报疫情防控重点保障企业管理名单的贷款申请企业9家，上报税收优惠企业共9批63家。

1月22日起，市工业和信息化局全力做好新冠肺炎防控所需应急物资本地生产组织协调工作。会同市市场监管局、省药监局无锡分局等部门，帮助宇寿医疗器械股份有限公司、阳光集团有限公司、红豆实业股份有限公司企业申领医用口罩、医用防护服、隔离衣等防疫物资生产资质。防疫物资生产企业积极扩产。江阴金凤特种纺织品有限公司大年初一就恢复生产，供应恒通医药卫生用品有限公司生产口罩所需熔喷布；恒通公司等企业克服人工困难、成本上升的压力，开足马力生产防疫物资。阳光集团有限公司、红豆实业股份有限公司、南泉高分子制品有限公司、远景能源有限公司等企业转产医用防护服、医用口罩等防疫物资，墨泰新材料有限公司、一粒米（无锡）纳米材料技术有限公司等企业转产熔喷布。爱邦辐射技术公司配备4台（套）10MeV直线微波型加速器和1套钴-60装置，将环氧乙烷灭菌时间缩短到1天以内。华澳药业有限公司为全市医用酒精需求提供保障。

其间，市工业和信息化局向防控物资重点生产企业派出驻厂员，协调解决原料供应、设备采购、应急运输等方面需求。为12家企业累计获得专项再贷款8亿元；82家企业列入省级以上疫情防控重点保障企业，

19个疫情防控应急保障物资和能力建设项目获得省级以上资金7136万元。摸排梳理防疫工作紧缺的红外测温芯片、呼吸机关键零部件等电子信息产品，组织全市27家电子信息企业开足马力生产。其中：华润微电子有限公司、吾芯互联科技有限公司、众晶半导体有限公司参加工业和信息化部红外传感器“联合会战”；吉科电子有限公司供应全国80%的呼吸机核心部件加湿器，受到工业和信息化部表彰。

全市应急管理系统成立32个企业指导服务组，上门对接70余家疫情防控重点物资生产企业，协调解决企业复工复产过程中遇到防护用品、复工人员、原料采购、物资运输等问题。

市科技局在省内率先启动新型冠状病毒肺炎感染应急防治科技行动，发布《2020年度无锡市“新型冠状病毒感染应急防治科技专项”项目申报指南》，在较短时间内完成148个项目的申报、评审和立项工作，择优支持34个科研项目共计460万元，组织推荐3个项目获国家、省级科技专项资助，其中在新冠肺炎救治临床一线开展的诊疗和公共卫生项目有12项，新冠病毒检测仪器与试剂、超声影像设备、呼吸机、卫生防护装置、防疫预警平台等25个产品在抗疫一线投入使用。

新冠肺炎疫情暴发前，全市有各类口罩生产企业9家，至年末，各类口罩、防护服、药品、消杀用品、装备、新冠病毒核酸检测试剂（盒）生产企业分别增至68家、18家、3家、9家、7家、4家。全市基本实现从口罩机、熔喷布，口罩的原材料，到最终产品的全产业链畅通，地产口罩产量从疫情开始时的每天不足20万只，发展到最高峰时每天接近1500万只，并实现医用防护口罩零的突破。无锡科标密封防护科技有限公司是全市唯一一家同时生产正压头罩和正压生物防护服的企业，为一线抗疫工作者提供安全防护。海法工业测控设备有限公司30天赶制400台套核酸提取仪。红豆公司完成国家调拨65万件隔离衣的任务，被国务院应对新型冠状病毒肺炎疫情联防联控机制医疗物资保障组赞誉为抗击疫情“军工厂”。

5. 社会民生保障

市发展改革委会同市民政局出台《关于应对新型冠状病毒感染的肺炎疫情切实加强民生保障的政策意见》，包括保障重要民生商品市场供应、强化民生基本保障、优化教育管理服务、优化医疗健康服务、优化社会公共服务5个方面20条内容。启动社会救助标准与物价上涨挂钩联动机制，2月率先在全省将每月价格临时补贴标准提高50%，3～6月将价格临时补贴标准阶段性提高1倍。全年牵头发放价格临时补贴超1.3亿元，惠及困难群众60.25万人次。

加强市场价格监测。1月19日起，对全市粮、油、肉、蛋、菜等生活必需品以及口罩、消毒液等疫情防护防疫用品价格实行日监测、日报告、周综述、月分析制度。至6月16日，完成市场巡查400余人次，监测巡视各类商家、企业30多家，上报、审核监测数据近10万条，上报监测信息159篇，保障市场价格稳定。

六、复工复产

1. 企业防控

市工业和信息化局负责统筹协调全市企业疫情防控和复工复产工作。1月31日，规定企业复工时间不得早于2月9日24时，为企业复工前后落实防控措施提出具体要求和操作规程。2月12日和19日，发布第9和第11号通告，分批次组织全市企业有序复工，因时因势调整企业复工复产要求。抽调41名干部成立8个联合督导组，抽查企业140家，责令6家问题企业整改落实。3月31日，全市规模以上工业复工复产率96.8%。5月7日，规模以上工业企业复工复产率100.9%，完成复工复产预期目标。6月，有进出口实绩的10235家外贸企业实现全面复产，3721家外商投资企业、2456家限上商贸企业基本实现复工复业。

2. 政策支持

2月初，市发展改革委牵头出台《关于应对新型冠状病毒感染的肺炎疫情支持企业共渡难关保障经济平稳运行的政策意见》，提出降低企业运营成本、加大金融支持力度、实施稳岗就业政策、强化重点企业扶持、发挥政府引导作用5方面20条政策措施。3月，市人力资源社会保障局会同财政、税务、医保等部门出台政

2月，红豆公司开足马力生产医疗防护用品 （周国兴 摄）

企业工人进厂测温检查　　　　　　　　　　　　（市工业和信息化局　供）

策，对企业基本养老保险、失业保险、工伤保险三项社会保险费实施阶段性减免，对职工医保单位缴费部分实行减半征收。“惠企20条”全年降低企业成本约312亿元。3月初，市发展改革委牵头制定加快推动企业重大项目复工复产工作方案，成立重大项目、工业企业、用工保障、建筑工地、物流运输、商贸流通、外资外贸、旅游酒店、金融等9个领域服务专班和8个板块驻点组，有序推进全市企业重大项目复工复产。

市工业和信息化局联合市交通运输局，建立苏、锡、常、通、泰五市道路运输“绿色通道”，推动中欧货运航线复航，确保企业国际供应链双向畅通。开通工业企业复工口罩购买通道，帮助企业解决防控物资采购困难，共派发372.5万只口罩供工业企业购买。为卓胜微电子有限公司、海力士无锡公司、闻泰科技有限公司等集成电路企业协调员工隔离、核酸检测、提供防护用品等服务，推动集成电路产业链复工复产。

3.审批服务

2月14日，市行政审批局制定出台《优化政务服务支持企业复工复产打赢疫情阻击战若干措施》，开辟审批“绿色通道”，简化流程环节。全年7000余户内资疫情防控物资生产经营单位通过“绿色通道”办理登记手续，其中包括223家从事口罩、防护服、护目镜生产经营的企业，审批提速近70%。开展“成全行动”，推动重大项目开复工“抢跑加速”，先后为20个重大项目提供即报即批服务，解决审批难题69个。

4.金融扶持

新冠肺炎疫情发生后，市工业和信息化局联合26家银行，开通疫情防控期间复工企业贷款“绿色通道”，为71家企业新增信贷投放29.94亿元。市工业和信息化局出台《疫情防控期间下调“锡信贷”利率和“转贷应急资金”费率的通知》，转贷应急资金费率下降50%，累计办理转贷应急业务396笔，使用转贷应急资金30.97亿元。

市科技局协同合作银行和科技条线，以“锡科贷”“苏科贷”为主渠道，支持科技企业平稳健康发展。2月起，发放“锡科贷”按信保基金贷款原有利率水平下浮10%；修订出台《无锡市科技型中小企业贷款风险补偿业务管理实施细则》；“苏科贷”全流程线上运行，省、市两级备案时限压缩至2个工作日。全年发放“锡科贷”65.86亿元、“苏科贷”6.25亿元，获贷企业1139家，财政资金放大倍数接近29倍。

中国人民银行无锡市中心支行出台金融支持疫情防控11项举措，制定金融惠企10条细则，加大对防疫物资生产企业和受困企业的支持力度。发放复工复产专用再贷款31亿元、再贴现9亿元；发放符合条件的普惠小微信用贷款31.14亿元，受益企业2263家；为普惠小微企业实施阶段性延期偿还本金102.94亿元，贷款延期率82.89%。成功发放全省首笔金额最大的信用贷款支持资金30797万元，撬动无锡农商行投放76993万元普惠小微企业信用贷款，惠及503家普惠小微企业，加权平均利率仅4.49%。推动12.2亿元疫情防控债务融资工具落地，为企业提供最低利率的融资支持；建立国库资金拨付“绿色通道”，拨付疫情防控专项资金3.2亿元；畅通防疫物资跨境采购“绿色通道”；建立现金服务“绿色通道”，保障抗疫期间现金供应。

无锡银保监分局发布“无还本续贷”政策清单、延期还本付息申请入口、“银税互动”信贷产品推介，支持企业复工复产。至年末，全市银行机构累计办理延期本金26503笔1194.02亿元，延期利息3884笔0.94亿元。

5.企业纾困

市发展改革委牵头出台《关于进一步降成本、拓市场、促消费推动服务业平稳健康发展的若干意见》，提出设立服务业纾困资金、降低企业运行成本、鼓励拓展国内消费市场、有效促进消费扩容提质4个方面共10条政策措施。全年在鼓励减免租金、贷款贴息、促销活动补贴、电影院营业收入补贴等方面，兑现2批次服务业纾困资金7004.16万元。

市人力资源社会保障局、市财政局在全省率先落实应急稳岗返还政策，对批发零售、住宿餐饮、物流运输、文化旅游受疫情影响较重且坚持不裁员或少裁员的服务业企业，参照困难企业标准，给予3个月的失业保险稳岗返还补贴；对中小微企业和参保职工30人（含）以下的企业，放宽失业保险稳岗返还的裁员率标准。累计向8.8万家企业发放稳岗返还资金19.61亿元,“符合即享受”的经办模式成为全省各地复制的模板。全年为15.52万家参保单位“零申报”减免企业养老、失业、工伤三项社会保险费159.93亿元。对减免社保费后仍有困难的企业,可享受不超过6个月的缓缴期限,缓缴期间免收滞纳金。608家次单位享受缓缴政策,缓缴金额约3000万元。10月起,对受疫情影响较大的外贸、住宿餐饮、文化旅游、交通运输、批发零售等行业开展以工代训,至年末,发放以工代训补贴26957.52万元,补贴企业23109家。

2月21日,市司法局牵头促成爱玛公司包机复工　（市司法局　供）

2月,市财政局通过阶段性降低市信保基金贷款业务利率、提高不良容忍度和建立日报制度等措施,引导合作金融机构加大对中小微企业信贷支持力度,上半年信保基金发放贷款117.73亿元,同比增长87.23%。2月28日,推动实施企业复工复产疫情防控综合保险,投保企业156家,承担风险总额2.75亿元,保费1100万元,其中市、区两级财政承担企业投保费用的70%,企业自身仅需负担保费的30%。3月,推动疫情防控重点保障企业获得央行专项再贷款及财政贴息资金,全市13家疫情防控重点保障企业争取到央行专项再贷款9.03亿元,争取中央、省级疫情防控重点保障企业贷款贴息资金865.8万元,其中争取中央贴息资金785.65万元,位列全省第一。

市商务局全年兑付中小企业市场开拓资金、出口信保扶持资金等31832万元,惠及3440家企业;“外贸小微贷”扩容,为364家中小企业投放纾困贷款19.03亿元;统筹运用“苏贸贷”,为110家企业投放贷款8.13亿元;“中小企业出口信保统保平台”为2796家中小企业签发免费保单,为企业节约保费1.4亿元;兑现“服务业10条”纾困资金4225万元,间接惠及中小商户8000余家。

市住房城乡建设部门对受疫情影响的房地产开发项目实施提前拨付重点监管资金、延期缴纳城市基础设施配套费等政策支持。市区有57家开发企业的183个项目提前释放重点监管资金16.85亿元,3家开发企业延期缴纳城市基础设施配套费2235.87万元。

市医保局顶格执行职工医保费用5个月减半征收政策,制定减征职工补充医保费用地方政策,两项政策共计减征34亿元;支付企业复工人员核酸检测费用2430万元。

市委组织部帮助人才企业应对“后疫情”时期发展难题,提前为157家企业兑付人才资助资金9579万元,创新开展“云路演”“云招聘”“云评审”。

2月1日,市国资委在全省率先向市属国有企业发出给予租户减免租金的倡议,共对全市2552家中小企业和个体工商承租户减免租金3个月,总计9756万元。市级行政事业单位对中小企业减免租金3个月,合计751万元。

市总工会推出小微企业工会经费减免政策,全年返还65740家符合条件的小微企业工会经费2.67亿元,返还金额位居全省第一。

6. 消费促进

4月30日,市商务局联合梁溪区推出“人间·梁溪”惠享活动暨无锡消费促进季云启动活动,被省商务厅列入全省新模式新消费典型案例。下半年,策划举办“锡惠有你”惠民消费券活动、“品味无锡、惠享四季”无锡休闲购物节等消费促进活动,市区88个商业场所、436场促消费活动全面开启,累计向市民派发245.7万张计1.02亿元消费券,128万人进店使用消费券,撬动线下百货、餐饮等消费超10亿元。帮助外贸企业与阿里巴巴、抖音等国内知名电商、直播平台合作,共同举办“海购无锡·云启未来——新零售助力外贸拓内销启动仪式”,开展“网红+无锡外贸优品”直播销售活动,带动销售金额超过4760万元。

7. 外地员工返岗

为让工人顺利返岗,市司法局协助爱玛车业科技有限公司与云南红土航空公司达成复工包机协议,133名云南劳务派遣工于2月21日抵达无锡,成为省内首个企业包机复工的事例,央视《新闻联播》对此进行综合报道。2月25日,全市首趟复工专列从吉林出发,满载健鼎(无锡)电子有限公司员工抵达锡山。在市委统战部、市民宗局的指导帮助下,2月26日,新日股份公司定制包机,运送135名柯尔克孜族员工返岗复工。无锡市还建立复工返岗“点对点”机制,累计帮助1.25万名外地务工人员安全返岗。

8. 国际货运航线开通

市邮政管理局积极引导邮政快递企业，主动与无锡机场集团等部门联系，推动国际货运航班的开通。2月14日，顺丰航空有限公司提前复航无锡—重庆—哈恩—无锡欧洲货运航线，打通医疗物资跨境邮路，不仅为医疗物资的国际运输提供支持，也为苏锡常地区企业的复工复产提供保障。3月17日，顺丰航空有限公司无锡—新加坡国际货运航线开通；3月21日，圆通航空有限公司无锡—大阪货运航线开通。3条货运航线出口寄递物资均实现满载运行，对苏南地区电子信息、汽车制造、机械生产、电商等航空进出口偏好型企业国际供应链的恢复起到至关重要的作用。

七、援助武汉

1. 抗疫物资援助

武汉新冠肺炎疫情暴发后，无锡市各界迅速动员，从各方面支援武汉抗疫。大批企业克服困难及时复工复产，为火神山、雷神山等医院建设赶制急需设备。上汽大通汽车有限公司无锡分公司紧急为武汉提供负压救护车，海拓环保装备科技公司在春节期间2天制成4台污水处理设备，国合绿材科技公司火速完成医院雨水收集工程产品设计安装，利格蒙特钢公司赶制3个消毒池和5个生化池，飞扬器械、健仕福器械、申星光星和亚泰净化等公司加紧生产医疗消毒设备和医用洁净门窗，远东智慧能源有限公司紧急生产电线电缆助力火神山医院，江南电缆有限公司向雷神山医院捐赠价值226万元电线电缆，宜兴市新联会会长张乃明捐赠孝感安陆医院价值20万元电缆，华云数据控股集团有限公司提供医院信息化建设相关超融合云一体机产品及服务，奇天基因生物科技有限公司研制的核酸快速检测试剂盒实现8～15分钟快速检测出结果。农工党党员莫若理捐赠3套价值300万元的笔记本数字超声诊断系统，海澜之家定向捐赠800万元医疗设备，红豆集团紧急调配通用轮胎为医院建设车辆免费更换，祥生医疗科技有限公司捐赠超声设备。

无锡邮政公司开通医疗物资运输“绿色通道”，对全国寄往武汉市政府指定接收的红十字会机构的捐赠物资，提供全程免费运输和配送服务。市邮政管理局组织全市邮政快递企业开通应急物资运输通道。1月24日起，江苏省邮政速递物流公司无锡分公司、无锡中通速递公司、无锡圆通速递公司、百世网络科技公司无锡分公司、无锡韵达快递公司等快递企业26人先后13批次奔赴湖北武汉、宜昌、黄石等地，将口罩、医疗器械等防疫物资及食品、保暖衣物等生活必需品运送至抗疫一线，物资总量150万件、总价值超过2000万元。为让武汉医务人员吃上热饭，无锡中通、江阴中通两家快递公司组织爱心车队，将上海梅凌餐饮管理有限公司捐助的自嗨锅方便食品运送到武汉。至1月末，累计运送32万桶方便食品至湖北各地。市邮政管理局刘中岳获评交通运输部抗击新冠肺炎疫情优秀共产党员和交通运输系统抗击新冠肺炎疫情先进个人。

2. 医疗卫生援助

1月25日，无锡市首批28名医务人员援助湖北。1月27日，4名医务人员援助湖北。2月9日，132名医护人员（其中医生31人、护士100人、管理人员1人）援助湖北，整建制接管华中科技大学同济医学院附属同济医院光谷院区的一个重症病区，在当地参与救治418人，危重症治愈率近99%，创造光谷院区经皮气管切开术等6个第一的成绩。2月17日、2月22日，市疾控中心2名公共卫生医师分别驰援湖北黄石、武汉。3月17日和31日，先后有32名和133名无锡援鄂医疗队队员完成任务返锡。4月17日，市人民医院副院长陈静瑜任国务院联防联控机制医疗救治组肺移植专家组组长，市人民医院肺移植团队共7人赴武汉，分别于4月20日和4月24日完成两例新冠肺炎后期肺纤维化患者的双肺移植术。无锡累计派出176名医疗卫生人员支援湖北。赴武汉抗疫的王洵、张燕、许红阳获评全国卫生健康系统新冠肺炎疫情防控工作先进个人。

3. 养老服务援助

2月20日，无锡九如城养老管理有限公司抽调40名养老服务专业人员，参加省民政厅组建的首批江苏民政养老服务支援队（全省共56人），对口支援武汉市社会福利中心和汉江区九州通人寿堂养老院，为期33天。

2月9日，无锡市支援湖北医疗队132人出征　（市卫生健康委　供）

市纪委监委实地监督学校食堂食材配送工作 （市纪委监委 供）

该公司获评全国民政系统抗击新冠肺炎疫情先进集体。

八、督导检查

1. 实地督查

新冠肺炎疫情防控期间，全市各级纪检监察机关坚持“到位不越位”“帮忙不添乱”原则，组成55个监督检查组，发挥“大数据＋网格化＋铁脚板”监督合力，累计开展上万次监督检查，督促近3000个立知立改问题迅速整改，对指出问题的整改情况开展“回头看”，确保发现问题当天交办、当天处置、当天整改。市纪委监委专门成立9个督查组，直插一线开展全天候监督检查3596次；实地走访督查2300余家企业，推动解决企业用工难、审批流程复杂等难题，督促建立重点企业挂钩、企业联络员制度，指导帮助企业力克时艰；实地走访督查279所中小学，督促职能部门解决防疫物资短缺、校医配备不足、周边道路易堵等问题，保障学生如期、平稳、安全开学复课；形成每日专报92期，提出意见建议271条，直报市委市政府主要领导，为全市疫情防控决策部署提供有力支撑。其间，处置问题线索46件，处理党组织3个，处理党员干部56人，其中党纪政务处分2人。

2. 容错免责

新冠肺炎疫情防控期间，市纪委监委将严管与厚爱相结合，实施容错备案180起、免责15起，鼓励激励党员干部担当作为。新冠肺炎疫情初期，抗疫物资紧缺、采购难，指导协助市粮食和物资储备局党委向市纪委监委提出书面申请，仅用6天时间，该局就收到《容错备案受理通知书》，相关做法被《新华日报》等媒体报道。市卫生健康委经市纪委监委启动容错纠错机制，开通绿色采购途径，采购应急医疗设备、防控物资、车辆等54840件。

3. 学校食材配送督查

2020年，市纪委监委先后40余次赴苏南学校食材配送有限公司各基地实地检查，督促制定防疫保供工作方案，安装配备热成像仪，采购储备防疫物资，严格消杀措施，最大限度减少食材外采配送、交接储放、加工制作等各环节接触风险。北京新发地市场、青岛港、天津港等地疫情发生后，推动苏南公司及时调整菜单，调整防疫举措。组织45名特别监督员深入苏南公司各基地及全市所有公办幼儿园、公办义务教育学校开展监督检查，发现问题434个，提出意见建议800余条。

4. 物资采购监督

市纪委监委组建专项小组，全程参与抗疫物资采购。监督市粮食和物资储备局采购口罩、一次性医用防护服、消毒片、鞋套等各类防疫物资约2000万件；全程跟踪市卫健委核酸检测试剂、呼吸机等95个采购项目，累计价值1.15亿元的物资采购未发生一起违规违纪事件。推动加快粮油企业复工复产，确保疫情期间全市成品粮储备达到15天的供应量、各大超市大米销售货架不断货，全市15家粮油企业获省防疫防控粮油保供补贴资金322万元。

九、善行义举

1. 慈善捐赠

2020年，市委组织部组织全市党员捐款9501万元，划拨800万元市管党费专项用于疫情防控工作。发起海外学子“锡”望守护行动，向英国、意大利、德国等9个国家的无锡友好合作大学和引才重点合作机构捐赠口罩10万余只，向4000多名以无锡籍为主的中国留学人员传递关爱。红豆集团党委书记周海江以个人名义交纳1000万元特殊党费，向海外学子和海外客户捐赠防护口罩，向柬埔寨王国红十字会捐赠口罩100万只，获全国、江苏省“优秀共产党员”称号。

全市154家社会组织（含各慈善会）筹集捐赠款物合计22850.99万元。其中，市、市（县）区两级慈善会组织募集疫情防控专项资金1.9亿元，支出1.86亿元；募集防疫物资折价1999.87万元，支出折价1999.1万元。

红十字会在新冠肺炎疫情防控期间募集社会捐赠款物7956.11万元，资金和抗疫物资第一时间全部用于抗疫一线，其中77.8%款物用于无锡市疫情防控。“零延时”办理境外捐赠物资37批次，受到中国红十字会总会通报表扬。

全市工会系统筹措防疫专项资金1498万元；团市委动员青年商会会员企业募捐特殊会费5.3万元，募集物资8326件（箱）；市妇联募款80余万元，女企业家协会（联谊会）捐款、捐物折价8100余万元，江阴市女企业家协会副会长缪金凤被评为

2020年度抗击新冠肺炎疫情全国“三八”红旗手。

全市统一战线捐款约1.51亿元，捐赠口罩、防护服等各类专项物资价值约1.56亿元，捐赠款物合计超3亿元。其中：民营企业捐款物2.6亿元；民革各级组织、党员、联系人士捐款超过100万元、捐物折价100余万元；致公党员捐款捐物总计289.89万元，其中定向捐赠湖北地区捐款捐物158.28万元；九三学社捐款、捐物159.3万元。

海内外侨界向无锡、湖北、武汉等地捐款4283万元，捐赠145万个口罩、2.3万件防护服等大量防疫物资。新冠肺炎疫情在全球蔓延后，市委统战部、市侨联启动侨爱援助行动，向海外9个国家的14个华人华侨社团寄送防疫物资。市委统战部面向海外华侨、留学人员，建立远程医疗救助平台，举办“无锡有爱、同心抗议”云视频、云诊疗活动。市侨青会副会长邵焜琨被评为全国侨联系统抗击新冠肺炎疫情先进个人。

全市宗教界捐款捐物总额600余万元，其中滨湖区110余万元。市佛教协会、市基督教协会分别向湖北黄石市定向捐赠100万元和50万元。

国联证券公司捐款500万元，员工捐款6万余元，全部投向湖北、无锡地区慈善机构和定点医疗机构。海澜之家向武汉捐赠价值1500万的物资。

2. 志愿服务

新冠肺炎疫情防控期间，市委组织部积极发挥基层党组织战斗堡垒作用和党员先锋模范作用，出台激励关爱抗“疫”党员干部人才“20条”，组建机关“党员先锋队”，全市累计超过1.9万名各级机关党员干部，深入到村、社区、车站、机场、码头、交通卡口、复工企业、农贸市场、学校等疫情防控最前线，协助基层做好交通卡口值守、防疫物资分发、重点地区人员排查追踪、公共场所巡查、环境消毒整治等工作。

团市委机关第一时间组建青年突击队，分11批次参与基层社区、机场车站防控工作。依托全市各级“文明号”集体、“青年安全监督岗”，组建突击队百余支，活跃在防疫物资生产、交通运输配送、重大项目攻关、应急服务保障等多个行业领域，“五四”期间，分2批次命名“无锡市优秀青年突击队”40支。

市红十字会组织3172名志愿者深入街道社区参与疫情防控，累计服务49.4万小时。宜兴市红十字会常务副会长李莉被授予“中国红十字会抗击新冠肺炎疫情先进个人”称号，无锡市广益街道社区卫生服务中心护士杜鹃被授予“中国红十字会抗击新冠肺炎疫情优秀志愿者”称号。

市总工会组建“致敬最美逆行者”劳模爱心车队，由江苏省劳动模范邓伟雄领衔50多名志愿出租车司机，为无锡169个援鄂医护人员家庭提供免费出行服务。市妇联为169个援鄂医护人员家庭定制“三暖”（暖心菜、暖心包、暖心话）服务，赠送家政服务卡。无锡地铁集团为援鄂医疗队员提供为期一年的“码上行”免费乘车服务。

市城市管理局出动19.91万人次，深入车站、高速公路卡点、社区、隔离点等场所，做好人员排查、测温、消毒等工作。

市民政局开通心理咨询热线6条，服务群众3000多人次，服务时长900小时。全市累计有8000多名社区工作者、5万多名义工和志愿者为居民提供心理疏导。

十、先进集体和个人

9月8日，中共中央、国务院、中央军委表彰全国抗击新冠肺炎疫情先进集体和先进个人，无锡获评先进集体1家、先进个人2人。

先进集体：无锡市第五人民医院

先进个人：周海江、陈静瑜

11月2日，省委、省政府表彰全省抗击新冠肺炎疫情先进集体和先进个人，无锡获评先进集体15家、先进个人55人。

先进集体：江阴市卫生健康委员会、江阴市公安局、宜兴市卫生健康委员会、宜兴市周铁镇人民政府、无锡市梁溪区疾病预防控制中心、无锡市锡山区卫生健康委员会、无锡市惠山区疾病预防控制中心、无锡市滨湖区卫生健康委员会、无锡市新吴区疾病预防控制中心、无锡市卫生健康委员会新冠肺炎疫情防控应急工作专班、无锡市疾病预防控制中心、无锡市公安局、无锡市政府公共服务热线受理中心、无锡市教育局、无锡广播电视集团（台）新闻中心

先进个人：李斌、周菊静、莫晶、吴婷婷、赵锐、顾丽亚、辛彤、徐依峰、安华、王卫江、华庆、徐汉顺、秦丽琴、宋爱玲、过圣华、吴建洪、郁昊达、胡春晓、孙芹、韩曙光、吴小龙、董文霞、王亮、赵紫榆、刘海生、葛焕青、赵新国、鲁晓杰、陈妙芳、董美华、周伟杰、张洁烨、许江敏、周怡科、胡丹、储红飙、蹇思宇、陆激华、华俊洪、张春英、李千一、朱吉轶、谢寿坤、毛勤勇、唐雯虹、徐凯、杨明洁、成军、丁晓芸、高波、浦键、陈明辉、汪圣强、鲍静、许晓峰

（市抗疫防控应急指挥部办公室）

对口合作　立体帮扶　精准发力
——无锡市对口帮扶支援合作纪实

对口帮扶支援合作工作是国家和省下达的重要政治任务，是保证中国2020年全面建成小康社会，维护民族团结和社会稳定，实现区域协调发展、协同发展的重大战略部署。1992年起，无锡市先后与8个地区建立结对关系。分别为：对口帮扶延安市、海东市，对口支援云阳县、阿合奇县、霍城县，与徐州市南北挂钩合作，与盘锦市对口合作，助力镇雄县15个挂牌督战贫困村脱贫攻坚。"十三五"期间，无锡市坚持以习近平新时代中国特色社会主义思想为引领，严格按照国家和省对口帮扶对口支援对口合作工作部署要求，积极对接结对地区实际需求，每年制定工作计划措施，下达年度指标任务，跟踪督促工作落实，圆满完成各项工作任务。至2020年，与无锡结对的12个贫困县（区）全部实现脱贫摘帽。在2021年2月25日召开的全国脱贫攻坚总结表彰大会上，无锡市对口帮扶延安市工作组、无锡市对口帮扶海东市工作组、无锡—新沂工业园管理委员会获评全国脱贫攻坚先进集体，倪欣欣（女，挂职青海省海东市第二人民医院主治医师，无锡市惠山区人民医院主治医师）、颜忠元（挂职新疆维吾尔自治区伊犁哈萨克自治州霍城县江苏中学副校长，江苏省江阴高级中学教务副主任）获评全国脱贫攻坚先进个人。

一、对口工作开展情况

1. 对口帮扶延安市

1997年开始，无锡市对口帮扶陕西省延安市。根据国家和江苏省东西部扶贫协作部署要求，2017年重新调整建立新一轮结对关系，江阴市对口帮扶延安市延川县、宜兴市对口帮扶延安市延长县、新吴区对口帮扶延安市宜川县，开展助力脱贫攻坚新一轮全方位帮扶。至2020年，共选派挂职干部14人赴延安市挂职，选派专业技术人才186人赴延安市开展1个月到1年不等中长期支医、支教、支农等帮扶活动。共落实省统筹帮扶资金7496万元，实施帮扶项目122个，惠及延安市贫困人口2.3万余人；额外筹措各级财政帮扶资金1.16亿元，用于巩固脱贫成果和改善民生；助学、助医、助老、助残等社会帮扶活动捐款捐物折计3000余万元。累计组织无锡市企业家150批次1100多人次到延安市考察交流，10家企业在延安落地，总投资超过10亿元。通过线上线下招聘活动，为延安市提供优质就业岗位超过1万个，实现贫困人口转移就业183人，帮助贫困人口就地就近就业388人。组织各类创业和就业培训18期，累计培训贫困群众2825人。实现乡镇结对26对，村村结对55对，企村结对20对，社会组织结对7对，学校结对36所，医院结对7对，并开展实质性帮扶活动。2019年5月，延安市宣布全市范围内整体脱贫摘帽，在全国革命老区中率先实现整体脱贫。

2. 对口帮扶海东市

2017年，无锡市与青海省海东市建立东西部扶贫协作关系，在人才支持、资金支援、产业帮扶、消费扶贫等方面支持海东市脱贫攻坚。至2020年，共向海东市选派挂职干部21人、专业技术人才324人。安排省统筹帮扶资金8.08亿元，实施帮扶项目317个，惠及当地贫困人口13万余人。加大产业帮扶，帮助引进光伏、农业、电商、旅游等领域11家企业落户海东，完成投资4亿元。由滨湖区江苏振发能源控股援建的2.5兆瓦养殖区屋顶分布式扶贫发电项目，每年为每家每户分红2500元，实现"生猪养殖＋光伏发电"一体化发展；新吴区援建的酩馏酒产业2020年实现销售收入100余万元，援建的

2020年8月11日，无锡、延安两市在延安签订合作共建协议

（市发展改革委　供）

2019年1月，国家东西部扶贫协作考核组在海东市德恒隆乡入户核查贫困户脱贫情况 （市发展改革委 供）

盘绣产业年租金收入8万元；无锡市援建的乡村旅游项目，丰富了乡村经济业态，拓展了搬迁群众增收空间。帮助组织劳动力输出5650人次，其中贫困群众690人次到无锡及附近城市稳定就业。建立扶贫协作平台，帮助当地解决就近就地就业5800人次。实现乡镇结对41对，村村结对30对，企村结对22对，社会组织结对11对，学校结对47所，医院结对12对，全面开启“两地携手奔小康”。无锡市各人民团体、行业协会、爱心企业、慈善人士等捐款捐物超过270批次、3500万元，资助近2000名农村学生完成学业。2020年4月，海东市实现整体脱贫，贫困发生率由13%降至0.03%。

3. 对口支援云阳县

1992年起，无锡市开展江苏省对口三峡移民库区云阳县对口支援工作，每年按照省下达的任务要求，落实资金帮扶、人才培训、产业合作等工作任务。“十三五”期间，落实财政性援助资金1500万元，用于帮助云阳县中心小学和云阳县传染病医院建设。每年为云阳县举办一批50人左右的主题培训班，培训基层党政干部和创业致富带头人。为支援云阳县中医药产业发展，无锡市卫生部门主动作为，先后带领市中医院和各区中医院到云阳县洽谈中药药材和饮片采购工作，无锡各级中医院均与云阳县中医药企业建立长期合作关系，每年采购量超过2000万元。

4. 对口支援阿合奇县、霍城县

1997年，无锡市开始援疆工作，派出干部和专业技术人员到伊犁地区和阿勒泰地区挂职援疆。2002年，霍城县被中共中央组织部确定为内地援疆试点县，无锡市与霍城县结成对口援助关系。2007年，阿合奇县被中央确定为全国边境少数民族特困扶贫开发试点县，无锡市对阿合奇县开展对口帮扶工作。“十三五”期间，无锡市完成第八批、第九批、第十批援疆干部人才轮换，向阿合奇县派出援疆干部18人（第八批6人、第九批6人、第十批6人），专业技术人才70多人；向霍城县派出援疆干部34人（第八批12人、第九批11人、第十批11人），专业技术人才40多人。投入阿合奇县援疆资金2.5亿元，实施援疆项目76个；投入霍城县援疆资金8.28亿元，实施援疆项目138个。结合阿合奇县沙棘资源优势，协助引入中科沙棘科技有限公司，开展沙棘产品研发与生产。协助霍城县引进江阴奥凯服饰有限公司、江阴世信电子有限公司、天诚时装有限公司等优质企业，为当地农牧民提供就业岗位3000余个。2019年4月，阿合奇县退出贫困县序列，宣布脱贫摘帽。霍城县产业结构不断优化调整，经济社会发展迈上新台阶。2020年，江阴临港经济开发区与霍尔果斯经开区清水河配套园区（霍城经济开发区）结对共建，霍城在江阴设立招商联络处。无锡驻阿合奇工作组先后获“开发建设克州奖”“克州工人先锋号”等称号。无锡驻霍城工作组2017年、2018年连续获评省援伊前指先进工作组称号，有20人次干部人才获年度省前指“援疆工作先进个人”称号。2020年，顾文浩被评为新疆维吾尔自治区抗击新冠肺炎疫情先进个人。

5. 与徐州市南北挂钩合作

自全省南北共建园区建设启动后，无锡市与徐州市相继于2007年（3家）、2009年（3家）、2015年（1家）建成7家南北共建园区。“十三五”期间，无锡市积极探索南北合作路径，创新园区管理体制，完善园区建设协调推进机制，加强优秀干部派驻力度，促进两市7个共建园区综合实力提升、转型发展加快、产业特色彰显。至2020年，7家共建园区已开发面积74.5平方千米，全部达到“九通一平”的园区建设标准。入驻企业824家，解决就业人员14.9万余人，注册资金14.3亿元，引进项目615个，完成投资1047.4亿元（其中无锡市帮助引进项目133个、完成投资447.7亿元）。无锡新沂工业园区（2020年结束合作共建关系）培育形成新材料、智能电网等特色主导产业；无锡丰县工业园区培育形成电动车、煤盐化工等特色主导产业；无锡邳州工业园培育形成智能制造、节能环保等特色主导产业；宜兴环保科技工业园沛县园区培育形成新能源、轻

无锡新日电动车股份有限公司为新疆员工举办庆祝“古尔邦节”联谊活动 （市发展改革委 供）

量化铝加工等特色主导产业；江阴睢宁工业园培育形成纺织服装、高端装备制造等特色主导产业；无锡蠡园高新区贾汪工业园培育形成新能源汽车、高端装备制造等特色主导产业；宜兴泉山工业园培育形成了智能制造、新能源等特色主导产业。在全省共建园区考核评价中，无锡市与徐州市南北共建园区综合考核成绩始终排在全省前列，获得省财政奖补资金超过3亿元。江阴睢宁工业园区、宜兴沛县工业园区积极开展省级特色园区创建工作。

2020年，无锡市委常委会第174次会议通过由无锡市国家高新技术产业开发区与徐州市经济开发区合作共建无锡徐州工业园区，创建省级高质量发展“创新试点园区”。7月，编制完成《无锡徐州工业园区高质量发展总体方案》，12月获省委、省政府批准。园区无锡方到位挂职干部6人，高圣华挂职徐州市副市长。园区成立投资开发公司，无锡方2.1亿元开发资金于12月15日拨付到位。

6. 与盘锦市对口合作

2017年，无锡市与辽宁省盘锦市建立对口合作关系。是年，两市签订《粮食产销战略合作协议》，确定无锡市在盘锦市认养5万亩优质水稻种植良田项目。无锡市每年邀请盘锦市优质粮米企业参加现代农业博览会，盘锦市粮库有限公司在无锡设立盘锦大米销售处，盘锦大米进入无锡各大商场超市。2019年，盘锦市和田食品有限公司与江南大学合作的1000吨/年大米蛋白肽项目落地，项目投资3000万元。无锡海特圣大光电材料科技有限公司与辽宁大力化工科技开发有限公司、盘锦精细化工产业开发区共同出资成立辽宁海特新材料有限公司，开展2000吨/年UV光固化剂项目建设，推进双台子区打造精细化工产业开发区的建设进程。5年间，无锡市推动两市相关职能部门之间沟通联络，拓展合作领域，寻求合作机会。盘锦市组织20多个团300余人次，到无锡与宣传、发改、旅游等部门多次交流。2019年3月、4月，盘锦市分别在无锡举办乡村振兴和推动经济高质量发展专题培训班2期，培训干部人才82人。2020年，盘锦市第二批挂职干部符宝嵩到无锡挂职，挂任市科技局副局长。盘锦市在江南大学、无锡市职业技术学院建立人才引进工作联络站，建立高校毕业生人才资源引进通道。

7. 助力镇雄县贫困村

2020年是全面打赢脱贫攻坚战决战决胜之年，中央对52个未摘帽贫困县和1113个贫困村实施挂牌督战。根据省《关于组织社会力量助力挂牌督战工作的通知》，无锡市结对助力云南省镇雄县15个贫困村。5月，市发展改革委组织13家参与挂牌督战的企业（社会组织）赴镇雄县15个贫困村实地考察村容村貌，察看道路环卫等基础设施，走访建档立卡贫困户，现场与15个贫困村分别签署《社会力量助力挂牌督战村项目结对帮扶协议》，制定帮扶工作计划，向每个贫困村定向捐赠20万元帮扶资金。动员社会力量开展劳务协作、产业帮扶、就业支持，提升贫困地区发展内生动力，稳定脱贫攻坚基础。

二、帮扶典范

1. 消费扶贫入选全国典型案例

2019年，以“西货东输”“东客西游”“东城西就”三大行动为主要抓手的无锡·海东消费扶贫工作成功入选全国消费扶贫典型案例，排名全国第九。

——推进“西货东输”。利用江苏省统筹帮扶资金支持民和县电商产业园建设，协调无锡城市电商平台定期推送海东各县区特色农产品，帮助海东利用互联网及实体店销售土豆20余万公斤、400余万元，牛羊肉、富硒黑蒜等农产品300多万元。

——推进“东客西游”。在无锡市设立海东旅游推介展示中心，组织开展两地旅游互推互荐活动4场次，设计10余条进出海东的青海旅游新线路，分年度组织开展“风情海东万人游”“万名市民游海东”主题旅游活动。至2020年，有包括无锡市在内的近2万名江苏人赴海东“吃、住、行、商、游”，直接或间接为海东增加旅游收入1000余万元。

——推进“东城西就”。2019年，整合江苏省对口帮扶资金962万元，实施拉面“带薪在岗实训+就业”帮扶项目。在无锡市等地设立劳务协作工作站。至2020年，海东市各族群众在江苏新开办拉面店150余家，

2019 年 9 月，江苏省和无锡市共同援建的延安市新区江苏中学启用

（市发展改革委　供）

700 多人从事拉面服务业，年营业收入 1.1 亿元，实现工资性收入 3300 余万元。

2. 无锡延安携手开创教育协作新格局

1997 年，无锡与延安结成合作关系，并在洛川县领建、领办延安市第一中学，不间断派出 200 多名优秀教师到学校支教。学校坚持“打无锡牌，借梯登高”的发展路径，用无锡先进教育理念全面引领教育教学工作，创设的两个无锡班一本升学率始终保持在 90% 以上。2017 年，无锡、延安两地建立新一轮结对帮扶关系，把教育帮扶摆上重要位置。两市教育局通过签订帮扶协议，在市级部门层面纵向深化、横向推开，全面提档深化教育协作。宜兴市与延长县、江阴市与延川县、新吴区与宜川县签订教育对口协作协议，两地 35 所中小学校结成合作共建帮扶对子，形成市县抓部署、部门抓推动、学校务落实的生动局面。在 2018 年全国教育扶贫论坛上，无锡市作为地方教育扶贫实践与模式创新的典型作主旨发言，“对口合作、立体帮扶、精准发力”的帮扶特色和显著成绩成为热点，教育扶贫“无锡模式”引起众多关注。2020 年，无锡延安在师资培训、教力支援、设施援建、理念交流、资源共享等领域展开全面深入协作，开创苏陕教育协作新格局。

3. 援疆工作组构筑新冠肺炎疫情防控“防火墙”

2020 年抗击新冠肺炎疫情期间，无锡市援疆工作组积极协调各方力量，筹措医疗防护物资，通过各种途径，及时运输到对口支援的新疆阿合奇县。先后为阿合奇县筹措医用口罩 24.5 万个、防护服 1000 件、护目镜 905 件、测温门 2 套，以及大量衣物和酒精、消毒片、消毒水等抗疫物质，总价值超过 150 万元，有效改善当地防疫物资短缺的局面。作为阿合奇县人民医院院长，援疆医生谢志毅将无锡防控经验带到阿合奇，带领全院职工科学制定防控方案，建立全县唯一一座核酸检测实验室，成立核酸采集小分队，积极开展疫情防控。统筹疫情防控和临床医疗工作，推广 24 小时医务人员在线问诊和 120 及时高效响应，优化疫情期间门急诊就诊流程，保证各民族百姓有病能医，医院诊疗有序，构建当地农牧民看病就医和疫情防控的坚实“防火墙”。2020 年 10 月 19 日，谢志毅被表彰为江苏省民族团结进步模范个人。

（市发展改革委）

编辑　葛　红

无锡太湖湾科技创新带发展规划（2020—2025年）（摘要）

为贯彻落实党中央、国务院和省委、省政府关于创新发展的决策部署，加快融入长三角区域一体化，加快建设成为具有国际竞争力的科技创新中心，依据《长江三角洲区域一体化发展规划纲要》，结合正在推进的无锡市国土空间总体规划，编制《无锡太湖湾科技创新带发展规划（2020—2025年）》。太湖湾科创带南以太湖岸线为界，北至范蠡大道、分范线、钱胡路、高浪路、沪霍线，西至长深高速，东至周万路、人民路（宜兴）、贡湖大道、通锡高速公路，总面积约500平方千米，湖岸线约108千米。

规划以“科产城人融合”为建设导向，以“经济强、百姓富、环境美、社会文明程度高”为工作总纲，围绕“拥湖生态标杆区、科产城人融合示范区、新兴产业策源地、科教智力集聚地、创业创新首选地”发展定位，力求实现产业发展模式、创新发展模式、城市发展模式协同发展，引领推动全市经济发展质量变革、效率变革、动力变革，构筑新一轮经济全球化与长三角区域一体化发展新优势，在全面融入和服务国家创新驱动战略中作出“无锡贡献”。

一、总体思路定位及目标

（一）总体思路

以习近平新时代中国特色社会主义思想为指导，以“强富美高”为工作总纲，以建设国家级新区为目标，打造“创新、协调、绿色、开放、共享”新发展理念实践示范区，按照“开放包容、产业高端、人才富集、创新引领、生态优先、制度改革”的原则，主动对接长三角区域一体化发展国家战略，深度融入上海大都市圈合作体系。坚持创新驱动核心战略和产业强市主导战略，推进长三角科技创新共同体建设，推动创新水平由跟跑向并跑、领跑跨越，抢占关键核心技术和先导产业制高点。坚持加强高端创新资源开放集聚和优化配置，以一体化的思路推动要素在更大范围畅通流动，探索实现国内外人才、技术、产业等要素的联通，在更高起点、更高层次、更高目标上构建成为链接“双循环”的重要平台，努力成为无锡产业发展的新空间、经济发展的新引擎、城市形态的新展现、科产城人融合的新样板，打造成为具有国际竞争力的科技创新中心，为长三角构建具有全球竞争力的世界级城市群提供有力支撑。

（二）战略定位

围绕“科产城人融合”发展理念，加速推动创新功能、产业功能、城市功能与宜居宜业宜商宜游环境的结合，以打造具有国际竞争力的科技创新中心为目标，全面建成“拥湖生态标杆区、科产城人融合示范区、新兴产业策源地、科教智力集聚地、创业创新首选地”两区三地。

——拥湖生态标杆区。充分依托太湖沿岸山水自然景观生态基底，集中实践和示范生态环境共保联治、创新生态共生共荣的发展理念，提升生态环境治理体系和治理能力的现代化水平。探索构建环太湖绿色低碳循环发展体系，积极融入长三角区域污染防治协作机制，促进生态保护、人文历史、产业发展有机融合，打造成为长三角绿色生态标杆区。

——科产城人融合示范区。围绕人的需求需要与发展，加快推动科技创新、产业生成、城市生态有机融合，促进经济建设与社会建设互为发展，带动无锡实现创新发展模式、产业发展模式、城市发展模式、社会建设模式的有机结合，示范引领区域创新功能区建设发展，打造科产城人高质量融合发展的示范区。

——新兴产业策源地。面向无锡全域、太湖周边地区建设新经济生态中枢，突出源头作用、平台属性、地标品牌，促进产品技术创新、商业模式创新、产业业态创新、体制机制创新、思想文化创新融合发展，带动无锡加快从跟随创新、适应创新、集成创新向原始创新、引领创新、系统创新方向发展，打造成为全市科技创新的新动力源。

——科教智力集聚地。立足科技服务体系建设，加快培育发展科技服务业，积极探索适宜自主创新、企业培育、产业组织的新机制新模式，建立完善以人才价值为驱动的发展环境，推动产业创新、技术创新逐步向知识创新延伸，打造成为苏南产教融合引领区和人才集聚核心区。

——创业创新首选地。坚持有

创业的创新、有创新的创业、以创业带动创新，建立完善企业互联融通、产业跨界融合、园区生态赋能的新经济产业创新生态，促进硬科技与软创新、创新与创造有机结合，培育一批具有全国影响力的新经济企业、具有国际竞争力的领军型企业，打造高技术创业创新样板区。

（三）发展目标

按照“三年起步、五年成形、十年见效”的阶段性要求，到2025年，呈现“开放创新生态中枢位势显现、科技创业创新生态不断优化、新兴产业培育发展取得突破、全球科教智力资源加速汇聚、区域协同创新带动作用彰显”的发展态势。

——开放创新生态中枢位势显现。太湖湾科创带内研发投入占地区生产总值比重达4.5%；每万人发明专利拥有量达110件；科技型中小企业数量达6000家，高新技术企业数量达4000家，规上工业企业中有研发活动企业占比达95%。

——科技创业创新生态不断优化。太湖湾科创带内累计引育规上科技服务业企业350家；累计建成各类国家级科研平台20家，累计建成新型研发机构数量达40家，技术合同成交额达260亿元，累计建成市级以上众创空间、孵化器80家以上，新增社会融资规模1000亿元。

——新兴产业培育发展取得突破。新一代信息技术、生物医药、智能装备发展成为引领无锡产业提升的千亿级先导产业，高新技术产业产值占规上工业产值比重达66%；在物联网、高端芯片、生命科技等细分领域涌现一批新兴业态，一批关键技术和核心部件达到国际先进水平；新兴产业对区域经济发展的带动作用显著增强，工业企业亩均税收不低于47万元。

——全球科教智力资源加速汇聚。引进一批国内外知名高校和科研机构，每年引进各类人才3.5万人以上，年接收大学生2万人以上，基本构建形成服务区域创新发展的人才资源保障体系，打造生态、生产、生活融合的新型城市创新空间，建设成为高端人才创新创业的宜居之地。

——区域协同创新带动作用彰显。科技创新要素资源对接高效、配置优化、流动顺畅，高校、科研机构、企业良性协同的创新格局基本形成，太湖共保联治机制更加健全，绿色美丽无锡建设取得实质性成效，有效支撑市域一体化、省域一体化、长三角区域一体化建设，初步形成生态包容、产业引领、创新驱动、圈层联动、几何辐射的区域创新发展共同体。

到2030年，建设成为具有国际竞争力的科技创新中心，力争在新一代信息技术、生物医药、智能装备等领域培育形成世界级产业集群，建成一批世界一流的科研机构，诞生一批原创新兴产业，部分领域的技术创新能力进入全球前列，形成适合先进制造业“领跑”发展需求的创新治理体系和创新创业文化，成为全省发展领先、长三角创新示范、全国有影响力的科技创新高地。

二、空间统筹，构建无锡开放创新主平台

按照“协同联动、点面结合、产城融合”的布局理念，围绕新兴产业策源地与城市高端功能区建设，优化空间布局顶层设计，加快构建“一核、十园、多点”拥湖发展的空间格局，促进科技研发、产业孵化、科技服务在空间上的有机结合，打造无锡开放创新主平台与新地标。

（一）优化空间布局顶层设计

在城市布局上坚持生态为底、人文彰显，在板块开发上坚持统筹协调、优化时序，在产业空间上坚持集群集聚、土地集约，在功能配置上坚持科学合理、多元复合，全面优化太湖湾科创带空间布局顶层设计。

（二）一核十园多点拥湖发展

1.强化“一核”示范引领

“一核”即太湖新城。以无锡经济开发区、无锡山水城科教产业园和无锡太湖国际科技园为核心，切实发挥引领和带动作用，突出新城首位度、体现无锡高水准，加快人才、技术、创新平台等高端创新资源要素集聚，打造无锡产业技术创新的“中枢”和“内核”。现代服务业发展中心区——无锡经济开发区，依托雪浪小镇、秀水坊创新产业园、浪潮大数据产业园等，围绕数字经济、总部经济、服务经济，重点发展金融服务、科技服务、信息服务、会展服务、文创服务、休闲服务和商贸服务等现代服务业，建设科产城人融合发展的创新功能区、高端人才生活集聚区和高质量宜居宜业新城中心。研发创新服务核心区——无锡山水城科教产业园，发挥高校院所集聚优势，重点聚焦物联网、云计算和大数据、信息安全、软件及服务外包、文化创意等产业，加快推动科技成果落地转化，打造湖湾创新生态新地标。战略性新兴产业引领区——无锡太湖国际科技园，依托无锡物联网创新促进中心、江苏物联网研究发展中心等创新平台集聚优势，加快推动物联网、云计算、大数据、人工智能等技术与实体经济融合发展，打造引领现代产业发展的新标杆；发挥无锡国际生命科学创新园、无锡高新区生命科技园的创新创业载体功能，打造覆盖全生命周期的生命科学孵化创新平台，构建具有行业影响力的健康医疗产业创新生态圈。

2.引导“十园”特色发展

“十园”即太湖湾科创带沿线各市（县）区发展潜力较强的园区平台。突出产业承载主导功能，以特色化、集约化为发展导向，重点推动未来产业园、特色产业园和现代服务业产业园三类园区建设，推动重点园区围绕主导产业，以造链、强链、补链、延链为核心，率先打造标志性现代化产业链。未来产业园以培育新一代信息技术、生物医药产业为导向，重点建设集成电路产业园、传感网产业园、生命科学产业园，大力发展无锡有基础、市场有需求、未来有空间的重点新兴产业，吸引一批产业链上下游企业集聚，形成完整的产业上下游耦合关系，加快构建未来产业链竞争力，打造世界级先进制造业产业集群。特色产业园以培育特色优势产业为导向，重点建设“两机”产业园、环保产业园、新材料产业园，形成规模优势和产业特色，打造区域产业分工明确、经济发展效益突出、城市功能品质高端的特色产业园。现代服务业产业园围绕数字经济、枢纽经济、总部经济发展导向，重点建设空港产业园、国家工业设计园（国家知识产权示范园）、国家数字电影产业园、总部经济产业园，把握新基建、新场景发展机遇，推动现代服务业和制造业融合发展，着力培育服务业新业态、新模式。

3. 突出“多点”支撑联动

“多点”即太湖湾科创带沿线的高校、科研院所、重点实验室、工程技术研究中心、企业技术中心、创新中心、新型研发机构等创新资源。按照“多点联动、高端集聚”的发展要求，突出科技研发、创新孵化、文化教育等功能，强化高层次人才汇集、高水平高校院所集聚、高品质服务供给，进一步夯实太湖湾科创带战略支点，实现“突破一个、带动一片”的引领和示范效应，推动形成载体平台互联互动、功能定位合理清晰、组织建设高效持续的发展格局。

（三）强化三大功能有机结合

按照功能区分、服务集聚的发展原则，强化科技研发、产业孵化、科技服务等功能区块配置，打造创新资源深度融合、创业活力争相迸发、产学研高效协同的创新生态系统，促进太湖湾科创带城市功能、产业功能、创新功能的耦合发展。

三、开放包容，打造环太湖新经济生态圈

围绕“长三角先进制造核心区、技术创新先导区、绿色生态标杆区、综合交通枢纽区”定位，充分发挥无锡长三角区域中心城市优势，积极融入长三角区域一体化 1+N 的规划和政策体系，协同联动沪苏浙皖“环太湖”城市群，以太湖湾科创带建设引领市域一体化、全面服务省域一体化、积极对接长三角区域一体化、加快融入全球创新网络，以四大圈层联动，推动构建由内到外、从弱联系到强链接的创新经济生态圈，打造“双循环”先行区，助力构建具有全球影响力的长三角科技创新共同体。

（一）辐射带动市域一体化

加快区内园区整合提升，贯彻落实苏南国家自主创新示范区建设要求，加快太湖湾科创带范围内园区的整合、提升，形成功能布局合理、主导产业鲜明、产城深度融合、特色错位发展的园区体系。构建市域协同发展格局，加快太湖湾科创带与全市各板块的联动协同，围绕重点领域和重点区域进行突破，共同融入长三角区域集成电路、生物医药、智能装备等高新技术产业体系，以点带面加快一体化进程。

（二）全面服务省域一体化

助推苏锡常都市圈建设，突出“湖湾经济”特色，强化苏锡常城市群与环太湖都市圈建设，带动环太湖协同发展。推动锡常泰联动发展，突出“科创引领”发展定位，强化太湖湾科创带在锡常泰都市圈建设进程中的科技赋能功能，推进国家城乡融合发展试验区江苏宁锡常接合片区建设。

（三）积极对接长三角区域一体化

融入上海大都市圈建设，聚焦科技、产业、金融、开放、文化以及公共服务等领域，积极承接上海辐射效应，借力提升无锡城市能级。对接宁杭生态经济带建设，以生态绿色发展为主线，对接南京、杭州都市圈建设，与宁杭沿线城市共同建设长三角重要的生态屏障和绿色发展的前沿阵地。

（四）链接全球创新高地资源

积极参与“一带一路”建设，把握“一带一路”科技创新合作机遇，推动构建深度融合的科技创新互利合作新格局。深化与国际先进城市在高科技领域的合作，拓展构建无锡“一带一路”产业技术创新合作伙伴网络。深化重点国别科技合作，强化国际开放合作，推动与国际创新高地资源链接，着力构建接轨全球创新资源的国际科技合作平台。加快“走出去”发展步伐，支持企业、院所、高校等创新主体“走出去”发展，在更高能级、更高平台上融入国际创新网络。

四、产业主导，抢占未来产业发展制高点

以前沿科技创新为突破口，聚焦新一代信息技术、生物医药产业和智能装备产业发展，突出科技型企业梯队创新主体作用，加快技术创新与产业跨界融合，带动无锡新旧动能加速转换，增强产业整体实力，抢占未来产业发展制高点、产业主导权、发展主动权。

（一）培育发展战略新兴产业

前瞻培育新一代信息技术产业，顺应数字科技、智能科技发展趋势，以智能经济与实体经济融合发展为导向，加快发展物联网、集成电路、车联网、软件和信息服务、云计算和大数据、5G、人工智能、信息安全和区块链等领域，打造具有国际影响、国内领先的新一代信息技术产业高地。壮大发展生物医药产业，以高端化、绿色化、智能化、国际化为发展导向，加快发展新制药和医疗器械，前瞻布局精准医疗、健康管理、医药研发服务等新兴服务业态。创新发展智能装备产业，以实现关键核心技术自主可控为方向，瞄准智能装备制造领域前沿技术，重点扶持集成电路高端装备，着力发展智能装备关键部件、现代节能环保装备、高技术船舶和海工装备。

（二）培育新型科技企业梯队

进一步培育新经济企业，加快培育壮大“雏鹰”企业、“瞪羚”企业和准“独角兽”企业等具有高成长、爆发式、自组织、自成长特性的三类新经济企业梯队，培育发展四新经济。壮大发展高新技术企业，培育一批拥有核心自主知识产权、原创性技术的高新技术企业。助推领军企业做大做强，瞄准世界一流水平，持续培育一批具有核心竞争力的行业领军型企业。

(三)培育经济高质量新动能

加快数字经济引领驱动，充分发挥数字技术在实体经济、传统产业中的赋能作用，面向无锡市内外企业低时延、高可靠、广覆盖的工业网络需求，率先在太湖湾科创带部署新一代数字化设施，推动产业数字化与数字产业化发展。加速枢纽经济场景创新，围绕空港、高铁、陆港等枢纽经济，部署自动感知终端，构建基础设施物联网络，提升信息基础设施承载、枢纽汇聚和网络服务能力，培育智能出行、敏捷供应、智慧物流等新业态新场景。加速总部经济平台发展，聚焦科研创新、先进制造、金融商贸等总部功能，加快太湖湾科创带总部企业的引进培育，支持总部经济平台化发展，提升无锡产业组织能力、资源配置能力、开放创新能力。带动工业经济智能升级，加快推动以人工智能为代表的智能科技与垂直行业应用相结合，带动无锡智能制造、智能终端、智能服务、智能城市等领域发展。

五、人才引领，建设创业创新人才首选地

深化实施“太湖人才计划”，打响“太湖人才峰会”品牌，加快引进培育多层次、高层次创新创业人才，建设人才创新创业集聚区、人才管理改革先行区、科技人才服务示范区，着力营造良好的人才成长发展环境，以人的价值驱动带动创新驱动格局的构建。

(一)建设人才创新创业集聚区

引进海内外高层次人才，创新人才引进方式，推进市场化引才，通过引团队、引项目、引企业、引平台、引载体等多种方式汇聚海内外高层次人才。引育产业技术实用人才，聚焦5G、物联网、人工智能等技术领域，吸引集聚一批产业技术人才来锡留锡创新创业，自主培养一批适应未来发展需要的创新型和应用型人才。打造创新型企业家队伍，实行“外引内培”相结合模式，打造一支富有活力和爆发力的创新型企业家队伍。

(二)建设人才体制机制试验区

畅通人才流动发展渠道，创新人才流动机制，加快柔性引才。实行企业和研究院双聘制度，探索实行聘任制、绩效考核制等推动太湖湾科创带内园区创新选人用人机制，公开选聘紧缺急需的专业化运营管理人才到园区挂职任职。改进人才项目评价方式，深化人才评价制度改革，坚持定性与定量相结合，细化人才评价标准，逐步建立层次清、标准高、易操作的人才分类评价制度。激发激活人才创新动能，优化人才激励机制，坚持以市场价值回报人才价值，营造鼓励创新、宽容失败的人才发展环境。

(三)建设科技人才服务示范区

打造人才服务领先之地，建立高层次人才一站式服务中心，强化人才公共服务职能，建立市级统筹、上下联动、部门协同的人才政务和社会服务资源网络，推进街区、社区、园区“三位一体”便利化人才服务平台建设。打造人才生活无忧之地，聚焦人才高效便捷生活需求，完善人才居留生活保障，营造宜居宜业的人才发展环境。实施人才安居工程，建设国际化人才社区。

六、创新驱动，建设太湖湾区科创共同体

围绕“开放、多元、活力、共赢”的新经济创新生态圈构建，探索促进创业创新与新兴产业发展的新组织新模式新机制新形 式，形成生态赋能型发展结构，支撑太湖湾科创带高水平建设与高质量发展。

(一)加强关键核心技术攻关

强化关键核心技术突破，重点是物联网、集成电路、软件和信息服务、云计算和大数据管理技术、高性能计算技术、生物医药技术等方面。前瞻部署未来前沿技术，重点是5G及B5G技术、人工智能技术、区块链技术等方面。

(二)建设重大科技创新平台

打造国家科技基础设施，抢抓国家重大战略部署机遇，对标《国家重大科技基础设施建设中长期规划(2012—2030年)》，在基础研究、关键核心技术等领域主动谋划布局重大科技基础设施。聚焦深远海极地装备等领域，谋划组建集科学技术融合、前沿学科交叉、突破型引领型平台型于一体的“太湖国家实验室”。布局重大技术创新平台，瞄准重点产业方向，建立以企业为主体、市场为导向、产学研深度融合的产业技术创新平台体系。加快建设新型研发机构，建设无锡产业技术研究院，推动优化技术研究与产业应用需求深度融合发展的新型科研组织。组织和实施新研发计划，建立健全面向市场需求、企业主导的研发立项和投入机制，开展重大技术攻关。

(三)提升创业育孵发展能力

打造专业创业孵化平台，聚焦产业领域的垂直孵化，引导众创空间、科技企业孵化器、大学科技园、加速器等科创载体专业化发展，推动研发资源及上下游产业资源开放共享。提升社会化市场化水平，开展孵化器提质增效行动，推动科创载体创新市场化运营模式，引导民营孵化器建设。打造“都市微智造”空间，坚持创新回归城区发展理念，推动城市更新与先进城市“硅巷”模式有机融合，打造以创新创业为特质的微空间。

七、服务支撑，强化科技服务业赋能作用

围绕各类创新主体需求，加快科技服务业发展，优化科技资源共享服务运营机制，建设“云上科创带”，促进技术链、资金链融合发展，完善知识产权保护体系，以科技服务业赋能创新功能与产业功能协同提升。

(一)提升成果转移转化水平

加快建设苏南国家科技成果转移转化示范区，按照“技术成果产品化、技术权益资本化、技术转移模式多样化、服务能力专业化”四位一体的思路，畅通科技成果转移转化渠道。创新政产学研合作模式，突出太湖湾科创带高校、科研院所聚集优势，深入推进“一所一策”，深化高校院所与本地产业创新融合。

（二）打造渠道活跃的资金链

加快股权投资服务创新，培育发展股权投资市场，系统构建覆盖初创、成长和成熟的科技型企业投融资服务体系。加快发展债权融资市场，加快省级科技金融合作创新示范区建设，推动债权融资产品和服务模式创新。推动质优企业上市融资，利用资本市场开展融资和并购重组。

（三）强化知识产权应用保护

促进知识产权创造运用，加快推动无锡（国家）工业设计园等国家知识产权示范园区建设，鼓励企业、科研院所和知识产权服务机构联合组建高价值专利培育示范中心，在主要技术领域培育一批创新水平高、市场竞争力强的高价值专利。加大知识产权保护力度，实施严格的知识产权保护，着力提升知识产权风险防御能力。发挥司法保护主导作用，加大侵权假冒行为惩戒力度。加强知识产权综合行政执法，建立知识产权侵权查处快速反应机制。

八、城市赋能，营造宜居宜业的人居环境

立足交通设施先导、生态环境为本的建设理念，优化基础设施、“新基建”、服务配套供给，突出“最江南”生态文化底蕴，打造具有全球吸引力的宜居宜业宜商环境。

（一）优化完善交通基础设施

促进对外交通复合立体，统筹空港、高铁、陆港规划建设，提升全国性综合交通枢纽功能，构建复合化、现代化综合立体交通网络，带动枢纽经济高质量发展。加强内部交通高效联通，按照系统谋划、适度超前、效率优先发展原则，加强太湖湾科创带与无锡城市综合交通规划衔接。

（二）建设数字无锡发展典范

加快新型基础设施建设，以国家新型智慧城市试点建设为契机，加大 5G、IPv6、边缘计算、窄带物联网、绿色数据中心等新型基础设施建设力度，着力打造“智慧名城”。提升城市数字治理能力，强化数字化新模式、新机制在社会治理、公共卫生、应急响应、物资储备等城市治理领域的应用。协同推进城市精细管理，坚持“以人为本”发展导向，加快城市管理方式由粗放管理向精细化管理转变，构建技术先进、安全可靠、服务便捷的数字化服务设施体系。

（三）彰显江南生态文化底蕴

强化区域生态风貌保护，突出环太湖地区山水自然优势和沿运河地区历史文化优势，以原生态保护为重点，彰显运河文化底蕴和江南水乡特色，优化人文环境、增强绿色生态供给。巩固沿湖沿河文旅品质，把握创建国家全域旅游示范区发展机遇，推动生态建设与旅游、商贸等现代服务业深度融合发展，打响太湖、运河文旅品牌，将生态资源优势有序转化为经济发展优势。加快文化融合传承发展，深挖“吴文化”“江南文化”“运河文化”等文化价值内涵，培育一批数字经济、创意设计、文化旅游等新兴业态。

（市发展改革委　市科技局）

编辑　葛　红

1月

1日　新修订的《无锡市禁止燃放烟花爆竹条例》正式实施。新条例将市区有限制许可燃放修改为全年禁止燃放，并新增太湖新城环线内的部分区域为禁放区域。

2日　省委、省政府举行全省重大产业项目建设现场推进会议，市委书记黄钦在无锡分会场宣布药明康德合全药业等重大产业项目开工。

8～10日　政协无锡市十四届四次会议召开。市委书记黄钦讲话，市政协主席周敏炜作常委会工作报告。大会增补王国中为市十四届政协副主席，增补常委会委员4人。

9～11日　无锡市十六届人大四次会议召开。市委书记黄钦讲话，代市长杜小刚作政府工作报告。杜小刚当选市人民政府市长，沈健当选市十六届人大常委会副主任，李赢当选市十六届人大常委会委员，钱斌当选市中级人民法院院长。

10日　无锡市相关企业和高校院所牵头或参与的14个项目获得2019年度国家科学技术奖，数量为历年之最。其中，兴澄特种钢铁有限公司参与完成的"高品质特殊钢绿色高效电渣、渣重熔关键技术的开发和应用"获一等奖。

16日　韩国SK海力士与无锡高新区签署投资合作协议，共建集成电路产业园。

△中国科学技术大学副校长、中国科学院院士、无锡籍科学家杜江峰当选2019中国科学年度新闻人物。

1月2日，无锡市举行2020年重大产业项目建设现场推进会议暨无锡药明康德合全药业项目开工仪式　　（新吴区档案史志馆　供）

△无锡市歌《太湖美》以第二名的成绩入选中国文联所属中国音协主办的"歌声唱响中国"——最美城市音乐名片十佳歌曲。

20日　无锡市召开市委人大工作会议暨纪念无锡市人大设立常委会40周年大会。市委书记黄钦出席会议并讲话，市委副书记、市长杜小刚主持会议。

25日　无锡市首批医护人员28人到达武汉，支援湖北开展新冠肺炎医疗救治工作。至3月30日，先后派出援鄂医护人员169人。

29日　中国疾病控制预防中心与江苏奇天基因生物科技有限公司联合研制的新型冠状病毒核酸等温扩增快速检测试剂盒投产，实现8～15分钟快速确诊新型冠状病毒。

30日　红豆集团党委书记、董事局主席兼首席执行官周海江以个人名义交纳1000万元党费，用于疫情防控工作。

2月

3日　中午11时50分，无锡第一例治愈的新冠肺炎病人、35岁的曹某出院。

5日　市委书记黄钦主持召开市委常委会第164次会议暨市委应对疫情工作领导小组第三次会议，审议通过《关于应对新型冠状病毒感染的肺炎疫情支持企业共渡难关保障经济平稳运行的政策意见》《关于疫情防控期间依法坚决维护社会秩序和社会稳定的公告》《关于新型冠状病毒感染的肺炎疫情防控期间公众履行法定义务的通告》，通过采取继续执行水电气等要素降价政策、阶段性降低医保费率、减免残疾人就业保障金、缓交社会保险费、延期缴纳税款、减免房产税和土地增值税等政策措施，减轻企业负担。

10日　无锡企业开始大规模复工，3000多家企业列入首批复工“白名单”，其中半数以上为规模以上工业企业。至21日，除个别企业外，全市6174家规模以上工业企业全部复工，复工率高于全省平均6.9个百分点。

14日　省长吴政隆到无锡SK海力士半导体二工厂、华虹集成电路无锡研发制造基地等企业，调研复工复产情况。

15日　滨湖区与健适医疗科技集团举行高端医疗器械研发、生产基地项目视频签约仪式，市委书记黄钦、市长杜小刚出席签约仪式。该项目总投资7.2亿美元，将在无锡(马山)太湖国家旅游度假区内建设高端医疗器械生产基地、研发总部和培训基地及贸易公司总部。

21日　无锡先导集成电路装备与材料产业园项目以及园区首个进驻项目——吴越半导体氮化镓衬底及芯片制造项目签约落户。该产业园是全国首个化合物半导体装备和核心材料专业园区，项目总投资150亿元。

△无锡市针对新冠肺炎疫情推出的智能应用软件“锡康码”上线运行。

22日　总投资约50亿元的无锡星洲智能信息技术创新园在无锡高新区开工，打造以高端智能制造、人工智能、5G通信、医疗物联网为重点的高新技术产业园区。

27日　华润微电子有限公司在上海证券交易所科创板挂牌上市，开创红筹企业登陆内地资本市场的先河。

28日　无锡市与朗新科技集团签署共同推进智慧城市建设及数字经济产业发展合作协议，构建“城市互联网”和“产业互联网”为核心的平台经济新业态。

△宜兴市打造新能源产业高地重大项目开工签约仪式在宜兴经开区管委会举行，总投资120亿元的4个新能源项目开工签约。

△省级重大项目无锡量子感知产业园在惠山区前洲街道奠基开工，总投资约21亿元。

△惠山区首批重大产业项目集中签约仪式举行，蓝沛科技、保仕健生物、科曼斯启创智谷、力维智能装备、隆链智能仓储设备5个超10亿元重大项目签约。

29日　著名肺移植专家陈静瑜团队成功完成全球首例新冠肺炎转阴患者双肺移植手术。

3月

5日　省委书记娄勤俭，省委常委、常务副省长樊金龙一行在无锡调研新冠肺炎疫情防控和企业复工复产情况，市委书记黄钦、市长杜小刚陪同调研。

7日　江阴市重大产业项目集中开工暨申桦高端密封技术研发项目开工仪式在临港开发区举行。集中开工重大项目18个，总投资近157亿元，其中申桦高端密封技术研发项目总投资近1亿美元。

14日　截至是日24时，全市累计报告新型冠状病毒肺炎确诊病例55例，已全部出院；追踪到密切接触者1005人，均解除医学观察。

16～17日　副省长赵世勇带队到无锡调研生态环境保护工作。市委书记黄钦、市长杜小刚陪同调研。

17日　宜兴凤凰村宋代窑址多座古窑实施整体搬迁，为无锡市首次大规模考古遗址搬迁。

18日　市委书记黄钦主持召开市委常委会第170次会议，审议通过《无锡市大运河文化保护传承利用实施规划》。

19日　无锡发布12条“锡引惠才”行动计划，给予顶尖人才团队最高1亿元的项目支持，给予优秀医卫人才团队最高1500万元经费资助，给予重点支持的创业人才(团队)最高1000万元的项目资助。

20日　计划总投资超20亿元的Nreal（优奈柯恩）混合现实总部基地项目签约落户无锡高新区。

21～22日　全国政协常委、经济委员会副主任于广洲率中办国办复工复产调研工作组到无锡调研指导。省委常委、常务副省长樊金龙，市委书记黄钦，市委副书记、市长杜小刚陪同调研。

23日　惠山区举办“相聚桃源·梦圆惠山”2020招商项目签约会，总投资超260亿元的24个项目集中签约。

24日　无锡市出台《关于进一步降成本、拓市场、促消费推动服务业平稳健康发展的若干意见》，并设立总额3亿元的服务企业纾困发展专项资金。

△连城凯克斯半导体高端装备研发制造项目在锡山区锡北镇开工。该项目总投资30亿元，规划建设年产2000台(套)半导体高端装备研发制造基地，打造大连连城总部和研发中心。

25日　位于无锡高新区的慧海湾小镇重点项目合作签约仪式举行，市委书记黄钦会见中电海康集团董事长陈宗年一行并出席签约仪式。5月18日，作为慧海湾小镇的核心区，总投资22亿元的中电海康无锡物联网产业基地开工。

27日　市委书记、市现代产业发展领导小组组长黄钦主持召开领导小组第一次会议，审议通过《无锡市加快推进数字经济高质量发展三年行动计划(2020—2022年)》《无锡市加快推进总部经济高质量发展三年行动计划(2020—2022年)》《无锡市加快推进枢纽经济高质量发展三年行动计划(2020—2022年)》《关于加快推进无锡市现代生物医药产业发展的若干措施》《无锡市现代生物医药产业高质量发展三年行动计划(2020—2022年)》。

28日　红豆集团向柬埔寨捐赠100万只口罩。省政协主席黄莉新在捐赠仪式上讲话,市委书记黄钦、柬埔寨驻上海总领事馆总领事田温楠、红豆集团董事局主席兼首席执行官周海江分别致辞。

29日　金庸"射雕三部曲"全产业链开发项目签约发布会在无锡举行,无锡数字电影产业园、恒信东方、中手游及华奥传媒4家单位共同打造全球首个金庸武侠主题体验馆。

31日　市委、市政府印发《关于加快推进无锡市现代生物医药产业发展的若干措施》,鼓励创新药物研发,鼓励高端医疗器械创新研制,提升高品质仿制药研发水平,推动公共服务平台建设。

4月

1日　市政府召开现代生物医药产业发展政策措施及"三年行动计划"专题新闻发布会。无锡对生物医药重要创新研发项目和重大产业化项目实行"一事一议""一企一策",单家企业每年资助总额最高可达1亿元。

△中国(无锡)跨境电商学院在无锡太湖学院挂牌成立。

4日　上午10时,无锡市拉响防空警报,汽车等机动车船鸣笛,全市人民静立默哀,向新冠肺炎疫情牺牲烈士和逝世同胞表示哀悼。

8～9日　南通市党政代表团在无锡考察。9日,无锡市·南通市工作交流会举行,两市签订《关于加强锡通跨江融合发展的战略合作协议》。无锡市委书记黄钦、市长杜小刚与南通市委书记徐惠民、市长王晖座谈交流并陪同考察。

9日　全市现代化农业重大项目招商签约仪式举行,现场签约项目37个,总投资29.1亿元。

△韩国驻沪总领事崔泳杉一行到无锡访问,感谢无锡市在新冠肺炎疫情期间对韩资企业、韩国侨民以及韩国友城的关心帮助,并就进一步增进友谊、深化合作进行洽谈。市长杜小刚会见崔泳杉一行。

10日　市委书记黄钦主持召开市委常委会第174次会议,审议通过《无锡市优化营商环境行动方案2020》《关于深化落实"三项机制"激励干部新担当新作为的若干措施》《关于全面贯彻落实关心关爱疫情防控一线城乡社区工作者具体措施的通知》,研究部署关心下一代和南北共建园区创建等工作。

△市政府出台《关于促进高校毕业生来锡就业创业的若干措施》,规定符合条件的人员可以申请"先落户、后就业"或"直接落户",采取更大力度的奖励措施吸引优秀毕业生到无锡就业创业。

△总投资10亿元的无锡优泰5G高端电子材料项目签约落户锡山经济技术开发区。

16日　苏锡常地区首家民营银行、全国首家以物联网金融为特色的科技型银行——无锡锡商银行开业。省长吴政隆与省人大常委会副主任、省工商联主席许仲梓、省政府秘书长陈建刚等共同按下开业启动键,市委书记黄钦为无锡锡商银行党委授牌,市长杜小刚、人民银行南京分行行长郭新明分别致辞,中国银保监会江苏监管局局长熊涛宣读开业批复并颁发金融许可证。

17日　由常州市委书记齐家滨、代市长陈金虎率领的常州市党政代表团到无锡考察。市委书记黄钦、市长杜小刚会见代表团一行并陪同考察。

18日　中共无锡市第十三届纪律检查委员会举行第五次全体会议,市委书记黄钦到会讲话,市领导杜小刚、徐一平、周敏炜、徐劼等出席会议,省纪委常委、市委常委、市纪委书记、市监委主任王唤春主持会议并作工作报告。

20日　市委书记黄钦、市长杜小刚率领无锡市党政代表团赴苏州学习考察。省委常委、苏州市委书记蓝绍敏,市长李亚平会见代表团一行并陪同考察。

△由市人民医院副院长陈静瑜率队的国务院联防联控医疗救治肺移植专家组与武汉大学人民医院肺移植团队协作,成功完成武汉第一例新冠肺炎终末期肺纤维化患者的双肺移植。4月24日,完成第二例双肺移植。该患者术前使用呼吸机+ECMO(体外膜肺氧合治疗)长达72天,为当时使用ECMO时间最长的器官移植受者。

23日　滨湖区与智康弘义生物科技公司签署战略合作协议,肿瘤及自身免疫性疾病新药项目落户滨湖区,计划5年内研发投入超过30亿元。

27日　由无锡市政府、无锡高新区与阿斯利康合作共建的无锡国际生命科学创新园启用,包括5家新签约企业在内的印度心安医疗科技等海内外10家创新企业入园办公。

28日　由市委书记黄钦、市长杜小刚率领的无锡市党政代表团赴南京学习考察。省委常委、南京市委书记张敬华,市长韩立明会见代表团一行并陪同考察。

29日　市长杜小刚主持召开市政府第78次常务会议,审议《无锡市加快以物联网为龙头的新一代信息技术产业打造世界级产业集群三年行动计划(2020—2022)》《无锡市工业互联网和智能制造发展三年行动计划(2020—2022)》及全年工作要点。

△新华日报社无锡分社挂牌成立。市委书记黄钦与新华日报社社长、党委书记双传学共同为无锡分社揭牌。

30日　政务服务"政银合作"签约暨"成全e站"揭牌仪式在江苏银行无锡分行举行,无锡市在省内率先推出"政府G端+银行B端+客户C端"的政务服务新模式。

5月

5月1日，惠山区阳山镇阳山村朱村入选江苏省第二批特色田园乡村

（市住房城乡建设局　供）

1日　江苏省第二批特色田园乡村名单公布，惠山区阳山镇桃园村冯巷、桃源村前寺舍和阳山村朱村入选。

△是日起，全国地级市首个公共数据管理地方规章《无锡市公共数据管理办法》施行。该办法于2月26日颁布，首次在地方立法中提出“数据治理”概念。

6日　工业和信息化部发布，依托华进半导体封装先导技术研发中心有限公司的国家集成电路特色工艺及封装测试创新中心获批组建。该中心是全市第一家国家级制造业创新中心，也是全省首家新一代信息技术领域国家级创新中心。

△无锡市与中国出口信用保险公司江苏分公司签署战略合作协议，中国信保将公司提供超400亿美元承保规模，为至少7500家无锡企业提供政策性信用保险保障。

7日　2020年为民办实事项目，无锡城市服务“灵锡”App正式上线启用。上线“政务预约”“阳光食堂”“宾馆入住”“网吧开机”等服务事项超过500项，实现电子身份证、社会保障卡、地铁码等22张电子码照随身带，全年派发惠民消费券1.02亿元，拉动消费10亿元。

8日　无锡高新区与美国捷普绿点5G智造产业基地项目签约仪式举行。市长杜小刚出席签约仪式并会见捷普集团高级副总裁托德·蒙森一行。

10日　江苏省6家单位在海澜飞马水城联合举行创建体旅融合示范基地启动仪式。无锡市委书记黄钦、焦作市市长徐衣显、江苏省政府副秘书长王思源等触屏启动示范基地。

12日　无锡市政府分别与中国电信、中国移动、中国联通、中国铁塔四大电信运营商签约，开启新一轮战略合作，推动无锡数字经济高质量发展。副省长马秋林、市委书记黄钦、省政府副秘书长张乐夫出席仪式，市长杜小刚等致辞。

12～13日　副省长马秋林到无锡调研工信、科技等相关工作，并召开挂钩联系重大项目建设推进会。

14日　无锡高新区与阿斯麦公司签署战略合作协议，扩建升级光刻设备技术服务（无锡）基地。市委书记黄钦出席签约仪式。

15日　惠山区与生鲜零售标杆企业叮咚买菜签署合作协议，集生鲜仓储、物流配送、供应链生态及供应链金融于一体的“八千里路”总部项目落户惠山区。市委书记黄钦会见叮咚买菜创始人兼首席执行官梁昌霖一行，并出席签约仪式。

17日　由梁溪区政府和北京易华录信息技术股份有限公司合作建设的无锡数据湖产业园举行开湖仪式，存储容量200PB的示范湖项目投入使用。数据湖产业园计划总投资50亿元，是梁溪区建区后总投资额最高的产业项目。

19日　市政府与省社会科学院签署战略合作协议，通过开展农业农村现代化研究、人才培养交流、科研平台建设等领域的深度合作，推动无锡市率先基本实现农业农村现代化。

20日　第四届中国·江苏太湖影视文化产业投资峰会暨太湖电影周在无锡国家数字电影产业园开幕，市委书记黄钦、省委宣传部常务副部长焦建俊等为峰会启幕。

22日　无锡祥生科技股份有限公司在无锡高新区举行全球研发中心开工暨智能制造基地封顶仪式。

25日　无锡市政府、无锡经开区与上海大学签署战略合作协议，共建上海大学无锡产业研究院。市委书记黄钦与上海大学党委书记成旦红出席签约仪式。

28日　无锡市举行“四千四万”精神干部教育培训基地揭牌仪式。

29日　无锡市庆祝第四个“全国科技工作者日”系列活动启动，发布2020年百名科技之星、十大创新争先科技人物名单。

30日　无锡市召开领导干部会议。全国人大代表、市长杜小刚，全国人大代表、市人大常委会主任徐一平，全国政协委员、副市长高亚光分别传达十三届全国人大三次会议、全国政协十三届三次会议相关精神。

6月

1日　市政府妇儿工委办公室、市统计局联合发布2019年度无锡市儿童事业发展监测报告，无锡市96.5%的义务教育学校标准化建设达省标，达标率居全省第一。

2日　市政府发布《无锡市扩大有限投资稳定经济发展若干政策措施》，从加快推进重点工程重大项目建设、激发社会投资活力、强化政府投资要素保障、全面提升投资服务环境4个方面推出18条措施。

3日　市政府与建设银行江苏省分行签署战略合作协议。市委书记黄钦出席签约仪式，市长杜小刚、建行江苏省分行行长张伟煜分别致辞。

3～4日　省人大常委会副主任曲福田率调研组一行到无锡，就健全科学民主依法立法机制、制定完善《江苏省中医药条例（草案）》开展专题调研。

4日　无锡市启动违法违规“小化工”百日专项整治行动，排查治理“小化工”风险隐患。

4～5日　由全国人大常委会副委员长白玛赤林率领的调研组在无锡调研侨务法治建设情况。

7日　水利部副部长魏山忠一行到无锡调研太湖治理工作，实地考察贡湖湾湿地公园项目和梅梁湖生态清淤试点工程。

9日　徐州市委书记周铁根率徐州市党政代表团到无锡考察，市委书记黄钦陪同并会见徐州市党政代表团一行。

10日　无锡市48家企业和单位的31个项目在全省科学技术奖励大会上获江苏省科学技术奖，其中一等奖3项，分别为：“智能功率驱动芯片设计及制备的关键技术与应用”（无锡华润上华科技有限公司、无锡芯朋微电子股份有限公司、无锡新洁能源股份有限公司）、“先进核能系统关键管材与核心部件研制及产业化”（宝银特种钢管有限公司、江苏银环精密钢管有限公司）、“大面积深厚弱土加固处理技术创新与工程应用”（江苏鑫泰岩土科技有限公司）。

11～12日　省委书记娄勤俭在无锡检查调研太湖治理等工作。

13日　市委书记黄钦主持召开市委常委会第181次会议，审议通过《无锡市率先基本实现农业农村现代化示范建设实施方案（2020—2022）》。

16日　市长杜小刚主持召开市政府第81次常务会议，审议通过《无锡城市公共交通高质量发展三年行动计划（2020—2022）》。

17日　市政府与国网江苏省电力有限公司签署战略合作框架协议。市委书记黄钦出席签约仪式，市委常委、常务副市长朱爱勋致辞。

18日　2020无锡（上海）科技合作洽谈会在上海陆家嘴举行，总投资103.6亿元的59个项目集中签约。

△《2019中国城市营商环境报告》发布，在经济活跃城市的营商环境综合排名中，无锡列第四位。

19日　无锡市出台《来锡高校毕业生租房补贴、生活补贴申领细则》《来锡高校毕业生创业相关经费申领细则》《优秀大学生来锡应聘和科研实践补贴发放细则》《来锡高校毕业生交通文旅服务实施细则》等针对到无锡就业高校毕业生的一揽子补贴政策。

20日　市政府决定给予中科院院士丁汉顶尖人才创业团队1亿元资金支持。

23日　市长杜小刚主持召开市政府第82次常务会议，部署落实长江禁渔工作，审议并通过《无锡市关于进一步弘扬工匠精神加强技能人才队伍建设的实施意见》。

△无锡高新区与亚太资源开发投资集团签署合作协议，总投资超百亿元的系列合作项目落户高新区。市委书记黄钦会见亚太资源开发投资集团董事局主席郑明一行，并出席签约仪式。

23～24日　省政协主席黄莉新率调研组到无锡，就“推进江苏5G建设及智能化应用”开展调研。

24日　市委书记、市委统一战线工作领导小组组长黄钦主持召开市委统一战线工作领导小组全体会议，总结上年全市统战工作，部署2020年统战工作。会议审议并原则通过《关于加强网络人士统战工作的实施办法》《关于加强新时代民营经济统战工作的实施意见》《关于加强和完善市政府部门与各民主党派市委、市工商联和无党派知识分子联谊会对口联系工作的通知》等文件。

28日　位于滨湖区山水城的中共无锡市委党校新校区开工建设。

29日　无锡市举行庆祝中国共产党成立99周年大会暨抗疫先进事迹报告会，表彰全市优秀共产党员、优秀党务工作者、先进基层党组织。市委书记黄钦出席并讲话。

7月

1日　无锡市开展电动自行车交通安全专项整治行动，规定驾乘电动自行车出行必须佩戴安全头盔。

△是日起，市区住房公积金月缴存基数最高限额由23100元调整为26300元，最低限额仍为2020元。

2日　市委书记黄钦主持召开市委常委会第185次会议，审议通过《无锡市关于进一步弘扬工匠精神加强技能人才队伍建设的实施意见》。

△市委书记黄钦主持召开市委全面深化改革委员会第11次会议，审议通过《关于加强综合治理从源头切实解决执行难问题的实施意见》《关于开展执行管理体制改革试点工作的方案》《关于改革和完善疫苗管理体制确保疫苗安全和供应保障的通知》《无锡市侨联改革实施意见》。

△无锡市法学会第六次会员代表大会举行。省政协副主席、省法学会会长周继业到会祝贺，市委书记黄钦讲话，市长杜小刚出席，市委副书记、政法委书记徐劼主持开幕式。

6～7日　省委常委、常务副省长樊金龙率队到无锡调研并主持召开省长江流域禁捕退捕工作座谈会。

8日　市政府召开第83次常务会议，审议并原则通过《关于优化支出结构带头落实过紧日子要求全力做好"六稳""六保"工作的意见》。

△工业互联网产业联盟发布"工业互联网平台功能性能评测"第二批星级平台名单，无锡朗新科技集团旗下瀚云科技－瀚云HanClouds工业互联网平台获评五星级，跻身全国八强。

9日　市委书记黄钦主持召开市委常委会第186次会议，审议通过《无锡市大气臭氧污染防治三年行动计划(2020—2022)》《无锡市臭氧污染防治2020年工作要点》。

10日　"问鼎无锡造，铸造质量魂"2019年度无锡市市长质量奖颁奖仪式暨质量品牌建设提升会举行，市长杜小刚为市长质量奖获奖企业代表颁奖。英飞凌科技(无锡)有限公司、无锡威孚高科技集团股份有限公司、无锡华光锅炉股份有限公司获奖。

13日　由泰州市委书记史立军、市长朱立凡率领的泰州市党政代表团到无锡考察。市委书记黄钦、市长杜小刚会见并陪同考察。

14日　无锡市入选首批普通高中新课程新教材实施国家级示范区，为省内唯一；江苏省锡山高级中学入选省内3所国家级示范校之一。

15日　全国政协副主席、民盟中央常务副主席陈晓光带领部分全国政协委员、省政协委员和专家学者到无锡，考察调研科技创新企业。

△省委常委、常务副省长樊金龙赴宜兴实地检查防汛工作。

△市长杜小刚主持召开市政府第84次常务会议，审议并通过《关于全面推进我市长江流域禁捕退捕工作的实施方案》《无锡市现代服务业高质量发展三年行动计划(2020—2022)》。

△江苏省网络空间安全(无锡)实训基地落成启用仪式暨2020年全省网络安全官培训班开班动员会在无锡举行。

16日　副省长赵世勇带领省相关部门负责人到无锡检查太湖流域防汛救灾工作。

17日　省长吴政隆到宜兴防汛抗洪抢险救灾一线检查指导，看望慰问奋战一线的防汛人员。

△以"拥抱数字经济，赋能产业发展"为主题的2020数字经济高峰论坛在惠山区举行，市长杜小刚与中科院院士丁汉共同为国家数字化设计与制造创新中心江苏中心揭牌。

18日　无锡市召开全国文明城市建设动员部署会。市委书记、市创建文明城市领导小组组长黄钦要求：咬定目标任务狠抓薄弱环节，夺取全国文明城市"三连冠"。

19日　14时23分，无锡大世界影城卖出复工后的第一张电影票。20日，全市电影院有限恢复开放。

21日　市十六届人大常委会举行第31次会议，任命张明康、李秋峰为无锡市人民政府副市长，免去陆志坚副市长职务。

△市长杜小刚主持召开市政府第85次常务会议，审议并通过《关于进一步加强12345政府公共服务热线建设管理的实施意见》《无锡市粮食和物资保障能力三年行动计划》。

22～23日　省政协副主席、民建省委主委洪慧民一行到无锡，就安全生产开展专项民主监督考察调研。

27日　十三届市委第十一轮巡察工作启动，对江阴市、宜兴市、锡山区所辖的209个村和重点涉农社区开展一体化巡察。

30日　市委书记黄钦主持召开市委常委会第190次会议，决定召开市委十三届十次全会，审议通过《关于深化锡港澳多领域合作促进高质量发展的若干措施》。

△无锡市首届"最美退役军人"评选发布仪式在解放军联勤保障部队第九〇四医院举行。市委副书记、政法委书记徐劼出席活动，并为老战士吴成颁发"特别荣誉奖"。

31日　中共无锡市委十三届十次全会举行。会议表决通过关于调整部分市委委员、市委候补委员的决定及关于部分市党代表终止代表资格和停止执行代表职务的决定，审议通过全会决议。

7月30日，无锡市举行首届"最美退役军人"评选发布仪式

(市退役军人事务局　供)

△无锡市启动小区生活垃圾定时分类收集试点工作，首批试点小区12个。

△国联证券股份有限公司在上海证券交易所上市，成为无锡市首家A+H券商。

8月

15日　无锡高新区与闻泰科技股份有限公司举行签约仪式，总投资超100亿元的闻泰无锡超级智慧产业园落户高新区。市委书记黄钦出席签约仪式。市委常委、常务副市长朱爱勋讲话，副市长、高新区党工委书记、新吴区委书记蒋敏，闻泰科技股份有限公司董事长张学政分别致辞。

16日　无锡市举办庆祝2020年中国医师节现场交流活动，表彰全国卫生健康系统新冠肺炎疫情防控工作先进个人、江苏省最美医务工作者、无锡最美战"疫"先锋。同时受表彰的还有2020年无锡市优秀医师、无锡市最美医护人员、第五届无锡市十大医德标兵及百名医德之星。

17日　市委书记黄钦主持召开市委常委会第192次会议，审议通过《创建国家生态园林城市三年行动计划(2020—2022)》。

△无锡高新区与迪哲(江苏)医药有限公司举行迪哲医药中国区总部暨股权投资签约仪式。市委书记黄钦出席签约仪式。市委常委、常务副市长朱爱勋讲话，副市长、高新区党工委书记、新吴区委书记蒋敏，迪哲(江苏)医药有限公司董事长、首席执行官张小林分别致辞。

17～19日　市长杜小刚率队到深圳，举办无锡(深圳)新一代信息技术产业合作交流活动，总投资113.3亿元的54个合作项目集中签约。

19日　中国医师节庆祝大会暨第12届中国医师奖颁奖大会在北京举行，无锡市人民医院副院长陈静瑜获"中国医师奖"。

20日　2020无锡(杭州)数字经济交流合作洽谈会在杭州江干区钱塘江畔举行，总投资约60亿元的47个项目集中签约。

△柏长岭任中共无锡市委委员、常委、组织部部长。

21～23日　中共中央政治局常委、国务院副总理韩正在无锡调研，乘船了解太湖水治理情况，强调抓住截污控源这个关键，科学有效清淤固淤，确保饮用水安全。

22日　澄星集团2019年营业收入首次突破千亿元大关，成为继海澜集团、中信泰富特钢之后的无锡第三家千亿级企业。

24～25日　省人大常委会副主任邢春宁率省人大常委会执法检查组，到无锡检查《中华人民共和国土壤污染防治法》贯彻实施情况。

25～26日　省委常委、组织部部长郭文奇到无锡调研人才和太湖流域防汛治理工作。

26日　市长杜小刚主持召开市政府第88次常务会议，审议通过《进一步强化2020年大气污染防治工作36条》《无锡市推进养老服务高质量发展三年行动计划(2020—2022)》。

△市政府与中国农业发展银行江苏省分行签订战略合作协议。中国农业发展银行副行长林立、市长杜小刚出席签约仪式。

26～27日　在市十六届人大常委会第32次会议上，市人大常委会首次对法官检察官开展履职评议，并确定每年的11月1日为"无锡企业家日"。

△省人大常委会副主任曲福田率调研组到无锡，就"十四五"规划纲要编制有关对外开放等重要课题开展专题调研，并召开苏南三市座谈会。

27日　全省新时代文明实践中心建设工作推进会在宜兴召开。省委副书记任振鹤出席会议并讲话。

△在2020(第五届)大数据产业生态大会上，发布2020中国大数据企业50强，全省3家企业上榜，均为无锡企业，分别为：华云数据有限公司、帆软软件有限公司、浪潮卓数大数据产业发展有限公司。

28日　由江苏省政府投资基金与SK海力士(无锡)投资有限公司、联想控股、无锡市、无锡高新区联合发起的江苏疌泉君海荣芯投资基金在无锡签约落户，基金规模20亿元。

△由教育部、商务部等联合主办的第11届中国大学生服务外包创新创业大赛在江南大学闭幕，中南大学、东南大学、西安交通大学等24支代表队获一等奖。

29日　市政府与华润集团签署战略合作框架协议。

9月

1日　无锡市首个5G人工智能巡逻机器人"大白"在梁溪区启用。

2日　全国百佳入境旅游商"无锡运河行"文化旅游推介会召开，旅行商代表就"加强运河保护传承利用，延续壮美运河千年神韵"发表《无锡宣言》。

△首届"无锡十大农产品品牌"评选结果出炉，三乡岸乳鸽鸽蛋、璜土葡萄等10个地产品牌当选，杨巷大米等10个品牌获入围奖。

2～3日　全国政协副主席、民革中央常务副主席郑建邦带领部分全国政协委员、机关部委负责人和专家学者到无锡，就"探索建设新时代农业特区，更好服务保障民生"主题开展考察调研。

3日　市委书记黄钦主持召开市委常委会第195次会议，审议通过《无锡太湖湾科技创新带发展规划(2020—2025年)》《关于加强新时代民营经济统战工作的实施意见》。

△副省长马欣带队到无锡，检查秋季开学和疫情防控工作。

3～7日　第二届大运河文化旅游博览会线下主会场在无锡举办。副省长马欣、中国侨联副主席齐全

9月14日，无锡举行药品进口口岸获批新闻发布会（市市场监管局 供）

胜、省旅游协会会长张卫国、省政府副秘书长徐光辉、无锡市委书记黄钦、无锡市市长杜小刚、淮安市委书记蔡丽新、淮安市市长陈之常等共同按下象征大运河“世界遗产”标志，启动本届博览会。4日，举办大运河文化旅游产业合作论坛。

4日 市政府召开专题新闻发布会，颁布《无锡太湖湾科技创新带发展规划（2020—2025年）》。无锡太湖湾科技创新带以太湖岸线为界，自东向西经过新吴区、经开区、滨湖区、宜兴市，总面积约500平方千米，湖岸线约108千米，构建“一核、十园、多点”拥湖发展的空间格局。

△在江苏第七次全省特色小镇创建工作推进会上，锡山区南山车联网小镇作为新一代信息技术类特色小镇，入选第三批省级特色小镇创建名单。

8日 市委、市政府印发《关于扎实推进美丽无锡建设的实施意见》，提出持续优化市域空间布局，提升生态环境质量，打造美丽宜居城市，推进美丽田园乡村建设。

△省农业农村厅、文化和旅游厅、商务厅公布“江苏省百道乡土地标菜”名单，无锡太湖醉蟹、无锡酱排骨、无锡肉酿面筋、宜兴气锅双味、宜兴鲜肉煨笋、江阴顾山扇子骨头上榜。

9日 市委书记、市委全面深化改革委员会主任黄钦主持召开市委全面深化改革委员会第12次会议，研究部署县级集成改革第二批试点经验复制推广工作。会议审议通过《无锡市关于进一步深化公共法律服务体系建设的实施意见》。

△市长杜小刚主持召开市政府第89次常务会议，审议通过《无锡市高速公路出入口和普通国省道绿化及环境整治提升长效机制工作方案》《“美丽无锡”市区农贸市场标准化改造行动计划（2020—2021年）》。

10日 2020无锡日本产业链对接合作大会举行。市委书记黄钦作主旨演讲，日本驻上海总领事矶俣秋男、商务部投资促进事务局局长刘殿勋致辞，市长杜小刚为无锡市国际经济科技顾问授聘书。

△无锡高新区与济民可信集团举行特异性中和抗体创新药及大分子生物药生产基地项目签约仪式。市委书记黄钦出席签约仪式。副市长、高新区党工委书记、新吴区委书记蒋敏，济民可信集团董事长李义海分别致辞。此次签约落户的特异性中和抗体创新药项目及大分子生物药生产基地项目，是济民可信集团继无锡山禾药业和生物医药创新技术产业化项目后在无锡高新区投资的第三个项目，也是可信集团进军大分子生物制药领域首个落子的产业化基地项目。

11日 第15届无锡现代农业博览会在市体育中心会展馆开幕，市委书记黄钦出席开幕式并参观展览。

11～12日 无锡市党政代表团赴徐州，就推动挂钩合作协议落地落实、促进南北共建园区全面高效推进进行考察交流，看望慰问在徐州交流挂职的无锡干部。12日，举行无锡市徐州市南北合作共建联席会议暨创建省级特色园区工作推进会，无锡市委书记黄钦与徐州市委书记周铁根出席会议并讲话。

12日 市委书记黄钦、市长杜小刚率无锡市党政代表团赴常州，就深化两地合作、推动一体化发展进行考察交流。

14日 经国务院批准，增设无锡航空口岸、江阴港口岸为药品进口口岸。无锡成为自2015年药品进口口岸申报政策施行后，全国首个获批空港、水港双口岸的城市。

△山东省临沂市委书记王安德、市长孟庆斌率临沂市党政代表团到无锡考察。市委书记黄钦会见代表团一行并陪同考察。

15日 法尔胜金属线材制品国际标准化基地通过国家市场监管总局的考核验收，成为国家首批获准筹建并通过验收的国家技术标准创新基地。

18日 全国政协副主席汪永清率调研组到无锡，围绕人工智能发展中的科技伦理与法律问题开展调研。

△安徽省黄山市市长孙勇一行到无锡考察物联网产业发展情况，并与无锡市签订推进物联网产业发展深化区域战略合作协议。市长杜小刚出席签约仪式并致辞。

19～20日 首届长三角国家高新区党建联盟联席会议暨党建引领高质量发展研讨会在无锡高新区召开。科技部火炬中心党委书记张卫星，省委组织部副部长、省委非公有制企业和社会组织工作委员会书记周为号，市委书记黄钦分别致辞。

20～27日 无锡市举办2020年国际友人文化周活动。其间，举办“樱”为有你——世界三大赏樱胜地摄影美术作品展、无锡国际樱花友谊林奠基仪式、“迎中秋、庆国庆”文艺汇演等系列主题活动。

22日 2020年中国农民丰收节无锡主会场活动在宜兴徐舍镇美栖村举行。活动集中展示无锡市特色农产品和美栖花田乡村休闲游项目，同步开展网络直播带货。

△江苏省锡山高级中学校长唐江澎作为全国基础教育领域唯一代表，出席习近平总书记于9月22日在京主持召开的教育文化卫生体育领域专家代表座谈会，并提交书面发言。

24日 全国人大常委会副委员长、农工党中央主席、中国红十字会会长陈竺，全国人大常委会委员、农工党中央专职副主席杨震到无锡，就农工党中央“加快‘十四五’医药创新，推动医药产业高质量发展”开展调研。

24～25日 全国政协常委、民盟中央副主席曹卫星带领民盟中央调研组到无锡，就“立足现代化强国建设要求，提升城市品质”课题开展考察调研。

25日 江阴凤城至梅里500千伏长江跨越工程在江阴开工建设。它是中国电力建设史上规模最大、技术难度最大的跨江联网输变电工程，并将创造385米世界最高输电高塔的纪录。

△市委书记黄钦率无锡市党政代表团赴南通，就深化两地合作、加强跨江融合发展进行考察交流。南通市委书记徐惠民会见代表团一行并陪同考察，市长王晖参加会见。

△在中国快递示范城市创建工作会议上，无锡市获“中国快递示范城市”称号，为全省获此殊荣的两个城市之一。

26日 市委书记黄钦率无锡市党政代表团赴泰州，就深化两地合作、促进一体化发展进行考察交流。泰州市委书记史立军会见代表团一行，市长朱立凡陪同考察。

26～28日 青海省海东市党政代表团到无锡考察。27日，两地召开东西部扶贫协作工作第九次联席会议。青海省人大常委会副主任、海东市委书记鸟成云、无锡市委书记黄钦分别讲话。

28日 2020中国企业500强产生。海澜集团等14家企业入选“中国企业500强”，江苏大明金属制品有限公司等26家企业入围“制造业企业500强”，江阴长三角钢铁集团等18家企业入围“服务业企业500强”。

29日 市长杜小刚主持召开市政府第91次常务会议，审议通过《关于支持电子商务创新发展的若干政策》《关于进一步加快市区旧住宅电梯整治工作的意见》。

△全市召开污染防治“百日攻坚”动员会，部署下阶段污染防治工作。

30日 省商务厅发布2020~2022年度江苏省重点培育和发展的国际知名品牌，无锡市有92个品牌入选，占总数的22%，省级品牌数量蝉联全省第一。

10月

1日 是日起，太湖、滆湖实施为期10年的全面禁捕。

2日 锡山区水产技术推广站站长、研究员级高级工程师蒋造极获评农业农村部第二届“最美农技员”。

△纪念天韵社定名100周年天韵社清曲研讨会在中犊山太工疗养院举行。

10日 中国船舶重工集团第七〇二研究所载人深潜团队赴马里亚纳海沟，开展“奋斗者”号万米海试，成功完成13次下潜，其中8次突破万米。11月10日8时12分，“奋斗者”号创造10909米的中国载人深潜新纪录，标志着中国在大深度载人深潜领域达到世界领先水平。30日，载人深潜团队回到无锡。

△宜兴市、惠山区和滨湖区被命名为第四批国家生态文明建设示范市县。加上此前入选的无锡市、锡山区，全市国家级生态文明建设示范市县数量居全省第一。

△省委常委、省纪委书记、省监委代主任王常松到无锡，对违法违规“小化工”专项整治开展专题调研。

15日 “创新融合·共赢未来”无锡韩国产业链对接合作大会举行。市委书记黄钦作主旨演讲，韩国驻沪总领事崔咏杉、商务部亚洲司副司长杨伟群分别致辞。

“奋斗者”号开展海试试验 （市科技局 供）

△滨湖区与耀世星辉传媒集团签订全面合作协议，打造新经济文化产业园。

15～16日　无锡市举办“金秋有约·合作共赢——2020长三角台商无锡行”，长三角地区近60名台商协会会长参加锡台经贸交流合作活动。

16日　2020江阴经贸合作洽谈会举行。洽谈会以“新起点、新产业、新动能、新机遇”为主题，吸引意大利、英国、日本、韩国、以色列等国家和地区的客商近500人，签约项目137个，总投资911.5亿元。

△以“时代楷模”黄文秀的真实事迹为题材创作的大型原创锡剧《追梦路上》亮相2020紫金文化艺术节，在江苏大剧院首次上演。

17日　第15届中国徐霞客国际旅游节暨2020长三角水上运动邀请赛在江阴市开幕。

18日　国联集团与闻天下投资有限公司签署合作协议，共同发起成立起始规模100多亿元的国联闻泰5G通信和半导体产业基金。

△宜兴市政府与灵山文化旅游集团签署合作协议，启动实施大拈花湾文化旅游康养项目。

18～19日　中国红十字会党组书记、常务副会长梁惠玲率队到无锡，就基层红十字会改革发展工作情况进行调研。

19日　无锡市人民政府主办的2020太湖文化艺术季开幕，首场邀请全球华人首席男中音歌唱家廖昌永举办专场音乐会。11月28日闭幕式上，江苏交响乐团演出致敬贝多芬专场音乐会。其间，推出精品舞台剧目展演、戏曲艺术月、艺术作品展览等120场线下活动。

20日　全国双拥模范城（县）命名暨双拥模范单位和个人表彰大会在北京举行，无锡获得全国双拥模范城“八连冠”。江阴第五次、宜兴首次跻身全国双拥模范城行列，无锡首次成为市及所辖市（县）均获此荣誉的“大满贯”城市。

21日　2020长三角开发区合作共建与联动创新高峰论坛在无锡举办，以“新格局、新征程、新跨越”为主题，共商开发区更高质量一体化发展之计，共谋合作共建、联动创新之策。

22日　据中国科学院与经济日报社共同发布的中国社科院（财经院）创新工程重大成果《中国城市竞争力第18次报告》，2020年无锡在全国城市综合竞争力、城市营商硬环境竞争排名中均进入前十。

23日　无锡市召开太湖湾科创带建设工作会议，对加快建设太湖湾科创带作出全面部署。市委书记黄钦讲话。

△无锡市与北京邮电大学签署战略合作协议，进一步加强双方在5G人工智能、知识产权保护等方面的深度合作。市委书记黄钦会见北京邮电大学校长、党委副书记乔建永一行，并出席签约仪式。

24日　以“数字经济与场景营造”为主题的2020中国夜间经济论坛在无锡举办。会上，无锡入选2020夜间经济20强城市。

26日　安徽省池州市委书记方正率党政代表团到无锡考察。市委书记黄钦会见代表团一行，市委副书记徐劼陪同考察。

△中国联通集团与红豆集团签署战略合作协议，双方携手推进“5G+纺织服装工业互联网平台”建设。市委书记黄钦，中国联通集团党组书记、董事长王晓初出席签约仪式，副市长周长青致辞，红豆集团董事局主席兼首席执行官周海江参加签约。

28日　无锡地铁3号线一期工程开通运营。该工程西北起自苏庙站，东南至硕放机场站，线路全长约28.5千米，设21座车站。

△第二届长三角残疾人事业一体化发展研讨会在无锡召开，沪苏浙皖三省一市残联主要负责人及残疾人事业领域相关专家汇聚一堂，共同探讨长三角残疾人高质量就业政策体系和路径模式。

29日　全省民营经济统战工作会议在无锡召开。会议传达学习习近平关于新时代民营经济统战工作的重要指示和全国民营经济统战工作会议精神，对加强全省民营经济统战工作作出部署。

△安徽省淮北市委书记黄晓武、市长覃卫国率淮北市党政代表团到无锡考察，无锡市委书记黄钦陪同考察。

△全球首个Micro LED大规模量产基地在梁溪区山北光电园的利晶微电子技术有限公司正式投产。无锡市委书记黄钦为Micro LED研究院揭牌，并启动投产仪式。

30日　全市“河湖环境集中整治专项行动月”在滨湖区渔港喇叭口启动。行动为期1个月，对800余条重点河（湖）水环境面貌进行集中整治，并以点带面推动河湖整体环境提升。

△全国首个车联网先导区展示中心开馆。该中心位于锡东新城九里河公园旁，占地1.2公顷，建筑面积6000余平方米，是中国南山·无锡车联网小镇一期项目的重要组成部分。

△无锡马拉松体验中心落成。该中心位于贡湖湾湿地公园，占地超过2000平方米，是国内首个以马拉松赛事为主题的综合展示中心。

△江南大学附属医院南院区搬迁启用。该项目总投资22.75亿元，占地12公顷，拥有床位1500张。

△无锡市图书馆馆藏《司农奏草》《海珠小志》《笺注唐贤绝句三体诗法》3部古籍入选第六批《国家珍贵古籍名录》。至此，该馆有112部古籍成为国宝级纸质文物，典藏量居全国同级图书馆前列。

31日　以“网聚长三角，共话深融合”为主题的2020长三角·紫金网络传播创新峰会在无锡举行。中央网信办副主任、国家网信办副主任杨小伟，江苏省委副书记任振鹤到会讲话。全国人大社会建设委员会副主任委员、中国网络社会组织联合会会长任贤良，无锡市委书记黄钦，中国记协党组成员、书记处书记吴兢分别致辞。

△由无锡市文化广电和旅游局举办的钱锺汉遗著小说《商埠春秋》

11 月 1 日，2020 比佛利无锡马拉松比赛开赛　　（滨湖区政府办　供）

首发式在钱绳武堂举行，副市长周常青出席并揭幕。

11 月

1 日　2020 比佛利无锡马拉松比赛开赛。无锡市委书记黄钦，中国田径协会副主席蔡勇、祝仕兴，江苏省体育局副局长刘彤共同鸣枪发令。

△位于五湖大道与周新路交叉口地块、占地近 2 公顷的无锡市见义勇为主题公园开园。江苏省见义勇为基金会理事长弘强、无锡市委书记黄钦共同为主题公园揭幕。

2 日　在银川国际智慧城市博览会上，“灵锡”城市服务 App 被授予“社会治理与服务成就奖”，是全省获得的唯一奖项。

3 日　主题为“中国新基建，航天新智慧”的 2020 智慧产业高峰论坛在无锡举办。11 名院士及近 200 名业界代表参会，航天科工集团总经理、党组书记刘石泉，无锡市委书记黄钦分别致辞。

△大型原创锡剧《泰伯》在市人民大会堂首演。

△无锡市党的建设学会成立暨第一次会员大会召开。

4 日　第 12 届中国（无锡）国际新能源大会开幕，第 16 届中国太阳级硅及光伏发电研讨会同步举行。市委书记黄钦宣布大会开幕，并与中国国际贸易促进委员会副会长、中国国际商会副会长陈建安，国家电力投资集团董事长钱智民，中国能源研究会常务副理事长史玉波，国务院原参事、中国可再生能源学会原理事长石定寰，国家能源局新能源和可再生能源司副司长任育之，省政府副秘书长吴永宏共同为大会启幕。

5 日　太湖实验室建设方案通过省级综合论证。作为太湖湾科技创新带重大基础设施，太湖实验室计划在 2025 年前形成 4000 人规模的科研人才队伍。

5 ~ 10 日　第三届中国国际进口博览会在国家会展中心（上海）举办。无锡交易分团有 1403 家企业、7078 人参加，参会企业和人数在省内位居前列。

7 日　中央全面依法治国委员会办公室第四督察组组长张元率队到无锡，开展党政主要负责人履行推进依法建设第一责任人职责及法治政府建设实地督察。

△市发展改革委公布 2020 年度总部企业名单，海力士（无锡）半导体销售有限公司等 35 家企业通过复核认定，新认定贝龙国际贸易有限公司等 17 家企业，总计 52 家。

9 日　十三届市委第 12 轮巡察工作动员部署会召开，常规巡察 16 家市级机关单位、6 家市属国企，“回头看”2 家已巡察单位。

△无锡市举办纪念荣宗敬、荣德生创业 120 周年学术研讨会，市政协主席周敏炜出席会议并讲话。

10 日　第 17 届长三角法学论坛在无锡举办。中国法学会党组成员、副会长王其江，省政协副主席、省法学会会长周继业到会讲话。市委书记黄钦致辞，中国法学会会员部一级巡视员诸葛平宣读表彰决定。

11 日　规划累计总投资 30 亿元的药明生物 ADC 药物研发生产 CDMO 平台及创新中心签约落户无锡高新区综合保税区。

△江苏省“七五”普法终期第四评估验收组组长、省检察院二级巡视员王松率队到无锡，对无锡“七五”普法终期进行实地评估验收。

12 日　中国戏剧家协会公布第 24 届“中国少儿戏曲小梅花荟萃”评审结果揭晓，无锡市东绛实验学校三年级学生刘子宁摘得京昆组“小梅花”称号。

13 日　锡山区引进全市首个自主研发“空中巡管”系统，利用无人机进入以往难以取证的地域快速锁定证据，提高行政执法效能。

13 ~ 15 日　由江南大学、市委宣传部主办的书院传统与中国大学暨无锡国专创建 100 周年学术论坛在江南大学举行，并在开幕式上举行《唐文治年谱长编》新书发布会暨赠书仪式。

14 日　第 16 届中国（无锡）国际设计博览会暨第 21 届中国专利奖（外观设计）颁奖大会在无锡举行。世界知识产权组织总干事邓鸿森视屏致辞，国家知识产权局局长申长雨到会讲话，副省长马秋林致辞，市委书记黄钦致欢迎辞，并与世界知识产权组织中国办事处主任刘华、国家知识产权局专利局副局长胡文辉共同为博览会启幕，为金奖获奖单位颁奖。

18日　在新华社《瞭望·东方周刊》与瞭望智库共同主办的2020中国幸福城市论坛上，第14届中国最具幸福感城市调查推选活动揭晓，无锡成功入选“中国最具幸福感城市”。此为无锡时隔8年后再度获此荣誉。

18～19日省人大常委会副主任、党组副书记王燕文带领省人大常委会调研组到无锡，就省政府2020年民生实事项目落实情况开展调研。

△全国残疾人就业服务工作无锡现场观摩会召开。中国残联副主席、副理事长程凯，省政府副秘书长诸纪录，省残联理事长万力出席观摩会。

19日　国家体育总局副局长、党组成员杨宁率调研组一行，到无锡调研青少年后备人才培养及运动员升学、退役发展等情况。

△博世中国创新与软件开发中心在无锡经济开发区落成启用。这是博世集团在中国本土设立的首个创新与软件研发中心。

20日　梁溪区与北京金山云网络技术有限公司举行签约仪式，金山云物联网（中国）总部项目正式落户梁溪区。市委书记黄钦出席签约仪式，金山云首席执行官王育林致辞。

△梅里古镇开街仪式在中华德城广场举行，市领导徐一平、周敏炜、袁飞、魏多、蒋敏、周常青出席。梅里古镇占地约20公顷，总建筑面积约15万平方米，以吴文化为核心要素，以古都水乡为表现形态，以特色商业为载体，通过“一河、一岛、一街、一戏”的布局，构建古镇新图景。

△在第13届中国传媒经营大会上，2019～2020中国传媒经营价值百强榜发布，无锡日报报业集团《无锡日报》列“全国城市日报十强”第三位，《江南晚报》列第十位。

21～22日　太湖（马山）生命与健康论坛——2020精准医疗创新发展大会在无锡拈花湾召开，14名院士及200多名生命健康领域的专家参加会议。全国政协教科卫体委员会副主任、中国药学会理事长孙咸泽，中国工程院院士、北京大学常务副校长詹启敏参加开幕式并讲话，市委书记黄钦，省科协党组书记、副主席孙春雷分别致辞。

24日　第二届苏锡常一体化发展合作峰会在无锡举行。省委常委、苏州市委书记许昆林，无锡市委书记黄钦，常州市委副书记、市长陈金虎分别讲话。苏州市委副书记、市长李亚平出席。会上，三市领导共同启动340省道苏锡常段贯通工程项目，三市签订5项合作协议，发布《苏锡常共建太湖湾科创带倡议书》。

25日　市委书记、市委全面深化改革委员会主任黄钦主持召开市委全面深化改革委员会第13次会议，审议通过《关于坚持和完善党委领导市域社会治理制度机制和实施意见》《无锡市深化综合行政执法体制改革实施意见》。

25～27日　江苏省网络安全发展大会在无锡召开。中央网信办网络安全协调局副局长毛作奎、江苏省委网信办主任兼省委宣传部副部长徐缨、无锡市委副书记徐劼出席会议并致辞。

25～27日　第四届“过百龄杯”全国业余围棋公开赛在锡山区举行。是年起，该项赛事由国家体育总局批准升级为全国性赛事，并且经中国围棋协会及江苏省棋类运动协会授权该项赛事拥有两个业余6段名额。

26日　在江苏省人民政府、工业和信息化部、中国工程院、中国科学技术协会共同主办的“2020世界智能制造大会”上，无锡小天鹅电器有限公司获国家智能制造标杆企业称号，成为洗衣机行业唯一获此荣誉的企业。

△由市委书记黄钦带领的无锡市党政代表团赴上海考察。上海市委书记李强，市委副书记、市长龚正与黄钦一行进行交流。

27日　无锡市与微软（中国）有限公司签署合作备忘录，双方将在人工智能、物联网、工业互联网、智能制造、人才培训等领域开展新一轮合作。市委书记黄钦会见微软全球副总裁、微软中国首席运行官邹作基一行，并出席签约仪式。

△2020中国年度最佳雇主颁奖盛典在无锡举行，无锡市蝉联“最佳引才城市”奖并首次获得“最佳促进就业城市”奖。

△以“创想引领生活”为主题的第六届无锡市文化创意设计大赛在锡山区荡口古镇落幕。大赛于9月21日启动，参与设计师2200多人，征集作品2600多件，评选出金奖2项、银奖10项、铜奖20项。

△无锡经济开发区与湖南大学签署协议，合作共建湖南大学无锡智能控制系统研究院。

29日　位于惠山区西漳老陆巷的陆定一祖居正式对外开放。该祖居始建于清乾隆年间，占地600平方米，为无锡市文物保护单位。

是月　国家信用信息中心发布最新一期《国家城市信用监测月报》，江阴在全国386个县级城市的信用监测成绩榜单上，以综合信用指数88.77的成绩名列第一。

12月

1日　从无锡南站至上海洋山港的锡沪首条海铁联运集装箱班列开行，锡沪两地开启交通运输领域合作共建新篇章。

2日　华晨新日新能源汽车有限公司生产的无锡自主品牌新能源汽车举行首车下线仪式。市委书记黄钦、副市长张明康、中国汽车工业协会副秘书长叶盛基等共同启动首车下线。

△无锡市新吴区、SK无锡医院、上海交通大学医学院附属仁济医院三方合作共建SK无锡医院项目签约。该项目是SK海力士半导体（中国）有限公司投资的江苏省重点项目，总投资38亿元，将建成一个研发、培养人才一体的医疗综合体。

3日　在杭州举行的“特色小镇与数字时代同行——数字时代小镇

机制创新论坛”上，江苏无锡雪浪小镇与浙江杭州云栖小镇、甘肃榆中栖云数字小镇共同启动全国首个小镇联合创新中心。

4日　中国经济导报社、中国信息协会信息化发展研究院和北京中新城市规划设计研究院联合发布《中国城市全面建成小康社会监测报告》，在“2020中国地级市全面小康指数前100名（含副省级城市）”城市榜单中，无锡排名第四。

△梁溪区与腾讯集团及其生态合作伙伴公司签署合作协议，腾讯双创社区（无锡）、腾讯 WeSpace（无锡）项目落户梁溪区，无锡成为全国首个腾讯数字经济双平台同时落地的城市。市委书记黄钦，市委常委、秘书长陆志坚，副市长高亚光出席签约仪式。

△2020国家级江苏（无锡）车联网先导区发展峰会在无锡举行。

△无锡城市职业技术学院被国家邮政局评定为第三批全国邮政行业人才培养基地。

5日　纪念中国伦理学会成立40周年暨2020中国伦理学大会在无锡召开。

△无锡市女子救援队成立，为江苏省第一支专业女子救援队。

6日　下一代电子信息材料与器件高峰论坛暨第三届低维材料应用与标准研讨会在无锡举行。市委书记黄钦、东南大学校长张广军分别致辞，并共同为微纳系统国际创新中心揭牌。

9日　第三批江苏省传统村落名录公布，无锡市8个村落上榜，分别是江阴市顾山镇红豆村红豆树坞、云亭街道花山村姚家，宜兴市太华镇乾元村乾元、西渚镇白塔村薛家桥，锡山区鹅湖镇鹅湖村蒋塘坝、锡北镇周家阁村周家堂，惠山区阳山镇阳山村朱村、阳山镇桃源村前寺舍。

10日　上海商业储蓄银行无锡分行在新吴区旺庄科创中心开业。这是无锡市首家台资银行，也是该行在中国大陆的首家一级分行。

11日　2020中国关务发展大会暨太湖关务节在无锡举行。海关总署原副署长端木君出席，无锡市委书记黄钦、国家口岸管理办公室原主任黄胜强分别致辞。

12日　省人大常委会常务副主任、党组副书记李小敏在无锡调研集成电路产业发展情况。

13日　2020中国健康新势力发展峰会在无锡举行。市委书记黄钦会见中国工程院院士俞梦孙、樊代明等与会代表，并致辞。

15日　《无锡历史文化名城保护规划（2016—2035）》通过市十六届人大常委会第34次会议审议。

△滨湖区地方文献汇编《滨湖文库》启动编纂，所收文献编辑出版时间下限为1949年。

17日　市体育局获国家体育总局颁发的2020年全国体育事业突出贡献奖。

18日　市委书记黄钦主持召开市委常委会第212次会议，审议通过《关于加快建设“最多跑一地服务零距离”矛盾纠纷多元化解工作体系的意见》《无锡市贯彻落实〈新时代爱国主义教育实施纲要〉三年行动方案》《无锡市贯彻落实〈新时代公民道德建设实施纲要〉三年行动方案》。

22日　无锡博物院晋升为国家一级博物馆。

27日　无锡太湖学院携手华为、腾讯等公司签约合作成立长三角应用型高校产业学院联盟。第十届全国政协副主席张怀西、中国高教学会常务副会长张大良等应邀参加活动。

△国家电投宜兴杨巷80兆瓦渔光互补光伏发电项目暨宜兴杨巷40兆瓦分散式风电项目正式开工。后者是苏南首个风电项目。

28～29日　中共无锡市委十三届十一次全会举行。市委书记黄钦代表市委常委会讲话。会议审议通过《中共无锡市委关于制定无锡市国民经济和社会发展第十四个五年规划和二〇三五年远景目标的建议》。

30日　深海技术科学太湖实验室在中国船舶重工集团第七〇二研究所揭牌。副省长马秋林、中国船舶集团总经理助理许森分别讲话，并共同为太湖实验室揭牌。市委书记黄钦致辞。

△无锡市在全省率先上线无锡市食品小作坊综合治理微信小程序，公开全市825家食品小作坊的信息，完善从原料、生产、销售到消费全程可追溯的监管体系。

31日　无锡市召开建设国家电影产业创新实验区工作领导小组第一次全体成员会议，市委书记黄钦发表讲话，要求高标准建设国家电影产业创新实验区，以崭新文化品牌彰显城市文化软实力。

△无锡国家高新区和18家服务外包企业分别入选江苏省首批服务贸易基地和重点，入选企业数居全省第二。

编辑　葛　红

自然地理

【位置面积】 无锡市，别名梁溪，简称锡，江苏省省辖市。位于北纬31°07′~32°，东经119°31′~120°36′，地处长江三角洲江湖间走廊部分，江苏省东南部。东邻苏州，距上海128千米；南濒太湖，与浙江省交界；西南与浙江长兴、安徽广德交界；西接常州，距南京183千米；北临长江，与泰州市所辖的靖江市隔江相望。全市总面积4627.46平方千米(市区面积1643.88平方千米，其中城市建成区面积350平方千米)，其中山区和丘陵面积3687.85平方千米、水域面积939.61平方千米。

（锡　鉴）

【地形地貌】 无锡市境内以平原为主，星散分布着低山、残丘。南部为水网平原；北部为高沙平原；中部为低地辟成的水网圩田；西南部地势较高，为宜兴的低山和丘陵地区。无锡市地貌雏形，形成于中生代印支期(距今约1.8亿年)的华夏系构造，它使无锡地区褶皱成陆。燕山运动(距今约1.5亿~7000万年)因强烈的火山活动和新块褶皱构造的形成，使原来比较稳定的基底又生新复活升高。距今约2500万年的喜马拉雅运动，以差异性升降运动为主，在老构造的基础上，加强东西间褶皱和断裂，使江阴、宜兴一线以东形成以现代太湖为中心的坳陷盆地，即太湖盆地。宜兴地区山体均作东西向延伸，绝对高度500米以上，最高峰为黄塔顶，海拔611.5米。江阴和无锡市区的山丘总体呈北东、北东东走向，其高度由西南往东北逐级下降。最高峰为惠山三茅峰，海拔328.98米。

（锡　鉴）

【气候】 2020年，无锡市气温异常偏高，降水偏多，日照正常。冬春季气温持续偏高，冬季为自1955年有气象记录以来同期最暖，春季则仅次于2018年，为历史同期第二暖。夏季降水异常偏多，仅少于1999年和1991年，为历史同期第三多，特别是出现的超长梅雨，梅雨量达常年的3.1倍，为仅次于1991年的历史第二多年份，发生严重洪涝灾害；8月出现长时间持续高温天气；台风影响轻。年平均气温16.7℃(宜兴)~17.7℃(无锡市区)，与2006年并列历史第一高。年极端最高气温37.9℃(宜兴)~39.0℃(无锡市区)，年极端最低气温-6.8℃(无锡市区)~-7.2℃(宜兴)。年高温日数(日最高气温≥35℃)24天(江阴)~29天(宜兴)，高温最早出现在5月上旬，集中出现在8月。年低温日数(日平均气温<0℃或最低气温≤-5℃)2天(无锡市区、江阴)~7天(宜兴)。年降水量1424.3毫米(江阴)~1620.1毫米(宜兴)，和常年相比偏多3~4成，为历史第四多雨年(仅少于2016年、1999年和1991年)；年降雨日数138天(无锡市区)~164天(宜兴)；无锡市区、江阴和宜兴的一日最大降水量分别为89.9毫米、125.5毫米和75.2毫米，年暴雨日数(日降水量≥50毫米)4天(江阴)~6天(宜兴)。年日照时数1611.8小时(无锡市区)~1678.5小时(江阴)，和常年同期相比，春秋两季正常，冬夏两季偏少。

冬季(2019年12月至2020年2月) 气温异常偏高，降水偏多，日照偏少。季平均气温6.5℃(宜

表1　　2020年无锡市气象要素初终日期统计表

单位：天

要素名称	上年度			本年度
	初日	终日	初终间日数	初日
霜	11月19日	3月5日	108	12月4日
雪	2月16日	3月29日	43	12月14日
积雪	—	—	—	12月29日
结冰	12月3日	2月19日	79	12月5日
当年无霜期天数	273			

（市气象局）

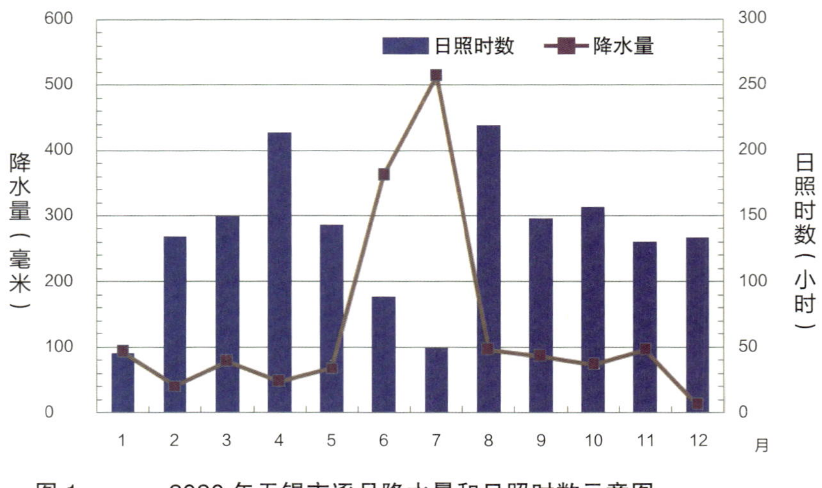

图 1　　2020 年无锡市逐月降水量和日照时数示意图

（市气象局）

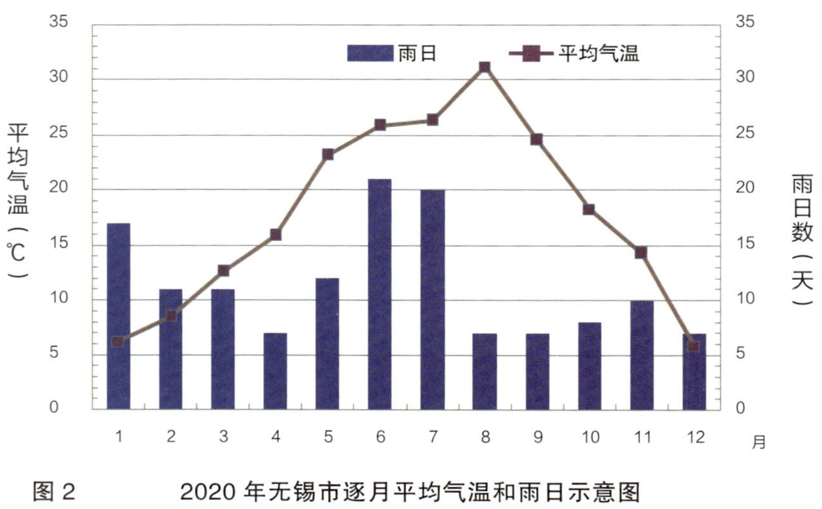

图 2　　2020 年无锡市逐月平均气温和雨日示意图

（市气象局）

兴）~ 7.6℃（无锡市区），季平均气温、平均最高气温、平均最低气温和≥ 0℃积温四项指标，均创历史新高。2019 年 11 月 25 日入冬（常年为 11 月 20 日）；冬季极端最低气温 -5.1℃，2 月 18 日出现在宜兴；极端最高气温 25.2℃，2 月 24 日出现在无锡市区；降水量 180.1 毫米（江阴）~ 272.6 毫米（宜兴），雨日 38 天（无锡市区、江阴）~ 42 天（宜兴）；一日最大降水量 29.4 毫米，1 月 26 日出现在宜兴。日照时数 301.3 小时（宜兴）~ 321.2 小时（江阴），比常年同期偏少 2 成左右。

春季（3 ~ 5 月）　气温偏高，降水偏少，日照正常。季平均气温 16.4℃（宜兴）~ 17.2℃（无锡市区）；春季极端最低气温 -0.3℃，3 月 5 日出现在宜兴；极端最高气温 35.5℃，5 月 3 日出现在宜兴；3 月 31 日入春（常年为 3 月 28 日）；5 月 11 日入夏（常年为 6 月 8 日）。降水量 193.4 毫米（无锡市区）~ 251.3 毫米（宜兴）；雨日 30 天（无锡市区）~ 36 天（宜兴），一日最大降水量 51.2 毫米，4 月 19 日出现在江阴。日照时数 506.4 小时（无锡市区）~ 533.0 小时（宜兴）。

夏季（6 ~ 8 月）　气温正常，降水显著偏多，日照偏少。季平均气温 27.1℃（宜兴）~ 27.8℃（无锡市区）；夏季极端最高气温 39.0℃，8 月 15 日出现在无锡市区；极端最低气温 18.9℃，6 月 30 日出现在宜兴。降水量 809.5 毫米（宜兴）~ 972.8 毫米（无锡市区），一日最大降水量 125.5 毫米，6 月 15 日出现在江阴，雨日 48 天（无锡市区）~ 56 天（宜兴）。日照时数 357.0 小时（无锡市区）~ 400.2 小时（宜兴）。

秋季（9 ~ 11 月）　气温正常、降水偏多，日照正常。季平均气温 17.6℃（宜兴）~ 19.1℃（无锡市区）；秋季极端最高气温 36.0℃，9 月 1 日出现在宜兴；极端最低气温 -0.1℃，11 月 30 日出现在宜兴。9 月 17 日入秋（常年为 9 月 21 日）。降水量 230.0 毫米（江阴）~ 342.8 毫米（宜兴）；一日最大降水量 63.5 毫米，9 月 17 日出现在宜兴；雨日 25 天（无锡市区）~ 32 天（宜兴）。日照时数 434.9 小时（无锡市区、宜兴）~ 454.0 小时（江阴）。

（夏　健）

【主要灾害性天气】　寒潮　2020 年，全市出现 3 次寒潮天气过程，分别出现在 2 月 14 ~ 16 日、3 月 26 ~ 28 日和 12 月 29 ~ 31 日。其中，3 月下旬的强寒潮最低气温降幅达 16℃，过程最低气温降至 1℃左右。由于冬春气温持续偏高，尤其是 3 月中旬气温异常偏高，农作物生长发育进程明显早于常年，强降温对茶叶、果树有较大影响。12 月末的强寒潮过程最低气温降幅达 13℃，并伴随有大风、雨雪和严重冰冻。

低温冰冻　2020 年，无锡市区、江阴、宜兴全年日平均气温＜ 0℃或最低气温≤ -5℃的低温天气分别为 2 天、2 天和 7 天，主要集中在 12 月。12 月 30 日至 2021 年 1 月 2 日，连续 4 天最低气温在 -6℃左右，平均气温在 0℃以下，出现严重冰冻。

连阴雨　2020 年，全市出现 4 次连阴雨天气过程，分别在 1 月 21 ~ 27 日、2 月 11 ~ 16 日、3 月 25 日 ~ 4 月 1 日和 11 月 19 ~ 27 日。1 月下旬的连阴雨历时 7 天，雨

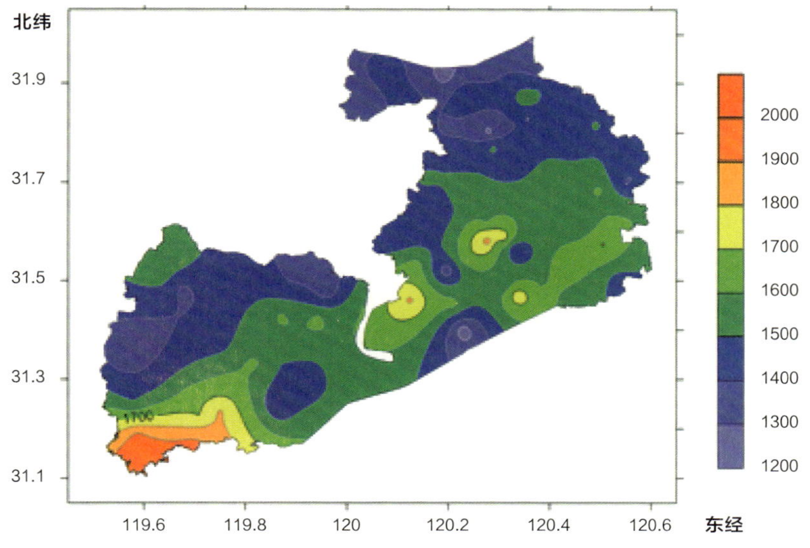

图 3　　2020 年无锡市年雨量色斑图（单位：毫米）

（市气象局）

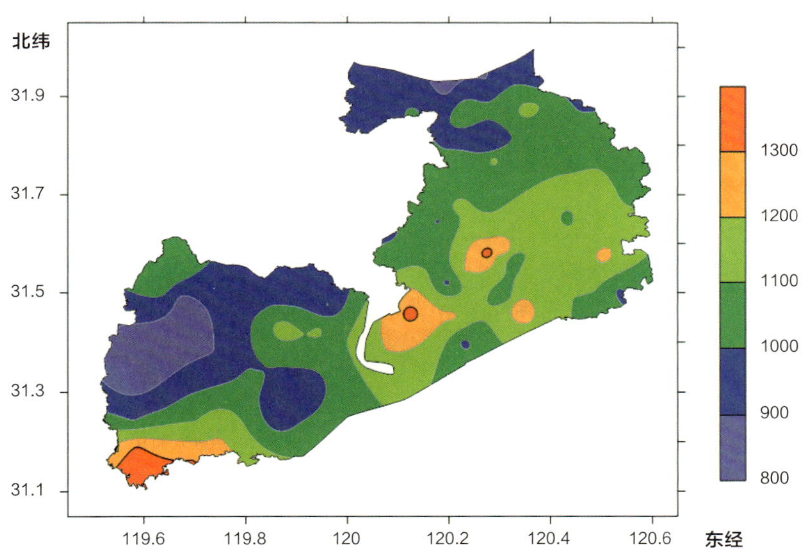

图 4　　2020 年无锡市汛期（5 ～ 9 月）雨量色斑图（单位：毫米）

（市气象局）

量 48.0 毫米，日照时数 1.4 小时，部分排水不畅的田块出现轻度渍害，影响越冬作物根系生长和养分吸收。3 月下旬中后期到 4 月初的连阴雨历时 8 天，雨量 59.2 毫米，日照时数 8.2 小时，其间还有强寒潮引发的强降温，对茶叶、果树影响较大。11 月中下旬的连阴雨历时 9 天，雨量 95.6 毫米，日照时数 2.6 小时，对百姓生活影响较大。

暴雨　2020 年，无锡市区、江阴和宜兴日降水量≥ 50 毫米的暴雨日数分别为 5 天、4 天和 6 天。大部分集中在梅雨期内，其中 7 月 15 日为全市性的暴雨过程。尤其是 7 月 5 ～ 6 日，无锡出现连续暴雨，部分地区雨量超过 250 毫米，6 日早晨市区有多达 10 处立交（涵洞）、匝道积水严重，早高峰拥堵严重；阳山桃园被淹严重，积水深度 10 ～ 15 厘米，桃树根系受损，对水蜜桃产量影响大。

梅雨　2020 年，无锡市入梅早（6 月 10 日，比常年早 6 天）；出梅晚（7 月 22 日，比常年晚 11 天）；梅雨期长（42 天，常年平均 25.6 天，1991 年最长 56 天），为无锡市有气象记录以来第六、21 世纪以来最长梅雨期。梅雨期内出现 8 次强降雨过程，无锡市区、江阴和宜兴的梅雨量分别为 767.8 毫米、711.9 毫米和 705.2 毫米，无锡市区、江阴梅雨量仅次于 1991 年，为有气象记录以来第二多；宜兴仅次于 2011 年和 1999 年，为历史第三多。

台风　8 ～ 9 月，无锡市受 3 个台风外围影响，分别是 2004 号台风“黑格比”、2008 号台风“巴威”、2009 号台风“美莎克”，但影响程度轻。

强对流　4 ～ 8 月，无锡市均有强对流发生，导致雷暴、短时强降水、冰雹和雷雨大风等灾害性天气。4 月 12 日傍晚前后，全市 28 个加密自动站出现 8 级以上大风，最大在南泉水厂站（25.4 米 / 秒，10 级，WNW，17:24）。9 月 8 日，江阴多地出现冰雹。5 月 30 日凌晨，19 个站出现 7 级以上大风，最大在马山古竹站（23.5 米 / 秒，ESE，00:29）。6 月 12 日午后，江阴本站出现 8 级大风（18.0 米 / 秒，SW，15:51）。6 月 13 日晚上，无锡北部及江阴出现强对流天气，28 个站点出现 8 级以上大风，最大在江阴华士站（27.9 米 / 秒，WNW，20:49），并伴有短时强降水，1 小时最大雨强江阴临港 43.1 毫米。

高温　2020 年，无锡市区、江阴和宜兴年高温日数分别为 28 天、24 天和 29 天，极端最高气温 39.0℃、38.5℃和 37.9℃，均出现在 8 月 15 日。受偏强副高控制，7 月 30 日～ 8 月 25 日出现持续高温天气，其中≥ 37℃的高温天气分别有 10 天、9 天、7 天。

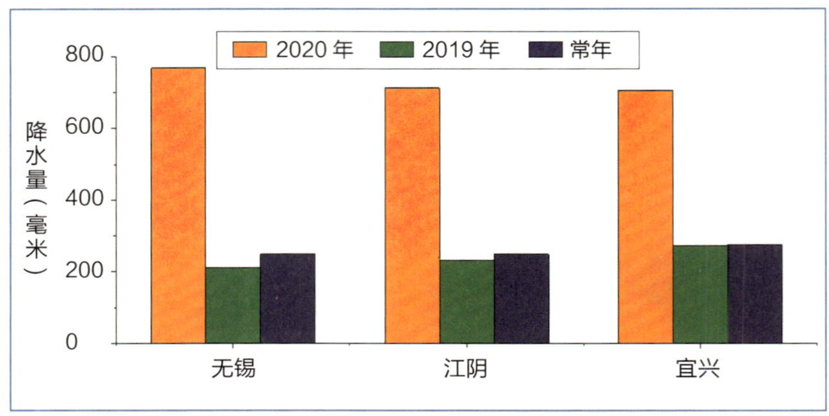

图 5　2020 年、2019 年及常年无锡市梅雨量分区对比图

（市气象局）

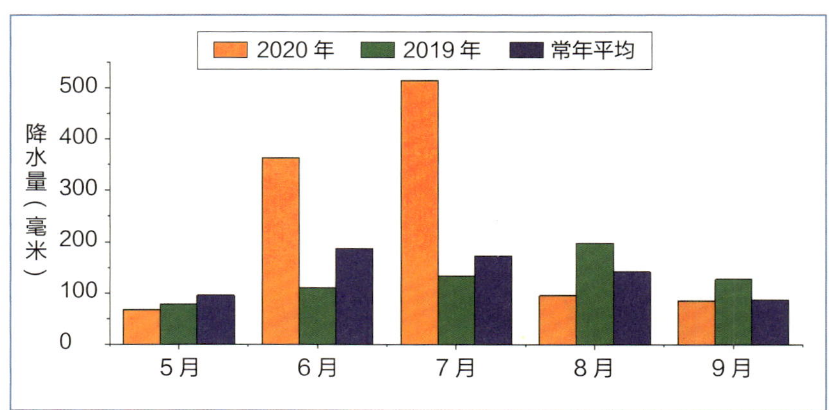

图 6　2020 年、2019 年及常年无锡市汛期各月雨量对比图

（市气象局）

表 2　2020 年无锡市主要雨量站降水量特征值统计表

地　区	站　名	年降水量（毫米）	年降水日数（天）	年最大日降水量（毫米）	出现日期
南长区	无　锡	1639.0	143	130.8	7 月 5 日
滨湖区	直湖港闸	1641.6	150	102.4	7 月 5 日
惠山区	洛　社	1607.2	144	143.4	7 月 5 日
锡山区	甘　露	1545.7	142	116.8	7 月 6 日
江阴市	江　阴	1369.3	146	69.2	6 月 15 日
江阴市	青　阳	1477.4	143	79.2	6 月 28 日
宜兴市	横山水库	1659.1	150	96.4	7 月 15 日
宜兴市	宜　兴	1572.7	135	106.5	6 月 15 日
宜兴市	大浦口	1412.7	138	69.0	6 月 15 日

（市水文局）

雾霾　2020 年，无锡市区、江阴和宜兴分别有 23 天、20 天和 57 天的大雾，42 天、30 天和 24 天的霾，雾霾主要集中出现在 1 ~ 2 月以及 11 ~ 12 月。

（夏　健）

【水文】 2020 年，无锡市有水位站 13 处（其中潮水位站 1 处），雨量站 21 处，流量站 11 处，测流断面 13 个，蒸发站 1 处，浅层地下水位站 16 处，深层地下水位站 23 处，地表水温站 1 处，地下水温站 39 处。全市年平均降水量 1646.7 毫米，较常年偏多；最大年降水量站点出现在杨省庄站，年降水量 2056.9 毫米。汛期（5 ~ 9 月）降水量 1046.3 毫米，占年降水总量的 63.5%。全年日降水量≥ 0.2 毫米的雨日 143 天，比常年多 18 天。水面年蒸发量 785.7 毫米，最大日水面蒸发量 7.5 毫米（5 月 18 日）。

2020 年，无锡市呈现入梅时间偏早，出梅时间偏晚，梅雨期显著偏长，降水过程频繁，覆盖范围广，雨量明显偏多；降水时空分布不均，呈过程性、间歇性等特点。6 月 10 日入梅，较常年早 6 天；7 月 22 日出梅，较常年晚 11 天；梅雨期 42 天，较常年多 17 天。全市平均梅雨量 711.4 毫米，是常年梅雨量的 2.88 倍，梅雨总量位列 1954 年以来第二位。市区、江阴、宜兴梅雨量分别为 749.3 毫米、655.2 毫米和 719.8 毫米。

2020 年，汛期全市最大单日面雨量为 83.2 毫米（7 月 5 日）；最大 30 日雨量 542.1 毫米，1954 年以来历史排位第四位，重现期约 40 年一遇；最大 15 日雨量 362.0 毫米，重现期约 14 年一遇。

河道水情　1 ~ 4 月，境内河道水位较平稳，水位变幅主要受局部降水及工程调度影响。1 ~ 4 月平均水位 3.59 米，比上年同期低 0.07 米。入汛后，河道水位整体趋于平稳。汛初，河道水位总体较为平稳。汛期河道水位总体偏低，入梅后受梅雨期强降水影响，河道水位持续上涨，境内河网水位普遍超警戒水位，部分超保证水位；汛后随着降水的减少，河道水位总体呈平稳下降趋势。

5月，无锡地区无持续强降水过程，主要骨干河道水位上旬逐渐走低，月中附近出现最低水位。5月中旬起，沿江主要开门加强调度，引调江水，锡澄地区河道水位受沿江加强引长江水影响，水位略有走高。6月，强降水过程较多，主要骨干河道水位逐级走高，29日左右出现月内最高水位；10日入梅以后，无锡地区迎来两场次超100毫米的强降水过程，锡澄地区主要河道水位超警戒水位运行，宜兴地区水位也于月末触及警戒水位；太湖水位在上游持续强降水影响下，持续走高，于28日超警戒水位运行。7月，受前期累计梅雨量较大影响，主要河湖水位较高，宜兴地区代表站宜兴（西）站1日水位4.13米，水位较往年同期较高。受7月5日强降水影响，主要河湖水位快速上涨，锡澄地区主要河道水位5日超警戒水位运行，宜兴地区水位6日超警戒水位运行，大运河无锡站涨至阶段最高水位4.99米，之后缓慢回落。7月11日开始，无锡地区连续降水，主要河湖水位逐级走高，于20日创月内最高水位。大运河无锡站最高水位5.05米，超警戒水位1.15米；青阳站最高水位4.98米，超警戒水位0.98米；宜兴西站最高水位5.10米，超警戒水位0.90米。8月，受降水影响，内河水位出现短时小幅超警，之后缓慢回落至警戒线以下。9月，受14～17日连续降水影响，骨干河道水位在15日后出现一段上升过程，后恢复平稳。

全站区内河各站在7月20日出现年最高水位，在5月上中旬或者年底出现年最低水位。大运河无锡站（警戒水位3.90米）最高水位5.05米，最低水位3.21米；大运河洛社站（警戒水位4.00米）最高水位4.97米，最低水位3.21米；锡澄运河青阳站（警戒水位4.00米）最高水位4.98米，最低水位3.30米；西氿宜兴站（警戒水位4.20米）最高水位5.10米，最低水位3.00米；望虞河甘露站（警戒水位3.80米）最高水位4.61米，最低水位2.93米。

太湖水情　2020年，太湖平均水位3.39米，比上年同期高0.08米，比多年同期高0.18米；最高水位4.79米（7月20日），最低水位2.94米（5月23日）。大浦口站平均水位3.44米，最高水位4.83米（7月20日），最低水位2.68米（12月29日）。犊山闸站平均水位3.38米，最高水位4.81米（7月22日），最低水位2.55米（12月29日）。

长江水情　2020年，长江江阴站（警戒潮水位5.90米）7月24日（农历六月四日）出现年最高潮水位6.52米，12月31日（农历十一月十七日）出现最低潮水位1.19米。

横山水库水情　2020年，横山水库最高水位35.22米（7月16日），最大蓄水量6163万立方米，最低水位27.99米（6月10日），最小蓄水量1636万立方米。

（朱　玲）

【自然资源】 水资源　无锡地处水乡，全市有村级以上（长度150米以上）河道5635条，总长度7328.4千米；其中市区2193条，总长度3261.5千米。地表水较为丰富，外来水源补

表3　2020年无锡市主要水位站水位特征值统计表

单位：米

河　名	站　名	年最高水位	出现日期	年最低水位	出现日期	年平均水位
大运河	洛　社	4.97	7月20日	3.21	5月18日	3.64
大运河	无　锡	5.05	7月20日	3.21	5月18日	3.64
太　湖	犊山闸	4.81	7月22日	2.55	12月29日	3.38
太　湖	大浦口	4.83	7月20日	2.68	12月29日	3.44
锡澄运河	青　阳	4.98	7月20日	3.30	5月3日	3.71
望虞河	甘　露	4.61	7月20日	2.93	5月2日	3.46
西　氿	宜　兴	5.10	7月20日	3.00	12月31日	3.52
横山水库	横山水库	35.22	7月16日	27.99	6月10日	31.09
长　江	江　阴	6.52	7月24日	1.19	12月31日	—

说明：表内水位为吴淞基面以上数值。

（市水文局）

给充足。2020年，全市水资源总量41.14亿立方米，其中地表水资源量36.54亿立方米、浅层地下水资源量8.4亿立方米，扣除重复计算量3.81亿立方米。全年入境水量101.63亿立方米，出境水量152.13亿立方米。综合本地地表径流量、入境水量、年初槽蓄量、各项用水的回归水量和境外取水量等情况计算，全市可用水资源量为181.08亿立方米。

矿产资源 无锡地区矿产资源相对匮乏，已查明矿产有4类28种，其中：金属类矿产有铁、锰、铜、铅、锌、银、锡7种，非金属类矿产有石灰岩、白云岩、大理岩、陶土（包括白泥、甲泥、紫泥、嫩泥）、瓷（石）土、耐火黏土、水泥配料用黏土、砖瓦用黏土、水泥配料用黄土、石英砂岩、黄铁矿、沸石、磷矿、重晶石、耐火耐酸石材、铸型黏土、铸石17种；能源类矿产有煤炭、泥炭、浅层天然气3种；水气类矿产有矿泉水。已探明资源储量的有：煤炭4413.44万吨，铁矿269.73万吨，耐火黏土137.3万吨，泥炭11.5万吨，水泥用灰岩68689.8万吨，水泥配料用砂岩2612万吨，陶瓷土5368万吨，水泥配料用黏土1580.67万吨，水泥配料用黄土490万吨，饰面用花岗岩22万立方米，饰面用大理岩936.1万立方米。矿产资源分布不均匀，绝大部分矿种和储量分布在宜兴。

生物资源 植物资源方面，生长于无锡地区的维管束植物有160科903属1990种284变种（或亚种、变型，下同），栽培植物种数超过野生植物种数。自然分布于无锡以及原产于外地而在无锡归化的野生植物共有141科514属998种87变种，由世界各地辗转引入栽培以及原产于无锡地区而亦已引入栽培的植物共有137科582属1137种198变种，其中有145种既有栽培、又见野生。野大豆、明党参、短穗竹、金钱松属国家珍稀濒危保护植物，水蕨和乌苏里狐尾藻属国家重点保护野生植物。动物资源方面，有鱼类107种（不包括引进种），分属于13目25科，其中包括国家一级重点保护鱼种中华鲟、白鲟，国家二级重点保护鱼种松江鲈鱼、胭脂鱼；鸟类173种，分属于16目，其中国家一级保护鸟类3种、国家二级保护鸟类27种；兽类36种，其中穿山甲（鲮鲤）、水獭、大灵猫、小灵猫、河麂、江豚属国家二级保护动物；两栖类9种，其中虎纹蛙为国家二级保护动物；爬行类25种。

（锡　鉴）

历史人文

【建置沿革】 无锡是江南文明发源地之一，六七千年前已经有先民生息。有文字记载的历史可追溯到3000多年前的商朝末年。公元前11世纪末，周太王的长子泰伯为让王位于三弟季历，偕二弟仲雍，从现属陕西的岐山南奔梅里（今无锡梅村），筑城立国，自号句吴。周灭商后，因泰伯无子，周武王追封仲雍的五世孙周章为吴君，建吴国。周元王三年（前473年），越灭吴，无锡属越国。周显王三十五年（前334年），楚灭越，无锡属楚国。秦王政二十四年（前223年），秦灭楚，置会稽郡，无锡属之。汉高祖五年（前202年）始置无锡县，属会稽郡。新始建国元年（公元9年）改名为有锡县，东汉初年复置无锡县。三国时，分无锡县以西为屯田，置毗陵典农校尉。西晋太康元年（281年）复置无锡县，属毗陵郡。隋、唐、宋相沿。元元贞元年（1295年）升无锡为州，属浙江行中书省常州路。明洪武元年（1368年）降州为县，属中书省常州府。清雍正二年（1724年），分无锡为无锡、金匮两县，同城而治，均属常州府。宣统三年（1911年），无锡光复，锡金军政分府成立于原金匮县属，辖原无锡、金匮两县；次年5月，撤销锡金军政分府。民国元年（1912年），锡、金两县合并，复称无锡县，属苏常道。民国16年（1927年），无锡县直属江苏省。民国23～26年，为无锡行政督察区专员公署驻地。抗日战争全面爆发后，无锡四乡先后建立中共领导的锡北、锡东、太湖、武南、澄西等抗日民主政权。

1949年4月23日无锡解放，分无锡为无锡市、无锡县，市、县同城，无锡市属苏南人民行政公署。1953年建江苏省，无锡市为省辖市；无锡县属先后多次变化，曾属常州专区、无锡市、苏州专区管辖。无锡市区于1958年6月基本形成四区格局，即崇安、南长、北塘三区和郊区。1983年3月，实行市管县体制，原属苏州地区的无锡县、江阴县与原属镇江地区的宜兴县划为无锡市管辖。1988年，在马山镇包括马圩地区设立马山区。国务院恢复撤县设市工作后，1987年4月、1988年3月、1995年6月，江阴县、宜兴县、无锡县先后撤县设市，设立江阴市、宜兴市、锡山市。1995年3月，无锡市区和无锡县行政区划进行部分调整，组建无锡新区。郊区旺庄乡，无锡县硕放镇和坊前、新安、梅村3镇的19个行政村，连同无锡国家高新技术产业开发区、无锡新加坡工业园，由无锡新区管理。2000年12月，撤销锡山市，设立锡山区和惠山区；撤销马山区，马山区的行政区域和锡山市的部分镇（9个）并入郊区，郊区更名为滨湖区。2001年12月，滨湖区广益镇划归崇安区，扬名镇划归南长区，黄巷镇、山北镇划归北塘区。2015年10月，撤销崇安区、南长区、北塘区，合并设立梁溪区；析锡山区的鸿山街道和滨湖区的江溪、旺庄、硕放、梅村、新安5个街道，设立新吴区。

（市民政局）

【行政区划】 2020年，无锡市辖梁溪、锡山、惠山、滨湖、新吴5个区，及江阴、宜兴2个县级市。全市有30个镇、53个街道，下设499个村委会、658个社区居委会，41个村（居）委会（合一）。

（韩科峰）

表 4　　2020 年无锡市行政区划一览表

单位：个

区域名称	所辖街道、乡镇名称	街道	镇
梁溪区	街道：崇安寺、通江、广瑞路、上马墩、江海、广益、迎龙桥、南禅寺、清名桥、金星、金匮、扬名、北大街、惠山、山北、黄巷、五河	17	
锡山区	街道：东亭、安镇、东北塘、云林、厚桥 镇：羊尖、鹅湖、锡北、东港	5	4
惠山区	街道：堰桥、长安、钱桥、前洲、玉祁 镇：洛社、阳山	5	2
滨湖区	街道：河埒、荣巷、蠡湖、蠡园、华庄、太湖、雪浪、马山 镇：胡埭	8	1
新吴区	街道：新安、旺庄、硕放、江溪、梅村、鸿山	6	
江阴市	街道：澄江、南闸、云亭、城东、夏港、申港、利港 镇：璜土、月城、青阳、徐霞客、华士、周庄、新桥、长泾、顾山、祝塘	7	10
宜兴市	街道：新庄、宜城、屺亭、新街、芳桥 镇：张渚、西渚、太华、徐舍、官林、杨巷、新建、和桥、高塍、万石、周铁、丁蜀、湖㳇	5	13
合　计		53	30

（市民政局）

表 5　　2020 年无锡市行政区划统计表

区域名称	市（县）（个）	市辖区（个）	镇（个）	街道（个）	村委会（个）	居委会（个）	村居合一（个）	面积（平方千米）	户籍人口（人）
梁溪区	—	1	—	17	—	156	—	71.50	800146
锡山区	—	1	4	5	75	51	—	399.11	486499
惠山区	—	1	2	5	29	63	22	325.12	515564
滨湖区	—	1	1	8	—	107	7	628.15	558017
新吴区	—	1	—	6	7	98	—	220.01	387009
小　计	—	5	7	41	111	475	29	1643.88	2747235
江阴市	1	—	10	7	191	81	2	986.98	1266587
宜兴市	1	—	13	5	197	102	10	1996.61	1075847
小　计	2	—	23	12	388	183	12	2983.59	2342434
合　计	2	5	30	53	499	658	41	4627.47	5089669

（市民政局）

【人口】 年末，无锡市总户数175.25万户，比上年增长1.88%。户籍人口508.97万人，比上年增长1.21%。其中，男性249.73万人，女性259.24万人。全年出生人口39216人，出生率7.75‰；死亡人口40020人，死亡率7.91‰；人口自然增长率为−0.16‰。户籍人口城镇化率78.74%。全市常住人口746.40万人。

无锡市出生政策符合率99.67%，孕前优生健康检查覆盖率96.5%，出生人口性别比109.65，流动人口服务管理率95%。全市户籍老年人口135.6万人，占全市户籍总人口的26.6%。其中80周岁以上高龄老人20.3万人，占老年人口总数14.98 %，百岁以上寿星649人。

（顾厚文　蒯薇　陈建忠　张兴堂）

【民族】 全市有汉族、蒙古族、回族、藏族、维吾尔族、苗族、彝族、壮族、布依族、朝鲜族、满族、侗族、瑶族、白族、土家族、哈尼族、哈萨克族、傣族、黎族、傈僳族、佤族、畲族、高山族、拉祜族、水族、东乡族、纳西族、景颇族、柯尔克孜族、土族、达斡尔族、仫佬族、羌族、布朗族、撒拉族、毛南族、仡佬族、锡伯族、阿昌族、普米族、塔吉克族、怒族、俄罗斯族、鄂温克族、德昂族、保安族、裕固族、京族、塔塔尔族、独龙族、鄂伦春族、赫哲族、门巴族、基诺族54个民族。户籍人口中，汉族占99.4%，少数民族占0.6%。

（市民宗局）

【宗教】 无锡是江苏省宗教工作重点市之一，佛教、道教、伊斯兰教、天主教、基督教五大宗教齐全。2020年，全市经登记并赋码换证的宗教活动场所278处，省民宗委授权托管的宗教院校1所。

（市民宗局）

经济和社会发展

【概况】 2020年，无锡市综合实力持续增强，全年实现地区生产总值12370.48亿元，按可比价格计算，比上年增长3.7%。其中：第一产业实现增加值128.10亿元，比上年增长1.6%；第二产业实现增加值5751.19亿元，比上年增长4.3%；第三产业实现增加值6491.19亿元，比上年增长3.2%。三次产业比例为1.0 ∶ 46.5 ∶ 52.5。

全年城镇新增就业15.56万人，其中：各类城镇下岗失业人员实现就业再就业8.93万人，援助就业困难人员再就业3.88万人。全市城镇登记失业率为1.75%。

全年民营经济实现增加值8139.78亿元，比上年增长3.6%，占经济总量的比重为65.8%，比上年下降0.1个百分点。民营工业实现产值10253.82亿元，比上年增长5.4%。民间投资完成2385.03亿元，比上年增长7.9%。

年末，全市登记的各类企业36.96万户，其中非私营内资企业3.16万户、外商投资企业0.70万户、私营企业33.10万户，当年新登记各类企业5.86万户。

全年市区居民消费价格指数（CPI）为102.3，比上年下降0.6个百分点。其中，服务项目价格指数为101.2，消费品价格指数为103.1。工业生产者价格有所走低，全年工业生产者出厂价格指数比上年下降2.4%，工业生产者购进价格指数比上年下降4.0%。

（市统计局）

【固定资产投资】 2020年，无锡市固定资产投资完成3815.36亿元，比上年增长6.1%。其中：第一产业投资完成7.59亿元，比上年下降38.2%；第二产业投资完成1735.8亿元，比上年增长13.3%；第三产业投资完成2071.96亿元，比上年增长1.0%。

全年房地产业实现增加值941.92亿元，比上年增长6.1%。房地产开发投资完成1350.02亿元，比上年下降0.6%。商品房施工面积为6363.12万平方米，比上年增长0.2%；竣工面积1517.30万平方米，比上年增长14.4%。全年商品房销售面积1550.56万平方米，比上年增长12.4%；商品房销售额2361.75亿元，比上年增长22.4%。

（市统计局）

【财政金融】 2020年，无锡市一般公共预算收入1075.7亿元，比上年增长3.8%。一般公共预算支出1215.03亿元，比上年增长8.7%。

年末，金融机构各项本外币存款余额19400.95亿元，比上年增长10.2%；各项本外币贷款余额15303.43亿元，比上年增长12.9%。存款中，非金融企业存款余额8223.06亿元，比上年增长8.7%；住户存款余额7283.68亿元，比上年增长15.3%。贷款中，非金融企业及机关团体贷款11094.04亿元，比上年增长8.8%；住户贷款4200.60亿元，比上年增长25.1%。全年现金净投放197.19亿元，比上年增长2.6%。

全年实现保费收入431.71亿元，比上年增长0.1%。其中财产险收入109.53亿元，比上年增长6.9%；人寿险收入322.17亿元，比上年下降2.0%。保险赔款支出77.66亿元，比上年增长12.8%。保险给付支出34.25亿元，比上年增长7.6%。

全年证券市场完成交易额7.17万亿元，比上年增长51.6%。新增上市公司16家，累计162家；新三板企业挂牌2家，累计挂牌275家。

（市统计局）

【科技教育】 2020年，无锡市有国家级工程技术研究中心6家，省级以上重点实验室9家，省级以上企业重点实验室8家，国家级国际合作基地6家。全市高新技术产业产值占规模以上工业总产值比重达到48.33%，高新技术产业产值同比增长10.18%。发明专利授权量4362件，比上年增长1.5%。万人有效发明专利拥有量达49件。全市获国家、省科技计划到位经费5.40亿元，其中获国家科技经费2.07亿元。

全市共有普通高校12所。普通高等教育本专科招生4.53万人，在校生13.32万人，毕业生3.21万人；研究生教育招生0.36万人，在校生0.97万

表 6　　2020 年无锡市地区生产总值统计表

指标	单位	2020 年	比上年增长（%）
地区生产总值	亿元	12370.48	3.7
1. 按产业分			
第一产业	亿元	128.10	1.6
第二产业	亿元	5751.19	4.3
第三产业	亿元	6491.19	3.2
2. 按行业分			
农林牧渔业	亿元	146.30	1.5
工业	亿元	5126.15	4.6
建筑业	亿元	625.68	1.5
批发和零售业	亿元	1773.16	0.5
交通运输、仓储及邮政业	亿元	258.95	4.0
住宿和餐饮业	亿元	168.88	−9.2
金融业	亿元	1058.75	4.8
房地产业	亿元	941.92	6.1
其他服务业	亿元	2270.69	4.3
# 营利性服务业	亿元	1177.26	4.0
非营利性服务业	亿元	1093.43	4.6
地区生产总值构成	%	100.00	
第一产业	%	1.04	平
第二产业	%	46.49	（−0.8 百分点）
第三产业	%	52.47	（+0.8 百分点）

（市统计局）

人，毕业生 0.23 万人。全市中等职业教育在校生 6.97 万人（含技校）。九年义务教育巩固率 100%，高中阶段教育毛入学率 100%，普及高中阶段教育。

（市统计局）

【文化卫生体育】 年末，无锡市有艺术表演团体 89 个，文化馆 8 个，公共图书馆 8 个，文化站 82 个，博物（纪念）馆 63 个。有人民广播电台节目 8 套，电视台节目 9 套，无锡有线电视总用户 150.53 万户。电视人口总覆盖率和广播人口覆盖率均达 100%。有综合档案馆 8 个，向社会开放档案 14.88 万卷(件、册)。

年末，全市拥有卫生医疗机构 2952 个，其中综合医院 74 家、社区卫生服务中心（卫生院）114 家、社区卫生服务站（村卫生室）700 家、护理院 57 家、疗养院 6 家。有卫生技术人员 6.30 万人，其中执业（助理）医师 2.50 万人；拥有医疗卫生机构床位 5.16 万张，其中医院、社区卫生服务中心（卫生院）5.05 万张。全市各级医疗机构全年完成诊疗 5078.93 万人次，比上年下降 14.2%。

年末，全市人均体育场地面积 3.28 平方米，每万人拥有社会体育指导员 36 人，全市国民体质合格率 95.7%。成功举办无锡马拉松、全国跆拳道锦标赛、全国跆拳道冠军总决赛等一批大型赛事。全年无锡籍运动员在全国以上各级各类比赛中取得 8 项冠军。全市体育彩票销售额 26.73 亿元，排名全省第二。

（市统计局）

【社会保障】 2020 年，无锡市企业职工基本养老保险人数（含退休人员）393.17 万人，净增缴费人数 11.78 万人。全市参加城镇职工基本医疗保险人数 393.03 万人，参加生育保险人数 249.32 万人，参加失业保险职工人数 245.94 万人，参加工伤保险人数 248.58 万人。市区月低保标准提高至 1010 元。年末在领失业保险金人数 2.71 万人。

城乡居民最低生活保障对象 13925 人，全年发放低保金 1.30 亿元。实施城乡医疗救助 23.33 万人次，支付救助金 9765.73 万元；实施临时救助 11140 人次，发放救助金 1482.41 万元。全市享受国家抚恤补助的重点优抚对象 16516 人。保障性安居工程建设有序推进，全市新开工保障性住房 17841 套，基本建成 6638 套。

（市统计局）

【资源和环境】 年末，全市水资源总量41.50亿立方米，比上年增长96.4%。全年用水总量26.07亿立方米，比上年下降4.1%。其中生活用水增长6.7%，工业用水（开式火电用水以耗水计）下降1.7%，农业用水下降14.4%，生态补水下降0.5%。

全市$PM_{2.5}$年均浓度33微克/立方米，较上年下降15.4%。环境空气质量优良天数比例为81.7%，比上年提高9.6个百分点。集中式饮用水源地水质达标率100%（不计总磷），全市功能区昼间和夜间噪声达标率分别为96.1%和75.8%。

年内市区新增绿地面积300公顷，人均公园绿地面积14.95平方米，建成区绿化覆盖率43.43%。

（市统计局）

说明：

1. 以上数据中地区生产总值和各产业增加值绝对值按现行价格计算，增长速度按可比价格计算。

2. 部分数据因四舍五入的原因，存在着与分项合计不等的情况。

表7　2020年无锡市国民经济和社会发展主要指标一览表

指　标	单　位	2020年	比上年增长（%）
土地面积			
行政区划面积	平方千米	4627.46	—
人口就业			
年末总人口（户籍）	万人	508.97	1.2
年末总人口（常住）	万人	746.40	0.1
常住人口城镇化率	%	82.79	(+0.8百分点)
国民经济核算			
地区生产总值	亿元	12370.48	3.7
第一产业	亿元	128.10	1.6
第二产业	亿元	5751.19	4.3
第三产业	亿元	6491.19	3.2
人均地区生产总值	元	165851.00	3.4
农　业			
农林牧渔业总产值	亿元	209.85	4.1
粮食产量	万吨	50.86	−7.1
油料产量	万吨	0.70	2.1
水产品产量	万吨	11.87	−0.9
工　业			
规模以上工业总产值	亿元	17831.18	6.3
规模以上工业增加值	亿元	3968.80	6.6
规模以上工业销售产值	亿元	17318.77	6.2
规模以上工业营业收入	亿元	18747.36	4.1
规模以上工业利润总额	亿元	1298.08	7.2

续表 7

指　标	单　位	2020 年	比上年增长（%）
服务业			
规模以上服务业营业收入	亿元	1194.16	6.6
交通运输、邮电通信、供电			
邮电业务总量	亿元	447.83	6.7
货运量	万吨	21683.73	5.2
客运量	万人次	5925.09	−31.4
全社会用电量	亿千瓦时	759.53	1.2
#工业用电	亿千瓦时	569.39	1.1
城乡居民生活用电	亿千瓦时	76.83	4.1
固定资产投资			
固定资产投资	亿元	3815.36	6.1
#工业投入	亿元	1735.80	13.3
房地产投资	亿元	1350.02	−0.6
国内贸易			
社会消费品零售总额	亿元	2994.36	−1.0
开放型经济			
进出口总值	亿美元	877.85	−5.0
#出口总值	亿美元	512.43	−7.6
实际使用外资及港澳台资	亿美元	36.21	0.04
旅　游			
旅游总收入	亿元	1057.89	−48.7
接待境内游客人数	万人次	6010.20	−41.3
接待入境旅游人数	万人次	9.11	−84.7
市场物价			
居民消费价格总指数		102.30	（−0.6 百分点）
商品零售价格总指数		101.30	（−0.8 百分点）
财政金融			
一般公共预算收入	亿元	1075.70	3.8
一般公共预算支出	亿元	1215.03	8.7
金融机构人民币存款余额	亿元	18867.71	9.9

续表 7

指　标	单　位	2020 年	比上年增长（%）
#住户存款	亿元	7195.67	15.6
金融机构人民币贷款余额	亿元	15114.05	12.9
教育卫生			
高等院校在校学生数	人	133163.00	11.0
普通中学在校学生数	人	257856.00	4.9
卫生机构床位数	张	51562.00	2.1
卫生技术人员数	人	62967.00	6.2
城市建设			
城市道路长度	千米	3986.00	1.4
城市道路面积	万平方米	7424.00	2.2
科　技			
专利申请量	件	60702.00	58.4
#发明专利授权量	件	4362.00	1.5
人民生活			
城镇常住居民人均可支配收入	元	64714.00	4.5
农村常住居民人均可支配收入	元	35750.00	6.5

（市统计局）

年度荣誉

【经济活跃城市第四名】 6月18日，《2019中国城市营商环境报告》发布，在经济活跃城市的营商环境综合排名中，无锡位列第四。《中国城市营商环境年度报告》由中央广播电视总台编撰，是第一份由国家主流媒体发布的第三方营商环境权威报告，2020年为第二次发布。此次综合评价排名对象为4个直辖市、27个省会城市和自治区首府，5个计划单列市。按照“要素＋环境”的理论框架，设计由基础设施、人力资源、金融服务、政务环境、普惠创新5个维度构成的评价体系，发布5个维度的分项排名，覆盖制度、市场、资源、技术、人才、资金等影响企业经营发展的关键环节，全方位评价各城市营商环境状态水平。

（陆　毅　沈斐旻）

【中国民营企业500强入围企业全省第一】 9月10日，全国工商联在北京发布2020中国民营企业500强榜单，无锡市26家企业入围，比上年增加6家，入围企业数创新高，与苏州市并列全省第一。

（陆　毅　沈斐旻）

【全国首个药品进口双港口口岸】 9月2日，经国务院批准，同意增设无锡航空口岸、江阴港口岸为药品进口口岸，成为全国首个药品进口双港口口岸。药品进口双港口口岸的设立，大幅压缩无锡乃至周边城市的企业进口药品的周期，减少中间环节，降低企业的运输成本。

（陆　毅　沈斐旻）

【全国双拥模范城“八连冠”】 10月20日，无锡获评全国双拥模范城，连续第八次获得该称号。此次江阴第五次、宜兴首次跻身全国双拥模范城行列，无锡首次成为市及所辖市（县）均获此项称号的“大满贯”城市，创成首个全国双拥模范城市群。

（陆　毅　沈斐旻）

【两项指标跻身中国城市竞争力前十】 10月22日，中国社会科学院与经济

11月27日，2020中国年度最佳雇主颁奖盛典在无锡举行，无锡市获评“最佳促进就业城市”（市人力资源社会保障局 供）

日报社共同发布中国社科院(财经院)创新工程重大成果《中国城市竞争力第18次报告》，对2020年中国291个城市进行多维度比较研究。无锡城市综合经济竞争力排名第十，城市营商硬环境竞争力排名第九。

（陆 毅 沈斐旻）

【2020夜间经济20强城市】 10月24日，以“数字经济与场景营造”为主题的2020中国夜间经济论坛在无锡举办。论坛发布《2020中国夜间经济发展报告》《无锡夜间经济发展报告》《关于夜间经济高质量发展的无锡共识》以及2020游客喜爱的夜间消费项目，无锡入选2020夜间经济20强城市。

（陆 毅 沈斐旻）

【中国最具幸福感城市】 11月18日，由新华社《瞭望东方周刊》与瞭望智库共同主办的2020中国幸福城市论坛在杭州举行，第14届中国最具幸福感城市调查推选活动揭晓，无锡入选“中国最具幸福感城市”。

（陆 毅 沈斐旻）

【中国地级市全面小康指数百强】 12月4日，中国经济导报社、中国信息协会信息化发展研究院和北京中新城市规划设计研究院联合发布《中国城市全面建成小康社会监测报告2020》，在“2020中国地级市全面小康指数前100名(含副省级城市)”城市榜单中，无锡排名第四。中国城市全面建成小康社会监测对象是所有地级市(含副省级城市)和县级市。监测体系则从经济发展、人民生活、文化建设、生态环境、城市治理5个领域对城市进行系统监测，依次形成小康经济指数、小康生活指数、小康文化指数、小康生态指数、小康治理指数5个小康分项指数，集成全面建成小康社会指数。全面小康指数和小康分项指数均以100为预期点，无锡全面小康指数达到145.92，小康经济指数、小康生活指数、小康生态指数、小康治理指数均达到A+级，小康文化指数达到A级。同时公布的还有“2020中国县级市全面小康指数前100名”城市榜单，无锡两个县级市全部上榜，其中江阴市排名第四，宜兴市排名第十四。

（陆 毅 沈斐旻）

【全国体育事业突出贡献奖】 12月25日，国家体育总局发布《关于表彰2020年全国体育事业突出贡献集体和个人的决定》，授予92个集体、187名个人“2020年全国体育事业突出贡献奖”。全国共有7家体育局获此殊荣，无锡市体育局名列其中，为首次获此奖项。

（陆 毅 沈斐旻）

编辑 葛 红

综　述

【概况】 2020年，中共无锡市委总揽全局、协调各方，团结和带领全市干部群众贯彻落实习近平总书记对江苏工作重要讲话指示精神，按照中央和省委决策部署，围绕当好全省高质量发展领跑者的目标定位，坚定不移推进决胜高水平全面建成小康社会，坚定不移推进全面深化改革，坚定不移推进全面依法治市，坚定不移推进全面从严治党，高水平全面建成小康社会取得决定性成就，"强富美高"新无锡建设取得新进展。

（陆　毅　沈斐旻）

【全面从严治党】 2020年，市委履行全面从严治党主体责任，贯彻新时代党的建设总要求，统筹推进管党治党各项工作，不断提升党的建设质量，为高水平全面建成小康社会、建设"强富美高"新无锡、当好全省高质量发展领跑者提供坚强政治保证。始终把政治建设摆在首要位置，制定《关于加强党的政治建设的实施方案》。把贯彻中共十九届五中全会精神和习近平总书记视察江苏重要讲话指示精神作为重大政治任务，引领全市各级党组织开展专题学习会、主题宣讲、"三会一课"（支部党员大会、支委会、党小组会，党课）、主题党日等各类学习宣传活动。市委理论学习中心组被列为省党委（党组）理论学习中心组示范点，出台巩固拓展主题教育成果行动方案，建立不忘初心、牢记使命的制度。抓好省委巡视反馈问题整改工作，整改完成率94.7%。坚持正确选人用人导向，全面推行"五突出五强化"（突出岗位分析、强化以事择人，突出立体考核、强化精准识人，突出综合研判、强化人岗相识，突出结构优化、强化整体质态，突出组织把关、强化标准程序）机制，制定《关于加强领导干部政治监督若干措施》，落实《党政领导班子建设规划纲要》，制定全市"六强化六提升"（强化理论武装，提升以习近平新时代中国特色社会主义思想指导实践的自觉性；强化政治统领，提升忠实践行"两个维护"的坚定性；强化组织建设，提升班子整体功能；强化系统谋划，提升年轻干部历练水平；强化能力培养，提升干部执政本领；强化管理监督，提升队伍作风形象）行动方案，着眼2021年换届工作，系统谋划领导班子选配。畅通干部交流渠道，在全市范围内统筹选配岗位匹配度最优的人选，优化领导班子整体结构。培养使用年轻干部，公开选调海内外优秀青年人才280人，搭建"无锡青干讲习所"赋能平台，选派年轻干部到基层一线、国家部委、先进地区学习历练。出台《深化落实"三项机制"（鼓励激励、容错纠错、能上能下），激励干部新担当新作为若干措施》，打造全国首家"四千四万"（说尽千言万语、踏尽千山万水、历尽千难万险、吃尽千辛万苦）精神干部教育培训基地。优化综合考核指标体系，开展"担当指数"评定和"担当作为领跑者""四千四万开拓奖"评选工作，对担当作为精神不足的领导班子和市管干部实施组织调整，树立奖优罚劣"风向标"。大力提升基层党建水平，实施抓党建促脱贫攻坚"六项行动"（思想引领行动、指导帮扶行动、堡垒加固行动、素质提升行动、作风优化行动、典型示范行动）、党建引领社区治理"一核三化"（突出政治功能、充分发挥社区党组织领导核心作用，通过强化制度体系促共建、深化服务体系促共治、优化保障体系促共享，推动基层党建与基层治理深度融合，加快推进市域社会治理体系和治理能力现代化）行动、村企党组织结对共建"一强五提"（组织共建强基、队伍共抓提能、人才共育提优、活动共办提效、阵地共享提级、发展共谋提质）行动，有效发挥党建引领作用。实施"三项工程"（党组织带头人队伍建设工程、党支部标准化规范化建设工程、基层党建工作指导站建设工程），扎实推进村（社区）"两委"换届工作，基层党组织政治功能和组织功能持续增强。正风肃纪成果不断拓展，制定落实《全面从严治党党委（党组）主体责任的实施意见》，纠治"四风"，完善一体推进不敢腐、不能腐、不想腐体制机制。全市学校食堂治理改革成果受到中央纪委书记赵乐际肯定，学校食堂食材集中配送守护学生"舌尖"上的安全项目获评全省廉洁文化实践探索"十佳成果奖"。扎实开展村级集体资金违规出借和资产出租专项清理，取得较好效果。开展安全生产专项整治和文明城市建设整改提升行动集中督查考核，持续优化地方政府隐性债务综合监管系统功能，实现污染防治平台四级联网运行，建设财务共享和综合监管平台。组织开展3轮常规巡察和2次专项巡察，十三届市委巡察覆盖率95.5%，在全省率先实施市、县两级法院系统和对村（社区）一体化巡察。关心支持国防及驻无锡部队建设，做好军转干部安置工作，创成首个全国双拥模范城市群。

（陆　毅　沈斐旻）

【学习贯彻中共十九届五中全会精神】中共十九届五中全会召开后，市委迅速召开会议传达学习，制定下发通知，就宣传贯彻中共十九届五中全会精神作出部署，召开市委理论中心组学习会交流学习体会，成立市委宣讲团开展宣讲活动，市委常委带头宣讲130余场、受众30万人次。习近平总书记视察江苏后，市委迅速召开会议传达总书记重要讲话精神，专门制发通知，对全市学习提出明确要求，切实把总书记提出的“争当表率、争做示范、走在前列”作为谋划无锡未来发展的总纲领、总命题、总要求，确保总书记重要讲话指示精神在无锡落地落实。贯彻中央和省委部署要求，成立“十四五”规划编制工作领导小组与起草小组，研究确定“十四五”时期无锡经济社会发展的指导思想、奋斗目标、战略抓手、重点任务。充分发扬民主，坚持开门问策、集思广益，把加强顶层设计与坚持问计于民统一起来，广泛征求各方面意见建议。市委十三届十一次全会审议通过《中共无锡市委关于制定无锡市国民经济和社会发展第十四个五年规划和2035年远景目标的建议》。

（陆　毅　沈斐旻）

【产业强市】2020年，无锡市发展壮大新兴产业，出台《加快发展以物联网为龙头的新一代信息技术产业，打造世界级产业集群三年行动计划（2020—2022年）》，战略性新兴产业产值占规模以上工业比重34.9%。举办世界物联网博览会系列活动，一批重大物联网项目落地，国家级车联网先导区加快建设，无锡物联网创新促进中心建设成效明显，全年物联网产业营业收入实现3135亿元。落实支持集成电路产业发展政策，卓胜微等一批领军型企业创新发展，形成覆盖设计、制造、封装测试、材料、装备及配套支撑的全产业链，全年集成电路产业产值1421.48亿元，比上年增长27.5%。出台《关于加快推进无锡市现代生物医药产业发展的若干措施》《现代生物医药产业高质量发展三年行动计划（2020—2022年）》，全年生物医药产业规模实现1135.96亿元。在全国同类城市中率先出台5G产业发展规划（2020～2025年），新增5G基站数9000个，5G网络覆盖密度和网络质量全国领先。无锡成为国家重点布局的航空发动机、重型燃气轮机关键零部件产业创新基地。发展新经济，召开全市数字经济、总部经济、枢纽经济推进会，出台《推进数字经济、总部经济、枢纽经济高质量发展三年行动计划（2020—2022年）》和年度工作要点，易华录数据湖产业园等一批产业项目加速推进，数字经济核心产业营业收入实现5500亿元，数字经济发展指数在全国148个城市中位列第七、长三角第三。全面建成人口、法人、电子证照、社会信用、自然资源和空间地理信息基础数据库，公共数据开放水平位居全省第一。制定出台《无锡市总部企业认定和管理办法》及总部经济高质量发展考核方案等文件，建立全市工厂总部化名录，全年新认定总部企业17家、累计52家。实施推进空港枢纽能级提升、江阴港枢纽功能提效、高铁枢纽联动发展、陆港枢纽智慧建设、现代物流提质增效5大行动计划，一批交通枢纽加快建设，枢纽产业加速布局，推进实施50个重点项目和70项重点任务。推进智能制造，出台《工业互联网和智能制造发展三年行动计划（2020—2022年）》，省示范智能车间累计超150个，小天鹅入选智能制造标杆企业（第三批），为全省唯一；新增省智能工厂建设项目1个，新认定市级智能车间65个、累计211个；新认定市级“两化”融合示范企业66家、累计390家。滚动培育工业互联网平台10个，新增国家级工业互联网创新发展工程项目2个、试点示范项目1个、五星级工业互联网平台1个，省级重点工业互联网平台2个、省工业互联网标杆工厂5个、省“互联网＋先进制造业”基地2个。推动服务业提质增效，出台《现代服务业高质量发展三年行动计划（2020—2022年）》《关于推动无锡市先进制造业与现代服务业深度融合发展的实施意见》《关于进一步加快现代服务业高质量发展的若干政策意见》，加快发展金融、科技、物流、信息、人力资源及咨询、会展、文化创意等生产性服务业，促进文化创

12月11日，无锡市举办学习贯彻中共十九届五中全会精神离退休干部专场宣讲会（姜正伟　摄）

意、旅游休闲、健康养老、商贸服务等生活性服务业提档升级，在全省服务业公众满意度测评中位列第一，全年规模以上服务业营业收入增长6.6%，现代服务业增加值占服务业增加值比重54.6%，服务业增加值占GDP比重52.5%。持续加大重大项目招引力度，坚持“一季一观摩”抓项目推进，编制重点产业集群产业链图谱和招商指导目录汇编(2020版)。建立重点产业链(集群)市领导挂钩联系制度，推动重点产业集群形成区域性产业生态圈。强化招商护商工作，发布无锡市投资服务云平台，举办无锡—日本、无锡—韩国产业链对接合作大会，建立全市服务企业政府专员制度，发布优秀外商投资企业白名单，出台《支持外资企业发展，打造外商投资最满意城市的若干政策措施》和《招商护商工作激励办法》。全市新招引10亿元以上产业项目58个，比上年增加9个；新签约10亿元以上产业项目67个，比上年增加18个。市委站在战略和全局的高度，坚定实施创新驱动核心战略，提升创新能力，推动高质量发展、构建新发展格局，对标国家级新区和新发展理念实践示范区，出台《太湖湾科创带发展规划(2020—2025年)》，召开太湖湾科创带建设会议，明确发展目标和重点举措，举全市之力推进太湖湾科创带建设，打造具有国际竞争力的科技创新中心。推进深海技术科学太湖实验室建设，国家超级计算无锡中心等6个创新平台入选新一轮省重大科技创新平台项目库，占全省总数的20.7%；无锡先进技术研究院实行“一院一公司”运作，国家集成电路特色工艺及封装测试创新中心获工业和信息化部认定；“奋斗者”号全海深载人潜水器研制及海试取得成功，习近平总书记致信祝贺；新增省级以上工程技术研究中心51家，累计603家；新增省级以上企业技术中心37家，市级以上企业技术中心超过1100家；高新技术企业4033家，比上年增长44.8%，新增入库“雏鹰”企业1206家、“瞪羚”企业547家、准“独角兽”企业63家，高新技术产业产值占规模以上工业总产值比重超49%。实施“太湖人才计划”及其升级版，新认定创新创业类人才和团队162个，比上年增长90%，兑现中国科学院院士丁汉顶尖人才创业团队1亿元资金支持；推出“锡引惠才12条”，出台《大学生“锡引”工程升级版8条》；举办太湖人才峰会、“太湖杯”国际精英创业挑战赛、2020中国年度最佳雇主颁奖盛典等活动，开展“百企千才”高校行、“锡望您来·云聘行动”等系列招才活动。全年引进高层次人才近万人，蝉联“全国最佳引才城市”。

(陆　毅　沈斐旻)

【抗击新冠肺炎疫情】 2020年，面对新冠肺炎疫情，市委贯彻习近平总书记重要讲话精神，坚持把人民生命安全和身体健康放在第一位，团结带领全市人民打响疫情防控阻击战，疫情防控取得重大成果。按照“严防严控、以防为主、防控结合”原则，强化“外防输入、内防扩散”“守住一线、放开全域”等防控要求，构建“大数据+网格化+铁脚板”防控机制，制定下发各类政策文件214份，开发上线“锡康码”“锡证通”，在全省率先发布疫情防控Ⅰ级响应通告、率先实施密切接触者集中医学观察、率先开通核酸检测筛查服务、率先成立外商投资企业(外籍人士)服务工作小组、建立全市进口冷链食品统一监管仓、率先使用进口冷链食品申报追溯系统等举措，集中力量救治确诊患者，实施全国首例转阴患者双肺移植手术，实现“确诊患者零死亡、医务人员零感染”目标。先后组织176名医疗卫生队员、40名养老服务人员支援湖北省武汉市和黄石市，5名检验技术人员支援新疆维吾尔自治区，为全省全国疫情防控大局作出无锡贡献。在省内率先动员基层党组织和广大党员在疫情防控中发挥战斗堡垒及先锋模范作用，1.9万名党员干部奔赴抗疫一线。宣传抗疫先进典型，弘扬伟大抗疫精神，在《人民日报》、新华社等中央和省级媒体刊发报道超1.8万篇，央视《新闻联播》《新闻直播间》等栏目30余次播出无锡的经验做法和典型案例。在加强疫情防控的同时，落实精准复工复产措施，为企业解决实际困难，促进产业链上下游企业配套协作，落实“稳就业、稳金融、稳外贸、稳外资、稳投资、稳预期”以及“保居民就业、保基本民生、保市场主体、保粮食能源安全、保产业链供应链稳

2月18日，市级机关疫情防控党员先锋队出征　(李　娟　摄)

定、保基层运转”任务，恢复正常生产生活秩序。

（陆　毅　沈斐旻）

【改革开放】 2020年，无锡市发挥市委深改委牵头抓总作用，加强改革指导协调，制定出台综合行政执法、食品安全、公共法律服务等17个重点领域改革文件，推进全国市域社会治理现代化试点等11项国家级改革试点，统筹做好深化事业单位改革试点等16项省级改革试点，9个方面、33条、206项年度改革任务落地，第二批江阴县级集成改革试点经验在全市复制推广。推进供给侧结构性改革，落实《加快化工钢铁煤电行业转型升级三年行动计划（2018～2020年）》，关停化工生产企业200家以上，太湖一级保护区范围内基本建成“无化区”。深化房地产管控“一城一策”工作机制，实现“稳地价、稳房价、稳预期”目标。加大金融支持实体经济力度，入围第二批国家产融合作试点城市，制造业贷款余额占比保持全省第一名，金融机构一般贷款利率全省最低，信保基金项下贷款扩面提质增效；“一企一策、分类施策”做好大额授信风险处置，政府性债务率稳步下降、进入合理区间。深化资源环境价格改革，落实“苏政50条”“锡政20条”等减负政策，全年为企业减轻各类成本340亿元左右，规模创“十三五”规划新高。持续深化“放管服”改革，在全省首创公共信用评价报告“网上办”“即时办”“零跑腿”“一站式”服务模式，在全市推广“惠企通”“成全e站”等“一网、一门、一次”平台，电子营业执照综合应用水平省内第一、国内领先，企业开办审批时间压缩至2个工作日内，工程建设项目审批时限压缩至80个工作日内，比省定目标提速20%。启动市属国资国企改革三年行动计划，重组城发集团，组建金融创投集团、智慧城市发展集团，混改上市取得新成效，国联证券成为全市首家A+H国有控股上市公司。推进农村土地制度、集体产权制度等改革，宜兴农村承包地确权登记颁证获中央农办通报表扬。推进事业单位改革试点，完成基层整合审批服务执法力量改革。深化综合行政执法体制改革，推进执法重心下移和力量下沉，打造“大数据+指挥中心+综合执法队伍”的执法模式。加强外资外贸工作，制定“稳外贸12条”，统筹发挥“外贸小微贷”“中小企业出口信保统保平台”等作用，举办第12届新能源大会暨展览会、无锡国家文化出口基地云对接大会、无锡外贸优品——云展会等系列活动，引导企业开拓多元国际市场、打通外贸转内销对接渠道，全市入选省重点培育及发展国际知名品牌数第一，新吴区获批国家外贸转型升级基地（集成电路）。全年新批协议注册外资超3000万美元的重大外资项目69个。无锡航空口岸、江阴港口岸获批国家药品进口口岸，无锡机场建成省内首家国际快件监管中心，省内首票跨境电商“1210出口”海外仓业务落地开通，口岸进口整体通关时间比2017年缩短56%以上，效能国内领先。出台推进“一带一路”交汇点建设三年行动计划，全年对外直接投资17亿美元，居全省第一位。

（陆　毅　沈斐旻）

【区域城乡统筹发展】 2020年，无锡市融入长三角一体化，参与共建世界级城市群，举办无锡（上海）科技合作洽谈会等系列活动，与上海签署共建共享科技资源公共服务平台战略合作协议、沪苏（无锡）高校科技合作框架协议，与南通签署跨江融合发展战略合作协议。落实省推进苏锡常一体化发展要求，签署苏锡常一体化发展合作备忘录，发布苏锡常共建太湖湾科创带倡议书。建立苏锡联合河长制、锡湖（州）太湖蓝藻防控协作机制、苏锡常泰长江河道采砂管理联合联动机制等跨域生态治理制度，全市65个政务服务事项在长三角地区实现“一网通办”，与沪浙皖实现异地就医门诊费用直接结算和“一单制”结算。完成锡澄、锡宜协同发展区规划编制，江阴市、宜兴市启动区城市设计形成初步成果。推进南沿江铁路、苏锡常南部高速、锡澄S1线、341省道无锡马山至宜兴周铁段、丁蜀通用机场、锡澄运河航道整治等重大工程建设，配合做好盐泰锡常宜铁路、锡太高速等重大项目前期工作，地铁3号线运营、4号线一期全线“洞通”，新锡路北延、华谊路、飞凤路等一批市域重点道路通车，江阴第二过江通道、312国道锡虞立交至通江大道段改扩建等工程开工，常宜高速一期基本建成。国家级治太工程走马塘建成并发挥作用，新孟河全线实现通水，环太湖大堤后续工程、锡澄运河北排扩大工程、锡澄片骨干河网畅流活水工程加快建设。大拈花湾项目实施，江南大学江阴校区及宜兴校区项目加快推进，首次实现低保、特困供养标准大市统一、城乡一体，建成全市统一的城乡居民大病保险制度，实现公共交通“一卡通”大市互惠，实现医保卡“大市一卡”同城结算。出台推进美丽无锡建设的实施意见，实施“美丽河湖”三年行动、创建国家生态园林城市三年行动、污染防治“百日攻坚”专项行动等计划，打造美丽中国、美丽江苏的样板城市。出台《关于进一步做好老旧小区物业管理》《旧住宅电梯整治》等工作相关文件，棚改安置房建设提前并超额完成年度省、市任务。推进城市精细化管理和优美环境合格区创建，实施市区生活垃圾分类、环卫保洁提升、背街小巷环境整治、环卫固废处置设施建设等三年行动计划（2020～2022年），开展“春雷”“靓丽”等市容环境集中整治专项行动。率先全面启动农业农村现代化示范建设，粮食安全责任制考核位列全省第一，生猪总产和长江禁捕退捕完成省定任务，“村企共发展、同奔现代化”行动取得明显成效。开展“村企共发展、同奔现代化”行动，全市所有涉农村居与企业确立结对关系。推进“一推三治五化”（持续推进农村住房和美丽乡村建设，全面治理农村垃圾、污水、河塘，加快实现厕所净化、道路优化、路灯亮化、村庄绿化、管理长效化）农村人居环境整治行动。加快实施特色田园乡村建设和农房建设试点，全年各级投入资金超100亿元，首批107个农房翻建试点建设任务完成，市（县）、区省级特色田园乡村创建工作实现全覆盖。

（陆 毅 沈斐旻）

【民主法治建设】 2020年，市委支持市人大及其常委会依法履职，成立市委全面依法治市委员会立法协调小组，全年新制定地方性法规1件、修订8件、废止2件，推进3项、36件法规清理工作。支持市人大围绕经济发展、城乡建设、生态环境、人民生活高质量、规划收官和编制等重点工作，开展执法检查、专题询问、专项审议、工作评议和满意度测评。支持人大常委会依法用好重大事项决定权，深化拓展"履职为民、连心富民"代表主题活动。支持市政协及其常委会履行职能。加强党对政协工作的领导，修订实施《中共无锡市政协党组工作规则》。支持政协开展"立足本职促发展、当好委员献良策"主题活动。支持政协开展民主监督，做好全面建成小康社会、长江大保护突出问题整改、长三角区域污染防治、安全生产专项整治、城市精细化管理、黑臭水体治理等监督工作。支持政协协商和社会治理紧密结合，"有事好商量"协商议事室实现村、社区全覆盖，助力市域治理体系和治理能力现代化。加强和改进统战工作，推动各民主党派加强自身建设，深化"不忘合作初心、继续携手前进"主题教育活动成果。深化民族团结进步创建"六进"（进机关、进企业、进社区、进乡镇、进学校、进宗教活动场所）活动，出台《加强和改进新时代宗教团体工作的实施意见》，在全省率先成立"宗教慈善联盟"。制定《加强新时代民营经济统战工作的实施意见》，建立全市民营经济统战工作协调机制。召开全市网络人士统战工作会议，出台《加强网络人士统战工作的实施办法》。在全省率先出台《关于深化锡港澳多领域合作，促进高质量发展的若干措施》。加大党外代表人士安排使用力度。贯彻习近平总书记关于做好群团工作、推进群团改革的重要讲话精神，落实中央和省委群团工作部署要求，统筹推进市总工会、团市委、市妇联、市残联等群团组织工作。推进法治无锡建设，在全省率先推动地方党委法治建设议事协调机构向镇（街道）延伸，接受中央依法治国办督查组到无锡督查。开展法治政府建设示范城市创建，2个市（县）、区获评全省法治政府建设示范县。支持和保证法院、检察院依法独立公正行使职权，推进司法责任制改革，维护社会公平正义。提升公共法律服务，开展"法援惠民生"系列活动，开通"一带一路"法律服务线上平台，律师、基层法律服务工作者进网格实现全覆盖。开展《中华人民共和国宪法》《中华人民共和国民法典》学习宣传系列活动，举办"送法下乡"等活动，无锡市获评江苏省"七五"普法中期考核先进城市。

（陆 毅 沈斐旻）

【思想文化引领】 2020年，无锡市加强思想理论建设，始终把学习宣传习近平新时代中国特色社会主义思想作为重中之重，掀起《习近平谈治国理政（第三卷）》学习热潮，全市征订17万余册，进基层宣讲50余场。组织党委（党组）理论学习中心组示范点评选，严格落实巡学旁听制度，推动中心组学习制度化、规范化。上线"学习强国"无锡学习平台，举办梁溪大讲堂6期，推动新思想落地生根。深化重大理论与实践问题研究，立项重点社科课题15个、精品课题135个。压实意识形态工作责任，市委常委会2次专题听取意识形态工作情况汇报，召开3次联席会议分析研判意识形态领域新情况、新问题，开展维护意识形态安全专项行动。高质量推进县级融媒体中心建设，组织策划"聚力强富美高、决胜全面小康""打造最优营商环境""四千四万正当时"等主题宣传活动，推出城市形象片《这就是江南》，开展"智汇长三角、科创太湖湾""探访奋斗者号诞生地"等全媒体新闻行动。加强网络阵地建设，成立无锡市互联网传播研究会，举办短视频大赛等活动，参与主办长三角紫金网络传播创新峰会、江苏网络安全发展大会，建成全省首家网络安全应急指挥中心、首家网络空间安全实训基地。建立无锡高校意识形态联席会议制度，加强民族宗教等意识形态工作。强化核心价值和文明实践引领，推进社会

6月，江阴市融媒体中心作为江苏省第一批建设试点单位通过省级验收

（市委宣传部 供）

主义核心价值观示范点建设，无锡3人上榜“中国好人”，20人（组）上榜“江苏好人”，41人（组）上榜“无锡好人”。评选“最美战‘疫’先锋”34人，获评江苏“最美人物”6人、“疫情防控优秀志愿者”3人，周海江、陈静瑜、无锡市第五人民医院分别被授予全国抗击新冠肺炎疫情先进个人、先进集体称号。做好宜兴、江阴新时代文明实践中心建设全国试点工作，开展“诚信建设万里行”主题宣传，新增全国文明单位8家、文明村镇10个、文明校园2所、文明家庭2个，县级以上文明村镇占比90%以上。加快文化事业文化产业发展，承办第二届大运河文化旅游博览会，编制大运河文化保护传承利用实施规划，成立无锡大运河文化带建设研究院，设立首期4亿元的大运河文旅发展基金，加快大运河国家文化公园“两园三带十五点”[清名桥核心展示园、惠山古镇核心展示园；吴桥—江尖大桥集中展示带、无锡环城古运河集中展示带、南禅寺—南水仙庙集中展示带；中国民族工商业博物馆（茂新面粉厂）、北仓门蚕丝仓库、无锡县商会旧址、黄埠墩（古芙蓉湖）、西水墩、梁溪河（荣巷、梅园、犊山枢纽）、南禅寺（业勤苑、永泰丝厂旧址）、接官亭弄、学前街（钱钟书故居、顾毓琇纪念馆、张闻天旧居、薛福成故居）、小娄巷（东林书院、秦邦宪旧居）、运河公园（周怀民藏画馆、民族音乐博物馆、何振梁与奥林匹克陈列馆）、无锡（国家）数字电影产业园、伯渎港（泰伯庙和墓、梅里古镇、鸿山遗址）、开源机器厂旧址（无锡市运河外滩）、无锡县柴油机厂旧址]建设。新建村（社区）综合性文化服务中心64个，总数1081个，提前一年实现全覆盖。举办公益性演出3603场次，组建市民族乐团，创排舞剧《千年运河》《歌唱祖国》，锡剧《泰伯》，滑稽戏《桃花朵朵开》4部精品，组织抗疫文艺作品创作500件。创建国家电影产业创新实验区，国家数字电影产业园实现年产值65亿元。

（陆　毅　沈斐旻）

【生态文明建设】 2020年，无锡市落实各级各类督察反馈意见和披露问题的整改，首轮中央环保督察反馈的3项个性化问题、260件交办信访问题全部完成整改。加强生态环境执法，开展“散乱污”和“绿刃”“大风”“绿盾”等专项整治行动。落实长江流域禁捕退捕工作，促进水生态系统修复。修订《无锡市水环境保护条例》，推进88个水污染防治重点工程项目，完成259项年度治太工程及72条建成区黑臭水体、161条环境综合整治河道治理，入江入湖排污口排查及监测溯源2939个，全年国考、省考断面优Ⅲ比例86%以上，3条主要入江支流均达Ⅲ类及以上标准，连续13年实现太湖安全度夏度汛。实施1233项大气污染防治重点工程，全市83个镇（街道）实现大气标准站全覆盖，全年$PM_{2.5}$平均浓度降至33微克/立方米以下，在全省率先达到二级标准，空气质量优良天数比率81.7%。实施420个土壤治理重点工程，重点行业企业用地土壤污染状况采样调查数全省第一，受污染耕地安全利用任务完成。推进《固体废弃物处置设施建设三年计划》，江阴秦望山、宜兴凌霞等一批处置项目建成投运。制定《关于建立无锡市国土空间规划编制体系的实施意见》，划定生态保护红线、永久基本农田、城镇开发边界“三条控制线”，构建起分级分类的国土空间规划体系。做好资源节约集约利用工作，开展工业企业资源利用绩效评价，严格实施差别化政策；6月，无锡市获评“2019年度江苏省国土资源节约集约利用模范市”，宜兴市、惠山区、新吴区、滨湖区获评“2019年度江苏省国土资源节约集约利用模范市（县）、区”，无锡市单位GDP建设用地占用下降率达5%、为全省第一。宜兴、惠山、滨湖3个市（县）、区创建成第四批国家级生态文明建设示范市（县），数量占全省一半。优化环保贷、环责险保费补贴等绿色金融政策，环责险参保和申领补贴企业数均列全国地级市首位，发行无锡市首单绿色债券。城镇绿色建筑占新建建筑比例达100%，成为全国首批5个“绿色交通城市”中唯一的地级市。企业环保信用评价参评企业数为全省第一。

（陆　毅　沈斐旻）

【民生改善】 2020年，无锡市10件、45项年度为民办实事项目完成。在全省率先出台“民生保障20条”，低保标准提高到每人每月1010元、位列全省第二，孤儿养育标准位列

长广溪秋色　　（潘晓鸣　摄）

全省第一，特困供养标准位列全省第二，市儿童福利院易地新建主体工程完成，村级医疗互助制度和“阳光扶贫”系统重点帮扶助困对象比对实现“全覆盖”，“村级医疗互助”救助项目获国务院扶贫开发领导小组颁发的“2020年全国脱贫攻坚组织创新奖”。基本养老、失业、工伤保险参保人数均超额完成年度目标，企业退休人员养老金标准“16连增”，被征地农民实现即征即保。大幅提高经济适用房货币补贴和廉租房租赁补贴标准，出台《市区共有产权保障房管理暂行办法》，惠景家园二期等首批共有产权房项目开工。全年城镇新增就业15.56万人、完成率全省第一，城镇登记失业率保持1.75%的全省最低水平，被评为“中国年度最佳促进就业城市”。居民人均可支配收入增幅高于经济增速。实施《优化完善基础教育资源布局三年行动计划（2020—2022年）》，普惠性幼儿园覆盖率91%，居全省前列，义务教育学校达省定办学标准比例和义务教育优质均衡监测达标比例均居全省前列。东南大学无锡国际校区一、二期建成投用，南京理工大学江阴校区竣工启用，滨江学院转设为无锡学院获教育部党组审议通过。推进“健康无锡”建设，实施“三名”战略，江南大学附属医院南院区项目搬迁启用，市精神卫生中心二期项目启动建设，市区和江阴、宜兴均被评为首批全国健康城市建设示范市，在全国率先实现示范市创建全域覆盖，是全省率先实现国家慢性病综合防控示范区全覆盖的城市，国家卫生镇实现全覆盖。发布国内首个省级《智慧养老建设规范》，出台省内首部全面放开养老服务市场政策，社会办养老机构一次性建设补贴、日常运营补贴等“五项标准”全省第一，养老机构内医疗服务实现全覆盖。推进全国全民运动健身模范市创建，人均公共体育设施面积全省第一，举办2020年“奔跑中国”马拉松系列赛首站赛无锡马拉松赛等重大赛事。推进安全生产专项整治“一年小灶”行动，深化32个领域安全隐患排查整治，开展“百团进百万企业”安全生产学习宣讲，开展违法违规“小化工”整治等专项行动，国务院和省督导组反馈问题整改率100%，安全生产事故起数和死亡人数比上年分别下降67.2%及68.7%，未发生有影响的安全生产事故。落实党政领导干部食品安全工作责任制，在全省率先实现省级食品安全示范县（市、区）全覆盖。深化“平安无锡”“法治无锡”建设，扫黑除恶专项斗争总体绩效位居全省前列，全年未发生有影响的政治安全案事件、重大群体性事件及个人极端案事件。开展市域社会治理现代化建设试点，健全社会及信访稳定联动工作机制，开展重点信访矛盾化解攻坚战及防范化解住建、经济金融、生态环保、市场经营重点领域涉稳风险等专项行动和“排风险、建清单、除隐患、保稳定”专项行动，并取得明显成效。

（陆　毅　沈斐旻）

重大决策

【推动服务业平稳健康发展】 3月24日，市委办、市政府办印发《关于进一步降成本、拓市场、促销费推动服务业平稳健康发展的若干意见》。明确提出：设立服务业企业纾困发展专项资金；鼓励减免租金；实施贷款贴息；加大会展扶持；鼓励扩大销售；拓展旅游市场；加强宣传推广；支持餐饮创新发展；推动文化产业复苏；促进线上线下融合发展。

（陆　毅　沈斐旻）

【推进现代生物医药产业发展】 3月31日，市委、市政府印发《关于加快推进无锡市现代生物医药产业发展的若干措施》，提出14个方面政策措施。其中包括：鼓励创新药物研发；鼓励高端医疗器械创新研制；提升高品质仿制药研发水平；推动公共服务平台建设；加强临床试验机构建设；支持医药研发产业发展壮大；推动企业做大做优做强；助力创新产品拓展市场；鼓励企业获得国际资质认证；优化药政审评审批服务；加快建设药品进口口岸；推动专业园区健康持续发展；优化人才引育与合作机制；强化金融资本支撑。

（陆　毅　沈斐旻）

【推进美丽无锡建设】 9月8日，市委、市政府印发《关于扎实推进美丽无锡建设的实施意见》。明确提出：准确把握美丽无锡建设总体要求；持续优化市域空间布局；全面提升生态环境质量；积极打造美丽宜居城市；全面推进美丽田园乡村建设；着力打响“太湖明珠、江南盛地”城市品牌；创新完善美丽无锡建设体制机制；切实强化美丽无锡建设组织推进。

（陆　毅　沈斐旻）

【《无锡太湖湾科技创新带发展规划（2020—2025年）》发布】 10月16日，市委、市政府印发《无锡太湖湾科技创新带发展规划（2020—2025年）》，根据太湖湾科技创新带战略定位及发展目标，围绕开放包容、产业主导、人才引领、创新驱动、服务支撑、城市赋能、制度改革等方面，提出七大重点任务：开放包容，打造环太湖新经济生态圈；产业主导，抢占未来产业发展制高点；人才引领，建设创业创新人才首选地；创新驱动，建设太湖湾区科创共同体；服务支撑，强化科技服务业赋能作用；城市赋能，营造宜居宜业的人居环境；制度改革，营造现代化治理发展环境。

（陆　毅　沈斐旻）

重要会议

【全市“不忘初心、牢记使命”主题教育总结大会】 1月14日，市委、市政府召开全市“不忘初心、牢记使命”

主题教育总结大会。市委书记黄钦出席会议并讲话。会议强调要坚持以习近平新时代中国特色社会主义思想为指导，深入学习贯彻习近平总书记关于不忘初心、牢记使命的重要讲话指示精神，把不忘初心、牢记使命作为永恒课题和终身课题，巩固拓展成果，形成长效机制，纵深推进全面从严治党，为高水平全面建成小康社会、建设"强富美高"新无锡、当好全省高质量发展领跑者提供坚强保证。省委第一巡回指导组副组长方未艾出席大会并讲话。市委副书记、市长杜小刚主持会议，市人大常委会主任徐一平，市委副书记徐劼等出席会议。

（陆　毅　沈斐旻）

【全面从严治党述职会】 1月12日，市委书记黄钦主持召开2019年度抓全面从严治党述职会，专题听取各市（县）、区委和市委相关工委书记抓基层党建、落实意识形态工作和党风廉政建设责任制情况述职。会议强调，全市各级党组织要坚持以习近平新时代中国特色社会主义思想为指导，强化主动抓的意识、深入抓的举措，推动全面从严治党责任落细落实。省委宣传部二级巡视员、机关党委专职副书记刘海泉，以及省纪委监委、省委组织部有关人员到会指导。市委常委，市委党的建设工作领导小组成员，各市（县）、区纪委书记、组织部部长、宣传部部长，部分市党代表、市人大代表、市政协委员以及基层党员代表参加会议并进行现场评议。

（陆　毅　沈斐旻）

【市委人大工作会议】 1月20日，无锡市召开市委人大工作会议暨纪念无锡市人大设立常委会40周年大会。会议强调要深入学习贯彻习近平总书记关于坚持和完善人民代表大会制度的重要思想，全面落实省委人大工作会议精神，丰富拓展无锡地方人大制度的实践特色、时代特色，奋力开创新时代全市人大工作新局面。市委书记黄钦出席会议并讲话，市委副书记、市长杜小刚主持会议。市人大常委会主任徐一平、市政协主席周敏炜、市委副书记徐劼出席会议。洪锦炘、郁家树、周解清、姚建华、丁大卫、王家骏、袁静波、王慧芬等老领导应邀出席会议。

（陆　毅　沈斐旻）

【市委理论中心组学习会】 1月20日，市委书记黄钦主持召开市委理论中心组学习会，学习习近平总书记在中央"不忘初心、牢记使命"主题教育总结大会上的重要讲话及中央政治局"不忘初心、牢记使命"专题民主生活会上的重要讲话精神，会上交流了学习体会。

4月24日，市委书记黄钦主持召开市委理论中心组学习会，集中学习《党委（党组）落实全面从严治党主体责任规定》。黄钦、陈德荣、王唤春分别联系思想和工作实际，谈了各自的认识体会。

6月13日，市委书记黄钦主持召开市委理论中心组学习会，会议学习习近平总书记在宁夏考察调研及专家学者座谈会上的重要讲话精神，学习贯彻《中国共产党政法工作条例》《中共中央国务院关于加快推进社会治理现代化开创平安中国建设新局面的意见》，研究部署全市贯彻落实工作。

7月24日，市委书记黄钦主持召开市委理论学习中心组学习会，学习贯彻习近平总书记在十九届中央政治局第21次集体学习时的重要讲话精神。与会人员在会上交流了心得体会，省委宣传部副部长赵金松到会巡学旁听并讲话。

8月17日，市委书记黄钦主持召开市委理论中心组学习会，专题学习《习近平谈治国理政（第三卷）》。黄钦、杜小刚、王唤春、袁飞分别联系各自思想实际和工作实际作交流发言。

9月22日，市委书记黄钦主持召开市委理论学习中心组学习会，学习习近平总书记关于意识形态工作的重要论述，传达学习《党委（党组）意识形态工作责任制实施办法》。

9月30日，市委书记黄钦主持召开市委理论学习中心组学习会，集中学习《习近平谈治国理政（第三卷）》并展开研讨，学习会上，徐劼、陈德荣、柏长岭、朱爱勋、王作才、陆志坚分别结合各自工作实际，谈了学习体会和认识。

10月22日，市委书记黄钦主持召开市委理论学习中心组学习会，学习贯彻习近平总书记在广东考察调研及深圳经济特区建立40周年庆祝大会上的重要讲话精神，观看央视

1月20日，无锡市召开市委人大工作会议　（市人大常委会办公室　供）

《对话》栏目《为什么是深圳》专题片。

11月16日，市委书记黄钦主持召开市委理论学习中心组学习会，传达学习省委专题会议精神，听取全市安全生产工作情况以及三季度安全生产专项整治督查考核情况汇报，研究部署相关工作。

12月1日，市委书记黄钦主持召开市委理论学习中心组学习会，学习贯彻习近平总书记在中央全面依法治国工作会议、全国劳动模范和先进工作者表彰大会上的重要讲话精神，专题学习《中国共产党基层组织选举工作条例》。

12月10日，市委理论学习中心组召开专题学习会，集中学习贯彻中共十九届五中全会精神及习近平总书记视察江苏重要讲话指示精神，结合学习工作实际，交流学习心得。市委书记黄钦主持，省委宣讲团成员、新华日报社党委书记、社长双传学作专题辅导。

（陆　毅　沈斐旻）

【市委应对疫情工作领导小组会议】 1月31日，市委书记黄钦主持召开市委应对疫情工作领导小组第一次会议。会议学习贯彻习近平总书记重要指示批示精神，落实中央《关于加强党的领导、为打赢疫情防控阻击战提供坚强政治保证的通知》要求，分析研判当前无锡市疫情防控形势，对下阶段防控工作作部署安排。

2月2日，市委书记黄钦采取“四不两直”（不发通知、不打招呼、不听汇报、不用陪同接待，直奔基层、直插现场）方式到江阴实地督导，随后主持召开市委应对疫情工作领导小组第二次会议，听取村（社区）疫情防控、集中隔离、企业复工和机关工作安排等情况汇报，针对当前工作中存在的问题，对疫情防控工作的关键环节进行部署和强调。市领导杜小刚、徐劼、朱爱勋、刘霞、刘必权、陆志坚、高亚光、蒋敏参加会议。

2月5日，市委书记黄钦主持召开市委应对疫情工作领导小组第三次会议。会议学习贯彻习近平总书记在中央政治局常委会会议上的重要讲话精神，听取有关工作情况汇报，对深入推进防控工作再部署再落实。会议审议通过《关于应对新型冠状病毒感染的肺炎疫情支持企业共渡难关保障经济平稳运行的政策意见》《关于疫情防控期间依法坚决维护社会秩序和社会稳定的公告》《关于新型冠状病毒感染的肺炎疫情防控期间公众履行法定义务的通告》。

2月10日，市委书记黄钦主持召开市委应对疫情工作领导小组第四次会议。会议听取企业复工防控等工作情况汇报，审议通过《关于对企业复工人员开通新型冠状病毒核酸筛查检测服务的实施方案》《关于应对新型冠状病毒感染的肺炎疫情保障城乡有序建设的政策意见》《关于应对新型冠状病毒感染的肺炎疫情切实加强民生保障的政策意见》，以及2020年市委市政府重点工作、2020年度审计项目计划。

2月24日，市委书记黄钦主持召开市委应对疫情工作领导小组第五次会议。会议学习贯彻习近平总书记重要讲话精神，贯彻中央政治局会议、中央统筹推进新冠肺炎疫情防控和经济社会发展工作部署会议精神，按照省委应对疫情工作领导小组会议部署要求，对统筹推进疫情防控和经济社会发展工作作出全面部署。

5月20日，市委书记、市委应对疫情工作领导小组组长黄钦主持召开领导小组第六次会议。会议学习贯彻习近平总书记在中央政治局常委会会议上的重要讲话精神，按照省委应对疫情工作领导小组会议部署要求，对统筹推进全市疫情防控和经济社会发展工作再部署、再强调。市政协主席周敏炜、市委副书记徐劼等参加会议。

6月20日，市委书记、市委应对疫情工作领导小组组长黄钦主持召开领导小组第七次会议。会议学习贯彻习近平总书记关于统筹抓好疫情防控和经济社会发展工作的重要讲话指示精神，按照省委应对疫情工作领导小组会议部署，把握常态化要求，严格落实疫情防控措施，突出高质量导向，全面推动经济社会发展。市长杜小刚、市人大常委会主任徐一平、市政协主席周敏炜、市委副书记徐劼等参加会议。

（陆　毅　沈斐旻）

【市委全面深化改革委员会会议】 3月6日，市委书记、市委全面深化改革委员会（以下简称深改委）主任黄钦主持召开市委深改委第九次会议。会议传达学习中央深改委第11次、第12次会议精神和省委深改委第10次、第11次会议精神，审议通过市委深改委《2019年工作总结》《2020年工作要点》和《无锡市残疾人联合会改革实施方案》，部署推进基层整合审批服务执法力量改革工作。

4月30日，市委书记、市委深改委主任黄钦主持召开市委深改委第十次会议。会议传达学习中央深改委第13次会议精神，对全面落实2020年各项改革任务提出要求。会议审议通过《无锡市关于深化改革加强食品安全工作的实施意见》《无锡市红十字会改革实施方案》。

7月2日，市委书记、市委深改委主任黄钦主持召开市委深改委第11次会议。贯彻落实省委深改委第12次会议精神，研究部署执行管理体制改革、侨联改革等工作，听取关于改革和完善疫苗管理体制、确保疫苗安全和供应保障的情况汇报。会议审议通过《关于加强综合治理从源头切实解决执行难问题的实施意见》《关于开展执行管理体制改革试点工作的方案》《关于改革和完善疫苗管理体制确保疫苗安全和供应保障的通知》《无锡市侨联改革实施方案》。

9月9日，市委书记、市委深改委主任黄钦主持召开市委深改委第12次会议。学习贯彻中央深改委第14次、第15次会议精神和省委深改委第13次会议精神，研究部署县级集成改革第二批试点经验复制推广工作。会议审议通过《无锡市关于进一步深化公共法律服务体系建设的实施意见》。

11月25日，市委书记、市委深改委主任黄钦主持召开市委深改委第13次会议。会议学习贯彻中央深改委第16次会议和省委深改委第14次会议精神，部署贯彻落实举措。会议审议通过《关于坚持和完善党委领导市域社会治理制度机制的实施意见》《无锡市深化综合行政执法体制改革实施意见》。

（陆　毅　沈斐旻）

【企业复工复产专题会议】 3月9日，市委书记黄钦主持召开专题会议，研究企业复工复产工作。会议强调，全市上下要学习贯彻习近平总书记统筹推进疫情防控和经济社会发展的重要讲话指示精神，增强忧患意识、责任意识、实干意识，坚定信心，迎难而上，在精准有效抓好疫情防控基础上，高效率服务保障复工复产，尽快实现全市企业全面复工达产，推动无锡经济平稳健康发展，确保完成全年各项目标任务。市领导杜小刚、朱爱勋、陆志坚、高亚光参加会议。

（陆　毅　沈斐旻）

【党建工作领导小组会议】 3月19日，市委召开党建工作领导小组会议。会议学习贯彻习近平新时代中国特色社会主义思想，特别是总书记关于党的建设的重要论述，研究部署2020年党建工作任务。市委书记、市委党建工作领导小组组长黄钦主持会议并讲话。市领导徐劼、陈德荣、王唤春、袁飞参加会议。

（陆　毅　沈斐旻）

【市委全面依法治市委员会第二次会议】 3月23日，市委书记、市委全面依法治市委员会主任黄钦主持召开市委全面依法治市委员会第二次会议。会议传达学习习近平总书记在中央全面依法治国委员会第三次会议上的重要讲话精神，按照省委全面依法治省委员会第三次会议要求，对推进全面依法治市工作再部署。会议审议通过《中共无锡市委全面依法治市委员会2020年工作要点》《无锡市人民政府2020年度立法工作计划》《关于为全市安全生产专项整治行动提供法治保障的实施方案》。

（陆　毅　沈斐旻）

【2019年度综合考核总结大会】 4月13日，市委、市政府召开2019年度综合考核总结大会暨打造最优营商环境城市推进会。市委书记黄钦出席会议并讲话。会议强调，推动高质量发展必须以优质营商环境作保障，牢固树立“人人都是营商环境、处处都是营商环境”的意识，像爱护自己的眼睛一样呵护营商环境，擦亮打响“无难事、悉心办”营商环境品牌，全力打造最优营商环境城市，为经济社会高质量发展注入新动力。市长杜小刚主持会议，市人大常委会主任徐一平、市政协主席周敏炜、市委副书记徐劼出席会议。会上宣读2019年度综合考核结果。会议专门邀请部分企业家代表参加。

（陆　毅　沈斐旻）

【领导干部会议】 5月30日，无锡市召开领导干部会议。会议传达学习全国“两会”精神。会议强调，全市各级要认真学习贯彻习近平总书记在全国“两会”上的重要讲话精神，从“两个维护”的政治高度出发，坚持“人民至上”，做好“六保”“六稳”，全面夺取疫情防控和经济社会发展“双胜利”，奋力构筑无锡高质量发展新局面新优势。全国人大代表、市长杜小刚，全国人大代表、市人大常委会主任徐一平，全国政协委员、副市长高亚光分别传达十三届全国人大三次会议、全国政协十三届三次会议相关精神。市政协主席周敏炜、市委副书记徐劼参加会议。

8月13～16日，市委举行全市领导干部学习会。会议学习贯彻习近平新时代中国特色社会主义思想，认真落实中央和省委决策部署，在深层次上对事关无锡长远发展的重大问题进行学习研究、交流研讨，推动全市各级领导干部在学思践悟中锤炼坚强党性、强化实干担当，提高适应新时代、担当新使命、实现新目标的能力和本领。市委书记黄钦作开班动员。市委副书记、市长杜小刚作学习小结。徐一平、周敏炜、徐劼等市委、市人大常委会、市政府、市政协全体领导参加集中学习研讨。

（陆　毅　沈斐旻）

【市委统一战线工作领导小组全体会议】 6月24日，市委书记、市委统一战线工作领导小组组长黄钦主持召开市委统一战线工作领导小组全体会议。会议学习贯彻习近平总书记关于加强和改进统一战线工作的重要思想，总结2019年全市统战工作，对做好2020年统战工作作出部署安排。会议审议通过《关于加强网络人士统战工作的实施办法》《关于加强新时代民营经济统战工作的实施意见》《关于加强和完善市政府部门与各民主党派市委、市工商联和无党派知识分子联谊会对口联系工作的通知》等文件。市委常委、统战部部长陈德荣，副市长刘霞、高亚光出席会议。

（陆　毅　沈斐旻）

【庆祝中国共产党成立99周年大会暨抗疫先进事迹报告会】 6月29日，无锡市举行庆祝中国共产党成立99周年大会暨抗疫先进事迹报告会。会议回顾党的光辉历程，缅怀党的丰功伟绩，弘扬党的优良传统，聆听抗疫先进个人的事迹报告，表彰全市“两优一先”(优秀共产党员、优秀党务工作者，先进基层党组织)对象101个。市委书记黄钦出席大会并讲话。市委副书记、市长杜小刚主持大会，市人大常委会主任徐一平、市政协主席周敏炜、市委副书记徐劼出席会议。

（陆　毅　沈斐旻　师国晓）

【市委审计委员会第四次会议】 7月30日，市委书记、市委审计委员会主任黄钦主持召开市委审计委员会第四次会议。会议学习贯彻习近平总书记关于审计工作的重要讲话指示精神，听取上半年无锡审计工作情况汇报，审议通过《2019年度市本级预

12 月 28~29 日，中共无锡市委十三届十一次全会举行　（市委办　供）

算执行和其他财政收支审计工作报告》，研究部署有关工作。市长杜小刚、市人大常委会主任徐一平、市政协主席周敏炜、市委副书记徐劼等参加会议。

（陆　毅　沈斐旻）

【中共无锡市委十三届十次全会】 7 月 31 日，中共无锡市委十三届十次全会举行。市委常委会主持会议。市委书记黄钦代表市委常委会讲话，市委副书记、市长杜小刚对下半年经济工作作具体安排。会议表决通过关于调整部分市委委员、市委候补委员的决定及关于部分市党代表终止代表资格和停止执行代表职务的决定，审议通过全会决议。

（陆　毅　沈斐旻）

【中共无锡市委十三届十一次全会】 12 月 28 ~ 29 日，中共无锡市委十三届十一次全会举行。市委常委会主持会议，市委书记黄钦代表市委常委会讲话。会议审议通过《中共无锡市委关于制定无锡市国民经济和社会发展第十四个五年规划和 2035 年远景目标的建议》。黄钦就建议（讨论稿）向全会作了说明。全会讨论市委常委会 2020 年工作报告，审议通过全会决议。全会明确，2021 年全市上下要坚持以习近平新时代中国特色社会主义思想为指导，贯彻习近平总书记视察江苏重要讲话指示精神，立足新发展阶段，践行新发展理念，构建新发展格局，坚持系统观念，巩固拓展疫情防控和经济社会发展成果，统筹发展和安全，扎实做好“六稳”工作、全面落实“六保”任务，持续推进全面从严治党，努力保持经济健康发展和社会和谐稳定，确保“十四五”规划发展开好局、全面建设社会主义现代化起好步，勇做全省“争当表率、争做示范、走在前列”排头兵，勇创全省“强富美高”建设示范区，勇当全省高质量发展领跑者，以优异成绩庆祝建党 100 周年。全会对 2021 年工作作出具体部署。市委委员、候补委员出席会议，市纪委委员、有关方面负责人列席会议。

（陆　毅　沈斐旻）

组织工作

【概况】 2020 年，全市组织系统坚持以习近平新时代中国特色社会主义思想为指导，贯彻新时代党的建设总要求和党的组织路线，落实省委、市委全会精神，以政治建设为统领，推进基层党建和干部人才队伍建设，各项工作取得新成效。制定实施巩固拓展“不忘初心、牢记使命”主题教育成果行动方案，大力实施习近平新时代中国特色社会主义思想研修计划，落实中央和省、市委关于打赢疫情防控阻击战的决策部署，靠前组织发动，到一线考察识别，组建抗疫先锋队伍，落实激励关爱政策，推动各级党组织和广大党员干部投身防控疫情斗争。推进基层党建“三项工程”[村（社区）党组织带头人队伍建设工程、党支部标准化规范化建设工程、基层党建工作指导站建设工程]，开展农村基层党组织建设“四领四强化”（开展“领航行动”，强化思想引领；开展“筑基领先”行动，强化战斗堡垒；开展“担当领跑”行动，强化宗旨观念；开展“提能领军”行动，强化工作质效）行动、党建引领社区治理“一核三化”行动、村企结对“一强五提”行动。启动市级党群服务中心建设，选树 30 个村（社区）党群服务中心示范点，镇（街道）全覆盖建成基层党建工作指导站 100 个，基层党建“五好”（规划建设好、设施配置好、资源整合好、管理运行好、作用发挥好）阵地群初具形态。扎实开展“两新”组织党务工作者专业化建设试点，创设基层党建工作专职指导员队伍“四全”（全链条招选、全天候培养、全周期管理、全方位激励）模式，制定实施社区工作者“星级 + 薪级”职业体系实施意见及 3 个配套办法，社工人均年收入增幅 18%。制定加强领导干部政治监督若干措施，对拟提任正职人选开展“工作圈、社交圈、生活圈”延伸考察，实现科级以上干部提拔晋升“政治体检”全覆盖，推动政治监督落细落地。出台深化“三项机制”（鼓励激励、容错纠错、能上能下）若干措施，健全完善综合考核评价体系，开展领导干部“担当指数”评定，评选“四千四万”开拓奖、“担当作为领跑者”，释放激励干事创业、担当作为的强烈信号。强化党管人才，健全完善人才政策，持续加大金融支持，举办

5月28日，无锡市"四千四万"精神干部教育培训基地揭牌

（市委组织部 供）

2020太湖人才峰会，开展"百企千才高校行""锡望你来＆云聘行动"系列活动，推动无锡人才金融港和高层次人才一站式服务平台建设，优化人才生态，激发人才活力，无锡蝉联"全国最佳引才城市"，首次入选"全国最佳促进就业城市"。

选派67名干部人才赴青海省、陕西省和新疆维吾尔自治区助力脱贫攻坚，3个集体和2名个人受到党中央、国务院表彰。妥善安置师团职军转干部，总数位列全省地级市第一。公务员招录培养、干部档案、远程教育、信息宣传、自身建设等工作取得积极成效。

至2020年末，全市党员总数425559名，比上年增加4856名。全年发展新党员5706名，其中35岁及以下的4016名。全市党员中，女党员136503名，占32.08%。35岁及以下的95874名，占22.53%；36岁至45岁的78558名，占18.46%；46岁至55岁的70498名，占16.57%；56岁至60岁的31483名，占7.40%；61岁及以上的149146名，占35.05%。研究生学历的25781名，占6.06%；大学本科学历的133346名，占31.33%；大专学历的78062名，占18.34%。

全市基层党组织20172个，其中党委748个、总支部1666个、支部17758个。全市城市社区建立党委144个、总支部393个、支部29个，建制镇党委30个、村建立党委44个、总支部470个、支部27个。全市公有经济控制的企业法人单位建立党委89个、总支部80个、支部518个；非公有经济控制的企业法人单位建立党委155个、总支部190个、支部3785个。事业法人单位建立党委98个、总支部128个、支部1403个。机关法人单位建立党委85个、总支部145个、支部268个。

（师国晓）

【主题教育成果巩固拓展】 2020年，市委组织部制定《关于聚焦"五深化"、答好"五张卷"，巩固拓展"不忘初心、牢记使命"主题教育成果的行动方案》，出台提高民主生活会质量"四项制度"（日常联系沟通、会前严格审核、会中指导检查、会后结果运用），制定党员组织关系管理10条规定，严格执行"三会一课"、主题党日等组织生活基本制度，在全市党组织中组织开展"学史励行、夺取双胜利""学悟伟大精神、争当领跑先锋"等主题党日活动，推动主题教育常态化、长效化。出台《关于贯彻全国党员教育培训工作规划的实施方案》《习近平新时代中国特色社会主义思想教育培训2020年度计划安排》，举办学习贯彻新思想市管干部专题研修班3期，分层分类开展十九届四中、五中全会精神学习培训，组织开展"锡收真理，筑基青干"理论学习活动，推动新思想走深、走实、走心。

（师国晓）

【"四千四万"精神干部教育培训基地】 2020年，无锡市深入挖掘"苏南模式"价值内涵，打造全国首家"四千四万"精神干部教育培训基地，建立"一包三改"（实行经济承包责任制，改干部"任免制"为"选聘制"、改工人"固定录用制"为"合同制"、改"固定工资制"为"浮动工资制"）纪念馆等20个现场教学点，用中国特色社会主义无锡实践的生动案例，激发党员干部践行新思想的责任担当和内生动力，基地全年培训123期、5811人。开发"1+1+20+20"专题教学课程体系，摄制专题宣传片《"四千四万"精神——奋进新时代的磅礴力量》，出版《江南论坛》"四千四万"精神增刊，选送的研究教育性文章获评省社科学术大会优秀论文一等奖1篇、二等奖3篇。推行教育培训课程"红黄牌"制度，培训课程获评全国好课程1门，入选省精品课程开发项目2门，入选省"名师名课"4门。

（师国晓）

【村（社区）带头人队伍建设】 2020年，市委组织部精心做好村（社区）"两委"换届的各项准备工作，研究制定实施方案，成立工作领导小组，召开工作部署会议，编发实务操作"口袋书"，建立村（社区）换届人事酝酿情况预审把关机制，逐村逐社区把好人选关、审查关。坚持"一村一策"抓实2020年度12个软弱涣散村（社区）党组织整顿提升。出台《2020—2022年无锡市村党组织书记队伍建设规划》和村书记"县乡共管"等4个配套实施办法，持续抓好"五强"（政治素质强、担当作为强、发展本领强、治理能力强、作风纪律强）型书记培育，在江阴、宜兴开展村书记专职化管理试点工作，举办4期“乡村振兴大学堂”，评估确定2019年度、2020年度“五强”书记271名、257名，全市“五强”型书记总体比例达81.7%。

（师国晓）

【党政领导班子建设】 2020年，市委召开学习贯彻《2019—2023年全国党政领导班子建设规划纲要》座谈会，围绕“统筹、选育、管用”，制定实施无锡市党政领导班子建设“六强化六提升”行动方案。着眼事业发展，常态化开展综合分析研判，打破流动壁垒和隐形台阶，在全市范围内统筹选配岗位匹配度最优的人选，在“赛马场”上选“千里马”、在实践实战中选实干家，市（县）、区党政正职普遍调整，新提拔市（县）、区市管正职干部6人、市级机关部门正职干部25人、国有企事业单位正职干部6人。加大优秀年轻干部发现培养使用力度，公开选调海内外优秀青年人才280人，建立“政治+实践”双导师制，选派77名年轻干部到发展、民生、疫情防控等基层一线及国家部委、雄安新区、深圳福田等标杆高地历练成长，优先选用经过实践历练的优秀年轻干部，全年新增80后县处级干部11人，增幅26.8%；市（县）、区党政领导班子中年轻干部增配11人，年轻干部配备率全面达标。

（师国晓）

【“锡引惠才”举措】 2020年，无锡市加大“太湖人才计划”实施力度，推出“锡引惠才”12条、认定“太湖人才计划”项目265个，其中创新创业类人才和团队162个，增幅90.6%，对中国科学院院士丁汉顶尖人才创业团队兑现1亿元资金支持，产生良好的政策效应，2020年入选省创新创业类人才数提升10%，入选双创团队5个。出台大学生“锡引”工程升级版8条，引进大学生6.5万人。召开全市乡土人才“三带两助”（“三带”，即让乡土人才发挥作用，带领技艺传承、带强产业发展、带动群众致富；“两助”，即助力脱贫攻坚、助推乡村振兴）推进会，170人入选省第二批“三带”人才，4人入选全省乡土人才典型案例。举办太湖人才峰会，吸引21位院士及61所高校、61家金融机构、50多家媒体机构、24家世界500强企业代表等参加，推动与北京国科金服科技金融信息服务有限公司项目合作协议超百亿元。首次打造“太湖杯”国际精英创业挑战赛，征集海内外高层次人才创业项目1743个，落户或意向项目超过120个。

（师国晓）

8月5日，在太湖人才峰会上，无锡市兑现中国科学院院士丁汉顶尖人才创业团队1亿元资金支持 （市委组织部 供）

宣传工作

【概况】 2020年，无锡宣传思想战线以习近平新时代中国特色社会主义思想为指导，全力服务中心大局，积极迎接全国文明城市复查，理论宣传等工作取得新进展、新成效，获评全省宣传思想文化工作创新奖。加强思想理论武装，对市（县）、区和市级机关党委（党组）理论学习中心组巡学旁听实现全覆盖，市委理论学习中心组获评2018～2019年度省“县以上党委（党组）理论学习中心组学习示范点”，市、市（县）区两级开展中共十九届五中全会精神和习近平总书记视察江苏重要讲话指示精神集中宣讲1100余场。建成“学习强国”无锡学习平台，无锡选手参加全省“从抗疫大考看制度优势”演讲比赛和“百姓名嘴”风采展示活动总决赛均获一等奖。在疫情防控大战大考中，及时发布权威信息、开展宣传教育，在中央和省级媒体刊发报道超1.8万篇。大力选树、宣传抗疫典型，周海江、陈静瑜、无锡市第五人民医院分别被中央宣传部表彰为“全国抗击新冠肺炎疫情先进个人和先进集体”，评选34名市级“最美战‘疫’先锋”并开展巡回宣讲。主流舆论声势强劲，开展“聚力强富美高、决胜全面小康”“智汇长三角、科创太湖湾”等全媒体新闻行动，江阴市、宜兴市融媒体中心通过省级验收。积极培育和践行社会主义核心价值观，出台《无锡市贯彻落实〈新时代爱国主义教育实施纲要〉三年行动方案》和《无锡市贯彻落实〈新时代公民道德建设实施纲要〉三年行动方案》，上榜“中国好人”4人、“江苏好人”24人（组）。各涉农市（县）、区新时代文明实践中心实现全覆盖。文化事业产业蓬勃发展，无锡博物院晋升为国家一级馆，舞剧《歌唱祖国》入选文化和旅游部庆祝建党百年“舞台艺术精品创作工程”重点扶持作品，锡剧《追梦路上》成为全省唯一入选第六届全国少数民族文艺会演参演剧目。承办第二届大运河文化旅游博览会，编制《无锡市大运河文化保护传承利用实施规划》，推进国家电影产业创新实验区建设。推动院团建设，成立无锡市民族乐团。启动无锡文艺专家库建设，优化全市文化决策机制。开展2020年无锡市优秀文艺人才引进工作，对9名青年文艺人才予以认定。

年内，市委宣传部精心组织高层次宣传文化人才推荐，13人入选2020年度江苏省紫金文化英才，43人入选江苏省紫金文化优青，1人入选江苏省“双创人才”，4人入选江苏省青年优秀文艺人才，8人入选无锡市有突出贡献中青年专家。

（锡　轩）

【思想理论武装】 2020年，无锡市委宣传部围绕学习贯彻习近平新时代中国特色社会主义思想和中共十九大和十九届二中、三中、四中、五中全会精神，精心抓好党委(党组)理论学习中心组学习，制定全市县以上党委(党组)理论学习中心组学习计划以及巡学旁听实施办法，提升中心组学习的制度化、规范化水平。无锡市委中心组被评为2018～2019年度“江苏省县以上党委(党组)理论学习中心组学习示范点”。完成无锡市党委中心组理论学习网上管理平台优化升级，依托平台动态掌握全市县以上党委(党组)中心组学习情况。发挥典型示范作用，命名15个2019～2020年度县级以上党委(党组)中心组学习示范点。编印中心组学习《参考文选》11期。

年内，市委宣传部组织中共十九届五中全会精神宣讲活动，召开宣讲动员会，成立市委宣讲团，开展130多场次集中宣讲。建好用好“学习强国”学习平台，创建“学习强国”无锡学习平台，举办“学习强国”无锡学习平台上线仪式暨工作推进会。发挥“思想云”平台功能，精准传递党的理论和路线方针政策。围绕经济形势、公共卫生体系、医保制度、《中华人民共和国民法典》、5G等专题，举办6场“梁溪大讲堂”。“手机微学堂”每周发送学习短信。组织开展学习习近平新时代中国特色社会主义思想网络知识竞赛，参与网上答题30万余人次。开展“从抗疫大考看制度优势”演讲比赛，推荐选手参加全省比赛获一等奖。开展基层宣讲活动，在全省“我身边的小康”“百姓名嘴”风采展示活动总决赛中，无锡市选手均获一等奖。

年内，市委宣传部在全市县处级以上领导干部中开展“打好‘四场硬仗’，开创崭新局面”专题读书调研活动，提升科学决策水平。组织全市社科课题招标，围绕贯彻落实党的理论和路线方针政策，突出市委、市政府中心工作，确定15个重点课题、35个精品课题予以立项，推出一批前瞻性、指导性、实用性强的研究成果。举办“中国伦理学会成立40周年纪念活动暨2020中国伦理学大会”。

（韩亚辉）

【宣传教育】 2020年，市委宣传部组织开展红色故事大讲赛活动，在全市征集红色故事87篇，经过层层选拔，推荐8人参加江苏省红色故事大讲赛，1人获金牌，3人获银牌；举办2020年无锡市“共圆小康梦”微电影(微视频)征集展播活动，获省微电影三等奖1项，微视频二等奖1项、三等奖1项；制定《无锡市贯彻落实〈新时代爱国主义教育实施纲要〉三年行动方案》。在国家公祭日，组织31对新婚夫妇向革命烈士献花活动，无锡多家媒体现场直播，反响良好。

典型选树宣传。推选宣传无锡“最美战‘疫’先锋”34人，江苏“最美人物”6人(江苏最美医护工作者3人)，推出“无锡最美人物”54人。无锡市人民医院呼吸与危重症科被评为江苏省学雷锋先进示范点，周海江、陈静瑜、无锡市第五人民医院分别被中央宣传部表彰为“全国抗击新冠肺炎疫情先进个人和先进集体”。开展“百姓名嘴”宣讲活动，组织无锡“最美战‘疫’先锋”宣讲队，在全市巡回宣讲，引起市民热烈反响。陈静瑜参加省抗击新冠肺炎疫情先进事迹报告团，在全省巡回宣讲，发挥典型引领和先进示范作用。

思政研究成果。加强全市思想政治工作研究，向国家、省思想政治工作研究会(以下简称政研会)推荐优秀调研成果，江阴市委宣传部、无锡市人民医院、惠山区委宣传部分获省政研会优秀论文一、二、三等奖。在第二届新时代长三角企业文化建设交流论坛上，无锡市代表江苏省以《坚持“四突出”续力“四强化”助推无锡企业文化科学发展》为题，交流无锡企业文化建设经验做法。

“三下乡”活动。结合新时代文明实践中心试点工作目标要求和内容项目需求，推动“三下乡”活动与新时代文明实践中心试点工作相融合，推动“三下乡”活动常下乡、常在乡。成立8个“三下乡”志愿服务团，在新吴区新泰社区广场举行集中活动和援助项目集中开建仪式，全市22家部门(单位)组织主题演出，以及科技、卫生、环保等30多项咨询服务活动，市、区两级筹集123.5万余元资金和物品，把各类服务资源送到农村基层第一线。

年内，市文明办定制“无锡好人”礼遇卡，对市民的善行义举给予优惠待遇。年内，无锡市4人上榜“中国好人”，24人(组)上榜“江苏好人”、3人获评江苏省“疫情防控优秀志愿者”，51人(组)上榜“无锡好人”、30人获评市“疫情防控优秀志愿者”。在江苏省广电总台“德行天下”家风家教专题节目上，浦浙宁作为无锡全家11名医务工作者奋战在不同岗位的抗疫家庭代表接受记者采访。

（顾志坚　彭　伟）

【新闻宣传】 2020年，围绕疫情防控和复工复产，市委宣传部有效开展宣传报道和舆论引导工作。疫情防控期间，央视《新闻联播》《新闻直播间》等栏目30余次报道无锡的典型做法和案例，牺牲民警荣志珏的感人事迹被央视和省市各媒体集中报道，微博话题“无锡回赠日本丰川5万只口罩”阅读量达1.7亿人次，市级主流媒体派出记者2万余人次，刊发各类报道6万余篇，在全市上下凝聚起众志成城、共克时艰的强大正能量。印发并落实《无锡市突发公共事件舆论引导应急预案》，发布相关防疫指挥部通知通告和“惠企20条”“城乡建设17条”“惠外12招”等政策文件，提升政府公信力。

做好全面建成小康社会主题宣传。启动“聚力强富美高，决胜全面小康”全媒体新闻采访行动，分四个阶段实施全面建成小康社会的宣传报道。其间，推出“小康看城乡”集中采访活动，启动“奋进全面小康，遇见美好无锡”网上主题宣传，以“数说”“礼赞”“透视”“展望”等系列报道的形式着重展现无锡建成全面小康历史进程和伟大成就。市级主要媒体根据部署同步开设“走向我们的小康生活”专栏，《无锡日报》、《江南晚报》、无锡观察等平台根据自身特点，分别开设“小康路上的幸福画卷”和“小康看城乡”等专栏专题，刊发《开了间民宿，63岁的她更快乐了》《凤凰村的“涅槃重生”》《桃农老俞脱贫记》等一批稿件。10月，由中国广播电视社会组织联合会主办，中广联合会广播新闻节目工作委员会、江苏省广播电视总台、无锡市委宣传部承办的“高质量发展看江苏——全国新闻广播增强‘四力’江苏行”融媒体新闻行动走进无锡活动，全国29家新闻广播的80余位记者、编辑深入无锡，全方位、多角度报道无锡高质量发展的丰硕成果。

抓好重点工作和重大活动宣传。围绕疫情防控和复工复产、优化营商环境、城市精细化管理以及安全生产、生态环境等重点工作，策划推出“守土有责”“精准施策”“无难事，悉心办”“春雷行动”“利剑出鞘”“美丽家园”等系列专题内容，为疫情防控大局和经济社会发展营造良好舆论氛围。2020太湖人才峰会以全媒体传播的方式持续打响无锡“无比爱才，锡望您来”人才品牌，“太湖明珠，江南盛地”的美誉广为传播，《人民日报》、新华社等50余家中央、省、市各类媒体，100多名记者参与峰会报道，先后推出新闻报道400篇，人民网、新华社客户端、网易、新浪、腾讯和微博话题、微信等网站、平台同频共振，线上线下传播量8000万人次。2020世界物联网博览会参与报道的各级各类媒体60余家，记者400余人次，相关报道篇目及新媒体产品数量1000篇（个），总传播量13亿人次。

推动媒体融合发展和县级融媒体中心建设。一方面促进报业、广电集团整合资源要素、创新体制机制，再造移动优先的策采编发流程。《无锡日报》报业集团探索建立起“大策划、大联动、大融合”新闻宣传发布和应急反应机制，推动内容、渠道、平台和体制机制融合，鼓励生产原创融媒体产品；无锡广电集团深化媒体融合，构建新型传播体系，以新媒体引领的矩阵传播成为无锡广电宣传和传播组织实施的常态。4月29日，新华日报社无锡分社挂牌成立，市委宣传部与新华报业传媒集团签署全面战略合作协议，携手为无锡高质量发展传播正能量。另一方面高质量推动县级融媒体中心建设，在2019年各市（县）、区全部挂牌成立并实体运行基础上，推进各地区建强用好县级融媒体中心矩阵。6月17日，江苏省县级融媒体中心线上验收组采用网络远程线上方式，对江阴市、宜兴市融媒体中心各项功能和融合生产业务运作流程验收。6月，中央宣传部在“学习强国”平台上举行“县级融媒体中心建设”网络培训班，江阴市融媒体中心围绕县级融媒体中心建设成效在线授课并作经验交流，为该次经验分享的全国4家县级融媒体中心之一。

开展“智汇长三角，科创太湖湾”全媒体新闻行动。10月11日，无锡启动全媒体宣传太湖湾科创带活动，在长三角区域形成共同参与、共建共享太湖湾科创带建设的浓厚氛围。新闻采访团完成上海、杭州、合肥等8个城市的调研采访，召开专题座谈会8场，专家访谈录6场，调研考察高科技企业、项目、园区等40余个，行程4000千米，百人参与活动，在各级各类媒体平台上刊发相关报道150余篇（个），传播量200余万人次。

做好记协及三项学教工作。在全省新闻媒体“走基层、转作风、改文风”先进个人评选活动中，无锡市2名记者获评“走转改”先进个人。根据《2019年度无锡市对外报道奖评选活动办法》，市委宣传部会同市委网信办、报业集团、广电集团等相关部门对各级各类媒体选送的150余件无锡市对外报道奖候选作品，组织开展评选活动，评出获奖作品104件。开展“第九届无锡新闻奖”评选活动，评选出报纸类、广播电视类、媒体融合类、综合类获奖作品47件。

（祝福祺）

【文艺精品创作】 2020年，无锡大运河题材舞剧《千年运河》、爱国主义题材舞剧《歌唱祖国》、大型原创历史锡剧《泰伯》、脱贫攻坚题材现代锡剧《追梦路上》、滑稽戏《桃花朵朵开》成功首演，其中，《歌唱祖国》入选文化和旅游部庆祝中国共产党成立100周年舞台艺术精品创作工程“百年百部”创作计划，《追梦路上》成为江苏唯一入选第六届全国少数民族文艺会演的作品。中国戏剧梅花奖数字电影工程项目《江南雨》完成拍摄，推出反映江南韵味、无锡特色的民族管弦乐《梁溪音诗》《太湖风情》。在全省率先启动文艺创作题材库建设，红豆集团与“‘一带一路’建设”题材入选省委宣传部文艺创作题材库首批发布的10个重点题材推荐名单。开展无锡市文化艺术项目扶持申报及无锡市文化艺术成果奖励。继续实施无锡市“优秀剧本孵化计划”。

（曹超君）

【文化惠民】 元旦、春节期间，市委宣传部开展“我们的中国梦——文化进万家”活动。组织和协调各市（县）、区聚焦全面建成小康社会主题，在基层举办各类惠民文化演出数千场，举办文化进万家等各类惠民活动460多场，年内，市委宣传部获2020无锡市首届“民心工程奖”银奖。3个品牌活动与6支团队、35人被评为江苏省第二批群众文化“百千万”工程优秀文艺品牌、团队、骨干，数量位居全省前列。推进“锡剧周周演”“锡剧进校园”活动。完成2020年市政府为民办实事项目——无锡星期广播音乐会。全年策划举办13场云音乐会，网络点击量超千万人次，其中10期节目被“学习强国”全国平台文化板块首页推荐并设立专题。实施“非遗”大师带徒传艺扶持计划，赵红育工作室沈雨兰获第五届江苏技能大赛刺绣组第一名。

（曹超君）

【重大文化活动】 2020年，市委宣传部完成2020紫金文化艺术节参展参演和群众文化广场演出活动，获全省优秀组织奖第二名。舞剧《千年运河》获“优秀剧目奖”，锡剧《惠山泥人》《追梦路上》获“入选剧目奖”，蔡瑜获“优秀表演奖”。举办“圆梦小康·大美共赏”2020紫金文化艺术节群文广场演出无锡分会场活动。举办2020太湖文化艺术季，推出精品舞台剧目展演、戏曲艺术月、艺术作品展览、美好生活节、惠民文化活动、梦想艺术汇6大板块、120场线下活动，惠及市民观众超百万人次，创新成果获全省宣传思想文化工作创新奖第二名。

（曹超君）

【文化交流】 2020年，市委宣传部围绕长三角一体化举办各类演出及文艺交流活动。举办三省一市五大剧种同演《雷峰塔》；举办第二届长三角城市合唱联盟高峰论坛活动；完成2020无锡—徐州对口文化交流，邀请江苏省梆子剧院到无锡演出大型现代梆子戏《母亲》。

（曹超君）

【对外宣传】 2020年，无锡市加强“中国无锡”城市外宣平台建设。“中国无锡”外宣平台（“魅力无锡”英文网、脸谱和推特）全年发布网站原创稿件433篇，脸书和推特两大页面发布帖文1444条，粉丝总数超过82.3万人次，互动量超860万人次。平台聚焦时事热点，策划制作系列主题报道，发布各类权威信息，对外传递无锡声音。在鼋头渚赏樱季期间，利用H5、360全景照片、实地航拍等多种新媒体手段融合打造无锡鼋头渚“云”赏樱作品，让网友足不出户即可多角度体验无锡樱花盛景。每周推出《锡闻双语周刊》，以海报形式精选一周热点，通过微信群、朋友圈、社媒渠道传播，对“魅力无锡”英文网起到显著导流效果。定期制作推出《锡游记》短视频，以英国人詹姆斯为主角视角体验无锡。“魅力无锡”英文网在《中国日报》网首页及地方频道定期推广，无锡新吴区回赠日本5万只口罩与友城丰川携手战役、无锡组建涉外服务战队、派出所民警多语种喊话宣传防疫知识、无锡产负压救护车风雪驰援武汉、2020世界物联网博览会、大运河博览会、无锡各季美景等均在海外形成一定传播热度。

10月11日，启动“智汇长三角，科创太湖湾”全媒体新闻行动出发仪式

（市委宣传部 供）

立足“一带一路”做好对外传播。疫情期间，报道无锡相关部门为企业提供个性化英文版的新冠病毒检测证明，以及无锡企业响应市委、市政府号召助力全球抗疫的事迹。开展城市宣传推介，柬埔寨、菲律宾、印度尼西亚、匈牙利、希腊等国家媒体记者到无锡参加感知中国“一带一路”沿线国家媒体采访活动；配合省委宣传部做好美丽江苏看小康2020“Hi Jiangsu”活动，韩国、阿联酋、葡萄牙和土耳其等国十余位境外媒体记者以及数十名中央、省级媒体走进无锡，体验全面建成小康社会的无锡实践。在CCTV、CNBC投放城市形象宣传片，无锡获评“2020中国最具幸福感城市”，制作推出城市形象片《这就是江南》，展示无锡经济社会发展成就。与新华社开展城市国际传播能力建设合作，共建“无锡城市传播能力建设研究发展中心”。中秋节前夕参与策划“十城追月，云享团圆”活动，无锡城市明月美图在新华社海外社交平台账号首发后，被外交部新闻发言人华春莹推特账号转发，取得较好国际传播效果。

开展新闻发布工作。围绕疫情防控、“六稳”、“六保”、5G产业发展规划、优化营商环境等内容，召开32场次党委、政府新闻发布会（新闻通气会）。“两会”期间，首次组织召开市“两会”新闻发布会。优化“无锡发布”双微平台策编发流程机制，加强重点内容宣传策划，提升设计研发能力，“无锡发布”微信公众号粉丝数从年初的15.9万人增至41万人，增长率157%，全年“无锡发布”微信发布信息3900余篇，阅读量1亿人次，微博发布信息7400余条，阅读量3亿人次。

（祝福祺）

【文化改革发展】 2020年，无锡市落实国家和省市各类纾困政策，下发纾困资金超1亿元，惠及文旅企业超200家。全年召开2次文化产业高质量发展推进会，通报阶段发展情况，破解发展难题。开展对宣传、文化、统计、招商条线300名工作人员的培训，提高基层一线人员工作水平。优化考核评价体系，完成2019年度各地区文化产业高质量考核，给予排名前三的区共1000万元奖励。

强化项目引领，形成特色产业发展高地。对接“一带一路”、长三角一体化、大运河文化带、太湖湾科创带等战略规划，抓好文化产业重点项目和园区载体建设，实行动态管理机制。全年新增投资500万元以上文化产业项目超150个，国家数字电影产业园引入优质影视及相关文化企业超100家。总投资200亿元的大拈花湾项目正式启动。

强化辐射效应，打造特色品牌活动。组织优秀文化产业园区和企业参加南京文化和科技融合成果展览交易会和第三届长三角文化博览会。召开无锡国家文化出口基地云对接大会，完成国家文化出口基地建设考核评价工作，至2020年末，累计9家企业、6个项目入选国家文化出口重点企业和项目，无锡国家文化出口基地建设成效受到中央和省有关部门肯定，中央文化体制改革和发展工作领导小组简报第19期全面推介。成功举办第十届无锡文博会、第四届太湖影视产业投资峰会、第六届无锡市文化创意设计大赛等品牌赛事活动。

强化服务意识，稳妥推进文化体制改革。妥善解决无锡外图公司转企改制遗留问题。配合做好江苏有线国有股权集中管理工作。加强国有文化资产管理，出台《无锡日报报业集团、无锡广播电视集团（台）综合绩效考核评分办法》，主动为国有文化企业减负减压，延续国有文化企业国有资本经营收益免缴政策至2023年。

（庞　勋）

11月9日，滑稽戏《桃花朵朵开》在无锡人民大会堂首演

（市委宣传部　供）

【公民道德工程】 12月18日，市委、市政府联合下发《无锡市贯彻落实〈新时代公民道德建设实施纲要〉三年行动方案》。市文明委配套下发《无锡市贯彻落实〈新时代公民道德建设实施纲要〉三年行动方案重点任务分工》，围绕实施新时代公民道德教育引导、道德实践养成行动、网络空间道德建设行动及道德建设融入社会治理行动四个部分。建立健全道德典型推荐制度和好人常态长效报送机制，发动市民参与推荐、评议身边好人。下发《无锡市技工院校“展文明风采、树礼仪新风”道德风尚建设行动方案》。落实《无锡市关爱礼遇道德模范、优秀志愿者十二条》，春节前夕，配合市四套班子领导走访慰问家境贫困的道德典型，发放扶助资金。

（顾志坚）

【核心价值观教育】 2020年，无锡市在主要媒体开设“德耀锡城”专题专栏，持续宣传道德模范、身边好人故事，《无锡日报》每季度整版公布当季“无锡好人善行义举榜”及先进事迹，文明无锡网、文明无锡微信公众号持续推送先进典型事迹。每季度举办线上、线下道德讲堂暨好人事迹发布会，开展身边好人发布交流活动。组建百姓名嘴宣讲队，运用“理论＋文艺”的形式，将好人好事改编成朗朗上口的小故事，生动形象地呈现给广大群众，宣讲超万场，覆盖百万人次。开展以“爱敬诚善”为主题的“全城总动员，文明百家绘”广场活动，吸引300余组家庭参与，《新华日报》社客户端（江苏频道）、《人民日报》客户端（江苏频道）、“学习强国”无锡学习平台等媒体刊播报道。制作更新道德模范、身边好人公益广告灯箱5500多个。在2200多个公交站台、公交车身上宣传展示“学习道德模范”等公益广告。

年内，无锡文明网发布信息3400余篇，“文明无锡”微信公众号制作专刊360期，向中国文明网推荐录用稿件400余条（首页录用51条），江苏文明网无锡频道编发图文信息1.5万条。

（顾志坚）

【新时代文明实践中心建设】2020年，市委及时调整新时代文明实践中心建设试点工作领导小组成员。2月19日，市委书记、市新时代文明实践中心建设试点工作领导小组组长黄钦赴无锡经开区梁南社区调研社区新时代文明实践站工作。8月27日，全省新时代文明实践中心建设工作推进会在宜兴市召开，省委副书记任振鹤出席会议并讲话。至2020年末，无锡8个市（县）、区建成新时代文明实践中心6个、场所73个、站969个，涉农村新时代文明实践站覆盖率99%，全年开展文明实践活动5.7万场次，受益超110万人次。中央宣传部《宣传工作》（2020年第78期）刊发《江苏无锡新时代文明实践贴近群众、以文化人》，《群众—大众学堂》（2020年第4期）刊发《探索新时代文明实践中心建设新路径》，推广"无锡样本"，《精神文明导刊》（2020年第10期）刊发《一体化打造，高质量推进——江苏省无锡市探索新时代文明实践中心建设新路径》。

（顾志坚）

【诚信建设】2020年，无锡文明委制定并颁布实施《关于深入开展诚信缺失突出问题专项治理的实施方案》，推进诚信建设制度化，提升全市诚信建设水平。持续开展"诚信建设万里行"主题宣传，完善诚信"红黑榜"发布机制，在市中心巨幅电子显示屏、186条公交线路、2600多辆公交车的移动电视平台上，集中公布失信被执行人名单信息。推进信用积分"诚信阿福分"，将评选的年度各级身边好人、优秀志愿者、道德模范等200多人次的先进典型数据报送市公共信用信息服务平台。在省信用办主办的"与信用同行、筑梦新时代"知识竞赛中，无锡市新增"苏信服"关注人数29.3万人，位居全省第二。

（顾志坚）

【志愿服务】疫情期间，无锡市150万人次志愿者日夜参与到体温检测、物资配送、心理疏导等志愿服务中。无锡市志愿者总会援助黄石市100箱医用手套、148件防护服、59桶84消毒液，《黄石日报》先后2次刊发报道《无锡市志愿者总会捐赠防护物资》。无锡市文明办会同无锡市志愿者总会组织志愿者上门为176名援鄂医护人员送上鲜花、蛋糕。"学习强国"全国平台刊发报道《无锡:5万余名志愿者齐赴一线合力构筑抗击疫情"红色防线"》。

志愿者总会换届。无锡市志愿者总会召开三届一次会员代表大会，共商推进无锡志愿服务制度化常态化发展，会议选举产生新一届理事会。市委常委、宣传部部长袁飞出席会议。

常态化志愿服务。无锡市文明办会同无锡市志愿者总会连续第六年组织崇德乐善"一月一主题"公益活动，连续第八年组织"情暖回乡路"关爱外来务工人员服务活动，连续第九年组织"环太湖生态文明志愿服务大行动"，连续第18年组织爱心车队200余名司机为考生提供帮助。组织推动大运河志愿联盟、大运河志愿宣讲团和清洁美丽长江志愿者联盟成立。4100多名无锡高校、志愿公益组织的志愿者为大型赛会提供超过10.1万小时的志愿服务。8月20日，中央电视台《新闻联播》以《江苏宜兴:精准发力，让志愿服务更高效》为题报道无锡志愿服务工作情况。

志愿服务交流评比。在第五届江苏志愿服务展示交流会中，无锡获金奖项目1个、银奖项目2个、铜奖项目1个，中央宣传部副部长傅华，省委常委、宣传部部长张爱军，省委宣传部副部长、省文明办主任葛莱等对宜兴市"陶都先锋"文明实践志愿服务项目的实施模式及工作成效给予肯定。年内，无锡市推出最美志愿者10名、最佳志愿服务组织10个、最佳志愿服务项目10个、最美志愿服务社区10个、学雷锋志愿服务标准化示范站10个。

（顾志坚）

【公益广告】2020年，无锡市文明办制定下发《公益广告设置分类规范》，同步设立包含32类点位的公益广告资源库。抓好不同区域、不同场所、不同载体的公益广告宣传，全市18000余块电子屏、65家影院映前广告刊播公益广告画面;4040辆出租车、990家彩票站点以及各窗口行业网点的LED屏投放文明宣传标语;2万余杆路灯杆旗、3138个公交站台设置公益广告画面。市报业集团刊发65个整版公益广告;市广电集团刊播公益广告49960多条次，电视游动字幕16310多次;有线电视公益广告开机屏覆盖70万用户，三大通信运营商发送公益短信3298万条。

（顾志坚）

【文明城市创建】5月，无锡市开发"创事记——文明无锡智慧创建平台"，成为文明城市创建季度测评问题反馈、整改、评分的操作平台。持续发挥"12345暨文明城市创建直通车"平台作用，通过大数据管理和及时响应，让每位市民都成为创建工作的巡查员。11月10日，中央文明办公布第六届全国文明城市入选城市名单和复查确认保留荣誉称号的前五届全国文明城市名单，江阴市、宜兴市通过复查。11月13日，无锡成立文明城市建设整改提升工作行动领导小组，在全市组织开展停车秩序、环境卫生、基础建设等专项行动，全力推进文明城市建设整改提升工作。11月22日，成立无锡市文明城市建设整改提升工作行动领导小组综合工作推进指挥部，负责整改提升工作的统筹推进、指挥协调和督查落实。

（张亦华）

【基础创建】2020年，无锡市新获评全国文明村镇10个、全国文明单位10个、全国文明家庭2个、全国文明校园1个，复评通过全国文明村镇16个、全国文明单位（社区）24个、全国文明校园1个、全国文明家庭1个。评选、命名市文明镇29个、市文明村（社区）226个、市文明单位809个、市文明校园96个、市文明家庭20个。与农村人居环境整治、乡村振兴相结合，持续推进乡村精神文明建设,全市县级以上文明村达标占比 90% 以上。

（张亦华）

【弘扬社会新风】 2020 年,无锡市文明办根据疫情防控要求,推出“改陋习、树新风”文明倡议“锡十条”。制定下发《关于贯彻落实省文明委要求,加强精神文明教育,制止餐饮浪费行为的通知》等文件,面向全市餐饮服务单位发出文明餐饮“三有”(有公筷公勺、有引导人员、有文明标识)倡议。省市联动,策划推出 20 期《在家干什么》系列短视频,倡导文明健康的居家生活方式。持续推进移风易俗相关工作,新吴区七房桥村、锡山区中东村村规民约入选省优秀村规民约,宜兴市“八大行动”入选省优秀移风易俗案例。组织开展广场舞活动,无锡市江阴健身操舞协会艺术团获全省“共圆小康梦,幸福舞起来”广场舞活动最佳表演奖。开展“我们的节日”系列活动,以春节、元宵节、清明节、端午节、七夕节、中秋节、重阳节为重要节点,弘扬优秀传统文化。结合节假日,做好文明旅游相关工作,促进形成文明、健康、绿色的旅游新风尚。

（张亦华）

【未成年人思想道德建设】 2020 年,无锡市未成年人思想道德建设工作坚持立德树人根本任务,突出社会主义核心价值观和“扣好人生第一粒扣子”主题教育。

开展主题教育活动。组织“红领巾”寻访小康之路实践活动,被“学习强国”平台宣传报道。开展春节、元宵、端午传统民俗活动和“清明祭英烈”网上云祭扫活动。疫情发生后,发布《“众志成城,抗击疫情”——致全市青少年的公开信》,录制《在家干什么》居家锻炼课程,组织无锡中学生与湖北黄石学生开展抗疫交流,“我与英雄面对面——抗疫故事进校园”引起 10 万人次关注,中国文明网、江苏文明网给予报道。

开展文化美育活动。组织“童心里的诗篇”少儿诗会、“童话里的世界”童话故事创作大赛等文化美育活动,先后征集作品 6700 多件,报送省优秀作品 5200 余件,举办无锡市第十届少儿文化艺术节综合展示活动,充分展现全市少儿文艺创作和艺术教育最新成果。组织开展“全面小康,追梦成长”主题征文、书画作品征集大赛、“读国学经典,颂抗疫真情”经典诵读音视频征集、“文明在心,健康于行”疫情防控书画作品征集、“抗击疫情,童心同行”文艺作品征集等活动,全市近万名中小学生参与。

推进文明礼仪教育。组织开展成人仪式、入学仪式等全市性“八礼四仪”(仪表之礼、餐饮之礼、言谈之礼、待人之礼、行走之礼、观赏之礼、游览之礼、仪式之礼,入学仪式、成长仪式、青春仪式、成人仪式)示范活动。做好“新时代好少年”评选学习宣传活动,推出 2020 年无锡市“新时代好少年”50 名,6 名学生当选省“新时代江苏好少年”。探索在肯德基餐厅建设未成年人文明礼仪主题餐厅,《人民日报》客户端、中国新闻网等转载活动报道。

推进心理健康教育服务。建立 24 小时接听援助热线,每月开设心理健康网上课程讲座,每周六组织志愿者提供心理咨询服务,开展未成年人心理健康月活动,推出未成年人心理健康公众号。

增强部门齐抓共管机制。与市教育局、团市委、市妇联、市关工委密切配合,发挥好学校、家庭、社区、少先队、“五老”的重要作用,开展各类主题活动和理想信念教育。积极开展文明校园申报创建活动,无锡市第一中学获评“全国文明校园”。

（许炫峰）

【市委讲师团成绩斐然】 2020 年,市委讲师团深度融入大局,拓展宣讲渠道,注重统筹协调,突出开拓创新,在理论宣讲、课题研究和意识形态管理等方面取得新成绩,全省基层理论宣讲先进集体、先进个人、优秀讲稿、优秀微视频获得大满贯。

印发《市委讲师团关于落实全面从严治党主体责任的实施意见》《关于开展“创新宣讲工作、当好服务先锋”主题读书活动的方案》等文件。组织全体党员赴市粮食和物资储备局开展主题党日活动,赴市公安局调研意识形态工作,赴南通张謇博物馆学习企业家精神,赴中国船舶集团公司第七〇二研究所学习“深潜精神”。

7 月 18 日,无锡市召开文明城市建设动员部署会

（市委宣传部　供）

及时有效服务好全市理论学习，广泛开展公益宣讲，会同市委宣传部、市卫健委、市教育局等单位举办“无锡市抗‘疫’先锋巡回宣讲”活动。走进江阴临港开发区宣讲“《习近平谈治国理政（第三卷）》导读”。深入新吴区5个镇（街道）集中开展中共十九届五中全会精神宣讲。“新吴区桑梅红色文化传播中心”被确定为市委讲师团首个基层理论宣讲基地并授牌，派出宣讲骨干为江溪街道宣讲骨干开展7次示范宣讲。与市文明办、无锡市吴文化研究会联合开展大运河文化志愿宣讲活动，举办7场讲座。与无锡山水城党工委、丹琼志愿服务中心联合举办“党建聚合力，逆行写忠诚”——说出你心声“抗疫先锋”专场公益朗读会。编写无锡市基层理论宣讲参考资料选编《抗疫篇》《大运河文化》。

获评市哲学社会科学重点课题1项，精品课题1项。参与市“十四五”文化发展改革规划编制工作，参与《新时代典型宣传的路径与对策研究》《推进习近平新时代中国特色社会主义思想大众化研究》的撰写工作。参加“首届南太湖慈善论坛”活动，提交的论文《马克思主义通俗化的实践路径——以“两山”理念和慈善事业为例》获二等奖；《马克思主义大众化通俗化的实践路径——以“两山”理念为例》《致敬抗“疫”先锋，践行抗疫精神》《当好宣讲〈习近平谈治国理政〉第三卷的排头兵》《学透“新发展格局”，讲清党的创新理论》等文章、信息在“学习强国”、《无锡日报》、《无锡宣传》等省、市平台上发表、发布。

协助市委宣传部创建“学习强国”无锡学习平台，组织开展“学习强国”无锡学习平台上线仪式和骨干培训。参与组建平台编辑部，负责“学习强国”无锡学习平台日常管理。配合市委宣传部、市教育局在“学习强国”无锡学习平台上开展“爱国心·报国情·强国志”主题征文活动。会同市委宣传部、市妇联联合开展“‘学习强国’进家庭”活动，举办“强国赋能家庭，共创美好生活”——“‘学习强国’进家庭”项目创意大赛。加强讲坛建设管理，对全市讲坛进行分级备案管理和监督考核。

在全市组织开展“我身边的小康”“百姓名嘴”风采展示活动，举办预选赛和全市电视决赛。选派优秀选手参加全省“百姓名嘴”风采展示活动，获全省一等奖，并获优秀组织奖。在全市开展理论宣讲微视频征集展示活动。举办2020年全市基层理论宣讲骨干研讨班。

（肖复新）

统战工作

【概况】 2020年，全市统战工作坚持以习近平新时代中国特色社会主义思想为指导，全面落实党中央和省委关于新时代统战工作的重大决策部署，聚焦“五个围绕”（围绕构建“大格局”、围绕画好“同心圆”、围绕夺取“双胜利”、围绕扩大“朋友圈”、围绕促进“科学化”），充分发挥优势，无锡统战工作在全省综合考核中连续三年保持第一名，统战理论调研成果、微视频作品在中央统战部组织的评选活动中获奖，为无锡勇当全省高质量发展领跑者彰显统战作为。

（金　娜）

【巩固多党合作思想政治基础】 2020年，市委统战部持续强化“不忘合作初心，继续携手前进”主题教育成果，扎实开展“五大行动”（凝心聚力增进共识行动、凝聚智慧建言献策行动、社会服务风采展示行动、基层示范组织创建行动、机关效能质量提升行动），组织市各民主党派开展结对共建活动，帮助他们提高政治站位。大力实施“同心”基地联盟“政治引领”工程，按照“五有”（有党组织覆盖、有学习资料、有宣讲骨干、有活动品牌、有展示平台）标准规范基地建设，强化7大类、60个“同心”基地的政治功能，合力打造同心同行、共同奋斗的思想政治工作基础。

帮助和支持民主党派加强自身建设。落实《无锡市贯彻〈民主党派代表人士队伍建设规划（2018—2027年）〉实施方案》，协助市各民主党派建立市、市（县）区级层面民主党派代表人士队伍。研究制定《无锡市民主党派市委会直属基层组织工作经费管理办法（试行）》，建立民主党派市直基层组织工作经费长效机制，解决市直基层组织缺乏经费保障的现实问题。8月，市委统战部发文《市各民主党派机关干部选拔任用和调任工作实施办法（试行）》，完善考核方案及细则。

（金　娜）

【参政议政和民主监督】 3月，市委印发《无锡市2020年度政党协商计划》。市委统战部组织市各民主党派、工商联和无党派知识分子联谊会围绕“做好重大风险防控”及“加快融入和服务长三角一体化”2个专题开展调查研究。协助市委召开专题民主协商会，广泛听取党外代表人士的意见、建议。成立由80余人组成的统战智库，根据专业特长分成政策法规、经济贸易、科学技术、教育文化、社情民意5组，围绕主题开展调研活动，定期组织座谈交流，建言献策成效显著。围绕优化营商环境等重大决策部署，组织市各民主党派开展专题民主监督活动，完成2篇民主监督专报送市主要领导参阅。健全联谊交友和对口联系制度，7月，市委办、市政府办联合发文《关于加强和完善市政府部门与各民主党派市委、市工商联和无党派知识分子联谊会对口联系工作的通知》，建立工作例会、知情明政、联合调研、情况反馈等工作机制，为民主党派履职尽责提供制度保障。

（金　娜）

【党外代表人士队伍建设】 2020年，市委统战部加大党外代表人士培养选拔力度，举办民主党派代表人士培训班、第31期党外中青年干部培训班、民族宗教界代表人士培训班、青年企业家基业长青培训班、无党派和新的社会阶层人士培训班等，全面加强对党外代表人士的政治培训。周密做好2021年市各民主党派换届和2022年人大、政府、政协换届人才储备工作。加大党外干部实职安排，推荐提拔副处职干部5人、交流副处职干部4人。市政府必配部门和法院、检察院领导班子全部配齐配强党外领导干部。

（金 娜）

【民族团结进步创建活动】 2020年，市委统战部深化全市民族团结进步创建“六进”（进机关、进学校、进社区、进企业、进乡村、进宗教场所）活动，营造各族群众和谐友好的社会环境。举办“2020年全市民族团结进步宣传月”活动。开展“红石榴家园”创建活动，全市建成省民族工作“红石榴家园”20余个。承办全省民族健身操教练员、裁判员培训班。原创现代锡剧《追梦路上》确定为第六届全国少数民族文艺会演剧目，成为江苏省唯一入选剧目。江南大学被国家民委命名为“全国民族团结进步创建示范单位”。

（金 娜）

【宗教事务管理】 2019年12月，市委统战部、市民族宗教局联合印发《无锡市关于进一步加强和改进新时代宗教团体工作的实施意见》。2020年，市委统战部、市民族宗教局依据实施意见指导宗教团体完善规章制度，全市23个爱国宗教团体均拥有独立办公处所和专项工作经费。年内，开展安全工作专项整治巡查，压实各级安全工作责任，有效化解重大风险。建成“无锡市佛教信息化大数据中心”，推进安全工作“三化”建设。开展“宗教政策法规学习月”活动，持续推进星级宗教活动场所认定工作，提升宗教活动场所管理水平。持续推进宗教“中国化”无锡实践。连续八年开展以“奋进新时代，践行中国化”为主题的讲经论道活动，组织召开全市宗教活动场所“四进”（国旗、宪法和法律法规、社会主义核心价值观、中华优秀传统文化进宗教活动场所）工作推进会，全市278处场所实现“四进”活动全覆盖。组织无锡市各宗教团体启动编撰《无锡宗教文化史话》工作。引导宗教界积极参与社会公益服务，在全省率先成立“宗教慈善联盟”，举办第三届宗教“慈善之星”颁奖典礼，持续开展“宗教慈善周”、“五个一”（搞好一次集中宣传活动、举行一次专题培训活动、举办一次专题研讨交流、组织一次慈善志愿服务、实施一些慈善救助项目）活动，全市宗教界捐赠款物共计200余万元。

（金 娜）

11月27日，无锡统战智库交流年会在新的社会阶层实践创新基地“马山同心家园”召开

（市委统战部 供）

【助力非公有制经济发展】 2020年，无锡市促进民营经济健康发展，设立“无锡企业家日”，营造尊重爱护民营企业家的浓厚氛围。10月，市委印发《关于加强新时代民营经济统战工作的实施意见》，建立全市民营经济统战工作协调机制，协助省委统战部在无锡市召开全省民营经济统战工作会议，并组织开展“民营企业服务月”活动。参与全国民企500强调研申报，全市入围全国民企500强企业26家，新增入围企业7家，位列全省第一。

加强企业家队伍建设。开展民营经济人士理想信念教育，组织“助力脱贫攻坚、锡商群星闪耀”无锡民营经济人士理想信念教育分享会，协助召开“弘扬企业家精神、聚力高质量发展”企业家座谈会，持续推进青年企业家基业长青“百千万工程”，引导民营企业家为推动无锡高质量发展担当实干、贡献力量。合力优化营商环境，扎实开展参政议政，及时反映企情民意，通过政企沟通专报制度，先后4次向市委、市政府主要领导反映民企发展难题、惠企政策落实等情况。建立法企联系协作机制，举办专项法律知识讲座548场次，解决跨国贸易纠纷案件500余起。协助成立“无锡市一带一路（涉外）法律服务中心”，打造全省首个惠及“一带一路”沿线国家（地区）的法律服务大平台。召开复工复产银企对接会，组织20多家制造业企业与多家银行对接交流，帮助企业用足用好支持复工复产金融政策。

（金 娜）

【党外知识分子工作】 2020年，市委统战部成立市无党派知识分子联谊会市级机关分会和无锡经济开发区分会。依据中央统战部关于加强和改进新时代党外知识分子思想政治工作的意见和省委统战部相关要求，首批创建7个市级党外知识分子

12 月 2 日，中央统战部六局在无锡调研新阶层人士综合评价工作试点情况
（市委统战部　供）

思想政治工作基地，并纳入“政治引领工程”重点建设项目。组织市无党派代表人士赴山西开展“红色追寻”专题学习培训、爱心助学社会服务等活动，通过学习实践活动，引导广大无党派人士凝聚政治共识，增强爱国奋斗、建功立业意识。

引导无党派人士建言献策。组织市无党派知识分子联谊会围绕“有效防控风险，进一步提升城市保供自供能力”开展专题调研，形成高质量调研报告。5 月，在全省党外知识分子统战工作推进会上，无锡市作为地级市代表发言，交流全市无党派人士参政议政方面的工作成绩和做法。下半年，组织无党派人士围绕“长三角公共卫生服务能力共享共生的思考与建议”开展专题调研，调研成果入选第 12 届长三角党外知识分子论坛，并进行书面交流。

（金　娜）

【新的社会阶层人士统战工作】 2020 年，市委统战部持续推进新阶层人士实践创新基地建设工作。7 月，组织召开“无锡新英汇”新的社会阶层人士统战工作实践创新基地推进会，集中为“华西天本众创联盟”“阳羡新文化”“锡商新英汇”等 18 个新阶层人士统战工作实践创新基地授牌，为“民营企业家联盟服务团”等 5 个新阶层人士服务团授旗。

7 月，中央统战部确定江阴市为开展新的社会阶层人士综合评价工作试点后，市委统战部领导多次带队赴江阴市调研新阶层人士综合评价工作试点情况。同月，市委统一战线工作领导小组办公室印发《关于加强网络人士统战工作的实施办法》，加强网络人士思想教育引导和代表人士队伍建设，鼓励网络人士正面发声，讲好无锡故事，传播“无锡好声音”。年内，中央统战部《统战工作》专题报道无锡市建立新阶层人士综合评价体系的做法。

（金　娜）

巡察工作

【概况】 2020 年，市纪委监委组织开展 3 轮常规巡察和两次专项巡察，发现问题 708 个，移交问题线索 163 件，留置 13 人，十三届市委巡察覆盖率 95.5%。对市委已巡察的 56 家市级机关进行再排查，发现“六个不到位”（党的意识不够强，政治建设不到位；担当作为不够，履行职责使命不到位；履行全面从严治党责任不到位；落实深化改革要求不到位；班子建设和队伍建设不到位；机关党建和基层党组织建设不到位）问题 339 个，受到市委主要领导批示肯定。公开通报 5 起不配合和干扰巡察典型案例。7 月 14 日，无锡市委巡察工作领导小组印发《被巡察党组织主动接受积极配合市委巡察的实施办法》，增强巡察工作权威性和震慑力。拍摄《手持巡察利剑，捍卫群众利益》情景剧，被选为全国市县巡察办主任培训班教学视频。约谈市委巡察整改完成率未达 95% 的 10 家单位党组织负责人，推动市委第三、四轮巡察整改 100% 完成。

（张仁伟）

【落实省委巡视提出的整改任务】 2020 年，市委高度重视、全面落实省委巡视所提出的整改任务。市纪委监委牵头落实的整改措施全部到位；跟踪督办巡视交办的信访件和问题线索，对超三个月未办结的发放催办函；协助市委压实整改责任，配合市委制定巡视整改方案，定期分析巡视整改推进情况；开展巡视整改专项督查，建立督办机制，倒排时间表和任务图，相关派驻纪检监察组跟进监督，每周检查整改进度。省委巡视反馈问题整改完成率 94.7%；省委巡察工作专项检查要求的整改措施全部落实。成立市委指导督导工作领导小组和工作组，着力提升工作质效。

（张仁伟）

【对村（社区）一体化巡察】 3 月，市纪委监委在全省率先开展村（社区）一体化巡察工作，出台《无锡市对村（社区）一体化巡察工作方案》，计划用 3 年时间，集中市、县两级巡察力量，采用逐个过堂的办法，实现对全市 500 个村和净资产 5000 万元以上的重点涉农社区提级巡察全覆盖。7 月，启动第一轮巡察，对江阴市、宜兴市、锡山区所辖的 209 个村和重点社区，开展一体化巡察。

7 月起，市纪委对江阴市、宜兴市和锡山区 209 个村（社区）开展巡察

（市纪委监委　供）

首轮巡察在“走好群众路线”上下功夫，形成“一镇一报告、一村一清单”，发现问题线索 77 条，特别是紧盯村级集体资金违规出借和资产出租问题，推动开展专项清理。

（张仁伟）

【对法院系统一体化巡察】 4 月下旬，市纪委监委启动为期一个月的全市法院系统专项巡察，省、市、县三级联动，抽调 132 名巡察干部，组成 7 个巡察组，对市、县两级人民法院以及下辖法庭一体化巡察。省高级人民法院专门派出 8 名司法干部，单独成立 1 个巡察小组，发挥业务咨询和支援作用。巡察内容包含审判业务、党务、财务、人员管理、工程建设等所有领域，查找权力监督制约、内部规范管理、法官与律师交往等方面突出问题。巡察中发现问题 129 个，移送问题线索 38 个，立案查处 12 人，留置 5 人。

（张仁伟）

【落实“六保”任务专项巡察】 5 月下旬，市纪委监委抽调 85 名巡察干部，组建 8 个巡察组，对 21 个市级部门和 7 个市（县）、区开展“推磨式”交叉巡察。巡察中坚持板块分管领导、市级部门主要领导、关键岗位干部、企业主代表“四个必谈”，受疫情影响较重的企业、窗口服务单位、龙头企业和重点投资项目、超市和商场“四个必到”，个体工商户、低保户、特困户、高校应届毕业生“四个必访”。共开展个别谈话 433 人次，查阅台账资料 950 余册，受理来信来电来访 243 件次，发放调查问卷 590 份。

（张仁伟）

调查研究

【概况】 2020 年，市委研究室聚焦无锡重大问题、重要部署、重点工作。编发《决策参考》13 期、《情况与建议》32 期、《改革动态》29 期，制作播出《改革进行时》电视新闻专栏 18 期，组稿《无锡导刊·改革进行时》12 期，多篇材料在省委办公厅《江苏通讯》、省委研究室《调查与研究》、省委改革办《江苏改革简报》刊发，一批重点课题及研究成果转化为市委、市政府重大决策。

（黄　沛）

【服务市委决策】 2020 年，市委研究室紧扣市委各时期的关注点和着力解决的主要问题，超前研究，深入思考，抓好重大文稿起草、重点课题调研、重大任务落实，为市委谋全局、把方向、抓大事提供决策依据。做好市委重大文稿起草工作，先后起草市委主要领导在全市领导干部学习会、江南大学发展战略研讨会、市委深改委会议、市委财经委会议、“十四五”规划系列座谈会上的讲话，以及省委主要领导到无锡调研时的汇报材料等文稿。牵头落实市委交办任务，谋划、组织、服务全市领导干部学习会，从制定方案、邀请院士专家、会务安排、专家点评到领导讲话，提供全链条的“三服务”工作。紧贴市委中心工作，承担太湖湾科创带指挥部政策研究组职责，开展对涉及科创带建设现有政策和体制机制的梳理研究，牵头制定《关于扎实推进美丽无锡建设的实施意见》，担纲负责省委巡视整改落实工作方案等重大专项任务，起草《市委关于省委第一巡视组巡视反馈意见整改落实工作方案》和《省委巡视整改清单》，参与起草省《关于落实“六保”任务专项巡察发现突出问题的通报》整改方案等一批重要政策文件，推动市委重大决策部署落地落实。

（黄　沛）

【谋划“十四五”发展】 2020 年，市委研究室积极担当市委“十四五”规划建议起草重大政治任务，抽调精干力量组成起草专班，赴各市（县）、区实地座谈调研和专题访谈，赴上海、杭州、苏州等周边城市学习调研，召开市级机关部门专题座谈会，形成《关于学习深圳五市“十四五”发展思路的调研报告》《关于我市各市（县）、区“十四五”发展存在问题和意见建议的调研报告》《市级相关部门对于“十四五”发展的意见建议》3 篇专题调研报告，动态关注中央、省委及上海市“十四五”规划编制情况，形成 4 期信息动态专刊，受到市委、市政府主要领导批示肯定。牵头筹备经济社会领域专家、科技界专家、企业家、政协委员和党外人士、正市级老领导、教文卫体界代表等专题座谈会，听取社会各界关于“十四五”规划发展的意见建议。对标中央和省委“十四五”规划建议稿，集中起草形成市委“十四五”规划建议和说明，征求市级领导和各地、各部门、各单位党委(党组)意见建议，提交市委常委会会议、市委十三届十一次全会审议通过并印发。

（黄　沛）

【重点课题调研】 2020年，市委研究室把握经济社会发展趋势性特点和阶段性任务，围绕“十四五”规划发展、现代化建设、长三角一体化发展、疫情防控等市委年度重点工作开展前瞻调研，形成《无锡市“十四五”经济社会高质量发展重大战略课题研究》《无锡全面建设社会主义现代化的路径研究》《关于加快推进长三角一体化发展的调查与建议》《关于健全完善我市公共安全事件应对机制的研究与思考》调研报告4篇，提出科学合理、务实可行的对策建议，受到市委、市政府主要领导批示肯定，部分成果转化为全市哲学社会科学年度重点应用课题。创新调研方式方法，围绕数字文化产业发展、疫情防控体制等新情况、新问题调研思考，与部门及板块协同调研、联合攻关，构建“横向联动、纵向贯通、资源共用、成果共享”的大调研格局，形成《关于我市数字文化产业发展的调研和思考》《关于无锡国家数字电影产业园的调研和思考》《关于设立无锡国际邮件互换局促进跨境电子商务产业发展的思考与对策》《无锡推动工业企业复工复产的实践与思考》《强化资本赋能　共建创新生态——关于无锡市创业投资发展情况的调研报告》《关于无锡企业开展跨境并购的调研报告》等一批具有定向性、针对性、可行性的调研报告，受到市委、市政府主要领导批示肯定。

（黄　沛）

【综合协调】 2020年，市委研究室协调召开市委全面深化改革委员会(以下简称为“深改委”)会议5次，研究提出市委深改委《2020年工作要点》，配套出台细化实施方案，抓好11项国家级、16项省级改革试点任务和17项市领导、129项市(县)、区领导联系的重点改革任务的推进落实与跟踪服务，一体部署20项省级有关部门要求无锡市落实的重点改革任务，主动参与打造最优营商环境城市和江阴社会主义现代化建设试点等重大改革工作的协调推进，梳理形成江阴市集成改革试点第二批经验在全市复制推广。加大对《无锡新闻·改革进行时》专栏制作的创新力度，不断提高制播水平，无锡博报、无锡发布、“学习强国”无锡学习平台等同步刊发相关内容。完善市级机关单位和市(县)、区全面深化改革考评细则，依托第三方对各地重点改革开展满意度调查两次，为谋划推进改革掌握第一手资料。加强市委财经方面工作的前瞻谋划，全年参与组织召开市委财经委会议2次，研究部署经济工作重点任务，春节后协调财经委相关成员及市有关部门主要负责人，围绕疫情对全市经济运行影响，结合实际深度调研思考，形成一批有情况分析、有对策建议的调研报告，以系列专题形式连续刊发17期，受到市委、市政府主要领导肯定。建立经济运行观测点制度，研究确定制造业企业、上市公司及上市后备企业、金融单位、在无锡科研院所和镇(街道)共85个经济运行观测点。围绕疫情发生后“六保”、“六稳”及镇(街道)、企业经济运行等情况，对全市经济运行观测点全覆盖走访调研，调研走访镇(街道)16个、企业40多家，召开镇(街道)、企业座谈会30余次，形成专题调研报告3篇，其中2篇受到市政府主要领导批示肯定。

（黄　沛）

侨务工作

【对外宣传与文化交流】 2020年，市委统战部加强华文媒体宣传，制作海外宣传专版4期，即法国《欧洲时报》刊载《惠山：崛起长三角国际化高端之城》专版，意大利《欧洲华人报》刊载《新吴区：萃精聚华，吴地文明自此成长》专版，博茨瓦纳《非洲华侨周报》刊载《无锡“一带一路”非洲成果展》专版，韩国《新华报》刊载《宜兴营商环境》专版。“江苏省华文教育基地”江阴天华艺术学校通过网络课程为300多名华裔青少年提供“云游无锡、网享民乐”文化之旅。无锡连元街小学录制版画、泥塑、剪纸等特色课程，为华裔青少年开设“中华文化云课堂”。江苏睿泰集团线上国际中文教育“爱中文”，为北美洲、欧洲、澳洲等12个国家和地区的海外华文学校及华人培训机构提供在线直播中文班课，累计在线课程学员1.37万人，资源平台自主学习学生3万人。

（毕月荣）

【维护侨胞合法权益】 2020年，市委统战部开展《中华人民共和国归侨侨眷权益保护法》颁布30周年系列宣传，以举办知识竞赛、发放宣传资料、现场解答咨询等多种方式，通过媒体、网站、微信等多种平台，面向全社会广泛开展形式多样的涉侨法治宣传教育活动。推进依法行政，办理华侨身份确认1件，“三侨生”身份认定7件，妥善处理涉侨信访35件(人)次。6月，全国人大常委会副委员长白玛赤林到无锡调研侨务法治建设情况时给予肯定。关心帮扶困难归侨侨眷，发放各类补助金27.5万元。开展侨务工作“进三区”活动。年内，江阴市祝塘镇文林社区、锡山区羊尖镇严家桥村、锡山经济技术开发区和江苏信息职业技术学院获省委统战部通报表扬。

（毕月荣）

【服务侨资企业】 2020年，无锡市落实《江苏省保护和促进华侨投资条例》，市委统战部开展为侨资企业服务工作，切实维护侨商投资合法权益。疫情防控期间，以“线上＋实地”方式，锚定具体困难与问题，通过调研走访、政策宣导、挂钩服务等举措，引导帮助侨资企业有序复工复产。9月，举办“为侨企服务系列讲座及银

4月，市委统战部举办“无锡有爱，同心抗疫”云讲座 （市委统战部 供）

企对接活动”，5家银行与10家侨资企业签署战略合作协议。市科技局、市应急管理局、市地方金融监管局及江苏云崖律师事务所相关负责人围绕促进企业科技创新发展、安全生产、金融支持政策及《中华人民共和国民法典》在企业落实等内容，为企业家作深入讲解。

（毕月荣）

【欧美同学会工作】 9月，无锡欧美同学会先后成立4个国别分会，实现市、县两级组织全覆盖。实施“学长同心荟”政治引领工程，开展学习贯彻中共十九届五中全会精神、《中华人民共和国民法典》宣讲活动，打造“学长同心”微课堂。承办省欧美同学会第四届“庆国庆·话报国”文艺会演。无锡援鄂医疗队返回无锡医学隔离结束后，第一时间举办“我向先锋看齐——抗疫先进个人王洵、许红阳学长事迹报告会”。深入开展“学长帮学长”系列品牌活动，先后举办智能制造、生物医药等行业分享会。承办“海创江南”物联网创新创业大赛海归赛区赛事，并获大赛初创组一等奖。积极推进“欧美同学会海归小镇（无锡·物联网）”申建工作，打造集聚顶尖物联网人才、技术、产品和产业的一流基地。围绕构建留学人员之家，按区域制定走访计划，了解掌握留学人员所思所盼。组建欧美同学会足球队、水上运动队、公益志愿队，举办海外人才招聘会、主题沙龙、“最美是吾乡”留学人员夏令营等活动，凝聚留学人员的智慧与力量。

（毕月荣）

港澳事务

【概况】 2020年，无锡市接待港澳地区客人4批、10人次，与省发改委、香港贸发局联合举办“一带一路”沙龙·无锡站活动，全市百余名企业家参加。组织召开市港资企业复工达产纾困座谈会及现场协调会，帮助企业解决各类诉求及实际问题，实现早日复工达产。

（金 娜 薛建新）

【募集抗疫资金和物资】 2020年，无锡海外联谊会向境外发出抗疫倡议书，并与中国港澳地区商协会和乡贤人士取得联系，开展抗疫物资募集工作，协助海外乡贤向家乡捐赠物资及资金，为全市与黄石市一线工作者捐款捐物。协助香港无锡商会等社团捐赠抗疫物资，累计超过166万余元及80余万只口罩等，支援全市抗击新冠肺炎疫情。

（金 娜）

【壮大港澳爱国力量】 2020年，无锡市引导港澳同胞心向祖国，踊跃投身香港“反港独、撑释法”等活动。香港江苏社团总会会长唐英年代表香港特别行政区全国政协委员对香港国安法立法积极发声，香港无锡商会会长、无锡旅港同乡会会长唐庆年带领无锡旅港乡亲慰问香港西区警署。先后举办“凝聚共识，守护香港——香港国安法锡港联线宣讲会”“纪念中国人民抗日战争暨世界反法西斯战争胜利75周年座谈会”等活动，促进港澳人心回归。

（金 娜）

【促进锡港澳合作交流】 8月17日，无锡市在省内率先出台《关于深化锡港澳多领域合作促进高质量发展的若干措施》，就经贸互利合作、科技人才培养、教育文化交流、提升港澳居民在无锡发展便利化水平等方面提出27条惠港澳措施。联络港澳乡贤回无锡开展各类公益活动。做好“无锡海外联谊会”各类奖学金、奖教金发放。

（金 娜 薛建新）

对台事务

【概况】 2020年，无锡市新批台资项目44个，投资总额新增2.73亿美元，协议台资新增8643万美元，到位台资1.06亿美元，其中超千万美元的项目4个。另有台资企业以人民币投资，到位12.20亿元，折合1.87亿美元，全年实际到位2.93亿美元。年内，接待台湾经贸团组22批、110人次，交流团组26批、609人次（受疫情影响，接待团组以在大陆的台胞台商为主）。

（戚建伟）

【惠台政策措施落实】 2020年，无锡市积极引导支持台资企业主动融入全市高质量发展大局，通过政策引导，建立健全跨部门工作机制， 抓好中央、省、市惠台政策措施落地落实。统盟电子、变革新材料等23家台企获政府专项资金补助，见龙投资、强茂电子等4家台企为2020年市级新认定总部企业。积极推荐台胞台商列席年初市“两会”，组织台胞台商参加“市工人先锋号”“市三八红旗手”等评选。发挥台湾同胞投资权益保障协调委员会和涉台法律顾问团作用，依法保障台商台企合法权益，持续做好涉台矛盾纠纷化解工作。

（戚建伟）

【2020海峡两岸“环太湖”经贸文化系列活动】 9月5日，2020海峡两岸“环太湖”经贸文化系列活动启动仪式暨首届长三角城际台青篮球交流赛在无锡科技职业学院举行，主题是“爱我中华，共建家园”。该活动为疫情期间省内首个大型线下两岸青年交流活动，由体育、文化、经贸三大板块组成，以首届长三角城际台湾青年（以下简称台青）篮球交流赛为开幕赛，体育交流为重点，其中，篮球、羽毛球、慢垒等各项赛事吸引苏州、常州、湖州等环太湖城市，以及上海、南京、杭州等长三角城市的台商、台青2000人参加。

（戚建伟）

【2020长三角台商无锡行】 10月15日，“金秋有约，合作共赢——2020长三角台商无锡行”活动在锡山区开幕，长三角地区的60名台协会会长及百位台商齐聚无锡，就长三角台商跨区域产业合作和构建双循环发展格局，以及发挥台企台商在环太湖圈产业、生态、社会一体化发展中的作用开展交流研讨及互动合作。台商实地参观考察锡山经济技术开发区、锡东新城及部分台企，对无锡经济发展和营商环境给予充分肯定，并就台商台企积极参与太湖湾科技创新带及环太湖圈科技、产业、生态建设，主动融入长三角区域一体化发展，表达意愿和兴趣。

（戚建伟）

9月5日，海峡两岸“环太湖”经贸文化系列活动启动仪式暨首届长三角城际台青篮球交流赛在无锡科技职业学院举行 （杨建明 摄）

保密工作

【概况】 2020年，全市保密系统认真落实习近平总书记关于加强保密工作的重要指示精神，紧扣保密工作转型升级“两步走”目标任务，克服新冠肺炎疫情的不利影响，通过开展保密意识、保密常识教育，强化保密管理和行政执法职能，加强保密技术支撑能力建设，稳步推进保密工作规范化管理，如期完成全年目标任务。

（朱彦臻）

【保密宣教】 2020年，无锡市以全民国家安全教育日和庆祝《中华人民共和国保守国家秘密法》修订实施10周年为契机，在全市范围内开展两次保密法治宣传月活动，300多家机关部门、60多家企事业单位、10多所在无锡高校以及160多家保密资质（资格）单位通过不同形式开展保密宣传活动。组织举办全市保密宣传教育作品征集和评选活动，收到各类保密宣传作品96份。开展2个批次的全市保密干部培训，全市300多人参加；举办全市保密资质（资格）单位信息系统“三员”培训班，全市200名信息系统“三员”参加培训。组织市委保密委员会委员等38人，分2个批次赴镇江市实训平台参加专题培训。组织全市160多家保密资格（资质）企业开展“听党话、跟党走，做好新时代保密工作”主题活动。先后为全市各级党政机关、企事业单位和在无锡高校举办保密讲座50余场次，累计培训近万人。

（朱彦臻）

【保密监管服务】 2020年，市委机要保密局围绕“保安全、保发展、促和谐”的总体目标，认真做好涉密会议和重大活动保密服务保障工作，全年服务保障全市“两会”等重要会议活动70多场次，出动设备200台次。完成省纪检监察网及省司法网12个在无锡接入点的网络测评任务；全年为各机关提供保密业务咨询服务900余人次，为40家机关部门及60家企业提供相关政策和保密业务咨询，接待企业人员80多批次。做好涉密载体回收销毁工作，全年为各机关单位回收销毁纸介质1000吨、电子介质2万多件。

（朱彦臻）

【保密检查】 2020年，市委机要保密局组织开展全市保密大检查，在全市

4月15日，无锡市召开市委保密委员会会议　　（市保密局　供）

各机关单位自查自评的基础上，分两个阶段先后对部分保密委员会成员、重点单位以及6个市（县）、区党委办开展抽查。组织开展高考、中考、研究生考试，以及司法、卫生专业技术、医师资格、公务员招录等国家统一考试前的保密检查。督促指导130多家资格（资质）单位开展年度保密自查，对相关单位落实保密责任和保密长效管理质效督促检查。加强对互联网接入口、互联网门户网站及涉密计算机违规外联的保密技术监管，落实监管巡查值班制度，将全市5300多台涉密计算机、5万多台互联网计算机、89家门户网站纳入监管。年内，市委机要保密局与市委网信办、市中级人民法院、市人民检察院、市公安局建立案件查处协同机制，强化案件查处全过程管理。

（朱彦臻）

机构编制管理

【概况】 2020年，全市机构编制部门认真落实归口管理的各项要求，增强政治意识，强化政治担当，统筹做好疫情防控和改革管理各项工作，完成以基层整合审批服务执法力量改革、事业单位改革试点、综合行政执法体制改革等为重点的各项工作，加强重点领域机构编制保障和机构编制管理，切实履行机构编制部门工作职责。

（鲁　超）

【基层整合审批服务执法力量改革】 2020年初，无锡市被省正式确定为推进基层整合审批服务执法力量改革试点市。市委编办认真贯彻中央和省、市部署要求，提高政治站位，精心组织谋划，稳定有序推进，在全省率先以市委办、市政府办名义印发《关于认真抓好推进基层整合审批服务执法力量工作的通知》，率先召开全市动员部署会议，建立改革协调小组和工作专班，全面部署落实改革工作。5月，审定批复各市（县）、区实施方案；6月下旬，市委组织部、市委编办等四部门联合出台《关于镇街改革中促进资源人员下沉增强基层活力的若干意见》，为顺利推进改革提供坚强有力的体制机制保障；11月底，在省委编办实地抽查中，对无锡市基层审批服务执法力量改革情况予以肯定。

（董　勖）

【深化事业单位改革试点工作】 5月，无锡市市本级、江阴市被中央及省列为深化事业单位改革试点地区。市委编办认真贯彻中央《关于深化事业单位改革试点工作的指导意见》精神，准确把握改革总体要求和目标任务，深入调研摸底，理清改革思路；9月，提请市委编委会第四次会议研究确定全市深化事业单位改革试点的目标要求和总体原则，研究起草《无锡市深化事业单位改革试点工作口径》。建立改革工作专班，加强与涉改部门（单位）沟通衔接，形成《无锡市深化事业单位改革试点实施方案》《无锡市市本级事业单位设置方案》。12月下旬，实施方案经市委编委会第五次会议审议通过后报省委编委会审批。

（吴　昊）

【印发《无锡市深化综合行政执法体制改革实施意见》】 2020年，市委编办以构建“集中高效审批、强化监管服务、综合行政执法”政府治理架构为目标，统筹推进各领域综合执法改革方案；研究制定《无锡市深化综合行政执法体制改革实施意见》，经市委全面深化改革委员会、市政府常务会议审议通过，以市委办、市政府办名义印发。实施意见全面厘清行政执法事权，明确整合组建生态环境保护、文化市场、市场监管、交通运输、农业、城市管理、应急管理7支市级综合行政执法监督队伍，打造“大数据+指挥中心+综合执法队伍”的执法模式，为建立健全权责统一、权威高效、适应经济社会发展需求的行政执法体制打下基础。

（蔡大江）

【明确三家开发区管理机构建制】 2020年，市委编办认真落实中央、省关于开发区规范管理的有关要求，做好开发区机构编制保障服务工作。经积极向上争取，省委编委会批复同意江苏江阴临港经济开发区党工委、管委会为正处级建制；省委编办批复同意江苏宜兴陶瓷产业园党工委、管委会，江苏省无锡鸿山旅游度假区管理办公室为副处级建制。

（管伟峰）

【重点领域机构编制保障】 2020年，根据新冠肺炎疫情防控需要，市委编办为市疾病预防控制中心增核106名编制，为新吴区疾病预防控制中心调剂增核38名编制，支持设立新吴区卫生健康发展服务中心。根据市委、市政府《关于推进高等教育创新发展的若干意见》精神及相关会议安排，继续管好用好无锡市支持高等教育人才引进专项事业编制，支持无锡太湖学院、东南大学无锡国际校区等在无锡高校引进高层次人才。指导江阴市制定《江阴市支持南京理工大学江阴校区高等教育人才专项编制使用和人员管理规定》。按照市委关于加快太湖湾科技创新带建设的部署要求，推动深海领域国家实验室布局无锡。支持智慧城市建设，将市大数据管理局所属市网络和信息管理中心更名为市大数据中心并核定20名编制，强化相关数据信息支持保障工作，推动无锡市市域治理现代化指挥中心建设。

（吴　昊）

【义务教育教职工编制总量首次核定】 2020年，根据市委编委会《关于完善义务教育教职工编制保障的若干意见》要求，市委编办牵头开展各市（县）、区义务教育教职工编制总量首次核定工作。通过与市教育局及各市（县）、区机构编制部门多次研究磋商，结合全市实际情况，明确核编基数、核编标准等相关口径。5月，依据中小学教职工编制国家标准和公办义务教育学校生源变化等最新情况，对各市（县）、区义务教育教职工编制总量重新核定，为锡山区、惠山区、新吴区等部分生源增长较快的地区调剂增加部分事业编制，在全市整体义务教育编制总量未增加的情况下，实现编制资源的优化配置，提高编制使用效益。

（李　颂）

【动态调整行政权力事项清单】 2020年，根据省委编办《关于对江苏省行政权力清单进行动态调整的通知》及《关于全面建立市设权力清单的通知》要求，结合无锡市地方性法规、政府规章废改立及部门职责调整情况，市委编办组织对市政府各部门行政权力清单作动态调整，形成《无锡市政府各部门行政权力清单（2020年版）》，载列行政权力事项7359项，其中，省标准化权力事项6991项、依据无锡市地方性法规和政府规章设立的市设权力事项368项。

（苏兆熙）

【事业单位登记管理】 2020年，市委编办严格执行事业单位登记管理法规制度，完成事业单位设立登记12家，变更登记268家，注销登记53家，机关群团赋码、变更、撤销共43家。促进事业单位依法履行公益服务职能，公示443家事业单位法人年度报告。完成2019年度市本级事业单位信用等级年度评价工作。

（徐晨立）

老干部工作

【全市离休干部概况】 至2020年末，全市有离休干部1082人（其中江阴市103人、宜兴市152人），平均年龄91.6岁。按参加革命工作时期分，抗战前期35人，抗战后期136人，解放战争时期911人；按享受待遇分，享受副省级医疗待遇1人，享受地市级待遇112人，享受县处级待遇462人，享受科级及其他待遇507人；按机构性质分，机关273人，事业313人，企业496人；按年龄分，80～84岁3人，85～89岁286人，90～99岁779人，100岁及以上14人。另有在无锡的部省属单位离休干部219人，外省市安置在无锡的离休干部76人。

（姜正伟）

【离退休干部党建工作】 2020年，市委老干部局组织离退休干部认真学习习近平新时代中国特色社会主义思想，举办中共十九届五中全会精神离退休干部专场宣讲会、“久久初心续征程”“畅谈奔小康，助推双胜利”主题党日、“我和我的祖国”征文评选等活动，引导广大老干部畅谈新变化、赞颂新成就、讴歌新时代。坚持以提升组织力为重点，做好离退休干部党支部“六有一提升”（有党的组织、有领导班子、有组织活动、有作用发挥、有工作制度、有工作保障，提升党组织的组织力）达标创优工作，447个支部全面达标，210个支部通过省委老干部局验收，8个支部被评为首届省级“六有一提升”示范党支部，80个支部被评为市级“六有一提升”示范党支部。开展“支部亮品牌、书记亮绝活”党建特色工作创建，提炼形成“一支部一特色一品牌”，选树一批支部书记“领头雁”典型，巩固深化“六有一提升”工作成果。落实离退休干部工委“双述职”制度，建立市、市（县）区两级工委对离退休干部党建工作指导协调和督促检查工作机制。出台《关于建立涉老组织功能型党支部的实施细则》，探索在老干部社团协会、活动学习场所及兴趣爱好团体中，建立离退休干部党组织。年内，指导市关工委、市对外友好协会建立功能型党支部。

（姜正伟）

【发挥离退休干部作用】 2020年，市委老干部局持续推进“银发生辉”工程。倡议引导广大离退休干部为夺取疫情防控及经济社会发展发挥作用，通报表扬离退休干部“防疫战疫”优秀党员28人，推出9期“银发先锋”战疫群英谱。开展离退休干部助力“决战脱贫攻坚、决胜全面小康”专项行动，以“五送五助力”（送经验技术、送政策法规、送医疗服务、送关心关爱、送文明新风，助力增收致富、助力基层善治、助力健康惠民、助力社会救助、助力移风易俗）为主要内容，通过科技助农、政策宣讲、医疗科普、捐资助力、弘扬新风等形式，组织引导离退休干部为决战脱贫攻坚、决胜全面小康作出新贡献。做好全省离退休干部“双先”和“最美”系列推选活动，全市6个党组织、10名离退休干部分别被评为全省离退休干部先进集体和先进个人，2个志愿团队、3个服务项目、5名志愿者被评为省级“最美”典型。举办全市离

12 月 15 日，无锡市举行“初心闪耀、薪火传承”市管干部荣誉退休仪式
（姜正伟　摄）

退休干部党建工作推进会暨离退休干部“双先”事迹报告会，10 个志愿团队、10 个服务项目、20 名志愿者被评为市级“最美”典型。

（姜正伟）

【离退休干部服务管理】 2020 年，无锡市精心组织纪念抗战胜利 75 周年和中国人民志愿军出国作战 70 周年走访慰问活动，全面走访慰问异地安置离休干部。畅通离休干部看病就医绿色通道，提升家庭医生签约服务水平，简化异地安置和长期异地居住离休干部就医流程，实施市属离休干部医疗自付费困难补助举措，提高离休干部医疗服务质量。印发关于建立干部荣誉退休制度的文件，在全市范围内推行干部荣誉退休仪式。推广专职社工网格化服务管理工作经验，免费帮助有需求、行动不便的离休干部家庭适老化改造。指导养老机构做好常态化疫情防控下离休干部服务保障工作，为 44 名生活有特殊困难的离休干部发放医疗补助 11.6 万元。

年内，发挥各级老年大学（老干部大学）、活动中心作用，统筹利用有效资源，提升离退休干部精神文化生活质量。打造“乐在晴晖”“相约虹园”等文化养老活动品牌，探索活动阵地共享机制和“菜单式”服务管理。围绕“全面建成小康社会”主题，举办“讴歌新时代、圆梦小康路”全市离退休干部文化展示活动。

（姜正伟）

关心下一代工作

【概况】 至 2020 年末，全市各级关心下一代工作委员会（以下简称关工委）组织 6370 个，热心关心下一代工作的老干部、老战士、老教师、老专家、老模范（以下简称五老）5.7 万余人。

年内，市关工委组织开展“爱党爱国、立德立行”主题教育活动，加强青少年爱国主义教育和思想道德建设。各级关工委采取线上、线下相结合的方式，组织 3027 名“五老”编写宣讲材料 3064 篇，作宣讲报告 3436 场次，听讲青少年 145.1 万余人次，参加征文演讲、社会实践等活动的青少年 134 万余人次。推进预防和减少青少年违法犯罪工作，组织全市 2622 名法治教育报告员作普法宣讲报告 2900 场次，听讲青少年 95 万余人次；组织 4930 名“五老”结对帮教失足和后进青少年 3918 名；组织 1153 名“五老”对网吧、电子游戏室进行义务监督；发动社会力量资助贫困学生 1.1 万余人次。全市 98.5% 的村（社区）没有发生未成年人犯罪。新增民营企业关工委 297 个，至年底，全市共有民营企业关工委 4554 个。

（华治平）

【401 家企业成立关工委组织】 2020 年，市关工委推动在无锡的全国、省、市、市（县）区四级企业家人大代表、政协委员在所办企业建立关工委，开展青年职工关爱教育。至年底，全市 401 家人大代表、政协委员所办企业成立关工委组织。聘请 7 名市法律界人大代表、政协委员担任市关工委法治宣传教育报告团成员，加强青少年法治宣传教育。

（华治平）

【关爱工作站建立】 6 月 11 日，市公安局、市关工委联合召开全市公安机关基层所（队）关爱工作站建设推进会，以派出所为重点，推进关爱工作站建设，动员、组织退休民警参与预防和减少青少年违法犯罪工作。至年底，全市 116 个户籍派出所全部建立关爱工作站。

（华治平）

【校站结合】 3 月 11 日，市文明办、市教育局、市财政局、市关工委联合印发《关于进一步建立健全校外教育辅导站“校站结合”长效机制的意见》，要求各地落实“校站结合”长效机制，动员、组织在职教师参与辅导站工作，建立健全在职教师进站考评奖励、辅导站经费保障等机制。至年底，全市各类辅导站（点）3740 个，村（社区）中心辅导站电子阅览室 1077 个，配置电脑 5935 台；参加辅导站工作的“五老”15056 人、在职教师 14776 人、大学生干部 1164 人、其他志愿者 5986 人，全年辅导学生 103.9 万余人次，到电子阅览室活动的学生 69.3 万余人次。

（华治平）

【获评全国关心下一代工作先进】 11 月 17 ~ 18 日，中国关工委、中央文明办在北京联合召开纪念中国关工委成立 30 周年暨全国关心下一代工作表彰大会。会上，无锡市关工委和江阴市关工委被表彰为“全国关心下一代工作先进集体”，吴成、周积生、蒋顺龙、李兴、谈伯昌、姚炳华被表彰为"全国关心下一代工作先进工作者"。

（华治平）

机关党建

【概况】 2020年，市级机关党组织以习近平新时代中国特色社会主义思想为指导，认真贯彻中央和省市委部署，积极推进"争当领跑先锋"行动，不断提升机关党建质量。至年末，市级机关有直属党组织89个，下辖党的基层组织1132个，其中党委68个、党总支69个、党支部995个，党员16918人。

（李 娟）

【市级机关抗疫】 2020年，无锡市及时组建市级机关疫情防控党员先锋队（以下简称机关党员先锋队），首批410名先锋队员春节后上班第一天即奔赴农村社区、交通卡口、农贸市场等防控一线。全年组织14批次，共2745名队员，其中包括146名县处级领导干部。先锋队组建100多个临时党支部，协助排查返回无锡住户4.45万户，上门服务1.5万户隔离户，协助检查车辆232万辆，配合管理送诊发热人员266人；成立264个党员服务小组，帮助4671家企业复工复产。机关党员干部抗疫捐款244.68万元。机关党员先锋队获"全市抗疫先进集体"称号。

（李 娟）

【思想政治建设】 2020年，市委市级机关工委组织市级机关党组织深入学习贯彻习近平新时代中国特色社会主义思想，推动"不忘初心、牢记使命"主题教育常态化；每月下发理论学习清单，开展应知应会知识抽测，组织学习贯彻新思想主题征文活动，举办学习《习近平谈治国理政（第三卷）》座谈会，开展中心组学习巡学旁听，广泛宣讲中共十九届五中全会和习近平总书记视察江苏重要讲话指示精神；加强"学习强国"学习使用情况检查，市级机关党员参与度列全市第一。严格落实意识形态工作责任制，加强阵地管理，全面落实专题讲座、论坛等报备制度；强化督导检查，实施维护意识形态安全专项行动月报告制度，加强问题研判分析；加强社会主义核心价值观教育，举办"战疫党旗别样红"市级机关党员战疫先进事迹报告会，通过机关党建公众号、网站等，刊发市级机关优秀共产党员、巾帼英雄、劳动模范等先进事迹。活跃机关文化，举办第六届市级机关"阅读让心灵飞翔"主题读书月活动，组织机关党组织学习《中华人民共和国民法典》。

（李 娟）

【争当领跑先锋】 2020年，市委市级机关工委组织市级机关开展"对标新思想，打好四个仗"大讨论，"学习贯彻新思想，当好服务高质量发展领跑先锋"主题征文，争做"先锋党支部"和"党员领跑先锋"，"我向先锋看齐"主题党日，"创一流处室、创一流队伍、创一流业绩、创一流形象"，办公技能大赛等活动；以机关带系统带基层，推动63个直属党组织与基层单位、服务对象等建立党建联盟；在全市窗口单位开展争当"为民服务示范窗口""为民服务示范标兵"活动，在行政执法单位开展争当"执法为民先进单位""执法为民先进个人"活动，在涉信访部门开展"为民解难先进单位""为民解难岗位标兵"活动，选树先进单位60家、先进个人70人，为优化营商环境提供支持。

（李 娟）

【基层组织建设】 2020年，市委市级机关工委推动市级机关落实党建主体责任，部门单位党组（党委）书记全部带头建立支部工作联系点。强化落实"三会一课"，规范换届工作，发展党员125人，党支部标准化、规范化建设率先实现全面收官；举办直属党组织书记和新任支部书记培训班各两期，提升党务干部理论和实务水平；评选市级机关2018～2019年度优秀共产党员50人、优秀党务工作者25人、先进基层党组织25个；征集一批党支部工作法及党建与业务融合案例，以新闻发布会等形式宣传推介推广；加强制度建设，提升工作质效，建立健全党组（党委）抓机关党建工作制度、片组工作制度、督导检查制度、党建联络员制度。发挥群团组织优势，深化岗位建功活动，完善困难职工"两级"关爱慰问帮扶体系，向433人发放关爱慰问金85.25万元。

（李 娟）

6月30日，无锡市举办市级机关党员战疫先进事迹报告会

（李 娟 摄）

5月21日，市委市级机关工委举办尚贤读书会“崇德倡廉·家风家教”专场交流活动（李 娟 摄）

【机关作风建设】 2020年，市委市级机关工委在市级机关加强党内法规及廉洁从政教育，开展“5·10”警示教育月活动；举办尚贤读书会“崇德倡廉·家风家教”专场交流活动，引导党员干部带头以身作则、严以治家。提高案件审理质量，建立健全查办案工作制度，制定市级机关纪监工委审理派驻纪检监察组移送案件工作流程，出台备案工作办法，编发机关党委处理违纪党员工作手册，市级机关纪监工委全年审结派驻组移送案件65件。改进机关作风，督促71家机关单位对2019年度综合考核满意度评价中群众反映的603条意见建议作出回应，落实整改；持续推进形式主义、官僚主义集中整治，精简会议文件，严控基层组织报送材料数量；开设“机关作风我来评”网评专栏，加强日常监督；投身脱贫攻坚战，585名县处级以上领导干部开展“阳光扶贫”入户走访工作。

（李 娟）

党校工作

【概况】 2020年，中共无锡市委党校（无锡行政学院）全面贯彻《中国共产党党校（行政学院）工作条例》，聚力推进教学改革，做强做优主业主课，发挥干部教育培训轮训主阵地作用。设有基本理论、党史党建、经济学、行政学、市情研究中心5个教研室，有专职教师19人（教授5人、副教授11人）；聘请11位来自省级党校、“双一流”高校、省社科和政策研究部门，涵盖马克思主义理论、宏观经济、公共管理、党史党建等研究领域的专家担任客座教授；1名教师入选2020年省“紫金文化人才培养工程”文化优青。市委党校图书馆藏书约7万册，常年订阅报刊、杂志237种。年内，市委党校获评全省党校系统第九届“优秀教学组织奖”。

（戚学敏）

【贯彻落实条例】 6月13日，市委书记黄钦主持召开市委常委会第181次会议，会议审议通过《关于支持市委党校进一步加强师资人才队伍建设的若干政策意见》；制定《贯彻落实〈中国共产党党校（行政学院）工作条例〉重点任务的分解方案》，首次将党校工作纳入市委党建考核指标；在锡山区、惠山区设市委党校（市行政学院）分校（分院），实现市辖区分校（分院）办学体制全覆盖。

（戚学敏）

【教学培训】 2020年，市委党校持续优化“1+4”课程体系，及时将中共十九届四中、五中全会精神、习近平总书记视察江苏重要讲话指示精神以及省委、市委全会精神等纳入教学内容。全面落实领导干部上讲台制度，邀请市领导和“中国好人”、抗疫先进典型等到校讲课115人次，其中市委领导上讲台12人次。持续推进“用学术讲政治”教学改革，加强师资人才培养，促进教学水平提升。2门课程入选江苏省干部教育培训名师名课推荐目录。持续创新教学方式，推行研讨式、互动式教学，开设访谈教学、模拟教学、情景剧教学等；组织学员上讲台，开设结构化研讨、翻转课堂、学员论坛等。开展异地培训和现场教学，开阔视野，锤炼党性。全年举办市管干部研修班、中青班等主体班培训28期，培训干部2217人；承接委托培训45期，培训学员2600人。

（戚学敏）

【科研咨政】 2020年，市委党校举办长三角一体化背景下无锡“十四五”发展研讨会、科研协作会等系列学术活动，编写《无锡高水平全面建成小康社会典型案例》《无锡高水平全面建成小康社会的实践探索》两书。通过举办案例研究培训会、组织专题教研沙龙、邀请专家讲座等举措，交流思想，提升能力。探索“校领导+课题组”“教师+学员”新模式，提高咨政研究针对性。围绕经济社会发展组织课题研究，全年立项52项，其中，全国党校系统重点调研课题1项，省社科院书记省长圈定课题1项，省社科应用研究精品工程课题1项，全省党校系统专项课题4项。公开发表论文74篇（其中核心期刊8篇），获省第十六届哲学社会科学优秀成果奖二等奖1项、市第十五届哲学社会科学优秀成果奖二等奖1项。编报《领导参阅》22期，获市领导批示25人次，其中12篇获市委、市政府主要领导批示。“学习强国”、人民网、求是网等网络平台发表（转载）文章6篇，入选全国性学术理论专题研讨会论文6篇。

（戚学敏）

【新校区建设】 6月，无锡市委党校新校区开工建设，市委、市政府、市人大常委会、市政协主要领导及省委党校主要领导出席开工仪式。新校区规划占地面积8.6万平方米，总建筑面积约6.5万平方米，设有教学楼、会议中心、行政信息综合楼、学员食堂、学员宿舍、文体中心、附属配套用房以及智慧党校信息化建设设施等。新校区建成后，可同时接待600人住宿、800人培训就餐，同时拥有400人会议中心、250人学术报告厅、150人多功能厅和各类型讨论室。

（戚学敏）

史　志

【概况】 2020年，全市史志系统立足新的职能平台，创新史志工作服务大局，明晰思路，主动作为，在史志宣传、党史编撰、方志编修、年鉴编纂、资政研究、创新项目等方面取得良好成绩，全市史志系统获得省级以上荣誉15项。其中，无锡市档案史志馆被评为“全省方志文化宣传工作先进集体”和“全省党史信息工作先进集体”，《无锡年鉴(2020)》被评为“江苏精品年鉴”。“党史+党建”工作品牌获省委党史工办主要领导批示肯定，并在全省推广，市委《改革动态》刊文肯定市档案史志馆“党史+党建”做法。

（赵梓吟）

【“英勇战歌——抗日战争在无锡历史图片展”】 9月2日，市档案史志馆、市新四军历史研究会联合举办的“英勇战歌——抗日战争在无锡历史图片展”在市档案史志馆开展。图片展通过100多张历史图片和70余件档案资料，全面展现无锡市党史研究和资料征集的最新成果。其中，1946年“敌人在锡八年罪行录”等部分抗战时期无锡人口伤亡和财产损失档案资料为首次向社会公开展出。图片展为全市各级党组织开展主题党日活动、党员接受党性教育提供了重要阵地，成为全市青少年接受革命英雄主义和爱国主义教育的重要窗口。

（赵梓吟）

【党史编著】 2020年，市档案史志馆编撰、出版《初心印记——无锡党史知识读本》，图文并茂地展示党领导无锡人民投身革命的重大党史事件30件、各个历史时期涌现出的重要党史人物50人、各个历史阶段保存下来的重要党史基地40个，激励党员干部向革命先辈学习，为全市开展“四史”学习教育提供简明党史教材。

年内，有序推进党史基本著作编撰，完成《中国共产党江苏省无锡市历史第三卷(1978—2002)》《中国共产党无锡历史大事记(1925—2020)》初稿。完成《江苏省国家级开发区》《江苏扶贫实录》无锡部分征编工作。抢救性挖掘100名抗战老兵的口述史料，完成《家国记忆——百名抗战老兵口述史》编撰，填补无锡抗战史研究空白。《见证辉煌——无锡改革开放亲历者述忆》《周恩来关于实现中华民族伟大复兴的思想和实践概述》《无锡市档案史志馆充分利用红色资源为主题教育培根铸魂》分别获全省党史优秀成果著作类、论文类、资政类一等奖，获奖数量位居全省前列。

（赵梓吟）

【党史教育进校园】 2020年，市档案史志馆联合市委组织部、市教育局、市关心下一代工作委员会，创新党史宣传路径，率先在全省组织开展“党史教育进校园”系列活动，启动仪式于12月2日在江苏省无锡师范学校附属小学学前街总部正式举行。“党史教育进校园”系列活动通过举办“校园红色故事宣讲会”、开展“大手牵小手——重走红色之路”主题活动、举办校园红色故事情景剧及绘本比赛、设立“红色阅读角”等活动，全方位、多渠道在全市青少年学生中开展党史知识教育和革命传统教育。

（赵梓吟）

【云端宣传无锡党史文化】 2020年，市档案史志馆利用无锡解放日、中国共产党建党日等重大时间节点，探索“互联网+党史”新模式，云端宣传无锡党史文化；与“学习强

9月2日，由市档案史志馆、市新四军历史研究会联办的“英勇战歌——抗日战争在无锡历史图片展”开幕，图为向与会代表赠送党史书籍

（市档案史志馆　供）

国”无锡学习平台合作，开辟“红色历史”专栏，引导党员群众在互动中参与、在参与中传播，真正使党史“活”起来。

（赵梓吟）

【志书编修】 2020年，市档案史志馆稳步推进江苏名镇名村志编纂工作。按照全媒体志书要求指导《祝陵村志》《严家桥村志》修改完善、形成定稿。参与《江苏援藏援疆建设志》编纂评审工作，做好亲历者资料征集，完成终审稿的评审修改。配合国家方志馆江南分馆建设，提供展陈大纲无锡部分内容。《无锡市志（1986—2005）》《无锡市北塘区志》《祝陵村志》3部志书，《无锡读本》《文鼎江阴三百年——明清江苏学政传略》2部地情书，点校整理的《（弘治）重修无锡县志》，被江苏省地方志办公室评为“2020年度江苏省地方志书质量评定优秀成果”。

（赵梓吟）

【年鉴编纂】 2020年，《无锡年鉴（2020）》获评省级政府最高奖——“江苏精品年鉴”，为历年来《无锡年鉴》获得的最高奖项。《无锡年鉴（2019）》获省一等奖第二名，被中国地方志指导小组评为全国二等年鉴，成为34部全国市级综合年鉴获奖中的一部。年内，对市（县）、区综合年鉴实施质量评估。市、市（县）区两级8部综合年鉴按期出版。

（赵梓吟）

【《无锡年鉴（2020）》数字检索全覆盖】 2020年，无锡市档案史志馆在前期开发安卓、苹果查询基础上，完成《无锡年鉴（2020）》PC端的开发，并在“中国无锡”政府网站首页“魅力锡城——无锡年鉴”栏目上线。至此，《无锡年鉴（2020）》实现在安卓、苹果、PC端查询使用全覆盖，读者可以全天候跨地区方便查询无锡市情。全新开发的年鉴移动端、PC端，采用电子书样式，具备目录检索、全文检索、模糊搜索、放大缩小、复制粘贴等功能，更具使用便捷性。

（赵梓吟）

6月10日，无锡市举行方志文化“六进”活动启动式，图为馆领导向方志文化联系点赠送党史、方志、年鉴等书籍 （市档案史志馆 供）

【全省首家镇级方志驿站建成】 9月18日，江苏省首家镇级方志驿站——“无锡方志馆联盟丁蜀方志驿站”在宜兴东坡书院正式揭牌，省、市、市（县）三级方志系统主要领导参加授牌仪式。方志驿站将积极探索市、市（县）区、镇（街道）方志文化合作互动新模式，让丰富的方志资源向历史文化名镇倾斜。与此同时，承办江苏方志大讲堂丁蜀专场。

（赵梓吟）

【“方志无锡”亮相第十届江苏书展】 7月23日，第十届江苏书展在苏州开幕。无锡市档案史志馆首次亮相江苏书展，重点策划和推出首场方志文化展演——“文徵明《惠山茶会图卷》场景再现品评会”，彰显无锡作为“太湖明珠，江南胜地”的风物与人文双盛。

（赵梓吟）

【“云享”方志文化获省方志创新大奖】 2020年，市档案史志馆“云端宣传方志文化，穿越时空凝聚合力”项目以最高分位列2020年度全省地方志特色创新项目榜首。该项目以全媒体方式“云展示”地方文史，“云推广”方志文化，引导公众“云参观”地方红色文化，受到省里专家的一致首肯。

（赵梓吟）

【“乡音记忆·魅力童谣”征集诵读大赛】 2020年，市档案史志馆参与主办市第三届“乡音记忆·魅力童谣”征集诵读大赛。全市180多所学校、3800多组家庭参与。大赛推动档案史志融入社会生活，融入全民阅读活动，提升档案史志工作的温度感与服务力，获全省地方志十大创新项目。

（赵梓吟）

档 案

【概况】 2020年，无锡市档案史志馆查档接待7923人次，调卷27322卷（件），其中，网上查档223人次，复印有效材料13453页，查实率85.62%，为55人次档案利用者开具异地查档出证材料。接收39家单位档案共12686卷又157660件，其中地税、审计、法制办等单位文书档案1250卷又58560件，城建档案12435卷，市质监局等业务档案87卷又10523件，无锡市第一中学、无锡市江南中学学籍档案313卷，无锡市妇幼保健医院的出生证明档案88577件，梁溪公证处公证档案9717卷。至2020年末，市档案史志馆共有馆藏档案1277285卷又600366件。

年内，市档案史志馆被省住房城乡建设厅评为“全省城建档案管理工作先进单位”。

推进市、区两级机关事业单位数字档案室建设，30家数字档案室年内通过评估，其中AAAAA级1家、AAAA级20家、AAA级9家，累计建成省AAA级以上数字档案室94家，位居全省前列。在2020年度全省档案开发利用成果奖评比中，获特等奖1项、一等奖1项、二等奖3项、三等奖3项。在省内率先开展“电子文件单套制归档与电子档案单套制管理试点”工作。

（刘长响　方俊礼）

【民生档案异地查档】 2020年，市档案史志馆增加大市范围内异地查询档案种类，实现市（县）、区全覆盖。落实政务服务“一网通办”重点任务，完成出生医学证明电子证照生成、归档、出证应用。做好民生档案异地查询系统的更新维护工作，增加收养子女档案、学籍档案2个种类，确保系统运行顺畅，全市5区2市（县）及市本级8家档案史志馆实现婚姻档案、收养子女档案、学籍档案在线相互查询。试点起用基于统一电子签章的长三角跨馆跨平台民生档案查询与出证，推进长三角区域查档线上、线下便民服务；创造性开展民生档案异地查档工作，逐步拓展异地跨馆查询业务，与山东青岛、济宁、潍坊、聊城、临沂及北京海淀区等城市（区）档案馆签订民生档案异地查询协议9份，参与全国查档联盟，建立民生档案跨馆异地利用工作协作机制，接待异地查档55人次。

（刘长响）

【“国际档案日”系列宣传活动】 2020年，市档案史志馆开展档案服务“进街道、进社区、进企业”活动，把档案知识和文化送到基层，市、区两级档案史志馆分别向基层赠送档案书籍、知识宣传手册、防疫抗疫档案资料征集小册子、民生档案小知识等，于无锡城区派出所、地铁站等公共场所通过电子大屏幕、张贴宣传海报等方式，在全市开展第13个国际档案日宣传活动。6月3日，特邀首批全国档案专家到无锡开设档案文化宣传专题讲座。线上、线下同步推出“档案见证小康路，聚焦扶贫决胜期”展览，扩大档案文化影响力和覆盖面。

（赵梓吟）

【一批编著获省档案开发利用成果奖】 由原无锡市档案馆编著的《近代工商业史缩影——民国无锡同业公会档案选编》获2020年度全省档案开发利用成果奖特等奖。该书选取1912年至1949年4月，能够反映无锡民族工商业发展历程及同业公会组织、职能及其演变发展的档案资料，以原件扫描的方式影印出版。全书分为纺织丝绸服装、轻工机械冶金、粮食食品、运输、商贸物资、餐饮服务、金融仓储、文化娱乐、建筑营造及建材九个大类，内含143个同业公会约1500件档案，真实再现近代无锡民族工商业的发展历程，为近代民族工商业发展史和商会、同业公会史研究提供第一手实证资料。

在2020年度全省档案开发利用成果奖评选中，《视觉档案——江南老桥影像文献展》《视觉档案——无锡老桥》获一等奖；《民国无锡教育档案资料选编（第一辑）：无锡教育杂志（1913—1917）汇编》《江阴档案——

表8　　2020年无锡市档案事业基本情况统计表

指标	全市	市区	江阴市	宜兴市
档案馆机构数（个）	8.00	6.00	1.00	1.00
档案员工数（人）	197.00	118.00	32.00	47.00
馆藏档案数（卷）	2858537.00	1886048.00	440585.00	641904.00
馆藏档案数（件）	3552343.00	2200565.00	713395.00	638383.00
当年接受档案数（卷）	220995.00	54510.00	19069.00	147416.00
当年接受档案数（件）	402980.00	288458.00	56710.00	57812.00
利用档案人次（人次）	42492.00	20924.00	10643.00	10925.00
档案馆库面积（平方米）	66270.53	48570.53	12538.00	5162.00
档案网站点击数（次）	97291.00	90673.00	6618.00	—
档案文件机读目录（条）	30281900.00	18021900.00	5830000.00	6430000.00

（市档案史志馆）

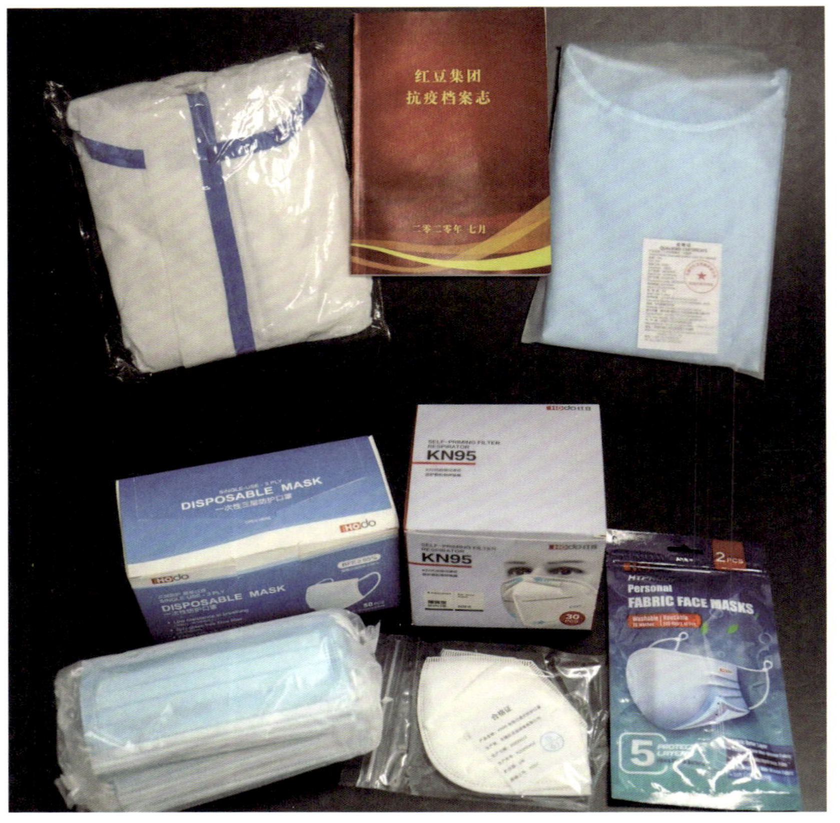

7月9日，市档案史志馆、红豆集团联合举行抗疫档案资料捐赠仪式，这是红豆集团生产的防护服、口罩，以及抗疫档案志等捐赠资料（市档案史志馆 供）

我的家庭档案》专题纪录片（视频）、《宜兴科举考》获二等奖；《云水情怀——无锡近代实业家与园林》、四辑纪录片《无锡建筑名师录》（视频）及《滨湖渔史》获三等奖。

（江剑萍　钮苏萍）

【接收一批抗疫实物档案和资料】 2020年，市档案史志馆接收无锡市新冠肺炎疫情应急指挥部、市委组织部、市民政局、市教育局、无锡日报社及市人民医院等各大医院数十家单位的疫情档案资料，包括各类文书档案，防护服、隔离衣、口罩、海报等实物档案，以及疫情相关的音视频及照片档案资料。

（刘长响）

【"单套制"试点】 2020年，市档案史志馆落实市委、市政府优化营商环境工作部署，开展"电子文件单套制归档与电子档案单套制管理试点"工作。12月16日，邀请省档案馆、中国人民大学、江南大学、国网江苏省电力有限公司、市政府有关部委等单位11位专家组成专家组，对无锡市档案史志馆电子文件单套制归档与电子档案单套制管理试点工作暨建设工程电子文件在线报建系统进行专家评审。专家组予以充分肯定和高度认可，试点工作取得阶段性成果。在省城建档案系统率先与当地行政审批局工改系统对接，率先实现电子证照发放，率先与无锡市大数据管理局完成电子证照库对接，推动国网无锡供电公司完成"供电收发文系统与招投标系统单套制管理全要素研究报告"。

（钮苏萍）

【开展上门服务】 2020年，为增强政务服务事项便利度，市档案史志馆创新服务方式，工作人员上门为建设工程项目单位的工程竣工档案进行检查、专项验收和现场业务指导，为企业提供便利，节约成本，提高效率，将5个工作日办理事项变为即办事项。

（钮苏萍）

【一批村镇建设档案室达标升级】 2020年，市档案史志馆结合实际，夯实举措，扎实推进全市村镇建设档案工作。年内，宜兴市和桥镇、江阴市月城镇均通过省一级村镇建设档案室达标验收。至2020年末，无锡市共有省特级村镇建设档案室1个、省一级村镇建设档案室36个，全市村镇建设档案室全部达标升级。

（钮苏萍）

【短视频《锡山驿旁淘沙巷》获奖】 2020年，无锡市档案史志馆拍摄、制作的短视频作品《锡山驿旁淘沙巷》，获"太湖明珠，盛地小康"原创短视频大赛优秀奖。"太湖明珠，盛地小康"原创短视频大赛，旨在通过不同创作主体的多方视角，充分展示无锡小康社会建设的丰硕成果。大赛收到短视频作品233部，市档案史志馆推荐报送作品《锡山驿旁淘沙巷》被列为12部获奖作品之一。

（钮苏萍）

编辑　罗秋云

综 述

【概况】 2020年，市人大常委会始终坚持党的领导、人民当家作主、依法治国有机统一，立足"两个机关"(各级人大及其常委会成为全面担负起宪法法律赋予的各项职责的工作机关，成为同人民群众保持密切联系的代表机关)职能定位，在中共无锡市委的坚强领导下，依法履职尽责、积极探索创新、主动担当作为，为夺取疫情防控和经济社会发展"双胜利"作出应有贡献，圆满完成市十六届人大四次会议确定的目标任务。全年召开常委会会议9次、主任会议13次，开展执法检查、专题询问、视察12项，听取和审议专项工作报告20项；新制定和修改地方性法规9件、废止2件；作出决议决定15项，依法任免国家机关工作人员123人次；督办代表议案建议241件。

年内，市人大常委会始终强化对标看齐、紧跟紧随的政治自觉，增强"四个意识"、坚定"四个自信"、做到"两个维护"，确保在思想上、政治上、行动上同以习近平同志为核心的党中央保持高度一致。坚持立法质量和立法效率并举，深入推进科学立法、民主立法、依法立法，聚焦重点难点，集成行使法定职权，发挥综合监督效能，保证宪法和法律法规有效实施。贯彻市委决策部署，严格履行法定程序，积极行使好重大事项决定权和人事任免权，加强议决事项的事后跟踪和任命干部的任后监督。积极推进代表工作方式方法、工作机制、平台载体创新，全力支持和保障代表依法履行职责。

（蒋 健 朱 煜）

【市人大常委会自身建设】 2020年，市人大常委会深入贯彻习近平总书记对地方人大及其常委会工作的重要指示精神，认真落实省、市委人大工作会议部署要求，加强机关党建，深入改进作风，夯实基层基础，增强全市人大工作整体实效。把"不忘初心、牢记使命"作为加强常委会及机关党的建设永恒课题，出台专门实施意见，持之以恒深化作风建设，把抓好调查研究作为基本功，以"四不两直"等方式开展调研，形成调研报告37篇；加强理论研究，多项理论研究成果在省以上获奖；推进机关履职规范化建设，加强干部日常考核，提高服务保障质效。强化与全国人大、省人大的工作联动，与市(县)区人大的工作协同，在执法检查、立法调研等方面发挥各级人大、五级代表的积极作用；在市委支持下，指导全市各镇推广实施镇民生实事项目人大代表票决制、镇年度环保专项报告制度、副镇长向镇人代会述职制度"三项机制"，推动基层人大创出新经验、形成新亮点。扎实推进人大履职公开，充分用好电视专题、报纸专版、杂志专刊和网站、微信等各类宣传阵地，讲好人大故事，获江苏人大新闻特等奖等3项；宣传代表风采，开设疫情防控"人大代表在行动"专栏，推出231期报道，讲述178名各级人大代表的抗疫故事。

（蒋 健 朱 煜）

【民法典涉及法规全面梳理】 2020年，市人大常委会深入学习贯彻习近平总书记关于贯彻民法典的重要指示精神，多种形式开展民法典专题辅导，切实增强做好民法典贯彻实施的思想自觉和行动自觉。按照全国人大常委会关于对民法典涉及法规、食品药品安全领域法规，以及公共卫生、民生和安全生产领域法规进行专项清理的部署要求，迅速对全市现行有效的72件地方性法规全面梳理。贯彻民法典精神、根据上位法要求，及时修改《无锡市不动产登记条例》《无锡市轨道交通条例》《无锡市社会医疗机构管理条例》《无锡市粮油流通安全条例》，废止《无锡市盐业管理条例》《无锡市房屋居住权处理办法》，并明确后续修法任务单和时间表，推进地方性法规动态完善。

（蒋 健 朱 煜）

【推动编制规划纲要】 2020年，市人大常委会全力推动"十三五"规划圆满收官，通过座谈交流、调研走访、专业评估等方式，总结发展经验，突出固优补短，推动规划确定的主要目标任务全面完成。同时，全力推动"十四五"规划和2035年远景目标纲要高质量编制，抓住创新驱动、现代产业体系、区域协调发展等关键环节，组织开展"我为'十四五'规划献良策"代表活动，市委、市政府领导带头参加代表小组调研，带头以代表身份参加调研成果交流，听取代表提出的意见建议；重点就长三角区域一体化发展、太湖湾科创带建设、综合交通体系规划等主题深入调研，形成41篇专题调研成果，为规划纲要编制贡献人大代表的智慧力量。

（蒋　健　朱　煜）

重要会议

【无锡市第十六届人民代表大会第四次会议】 会议于1月8～11日举行，出席会议代表429名，市政协委员、在无锡的全国、省人大代表等列席大会，部分荣誉市民和长期在无锡工作生活的台湾同胞代表应邀列席大会，20名市民代表应邀旁听大会。会议听取和审议《政府工作报告》《无锡市人大常委会工作报告》《无锡市中级人民法院工作报告》《无锡市人民检察院工作报告》，审查《无锡市2019年国民经济和社会发展计划执行情况与2020年国民经济和社会发展计划草案的报告》《无锡市2019年预算执行情况与2020年市本级预算草案的报告》，决定批准上述报告，并通过相关的决议；听取并通过议案审查委员会所作的议案审查报告。大会补选杜小刚为无锡市人民政府市长，补选沈建为无锡市第十六届人民代表大会常务委员会副主任，补选李嬴为无锡市第十六届人民代表大会常务委员会委员，补选钱斌为无锡市中级人民法院院长。大会组织新当选人员进行宪法宣誓。

（蒋　健　朱　煜）

【无锡市第十六届人大常委会第二十七次会议至第三十五次会议】 2月10日，市十六届人大常委会举行第二十七次会议，审议并通过《无锡市人民代表大会常务委员会关于贯彻执行〈江苏省人民代表大会常务委员会关于依法防控新型冠状病毒感染肺炎疫情切实保障人民群众生命健康安全的决定〉的决议》。

2月28日，市十六届人大常委会举行第二十八次会议，二审《无锡市献血条例(草案)》；审议并通过《无锡市第十六届人大常委会2019年工作要点》《无锡市人民代表大会常务委员会关于接受朱民阳辞去市人大常委会副主任等职务请求的决定》，决定有关人事任免。

4月29～30日，市十六届人大常委会举行第二十九次会议，听取和审议市政府《关于贯彻落实市人大常委会〈关于贯彻执行省人大常委会疫情防控相关决定的决议情况和恢复生产生活情况的报告〉》《关于2019年法治政府建设情况的报告》《关于2019年度环境状况和环境保护目标完成情况的报告》《关于〈中华人民共和国水污染防治法〉执法检查报告及审议意见研究处理情况的报告》；二审《无锡市建设工程质量管理条例(草案)》；审议并通过关于个别代表的代表资格的报告；听取部分省人大代表履职情况的报告；决定有关人事任免，并举行宪法宣誓。

6月30日～7月1日，市十六届人大常委会举行第三十次会议，审议《市政府关于2019年市本级国有资产管理情况的报告》，听取和审议《市政府关于企业国有资产(含金融资产)情况的报告》；听取和审议《市政府关于公共文化服务体系建设情况的报告》；一审《无锡市促进中小企业转型发展条例(修订草案)》；审议《无锡市养老机构条例修正案(草案)》，通过《无锡市人民代表大会常务委员会关于修改〈无锡市养老机构条例〉的决定》；审议《无锡市排水管理条例修正案(草案)》，通过《无锡市人民代表大会常务委员会关于修改〈无锡市排水管理条例〉的决定》；审议并通过《无锡市人民代表大会常务委员会关于贯彻执行〈江苏省人民代表大会常务委员会关于促进大运河文化带建设的决定〉的决议》；听取和审议《市政府部分工作部门履职情况的报告》，并开展工作评议；审议并通过《无锡市人民代表大会常务委员会关于接受俞波涛辞去无锡市人民检察院检察长职务请求的决定》、《无锡市人民代表大会常务委员会关于朱良平代理无锡市人民检察院检察长职务的决定》、关于个别代表的代表资格的报告、《无锡市人民代表大会常务委员会关于接受曹锡荣辞去市人大常委会委员职务请求的决定》；决定有关人事任免，并举行宪法宣誓。

7月21日，市十六届人大常委会举行第三十一次会议，决定有关人事任免，任命张明康、李秋峰为无锡市副市长；免去陆志坚无锡市副市长

11月27日，围绕"十四五"规划编制，市人大常委会组织开展"我为'十四五'规划献良策"代表活动　　（市人大常委会办公室　供）

职务，并举行宪法宣誓。

8月26～27日，市十六届人大常委会举行第三十二次会议，听取和审议《市政府关于无锡市2020年上半年国民经济和社会发展计划执行情况的报告》；审议《市政府关于无锡市2020年上半年预算执行情况的报告》；听取和审议《市政府关于无锡市2019年本级预算执行和其他财政收支的审计工作报告》；审查和批准无锡市2019年本级财政决算；听取和审议《市政府关于贯彻落实〈市人大常委会关于加快打造高质量发展环境的决议〉情况的报告》；一审《无锡市湿地保护条例(草案)》；审议《无锡市轨道交通条例修正案(草案)》《无锡市不动产登记条例修正案(草案)》，通过《无锡市人民代表大会常务委员会关于修改〈无锡市轨道交通条例〉的决定》《无锡市人民代表大会常务委员会关于修改〈无锡市不动产登记条例〉的决定》；听取和审议《市政府关于提请设立无锡企业家日的议案》，审议并通过《无锡市人民代表大会常务委员会关于确定11月1日为"无锡企业家日"的决定》；听取和审议部分法官检察官履职情况的报告，并开展满意度测评；决定有关人事任免。

10月28～29日，市十六届人大常委会举行第三十三次会议，听取和审议《市政府关于"市人大常委会关于加快推进锡澄锡宜重大交通基础设施一体化建设的决定"贯彻落实情况的报告》，并开展询问；听取和审议《市政府"关于加强老旧电梯安全监管的议案"办理情况的报告》；听取和审议《市政府关于无锡市2020年市本级预算调整方案(草案)的报告》，审议并通过《无锡市人民代表大会常务委员会关于批准无锡市2020年市本级预算调整方案的决议》；听取和审议关于《中华人民共和国安全生产法》及地方相关条例执法检查情况的报告、关于《中华人民共和国土壤污染防治法》执法检查情况的报告、关于《江苏省全民健身条例》执法检查情况的报告；二审《无锡市促进中小企业转型发展条例(修订草案)》；审议并通过《无锡市人大常委会2021年度立法计划》《无锡市人民代表大会常务委员会规范性文件备案审查规定》《无锡市人民代表大会常务委员会关于修改〈无锡市社会医疗机构管理条例〉〈无锡市粮油流通安全条例〉的决定》《无锡市人民代表大会常务委员会关于废止〈无锡市盐业管理条例〉的决定》《无锡市人民代表大会常务委员会关于废止〈无锡市房屋居住权处理办法〉的决定》；审议并通过关于个别代表的代表资格的报告、《无锡市人民代表大会常务委员会关于接受陈荣庆辞去市人大常委会委员职务请求的决定》；听取部分省人大代表履职情况的报告；决定有关人事任免，并举行宪法宣誓。

12月9日，市十六届人大常委会举行第三十四次会议，听取和审议《市政府"关于进一步加强机动车停车管理的议案"办理情况的报告》《"关于全面改善农村人居环境，高水平推进美丽乡村建设的议案决议"实施情况的报告》，并开展满意度测评；听取和审议《市政府关于市十六届人大四次会议代表建议办理情况的报告》、关于《无锡历史文化名城保护规划(2016—2035)》编制情况的报告；审议并通过《无锡市人民代表大会常务委员会关于召开无锡市第十六届人民代表大会第五次会议的决定》《无锡市人民代表大会常务委员会关于2019—2020年度无锡市人大代表活动先进小组、积极分子和优秀联络员的通报》；决定有关人事任免，并举行宪法宣誓。

12月30日，市十六届人大常委会举行第三十五次会议，听取和审议《市政府关于无锡市2019年本级预算执行和其他财政收支审计发现问题整改情况的报告》；听取和审议《市工业和信息化局等10个单位关于2017—2019年审计查出突出问题整改情况的报告》，并开展满意度测评；听取和审议《市政府关于市人大常委会安全生产"一法两条例"执法检查报告》；二审《无锡市湿地保护条例(草案)》；一审《无锡市水环境保护条例(修订草案)》；讨论市人大常委会工作报告(征求意见稿)；决定有关人事任免，并举行宪法宣誓。

(蒋　健　朱　煜)

地方立法

【概况】 2020年，市人大常委会围绕年度工作安排，克服疫情带来的不利影响，认真履行法定职能，充分发挥地方立法在区域治理现代化中的重要作用，高质量推进地方立法及规范性文件备案审查等工作，围绕服务保障全市发展大局，在经济发展、民生改善、生态保障、城乡管理等重点领域持续发力，强化地方治理的制度供给，为建设"强富美高"新无锡、当好全省高质量发展领跑者提供法治保障。

(蒋　健　朱　煜)

【加强经济领域立法】 2020年，市人大常委会围绕实现高质量发展走在前列目标，修订《无锡市促进中小企业转型发展条例》，立足无锡经济发展实际，将近年来简政放权、支持创新和解决融资难等经验做法予以固化，建立促进中小企业转型发展工作统筹协调机制，强化政府政策对中小企业创新升级的支持力度，解决中小企业转型发展融资困难，优化转型发展营商环境。

(蒋　健　朱　煜)

【加强民生保障领域立法】 2020年，市人大常委会修改《无锡市养老机构条例》，调整设立养老机构的登记、备案程序以及有关税收优惠政策，细化养老机构工作人员资质要求，强化养老机构安全管理；修改《无锡市社会医疗机构管理条例》，落实相关改革要求，明确社会医疗机构的审批程序和条件，并补充完善社会医疗机构的扶持与保障措施，促进全市养老、

9月22日，市人大常委会就“关于美丽乡村建设议案决议实施情况”开展专题询问会议（市人大常委会办公室 供）

医疗事业健康发展，增强人民群众获得感。

（蒋 健 朱 煜）

【加强生态环保领域立法】 2020年，市人大常委会围绕加快建设美丽无锡，修改《无锡市湿地保护条例》，理顺湿地保护的管理机制，建立小微湿地保护制度，明了湿地异地替代性修复等措施；修改《无锡市排水管理条例》，明确排水设施建设单位、排水设施运营维护单位以及相关个人的权利义务，促进排水事业健康发展。

（蒋 健 朱 煜）

【加强城乡管理领域立法】 2020年，市人大常委会接续完成《无锡市建设工程质量管理条例》制定，将建设工程质量管理工作纳入政府考核体系，全面落实建设工程各方主体的质量责任，明确各环节质量管理要求，形成质量管理闭环；修改《无锡市轨道交通条例》，统筹考虑全市轨道建设发展，强化轨道交通建设单位对周边权利人的保护责任，明确轨道交通安全保护区的管理规定；修改《无锡市不动产登记条例》，对《中华人民共和国民法典》（以下简称《民法典》）涉及内容进行调整，并落实“放管服”改革要求，精简登记流程，提高登记效率；审议修改《无锡市粮油流通安全条例》，细化粮油安全责任体系，完善粮油供应机制，保障存储粮质量安全，确保无锡市地方性法规在推进区域治理现代化的进程中，能够始终发挥较好的引领、规范、保障作用。

（蒋 健 朱 煜）

【优化立法机制】 2020年，市人大常委会坚持党对立法工作的领导，强化人大立法主导，落实科学立法机制，根据地方立法“两个工作规范”（《关于地方性法规制定过程中涉及的重大利益调整论证咨询的工作规范》《关于地方性法规制定过程中争议较大的重要立法事项引入第三方评估的工作规范》），针对湿地保护立法中关键条款涉及的重大利益调整，组织湿地保护领域专家学者论证咨询；针对建设工程质量管理立法中争议较大的重要立法事项，委托江南大学法学院充分评估，确保法规表达平衡社会各方利益。丰富民主立法形式，召开立法协商会、座谈会、论证会等68次，充分发挥人大代表、立法联系点、立法咨询专家作用，扩大政协委员、基层单位、社会组织、市民群众等立法参与，切实把大多数的民意“装”进法里。

（蒋 健 朱 煜）

【推进备案审查工作】 2020年，市人大常委会根据全国人大常委会、省人大常委会统一部署，全面加强规范性文件备案审查制度和能力建设，及时修订备案审查规定，规范工作程序，将“一府一委两院”（市人民政府，市监委，市中级人民法院、市人民检察院）和市（县）、区人大及其常委会相关规范性文件全部纳入报备范围；健全工作联动机制，搭建信息平台，充实工作力量，组织专题培训，提升备案审查工作水平，切实做到有件必备、有备必审、有错必纠。

（蒋 健 朱 煜）

【编制年度立法计划】 2020年，市人大常委会认真做好2021年度立法计划的编制工作，向“一府一委两院”、市人大各专门委员会和常委会各工作机构征集立法建议项目；通过《无锡日报》、无锡人大网站向社会公开征集立法项目意见建议，专题调研了解近3年人民群众通过“12345”市民专线服务平台反映较多的立法需求，收到立法建议项目13件。对市政府、常委会相关工作机构等方面提出的立法建议项目汇总、梳理和研究，并结合公共卫生、民生和安全生产领域立法修法需求专项梳理结果、民法典涉及法规专项清理结果，会同常委会相关工作机构分析论证，起草2021年度立法计划初稿。立法计划初稿经征求有关方面意见后，召开市委全面依法治市委员会立法协调小组会议研究讨论，并积极与省人大常委会法工委汇报沟通。经反复论证后，提出《无锡市人大常委会2021年度立法计划（草案）》，10月，常委会会议审议通过，并由市人大常委会党组向市委作了汇报。

2021年度立法计划安排《无锡市房屋安全管理条例》《无锡市科技创新促进条例》《无锡市电梯安全管理条例》3件制定项目，《无锡市物业管理条例》《无锡市供水条例》2件修改项目，以及《无锡市全民健身条例》等6件调研项目。

（蒋 健 朱 煜）

监督工作

【经济发展监督】 2020年，市人大常委会就疫情下产业强市、创新驱动战略实施、区域一体化发展等，突出监督重点，列出工作清单，加大推动力度。着眼夺取“双胜利”，听取审议复工复产、年度发展计划执行情况专项报告，凝心聚力共谋良策，推动政府扎实做好“六稳”工作、落实“六保”任务。着眼构建新发展格局，邀请人大代表、专家学者调研“双循环”下中小企业发展、消费升级、要素供应等情况，推动激发市场主体活力。着眼提升产业链供应链现代化水平，深入企业园区、科研院所调研，从物联网创新发展、“两机专项”（航空发动机和燃气轮机重大专项）产业配套、5G和工业互联网发展、数字经济战略实施等方面提出对策建议，促进提升产业自主可控能力，推动危中寻机、补链强链，夯实产业发展根基。着眼全面融入区域一体化发展，组织代表跨区域联组活动，在产业发展、科技创新、环境治理等方面，加强与周边城市人大工作协同，推动打好长三角区域一体化主动仗。

（蒋　健　朱　煜）

【城乡建设监督】 2020年，市人大常委会着眼提升城乡统筹发展水平、提升城市精细化管理水平，持续跟踪“关于全面改善农村人居环境，高水平推进美丽乡村建设的议案决议”落实，通过“四不两直”调研、网络问卷调查、第三方录拍视频等方式掌握真实情况，综合运用专题询问、专项审议、满意度测评等形式监督推动；市政府高度重视，主要领导专题部署询问问题整改，各级各部门坚持立改立行，逐一制定整改方案，全面有序推进，农村人居环境整治三年行动任务全面完成。持续跟踪关于加强机动车停车管理、加强老旧电梯安全监管两件代表议案办理，突出重点抓关键，推动建成智慧停车管理平台和智慧电梯监管平台、完成1000台老旧电梯物联网智慧化改造，并分别启动地方立法。听取审议新一轮历史文化名城保护规划编制情况报告，视察城市精细化管理情况，就道路交通安全、物业管理、城市民族宗教工作等开展调研。调研村级集体经济发展、薄弱村脱困转化、乡村产业振兴等情况，激发农业农村发展活力。

（蒋　健　朱　煜）

【生态环境整治监督】 2020年，市人大常委会紧盯污染防治目标任务，听取年度环境状况和环境保护目标完成情况报告，清单制跟踪30个突出环境问题限时整改，推动实现入江入湖的河道水质达标、$PM_{2.5}$平均浓度明显降低、危废处置能力提升等生态文明建设目标。为打好蓝天保卫战，调研分析挥发性有机物治理问题，督促加大联合监管执法、引导黄标车加快淘汰，促进机动车尾气污染减排。为打好碧水保卫战，听取审议水污染防治法执法检查及审议意见研究处理情况报告，视察调研畅流活水工程、太湖蓝藻治理等，毫不松懈地推动抓好治水。为打好净土保卫战，突出解决土壤污染农产品安全和人居环境健康两大问题，与全国人大常委会、省人大常委会联动开展土壤污染防治法执法检查，实地检查点位31个，召开座谈会15场，形成13条执法检查意见反馈政府整改落实。针对代表和群众长期呼吁的固废污染问题，重点调研建筑装修垃圾处置，从强化顶层设计、源头减量、长效执法等方面提出建议，市委、市政府主要领导批示提出要求，部门抓好落实，有效遏制随意倾倒等违法行为，健全建筑装修垃圾闭环收运、定点处置、资源化利用工作体系。

（蒋　健　朱　煜）

【民生保障监督】 2020年，市人大常委会对照高水平全面小康目标，积极回应群众对高品质生活的期待，全力推动保障改善民生。回应群众对安全生产的关切，根据安全生产专项整治“一年小灶”行动部署，在按照市委要求抽调力量开展专项督导的同时，历时5个月开展安全生产法及地方相关条例执法检查，严格对照法律条款48项、87个重点内容，逐项深入检查，督促夯实安全生产责任体系，筑牢安全生产防线。回应群众对就业教育的关切，调研疫情下“援企稳岗”等政策实施情况，推动稳就业措施落到实处；调研普惠性学前教育和应用型高校建设情况，推动优化教育资源供给。回应群众对文明城市的关切，调研《无锡市文明行为促进条例》实施情况，听取审议公共文化服务体系建设情况报告，大力促进文明城市建设。回应群众对健康的关切，视察中医药事业发展情况，调研跟踪医疗重点项目和“三名”战略实施，促进优质医疗资源扩容和均衡布局；开展省全民健身条例执法检查，推动“健康无锡”建设。

（蒋　健　朱　煜）

【法治监督】 2020年，市人大常委会加大对依法行政、公正司法的监督推动力度。听取审议法治政府建设情况报告，推动夯实领导干部法治责任，提高行政决策、行政执法和营商环境法治化水平。深化对“两院”的司法监督，抓住队伍建设关键点，探索对16名员额法官检察官开展履职评议；把功夫下在评前评后，为全面掌握评议对象履职情况，进行全员民主测评，调研走访16家相关单位、谈话问询170多人次、随机抽查44个案件卷宗和庭审录像，并向社会公告征集线索、向纪检巡察组征询意见；评议既对每位对象提出针对性意见，也对“两院”队伍建设提出总体要求，并督促全部反馈整改落实，推动全面落实司法责任制。深入开展专题调研，合力推动扫黑除恶专项斗争向纵深推进。认真受理群众来信来访，加强信访协调督办，促进解决合理合法诉求。

（蒋　健　朱　煜）

【财政监督】 2020年,市人大常委会持续推进预决算审查监督重点向支出预算和政策方向拓展,形成预算编制、执行、调整到决算的完整审查监督链条,督促把有限的财力用在刀刃上。坚持关口前移、主动作为,参与政府9件涉财政策文件出台前论证评估,增强政策的前瞻性和可操作性;用好预算联网监督系统的实时监控、自动预警功能,指导相关部门排查隐患、及时整改;跟踪审计整改"后半篇文章",督促整改"销号"255个问题,并对10家单位审计查出问题整改情况开展满意度测评。以"调研+询问"形式,对公共卫生、居家养老、应急管理专项资金使用绩效开展审查,重点关注抗疫特别国债资金分配使用情况,督促财政资金精准安排和高效使用。专题调研政府隐性债务化解工作,助力打好防范化解重大风险攻坚战。常态化开展国有资产管理监督,经过两年实践,市、市(县)区政府向同级人大常委会作国资综合报告和专项报告形成规范,报告质量明显提升。

(蒋 健 朱 煜)

重大事项决定

【依法作出决议决定】 2020年,市人大常委会围绕疫情防控、预算调整、法规修改废止等,及时作出决议决定。贯彻落实习近平总书记关于大运河文化带建设的重要指示精神,依据省人大常委会相关决定,立足无锡实际,在全省率先作出决议,就加强运河遗产保护、推动运河文化传承、改善沿线生态风貌、融合发展文旅产业等提出明确要求,号召全市上下依法加强大运河文化保护传承利用、高质量推进大运河无锡段建设。为大力弘扬企业家精神,营造尊重、理解和支持企业家发展成长的良好社会环境,决定每年11月1日设立为"无锡企业家日"。

(蒋 健 朱 煜)

【坚持不懈跟踪问效】 2020年,市人大常委会对常委会作出的各项决议决定,既在跟踪上用劲、更在问效上发力,持续推进关于加快打造高质量发展环境的决议实施,听取审议专项报告,支持推动政府拿出实招硬招优化营商环境,擦亮"无难事、悉心办"金字招牌。跟踪加快推进锡澄锡宜重大交通基础设施一体化建设的决定执行,调研重点项目建设,并就锡宜S2线建设时间表、锡澄路网对接等群众关心热点开展专题询问,推动加快重大项目实施进度,提升城市发展能级。持续抓好关于加快发展以物联网为龙头的新一代信息技术产业、引进滨江学院等决议决定的跟踪问效,全力助推政府有力有序抓项目实施、抓任务落实,滨江学院转设为无锡学院获教育部审议通过。

(蒋 健 朱 煜)

【完善依法任免流程】 2020年,市人大常委会坚持党管干部原则,严格落实法律知识考试、任前承诺发言和宪法宣誓等制度,扎实开展对"两院"提请任命审判员、检察员的任前初审和任后评议。加强对人大任命政府部门干部的任后监督,以"动员部署、全面调研、集中评议、整改提高"的完整流程,运用"询问+评议"形式,对6个政府工作部门开展工作评议,强化任命干部的使命担当。

(蒋 健 朱 煜)

代表工作

【概况】 2020年,市人大常委会坚持"请上来"和"走下去"有机结合,广泛拓宽联系渠道。突出加强代表专业组建设,充分发挥占代表总数41%的9个专业组、186名代表的生力军作用,有效促进代表对人大工作的深度参与;全年1870人次代表参加立法、监督等活动,135人次代表列席常委会会议,并就统筹推进疫情防控和复工复产、美丽乡村建设、打造高质量发展环境等主题,召开座谈会听取代表带来的一线民声;常委会组成人员通过调研座谈、上门走访等形式,常态化联系基层人大代表476人次。代表主动走进企业、社区和乡村,全年接待基层群众5740人次,直接帮助解决群众身边的一批急事难事;拓展代表履职信息平台功能,运用"互联网+"畅通民意表达,提升代表联系服务群众的时效和成效。

(蒋 健 朱 煜)

【代表履职主题实践活动】 2020年,市人大常委会深入开展"履职为民、连心富民"代表主题实践活动,拓展多元化履职平台,依托代表小组,提升代表活动质量。围绕智慧城市建设、科创载体建设、城市精细化管理等30多个课题,30个代表小组、专业组深入开展专题调研,积极提出建议。"线上线下"有机结合推进人大代表"家、站、点"规范化建设,社区网上代表工作站,实现代表与选民的全天候互动,设在企业的代表工作站,成为省、市、区三级代表联动履职的根据地。全面推广人大代表运用河长制App监督河道治理,组织市、市(县)区、镇三级300名代表,对26条市级重点河道开展日常监督,代表巡河反馈问题191个、督促整改176个,提升河长制实施成效。

(蒋 健 朱 煜)

【代表建议督办】 2020年,市人大常委会坚持"提得好、交得准、办得成"目标导向,明确任务、强化责任,不仅对四次会议以来的202件代表建议全面交办,还遴选列出15件重点督办建议、36件往年计划解决建议和9件"反复提"建议"三项清单",坚持全年度清单制抓跟踪。对重点督办建议,探索以"办理+询问"形式跟踪落实;对计划解决建议和"反复提"建议 "点对点"督办,确保承诺不落空、难点有突破。市政府主要领导部署并牵头办理,各承办部门加大办理力度。经过各方努力,代表多年关注的市儿童福利院易地新建项目主体工程完工;关于推动物联网科技金融应用、共享政务信息资源、加快普惠性幼儿园建设、完善长期护理险制度等一批事关发展和民生的建议得到有效落实和推进，建议办成率71.8%，代表满意和基本满意率99%。

（蒋　健　朱　煜）

【代表履职服务】 2020年，市人大常委会紧扣代表履职需要，通过履职信息平台及时推送学习资料，推进多层次、精准化全员培训，提升履职能力。注重代表履职激励，完善履职登记管理制度，全年95名代表回原选举单位报告履职情况；开展争先评优活动，通报表扬12个先进小组、63名积极分子和13名优秀联络员，评选代表建议、代表调研报告"双十佳"（十佳调研报告、十佳代表建议），激发代表履职热情。

（蒋　健　朱　煜）

表9　　无锡市十六届人大四次会议重点督办代表建议表

建议序号	代表姓名	建议内容	代表意见	意向主办单位	市人大牵头督办领导	市人大督办机构
44	张华林	关于全面有序推进城市安全生产管理进行物联网等技术提升改造的建议	满意	市工业和信息化局	魏　多	经济工委
121	陈惠莲等	关于采取积极措施推动物联网金融科技应用的建议	满意	市地方金融监管局	魏　多	经济工委
53、62、186	朱龙喜、冯列、吴美燕等	关于进一步提升无锡市生活垃圾分类工作实效的建议	满意	市城管局	吴峰枫	环资城建工委
125	程　红等	认真执行物业管理条例全面提高物业管理质量	满意	市住房城乡建设局	吴峰枫	环资城建工委
2	顾　凤	关于加强我市住宅小区消防安全管理的建议	满意	市应急局	华博雅 王传军	社会委 经济工委 环资城建工委
68	殷　洪	关于以大运河文化带和国家文化公园建设为契机，促进无锡段运河地域历史文化的保护、传承与创新的建议	满意	市发展改革委	华博雅	教科文卫工委
101	张建伟	关于持续壮大发展村级集体经济的建议	满意	市农业农村局	吴峰枫	农经工委
55	龚跃春等	关于推进全市道路智能交通设施规范化管理的建议	满意	市公安局	魏　多	监察和司法工委
24	施　展	关于加大普惠性民办幼儿园扶持力度的建议	满意	市教育局	华博雅	教科文卫工委
41	张君君	关于加强腐霉利使用和检测管理的建议	满意	市农业农村局	吴峰枫	农经工委
30、178	周林峰 黄　静	关于长期照护保险补贴发放的建议	满意	市医保局	华博雅 王传军	社会委 经济工委
191	李　凤	关于建立公安法院深度协作，助力法院解决"查人找物难"的建议	满意	市公安局	魏　多	监察和司法工委

（市人大常委会办公室）

编辑　罗秋云

综　述

【概况】 2020年,无锡市人民政府(以下简称市政府)坚持以习近平新时代中国特色社会主义思想为指导,认真落实中共十九大及十九届二中、三中、四中、五中全会精神和习近平总书记视察江苏重要讲话指示精神,紧紧依靠全市广大人民,聚焦当好全省高质量发展领跑者,坚持稳中求进工作总基调,认真践行新发展理念,统筹推进疫情防控和经济社会发展,深入实施六大发展战略,坚决打好三大攻坚战,疫情防控取得战略成果,经济运行稳中有进,产业强市成效明显,改革开放全面深化,城乡区域统筹发展,生态环境持续向好,民生福祉更多改善,较好完成市十六届人大四次会议确定的目标任务。

(赵　祺)

【政府自身建设】 2020年,市政府认真落实新时代党的建设总要求,坚持法治无锡、法治政府、法治社会一体建设,推进重点领域法规规章的立改废释;坚持科学决策、民主决策、依法决策,规范行政执法行为,确保中央大政方针和省、市委决策部署落地见效。提请市人大常委会审议地方性法规草案7件,制定政府规章1件,制定规范性文件1件,合法性审核市本级各类文件310余件,向省政府和市人大常委会报备政府规章1件、行政规范性文件3件。全面推行行政执法三项制度和政府部门法律顾问制度。按时办复202件人大代表建议和380件政协委员提案。认真履行党风廉政建设"一岗双责"。建立重点工作双月座谈和专班推进机制,强化督查激励和闭环管理,加大对重大政策措施落实情况和重点工作、重大项目的督查力度。市公务用车平台建设列为国家示范点。市本级一般性支出和"三公"经费支出继续下降。政府自身建设取得新成效,驾驭经济社会发展全局的能力和水平得到提升。

(赵　祺)

【政府信息公开】 2020年,市政府持续提升政务公开能力和水平,扎实推进"决策、执行、管理、服务、结果"五公开,在市政府门户网站发布各类政务信息20839条,其中,市级重要政策文件35件,举办网站访谈直播17期,发布政策图解24期;受理政府信息公开申请102件,答复97件。依申请公开程序规范,市民申请渠道通畅便捷,通过互联网、邮寄、当面递送均可及时受理。积极运用新闻发布会、组织媒体专访、政策进社区、"指尖政务"等多种形式,就全市积极抗击疫情提振市场信心、落实"六稳""六保"政策、优化营商环境、支持实体经济健康发展、加强人才引进等政策措施进行权威、精准、深度解读,确保市委、市政府出台政策内涵透明、信号清晰,全年组织召开各类新闻发布会36场,市领导出席发布会,并出任市政府新闻发言人10人次,接受媒体采访26人次。

(赵　祺)

【议案、提案办理】 2020年,市政府认真做好市十六届人大四次会议代表议案建议和市政协十四届四次会议提案办理工作,创新办理形式,提升办理水平,推动一批事关全市经济社会发展的重大问题和人民群众普遍关心、关注的热点难点问题得到有效解决。全年收办202件人大代表建议,代表对办理结果满意率为99%;收办380件政协委员提案,委员对办理结果满意率为100%。

(赵　祺)

【市长信箱来件办理】 2020年,无锡市"12345"政府公共服务热线受理各类网上来源诉求28193件,其中市长信箱9398件,办结率99.97%。网上工单处理量位居前五的成员单位为梁溪区(3449件)、新吴区(2465件)、惠山区(1872件)、锡山区(1786件)、市教育局(1472件),主要涉及住房管理、城乡规划建设、政务服务和教育政策等方面。

(赵　祺)

【政务督查】 2020年,无锡市充分发挥政务督查职能作用,开拓工作思路,创新工作机制,提升工作质量,推动市委、市政府各项决策部署的全面落实。配合做好国务院第七次大督查和国务院"互联网+督查"平台留言交办办理等工作,推动国家和省各项政策措施、工作要求在全市落地落实。市政府配合市委制定下发《无锡市委市政府2020年重点工作》及《细化实施方案》,组织开展对各地区重点工作任务完成情况的督查调研;高效推进疫情防控及常态化工作要求贯彻落实情况的监督检查;做好污染防治"百日攻坚"蹲点督查、文明城市建设整改提升行动专项督查、江阴市长江干流岸线清理整治滞后项目推进督办、市区城市标识缺失情况现场检查、市区两级重要骨干道路维护管养工作现场督办等一批关键领域和社会关注热点问题的落实工作，全面掌握推进落实情况，加强节点控制，促进市委、市政府决策部署高效落实；对市委全会、市政府全体会议、全市经济形势分析会、市政府重点工作双月座谈会和城市重点工程建设工作例会等政府重点任务落实情况分解与跟踪督办；加强对市委、市政府领导特别是主要领导批示件办理的督促检查，全年跟踪办理市政府主要领导重点批示件108件，编发各类督办专报125期，确保件件有着落、事事有回音。

（赵　祺）

重要会议

【市政府全体会议】 2020年5月15日，市政府召开第五次全体（扩大）会议，动员全市政府系统振奋精神、鼓足干劲，确保党中央国务院、省委、省政府和市委各项决策部署不折不扣落到实处，为夺取疫情防控和经济社会发展“双胜利”，打赢高水平全面建成小康社会和“十三五”规划收官战提供有力保障。会议指出，在市委应对疫情工作领导小组的正确领导下，全市疫情防控阻击战取得阶段性重大成果，统筹推进疫情防控和经济社会发展工作取得积极成效。会议要求，要增强政治意识，提高站位抓落实，做到坚定正确政治方向不动摇，加强创新理论武装不停步，落实上级和市委决策部署不打折；要增强底线意识，加固底板抓落实，牢牢守住疫情防控、“六保”、安全、稳定、生态五条底线；要增强争先意识，对标找差抓落实，涵养为民情怀，明辨历史方位，形成工作合力；要增强创新意识，敢闯敢试抓落实，认识规律、把握规律，捕捉机遇、抢抓机遇，勇于实践、大胆实践；要增强担当意识，攻坚克难抓落实，鼓足完成全年目标的干劲，发挥“关键少数”的作用，形成工作督促检查的闭环。会议强调，全市政府系统要在市委的坚强领导下，只争朝夕、迎难而上，奋力夺取疫情防控和经济社会发展“双胜利”，为高水平全面建成小康社会、加快建设“强富美高”新无锡、当好全省高质量发展领跑者作出新贡献。

（赵　玲）

【市政府常务会议】 2020年，市政府召开25次常务会议，讨论和审议会议议题257项。

1月21日，市政府召开第72次常务会议。会议传达学习省“两会”精神，听取关于全市新型冠状病毒感染的肺炎疫情防控工作、拟取消和下放一批行政权力事项的情况汇报，讨论《无锡市公共数据管理办法（草案）》，审议《无锡市人民政府2020年度立法工作计划（草案）》《无锡市上级转移支付资金考核激励暂行办法（试行）》《无锡市新型墙体材料和散装水泥专项基（资）金清算方案》。

2月14日，市政府召开第73次常务会议。会议讨论《无锡市推进长三角一体化发展行动计划（2020—2022年）》《无锡市推进长三角一体化发展2020年工作要点》《无锡市推进国有企业退休人员社会化管理工作方案》，审议《无锡市危险化学品安全综合治理实施方案》《关于应对新冠肺炎疫情支持农业经营主体稳定“菜篮子”产品生产供应的政策意见》《关于应对新型冠状病毒感染的肺炎疫情支持外贸企业稳定发展政策意见》《无锡市使用财政性资金信息化项目管理办法》《无锡市使用财政性资金信息化项目资金管理办法》，听取关于修订社区“三份清单”落实基层减负增效、2020年拟向市人大常委会报告重大事项、2018年度和2019年度无锡市“腾飞奖”评选情况的汇报。

2月27日，市政府召开第74次常务会议。会议审议《关于推进知识产权运营服务体系建设，创建国家知识产权强市的若干政策措施》《关于加强我市融资担保体系建设大力支持小微企业和“三农”发展的实施意见》，听取关于全市第七次全国人口普查工作情况的汇报、关于城市桥梁独柱墩抗倾覆加固应急项目的情况汇报。

3月11日，市政府召开第75次常务会议。会议传达贯彻省委书记娄勤俭在无锡调研时的讲话精神，讨论《关于推进残疾人事业高质量发展的实施意见》，审议《无锡市5G产业发展规划（2020—2025年）》《关于进一步促进生猪生产的若干政策》《无锡市2020—2022年普通高中资源建设三年行动方案》《无锡市城市住宅房屋拆迁安置定销商品房价格管理办法（试行）》，听取关于无锡市绿色货运配送示范工程申报情况的汇报。

3月25日，市政府召开第76次常务会议。会议讨论《无锡市加快推进数字经济高质量发展三年行动计划（2020—2022年）》《无锡市加快推进枢纽经济高质量发展三年行动计划（2020—2022年）》《无锡市加快推进总部经济高质量发展三年行动计划（2020—2022年）》及“三大经济”2020年工作要点、《关于加快推进无锡市现代生物医药产业发展的若干措施》及配套文件、《国务院督导组反馈交通安全重大风险隐患专项整改方案》，听取2019年度审计发现问题整改、关于深入开展重点信访矛盾化解攻坚战、关于2019年度无锡市市长质量奖及市质量管理优秀奖评选结果、关于做好全市2020年春季学期开学工作的情况汇报，审议《无锡市市属公交企业成本规制办法（2019—2021年）》《无锡市市属公交企业成本规制政府补贴方案（2019—2021年）》。

4月8日，市政府召开第77次常务会议。会议学习《中华人民共和国基本医疗卫生与健康促进法》，讨论《无锡市优化营商环境行动方案(2020)》《关于加快推动新基建积极培育新动能的实施方案》《关于全面贯彻落实关心关爱疫情防控一线城乡社区工作者具体措施的通知》，听取关于2020年一季度全市安全生产工作、国民经济和社会发展综合计划分解下达情况的汇报，审议《“太湖人才计划”优秀青年人才“锡引”工程实施意见》。

4月29日，市政府召开第78次常务会议。会议贯彻落实省长吴政隆在无锡调研时的讲话以及省太湖水污染防治委员会第13次全体（扩大）会议暨太湖安全度夏应急防控工作会议精神，研究部署无锡市太湖安全度夏应急防控和防汛抗旱工作，审议《无锡市加快发展以物联网为龙头的新一代信息技术产业打造世界级产业集群三年行动计划（2020—2022年）》及2020年工作要点、《无锡市工业互联网和智能制造发展三年行动计划（2020—2022年）》及2020年工作要点、《无锡市食品安全工作三年行动计划》《无锡市生活垃圾应急统筹处置方案》《无锡市基本医保和生育保险市场统筹政策过渡办法》，讨论《无锡市关于深化改革加强食品安全工作的实施意见》《无锡市养老机构条例修正案（草案）》《无锡市排水管理条例修正案（草案）》，听取关于调整拖拉机通行管理措施、签订无锡至江阴城际轨道交通工程PPP项目合同的情况汇报。

5月18日，市政府召开第79次常务会议。会议审议《关于做好全市新冠肺炎疫情常态化防控工作的实施意见》《无锡市发展残疾人专项服务的扶持办法（修订稿）》《无锡市残疾人保障和救助办法（修订稿）》《无锡市市级政府投资项目集中组织建设实施办法（试行）》《2020年度市区经营性用地出让专项奖惩办法》《无锡市区生活垃圾收集车辆更新三年计划（2020—2022年）》《无锡市工业企业生产安全分类分级监督管理办法》，讨论《无锡市扩大有效投资稳定经济发展若干措施》《关于进一步提升消费信心激发消费需求的若干措施》，听取关于2020年市人大代表建议和市政协提案办理工作、推进无锡市行政事业单位财务共享综合监管工作、优化工业用地出让机制助推产业高质量发展、2020年度经营性用地出让计划、《中华人民共和国土地管理法（2019修订版）》实施后市区土地征收相关用章事项的情况汇报。

6月2日，市政府召开第80次常务会议。审议《无锡市改革完善医疗卫生行业综合监管制度实施方案》《无锡市集中开展违法违规“小化工”专项整治行动工作方案》《无锡市太湖蓝藻暴发应急预案》《无锡市太湖湖泛应急预案》《关于健全完善农村人居环境整治长效管护机制的实施意见》《关于完善城市设计提升城市品质的意见（试行）》，讨论《无锡市率先基本实现农业农村现代化示范建设实施方案（2020—2022年）》《关于深化锡港澳多领域合作促进高质量发展的若干措施》《无锡市促进中小企业转型发展条例（修订草案）》，听取关于明确房产税困难减免有关事项、设立“无锡企业家日”的情况汇报。

6月16日，市政府召开第81次常务会议。会议审议《无锡市高质量推进“一带一路”交汇点建设三年行动计划（2020—2022年）》及2020年工作要点、《促进建设工程文明施工水平提升工作方案》《无锡市房屋征收清点清障攻坚行动计划》《无锡市区生活垃圾分类工作三年行动计划（2020—2022年）》《无锡市城市精细化管理“红黑榜”考核办法（试行）》《无锡市城市公共交通高质量发展三年行动计划（2020—2022年）》《关于进一步做好高速铁路沿线环境综合整治工作和完善长效机制的实施意见》，讨论《关于推进全国市域社会治理现代化试点工作的实施方案》《创建国家生态园林城市推进“美丽无锡”建设三年行动计划（2020—2022年）》，听取关于全市治理车辆超限超载工作情况、《2019年度国有资产管理情况综合报告》等起草情况、全市公安机关维护国家安全工作情况、院士丁汉顶尖人才创业团队确认及资金支持建议、签订锡东电厂提标扩容项目投资协议及PPP合同工作情况的汇报。

6月23日，市政府召开第82次常务会议。会议传达贯彻习近平总书记关于长江禁渔工作的重要指示批示精神和省政府专题会议精神，研究部署全市贯彻落实工作，学习《保障农民工工资支付条例》，审议《无锡市关于进一步弘扬工匠精神加强技能人才队伍建设的实施意见》《无锡市防汛防旱应急预案》《无锡市防御台风应急预案》，讨论《无锡市安全生产专项整治三年行动实施方案》《国务院江苏安全生产专项整治督导组“四个清单”分解落实方案》《江苏省安全生产第二督导组“三个清单”分解落实方案》，听取关于改革和完善疫苗管理体制确保疫苗安全和供应保障的情况汇报。

7月8日，市政府召开第83次常务会议。会议学习习近平总书记关于统计工作重要讲话指示批示精神，讨论《关于全面贯彻〈江苏省贯彻落实国家统计局第六统计督察组督察反馈意见整改方案〉的通知》《无锡市党政领导干部防范和惩治统计造假、弄虚作假责任制实施细则》《无锡市大气臭氧污染防治三年行动计划（2020—2022年）》《无锡市大气臭氧污染防治2020年工作要点》《无锡市信息技术应用创新先行先试实施方案（2020—2022年）》《关于坚持和完善“大数据+网格化+铁脚板”治理机制加快推进基层社会治理现代化的实施意见》，审议《无锡市盘活国有资金资产资源促进疫情后地方政府财政收支平衡和债务化解专项行动方案》《关于优化支出结构带头落实过紧日子要求全力做好“六稳”“六保”工作的意见》《无锡市不动产登记条例修正案（草案）》《无锡市轨道交通条例修正案（草案）》，听取关于进一步加强无锡市既有建筑安全管理工作、2020世界物联网博览会筹备工作的情况汇报。

7月15日，市政府召开第84次常务会议。会议讨论《无锡市招商护商工作激励办法》，审议《无锡市企业家参与涉企政策制定的实施办法（试行）》、《无锡市现代服务业高质量发展三年行动计划（2020—2022年）》及2020年工作要点、《关于全面推进无锡市长江流域禁捕退捕工作的实施方案》及禁捕退捕4个专项行动方案，听取关于全国农村乱占耕地建房问题整治工作电视电话会议精神及全市贯彻落实建议、调整2020年度无锡市低保特困孤儿保障标准、有效使用城市建设创新发展基金扩大投资稳定经济发展、制定《无锡市划转部分国有资本充实社保基金方案》、赋予无锡经济开发区行政权力有关情况、“太湖人才计划”创新创业团队及创业人才项目2020年第一次分年度拨款检查情况及拨款建议的汇报。

7月21日，市政府召开第85次常务会议。会议学习《中华人民共和国民法典》，审议《关于进一步加强“12345”政府公共服务热线建设管理的实施意见》《无锡市粮食和物资保障能力建设三年行动计划(2020—2022年)》《无锡市突发重大动物疫情应急预案》《无锡市农田连片整治三年行动计划(2020—2022年)》《无锡市地震应急预案》《无锡市突发地质灾害应急预案》，讨论《无锡市党政机关办公用房管理办法(草案)》《无锡市党政机关公务用车管理办法(草案)》，听取关于无锡市对口帮扶支援合作工作情况、2019年度上级转移支付资金相关情况的汇报。

8月3日，市政府召开第86次常务会议。会议讨论《无锡市湿地保护条例(草案)》，审议《无锡市化工重点监测点管理办法》，听取关于2020年上半年全市安全生产工作、签订共建江苏集成电路应用技术创新中心框架协议及其实施协议、重新选择锡东生活垃圾焚烧发电厂(一期)项目特许经营者及推进股权转让工作、2020年度“太湖人才计划”各类高层次人才及团队评审情况的汇报。

8月22日，市政府召开第87次常务会议。会议学习贯彻习近平总书记对制止餐饮浪费行为作出的重要指示精神，听取关于市政府下半年重点工作责任清单的情况汇报，讨论《完善重大疫情防控体制机制健全公共卫生应急管理体系的意见》及6个配套方案，审议《无锡市突发事件总体应急预案》《无锡市突发公共卫生事件应急预案》《无锡市突发公共事件医疗卫生救援应急预案》《无锡市“美丽河湖”三年行动计划实施意见(2020—2022年)》《无锡市太湖治理应急防控实施意见》《无锡市优化完善基础教育资源布局三年行动计划(2020—2022年)》《无锡市市区共有产权保障房管理暂行办法(草案)》《南京信息工程大学滨江学院转设方案》。

8月26日，市政府召开第88次常务会议。会议审议《进一步强化2020年大气污染防治工作36条》《无锡市推进养老服务高质量发展三年行动计划(2020—2022年)》，听取《关于进一步促进无锡市房地产市场平稳健康发展的通知》起草情况、关于2021年无锡市居民医保筹资标准调整方案情况和2021年市本级预算编制政策情况的汇报，讨论《无锡太湖湾科技创新带发展规划(2020—2025年)》。

9月9日，市政府召开第89次常务会议。会议传达学习省政府近期召开的国务院督导“回头看”反馈意见及国务院安委会考核巡查通报整治落实部署电视电话会议精神，听取关于《无锡市国民经济和社会发展第十四个五年规划基本思路》起草情况、2018年度安全生产目标考核奖励情况、全市信访工作情况的汇报，讨论《无锡市排查解决突出民生问题实施方案》，审议《关于稳定外贸市场主体促进外贸稳增长的若干政策措施》《无锡市高速公路出入口和普通国省道绿化及环境整治提升长效机制工作方案》《市政府关于加快推进农业机械化和农机装备产业转型升级的实施意见》《“美丽无锡”市区农贸市场标准化改造行动计划(2020—2021年)》《无锡市市级政府投资项目评审管理办法》《无锡先进技术研究院政府科技专项奖励管理办法(试行)》。

9月21日，市政府召开第90次常务会议。会议审议《关于落实就业优先政策进一步做好稳就业工作的实施意见》《关于促进家政服务业提质扩容实施方案》《无锡市农村生活污水治理提质增效行动方案》《无锡市工矿企业生产安全事故应急预案》《无锡市雨雪冰冻灾害应急预案》《无锡市粮食应急预案》，听取关于全市爱国卫生工作情况、2020年军转干部与由政府安排工作退役士兵及驻无锡部队军人随军家属接收安置工作情况、落实自主择业军队转业干部住房补贴方案情况、全市生猪恢复生产情况、开展农村集体经营性建设用地入市试点工作情况的汇报。

9月29日，市政府召开第91次常务会议。会议传达学习全国加强当前安全防范工作视频会议和省会议精神，听取关于全市第七次全国人口普查开展情况、省对无锡市高质量发展考核半年评估落实情况、落实市人大常委会议案决议落实情况专题询问会和市政协重点提案督办协商会精神及任务分解情况、《关于公布无锡市市区征地区片综合地价的通知》起草情况的汇报，审议《关于支持电子商务创新发展的若干政策》《无锡市众邦股权投资基金组建方案》《无锡市区老旧小区物业管理实施方案》《关于进一步加快市区旧住宅电梯整治工作的意见》《无锡市市属国有企业控股上市公司实施股权激励办法(试行)》，讨论《关于实施重点产业链(集群)市领导挂钩联系制度工作方案》。

10月24日，市政府召开第92次常务会议。会议听取关于国务院第七次大督查第五督查组在无锡实地督查情况、推进实施“裁执分离”工作、2020年市本级预算调整方案(草案)的汇报，学习《中华人民共和国预算法实施条例》，审议《关于建立更加有效的区域协调发展新机制的工作意见》《无锡市公共资源交易目录》《无锡市区公共交通换乘优惠政策调整方案》《无锡市突发环境事件应急预案(2020年)》《无锡市见义勇为称号评定实施办法》。

11月23日，市政府召开第93次常务会议。会议传达学习习近平总书记视察江苏重要讲话指示精神，学习贯彻《中共江苏省委关于深入学习宣传党的十九届五中全会精神的通知》，讨论《无锡市深化综合行政执法体制改革实施意见》，审议《无锡市户籍准入登记规定》《无锡市促进软件产业高质量发展的若干政策》《无锡市会展业促进办法（草案）》《无锡市市级党政机关和事业单位经营性资产集中统一监管改革实施方案》《无锡市政府投资基金管理暂行办法》《无锡市市级成品粮油储备管理办法》，听取关于全市中小学校未成年人思想道德建设情况、《关于进一步加强和补充2020年度房屋征收清点清障工作考核的通知》起草情况、第11届无锡市优秀软件产品"飞凤奖"和第12届专利奖评选评奖情况、设定禁止燃放烟花爆竹区域情况的汇报。

12月2日，市政府召开第94次常务会议。会议听取关于进一步推进国务院第七次大督查发现问题整改工作、医疗卫生科技教育等领域市与区财政事权和支出责任划分改革方案、开展无锡市第一次全国自然灾害综合风险普查工作、《关于落实全市消防救援队伍职业保障和社会优待机制的通知》起草情况、无锡市第11届（2018—2019年度）自然科学优秀学术论文评选工作情况的汇报，审议《无锡市辐射事故应急预案》《无锡市供水突发事件应急预案》《无锡市城市燃气突发事件应急预案》《无锡市城市道路桥梁突发事件应急预案》《无锡市市区公共污水系统突发事件应急预案》《无锡市气象灾害应急预案》《无锡市火灾事故应急预案》《关于推动无锡市先进制造业和现代服务业深度融合发展的实施意见》《关于进一步加快现代服务业高质量发展的若干政策意见》《无锡市生态补偿资金管理办法》，讨论《无锡市水环境保护条例（修订草案）》。

12月23日，市政府召开第95次常务会议。会议传达学习中央经济工作会议精神，听取关于"太湖人才计划"创新创业团队及创业人才项目2020年第二次分年度拨款检查情况及拨款建议、2020年度无锡市"腾飞奖"评选情况、第三届青少年科技创新市长奖评审情况、无锡市市级政府投资项目计划编制情况、市主要经济指标2021年初步安排建议、加快应用原市三院地块开设综合医疗业务相关事项的汇报，讨论《关于全面加强危险化学品安全生产工作的实施方案》《无锡市推进生态环境治理体系和能力现代化实施方案》《关于建立健全城乡融合发展体制机制和政策体系的实施方案》，审议《无锡市危险化学品使用安全专项治理行动工作方案》《无锡市危险化学品生产安全事故应急预案》《无锡市市级罚没财物管理办法》《无锡市旅游突发事件应急预案》。

12月29日，市政府召开第96次常务会议。会议传达学习省委十三届九次全会精神和市委十三届十一次全会精神，审议《无锡市美丽宜居城市建设综合试点实施方案》《无锡市关于促进3岁以下婴幼儿照护服务发展的实施意见》《无锡市安全生产各专业委员会及其组成人员的调整方案》《无锡市森林火灾应急预案》《无锡市自然灾害救助应急预案》，讨论《关于开展安全发展示范城市创建工作的实施意见》《关于推进全市党政机关和国有企事业单位培训疗养机构改革的实施方案》，听取2020年无锡市有突出贡献中青年专家选拔工作情况的汇报。

（赵　玲）

民生实事项目

【概况】 2020年，市委、市政府确定为民办实事项目10大类、45项，由市本级31个部门（单位）和8个地区负责实施，主要涉及生态环境、重点道桥、公共交通、帮扶济困、居住环境、教育体育、文化生活、卫生养老、智慧城市、城市安全等方面。至年底，完成各项目年度目标任务。

（姜海龙）

【生态环境项目】 2020年，无锡环境监控物联网应用示范工程（二期）建成投用。完成48家污水处理厂提标改造，出水达到新标，新改建污水管网76.8千米。锡澄运河（黄昌河—长江段）整治工程、洋溪河—双河清淤工程启动实施。

（姜海龙）

【重点道桥项目】 2020年，312国道无锡锡山区段（锡虞立交—通江大道）、菱湖大桥开工建设，江海东路（广南立交—景渎立交）扩容改造工程、新锡路北延工程（接长山大道）启动，飞凤路北延工程全路段建成通车，太湖大道体育中心南大门人行过街天桥建成投用。

（姜海龙）

【公共交通项目】 2020年，无锡地铁3号线一期工程建成投运，地铁5号线工程启动建设，新辟和优化调整公交线路37条，新增、更新新能源公交车296辆。

（姜海龙）

【帮扶济困项目】 2020年，无锡市"关爱·圆梦"工程帮助学生162人，挖掘青年见习岗位3359个。城乡居民最低生活保障标准、特困人员供养标准分别提高至每人每月1010元和1525元。完成无锡儿童福利院易地新建主体工程，无锡市残疾人综合服务基地一期竣工。婚姻家庭教育指导服务培训学员465人，各地区为属地社区提供婚姻家庭教育培训1888课时。

（姜海龙）

【居住环境项目】 2020年，无锡市完成66个老旧小区二次供水设施、64千米老旧自来水管网改造，新增天然气民用户6.7万户。改造老旧小区（旧住宅区）255万平方米、棚户区（危旧房、城中村）72.79万平方米，同步建设老旧小区技防设施。惠景家园二期、龙塘岸后五巷地块保障性住房项目启动建设。新（改）建城市（农村）环卫公厕314座。改造提升市区农贸市场20家。农房更新改造107个试点村、7979户，农村生活污水处理设施建设1050处，建成农村生态河道8条。

（姜海龙）

【教育体育项目】 2020年，无锡市开工义务教育学校和幼儿园基建项目22个。东南大学国际校区一、二期工程建成投用。完成两轮共300万元免费体育消费券的发放工作。建成尚贤河全民健身彩色步道。新建、更新无锡城区室外公共体育设施300套(件)。

(姜海龙)

【文化生活项目】 2020年,无锡市举办"文艺进万家"活动160场,举行无锡星期广播音乐会13场。完成市属文艺院团公益演出157场,开设纯公益艺术培训"西水公益学堂"90个班次。5月19～25日,举办"5·19中国旅游日"无锡文化旅游惠民周活动,46家收费旅游景区(点)向无锡市民特惠开放。

(姜海龙)

【卫生养老项目】 2020年,无锡市完成老年人肿瘤早期筛查32.1万人、残疾人免费健康体检6285人。产前筛查和新生儿疾病筛查实现全覆盖。基层医疗卫生机构提档升级建设20家。新建老年人日间照料中心10家。

(姜海龙)

【智慧城市项目】 2020年,无锡市建成"灵锡"城市服务App,提供智慧便民服务项目500项。无锡智慧停车管理平台、中小学"阳光食堂"智慧监管平台、新能源汽车及充电设施监控服务平台建成运行。

(姜海龙)

【城市安全项目】 2020年,无锡市建成智慧电梯监管平台,安装老旧电梯智能监测装置1000台。305家联网单位消防设施接入市消防设施联网监测系统。采购列装灭火救援消防车16辆。独柱墩桥梁安全检测和加固49座。路面动态称重系统建设项目启动实施,先期推动建设的5个试点项目投入使用。

(姜海龙)

对口支援·帮扶合作

【对口支援】 2020年,无锡市贯彻落实新时代党的治疆方略,围绕新疆地区社会稳定和长治久安总目标,扎实开展援疆工作,助力脱贫攻坚,维护民族团结,增进民生福祉。

对口支援阿合奇县。年内,无锡市派驻第十批工作组干部6人、专业技术人才22人。实施援助项目15个,投入援助资金5034万元。江南大学与阿合奇县开展"产学研"合作,推动当地沙棘和刺绣产业提质创优。无锡军分区结对阿合奇县阿依尼克喀克尔村,支持当地蚕豆深加工项目建设。无锡市帮助阿合奇县培训医生、教师412人次,培养医生、教师后备人才35名。援疆医生谢志毅获江苏省"民族团结进步模范个人"称号。疫情期间包机组织135名柯尔克孜族同胞到无锡新日电动车科技有限公司就业。支援阿合奇县抗击疫情,筹措和捐赠口罩等防疫物资27万余件,价值200万元。

对口支援霍城县。年内,无锡市派驻第十批工作组干部8人、专业技术人才13人。实施援助项目32个,投入援助资金2.06亿元。江阴临港经济开发区与霍尔果斯经济开发区清水河配套园区(霍城经济开发区)结对共建,霍城在江阴设立招商联络处。实施"澄远英才361计划",落实培训项目28个,培训干部人才5600多人次。帮助引进高层次紧缺人才30人、柔性人才37人。支援霍城县防疫物资9批,捐助负压救护车、专业救护车5辆,累计价值超过400万元。霍城县委副书记、江阴援疆工作组组长顾文浩获"自治区抗击新冠肺炎疫情先进个人"称号,援疆教师颜忠元被评为"全国脱贫攻坚先进个人"。

(韦 锋)

【对口帮扶】 2020年,无锡市坚持"四个不摘"(摘帽不摘责任、摘帽不摘政策、摘帽不摘帮扶、摘帽不摘监管)总要求,助力陕西省延安市、青海省海东市建立健全防止返贫预警监测机制,推动巩固脱贫攻坚成果与乡村振兴有效衔接。

对口帮扶延安市。年内,无锡市派驻挂职干部8人、专业技术人才71人。接收延安市到无锡挂职干部25人、专业技术人才114人。8月, 市委书记黄钦率团赴延安市考察并召开扶贫协作联席会议。落实省统筹帮扶资金1920万元,实施帮扶项目18个,计划外拨付财政性帮扶资金3004万元,社会捐赠折计1104.58万元。实施产业合作项目3个,完成投资5570万元。采购及帮助销售农副产品3302.04万元,带动贫困人口2211人受益。帮助延安市向无锡市转移就业59人,就近就地就业165人。"携手奔小康"乡镇结对26对,村村结对55对,企村结对20对,社会组织结对7对,学校结对36所,医院结对7所。帮助延安市实施干部人才培训1935人次,开展贫困村创业致富带头人培训140人次。无锡市对口帮扶延安市工作组被评为"全国脱贫攻坚先进集体"。

对口帮扶海东市。年内,无锡市派驻挂职干部14人、专业技术人才112人。接收海东市到无锡挂职干部23人、专业技术人才76人。8月,市长杜小刚率团赴海东市考察并召开扶贫协作联席会议。落实省统筹帮扶资金2.79亿元,实施帮扶项目111个,社会捐赠折计1491万元。帮助海东市引进产业合作项目2个,完成投资1.39亿元,采购及帮助销售农副产品1260万元。帮助海东市向无锡市转移就业265人,就近就地就业2243人,转移到其他地区就业1372人。"携手奔小康"乡镇结对41对,村村结对30对,企村结对22对,社会组织结对11对,学校结对47所,医院结对12所。帮助海东市实施干部人才培训1483人次,开展贫困村创业致富带头人培训367人次。无锡市对口帮扶海东市工作组被评为"全国脱贫攻坚先进集体",援青医生倪欣欣被评为"全国脱贫攻坚先进个人"。

(韦 锋)

【南北挂钩】 2020年,无锡市深入落实江苏省《关于推动南北共建园区高质量发展的若干政策措施》,无锡国家高新技术产业开发区与徐州市经开区合作共建"无锡徐州工业园区",创建省级高质量发展"创新试点园区"。7月,编制完成《无锡徐州工业园区高质量发展总体方案》,由无锡徐州两地市委、市政府联合上报省委、省政府。12月,省委办公厅、省政府办公厅下发《关于无锡徐州工业园区高质量发展总体方案的批复》,创建工作总体方案获批。园区无锡方到位挂职干部6人,其中一名副厅级挂职徐州市副市长。园区成立投资开发公司,12月15日,无锡方2.1亿元投资开发资金拨付到位。

江阴睢宁工业园区、宜兴沛县工业园区开展"省级特色园区"创建,分别向省发展改革委报送园区创建工作总体方案及高质量发展规划。江阴睢宁工业园区江阴方班子成员到位6人,首批4000万元投资开发资金拨付到位。宜兴沛县工业园区宜兴方班子成员到位5人,7350万元投资开发资金拨付到位。

（韦　锋）

行政审批和政务服务

【概况】 2020年,无锡市围绕稳就业、稳金融、稳外贸、稳外资、稳投资、稳预期工作和保居民就业、保基本民生、保市场主体、保粮食能源安全、保产业链供应链稳定、保基层运转,持续深化"放管服"改革,努力在危机中育新机,于变局中开新局,提升政务服务便利化水平。市行政审批局审批企业开办流程时间压缩至2个工作日内。新增市场主体指标在全省高质量发展考核中,获第一名。牵头的商事制度改革获省政府激励表彰。电子营业执照综合应用项目被评为全省法治惠民办实事优秀项目,并获评"法治创新奖"。工程建设项目许可压缩至60个工作日内,比省定目标提速40%。无锡市打造最优工程建设项目审批制度改革样本城市的经验及作法在全省复制推广,获全省政务服务管理课题二等奖。全市95.8%的政务服务事项可网办,92.8%的事项实现"不见面审批"服务,"惠企通"平台、"成全e站"服务终端打通联系服务企业和群众的"最后一米"。1.8万名办事群众参与政务服务"好差评",好评率98.49%,位居全省设区市前列。年内,市行政审批局被评为"全省抗击新冠肺炎先进集体"。

（程　骏）

【《无锡市疫情防控期间政务服务标准指引》发布】 2020年,无锡市在省内率先发布《无锡市新冠肺炎疫情防控期间政务服务标准指引》,多管齐下为企业群众纾难解困。

"不见面"审批。年内,市行政审批局引导企业及群众"网上办、不见面,非必须、不现场,非紧急、请延后,确刚需、提前约",一级响应期间全市网办事项占比94.66%,网上办理事项46.9万件。开通"苏政50条"和"小微企业个体工商户"服务专栏专窗专席,对94个政策文件涉及的447个事项统一设置办事入口。

保障企业开足马力生产。年内,开展支持企业复工复产"成全行动",先后为从事口罩、防护服、护目镜生产经营的223家企业完成设立、变更、备案登记手续,提速70%。实行"一企一策"精准对接,与市城市重点建设项目管理中心签订项目定制审批合作框架协议,先后为市委党校新校区、市儿童福利院易地新建项目等20个重大项目提供即报即批服务,解决审批难题69个。实施建设工程"不见面、非接触"招投标,先后开展跨省远程异地评标7场次。

"12345"政府热线坚守疫情诉求"主入口"。年内,开设疫情防控咨询专席"0号键",作为疫情咨询的前哨,提供24小时在线服务。对疫情诉求开展大数据分析,每日报送一份疫情日报和专报,定期报送防疫建议。组建"突击队",设立"务工求助专线",帮助4111名外来务工人员返回居住小区、撤离高速卡口、解决住宿难题,"返锡通"平台协助3万余名外来务工人员成功返回无锡,有效保障企业复工达产。

（程　骏）

【简政放权和提速降本】 2020年,无锡市积极推进减权放权,全市共取消行政权力11项,下放至市(县)、区19项。赋予无锡经济开发区行政权力499项、委托行使行政权力6项,实现"区内事区内办"。加强对行政权力取消下放后的审批流程优化再造,推出市级第二批利企便民举措40项。

市场主体进出便利。年内,开办企业全流程从6个环节压缩至2个环节,推广"全链通"平台,实行全流

2月10日,市行政审批局为圣华盾防护科技股份有限公司增加一、二类医疗器械生产的经营范围

（市行政审批局　供）

程网上办理。全面推开新办企业印章免费刻制。电子营业执照可在235个事项办理中实现"一次验证、全网通用",综合应用水平全国领先、省内第一。执业药师注册、第二类医疗器械经营企业备案实现网上办理,新办药品经营许可审批时间由原来的25个工作日压缩至15个工作日内。全市有3556家企业运用简易注销退出市场,节省公告费用177.8万元。

(程　骏)

【工程建设项目审批管理系统上线】 2020年,无锡市设置立项用地规划许可、工程建设许可、施工许可、竣工验收四阶段联合审批综合窗口,上线工程建设项目审批管理系统,所有阶段实行一家牵头、一窗受理、并联审批、限时办结。开展办电和用水、用气外线工程并联审批,办电和用水、用气外线工程审批时间分别压缩至7和10个工作日内,并提供自助申报服务。开展工程建设项目审批告知承诺改革,对小规模、低风险工程项目施工图审查实施"自审承诺制",对符合条件的建设项目实行环评告知承诺办理。推出"拿地即开工"改革举措,"拿地即开工"项目平均用时5个工作日,无锡市"拿地即开工"项目数超过全省总数的50%。

(程　骏)

【"一网通办"稳步提升】 2020年,无锡市迭代升级政务服务"一张网",全市网上运行审批服务事项7726项,实现"跨省通办"事项58个,在长三角"一网通办" 事项77个。开通政务服务"惠企通"平台,归集惠企政策2万余条,为企业用户提供私人定制、订阅等"个性化"服务。开通"成全e站"——24小时自助服务终端,覆盖市、县两级政务服务中心,铺设至部分镇(街道)、村(社区)和建设银行、江苏银行营业网点,提供高频事项自助办理服务1247个。

"一门办"拓展延伸政务服务。年内,无锡市全面落实《江苏省政务服务分中心一体化管理办法》,统一设置政务服务分中心9家,覆盖市(县)、区,建成全市标准统一、上下贯通、运行规范的政务服务大平台。出台镇(街道)、村(社区)政务服务标准指引,规范基层政务服务中心的形象标识、功能设置、业务流程和服务制度。加强审管联动,建好"互联网+监管"系统,归集有效监管数据86.31万条,做好505条风险预警线索的交办反馈工作。

"一次办"提速增效政务服务。按照"市场准入快准营、工程项目快开工、民生服务快办理"的要求,编制并向社会公布160项"一件事"事项清单,并逐步开通网办功能。加快告知承诺改革,向社会公布132项告知承诺事项清单,简化审批流程。

(程　骏)

4月30日,市长杜小刚(左三)为"成全e站"揭牌(市行政审批局　供)

【促进公平公正交易】 2020年,无锡市公共资源交易总量1.41万宗,交易总额1855.55亿元,节约资金69.79亿元。

集聚资源,加快一体运行。年内,推动交通工程、户外广告经营权出让进场交易,形成建设工程、政府采购、土地资源、产权交易和水利工程、交通工程、户外广告经营权出让集聚的"4+3"公共资源交易市场格局。发布新版公共资源交易目录,覆盖4大类、26个子项,囊括全市适宜以市场化方式配置的公共资源。

智慧交易,提升服务水平。年内,推动公共资源"不见面"交易,实现工程建设诚信库"不见面"审核;推广建设工程项目"不见面"开标,"不见面开标"率占比99.22%。全面实施"一市一平台""一行业一系统"建设,开通全市公共资源交易"一张网",方便各类交易主体获取信息、办理交易事项;推动并实现水利工程、政府采购所有类别全流程电子化交易;开发全市统一的供应商注册登记一体化平台、实现供应商"一地注册、全市共享";推动全市法人"一证通"纳入全省CA互联互通,提高注册交易的便捷性;上线电子"进场交易证明书",实现交易数据实时传输,在线公开,提高交易透明度。

规范运行,降低交易成本。年内,全市废止交易规则制度18件,保留32件,实现市、县公共资源交易同平台、同制度、同规则运行。推动并落实政府采购免收投标保证金。推广应用电子保函,为投标企业"松绑"99.5%的投标保证金,为630家企业开具1202份电子保函,投标企业免交保证金4.2亿元。

(程　骏)

【提高政府热线服务能力】 8月19日，市政府办公室印发《关于进一步加强无锡市“12345”政府公共服务热线建设管理的实施意见》，市“12345”政府公共服务热线日均办理有效诉求1920件，是成立之初的9.6倍；接通率从71.1%提高至96.5%；企业群众对政府热线接听服务满意率达99.9%。

运转高效，提升服务响应能力。年内，建成AI智能服务平台，开通辅助接听、精准定位、智能派单功能，提高话务员接听速度及答复质量；开设智能坐席，提供热点问题自助解答功能，累计服务30万余人次。开通“一企来”企业服务热线，为企业提供办事咨询、政策解读、诉求办理“绿色通道”。推动市“12345”政府公共服务热线与110警务热线建立协同联动新机制。

处置得力，规范诉求办理机制。年内，完善疑难问题现场踏勘、专题协调、周报专报等工作制度，协调解决乐泉花园小区居民车辆进出难等20件“老大难”问题。全市工单按时办结率达99.9%，工单办理时间从5天压缩至1.8天，提速64%，3次以上流转工单下降至0.01%。

研判精准，做强政情民意分析。年内，聚焦疫情防控、复工复产、突出民生问题等主题，编报疫情专报198份、政情民意周报30份、热点诉求分析50份、复工复产专报9份、联动110警务热线编制联合研判专报3份。守正创新办好《作风面对面》电视直播问政节目，突出“为难不刁难”栏目特色，先后完成电视直播3场、电台网络直播27场，加强对栏目反馈的766份诉求工单跟踪督办。依托市“12345”政府公共服热线实施“微幸福”民生工程，按照“小事可行”原则从受理的26万件诉求中梳理筛选出“微幸福”民生工程事项89件，报无锡市“微幸福”民生工程工作专班确认，其中，被确认为全市重点督办事项50件，办结31件，在督促落实中19件。

（程　骏）

外事工作

【概况】 2020年，无锡外事部门贯彻落实省委外事委第二次全体会议和市委十三届九次全会精神，围绕市委、市政府决策部署，服务全市经济社会发展，突出应对新冠肺炎疫情输入性风险，认真履行职责，加强协调配合，敢于担当作为，为全市夺取疫情防控和经济社会发展“双胜利”作出应有贡献。

切实担负涉外防疫责任。第一时间参与成立无锡市涉外联防联控协调小组，全面负责境外到（返）无锡人员转运工作，保障涉外疫情可防可控。完成“快捷通道”包机13批、1335名外籍旅客接转；牵头复航国际客运航线5条、航班46架次，接转旅客5666人；参与在北京、南京、昆山等地转运入境人员7353人；创造性地与苏州协商共建联防联控机制，得到省政府批准、分管省领导批示推广。

全面加强抗疫国际合作。无锡与20多个友城通过视频、信函分享交流防疫经验；收到20多个国际友城和友好组织发来的16封慰问信和4.5万件防疫物资；主动向14个国家、19个友城捐赠医护物资73万件，收到11个国家、14个城市或总领事馆发来感谢信；无锡市多次获外交部、驻外使领馆官网和境外主流媒体点赞或推送。

创新推动国际交流合作。线上结合线下，物往替换人来，推出各类“云交流”“云会议”“云演出”“云比赛”等创意活动，国际交流力度不减反增；庆祝中华人民共和国成立71周年招待会、2020年国际友人文化周、“中爱商业峰会”等一系列大型经贸、文化活动成功举办并取得良好成效，有力地支持推进无锡市经济“双循环”。

加强外事管理服务。深度参与和服务“第二届大运河文化旅游博览会”“第十二届国际新能源大会暨展览会”“2020无锡日本产业链对接合作大会”“2020无锡韩国产业链对接合作大会”等20余场全市各类线上、线下重大国际活动。出台多项外事工作创新服务措施，出政策，印手册，下园区，设站点，发布多语种防疫政策信息，高效滚动发布多语种防疫动态216条、52万余字，全年24小时开通电话服务热线，外事管理服务水平全面提升。

（薛建新）

【重大外事活动】 4月下旬，无锡市实施“锡”望守护行动，推介“锡引惠才”行动计划，联合无锡市人才工作领导小组办公室和共青团无锡市委员会，共同发起海外中国学子“锡”望守护行动，向意大利佩鲁贾大学和佩鲁贾外国人大学捐赠口罩2万只，其中4000只捐赠给佩市包括无锡籍在内的中国籍学子；在比利时疫情形势紧张之际，向比利时鲁汶大学捐赠口罩1万只，其中5000只捐赠给中国留学生。

6月15日～7月15日，无锡市第一中学学生参加德国友好交流城市博霍尔特市特别策划的主题为“Come together online — Olympics in Europe!”的青少年云夏令营活动，阿尔巴尼亚、立陶宛等6个国家的30名14～17岁的青少年通过网络参加活动。

7月中旬，无锡市与德国勒沃库森市举行结好15周年系列活动。无锡向勒市寄送一对城市吉祥物—阿福和阿喜；向勒市图书馆和民间友好组织无锡—勒沃库森论坛捐赠1087本中/德/英文图书及推介中国和无锡的音像制品，包括《习近平谈治国理政》、《红船精神（英语版）》、100本《认识无锡（德语版）》、80套共240本《认识无锡（英语版）》。两市相关部门携手，在勒沃库森市图书馆设立中文图书角，开展“爱心妈妈”讲中文故事活动，举办“无锡—勒沃库森”汉字创意设计活动。

7月中旬，无锡市相关学校参加无锡友好交流城市——俄罗斯下诺夫哥罗德市举办的以“疫情启示——

9月27日，在2020无锡国际友人文化周活动上，在无锡的外国友人正在表演 （龙 歌 摄）

隔离的正面效应”为主题的抗疫创作活动，通过电子邮件上传31幅绘画及视频作品，展现两地学生携手抗疫的团结之情。下诺夫哥罗德市投资政策及对外经济关系部门还专门通过政府官网、Facebook、Vkontakte等社交网络平台将无锡的所有作品与民众及海内外的朋友分享，获积极评价和称赞。

8月25日，经中国人民对外友好协会同意，并经世界城市和地方政府联合组织（UCLG）亚太区执行会议（线上形式）审议通过，无锡市正式加入世界城地组织，成为该组织和世界大都市协会双会员。

9月初，无锡市完成“江苏省第三届国际友城绘”柬埔寨西哈努克省、韩国利川市、荷兰斯海尔托亨博斯市等获奖城市的荣誉证书和纪念品发放工作。随后，向以色列、塞尔维亚、拉脱维亚、北马其顿、俄罗斯、摩洛哥、菲律宾、柬埔寨、印度尼西亚等国友城发出第四届“友城绘”的邀请。9月29日，以色列太巴列市地方行政长官奥弗·阿兹拉德作为友城代表，录制视频参加2020江苏省“友城绘”国际青少年绘画展云启动仪式。

9月2日，无锡市与江苏省外办联合举办“助力柬埔寨西港特区高质量发展视频交流会”。柬埔寨西哈努克省副省长芒希聂、中国驻柬埔寨大使馆商务参赞邬国权、江苏省外办主任费少云、无锡市副市长周常青、红豆集团董事局主席兼CEO周海江等参加交流会，双方围绕后疫情时代支持西港特区发展举措、疫情防控措施分享等话题进行探讨。

9月2日，无锡市与江苏省外办联合举办“江苏走出去企业与泰国驻沪机构投资政策交流会”。泰国驻沪代总领事郑壹、泰国投资促进委员会上海代表处（BOI）主任吴奕怡应邀参加交流会，并到访无锡，为11家在泰国投资的无锡企业讲解赴泰国投资政策，了解并帮助无锡企业解决在泰国投资遇到的困难。

9月3日，“2020第二届大运河文化旅游博览会”在无锡开幕。纳米比亚驻华大使馆大使凯亚莫一行3人、东帝汶驻华大使馆大使阿布鲁多·多斯·桑托斯一行2人、巴西驻华大使馆农业处主管雨果·弗雷塔斯·佩雷斯、莫桑比克驻华大使馆文化专员罗德里格斯·维克托里诺·穆贝、印度尼西亚驻沪总领事馆总领事戴宁一行4人、马来西亚驻沪总领事馆总领事丘世豪一行3人、越南驻沪总领事馆总领事宁成功一行2人、德国驻沪总领事馆总领事欧珍、西班牙驻沪总领事馆总领事卡门·丰特斯一行3人、葡萄牙驻沪总领事馆总领事伊萨瓦、埃塞俄比亚驻沪总领事馆副总领事艾尔·门吉斯图一行2人、尼日利亚驻沪总领事馆总领事安德森·马杜比克一行3人、巴拿马驻沪总领事馆总领事侯永通、委内瑞拉驻沪总领事馆总领事莱斯贝斯·贝里奥斯、古巴驻沪总领事馆总领事内斯托·托雷斯一行2人、保加利亚驻沪总领事馆总领事迪米特里·彭普洛夫、泰国驻沪总领事馆代总领事拉皮蓬·班重－实巴一行4人、韩国驻沪总领事馆副总领事金汉圭一行5人、埃及驻沪总领事馆副总领事阿卜杜拉赫曼·哈桑、匈牙利驻沪总领事馆副总领事凯特琳一行2人等28个外国使领馆官员和11个相关机构共77人到无锡参加活动。比利时鲁汶市市长魏模翰、瑞典南泰利耶市市长彼得·弗里斯特姆、匈牙利萨瓦市市长米哈利·巴巴克、荷兰斯海尔托亨博斯市市长杰克·米克尔斯、俄罗斯圣彼得堡市瓦西里岛区区长爱德华·伊林及美国圣安东尼奥市等市领导，通过录制祝贺视频和发来贺信的方式参加运博会开幕式，并提供各自运河资料在无锡外事平台发布，深化双方文化领域交流与合作，扩大无锡运河文化的国际影响力和美誉度。

9月20～27日，由无锡市人民对外友好协会主办的2020年国际友人文化周活动在无锡举行。全国友协副会长李希奎、省友协会长柏苏宁、市长杜小刚等领导和部分驻沪领馆代表，以及包括300余名在无锡常住外国友人在内的1000多名中外嘉宾出席活动。会上授予34名国际友人“无锡市人民友好使者”称号，并为6所国际友好医院先进单位和12所友好学校先进单位授牌。其间，举办“‘樱’为有你——世界三大赏樱胜地摄影美术作品展”、“无锡国际樱花友谊林”奠基仪式、“迎中秋、庆国庆”文艺会演等系列主题活动。

9月24日，市长杜小刚以视频发言的方式参加第六届中国爱尔兰商业峰会。

表 10　　2020 年重要外宾访问无锡一览表

到访日期	内容
1 月 4 ~ 5 日	“感知中国‘一带一路’沿线国家媒体长三角行”采访团一行 20 人访问无锡
3 月 28 日	柬埔寨驻沪总领事田温楠一行 3 人访问无锡，市委书记黄钦会见客人一行，市政协主席周敏炜参加会见
4 月 9 日	韩国驻沪总领事崔泳杉一行 5 人访问无锡，市长杜小刚会见客人一行，副市长陆志坚参加会见
4 月 27 日	英国驻沪总领事胡克定一行 4 人参加无锡国际生命科学创新园企业入驻仪式活动，市长杜小刚会见客人一行，副市长蒋敏参加会见
7 月 9 日	日本瑞穗银行常务执行董事、东亚区总裁、瑞穗银行（中国）有限公司董事长管原正幸访问无锡，市长杜小刚会见客人一行
8 月 24 日	爱尔兰驻沪总领事何莉一行 3 人访问无锡，副市长周常青会见客人
9 月 10 日	日本驻沪总领事矶俣秋男到无锡参加“创新整合，共赢未来”2020 无锡日本产业链对接合作系列活动，市委书记黄钦、市长杜小刚、副市长周常青出席活动
9 月 16 日	拉美和加勒比海 20 国驻华外交机构主要负责人（其中大使 13 人）一行访问宜兴，考察江苏东峰电缆、张渚镇善卷村和中国宜兴陶瓷博物馆等
9 月 16 日	拉脱维亚驻华商务参赞艾思洁率企业家代表团一行 5 人访问无锡。副市长张明康会见客人一行
9 月 17 日	德国驻沪总领事欧珍到无锡参加“无锡国际友人交流之夜 2020”活动，副市长李秋峰出席活动
10 月 15 日	韩国驻沪总领事崔泳杉一行 3 人到无锡参加无锡韩国产业链对接合作大会，市委书记黄钦会见客人一行
11 月 18 日	爱尔兰驻沪总领事史默迪一行 8 人访问无锡，副市长周常青会见客人一行。此行是史默迪到任后首访无锡

（市外办）

9 月 27 日，市外办、市妇联、灵山慈善基金会携手柬埔寨西哈努克省政府、柬埔寨妇女和平与发展组织，共同打造“柬爱·苔花母亲”关爱妇女健康及儿童助学项目，全年向西哈努克省捐助妇女关怀包和爱心书包 400 份。

9 月 27 日，无锡市举办庆祝中华人民共和国成立 71 周年招待会，17 个国家、100 人参加会议，市长杜小刚、副市长周常青出席活动。

10 ~ 12 月，无锡市与日本相模原市共同举办结好 35 周年系列纪念活动，在无锡市民中心、图书馆和相市市政府、南区政府分别组织友好城市图片展，协商见证两市友谊的“无锡友好园”升级改造方案，签署两市结好 35 周年友好誓约，并在友好园内设立两市结好 35 周年纪念碑。

11 月 6 日，无锡第一家入驻园区的外事服务点正式设立，副市长蒋敏、周常青在国家会展中心（上海）阿斯利康展位为无锡国际生命科学创新园（i-Campus）“外事服务站”揭牌。

（薛建新）

【国际交流合作】 1 月 14 日，日本驻沪总领事馆文化领事加藤华子等到无锡察看无锡市博物院展出场地。

1 ~ 5 月，无锡市友城美国圣安东尼奥市、圣贝纳迪诺郡，日本明石市、相模原市、由利本庄市，韩国金海市、蔚山市、利川市、清州市，新西兰达尼丁市，意大利佩鲁贾市，匈牙利萨瓦市，荷兰斯海尔托亨博斯市，意大利瓦雷泽市，爱尔兰科克市，丹麦拜瑟克伦城市联合体，塞尔维亚克拉古耶瓦茨市，德国博霍尔特市，马其顿科查尼市，以色列太巴列市，德国勒沃库森市，摩洛哥非斯市，白俄罗斯博布鲁伊斯克市等友城市长及瑞中友协法语区分会会长来信或录制视频对无锡市抗击新冠肺炎情况表示慰问。新冠肺炎疫情在全球蔓延后，市长杜小刚先后向美国圣安东尼奥市、圣贝纳迪诺郡，日本明石市、相模原市、由利本庄市，韩国金海市、蔚山市、利川市、清州市，以色列太巴列市，摩洛哥非斯市，荷兰斯海尔托亨博斯市，比利时鲁汶市，波兰绿山市，爱尔兰科克市，罗马尼亚哈尔吉塔郡，塞尔维亚克拉古耶瓦茨市，新西兰达尼丁市发送慰问信。

2月6日，韩国金海市向无锡市捐赠防护服400套。

2月10日，韩国蔚山市向无锡市捐赠护目镜200个、防护服880套、N95口罩820个。

2月27日，日本由利本庄市向无锡市捐赠一次性口罩2500个、手术衣60套。

3月3日，日本明石市向无锡市捐赠一次性口罩1万个。

3月4日，韩国驻沪总领事馆侨务领事千周成一行4人访问无锡，感谢无锡市政府和无锡人民在困难之际为韩资企业和韩国友城抗击疫情提供的宝贵援助。

3月10日，美国圣贝纳迪诺郡向无锡市捐赠护目镜893个、防护面罩1360个、防护服1000套、N95口罩1010个。

3月12日，无锡市向日本相模原市、韩国金海市、韩国蔚山市，各捐赠医用口罩2万个、C级防护服500套，共计医用口罩6万个、C级防护服1500套。

3月27日，无锡市向美国圣安东尼奥市、哥伦布市，加拿大栏兰郡，墨西哥普埃布拉，菲律宾公主港市，巴西索罗卡巴市各捐赠一次性医用口罩3万个，共18万个。

3～6月，在无锡市民中心展出友城美国圣安东尼奥市宣传展板。

4月1日，无锡市向日本明石市、由利本庄市，美国圣贝纳迪诺郡各捐赠医用口罩2万个、C级防护服500套，共捐赠医用口罩6万个，C级防护服1500套。

4月21日，无锡日商俱乐部新任会长佐藤范明等一行4人访问无锡，并到市外办进行交流。

4月22日，拉脱维亚经济部投资发展署驻华特派员尹晓骁一行，受波罗的海三国（拉脱维亚、爱沙尼亚、立陶宛）政府的委托访问无锡，与无锡市商谈口罩、防护服、护目镜等防疫物资采购事宜，并探讨后疫情时代中东欧地区与无锡的交流合作。

4月30日，无锡金桥双语实验学校向美国圣安东尼奥市美洲国际学校和CAST Tech中学捐赠口罩4000个。

5月8日，无锡市向荷兰斯海尔托亨博斯市、波兰绿山市、摩洛哥非斯市、以色列太巴列市、爱尔兰科克市、罗马尼亚哈尔吉塔郡、比利时鲁汶市、塞尔维亚克拉古耶瓦茨市捐赠防疫物资，共计一次性医用口罩24万个、防护服500套、护目镜500副、防护手套500副。受赠友城及所在国的主流媒体纷纷对此正面报道。

5月24日，副市长刘霞、市外办领导以及无锡市博物院、无锡江南古运河旅游有限公司、无锡市书画院、梅璟乐团、无锡金桥双语实验学校、在无锡的圣安东尼奥市厨师代表等录制视频慰问圣安东尼奥市，表达无锡市社会各界和友好人士对圣安东尼奥市防疫工作的关心。

6月7日，市长杜小刚录制视频，参加葡萄牙卡斯卡伊斯建市656周年庆活动。

6月19日，无锡灵山慈善基金会向美国圣安东尼奥市阿拉莫亚洲美国商会捐赠一次性医用口罩3万只。

6月24日，无锡灵山慈善基金会向柬埔寨西哈努克省捐赠一次性医用口罩1.5万个。

7月17日，应俄罗斯下诺夫哥罗德市建市800周年庆典活动邀请，无锡市向其提供经精心挑选的1950～1980年无锡市街道、广场、园林等具有城市特色及代表性照片47幅，参加下诺夫哥罗德州档案馆委员会创建的历史照片集遴选。

7月23日，无锡市向白俄罗斯友好交流城市博布鲁伊斯克市赠送大阿福阿喜一对，祝贺其建城633周年庆。

7月27日，韩国驻沪总领馆商务领事朱原奭访问无锡，并拜访市外办，双方就加强两地间友好合作洽谈交流。

8月5日，江苏省天一中学与美国圣迭戈中学开展暑期线上学生夏令营活动。

8月21日，美国圣安东尼奥市民间募集善款5万美元，用于购买医疗设备捐赠无锡市儿童医院。

8月28日，无锡市与美国圣贝纳迪诺郡召开视频会议，通报无锡市最新经济社会发展情况和抗疫举措，探讨未来合作事宜。

9月18日，欧盟商会驻华代表尹晓骁访问无锡，与锡山经济技术开发区负责人就欧盟商会“欧洲城”国际社区项目进行商讨。

10月30日，无锡市通过录制视频的方式，向美国查特努加市介绍减能减排、太湖治理等方面经验，为查市建设绿色社区提供参考。

10月12日，市长杜小刚为美国友城圣安东尼奥市线上音乐会作视频致辞，无锡市二胡演奏者以录制视频方式参加演出。

10月23日，无锡市参加加拿大多伦多市线上友城大会。

11月1日，无锡市少年宫10幅学生绘画作品参加日本由利本庄市2020“国际儿童绘画交流展”。

12月下旬，英国埃塞克斯郡国际部主任、东英格兰—中国论坛执行董事彼得·马宁与阿斯利康举行电话会议，以无锡国际生命科学创新园为载体，推动东英格兰与无锡在生命科学和健康领域合作。

（薛建新）

信访工作

【概况】 2020年，全市各级信访部门学习贯彻习近平总书记关于加强和改进人民信访工作的重要思想，围绕改革发展创新主线，注重畅通信访渠道、解决信访问题、维护群众合法权益，为创造和谐稳定社会环境发挥信访部门应有作用。市和市（县）、区两级受理信访总量3.03万件（人）次，比上年下降8.2%，信访形势持续保持平稳，完成全国“两会”、中共十九届五中全会、第三届进口博览会等重大活动信访保障任务。年内，省政府信访局在无锡召开全省信访系统领导干部学习会，介绍推广无锡经验。

信访标准化、法治化、信息化建设。制定、下发《无锡市信访业务标准化建设实用手册》，形成市级规范13个、市（县）、区级规范11个。升级“阳光信访无锡众联系统”，标准化检测模块动态检查网上录入、网下办理情况。指导38个职能部门修订完善法定途径清单，汇编成册向社会公示，有序推进依法分类处理信访诉求工作。主动适应互联网时代信息传播的新特点、新规律，放大“锡小信”品牌效应。

有效提升智辅决策能力水平。开展“民智点亮无锡”人民建议征集活动，打造两级人民建议征集平台，通过新闻发布会、移动屏等广泛宣传，全年收到人民建议492条，采纳转化78条，其中2条获省政府主要领导批阅。发挥信访部门作用，及时从信、访、网事项中发现群众关注、反映强烈的热点、难点问题，深化专题分析研判，督促职能部门优化政策，向市委、市政府提交疫情期间特殊经营风险、涉学矛盾等《信访专报》，推动职能部门出台制度规范20余项。

解决涉疫信访问题。新冠肺炎疫情期间，全市信访窗口坚持开门接访，各级信访部门发挥网上信访优势，为民解难不断线，畅通手机App、微信公众号等网上投诉渠道，引导群众足不出户反映诉求，解决涉疫网信300余件。

（陈　颖）

【重点领域突出矛盾防范化解】2020年，市信访局在全省率先开展信访矛盾化解攻坚战，防范化解城乡建设、经济金融投资、生态环保、市场经营等5个领域的突出矛盾，作为市领导点题项目推进，解决群众反响强烈、影响社会稳定的突出问题。市长杜小刚担任攻坚战领导小组组长，市政府分管副秘书长牵头相关领域矛盾纠纷专项协调小组，从政策层面批量解决。市信访局建立“两名局领导＋两个处室（中心）＋两个地区”的挂钩包片制度，实地会办督办信访事项，全力推动矛盾化解。全市交办突出社会矛盾101件，交办重点信访积案549件，城乡建设领域信访问题专项整治三项指标下降率位居全省前列。

（陈　颖）

【联动机制建立】2020年，无锡市统筹市信访工作联席会议和市社会稳定工作协调小组两个平台，在市、市（县）区两级创新建立社会及信访稳定工作联动机制，高度整合各级各部门工作资源，构建起“一个研判中心、双网融合运行、三驾马车（信访、公安、政法）聚力牵头、四流（信息流、业务流、工作流、责任流）贯通发力、5G平台支持”的“12345”工作模式，形成风险联合研判、问题联合交办、矛盾联合化解、工作联合督导、事件联合处置5个闭环运作机制，有效解决职能部门与基层板块之间工作分割、矛盾应急处置与风险源头防范之间协同不畅等问题，实现各级信访稳定资源的高度融合、高效运转和无缝衔接，为防范化解重大社会稳定风险提供坚实的制度保障，全市新增涉众型矛盾比上年下降30%以上。在联动机制框架下，市信访联席会议直接下考一级至镇（街道），将信访工作责任链延伸至基层一线。

（陈　颖）

【领导干部接访、下访】2020年，根据市政府主要领导关于打造“接访变下访”民生品牌的部署要求，各级各部门领导干部主动到群众身边访民情、解民忧。全年市、市（县）区两级党政领导接访、下访接待群众1032批。市信访局联合广电集团、无锡报业集团相继推出“一访定心”“百姓事我来帮”专栏，借助媒体力量展示下访成效，形成良性政民互动，解决器官移植患者买药、科研院所家舍用水、小区燃气改道等一批民生问题。“一访定心”被评为全省新闻媒体践行“四力”、深化“走转改”优秀新闻作品一等奖和市首届“民心工程奖”金奖。

（陈　颖）

7月29日，市信访局工作人员接待群众来访　（市信访局　供）

机关事务管理

【概况】2020年，无锡市机关事务管理局（以下简称管理局）落实高质量发展要求，在厉行节约、反对浪费特别是制止餐饮浪费上走在前、作表

6月,无锡市市级机关财务服务中心工作人员正在办理经费报销

（宋昌铭　摄）

率,推进“光盘行动”。在非集中办公区新增3处机关事务服务站,保障37个单位、1100名机关工作人员。深化机关事务改革创新,推进节约型机关建设。年内,管理局被复审为“全国文明单位”,无锡市民中心被评为“江苏省水效领跑者”,是全省唯一连续两次上榜的党政机关。无锡市市民中心能源管理体系获中国质量认证中心颁发的能源管理体系认证证书。公共机构考核评价全省第一名。“公务用车平台建设”被列为国家示范点(全国唯一地市级示范单位)。

（宋昌铭）

【办公用房管理】 10月14日,市委办、市政府办印发《无锡市党政机关办公用房管理办法》。管理局做好市级党政机关办公用房权属统一登记,市级党政机关办公用房权属登记率56.1%。保障25家单位、54间办公用房的调配调整。做好全市24处院落,共43栋办公楼、62万平方米、115个部门办公用房信息年度统计上报。对121家物业定点单位履约情况开展检查考核。6月,会同梁溪区政府,对坐落在梁溪区内的原用于市民中心建设置换的8处房产进行梳理并研究盘活处置,受到市领导表扬。12月,《党政机关办公用房标准体系建设规范》完成标准起草、征求意见等工作。

（宋昌铭）

【公务用车管理】 10月14日,市委办、市政府办印发《无锡市党政机关公务用车管理办法》。管理局制定《无锡市市级机关编外司勤人员管理办法(暂行)》《公务用车平台系统维保考核办法》《管理局财政票据使用管理规定》等制度。严格“三化”管理,协调市级事业单位保留车辆和社会化租赁定点单位车辆全部纳入平台管理。严格“五个统一”管理,落实“过紧日子”要求,压减车辆经费支出,年内,共审批全市167份更新购置申请,比上年减少15%。严格落实“3+1”政府定点采购,加强定点加油、定点维修、定点保险和社会化车辆租赁定点供应商的监管。10月,举办全市机关事务管理系统首届司勤人员驾驶技术竞赛。11月,“公务用车平台建设”被列为国家示范点(全国唯一地市级示范单位)。12月,《党政机关公务用车管理工作规范》和《党政机关公务用车信息化管理平台建设规范》完成标准起草、征求意见等工作。

（宋昌铭）

【公共机构节能管理】 2020年,管理局完成省集中办公区能源管理标准认证。全市14家公共机构成功创建全国、全省“水效领跑者”“节约型公共机构示范单位”。深化公共机构率先强制推行垃圾分类七大行动,将制止餐饮浪费、塑料专项治理列入节约型机关创建考核项目,定期开展督查检查。2020年与“十二五”期末相比,全市公共机构人均综合能耗下降11%,单位建筑面积能耗下降14.4%,人均用水量下降16%,能源资源消耗总量由全市总额的2.7%下降到2.62%,圆满完成“十三五”规划时序进度目标任务。公共机构节能工作考核全省第一名。无锡市民中心被评为“江苏省水效领跑者”。在第12届国际新能源大会上,绿色市民中心建设成果集中展示,受到国家、省、市领导充分肯定。年内,全市20余家公共机构累计签约能源托管项目28个,合同金额1.2亿元,市民中心合同能源管理经验受到国家机关事务管理局、省机关事务管理局及兄弟省、市相关部门高度肯定。

（宋昌铭）

【智慧后勤】 2020年,管理局优化升级办公用房、公车、节能“三张网”,在全省率先实现全市联网。加强公务用车管理信息系统建设,完善“社会化租赁”、自动化调度等功能。7月,完成与市财务共享平台接口系统的开发利用,实现数据共享共用,“智慧市民中心”项目通过无锡市工信局验收。按照“一个中心、三大平台”及12个应用子系统建设规划,实现“智慧安防”“智慧后勤”“智慧管理”与“智慧服务”四大重点领域的物联网应用覆盖。12月,内部控制管理系统建设完成。年内,被列为国家机关事务管理局“数正云”机关运行保障数字化云平台第一批专项试点单位。

（宋昌铭）

编辑　罗秋云

政协无锡市委员会

综　述

【概况】 2020年，无锡市政协认真落实中央和省、市委政协工作会议部署，团结、带领全市政协委员及社会各界人士，紧扣疫情防控和经济社会发展工作大局，充分发挥人民政协凝聚人心、汇聚力量的优势作用，推进建言资政和凝聚共识双向发力，促进政协协商与社会治理紧密结合，为民履职取得新成效。

全年召开常委会会议5次，主席会议12次。开展重点协商活动18次，听取专项情况通报15次，开展重点和专项视察28次，形成建议案、重点调研报告、专题建言献策、专项报告38篇；立案提案380件，对13件重点提案和110件重要提案进行督办；建立25个信息直报点，收集社情民意信息1207件；开展“立足本职促发展、当好委员献良策”主题活动、助推打造最优营商环境城市专项行动、城市精细化管理和黑臭水体治理专项民主监督；为抗击新冠肺炎疫情汇智聚力，全市各级政协委员为抗疫捐款捐物折合人民币5000余万元，用实际行动展现政协组织和政协委员的责任担当；围绕规范政协协商等课题加强理论研究，联合相关部门、单位举办“纪念荣宗敬、荣德生创业120周年”理论研讨会；加强宣传报道工作，全年编发《无锡政协》6期、《无锡日报》政协专版12期，拍摄《政协话题》24期，在省级以上媒体刊发通讯稿16篇，市政协融媒体影响力排名在全国政协系统位居前列。

（金璐怡）

【市政协自身建设】 2020年，无锡市政协强化理论武装，健全以党组理论学习中心组学习为引领，政协大讲堂重点学、委员培训集中学、支部党员研讨学、专委会和委员联系小组定期学等相配套的学习体系；学习贯彻中央和省、市委政协工作会议精神，组织市（县）、区政协召开专题经验交流会，推动党对政协工作的部署要求落到实处；修订《中共无锡市政协党组工作规则》，严格落实重大问题请示报告制度和党建、意识形态、党风廉政建设“三个责任制”；落实党组成员联系界别、党员委员联系党外委员机制，发挥履职党支部战斗堡垒作用，探索推动党建与履职相融合，巩固拓展“不忘初心、牢记使命”主题教育成果，切实把党的主张和重大决策转化为政协履职实践和委员思想共识；制定、修订《关于加强和促进凝聚共识工作的实施意见》《委员管理办法》以及市政协全体会议、常委会会议、主席会议、秘书长会议工作规则等近20项规章制度，认真抓好组织实施；健全各专门委员会每年向常委会会议报告工作、机关各部门每月向主席会议报告工作制度，切实提升政协工作制度化、规范化、程序化水平；积极参与省政协联动履职工作，定期召开市（县）、区政协主席座谈会，加强工作联动，增强履职合力。

（金璐怡）

重要会议

【政协无锡市第十四届委员会第四次会议】 会议于2020年1月7～10日举行。应到委员代表445人，实到427人，占实有全体委员的96%。市委、市人大常委会、市政府全体领导和市中级人民法院、市人民检察院领导参加大会开幕式。在无锡的全国、省政协委员以及14名市民代表列席开幕式和闭幕式。

会议根据中共无锡市委常委会明确的主题和主要任务及市委书记黄钦在开幕式上的讲话精神，讨论确定市政协2020年主要工作；列席市十六届人大四次会议，对市政府工作报告和其他报告进行协商讨论，听取和审议市政协常委会工作报告、提案工作报告，听取提案初步审查情况报告，审议通过市十四届政协四次会议决议。会议期间，围绕聚焦构建现代产业体系、加强社会治理能力建设、增强民生保障能力、打造优美生态环境等进行大组专题讨论，13位委员分别代表市各民主党派、工商联、无党派知识分子联谊会，以及工、青、妇、科协等人民团体，分别从推动经济提质增效、强化人才引育力度、提升公共服务水平等多个方面进行发言。大会收到提案365件，其中，集体提案89件，委员及委员联名提案276件，经审查后移交有关单位承办。通过大会选举，会议增补王国中为市十四届政协副主席，许岗、吴建亮、陈晓华、施正洲为市十四届政协常务委员。

（金璐怡）

【市十四届政协常委会第十四次至第十八次会议】 1月3日，市十四届政协举行第十四次常委会会议，传达学习中共市委十三届九次全会精神，协商通过市十四届政协四次会议议程（草案）、日程安排、相关工作报告及召开会议决定等，表决通过同意陆伟中、钱文琴辞去市十四届政协常务委员职务，任栋、许扬、李乐平、张伟、陆伟中、陈春喜、周子川、荣明棣、魏智敏辞去市十四届政协委员职务的决定；表决通过增补马正红、王国中、李涛、吴立刚、吴建亮、何洪辉、郑云祥为市十四届政协委员；协商通过增补王国中为市十四届政协副主席和增补许岗、吴建亮、陈晓华、施正洲为市十四届政协常务委员的候选人建议名单。

3月20日，市十四届政协举行第十五次常委会会议，听取市政府关于全市新冠肺炎疫情防控工作及复工复产工作情况的通报，并就开展“立足本职促发展，当好委员献良策”主题活动进行部署。会议协商通过市政协2020年工作要点，《在国家“一带一路”倡议下强化口岸功能，加快构建世界格局中的无锡》《积极主动防控重大疫情，全面强化公卫体系建设》两件建议案，市政协全体会议工作规则、常务委员会工作规则，免去周艳阳学习文史委主任职务。

6月22日，市十四届政协举行第十六次常委会会议，听取市政府副市长高亚光到会所作的上半年经济运行情况通报，围绕“助推数字经济发展”开展协商议政，协商讨论市政协《弘扬优秀传统文化推进中医药传承发展》《强化文化自觉，建设品质城市——关于提升无锡城市建设文化品位的调研报告》《加强和创新网格化社会治理，提升基层治理效能》《数字经济谋势而动三化融合助推高质量发展——关于我市数字经济发展的建议》《发挥新时代侨的作用，助力加快构建世界格局中的无锡》5篇重点调研报告。会议协商通过有关人事安排：邵鹤鸣任市政协副秘书长（正处级）；顾铮铮任市政协副秘书长；王友根任市政协学习文史委员会主任，免去其市政协委员工作委员会主任职务；邱亚君任市政协委员工作委员会主任，免去其市政协办公室副主任职务。会议同意周艳阳辞去市十四届政协常务委员、委员职务，张娅姝辞去市十四届政协委员职务。会议决定撤销张琪市十四届政协委员资格。

9月21日，市十四届政协举行第十七次常委会会议，听取市政府2020年提案办理情况通报，民主评议市生态环境局、行政审批局提案办理工作，进行“提升城市建设文化品位”专题协商议政。协商讨论市政协《高起点规划建设太湖湾科技创新带，积极融入长三角一体化发展大局》《加速区域市域交通一体化助力无锡高质量发展》《健全文化权益保障机制，优化公共文化服务供给》《完善残疾人帮扶机制，推进残疾人事业高质量发展》《构建整合文旅融合体系，打造无锡大遗址保护利用范本》《创新推动我市民族团结进步创建高质量发展》6篇重点调研报告。协商通过市政协委员管理办法和委员履职工作规则。会议决定撤销何琼市十四届政协委员资格。

12月30日，市十四届政协举行第十八次常委会会议，传达贯彻中共无锡市委十三届十一次全会精神，听取市政府副市长周常青到会所作的2020年全市经济社会发展情况通报，协商通过市政协常委会工作报告、提案工作报告。协商通过关于召开市十四届政协五次会议的决定及议程（草案）、日程。会议讨论通过有关人事安排：谢寿坤任市政协副秘书长，周士良任市政协社会法制委员会主任，糜君初任市政协港澳台侨外事民族宗教委员会主任，陆晋红任市政协办公室副主任；免去刘翔市政协副秘书长职务，免去皮何总市政协副秘书长（兼）职务，免去魏持红市政协社会法制委员会主任职务，免去冯雷市政协港澳台侨外事民族宗教委员会主任职务，免去胡建伟市政协文教卫体委员会副主任（兼）职务。

（金璐怡）

参政议政

【概况】 2020年，无锡市政协办公室与市委办公室、市政府办公室联合下发《政协无锡市委员会2020年协商计划》，紧扣市委、市政府中心任务和发展稳定重要问题，统筹选定协商议题、组织协商议政，共同推动计划落实、成果转化。

（金璐怡）

【协商议政】 2020年，政协委员围绕聚焦构建现代产业体系、加强社会治理能力建设、增强民生保障能力、打造优美生态环境等开展协商议政，各界代表从事关无锡长远发展的重大问题及涉及群众切身利益的热点问题出发，分别就推动经济提质增效、强化人才引育力度、提升公共服务水平等积极建言献策。

（金璐怡）

【专题议政】 2020年，无锡市政协常委会会议专题听取新冠肺炎疫情防控、经济社会发展、提案办理等方面的工作情况通报，聚焦打造现代化形态中的无锡，就推动数字经济发展、提升城市建设文化品位组织协商议政，民主评议提案办理工作。主席会议专题听取市政公用产业发展、地铁建设运营、医疗保障、基础教育师资队伍建设、市场监督管理、农业现代化等方面的工作情况通报。召开法院、检察院和公安工作情况重点通报会，就改进工作提出建议。

（金璐怡）

【建言献策】 2020年，无锡市政协定期举办企业、政府部门、行会商会、专家学者、金融机构、咨询中介等参加的政企协商座谈会，为建立“政、产、学、研、资、中介”六位一体协同创新机制搭建协商平台；围绕打好全面小

3月26日，市政协调研商贸流通企业复市营业情况　（市政协　供）

康收官仗，专题听取高水平全面建成小康社会指标完成情况的汇报，为攻坚难点指标协商建言；就金融服务实体经济、促进房地产市场健康稳定发展、规划建设交通基础设施、物业矛盾纠纷多元化解、提高职业教育对产业强市的服务能力、提升基层治理效能等广泛组织协商；就修订《无锡市轨道交通条例》和制定《无锡市停车场（库）建设管理办法》开展立法协商，委员提出的建议多数被采纳；充分发挥专家咨询委员会等参政议政人才库作用，围绕"十四五"规划制定、太湖湾科创带建设、发展职业教育等课题深入调查研究，一批对策建议以调研报告、建言献策等形式上报市委、市政府，获得认可并被采纳；组织委员开展"进社区、促发展、惠民生"活动，积极参加省政协组织的"稳就业保民生"等远程协商活动，就疫情期间务工人员返回无锡、社会救助等问题深入调研、务实建言；推进政协协商与基层协商有效衔接，深化委员挂钩联系社区工作，组织开展"有事好商量·民生专题协商议事月"活动，推动办好一批民生实事，得到基层及市民的充分认可，纷纷"点赞"；建立信息直报点，健全信息工作网络体系，编发的信息被省级以上采用18件、市党政信息录用185件、通过《社情民意》上报62件。

（金璐怡）

民主监督

【提案工作】 2020年，无锡市政协共收到提案423件，经审查立案380件，立案率89.8%。立案提案分送90个单位和部门办结。其中，聚焦新旧动能转换，助推经济高质量发展提出提案74件；围绕城市建设管理，助推打造美丽无锡提出提案118件；突出共建共治共享，助推市域治理现代化提出提案61件；着眼为民、惠民、利民，助推民生福祉持续改善提出提案127件。面对突如其来的新冠肺炎疫情，市政协迅速开辟疫情防控提案快速通道，组织委员聚焦联防联控、医疗救治、物资保障、复工复产等方面的紧迫问题建言献策，2～3月，收到相关提案12件，第一时间报送市委、市政府并交相关部门办理，为全市夺取疫情防控和经济社会发展提供政协智慧。

无锡市政协着力推动提案工作提质增效，优化提案质量评价，开展"提案集中撰写月"活动，有序推进提案和提案办理公开，提案质量持续提升；推动调研成果转化为提案，探索从提案中遴选建议案，关于口岸开放、公共卫生体系建设两件提案被遴选转化为建议案，相关建议在全市起草《苏南机场及周边地区集疏运体系规划研究》《关于完善重大疫情防控体制机制，健全公共卫生应急管理体系的意见》等文件中被吸收采纳。开展提案办理"回头看"，提高提案办理成效；推动提案办理转化为务实举措，结合提案办理，相关部门出台关于大运河文化传承保护、电动车安全管理、农村物流高质量发展等一批政策文件，开展"春雷行动"、安全生产、预付卡监管等专项整治活动，创新"引水上山"蓄池防火、"名特优"食品小作坊创建、5G物联网停车服务等一批示范项目。市委、市政府、市政协持续开展年度十大务实创新办理举措推选活动，在全省率先以专题新闻发布会形式发布，扩大提案成果转化的影响力。

（金璐怡）

【专项行动】 2020年，无锡市政协认真落实市委重要决策部署，开展助推打造最优营商环境城市建言资政专项行动。整合市政协机关、委员联系小组、民主监督员小组以及市（县）、区政协各方面力量，形成"收集问题—协调解决—反馈意见—监督落实"工作闭环，组织全体委员挂钩联系、定期走访各类市场主体，在沟通中增进共识、在协商中解决问题、在监督中改进工作，走访215家企业、反映《情况专报》27期，推动解决实际问题198个，有力助推"无难事、悉心办"营商环境品牌建设，市委、市政府主要领导分别作出批示；弘扬企业家精神，督办《关于设立"无锡企业家日"的建议》等26件提案，激发市场主体活力。

（金璐怡）

【专项民主监督】 无锡市政协连续三年开展城市黑臭水体治理和城市精细化管理专项民主监督，报送监督专报8期；推进实施"美丽河湖十大专项行动""健康城市十项行动"等，就优美环境合格区建设、垃圾分类、生态环境保护开展专项民主监督；积极参加省政协组织的长三角区域污染防治协作机制落实情况、长江大保护突出问题整改情况等联动民主监督，助力打好污染防治攻坚战；市政协领导带头落实河长制工作责任，多次调研太湖治理和水利工作，推动夯实水安全与水生态基础；充分发挥协商式监督优势，提高履职工作中民主监督议题比例，探索实施民主监督年度评价制度，提高对政府工作部门全覆盖民主监督质效，围绕疫情防控、企业减负、城市建设、社会事业等方面发送《民主监督建议书》26份，职能部门及时函复。

（金璐怡）

调研视察

【概况】 2020年，无锡市政协学习贯彻新发展理念，扎实开展调研活动，为制定“十四五”规划、推动高质量发展建言献策。全年形成2份建议案和13份调研报告，及时报送市委、市政府作决策参考。组织5次重点视察和20次专题视察，深入实际，积极建言。市委、市政府领导对政协调研视察成果高度重视并多次批示，有关部门认真办理答复，许多对策建议转化为具体的政策举措。

（金璐怡）

【重点调研和专题调研】 2020年，无锡市政协围绕重点议题务实资政，就推动中医药传承发展、完善残疾人帮扶机制、发挥文化遗产和新时代侨的作用、做好民族团结工作等开展16个重点调研，为新阶段推动无锡高质量发展集聚智慧；围绕夺取疫情防控和经济社会发展双胜利，就企业复工复产情况、疫情期间务工人员返回无锡、社会救助等问题进行专题调研，报送强化公共卫生体系建设的建议案和30多条社情民意信息；围绕打好产业强市纵深仗和“长三角一体化”主动仗，就对接上海推动科技创新、加强人才和产业政策协同、数据资源共享运用、招引知名投资机构、市属国有企业发展等方面专题调研，为深度融入“长三角一体化”、打造现代产业体系积极建言；就“规划建设太湖湾科创带”和“提高城市精细化管理水平”深入调研，形成重点提案，市委、市政府主要领导分别领衔督办；研究全面提升城市竞争力、构建世界格局中的无锡、推进区域市域一体化、创新网格化管理服务等方面的路径举措，就对接“一带一路”倡议更好“引进来、走出去”、打造全国性综合交通枢纽城市、建设美丽乡村、统筹高教资源等方面组织专题调研，形成关于强化口岸功能的建议案和一系列调研报告，党政领导高度重视、分别批示；围绕民营企业发展、吸引海归人才到无锡就业创业等开展专题调研，为实施创新驱动核心战略积极献计；组织委员就婴幼儿托育、公共厕所建设、医疗资源布局、推进医养融合、“乡创共生体”发展、人民调解工作、重点道桥工程和马拉松主题公园建设等方面开展专题调研。

（金璐怡）

6月18日，市政协赴滨湖区先进技术研究院进行调研，建言太湖湾科创带建设 （市政协 供）

【重点视察和专题视察】 2020年，无锡市政协围绕建设“美丽无锡”，就优美环境合格区建设、垃圾分类、生态环境保护等开展重点视察；围绕打好重大风险防控攻坚仗、促进共建共治共享，分别就全市安全生产工作、化工行业安全生产专项整治和公共文化服务工作开展重点视察；开展科技创新型企业发展重点视察；围绕推进特色小镇建设、加快太湖生态清淤、为农服务体系建设、火车站建设运营管理等组织20次专题视察，积极为改革发展建言；定期组织在无锡的全国、省政协委员开展视察、座谈，促进知情明政，为无锡发展献计出力。

（金璐怡）

委员工作

【政协委员党外人士座谈会】 12月11日，市委召开政协委员、党外人士座谈会，听取各界别、各方面对无锡市“十四五”规划编制的意见建议，聚智聚力绘好现代化建设的发展蓝图。市委书记黄钦主持会议并讲话。市政协主席周敏炜，市委常委、常务副市长朱爱勋，市委常委、秘书长陆志坚参加座谈会。

（陆 毅 沈斐旻）

【委员履职】 2020年，无锡市政协完善工作机制，引导激励广大委员强化担当、扎实履职，展现新时代政协组织和政协委员的良好风貌。全年调研排查突出民生问题，健全联系委员、联系基层、联系群众“三联系”活动机制，走访界别委员及其联系的群众1200余人，协调解决问题200余个，结合阳光扶贫活动，就精准施策、帮扶脱贫提出建议；开展委员读书活动，扎实推进“书香政协”建设；推动广大委员模范践行社会主义核心价值观，组织“委员导师进校园、学生走进委员导师之家”“法制进校园、进社区”宣讲咨询活动23场，帮助学生立德树人、成长成才，引导公众共建法治社会；支持文化艺术和民族宗教界委员通过展示文艺作品、传播民俗文化以及讲经论道等形式，引导群众崇德向善、共建文明城市；开展“法律助企进商会”活动，律师委员与9个商协会工作联组结对，服务210家商协会所属近3万家企业；组织开展“听意见、出主意、解难题、办实事”活动，促进创业企业和新兴产业发展壮大。

（金璐怡）

【委员服务】 2020年，无锡市政协优化委员服务管理，推进智慧政协建设，全面建成省、市、市（县）区政协“委员活动之家”，依托118个“委员活动之家”加强委员联系，打造学习交流新载体、协商民主新渠道、团结联谊新平台、助推发展新舞台；制定《委员履职工作规则》，健全履职评价机制，组织市政协常委履职述职，优化委员履职的数字化平台建设，开展委员履职动态考核，激励广大委员勇于担当、实干奉献。

（金璐怡）

“有事好商量”协商议事

【概况】 2020年，无锡市政协在全市建成协商议事室1301个，创新搭建“3232”有线电视协商平台，实现对镇（街道）、园区和村（社区）的全覆盖，推动“有事好商量”协商议事工作常态长效、提质增效。年内，“3232”有线电视协商平台获评“2020年度全省政协工作最佳创新案例”；新吴区新安街道作为全省唯一现场连线单位，参加全国政协社会治理创新协商座谈会。

（金璐怡）

【“有事好商量”协商议事室建设】 2020年，无锡市政协依托“委员活动之家”、“委员工作室”、镇（街道）政协工委活动场所、社区活动中心等，扎实推进“有事好商量”协商议事室建设；年内，在全市82个镇（街道）及1169个村（社区），实现“有事好商量”协商议事室及协商议事活动全覆盖。

无锡市政协充分发挥政协职能作用，建立基层协商与政协履职紧密衔接的机制，形成协商议事的完整闭环。在议事室建立信息直报点，构建覆盖城乡的社情民意收集网络；对接政协提案与调研，及时就基层议事中事关更大范围、更高层次的共性问题进行重点调研，例如：就创新发展、融入“长三角一体化”问题、“加快环太湖科创带建设”重点提案；对接政协协商议政，组织基层议事室推选的成员参加政协市民代表座谈会及重要协商活动，使政协协商更接地气；对接政协民主监督，积极助力基层党委、政府和有关部门组织实施达成共识、需要落实的事项，如组织市政协委员和城管、环保、水利、公安等部门聚焦城市精细化管理及黑臭水体治理深入调研，与基层群众协商，在道路交通、停车管理、绿化养护等方面达成诸多共识，提升城市品质和人居环境。

（金璐怡）

【“3232”有线电视协商平台】 8月28日，市委、市政协及江苏有线电视领导共同为“3232”无锡有线电视协商平台启动上线仪式。借助该平台推动政协视察、调研、提案、协商议政、社情民意信息、民主监督、“法律进社区”等工作与基层协商议事紧密衔接。9月，全市各级协商议事室开展“有事好商量·民生专题协商议事月”活动，参与线上互动1100余人，上传协商信息3300余条。年内征集协商议题及社情民意信息239条。

“有事好商量”电视平台实现对

9月27日，省政协领导和市政协领导参加锡山区东港镇华东村基层“有事好商量”协商议事活动

（市政协　供）

全市村(社区)网格和5个城区128万有线用户的全覆盖,线上、线下组织基层协商议事活动2500余场,落实转化协商成果2200余件。《人民政协报》以《想参加商量?请按3232——江苏省无锡市启动"有事好商量"有线电视平台》为题作了专题报道。全国政协副主席汪永清调研观摩无锡"有事好商量"电视平台建设运行情况并给予充分肯定。新吴区新安街道作为全省唯一现场连线单位,在全国政协社会治理创新协商座谈会上,就依托电视平台开展"有事好商量"协商议事作了经验交流。

(金璐怡)

表 11　　2020 年度无锡市政协重点提案及督办分工表

序号	提案号	提案者	案　　由	主办单位	党政领办领导	市政协督办领导	责任部门
1	371	市政协经济科技和农业农村委员会	加快建设无锡环太湖科创走廊,积极融入长三角一体化的建议	市科技局	黄　钦 高亚光	主席会议成员	经科农委、提案委
2	30	民建无锡市委	建议进一步提升城市精细化管理水平(民主监督性提案)	市城管局	杜小刚 陆志坚	主席会议成员	提案委、民建
3	2	市政协经济科技和农业农村委员会	关于我市新一轮口岸建设和开放的建议(建议案)	市商务局	周常青	吴仲林	经科农委
4	370	市政协文教卫体委员会	积极主动防控重大疫情 强化公共卫生体系建设(建议案)	市卫生健康委	刘　霞	韩晓枫	文教委
5	26	民盟无锡市委	关于完善共建共享机制 提升老旧小区改造管理质效的建议	市住房城乡建设局	陆志坚	王国中	研究室、民盟
6	86	民革、社科、民族宗教组(第8组)	关于促进文旅融合发展的建议	市文广旅游局	刘　霞	叶勤良	提案委、第8组
7	11	民革无锡市委	关于大力提升农村基本公共服务水平的建议	市发展改革委	朱爱勋	张丽霞	民宗委、民革
8	4	市政协人口资源环境和城乡建设委员会	关于加强我市机动车排放污染防治工作的建议	市生态环境局	蒋　敏	丁旭初	城乡委
9	6	市政协社会法制委员会	关于促进我市快递业健康发展的建议	市邮政管理局	陆志坚	刘　玲	社法委
10	42	民进无锡市委	关于健全大数据管理运营机制,推进城市数据资源共享运用的建议	市大数据管理局	高亚光	金元兴	文史委、民进
11	54	致公党无锡市委	对吸引海外学成归国青年人才来锡就业创业的建议	市科技局	高亚光	高　慧	委工委、致公
12	61	九三学社无锡市委	关于加快打造全国性综合交通枢纽城市的建议	市交通运输局	陆志坚	蔡捷敏	文史委、九三
13	51	农工党无锡市委	加强长期照护体系建设 完善长期护理保险制度	市医保局	朱爱勋	孙志亮	文教委、农工

(市政协办公室)

编辑　罗秋云

综　述

【概况】 2020年，无锡市纪委监委认真贯彻落实中央纪委四次全会、省纪委五次全会和市委部署要求，全面履行纪检、监察两项职能，推动全市纪检监察工作高质量发展，各项工作取得新成效。年内，全市纪检监察机关紧扣疫情防控、打好三大攻坚战、推动高质量发展、长江大保护等决策部署强化政治监督，聚焦冒名顶替上大学、乱占耕地建房等专项工作强化跟进监督，确保政令畅通；坚持把监督挺在前面，推动“四项监督”（纪律监督，监察监督，巡察监督，派驻监督）统筹衔接，发现问题线索4039个，科学精准运用“四种形态”处理5934人次，其中，第一、第二种形态分别占71.1%、23.0%，管住“大多数”成为监督执纪的常态；着力解决人民群众反映强烈、损害群众利益的突出问题，坚决治理村级集体资金、资产和民政专项资金等领域“微腐败”；坚定不移深化反腐败斗争，立案2155件，其中，县处级47件、乡科级208件，给予党纪政务处分1612人，采取留置措施101人，移送检察机关审查起诉103人，55名党员干部主动投案，125人主动交代问题，查处新发生违纪违法案件占比从上年的11.3%下降至4.2%，收接信访件和省纪委监委下转件比上年分别下降48.36%、20.92%；坚持源头治本，巩固深化学校食堂治理、医药购销体制改革，推动基层印章管理改革，推进公职人员车辆违规挂靠企业、挂证取酬等专项治理，督促有关地区、部门优化体制机制、完善制度规定；严格落实“三个区分开来”（即把干部在推进改革中因缺乏经验、先行先试出现的失误和错误，同明知故犯的违纪违法行为区分开来；把上级尚无明确限制的探索性试验中的失误和错误，同上级明令禁止后依然我行我素的违纪违法行为区分开来；把为推动发展的无意过失，同为谋取私利的违纪违法行为区分开来）要求，依法查处诬告陷害案件，对受处分党员干部开展回访教育，体现组织关爱；切实加强自我监督，督促严格遵守江苏纪检监察干部“八严禁”（严禁有与“两个维护”、党的政治纪律政治规矩和全面从严治党要求不一致的言行；严禁利用职权或职务影响搞特权、谋私利；严禁接受可能影响公正执纪执法的礼品礼金、有价证券和宴请等活动安排；严禁压案不查、拖案不办、办人情案关系案、越权执纪执法等不作为乱作为行为；严禁非因工作需要谈论、透露纪检监察工作秘密和可能影响纪检监察工作正常开展的内部信息；严禁以权压人、以势压人等粗暴执纪执法行为；严禁酗酒、公务活动期间饮酒和酒后参与公务活动；严禁出入私人会所、营利性陪侍场所消费）要求，开展纪检监察系统自身建设专项督查，提升法治化规范化水平，发挥特约监察员监督作用，打造新时代纪检监察铁军。

（张仁伟）

【深化纪检监察体制改革】 2020年，无锡市纪委监委督促指导市属国企、公立医院设置内设机构42个，配备人员78人，较上年增加81.4%。制定国企、医院纪检监察机构工作考核办法和主要负责人薪酬管理办法，督促履职尽责、担当作为。8所市属公立医院和9家国企纪检监察机构共开展监督检查652次，主动约谈743人，立案53件，处理106人。延伸“嵌入式”监督触角，向市医疗保险基金管理中心派出专项监督组，健全企事业单位纪检监察机构对口联系制度。推动监察员办公室从“有形覆盖”迈向“有效覆盖”。年内，全市监察员办公室处置问题线索2523件，以县级监委名义立案478件次，政务处分149人次，分别占同期县级纪委监委相应总数的21.6%、55.4%、24.3%。

（张仁伟）

【廉政教育】 2020年，无锡市纪委监委开展第二届“无锡·崇德倡廉”廉洁文化作品征集活动，从549件征集作品中评选出88件获奖作品，在无锡电视台、广播、地铁等展播，同步在微信公众号、网站推送，营造风清气正、崇尚廉洁的社会氛围。针对案件中发现的共性问题和行业性、系统性问题，拍摄《以案为鉴肃风纪》等4部警示教育片。以“不忘初心、牢记使命”为主题，打造全国首家国有企业廉政教育基地，全年接待市内外党员干部和公职人员参观学习520场、1.5万人次。深入挖掘惠山古镇家风家训文化资源，打造“网红”家风文化打卡地。无锡国有企业廉政教育基地等5个项目被评为全省廉洁文化实践探索“优秀成果奖”。

（张仁伟）

【打造全国首家国有企业廉政教育基地】 2020年3月底，全国首家国有企业廉政教育基地开馆。该基地位于无锡华润燃气服务中心大楼内，由无锡市纪委监委打造，无锡华润燃气有限公司承建，以“不忘初心、牢记使命”为主题。通过国企之道、正风之规、覆车之鉴、初心之旅4个篇章，在回顾国企发展历程的基础上，原创归纳总结国有企业“领导干部八大风险”和“基层人员五大注意”，细化列出了国有企业领导干部和基层干部行为规范的正负面清单，以前车之鉴叩问初心。至年末，接待无锡及周边城市的国有企业及政府部门参观人数近1.5万人，场次520次。

（张仁伟　吴广敏）

重要会议

【十三届市纪委五次全会】 4月18日，中共无锡市第十三届纪律检查委员会举行第五次全体会议，深入贯彻习近平总书记重要讲话和中央纪委四次全会精神，全面落实省纪委五次全会部署要求，回顾总结2019年全市纪检监察工作，研究部署2020年党风廉政建设和反腐败工作任务。市委书记黄钦到会讲话，市领导杜小刚、徐一平、周敏炜、徐劼等出席会议。全会审议通过省纪委常委、市委常委、市纪委书记、市监委主任王唤春代表市纪委常委会所作的题为《深入贯彻新时代全面从严治党重要方略，为当好全省高质量发展领跑者提供坚强保障》的工作报告。

（张仁伟）

【“不忘初心、牢记使命”主题教育总结会】 1月14日，市纪委监委召开主题教育总结会，深入学习贯彻习近平总书记在“不忘初心、牢记使命”主题教育总结大会上的重要讲话精神，牢牢把握省委和市委部署要求，总结市纪委监委机关主题教育开展情况，对巩固和深化主题教育成果作出部署，推动初心和使命在内心深处铸牢、在思想深处扎根，为纪检监察工作高质量发展注入强大动能。省纪委常委、市委常委、市纪委书记、市监委主任王唤春，市委第四巡回指导组组长、市人大常委会副主任魏多参加会议。

（张仁伟）

【疫情防控督查工作部署会】 1月27日，市纪委监委召开市纪委常委会、市监委会议，学习贯彻中央、省委省政府、市委市政府的相关会议精神和决策部署要求，专题部署疫情防控督查工作，并下发《关于为防控新冠肺炎疫情提供坚强纪律保障的通知》。通知明确，督查重点要围绕中心大局、职责定位、信息公开以及履职担当，切实做到“四看四查”（围绕中心大局，看各级党委、政府和有关职能部门是否高度重视、周密部署，严查对习近平总书记重要指示和党中央重大决策部署以及省市委工作要求不重视、不落实等行为；围绕职责定位，看各级党委、政府和有关职能部门是否认真落实无锡市防治新型冠状病毒感染的肺炎工作预案《关于实施新型冠状病毒感染的肺炎疫情一级响应措施的通告》等精神，研究制定有力有效举措，严查在疫情防控中不作为、慢作为、乱作为及形式主义、官僚主义问题；围绕信息公开，看各级党委、政府和有关职能部门是否及时如实通报和报告疫情，严查重要信息瞒报、漏报、迟报、错报、谎报，导致疫情蔓延等行为；围绕履职担当，看党员干部是否尽职尽责，勤勉工作，严查不服从组织安排、擅离职守、违抗命令、临阵退缩、推诿扯皮、贻误工作等行为）。会议特别强调，对督查中发现的贪污、挪用、截留、挤占疫情防控经费和物资等行为，一律快查快办、从严从重处理、公开通报曝光。对在督查中发现的党员干部因敢于担当作为，冲在工作一线，但在疫情处置、物资采购、经费使用等方面急事急办、特事特办中出现的工作失误和无意过失，予以容错。

（张仁伟）

【“打伞破网”专项整治行动推进会】 6月3日，市纪委监委召开“打伞破网”专项整治行动推进会，梳理涉黑涉恶腐败和“保护伞”的重点工作、重点案件、重点线索、重点问题，部署下阶段工作。会议听取全市开展的“套路贷”、交通运输、征地拆迁和赌博等重点行业领域背后的涉黑涉恶问题专项整治推进情况。会议强调，推进专项整治，旨在切实解决问题，对重点案件的查处要加快节奏、加大力度，释放有“伞”必打、一查到

4月18日，中共无锡市第十三届纪律检查委员会举行第五次全体会议

（市纪委监委　供）

底的信号，充分发挥警示震慑作用；对重点行业的问题要加强调研、加强分析，推动监管部门完善制度措施，行业乱象得到有效治理；积极借力大数据分析等手段，对专项整治领域中的一些顽疾、隐性问题进行“大起底”“靶向定位”，进一步推动长效机制的建立完善。

（张仁伟）

【学习周恩来精神专题研讨会】 10月29日，市纪委监委召开全市纪检监察系统“周恩来精神与新时代纪检监察工作”专题研讨会，参会人员观看专题片《大无大有》，并结合工作实际，11人畅谈学习周恩来精神的认识体会。会议强调，全市纪检监察机关学习周恩来精神，要牢牢把握周恩来精神忠于党的本质特征，做政治上的忠诚卫士；要牢牢把握周恩来精神爱人民的核心要义，做人民利益的维护者；要牢牢把握周恩来精神勇担当的深刻内涵，做纪检监察工作高质量发展的践行者；要牢牢把握周恩来精神严自律的闪光品德，做让党放心人民满意的模范机关。

（张仁伟）

监督检查

【疫情防控监督检查】 2020年，无锡市纪委召开常委会会议13次，专题研究部署疫情防控监督工作。在全省率先发布《关于在疫情防控期间严禁党员干部和公职人员组织和参与聚集性活动的通知》，明确提出“五个严禁”[严禁组织和参与各种聚餐、宴请等活动；严禁大规模操办婚丧喜庆事宜，一律从简；严禁组织和参与走亲访友、家庭聚会等活动；严禁组织和参与打麻将、玩扑克（包含居家）等聚众娱乐活动；严禁组织大型会议，按照“非必须、不聚集”的原则，减少工作期间聚众活动]。全市各级纪检监察机关组成55个监督检查组，累计开展上万次监督检查，督促3000个立知立改问题迅速整改，630余次对指出问题的整改情况开展“回头看”。市纪委监委专门成立9个督查组，直插一线开展全天候监督检查3596次；实地走访督查2300余家企业，推动解决企业用工难、审批流程复杂等难题，督促建立重点企业挂钩、企业联络员制度，指导帮助企业力克时艰；实地走访督查279所中小学，督促职能部门解决防疫物资短缺、校医配备不足、周边道路易堵等问题，保障学生如期、平稳、安全开学复课；形成每日专报92期，提出意见建议271条，直报市委、市政府主要领导，为全市疫情防控提供决策参考。坚持问责与容错并重，一手抓问题线索核查处理，处置问题线索46件，处理党组织3个、党员干部56人；一手抓容错免责，实施容错备案180起、免责15起，鼓励激励党员干部担当作为。无锡市纪委监委第二监督检查室原副主任浦键获“全省抗击新冠肺炎疫情先进个人”称号。

（张仁伟）

【违法违规“小化工”专项整治】 2020年，根据省委巡视巡察工作部署，市委开展危化品安全生产专项巡察，其中针对违法违规“小化工”成立2个专项巡察组，巡察期间下发立行立改事项20件，发现官商勾结类问题线索5件、失职渎职类问题线索5件。查处全省第一个专项整治中的留置案件。推动建设“无锡市安全生产监管平台”，嵌入“小化工”专项整治模块，配置511个专用账户，实现对全市专项整治责任主体的全覆盖，为动态全程跟踪排查整治情况、对隐患问题整改实施闭环销号管理提供支撑。严查违纪违法，查实官商勾结问题3件，留置3人，均被省纪委作为典型案件通报；查实存在日常监管不到位、接受监管服务对象吃请等问题4件，处理22人。全市组织排查31万余处点位，发现181件违法违规问题，全部完成整治。其中，立案查处114起，处罚576万元，拘留59人。排查发现问题数、立案查处数、拘留人数均名列全省第一，受到省安全生产第二督导组的肯定。省纪委书记王常松专程到无锡调研。中央纪委网站、《中国纪检监察报》、《新华日报》等媒体，专题报道无锡违法违规“小化工”专项整治相关情况。

（张仁伟）

【优化营商环境专项监督检查】 2020年，无锡市围绕工作作风和营商环境开展“三四五”行动，市纪委监委选取508家企业进行样本监测，对市委、市政府明确的17个方面、80项优化营商环境重点工作的落地情况进行分析研判，优化领导干部、机关部门、行业工作、监管执法和基层干部五类监督对象的作风。会同商务、发改、税务、市场监管等部门第一时间开展电商领域专题调研，实地走访调研全市代表性电商企业，形成调研报告，提出工作建议6条，推动电商行业高质量发展。实地走访督查727家企业，督促落实“惠企20条措施”，推动水电转供环节违规加价行为专项整治，帮助企业解决审批、用工、资金等问题，督促属地和职能部门指导帮助企业渡过难关。

（张仁伟）

【“四风”问题重点整治】 2020年，市纪委监委聚焦违反中央八项规定精神问题，成立专项工作组，定期盘点、分析、报告，紧盯元旦春节、五一端午、中秋、国庆等重要节点，组织暗访55次，暗访餐饮场所99个，全市查处违反中央八项规定精神问题691起、844人，通报曝光119批、340起。聚焦形式主义、官僚主义问题，组织督查605次，明察暗访388次，检查单位1525家（次），查处维护群众利益不担当不作为、困扰基层的形式主义、官僚主义等问题317起，处理389人，给予党纪政务处分136人，通报曝光典型问题37批、99起。针对少数市（县）、区发文形式主义问题，以点带面，推动全市精简文件、压降会议取得明显成效。

（张仁伟）

【信息化监督平台建设】 2020年，无锡市廉政档案工作被确定为省试点单位。5月25日，市纪委监委制定《关于进一步规范党风廉政意见回复工作的意见》，意见规范受理范围、工作程序、办理时限等5个方面的内容。全年对106批次、1337人次任职、晋级和评先评优廉政审核，出具否定意见28人次。持续优化地方政府隐性债务综合监管系统功能，开发上线综合数据大屏、债务置换供需对接等模块，提升监督可视化水平。全年及时有效处置10914条预警信息和1233条报警信息，形成38份专题分析报告和债务风险提示函。实现污染防治平台四级联网运行，加大系统交办问题线索办理，平台问题线索办结率从上年的91.42%，逐步提升并稳定在95%以上，长期未办结线索数量从年初的456件，下降到22件。督促建设财务共享和综合监管平台，通过对财务支出、银行账户等情况实时动态监管，加强对违规发放津补贴等行为监督执纪力度。

（张仁伟）

审查调查

【查处一批典型案件】 2020年，无锡市纪委监委保持反腐败的力度和节奏，先后查处无锡市精神卫生中心原党委书记袁某桢，无锡市原安全生产监管局局长许某武，无锡市公安局国内安全保卫支队支队长马某洪，无锡市中级人民法院原党组成员、审判委员会委员周某，无锡蠡园经济开发区原党工委书记曹某华，无锡君来酒店管理集团原副总裁兼太湖饭店原总经理杨某兴，宜兴市人大常委会原党组书记、主任刘某民，宜兴市政府办公室原主任王某华，锡山区政协原副主席朱某风，江阴市委常委、常务副市长费某等典型案件。

（张仁伟）

【加大重点领域反腐力度】 2020年，市纪委监委紧盯国有企业领域，查处案件142件，占6.6%。针对无锡金源产业投资发展集团有限公司原董事长赵某涛等系列严重违纪违法案件，撰写《无锡市查处金融类国有企业腐败案件剖析》，受到省纪委监委主要领导批示肯定，并上报省委、省政府。聚焦工程建设招投标领域，留置16人，查处锡山区城管局副局长马某华、东北塘街道原党工委书记朱某等一批案件。围绕利用“影子公司”贪腐谋利，查处留置案件45件，查处王某华、刘某民等当“影子公司”老板、当“影子公司”股东等突出问题。对临近退休“捞一把”、退休后发挥“余热”谋私利等问题加大惩处力度。

（张仁伟）

12月7日，无锡市公开开庭审理并当庭宣判诬告陷害案件

（市纪委监委　供）

【追逃追赃成绩显著】 2020年1月，市纪委监委成功劝返外逃美国的涉案人员吴某。5月，协助省纪委监委抓获外逃职务犯罪嫌疑人钱某芬。协助上海市成功将职务犯罪在逃人员孙某娜缉捕归案，上海市纪委监委专程到无锡开展工作交流并赠送锦旗。9月，国家监委向全国人大常委会报告专项工作时，无锡与菲律宾合作缉捕遣返谢某杰被列为典型案件之一。12月，成功将列入中央纪委追逃名单、潜逃22年的无锡中视影视基地股份有限公司原办公室主任彭某忠缉捕归案。

（张仁伟）

【查处诬告陷害案件】 2020年，全市纪检监察机关贯彻落实“三个区分开来”的要求和省委“三项机制”（鼓励激励机制、容错纠错机制、能上能下机制），严肃查处诬告陷害案件，保护基层党员干部积极性和创造性。据统计，全市查处5起诬告陷害案件，为5名受到诬告的党员干部澄清正名。特别是查处并公开通报苏州市藏书园林绿化建设有限公司无锡分公司负责人岳某芳、周某伟诬告陷害公职人员，宜兴市优加广告有限公司法定代表人陆某诽谤公职人员两起典型案件，在党员干部中及社会上产生强烈反响。岳某芳、周某伟因诬告陷害罪被判刑。

（张仁伟）

【“打伞破网”持续发力】2020年，无锡市纪委监委查处党员干部和公职人员398人，其中，涉黑涉恶腐败111人，“保护伞”16人，对5起“保护伞”典型案例公开通报曝光。深入分析无锡涉黑涉恶案件特征，在重点领域一抓到底，突出强化长效机制建设，针对黑赌合流问题，压紧压实查禁赌博主体责任，建立健全与公安机关7项协作机制和案件通报、党建考核、失信惩戒3项长效管理机制；针对“套路贷”虚假诉讼涉黑涉恶问题严查快打，核查公职人员涉案线索 71 条，移送司法机关 3 人，紧盯立案甄别、程序防范、审判监督、违法惩戒等 6 个环节加强综合治理；针对交通运输涉黑涉恶问题，全力出击，倒查责任，因失管失控、履职不力问责公职人员 4 人，推动行业风气迅速好转。无锡市纪委监委扫黑办被评为“省扫黑除恶先进集体”。

（张仁伟）

源头治理

【探索基层印章管理改革】 2020 年，市纪委监委针对案件查处过程中发现的实体印章管理混乱问题，在梁溪区和滨湖区有关街道试点，探索实施电子印章改革。实现用印审批公开化，用印事项全部在电子印章平台上公开审批办理，同时设置印章职权风险预警，建立统一印章库，创建标准化表单库，形成用印流程职责到事到人的管理闭环；印章签署网络化，打造全省首家“电子印章”电脑手机终端互联互通平台，电子印章业务全部线上办理、线上存储，真正实现电子印章移动签署，同时有效解决传统纸质印章的管理查询、历史追溯等难题；用印监督全程化，纪检监察机关通过“纪委监委人工智能及大数据综合监管平台”实时抓取电子印章系统数据，对平台内政务事项的申请、提交、审核、签署、盖章等全流程实时跟踪，变传统的被动监督为主动监督。全年确定入库印章数 450 个，可立即接入电子印章管理系统 415 个，固化用印标准流程 476 项，及时有效处置预警信息 1070 条。《中国纪检监察报》对无锡相关改革做法作了专题报道。

（张仁伟）

【整治车辆违规挂靠问题】 2020 年，无锡市坚持以案为鉴，举一反三，在全市范围开展公职人员车辆违规挂靠企业自查自纠工作。市纪委监委会同有关部门，对全市公职人员登记使用的 5.4 万余辆车辆拉网式摸底，通过多方数据比对，发现全市 8 个市（县）、区共有车辆使用人为公职人员、所有人为企业的疑似问题 210 余条，市级机关疑似问题 580 余条。全面开展自查自纠，全市科级以上干部 2 万余人填报自查自纠情况报告表。持续深化整改，市纪委监委对公职人员车辆违规挂靠情况细致梳理，对自行纠正情况逐一核实；对车辆挂靠在直系、非直系亲属名下的真实性进行验证；对车辆疑似违规挂靠企业的问题线索重点核查，深挖利益输送链条和权力寻租问题。

（张仁伟）

【试点“净菜”配送】 2020 年，无锡市推动学校食堂“阳光运行”智慧监管平台上线运行，实现“互联网 + 监督管理”模式。市纪委监委推动锡山区率先试点“净菜”配送，迈出学校食堂治理改革“三步走”的第二步，配送净菜 2.6 万余吨，覆盖全区所有 77 所学校、9.4 万名师生。中央电视台《焦点访谈》用一整档节目关注无锡学校食堂改革的相关做法，新华社、《中国纪检监察报》、《中国青年报》、《新华日报》等媒体先后专题宣传报道改革有关情况。无锡学校食材集中配送守护学生“舌尖”上的安全项目被评为全省廉洁文化实践探索“十佳成果奖”。

（张仁伟）

【村级资金（产）专项清理】 5 月 7 日，无锡市召开村级集体资金违规出借和资产出租问题专项清理整治工作部署会。会议提出，要聚焦对村（社区）巡察和审计发现的集体资金资产管理存在的突出问题，重点解决村集体资金违规出借、拖欠的出租租金、显失公平的资金出借及资产（资源）租赁行为等问题，推动村级存量欠款应收尽收、增量欠款有效遏制、产权线上交易应进尽进、资产租赁合同合法合规，为乡村振兴“护航”，向农民群众交上“明白账”。专项清理共梳理排查问题线索 398 条，查实违纪违法问题 149 起，党纪政务处分 67 人，通报典型案例 36 起、43 人；进一步规范农村集体“三资”监管工作，持续推广“户户通”平台，至年末，覆盖全市 927 个村（涉农社区）、46.28 万户，提升监管监督质效。

（张仁伟）

【法院系统专项治理】 2020 年，围绕市委在法院系统巡察中发现的突出问题，市纪委监委向市中级人民法院党组提出纪律检查建议，督促市县两级法院开展“案款发放管理”“警车特权行为”“破产管理人选任”专项治理。整治期间，全市法院系统执行案款发放质效显著提升，全市法院账上“待认领款”全部清零，执行案款平均发放时间缩短 13.5 天，发放效率明显提高。聚焦整治警车特权，责令作出书面检查 353 人，诫勉谈话 10 人，立案查处 3 人，解除劳动合同处理 1 人，另有 3 个基层法院的 5 名分管院领导被问责，全市法院警车交通零违法。破产管理人选任公平、公正、公开，对近 3 年有违纪违法行为的 3 家破产管理人给予降级，2 家破产管理人“一票否决”，破产管理人选任公示 85 件次，工作透明度提升较大。

（张仁伟）

编辑　罗秋云

综 述

【组织建设】 2020年，无锡市委统战部落实《无锡市贯彻〈民主党派代表人士队伍建设规划（2018—2027年）〉实施方案》，市各民主党派建立市、市（县）区级层面民主党派代表人士队伍。其中，市级层面91人，市（县）、区级层面350人。中国国民党革命委员会无锡市委、中国致公党无锡市委在惠山区成立基层组织，全市7个民主党派基层组织在5个市区实行属地化，实现区级层面民主党派基层组织全覆盖。无锡经济开发区成立致公党经开区总支部、农工党经开区总支部、民革经开区总支部，经开区有了4个民主党派基层组织。民主党派全年发展新成员共477人，发展率为4.98%，净增长率为4.4%。至年底，全市民主党派成员共10134人。市无党派知识分子联谊会会员195人。各市（县）区、经开区和市级机关均成立无党派知联会组织，实现板块全覆盖，会员共395人。市新的社会阶层人士联谊会会员172人，各市（县）、区实现新的社会阶层人士联谊会、新阶层人士实践创新基地全覆盖，会员共590余人。

市总商会党委推进工商联（商会）组织和非公有制企业党建工作，新成立54家功能型党支部，基本实现党的组织有效覆盖。至年底，全市有市（县）、区工商联7家、市级经济类行业协会商会171家、乡镇街道商会78家、园区商会7家、楼宇商会5家、其他类型商会70家，在无锡的异地商会31家、海内外无锡商会26家，会员总数42617人，其中，企业会员34144人。

（金 娜）

【思想政治建设】 2020年，无锡市各民主党派、工商联、无党派知识分子联谊会学习贯彻习近平新时代中国特色社会主义思想，大力推进专题学习，利用“月月谈”和机关学习宣讲等形式，巩固“不忘合作初心，继续携手前进”主题教育活动成果，多层次、多形式推动市各民主党派市委会机关、各级基层组织学习贯彻中共十九届五中全会精神，引导广大民主党派成员聚焦“十四五”规划和2035年远景目标，积极履职尽责，巩固多党合作基础。组织“助力脱贫攻坚、锡商群星闪耀”无锡市民营经济人士理想信念教育分享会，举办“四千四万”精神学习报告会、“美好生活、法典相伴”专题讲座等，提高民营经济人士思想认识，凝聚发展共识。

（金 娜）

【参政议政】 2020年，无锡市各民主党派、工商联、无党派知识分子联谊会根据中共无锡市委《2020年度政党协商计划》，围绕“做好重大风险防控”“加快融入和服务长三角一体化”两个专题开展调查研究，形成一批高质量调研成果，为中共无锡市委、市政府科学决策提供参考。围绕优化营商环境、落实惠企政策、降低企业负担，高质量完成两篇民主监督报告，报送市主要领导参阅。围绕经济社会热点难点问题，建言献策，推动市人民检察院、市教育局等部门聘任民主党派成员为特约检察员、教育督导员、行风监督员等，在文明城市建设整改提升、民生行业领域等方面发挥监督作用。全年报送各类意见、建议3500余条。

（金 娜）

1月8日，民进无锡市委在滨湖区山明社区开展“春联万家，迈向小康”活动 （民进无锡市委 供）

表 12　　2020 年无锡市各民主党派、工商联、无党派知识分子联谊会参政议政统计表

单位：份（条）

名称	完成专题调研报告	被刊用专题调研文章	被采纳社情民意	“两会”提出议案、提案	被有关部门采纳意见、建议
民革	29	6	50	11	70
民盟	73	7	161	46	6
民建	26	4	159	57	56
民进	30	2	393	53	16
农工党	8	0	495	17	25
致公党	20	2	110	66	19
九三学社	25	5	104	45	15
工商联	12	5	15	7	12
无党派	2	1	26	40	45
合计	225	32	1513	342	264

（市委统战部）

表 13　　2020 年无锡市各民主党派组织及成员统计表

名称	组织情况						成员情况		
	市委会（个）	（市）县委会（个）	基层委员会（个）	总支部（个）	单一支部（个）	综合支部（个）	女性成员（人）	新成员（人）	成员总数（人）
民革	1	0	4	2	39	0	262	35	636
民盟	1	2	7	2	18	10	846	86	2035
民建	1	1	7	4	37	17	676	93	1936
民进	1	2	6	0	26	60	764	82	1678
农工党	1	1	7	4	69	28	847	82	1722
致公党	1	0	4	2	3	0	237	33	637
九三学社	1	1	13	0	14	0	610	66	1505
合计	7	7	48	14	206	115	4242	477	10149

（市委统战部）

表 14　　2020 年无锡市各民主党派、工商联、无党派知识分子联谊会组织各类特色活动一览表

名称	特色活动
民革	开展“不忘合作初心，继续携手前进”主题教育活动；举办如何做好民主党派的参政议政工作及新时代统一战线与新型政党制度专题讲座；开办中山博爱讲堂；开展示范支部博爱之家创建工作；举行民革无锡市委中山博爱之家智慧展厅揭牌仪式
民盟	开展庆祝无锡民盟成立70周年系列活动；寻找“最美逆行者”；召开秘书长工作“云会议”；举办“江苏民盟2020抗疫主题摄影展”；成立“民盟无锡市援疆盟员临时支部”；开展“烛光支教凉山行”活动；举办“生命健康和安全”培训演练
民建	开展“庆祝民建成立75周年”系列活动；推进民建“会员之家”建设；举办“基层支部论坛”；建成雪浪街道“连心家园”帮扶计生困难家庭；打造“美好生活邻里相伴”邻里节公益项目；开展同心抗疫、精准扶贫活动
民进	创新开展青年支部、青年工委活动，完善新会员“一、三、五”培养模式；建立民进组织交流合作机制；推出社会服务2.0模式；建立“开放、共享”会员之家
农工党	举办“学习中共十九届五中全会精神”骨干培训班；举办庆祝“农工党成立90周年”大型云晚会、“燃情三行诗”征文活动；举办“以艺战‘疫’”书画主题作品在线展；开展2020教师节庆祝活动；编印《众志成城抗“疫”情——抗击新冠肺炎纪念专辑》，表彰“抗击新冠肺炎疫情先进个人”
致公党	开展“追寻红色记忆，坚定理想信念”系列活动；拍摄致公党内海归创新代企业家“四千四万”精神传承专题片；以致公凤巢为依托，设企业家学堂、泽一青年城市论坛、凤巢书院三个子品牌，举办读书会、报告会等
九三学社	拍摄《战“疫”中的九三担当》宣传片；举行“周培源先生铜像落成揭幕仪式”暨领导班子民主生活现场会；成立“九三微跑团无锡分团”；开展大型义诊活动；赴青海民和县开展扶教扶智活动；建设“书香机关”
工商联	组织“助力脱贫攻坚、锡商群星闪耀”无锡民营经济人士理想信念教育分享会，参与召开“弘扬企业家精神、聚力高质量发展”企业家座谈会
无党派	赴内蒙古兴安盟地区和山西灵丘县独峪乡开展扶贫项目和社会服务工作；创建湖湾院所联盟等7个党外知识分子思想政治工作阵地和1个无党派人士的工作基地；组织徐而迅先进事迹报告会

（市委统战部）

表 15　　2020 年无锡市各民主党派、工商联、无党派知识分子联谊会社会服务一览表

单位	社会服务品牌项目	社会服务主要内容	参与公益慈善活动（场次）	结对助学（对）	捐款（万元）
民革	乐咪营村扶贫、海东循化开展教育帮扶、博爱志愿者服务	关爱儿童和抗战老兵、定点扶贫助学	12.00	13.00	333.00
民盟	“烛光支教凉山行”、植树节活动、“六一”助残、黄丝带帮教、“文艺进社区”	助学、社会矫正、社区服务	5.00	10.00	45.00
民建	“思源工程——生育关怀行动”、“蠡湖文明之友”志愿者团队、“心悟之春”志愿者团队、连心家园	计生困难家庭帮扶、精准扶贫	45.00	70.00	450.00

续表 15

单位	社会服务 品牌项目	社会服务 主要内容	参与公益慈善活动（场次）	结对助学（对）	捐款（万元）
民进	西部支教、“蓝星妈妈”关爱行动、文化拥军、春联万家、“服务与我同行”微公益	公益活动、支教送教、书画服务	294.00	21.00	393.57
农工党	源泉助学金、同心助医、瑶寨助学、大方县定点扶贫	医卫咨询、科普宣传、扶贫帮困、抗击疫情	37.00	75.00	1740.86
致公党	“致美施善”“致德扶智”	走访企业、法律公益、帮教扶贫	4.00	10.00	41.00
九三学社	九三专家工作站、九三大讲堂、九三学社同义诊站、国际科学与和平周	科技下乡、专题讲座、义诊咨询、科普宣传	25.00	12.00	170.00
工商联	“村企共发展、同奔现代化”行动、“百企帮百村”精准扶贫活动	扶贫、助学、助困、救灾	56.00	1230.00	918.24
无党派	区域卫生医疗发展、精准扶贫项目实施工程	项目对接、医务人员业务培训、幼教扶持、教育扶贫	5.00	30.00	17.05

（市委统战部）

【社会服务】 2020年，无锡市各民主党派、工商联、无党派知识分子联谊会发挥各自资源特色和界别优势，开展社会服务活动。新冠肺炎疫情暴发后，民主党派市委机关工作人员争当统战系统抗击疫情志愿者。市各民主党派积极发动成员，通过特别党费、特别会费的形式，向全市医疗卫生系统和湖北地区捐资捐物折合人民币2000多万元。市各民主党派落实民主党派中央、省委的对口扶贫工作部署，在项目支持、医疗援助、法律咨询、书籍捐赠、科普宣传、支教支学等方面，发挥各自优势，开展形式多样的结对帮扶、东西部协作、精准扶贫活动，形成社会服务的特色品牌，展现无锡民主党派的良好形象。民营企业家投身脱贫攻坚和公益事业，全市村企签订联建项目协议254项，完成东西部扶贫协作任务704万元、消费扶贫金额973.77万元，捐助抗击疫情物资款超2.5亿元。

（金　娜）

中国国民党革命委员会无锡市委员会

【组织建设】 2020年，中国国民党革命委员会无锡市委员会（以下简称民革无锡市委）发展新党员35人，平均年龄37.2岁，其中，中级职称7人，高级职称3人，中级以上职称或在单位担任中层以上职务的占49%；博士1人，硕士9人，本科以上学历占　91.4%；获省部级以上表彰2人，80%具有民革特色，符合民革省委提出的市级高层次人才标准的6人。马俊昂增补为民革江苏省企业家联谊会副会长，薛湘白当选为梁溪区欧美同学会会长，陈立波当选为锡山区欧美同学会秘书长。民革惠山区支部成功转隶，无锡经济开发区总支部新建，实现市域区级层面基层组织全覆盖；新成立民革无锡太湖学院支部，实现无锡民革基层组织在高等院校的基本覆盖；滨湖区基层委员会完成届中调整，新吴区基层委员会、江南大学支部、城市职业技术学院支部、直属综合支部、藕塘职教园支部、书画支部完成换届。民革无锡市委领导班子成员全部为副处级以上领导，基层委员会和总支的主委大多为科级领导，机关事业单位担任副科级以上职务的党员50余人。至2020年末，民革无锡市委党员总数达636人，基层委员会4个、总支部2个、支部39个、小组2个，各级基层组织领导班子成员200人，除退休支部外，班子成员平均年龄不到40岁。2020年初增补李兵、杨志钢、唐鹏、唐剑芳为民革无锡市第七届委员会委员。

《团结报》刊发中共无锡市委书记黄钦走访民革机关报道及民革无锡市委组织建设成效报道《夯实基础，凝心聚力迈步新征程》，刊登王晋撰写的2篇关于民革前辈王昆仑的文章。

（温　明）

【思想建设】 2020年,民革无锡市委贯彻落实《民革中央关于加强思想政治建设的意见》和《民革中央"不忘合作初心,继续携手前进"主题教育活动实施方案》精神,巩固"思想政治建设年"建设成效和"不忘合作初心,继续携手前进"主题教育活动成果。年内,民革无锡市委举办第24期新党员培训班,50余名新党员参加培训。举办参政议政骨干培训班,特邀民革江苏省委调研处处长黄列作"如何做好民主党派的参政议政工作"专题讲座,指导党员提升参政议政能力。特邀中共市委统战部调研员唐英彪作"新时代统一战线与新型政党制度"专题讲座。举办中山博爱讲堂3期,参加培训党员合计500余人次。2人参加省委统战部、省社院举办的第22期党外县处级领导干部培训班;3人参加2020年省民革处级干部学习班;7人参加中共市委组织部、统战部举办的第31期党外中青班;6人参加无锡市第29期民主党派骨干培训班。《无锡民革》全年发行4期,无锡民革网站、微信公众号发稿500余篇。对上发稿民革中央网站52篇,《团结报》6篇,江苏民革网站71篇、杂志10篇,无锡政协网站76篇、杂志8篇,《江苏政协》《无锡统战》《无锡日报》《江南晚报》合计17篇。张丽霞在"学习强国"平台发布文稿《旗帜鲜明讲政治,坚定不移讲团结,兢兢业业干实事》。10月,在无锡联通大厦举行智慧党员之家揭牌,成为民革全国第一个以5G技术、高清视频形式展示的智慧党员之家。

(温　明)

【参政议政】 2020年上半年,民革无锡市委重点围绕"提升风险防控能力"课题开展调查研究,完成《加快推进"一网统管"的网格化社会治理模式,不断提升社会风险防控能力》调研报告。下半年,重点围绕"长三角区域一体化发展"主题开展调研,完成调研报告《凝心聚力,统筹谋划,全力打造长三角枢纽性机场》。此外,还形成《无锡民营经济发展政策落实情况调研》《关于进一步优化诚实营商环境更好服务市场主体的建议》调研报告。全国政协副主席、民革中央常务副主席郑建邦等到无锡开展农业特区建设有关调研;围绕"华侨华人文化交流基地建设""民族团结进步创建工作"2项课题,民革无锡市委主委张丽霞率民革与市政协港澳台侨外事委员会开展联合调研;民革无锡市委各专委会、基层组织和党员共完成市委会参政议政申报立项课题29件、省民革立项课题3件。在市政协十四届三次会议上,副主委徐雯代表民革无锡市委作了题为《多措并举,合力推动,大力提升农村基本公共服务水平》的发言,杜文康、刘见分别作大组发言。民革无锡市委提交集体提案9件,民革界别委员小组提交集体提案2件,其中,《关于加强农村社会组织参与乡村社会治理体系建设的建议》《关于促进文旅融合发展的建议》被列为主席督办重点提案。被评为市政协优秀集体提案3件、优秀社情民意2件、优秀调研成果二等奖1项。《多措并举推动我省土壤修复工作再上新台阶》被省民革作为集体提案提交省政协。3人被聘为中共市委统战部智库成员。王晋提出的《关于加强民宿行业管理的建议》获省长吴政隆批示,《关于发展0—3岁婴幼儿托育服务的建议》被民革中央单篇采用;李卫家提出的《给战"疫"一线人员特别是援鄂医护人员发放纪念章的建议》经民革中央综合采用后,又被全国政协《每日社情》采用,另有《疫情下谨防"消费卡"纠纷井喷》等3条建议被省民革采纳;黄展宏提出的《关于完善〈传染病防治法〉加强公共卫生预警的建议》被民革中央单篇采用并转报全国政协;徐雯提出的《进一步加强居家隔离医学观察规范化管理的建议》、蒋敏协提出的《关于加快推进互联网+政务服务业务系统集约化建设的建议》被省政协采用。

(温　明)

【社会服务】 2020年,民革无锡市委为贵州省纳雍县猪场乡乐咪营村捐助16万元分别实施温暖工程和基础设施补短板工程。在纳雍县贫困退出省级审核中,猪场乡乐咪营村以"零整改"的优异成绩获得通过。8月,民革无锡市委主委张丽霞率队赴青海省海东市,提供7万元爱心款支持举办"无锡民革'循梦少年杯'小学男子组八人制足球赛",组建"无锡民革'循梦少年'足球队",还给撒拉族、藏族2个村的群众赠送足球、篮球、羽毛球等体育器材4万元,促进少数民族地区发展体育运动。民革无锡市委和甘肃酒泉市委会是友好市委会,年内两地开展友好交流,民革无锡市委开展金秋助学帮扶活动,为当地孩子送去价值6万元的书包、图书、文具、体育用品以及校服、羽绒服、卫衣等物资,还响应民革中央号召,为甘肃省金塔县捐种防风防沙胡杨林。关爱儿童服务团主动募集一批冬衣,及时为儿童福利院的孩子送去温暖;法律服务团帮助台企做好疫情下的复工复产工作,在无锡职业技术学院、河埒街道等地开展《中华人民共和国民法典》讲座;医疗服务团广大成员在抗疫斗争和海东市帮扶中发挥重要作用;书画服务团为江苏省无锡兰亭小学民革博爱公益活动基地捐赠消毒液和一批学生绘画用的颜料等爱心物资,民革无锡中山书画院7名党员艺术家参与无锡市慈善总会书画义捐活动,9幅作品拍款10万元全部捐于抗疫;水上搜救服务团坚持常年分散自主训练与定期集中训练、不定期拓展体能训练相结合,坚持服务青海循化红旗小学留守儿童;关爱抗战老兵服务团坚持服务抗战老兵,全年走访慰问抗战老兵40余人次。党员陶永栩十几年如一日开展书法义教,曾被评为"无锡好人""南长区最美人物",事迹介绍入选"学习强国"无锡学习平台。

(温　明)

8月，民革无锡市委赴青海省循化县开展关爱儿童和抗战老兵、定点扶贫助学活动　（民革无锡市委　供）

中国民主同盟无锡市委员会

【组织建设】 至2020年末，中国民主同盟无锡市委员会（以下简称民盟无锡市委）有盟员2035人，女盟员比例41.57%，大学以上学历61.72%，市级以上人大代表15人、政协委员36人。全年新发展盟员86人。

在基层组织换届中，选拔一批素质好、能力强、潜力大的骨干盟员先后担任基层负责人。民盟无锡市委先后推荐7名盟员参加全省高校骨干盟员座谈会，推荐10名盟员参加第29期民主党派骨干培训班，推荐6名盟员参加无锡市第31期党外中青年干部培训班暨第3期党外干部“321人才计划”培训班。根据民盟江苏省委下达的目标任务，民盟无锡市委制定下发“2020年无锡民盟新发展盟员关键指标分解表”，细化关键指标，强化质量意识，按照3.9%的年净增率，切实做好新盟员发展工作，确保全市新盟员发展数量平稳有序增长。在保持教育、文化主界别70%的基础上，吸收多名金融界、科技界、法律界优秀人才。

（张　波）

【思想建设】 2020年，围绕庆祝民盟无锡市地方组织成立70周年重大主题，采取演、画、写、唱等形式，开展一系列不忘初心、凝聚共识重要活动。从3月开始，分步骤有计划推进文艺演出准备，先后到江阴市、锡山区、惠山区、民盟无锡市机关委员会等地走访和采选优秀文艺节目。邀请专业导演和主持人高标准设计、修改台词和舞美，庆祝民盟无锡市地方组织成立70周年文艺演出受到民盟中央副主席张平高度评价。继续挖掘老盟员吴安琪事迹，邀请盟内著名表演艺术家惠娟艳重新编排情景剧，以创作、授课、排演及学习交流相融合的形式，传播优秀盟员事迹。围绕无锡民盟70周年建设发展的光荣历程、优良传统、合作成就等，民盟无锡市委以图文结合的形式，制作庆祝专题纪念册。注重新闻宣传，全年在国家级、省级报纸杂志发表文章70余篇，在民盟中央等国家级网站发表100篇，在民盟中央、民盟省委微信公众号发表21篇。

（张　波）

【参政议政】 2020年，民盟无锡市委坚持“不调研，不发言”原则，始终把调查研究作为参政议政工作的常态。根据民盟中央、民盟省委及民盟市委工作安排，将重点课题下发基层组织，并下达任务书。明确不同层级课题进度，及时沟通指导，确保有效落实，全年支持基层组织申请并完成课题70余个。围绕疫情下企业发展、太湖湾科创带建设、城市治理、长江大保护等重点课题，开展调研20余次。就《立足现代化强国建设要求，提升城市品质》课题，保障和协同全国政协常委、民盟中央副主席曹卫星带队的民盟中央调研组在无锡开展联合调研。在江苏民盟举办的“一坛三会”（第三届江苏文化发展研讨会、第八届江苏城镇化建设研讨会、第七届江苏生态文明建设研讨会，第11届江苏教育发展论坛）中，无锡民盟共提交调研报告40篇，获11个奖项。高度重视社情民意信息“民生直通车”作用，鼓励全市盟员从各方面民生角度提建议。民盟市委修改报送各类社情民意信息504条，其中，市级采用35条，省级采用115条，民盟中央采用15条，中央统战部《零讯》采用2条，全国政协采用1条。

（张　波）

【扶贫帮困】 2020年，民盟无锡市委坚持开展“烛光支教凉山行”活动，资助10名应届贫困大学生每人5000元，并与民盟凉山州委和四川省民盟共同研究改进“支教行”活动的具体形式。民盟锡山区总支、民盟惠山区基层委员会、民盟新吴区基层委员会分别关注养老院孤寡老人、城区一线环卫工人、自闭症困难儿童，在“美丽无锡”建设中彰显民盟风采。

（张　波）

中国民主建国会无锡市委员会

【组织建设】 至2020年末，中国民主建国会无锡市委员会（以下简称民建无锡市委，会员总数1936人，平均年龄53.6岁。年内，新发展会员93人，平均年龄38岁，其中，本科及以上学历88人（其中博士3人），中高级职称人数40人（其中副高级职称16人）。

年内，民建无锡市委落实《各民

主党派中央关于新时代组织发展工作座谈会纪要》等文件精神，重点对新会员、基层组织后备干部、“321人才计划”后备干部、基层组织负责人进行分层次、有针对性地培训，先后举办新会员培训班、基层组织负责人培训班，重点推荐20名骨干会员分别参加民建中央骨干会员培训班、民建江苏省委中青年专家学者骨干培训班、“321人才计划”干部培训班、民主党派骨干培训班等学习。全面推进民建“会员之家”建设，全年建成民建“会员之家”17个，覆盖率超过50%。指导、规范基层组织调整、增补、改选、新建工作，16个基层组织按计划进行届中调整，12个基层组织完成届满改选。创新工作形式，利用网络直播技术召开线上支部主委会议，部署工作；举办“基层支部论坛”，搭建基层组织交流学习平台，鼓励和推动基层组织自觉将支部活动和同心实践活动、参政议政调研活动及社会服务工作紧密结合起来，努力提高基层活动实效。完善优化目标考核管理办法，深入开展达标创优工作。4名会员被民建中央授予“全国优秀会员”称号；7个基层组织被民建江苏省委评为“民建江苏省委先进集体”，15名会员被授予“民建江苏省委优秀会员”称号，3个基层组织被评为“民建江苏省委特色基层组织”。民建无锡市委领导班子、各基层组织规范召开民主生活会，讨论完善“基层支部年度工作测评表(2020年)”，持续开展廉政教育。在民建江苏省九届五次全委会上，民建无锡市委被评为“全省民建工作先进单位”；在民建成立75周年全国优秀会员和先进集体暨抗击新冠肺炎疫情先进个人和先进集体表彰大会上，民建无锡市委被授予“全国先进集体”称号。

（王　凡）

【思想建设】 2020年，民建无锡市委持续巩固“不忘合作初心，继续携手前进”主题教育活动成果，围绕“庆祝民建成立75周年”开展系列活动。强化会刊、网站和微信公众号三大宣传平台作用，全年宣传稿件在媒体刊登中央级179篇次、省级103篇次，民建省委网站录用157篇次。报送2部作品参加“助力小康·奋斗有我”江苏统一战线微视频创意大赛，其中《惠山民建万象集》获视频组优秀奖。民建无锡市委被民建江苏省委评为全省新闻宣传先进单位一等奖、全省网站供稿工作先进单位；会员王敏艳被民建中央评为优秀通讯员。发挥理论研究工作委员会作用，积极开展“发挥人民政协专门协商机构作用”理论研讨，投标江苏省统一战线工作研究专项课题，组织委员围绕民建中央确定的“民建在新时代如何更好地发挥作用”主题开展会务理论研究，形成理论成果5篇。其中，4篇被民建江苏省委录用，1篇报民建中央，《培育民建基层组织履职新能力的方法探析》获民建省委2020年度理论研究优秀成果。选派骨干委员赴民建省委乡村振兴基地进行调研，积极参与脱贫攻坚工作实践总结与理论研究工作。

（王　凡）

【参政议政】 2020年，民建无锡市委紧扣热点，集聚众智积极建言，被民建江苏省委评为社情民意信息工作特等奖、参政议政工作先进单位。围绕“做好重大风险防控”“加快融入和服务长三角一体化”专题，认真组织专题民主协商调研，调研报告获中共无锡市委主要领导充分肯定。发挥政协第12民主监督员作用，高质量完成监督建议书8篇。青年工作委员会完成《为民服务，精准施策，加快推进疫情期间惠企政策落地见效》等民主监督报告。各级人大代表、政协委员积极参加“两会”，提交9篇集体提案，其中1篇被确定为市政协重点督办提案，由市长领衔督办。5人被评为优秀市政协委员，3人被评为优秀民主监督员。2篇提案被评为优秀集体提案，3篇提案被评为优秀个人提案，6篇社情民意被评为优秀社情民意，1篇被评为市政协2020年度优秀调研成果。据统计，“两会”期间，民建无锡市委市级人大代表、政协委员提交人大建议案9件、政协提案39件；区级人大代表、政协委员共提交人大建议案9件、政协提案111件。全年向上级信息部门报送社情民意278篇，其中获市委主要领导批示5篇，被民建省委采用98篇，被省委统战部、省政协、民建中央采用49篇次，被全国政协综合采用1篇、转送1篇，被全国政协《每日社情》采用5篇，国家级简报录用1篇。积极参与民建江苏省委安全生产专项民主监督调研，助力安全生产考察调研工作。与市政协经科农委就全市数字经济发展情况开展联合调研，共同完成关于全市数字经济发展的建议，并开展“政协话题”拍摄。全年完成调研报告26篇。

（王　凡）

【社会服务】 2020年疫情期间，无锡民建市委广大会员积极响应号召，通过各种渠道自发捐款捐物，金额436.6万元。其中，定向支持湖北黄石市疫情防控募集捐款45.25万元、防疫物资11.27万元。1名会员被民建中央评为“抗击新冠肺炎疫情先进个人”，3个基层组织被民建江苏省委评为“抗击新冠肺炎疫情先进集体”，12名会员被民建江苏省委评为“抗击新冠肺炎疫情先进个人”。年内，发挥“思源工程——生育关怀行动”品牌项目作用，打造雪浪街道“连心家园”阵地；“蠡湖文明之友”志愿者服务团队在开展城市黑臭水体治理专项巡查基础上，结合“文明城市建设”“城市精细化管理”等主题拓展社区志愿服务内容；“心悟之春”志愿者服务队整合会内资源，与梁溪区南禅寺街道“同心”实践基地结对合作。参与民建江苏省委乡村振兴实践基地建设，结对帮扶3户贫困家庭。落实民建中央扶贫新任务，参与河北省丰宁县胡麻营镇精准扶贫工作，捐助资金4.2万元。发动会员参与“99公益日”慈善捐赠活动，参与率和捐赠额居全省第一。民建江阴市委与山西省吕梁市石楼县扶贫开发办公室签署协议，联合支持“认领一分田、播种一份爱”扶贫项目，推广山西石楼的优质小米和蜂蜜等消费扶贫产品。宜兴市基层委员会会员坚持每年向周铁镇政府捐资“银燕园丁奖”25万元，另有多名会员积极参与各项社会公益活动和光彩事业，助老、助学，长效帮扶。探索制定服务会员企业的相关办法，研究出台《民建无锡市委关于推动会员企业高质量发展行动方案（试行）》，制定民建市委领导联系走访会员企业工作制度，助力打造最优营商环境城市。年内，民建无锡市委领导班子成员走访企业50余家，向上级部门报送100余条涉企信息，依托会内法律、金融、咨询工作小组帮助解决多项企业实际困难。

（王　凡）

中国民主促进会无锡市委员会

【组织建设】 至2020年末，中国民主促进会无锡市委员会（以下简称民进无锡市委）有2个县（市）级地方组织、92个基层组织，其中，基层委员会6个，支部委员会86个。全年发展新会员82人，全市共有会员1678人。

年内，抓实代表人物、骨干力量、会务人才、后备干部和青年会员队伍建设，加强对口联系、注重培养教育、鼓励双岗建功，全年组织举办各级各类培训活动10余次、250人次参训。一批优秀骨干受到表彰，其中江南大学田耀旗获国务院科学技术进步奖三等奖。深化达标考核工作，推行“虚拟机关”管理模式，重点推进共享开放的高标准民进“会员之家”建设。围绕推动“长三角一体化”建设，深化苏锡常湖嘉五城市和无锡、沙坪坝、酒泉、滁州、钦州民进组织交流机制。创新设立青年支部和青年工作委员会，促进青年会员间互相交流、团结合作。探索党派内部监督机制的建立和运行，抓好会员意识形态领域工作，专题督查全市基层组织会费的收缴、管理及使用。民进无锡市委机关获民进全省机关目标考评各设区市委一等奖。

（华佳佳）

【思想建设】 2020年，民进无锡市委全面学习贯彻习近平新时代中国特色社会主义思想，通过“学习会走进基层”、专题培训交流、参观教育基地等形式，推动领导班子、机关、基层组织学习全覆盖。巩固深化“不忘合作初心，继续携手前进”主题教育活动成果，举办各类培训班、现场教学和美术作品展等活动。发挥宣传工作在思想政治建设中的引领作用，会刊、网站、微信公众号在内容发布等方面深度融合、各有侧重。2019年10月至2020年9月，在《人民政协报》《团结报》《民主》《中国统一战线》等中央级刊物发表文章12篇；江南大学基层委员会的扶贫故事被民进中央微信公众号专题报道；无锡民进网站发布文章300余篇，微信公众号发布118篇，印制内刊4期。无锡叶圣陶研究会积极开展活动，参与民进中央、民进省委、市委统战部理论研究，授牌江苏省天一中学、无锡新华书店等9家单位为首批理事单位，开展高中语文整本书阅读教学观摩研讨活动；线上线下举办“二泉阅谈”系列讲座20场，现场听众近2000人次，线上听众近百万人次。民进江阴市委报送的《同心彩虹》获“助力小康·奋斗有我”全省统一战线微视频创意大赛三等奖。民进江阴市委、会员张天桥分别被评为“民进全国会史工作先进集体”和“民进全国会史工作先进个人”。

（华佳佳）

【参政议政】 2020年，民进无锡市委围绕履职能力建设主题年目标要求，探索完善参政议政目标导向、领导联系、队伍建设、成果转化、考核激励、智囊外脑助力六大工作机制，强化参政议政体系建设。全年完成民主协商、民主监督、省民进重点关注课题以及市委招标课题30多篇，提交民主协商调研报告《全面提升智慧城市建设，精准防控社会领域风险》《共筑共建，互惠互享，深化长三角文旅资源一体化》和年度民主监督报告《进一步降低企业创新成本，促进民营经济高质量发展》、大会发言《以一体化的思路促进高质量发展，深化长三角文旅资源一体化》；《优化职业院校布局和专业设置，实施职业教育现代化工程》课题入选民进省委关注课题；联合市政协文史委提交的《构建整合文旅融合体系，打造无锡大遗址保护利用范本》，受到市政府主要领导充分肯定；在民进省委2019～2020年参政议政成果评选中获一等奖1篇、二等奖3篇。全国“两会”期间，全国人大代表吴国平提交《探索旅游业解困路径，谋求一体化融合发展》等议案，并接受多家媒体采

10月13~16日，无锡、沙坪坝、酒泉、滁州、钦州五地民进组织交流合作研讨会在无锡召开

（民进无锡市委　供）

访。全年报送信息679条,被各级录用296条次,其中,30条被民进中央录用,2条被民进中央评为参政议政成果三等奖,2条被中办采用,1条获市主要领导批示,信息工作在全省民进组织和全市民主党派中位列第一。民进无锡市委被评为“民进全国履职能力建设先进集体”“民进江苏省委信息工作先进单位”,会员孙晓雄、梅士强、任倬被评为民进“全国履职能力建设先进个人”。

(华佳佳)

【社会服务】 2020年,全市各级民进组织和广大会员立足自身岗位,发挥特长优势,投身疫情防控。据不完全统计,全市民进组织捐赠资金、物资360余万元,1019位会员缴纳“特殊会费”共计346470元,定向捐赠湖北黄石,另向黄石民进组织捐赠价值16万元的防疫物资;书画家、文艺界会员创作以抗击新冠肺炎为题材的文艺作品400余件,与无锡市第五人民医院联合举办“众志成城,抗击疫情”书画摄影联展,捐赠书画作品240余件慰问抗疫英雄。积极投入“同心·彩虹行动”,加强同甘肃酒泉民进组织合作交流,推动对沙土一小的结对帮扶工作,开展硬笔书法网课送教、捐赠图书、资助贫困学生等活动,举办江苏民进第45期“彩虹行动”(无锡惠山)培训班。打造“服务与我同行”大品牌,推出“2020年民进无锡市委社会服务菜单”,做好送春联进社区、送书画进军营、送文化进学校、支教送教等传统社会服务项目,做强开明大讲堂、“风雅江南”讲座、“蓝星妈妈”等新品牌,在“世界孤独症日”以线下主题访谈和网络直播的形式开展“蓝星妈妈”关爱活动,在“99公益日”开展“蓝星妈妈”专项捐款活动,共计捐款34791.29元。各地方组织、基层组织开展“服务与我同行”微公益活动,累计开展各类活动294场次,累计受益人数线下2.82万人次、线上11.8万人次,扶贫助学捐款38.09万元。

(华佳佳)

中国农工民主党无锡市委员会

【组织建设】 至2020年末,中国农工民主党无锡市委员会(以下简称农工党无锡市委)有县级市委1个、基层组织97个,其中,基层委员会7个,总支部4个,农工党员总人数为1722人,党员担任各级人大代表、政协委员177人次。全年发展82名新党员,平均年龄38.8岁,其中,医药卫生、人口资源和生态环境以及相关的科学技术、教育领域57人,占70%;区政协委员2人。稳步推进党员队伍发展,持续抓好党员培训教育,全年共输送1名党员参加农工党中央基层组织负责人网络培训班,1名党员参加省第九期多党合作理论进修班,8名党员参加全省骨干党员培训班,5名党员参加第31期党外中青年干部暨第四期党外干部“321人才计划”培训班,1名党员参加第八期市管干部“深入学习贯彻习近平新时代中国特色社会主义思想和党的十九大精神”研修班,8名党员参加第29期民主党派代表人士培训班,20名党员参加农工党江苏省经济界骨干党员培训班。不断夯实基层组织基础,建立“农工之家”60个,提前完成基层组织全覆盖目标任务。开展为期3年的“创建示范支部,争当优秀党员”活动,积极探索基层工作新思路新方法。成立经开区总支部,市文化支部调整为文化综合一、二支部,梁溪区完成届中调整及各支部换届工作,锡山区基层委员会创新管理模式,率先成立“云机关”,激发党派基层组织活力。成立农工党无锡市经济界党员联谊会和梁溪区分会,举办农工党无锡市经联会第一次会员培训班,承办农工党江苏省经联会2020年度会员大会。在农工党中央庆祝中国农工民主党成立90周年评选表彰活动中,农工党无锡市委被评为“优秀地市级组织”,宜兴市基层委员会被评为“参政议政先进集体”,梁溪区基层委员会被评为“宣传思想先进集体”,锡山区基层委员会被评为“组织建设先进集体”,1人被评为“优秀党务工作者”,4人被评为“先进个人”。6位老党员获“庆祝中国农工民主党成立90周年”纪念章。在农工党江苏省委庆祝中国农工民主党成立90周年评选表彰活动中,14个支部被评为“先进基层组织”,26人被评为“先进党员”。在农工党江苏省年度先进表彰活动中,农工党无锡市委被评为“专职党务工作先进集体”“社会宣传工作先进集体”,并获“参政议政工作先进单位特等奖”“党史宣传工作特殊贡献奖”,5名机关干部被评为“专职党务工作先进个人”,5名党员被评为“参政议政工作优秀个人”,2名党员被评为“社会宣传工作先进个人”。

(程 华)

【思想建设】 2020年,在江苏省委统战部、新华日报社联合主办的“助力小康·奋斗有我”江苏统一战线微视频创意大赛中,农工党无锡市委选送的作品,1件获二等奖,1件获三等奖。在纪念农工党成立90周年“燃情三行诗”活动中,获全省优秀组织一等奖,10名成员分别获一、二、三等奖。在庆祝农工党成立90周年暨第二届“美丽中国”美术摄影作品展和全省“携手·90年·90人”美术作品提名展作品征集活动中,1件作品入选农工党中央全国联展,10件作品入选全省联展。在纪念农工党成立90周年专题征文活动,1篇文章获农工党中央全国征文活动一等奖,1篇文章被中央统战部“全面小康·统战心声”主题征文录用刊发。配合农工党省委拍摄庆祝农工党建党90周年党员教育专题片,《凝固的历史——农工党史教育基地》纪录片获农工党中央微视频展播大赛特别奖。成功举办“砥砺奋进九十载,同心追梦新时代”庆祝农工党成立90周年云晚会,赢得各界赞誉。举办“学习中共十九届五

8月9日，农工党无锡市委主办“砥砺奋进九十载、同心追梦新时代”庆祝农工党成立90周年云晚会　（农工党无锡市委　供）

中全会精神”骨干培训班，组织80名骨干党员参加培训学习。全年发表微信公众号文章342篇次，网站更新314篇次，印制内刊4期。在《无锡日报》《无锡统战》《无锡政协》等市级刊物和新媒体发表宣传报道112篇次，在《新华日报》、江苏统战网站及微信公众号、省委网站及微信公众号等省级刊物和新媒体发表宣传报道313篇次，在《人民政协报》《团结报》《前进论坛》等全国性报纸杂志和新媒体发表宣传报道108篇次。开展论文征集活动，被省政协采纳录用1篇。参加无锡市哲学社会科学招标课题申报工作，申报论文1篇。被农工党江苏省委评为订阅党刊《前进论坛》先进单位。

（程　华）

【参政议政】 2020年，农工党无锡市委确定以“积极防范化解就业领域风险”和“对标找差，提升气质，积极实施细颗粒物（$PM_{2.5}$）和臭氧浓度‘双控双减’”为题与中共无锡市委开展民主协商并形成调研成果，部分建议被全国政协《每日社情》采纳。顺利完成农工党中央、省委下达的18个调研课题，1篇调研报告被农工党中央采纳，1篇调研报告在市政协十四届五次会议上作大会主题发言，1篇调研报告转化为社情民意被农工党中央采纳。在农工党江苏省委“农工论坛”上，1篇调研报告获二等奖，2篇调研报告获优秀成果奖。全年农工党员通过各种渠道反映社情民意信息（统战信息）420余件，市特供信息采纳5件，市党政信息采纳83件，无锡市政协平台采纳45件，农工党江苏省委采纳251件，中共江苏省委统战部采纳7件，江苏省政协采纳5件，农工党中央采纳35件，全国政协采纳6件，27件社情民意信息获农工党江苏省委反映社情民意信息“优秀成果奖”。5名党员获评农工党江苏省委参政议政先进个人。向中共无锡市委统战部和中共江苏省委统战部推荐“统战智库”成员5名。在市政协十四届四次会议上，提交8件集体提案，并作题为《传承精华，守正创新，加快我市中医药事业健康发展》大会交流发言。在市政协“立足本职促发展，当好委员献良策”主题活动中，2名党员被评为“优秀民主监督员”；2篇提案被评为“优秀集体提案”；7篇提案被评为“优秀个人提案”；1篇调研报告被评为“优秀调研成果”。2件建议作为集体提案报送江苏省政协十二届三次会议。

（程　华）

【社会服务】 2020年，农工党无锡市委广泛动员全市会员，严阵以待抗击疫情，3名党员挺身而出，出征武汉，驰援湖北，很多党员守卫本土，奋战在卫监、疾控、科研、医疗服务等各个条线，就地参与防控和救治。6人获评农工党中央“抗击新冠肺炎疫情先进个人”，4人获评江苏省“全省抗击新冠肺炎疫情先进个人”，2人获江苏省人社厅、省卫健委记功奖励，3人获农工党江苏省委“优秀农工党员”称号，24名党员被评为农工党江苏省委“抗疫先进工作者”，3人获“无锡市五一劳动奖章”，2人获评无锡市最美战“疫”先锋，90名党员被评为农工党无锡市委“抗疫先进个人”，1人获评宜兴市最美战“疫”先锋。全市农工党党员捐款捐物1438万余元并交纳“特殊党费”55.45万元，定向支援湖北黄石。农工党无锡市委编辑印制《众志成城抗“疫”情——抗击新冠肺炎纪念专辑》500册，总结回顾无锡农工党组织抗疫阶段性成果。积极参与脱贫攻坚，为贵州大方捐赠6万元，定点帮扶当地建设2个图书馆，助力巩固脱贫攻坚成果，落实扶贫战略转型。与农工党甘肃省酒泉市委缔结为“友好市委”，连续6年开展区域合作帮扶活动，累计发放“源泉助学金”33万元，资助甘肃省玉门市10余所乡村学校近300名贫困学生完成学业，安排25名酒泉卫健委选派的乡村医生到无锡免费进修学习。各基层组织继续开展“同心助医援藏”“苏陕扶贫协作”“瑶寨助学”等扶贫协作活动。创新工作形式，与惠山区基层委员会、堰桥街道统战部联合举办“民法典进社区”活动。经开区总支部在梁南社区开展便民义诊服务，梁溪区卫生一支部依托合和社区“农工之家”开展关爱帮扶失独家庭老人活动，滨湖区卫生支部联合区疾控中心开展“预防艾滋病知识宣传进工地”活动等，取得积极成效。

（程　华）

中国致公党无锡市委员会

【组织建设】 至2020年末，中国致公党无锡市委员会（以下简称致公党无锡市委）有基层委员会4个、总支2个、支部42个，党员637人。全年新发展党员33人，其中，博士2人、硕士13人、中高职称8人、留学人员和海外工作的人员11人。党员中，归国留学人员、访问学者及有海外工作经历者103人，侨海外比例88.7%，博士33人、硕士128人，硕博占比25.3%。党员在省、市、区三级人大、政协中担任人大代表或政协委员的70人（79人次）。年内，致公党无锡市委先后成立无锡经济开发区（以下简称经开区）总支部、惠山区支部、无锡职业技术学院支部、新吴区六支部（威孚支部）、滨湖区九支部（石油支部），实现无锡市区基层组织全覆盖。致公党无锡市委被评为“致公党中央抗疫先进集体”，1名党员被评为“致公党中央抗疫先进个人”；致公党无锡市委、梁溪区基层委、滨湖区基层委、新吴区基层委、江大总支获评“致公党江苏省委抗疫先进集体”，13名党员被评为“致公党江苏省委抗疫先进个人”。1名党员被评为“2020年江苏省有突出贡献中青年专家”；1名党员被评为“无锡市五四青年奖章”。

严格落实领导班子民主生活会制度，“站稳政治立场，与中国共产党同呼吸共命运”，领导班子成员围绕主题进行对照检查，查摆问题和不足，剖析原因并提出整改意见。监督委员会就民主党派党内监督开展专题调研，形成课题报告，并重点对抗疫捐赠、基层组织换届等工作进行监督。按照省委部署，对各基层组织2019年和2020年上半年党费收缴和使用情况调研走访，形成专题调研报告。

加强属地化管理，增强党员为本区域经济社会发展履职尽责的责任感和归属感。由经开发承办的“凝心聚力”趣味足球赛吸引全市200名党员参加。

（吴　洁）

【思想建设】 2020年，致公党无锡市委组织全体党员认真学习习近平新时代中国特色社会主义思想，就《习近平谈治国理政（第三卷）》、中共十九届五中全会精神学习举办座谈会、分享会；各基层组织开展“追寻红色记忆，坚定理想信念”、参观廉政文化基地、专题学习会、集中学习培训等活动。年内，创新建立线上“凤巢读书会”，开展线上组织生活，在《无锡致公》平面媒体、新媒体等平台开辟学习专栏，启动拍摄致公党党内海归创新代企业家“四千四万”精神传承专题片。全年推送公众号48期、225篇次，被省级及以上平台录用稿件200篇次。

梁溪区基层委员会、新吴区基层委员会、太湖新城基层委员会、锡山支部等分别赴沙家浜、浙江、宜南山区开展爱国主义教育活动。致公党无锡市委举办新党员培训班，组织骨干党员学习《中华人民共和国民法典》。

（吴　洁）

【参政议政】 2020年，致公党无锡市委各基层组织提交30篇调研报告。《建立个人纳税信用体系的建议》《疫情对产业扶贫不良影响的化解对策》《大数据技术（BI）在制造业转型升级中的应用情况的调研——生产性服务业产业需求调研》《居住区物业管理存在问题与分类优化建议》《江苏省国家级非物质文化遗产数据库建设调研》5篇调研文章被列为致公党江苏省委2020年立项重点调研课题，《关于健全乡村振兴惠农资金监管体系的研究》等3篇调研报告转化形成全国政协提案，5篇调研报告转化为省政协提案、大会书面发言。在市政协十四届四次会议上，致公党无锡市委提交的6项集体提案，均被列为市政协2020年度重要提案，《对吸引海外学成归国青年人才来锡就业创业的建议》转化为大会发言，《对改善中小学学生餐的建议》《完善高新技术企业培育环境，推进区域经济高质量发展》获评优秀集体提案，《关于强化生态制度创新，推动环境污染从“管不住”向“管得好”转变的建议》获优秀调研成果二等奖，《大数据技术（BI）在制造业转型升级中应用情况调研》《构建多方供给体系，积极应对老龄社会》分别获致公党江苏省委汇智论坛一、二等奖。民主协商稿《积极采取危机应对政策，支持中小微企业恢复生产和增长》《优化无锡产研生态圈，主动契入长三角科技创新共同体》调研报告引起中共无锡市委、市政府及市各有关部门的重视。致公党无锡市委机关担纲的重点调研《对吸引海外学成归国青年人才来锡就业创业的建议》《加快培育产业新金融构建银企命运共同体》《厚植“两化融合”，激发智能制造发展动力》3篇调研报告分别转化为全国政协十三届三次会议集体提案、个人提案、江苏省省长督办提案；《在疫情防控期间帮助防护用品生产企业加强管理的建议》《对吸引海外学成归国青年人才来锡就业创业的建议》分别获市长杜小刚、副市长高亚光及中共无锡市委常委、统战部部长陈德荣批示；《对推动区块链技术和产业创新融合发展的建议》获市长杜小刚及中共无锡市委常委、统战部部长陈德荣批示。据不完全统计，全年报送信息200多条，其中1条信息被《两会零讯》采用，7条信息被致公党中央采用，100多条信息被江苏省政协、江苏省委统战部、致公党江苏省委录用，2条信息获中共无锡市委书记黄钦批示。致公党无锡市委创新与积极分子见面约谈的工作机制，培养积极分子的参政能力，分批次邀请积极分子和新党员参加市委的调研活动，教育和引导入党积极分子了解当前党派工作的特点与任务，每月向他们推送信息热点、约稿及探讨信息工作，积极分子、新党员撰写各类参政信息50条，被录用20条。

（吴　洁）

【社会服务】 2020年，致公党无锡市委开展社会服务活动。梁溪区基层委员会连续多年开展“致美施善”夏日送清凉活动，关爱城市环卫工人；经开区总支联合滨湖区基层委员会走进雪浪云，就“制造业与互联网融合过程中的人才支撑力”开展研讨；新吴区基层委员会多次与乐助社工走进社区开展社区主题活动；滨湖区基层委员会常年坚持赴社区开展义诊并慰问滨湖交警大队；梁溪区基层委员会在重阳节期间开展敬老爱老活动；锡山支部走进百企，为服务民企出实招。

年内，致公党无锡市委为新疆维吾尔自治区喀什地区麦盖提第四中学援建图书馆并捐赠3万元图书。

（吴　洁）

九三学社无锡市委员会

【组织建设】 至2020年末，无锡市有九三学社社员1505人。全年新发展社员66人，其中，博士12人、硕士32人、高级职称28人、中级职称32人、平均年龄36.5岁。在九三学社无锡市委员会（以下简称九三学社无锡市委）十三届六次全体（扩大）会议上，增补卢敏为副主委，赵磊为市委常委。召开基层组织对领导班子意见和建议征求会，召开领导班子民主生活会。落实“主委约谈日”和“常委联系基层”制度，领导班子与社员集体、个别谈话近千次。密切联系市纪委监委派驻二组，组织领导班子、社监督委和机关干部赴荡口古镇开展廉政教育，并多次组织廉政教育培训与观看廉政教育片。社监督委深度参与重大社务工作。继续开展“创建示范基层组织”活动，评选滨湖、江大、环保、尚贤4个委员会为九三学社无锡市委第二批示范基层组织。建立九三学社无锡市委领导班子及代表人士队伍建议名单、321名后备干部及优秀年轻代表人士名单。选派114名社员参加各级各类培训。九三学社锡山委员会、惠山委员会、产业支社、妇幼支社、退休支社完成换届改选工作，教育一支社升格为教育委员会。王选事迹陈列馆和周培源故居2个“九三学社全国传统教育基地”累计接待全国九三学社社员30余批、700余人次。

年内，1名社员被九三学社中央评为“新冠肺炎疫情防控工作抗疫先锋”、2名社员被评为“新冠肺炎疫情防控工作全国先进个人”、1个基层委员会被授予“新冠肺炎疫情防控工作全国先进集体”称号；1名社员被评为“无锡市新冠肺炎疫情防控工作先进个人”，1名社员被授予“无锡最美战‘疫’先锋”称号。

（曾志洪）

【思想建设】 2020年，九三学社无锡市委举办第四期“不忘合作初心，继续携手前进”主题教育班。组织领导班子、机关干部、基层骨干社员80余人赴九三学社全国传统教育基地——王淦昌故居学习。在周培源故居举行“周培源先生铜像落成揭幕仪式”暨领导班子民主生活现场会，第十一届全国政协副主席，九三学社第十一、十二届中央委员会副主席，院士王志珍出席仪式并讲话。举办“擘画新蓝图，开启新征程——中共十九届五中全会解读”专题报告会。先后4次组织机关干部并广泛发动社员收看九三学社中央《九三楷模》宣教片；先后10次组织社员参加九三学社中央专题政治辅导“网络课堂”学习。参加九三学社中央庆祝九三学社创建75周年征文活动，向社省委报送征文12篇。参加省政协“发挥人民政协专门协商机构作用”理论研讨会论文征集，上报论文2篇。参加市委统战部理论创新与实践创新课题征集活动，报送征文3篇。被《人民政协报》录用4篇。与市政协共同推出的谢正军先进事迹报道在《无锡日报》上登载。向社省委投稿50余篇；向统战平台投稿150余篇，录用130余篇。编辑《无锡九三》杂志2期，更新网站信息80余条，微信公众号刊文190篇。人物报道《从鱼米之乡到青藏高原——记九三学社社员、无锡市惠山区副区长、青海省海东市挂职干部赵磊》被九三学社中央评为“2019～2020九三学社全国优秀新闻作品”二等奖。

（曾志洪）

【参政议政】 2020年，九三学社无锡市委主委程红在中共无锡市委专题民主协商会上作题为《以健全重大疫情防控机制为重点，全面提升我市公共卫生治理能力》《提升区域信息共享程度，推进诚信体系高质量建设》的发言，受到中共无锡市委主要领导肯定，所提建议被政府有关部门采纳。调研报告《以工业互联网的高水平发展推动江苏制造业的高质量发展》被列入省政协重点督办提案，调研报告《推进要素保障政策改革，全面实现乡村振兴战略》入选省政协常委会专题汇报材料。市“两会”期间，主委程红的建议被市人大常委会确定为重点督办建议。向市政协提交8件集体提案，副主委陈凤军代表九三学社无锡市委在大会上发言。列入市政协重点督办提案1件，获评市政协优秀集体提案2件，个人优秀提案2件，优秀社情民意1篇。开展参政议政调研课题招标活动，修订完善《社情民意信息写作必读》，召开无锡市“十四五”前期研究课题座谈会，举办“聚焦十四五，开拓新思路”参政议政专题学习会、“美丽街区、城市道路品质提升”研讨会。完成社省委中标课题7篇、重点课题1篇。完成九三学社无锡市委中标课题15篇。调研报告《强化方向性引导，注重创造力激发，促进国有企业科技创新实力赋能》入选九三学社中央党派大调研课题。与市政协城乡工委共同完成的专题调研报告《加快区域市域交通一体化，助力无锡高质量发展》，获市政府主要领导批示。上报各类信息150余篇，九三学社中央录用14篇，社省委、市政协、市委统战部等录用90余篇。先后组织九三学社界别政协委员赴市科技局、市交通局、市规划局、市机关事务管理局等部门开展民主监督工作，专题报告《后疫情时代减轻中小企业负担应以“产业链重构”和“产业生态完善”》入选中共无锡市委民主监督课题。

（曾志洪）

【社会服务】2020年，九三学社无锡市委获九三学社中央授予“2016～2020社会服务先进集体”称号。九三学社锡山委员会、淡水渔业中心支社等基层组织开展送科技下乡活动6次，受益群众百人；开展“九三大讲堂”系列活动，受众2000余人次。“九三学社同心义诊站”定点开展医疗服务3次，受益群众200余人次。第32届“国际科学与和平周”期间，开展各类义诊、咨询、讲座、座谈会等活动12场次，发放资料300余份，捐赠物资3000余元，受益市民700余人（次）。年内，九三学社无锡市委被国际科学与和平周中国组织委员会授予“优秀活动组织奖”。

（曾志洪）

无锡市工商业联合会

【组织建设】至2020年末，无锡市有市（县）、区工商联7个，乡镇街道商会78个，园区商会7个，楼宇商会5个，其他类型商会70个，在无锡市级异地商会31个，海内外无锡商会26个，市级经济类行业协会商会171个，拥有各类会员42617个，其中企业会员34144个。全市工商联会员中，有中共十九大代表1人、全国人大代表1人、省人大代表8人、省政协委员9人、市人大代表80人、市政协委员85人。年内，新成立招标投标、生物医药行业协会2家，指导无锡市淮安商会、无锡市新沂商会完成民政登记，指导无锡市总商会四川商会、无锡市河南商会和无锡市总商会如皋商会顺利换届。

（顾卫卫）

【商会党建】2020年，无锡市总商会党委积极推进工商联（商会）组织和非公有制企业党建工作。新成立启东商会、山西商会、母婴协会、市招投标协会党支部，市台州商会党支部由功能型党支部转为实体党支部，新成立市青年企业家协会、市工业气体协会等54家功能型党支部，基本实现党的组织有效覆盖。组织23名入党积极分子培训，发展10名预备党员，完成9名预备党员转正。召开市工商联（总商会）党建工作会议，推动年度党建工作扎实开展。组织市工商联所属商协会党支部书记、党建指导员、党务工作者70余人党务工作培训，邀请中共中央组织部全国干部教育培训基地客座专家作“强化党务实务、夯实党建基础”专题授课，邀请市委市级机关工委相关负责人和经验丰富的基层党支部书记专题辅导党员发展、党支部日常工作等，使商会党建工作做有方向，抓有方法，增强“两化建设”的针对性、操作性。《“四加强”增添商会党建新活力》一文被全国工商联表彰为“2020年度商会党建工作优秀研究报告”。开展“四强四提”（强引领，提振企业发展信心；强服务，提高疫情防控水平；强支撑，提升复工复产效能；强基础，提级基层组织功能）专项行动，推进商协会党支部创特色、创品牌，涌现出泰州商会党支部“大爱公益”、市中小企业服务机构协会党支部“亮诺服务”、山东商会党支部的“三心”党建、市物业协会党支部“红色管家”等特色品牌。党建促会建，商协会党支部开展党建结对活动，市总商会党委与江苏银行分行党委结对共建，市山东商会党支部与交通银行无锡分行普惠金融部党支部、新区支行党支部建立“交鲁融通党建联盟”，市泰州商会党支部与江南大学化学与材料工程学院党委、人工智能与计算机学院党委结对共建，市总商会四川商会党支部与市地铁西漳站区机关党支部结对共建，市扬州商会党支部与锡山区东北塘街道严埭社区党总支结对共建，市淮安商会党支部与滨湖区河埒街道协民社区党支部共建“协民公益志愿联盟”。

（顾卫卫）

【理想信念教育实践活动】2020年，市工商联推进非公有制经济人士理想信念教育，团结引领民营企业家健康成长。组织举行“助力脱贫攻坚、锡商群星闪耀”无锡市民营经济人士理想信念教育分享会。推动设立每年11月1日为“无锡企业家日”，组织民营企业家代表参加纪念荣宗敬、荣德生创业120周年学术研讨会，举办“中国之治的新时代智慧”“‘四千四万’精神学习报告会”“抗疫先进事迹报告会”“‘美好生活、法典相伴’专题讲座”等，提高民营经济人士思想认识，凝聚发展共识。加强民营企业和商会组织的意识形态工作，市工商联和4家基层工商联、7家商会协会、6人分别被中华工商时报社评为“构筑民营经济舆论阵地”先进单位与个人。推荐远景能源、雅迪科技、朗新科技、苏嘉集团4家企业为全国抗疫先进企业，推荐无锡玛亚园艺景观工程制作场为无锡市“三八红旗集体”，推荐文思海辉共享服务运营中心为无锡市“巾帼文明岗”、钱薇为无锡市“巾帼文明标兵”，周海江获“全国优秀共产党员”“全国抗击新冠肺炎疫情先进个人”“2020年度中国民营经济十大新闻人物”称号。继续实施青年企业家基业长青“百千万工程”，组织50名企业家参加2020年度青年企业家基业长青培训班，培育一批有立场、有思想、有情怀、有坚守、有匠心的新时代锡商。

（顾卫卫）

【参政议政】2020年，市工商联围绕市委、市政府中心工作和民营经济发展的热点难点问题开展调研，建言献策。上、下半年在市委民主协商会议分别作《国际疫情影响下做好我市民营经济稳外贸促增长工作的对策建议》《长三角一体化背景下我市民营经济转型升级发展对策建议》交流发言，其中，《国际疫情影响下做好我市民营经济稳外贸促增长工作的对策建议》一文获省哲学社会科学界第十四届学术大会优秀论文一等奖、市哲学社会科学界第十一届学术大会征文一等奖。在市政协十四届四次大会上，市工商联副主席、无锡航亚科技股份有限公司董事长严奇作题为《加大政策落实力度，助推民企高质量发展政策落地落实》的大会发言，市工商联向大会提交《关于加大政策落实力度助推民企高质量发展的建议》等集体提案8件，办理市人大、市政协议案提案9件，市工商联及1人被表彰为市人大代表议案建议和政协提案办理优秀单位、优秀个人。《新时代商会生态圈建设的探索与研究》《无锡商协会组织在推进市域治理体系和治理能力现代化建设中的功能探究》被市委统战部、市社科联确立为2020年度联合招标课题。其中，《新时代商会生态圈建设的探索与研究》获省哲学社会科学界第十四届学术大会优秀论文二等奖、市哲学社会科学界第十一届学术大会征文二等奖、市政协“优秀调研成果”一等奖。全年报送市党政信息、统战信息500余条，向市政协提交集体提案和社情民意40余件。针对新冠肺炎疫情对有关行业复工复产影响问题进行搜集、整理和反映，报送《关于优化我市评分制量化工业用地条件政策的建议》等社情民意。《关于设立“无锡企业家日”的建议》《集卡运输严重制约全市外贸企业复产》分别被评为“优秀集体提案”“优秀社情民意信息”。《关于在我省公路干线规划布局建设综合服务区的建议》《加强知识产权保护的建议》，被省工商联采用，作为团体提案提交省政协十二届四次会议。

（顾卫卫）

【服务非公有制经济发展】 2020年，市工商联突出精准服务，推动民营经济高质量发展。召开复工复产银企对接会，助力民企积极应对新冠肺炎疫情，组织招商银行为10多家企业授信额度5.7亿元，帮助企业用好用足支持复工复产金融政策。举办“弘扬企业家精神、聚力高质量发展”企业家座谈会，组织60多位企业家与市主要领导和20多个党政部门负责人面对面交流，搭建政企交流平台。市工商联全员深入民企和商会组织开展“民营企业服务月”活动，协助企业解决发展中的问题，收到企业意见反馈表113份，梳理上报有关部门意见和建议23条。持续开展“纳税人之家”活动，收集各类意见和建议56条，及时给予答复，反馈率100%。扎实推进民企调查点工作，新增江阴市周庄商会作为民营经济调查点，梁溪区、惠山区工商联分别被评为全国工商联“2020年民营企业调查点工作示范单位”及“抗击新冠肺炎疫情以来调查点工作先进基层工商联单位”，获评省工商联“2020年度全省民营企业调查点工作先进单位”。会同市中级人民法院建立“双月谈”法企交流工作机制，先后举办4次活动，对商会、企业提出的意见和建议，通过微信公众号及时上传解决方案，当好企业法律服务的“店小二”。联合市人民检察院聚焦民企司法保护，开展开放式检委会、检察院开放日、检察长专题法治宣讲等活动。协同市人民检察院出台《无锡市检察院关于服务保障民营经济高质量发展十二条意见》。市法联商会商事调解中心全面运作，实现自接重大经济纠纷案件成功调解的突破，调解案件案值6000多万元。会同市司法局、市律师协会开展“法治体检四进四送”专项法律服务活动，为民营企业出具体检报告1253份，提供专项法律意见建议13300余条，推送法律政策指引5000余条，举办专项法律知识讲座548场次，解决跨国贸易纠纷案件500余起等。联合市委统战部、市发改委、市司法局、市商务局、市外办、市贸促会和市律师协会，发起成立江苏省首个以“1+N”模式运行的法律服务中心——“无锡市‘一带一路’（涉外）法律服务中心”。开展上规模民企调研和中国民企500强申报，全年全市入围民营企业26家，入围门槛的营业收入超过202.04亿元，新增入围企业7家，入围数居全省地级市第一名。全市进入“2020江苏民营企业200强”企业37家，进入“2020江苏民营企业制造业100强”企业26家，进入“2020江苏民营企业创新100强”企业10家。

（顾卫卫）

【行业协会商会规范化管理】 2020年，市工商联大力加强商协会改革和发展工作。制定《市工商联所属商协会管理办法》《全市工商联商会管理评价实施意见》等管理规定，落实商会重大事项报告制度，组织开展商协会负责人公示和年度述职工作，抓好公务员、事业单位和国有企业相关人员商协会兼职审批工作，受理7名退休领导干部在6个行业协会的兼职申请。针对商协会制度建设、法人治理、支部活动等情况，全面开展抽查督查工作，切实推进商协会收费管理、“小金库”等专项整治活动，规范商协会运作。全年完成商协会年检132家，注销人才服务、无锡市劳务派遣、无锡市轻工等6家行业协会。全市14家商协会获评全国“四好”商会，54家商协会获评省级“四好”商会。市委常委、统战部部长陈德荣在2020年全国工商联商会工作会议上，以《探索商会改革“无锡样本”，凝聚高质量发展的商会力量》为题，介绍无锡商会改革发展成功经验。组织行业协会参加社会组织评估，至年底，全市行业协会商会获社会组织评估AAAA级18家、AAA级21家。

（顾卫卫）

【光彩公益事业】 2020年，市工商联厚植锡商群体家国情怀，在脱贫攻坚和公益事业中展示锡商光彩。无锡市光彩事业促进会实施光彩公益项目27个，向社会捐款918.24万元。开展“村企共发展、同奔现代化”行动，通过建立健全沟通、对接、联动工作机制，积极引导民营企业、商会协会等投身乡村振兴，全市556个村（社区）完成结对，其中，278个村（社区）与188家企业联建项目完成省下达的投资目标。因地制宜做好结对帮扶和东西部对口支援工作，扎实推进“百企帮百村”精准扶贫活动，参与无锡、徐州两地结对的20个帮扶村全部脱贫。组织发动民企参与“云助湖北”活动、阿合奇县农牧产品展销会等活动，完成东西部扶贫协作任务704万元，消费扶贫金额973.77万元。组织引导民营企业和民营经济人士为防控疫情贡献力量，据不完全统计，全市商会协会和民营企业捐助抗击疫情物资、款项超2.5亿元。

（顾卫卫）

表16　“2020中国民营企业500强”无锡市入围企业情况表

序	企业名称	所属行业	营业收入（万元）	全国排名
1	海澜集团有限公司	纺织服装、服饰业	12322537	41
2	江阴澄星实业集团有限公司	化学原料和化学制品制造业	10853133	48
3	三房巷集团有限公司	化学纤维制造业	7300385	100
4	红豆集团有限公司	纺织服装、服饰业	7205495	103
5	江苏新长江实业集团有限公司	黑色金属冶炼和压延加工业	6652468	114
6	江苏扬子江船业集团	铁路、船舶、航空航天和其他运输设备制造业	4525138	184
7	法尔胜泓昇集团有限公司	金属制品业	3980661	222
8	双良集团有限公司	专用设备制造业	3960225	224
9	江苏阳光集团有限公司	纺织业	3882343	228
10	远东控股集团有限公司	综合	3829169	233
11	江苏大明金属制品有限公司	金属制品业	3549406	258
12	江苏西城三联控股集团有限公司	黑色金属冶炼和压延加工业	2514338	378
13	江苏华宏实业集团有限公司	化学纤维制造业	2486754	384
14	江阴长三角钢铁集团有限公司	批发业	2455121	385
15	江苏三木集团有限公司	化学原料和化学制品制造业	2442192	387
16	兴达投资集团有限公司	化学原料和化学制品制造业	2389554	401
17	江南集团有限公司	电气机械和器材制造业	2381500	406
18	江苏中超投资集团有限公司	电气机械和器材制造业	2368860	407
19	雅迪科技集团有限公司	铁路、船舶、航空航天和其他运输设备制造业	2364312	409
20	江苏无锡朝阳集团股份有限公司	批发业	2361886	410
21	江苏江润铜业有限公司	金属制品业	2361259	411
22	无锡华东重机科技集团有限公司	通用设备制造业	2322880	432
23	远景能源有限公司	通用设备制造业	2318532	434
24	无锡市不锈钢电子交易中心有限公司	批发业	2312911	436
25	江苏大经集团有限公司	综合	2312175	437
26	江阴市金桥化工有限公司	批发业	2243372	451

（市工商联）

编辑　罗秋云

无锡市总工会

【组织建设】 至2020年末，无锡市有市本级总工会1家，市（县）、区及无锡经济开发区总工会8家，街道（镇）工会81家，基层工会14331家，涵盖单位66340个，工会会员266.8万人，其中农民工会员141.2万人。年内，新增工会组织3家（新增工会组织是指基层工会总数相比上年总数的增量），涵盖单位比上年增加28个，工会会员比上年增加1024人。

（锡　工）

【思想建设】 2020年，全市工会开展“学习习近平总书记回信精神大家谈”活动，引领职工为疫情防控和经济社会发展贡献力量。高质量完成全国劳动模范推荐评选工作，全市新增全国劳动模范和全国先进工作者11人。精心做好省、市“五一劳动奖”和“工人先锋号”推荐评选工作。高平台、高频次宣传劳模先进事迹，引领职工弘扬劳模精神、劳动精神和工匠精神。落实意识形态工作责任制，建好管好用好工会宣传阵地和宣传队伍。在地铁移动电视上开通《工会在线》宣传专栏，以动漫和微视频形式加大工会工作宣传力度，累计数百万人次观看。开展“十九届四中全会精神E起学”活动，推出领读领学和有奖答题活动，吸引近19万人次参与。面向社会征集并确定“新时代　新思想　新宣讲”活动标识，扩大“三新”宣讲活动的社会知晓度；做强“三新”宣讲活动品牌，推出疫情特辑、五一特辑3场，打造“三新”宣讲企业直播间；开展“劳模工匠进校园，思政教师进企业”活动，累计吸引职工30多万人次参加。职工云端思政课网络主题活动获评无锡市第八届网络文化季“网络人气奖”。

落实党建工作责任制，制定年度党建工作要点和“三级责任清单”（市总工会党组责任清单、机关党委责任清单、基层党组织责任清单）。召开全市工会系统党的建设工作会议，全面部署推进全市工会系统党的建设工作和意识形态工作。开展“学习劳模先进，争当时代先锋”“争当领跑者，建功新时代”“劳模先进讲党课”主题党日活动。全面落实党风廉政建设主体责任，营造工会系统风清气正的政治生态。

（锡　工）

【产业工人队伍建设改革】 2020年，市总工会发挥牵头抓总职责，持续推进无锡市产业工人队伍建设改革工作（以下简称“产改”）。推动“产改”纳入全市全面深化改革总体计划，列为市委、市政府重点工作目标任务。推动“产改”试点工作，制定《无锡产业工人队伍建设改革试点工作方案》，召开试点工作部署推进会议，推动试点工作市（县）、区全覆盖，并向镇（街道）、园区（开发区）及行业拓展，实现试点企业国有、民营、外资、新型战略性产业及小微企业类型全覆盖，全市确定全国级项目试点单位1家、省级试点单位13家，市级试点单位16家，市（县）、区级试点培育企业95家。汇编《推动职工赋能成长，打通职业发展通道》“产改”优秀案例。《工人日报》《新华日报》《江苏工人报》等主流媒体多频次报道肯定无锡市“产改”工作；红豆集团、无锡高新区、SK海力士“产改”经验被评为“长三角地区深入推进产业工人队伍建设改革工作优秀案例”；省委原副书记任振鹤及省委督察组高度肯定无锡市“产改”工作；全国总工会党组成员、副主席阎京华对无锡市“产改”工作批示肯定；国家推进产业工人队伍建设改革协调小组办公室以专报形式向全国推荐无锡市非公企业“产改”工作经验。

（锡　工）

【职工文化建设】 2020年，全市工会系统持续推进职工文化建设。市总工会举办第十届无锡市职工读书月系列活动，开展“书香三八”读书活动，新建全国“职工书屋”示范点3家、省级8家、市级29家，省“书香企业”示范点5家。与市文联开展战略合作，组织文艺名家与职工文艺人才师徒结对活动，加大职工文艺人才培养力度。举办首届环太湖“工会杯”龙舟赛暨第二届无锡市职工龙舟赛，做优“职工生活大讲堂”品牌，拍摄职工工间操视频，丰富职工文化生活。

（锡　工）

【职工培训】 2020年，全市工会系统推动企业建立职工教育基地85家、企业网上大学49家，累计建成教育基地103家，平台访问量352.7万人次。丰富工会会员教育普惠项目线上课程，新增7个门类、200部课程视频，开设线上直播课程47期，累计为职工提供视频800余部，观看人数

5 月 19 日，举行 2020 年无锡市重点工程劳动竞赛启动仪式

（市总工会　供）

21.64 万人次。实施“农民工求学圆梦”行动，为 3689 名提升学历的农民工、一线职工发放补助 184.45 万元。

（锡　工）

【主题劳动竞赛】 2020 年，全市工会系统广泛开展“当好主人翁、建功新时代”主题劳动竞赛，在全市 12 项重点工程（项目）和 101 家重点企业中开展示范性劳动竞赛。按照“培训、练兵、竞赛、晋级”四位一体模式，各级工会举办技能培训班 1500 多期。举办第十三届市职工职业技能大赛，开展 32 项、42 个工种比赛，逾 10 万名职工参赛。

（锡　工）

【职工就业创业】 2020 年，全市工会系统进一步优化职工就业创业工作。实施“职工众创行动”，激励职工创新创业。联合市人社局等单位开展“春风行动”活动，线上平台发布岗位需求 23.36 万余个次，涉及企业 11680 家次，网上求职 20.72 万人次。开展“工会帮你来就业”云招聘，开通“4050”就业专列，积极做好不同类型群体就业和再就业帮扶行动。升级“关爱·圆梦”工程，参与对象扩大到外来务工人员子女，累计招募爱心企业 473 家，提供爱心岗位 3359 个，帮助 1670 名学子参加勤工俭学和社会实践，该工程在全省范围内推广，中央电视台年内 2 次宣传报道。

（锡　工）

【职工创新成果】 2020 年，全市工会广泛开展职工科技创新和群众性“五小”（小发明、小创造、小革新、小攻关、小建议）活动，举办第 11 届无锡市职工十大科技创新成果、十大先进操作法、十大发明专利和十佳金点子（合理化建议）推荐活动，40 项一线职工技术创新、服务创新和管理创新成果脱颖而出。推进劳模创新工作室“双创双提升”（在劳模创新工作室创建劳模党支部、党员先锋岗，提升政治素质、提升业务技能）工程，新命名无锡市示范性劳模创新工作室 10 家、无锡市劳模创新工作室 20 家。

（锡　工）

【职工安康权益维护】 2020 年，全市各级工会以“安康杯”竞赛为载体，深入开展“安康论坛”、安全生产知识竞赛等劳动保护主题活动，全市参赛企业 7726 家，参赛班组 63119 个，参赛职工 93 万多人。推进劳动保护规范化工作，命名 100 家劳动保护工作合格工会。开展安全生产和劳动保护“百千万”大教育培训，编印工会班组长培训教材《工会安全生产和劳动保护工作指导手册》，督促企业开好班前班后安全会，促进职工劳动保护意识能力不断提升。开展夏季安康“三送”（送清凉、送安全、送法律）活动，组织第六届全市职工“安全隐患随手拍”活动，开展女职工助力安全“十微”（根据地区、行业和企业特点，组织女职工参与认领“微心愿”，征集“微家书”，设置“微提醒”，发布“微视频”，组织“微观摩”，编写“微案例”，开展“微竞赛”，制作“微推送”，开设“微讲堂”，实施“微创新”等多种形式）行动，切实维护职工安康权益。承办全省第一届职工安全生产和劳动保护技能大赛，无锡市工会代表队获二等奖。

（锡　工）

【保障职工民主权利】 2020 年，全市各级工会深化职代会规范化建设，制定《无锡市区域（行业）职工代表大会操作办法（试行）》，对县级以下的区域（行业）部分职工（代表）大会进行规范，全国总工会党组成员、副主席蔡振华批示肯定，《工人日报》予以报道。深化企业民主管理，开展“护航安全健康，携手共促发展”民主管理主题活动，守护职工安全健康，助力复工复产、安全生产。实施集体协商“五讲行动”（讲团结劳资互谅成共识、讲奉献互帮互助有境界、讲长远共渡难关促发展、讲关爱职工生计放心间、讲感情危难之际见真情），认定集体协商质效评估三星企业 46 家，全市工资集体协商企业建制率 98.5%。

（锡　工）

【劳动法律监督】 2020 年，全市各级工会强化工会法律监督，以“携手防疫共克时艰，服务企业促进发展”为主题，在全市开展工会劳动法律监督联动活动，对 1747 家企业进行监督检查，发出工会劳动法律监督意见书 285 份，提出整改建议 568 条，补签劳动合同 360 份，补发工资 39.03 万元，补缴社会保险 21.56 万元。深化与法院、人力资源社会保障局等部门的协作，提升工会劳动法律监督社会影响力。

（锡　工）

【法律服务】 2020年，全市各级工会开展“法治宣传服务月”活动，组织“工会普法进工地”“关爱身边地铁建设者”等活动。组织《保障农民工工资支付条例》线上培训，参与做好农民工工资支付保障工作。制作《新冠肺炎防控期间维护企业职工权益政策汇编》，帮助企业和职工妥善处理复工复产期间劳动关系纠纷。拍摄工会普法系列剧在地铁等公共场所循环播放，其中“居家办公篇”被“学习强国”平台采用。

（锡　工）

【帮扶困难职工】 2020年，全市各级工会共筹集“两节”（元旦、春节）送温暖资金1503.22万元，走访慰问困难职工、困难劳模、困难农民工和一线职工1.12万人次。完善困难职工家庭日常生活救助制度，提高市特困职工家庭生活、医疗及子女助学救助标准，增加“特困职工临时价格补贴”项目。疫情伊始，市总工会第一时间对市特困职工发放100元/月的专项临时生活补贴，《工人日报》头版报道。

（锡　工）

【工会会员普惠服务】 2020年，全市工会系统加强工会会员普惠服务工作，依托工会会员服务卡开展普惠“节节高”活动，持续为职工送节日福利。推进职工“住院+重疾+意外”互助保障项目，提高职工会员重大疾病、意外伤害等抗风险能力，覆盖561家企事业单位、6.8万名参保职工。确认首批市职工（劳模）疗休养基地，组织医护、应急以及公安、环卫、社区工作者等防疫一线职工参加疗休养。开展在无锡的农民工“1+1”亲子游活动。举办“缘起工会，携手逐梦”医护人员专场联谊会，搭起单身职工联谊交友的“鹊桥”。

（锡　工）

【职工服务阵地建设】 2020年，全市工会全面建成职工服务三级综合平台，实施职工服务中心联网联动；开展全市工会职工服务中心建设及常态化运行现场观摩交流活动、十大优质服务典型选树展示活动、环太湖城市职工服务中心交流活动，促进服务质量持续提升。新建41家“爱心母婴休息室”，搭建女职工“五期”（经期、孕期、产期、哺乳期、更年期）健康关爱一体化平台，加强对女职工群体的关爱服务。

（锡　工）

【扩大工会组织覆盖面】 2020年，全市推进以农民工为主的“八大群体”（货车司机、快递员、护工护理员、家政服务员、商场信息员、网约送餐员、房产中介员、保安员）入会工作，成立吸纳“八大群体”的工会组织17家，覆盖企业908家，发展工会会员2.47万人。结合无锡区域行业发展特点，推进行业工会建设，建成行业工会组织116家，覆盖用人单位7490家、职工32.6万人。年内，无锡工会“大抓基层”经验做法受到全国总工会党组成员、副主席蔡振华批示肯定，并在全国工会系统推广。

（锡　工）

【职工之家规范化建设】 2020年，市总工会编撰《基层工会组织规范化建设工作指南》，指导基层工会规范建设、规范运行。指导局（公司）、直属单位工会开展职工之家规范化建设交流活动，指导基层工会开展“交流互鉴促提升，服务职工助发展”活动，促进基层工会互学互鉴、共同提高。在全市工会系统全面启动“三联三促”（活动联搞，促进村企深度融合；服务联手，促进百姓获得感增强；组织联建，促进基层组织更加坚强有力、充满活力）村企工会联建活动，全市65对村企工会联建结对。

（锡　工）

【加强社会化工作者管理】 2020年，市总工会加强工会社会化工作者的市级统一管理，实行“市招—区管—镇用”的管理模式；首次全市统一公开招录32名社会化工会工作者，进一步充实基层工会工作力量；率先在全省推出社会化工会工作者薪酬管理体系，建立社会化工会工作者薪酬标准和增长机制，《工人日报》对此连续报道。

（锡　工）

【区域化工会工作创新】 2020年，市总工会服务长三角区域一体化发展国家战略，举办无锡、常州、苏州、湖州、嘉兴市总工会共同参与的环太湖城市工会工作联盟2020年交流活动，举办首届环太湖青年职工歌手大赛、龙舟赛、职工服务平台建设交流等活动，发起长三角（5+10）城市工

4月21日，《“劳模精神”大家谈》节目在无锡广电“智慧无锡”直播平台开启 （市总工会　供）

会工作联盟倡议,得到沪苏浙皖有关市(区)总工会积极响应。

(锡 工)

共青团无锡市委员会

【全市团员和团组织建设】 至2020年末,共青团无锡市委员会(以下简称团市委)有下级组织18741个,较上年增长1834个,其中团委459个、团工委77个、团总支964个、团支部17241个。全市团员306466人,全年新发展团员13149人,团干部39073人,其中团的领导机关团干部95人、基层团干部38978人。镇(街道)、村(社区)等基层组织团干部配备实现100%,基层团干部覆盖率100%。年内,团市委被评为"全省共青团工作先进单位"。

年内,无锡市获评全国优秀共青团员2人,全国优秀共青团干部2人,全国五四红旗团委(团支部)2个;获评江苏省优秀共青团员19人,江苏省优秀共青团干部16人,江苏省五四红旗团委(团工委)21个,江苏省五四红旗团支部(团总支)20个。获中国青年五四奖章1人、中国青年五四奖章集体1个、江苏青年五四奖章1人,获奖总数较上年有较大提高,位居全省前列。评选无锡青年五四奖章15人,无锡青年五四奖章提名奖6人;无锡青年五四奖章集体10个。推报获评全省共青团工作"10100"创新创优工程一等奖项目2个。

(沈锡远)

【青年思想教育】 2020年,团市委广泛建设"青年学习社",统筹整合各级各类爱国主义教育基地、党政红色资源,打造梁溪区"青年信仰之路"、滨湖区"奋斗精神之路"、惠山区"改革开放'四千四万'精神之路"等多条省市青年学习社线路。疫情期间,集中开展"青年战疫云课堂""青年云开讲""线上微团课"等网上学习分享活动,邀请无锡市援鄂医疗队青年医护工作者、青年讲师团成员走进青年学习社线上课堂,分享战疫故事,累计600余场,参与青年3.5万余人次。全年在全市各级团组织中开展"绽放战疫青春,坚定制度自信"宣讲100余场,听讲377333人次。

(范滢皓)

【青年文化建设】 2020年,团市委在全市大中小学中广泛开展"诵读学传"主题诵读大赛,引导青少年自觉传承中华优秀传统文化、继承发扬中华民族传统美德。持续开展战疫主题文艺产品的创作与传播工作,一批青年文艺工作者、青年教师和学生团员、少先队员踊跃参与,推出原创视频89部、公益歌曲11首、漫画3000余幅、诗歌60余篇。积极开展省"最美青年人物""最美大学毕业生""2020年江苏青年好网民优秀故事"等青年典型及事迹的推报工作,累计推报1000名"我们身边的好青年"参加网络海选,17人当选"江苏好青年"。

(范滢皓)

11月12日,第三届无锡市大中小学生"诵读学传"主题诵读大赛成功举办

(团市委 供)

【非公企业团建】 2020年,团市委围绕"磐石工程"集中攻坚年要求,持续推进非公企业团建工作。重点聚焦规模以上非公企业、民营企业500强和开发区(园区)团建,探索打破层级、分类管理的新模式,推动团干部包片建团,全年新增非公企业团组织3450家。

(沈锡远)

【管理机制创新】 2020年,团市委积极探索强化扁平化管理,构建直接与青年接触的工作运行机制。深化街道(镇)"实体化"大团委建设,探索"校村联建""企村联建""村村联建"等做法,提升共青团工作在农村青年中的覆盖率。探索实行社区团员属地化管理机制,通过青年社会组织联系、服务属地团员青年。继续推进区域化团建工作,调整相关片会成员构成,增强枢纽性功能,完善联建共建工作机制。做好行业型团工委、青年工作委员会工作,统筹做好35岁以下团员和青年的服务工作。加强与市委组织部、市人社局等单位的联系与合作,建立一批驻高校团工委(青年人才工作站),为无锡籍青年人才提供全链条服务。

(沈锡远)

【团建阵地提档升级】 2020年,团市委整合原有"青年之家"载体,规范"青年之家"商标使用,引导青年社会组织、新兴领域青年等入驻"青年之家",孵化一系列有特色的项目,实现项目品牌化。继续推动"职业+地域+社会交往"服务网络覆盖,在大运河、小娄巷、文旅城等地布点新的青年休闲集聚场所。加强楼宇团建,以"金融街大团委""地铁团建联盟""青少年活动中心”为模板，打造具有“中心辐射、链条带动、模块整合”的团属阵地服务圈。完善激励机制，对优秀“青年之家”给予一定扶持。

（沈锡远）

【宣传报道】 2020年，团市委“团聚无锡”微信公众平台联合“无锡自媒体联盟”成员，推出“青年突击队”“致敬最美逆行者”“保障复工复产”等专题报道行动，刊发反映各级团组织和团员青年参与抗击疫情工作的宣传稿件400余篇，其中，在中央级媒体刊发34篇，在省、市级媒体刊发168篇。广泛收集各级团组织动员广大青年投身疫情防控、复工复产的生动故事和先进事迹，原创制作抗疫MV《因为有爱》，登陆“学习强国”平台展播。

（范滢皓）

【青少年权益保护】 2020年，团市委分解细化落实国家和省中长期青年发展规划相关要求，完成《无锡市青年发展“十四五”规划》初步编制工作，为青年发展保驾护航。4月7日，无锡市未成年人保护委员会印发《关于新冠肺炎疫情防控期间加强未成年人保护的实施意见》，推出18项具体服务举措，全方位保障疫情防控期间未成年人权益。建立无锡市未成年人心理健康服务联席会议制度，统筹协调解决全市未成年人心理健康工作中的重点难点问题，督促检查相关工作落实情况。联合市教育局、市司法局、少先队无锡市工作委员会、无锡市未成年人保护委员会在全市开展2020年青少年“法治公开课”活动，开展“心理健康教育”545场、“生命安全教育”647场、《中华人民共和国民法典》宣传教育73场。

（范滢皓）

【青年联合会工作】 2020年，团市委按照江苏省健全青年联合会（以下简称青联）组织社团基础无锡试点工作要求，形成《关于无锡市青年社会组织发展建设的调研报告》；推动成立无锡市青年创新创业促进中心；研究制定无锡市青联吸纳会员团体的细化办法；协调青联委员企业资源提供就业精准帮扶行动岗位277个，优选优质岗位87个；组织开展“青春共享——青联榜样说”活动，市级青联层面集中举行10余场；举办无锡市各界青年“青春共享，凝心聚力”系列主题活动和“爱国·团结·奋斗”主题分享会；召开市青联十三届三次常委（扩大）会议；市青联副主席付昊桓获“中国青年五四奖章”；市青联委员于彩成获“江苏青年五四奖章”；在无锡的全国青联委员叶聪当选十三届全国青联副主席（全省唯一）；举办“青春有约，智汇无‘线’——苏港澳青年云分享会”系列线上交流活动（无锡站）；联合举办“锡望台海，云连情深——两岸青年共话创新创业线上交流活动”；配合做好江苏—韩国青年企业家合作论坛相关工作。市青联凝聚引领网络社会组织的经验做法在《中国青年报》上刊登。

（华晓蕾）

【青年人才工作】 2020年，团市委推进青年人才“栖锡计划”，强化青年就业创业服务力度。配合团省委做好青联港澳委员储备库建设，建设无锡市海归青年人才信息库；召开无锡市青年人才工作座谈会，建立“无锡市青年人才工作观察员”机制；加强统战工作研究，提交调研文章《高质量服务无锡籍学子助力人才高地建设的思考》。联合市委组织部启动2020年“名校优岗”——优秀大学生政务见习活动和“雏凤归，无锡行”——2020海内外优秀学子看无锡活动；会同市科协等单位，启动无锡市第五届青年科技工作者创新创业大赛暨“创响无锡”全民创业大赛选拔赛活动。疫情期间，联合开展“‘锡’望守护”系列行动，向9个国家的海外学子捐赠10.4万只口罩；组织开展“海外学子线上看无锡”活动，授牌成立5家海归青年人才创新创业服务站、成立6个海外青年人才创新创业联谊站。团市委加强青年人才工作做法的报道刊登在《中国青年报》头版头条，在共青团新闻联播播出。

（华晓蕾）

【青年志愿服务】 2020年，团市委发动和组织全市团员青年参与新冠肺炎疫情防控的各项志愿服务。组建2000人规模的战“疫”青年志愿者服务队，全市各级共青团成立820余支青年志愿者队伍，组织1.4万余名青年志愿者累计战“疫”服务时长130余万小时。积极协调为全市所有青年志愿者购买50万元/人的保险；充分发挥组织优势，撬动社会资源直接捐款133万余元，捐助口罩16万余只以及消毒液、防护服等防疫物资，累计协调、筹措物资上千万元。实施“向最美逆行者致敬”“‘锡’心守护”行动，组建由449人组成的“跑小青”“谈小青”“学小青”暖心服务团，系统实施“三暖”计划，实现对无锡援鄂医务人员家属的服务全覆盖，赠送价值约130万元的爱心物资和生活服务项目。无锡青年志愿者战“疫”相关工作情况的报道在《中国青年报》、“学习强国”、新华社、江苏卫视等媒体、平台刊载报出。

（华晓蕾）

【青年社会组织管理服务】 2020年，团市委坚持“青春伙伴”理念，加强青年社会组织的管理服务。在市快递协会、市信息化协会等青年人数较多的行业社团中建立青年分会，实现部门间资源共享、阵地共建、项目共育；结合相关载体，建设并备案一批江苏省青年社会组织服务实训基地、众益空间和服务窗口“益工坊”。与市委网信办共同打造全市网络（青年）社会组织培育孵化基地；联合市委网信办、市民政局，开展“福彩杯”2020无锡网络创益大赛，投入50万元用于获奖项目扶持。制定《无锡市团属青年社会组织管理办法》；结合团中央“团聚伙伴”系统信息录入、社会联络条线骨干培训班等工作，及时更新团属青年社会组织信息资料。

（华晓蕾）

【新兴领域青年工作】 2020年，团市委按照“找得到、联系紧、服务实、引导好”的目标，发现联系凝聚一批新兴领域青年。结合省“苏青S+”新兴领域青年群体联盟会议召开等有利条件，通过县区推荐、走访调研等方式，发现挖掘、有效凝聚新兴领域青年代表300余人。在新兴行业建设“筑梦空间”“团工委”等，形成新兴领域青年“筑梦”矩阵，揭牌成立一批“无锡文创青年筑梦空间”“无锡公益青年筑梦空间”。联合相关单位举办“以快递的名义，爱上这座城市——无锡首届快递文化大会”，以贯穿全年的活动举措服务“快递小哥”；举办无锡市青年创益IDOL节，开展形式多样的线上线下创益活动；联合市体育局指导举办彩虹泡泡跑和科技电竞节。通过组织调研交流、公益项目、志愿服务等活动，选树优秀典型，实现新兴领域青年高层次发展。

（华晓蕾）

【青年创业就业扶持】 2020年，团市委推出“三六五”工作法和稳就业服务举措，助力“六稳六保”。组建“青工导师团”，累计发布4期就业“云课程”和就业“职”播间，组织全市高校、中职院校毕业生在线学习就业技能。举办“职场微体验，就业嘉年华”青年就业见习活动与“团团微就业”直播送岗活动4场次，分批发布就业招聘及实习见习岗位1万余个，覆盖热门领域30多个，供岗企业500余家。打造“困难学子就业援助计划”，推动青商会企业结对567名就业困难学生，促成9家青商企业与本地院校关于服务青年就业的校企战略合作。推出“I创8条”创业激励服务举措，开展全市众创空间和创业青年调研，组建青年创新创业促进中心，凝聚一支120人的青创先锋队伍。开办1期青创训练营、1期“中国青创板”推介会、3期“新动力”培训班活动，帮助创业青年发展。举办第七届“创青春”市赛，联合举办“创响无锡”大中专院校赛、“创新杯”无锡区域赛等，挖掘400个双创项目，6个项目在“创青春”省赛获奖，1个项目获全国赛优秀奖。年内，团市委获“创青春”省赛和“创响无锡”赛事“优秀组织奖”。

（张琳华）

【“青春共筑新防线”行动】 2020年，团市委推出“青春共筑新防线”十大行动举措，助力青年成长成才。举办“百团进百万企业”青年安全生产示范岗专场宣讲2场。开展青安岗争创“三提升”（提升实效性、专业性和规范性）行动，建设青安岗全国级1家、市级15家、市（县）、区级80家。组织青安岗集体和同行业企事业单位岗位开展青安接力“三联三促”（推动人才联合共育、岗位联合共建、氛围联合共营，促进安全管理水平、安全生产本领、安全示范效应的提升）结对共建102对。组织“百岗百号走百企·红蓝对抗”互查互学、比武演练38场，排查隐患122次。全年选树10名“安全生产·青春之星”。加强应急安全技能人才队伍建设，组建一支20余人的应急安全青年志愿服务队伍，组织40名青安岗负责人和应急志愿者参加体验培训活动。指导全市各领域开展青年应急安全专题宣讲活动93场次，引领全市广大青年提高安全生产意识，筑牢安全生产防线。

（张琳华）

【建功乡村行动】 2020年，团市委推出“青春四进，建功乡村”四大行动举措，助力乡村振兴。全年促成符合签约条件的青商村企结对125对，其中，录入平台且正式开工项目93个，计划投资金额19.82亿元，《中国共青团》、《中国青年报》、荔枝新闻、《无锡日报》、无锡新闻等主流媒体作出报道。寻访10位无锡市“最美新型青年农民”，在市农博会专属展馆开设“真人图书馆”展示，充实“新农菁英”人才队伍。开设山联村农特产品线下展示馆，与华泽微福公司、无锡邮政共同打造“鱼米江南”线上门店，与无锡广电合作开展“城市创意市集”活动，在南长街参与“yeah青春集市”活动，积极组织“团团网红”，开展40余场次的“助企惠农”团干部直播带货活动，潜心打造“新农菁英，锡优菁品”品牌。

（张琳华）

【提升职业技能】 2020年，团市委立足岗位建功、弘扬工匠精神，加强青年技能人才选育力度。开展青年岗位能手推荐工作，发掘全国青年岗位能手3人，省级青年岗位能手13人，市级青年岗位能手26人，市级竞赛类青年岗位能手25人。深化“匠人匠心”计划实施，开展“最美（优秀）青年工匠”寻访活动，发掘“最美（优秀）青年工匠”20人。依托各地“菁工学习社”举办“菁工巧匠”训练营3期，线上、线下青享会13场次，覆盖青年1800余人。推进“振兴杯”青年职业技能大赛备战，所推荐青年

4月30日，市委书记黄钦（右二）调研全市青年和共青团工作

（团市委 供）

选手取得1个全国赛优胜奖、2个省赛三等奖的好成绩。

（张琳华）

【学校共青团工作】 2020年，无锡市实施学校共青团深化改革特别行动。推动在无锡的高校深化学生会（研究生会）改革，积极探索主席团集体负责、执行主席轮值制度。组织在无锡的高校开展“青春战‘疫’，学子力行”专项社会实践活动，2819名学生、92名教师、18个志愿服务团队参与到疫情防控一线。举办“青马工程”大学生菁英培训班。全面开展“信仰公开课，战‘疫’云讲演”活动，组织在无锡的高校思政教师、“青马”学员和团学骨干，依托网络讲好自信故事、讲好抗疫故事、讲好“疫”线志愿者故事，开展校、院、支部公开课2500场，参加学生6.5万余人次。在大中专学校开展纪念“五四”运动101周年系列教育活动。

（孙庭标）

【助学助孤】 2020年，团市委组建“希望之星”“优秀受助生”“希望工程慈善助学金受助生”三大学生资助库，指导各级团组织和希望办累计捐赠资金24.9万元，捐赠物资44.7万元，累计结对1239人。举办“暖冬行动”启动仪式暨“一个鸡蛋的暴走”公益活动，3000余名爱心人士报名参加，为困境青少年送出爱心早餐。为“事实孤儿”群体点对点筹备物资、慰问金等阳光礼包，走访慰问“事实孤儿”85人，实现全市7个市（县）、区“事实孤儿”群体走访全覆盖。疫情期间为全市贫困“事实孤儿”家庭每周3次提供免费的粮油、蔬菜配送上门服务，开学前夕赠送口罩、手套、消毒液、学习用品等“爱心暖包”，覆盖全市43个有需求的贫困“事实孤儿”家庭，累计配送414人次，捐赠金额6.55万元。开展“建功新时代，圆梦新助力”希望工程“圆梦行动”募捐活动，线上、线下募集资金46万余元，帮扶受助贫困大学新生31人。与市慈善总会联合开展“青力助学·慈善圆梦”行动。团市委被评为希望工程“圆梦行动”15周年“优秀组织奖”。

（孙庭标）

【少先队工作】 4月，市少工委研制《无锡少先队入队工作细则（试行）》《无锡市“红领巾奖章”实施办法》，分批入队、争章活动等做法经验在全省中小学推行。制定“少先队标志标识规范使用自查清单”，在市（县）、区、学校开展少先队标志标识规范使用自查自纠，推出《少先队标志标识样式标准》。举办少先队骨干辅导员暨“青马工程”青年思政课教师培训班。打造无锡少先队新媒体工作室，推出“先锋故事会”“队礼仪示范”“红领巾说新闻”等系列少先队文化产品。开展少先队队前教育作品设计大赛，开发少先队队前教育课程资源包。成立“无锡市红领巾校园广播（电视）联盟”。在中小学广泛开展“从小学先锋，长大做先锋”“青春（红领巾）唱响‘全面小康’好声音”主题实践教育活动。举办庆祝中国少年先锋队成立71周年主题队日暨“制度自信”百场宣讲进校园活动。疫情期间，号召全市少年儿童积极争当“红领巾战疫小先锋”，牵头60余所学校与湖北黄石中小学结成“红领巾手拉手学校”，开展“致敬最美逆行者”少儿绘画作品展评，发起“青暖‘疫’线先锋”关爱行动。开展无锡市“万名追梦好少年”展评活动。常态开展江苏新疆少年儿童手拉手活动，对口援建鼓号队器材2支、爱心书屋10个、书信交流2000余封。启动“红领巾争当城市精细化管理小先锋”主题实践活动，开展“红领巾安全生产小哨兵”平安家书活动。举办第三届“红领巾创未来”科学建议征集暨“无锡市青少年科学院小院士”评聘活动。

（孙庭标）

无锡市妇女联合会

【组织建设】 至2020年末，全市有市、市（县）区、镇（街道）、村（社区）四级妇联组织2567家，非公经济领域、社会组织领域、新媒体行业等各类新兴领域妇联组织2378家，“妇女儿童之家”“妇女微家”基层服务阵地1894个。年内，共有各级专挂兼职妇联主席5385人，各级妇联执委12292人，各级妇女代表48926人。

年内，市妇联织密基层妇联组织网络，“大系统+小单元”“新领域/跨领域+传统领域”联动推进，江阴市传澄云妇联、新吴区社会组织联合妇联、正安居家政服务有限公司妇联等成立。针对服务妇女“最后一米”

8月28日，市妇联举办“创响她时代”2020年度无锡市女性创新创业大赛

（市妇联办公室　供）

之难，延伸“妇女儿童之家”服务半径，推进“在你身边·妇女微家”建设，推选“最受群众喜爱的妇女微家”30家，经常性举办“家长会”，开设百家妇女微家互学互访实践课堂，交流共促，全市累计建成“妇微家”529家，开展服务1.5万余次，受益4.2万余人次，收集意见建议4000余条，帮助解决问题4500余个。

（唐科红）

【思想建设】 2020年，市妇联围绕“巾帼心向党，奋进新时代”主题，开展形式多样的思想引领工作。启动“女性大学习”计划，学好用活新思想。创新思想引领路径，和市文联、市委讲师团联合举办“强国赋能家庭，共创美好生活——‘学习强国’进家庭”项目创意大赛，大赛评定一等奖（空缺）、二等奖3个、三等奖6个、入围奖8个。开展“‘学习强国’进家庭”成果征集，通过写一写“我家的学习感想”、说一说“我家的学习故事”、拍一拍“我眼中的学习强国”等，共征集作品200余件。发挥典型示范的引领作用，联合市税务局发布全省首个地级市“最美巾帼奋斗者”税务专榜；张燕、吴敬、李玲、谈玉琴、缪金凤被评为“全国三八红旗手”，夏蓉、袁彩凤被评为“省三八红旗手标兵”，彭晓玲等7人被评为“省最美巾帼奋斗者”。举办“她温度”无锡女性融媒体创意大赛，征集作品316件，“携手战‘疫’，巾帼有我——‘疫’路同行E路歌”网络宣传活动获评市第八届网络文化季“战‘疫’特别奖”。持续推进Women+建设，市妇联被评为“江苏省女性融媒体影响力奖”“第二届江苏女性融媒体创意大赛优秀组织奖”。

（唐科红）

【创业创新】 2020年，市妇联注重服务妇女创业创新，激扬推动高质量发展的巾帼动力。发挥巾帼智慧担当，积极服务复工复产。举办“三八架金桥，春风送岗位”网络招聘会，56家企业报名，提供岗位1479个。推出“巾帼荣誉贷”，惠及全市企业73家，放贷总额25.27亿元。适应时代要求，助推巾帼创业创新。推出《慧创她时代，开讲了》融媒体直播节目，10位女企业家分享10个创业故事，在线收看人数超230万人次。举办农村女能手抖音直播带货培训班，帮扶女性线上致富。举办“创响她时代”无锡市女性创业创新大赛，20个项目获奖，单个项目最高获银行授信2000万元，优秀女企业家与项目负责人结对，培育优秀项目发展壮大，市妇联被评为“创响无锡”全民创业大赛优秀组织奖。举办全市妇联系统长三角一体化高质量发展培训班，签订《无锡—湖州两地妇联高质量发展合作意向书》，主动融入长三角一体化高质量发展。城乡妇女岗位建功展风采，涌现全国“杰出创业女性”2名、省“十行百星”巾帼创业创新典型5名、“省巾帼建功标兵”5名、“‘美丽家园’省级示范点”9个、“省妇女‘双学双比’（学文化、学技术，比成绩、比贡献）活动示范基地”8个。年内，通报表彰市级巾帼文明岗100个、市级巾帼建功标兵50名。

（唐科红）

12月8日，市妇联举办“锡汇匠才，竞无止境”2020年无锡市家庭服务业职业技能大赛 （市妇联办公室 供）

【妇女儿童权益维护】 2020年，市妇联切实承担“娘家人”职责，维护妇女儿童合法权益，实施全员接访制度，处理案件846件，其中来访328件、来电512件、来信6件、涉家暴类个案183件。“十三五”妇女儿童发展纲要规划主要量化评估指标中的146项指标提前达标，达标率97.99%，其中儿童发展规划全面提前达标。2月28日，市人大常委会法工委、市司法局、市妇联联合下发《无锡市政策法规性别平等咨询评估工作指导意见》，5部政策法规按照修订后的方法开展自评估，对12个条例、规范性文件提出建议意见，推动男女平等基本国策的落实。推进预防性侵未成年人、维护女童人身权益“五项机制”（建立预防性侵未成年人发现报告机制、多部门联防联动机制、妇女儿童舆情应对机制、重点人群和家庭关爱服务机制、妇女儿童侵权案件督查推进机制）建设，8月12日，市委政法委、市妇联联合下发《关于贯彻江苏省维护妇女儿童合法权益联席会议重点工作任务的通知》及《无锡市预防性侵未成年人“五项机制”工作方案》，市人大常委会召开专题座谈会，明确各相关部门工作职责，建立“五项机制”工作纳入市域治理现代化试点工作实施方案并列为年度工作目标，把预防性侵未成年人、协助维护妇女儿童合法权益工作纳入专职网格员协助工作清单。常态化开展婚姻家庭纠纷排查，多部门联动处置重点案件22件，举办妇联系统网络及新媒体工作专题培训班、维权能力提升培训班，命名省级标准化家事调解室8家。

（唐科红）

【关爱妇女儿童】 2020年，市妇联持续关注女性健康，乳腺癌、宫颈癌检查完成率分别为127.47%和125.67%；女性安康保险参保89.06万人，获理赔1734人，理赔金额2270万元；"童她益起保"为女性健康保障再加码。依托省妇女儿童福利基金会平台，继续开展"童她益起来"网络公益募资，募集善款202万余元。开展巾帼志愿服务工作，香山书屋苏龙苑新时代文明实践点成为江苏唯一一家全国"巾帼志愿阳光行动"首批试点站，推荐入选全省学雷锋志愿服务先进典型2个、江苏新时代"巾帼志愿服务十大感动人物"2名、"巾帼志愿服务十大优秀项目"1个、"巾帼志愿服务十大暖心故事"1个，通报无锡女性"苔花奖"女性十佳公益团队、十佳公益项目。

（唐科红）

【女性社会组织培育】 2020年，市妇联推陈出新开展女性社会组织培育。启动"苔花芬芳"无锡市女性社会组织成长互助平台，滨湖区河埒街道党群服务中心、民生大厦开办"苔花公益学院"，开展线上、线下服务，加强对女性社会组织的引领、赋能、合作。线上凝聚公益女性250人，推出主题分享、公益咨讯等60多期，有效对接匹配资源近百次。线下举办"苔花公益学院"追光营实训8场，组织发展、组织运营、组织筹资等专题课程深受公益伙伴喜爱。结合妇联工作实际，重点打造"'学习强国'进家庭"、宝妈培优计划，发包"苔花芬芳"之"全民防艾行动计划"项目、"美妈好爸在无锡"家庭建设支持项目等，为女性社会组织成长链接平台资源、提供项目实践。

（唐科红）

【巾帼家政服务】 2020年，市妇联整合多方资源，推进家政服务业提质扩容。召开市家政服务业信用体系建设推进会暨无锡市巾帼家庭联盟提质扩容工作会议，授牌省"好苏嫂"旗舰店1个、示范店7个。完善"好苏嫂"家政服务联盟信用平台建设，119家家政企业、9640名家政人员入驻平台，并接受"红黑榜"约束。举办"锡汇匠才，竞无止境"2020年无锡市家庭服务业职业技能大赛，全市11支代表队、102名选手参加。成立"无锡市家政服务产教联盟"，"无锡市家政服务业高技能人才培训基地"签约落户扬名街道，为全市家政服务行业储备专业技能人才。年内，徐荣娣获"第二届全国巾帼家政服务职业风采大赛家务料理项目优秀奖"称号。

（唐科红）

【文明家庭创建】 2020年，市妇联常态化开展家庭文明创建工作。持续开展寻找"最美家庭"系列活动，江阴市缪培家庭、梁溪区华烨家庭和宜兴市顾绍培家庭获"全国五好家庭"（爱国守法、遵德守礼、敬业诚信、热心公益，平等和谐、孝老爱亲，家风优良、科学教子，移风易俗、绿色节俭）称号，惠山区田继云家庭、锡山区蒋建康家庭和新吴区钱建平家庭获"全国最美家庭"称号；推选市"最美家庭"100户、市"五好家庭"50户；推进"书香家庭"建设，揭晓市"最美书香家庭"10户，通报"市亲子阅读体验基地"10个。结合生态文明主题，开展绿色家庭实践体验活动，寻访"市级最美绿色家庭"20户。构建覆盖广泛的家庭教育支持格局，推动《江苏省家庭教育促进条例》的落实。联合市教育局举办2期家庭教育专职指导员培训班，开设家庭教育线上直播课程，在市少年宫挂牌"无锡市家庭教育指导服务站"，通报示范家长学校24家、优秀家长学校46家，表扬市优秀家庭教育指导师35人。在15个社区试点"三全"（社区全域、父母全程、家庭全类型）社区家庭教育支持行动。

（唐科红）

【婚姻家庭教育】 2020年，市妇联高质量完成婚姻家庭教育为民办实事。完善"为爱嘉课"线上推广平台，梁溪区、锡山区、惠山区、滨湖区、新吴区和无锡经济开发区切实开展婚姻家庭教育，实施课程1888节，项目惠及全市453个社区， 7万人次受益，群众满意度90%以上，形成"慧雅锡山""新吴嫁校""幸福+1℃"等各具特色的工作品牌。持续培育本土婚姻家庭指导师，采用"基础班+实战营""团体督导和小组演练"等形式，235名讲师成长成熟。市及新吴区婚姻家庭指导服务中心深化点对点指导服务，全年累计开展个案辅导6000余人次。

（唐科红）

无锡市科学技术协会

【组织建设】 至2020年末，无锡市科学技术协会（以下简称市科协）有市本级学会114家、市（县）区科学技术协会7家（江阴市科协、宜兴市科协、梁溪区科协、锡山区科协、惠山区科协、滨湖区科协、新吴区科协）、高校科协9家（江南大学科协、无锡职业技术学院科协、无锡太湖学院科协、江阴职业技术学院科协、无锡城市职业技术学院科协、无锡工艺职业技术学院科协、无锡商业职业技术学院科协、无锡科技职业学院科协、江苏信息职业技术学院科协。年内，新成立无锡市工程师学会等5家，推动6个市级学会成立党支部，党组织覆盖率70%。

年内，市科协被中国科协、省科协评为"全国科普日活动优秀组织单位"，被省人社厅、省科协联合表彰为"全省科协系统先进集体"，被省科协评为"江苏省科技志愿服务优秀组织单位"，全市11家单位被省科协认定为"省级科普基地"，全市公民具备基本科学素质比例提高到15.8%。江阴市科协被中国科

5月29日,市委书记黄钦(左八)在市民中心看望慰问"2020年无锡市十大创新争先科技人物"并合影留念 (市科协 供)

协评为全国"十佳深化改革县级科协",宜兴市科协被中国科协确定为"新时代文明实践中心科技志愿者服务试点市(县)、区"。

(侯立勇)

【思想建设】 2020年初,制定"2020年市科协机关党建'三级责任清单'""2020年市科协机关党建工作要点",以党组中心组理论学习和"三会一课"为基本形式组织全体人员认真学习领会内涵。及时宣传解读中央和省、市委重大决策部署;邀请市委讲师团教授讲授"高举旗帜,牢牢把握意识形态领域主动权""弘扬'四千四万'精神,推动经济社会高质量发展"等课程;举办"发扬'四千四万'精神,服务创新驱动发展"培训班,激励科协系统党员干部继续发扬"四千四万"精神,提升"四服务一加强"(服务广大科技工作者、服务创新驱动发展、服务全民科学素质提升、服务党和政府科学决策,加强科协自身建设)效能。同时,发挥无锡科协官方网站、微博、微信等新媒体和杂志等传统载体平台的作用,营造学习的浓厚氛围,深化理论学习的实际效果,提升党员理论素养。

(侯立勇)

【"科技之星""创新争先科技人物"选树】 2020年,市科协会同市委组织部(人才办)、市人社局共同开展两年一度的"百名科技之星"和"十大创新争先科技人物"选树活动。经组织发动、多渠道推荐、汇总征信、专家评审、网络投票和选树委员会讨论、网上公示等程序,丁文杰等100名科技工作者被评为"2020年无锡市百名科技之星",叶聪、甘霖、付劼、冯宁翰、刘全、陆兵、邵淑艳、徐钢春、曹立强、谭东林被评为"2020年无锡市十大创新争先科技人物"。叶聪、胡震为科协选树的两届先进典型,领衔完成了"奋斗者号"万米深潜任务。

(侯立勇)

【优秀科技人才选树举荐】 2020年,市科协积极做好第二届全国创新争先团队与个人申报,求是杰出青年科技工作者成果转化奖、杰出工程师奖、第十七届省青年科技奖、青年科技人才托举工程、最美人物、创新达人等奖项推荐工作。甘霖入选2020年江苏省10名"最美科技工作者",邹寅入选省科协青年科技人才托举工程资助培养对象,刘冠猷、杨金国被评为省"创新达人"宣讲对象,在全省进行宣传推广。

(侯立勇)

【"智慧科协"平台建设】 2020年,市科协积极开展"智慧科协"平台建设,在原有"四大平台"(高端学术互动交流平台、科普公共服务平台、科技信息情报平台、海智云科技创新智库平台)基础上进行升级改版,增强信息节点,融合信息内容,加强信息分享,延伸服务手臂,打造"线上+线下"大服务体系。

(侯立勇)

【"全国科技工作者日"系列活动】 为庆祝第四个"全国科技工作者日",市科协开展"科技为民、奋斗有我"系列专项行动。5月29日,举办"全国科技工作者日"系列活动启动仪式暨"2020年百名科技之星""十大创新争先科技人物"发布会,市委书记黄钦会见"十大创新争先科技人物",参观先进事迹展板;十大创新争先科技人物代表、市疾病防控中心主任陆兵在发布会上做宣讲报告。市科协引导各市(县)、区科协、市级学会、高校科协上下联动,面向一线科技工作者开展先进事迹报告、科技企业一日游、科技工作者慰问、文体活动等,在全市营造尊重知识、尊重人才、尊重科技工作者的浓厚氛围。

(侯立勇)

【科技智库作用发挥】 2020年,市科协充分发挥科技智库的服务作用,对接30个国家级学会与无锡建立常态化工作互动机制,引导支持市级学会、高校院所和调查站点等智力资源,围绕无锡集成电路发展等重点产业发展建言献策,《关于打造无锡"动力之城"的思考与建议》等建议受到市领导重视;由院士吴有生等提出的打造环太湖科技创新带建议,被市委、市政府采纳。以高质量发展为主线,全年征集软科学研究课题516项,产生重点立项课题300项,完成2019年立项结题152项,评选出75项优秀课题。

(侯立勇)

【品牌学术活动】 2020年,市科协精心组织"中国(无锡)创新驱动发展、助力产业强市"科技论坛,邀请中国工程院院士、著名无线移动通信专家、北京邮电大学信息与通信工程学院教授张平作学术报告,全市从事新一代信息技术领域科研、生产、教学的150多位科技工作者和高校教师参加论坛。对接中国复合材料学会在无锡举办的长三角一体化高层次发展论坛暨先进编织复合材料与航空航天论坛，邀请院士孙晋良致辞，论坛就长三角区域先进编织复合材料产业发展提出前瞻性对策建议，中国复合材料学会、无锡市科协、江南大学纺织科学与工程学院签署共同创建“先进编织复合材料技术与成果转化实验室”协议，合作开展行业共性技术攻关、技术咨询服务、行业技术标准制定、专利申请保护等工作。对接中国腐蚀与防护学会在无锡举办的第七届海洋材料与腐蚀防护大会，以“创新，延寿，安全，互利”为主题，聚焦行业科研前沿，深入开展技术交流对话，共同展望防腐材料产业的发展未来，院士薛群基、侯保荣、毛新平、宫声凯出席并作主旨报告。参与举办第八届江苏省青年科学家年会半导体精英论坛和食品安全分论坛，以“芯设计，新未来”为主题分享研发成果，探讨专业领域解决方案，展望产业发展未来。

（侯立勇）

【全域科普工作】 2020年，市科协大力推动全领域行动、全地域覆盖、全媒体传播、全民参与共享的全域科普建设。积极履行无锡市全民科学素质工作领导小组办公室职责，制定下发目标任务书，推动《全民科学素质行动计划纲要》有效实施。修改完善《无锡市科协关于支持科普教育基地服务全民科学素质提升的实施意见》。推动科研院所和重点科普教育基地开放，不断挖掘和优化科普资源。加强社区科普场馆建设，结合“三下乡”项目，援建新吴区鸿山街道东塘街村科普馆。开展优秀科普教育基地评选，无锡海关机电产品及车辆检测中心等14家单位被评为2020年“无锡市优秀科普教育基地”，并给予经费支持。发挥全市科普画廊的宣传功能，围绕全市发展大局，开展新基建、5G等新领域、新技术科普展示，传统科普设施发挥新影响。上线“科普无锡”移动端，满足市民了解科普知识的需求。按照“科创中国”建设方案总体要求和中国科协对无锡市全域科普工作提出的要求，结合无锡具体工作实践和科普资源特色，深入探索全域科普工作新模式。创新科技志愿服务机制，成立无锡科技志愿服务教育分队、公安分队、环保分队、医疗分队、科协分队。在全省首创建立“科技志愿服务活动站”，有效发挥示范引领作用。全市共建科技志愿者队伍116支，注册科技志愿者3735人，发布志愿服务活动91个，品牌项目数居全省第二位，注册人数居全省第五位。推进新一轮全国科普示范区（县）创建工作，推荐江阴市、宜兴市申报第一批全国科普示范市（县）、区。落实基层科普行动计划，全市6个市级科普示范社区和1个市级科普教育基地获省“基层科普行动计划”资金支持。与市文明办合作，共同推进“科学家咖啡馆”科普项目建设。

（侯立勇）

【全国科技活动周活动】 5月17日，全国科技活动周暨无锡市第32届科普宣传周开幕式以“云直播”的形式在市民中心举行。全国科技活动周期间，五大类、12项重点科普活动通过线上集中展示，内容包括历届青少年科技创新市长奖展、青少年科技创新成果展、科普教育基地展、“疫情防控”优秀科普作品展、《云里·悟理》大师线上课堂等，让市民足不出户，享受科普服务，引导各类人群参与线上科普实践和科学体验，提高广大市民的参与度和获得感。

（侯立勇）

【全国科普日系列活动】 9月25日，2020无锡市“全国科普日”主场活动在梁溪区红十字应急救护培训基地举行。市科协在“全国科普日”前后一周以“践行科技志愿精神，共筑美好社会风尚”为主题，重点围绕弘扬科学精神、展现科学价值，助力疫情防控、推动健康科普，聚焦脱贫攻坚、决胜全面小康，加强科技志愿、彰显科技为民方面开展一系列内容丰富、形式多样、效果明显的科普活动，包括院士专家科普校园行、银发科技志愿者基层行、科技志愿服务下乡活动和科技志愿者能力提升活动等168项重点科普活动，在全市上下掀起弘扬科学精神、普及科学知识、倡导科学方法、传播科学思想，携手助力无锡争当全省高质量发展领跑者高潮。

（侯立勇）

【青少年科技竞赛活动】 2020年，市科协联合市教育局、无锡教育电视台共同举办第八届无锡市中小学生金钥匙科技竞赛团体赛。著名天体物理学家、院士方成及科幻作家刘慈欣为比赛送来祝福并出题，涉及中继卫星、量子计算机、5G技术等现代化科技知识和地球、历史、生物演化等基

8月21日，2020国际无人机发展峰会暨无人机大赛比赛现场

（市科协 供）

第八届无锡市中小学生金钥匙科技竞赛团体赛颁奖仪式现场

（市科协　供）

础学科知识。市科协在第31届江苏省青少年科技创新大赛中，获评“省青少年科技创新大赛市级优秀组织奖”，选送的青少年科技创新成果、辅导员科技创新成果、科技实践活动项目、少儿科幻画作品获一等奖7项、二等奖25项、三等奖34项，江苏省天一中学被评为“省十佳科技创新学校”。

（侯立勇）

【海智系列活动】 2020年，市科协积极适应疫情形势，超前谋划，加强指导，结合全市产业发展特点，依托海智服务平台，联合市（县）、区科协和相关单位，共同举办“智云论道”“海智沙龙”“创投云路演”“百企义诊”以及海智项目洽谈会等活动。通过开展主题演讲、初创对接、企业考察等形式，提高海智项目的针对性，提升海智项目对接成功率。联合市金融监管局举办“创投无锡”德国生物医药项目专场云路演活动，助力无锡引才引智的探索尝试。联合中国技术交易所、北京对外科学技术交流中心，共同举办“科创中国”技术路演第36场ITEC国际技术交易服务联盟平台（无锡站）日本人工智能专场活动，日本、美国等国家的专家和国内各地以及无锡的企业家、投资家共7.9万人次通过ZOOM平台、光明网直播平台参加活动。举办太湖（马山）生命与健康论坛——2020精准医疗创新发展大会，集聚10余名国内精准医疗领域顶尖的院士、12场主题鲜明的专业论坛、近百名知名学者，分享生命健康前沿技术信息，探讨精准医疗的创新发展之路，推动创新资源与地方产业需求的有效对接，为打造马山国际健康旅游岛提供宝贵机遇，为无锡生命健康产业发展搭建重要的合作平台。参与举办无锡“太湖杯”国际精英创业挑战赛，美国、加拿大、德国、英国、俄罗斯、日本等国家和地区的530个海外人才项目与1213个国内高层次人才项目同台竞技。

（侯立勇）

【创新服务企业工作模式】 2020年，市科协努力提升企业科协组织建设水平和服务创新能力，举办无锡市企业科协秘书长培训班，提高业务工作水平和能力素质，增强企业科协服务创新与服务发展的能力；开展企业科协建设调查研究，助推企业复工复产，协助红豆集团抗疫物资生产取得注册证及生产许可证，顺利实现外贸出口；培育打造一批具有引领性的示范企业科协，江苏蓝必盛化工环保股份有限公司、无锡晶石电子实业有限公司、一汽解放发动机事业部、江阴市精成数控有限公司、江苏天瑞精准医疗科技有限公司的企业科协被省科协认定为“2020年江苏省示范企业科协”。市科协通过依托“海智云”无锡市科技智库及信息情报平台的资源，发挥科协专家智力优势，持续助力企业转型升级；通过发挥无锡市“企业义诊”专家联盟作用，经常性开展科技专家团队“企业义诊”活动，帮助成长型企业创新发展；通过承办“科创中国”系列路演活动第059期——创新创业项目试点城市无锡专场，聚焦航天航空、新能源、新材料领域，甄选4个无锡市创新创业项目进行路演发布，邀请行业内技术专家和投资机构投资专家进行线上点评，助力市场主体建立合作共赢的生态网络。

（侯立勇）

【服务科技工作者创新创业】 2020年，市科协会同市教育局、市科技局、市工业和信息化局、市人力资源社会保障局等单位，共同主办第五届青年科技工作者创新创业大赛暨“创响无锡”全民创业大赛选拔赛，评选出获奖项目12个，推荐参加省赛项目84个，激励、引领科技工作者勇于创新。市科协全面推进“企会协作协同创新计划”，开展优秀农业科技（科普）基地项目评选，取得良好的社会经济效益。市科协实施“金桥工程”，推动科企融合产学互促，全年完成项目73个，实现利税3.3亿元，节约资金2.8亿元。市科协下发《关于做好2020年无锡市“讲理想、比贡献”活动优秀项目评估工作的通知》，完成立项83个，通过建立项目立项考核机制，强化项目运行实绩考评，增强科技工作者的资助创新能力，助力企业创新发展。

（侯立勇）

【《无锡“两院”院士名录》编印】 2020年，市科协组织对无锡籍“两院”（中国工程院、中国科学院）院士和在无锡工作的“两院”院士资料进行收集与整理。经过6个月的整理核对，于9月完成《科技巨匠强国脊梁——无锡

“两院”院士名录》一书编印工作。全书收录无锡籍“两院”院士、长期在无锡工作的“两院”院士共101人,其中,无锡籍“两院”院士91人(已故43人,在世48人),长期在无锡工作的“两院”院士11人(其中1人无锡籍)。

(侯立勇)

【入选“科创中国”首批试点城市】 2020年,市科协抓住“科创中国”首批试点城市创建机会,根据中国科协活动部署和省科协工作安排,积极对上争取,对接会地合作。5月,在市政府办公室、市发改委、市工信局等部门支持下,通过对23家物联网、节能环保、高端装备(航空发动机、燃气轮机)产业领域中的相关企业需求进行调研,上报中国科协“服务科技经济融合发展”试点城市材料。6月,中国科协批复同意在22个城市和园区设立“中国科协”首批试点城市,无锡作为全省唯一城市入选。

(侯立勇)

【无锡市第十一届自然科学优秀学术论文评选】 2020年,为提高全市自然科学学术水平,促进科技人才成长,根据《无锡市自然科学优秀学术论文评奖办法》,市科协组织开展无锡市第十一届(2018～2019年度)自然科学优秀学术论文评选工作。共征集论文958篇,经审定,评出优秀论文319篇,其中,特等奖3篇,一等奖32篇,二等奖64篇,三等奖220篇。

(侯立勇)

【中国大数据创新发展高峰论坛】 9月22日,市科协与中国电子学会、市工信局、市大数据局、无锡经济开发区管委会等7家单位共同举办以“数据赋能,智创未来”为主题的“2020世界物联网博览会·中国大数据创新发展大会”。大会汇聚国内大数据领域专家、学者和行业领军人物,国内外院士沈昌祥、谭建荣、容淳铭应邀到会,围绕大数据技术创新与最新成果,探讨和推动大数据、云计算与智能技术的深度融合,探寻大数据发展的时代变革,从多领域、多维度分析数字经济时代企业转型面临的新机遇、新挑战。

(侯立勇)

【国际无人机发展峰会】 8月21日,市科协会同梁溪区政府、中国航空学会等7家单位共同承办“2020世界物联网博览会·国际无人机发展峰会暨无人机大赛”。峰会邀请国内外院士刘大响、陈志杰、陈俊龙作主题演讲。无人机大赛涵盖竞速赛、无人机足球展演赛、无人机格斗展演赛,全面体现无人机竞技的多样性,各国参赛代表、裁判员代表300人参加开幕式和比赛。

(侯立勇)

【“院士太湖双月论坛”开讲】 2020年7月,由市科协与无锡太湖学院联合主办的“院士太湖双月论坛”首讲开讲,邀请中国工程院院士、江苏省建筑科学研究院有限公司董事长缪昌文作报告。11月,邀请中国科学院院士,中国气象科学研究院研究员、博士生导师,复旦大学大气科学研究院院长,复旦大学副校长张人禾作主旨报告。

(侯立勇)

【“慧海湾”物联网产业生态高峰论坛】 2020年,市科协与中国电子学会、无锡高新区管委会、中电海康无锡科技有限公司等多家单位共同举办2020世界物联网博览会——“慧海湾”物联网产业生态高峰论坛。论坛邀请院士郑有炓、倪光南作主旨演讲,围绕中电海康构建的长三角“感存算”超级中试平台,聚焦“慧海湾”小镇建设,构建传感、存储、计算产业链新布局,重点探讨智能计算领域行业发展趋势。

(侯立勇)

【可转化科技项目落地】 2020年,市科协推动中国电子学会洽谈引进成立密码技术(硬件)研发中心,形成以安全加固SoC芯片技术为核心、大数据系统为基础、动态防御技术为保护、自主学习迭代完善的人工智能安全生态体系,并同步建立信息安全院士协同创新中心;推动中国复合材料学会引进复合材料贮箱、复合材料气瓶技术项目,技术专家团队以转让发明专利的形式与江阴本地企业联合注资成立公司,主营航天、航空及相关技术领域内的技术开发、技术转让、技术咨询、技术服务,复合材料贮箱、复合材料气瓶及其他复合材料制品的研发、合成加工与销售等业务;对接中国生物医学会工程学会共同谋划建设“医疗器械创新驱动(无锡惠山)发展中心”项目,旨在建设国内第一家真正能够承担、实施医疗器械创新产业化全生命周期外包服务的中心。

(侯立勇)

【“企业创新大家谈”论坛】 2020年,受中国科协委托,市科协联合市工信局、市大数据局等单位共同承办2020“企业创新大家谈”论坛。论坛以“数字经济赋能传统制造业转型升级”为主题,包括“1个主峰会+2个分论坛”,中国科学院院士、南京航空航天大学纳米科学研究所所长郭万林,阿里巴巴达摩院科研发展部产研合作主任李颋,浪潮集团副总、浪潮卓数大数据产业发展有限公司CEO张帆分别做主旨演讲。无锡市工信局、阿里巴巴达摩院研究发展部、江苏省经济和信息化研究院、红豆工业互联网公司等企业单位进行圆桌对话,探讨中国产业升级和经济高质量发展新路径。通过论坛举办,形成《无锡市数字经济产业创新发展行业报告》、6000字专家建言、5份名家观点梳理等文字资料。

(侯立勇)

无锡市文学艺术界联合会

【组织建设】 至2020年末,无锡市文学艺术界联合会(以下简称市文联)有本级团体会员11个(会员5858人,其中省级会员2531人、全国会员802人),分别是无锡市作家协会(会员

462人,其中,省级会员231人、全国会员48人)、无锡市戏剧家协会(市级会员227人,其中,省级会员54人、全国会员29人)、无锡市美术家协会 (会员701人,其中,省级会员295人、全国会员84人)、无锡市书法家协会(会员1045人,其中,省级会员572人、全国会员130人)、无锡市摄影家协会(会员1242人,其中,省级会员675人、全国会员271人)、无锡市音乐家协会(会员560人,其中,省级会员201人、全国会员130人)、无锡市曲艺家协会(会员251人,其中,省级会员47人、全国会员19人)、无锡市电影电视家协会(会员263人,其中,省级会员116人、全国会员25人)、无锡市舞蹈家协会(会员383人,其中,省级会员105人、全国会员23人)、无锡市民间文艺家协会(会员467人,其中,省级会员201人、全国会员130人)、无锡市评论家协会(会员257人,其中,省级会员25人、全国会员8人);有市(县)、区团体会员7个,分别是江阴市文学艺术界联合会、宜兴市文学艺术界联合会、梁溪区文学艺术界联合会、滨湖区文学艺术界联合会、锡山区文学艺术界联合会、新吴区文学艺术界联合会和惠山区文学艺术界联合会。

(孙必勇)

【网上文联开通】 2020年,无锡文艺网运行安全有序规范,文联微信公众号发布100余次、150余条,及时报道市文联、文艺界的文艺活动,向市委宣传部、党政信息平台、省文联等渠道及时报道重点文艺信息,展示无锡文艺工作成效。与无锡报业集团开展战略合作,利用文联文艺人才集聚优势,促进资源互通、优势互补,扩大无锡文联的影响力,为文艺事业搭建展示平台。创新信息展呈方式,在"灵锡"App开通"网上文联",线上展示文艺工作动态及文艺作品。与无锡广电等媒体联合举办"无锡本土作家优秀作品全媒体展播"、无锡作家"云书展"线上活动,用新媒体方式推介宣传无锡当代作家的作品。

(孙必勇)

【抗击疫情主题创作】 2020年,面对突如其来的新冠肺炎疫情,全市各文艺家协会、文艺类社团积极参与,创作各类文艺作品2500多件,第一时间创作歌曲《胜利的力量》、评弹《众志成城缚苍龙》、快板《抗疫情锡城在行动》、锡剧《为全民驱毒龙乾坤终朗》等作品,并推送到村和社区流动宣传。举办"战疫同行"美术、书法主题作品展活动,反映全市人民众志成城、共克时艰、战胜疫情的精神风貌;参与省文联"致敬白衣勇士书画"捐赠活动,无锡艺术家创作272件书画作品赠送给省内援鄂医护人员,完成无锡赴湖北169名抗疫勇士的嵌名楹联创作及赠送;在"无锡文艺界"微信公众平台开设"齐心聚力,众志成城——无锡文艺界在行动"专题,刊发系列抗击疫情主题文艺作品46期、300多件。被新华网、网易、《现代快报》、无锡发布、无锡观察、《无锡博报》等媒体转发,浏览量超过百万人次,部分优秀作品在"学习强国"平台、新华社、人民网等媒体播出。

(孙必勇)

【主题实践活动】 2020年,市文联围绕建设美丽无锡战略部署,开展"深入生活实际、书写美丽无锡"主题实践活动,组织全市文艺家深入基层一线、生产一线、发展一线,进行艺术采风和文艺创作,全面展示无锡高水平全面建成小康社会的巨大成就,以各种文艺形式,从不同角度反映无锡城乡环境洁美、品质精美、生态优美、生活和美的现实图景,用文艺的力量助推美丽无锡建设。年内,先后组织市书协、市作协、市剧协、市曲协、市摄协等协会骨干200多人次,赴市内各地及江苏南通、陕西汉中、安徽马鞍山等地采风创作,引领全市文艺家扎根生活,从新时代生活中汲取创作营养,真情礼赞秀美家乡,讴歌美好生活。

(孙必勇)

【文艺创作】 2020年,市文联紧扣"无锡文脉挖掘与传承",举办"江南盛地——2020无锡雕塑展",出版楚默书法专著、《中国·无锡摄影精品集》。完成庆祝建党100周年主题歌曲《那一抹红》的创作等。完善文艺专业创作扶持办法,制定《无锡市文联文艺奖项评选管理办法》,开展第二届无锡"美术奖"、无锡"摄影奖"、曲艺"吟春花奖"和首届无锡"舞蹈奖"评选活动,举办第二届"无锡书法奖"作品展,展示无锡文艺创作成绩。按照中国摄协和市政府提出的要求,做好第18届国际影展前期协调准备工作。年内,市评协郭勇的《新时代中国新诗再出发》获第四届"啄木鸟杯"中国文艺评论年度优秀作品;歌曲《那一抹红》,获2020年"江苏省文艺大奖·音乐奖"声乐作品一等奖;紫砂作品《梅兰竹菊》、舞龙表演《龙凤呈祥》入围第十四届中国民间艺术"山花奖";小说《荣毅仁的前半生》、原创歌曲《爱之路》获市"五个一工程"奖,市文联获市"五个一工程"组织奖;市美协陈行晔创作的作品获"小康颂"第三届江苏省"美术奖",市民协选送的作品获12个江苏省"民间文艺奖"。市文联承担的2020年市政府为民办实事项目"文艺进万家"活动,年内举办160场次,获评江苏省群众文化"百千万"工程优秀群文活动品牌,获无锡市首届"民心工程奖"银奖。

(孙必勇)

【"三下乡"活动】 1月14日,由市委宣传部牵头,20余家单位联合组织开展的2020年无锡市暨新吴区文化科技卫生"三下乡"集中服务活动在新吴区鸿山街道鸿泰苑睦邻中心举行。市、区两级书法家协会的6名书法家参加活动。活动为基层文化站、乡村图书站点补充优秀文化图书画册400余册,有效提升"三下乡"文化服务质量。现场为当地群众送春联600副、"福"字800个。

(孙必勇)

【文化惠民演出】 7月31日,"深入生活实际,书写美丽无锡"——无锡市文艺志愿者文化惠民演出走进无锡武警支队;9月19日,走进江阴市陆桥镇;9月22日,走进锡山区东港镇;10月29日,走进滨湖区马山街道;10月31日,走进锡山区鹅湖玫瑰园;11月5日,走进锡山区锡北镇;11月9日,走进无锡第一女子中学,连续为锡城百姓送上丰富的文化大餐。文艺志愿者文化惠民演出是市文联重点打造的文化品牌项目,是市政府为民办实事项目之一。年内,共举行文化惠民演出8场。至2020年末,市文联文艺志愿服务团队累计组织大型广场演出50余场,观看群众24万人次。

(孙必勇)

【系列抗疫组歌创作】 2020年,市文联音乐文学学会发挥所长,春节期间就向会员发布征集抗疫歌曲的通知,并成立歌曲创作团队,邀请国内多地多位知名词曲家、歌唱家及学会会员、本地音乐家共同协力打造精品,推出系列抗疫组歌《拥抱生命》。组歌为声乐套曲,由14首不同内容、形式、风格的歌曲组成,包括混声合唱《天使情怀》、男女声对唱《自我防护歌》、男高音独唱《不屈的灵魂》、女声二重唱《拥抱生命》、童声表演唱《想妈妈》等。其中,《拥抱生命》《自我放护歌》《天使情怀》《不屈的灵魂》等作品经市文联、市委宣传部推介,通过无锡文联微信公众号、市级媒体和"学习强国"平台等渠道发布。

(孙必勇)

【抗疫摄影作品征集】 2020年,无锡市摄影协会举办"'战'疫同行"摄影作品征集活动,征集到1320余幅摄影作品,记录无锡市战"疫"的感人画面和精彩瞬间。编发4期专题微信,百余幅作品由全国、省级报刊和"学习强国"等媒体刊发,朱智辉的作品《请战》在《中国摄影报》《人民摄影》上刊发。

(孙必勇)

【"江南盛地"2020无锡雕塑展】 10月1日,"江南盛地"2020无锡雕塑展在北仓门丝码头广场举行。展览开幕前,主办方组织举行为先进人物代表塑像活动,由雕塑家为全国抗疫先进工作者陈静瑜、江苏优秀志愿者苏大伟塑像。展览包括大尺寸雕塑作品、无锡惠山泥人、紫砂雕塑等类别,50余名雕塑家、民间艺术家展出了100余件作品。大尺寸雕塑集中在丝码头广场展出,中小尺寸雕塑在北仓门文化大厅和北仓门文化客厅展示。全国政协常委、中国美术馆馆长吴为山的2件精品作为特邀参展作品专程参展。展览开幕同时举行了惠山泥人专著首发仪式与雕塑展学术研讨会。展览持续到10月15日。

(孙必勇)

【文艺作品敬赠白衣勇士】 2020年,市文联积极响应省文联组织的"致敬江苏援鄂白衣勇士"书画创作赠送活动,在短时间内组织专题创作,市书协89名书法家创作捐赠书法作品184件,市美协43名艺术家创作并捐赠88件美术作品。宜兴市文联组织书协、美协会员,向承担援助湖北战疫任务的宜兴市人民医院、宜兴市中医医院以及25名援鄂医务工作者赠送书法、美术、紫砂作品。

(孙必勇)

【庚子元宵专题朗诵会】 2月8日,庚子元宵节,无锡市朗诵艺术学会"声援抗疫——庚子元宵专题朗诵会"在微信群举行。市朗诵学会的会员、无锡援鄂抗疫医疗队的代表、社会各界人士400多人收听这场具有特殊意义的朗诵会。朗诵会通过"战疫""致敬""祈祷""必胜"4个篇章,28首原创作品,抒发无锡人民对战胜疫情的信心,表达无锡人民对祖国最诚挚的祝福。

(孙必勇)

【抗疫·锡剧公益演唱会】 2月25日,无锡市锡剧发展促进会举办"抗疫·锡剧公益演唱会",在微信群推送抗击疫情的系列锡剧节目。演出通过微信群推送分享27个新编唱段,包括无锡市锡剧发展促进会原创编排的多个节目,同时邀请江苏省锡剧团、无锡市锡剧院和周边县市的专业院团、锡剧艺术团队创作的锡剧作品参演,通过微信群联袂分享。作品围绕战疫情、敬英雄,宣传防疫知识,礼赞白衣天使,讴歌志愿勇士等主题,唱响一曲曲"抗疫锡韵",给听众精神鼓舞。

(孙必勇)

【跨界融合】 2020年,市文联采用形式多样的合作方式,同机关、高校、企业等开展合作,成立战略合作工作小组,建立沟通协调机制、项目推进机制和工作保障机制。以项目化的形式开展及推进合作,为合作开展提供机制保障。市文联试点与市总工会、市教育局、无锡日报报业集团、江南大学等单位组织开展合作,制定具体合作方案,举办签约仪式,落实重点合作项目,通过局部试点带动全局工作,推进跨界合作。

7月24日,由市文联、市总工会联合举办的"共育文艺人才、共兴职工文化"三年战略合作签约仪式暨第11届无锡市职工读书月启动仪式在一汽锡柴举行。市委常委、市总工会主席陈德荣,市总工会党组书记、副主席吴涛,市文联党组书记杨建,市文联主席卢敏等出席仪式。启动仪式上,吴涛、杨建分别代表市总工会和市文联签订"共育职工文艺人才、共兴职工文化"3年战略合作协议,市作协副主席、江南大学教授庄若江与职工代表一同进行主题读书分享。

8月26日,市文联与无锡日报报业集团未来媒体中心签署战略合作协议,旨在携手擦亮无锡文艺名片,将未来媒体中心打造成城市文化新地标,共同推动城市文化高质量发展。签约仪式后举行了"擦亮无锡文艺名片,共筑城市文化地标"座谈会。活动现场,市书协主席孙璘代表无锡市文联向报业集团捐赠书法作品。

(孙必勇)

【赴宜兴开展参观交流活动】 7月22日,市文联组织市(县)、区文联、行业文联负责人赴宜兴市文联"艺联百姓"之家,了解宜兴市文联坚持"六有"标准、建立长效机制、开展文艺志愿服务、深入推进新时代文明实践工作的做法和成效，并赴宜兴美术馆观看第13届全国美术作品进京获奖作品巡展，走访宜兴市美协的画家工作室，了解宜兴市美协在队伍建设、人才培养、精品创作、艺术采风等方面的好做法、好经验。现场观摩结束后，组织基层文联负责人进行座谈交流。

（孙必勇）

【文艺名家走进华西采风】 7月23日，市文联组织各文艺家协会负责人、文艺创作骨干和市文联党员干部等50余人，走进华西村开展采风活动。

（孙必勇）

【市书协送福进万家】 1月20日，“同心同书中国梦——送福送春联进机关”在市民中心1号楼大厅开展，该次活动为市书法家协会主席团成员专场。孙璘、李春泉、查理达、何勇、耿明霞等在现场挥毫泼墨，为市民和机关工作人员赠墨宝、送祝福。活动送出春联800余副、“福”字1000个。作为全市“我们的中国梦，文化进万家”系列活动之一，“同心同书，祖国新春好”无锡市书法家协会送万福进万家系列活动，从2019年12月30日开始，持续到2020年1月22日。书法家们走进农村、社区、学校、部队、警营、机关、车站、地铁建设工地、企业等处，现场为广大市民创作春联、写“福”字，用笔墨的形式为大家送上新春祝福。活动期间共举行送福进万家活动70场，送春联3万副，“福”字3.5万个。

（孙必勇）

【无锡文艺家首获中国文艺评论最高奖】 2019年12月31日，第四届“啄木鸟杯”中国文艺评论年度推优发布典礼暨2019中国文艺评论峰会在京举办，无锡市文艺评论家协会理事、江南大学人文学院中文系教授郭勇的作品《新时代中国新诗再出发》获年度优秀作品奖，这为无锡文艺家首次获此奖项。“啄木鸟杯”是由中国文联与中国文艺评论家协会联合主办的中国文艺评论界的最高奖项。

（孙必勇）

12月12日，中国曲艺家协会主席、相声表演艺术家姜昆开讲“无锡文联大讲堂”第一讲 （市文联 供）

【“无锡文联大讲堂”第一讲开讲】 12月12日，“无锡文联大讲堂”第一讲开讲。中国曲艺家协会主席、相声表演艺术家姜昆做客“无锡文联大讲堂”，以“你离人民有多近，人民跟你有多亲”为主题，为全市200多位文艺工作者和艺术家作讲座。

（孙必勇）

【区级文联建设实现全覆盖】 2020年，无锡市启动区级文联建设工作，各区区级文联相继成立。11月27日，新吴区文学艺术界联合会成立大会暨第一次代表大会召开。会议选举产生新吴区文联第一届委员会。

12月10日，梁溪区文学艺术界联合会成立大会暨第一次代表大会在梁溪区委党校举行。会议选举产生梁溪区文联第一届委员会。现场举办“书写新梁溪，讴歌新时代”梁溪本土书法美术名家作品展。

12月18日，惠山区文学艺术界联合会成立大会暨第一次代表大会召开。会议选举产生惠山区文联第一届委员会，通过《惠山区文联章程》《惠山区文联第一次代表大会决议》。

12月24日，滨湖区文学艺术界联合会成立暨第一次代表大会召开。会议选举产生滨湖区文联第一届委员会。

同日，锡山区举行文学艺术界联合会成立大会。会议选举产生锡山区文联第一届委员会。任栋、杨建共同为锡山区文联、锡山区文艺之家揭牌。

（孙必勇）

无锡市哲学社会科学界联合会

【组织建设】 至2020年末，无锡市哲学社会科学界联合会（以下简称市社科联）有市本级社科联1家、市（县）级社科联2家（江阴市社科联、宜兴市社科联）、高校社科联7家（江南大学社科联、无锡职业技术学院社科联、无锡商业职业技术学院社科联、江苏信息职业技术学院社科联、无锡城市职业技术学院社科联、无锡科技职业学院社科联、无锡开放大学社科联）；有会员单位145家，社科普及示范基地46家，其中，省级基地16家，市级基地30家，包括新增市级基地15家。

（卞雨江）

【“四千四万”精神专题学术征文活动】 6～7月，市社科联与市委组织部联合开展“四千四万”精神专题学术征文活动，活动收到征文27篇。组织有关专家撰写高质量论文5篇。编辑出版《江南论坛》“四千四万”精神专刊。部分优秀论文在省市社科学术大会获奖，其中在省学术大会上获一等奖1篇、二等奖3篇；在市学术大会上获一等奖3篇、二等奖4篇、三等奖5篇。

（卞雨江）

【社科工作培训】 年内，举办各类培训班4次，参训人数计200多人。5月25～26日，市社科联在中国企业管理无锡培训中心举办2020年度社科普及工作培训班，就“创新思维与新时代社科普及的探索实践”和“‘四千四万’精神的内涵与发展”作专题辅导和讲座，在无锡的高校社科联、社科普及示范基地及部分社科学会社科普及工作负责人40余人参加培训。7月30～31日，2020年度无锡市社科学会秘书长（骨干）培训班在江苏省税务干部学校举办，全市社科类社会组织的秘书长和业务骨干80余人参加培训。

（卞雨江）

【社科优秀成果评奖】 6月22～24日，无锡市哲学社会科学优秀成果评奖委员会办公室组织召开无锡市第15届哲学社会科学优秀成果奖专家评审会，经过专家评审组初评和综合评审组复评，无锡市优秀成果获奖备选项目198项，最终评选出市优秀成果奖一等奖15项、二等奖45项、三等奖100项。评选出参加江苏省第16届哲学社会科学优秀成果奖推荐项目22项（不含高校推荐项目）。12月29日，江苏省人民政府发布《关于公布江苏省第十六届哲学社会科学优秀成果奖的决定》，无锡市35项成果获奖（含高校推荐项目），其中，一等奖2项，二等奖15项，三等奖18项。

（卞雨江）

【招标课题（统战专项）立项】 6月29日，市社科联与市委统战部联合印发《关于公布2020年度无锡市哲学社会科学招标课题（统战专项）立项名单的通知》，立项统战专项课题23项。为市社科联首次设立部门专项课题。

（卞雨江）

9月19日下午，“无锡市第17届社会科学普及宣传周”启动仪式在崇安寺二泉广场举行 （市社科联 供）

【主题征文活动】 6月30日，市社科联与市人才办联合印发《关于在全市开展“构建人才治理体系，奋发作为再立新功”主题征文的通知》。征文活动收到论文157篇，其中60篇获奖。

（卞雨江）

【无锡市第17届社会科学普及宣传周】 9月19日，由市社科联主办，市教育局、梁溪区委宣传部协办的“无锡市第17届社会科学普及宣传周”启动仪式在崇安寺二泉广场举行，副市长周常青、市政协副主席金元兴出席启动仪式。宣传周时间为9月19～25日，主题为“同庆高水平全面建成小康，共谱‘强富美高’新篇章”。活动现场，无锡市社科学会（协会、研究会）、社科普及示范基地的90余名专家、学者，围绕《中华人民共和国民法典》普及宣传、传统技艺展示、惠民图书展销、健康保健咨询、消费维权等内容向市民进行宣传并提供咨询服务，还进行社科普及宣传周主题知识有奖竞答活动。年内，开展社科普及重点活动102项。

（卞雨江）

【“智慧社科”获立项】 9月25日，市社科联申报的“智慧社科”信息化管理平台项目参加市大数据局组织的项目评审会，获通过并立项。

（卞雨江）

【年度社科招标课题立项】 5月22日，市社科联和市委宣传部联合印发《关于公布2020年度无锡市哲学社会科学招标课题立项的通知》，2020年度无锡市哲学社会科学重点课题立项15项；精品课题共立项135项，其中立项资助课题35项，立项不资助课题100项。

（卞雨江）

【市哲学社会科学界第11届学术大会举行】 12月1日，无锡市哲学社会科学界第11届学术大会在江苏信息职业技术学院举行。副市长周常青出席会议并讲话。全市机关、高校、学会和科研单位等社科理论界的专家学者和江苏信息职业技术学院教师代表200余人参加会议。

（卞雨江）

【纪念中国伦理学会成立40周年】 12月5日，由中国伦理学会、无锡市委宣传部及江南大学共同主办，市社科联承办的“纪念中国伦理学会成立40周年暨2020中国伦理学大会”在无锡市开幕，全国各省、市、自治区的近400名伦理学专家学者、道德文化工作者出席大会。会议核心主题为“伦理学与国家治理”，设置1场主题报告会和“伦理学与国家治理”“伦理学基础理论”“立德树人”“疫情防控伦理”等8个专题论坛。

（卞雨江）

【获评省社科联系统先进集体】 1月，市社科联获江苏省社科联系统“先进社科联奖”和“工作创新奖”。12月16日，江苏省人社厅和江苏省社科联联合发文，表彰“十三五”期间江苏省社科联系统先进集体，无锡市社科联被评为“省社科联系统先进集体”。

（卞雨江）

【宜兴市社科联成立】 12月31日，宜兴市哲学社会科学界联合会在宜兴市政府会议中心揭牌成立。宜兴市领导封晓春、沈晓红、沈晓萍出席成立大会暨揭牌仪式。市社科联党组书记、主席许麟秋出席会议并讲话。

（卞雨江）

【江苏信息职业技术学院社科联成立】 7月6日，江苏信息职业技术学院召开哲学社会科学联合会成立暨第一次会员代表大会。会议审议通过《江苏信息职业技术学院哲学社会科学联合会章程》并选举产生第一届理事会理事。这是全市成立的第七家高校社科联。

（卞雨江）

无锡市归国华侨联合会

【组织建设】 至2020年末，无锡市有本级归国华侨联合会（以下简称市侨联）1家，市（县）、区侨联7家，街道（镇）侨联50家，其中年内新成立4家；机关、企业、高校、科研院所、开发区侨联16家，其中年内新成立1家。全市有归侨181人、侨眷10余万人。探索“地方侨联＋大学侨联＋校友会”新机制，推进高校侨联组织全覆盖，全市累计成立高校侨联组织9家。年内，无锡市侨联被中国侨联表彰为“全国侨联系统抗击新冠肺炎疫情先进集体”。

6月，市侨联和无锡商业职业技术学院等高校联合成立全省侨联系统首个侨务理论研究平台——无锡市华侨研究院，提升侨联理论研究水平及前瞻工作实效。和华侨研究院、市社科联共同开展并完成《海外侨社团多维赋能路径探索》《海外侨社团综合评价方法》《以职业教育国际化发展构筑海外统战侨务工作新平台》理论课题研究。

（许竹敏）

【思想建设】 2020年，市侨联围绕学习贯彻习近平新时代中国特色社会主义思想，中共十九届四中、五中全会精神和《习近平谈治国理政（第三卷）》等内容开展17次集体学习。用好“学习强国”等学习平台，开展日常经常性学习。举办意识形态能力培训班。市侨联机关党支部和市委统战部第一支部等6家单位共同发起“5加1党建联盟”；与红豆国际无锡商业党支部开展党建联盟共建活动，举办党性锻炼培训班。举办全市侨联系统干部政治素质业务能力双提升培训班；开展“5·10”崇德倡廉、“学史历行夺取双胜利”等主题党日活动。通过公众号、网站、《侨讯》多渠道宣传中共十九届五中全会精神、海内外侨界抗击疫情感人事迹、助力侨企复工复产、侨胞侨企先进典型等，凝聚侨界政治共识。在五四青年节和国庆节期间，联合市交通广播先后制作“决胜小康，奋斗有我”“峥嵘岁月难忘，爱国之情不变”专题节目，对在无锡创业的6位新侨菁英和6位老归侨参与建设新中国的事迹进行系列报道。设计制作《无锡市侨界名人》电视纪录片，宣传弘扬侨界正能量。部分重点报道被中央统战部网站、中国侨网、中国江苏网、《无锡日报》、《党政信息》等媒体录用。

（许竹敏）

【服务大局】 6月，市侨联成立民办非企“无锡市为侨发展服务中心”，搭建“一带一路”海外发展（无锡）服务平台，积极与中国进出口贸易协会、中国东盟理事会建立合作关系，牵线无锡市为侨发展服务中心与广西自贸试验区共建，承办非洲大湖地区无锡经贸交流活动，引导扶持国内企业走出去发展，助力无锡全面提升国际合作和竞争新优势。举办“后疫情时期侨创沙龙”。举办“创青春——江苏侨界青年双创发展分享”暨“新侨菁英，创享无锡·宜兴行”交流实践活动。成立“新侨陶艺菁英联盟”及“侨界青年陶艺文创实践基地”，为侨界青年创新创业出谋划策。举办“长三角一体化侨青海归创新创业”侨界菁英沙龙。与杭州、上海等8个城市共同发起成立“长三角城市侨创联盟”。联合江阴市侨联、江南大学侨联举办2020“创业中华·服务新侨企业面对面”走进江苏利安达集团活动，加强地方侨联、高校侨联与新侨企业沟通交流，探索建立“校企合作”新的发展模式。举办海创“云学堂”2期，为侨界企业家传递最前沿的营销战略和科技进展情况。申报江阴国家高新技术产业开发区为省侨联创新创业基地。在宜兴环科园国合环境高端制造基地设立“新侨菁英创业孵化基地”。

（许竹敏）

【海外联谊】 2020年，市侨联联合江阴市侨联等单位共同承办为期15天的中国侨联“亲情中华·为你讲故事”网上夏令营活动。西班牙萨瓦哥萨中国学校、法中国际文化交流中心中文学校等9个国家的10所（个）侨校和社团共620多名海外华裔青少年参加夏令营。主动承接中国侨联“追梦中华”品牌工作，9月，邀请马来西亚、埃及、俄罗斯等12个国家和地区的14名海外华文媒体代表以及5名涉侨中央媒体记者到无锡，参加“追梦中华·情系大运河”2020江苏采风行活动，感受运河文化，体验运河之情，向世界展示无锡新发展理念和对外开放成果。年内，全市各级侨联通过海外无锡同乡会、无锡商会等涉侨社团，积极扩展华裔新生代和新华侨华人工作领域，实现侨务资源共享，为无锡与国外在经贸方面缔结友好关系牵线搭桥。

（许竹敏）

【为侨服务】 2020年，无锡市开展以“法治无锡·你我同行，维护侨益·你我有责”为主题的第三届“法律宣传月”活动，通过法治讲座、侨法咨询、印制宣传手册、网上竞答、制作宣传视频、征文活动，营造知侨爱侨、依法护侨的浓厚社会氛围。针对侨胞不同的诉求，全年协调解决35件（次）。开展“关爱老归侨，高温送清凉”活动，侨联机关干部结对老归侨，分批走访慰问147人次，上门调查老归侨生活状况，发放慰问金7.35万元。在重阳节，为70、80、90周岁的老归侨举办重阳集体祝寿会。

（许竹敏）

【服务无锡籍海外留学生】 针对疫情，多措并举吸引无锡籍海外留学人才回家乡创业就业，做好留学生暖心工作，发送抗疫最新信息，寄送防疫物资。先后在梁溪区、新吴区举办两场“创业中华——服务海外留学生面对面”活动，向参会的200多位留学生和家长进行人才政策宣讲和招聘求职辅导；邀请50名无锡籍海外留学生参加“‘无’问西东，‘锡’望您来”无锡籍海外留学生夏令营活动；用好海归人才无锡创新创业服务平台，举办招才引智和服务新侨活动；提交无锡籍留学人员招才引智工作提案。

（许竹敏）

【研究课题获奖】 2020年，市侨联申报的课题《“一带一路”沿线国家新侨社团发展现状研究》，获2019年度全国统战理论政策研究创新成果一等奖，《新时代我国为侨公共服务体系建设研究》获评2020年度全国统战理论政策研究创新成果三等奖。

（许竹敏）

【参政议政】 在年初市“两会”上，侨界向市政协提交提案34件。市侨联积极参与市政协《发挥侨在构建世界格局中无锡侨的独特作用》专题调研；撰写《关于当前形势下解决无锡市中小企业融资、续贷困难的建议》《关于疫情期间有针对性地做好无锡市留学人员招才引智工作的建议》等侨情信息。

（许竹敏）

无锡市台湾同胞联谊会

【组织建设】 至2020年末，无锡市台湾同胞联谊会（以下简称市台联）设有市本级组织1个，全年无锡市定居台胞212人（含两岸婚生子女80人），比上年增加40人。

（王志好）

【思想建设】 2020年，市台联召开理事会，认真学习党的对台方针政策，加强意识形态教育，传达省台联工作会议精神，探讨创新台联工作思路，提升台联理事、机关干部和广大台胞的理论水平，强化党的政治引领。参加“不忘初心、牢记使命”主题教育，学习习近平在“纪念抗战胜利75周年座谈会”上讲话精神及中共中央政治局常委、全国政协主席汪洋在纪念台湾光复75周年学术研讨会上的讲话。加强台胞“四史”教育，以树立正确的历史观，促进两岸同胞心灵契合。11月，市台联组织台联理事和中青年台胞赴南京参观“跨越海峡的见证”台湾同胞抗日遗址遗迹图文展，同时瞻仰雨花台革命烈士纪念馆，学习革命先烈事迹，弘扬爱国主义精神，抵制台湾当局错误历史观，加深台胞对中共党史、新中国史的了解，壮大爱国统一力量。

（王志好）

【服务台胞】 2020年，市台联落实党和政府对台胞的关心，深入台胞家庭和台企，了解台胞的学习、工作和生活状况，特别是对疫情中的困难台胞、中小台企，市台联走访调研，协调服务，送上防疫用品。全年接待和服务定居台胞、常住台胞、岛内客人及台生90多人次，落实台胞子女入园入学、考试加分等相关政策，及时协调有关单位，落实常住台胞子女享受无锡市居民子女就学同等待遇及台籍认定工作；全年走访慰问台胞家庭和去世老台胞家属70余户，转发上级对老台胞和生活困难台胞生活补助款6万余元；坚持端午节、中秋节和春节走访慰问；协调多地派出所，为6名台籍小朋友进行台湾地区户籍身份认定；为5名台籍子女中考、高考落实加分政策提供帮助。5月，协助省台联到4家台企调研复工复产状况，并赠送口罩、洗手液等防护用品。

（王志好）

10月，市侨联举办“创青春——江苏侨界青年双创发展分享”暨“新侨菁英，创享无锡·宜兴行”交流实践活动（市侨联 供）

【参政议政】 2020年，市台联重视和鼓励台籍人大代表、政协委员积极参政议政，协调组织台籍人大代表、政协委员围绕中央和市委、市政府的重大课题、有关涉台问题以及社会热点难点问题开展调查研究，参加“打造最优营商环境”走访企业、“黑臭河道治理”暗访、“城市精细化管理”视察、小组专题视察、抗击新冠肺炎疫情捐款、“有事好商量”等活动。疫情期间，走访台商企业5家，调研考察座谈台企复工复产及企业订单状况，充分了解社情民意，参与各种形式的协商议政活动。市台联提出的社区老人居家养老的建议得到相关部门重视并办结。配合有关部门开展医养产业发展、台湾青年就业创业、两岸婚生子女等调研活动，了解无锡市台商投资经营发展状况，推动惠台政策落地见效，为台商融入全市发展搭建好平台。履行民主监督工作，加强与市农村农业局、市粮食和物资储备局等部门沟通联系，全年组织委员参加相关会议及明察暗访监督活动5次，提交民主建议书。

组织台胞为湖北黄石地区捐款14800元，省台联青委会成员捐款1200元，市台联政协委员捐款2000元、民主党派成员捐款1000元、台联机关人员抗疫捐款2000元。

（王志好）

12月，市台联组织青年台胞赴南京参观台湾同胞抗日遗址遗迹图文展

（市台联　供）

无锡市残疾人联合会

【组织建设】 至2020年末，无锡市有本级残疾人联合会（以下简称市残联）组织1家，市（县）、区残联7家，无锡经济开发区由区社会事业局负责残疾人工作，街道（镇）残联实现全覆盖，建有232个残疾人之家。全市残疾人近30万人，持证残疾人9.5万人。

（李　洋）

【志愿助残联盟党委成立】 年内，市残联成立志愿助残联盟党委，指导五大专门协会成立功能型党支部。5月8日，市委书记黄钦为志愿助残联盟党委、梁溪区广益街道“残疾人之家”党建助残示范点揭牌。市残联党总支依托12家党建助残基地搭建党建助残联盟，市残疾人托养中心党支部与15家党组织结对组建“幸福·家”党建联盟，市特殊需要儿童早期干预中心党支部与20家党组织组建“甘雨·爱力量”党建联盟。《党建引领残疾人托养机构发展的无锡实践》网课课件由中国残联上传视频平台播放。

（李　洋）

【就业服务】 10月15日，市残联印发《无锡市残疾人多渠道就业三年行动计划》，开展“春风行动”和“就业援助月”等专项活动，举办辅助性就业产品线上线下推广活动4次，开展残疾人各类就业培训73次，惠及1437名残疾人。走访用工企业298家，慰问残疾人1518人，新增完成1000份残疾人用工说明书。全年举办招聘会27场，974名残疾人参加，新增实名制就业544人，提前超额完成全年任务。对涉残企业和残疾人服务机构发放促进就业补贴，9970家符合条件的用人单位减免残疾人就业保障金6900万元。全市共年审残疾人按比例就业用工单位3548家，残疾职工10824人，劳动年龄内残疾人实现就业24170人，就业率62.15%。举办全市残疾人职业技能竞赛，组织参加全国残疾人岗位精英职业技能竞赛江苏省选拔赛，两名选手分获全省第三名和第七名；组织两名选手参加江苏省残疾人就业服务机构工作人员职业指导交流竞赛双双获得二等奖；新吴区残联成功申报“全国残疾人就业示范基地”。

（李　洋）

【康复工作】 2020年，在市儿童医院成立无锡市残疾儿童康复救助评估鉴定中心。市残联制定残疾儿童康复救助制度操作细则，儿童康复机构签到微信小程序上线试运行。与无锡开放大学合作开展残疾儿童康复机构的“康复队伍专业提升计划”。全市残疾人社区康复示范点的市级验收全面完成，15家“残疾人之家”通过省级验收。建成市残疾人辅具展示体验馆，在梁溪区、新吴区开展“残疾人辅助器具智能适配服务试点项目”，梁溪区残联开展智能辅具适配试点工作，积极申报“中国残疾人辅具服务中心无锡示范基地”。

（李　洋）

【残疾人学技教育】 2020年，无锡市在无锡开放大学残疾人教育学院定制专业学历，全额补贴学费，圆残疾人“大学梦”。建立无锡科技职业学院残疾人职业技能培训示范基地，培训就业率持续稳定在40%左右。举办大学生训练营，确保应届残疾大学生就业率在97%以上。滨湖区建立全省首个区级残疾人就业服务专业化平台“圆梦就业中心”，突破15～17周岁职业教育发展瓶颈，形成残疾学子学前教育、义务教育、职业教育全链条教学模式。全年为233人发放残疾学生教育专项补助，为211人发放贫困残疾人家庭子女教育专项补助。干预中心学前融合教育的实践经验通过《中国残疾人事业发展报告（2020）》蓝皮书等渠道展示和推广。

（李　洋）

8月18~20日，无锡市举行残疾人大学生就业技能训练营活动

（市残联　供）

【残疾人维权】 2020年，全市各级残联受理残疾人来电、来信、来访共528批（件）次，信访件办结率100%，涉法涉诉件办结率100%。成立专门协会法律救助志愿团，与市法律援助中心、市律师协会在五大协会驻点和“残疾人之家”共同设立法律援助流动维权站点。积极与市车管所对接残疾人代步车上牌等相关事宜，各区配置残疾人代步车维修点，方便残疾人就近解决残疾车维修。为324户低收入及以下残疾人家庭提供必要的生活设施无障碍改造，为37户60周岁以上重度残疾人家庭进行住房适老化改造。

（李　洋）

【残疾人文体活动】 2020年，市残联开展残疾人乒乓球、跳绳、掼蛋、趣味运动会和徒步行走等一系列群众性体育活动，培养20名体育健身指导员，推进16家省级残疾人康复体育示范点建设。开展全市残疾人小品、声乐比赛，在第十届全省艺术会演中，无锡市选送的节目获1个二等奖、2个三等奖。市盲协主席严三媛当选2019年度全国“最美志愿者”。

（李　洋）

【残疾人就业经验获推广】 7月6日，江苏省“群团改革再出发”专题座谈会在无锡召开，省委副书记任振鹤带队实地察看梁溪区广益街道“残疾人之家”。市政协社会法制委员会专题调研组就推进残疾人事业高质量发展进行调研，形成《完善残疾人帮扶机制，推进残疾人事业高质量发展》的调研报告。11月18～20日，全国残联教就部主任和就业管理中心主任工作会议暨全国残疾人就业工作无锡现场观摩会召开，中国残联副主席、副理事长程凯，江苏省政府副秘书长诸纪录到会并讲话，省残联理事长万力、副理事长杜晓镇参加会议，市委书记黄钦看望与会代表，市领导柏长岭、周常青参加相关活动；10月28日，第二届长三角残疾人事业一体化发展研讨会在无锡召开，上海市、江苏省、浙江省、安徽省残联地市（区）级以上残联负责人、残疾人就业领域相关专家学者、企业代表等130余人参会。中国就业促进会副会长郑灿栋、无锡市政协副主席刘玲到会致辞。29日上午，与会代表参观无锡市新吴区残疾人就业机构，无锡残疾人工作受到参会代表一致肯定。

（李　洋）

【“智慧残联”建设】 2020年，无锡市“智慧残联”纳入无锡数字经济高质量发展重点项目，所有硬件设施均投入使用，大数据中心和综合业务管理平台建设完成，残疾人基础信息与省残联、市大数据管理局实现交换共享，并实现常态化更新，数据交换平台、信息资源目录及元数据管理平台部署完毕，各业务模块进入内部测试阶段。无障碍地图建设完成信息采集招标工作，地图主要功能和展示内容基本确认。

（李　洋）

无锡市红十字会

【组织建设】 至2020年末，全市有市级红十字会1个，市（县）、区红十字会7个，红十字会基层组织1554个，其中，镇（街道）红十字会82个，村（社区）红十字会938个，学校红十字会434个，医院红十字会65个，企事业单位红十字会35个。红十字会员29.48万人，其中，青少年会员25.49万人，成人会员3.99万人。注册志愿者3166人。志愿服务组织74个，志愿服务基地35个。

（刘　森）

【思想政治建设】 2020年，市红十字会建立完善“不忘初心、牢记使命”主题教育长效机制，深化党支部标准化、规范化建设，开展“党建联建”活动，举办全市红十字会系统学习贯彻习近平总书记视察江苏重要讲话指示精神和中共十九届五中全会精神宣讲会，“学习强国”平台学员活跃度始终排列靠前。围绕争当“三个表率”“一个模范”，压紧压实党建责任清单、个性化党风廉政建设责任书和党员积分管理，严格执行“三重一大”集体决策制度，认真落实领导干部个人重大事项报告、公职人员异常行为零报告、基层减负工作等有关制度。

（刘 森）

【造血干细胞捐献】 2020年，市红十字会全面落实《无锡市献血条例》，加强市、市（县）区两级红十字会无偿献血志愿服务队和造血干细胞志愿者队伍建设，全市新增造血干细胞捐献志愿者报名采样入库1508份，造血干细胞捐献5例，完成中华骨髓库的志愿者保留项目，完善加入中国造血干细胞捐献者资料库的1.78万名志愿者相关信息，提升配对后再动员成功率。

（刘 森）

【遗体和人体器官捐献】 2020年，无锡市红十字会开展人体器官和遗体（角膜）捐献登记志愿者信息在线登记，新增遗体捐献登记报名169人，全年遗体捐献38例。新增人体器官捐献报名登记7219人，比上年增长63.28%。全年器官捐献7例、角膜16片，使19人重获新生。

（刘 森）

【数据管理】 3月25日，市红十字会印发《无锡市红十字会关于服务对象信用管理的指导意见（试行）》，开放应急救护、应急救援、人道救助及无偿献血、遗体和人体器官捐献、造血干细胞捐献10个项目的27.95万条数据融入市级大数据中心，开展网上荣誉墙和在线颁发电子捐赠证书，推进捐赠（捐献）、志愿服务等信息纳入个人信用积分档案，助力信用示范城市创建。

（刘 森）

【“博爱家园”建设】 7月21日，市红十字会印发《关于红十字工作融入新时代文明实践活动的方案》，健全红十字参与城乡社区服务机制，实现“三献”宣传、养老服务、健康促进、关爱救助等活动与基层党建、社区服务的深度融合。扎实开展“博爱家园”评优活动，全市8个“博爱家园”被江苏省红十字会评为“优秀博爱家园”，市红十字会为5个优秀“博爱家园”配发AED（自动体外除颤器）设备。市红十字会获评“江苏省红十字博爱家园推进奖”，“深化人道动员新模式和‘博爱家园’建设”的做法经验在全省红十字会系统作大会交流发言。年内，全市新建“博爱家园”68个，累计91个，居全省第一位。

（刘 森）

1月1日，市红十字会携手无锡经济广播等单位联合举办“不忘初心担使命、无偿献血我先行”2020新年徒步宣传活动 （刘 森 摄）

【数字红会建设】 2020年，无锡市率先在全省红十字会系统创新建成“无锡市红十字会综合信息管理系统”，同步实现捐赠捐献、救助、救护培训三大模块数据与官网、微信数据无缝对接。创建无锡市由139台AED联网组成的地图并纳入“灵锡”城市App“一键救援”导航系统，更好服务群众、提升城市公共服务能力。惠山区红十字会拓展“博爱惠山”线上服务，实现人道救助网上申请、应急救护在线培训等功能。

（刘 森）

【志愿服务】 2020年，市红十字会推进党建引领志愿服务组织开展“五强五提升”（以组织建设强基础，提升凝聚力；以政治建设强统领，提升向心力；以队伍建设强支撑，提升战斗力；以载体建设强实效，提升创造力；以阵地建设强融合，提升服务力）行动，建设志愿服务管理信息化模块，修订完善基层组织工作手册、志愿服务管理办法等配套制度，在全市范围内培育具有影响力的志愿服务人道项目11个，其中3个项目入选2020年度省红十字人道项目。新增红十字志愿服务队13支、志愿服务基地7个，注册志愿者687人。大力推进“青少年应急安全提升工程三年行动方案”，常态化落实应急救护培训、生命健康教育和红十字文化传播。开展“博爱青春”暑期志愿服务活动，11所高等院校完成15个省、市级项目，参与红十字志愿者756名，总服务时长16112小时，服务受众15241人。组织14所在无锡的高校参加红十字总会举办的“抗击新冠肺炎疫情暨红十字应急救护知识竞赛”并获奖。举办省防艾青年同伴教育主持人师资培训班，培养防艾宣传主持人300名、宣传员3000名。

（刘 森）

编辑 罗秋云

依法治市

【概况】 2020年是全面建成小康社会的决胜之年，脱贫攻坚的决战之年，"十三五"规划的收官之年，无锡市贯彻落实习近平总书记全面依法治国新理念、新思想、新战略，法治建设各项任务得到有效落实。年内，进一步健全依法治市组织架构，召开市委全面依法治市委员会会议1次，全面依法治市年度工作会议1次，依法治市工作会商会1次，立法、执法、司法、守法普法协调小组会议5次。全年编发全面依法治市工作简报4期、旬报69期。

（孙志中）

【法治队伍建设】 2020年，无锡市司法局指导7个市（县）、区建立党委法治议事协调机构，落实法治建设专职人员。召开依法治市（县）、区年度工作会议，指导江阴市所有镇（街道）成立依法治镇（街道）办，在全省率先推动地方党委法治建设议事协调机构向镇（街道）延伸。在全省率先同时召开立法、执法、司法、守法普法四个协调小组会议，制定出台四个协调小组工作细则，推动依法治镇（街道）办，立法、执法、司法、守法协调小组规范化运行。

（孙志中）

【法治制度建设】 2月6日，中共无锡市委全面依法治市委员会（以下简称市依治委）发布《关于疫情防控期间依法坚决维护社会秩序和社会稳定的公告》等文件，指导各地各部门开展疫情防控、复工复产、安全生产等工作。3月30日，市依治委出台《中共无锡市委全面依法治市委员会2020年工作要点》。7月27日，市依治委办公室印发《2020年工作要点任务分解方案》。完成中央全面依法治国委员会办公室督察组到无锡督察"党政主要负责人履行法治建设第一责任人职责及法治政府建设情况"的迎检任务。

（孙志中）

【依法治市举措】 2020年，无锡市推进党政主要负责人履行法治建设第一责任人职责规定，提请市委常委会讨论法治建设重大事项5次、党委（党组）中心组开展党内法规集中学习2次、政府常务会议开展集中学法4次、举办"梁溪大讲堂"组织全市领导干部集中学法1次，组织5173名机关干部对700名市管领导干部年度述法考评工作进行民主测评。开展"补短板强弱项""依法防控疫情和依法维护经济社会发展""法治化营商环境问题整改"等多项法治督察活动，以及"强基层夯基础""土地房屋征收执法司法情况""援法议事"等多项法治调研活动。7月16日、10月15日，市依治委办公室分别印发《深化法治江苏建设工作监测评价相关数据资料报送任务分解方案》及《2020年度法治江苏建设监测评价数据资料报送工作要点》，通过"互联网+"监测及群众法治满意度测评，高效推进法治建设监测评价工作。

（孙志中）

法规、规章制定

【概况】 2020年，市人大常委会统一审议法规案12件，其中，2019年度结转项目2件，全年新制定项目1件、修改7件、废止2件，市政府制定规章1件。

（蒋　健　朱　煜）

【制定《无锡市献血条例》】 2月28日，无锡市第十六届人民代表大会常务委员会第二十八次会议通过《无锡市献血条例》，江苏省第十三届人民代表大会常务委员会第十五次会议于3月3日批准，自6月14日施行。

《无锡市献血条例》共6章、46条，包括总则、组织与宣传、采供血与医疗临床用血、激励与优待、法律责任和附则，倡导健康适龄公民自愿多次无偿献血的新观念，明确政府及相关部门在无偿献血工作中的监管职责，规范采血、供血行为及临床用血管理，完善有关奖励与处罚措施，确保无锡市医疗临床用血需要和安全，保障献血者和用血者身体健康。

（蒋　健　朱　煜）

【制定《无锡市建设工程质量管理条例》】 4月30日，无锡市第十六届人民代表大会常务委员会第二十九次会议通过《无锡市建设工程质量管理条例》，江苏省第十三届人民代表大会常务委员会第十六次会议于5月15日批准，自8月1日施行。

《无锡市建设工程质量管理条例》共6章、73条，包括总则、建设工程有关单位和人员质量责任、建设工程各阶段质量责任、建设工程质量监督管理、法律责任和附则，将建设工程质量管理工作纳入政府考核体系，全面落实建设工程各方主体的质量责任，明确各环节质量管理要求，形成质量管理闭环，对于加强建设工程质量管理，保证建设工程质量，保护人民群众生命和财产安全具有重要意义。

（蒋 健 朱 煜）

【制定《无锡市湿地保护条例》】 12月30日，无锡市第十六届人民代表大会常务委员会第三十五次会议通过《无锡市湿地保护条例》，江苏省第十三届人民代表大会常务委员会第二十次会议于2021年1月15日批准，自2021年5月1日施行。

《无锡市湿地保护条例》共7章、56条，包括总则、湿地保护规划、湿地保护方式、湿地保护利用、监督管理、法律责任和附则，内容涉及湿地保护管理体制、湿地保护规划、湿地保护方式、湿地保护利用、监督管理等方面，对加强湿地保护，维护湿地生态功能和生物多样性，促进湿地资源可持续利用，推进生态文明建设具有重要意义。

（蒋 健 朱 煜）

【修改《无锡市养老机构条例》】 7月1日，无锡市第十六届人民代表大会常务委员会第三十次会议通过《无锡市人民代表大会常务委员会关于修改〈无锡市养老机构条例〉的决定》，江苏省第十三届人民代表大会常务委员会第十七次会议于7月31日批准，自公布之日施行。

《无锡市养老机构条例》从养老机构的规划建设、设立、变更与终止、扶持发展、服务规范、运营管理、监督检查等方面修改完善相关规定，并明确相应的法律责任，为规范养老机构运营和管理，保障入住老年人和养老机构的合法权益，促进养老事业健康发展提供有力法治保障。修改后的《无锡市养老机构条例》9章60条，包括总则，规划建设，设立、变更与终止，扶持发展，服务规范，运营管理，监督检查，法律责任和附则。

（蒋 健 朱 煜）

【修改《无锡市排水管理条例》】 7月1日，无锡市第十六届人民代表大会常务委员会第三十次会议通过《无锡市人民代表大会常务委员会关于修改〈无锡市排水管理条例〉的决定》，江苏省第十三届人民代表大会常务委员会第十七次会议于7月31日批准，自公布之日施行。

修改后的《无锡市排水管理条例》共6章、48条，包括总则、规划与建设、排水管理、排水设施运行维护管理、法律责任和附则，主要从排水规划编制、排水设施建设项目竣工档案、排水许可、排水设施运行维护管理、法律责任方面修改完善相关规定，明确排水设施建设单位、排水设施运营维护单位以及相关个人的权利义务，促进排水事业健康发展。

（蒋 健 朱 煜）

【修改《无锡市不动产登记条例》】 8月27日，无锡市第十六届人民代表大会常务委员会第三十二次会议通过《无锡市人民代表大会常务委员会关于修改〈无锡市不动产登记条例〉的决定》，江苏省第十三届人民代表大会常务委员会第十八次会议于9月25日批准，自2021年1月1日施行。

修改后的《无锡市不动产登记条例》共7章、71条，包括总则、一般规定、不动产权利登记、其他登记、不动产登记资料管理和利用、法律责任和附则，在对民法典涉及内容进行调整的同时，对不符合“放管服”改革要求的内容进行修改，并对有关不动产权属证书或者登记证明核发，以及撤销登记、单方申请登记等内容进行修改，以保障民法典实施，保障“放管服”改革，规范不动产登记行为，精简登记流程，方便申请登记，保护权利人合法权益。

（蒋 健 朱 煜）

【修改《无锡市轨道交通条例》】 8月27日，无锡市第十六届人民代表大会常务委员会第三十二次会议通过《无锡市人民代表大会常务委员会关于修改〈无锡市轨道交通条例〉的决定》，江苏省第十三届人民代表大会常务委员会第十八次会议于9月25日批准，自2021年1月1日施行。

修改后的《无锡市轨道交通条例》共7章、63条，包括总则、规划和建设、安全保护区管理、运营管理、应急管理、法律责任和附则，在对民法典涉及内容进行调整的同时，统筹考虑全市轨道建设发展，强化轨道交通建设单位对周边权利人的保护责任，对有关轨道交通工程验收、试运行、运营的要求、轨道交通安全保护区的管理、轨道交通的运营管理以及有关法律责任等内容进行修改完善，以保障民法典实施，促进轨道交通事业发展，规范轨道交通管理，保障轨道交通安全。

（蒋 健 朱 煜）

【修改《无锡市促进中小企业转型发展条例》】 10月29日，无锡市第十六届人民代表大会常务委员会第三十三次会议修订《无锡市促进中小企业转型发展条例》，江苏省第十三届人民代表大会常务委员会第十九次会议于11月27日批准，自2021年1月1日施行。

修改后的《无锡市促进中小企业转型发展条例》共5章、50条，包括总则、创业引导与成长推进、创新推动与改造升级、资金支持与服务保障和附则，修改内容主要涉及建立促进中小企业转型发展工作统筹协调机制、推进中小企业创新发展、强化中小企业转型发展资金保障、优化营商环境四个方面，对于进一步强化政府政策支持，支持中小企业创新升级，激发其转型发展成长活力，解决中小企业转型发展融资困难，不断优化转型发展营商环境，提高中小企业的发展质量和效益，增强中小企业竞争力，推动经济可持续发展具有重要意义。

（蒋 健 朱 煜）

【修改《无锡市社会医疗机构管理条例》】 10月29日，无锡市第十六届人民代表大会常务委员会第三十三次会议通过《无锡市人民代表大会常务委员会关于修改〈无锡市社会医疗机构管理条例〉》，江苏省第十三届人民代表大会常务委员会第十九次会议于11月27日批准，自2021年1月1日施行。

修改后的《无锡市社会医疗机构管理条例》共6章、38条，包括总则、设立管理、执业管理、扶持与保障、法律责任和附则，修改的内容主要是明确政府职责，按照“两证合一”的改革要求对审批程序和条件进行规定，完善社会医疗机构的制度保障，并对法律责任进行调整，对于加强对社会医疗机构的管理，规范医疗行为，促进社会医疗机构发展，保障人民健康，具有重要意义。

（蒋 健 朱 煜）

【修改《无锡市粮油流通安全条例》】 10月29日，无锡市第十六届人民代表大会常务委员会第三十三次会议通过《无锡市人民代表大会常务委员会关于修改〈无锡市粮油流通安全条例〉的决定》，江苏省第十三届人民代表大会常务委员会第十九次会议于11月27日批准，自2021年1月1日施行。

修改后的《无锡市粮油流通安全条例》共7章、53条，包括总则、供应安全、质量安全、保障支持、监督检查、法律责任和附则，主要是围绕强化粮油安全责任、强化粮油供应安全、保障存储粮质量安全、加强粮油流通安全监督管理等方面进行修改完善。

（蒋 健 朱 煜）

【修改《无锡市水环境保护条例》】 12月30日，无锡市第十六届人民代表大会常务委员会第三十五次会议第一次审议《无锡市水环境保护条例(修订草案)》。草案重点围绕全面贯彻落实《中华人民共和国长江保护法》以及加强水污染防治、水资源保护、水生态保护与修复、监督管理等方面进行修改完善，加强对水环境保护工作的统筹协调，实现水污染预防、控制、治理的全流程规制，提高条例的科学性和可操作性，推进“三水共治”、水环境保护。

（蒋 健 朱 煜）

【废止《无锡市盐业管理条例》】 无锡市第十六届人民代表大会常务委员会第三十三次会议决定，废止《无锡市盐业管理条例》。

《无锡市人民代表大会常务委员会关于废止〈无锡市盐业管理条例〉的决定》由无锡市第十六届人民代表大会常务委员会第三十三次会议于10月29日通过，江苏省第十三届人民代表大会常务委员会第十九次会议于11月27日批准，自公布之日生效。

（蒋 健 朱 煜）

【废止《无锡市房屋居住权处理办法》】 无锡市第十六届人民代表大会常务委员会第三十三次会议决定，废止《无锡市房屋居住权处理办法》。

《无锡市人民代表大会常务委员会关于废止〈无锡市房屋居住权处理办法〉的决定》由无锡市第十六届人民代表大会常务委员会第三十三次会议于10月29日通过，江苏省第十三届人民代表大会常务委员会第十九次会议于11月27日批准，自公布之日生效。

（蒋 健 朱 煜）

【出台《无锡市公共数据管理办法》】 1月21日，市政府第72次常务会议审议通过《无锡市公共数据管理办法》，5月1日实施。

《无锡市公共数据管理办法》共7章、39条，包括总则、规划与建设、采集与汇聚、共享与开放、安全与监督、法律责任、附则等内容，主要涉及公共数据管理体制、公共数据目录管理、公共数据共享、开放平台、公共数据质量等，是首部全国地级市出台的政府规章，旨在固化和完善无锡市公共数据管理制度创新成果，为公共数据管理提供全面法治保障，提升政府治理能力与公共服务水平，促进经济社会高质量发展。

（卢小昌）

法治政府建设

【概况】 2020年，无锡市坚持以习近平新时代中国特色社会主义思想为指导，落实中央全面依法治国工作会议精神及省委十三届六次、七次、八次全会精神，全面推进依法治国方略，推进依法行政，加快法治政府建设步伐，在全省法治政府建设考核中进入第一方阵，法治政府建设取得较好的成绩。

（孙志中）

【顶层设计】 2020年，无锡市加强统筹协调推进。4月27日，无锡市全面推进依法行政工作领导小组出台《无锡市2020年度法治政府建设工作计划》，组织开展法治政府建设“补短板、强弱项”专项调研督导、法治政府建设情况工作座谈会等活动，完成中央依法治国办督察组到无锡督察“党政主要负责人履行推进法治建设第一责任人职责及法治政府建设情况”的迎检任务。全面抓好推进依法行政、建设法治政府的组织协调、督促指导、调查研究，全面落实对各市(县)、区政府法治政府建设，组织开展全市2019年度依法行政、法治政府建设工作考核及各市直部门依法行政年度目标任务综合考核，通报考核结果并反馈存在的问题。落实领导干部学法制度，市政府常务会议组织领导干部学法4次，全市86名领导干部通过任职前法律知识考试，法治意识、法治能力得到提升。完善法律顾问制度，市、市(县)区政府法律顾问聘请率100%。全年市政府依法审核审查政府各类文件、文书、合同336件，依法办理重大信访复核事项32件，集中修改地方性法规11件，出台政府规章1部。

（孙志中）

【立法工作】 2020年，无锡市政府聚焦重点领域立法，制定政府规章1件。市司法局参与《无锡市排水管理条例》《无锡市促进中小企业转型发展条例》等10部法规的起草和修改工作。健全政府立法机制。建设立法论证咨询、政协立法协商、第三方评估等相关工作机制。强化文件备案审核。强化政府文件合法性审查，审核内容涉及营商环境、金融项目投资、市场监管、公共安全、公共服务等。

（孙志中）

【执法监督】 2020年，无锡市推进综合行政执法队伍改革，整合组建市场监管、生态环境保护、文化市场、交通运输、农业等领域综合行政执法队伍，实现“一支队伍管执法”。12月5日，市委办、市政府办联合印发《无锡市深化综合行政执法体制改革实施意见》。做好市政府拟赋予无锡经济开发区2411项相关权力事项的审核，提交市政府常务会议审议后向省报批第一批1956个事项。统筹推进基层综合行政执法体制改革，出台全省首个镇（街道）综合执法指导规范，推动基层综合执法规范化建设。全面推行行政执法“三项制度”（行政执法公示制度、全过程记录制度、重大执法决定法制审核制度），对全市具有行政执法权的47个部门和单位推进落实行政执法“三项制度”进行全覆盖式检查，各市（县）、区同步组织全覆盖式检查评估。推进行政执法信息化平台运用，采集7个市（县）、区366家单位的执法主体和受委托组织信息、1.27万余名执法人员信息。严格执法监督，市司法局组织开展贯彻《无锡市水环境保护条例》《中华人民共和国民办教育促进法》、国务院《优化营商环境条例》执法检查。组织全市行政执法案卷评查活动，在全省率先采取“资格审查—网上学习—网上法律知识测试—承诺发证”模式，全市2600余人新领行政执法证件。发出执法监督建议书15份、情况反馈书14份，其中包括全市首张行政执法监督决定书。

（孙志中）

【行政复议】 2020年，全市各级行政复议机关收到行政复议申请1043件，受理949件，受理率90.99%；审结案件933件（含上期结转148件），案件审结率98.31%，全市各级行政机关发生一审行政应诉案件736件，各级行政复议机关收案数和受理数比上年分别下降12.72%、10.05%，一审行政应诉案件比上年下降17.58%。开展“矛盾不上交”三年行动和矛盾纠纷化解“百日会战”，全市建立非诉服务中心80家、行政调解委员会10家、家事调解社区工作室42家，全年调处各类社会矛盾纠纷133231件。落实行政复议听证制度及重大复杂行政复议案件专家论证、集体讨论决定制度，建立人民调解、行政调解、司法调解的协调联动机制，推进行政裁决与行政复议、行政诉讼、民商事仲裁等其他方式的有机衔接。

（孙志中）

【政务公开】 2020年，无锡市政府推进行政决策科学民主法治化，落实《无锡市重大行政决策程序规定》《无锡市规范性文件和重大行政决策合法性审查程序规定》等规范要求，全市重大行政决策集体讨论、合法性审查率100%。贯彻落实《无锡市人民政府向市人大常委会提请审议和报告重大事项的实施办法》，接受市人大常委会监督。通过聘任行政执法特邀监督员、网上备案监督、在线实时监督、处罚监督、法制审核、执法检查、案卷评查、两法衔接、梳理典型等多种方法，实现全市行政执法监督全覆盖。推进权力清单和责任清单、财政资金、公共资源配置、市场监管、公共服务信息等领域的政府信息公开。

（孙志中）

政法委及社会治理

【概况】 2020年，全市政法机关在市委领导下，主动应对突如其来的新冠肺炎疫情和各类困难矛盾叠加的严峻挑战，以开展全国首批市域社会治理现代化试点为主线，统筹推进平安和法治建设，全力维护政治安全和社会稳定，各项工作取得新成效。年内，全市网格规范达标率、群众安全感、法治建设满意率分别达到94.47%、98.85%、92.8%，在全省考核中均位居第一等次。

（邵　磊）

【疫情服务保障】 2020年，无锡市在全省率先发布疫情防控1号通告和服务保障复工复产7号、9号通告，严密落实数据查控、人员防控、面上管控、社会稳控等措施，“锡康码”“锡证通”累计注册1120余万人、扫码核验2.2亿人次。全面落实“六稳”“六保”任务，组织实施服务企业复工复产专项行动，推出疫情防控20余项惠企便民措施。

（邵　磊）

【重大风险防控成果显著】 2020年，无锡市率先建立社会及信访稳定工作联动机制，扎实开展“一战五行动”（信访矛盾化解攻坚战，防范化解进京访、城乡建设、经济金融投资、生态环保、市场经营5个领域突出矛盾专项行动）和“排风险、建清单、除隐患、保稳定”专项行动，12月31日，市委办、市政府办联合出台《关于加快建设“最多跑一地，服务零距离”矛盾纠纷多元化解工作体系的实施意见》，全年排查化解各类矛盾纠纷42.9万余起，持续保持社会大局和谐稳定。

（邵　磊）

【扫黑除恶专项斗争】 2020年，无锡市以开展“一十百千万”行动为总抓手，以一抓到底、决战决胜姿态，推进“六清”（线索清仓、黑财清底、逃犯清零、案件清结、行业清源、伞网清除）行动，深化非法金融活动等专项整治，建立健全源头防范、日常监管、打击整治常态化机制138项，专项斗争总体绩效位居全省前列。

（邵　磊）

【市域社会治理现代化稳步推进】 2020年5月，无锡入选“全国首批市域社会治理现代化试点城市”后，成立以市委、市政府主要领导为组长的领导小组，研究制定实施方案，组建实体工作专班，统筹推进各项工作，初步构建形成党委统揽、上下贯通的联推共治格局。确立试点建设“十大目标任务”，实行挂图式作战、项目化推进，积极探索具有无锡特色的社会治理新路。11月2日，市推进市域社会治理现代化工作领导小组办公室与市委政法委联合主办的无锡“市域社会治理现代化宣传月”活动启动，主题是“加快推进市域社会治理现代化，奋力争创平安中国示范区”。年内，在全省率先出台升级版“大数据+网格化+铁脚板”治理机制的意见，全面优化综合网格、专属网格设置，6750名专职网格员实现市域全覆盖，2亿多条数据实现汇聚共享，四级网格化服务管理中心贯通运行，正式组建市网格学院，全年处置平安稳定类网格事件55.4万件。

（邵　磊）

【治安防控体系升级完善】 2020年，无锡市坚持以新应变、科技赋能，深化以城市巡处一体化、大数据指挥服务体系、侦查办案体系、派出所工作为主要内容的现代警务机制改革，建成21个警务工作站并实体化运作，国家级“城市网络安全综合防控体系”建设试点有序推进，新一代“雪亮技防工程”建设应用经验全省推广，打击违法犯罪整体绩效位居全省前列，道路交通事故亡人数17年连降，可防性案件数比上年下降46%，“零发案”小区占比73%。

（邵　磊）

【法治机制建设】 2020年，无锡市加强法治建设推进机制、法治保障助推机制和法治宣传引导机制建设，在全省率先实行立法、执法、司法、守法普法四个协调小组实体化办公，完成地方性法规立、改、废11部。助力打赢“三大攻坚战”、长三角区域一体化和产业强市、创新驱动等重大战略实施，推出打造“无难事、悉心办”最优营商环境城市“硬核”法治举措123条，在全国率先建立企业预重整引导人制度，在城乡基层探索开展“援法议事”活动，法治无锡建设新闻发布会制度和法治惠民实事工程品牌效应不断扩大，群众对执法司法工作满意率持续提升。举办第17届长三角法学论坛、全省法治乡村建设现场会。

（邵　磊）

【政法领域改革纵深推进】 2020年，无锡市深化司法体制综合配套改革，全面推行“一个中心、三项数据、五大平台、九项举措”（以司法统计为核心；审判质量、效率、效果数据；审判流程公开、执行信息公开、裁判文书上网、庭审网络直播、庭审三同步；司法责任制、院庭长办案、三评查活动、万案直播、积案清理、审限变更、案件报结、态势分析、绩效评估）审判管理模式，健全完善执法司法权力和责任清单，加快推进执法司法制约监督体系建设，司法权运行机制健全，诉讼制度改革取得新突破，严格规范公正文明执法水平稳步提高，维护安全稳定工作机制不断完善，政法智能化建设加速推进，政法职业保障体系日益健全，执法司法质效、公信力和人民群众获得感不断提升。全市法院一审判决案件被改判发回重审率、一审服判息诉率、民事案件调撤率均位居全省前列；全市检察机关28项办案核心业务数据排名全省前三位，其中13项位居全省第一。

（邵　磊）

【政法队伍建设】 2020年，无锡市坚持把政治建警放在首位，坚持和加强党对政法工作的绝对领导，扎实开展理想信念、忠诚使命教育，引导全体政法干警增强“四个意识”、坚定“四个自信”、做到“两个维护”。贯彻《中国共产党政法工作条例》，建立健全16项制度机制，党管政法制度体系不断完善。制定出台《关于大力提升全市政法系统党的建设工作质量的实施意见》，建立健全党建、队建、业务“三融合”机制，扎实开展覆盖全警的政治轮训，组织政法党员干部“下沉一线”服务基层。举办全市镇（街道）政法委员培训班，分类开展全警练兵活动，政法队伍业务素质、能力水平明显提升。切实加大管党治警力度，深入开展纪律作风专题教育、司法作风问题专项治理，营造风清气正的政治生态。

（邵　磊）

表17　　2020年无锡市政法系统获省级以上荣誉情况表

单位、个人名称	荣誉名称	授予部门
市中级人民法院	全国法院系统2020年度优秀案例分析先进组织单位	最高人民法院
市中级人民法院审监庭	全国法院审判监督工作先进集体	
市中级人民法院	2020年司法链应用试点法院	最高人民法院网络安全和信息化领导小组办公室
市中级人民法院宣传处	2018年全国法院网络宣传优秀成果	中央网信办网络评论局、最高院新闻局
宜兴市人民法院	全国法院“基本解决执行难”工作先进单位	最高人民法院、人力资源和社会保障部

续表 17

单位、个人名称	荣誉名称	授予部门
市人民检察院、江阴、宜兴市检察院，梁溪、锡山、惠山、滨湖、新吴区检察院	2020 年度全国检察宣传先进单位	最高人民检察院、检察日报社
市公安局出入境管理支队	2017 ～ 2018 年度全国青年文明号创建活动成绩突出单位	公安部
市公安局交巡警支队车辆管理所	全国一等车辆管理所	
江阴市公安局祝塘派出所	全国公安机关执法示范单位	
宜兴市看守所	公安部标兵看守所	
市司法局	2020 年国家统一法律职业资格考试工作表现突出单位	司法部
市司法局人民参与和促进法治处、滨湖区人民调解委员会	“大排查 早调解 护稳定 迎国庆”专项活动表现突出集体	
江阴市澄江街道人民调解委员会	全国模范人民调解委员会	
市司法局	第二届全国应急管理普法知识竞赛优秀组织奖	应急普法部、司法部、全国普法办
市国家安全局 5 项专项工作	集体二等功成员单位	国家安全部
市国家安全局 4 项专项工作	集体三等功成员单位	
市委政法委	2015 ～ 2019 年全省政法系统先进集体	省委政法委、省人事厅
市人民检察院	全省“七五”普法中期先进集体	省委宣传部、省法宣办
市人民检察院	全省政法宣传舆论工作先进单位	省委政法委
市公安局、江阴市公安局	全省抗击疫情新冠肺炎疫情先进集体	省委、省政府
新吴公安分局坊前派出所	全省政法系统先进集体	
赵建聪、弓建明、顾铮铮、刘 勇、李思红、张锡南、王 英、严勤芬	荣誉天平纪念章	最高人民法院
姜丽丽	全国法院系统 2020 年度优秀案例分析三等奖	
过坚列	全国法院特赦实施工作通报表扬	
陆 超	全国法院办案标兵	
范 凯	全国法院系统 2020 年度优秀案例分析三等奖	
颜建江	全国法院人民法庭工作先进个人	
赵 玲	全国法院新闻舆论工作先进个人	
盛 熹	全国百篇优秀裁判文书	

续表 17

单位、个人名称	荣誉名称	授予部门
包万云	特赦检察工作表现突出个人	最高人民检察院
于　颖	首批全国检察机关重罪检察综合调研人才	
孙　宁	首批全国经济犯罪检察人才	
杨晓平	检察听证互联网直播试点工作先进个人	
韩彦霞家庭、荣志珏家庭	全国抗疫“最美家庭”	全国妇联
储小悦	全国先进工作者	中共中央、国务院
程　晔	公安部全国机关“标兵个人”	公安部
周莹洁	全国公安系统抗击新冠肺炎疫情先进个人	
荣志珏	全国公安系统二级英雄模范	
孙玉明、梁　颖	2020 年国家统一法律职业资格考试工作表现突出个人	司法部
袁定文、史文学	“大排查 早调解 护稳定 迎国庆”专项活动表现突出个人	
承安东、袁定文、伍成华	全国模范人民调解员	
高　敏	2015 ~ 2019 年全省政法系统先进工作者	省委政法委
张永明	全省政法系统新冠肺炎疫情防控工作奖励对象个人三等功	
陆　超、王永祥	2015 ~ 2019 年全省政法系统先进工作者	省委政法委、省人社厅
王黎曼	个人二等功	省委组织部、省委政法委
黄　辛、张健彤	2019 年度全省扫黑除恶专项斗争成绩突出个人	省扫黑除恶专项斗争领导小组
潘洪峰	江苏省第四届“十大法治人物”	省委全面依法治省委员会办公室、省委宣传部、省司法厅
赵玥珑	2019 ~ 2020 年江苏省（杰出）青年岗位能手	共青团江苏省委、省人社厅
蒋亚芳	全省“七五”普法工作中期先进个人	省委宣传部、省法治办、省司法厅

续表 17

单位、个人名称	荣誉名称	授予部门
张 斌	江苏省知识产权骨干人才	省知识产权局
龚 磊	全省政法系统疫情防控先进个人、记个人二等功	省委组织部、省委政法委
韩彦霞	江苏省三八红旗手	省妇联
蹇思宇、朱吉轶、高 波	全省抗击新冠肺炎疫情先进个人	省委、省政府
杨浩、张晓军	个人二等功	省委、省委政法委
彭 杰	全省禁毒工作先进个人	省禁毒委员会

（市委政法委）

公 安

【概况】 2020年，无锡市各级公安机关瞄准现代化、聚焦高质量，围绕46项年度重点工作任务，统筹推进警务质态、改革强警、科技兴警、警队建设高质量发展“四场硬仗”，战疫情、护稳定、保平安、促发展、提质效、强队伍，确保全市政治安定、社会安全和人民安居。市公安局根据无锡经济社会特点、无锡公安现实所需，确立防控体系、警务机制、实战能力现代化总目标，明确“四场硬仗”总路径，编制三年行动计划，确保全市公安工作高质量发展走在全省最前列。推动维护社会稳定、公共安全监管、智慧警务建设、辅警队伍管理等工作纳入党委、政府和全市发展层面统筹规划，启动建设基础设施、科技信息化、智能交管等10个重大项目，形成党委和政府领导、公安机关牵头、职能部门联动抓建设的工作格局。开展新冠肺炎疫情防控工作，在全省率先搭建组织指挥体系、启动战时工作机制、取消全警春节假期、发布疫情防控一级响应和服务复工复产相关通告，落实数据查控、入口防控、面上管控、社会稳控等“五控”措施，研发应用“返锡通”“锡康码”“锡证通”，为复工复产、群众出行、城市运行提供支撑，依托“大数据+网格化+铁脚板”治理机制，落实疫情常态化防控措施。建立市社会及信访稳定联合工作组和风险联合研判、问题联合交办、矛盾联合化解、工作联合督导、事件联合处置“1+5”联动工作机制，开展集中治理重复信访、化解信访积案专项工作。落实各项安保措施，完成中共十九届五中全会、上海国际进口博览会等重大安保任务和29批次警卫任务。开展系列专项行动和专项斗争，创新升级打防管控措施，严惩重大刑事犯罪，侦办新型犯罪案件，整治社会热点问题，扫黑除恶专项斗争绩效、执法质量排名全省第一，现行命案破案率列全省第一名，命案积案侦破绩效、通信网络诈骗案件破案升幅居全省前列，公共安全形势持续稳定向好，一般道路交通事故起数、亡人数降幅为历年最大，全市未发生重特大安全事故，群众安全感98.85%。制定公共安全专项整治总体方案和8个子方案，明确市公安局党委成员和主要警种负责人责任清单。加强道路交通安全管理工作属地化改革，优化高速公路勤务机制。群租房安全隐患全部得到整治，挂牌整治群租房重点街道社区，开展车库住人整治行动，完成《无锡市房屋租赁管理办法》草案送审工作。制定派出所消防监督工作实施意见、督导检查办法和办理消防违法案件工作规定。推出优化营商环境10条措施，出台户籍管理新政策，落实国家移民管理局及苏南移民和出入境新政策，完成6项审批事项“证照分离”改革任务。推出10项车辆驾驶员管理服务、临时居民身份证办理和申领便民举措，推广应用居民电子身份证和电子卡证包，建成19个24小时公安便民自助服务区、1207个便民服务点。上线无锡公安“微警务”三期和在线政务服务一体化平台，“微警务”关注量700余万人次。落实城市精细化管理城管警方联动工作机制，整治重点道路交通秩序。开展全国文明城市建设整改提升工作，推进全市交通秩序、犬类管理和“小广告”整治行动。落实长江、太湖禁渔退捕工作，开展“美丽河湖”

住家船舶专项整治行动，清理拆解船只275艘。开展城市巡防处置一体化改革，建成运行21个街面警务工作站，推动街面巡防从“汗水警务”向“智慧警务”转变，城市巡防体系提升工程获无锡市首届“民心工程奖”金奖。改革大数据指挥服务体系，落实情报、指挥、行动一体化运行机制，为实战赋能增效。改革侦查办案体系，市、市(县)区两级公安机关全部建成合成侦查中心、反诈中心，市(县)、区公安机关推行侦查办案大部制改革，加强专业手段建设，厘清各层级、各警种和派出所侦查办案职责，配套考核评价体系。推广行政案件快办机制，提高执法办案质效。改革派出所工作，撤并整合23个派出所，同步建立警务工作站。创新落实“大数据+网格化+铁脚板”社会治理机制，推动警网、组织、平台、力量、技术“五大融合”。实施公安大数据战略，推进全市公安科技信息化建设。建设立体化、智能化社会治安防控体系。贯彻习近平总书记重要讲话精神，锻造高素质过硬警队。制定市公安局党委全面从严管党治警责任清单和落实党建领导责任清单。开展“坚持政治建警全面从严治警”教育整顿，配合完成省委巡视和省委政法委政治督察。制定市公安局党委班子加强作风建设8项措施和中层领导干部绩效考核激励问责规定，完成全局中层班子、中层领导政治体检和考察考核。全市公安机关214个党支部完成标准化、规范化达标建设。应用民警平时考核系统，厘清岗位职责和考核参考指标，实行考核结果与表彰奖励、职务职级、经济待遇“三挂钩”。构建具有新时代无锡公安特色的大监督格局，制定《无锡市公安局经济事项管理“十个严禁”》，立案查处民警违纪违法案件。在全省公安系统率先开展江苏省地方标准项目“12389举报投诉处置规范”建设。开展全警练兵提能、警务实战能力提升行动，全警实战练兵综合成绩排名全省第二、被评为优胜单位，10个警种练兵竞赛成绩列全省第一名。成立公安部公安发展战略研究所城市警务研究中心无锡分中心，打造新型城市警务智库。全局多个集体、多名民警受市公安局以上表彰。

(耿永军)

【扫黑除恶】 2020年是中共中央、国务院部署开展为期3年扫黑除恶专项斗争的决战决胜年，全市公安机关坚持“有黑扫黑、有恶除恶、有乱治乱”，紧盯涉黑涉恶重大案件、“保护伞”、“关系网”和黑恶势力经济基础不放，奋力夺取专项斗争全胜，扫黑除恶绩效排名全省第一。严打涉村、涉赌、涉贷、涉企及网络空间、新兴领域黑恶犯罪，全市查处涉黑组织6个、恶势力犯罪集团24个，抓获涉案人员2473人，查封涉案资产10.7亿元。开展非法金融活动专项治理，查处“套路贷”(以民间贷款为“幌子”，利用欺骗、胁迫、虚假诉讼等不法手段让受害人“入套”，以达到直接侵害受害人高额财产的目的)犯罪团伙13个、114人。开展“六清”(线索清仓、逃犯清零、案件清结、伞网清除、黑财清底、行业清源)行动，中央督导组交办的175件线索全部核查报结；年前查处的9个涉黑组织和28个恶势力犯罪集团全部移送起诉；年内移送转递纪委监委涉案线索210条，全市查扣涉案资产17.7亿元；针对斗争中暴露出来的突出社会治安问题，向行业主管部门和相关单位发送“公安提示函”563件。建立健全扫黑除恶常态化六项机制(源头治理的防范整治机制、智能公开的举报奖励机制、打早打小的依法惩处机制、精准有效的督导督办机制、激励约束的考核评价机制和持续推进的组织领导机制)，落地落实公安机关定期研究、案件侦办深挖细查、激励民警担当作为、扫黑平台长效应用、重点领域专项整治等制度规范，推动扫黑除恶长效常治，巩固专项斗争成果。

(耿永军)

【“110”接处警服务】 2020年，市公安局启动大数据指挥服务体系改革，推动三级情报指挥体系架构重塑、机制重建、职能重整，成为实战勤务的情报数据中心、指挥调度中心、支撑保障中心。市(县)公安局、城区公安分局的情指中心、派出所的综合指挥室、警务工作站的指挥岗和交警支队、巡特警支队等警种部门的指挥分中心、指挥室、指挥岗初步建设到位，并配套建立值守运行机制。实行市公安局统一接警，市公安局、各城区公安分局和警务工作站(派出所)一体化分级处置的接处警工作模式，市公安局情指中心负责重要警情、稳情指挥处置，城区公安分局情指中心负责一般警情、稳情指挥处置，警种部门负责相关警情、稳情协调处置，派出所(警务工作站)负责执行上级指令。细化落实三级指挥机构警情、稳情处置主体责任，规范处置监管流程，对警情、稳情处置实现全类、全量、全程监测掌控，基层反应处置效率大幅提升，平均到场处置时间缩短6分钟。制定重大警情、稳情范围和标准，以及指挥处置流程、规范等配套文件，建立情报、指挥、行动一体化运行机制，落实情报、指挥、督办、反馈闭环管理。推进“110”减负增效“十个一”(升级一套智能化报警求助系统、增接警质效，建设一个实时性三方联动平台、增现场互动，完善一个网格化联动处置机制、增共治合力，做强一个全覆盖实战培训机制、增处警技能，优化一个满意度全量访评机制、增处警监督，健全一个一键式联动分流机制、减非警求助，实施一项针对性专项打击行动、减恶意骚扰，织密一张点线面三级巡防网络、减街面警情，做优一个多警种就近自处机制、减所队负担，建强一个高效率执法维权机制、减处警压力)建设，打造新时代具有无锡公安鲜明特色的人民满意“110”品牌。规范“110”接警受理、警情录入、处警反馈、标签管理等各个环节的数据录入工作，每月对接处警流程及警情定性问题进行监管考核。开展互联网警情监测处置改革试点工作，拟制《互联网警

2 月 20 日，市公安局机关突击队民警在高速公路口开展防疫检查

（黄一清　摄）

情监测处置流程》《互联网警情监测处置工作规范》；在市公安局大数据指挥服务中心设立互联网警情监测处置专席，开展动态监控和扁平指挥，与“110”接处警共同组成网上网下全覆盖、7×24 小时全运行的警情感知网络，构建纵向贯通、横向互联的指挥调度体系。将铁路无锡站、铁路无锡东站派出所接处警工作纳入无锡市区“110”报警服务统一管理。建立“110”报警服务台与“12345”公共服务热线联动工作机制，实现日常工单警单实时相互推送；共建无锡市民意分析、风险预警联动综合研判平台，实现数据共享、资源融合、定期会商、联合研判，有效指导公共服务、紧急求助、治安管理、维护稳定等工作。全年受理处置“12345”公共服务热线转接工单 3.2 万余起，向“12345”公共服务热线转递非警务、非紧急求助 1.11 万余起。建立“110”与网格化社会治理联动工作机制，“110”报警平台与网格化管理平台对接，警情在公安机关与基层社区间实现双向流动，扩大非警务非紧急警情实时分流联处范围，全年分流处置“网格警情”5100 余起。建设“110”接处警系统智能辅助派警模块，对接本地“一标三实”（实有人口、实有房屋、实有单位）地址库，实现智能辅助派警处警。在“110”接处警系统植入报警人精准定位功能，为接警员精准派警，提高一体化处置效能提供保障。建设情报指挥赋能实战平台，实时向一线处置单位和力量推送与警情、稳情等相关的数据。加强涉及新冠肺炎疫警情指挥处置，制定《重大涉疫警情事件社会防控联合指挥工作预案》和《重点疫情区域封控工作预案》，明确组织指挥、力量安排、处置流程和通信保障。围绕涉疫警情接警受理、指挥调度、现场处置、情况反馈等环节，编制《新型冠状病毒感染肺炎类警情处置要点》，制作《涉疫警情处置》《涉疫人员及车辆处置》《违反〈通告〉警情的处置》系列视频教学片，提升民警涉疫警情现场处置能力和自我防护意识。全市“110”报警服务台接报处置涉疫警情 6.11 万余起。

（耿永军）

【社会面巡逻防控】 2020 年，市公安局围绕打造平安中国示范区、市域社会治理现代化试点合格城市总目标，构建以专兼职力量为主体、“全域覆盖、全时空运行”的城市巡防处置一体化工作新机制，推动社会面巡逻防控工作实现规范化、专业化、精细化、智能化。构建“政府牵头、公安为主、部门联动、社会参与”的巡逻防控大格局，各级党委、政府加强人、财、物、机制等方面的组织保障，将“重点单位行业防控”“社区防控”“群防群治力量发动”“单位内部防控”和“区域（行业）警务联动协作”等纳入巡逻防控工作范畴，全市义工、快递员、外卖小哥、社区工作者、平安志愿者等专兼职平安巡防队伍人数达常住人口 4%。将巡逻处警工作作为警情压降、响应、处置的核心手段，实施以警务工作站建设为核心的巡逻处警一体化改革，根据人口基数、区域位置、警情数量、交通状况和人流密集程度、重点部位分布、处置半径要求，建设承担接处警、惩治犯罪、服务群众、应急处突等职能的警务工作站，承接派出所巡逻处警职能，辖区违法警情、刑事案件发案数分别比上年下降 31.84%、20%，派出所接处警减负率 90% 以上，“零发案”小区占比 73%。在高速公路、国道、省道、干道等主要出入口设置集治安查控和交通管理职能于一体的公路公安检查站，在其余道路出入口及水域、交通枢纽等部位建设查缉堵控点，在全市形成“全域封控、全量查控、触圈报警、及时响应”的防控格局。提升巡逻防控工作信息化水平，建设智慧化实战平台，接入街面视频、人像识别、车牌抓拍等感知前端，整合数据资源，开发智慧巡防模块和 5G 移动端智慧巡防 App，实现街面警务资源一图清、事件处置一键管、情报推送一链达。在配齐 5G 移动终端、数字电台、5G 执法记录仪等传统智慧装备的同时，会同中国联通公司孵化 5G+人工智能巡逻机器，定制山林防火警用无人机，配备 AR 眼镜、图传头盔、水上救援机器人等装备，一线巡逻防控智能装备配置占比 60% 以上。建立实战化应用模型，将全市巡区动态调整布防、警情指令实时推送至巡防接处警民警，实现处警流程的闭环运作、研判成果的同步共享、警务质态的动态评估，对管理、指挥、处置等各环节全流程赋能。建立由各级政法部门牵头,公安部门协助的群防群治力量组织发动工作机制,并将巡区警格与综治网格融合匹配,情指中心与网格中心警情互联互通,分流大量非警务、非紧急警情给网格员处置,有效降低一线巡逻处警民警工作负荷。完善交通治安与地面、水上与陆地一体化巡逻防控网络,推进地铁、水上警力与属地公安机关无线通信、视频监控等资源共享、互联互通,推动勤务组织指挥互联互动,形成各部门力量平时对口管理、战时互为补充、相互联动、一体处置的工作模式。加强巡逻执勤规范化建设,出台《城市巡防处置一体化改革实施方案》《全市公安机关社会面巡逻防控布局规范(试行)》《全市公安机关警务工作站建设规范》等规范性文件,建立以警务工作站、派出所巡逻力量为主体,巡特警力量应急处置、交警力量叠加配合的工作模式,固化一线专职巡逻警力,完善巡区责任机制,明确各部门巡逻警力的职责任务。

(耿永军)

【大型活动安全保障】 2020年,市公安局巡特警支队开展大型活动安全检查37次,整改各类安全隐患190处,组织协调各类安保力量2.1万余人次,完成第二届大运河文化旅游博览会、无锡马拉松赛等27项、142场次大型活动安保工作。落实《无锡市大型群众性活动安全管理办法》,厘清政府部门、公安机关、承办单位、管理场所及社会公众的责任边界,建立具有无锡特色的安全检查、隐患整改、“黑名单”等书面告知和反馈备案机制,提升大型活动安全监管能力水平。向市政府报告大型活动部分重点场馆安全检查情况,无锡经济开发区和市体育局投入资金1320余万元整改无锡太湖博览中心、新体育中心的消防、技防重大安全隐患。下发“大型活动安全检查责任告知单”“大型活动安全隐患整改反馈单”“大型活动不良安全事件记录表”“保安服务企业大型群众性活动安保考核计分表”40份,做到大型活动安全监管有法可依、有章可循、有据可查、有人负责。年初,新冠肺炎疫情暴发,市公安局在全省率先发布减少和取消大型活动的通告,叫停除夕撞钟祈福、元宵灯会等27项、44场次大型活动。主动适应新冠肺炎疫情防控形势发展变化,在抓紧、抓实、抓细新冠肺炎疫情常态化防控的前提下,助力行业复工复产,协调市新冠肺炎疫情防控指挥部印发《无锡市疫情防控常态化形势下大型群众性活动备案审批工作暂行办法》,将行业主管、公安、卫生健康等部门纳入大型活动审批环节,实行活动备案联审会办、现场管理联防联控,将各项疫情防控举措落实到每道程序、每个环节,既严格管理,又纾困解难,服务保障经济社会发展。运用物联网技术开展大型活动安保,突出数据赋能智慧安保,加强网络围栏、电子围栏、热力图、客流统计系统、智能票证闸机等高端全智能应用和人脸识别、高空AR摄像机等前沿技术应用,建立具有无锡市场馆地域特色的大数据、云计算指挥汇聚平台和视频覆盖圈、电子预警圈、核心管控圈“三圈三防”机制,形成扁平化一体指挥、风险可视可洞察的智慧型安保集成体系。全年重大活动安保“三圈”预警1330次,有效过滤风险隐患。

(耿永军)

【公安科技信息化工作】 2020年,市公安局实施公安大数据战略,开展“智慧警务”新体系、“数据赋能”攻坚行动和大数据中心一体化建设,按照“全局统筹、全网打通、全量融合、全时感知、全域赋能”的建设应用原则,加强统筹建设、规范管理、资源整合和安全可控,推进全市公安科技信息化建设。加强项目建设、数据应用把关审核,建立CIO(信息主管)和分域审核机制,设定数据、运维、安全三大技术审核标准,解决业务、技术前置审查不到位的问题。根据公安部、省公安厅建设规划要求,完成“新一代公安信息网”二级网用户域和数据域网络连通工作。加强警务云平台建设,初步搭建安全访问平台,实现身份可信、终端监测、动态授权和抵御网络攻击等能力。按照大数据赋能实战应用总体架构设计,市公安局20个重点项目年内有12个上线部署运行,7个项目按时序要求开展试点建设和应用测试,6个项目被列入无锡市“十四五”规划重点专项建设。无锡市作为唯一被科技部和公安部列入试点的地级市,开展网络空间地理测绘与城市网络安全综合

7月3~5日,巡特警突击队员开展“魔鬼周”极限训练水上实战练兵

(夏震宇　摄)

防控体系试点项目建设，市公安局将该项目纳入市域社会治理现代化建设中推进落实，在疫情防控、社会稳定、平安建设等方面取得显著成效。推进新一代“雪亮技防工程”、智慧技防小区建设，“雪亮工程”二期正式采购实施，全市建成智慧技防小区2288个、智慧校园381个，完成全市500个智慧公交站台的点位确认和技术方案编制工作。完成联网各类视频监控22.1万余路、车辆抓拍设备1.26万余路、人脸抓拍设备1.1万余路。向省公安厅推送的视频监控在线率、感知设备数量、感知数据上传质量等指标均位居全省公安机关前列。7月25日，省委政法委、省公安厅在无锡市召开现场会，肯定和推广无锡新一代“雪亮技防工程”建设应用新模式。与无锡中电科物联网创新研发中心合作，成立智慧警务大数据研发中心，组建城市大脑、视频技术、大数据、人工智能等系列联合实验室。引入意图分析引擎与智能语音机器人等人工智能技术能力。开展区域线上警务合作，共建省内数据联盟与长三角一体化警务协作联盟，开展与电信运营商的数据服务协作。整合警种部门、市(县)公安局、公安分局和外部单位数据资源，完成数据上云治理，实现全域全警共建共享，融汇感知网数据。完成与“苏格通”平台的对接、基础数据同步和网格员身份认证工作，搭建无锡市网格化平台与公安大数据实时传输通道，实现网格端、“苏格通”服务器端和社区民警端实时同步。全市公安机关完成5G智能终端配发工作，在移动端部署应用“智慧巡防”“智慧法制”等重点功能模块。上线推广“锡证通”App，全市注册用户213万户，提供健康码服务以及身份证、驾驶证、行驶证、居住证等电子卡证服务，实现治安场所管理、网吧登记、宾馆入住以及“随手拍”等场景应用。组建市公安局、市(县)公安局、城区(公安分局)、派出所三级数据攻坚战队，上线“锡康码”，运用大数据资源和技术手段，在新冠肺炎疫情重点查控、人口管控、流行调查和数据研判、服务决策方面发挥重要作用。

(耿永军)

【出入境管理】 2020年，全市公安出入境管理部门办理出入境证件5.85万余件，其中，中国公民护照2.17万件，港澳通行证2.65万件，台湾通行证0.13万件，外国人签证(居留许可)0.9万件，口岸签证处签发台胞一次通行证32件。建设应用“境外人员智能动态管控系统”，升级境外人员临时住宿登记管理信息系统，提升临时住宿数据登记上传及时率。推广外国留学生“双挂钩”(将留学生签证证件签发管理与留学生日常表现和学业成绩、高校留学生服务管理工作规范化建设相挂钩)等举措，为高校、外企等提供政策咨询、法律援助、法治宣传等服务。完成无锡马拉松、物联网博览会、大运河博览会、上海进博会等重大活动出入境安保工作。在外国人聚居社区试点建设“外国人服务站”，向境外人员宣讲涉外法律法规，提供住宿登记、住宿地备案、签证到期提醒、涉外法律法规咨询等服务。制定《依托网格化社会治理推动外国人管理服务工作意见》，结合“全警进网格、入户送平安”活动，把外国人纳入社区实有人口管理，促使高校、用人单位和相关部门建立健全外国人管理制度，形成基层涉外管理工作合力，同步加强港澳台地区人员管理。应用“公民出国境智慧管理研判平台”，对公民出国境申请、前往重点国家地区与高危地区、出入境记录异常等信息进行关联分析研判，严格办理人员出入境证件审批签发。按照“全国一流、全省领先、业内首创”目标，加强全市公安出入境智慧服务窗口建设，在全省率先实现市、市(县)区两级出入境窗口智慧大厅全覆盖。落实7项苏南国家自主创新示范区出入境政策措施，推广12项国家移民管理局促进服务自由贸易试验区移民和出入境便利政策，为海外高层次人才提供出入境与停居留便利，服务全市引智引才战略。受理外国人永久居留申请27份，颁发外国人永久居留身份证23张。加强与外事、商务、边检等部门和治安、大数据、情报指挥等警种的数据交流共享，核查新冠肺炎重点疫区境外人员入境、离境和滞留情况。口岸签证处加强与外事、海关、机场集团等单位的协作沟通，为49架次国际航班、5782人次入境旅客提供疫情防控保障服务。推出“优先办、专窗办、加快办”举措，支持企业复工复产，为企业外籍人员办理签证证件860余份，开通证件办理专场9次，加急办理签证证件56份。开展打击治理跨境赌博工作，制定《无锡市打击治理跨境赌博机制实施方案》《无锡市公安局打击跨境赌博犯罪活动线索举报奖励办法》。开展外国人管理“净非行动”，依托“大数据+网格化+铁脚板”，加大社区管控力度。会同教育、人社、外事、文化等部门对教育、演艺类单位明察暗访，加大对“三非”(非法入境、非法居留、非法就业)外国人的审查力度，深挖妨害国(边)境管理犯罪线索，全市查处涉外案(事)件300余起，其中，公安部督办案件1起，遣送出境20人，驱逐出境3人。

(耿永军)

【刑事犯罪案件侦查】 2020年，全市公安机关破获刑事案件15859起，抓获刑事作案嫌疑人18083人。落实“三同步”(同步做好依法处理、舆论引导、社会面管控)工作机制，及时高效惩治严重暴力犯罪，年内发生的现行命案全部破获，连续第十年实现现行命案全破;破获现行抢劫案件27起，连续第四年实现抢劫案件全破。惩治治理网络贩枪犯罪，抓获涉枪犯罪嫌疑人237人，缴获火药动力枪支185支，侦办公安部网络贩枪目标案件18起。开展“蓝剑1号”专项惩治行动，服务保障全市疫情防控、企业复工复产和社会安全生产，破获疫情防控违法犯罪案件137起，其中涉疫诈骗案件120起，抓获嫌疑人362人，挽回经济损失347万元。推行惩

7月25日，全市首个警务工作站无锡经济开发区公安分局贡湖大道警务站民警整装待发（王小骏 摄）

治传统“盗、抢、骗”犯罪“小案快破”新机制，加强快速侦查、串并侦查、追赃挽损，全市传统“盗、抢、骗”案件发案数比上年下降37.8%，破案率比上年提升24.3%。开展“云剑-2020”专项行动，惩治新型通信网络诈骗犯罪，坚持集中研判专业化惩治机制，落实市、市(县)区两级反诈中心职责，破获通信网络诈骗案件3176起，抓获犯罪嫌疑人3175人。开展网上追逃专项行动，抓获网上在逃人员3147人。

（耿永军）

【刑侦基础建设】 2020年，全市公安机关刑事侦查部门加强侦查办案体系改革。按照“职责、能力、资源、警力”匹配原则，建立以专业警种为主办理刑事案件的工作机制，对专业警种和派出所破案职能进行重组，做到专业警种对侦查打处负总责、主办案件负全责、主侦案件负主责、疑难案件主动揽责。市、市(县)区两级公安刑侦部门承担命案积案等重大刑事案件的攻坚任务，主侦主办通信网络诈骗案件，派出所主要办理辖区内轻伤害、盗窃、普通诈骗等实体案件。以“大部制”、合成队形式整合侦查力量，解决警种部门各自为战、单打独斗问题，确保惩治犯罪精准，综合支撑到位。市公安局侦查办案部门成立数据战队、侦查合成队，江阴市公安局、宜兴市公安局建立多功能、全覆盖的责任区刑警队，市区公安分局成立侦查合成队。加强智慧刑侦建设，建成“智慧侦查办案平台”，市、市(县)区两级公安机关全部建成合成侦查、反诈、图侦、刑事技术中心。理顺视频侦查权限配置等问题，建立“图侦开路、智能追踪、精准研判、高效支撑”的视频侦查工作新机制，破案5846起。升级反电信诈骗智能平台，预警劝阻诈骗通话7.3万个，冻结止付涉案资金31.5亿元，向受骗群众返还被骗资金6600万元。加强市、市(县)区两级公安机关电子物证实验室建设，部署空中信息采集，开展虹膜采集试点。全部刑事案件现场勘查率92.8%；全市通过指纹系统直接比中案件4626起；DNA系统直接比中案件3575起。完善专业惩治机制，建立传统“盗、抢、骗”案件快速侦查、通信网络诈骗犯罪专业化惩治机制，无锡市成为全国为数不多的全域推行“小案快破”的城市之一。

（耿永军）

【经济犯罪案件侦查】 2020年，全市各级公安经济犯罪侦查部门立案查处各类经济犯罪案件1355起，抓获犯罪嫌疑人1154人，挽回经济损失30余亿元。明确市公安局经济犯罪侦查支队(以下简称“经侦支队”)、市(县)公安局(城区公安分局)经济犯罪侦查大队(以下简称“经侦大队”)和派出所三级办案职能，市公安局经侦支队负责主办侦办证券期货、侵犯商业秘密、损害商业信誉声誉案件、重大涉外和新型经济犯罪等6类案件；派出所负责办理非法集资、涉税、信用卡诈骗以及一般职务侵占、挪用资金、合同诈骗案件；经侦大队负责主办除经侦支队负责的6类案件和派出所负责办理案件以外的经济犯罪案件。建立警种合成作战机制，加强与警种部门的配合，协助治安部门开展惩治跨境赌博“猎鹰”专项行动，破获多起跨境赌博案件，打掉1个涉案资金超100亿元的跨境开设赌场犯罪团伙，铲除9个境内黑灰产业团伙；会同食药环侦部门开展“昆仑2020”专项行动，破获的1起特大制售假冒品牌工程建设材料案入选公安部“昆仑2020”专项行动十大典型案例。加强与行政执法和经济管理部门的沟通协作，推动落实案件线索移送、信息共享、联合执法、调查取证等工作机制，会同金融办、市场监管等部门排查3300余家(类)金融企业，清理、清退710余家查无下落主体；立案侦查30余起行政部门的移交线索，惩治50余人。对方面性、突出性经济犯罪建立以经侦牵头相关警种和派出所共同参与的会战工作模式，开展惩治非法集资专项行动，立案侦查32起非法集资类案件，涉案金额10.2亿元，非法集资类案件高发势头得到遏制；开展惩治涉税犯罪“百城会战”，立案侦查虚开增值税专用发票案件345起，抓获违法犯罪嫌疑人276人，挽回流失税款12亿元；发起两起涉税全国会战，破获价税合计53亿元涉及全国12个省、市的宜兴“8·10”特大虚开增值税专用发票案等一系列大案要案；开展“护航2020”惩治侵犯知识产权犯罪专项行动，破案75起，涉案资金1亿元，抓获犯罪嫌疑人169人；开展境外追逃“猎狐2020”专项行动，从6个国家抓获境外经济犯罪在逃人员11人。组建“财会审计团队”“情报研判团队”“审讯攻坚团队”“数据分析团队”，提升侦查破案效能，形成一批典型技战法，为破获虚开发票、信用卡诈骗等案件提供参考和借鉴。

（耿永军）

【经侦执法服务】 2020年，全市各级公安经济犯罪侦查部门加强执法规范化建设，完善《经侦案件受理规范标准》《经济犯罪案件三级侦办意见》等规章制度，开展“严密执法环节、遏制执法突出问题”专项整治活动，优化执法服务，为新冠肺炎疫情防控、经济运行安全及企业平安经营保驾护航。把握经济违法犯罪活动动向，重点查处侵犯知识产权等危害企业合法权益的案件，开展“护航2020”惩治侵犯知识产权犯罪专项行动。开展“百万警进千万家”活动，加强经侦警务服务站“贴靠式”服务，针对因管理疏忽导致的侵占、挪用等常见犯罪手法为企业提供上门法律服务，增强企业防范经济犯罪风险的意识和能力，全年走访企业5000余家，开展“警企系列讲座”活动30余场次，发布各类预警信息200余条，避免发生经济案件30余起，规避经济损失6000余万元。开展“1·10”“3·15”“5·15”等宣传日活动，宣传防范非法集资、非法传销、假币等涉民经济犯罪活动，提高企业及群众防范意识。

（耿永军）

【全国禁毒示范城市创建】 2020年，无锡市推进全国禁毒示范城市创建工作，健全毒品治理体系，全年禁毒工作被江苏省禁毒委员会考评为优秀等次。市委书记黄钦、市长杜小刚分别就整治突出毒品问题、市禁毒委员会办公室实体化运作作出批示。市委办、市政府办联合印发《关于认真贯彻落实〈关于整治突出毒品问题的实施意见〉的通知》，市禁毒委员会制定《无锡市禁毒工作三年规划（2020—2022年）》，确定6个方面26项具体任务，明确36家政府相关职能单位工作责任、目标任务和时序要求，为推进禁毒人民战争“无锡战役”、集中解决突出毒品问题作出顶层设计。市禁毒委员会召开全市禁毒工作会议，明确全市禁毒工作的思路方向、任务目标和重点举措。市禁毒委员会办公室推动市、市（县）两级禁毒委员会办公室实体化运作，推进禁毒社会化工作提质增效。市公安局禁毒支队实施禁毒情报实战“砺刃计划”，推进“智慧缉毒”警务建设，建立情侦一体化合成作战模式，构建情报作战常态机制，提升情报导侦能力水平。打造预防教育“无毒”品牌，加强青少年毒品预防教育，会同市教育局举办毒品知识竞赛，组队代表江苏省参加全国总决赛获第二名。开展禁毒宣传，“无毒锡城”禁毒志愿服务项目获第五届中国青年志愿服务项目大赛银奖；在无锡新闻综合广播电台开设《禁毒之声》广播栏目，传授禁毒知识、讲好禁毒故事，被省禁毒委员会办公室、共青团江苏省委评为2020年江苏禁毒宣传教育“双百计划”两个省级项目之一；推出“警花说禁毒”和禁毒系列动画，“无锡禁毒侠”抖音账号粉丝数21万人次，点赞数350余万次，播放量1亿次；举办“无毒锡城”禁毒公益优秀作品征集活动，制作“禁毒之役”电子刊物，以“禁毒侠”IP形象命名的禁毒公交专线和禁毒地铁专列投入使用。聘请国际知名斯诺克球员丁俊晖和无锡援鄂医疗队代表为无锡禁毒宣传形象大使与无锡禁毒健康大使。建立戒毒网格化管理示范单位7个及社区戒毒（康复）示范工作站14个，全市吸毒人员均纳入网格化服务管理，实现“零脱失”“零肇祸”。

（耿永军）

【禁毒工作】 2020年，市公安局加强侦查办案体系改革，明晰禁毒专业警种管辖案件市公安局、市（县）公安局（城区公安分局）、派出所三级破案职责分工，完善“三级联动，各有侧重”的惩治毒品犯罪架构。开展“净边2020”“惩治毒品违法犯罪百日攻坚”等专项行动，破获毒品犯罪案件309起，抓获毒品犯罪嫌疑人478人，查获吸毒人员2412人次，缴获各类毒品23.8千克，破获公安部、省公安厅毒品目标案件13起。加强重点人员、重点物品和重点领域管控。开展吸毒人员管控会战，推进“清隐”“清库”“清零”，全市未发生涉毒肇事肇祸案事件。开展易制毒化学品安全监管专项行动，检查易制毒化学品企业单位2997家，检查其他生物医药化工企业单位1189家，整改安全隐患55处，查处易制毒化学品行政案件105起，防止易制毒化学品流入非法渠道，形成涉毒乱点、热点问题。开展“笑气”（一氧化二氮）管控工作，惩治涉及“笑气”违法犯罪行为。成立毒品毛发检测市级筛查实验室，落实易涉毒人员毛发采样检测初筛工作机制。根据国家禁毒办通报，无锡市海洛因、冰毒等5种主要毒品人均滥用量居全国125个监测城市的第115位，处于低水平。

（耿永军）

【派出所改革】 2020年，市公安局改革派出所工作，全市撤并派出所23个，形成“一镇（街道）一所”格局，建成投用21个警务工作站。出台一系列派出所工作的意见规范，建立接处警一体化分级处置模式，形成以专业警种为主办理刑事案件的机制，构建派出所、警务工作站联勤互动、叠加互补格局，警务工作站巡防处警覆盖区域的派出所基本剥离社会面巡防、接处警职责，回归社区警务、基础管控、治安防范等主责主业。警务工作站实行潮汐布警、动态用警，通过智慧巡防实战平台、5G移动终端、警情一体化处置等方式有效提升街面巡防处警智慧指数和快速处警专业水平。推行符合无锡实际的“1室N队”派出所勤务模式，加强综合指挥室中枢作用，派出所呈现模块化、多元化、品牌化发展，形成派出所改革“无锡方案”。

（耿永军）

【社区警务】 2020年，市公安局人口管理支队推进警务室“提亮补缺”工程，提档升级社区警务质态，建成“提亮”警务室29家，树立无锡经济开发区水乡苑、滨湖区美湖、新吴区新丰苑等样板警务室，“补缺”警务室163家，在全省率先实现村村（社区）建立警务室。制定社区民警工作规范，按每年2万元标准，为所有社区民警落实工作经费。多元化解矛盾纠纷，派驻式人民调解室在全市派出所全面覆盖、全员配备，形成江阴市一体化联调、宜兴市律师驻所、惠山区“惠民联调”中心等工作亮点。调整划分828个警务责任区，与全市7170个网格对应、吻合、关联，实现警网无缝对接。实现派出所所长进街道（镇）班子、社区民警进社区（村）班子制度。在全省率先同市级网格化平台实现地址共享，建立警网数据推送、核查、审验闭环机制，为实施“平安前哨”工程奠定扎实基础。在全市各层级、各板块62个单位创建警网融合示范点，形成江阴市“警网全域治理”、无锡经济开发区“专职网格员队伍”、滨湖区“警格员管理”等网格警务样板。加强群防群治队伍建设，涌现“春阳大叔”“蓝蚂蚁”“民安巡逻队”等优秀平安志愿者团队。

（耿永军）

【户籍管理】 2020年，市公安局深化户籍管理“放管服”改革，完成《无锡市户籍准入登记规定》修订工作，12月8日，由无锡市人民政府印发施行，全面取消高校和职业院校师生、留学归国人员、技术工人等重点群体的落户限制，调整放宽入伍进入城市人口、新生代农民工、在城镇就业居住和举家迁徙的农业转移人口等到无锡市就业人员的落户条件，取消落户至所有权住宅和已婚子女投靠父母落户的住房面积要求，取消江阴市、宜兴市行政区域内的落户限制，明确相关户籍准入年限根据国家和省有关要求实行城市群之间积累互认。配合第七次全国人口普查，开展户口清理整顿工作，清理注销应销未销户口1.02万人，解决应落未落户口8538人，登记核对户籍人员176.12万户、520.9万人，寄住人口135.78万人，暂住人口342.97万人。在全省率先开展临时身份证工本费电子支付试点，在全市推出身份证受理点节假日受理办证服务，拓展中国港澳台居民居住证使用范围，无锡市户籍人员居民身份证申领、换领、补领及省内户籍人员居民身份证换领、补领全市通办12.7万张，无锡市户籍人员在全市任意户籍派出所或区县级公安机关户籍窗口“一站式”办理临时身份证2万余张。在全市流动人口聚集区、江南大学城等地试点流动人口自助服务一体机，在无锡公安微警务推出流动人口居住登记、租赁房屋自主申报网上服务，年内通过“绿色通道”、自助服务受理发放签注居住证3.2万余张。制定《户籍窗口服务规范》《户籍窗口服务质效考评办法》，年内授牌首批30个“无锡市居民身份证工作示范点”，为群众提供错峰办理、预约办理、紧急事宜“绿色通道”、特殊人群“上门服务”、户籍证照办理、档案查调等“一站式”办理等特色、高效服务。开展“户籍窗口示范点”（随岗培训基地）创建工作，推动户籍管理业务规范化建设，全市公安户籍窗口服务规范度、满意度始终在全省公安机关中名列前茅。

（耿永军）

9月2日，新吴公安分局长江路派出所民警到社区开展第七次全国人口普查

（王小骏 摄）

【群租房治理】 2019年12月3日，市政府召开加强群租房安全管理工作电视电话会议，在全市部署开展群租房安全隐患联合整治行动，加强全市群租房安全管理体制机制建设。12月17日，市公安局与市住房和城乡建设局、市市场监督管理局发布《关于加强群租房安全管理的通告》。12月26日，市公安局组织全市公安机关开展为期一年的群租房安全专项整治行动。2020年，市公安局制定下发《关于发挥职能部门和行业单位作用大力推进群租房安全隐患排查整治工作的通知》《市群租房安全管理分级分类监督管理暂行办法》，细化16个政府部门和区县、街镇、村社三级管理责任。全市各级公安人口管理部门牵头群租房治理实体化运作工作，推动建立纵向到社区（村）、横向到职能部门的群租房治理组织架构，落实责任闭环、组织闭环、制度闭环。厘清全市300万名流动人口落脚点基数，挂牌整治31个重点地区，排查群租房30175户、住人车库25552个，安全隐患全部得到整治，全市未发生群租房内重大安全事故、恶性案事件。全市发放宣传资料18.2万份、书面告知书13.3万份、

张贴整治通告15.5万份。建立市相关部门群租房智慧研判、日常巡查、联动整治、依法处罚、监督管理等联合执法机制，出台《无锡市群租房安全隐患分类整治标准》，牵头制定《群租房安全隐患排查指引》等5大类、17种执法规范，完善出租房屋治安管理处罚指引，推进《无锡市房屋租赁管理办法》立法工作。推动创建基层群租房治理样本，形成江阴市农村自建房“申港模式”、新吴区企业集中住宿区“凯利模式”、滨湖区胡埭群租房整改“以奖代补”模式等示范典型。依托人脸识别、无感采集、智慧门禁等科技手段，加强流动人口信息动态采集，摸清群租房和租住人员底数，掌握房屋安全隐患情况。推广智慧小区、智能烟感、二维码门牌、电子门禁等群租房智慧管控项目，为整治活动和常态管理提供数据支撑。在无锡公安“微警务”增设“租赁住房和居住登记自主申报”模块，拓宽房屋租赁相关主体自主申报渠道。实现群租房隐患数据跨部门流转监管督导和反馈。推动源头治理，把群租房安全隐患排摸巡查纳入基层网格管理，用村规民约、业主委员会等机制引导基层自治管理，在基层镇、街道试点住房租赁备案前置。推动配套治理，在出租房屋和群租房集中区域，推广建立微型消防站和电动自行车集中充电装置，全市改扩建集中住宿区12个，建设微型消防站点99个，加装集中充电装置322个。

（耿永军）

【治安行政管理】 2020年，全市公安治安管理部门立项推进改革警务工作机制模式、“智慧治安”实战平台建设、深化治安部门扫黑除恶专项斗争、打造治安部门社会治理亮点和提升治安警队实战能力水平“五大任务”，提升破案攻坚和市域社会治理体系、治理能力现代化水平。全市公安治安管理部门履行治安管控、重点巡查、指导服务、治安整治等措施，为全市打赢新冠肺炎疫情防控战役营造良好治安环境。落实一批简政利企便民新举措，取消典当业特种行业许可审批；对旅馆、公章刻制业特种行业许可实行告知承诺制办理，创新注册资本证明容缺受理制度；落实公安机关对安检员岗位技能培训结果的应用，方便保安服务企业申请开设安全检查保安服务；依托“民爆系统”“警邮合作”双向寄递服务，对149名爆破作业人员实施许可不见面办理。依托“智慧治安”实战平台，推动数据共享，在警务端、企业端形成“检查—整改—验收”闭环。新设企业通过慧企网实现登记备案“掌上办”“一次办”。推进全国社会治安防控体系示范城市和重要阵地动态感知体系建设，视频联网1265家场所，安装1509台人脸识别考勤机。加强住宿新业态管理，新核发民宿业特种行业许可证437家，落实房屋、消防和治安安全检查整改措施；建立“二维码”“智能云锁”等“网约房”管理机制。治理突出民生问题，开展犬类管理和违法小广告整治，办理养犬登记6.7万余条，查处各类涉犬违法案件1517起，收容无主犬、流浪犬8375条；办理违法小广告毁坏财物刑事案件6起、治安案件406起；落实市中心城区、太湖新城区41平方千米烟花爆竹禁放工作，查处非法燃放、存储、运输、经营烟花爆竹案件118起、134人。统筹社会治理资源，完成保安协会、危险品管理协会换届选举，举行保安员职业技能竞赛，625名保安员完成安检员岗位技能培训。开展梁溪区站前商贸街区治安管理样板街建设，整治违章停车、占道经营及场所治安等问题。开展为期一年的公共安全“6+2”专项整治，排查整治寄递物流、危险物品、消防安全领域安全隐患，会同邮管部门开展“清风2020”专项行动，在全省率先成立“警邮联动协作室”，开展联合检查26次，查处违法违规经营寄递企业108家；开展为期三年的惩治整治枪爆违法犯罪行动，查处涉枪涉爆案件55起、147人；开展违法违规“小化工”百日整治行动，排查企业、小作坊、小窝点6000余家，查处“小化工”违法犯罪案件56起。规范公安派出所消防安全监管工作，落实案件移交、宣传培训、监督检查、绩效考核等机制，开展居民住宅区电动车消防安全专项治理、消防安全隐患百日攻坚、专项督察等行动，全年整改消防安全隐患5900余处，新增电动车集中充电点2.3万余个；开展“11·9”消防宣传月活动，发放宣传品7万余份，组织消防培训、演练635场次。市公安局治安支队成立情报特侦队，加强合成行动队，建立惩治涉黄涉赌违法犯罪常态暗访和约谈机制。推进执法规范化建设，开展“严密执法环节、遏制执法突出问题”专项整治，每月进行执法巡查，完善执法办案内控机制。改革治安部门侦查办案体系，结合扫黑除恶专项斗争，开展为期三年的惩治跨境网络赌博违法犯罪“猎鹰”行动、“蓝盾”打假、惩治黄赌百日攻坚等行动，全年办理涉黄涉赌涉假违法犯罪案件3330起，破获3起公安部、6起省公安厅挂牌督办案件。整饬治安秩序，开展多轮场所清查行动，处罚违法违规场所623家，停业整顿148家。开展“倡导文明，远离赌博”禁赌宣传月活动。会同市烟草部门开展联合执法31次，捣毁销售假烟窝点27个，收缴假烟2.7万余条。

（耿永军）

【公安监所管理】 2020年，全市公安监所管理部门按照建设“平安、智慧、法治、品质”监管目标，加强疫情防控和安全管理，确保全市公安监所安全稳定。年初，面对突如其来的新冠肺炎疫情，市公安局监所管理支队整合全市公安监所和警力，在全国率先实施全员封闭执勤、封闭隔离和封闭保障，落实收押对象核酸检验、胸部CT检测，改建“物理隔离”提讯会见室，建设远程服务诉讼视频系统；组织全市公安监所管理民警、辅警在2～4月实行“连续封闭执勤”，在5～8月实行“两班勤务轮换”，严把入口检疫防疫、内部隔离观察、日常消毒除菌关；根据无锡市疫情防控形势，于8月12日在全省率先调整常态化疫情防控勤务，严守封闭管理、人员核酸检测、收押过渡隔离“三条底线”，有序放开收押、提讯、庭审等工作，确保全市公安监所疫情“零输入”。市公安局监所管理支队部署“强防控促战疫、强管理促安全、强服务促办案、强教育促队建”专项行动和“防疫情、防严寒、防事故”专项活动，组织全市公安监所紧盯每一时段、强化每一措施、严抓每一细节，细化“全覆盖”式管理规范，建立监所管理支队、监所、中队三级安全检查和风险研判防控机制，完善防脱逃、防自伤自残及防因病死亡事故预案，确保全市公安监所安全“零事故”。加强“改革强警”“科技兴警”“基础夯警”，推进“看守所改扩建工程”“智慧监管”“监所基础维修改造”项目建设，市区公安监所由8个撤并为5个。依托大数据、物联网等技术，建设3个看守所科技法庭，开设26间远程庭审室和28套远程提讯系统，月均为办案单位提供提讯、庭审服务350余人次。应用在押人员家属“微充值”平台。立足监所阵地，创新战法机制，培育侦审骨干，设立“唐贤权工作室”。全市公安监所协助办案单位破获刑事案件185起，抓获网上在逃人员9人。发挥拘留所社会矛盾化解、看守所未成年在押人员“雨露学堂”、戒毒所“病残吸毒人员收治中心”等“特殊学校”“特殊课堂”的作用，其经验做法被省公安厅监所管理总队在全省推广。

（耿永军）

【惩治食品药品和环境领域犯罪】 2020年，市公安局食品药品和环境犯罪侦查支队开展“昆仑2020”“蓝剑1号”及惩治破坏野生动物资源违法犯罪专项行动，破获食品药品和环境犯罪刑事案件543起，其中，公安部督办案件3起、省公安厅督办案件12起，对659人采取刑事强制措施。构建“情报+N”食品药品和环境犯罪智慧情报新模式，发挥“昆仑数据战队”作用，建立运用动态数据模型，拓展提升案源数量和线索质量，“非法添加有毒有害食品线索挖掘数据模型”在全省食品药品和环境犯罪侦查数据建模竞赛中获一等奖。完善食品药品安全检验检测体系，在县（市）公安局、城区公安分局建设食品药品快速检验实验室，市公安局食品药品安全检验实验室（江苏省食品药品与环境犯罪检验技术工程实验室）在全国公安食品药品及环境犯罪侦查条线处于领先地位，其经验做法得到公安部七局认可，在全国公安食品药品和环境犯罪侦查条线推广，并被指定承担第十届中国国际警用装备博览会食品药品和环境犯罪侦查技术装备展区布展任务。坚持“以检开路、以检促打、以检增效”工作理念，全年检出阳性样品521份，确认2种未被列入国家保健品非法添加名录的药物，形成相应检验方法。加强新冠肺炎疫情防控工作，巡查全市农贸市场、超市、药店药房等600余家，提出疫情防控整改意见360余条，规范未佩戴口罩市民3200余人次。参与第49个“世界环境日”、2020年食品安全宣传周宣传活动，发放各类宣传资料4000余份，现场解答群众咨询600人次。

（耿永军）

【单位内部安全保卫】 2020年，全市各级公安单位内部安全保卫部门加强内保警务专业化、风险防控共治化、内保治理智慧化、执法办案规范化、内保队伍实战化“五化”建设，确保全市单位安全稳定。市公安局单位内部安全保卫支队作为市政府新冠肺炎疫情企业防控组成员，推出治安保卫重点单位和疫情防控物资生产企业挂钩联系机制，指导企业做好内部疫情防控工作。各级公安单位内部安全保卫部门会同教育、卫健、应急管理等部门，对全市所有学校、幼儿园进行全覆盖、拉网式安全检查评估，整改消除各类安全风险隐患。落实开学首日和常态“护学岗”建设，确保各级各类学校安全有序。与卫健部门建立全天候联系沟通机制，精确掌握全市疫情动态情况。做好全市4家定点医院、121个隔离观察点、集中医学留察点安保工作。开展新一轮“护校安园”专项行动，全市1028所学校校园保安员规范配置率、紧急报警装置达标率、视频监控系统联网率、公安自建监控装备覆盖率、护学岗到位率均达到100%。依托“雪亮工程”二期建设，会同教育部门将381所学校建成“智慧校园”。推动国有银行、邮储银行、农商行营业大厅和自助银行等银行业金融机构内部公共区域全部换装数字化视频监控。开展新一轮三级治安保卫重点单位判定工作，判定三级治安保卫重点单位1640家，其中省级12家，市级271家，市（县）、区级1357家。坚持严格履职不越位、严格监管不缺位、严格执法做到位，结合重大活动安保要求，全面查改保卫机构人员、重要部位确定和突发事件应急预案制定“三个备案”制度落实、治安防范标准执行等方面存在的隐患问题。制作数据模型，实时监测督查治安保卫重点单位和党政首脑机关监督检查平台规范录入情况，推动公安基层单位安全检查工作落地落实，全年检查重点单位1.7万家次，发现整改治安隐患650余条，对128家单位下达责令限期整改通知书。开展单位可防性刑事案件倒查，双向倒查公安机关履职情况和单位落实防范措施情况，全市单位内部刑事案件连续第六年下降。会同商务部门和石油企业开展非法流动加油专项整治，惩治违规销售成品油等严重威胁公共安全行为，取缔非法加油站（点）10个，查扣非法流动加油车426辆、油品190余吨；破获刑事案件10起，查处行政案件146起，抓获涉案人员350人。制定《散装成品油非法销售专项整治工作适用法律指引》《查处非法流动加油违法犯罪案件的简要流程及流程图》。集中销毁非法流动加油收缴设备。建立全市油气田及输油气管道安全保护工作联席会议制度，推动形成单位企业齐抓共管安保格局。将危害生产安全刑事案件办理工作纳入县级公安机关绩效考核，对管辖案件办理、警情规范处置等开展执法质量考评，推动内保执法规范化建设，亡人生产安全事故受案查处率、现场勘验率、死因调查率、网上流转率均达到100%。开展惩治安全生产领域违法犯罪“蓝剑1号”专项行动和“积案清零”行动。转型升级信息化条件下公安内保基层基础工作，推进集约型、实战型、智慧型、服务型、融合型“五型”重点单位行业警务工作室建设，在市民中心、华润燃气有限公司、国网无锡供电公司分别建立警务工作室。

（耿永军）

【法治公安建设】 2020年，市公安局加强法治公安建设，推进重点执法工作任务，规范执法行为，提高全市公安机关依法履职能力水平。召开全市公安机关法治公安建设暨执法管理委员会会议，部署2020年法治公安建设任务。制定《无锡市公安机关法治公安建设督察评估办法》，引导全市公安机关强化法治思维、提高法治能力、强化督察评估，为无锡公安高质量发展提供法治保障。制定《无锡市公安局警务工作站运行规范》《无锡市公安局警务工作站执勤规范》，研究醉酒、流浪乞讨人员、精神病人等警情处置现场执法标准，警务工作站进入实体化运作。制定《进一步规范全市刑事案件办案流程的意见》，推进侦查办案体系改革。推进全市公安机关行政案件快速办理工作，年内行政案件快办率26.46%。制定《无锡市公安局执法管理委员会工作规则（试行）》，实体化运作市、市（县）区两级公安机关执法管理委员会，落实各警种部门职责任务。开展执法突出问题专项整治及“利剑4号”、“利剑5号”专项行动。加强市公安局主要警种和各市（县）公安局、城区公安分局派驻法制员队伍建设。开展全警法治教育，制定学法用法整体规划和年度计划，通过警衔晋升培训、初任民警培训、轮值轮训、法制员培训等活动，组织民警学习法律法规。在公安网开辟法制教育专栏，设置网上学习题目和法律考场，对民警学法实行积分、学分制管理。组织执法资格等级考试，707人通过高级执法资格考试，254人通过国家司法考试。智慧法制“1+8”系统获评法治无锡建设惠民实事工程、全市政法创新项目和省公安厅科技强警一等奖，建设应用经验被省公安厅在全省推广。市公安局建成执法监督管理专业型“数据战队”，市（县）公安局、城区公安分局建立6支执法监督管理专业型“数据战队”，建立5个县（区）级执法办案管理中心。探索“大数据+执法监督”新模式，完善伤情鉴定与受立案数据比对模型运用、法医鉴定名单与案件受理平台数据比对模型。市公安局法制部门加强日常执法监督，对涉赌、涉娼警情、派出所办案区和部分案件开展巡查，开展“啄木鸟1号”“啄木鸟2号”专项执法监督巡查行动，下发执法巡查通报44期。推进市（县）公安局、城区公安分局案管中心和派出所案管室实体化运作。

（耿永军）

8月2日，梁溪公安分局南长街警务工作站民警在南长街巡逻

（夏震宇 摄）

【鼓励见义勇为行为】 2020年，全市各级公安机关和见义勇为基金会加强见义勇为工作法治化、规范化、社会化、现代化建设。市委、市政府将见义勇为工作纳入“美丽无锡”建设和市域社会治理现代化试点工作，列入全市综合考核内容。市委政法委把见义勇为工作融入网格化社会治理机制，制定《关于推进见义勇为工作融入网格化社会治理机制的实施意见》，明确网格员的见义勇为工作职责任务。市公安局、市见义勇为基金会制定《无锡市见义勇为称号评定实施办法》，经市政府第92次常务会议审议通过，12月1日施行。市公安局、市见义勇为基金会应用见义勇为工作综合管理平台，推动见义勇为人员确认、表彰奖励、诉求流转、跟踪保障等工作流程数据化、动态化、智能化管理。市见义勇为基金会制定《无锡市见义勇为人员优待办法》《无锡市见义勇为死亡人员抚恤办法》《无锡市见义勇为伤残人员抚恤办法》等制度规定。全市7个市（县）、区政府成立县（区）级见义勇为人员奖励和保护工作委员会。全市113个见义勇为工作站达到示范点建设标准。加强表彰奖励，鼓励群众见义勇为，各级见义勇为基金会坚持一事一奖与专项表彰相结合，集中表彰与日常褒扬相结合，提升见义勇为人员的荣

誉感。全市各级见义勇为基金会表彰见义勇为人员834人次，颁发奖金88.1万元。市公安局会同市见义勇为基金会围绕新冠肺炎疫情防控工作，表彰奖励与涉疫情违法犯罪行为作斗争等见义勇为人员51人，颁发奖金17.5万元；开展第一届“广厦置业杯”无锡见义勇为环卫工（快递员、物管员）专项评选活动，表彰奖励8名个人和2个群体；对事迹突出的见义勇为人员予以重奖。推选见义勇为人员参加全国、全省先进评选表彰活动，10人获省级以上表彰，4人获各级好人称号，2人获“江苏省见义勇为英雄”称号，1人获“江苏省见义勇为模范”称号，2人获“江苏省见义勇为先进个人”称号。加强见义勇为宣传，无锡市见义勇为主题公园于11月1日在太湖新城落成，省见义勇为基金会理事长弘强、市委书记黄钦为主题公园揭幕。全市年内建成7座见义勇为主题公园、8个主题广场。中央和省、市媒体刊播反映全市见义勇为工作的报道300余篇（条），各级见义勇为组织通过见义勇为官方网站、微信公众号、新媒体App、平安无锡等平台发布信息150余条。市见义勇为基金会与市新闻工作者协会开展第三届“无锡见义勇为好新闻”评选表彰奖励活动。各级见义勇为基金会开展第四届“无锡市见义勇为宣传日”活动。市见义勇为基金会与市委宣传部、市文联开展见义勇为书画作品征集活动，于9月20日在无锡博物院举行“江南盛地正义颂”无锡市见义勇为书画展。市见义勇为基金会与市文联开展见义勇为主题诗歌创作活动，出版《无锡见义勇为诗词集》。加强见义勇为权益保障工作，市领导新春走访慰问见义勇为人员及家庭形成常态；各级见义勇为基金会对见义勇为人员包括牺牲人员、伤残人员家庭经济情况动态调查，实施精准慰问、困难帮扶。新春期间，各级见义勇为基金会走访慰问见义勇为人员及家属263人次，发放慰问金、抚恤金、困难补助金等102.43万元。开展“暖心助学”活动，全市各级见义勇基金会向82名见义勇为人员子女发放助学款。市见义勇为基金会投保见义勇为人员不记名保险，为211名获市级以上荣誉的见义勇为人员办理人身意外综合保险，3人次获无记名保险理赔，5人次获综合保险赔付；组织安排26名获市级以上荣誉称号的见义勇为先进人员体检疗养。

（耿永军）

【公安交通管理改革】 2020年，市公安局交警支队开展警务创新改革，构建全市公安大交通管理格局，提升交管现代化管理水平。实施公安交通管理属地化改革，市公安局制定《公安道路交通管理工作属地化改革实施意见》《市（县）局、分局公安道路交通安全管理工作考核细则》《关于派出所、警务工作站、巡特警大队参与交通安全管理执法的意见》，在确保派出所、警务工作站、巡特警履行好主要职责业务的基础上，明确派出所、警务工作站、巡特警大队民警交通执法职责、权限和工作规范，将75处早晚两高峰道路易堵点、市区10处交通秩序乱点和全市299家重点源头监管单位交由属地公安机关管理。加强交通执法办案中心建设，规范执法行为，提高办案效率，确保办案质量。加强交警自办案件改革，全年办理阻碍交警执行职务等交通类刑事治安案件37起。推进交通违法“查办分离”改革，全市交警部门实现查、办分离。实行高架道路组织体系、管理力量、勤务模式、指挥调度、智能交通及设施管养一体化管理，提升高架道路智能化、精准化、精细化管理水平。优化勤务模式，按照“一大队一方案”的原则，完善夜间勤务机制，加强对国省干道、高速公路、城市道路和高架道路夜间时段的巡逻管控。实施路面勤务责任制，明确事故隐患路段路长，落实路面管理安全责任。推进绩效考核改革，优化绩效考核项目，实行定人、定岗、定责、定考、定编全员“五定”考核机制。建立勤务积分制度，设定基本分积分项目和质量分加分项目，科学考评勤务工作的“量”与“质”，提升勤务执法工作质效。

（耿永军）

【车辆驾驶员管理】 2020年，市公安局交警支队落实公安部、省公安厅深化公安交管“放管服”改革优化营商环境12项措施，全年办理相关车辆驾驶人管理改革业务16.52万笔，群众服务满意率99.81%，市公安局交警支队车辆管理所第六次被公安部评为“全国一等车管所”。在全省率先实现除摩托车、低速载货汽车、三轮车以外的机动车办理车辆登记、核发检验标志业务交强险信息实时在线核查，取消纸质凭证。依托机动车档案电子化影像系统，开展新注册摩托车档案影像化采集，完成历史档案影像补录7.6万份，摩托车转籍申请人可直接到车辆迁入地车管所办理相关手续，实现车辆信息网上转递。向市卫健委通报扩大驾驶人体检医疗机构范围新政策，梳理全市符合健康体检资质的二级以上医院、乡镇卫生院、社区卫生服务中心和健康体检中心199家，由市卫健委通知医疗卫生机构对接车管所办理驾驶人体检入网申请，全市有驾驶人体检医院19家、体检服务点83个（其中现场体检点41个、邮政远程体检点42个）。与交通运输、应急管理部门建立联动协作机制，推行道路运输企业信息查询提示、驾驶人交通安全记录网上查询服务。会同市生态环境局同步做好机动车排放检验周期与安全技术检验周期一致、免检机动车不进行排放检验等相关工作，方便群众检验车辆。集中培训全市61家机动车检测站从业人员，解读扩大机动车免检范围适用车型和检验周期变化，在各检测站大厅张贴由市机动车检验检测行业协会制作的新政策解读图表。加强车管窗口、路面勤务、事故处理等重点岗位民警和辅警业务培训，宣讲扩大机动车免检范围、便利残疾人家庭共用车辆等注意事项，实现执法效果与惠民效果的有机统一。组织源头监管民警引导运输企业开展互联网平台用户注册，实现交通安全记录电子凭证网上受理开具，全市注册互联网平台运输企业3585家，开具驾驶人交通安全电子记录3.2万份。放宽小型汽车驾驶证申请年龄，新增老龄驾驶人学习驾驶申请服务专窗，对70周岁以上考领驾驶证的人员，在报名环节前置做好记忆力、判断力和反应力测试。

（耿永军）

【警保联动事故快处新模式】 2020年，市公安局交警支队改革交通事故处理工作，打造事故快速处理品牌，全市日均在线快处交通事故380余起，在线快处率65%以上，因交通事故造成的道路拥堵情况得到明显改善。制定《道路交通事故在线快处工作方案》《执勤民警、辅警、警保联动队员、便民服务点、远程定责中心事故快处工作规范》等规范性文件。建立市级交通事故远程在线快处中心，随时响应“交管12123”手机App事故快处模块定责需求，对轻微道路交通事故高效、快速在线进行责任认定。与中国人民财产保险股份有限公司无锡分公司对接推出警保联动事故快处新模式，建设警保联动工作服务平台，由保险公司选派定损理赔服务人员进驻交通事故远程在线快处中心，负责交通事故远程定损、快速理赔的协调、沟通工作；保险公司组建警保联动服务队，在民警指导下对轻微车损车辆进行在线定损、直赔，实现交通事故在线快处理赔“一站式”服务；将保险公司10辆保险理赔勘查车列为专职联动车辆，与市区各交警大队建立联动工作机制；配备警保联动事故快处流动服务车，为大型活动、节假日高速公路大流量、景区旅游高峰期以及应急情况提供事故快处等服务；会同保险公司在农村和城郊选拔优秀协警员，协助事故当事人快速处理交通事故，抢救受伤人员，维护农村道路交通秩序，化解各类农村交通事故纠纷。会同公安部交通管理科学研究所研发“道路交通事故在线快处终端机”，在全市26个交通事故处理便民服务点投入使用，通过警保联动提供事故快速处理、定损、理赔等全流程“一站式”服务。在移动警务端建设轻微交通事故在线快处民警版，便利民警在线快处轻微车损及人伤事故；建设交通事故在线快处辅警版、劝导员版等版本，推进农村地区交通事故在线快处工作。成立无锡市机动车维修行业协会快处快赔便民服务分会，建立行业规范、准入、考核等自律机制，提升道路交通事故快处快赔工作质态，全市实现警保联动事故快处理赔工作机制全覆盖。

（耿永军）

表18　　2020年无锡市机动车、驾驶员统计表

地　区	机动车（辆）				驾驶员（人）
	汽车	摩托车	其他机动车	总计	
市　区	1309298	10236	5669	1325203	1526694
江阴市	549632	59521	3312	612465	716575
宜兴市	340412	72637	1234	414283	456043
合　计	2199342	142394	10215	2351951	2699312

（市公安交通警察支队）

表19　　2020年无锡市非机动车统计表

单位：辆

自行车	三轮车	残疾车	电动自行车	合　计
2768134	6867	598	2048424	4824023

（市公安交通警察支队）

检　察

【概况】 2020年，全市检察机关认真贯彻市委、省人民检察院决策部署，紧紧围绕争当全省检察机关科学发展排头兵、争做中国特色社会主义检察制度示范院，忠实履职、锐意进取，各项工作取得长足发展，在市委、省人民检察院考核评价中均跻身优秀等次目标。全市检察机关办理刑事、民事、行政、公益诉讼等各类案件23602件，30项办案核心业务数据排名全省前三，其中15项居全省第一位。最高人民检察院（以下简称最高检）检察长张军、省人民检察院检察长刘华及市委、市政府、市委政法委主要领导批示肯定22次，全市检察机关1个案件入选最高检指导性案例、9个案件入选最高检典型案例、17个案件入选省检察院公告案例和典型案例，29项工作机制做法在全国、全省检察系统推广，349个案事例被《人民日报》、新华社、中央电视台等中央级、省级主流媒体报道。年内，2家单位被评为“全省先进基层检察院”，无锡市人民检察院获评“全国检务保障先进集体”“江苏省文明单位”“全省基层检察院建设组织奖”。

（姚　雪）

【护航高质量发展】 2020年，全市检察机关倾力投入疫情防控。制定办理涉疫案件指导意见，统筹推进疫情防控和检察工作，为打赢疫情防控阻击战提供有力检察保障，相关做法被最高检向全国推广。建立涉疫刑事案件快速反应机制，对借防疫之机生产销售伪劣产品、诈骗等犯罪案件均提前介入，批捕33人，起诉65人。宜兴市人民检察院对诈骗武汉“火神山”“雷神山”医院电缆供应企业的犯罪嫌疑人黄某彬快捕快诉，帮助企业挽回全部损失。正确把握疫情期间履职方式，以电话提醒、书面提示等柔性方法与行政机关沟通140余次，推动疫情源头预防和系统治理。针对临时隔离点污水杀菌消毒环节存在的隐患，向职能部门制发《法律风险告知书》，推动迅速消除防控盲点。响应市委号召，组织检察志愿者900余人次奔赴火车站、高速路口等一线投入疫情防控。锡山区人民检察院副检察长龚磊两赴武汉驰援抗疫，被省委组织部、省委政法委记二等功，其先进事迹被《人民日报》、中央电视台报道。优化营商环境，围绕“六稳”“六保”大局，落实市委关于打造最优营商环境城市的部署，5月21日，无锡市人民检察院印发服务民营经济发展《十二条意见》，在全省率先建立涉企案件办案影响评估、刑事合规、信访快速办理等机制，获最高检和市委、市政府主要领导批示肯定。依法惩治侵犯民营企业财产权和企业家人身权的犯罪，起诉358人。依法审慎办理涉企刑事案件，防止“办了案子、垮了厂子”，全年对民营企业及其投资者、经营管理者、技术骨干等关键岗位人员依法不批捕30人，不起诉156人，捕后变更强制措施42人。新吴区人民检察院在办理某企业虚开增值税专用发票案中，综合考虑涉案人员主动投案、认罪认罚、全额补缴税款、企业正在研发防疫急需设备等法定酌定情节，对涉案企业及4名涉案人员作出相对不起诉决定，该案入选最高检指导性案例。落实《沪苏浙皖社区服刑人员外出管理办法（试行）》，与社区矫正机构通过简化手续、委托执行等方式，为304名民企社区服刑人员外出开展商务活动依法提供便利。保护知识产权，聚焦市委、市政府关于建设太湖湾科创带的重大战略部署，12月15日，市人民检察院出台《关于充分履行检察职能服务保障太湖湾科创带建设的意见》，实行5个方面、19条履职服务举措。落实知识产权司法保护，建立全国检察机关首个“知识产权检察监督信息化平台”，畅通被侵权企业维权渠道。健全专业化办案模式，推进侵犯知识产权刑事案件立案同步审查、权利人诉讼权利义务告知等工作，精准起诉假冒专利、假冒注册商标等犯罪163人，比上年上升33.6%。新吴区人民检察院第四次被评为“全国查处重大侵权盗版案件有功单位”，所办理的邓某城等人销售假冒注册商标的商品案被评为“江苏省知识产权保护十大典型案件”和最高检典型案例，2名干警入选第三批江苏省知识产权骨干人才库（全省检察机关4人）。助力打赢“三大攻坚战”，防范化解金融风险，参与非法金融专项整治，批捕洗钱、传销、集资诈骗、非法吸收公众存款等涉众型经济犯罪83人，起诉162人，涉案金额35.5亿元。梁溪区人民检察院对涉案金额2.5亿元的非法吸收公众存款案犯罪嫌疑人黄某萍提起公诉。促进脱贫攻坚，推动司法救助与社会救助衔接互补，向416人发放救助金200.8万元，救助人数比上年增加149%；惠山区人民检察院对因阻止行凶致残、经济陷入困顿的被害人郝某平发放司法救助金，促成其获授“江苏省见义勇为英雄”称号，作出工伤认定，被评为全省检察机关“国家司法救助助力脱贫攻坚典型案例”。参与污染防治，全面推行“河长+检察长”协作机制，与生态环境部门常态化开展信息共享、案件会商，携手共护蓝天碧水净土；及时介入污染环境、非法采矿等破坏环境资源类案件，起诉162人，办理公益诉讼案件279件。江阴市人民检察院依法督促有关部门履职、消除长江岸线安全隐患的行政公益诉讼案，被最高检评为“服务保障长江经济带发展典型案例”。

（姚　雪）

【保障人民群众安居乐业】 2020年，无锡市强力推进扫黑除恶，全市检察机关扭住“六清”（线索清仓、逃犯清零、案件清结、伞网清除、黑财清底、行业清源）重点发力，依法起诉黑恶势力犯罪案件38件，摧毁黑社会性质组织3个、恶势力犯罪集团5个，实质化提前介入率、起诉率均达100%。紧盯人民群众关注的大案要案，抽调精干力量，组织专案攻坚，对汤某仁黑社会性质组织案等一批重大案件提起公诉，形成有效震慑。坚持除恶务尽与坚守法治相统一，逐案引导侦查、分级审查、统一把关，依法追加认定涉黑涉恶案件15件，纠正漏捕漏诉4人，办案质效位居全省前列。深挖细查案中案，坚决打击黑恶势力背后的保护伞，做到“三见底一闭环”（人头见底、事实见底、警情串并见底，在与纪检监察机关衔接上形成闭环），移送“保护伞”线索20条。围绕长效常治目标制发检察建议，推动社会治安、乡村治理、交通运输等领域开展专项整治，协力铲除黑社会滋生土壤，其经验做法被省人民检察院向全省推介。因履职成效突出，两级院23名干警获通报表彰，无锡市人民检察院扫黑办被省人民检察院记集体二等功。精准打击刑事犯罪，牢固树立总体国家安全观，批捕各类刑事犯罪嫌疑人2774人，起诉11004人，办案量居全省第三位。突出打击故意杀人、抢劫、绑架等严重暴力犯罪，增强人民群众的安全感。1998年发生的张某文等人残暴劫杀出租车司机案虽已过追诉期限，但危害影响迄今没有消除，为惩罚犯罪、彰显正义，检察机关依法层报核准追诉。严厉打击毒品犯罪，批捕116人，起诉310人。

从严惩处电信网络犯罪，批捕206人、起诉940人。江阴市人民检察院依法对一起被害人逾万人、涉案金额2400余万元的非法网络放贷案8名犯罪嫌疑人提起公诉。贯彻宽严相济刑事司法政策，强化对起诉必要性的审查，依法作出不起诉决定1156人，比上年增加149.1%。依法惩治职务犯罪。发挥检察机关在反腐败工作大局中的作用，提前介入监委调查案件55件，共同把好证据关。全年全市检察机关起诉职务犯罪嫌疑人102人，其中，科级干部19人，处级以上干部9人，办理的2起职务犯罪案件入选最高检精品案例。

（姚 雪）

【守护公共利益】 2020年，全市检察机关立案调查公益诉讼案件757件。聚焦生态环境和资源保护、食品药品安全、国有资产保护等法定领域，立案调查公益诉讼案件472件，发出诉前检察建议321件，提起公益诉讼64件，督促修复林地、保护土壤38.4公顷，追回国有资产5亿元，率先探索的诉前磋商程序机制被省人大常委会纳入《关于加强检察公益诉讼工作的决定》。强化科技赋能，运用无人机巡航、快速检测、大数据分析等科技手段，助力公益损害案件线索发现、预警研判和调查取证，无锡检察公益诉讼信息化应用水平持续走在全国前列。锡山区人民检察院自主研发的公益诉讼智能研判平台入选全国"智慧检务"优秀创新案例及十大解决方案，办理的跨域水体污染环境公益诉讼案被最高检评为"公益诉讼技术支持典型案例"。稳妥拓展办案范围，紧扣公益诉讼立法宗旨，围绕群众关切的热点问题，办理新领域案件285件，发出诉前检察建议264件。守护城市安全，就公共安全领域发出诉前检察建议189件。宜兴市人民检察院、惠山区人民检察院针对加油站加油区手机扫码支付易引发燃爆的安全隐患制发诉前检察建议，督促多部门开展集中治理。守护无锡文化血脉和历史传承，开展文物保护专项行动，办理公益诉讼案件10件；滨湖区人民检察院办理的"督促保护薛福成墓及坟堂屋公益诉讼案"，入选最高检"文物和文化遗产保护公益诉讼典型案例"。守护公民个人信息安全，办理公益诉讼案件12件。"少年黑客"刘某非法获取公民个人信息1.16亿余条，严重损害社会公共利益，惠山区人民检察院提起刑事附带民事公益诉讼，刘某承担刑事责任和民事赔偿责任，并在国家级媒体公开道歉。构建风险防控格局，坚持"预防为先、诉防结合、标本兼治"理念，前移公益保护重心，将预防损害结果发生纳入公益保护机制，最大限度降低公益损害风险。加强与行政机关、企事业单位协作联动，会签规范性文件18份，共建项目7个，组织开展专题培训、个案剖析11场，广泛凝聚公益保护共识。聚焦群众关切的重点领域，打造紧贴实际、各具特色的亮点品牌，构建社会公众共建共享的公益损害防控大格局。宜兴市人民检察院、梁溪区人民检察院联合司法机关、行政机关和食品生产企业，分别在全省率先成立食品公益损害风险防控中心、公益保护联盟。锡山区人民检察院持续推进水生态环境公益损害风险防控，为企业提供"绿色发展"检察方案，被评为无锡市"法治惠民实事工程"一等奖。

（姚 雪）

【维护司法公平正义】 2020年，全市检察机关加强刑事立案监督和侦查活动监督，督促侦查机关立案264件、撤案360件，追捕95人、追诉76人，书面提出纠正侦查活动违法282次。滨湖区检察院在办理一起被害人达900余人、涉案金额达3200余万元的非法吸收公众存款案中，成功追捕幕后主犯杨某。加强刑事审判活动监督，提出抗诉32件，发出再审检察建议22件。加强刑事执行检察，对20932人的刑事执行活动全程监督，对8400件减刑、假释、暂予监外执行案件进行实体审查，依法提出不同意见75件，实现对全市3所监狱巡回检察全覆盖。宜兴市人民检察院办理的监督杨某某收押执行案入选全省"清理纠正判处实刑未交付执行典型案例"。无锡市人民检察院就遗漏财产性判项问题向省人民检察院报送专题报告，推动在全省开展专项监督。依法开展民事行政检察。与市中级人民法院会签《关于在民事、行政诉讼监督中加强联系的若干意见》，保障民事行政诉讼活动和检察监督依法规范开展，共同维护法律统一、准确实施。完善多元化监督格局，强化对生效民事行政裁判、审判程序、执行活动的监督，办理民事行政案件781件，依法提出抗诉17件，提请省人民检察院抗诉5件，发出再审检察建议、审判和执行程序监督检察建议253件。加大对恶意诉讼行为的监督力度，办理虚假诉讼监督案件62件。惠山区人民检察院综合运用抗诉、再审检察建议，监督涉案金额6000余万元的9起虚假诉讼系列案均获改判。加大行政检察力度，开展"促进行政争议实质性化解"专项活动，在党委、政府支持下化解行政申诉案件12件。滨湖区人民检察院通过对17件行政非诉执行案件进行监督，追回国有资产200万元，被最高检作为典型案例向全国发布。依法查办司法工作人员职务犯罪，忠实履行法律赋予的职责，严肃查办司法工作人员刑讯逼供、滥用职权等职务犯罪，克服转隶后检察机关侦查人才匮乏等困难，立案侦查5件、6人，其中要案1件、特大案件4件，为当事人挽回损失950余万元。推进职务犯罪侦查专业化、一体化机制建设，整合两级院办案骨干力量组建专门人才库，高标准打造职务犯罪办案工作区。落实市人民检察院与市纪委监委会签的《关于在办理司法工作人员部分渎职侵权案件中加强协作配合的办法》，建立健全办案衔接、线索移送和结果反馈机制，对轻微违法举报线索，单独或者联合开展函询、谈话、初步核实66人次。

（姚 雪）

【释放检察善意】 2020年，全市检察机关对11234名自愿认罪悔罪的犯罪嫌疑人作出宽缓的检察决定，适用率92.9%。与执法司法机关密切配合，全面落实权利告知、律师在场见证、听取被害人意见等认罪认罚自愿性、真实性保障机制，适用速裁程序2264件，占比29.5%，被告人上诉率为全省最低。梁溪区人民检察院在办理顾某某故意伤害案中，检察官多次释法说理，解开当事人心结，促使双方达成和解、顾某某认罪认罚。切实前移未成年人司法保护关口，以“零容忍”态度严惩性侵、虐待、故意伤害等侵害未成年人权益犯罪，批捕134人，起诉169人。深化侵害未成年人案件强制报告制度，借助村（居）委、网格员等基层社会治理力量收集线索，接收强制报告78份，对涉嫌犯罪案件提前介入39次，妥善处理“苗头事件”30件。江阴市人民检察院办理的一起案件入选最高检“侵害未成年人案件强制报告典型案例”。推行防范侵害未成年人犯罪入职查询和从业禁止制度，对与未成年人密切接触的工作岗位开展入职查询10743次，监督落实对4人采取从业禁止措施。与教育部门密切协作，市人民检察院正副检察长担任中小学法治副校长，两级院开展检察官法治进校园、预防性侵网络直播等活动120场，受众25万人。新吴区人民检察院未成年人检察部门获“江苏省三八红旗集体”称号。有效促进市域社会治理，践行新时代“枫桥经验”，组织全市456名检察干警进网格，协同党委政府化解矛盾纠纷。健全检察长接访、刑事和解、公开听证等机制，依法妥善处理群众信访3434件，连续四年保持涉检群体性事件和进京非正常访“零记录”。无锡市人民检察院通过多元化调处机制成功化解一起历时10年的医疗损害赔偿纠纷案，相关做法被最高检转发。维护劳动者合法权益，起诉拒不支付劳动报酬犯罪31人，支持民事起诉199件，帮助599名农民工追回“血汗钱”588万余元。当好党委、政府“法治参谋”，制发社会治理类检察建议118件，向党委、政府报送专项报告、情况反映298份，提请开展专项行动70次。梁溪区人民检察院结合办理蒋某“高空抛物案”，向党委报送专报，推动多部门建立联防联控长效机制。锡山区人民检察院就“抢夺公交车方向盘案”制发检察建议，促使全市新购公交车配备一键报警、驾驶位隔离装置，被评为全省“检察建议促进社会治理典型案例”。

精准把握宽严相济的反腐政策，对95名职务犯罪嫌疑人适用认罪认罚从宽制度。市人民检察院在办理中国机械设备工程股份有限公司原董事长张某受贿案中，开展释法说理，听取辩护人意见，促使其真诚悔罪、认罪认罚并退清全部赃款。

（姚　雪）

【打造过硬检察队伍】 2020年，无锡市人民检察院持续推进政治建检，坚持以政治建设为统领，组织全体干警学思践悟习近平法治思想和中共十九届五中全会精神，开展革命传统教育、理想信念教育。贯彻《中国共产党政法工作条例》等党内法规，主动向党委、政法委报告重大工作部署、重大改革措施和重大案件办理等情况132次，确保检察工作正确方向。全面提升专业素能，突出人才强检，出台高层次领军型人才、青年骨干人才培养“五年规划”。10月10日，无锡市人民检察院出台《无锡市检察机关2020—2025年高层次领军型人才培养实施计划》《无锡市检察机关2020—2025年青年骨干人才培养实施计划》，提出检察人才培养目标和任务、培养途径和措施以及培养对象的选拔、推荐、管理、考核、激励方式，并明确责任部门和具体责任。突出检察官核心能力建设，组织开展实战化教育培训、岗位练兵、业务竞赛177批、7136人次，检察干警业务素能得到提升。全年全市检察机关9个课题获省级以上立项，19项研究成果在省级以上知名期刊发表，23人次入选省级以上人才库，77名干警获省级以上表彰，3个办案团队被评为全省检察机关优秀办案团队。驰而不息正风肃纪，压实全面从严治党主体责任，推动从严治检向纵深发展。开展检察长上廉政党课、全员性警示教育等活动，严格落实“三个规定”（中共中央办公厅、国务院办公厅《领导干部干预司法活动、插手具体案件处理的记录、通报和责任追究规定》，中央政法委《司法机关内部人员过问案件的记录和责任追究规定》，最高法、最高检、公安部、国家安全部、司法部《关于进一步规范司法人员与当事人、律师、特殊关系人、中介组织接触交往行为的若干规定》），修订完善《廉政风险防控手册》，制定公务用车、财务管理等制度14项，检察权监督制约和检察人员教育、管理、监督机制健全。支持派驻纪检监察组履行职责，邀请其列席市检察院党组会、检察长办公会，对129个重大事项进行监督。市人民检察院党组分别对两个内设机构、两个基层检察院党组开展为期一个月的政治巡察和内部审计。坚持刀刃向内、抓早抓小，运用“第一种形态”处理8件、9人，其中，诫勉2件、3人，提醒谈话6件、6人，配合派驻纪检监察组对一名退休人员进行党纪处理。自觉接受外部监督，坚持将接受监督作为改进检察工作的强大动力，主动向人大及其常委会专题报告工作15次；市人民检察院组织6名检察官接受市人大常委会履职评议，并贯彻落实审议意见。办理代表建议和委员提案10件，全部办结并及时反馈。加强与人大代表、政协委员、各民主党派、工商联的常态化联络，邀请视察工作、听取通报、评议案件，列席“开放式”检察委员会会议337人次。主动接受社会各界和媒体监督，组织人民监督员、特约检察员、基层群众等参与“检察开放日”活动，共420人次。通过互联网发布案件程序性信息15304条，公开法律文书8973份，召开新闻发布会13场。尊重、依法维护律师执业权利，开展保障律师执业权利专项监督活动，为律师提供电子卷宗查阅、刻录服务2549次，邀请参与信访接待、公开听证等活动212次。市人民检察院在中国检务透明度指数调查中位居全国设区市前列。

（姚　雪）

法　院

【概况】 2020年，全市法院系统坚持以习近平新时代中国特色社会主义思想为指导，锚定争当全省法院高质量司法领跑者的目标，忠实履行宪法法律赋予的职责，为统筹推进疫情防控和经济社会发展贡献司法智慧和力量。年内，受理案件184177件，审执结160049件，比上年分别下降14.89%和13.69%；其中，市中级人民法院受理案件15112件，审执结14081件，比上年分别下降8.61%和8.65%。全市法院一审服判息诉率90.78%、一审判决案件被改判发回重审率1.87%，居全省第一位；民事案件调撤率52.17%、一审简易程序适用率76.23%，居全省第二位。

（张圣斌）

【妥善审理涉疫情案件】 2020年，全市法院系统筑牢疫情防控法治堤坝，审结妨害疫情防控、涉防疫物资诈骗等刑事案件43件。对擅自外出、隐瞒行踪致4人感染、81人隔离的冯某新，以妨害传染病防治罪判处其有期徒刑一年。对散布“喝蝙蝠汤”谣言扰乱防控秩序的孟某某，依法判决驳回其不服行政处罚的诉请。坚持审慎善意文明司法，对涉诉企业慎重适用查封、扣押、冻结等强制措施，妥善审结因疫情引发的合同违约、企业债务等民商事案件627件。宜兴市人民法院紧急解冻远东集团1200万元银行保证金账户，助力企业驰援武汉火神山、雷神山医院建设。江阴市人民法院启动快审快调“绿色通道”，帮助1家新能源重点规模企业迅速回笼资金9700万元。

（张圣斌）

【线上办案】 2020年，全市法院因时因势转变工作方式，推行“指尖”立案，引导涉诉群众通过手机客户端对接“移动微法院”，网上立案1.52万件，办理跨域立案243件。实行“线上”审判，迅速研发互联网庭审系统，网络庭审案件1620件。实施“隔空”调解，运用“江苏微解纷”等平台调处案件438件；惠山区人民法院利用微信调解方式在24小时内为武汉市一家防疫物资生产企业排忧解纷。创新“云端”执行，办理网上执行查控18万件次，线上执行案件79件，网络司法拍卖成交1869件。梁溪区人民法院运用VR技术推行“非接触式隔空看样”，疫情期间组织拍卖一处工业厂房，吸引618人在线看样、1.6万人围观，拍卖成交价3600余万元，溢价率113.86%。

（张圣斌）

【扫黑除恶】 2020年，全市法院准确把握各阶段形势任务，确保依法打深打透、除恶务尽。自专项斗争开始，累计审结黑恶案件144件623人，判处5年以上有期徒刑161人，重刑率25.84%。坚持既不拔高认定，又不降格处理，依法对9件涉恶案改变定性。全力铲除黑恶犯罪经济基础，判处罚金和没收违法所得3830余万元，12名首要分子被处没收全部财产；常态化开展“打财断血”专项执行行动，执结157件、执行到位3499万元。坚持“两个一律”（对涉黑涉恶案件，一律深挖其背后腐败问题；对黑恶势力“保护伞”，一律一查到底、绝不姑息）和“一案三查”（既要查办黑恶势力，又要追查黑恶势力背后的“关系网”和“保护伞”，还要倒查党委、政府的主体责任与有关部门的监管责任），深挖并移送各类线索590条，审结“保护伞”案件19件、20人。延伸审判职能，针对黑恶案件审判中发现的社会治理薄弱环节和行业管理漏洞，提出司法建议82条，促进源头治理、综合治理。

（张圣斌）

【依法惩治刑事犯罪】 2020年，全市法院严厉打击影响群众安全感的犯罪，审结“盗抢骗”“黄赌毒”等各类刑事案件7116件、9213人。张某华等人走私、贩卖毒品超过12千克，一审依法判处主犯死刑。严惩网络诈骗、侵犯个人信息等网络犯罪，审结案件1078件、1707人，锡山区人民法院审结全国首例利用“暗网”传播淫秽物品牟利案。重惩危害食品、药

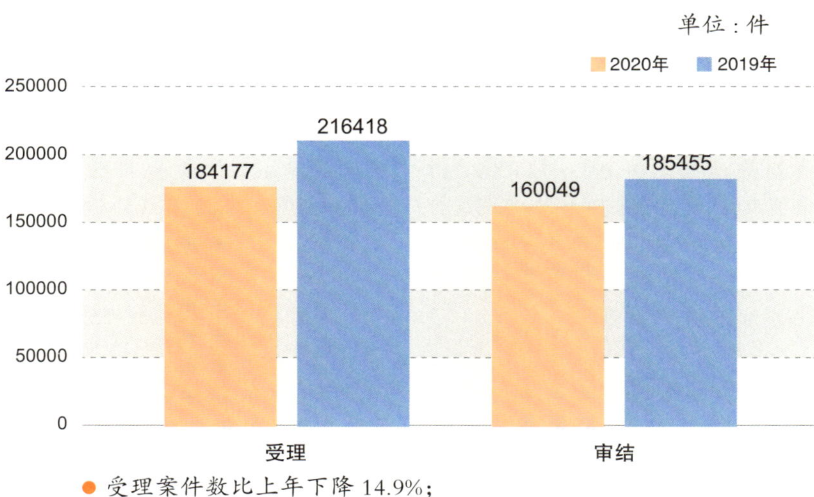

图7　2020年无锡市法院受理审结各类案件情况图

（市中级人民法院）

品安全犯罪，审结案件27件、60人，维护群众生命安全。依法惩治高空抛物行为，以危险方法危害公共安全罪判处多次从楼顶抛重物的蒋某有期徒刑3年，守护群众头顶上的安全。坚决惩治腐败犯罪，完善刑事诉讼与监察程序衔接机制，审结南京市公安局经侦支队原政委薛某森受贿等职务犯罪案件79件、80人。

（张圣斌）

【防范化解金融风险】 2020年，全市法院聚焦打好重大风险防控攻坚仗，推出防范化解重大金融风险31条措施，强化金融审判服务实体经济、规范金融市场秩序职能，审结金融民商事案件16169件；健全防范和打击“套路贷”虚假诉讼长效机制，妥善处理民间借贷纠纷9084件，新收案件数量比上年下降37.86%；审结非法吸收公众存款、集资诈骗等涉众型经济犯罪案件96件、208人；建立重点企业债务风险识别和处理机制，向市委报告某大型国有企业所属公司经营风险及防范建议，受到市委主要领导的批示肯定。

（张圣斌）

【加强破产审判工作】 2020年，全市法院联合市财政局、市税务局等出台破产费用专项基金暂行管理办法、企业破产涉税处置意见等文件，常态化府院联动机制逐步健全；运用“执转破”、强制清算和重整、和解等手段，推动257家“僵尸”企业有序退出市场，挽救无锡外事旅游汽车公司等企业21家；审理上市企业中南文化公司重整案时，在全国首次运用预重整引导人制度，创新“市场化庭外重组+法治化庭内重整”方式，清理结算企业34亿元债务，实现涅槃重生。

（张圣斌）

【知识产权司法保护】 2020年，全市法院坚持既严格保护知识产权，又确保公共利益和激励创新兼得，审结案件1551件，1起惩治恶意提起知识产权诉讼案入选“2019年中国法院50件典型知识产权案例”。严格落实惩罚性赔偿制度，对侵犯“永和豆浆”商标权的被告判赔290余万元，让恶意侵权者付出高昂代价。坚持平等保护，审结“大同弹簧”不正当竞争案，树立“境外注册境内保护”导向，增强知识产权保护国际影响力。加强阳山水蜜桃、清水油面筋等地方特色产业知识产权保护，判令侵犯“阳山”地理标志商标的被告赔偿12万元。联合江南大学等主办第五届知识产权蠡湖论坛，共商企业数据利用保护之策；开展服务数字经济、总部经济和枢纽经济的专题调研和“知识产权审判进园区”活动，促进激发全社会创新活力。

（张圣斌）

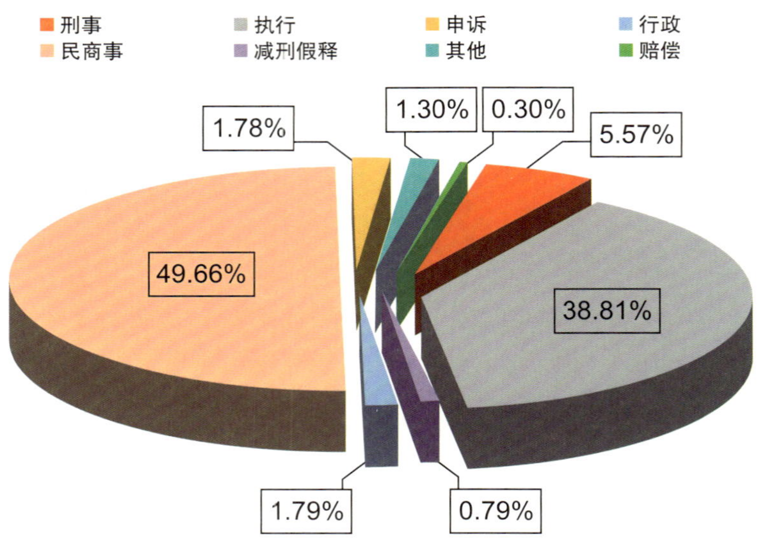

图8 2020年无锡市法院各类案件分布情况图

（市中级人民法院）

【环保审判机制创新】 2020年，全市法院制定保障美丽无锡建设25条意见、服务打赢长江流域禁捕退捕攻坚战8条意见，审结环境资源案件456件。妥善审理“超声波捕鱼”等刑事案件201件、552人，推动落实“禁渔令”。依法支持检察机关和公益组织提起环境公益诉讼，审结案件33件；妥善处理全市首例大气污染公益诉讼案，创新环保技术改造费用抵扣赔偿费用的判决方式，激励企业技改升级。依托江阴市人民法院长江流域环境资源第一法庭，与检察院、环保部门以及常州、镇江等管辖地区法院建立协作机制，推动设立3处环境司法修复基地，运用“补植复绿”“增殖放流”等责任承担方式，让“破坏者”成为“修复者”。

（张圣斌）

【优化法治化营商环境2.0版】 2020年，全市法院对标营商环境评价体系，推出涵盖6方面、27项举措的优化法治化营商环境2.0版。建立法院与企业家“双月谈”制度，设立损害营商环境“曝光台”，妥善审结涉及公司盈余分配、股东代表诉讼等案件1232件，激发市场主体活力。公正审结涉投资贸易等各类合同纠纷11457件，通过拓展民商事案件电子送达渠道、严格审判流程管控、优化“商会调解+司法确认”模式等措施，降低纠纷解决的时间和成本。制定促进物联网金融发展指导意见，破解中小企业融资难、融资贵难题。无锡市中级人民法院服务打造“无难事、悉心办”营商环境品牌的经验做法，受到《人民日报》的“点赞”。

（张圣斌）

【行政审判】 2020年，全市法院坚持监督与支持并重，审结涉政府职能转变、“放管服”改革等行政案件994件，判决撤销、变更、确认违法和责令履行法定职责的57件，依法支持行政机关行政行为的691件，经协调后和解、撤诉的246件。审结的一起诉行政机关终止调查决定案在《最高人民法院公报》上刊出，为正确理解适用“兜底条款”确立规则指引。健全土地行政执行案件“裁执分离”机制，裁定准予强制执行447件。保障房屋征收清点清障攻坚行动，妥善处理涉及28个重大工程项目的征地拆迁案件55件。加强与行政机关良性互动，发布行政审判年报，应邀参与重大项目、重大决策法律风险评估，联合召开行政执法疑难问题研讨会，促进执法与司法尺度统一。推进行政机关负责人出庭应诉，解决“告官不见官”“出庭不出声”等问题。

（张圣斌）

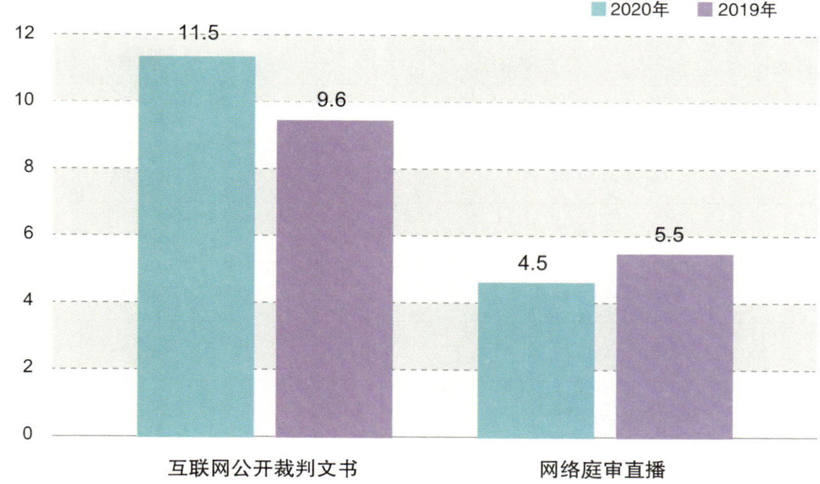

图9　　2020年无锡市司法公开情况图

（市中级人民法院）

【民法典宣传】 2020年，全市法院开展“百日百场民法典大宣讲”活动，成立由124名法官组成的宣讲团，打造“四个课堂”（巡回课堂、菜单课堂、线上课堂、网格课堂）、实行“宣讲六进”（送法进机关、进企业、进社区、进校园、进网格、进军营），巡回宣讲135场、受众1.7万人，录制网络公开课、“100秒说民法典”动漫、情景剧等视频79期，线上点击50万人次。

（张圣斌）

【推进“一站式”建设】 2020年，全市法院坚持把非诉讼纠纷解决机制挺在前面，深化一站式多元解纷和诉讼服务体系建设，联合行政部门、行业协会建立涵盖家事、劳动争议、物业、金融等领域的多元解纷平台，设立“施秋珍调解工作室”等以人民调解员命名的调解室、律师服务工作站62个，分流案件42213件，成功调解16507件。滨湖区人民法院联合区司法局建立全省首家区级矛盾纠纷多元调处区块链服务中心，开拓一站式建设新路子。诉源治理初见成效，新收一审民事案件比上年下降12.27%，无锡市中级人民法院、新吴区人民法院被评为“全省多元解纷和诉讼服务示范法院”。

（张圣斌）

【筑牢惠民司法保障网】 2020年，全市法院坚持法理情有机融合，审结“衣食住行、业教保医”等民事案件19380件。妥善处理胚胎移植被拒案，判令医院继续实施移植手术，切实把案子判公、人心判暖。审结安装可视门铃侵犯隐私案，判令被告拆除设备，明确自由有限度、权利有边界。依法审结两起涉食品安全、医疗欺诈的消费民事公益诉讼案，判令被告支付惩罚性赔偿金490余万元，让老百姓吃得放心、医得安心。落实“房住不炒”政策，审结精装房买卖等房地产案件2730件，维护房地产市场秩序，促进人居品质提升。深化家事审判改革，联合妇联建立妇女儿童权益保护工作机制，审结婚姻家庭案件5638件。开展根治欠薪冬季专项行动，快审快执相关案件1123件，为劳动者追索劳动报酬1763万元。创新构建劳动争议调裁审一体化机制，获“2020年全市政法优秀创新项目”二等奖。加强司法救助，缓减免诉讼费364万元，发放司法救助款253万元，让困难群众打得起官司。

（张圣斌）

【解决综合治理执行难问题】 2020年，全市法院贯彻落实中央全面依法治国委员会“一号文件”精神，向市委专题汇报执行工作，推动出台《关于加强综合治理从源头切实解决执行难问题的实施意见》，切实将综合治理执行难融入市域社会治理现代化体系。强化执行联动，建立由43家成员单位组成的联席会议制度，与市公安局、市行政审批局等部门建立查控财产、失信联合惩戒等机制，促

表20　　2020年无锡市诉讼案件结案情况表

单位＼指标	结案（件）	结案标的（亿元）
中级人民法院	7748	283.08
基层人民法院	76526	528.58
合计	84274	811.66

注：本表不含减刑假释、申诉申请和执行案件　　（市中级人民法院）

表 21　2020 年无锡市位居前十位的民商事一审案件收案情况表

单位：件

序号	案由	收案
1	借款合同纠纷	13229
2	买卖合同纠纷	11653
3	机动车交通事故责任纠纷	6688
4	婚姻家庭、继承纠纷	5805
5	劳动争议纠纷	3725
6	租赁合同纠纷	3194
7	房屋买卖合同纠纷	2678
8	服务合同纠纷	2143
9	承揽合同纠纷	2138
10	建设工程合同纠纷	1838

说明：民间借贷纠纷收案 9084 件，占借款合同纠纷案件的 68.67%

（市中级人民法院）

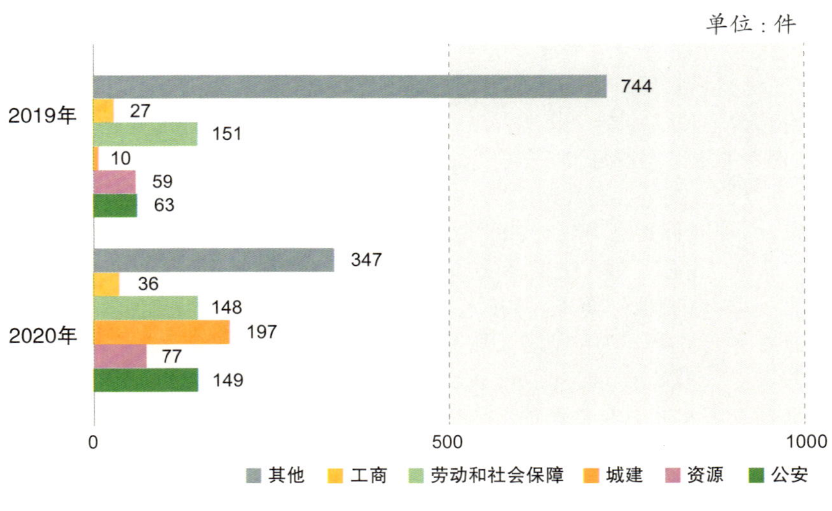

图 10　2020 年无锡市行政一审案件收案情况图

（市中级人民法院）

进完善综合治理大格局。深化执行改革，启动执行管理体制改革试点，全方位强化市中级人民法院对基层法院执行工作的管理、指挥和协调。优化执行模式，推进执行指挥中心实体化运行“854 模式”（由各级法院执行指挥中心集中办理核对立案信息和初次接待、制作发送格式化文书、网络查控、收发委托执行请求、录入失信被执行人信息、网络拍卖辅助工作、接待来访、接处举报电话 8 类事务性工作，有力提供视频会商、4G 单兵连通与执法记录仪使用、执行公开、决策分析等 5 类技术服务，切实承担起繁简分流管理、流程节点管理、执行案款管理、终本案件管理 4 项管理职责）迭代升级，实现执行工作的智能化、规范化管理。突出执行威慑，开展做好“六稳”工作、落实“六保”任务专项执行行动，累计开展夜间执行、假日执行 229 次，实施搜查 247 次、罚款 39.65 万元，拘留 51 人，判处拒执罪 6 人，发布失信被执行人名单 1.59 万人次。建立守信激励修复机制，4109 名已履行义务的被执行人移出“失信黑名单”。受理执行案件 69302 件，执结 63423 件，执行到位 134.09 亿元，有财产可供执行案件法定审限内执结率居全省第一位。

（张圣斌）

【开拓智慧司法新路径】 2020 年，全市法院与物联网产业研究院开展物联网司法应用战略合作，研发物联网查封财产监管系统，运用物联网精准识别感知技术，对被查封财产或涉诉企业进行全方位动态监管，最大限度降低因诉讼对企业经营造成的不利影响。运用该系统对一家被多方起诉的铜业公司实施“智”监管，实现“生产经营可延续、保值增值有预期”，该公司整体资产被竞拍到 1.6 亿元，溢价 4000 余万元。研发运用物联网电子封条、物联网称重系统，为实现“活”查封和特殊动产“快”处置提供新技术支撑。总结物联网技术司法应用经验，创建的“物联网 + 执行”促进善意文明执行新模式在全省法院推广，受到最高人民法院领导肯定，被中央全面依法治国委员会办公室督察组作为典型经验上报。智慧执行系统被评为“2020 全国政法智能化建设智慧法院优秀创新案例”和“2018 ~ 2020 年度江苏省法治建设创新奖”。年内，最高人民法院发布全国智慧法院建设评估报告，市中级人民法院评估指数居全国中级人民法院第五位和全省第一位，宜兴市人民法院位列全国基层法院第六和全省第一。

（张圣斌）

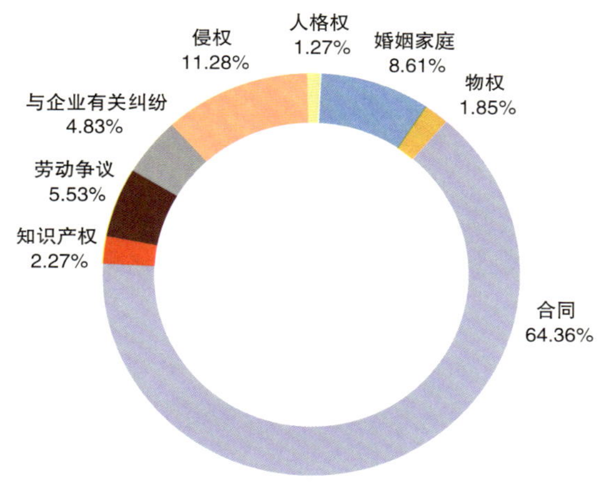

图 11　2020 年无锡市民商事案件类型分布情况图

（市中级人民法院）

单位：件

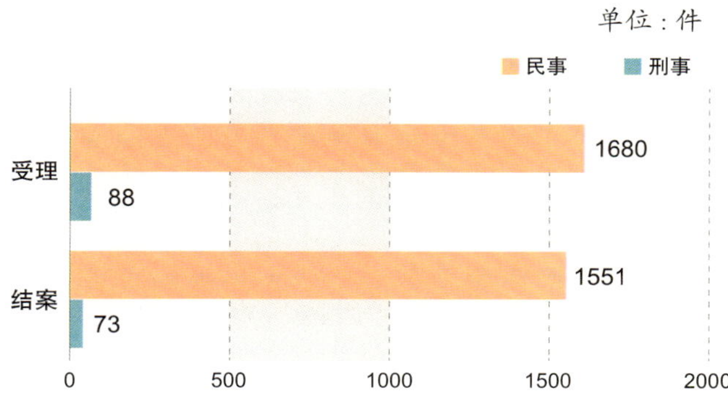

图 12　2020 年无锡市知识产权案件受理结案情况图

（市中级人民法院）

单位：件

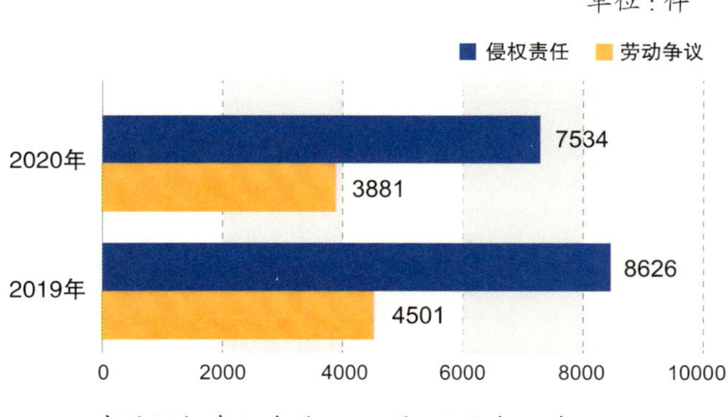

- 审结侵权责任案件 7534 件，比上年下降 12.66%；
- 审结劳动争议案件 3881 件，比上年下降 13.77%。

图 13　2020 年无锡市侵权责任、劳动争议案件一审结案情况图

（市中级人民法院）

单位：件

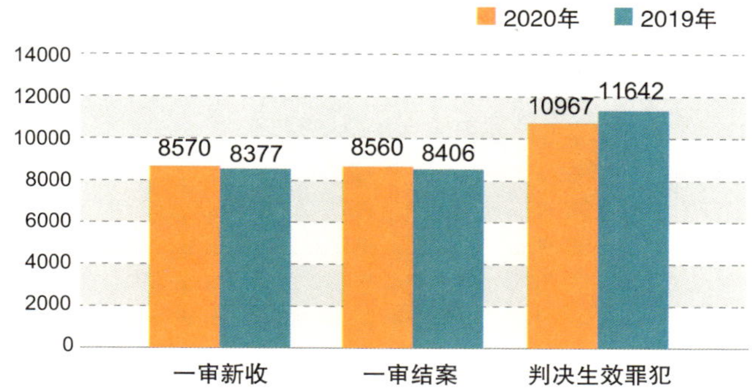

- 一审新收数比上年上升 2.3%；
- 一审结案数比上年上升 1.83%；
- 判决生效罪犯人数比上年下降 5.8%。

图 14　2020 年无锡市刑事一审案件收结案情况图

（市中级人民法院）

表 22　2020 年无锡市位居前十位的刑事一审案件收案情况表

单位：件

序号	案由	收案
1	危险驾驶罪	2505
2	盗窃罪	1557
3	诈骗罪	1143
4	交通肇事罪	378
5	故意伤害罪	250
6	开设赌场罪	237
7	虚开增值税专用发票、用于骗取出口退税、抵扣税款发票罪	195
8	走私、贩卖、运输、制造毒品罪	189
9	掩饰、隐瞒犯罪所得、犯罪所得收益罪	161
10	寻衅滋事罪	152

（市中级人民法院）

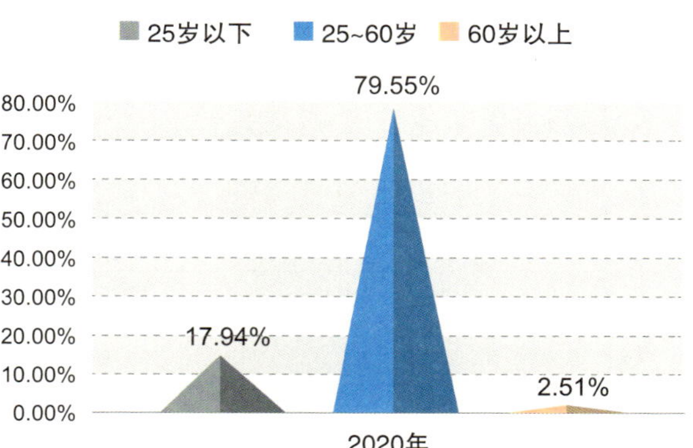

图 15　2020 年无锡市犯罪年龄分布情况图

（市中级人民法院）

表 23　2020 年无锡市人民陪审员参加审理各类案件情况表

单位：件

类别＼单位	基层人民法院（含法庭）	中院
刑事	2154	0
民事	13839	59
行政	657	0
合计	16650	59

说明:人民陪审员参加审理案件数比上年下降 5.96%

（市中级人民法院）

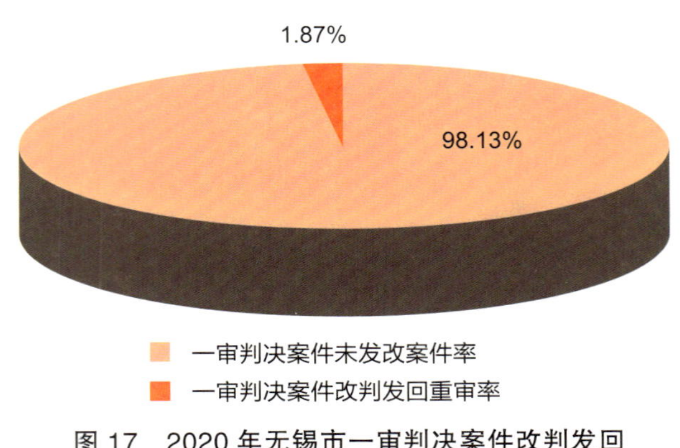

图 17　2020 年无锡市一审判决案件改判发回重审情况图

（市中级人民法院）

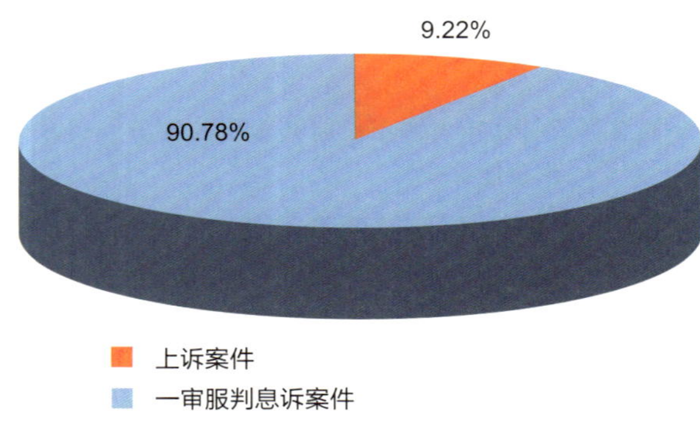

图 16　2020 年无锡市 一审服判息诉情况图

（市中级人民法院）

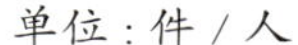

图 18　2020 年无锡市法官人均办案情况图

（市中级人民法院）

表 24　2020 年无锡市法院案件审理情况表

单位：件

单位＼指标	受理（件）	上年同期（件）	结案（件）	上年同期（件）
梁溪区	29214	33772	25070	29327
滨湖区	18826	25851	16263	21904
新吴区	16468	19177	14632	16967
惠山区	19300	20706	16100	16654
锡山区	16702	18341	14518	15652
江阴市	36823	45087	31665	38236
宜兴市	31732	36948	27720	31300
中　院	15112	16536	14081	15415
全市合计	184177	216418	160049	185455

（市中级人民法院）

表 25　　2020 年 无锡市法院案件结案情况表

单位：件

单位＼指标	刑事	民事	行政	执行	其他	合计
梁溪区	1206	11511	258	7181	4914	25070
滨湖区	652	8195	325	4191	2900	16263
新吴区	772	7272	0	3830	2758	14632
惠山区	841	7469	0	4074	3716	16100
锡山区	762	6714	0	4256	2786	14518
江阴市	2780	13276	176	8867	6566	31665
宜兴市	1506	12664	92	7982	5476	27720
中　院	466	6748	519	691	5657	14081
全市合计	8985	73849	1370	41072	34773	160049

（市中级人民法院）

司法行政

【概况】 2020 年，全市司法行政工作坚持以习近平新时代中国特色社会主义思想为指导，凝心聚力、克难奋进、真抓实干、创先争优，为夺取疫情防控和经济社会发展作出应有的司法贡献。无锡市被评为“全省‘七五’普法中期考核先进城市”，无锡市司法局获评“全国‘七五’普法中期考核先进集体”“全国公共法律服务先进集体”“第二届全国应急管理普法知识竞赛优秀组织奖”，全系统获市级以上集体表彰 24 项、个人表彰 32 人次。

（孙志中）

【司法“三服务”】 2020 年，市司法局服务疫情防控，成立市疫情防控法律服务专班，起草审核市级通告、通知等规范性文件、文书 160 余件，出台疫情期间便民惠企 10 项举措和“三免两减”(抗疫医护人员——“免”、涉疫劳动者——“免”、重点企业——“免”，小微企业——“减”、涉外企业——“减”）政策。服务民营经济，开发企业全生命周期法治服务产品，开展“法治体检四进四送”（进商会协会、进产业园区、进重大项目、进顾问单位，送法律指引、送专场讲座、送专门体检、送专业调解）“公共法律服务进园区”等专项活动。服务“一带一路”，组建跨境贸易法律服务专家团，成立“一带一路”法律服务中心及 7 个海外分中心，为锡商锡企提供涉外法治宣传、法律服务。

（孙志中）

【普法宣传】 2020 年，无锡市完成“七五”普法终期评估验收。落实“谁执法谁普法”责任制，制定普法责任清单，开展无锡市国家机关“谁执法谁普法”履职评议，联合开展网信普法行动。深化普法宣传，开展《中华人民共和国宪法》《中华人民共和国民法典》学习宣传系列活动，围绕疫情防控、优化营商环境等重大决策部署开展针对性普法宣传活动 400 余场。推进法治文化建设，打造七大法治文化特色小镇，征集、创作法治动漫微视频 69 部、以案释法案例 108 个。加强法治乡村建设，承办全省法治乡村建设现场会，开展“送法下乡”活动，实施农村“法律明白人”培养工程，推进“民主法治示范村（社区）”创建，审查复核省级民主法治示范村（社区）582 个。

（孙志中）

【公共法律服务】 11 月 2 日，市委办、市政府办联合下发《无锡市关于进一步深化公共法律服务体系建设的实施办法》，明确公共法律服务为政府公共职能的重要组成部分，要求各级政府将基本公共法律服务事项纳入政府购买服务指导性目录，经费保障纳入财政预算。市司法局会同市委政法委出台《关于推进全市“公共法律服务 + 网格”融合建设的实施意见》，推进“三官一律”（法官、检察官、警官，律师）进网格工作，实现律师、基层法律服务工作者进网格 100% 全覆盖。推动律师公益法律服务品牌建设，统一挂牌命名十大律师公益法律服务项目。完成 2020 年国家统一法律职业资格考试考务工作。

（孙志中）

【法律援助】 2020 年，无锡市开展“法援惠民生”系列活动，落实国务院《保障农民工工资支付条例》，完善援调对接、援诉对接机制，畅通法律援助“绿色通道”，加大对贫困群众和特殊困难群体的法律帮扶。全市两级法律援助中心受理案件 8946 件。开展 2019 年度全市法律援助十大优秀案例和十大好案例评选活动，所推选的 2 件案例分别获 2019 年度江苏省“法律援助十大优秀案例”和江苏省“法律援助十大好案例”称号，3 件案例被司法部收录进司法行政（法律服务）案例库，68 件案件获批省法律援助基金会资助案件。

（孙志中）

【人民调解】 2020 年，无锡市开展元旦、春节及“两会”期间矛盾纠纷专项化解及矛盾纠纷排查化解“百日会战”专项活动。推进非诉服务平台建设，建立各类非诉服务中心80家，行政调解委员会10家。推动家事调解社区工作室标准化建设，建立家事调解社区工作室42家。全市各级各类人民调解组织受理社会矛盾纠纷133231件。

（孙志中）

【社区矫正】 2020年，市司法局依托政务“一网三通”等工作载体，探索损害修复工程，推进“智慧矫正”试点建设。全市新增社区矫正对象2264人，解矫2276人，年末有在矫2477人，重新犯罪率始终低于全省平均水平；在帮刑满释放人员10206人，衔接率、安置率和帮教率均100%；新增后续照管对象219人，实际照管人数为1418人，当年期照管对象戒治操守保持率99.09%。

（孙志中）

【律师事务】 2020年， 无锡市召开第七次律师代表大会，选举产生新一届领导班子。强化党建引领，开展“聚律领航”先锋行动，选树市律师行业党建工作示范点16家。严格执业监管，核查并及时处置了不能专职执业的律师46人，处理投诉34件次。全市律师执业机构355家，执业律师3290人，实习人员371人。全市律师担任企业法律顾问20038家，律师办理各类案件7.09万件。

（孙志中）

【公证事务】 2020年，市司法局组织开展“公证敬老”“公证助残”“扶贫救助”等公证惠民活动。开展公证质量检查活动，实行线上、线下双监管模式，全年办理各类公证73597件，收费4934.12万元。

（孙志中）

【司法鉴定】 2020年，市司法局组织开展司法鉴定机构和鉴定人清理整顿活动，推进鉴定机构设立和鉴定项目扩项，全年受理鉴定委托13437件，收费2800.8万元，采信率在99%以上。

（孙志中）

【司法行政改革】 11月26日，无锡市全面推进依法行政工作领导小组办公室制定出台《无锡市镇街道综合行政执法指导规范（试行）》，提升基层执法工作标准化、规范化、法治化水平。推进基层整合审批服务执法力量，向省报批相关市（县）、区相对集中处罚权工作方案；落实行政执法责任制，强化生态环境、城市管理、市场监管等重点领域行政执法，提高人民群众执法满意度。推进公证体制改革，依托互联网大数据，践行公证业务网上咨询、预约、办证服务，完善自助办证系统与云端数据对接，在镇（街道）办证联系点使用公证自助服务终端申办公证。主动探索远程视频公证，开创公证发展新模式。积极融入互联网经济，探索运用“公证+区块链”技术，拓展电子证据存管业务领域。深化行政调解改革，召开全市行政调解工作座谈会，无锡市全面推进依法行政工作领导小组办公室印发《关于进一步加强行政调解工作的实施意见》，通过推动将行政调解工作列入法治政府建设考核，逐步推进通过开展行政调解工作有效化解社会矛盾纠纷。推进社区矫正改革，在宜兴市开展“智慧矫正”试点，构建“宜兴智慧矫正”平台，对社区矫正对象实现更广领域的全覆盖信息化监管教育，获省司法厅领导高度评价。深化放管服改革，推进证明事项告知承诺制，开展“减证便民”行动。建立健全权力清单管理长效机制，深化“互联网+”政务服务，切实提高行政审批服务效率，至年底，共办理律师、公证、司法鉴定、基层法律服务等司法行政许可事项2000余件。

（孙志中）

【基层基础建设】 2020年，市司法局按照《全市司法行政基层基础建设高质量发展任务分解及推进计划表（2019～2021年）》，以基层司法所为基础，通过党建引领、法治统揽、智慧助力、文化培育、服务转型、强化保障，稳步推进司法行政基层基础高质量发展建设。铺开“枫桥式”司法所创建工作，4月20日，市司法局印发《关于坚持发展“枫桥经验”努力实现矛盾不上交三年行动2020巩固发展年实施意见》，立足司法所职能优势发挥，实现“小事不出村，大事不出镇，矛盾不上交”。

（孙志中）

【扫黑除恶】 4月13日，市司法局印发《全市司法行政系统扫黑除恶“长效机制建设年”实施方案暨2020年工作要点》，持续深化扫黑除恶专项行动。加强对律师代理涉黑涉恶案件的监督指导，会同市（县）、区司法局对167件案件备案管理，指导律师依法依规办理涉黑涉恶案件。

（孙志中）

仲　　裁

【概况】 2020年，无锡市仲裁委员会（以下简称市仲裁委）受理仲裁案件663件（含反仲裁申请、预立案案件），比上年增加9件，增长率1%。受案标的额12.22亿元，比上年减少6.98亿元，下降36%，案件标的额平均为184.31万元。从行业受案类型分类看，案件主要集中于物业、房地产、传统货物买卖等领域，分别占比21.49%、15.74%及13.71%。从案件标的额看，案件主要集中于房地产、传统货物买卖、借款等领域，分别占比13.17%、9.19%和5.14%。明显减少的是国有建设用地使用权出让合同纠纷，究其原因为受国家调控政策的影响，土地市场逐步规范，此类案件减少。金融借款、建设工程施工等传统类型案件占比有所下降，增加的新类型案件为公司股权、基金认购、特许经营纠纷等。全年审结仲裁案件647件（含上一年结转数量），比上年增加118件，增长率22%。

（蔡　毅）

【疫情防控与仲裁服务】 在抗疫复工复产中，市仲裁委采取“调裁结合”服务举措，在充分尊重当事人本质诉求的基础上，根据现有政策，对债务人给予还款宽限期、展期等，减轻实体企业的还款压力，实现疫情防控和助力企业复工复产两不误。全年累计办理各类涉疫情纠纷 88 件，其中，通过在线、电话办理方式结案 23 件，占比 26%。利用信息化手段，整合各项网络资源，引导企业、群众“线上办”“网上办”，随时随地享受仲裁法律服务。在审理新疆维吾尔自治区某企业追讨货款纠纷中，考虑到疫情影响当事人无法正常到庭参加庭审，运用互联网在线视频工具进行线上开庭，最终促使当事人当庭达成调解协议。针对受疫情影响面临停工停产的企业及小微业主，重点将疫情影响列为违约责任酌减因素，积极开展当事人双方调解工作，妥善化解疫情造成的风险，体现尊重合同、审慎处理的价值导向。

（蔡 毅）

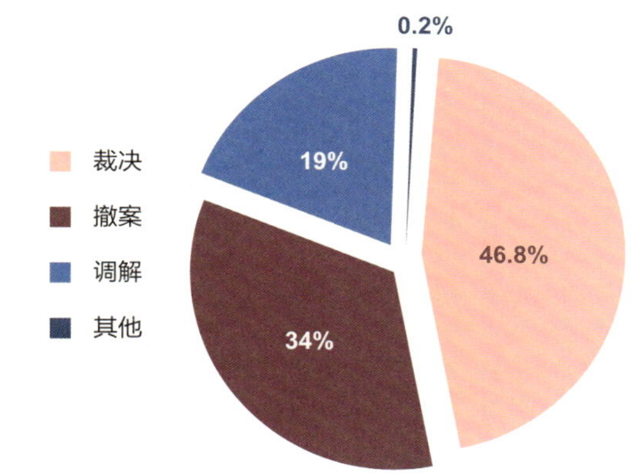

图 19 2020 年无锡市仲裁委具体结案方式一览图

（市仲裁委）

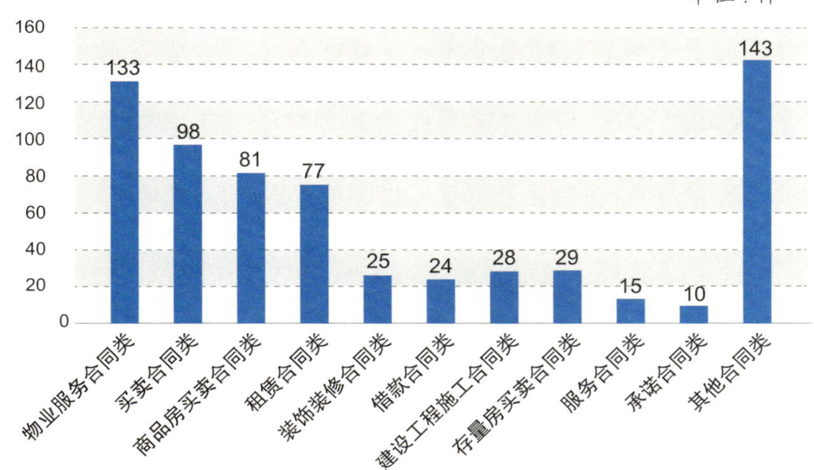

图 20 2020 年无锡市仲裁委受案类型比较图

（市仲裁委）

【仲裁网络平台建设】 2020 年，市仲裁委将仲裁网络在线系统平台建设，列入信息化重点工作，提交市司法局党组会议审议通过，推动信息技术与仲裁服务的深度融合。参加由市场监督部门、网络监督部门组织的座谈活动，就规范企业间纠纷的调处活动共商纠纷解决机制；落实全市企业上市工作推进部署，专人负责，累计为企业上市、投融资等活动开具守法合规证明 62 件，推动国联证券、美尚景观、先导环保、高科石化等 30 多家企业的上市进程，助力企业加快发展。

（蔡 毅）

【劳动关系调解仲裁】 2020 年，无锡市人力资源和社会保障局高质量开展调解仲裁工作，全市处理各类劳动人事争议案件 28643 件（比上年上升 21.86%），涉及经济标的额 68855.9 万元。立案受理劳动争议案件 9982 件（比上年下降 0.03%），其中 50 人以上集体争议 3 件。农民工工资争议受理案件 565 件，涉及农民工 565 人，年内全部结案，涉及金额 800.4354 万元。各类调解组织调解劳动争议案件 18661 件（比上年上升 38.03%）。另作出不予受理案件 1130 件。

（孙皓晨）

【“智慧仲裁院”建设】 2020 年，无锡市人力资源和社会保障局持续推进“智慧仲裁院”建设，推动人社部、省厅和市三级网上调解平台运行，其中自主开发的“太湖明珠无锡网上平台”录入调解员 156 人，覆盖全市各镇（街道）。全年网上平台处理劳动争议 4210 件，占全市调解总量的三分之一。

（孙皓晨）

【长三角调解仲裁战略合作】 2020 年，无锡市人力资源和社会保障局深化长三角调解仲裁战略合作共同体建设，召开“浦东—无锡—湖州—宣城四城市人社部门联席会议”，达成项目化建立健全劳动人事争议区域化解协作机制共识，并确定首批合作项目 7 个。发布仲裁审理标准一体化探索成果，四地首份《涉疫情劳动人事争议审理参阅》由无锡市牵头制定。根据四方战略合作协议约定，组建“调解仲裁城际合作共同体联合办公室”。

（孙皓晨）

编辑 罗秋云

无锡军分区

【概况】 2020年，无锡军分区党委牢固确立习近平强军思想指导地位，坚决贯彻江苏省军区党委决策部署，统筹推进疫情防控和部队建设，举旗铸魂抓引领，练兵备战谋打赢，按纲抓建夯根基，全面从严强党建，各项工作展现良好局面。

（孙宇星）

【党管武装】 2020年，无锡军分区严格落实党管武装各项制度，协调召开市委常委议军会及领导干部过“军事日”活动，组织人武部党委第一书记任职命令宣布大会，组织对各市（县）区的党管武装考核工作，市党管武装考核全省排名第二。巩固深化审计和巡察反馈问题整改成果，常态开展纪律教育，党委、纪委领导带头上纪律党课，定期组织正风肃纪形势分析，组织对各单位财务情况检查，相关单位和个人受到追责问责，江苏省军区财务大检查反馈问题全部整改到位；坚决贯彻军地交往“十三条”禁令，即：严禁接受地方单位、企业和个人以钱款、有价证券及其他支付凭证等方式开展的慰问、捐赠；严禁接受可能影响公正执行公务的地方单位和人员的慰问、捐赠；严禁向地方单位提走访要求、定慰问标准，以工作需要、服务官兵等名义要钱要物；严禁擅自接受地方单位和个人赠送的车辆；严禁侵占、私分礼品、慰问品；严禁违规向地方单位和人员赠送武器模型、徽章等礼品、慰问品；严禁在举办庆祝会、表彰会、座谈会、研讨会以及各类论坛等会议活动中，向参加会议的地方人员赠送纪念品；严禁在军地交往活动中安排或接受宴请，一律按工作餐标准用餐；严禁违规为地方领导和人员提供住房、车辆、公勤等服务保障；严禁以军队单位名义和军人身份为企业拉项目、搞宣传、做代言；严禁将部队营区设施、内部场馆、招接待和疗养场所等资源用于地方非公务活动；严禁利用军地协作关系中职务影响和人脉资源等为个人办私事、谋私利；严禁在地方单位兼职的党员领导干部领取除国家、军队明确规定外的薪酬、奖金、津贴等。严格落实省军区关于规范军地节日慰问有关措施，扎实推进师以上领导干部落实有关待遇清理整顿，推动积弊纠治清仓见底、问题归零。

（孙宇星）

【政治引领坚强有力】 2020年，无锡军分区学习习近平新时代中国特色社会主义思想及习近平强军思想，采取专家教学、领导领学、个人自学等方式，扎实组织开展党委中心组理论学习，全年组织集体学习18次。结合“五看五增强”（看党的坚强领导、增强忠诚品质；看巨大制度优势、增强“四个自信”；看人民军队中流砥柱、增强使命担当；看“最美逆行”英雄壮举、增强战斗精神和血性；看全国人民万众一心、增强抗疫必胜信念）专题教育，开展向“最美逆行者”学习活动，邀请无锡市人民医院6名援鄂医疗队员到无锡军分区作事迹报告，党员自愿捐款50万元。组织“国防教育进校园”活动，军地联合举办“心系国防，携手共进”国防知识竞赛，组织新婚夫妇向烈士献花。投入189万元对口支援新疆维吾尔

2月17日，中国人民解放军联勤保障部队驻无锡九〇四医院医疗队出征武汉

（顾　乾　摄）

自治区阿合奇县，开设“名师云课堂”共享优质教育资源，助力打赢脱贫攻坚战。

（孙宇星）

【练兵备战】 2020年，无锡军分区坚决贯彻习近平主席开训动员令，持续深化“和平积弊大起底大扫除”活动，常态落实党委训战议训，组织召开作战准备研讨反思会，实行军事训练“一票否决”，树起中心工作居中导向。滚动修订军分区国防动员演练方案，6次召开推进会和军地任务部署会，分3个批次组织等级部署演练，完成高速出入口绿色通道开辟及重点目标警戒防卫等任务。按照省军区“3+X”模式组织首长机关训练，推开“周练、月训、季考、年评估”组训方式，定期组织集中强化训练，有效提升机关动员业务技能，军事训练考评全省排名第三。全面推开民兵应急分队基地化轮训备勤以及首批编建分队训练，先后完成民兵应急连连排长、“四会”教练员（在军事教学中会讲、会做、会教、会做思想政治工作）等集训3400多人次，协调地方投入3000多万元进行国防教育训练基地整体改造升级，完成马山镇马圩南大堤管涌处置等任务。

（孙宇星）

【动员体系建设】 2020年，无锡军分区紧盯备战打仗，提供可靠动员保障，结合地方党政机构编制调整改革，调整充实市国动委成员单位，建立健全工作运行制度机制，落实国防动员指挥机构编成，完善各类方案预案和行动计划。深化民兵组织调整改革，军地合力推进民兵队伍编组、党组织预建及相关配套保障，完成基干民兵编建任务。调整加强市征兵领导力量，积极开展“征兵宣传月”进校园、进企业、进社区活动，采取“逐校过”、驻点督导、提醒约谈等超常措施强势推进大学毕业生征集，推动出台《无锡市激励大学生应征入伍若干措施（试行）》，军地协作抓好廉洁征兵工作，完成年度兵员征集任务。

（孙宇星）

【基层基础建设】 2020年，无锡军分区联合市委、市政府出台《关于加强新时代基层武装工作的实施意见》，军地联合召开基层武装建设协调推进会，建立“周报告”“月评估”制度，大力全面推进基层武装部和民兵应急营连部库室规范化建设，全市镇（街道）武装部、民兵应急营连部规范化建设全部达标，全省量化考评排名第一。会同市委组织部规范专职武装干部选配任免程序，协调地方调整转岗23名专职武装干部，组织全市专职武装部长集训，落实资格认证考核。按照“三个不降”（服务保障力度不降、标准不降、质量不降）指示，协调市委、市政府在端午节、重阳节看望慰问老干部，常态开展“上门送服务、进门拉家常、心理常慰护”工作，开展干休所“四个秩序”（应急秩序、训练秩序、工作秩序、生活秩序）整治，积极推进第六批营区综合整治，有序展开“智慧休干”系统建设，分批次组织干休所医护人员到解放军联勤保障部队904医院以工代训，干休所软硬件保障条件提档升级。

（孙宇星）

武警无锡支队

【概况】 2020年，武警无锡支队（以下简称支队）紧紧围绕武警江苏总队（以下简称总队）党委“全面过硬、争创一流”目标，大力弘扬支队“正气、担当、尚德、坚持”的精神，凝心聚力抓建设，求真务实打基础，深耕本职干事业，统筹推进疫情防控和全军争创“四铁”（铁一般信仰、铁一般信念、铁一般纪律、铁一般担当）先进单位、争当“四有”（有灵魂、有本事、有血性、有品德）优秀个人活动试点。在推进各项年度工作中，始终保持定力、保持清醒、保持干劲，始终把部队思想政治建设作为首要任务紧抓不放，刚性落实理论学习制度，扎实开展经常性读书活动，抓实疫情背景下的经常性思想教育。着眼使命任务，全力以赴抓执勤，常备不懈抓战备，紧盯实战抓训练。持续抓好保障模式建设，修订完善应急保障预案，补充战备物资，为遂行多样化任务提供有力支撑。

（李　军　刘鸿兆）

8月6日，武警无锡支队特战排官兵在野外开展战术训练

（刘鸿兆　摄）

【思想政治建设】 2020年，支队党委班子严格落实党委中心组理论学习制度，狠抓《习近平谈治国理政（第三卷）》和2册《习近平论强军兴军》学思践悟。持续学习贯彻军委党的建设会议精神，突出加强政治能力训练，党委常委带头搞教育、讲党课，坚持议事先议政，决策先对表。深入学习宣讲《中国共产党军队党的建设条例》，带头搞好“重温初心担使命、彻纠彻改作表率”主题党日和“深刻汲取教训、严肃思想交锋”专题剖析。制定党委年度办实事计划，设立特困补助基金，始终做到关爱官兵“八个到现场”（新婚庆典祝福、生病住院慰问、个人困难关心、家庭涉法调解、成长进步鼓励、棘手矛盾调解、重大任务动员、后路后院协调到现场）和战士亲属来队“七个一”（介绍一次基本情况、陪吃一次加餐饭、征求一次培养意见、邀请参观一次荣誉室、安排战士陪父母驻地观光一天、临走安排战士到附近车站送上一程、赠送一份小点心）。举办“最美奋斗者”颁奖典礼，开展“问题答复公开致歉”暨“士兵接待日”活动，组织“军娃进军营”和“幸福相约”军地联谊会，推动军人子女中考加分政策落地，建立表彰荣誉体系，努力为基层减负。扎实开展经常性读书活动，常态组织微课宣讲，推广建设学“习”小屋、“习”语金句、“三微”（微理论、微点评、微讲堂）课堂，推动习近平强军思想进入头脑，转入实践，相关做法在总队会议上作了交流。开展“深入学训词、奋斗决胜年”专题学习教育，抓实疫情背景下的经常性思想教育和强敌背景下的专题教育，用好“互联网+”，持续创办“今天，我开讲！”栏目，组织“《军队基层建设纲要》我最懂”知识竞赛，探索“体悟式笔记”。紧跟官兵现实需求，持续开展“强军风采”系列文化活动，精细打造“一队一品”特色文化，举办“军民联欢红歌会”“红色故事会”和“篮球争霸赛”。强力推进军史场馆体系建设，修建支队军史长廊和基层荣誉墙。支队担负全军“双争”试点任务，硕果累累，试点经验在军委“双争”活动试点试行交流会上作了交流并全军转发，“双争”专栏和标语样式被武警部队推广，参与拍摄的《“争”途如虹》专题片在中央电视台播出，反映试点成果的12篇文章被武警部队以上媒体刊发。

（李　军　刘鸿兆）

【执勤战备训练】 2020年，支队坚持一切工作向能打仗、打胜仗聚焦用力，精心抓好练兵备战工作。认真贯彻上级执勤思路，推进执勤方式优化改革，调整部分哨位执勤方式，精简执勤兵力。以“执勤战备周”为抓手，严密组织“学规定、查隐患、补漏洞、保安全”执勤安全教育整顿活动，排查治理各类隐患，确保固定目标绝对安全。圆满完成各类临时勤务，协助公安抓获网上逃犯2人，《加强遂行任务中疫情防控工作指导》录像片被总队转发，1个中队被总队表彰为正规化执勤标兵单位。认真加强战备体系建设，突出“三种情况”（暴恐事件、个人极端行为、抢险救援）第一时间到现场，修订支队《作战勤务值班室值勤手册》，1个中队和2人分别被总队表彰为遂行重大任务先进集体和先进个人。5月，武警宜兴中队参与扑灭驻地山林火灾。积极践行开训动员令，大力宣讲《中国人民武装警察部队军事训练大纲》，制定支队《大抓军事训练措施》，举办军体运动会和第二届“太湖勇士”比武竞赛，严密组织预提指挥士官集训与特战排驻训，树起大抓军事训练的鲜明导向，支队1名指挥员参加武警部队“庙算”比武斩获名次，特战排获总队第二季度“魔鬼周”极限训练片区第一名，16人被评为武警部队“极限训练勇士”，1名干部被总队表彰为优秀教练员。

（李　军　刘鸿兆）

【后勤保障建设】 2020年，支队按照备战打仗要求，持续抓好保障模式建设，修订完善应急保障预案，补充战备物资，为遂行多样化任务提供有力支撑。把抓好疫情防控作为检验政治能力的硬核考场，修订完善支队《疫情防控预案》，印发支队《疫情防控知识手册》，制作《致官兵家属的一封信》，召开6次专题会议和4次形势教育，积极筹措口罩、酒精等物资。及时修订后勤各类保障计划，扎实开展应急保障模块训练，调整应急保障队编成，做到人员定岗，任务明确。深入推进后勤领域重点问题“清仓归零”和重点行业整肃治理“回头看”，精细编制调整年度经费预算，巩固深化“伙食精细管理年”活动，科学调剂伙食，完成机关内设机构改造工作，修缮教导队礼堂和集训楼，完善安全设施，筹措相关物资。认真贯彻组伙模式，严格落实副食品配送要求，引入竞争和惩戒机制，伙食满意率高。

（李　军　刘鸿兆）

【正规化建设和安全工作】 2020年，支队深入学习宣讲《中华人民共和国人民武装警察法》，抓实总队《军队基层建设纲要》培训精神贯彻，修订完善支队《抓建基层八条措施》，推行大队“1+2+4”（1天开会统思想、2天集中办公、4天蹲点帮建）周工作机制，不断优化完善制度载体。细致落实《军队安全管理条例》和《中国人民解放军保密条例》，从营区管理、内务设置等细节抓起，拉单列表、立整立改，推动战备秩序经常化，教育训练规范化，日常管理制度化，一日生活条令化。圆满完成总队正规化展（演）示活动暨安全管理工作集训。

（李　军　刘鸿兆）

人民防空

【概况】 2020年，全市人防系统坚持以人民防空军事斗争准备为指导，贯彻落实习近平总书记关于人民防空系列重要指示，以战领建，突出重点，勇于创新，狠抓落实，完成年度各项目标任务，被省人防办评为“2020年度综合考核先进单位”“人防工程建设先进单位”“法治人防建设先进单

11月10日，市人防办在嘉兴训练场训练前集合宣布训练科目

（市人防办 供）

位”“创新创优先进单位”。扎实开展人防系统腐败问题专项治理“回头看”活动，精准解决突出问题，完善制度建设，人防建设规范有序。

（彭海东）

【人防应急准备】 2020年，市人防办始终把指挥所建设当作人防备战重中之重的工作来抓，完成市基本指挥所信息化升级改造，建设管理水平上了一个台阶，在全省乃至全国处于领先水平，省军区、省人防办、无锡军分区等各级领导予以充分肯定。全力推进市（县）、区指挥所建设，宜兴市、梁溪区基本指挥所升级改造，锡山区基本指挥所启动后续建设。高质量完成年度国防动员演练相关任务，在市基本指挥所开设军地联合指挥所，按指令组建机动支援上海的150人合成专业队，接受省国动委战备拉动点验，人员到位率100%，装备配套率和物质器材携运率95%以上，受到省军区的肯定。分别与嘉兴、常州、泰州两省三市开展机动指挥通信系统跨区联动训练3次，探索长三角地区指挥通信联合保障一体化路径。市政府、无锡军分区联合下发重要经济目标分级分类文件，召开全市重要经济目标工作会议，先后组织电厂、水务集团、油库等单位开展重要经济目标防护演练。组织市人防办机关及直属单位人员开展军事训练日活动，按纲施训得到有效落实。年内，全市组织各类演练40多次，参演单位60多家，参演人员3万多人次，参演装备330多台（套）。

（彭海东）

【信息化建设】 2020年，无锡市在全省率先完成人防指挥所信息化和视频会议系统高清化升级改造。建设全国领先的人防指挥协作管理系统、高度集成人防地理指挥信息系统、北斗4G作战指挥系统、国防动员指挥系统，引进“雪亮工程”视频系统、党政军红网、政府数据容灾备份中心，组建超短波集群网，优化电子政务内外网，省人防综合政务管理平台运行良好。通过升级改造和优化整合，全市建成以市基本指挥所为中心，利用有线（光纤、电缆）、无线（短波、超短波）、移动4G图传、卫星等多种通信手段，实现与省人防办、市政府、无锡军分区以及各市（县）区基本（机动、地面）指挥所（中心）的互联互通，为平时办公自动化和战时组织作战指挥提供强有力保障。

（彭海东）

【人防工程建设】 2020年，无锡市人防办筹集人防工程易地建设费，为社会提供地下停车位，超额完成年度目标任务；创新建设学校地下人防接送

9月18日，市人防办在某油库组织消除空袭后果演练

（市人防办 供）

9月18日，市人防办地面指挥中心机动警报车出发前集合

（市人防办 供）

系统，3所小学建成，获市委、市政府“2020年度‘四千四万’改革创新奖”；惠山区、新吴区各竣工疏散基地1个，平时可作为应急避难场所。抓住人防工程质量监督关键环节，全程参与地方性法规《无锡市建设工程质量管理条例》的制定，完整加入人防工程质量管理相关内容，为人防工程质量管理提供法规依据；落实参建各方的主体责任，注重从业单位质量行为监管，强化对监理单位、防护（防化）设备生产安装企业的事中事后监管；发挥省办人防工程质量监督系统作用，监督手续的申报办理、中间环节的报监全程网上操作，现场质量检查的资料、影像全程留痕。

（彭海东）

【人防工程维护管理】 2020年，无锡市人防办抓好住宅小区人防工程维护管理工作，与市住建局联合制定下发《无锡市住宅小区人防工程维修资金监督管理办法（试行）》，明确资金的收取、缴存、使用的主体和相关责任，70余个住宅小区的物业公司与银行签订管理协议，陆续开设监管资金银行专户。抓好人防工程标识标注工作，新竣工人防工程按新标准标识率100%，往年竣工人防工程标识采用安排财政预算资金统一完善和平时使用人自行完善相结合的方式，标识率32%，完成省人防办下达的任务。

（彭海东）

【人防宣传教育】 2020年，无锡市人防办指导体验馆开展防灾减灾日、科普宣传周等系列宣传活动，展馆全年接待3.6万多人，团队130个。在全市中小学开展人防知识教育，免费配发8万多份人防知识课本，组织部分中学教师参加全省中学人防教师培训。组织人防系统媒体宣传工作，做好“9·18”警报试鸣日相关宣传。组织社区开展形式多样的宣传活动，全面普及人防知识教育。

（彭海东）

【依法行政】 2020年，无锡市人防办继续开展《无锡市人民防空规定》的立法工作，与市司法局到多地调研，完成草案并上报市政府。制定出台《无锡市人防办行政执法音像记录管理制度》《无锡市人防办重大执法决定法制审核目录清单》《无锡市人防办违法行政行为投诉举报登记制度》等规范执法工作的制度。深化“放管服”改革，除省人防办委托的行政审批事项外，其他审批事项全部下放给市（县）、区或划转行政审批局。推进告知承诺制，制定印发《无锡市实行人防工程质量监督手续告知承诺制的指导意见》，对符合条件的人防工程建设项目，在建设单位承诺的前提下可以简化办理人防工程质量监督手续。审慎实施行政处罚，制定发布《无锡市人防领域轻微违法行为从轻处罚指导意见》，对涉及人防工程维护管理、使用、建设、质量管理的4类违法行为制定轻微处罚的条件和标准。查处违法违规行为，全市查办案件16起，立案11起，收缴罚款45万元，追缴易地建设费4531.0281万元、滞纳金2.46万元。全年免除自建人防工程承租中小企业3个月租金41.2917万元。

（彭海东）

双拥共建

【概况】 2020年，无锡市双拥工作坚持以习近平新时代中国特色社会主义思想和习近平强军思想为指导，以创建全国双拥模范城为抓手，以服务部队备战打仗为着力点，坚持走在前列的发展定位，推动新时代无锡双拥工作高质量发展。年内，无锡市实现全国双拥模范城“八连冠”，江阴市实现全国双拥模范城（县）“四连冠”（第五次），宜兴市首次获评全国双拥模范城（县），无锡建成首个全国双拥模范城市群。面对突如其来的新冠肺炎疫情，无锡市军地双方严格按照党中央、中央军委及省、市的部署安排，团结一心，守望相助，抗击疫情，实现“确诊患者零死亡、医务人员零感染”和驻无锡部队“零输入、零感染”的目标。9月，新“无锡舰”申请命名正式获批。开展首届“无锡最美退役军人”评选活动，吴成等17人被评为“无锡最美退役军人”。《中国双拥》《无锡日报》《江南晚报》刊用无锡各类双拥宣传稿件84篇，营造关心国防、支持军队、尊崇军人的良好社会氛围。通过走访慰问驻无锡部队，为部队办实事、办好事、解难事等多种途径，激励官兵练兵备战热情，落地落实优待抚恤政策。驻无锡部队在完成练兵备战和自身疫情防控的同时,牢记人民军队的性质宗旨,发扬拥政爱民的光荣传统,支持地方抢险救灾、抗击疫情、学生军训、国防教育、无偿献血、慈善事业等活动,赢得无锡人民赞誉。

(顾光耀)

【首个全国双拥模范城市群建成】 2020年,无锡市在2019年11～12月通过国家和省创建双拥模范城调研考评指导后,及时跟踪、加强对接,对照全国《双拥模范城(县)创建命名管理办法》《全国双拥模范城(县)考评标准》,逐条逐项精准对标,抓好落实。4月17日,召开全市双拥工作领导小组全体会议,根据11大项、84类考评标准再一次全面细化梳理对照,对存在的一些不足和问题,限时整改到位,围绕创建目标,推动形成"全市上下整体联动,相关部门密切配合,确保工作落实到位"创建格局。10月20日,在全国双拥模范城(县)命名暨双拥模范单位和个人表彰大会上,无锡市获"全国双拥模范城"称号,江阴市、宜兴市获"全国双拥模范城(县)"称号。至此,无锡市建成首个全国双拥模范城市群。市委书记黄钦、无锡军分区司令员王作才参加表彰会议,无锡市是全省唯一上台领奖的设区市。10月22日上午,在省里召开的全国双拥模范城(县)表彰大会上,省领导代全国双拥工作领导小组为无锡市及江阴、宜兴市颁发全国双拥模范城奖匾。

(顾光耀)

【军民携手共抗疫情】 2020年,面对突如其来的新冠肺炎疫情,无锡市军地双方坚决落实习近平总书记的重要指示精神,按照党中央、中央军委及省、市的部署安排,贯彻"坚定信心、同舟共济、科学防治、精准施策"工作方针,各级双拥机构发挥联系军地双方的桥梁纽带作用和工作优势,迎难而上,勇敢应对,无锡军民团结一心,守望相助,抗击疫情,实现"确诊患者零死亡、医务人员零感染"和驻无锡部队"零输入、零感染"的目标。新冠肺炎暴发初期,市委书记黄钦、市长杜小刚作出"关心好部队"的指示。市本级在起初防控物资十分紧缺的情况下,为驻无锡部队紧急协调安排医用一次性手套、一次性鞋套、一次性口罩、N90口罩、洗手液、消毒液、消毒片、碘伏、酒精、测温枪等,累计7.6万多件(瓶、把、只、片)。对驻无锡部队驰援武汉一线的47名医务人员(含外地部队驰援武汉家在无锡的2名医务人员)的家庭,按照国家和省要求给予关心关爱。市里专门下发《关于帮助疫情防控一线军队人员家庭解决实际困难的通知》,组织开展走访慰问、建立联系卡、送慰问信、送拥军包等项工作,积极帮助解决现实困难。市委、市政府按照每人5000元标准走访慰问,各市(县)、区对辖区内驰援武汉一线军队人员的家庭同步展开慰问,慰问金额共32.31万元,给每户家庭上门送达无锡市双拥工作领导小组的慰问信,为每户家庭赠送内有口罩、消毒液等防疫用品和生活必需品的拥军包,市统一制作关爱驰援武汉一线军队医务人员家庭联系卡,做到24小时联系畅通,确保驰援武汉一线军队医务人员家庭遇到问题能够及时联系,特事特办解决驰援武汉疫情防控一线军队人员困难需求,协调优待安排7名子女入学入托。发动社会各界为驰援武汉军队医务人员捐赠纸尿裤、理发器、牙膏牙刷、洗发液、沐浴露、香皂、洗手液、袜子、面霜、护手霜、毛巾、餐巾纸、洗衣粉等2373箱,价值95.38万元。武警无锡支队在新冠肺炎疫情发生后,每天安排官兵在车站、机场等重要场所执勤,维护社会秩序,受到无锡百姓的高度评价。

(顾光耀)

【新"无锡舰"命名成功】 2020年9月,无锡市向海军申请命名的新"无锡舰"正式获批。原"无锡舰"是一艘护卫舰,1979年服役,2012年8月退役。2019年初,市委、市政府、无锡军分区联名向海军参谋部正式提出"无锡舰"申请命名工作。2020年初,又请省政府向海军参谋部提出"无锡舰"申请命名。经海军参谋部及规划和编制等部门反复协调与沟通,"无锡舰"于2020年9月获批。"无锡舰"舷号为104,编在北海舰队某支队,现进入试验、试航阶段。

(顾光耀)

【双拥宣传教育】 2020年,无锡市办好双拥刊物和网站,在《无锡市双拥工作简报》刊用稿件183篇、照片196幅,在市双拥网站上不间断更新内容,发稿200篇。先后在《中国双拥》《无锡日报》《江南晚报》刊发各类双拥宣传稿件84篇。年初,市双拥工作领导小组通报2019年度87个"双拥工作先进单位"和89名"双拥工作先进个人"名单。5月起,在《无锡市双拥工作简报》和《无锡日报》专栏集中宣传一批拥军典型,其中有"践行企业家责任,真心付出拥军情"——江阴澄港拖轮船务有限公司董事长窦正满、"温暖官兵的'军妈妈'"——宜兴邮储银行业务拓展部客户经理赵峰等9人。开展首届"无锡最美退役军人"评选活动,吴成、吴小龙、徐晓东、杨实秋等17人被评为"无锡最美退役军人"。在媒体上宣传"全国模范退役军人""江苏省最美退役军人"及"无锡自主就业创业退役军人风采"等35名退役军人奋斗事迹。7～10月,省双拥办开展"爱国拥军,爱国奉献"主题双拥公益短片大赛,无锡市5个作品获奖,其中,无锡经济开发区制作的《红色精神,薪火相传》获一等奖第一名,滨湖区、宜兴市双拥办制作的《家在桃园》《兵妈妈大爱如山》获三等奖,梁溪区、锡山区双拥办制作的《肩扛使命铸军魂,军地双拥暖民心》《我心中的梦想》获优秀作品奖。

(顾光耀 陈国兵)

【拥军优抚政策落实】 2020年,市本级慰问驻无锡部队1036.5万元,激励官兵练兵备战。全面妥善安置军转干部,用实际举措解决他们的后顾之

11 月 18 日，无锡市为当年入伍义务兵父母购买重疾补充保险

（市退役军人事务局　供）

优。市本级安置随军家属 102 人，其中，机关事业单位对等安置 20 人，进社区 49 人，货币化安置 33 人。全市 300 余名军人子女享受入学入园优待，33 名军人子女享受中考加分录取的政策优待。从 2020 年起，为每年应征入伍新兵家庭投重疾补充保险，当年入伍新兵家庭全部获得该保险。市、市（县）区两级建成退役军人服务中心 8 个，镇（街道）退役军人服务站 82 个，村（区）退役军人服务站 1160 个，实现四级退役军人服务网络全覆盖。建立“周周有招聘、月月有推荐、季季有专场”的常态化招聘机制，探索建立“互联网＋退役军人就业创业”机制，打造“1+N”就业创业孵化器的“无锡模式”，落地落实优待抚恤政策。

（顾光耀　陈国兵）

【拥政爱民】 2020 年，驻无锡部队在完成练兵备战和自身疫情防控的同时，发扬拥政爱民的光荣传统，支持地方抢险救灾、抗击疫情、学生军训、国防教育、无偿献血、慈善事业等活动。63680 部队与驻地及周边 4 个市（县）开展共建活动，专门拿出经费慰问驻地困难群众。94710 部队助力地方“少年军校”建设。5 月，惠山森林公园两次出现明火险情，武警第二机动总队机动第一支队 100 余名官兵，携带专业灭火器材扑灭山火。6 月，该支队出动 390 名官兵抗洪抢险，保护人民群众的生命财产安全，中央电视台等媒体宣传报道 11 次。新冠肺炎疫情期间，中国人民解放军联勤保障部队第九〇四医院、63680 部队医疗机构医务人员驰援武汉一线，武警第二总队医院 30 名医务人员待命出征，为附近派出所提供口罩、酒精等防疫物资。武警第二机动总队机动第三支队组织党员捐款 12 余万元，助力打赢疫情防控阻击战。94926 部队支援驻地政府部门防疫转运车 1 辆、迷彩大衣 40 件，帮助采购电子测温计 557 支。无锡军分区与市建立联防联控工作指挥部协作机制，累计出动民兵 2776 人次，参加卡口执勤、巡察巡防、宣传教育活动等 21087 人次，484 名党员自愿捐款 50 万元，44 名干休所医护人员主动向党组织提交支援一线的请战书。助力扶贫帮困，空军预备役某团走访慰问锡山区、新吴区 5 户困难群众，为他们送去米、油、水果等生活必需品。武警第二机动总队机动第三支队开展“奉献爱心助力宜霞”扶困助学活动。63983 部队制定脱贫帮困实施方案，定期走访慰问驻地困难家庭，资助贫困家庭在校大学生。无锡军分区投入 340 万元，对口支援新疆维吾尔自治区阿合奇县和霍城县；在通德桥小学建成援疆“名师云课堂”，推行团以上干部与贫困学生一对一帮扶活动。

（顾光耀　陈国兵）

编辑　罗秋云

宏观经济运行管理

【概况】 2020年，无锡市发展和改革委员会统筹推进疫情防控和经济社会发展，落实“六稳”“六保”任务，制定“惠企20条”“服务业纾困10条”“提升消费信心15条”等系列政策。牵头编制《无锡市2020年国民经济和社会发展计划》，制定下达经济社会发展年度计划目标。成立市“十四五”规划编制工作领导小组，组建规划咨询委员会，印发“十四五”规划编制目录，明确30项重点专项规划、75项一般专项规划编制任务。启动太湖湾科创带建设，主办苏锡常合作第二届峰会。小康指数在全国副省级和地级市城市中位居第四。制定优化营商环境3.0版行动方案，推出“无难事、悉心办”营商环境品牌，无锡市综合信用指数在全国261个地级市中排名第三，无锡市位列营商硬环境竞争力排行榜第九位。固定资产投资增长、战略性新兴产业培育发展2项工作获省政府办公厅通报表扬，钢铁去产能工作获省化解过剩产能实现脱困发展领导小组办公室通报表扬。

年内，无锡市制定实施补短板强弱项方案，出台排查解决突出民生问题实施方案，针对未达标指标制定专项行动方案，加强工作指导和督查考核，“十三五”目标任务基本完成，高水平全面建成小康社会综合实现程度达到98%，保持全省前列。制定《关于认真做好疫情防控期间相关工作确保经济平稳运行的通知》，建立健全复工复产工作机制，分区分级精准推进复工复产，地区生产总值达12370.48亿元，人均GDP达16.58万元、位居全国第一。全面贯彻落实国家和省市各项减税降费政策，制定实施17项“六保”政策举措，全年新增减税降费超过315亿元。创新推出企业复工复产综合保险，信贷增量创近十年新高，争取地方政府债券246.3亿元、特殊转移支付6.21亿元、抗疫特别国债27.66亿元。制定保产业链供应链稳定专项工作方案，建立重点产业链市领导挂钩制度，“一链一策”支持重点产业和企业发展。制定扩大有效投资若干措施，持续加强重大项目建设，全年固定资产投资增长6.1%，其中工业投资增长13.3%。先后举办724场促销活动，发放惠民消费券245.7万张，撬动线下消费10亿元，无锡市获评“夜间经济20强城市”。制定《无锡市会展业促进办法》，全年举办68场展会活动，发挥会展对消费的拉动作用。注重发展壮大市场主体，市场主体累计突破100万家；新登记注册工业企业

2020年，无锡市获评“夜间经济20强城市”。图为繁荣的南禅寺夜经济 （市委宣传部 供）

3693家，增长23.5%，累计企业数突破7万家；入围2020中国企业500强14家、中国制造业企业500强26家、中国服务业企业500强18家、中国民营企业500强26家，均位居全省第一；新增上市企业16家、累计162家，其中境内A股上市企业数90家、居全国第九，科创板7家企业、居全国第六，是全省首个市值超万亿元且超过GDP的城市。全年规模以上工业企业利润增长7.2%，比上年提高5.3个百分点；无锡宝通科技股份有限公司、无锡先导智能装备股份有限公司获2020年度江苏省企业技术创新奖。8月，江苏沪宁钢机股份有限公司获2019年度江苏省省长质量奖；9月，中国船舶重工集团公司第七〇二研究所、江阴天江药业有限公司获2020年度江苏省省长质量奖。

（王　丹　陆　毅　沈斐旻）

【重大项目】 2020年，19个独立实施的省重大项目投资完成率为153.5%，列全省第一。滚动实施的308个市级重大产业项目投资目标完成率达116.7%，新招引超10亿元项目67个，重大项目招引创"十三五"规划以来最好成绩。

（王　丹）

【投资项目】 2020年，无锡市制定扩大有效投资若干措施，实施市级政府投资项目"储备库、三年计划、年度计划"梯次管理机制。年内，137个市级政府投资项目完成投资257.4亿元，比上年增长41.4%，固定资产投资完成3815.36亿元，比上年增长6.1%，位列全省第三、提升5位，获批专项债117个项目、227.8亿元。固定资产投资保持稳定增长，连续两年获省政府办公厅通报激励。

（王　丹）

【供给侧改革】 2020年，市发展改革委制定优化营商环境3.0版行动方案，建立营商环境第三方评估体系，形成"评估、反馈、改进"工作闭环，出台企业家参与涉企政策制定实施办法，打造最优营商环境城市。在中国社会科学院与经济日报社发布的《中国城市竞争力第18次报告》中，无锡市位列营商硬环境竞争力排行榜第9位。印发信用体系建设三年行动计划，制定个人信用分试行管理办法，全省首创公共信用评价报告一站式服务模式，"信易+"应用服务场景达到13个，无锡市综合信用指数在全国261个地级市中排名第二。

（王　丹）

【产业发展】 2020年，市发展改革委制定新基建实施方案，59个重点新基建项目完成投资145亿元，战略性新兴产业产值占规模以上工业总产值比重达36.9%。战略性新兴产业培育成效明显，获省政府办公厅通报激励。制定现代服务业高质量发展新一轮三年行动计划、先进制造业与现代服务业深度融合发展实施意见，新增规模以上服务业企业544家，创历年新高。现代服务业占服务业比重达到54.6%。制定"服务业纾困10条"，兑现两批次、7000余万元纾困资金，制定"促消费15条"，发放政府惠民消费券1亿元，撬动发放企业消费券2亿元，拉动消费超10亿元。

（王　丹）

【统筹区域发展】 2020年，市发展改革委制定市长三角一体化三年行动计划，主办苏锡常合作第二届峰会，发布共建太湖湾科创带倡议，签署各类合作协议14项，签约合作项目近400个、投资1300亿元。苏南硕放机场实现本场航班进离场分离，地铁3号线一期通车运营，锡澄轨道S1线、地铁4号线一期建设稳步推进，江阴第二过江通道、312国道和高浪路快速化改造等工程启动建设，苏锡常南部高速公路、宜马快速通道建设加速推进。长江经济带8项生态环境问题整改任务全面完成，印发城乡有机废弃物处理利用示范区建设实施方案和塑料污染治理实施意见，全年减煤270.3万吨，超额完成省下达目标任务。开展全面小康补短板强弱项专项行动，制定排查解决突出民生问题实施方案、家政服务业提质扩容实施方案。

（王　丹）

9月，江阴天江药业有限公司获2020年度江苏省省长质量奖。图为江阴天江药业有限公司智能制造示范车间　　（江阴天江药业有限公司　供）

财　政

【概况】 2020年，全市一般公共预算收入1075.7亿元，比上年增长3.8%；税收收入889.12亿元，比上年增长2.2%。一般公共预算支出1214.92亿元，比上年增长8.7%，财政民生支出占一般公共预算支出比重保持在80%左右。年内，无锡市大数据综合治税经验获财政部推广，无锡市财政局在省内率先开发财务共享综合监

表 26　　2020 年无锡市财政分项情况统计表

指 标	金额（亿元）	比上年增长（%）
一般公共预算收入	1075.70	3.8
#税收收入	889.12	2.2
#增值税	388.78	−5.2
企业所得税 (40%)	164.78	8.4
个人所得税 (40%)	51.69	11.3
城市维护建设税	57.93	−1.4
房产税	42.74	3.5
印花税	13.56	11.2
契税	84.61	34.7
上划中央四税收入	732.48	1.0

（市统计局）

管平台，省内率先建立政府采购合同线上融资系统等，省内唯一获国内最高奖项“2020 年中国政府采购年度创新奖”。

（杨亦婧）

【财政收支】 2020 年，全市一般公共预算收入实现稳增进位，全年完成 1075.7 亿元，比上年增长 3.8%；税收收入 889.12 亿元，比上年增长 2.2%。土地出让金到账收入超千亿元。全年争取到位新增债券 246.3 亿元、规模居全省第二，争取到位抗疫特别国债 27.66 亿元。各级财政压减一般性支出和非急需非刚性支出，严控“三公”经费支出，盘活存量资金资产，统筹用于弥补收支缺口和发展急需支出。加大基层“三保”（保基本民生、保工资、保运转）底线，市级对财力较为薄弱的乡镇（街道）下达补助资金 1.7 亿元，加强库款调度，缓解基层财政运转压力。

（杨亦婧）

【政府性基金收支】 2020 年，全市政府性基金收入 987.95 亿元，比上年增长 23.9%；政府性基金支出 1111.75 亿元，比上年增长 37%。全市政府性基金收入，加上上级补助、地方政府专项债务、上年结转等 450.7 亿元，收入共 1438.65 亿元。政府性基金支出，加上上解上级、地方政府专项债务还本、调出资金等 205.04 亿元，支出共 1316.79 亿元。收支相抵，结转下年支出 121.86 亿元；市本级政府性基金收入 170.96 亿元，下降 4.3%。市本级政府性基金支出 131.52 亿元，下降 16.1%。市本级政府性基金收入，加上上级补助、地方政府专项债务、上年结转等 92.04 亿元，收入共 263 亿元。政府性基金支出，加上上解上级、地方政府专项债务还本、调出资金等 89.23 亿元，支出共 220.75 亿元。收支相抵，结转下年支出 42.25 亿元。

（朱广甫）

【专项资金】 2020 年，全市拨付现代产业发展资金 83.66 亿元，“十三五”时期累计拨付 338.68 亿元，支持重大项目引进、产业发展和人才引进。政府股权投资基金新设 13 只特色子基金，新增投资项目 66 个、金额 17.41 亿元，基金所投企业中有 4 家为 2020 年上市企业。市级财政科技专项投入 9.1 亿元，比上年增长 20%，支持自主创新技术研发和产业链集群发展。全年兑现 1.25 亿元支持服务业载体减租补贴、贷款贴息，惠及中小商户 8000 余家。出口信保财政支持近 2500 万元，承保 109.64 亿元，惠及企业 3240 家。市级政府投资项目投入 68.63 亿元，通过盘活存量、共建共享、PPP 等多种方式，保障宜马快速通道、轨道交通等项目推进。全市投入生态环境保护资金 23.36 亿元，推进山水林田湖等系统治理，推动长江经济带、环太湖生态保护与修复。统筹资金支持公共安全建设。市级投入资金超 31 亿元，支持公共安全、应急管理等安全领域相关建设。资金整合增效推进乡村振兴。市级拨付涉农资金 3.6 亿元，涉农资金动态监管覆盖 97 条涉农资金线，农业融资担保年末在保余额居苏南第一。

（杨亦婧）

【政府债务】 2020 年，全市地方政府债务余额 1420.8 亿元，其中市本级地方政府债务余额 286.6 亿元，均在省级下达的地方政府债务限额以内，债务风险总体安全可控。全市共获得转贷地方政府债券资金 372.69 亿元，抗疫特别国债资金 27.66 亿元。

（朱亚峰）

【财政惠民】 2020 年，全年一般公共预算支出中教育、养老、医疗等财政民生领域支出占比保持在 80% 左右，全年提高各类民生项目保障标准近 50 项。落实社会保障政策，全市发放低保、特困供养、生活补贴等资金 3 亿元，惠及困难群众 46.6 万人次。市级社保补助专项投入 12.5 亿元，提高城乡居民基础养老金、城乡居民医保人均财政补助等标准。提高教育投入保障水平，增加从幼儿园到高中和中职的生均公用经费基准定额。市级投入 6.8 亿元，支持江南大学市校合作共建、南京信息工程大学滨江学院、东南大学无锡校区等高等教育项目建设。支持保障性安居工程，市级住房保障投入 3.54 亿元，用于公（廉）租房建设及发放租赁补贴等。支持医疗布局调整和医疗卫生应急能力建设，市级卫生健康投入27.8亿元。支持医养、康养融合发展，市级养老服务体系建设投入0.9亿元。支持优化文体服务供给，全市人均公共文化财政支出指标位居全省第二，支持举办第二届大运河文化旅游博览会、无锡马拉松等重大活动，组建总规模4亿元的无锡大运河文化旅游发展基金。

（杨亦婧）

【财政治理】 2020年，市财政局制定《新一轮市对区财政体制调整方案实施办法》，制定医疗卫生、科技、教育3个领域市与区财政事权与支出责任划分改革方案。完成市级331个预算单位的部门预算整体支出绩效目标编制，实现绩效论证评价对专项资金的全覆盖。制定《无锡市盘活国有资金资产资源促进疫情后地方政府财政收支平衡和债务化解专项行动方案》，省内率先建立“三资”（国有资金、国有资产、国有资源）全覆盖的盘活机制。制定《市级党政机关和行政事业单位经营性资产集中统一监管改革方案》，促进国有资产管理提质增效。制定《疫情之下地方财政应对方案》，为攻克疫情下减收难题、实现财政收支综合平衡、完成市委市政府重点保障任务奠定财政基础。

（杨亦婧）

国有资产管理

【概况】 2020年，市属国企资产总额5891.5亿元、所有者权益2191.78亿元，比上年分别增长11.64%、7.17%；实现营业收入1382.51亿元，比上年增长14.79%；利润总额76.64亿元，比上年增长1.56%；现价工业总产值396.7亿元，比上年增长20.83%；上缴税费47.61亿元，比上年增长10.84%。企业生产经营总体呈现止跌企稳向上态势，主要经济指标逐月向好，营业收入在全省设区市中位列第一，利润总额和上缴税费位列第三。

（王　果）

7月31日，国联证券股份有限公司在上海证券交易所上市（宛严超　供）

【社会责任履行】 2020年，无锡市人民政府国有资产监督管理委员会（以下简称市国资委）在全省率先发出向租赁市属国有企业租户减免租金倡议，对符合条件的2552家中小企业租户（含个体工商户）减免租金9756.07万元，相关市属企业全力做好生产生活必需品应急保供。参与化解民营企业债务流动性风险，为地方大型民营企业、上市公司提供流动性支持134.4亿元，担保12.18亿元。落实“万企联万村共走振兴路”行动，建立工作分析制度，结对35家村（居），投资项目32个。

（王　果）

【国企改革】 2020年，无锡市国发资本运营有限公司列入省国有资本投资运营公司改革试点并报省国企改革领导小组办公室备案，无锡交通建设工程集团有限公司申报省混合所有制改革试点并通过初审，制定国发资本（国联集团）授权经营体制改革、产业集团落实董事职权改革、金融创投集团市场化改革等一系列试点方案，指导并实施人力资源企业集中统一监管等工作。无锡交通建设工程集团有限公司申报列入市级上市后备企业，成为近年来首家列入无锡市上市后备企业的国有控股公司。国联证券股份有限公司成功登陆上海证券交易所，成为无锡市首家A+H国有控股上市公司。年内审核批准3家集团企业年金方案，市属企业集团层面年金制度基本实现全覆盖；制定市属企业控股上市公司股权激励办法，推动华光环能实施股权激励计划，成为全市首家、全省设区市第二家国有控股上市公司开展的限制性股票股权激励计划的企业；推进实施威孚高科股权激励计划；市委全面深化改革委员会通过企业领导人员鼓励激励办法和考核奖励实施方案。

（王　果）

【发展质效】 2020年，市国资委制定市属国资国企三年改革行动计划，开展国资国企“十四五”战略规划研究。全年实现投资360亿元，重点推进灵山拈花湾混改、交通集团并购瑞丽航空和新城镇等重大项目。重组整合城发集团、建发（绿洲）公司为城建发展集团，做好文旅集团资产承接和业务拓展，推动组建金融创投集团、智慧发展有限公司、产业类金融企业、交通科技企业、文旅建设企业的资产重组整合。构建全市国资系统违规经营投资责任追究体系，制定投资评审实施办法，建立投资评审专家委员会，调研企业政府隐性债务化解情况，实施盘活资金资产专项行动，组织企业资产重大风险专项核查。

（王　果）

【国资监管】 2020年，市国资委制定市（县）区国资工作指导意见、全市国企问题整改监督闭环管理办法、市属企业重大投资评审办法，开展专项问题核查9项。履行投资负面清单的审核，跟踪企业境外投资项目开展情况，集中组织584家市属企业及各级子企业开展银行账户和“小金库”专项检查，对5家市属企业的商业保理业务进行专项调查，年内组织审核671家企业财务审计数据。

（王　果）

国联集团

【概况】 2020年，无锡市国联发展（集团）有限公司（以下简称国联集团）完成营业收入224.9亿元，实现利润24.5亿元，上缴各项税收17.1亿元。至年末，国联集团总资产为1240亿元、净资产为392亿元，位列2020年度“中国服务业500强企业”第245位，“长三角服务业企业100强”第78位。

（宛严超）

【优化产业布局】 2020年，国联集团通过整合提升，形成金融、实业、投资产业发展新布局。依托门类齐全的综合金融服务平台，国联证券股份有限公司设立香港子公司，江苏资产管理有限公司、国联人寿保险股份有限公司实现省内地级市全覆盖，形成立足无锡市、覆盖江苏省、辐射全国的业务布局。在巩固提升现有环保能源、高端纺织、现代物流等产业基础上，培育新的业务增长点。牵头发起设立规模10亿元的国联国康基金，战略性投资无锡智康弘义生物科技有限公司，推进海外医药企业并购，布局生物医药大健康产业。重组智发公司，研发运营灵锡城市综合App，培育智慧城市产业。整合资源组建无锡人力资源集团，拓展人力资源服务业务。整合无锡金投和国联产投，组建金融创投集团，参投的4家本地企业实现上市，占全年全市新增16家上市公司的25%，出资收购一村资本有限公司股权，加快打造市场化、专业化的国有创投龙头企业集团。

（宛严超）

【创新转型】 2020年，国联集团适应新的发展形势和要求，坚持创新，加快转型，提升企业竞争力和影响力。搭建线上业务服务平台，采取远程视频、电子签名等手段，提高业务效率和服务水平。国联证券股份有限公司获得首批券商基金投顾业务试点资格并落地行业首单业务，年末签约资产规模行业领先。国联信托股份有限公司压降通道及融资业务，设立首只标准化固收产品，年末规模达14.78亿元。江苏资产管理有限公司创新融资模式，发行省内首单15亿元纾困债。无锡联合融资担保股份公司实施7笔债券增信业务，担保规模10.2亿元。实业企业推进智能化改造升级和产品结构调整，无锡华光环保能源集团股份有限公司2项成果获江苏省科技进步奖和2019年度无锡市市长质量奖，并获批设立国家博士后科研工作站；无锡一棉纺织集团有限公司与江南大学合作共建纺织研究院，投入5400多万元实施智能化改造项目，2项产品入选中国纱线流行趋势代表产品。

（宛严超）

【企业改革】 2020年，国联集团推进授权经营体制改革，推动集团总部职能重塑优化，新设资本运营中心，优化集团对子企业的管理模式，推动集团有效管控与子企业自主经营的协调发展。7月31日，国联证券股份有限公司在上海证券交易所挂牌交易，成为无锡市国资系统首家“A+H”（A股和H股）两地上市企业。江苏资产管理有限公司引入南通国有资产投资控股有限公司等3家战略投资者，注册资本增至71.99亿元。无锡国联环保科技股份有限公司围绕上市目标，完成资产重组。组建国联资本运营公司，市场化公开选聘专业化团队，实施市场化管理和考核，提升国有资本运营效率，发挥国有资本运营平台功能。市场化选聘充实证券高管团队，推动公司业务结构不断优化，取得多项创新业务资格。无锡华光环保能源集团股份有限公司对251名核心骨干实施股权激励，构建激励约束长效机制。

（宛严超）

【服务地方发展】 2020年，国联集团发挥金融平台功能和产融结合优势，助力产业强市建设。加快推动800亿元国调基金（二期）、100亿元国联闻泰半导体产业并购基金的组建，牵引优质项目落地无锡市。发挥金融平台功能，支持无锡市民营企业发展，

10月18日，国联集团与闻天下投资有限公司签署成立5G通讯和半导体产业基金合作协议

（宛严超　供）

保障地方金融生态安全。助力疫情防控，国联证券股份有限公司等子企业捐款超过600万元，国联人寿保险股份有限公司向无锡市赴湖北省支援的多批医疗队、市区参与疫情防控的医护人员3.8万人捐赠总保额超过200亿元保险。华英证券有限责任公司服务无锡企业及政府平台合计融资超过100亿元。无锡联合融资担保股份公司为全市523户中小微企业提供38亿元融资担保服务。推进无锡惠联垃圾热电有限公司提标扩容项目建设，保障下属无锡惠联垃圾热电有限公司、无锡益多环保热电有限公司等垃圾热电企业和固废处置项目连续生产和安全、稳定运行。

（宛严超）

税务

【概况】 2020年，无锡市税务局推出落实税收政策支持企业复工复产10项举措，制定房产税困难减免办法，落实差别化城镇土地使用税政策，全年新增减税降费超315亿元，全年减免社保费239.43亿元。完成首次个税年度汇算，为全市70万纳税人办结退税，退税金额3.58亿元。支持科技创新，为高新技术企业兑现各类税收优惠109亿元，为5307户企业办理研发费用加计扣除188.6亿元，优惠户数、金额分别增长30.1%、26.2%。依法依规组织收入，全年组织收入总量2143.5亿元，下降5%，其中税收收入1667.9亿元，增长1.9%。加强质量管理，构建5大类18项收入质量监控指标。

（顾唯佳）

【减税降费】 2020年，市税务局坚持普惠性减税和结构性减税并举，落实一系列支持疫情防控和企业复工复产各项税收支持政策，包括"六税两费"（增值税、消费税、关税、企业所得税、个人所得税、城市维护建设税、地方教育费附加、地方教育费附加）12项税收政策、阶段性减免企业社会保险费、扶持个体工商户税收新政，确保各项政策及时足额兑现到位。

（顾唯佳）

【税收营商环境优化】 2020年，市税务局发布《深入打造税收营商环境最佳体验区行动方案》《优化税收营商环境行动方案2020》，完成18项重点工作清单和48个年度重点工作。制定《2020年"便民办税春风行动"实施方案》，实施28条便民办税措施。优化税收营商环境监测指标体系，按月对"法制指数""服务指数"等11项核心指标运行情况进行分析。持续推进办税缴费便利化改革，打造"线上与线下、人工与智能"相结合的智慧服务模式，升级"综合套餐"服务，简化企业注销流程，对半数以上企业推行"即办""免办"和"承诺制"容缺办理服务。建设出口退税"税e通"服务品牌，开展"优退税服务、促外贸发展"活动，退税平均办理时间提速至2个工作日内，退税效能全省居前。

（顾唯佳）

10月，市税务局办税服务大厅党员先锋岗工作人员为纳税人提供咨询服务

（房媛 供）

【新征管体系建设】 2020年，市税务局制定新征管体系建设意见、本地分解版税收征管职责清单，推出涵盖纳税服务、基础管理、风险管理、大数据管理、稽查管理、优化税务执法等20类征管业务规范制度，实现重点和高频管理事项的全流程指导，形成规范统一高效的制度基础。在全省率先推出征管业务统筹管理办法，明确12项征管统筹内容，实现对清单内109项业务的全过程管理，下发任务329批次23.5万条，在减负增效的同时确保新征管体系有效实施。

（顾唯佳）

【税收共治】 2020年，市税务局推进市、区、街道三级网格服务管理中心实体化运作和网格员队伍专职化建设，建成涵盖82个乡镇（街道）、1229个村（社区），共计7170个综合网格。服务太湖湾科创带建设，联合科技等部门推动企业转型升级，全市高新技术企业户数超4000户，比上年增长43%，减免各类税收109亿元，比上年增长6.8%。联合人社、医保部门，优化非税收入申报征收系统，实现中央、省级、市级残保金征收及优惠政策的一键化申报，最大程度便利缴费人。建设大企业税收，推出大企业八项个性化服务产品，满足个性化需求。

（顾唯佳）

【智慧税务】 2020年，市税务局推进"互联网＋税务"行动计划和"智慧税务"建设工程，金税三期上线运行并库，创新建设涵盖数据全生命周期的大数据管理平台，依托创新成果——物联网技术监管平台，加强废旧金属后续管理，入库增值税7.51亿元。省内率先开展提示提醒策略应用试点工作，消除疑点1.29万个，化解率93%，入库税款12.77亿元。夯实大数据基础，采集部门数据290万条、互联网数据108万条，大数据利用成效突破18亿元。推行增值税发票智能审核系统，受理增量扩版申请6.21户次，自动化审核通过率88.56%。上线不动产交易事项管理平台，实现交易环节所有税种集成审核、联动管理、高效运行，办理交易事项4198件，征收税款5.85亿元。

（顾唯佳）

【税收风险防控】 2020年，市税务局建立税收监管的正面、负面清单，突出重点领域强化防控，构建增值税发票分级分类风险管理体系，建立对成品油等重点行业、代开发票等重点事项的风险指标模型，巩固提升风险防控效能。将风险防控常态化作为大数据应用的重点内容之一，定期扫描、定期通报，对处置过程进行全流程监控和跟踪问效，实现处置一批风险管理，形成一套监管措施，规范一类业务操作，消除一类风险。构建全系统各单位一体化监管格局，建立督审、纪检与各业务部门紧密协作的内控巡视和督察机制，共享内控管理、执法检查、专项督察、政治巡察中发现的疑点信息和线索，实现风险早发现、早介入、早干预。

（顾唯佳）

【智能办税服务】 2020年，市税务局遵循“涉税事、线上办，非必须、不窗口”的原则，推进“非接触式”办税缴费和咨询辅导，“非接触式”业务办理占比达到95%以上。“网上申领、邮寄配送”发票再扩围，近44.51万家次企业享受该便利。创新建设集智能办税服务平台、阿福税通征纳互动平台、智能满意度平台、无锡税收营商环境监测系统于一体的“三平台一系统”，在全省率先实现智能办税的一体化、全覆盖。不动产集成平台实现线上缴税及电子税票开具，创新开发“新办套餐流程自动化处理平台”，综合审批效率提升50%。

（顾唯佳）

【社保费管理】 2020年，市税务局构建社保费网格化管理体系，建立分类、分群体、分费种的社保非税费源管理制度和分析机制，落实全省2020年养老保险和工伤保险省级统筹、医疗和生育保险合并及市级统筹等各项改革政策，推进社保费分群体征缴制度、征管流程、信息系统和服务体系等工作统一规范。

（顾唯佳）

【大企业管理】 2020年，市税务局健全多层级、一体化的大企业管理运行机制，完善大企业风险监控管理办法，突出“行业＋集团＋特殊事项”，通过采取差别化的应对策略，减少大企业税收风险。完善国际税收管理，优化六项审核，完善情报交换机制，推进跨国公司全球“一户式”利润监控，通过预约定价、反避税联查和个人反避税探索，强化跨境税源管理，服务“走出去”企业，推进与“一带一路”国家的税收合作。

（顾唯佳）

【税收服务品牌建设】 2020年，市税务局成立全省首个行业性志愿服务品牌“阿福税援”，拓展志愿服务渠道招募志愿者2300余名。依托志愿服务工作室、“阿福税通”征纳互动平台、“纳税人之家”等载体，组织开展各类活动1200余场，6万余人次参与。强化退税“税e通”服务品牌建设，做到“即报即批、即审即退”。疫情期间推出的“大数据＋网格化＋铁脚板”实战机制，转化为税务营商专员常态化工作制度，组建由287名业务骨干组成的“税务营商专员”团队。银税互动向M级企业再扩围，与地方金融监管、银保监部门搭建直连渠道，依托无锡综合金融服务平台推出“锡税贷”等面向中小微企业的“银税互动”产品，授信户数14.6万户，发放贷款447.7亿元。

（顾唯佳）

审　计

【概况】 2020年，无锡市审计机关完成审计项目284个，其中审计252个、专项审计调查32个。查出主要问题金额537.46亿元，其中违规金额8.32亿元、损失浪费金额0.81亿元、管理不规范金额528.32亿元。审计发现非金额计量问题1308个，损益（收支）不实金额68.31亿元。审计发现侵害人民群众利益386万元。出具审计报告和专项审计调查报告430篇，被批示、采用68篇次。审计处理处罚金额34.74亿元，其中应上缴财政13.7亿元，应减少财政拨款或补贴2.28亿元，应归还原渠道资金5.41亿元，应缴纳其他资金0.42亿元，应调账处理金额12.93亿元。移送司法机关、纪检监察机关和有关部门处理事项37件，移送处理落实事项9件，涉及人员16人，移送处理金额19.21亿元。审计促进整改落实有关问题资金24.88亿元，审计促进拨付资金到位2.48亿元，审计后挽回（避免）损失0.19亿元，核减投资额11.02亿元。审计提出建议783条，被采纳740条，推动被审计单位制定整改措施623项，促进被审计单位建立、健全规章制度31项，提交审计信息188篇，被批示、采用134篇次，向社会公告审计结果8篇。年内，无锡市审计局获第六届全国文明单位称号；市审计局实施的江阴高新技术产业开发区管委会原副主任经济责任审计获省优秀审计项目一等奖。

（庄　严）

【政策措施跟踪审计】 2020年，市审计局开展《应对新型冠状病毒感染的肺炎疫情支持企业共渡难关保障经济平稳运行的政策意见》政策落实、科技型中小企业风险补偿贷款运行、清理拖欠民营企业中小企业账款等审计，推动完善投资、创业政策体系，缓解中

8月24日，市审计局赴青海省海东市开展东西部扶贫协作资金审计，审计组工作人员询问农民增收情况　（市审计局　供）

小企业融资难、融资贵等问题，助力122家中小企业收回拖欠款项4000余万元。做好促进就业优先专项审计，关注稳岗返还、开发就业岗位、职业技能提升等政策措施执行情况。

（庄　严）

【财政审计】 2020年，市审计局运用大数据技术对无锡市本级79家一级预算单位及243家下属单位的部门预算执行情况进行总体数据分析。对商务发展资金等专项资金进行审计。

（庄　严）

【专项审计】 2020年，市审计局跟踪检查地方政府隐性债务化解情况，组织各市（县）区审计局开展2次债务审计。市县两级审计机关赴青海省高质量完成东西部扶贫协作情况审计。实施长江经济带水污染防治、碧水保卫战等专项审计，以及9名领导干部自然资源资产离任审计，助力生态优先、绿色发展。紧扣疫情防控资金、社会捐赠款物、重点保障企业贴息贷款等，高效实施疫情防控资金和捐赠款物专项审计。

（庄　严）

【民生审计】 2020年，市审计局开展公立医院综合改革政策落实情况专项审计、乡村振兴相关政策和资金审计、农村人居环境审计、老旧住宅整治审计、医疗保险基金审计调查、农村"三资"管理审计，助力民生改善。

（庄　严）

【经济责任审计】 2020年，市审计局审计领导干部（人员）85人，查出领导干部负有直接责任和主管责任的违规金额92万元。

（庄　严）

【固定资产投资审计】 2020年，市审计局完成城市轨道交通、医疗卫生、环境保护等政府投资工程竣工决算审计55个，核减11.02亿元。

（庄　严）

统　计

【概况】 2020年，无锡市开展第七次全国人口普查工作，全市近4万名普查员、普查指导员用近半年的时间完成对全市400多万户家庭的入户登记工作，人口普查取得阶段性重要成果。在新冠肺炎疫情防控常态化中调整统计调查机制，完成各项全面调查和抽样调查工作，组织开展104次企业快速调查，及时反映新冠肺炎疫情影响、复工复产等情况，发挥社情民意调查系统"快"的优势，完成5项公众满意度调查。全年全市新增统计直报单位4666家，创历史新高。

（程亚楠）

【统计改革】 2020年，无锡市统计局落实GDP统一核算重大改革要求，建立核算部门联络员制度和统计数据部门共享机制，制定《无锡市地区生产总值统一核算改革工作方案》，严格对各核算基础指标的过程追踪和质量管控，完成新方案下的GDP核算任务。建立《无锡市规模以上单位农业统计调查制度》，获省统计局年度考核"创新奖"。

（程亚楠）

【统计监测】 2020年，市统计局围绕市委、市政府产业强市战略、乡村振兴战略，修订《无锡市现代产业发展统计监测体系方案》，完善《数字经济统计监测制度》。开展全面建成小康社会、基本公共服务体系、省级特色小镇、市级重点项目及政府投资项目、重点耗煤企业煤炭消费等监测。根据省2020年高质量发展统计监测制度，完善市级部门统计制度，做好季度、年度指标数据采集，协调考核指标相关部门的统计工作，及时分析上报监测结果。

（程亚楠）

【统计法治】 2020年，结合国家统计局统计督察反馈意见和江苏省整改工作要求，市委、市政府印发贯彻省整改方案通知和党政领导干部防范和惩治统计造假弄虚作假责任制实施细则，市委常委会专题学习统计法律法规，将统计造假查处案件情况列入全市考核内容，推动各个层面建立健全统计法治工作领导机制和责任体系。全年对150家单位开展统计执法检查，比上年增加52家，立案查处案件2起。组织市县两级业务骨干参加全国统计执法证考试，通过率91.7%。在无锡市委党校、宜兴市委党校、滨湖区委党校等开展法治巡讲4场。

（程亚楠）

【人口普查】 2020年，市统计局以11月1日零时为标准时点，开展第七次全国人口普查。各地区和有关部门

11月1日，市委书记黄钦（左二）接受人口普查登记 （市统计局 供）

协同推进，全市近4万人参与普查工作，获得丰富翔实的人口数据资料。普查结果：无锡市常住人口7462135人，与2010年第六次全国人口普查的6374399人相比，增加1087736人，增长17.06%，年均增长1.59%。

（程亚楠）

市场监督管理

【概况】 2020年，无锡市市场监督管理局落实省市场监督管理局与市政府《关于推进高质量发展合作协议》，统筹实施知识产权、质量强市和标准化战略，提升创新能力，扩大质量品牌优势，强化监管执法，做好特种设备、食品、疫苗药品、产品质量四个方面的安全工作，市场交易秩序得到规范，消费环境持续优化，系统集成提升治理能力。全市新登记企业58626户，比上年增长24.85%；涉及注册资本总额3490.42亿元，比上年增长20.61%。年内，市市场监督管理局被国务院食品安全委员会表彰为全国食品安全工作先进集体，被中央精神文明建设指导委员会办公室复评为全国文明单位，被市场监管总局、国家药监局、国家知识产权局联合表彰为全国市场监管系统抗击新冠肺炎疫情先进集体，获评全省市场监管系统先进集体、扫黑除恶专项斗争和执法稽查工作优秀集体。

（满玉贞）

【营商环境优化】 2020年，市市场监管局推进经营范围规范化改革，会同市行政审批局推动企业开办“全链通”服务平台应用，实现“两个工作日完成企业开办”目标。创新外商投资连锁企业登记服务，为中石化无锡石油分公司、无锡肯德基有限公司、上海星巴克咖啡经营有限公司旗下的300余户外商投资连锁经营机构提供集中登记服务。指导江阴农商行等商业银行，提高利用电子营业执照开户的效率，电子营业执照综合应用情况在省内领先。取消13类工业产品生产许可证管理，2类产品压减合并为1类，产品种类调整为10类，落实“先证后核”改革，实行申报材料“一单一书一照”制。推广企业注销“一网”服务平台，为企业减负降本，全市办理企业简易注销3868家，为企业减少注销公告费用193.4万余元。指导帮助无锡闲不闲信息科技有限公司与省市场监管局集群注册系统对接，对闲不闲平台内的“创客”平台实现“无纸化”一键审批发照。新冠肺炎疫情以来，闲不闲平台推进“共享用工”“在线新零售”模式，至年末，平台内登记个体户近4万户，营业收入5亿元，缴纳地方税收近3500万元。

（满玉贞）

【“放管服”改革】 2020年，市市场监管局执行外商投资连锁经营企业集中登记制度，为外商投资连锁经营企业提供便利的登记注册服务，减少连锁企业跨区域多头申请，惠及企业331家。年内，市场监管总局颁布《食品生产许可管理办法》，优化审批流程，简化审批环节，加快审批进程，实现审批材料规范完整、审批时限压缩，达到提升行政审批提速增效目的。落实市场监管总局《支持复工复产十条措施》，为列入省疫情防控保障的企业开辟网上申请“绿色通道”，采取加急审批、减少环节、承诺审批等方式，高效完成相关审批事项，确保疫情防控急需用品及时生产。

（满玉贞）

【免罚清单】 2020年，市市场监管局制定《无锡市市场监管轻微违法行为不予处罚指导意见》，将落实《行政处罚法》和推进包容审慎监管相结合，明确在法律法规规定的处罚裁量权责范围内不予处罚事项76项。全市全年市场监管领域不予处罚案件508件，主要集中在广告、食品抽检等领域，通过实施“不予处罚事项清单”，推行“有温度的执法”，加快推进法治化营商环境建设。

（满玉贞）

【行政执法记录规范】 2020年，市市场监管局发布《无锡市市场监督管理行政执法全过程记录规范》（DB3202/T 1013-2021）地方标准，定于2021年2月20日正式实施。通过完善文字记录、规范音像记录、严格记录归档、发挥记录作用等方面，对行政执法文书基本格式标准，音像记录的定位、作用、要素、设备配置，依法归档保存执法档案，加强记录信息的调阅监督等方面作出详细规定。

（满玉贞）

【护企惠民】 2020年，市市场监管局强化市场监管领域稽查执法统筹协同，组织开展野生动物非法交易、非法制售口罩等防护产品、熔喷布产品生产销售、进口冷链食品涉疫安全、全面禁售长江流域非法捕捞渔获物、知识产权“铁拳”行动、电动摩托车与电动自行车生产销售、农村假冒伪劣食品等专项执法行动。全年立案查处各类违法案件3882件，罚没11435.4万元，移送司法机关追究刑事责任案件83件，查处捣毁制售假冒伪劣商品窝点6个。组织查办的销售假冒熔喷布案件入选“2020年全国消费品质量执法稽查典型案例”;5起涉疫物资案件入选市场监管总局和省市场监管局“联合双打”典型案例;1起网络销售假劣口罩案位列全省年度“消费维权十大典型案例”之首;1起涉案案值384万元的“涉渔”虚假宣传案件，被市场监管总局、省市场监管局作为典型案例专题通报;5起知识产权执法保护案件入选全省2020年知识产权保护“十大涉外典型案例”和“十大典型案例”。

（满玉贞）

【价格收费监管】 2020年，市市场监管局开展各类专项检查，先后组织开展口罩等防疫物资生产领域价格、电力价格、涉企收费、天然气输配价格、商业银行收费、非公立医疗机构服务价格、普通商品住房销售价格、教育收费、头盔价格、总表供水价格等专项检查，实施价格类案件经济制裁846.91万元。

（满玉贞）

【“双随机、一公开”监管】 2020年，市市场监管局制定《无锡市市场监管领域随机抽查事项清单(第一版)》《2020年无锡市市场监管领域部门联合“双随机、一公开”抽查计划》，印发《关于组织实施2020年“双随机、一公开”抽查工作的通知》。全市市场监管系统随机抽取检查对象，对3.63万户企业、个体工商户等开展检查。全市164个部门通过省市场监管信息平台制定“双随机、一公开”任务并进行检查，其中市级部门22家，全市各级各部门通过省市场监管信息平台累计制定并实施检查任务1959个，其中部门联合抽查任务183个。在梁溪区开展非现场监管创新试点工作，系统地梳理非现场检查事项清单，确定包括餐饮服务、食品生产、药店零售、特种设备、农贸市场5个领域、13个监管事项、52个检查项目的非现场监管事项清单，建立800家特种设备使用单位、15537台特种设备、2716家餐饮单位、135家学校食堂、34家食品生产企业、350家药店、32家农贸市场的非现场监管主体对象库，结合“双随机、一公开”抽查工作，制定119项非现场检查任务。

（满玉贞）

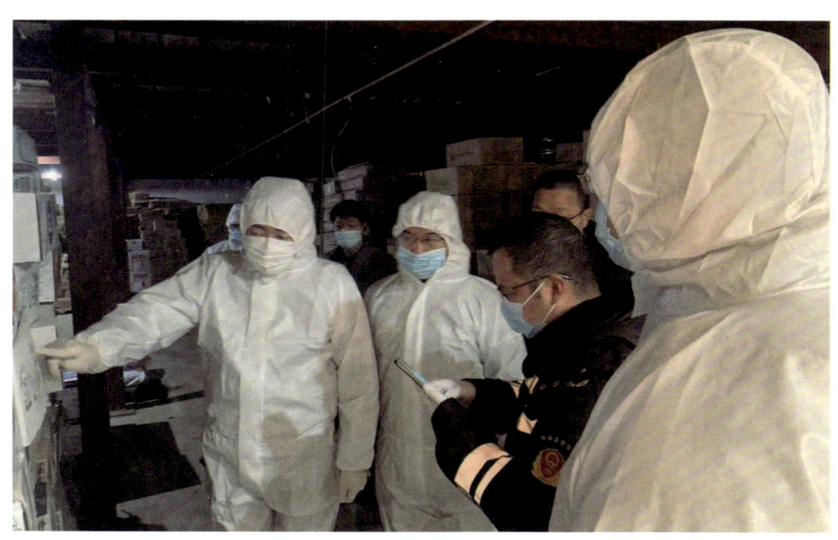

12月，市市场监管局在江阴市江南农副产品批发市场对冷库中的进口冷链食品进行突击执法检查（满玉贞　供）

【标准制修订】 2020年，江苏省物联网标准化技术委员会在无锡市获批成立，至年末，全市由企业担纲的国际、国内标准化专业技术组织达85个(其中国际11个)，覆盖物联网、高端装备、高技术船舶和海工装备等重点产业集群。市市场监管局新增主导和参与制修订国际、国家及行业、地方标准102项，总数达1961项。新增主导参与制修订国际标准7项，其中南京大学宜兴环保研究院主导和参与3项，由无锡市企业承担和参与的国际标准51项。新增企业自我公开声明标准6943份。

（满玉贞）

【市长质量奖评定】 2020年，市市场监管局根据《无锡市市长质量奖评定管理办法》《质量管理成熟度评价准则》，评定无锡市市长质量奖。无锡宝通科技股份有限公司、江苏卓易信息科技股份有限公司、江阴海达橡塑股份有限公司3家企业获评2020年度市长质量奖。

（满玉贞）

【产品质量监管】 2020年，市市场监管局在产品质量安全监督管理中，按照“守住底线、营造环境、规范市场、提升质量、促进发展”要求，强化监督抽查不合格产品生产销售后处理工作，落实各项后处理措施，形成闭环监管，“倒逼”企业落实质量主体责任、提高产品质量水平。市级抽查产品80种、1780批次，抽查合格率92%。

（满玉贞）

【质量管理认证体系】 2020年，全市持有质量管理体系认证有效证书16554张，年内新增4030张，证书持有量继续保持全国第五、全省第二;能源管理体系认证企业累计持证121张，新增50张，证书持有量居全国第四、全省第二;强制性产品认证有效证书7803张，新增3698张，有效证书数位居全省第二；节水产品认证有效证书 68 张，居全省第二。至年末，全市企业取得 ISO 9001 认证有 14445 家，其中小微企业（人数 300 人及以下）14077 家，占已获证企业 97.4%。

（满玉贞）

【计量管理】 2020 年，市市场监管局提高计量供给质量，以服务先进制造业集群为重点，新增社会公用计量标准 16 项，建立社会公用计量标准 670 项。完善计量管理体系建设，1 家企业获评“省级能源计量示范单位”，9 家企业获评“省级诚信计量示范单位”。推进产业计量体系建设，“国家物联网感知装备产业计量测试中心”获市场监管总局授牌。完善全市量传溯源能力，推进“智慧测量”助力企业复工复产。开展节日期间市场计量检查，抽检定量包装商品 2000 批次。推进强检规范管理，全年免费检定强制检定计量器具 34.9 万台（件），停征强制检定计量器具费 3027.9 万元，无锡市强制检定工作保障经费位居全省前列。

（满玉贞）

【“智慧 315”平台建设】 2020 年，市市场监管局优化“智慧 315”公众服务平台，在全市范围内实施消费投诉信息公示，实现对所有被投诉主体都实行无差别全公示，被投诉主体的基本登记信息、被投诉事由和处理结果等均作为投诉基本信息予以公示，体现平等对待的原则，保障消费者的知情权。至年末，平台实现对全市 90 余万家经营主体消费信用评价积分公示和消费投诉信息公示，累计公示消费投诉信息 59958 条。

（满玉贞）

【放心消费创建】 2020 年，市市场监管局开展五大放心消费创建示范区（宜兴乡村民宿放心消费示范区、锡沪路家居装修放心消费示范区、地铁商圈放心消费示范区、城市综合体放心消费示范区、旅游景区放心消费示范区）建设，在示范区开展消费维权服务站规范化建设，率先实行线下实体店无理由退货承诺，统一放心消费创建标识标牌商家质量服务承诺公示。全市 1352 个商家公开承诺实行线下无理由退货，办理无理由退货 2183 起，涉及资金 129.3 万元。

（满玉贞）

【检验检测监督管理】 2020 年，全市新增省级资质认定检验检测机构 56 家，资质认定检验检测机构 325 家，全行业有从业人员 9900 人，拥有各类仪器设备 57059 台（套），全部仪器设备资产原值 29.57 亿元，实验室面积 52.96 万平方米。年内，全市资质认定检验检测机构实现营业收入 30.39 亿元，向社会出具检验检测报告 344 万份。全市检验检测机构为疫情防控做好物资检测等技术支撑，助力企业复工复产，开展“检企对接”活动，11 家国有检验机构为 2211 家单位减免费用 695 万元。国家物联网感知装备产业计量测试中心和国家增材制造（3D 打印）产品质检中心通过国家验收。落实市安全生产专项整治行动，加强对机动车、产生危险废物等检验检测机构的监管，开展监督检查和督促整改覆盖机构 67 家，立案查处检验检测违法行为 20 起。

（满玉贞）

【网络交易监测】 2020 年，市市场监管局依托网络交易监测系统，对无锡市范围内登记的网络交易平台、网店、网站等各类网络经营主体开展“证照公示”“商业宣传”等日常监测，“禁售长江非法捕捞渔获物”“新型冠状病毒防控”“特供专供”等 16 个专项监测。全年在线监测网络经营主体 10 万余个，监测商品交易信息 1311 万余次，筛查监测线索 17.9 万余条。11 月 25 日发布实施全国首个地方市场监管部门开展网络交易监测的标准——《无锡市市场监督管理局网络交易监测管理规范》。

（满玉贞）

【公平竞争审查】 2020 年，市市场监管局组织召开全市公平竞争审查联席会议全体会议，审议通过《无锡市公平竞争审查联席会议工作规则》《无锡市公平竞争审查协助审查工作实施办法》，制定《无锡市涉公平竞争审查投诉举报处理办法》，完善无锡市公平竞争审查投诉举报机制。开展全市妨碍统一市场和公平竞争政策措施清理工作，梳理涉及市场经济活动的规章、规范性文件及其他政策措施 4362 件，废止 12 件，修订 9 件。开展全市保市场主体公平竞争专项治理行动，及时反馈收集到的涉嫌排除、限制竞争的问题线索，督促政策制定机关自查整改。开展对各市（县）、区及市各成员单位落实公平竞争审查制度情况的专项督查工作并进行通报。

（满玉贞）

【执法专项行动】 2020 年，市市场监管局组织开展重点领域反不正当竞争执法专项行动，全市市场监管系统开展反不正当竞争宣传、培训、合规指导 83 次，查办反不正当竞争案件 63 起，罚款 1103.5 万元。

（满玉贞）

知识产权管理

【概况】 2020 年，无锡市知识产权局健全知识产权工作机制，优化知识产权发展环境，加大知识产权保护力度，推进知识产权创造、保护、运用和服务协调发展。建立年度知识产权典型案例发布制度，制定《无锡市知识产权专家库管理办法（试行）》，组建无锡市第一届知识产权专家库。

（满玉贞）

【知识产权创造】 2020 年，市知识产权局持续推进知识产权创造能力建设，全市专利授权量 6.07 万件，比上年增长 58.3%。其中，发明专利授权量 4362 件，占授权总量的 7.2%；有效发明专利拥有量 3.24 万件，比上年增长 11.9%，有效发明专利平均维持时间达 7 年，万人有效发明专利拥有量达到 49 件，PCT 专利申请 474 件。年内，注册商标 34255 件，有效商标总量超过19.2万件，比上年增长14.9%，马德里国际商标注册申请73件；入围第21届中国专利奖13项，入围第三届江苏省专利发明人奖2项，列全省第二，评出第12届无锡市专利奖20项；新增省级贯标备案企业216家、国标认证企业230家。

（满玉贞）

【知识产权执法】 2020年，市知识产权局举办专利行政执法巡回轮训8场，开展各类专利联合执法10次。全市受理专利侵权纠纷案件35件、电商平台知识产权案件240件，查处知识产权一般案件891件，1件专利侵权纠纷案件入选全国十大专利行政保护典型案例。加强代理机构日常监管，严打非正常商标代理、无资质专利代理行为，开出省内首张违规代理罚单。新增市级产业知识产权联盟1家、企业知识产权预警项目14项、产业导航项目5项、驰名商标补助项目2项、地理标志运用项目4项、知识产权维权补助项目2项。

（满玉贞）

【知识产权运营服务体系建设】 2020年，市知识产权局制定《关于推进知识产权运营服务体系建设，创建国家知识产权强市的若干政策意见》《无锡市知识产权运营服务强市建设资金管理实施细则》《无锡市知识产权运营服务强市建设项目评审实施办法（试行）》等配套政策。围绕服务体系建设，成立无锡市知识产权运营服务体系建设专家咨询委员会，集聚知识产权智库资源。建设知识产权服务业集聚区并揭牌投运，引进12家国内外高端知识产权服务机构入驻集聚区，布局涉及物联网、先进制造、生物医药、节能环保、工业设计、食品生工、新材料等10个特色产业知识产权运营服务平台，以及知识产权大数据、知识产权金融两大知识产权公共服务平台，大数据平台面向企事业单位提供免费检索服务，金融平台推介银行、保险公司知识产权产品，免费提供知识产权质押评估服务。

（满玉贞）

11月14日，第21届中国专利奖（外观设计）颁奖大会在无锡市举行

（满玉贞　供）

【知识产权金融赋能工程】 2020年，市知识产权局制定《无锡市知识产权金融赋能工程三年实施方案》。联合无锡银保监分局与25家银行、5家保险公司签署知识产权金融战略合作协议，授牌建设一批知识产权金融产品创新实验室，组建知识产权金融公共服务平台，在惠山区、江阴市、滨湖区、梁溪区、无锡经济开发区等地举办8场知识产权金融活动，推动知识产权金融为企业创新发展赋能。年内，全市完成知识产权质押融资金额为37.39亿元。

（满玉贞）

【知识产权运营服务】 9月28日，无锡市知识产权服务业集聚区在滨湖区蠡园经济开发区揭牌成立，国家知识产权局运用促进司司长雷筱云、江苏省知识产权局局长支苏平、无锡市人民政府副市长刘必权等出席揭牌仪式。根据无锡市建设国家知识产权运营服务体系建设重点城市的总体目标，探索"一核、两翼、多点布局"（一核是无锡市知识产权服务业集聚区，两翼是知识产权大数据和金融两大公共服务平台，多点布局是江阴市、宜兴市、梁溪区、锡山区、惠山区、滨湖区、新吴区、无锡经济开发区共设10家知识产权产业运营服务平台）的知识产权运营格局和"产业扶持、金融赋能"的双轮驱动模式，吸引国家知识产权运营平台、北京三聚阳光知识产权代理有限公司、广州华进知识产权有限公司、上海盛知华知识产权服务有限公司、新加坡智慧工场等12家国内外高端知识产权服务机构落户。

（满玉贞）

【知识产权专家库】 2020年，市知识产权局制定《无锡市知识产权专家库管理办法（试行）》，公布无锡市第一届知识产权专家库专家名单。专家库涵盖行政管理及执法机关、高校及科研机构、企事业单位、中介服务机构四大类别，共121人，任期3年。

（满玉贞）

【全国首个知识产权混合险】 2020年，市知识产权局会同人保财险无锡分公司推出知识产权混合险产品，保险模式在国内尚属首创。知识产权混合险突破知识产权类别限制，使企业可根据自身实际需求，将其拥有的专利、商标、地理标志等知识产权进行任意"打包"投保。一次投保可获多方位保障，保障范围扩大至知识产权被侵权造成的直接经济损失、维权证物费、专利或商标无效诉讼费等保障。保额提升、降低维权成本，知识产权混合险的保险赔付比例由原来单项产品的1∶20提高至1∶50，最高可至 1∶200，赔款实行 50% 预付制，在保险责任和保额范围内无限次赔付，赔偿限额较以往提高 2 倍以上。

（满玉贞）

【专利培育】 2020 年，市知识产权局围绕智能制造、新材料、节能环保、新能源、光电技术领域，培育规模较大、布局合理、对产业发展和国际竞争力提升具有支撑保障作用的高价值专利组合。入围省战略推进项目 5 项、省高价值培育项目 1 项；新立项市级战略推进项目 14 项、高价值培育中心项目 15 项，其中市级高价值培育项目每项补助资金 100 万元，共 1500 万元。

（满玉贞）

【版权管理】 2020 年，无锡市级党政机关完成 5000 套国产正版办公软硬件更新；新吴区投入 100 余万元，推进区级机关及下属事业单位正版化工作。无锡拈花湾文化投资发展有限公司和永中软件股份有限公司被省版权局授予省版权示范单位。无锡市办结版权行政案件 35 起，其中重大行政案件 2 起，办理版权刑事案件 4 起，涉案金额 4500 余万元，罚款 246.2 万元，“无锡封某等侵犯计算机著作权案”入选 2020 年度江苏省打击侵权盗版十大案件。

（吴昌应）

【第 16 届中国（无锡）国际设计博览会】 11 月 14 ~ 16 日，第 16 届中国（无锡）国际设计博览会、第 21 届中国专利（外观设计）奖颁奖大会在无锡市举办。国家知识产权局局长申长雨、市委书记黄钦等出席开幕式并为获奖代表颁奖。世界知识产权组织（WIPO）总干事邓鸿森通过视频向大会致辞，WIPO 中国办事处主任刘华出席博览会。博览会以“以心映物·以智造新”为主题，搭建线上博览会平台，形成“线上 + 线下”双驱动的模式，参展商达到 262 家，展馆总面积超过 3.3 万平方米。

（满玉贞）

信用体系建设

【概况】 2020 年，市发展改革委围绕打造最优营商环境城市，坚持服务与监管双驱动，推进基础支撑、信用应用、信用监管建设。无锡市在全国 261 个地级市的城市信用状况监测排名中位列第二，政务诚信评价列全省一等次；江阴市在全国 385 个县级市信用状况监测排名中位列第二。

（陈　浩）

4 月 21 日，无锡市社会信用体系建设领导小组成员会议召开

（陈　浩供）

【制度建设】 2020 年，市发展改革委推动各行业建立信用协同监管机制，制定《无锡市城市管理领域失信行为管理办法（试行）》《无锡市房地产经纪信用管理办法》《无锡市市场监管轻微违法行为不予处罚指导意见》等规范性文件，形成以《无锡市公共信用信息条例》为核心的立法加制度的法治体系。新冠肺炎疫情防控期间，印发《关于建立“疫情防控黑榜名单”制度的通知》《关于疫情防控期间强化信用工作的通知》《关于新冠肺炎疫情防控期间切实优化信用修复机制的通知》。在全省率先实施清单制度，发布公共信用数据清单、公共信用产品应用清单、失信行为负面清单和联合奖惩措施清单 4 张清单。公布无锡市第一批告知承诺行政审批（服务）事项目录清单，涉及 132 个事项。制定印发无锡市政府采购负面清单。

（陈　浩）

【基础支撑】 2020 年，市发展改革委归集社会法人动态数据 1968 万条，涉及企业 35.8 万家、个体工商户 51.9 万家、社会组织 6365 家，党政机关 551 家、事业单位 3018 家，以及工会法人、宗教场所、群团组织等。自然人信息累计 3.21 亿条，涉及户籍人口 507.35 万。归集“双公示”信息 671106 条，其中行政许可信息 610290 条、行政处罚信息 60816 条。形成“1+1+N”（一网站、一平台、N 应用）大体系建设，完成市公共信用信息服务平台（一期）建设，编制市公共信用信息服务平台（二期）建设方案。推进个人信用分管理平台建设，建成基于灵锡 App 的“阿福分”1.0 版。应用电子营业执照认证体系，社会法人公共信用评价报告 3.0 在政务服务自助终端（成全 e 站）全面运行。

（陈　浩）

【信用应用建设】 2020 年，全市信用数据共享共用，各地各部门流转应用社会法人公共信用评价结果信息 36.24 万条、严重失信主体信息 8476 条。5 月，在全省首创社会法人公共信用评价报告“网上办”“即时办”“零跑腿”一站式服务，至年末，在项目资金申报、企业应急转贷、评优评先等52个政务服务领域中自助式出具报告6171份。年内，全市开展省市一体化、定制化应用，在政策优惠、资金支持、科创企业遴选、太湖人才引进等24个政务管理中，实施信用查询68880家次、信用审查104批次、67766家次，为6个自然人出具信用查询报告。提供专业的征信报告155份，信用融资、市场监管等领域出具第三方信用报告400余份。在税务、环保、社会保障、城市管理等19个行业或领域开展信用评价。南方不锈钢市场建立诚信商户信用评级，盛阳食品城开展“信用＋联盟＋合作”新型商业模式建设，家政服务行业试点“信用＋家政”创新应用。宜兴市开展农村信用体系建设试点和紫砂行业诚信建设，江阴市推进诚信镇街(园区)建设，梁溪区打造信用安全链，锡山区探索研究“信用＋停车”惠民新模式，滨湖区深化“信易＋旅游”场景应用。全市有各类“信用＋”应用场景13个，持续释放信用红利。

（陈　浩）

【信用监管】 2020年，全市推行承诺公示制度，在“信用无锡”网站向社会公开公示各类信用承诺72万余个，其中，主动公示型承诺60万余个，市场主体准入承诺、依法经营承诺、远离非法集资活动承诺9万余个，行业自律、信用修复、容缺受理等承诺1万余个。建立分级分类信用监管机制，在行政审批、市场准入等政务服务中，对失信被执行人、严重失信行为主体等实现一平台办理、一窗式应用、一键式反馈的全流程嵌入式应用。审慎实施联动监管，在“信用无锡”网站上公开“红名单”154个、“黑名单”25个。对严重失信“黑名单”主体暂缓或禁止申报专项资金、评先评优等，8家党政机关未执结案件清零退出，对公共信用评价等级为C级及以下的企业暂缓或禁止发放应急转贷资金。开展“万企贯标、百企示范”创建活动，新增信用管理贯标企业375家、市级示范企业30家、省级示范企业3家。强化信息主体权益保护，开办公益性信用修复培训班13个，参加培训企业1261家次。推行全流程“一窗式”“网上办”信用修复服务，全年受理信用修复申请3205件。

（陈　浩）

【诚信宣传】 2020年，市发展改革委开展诚信主题宣传活动，编印《无锡市公务员诚信手册》，举办“与信用同行筑梦新时代”知识竞赛活动，参赛用户29.3万、参赛答题次数41.9万次，位列全省第二。开展面向全市职业院校学生的“信用在我身边”主题征文活动，收到16个院校500余篇作品。开展统计守信承诺书签订、乡镇(街道)政务诚信示范、大讲堂等系列活动，全市开展各类诚信宣传活动224次。

（陈　浩）

【城管领域信用监管】 2020年，市城管局制定《无锡市城市管理领域失信行为管理办法(试行)》，构建全市城管领域信用监管系统，建立全市城管领域失信管理平台，通过信息技术手段与市级信用平台实现数据归集和信息共享。对屡罚不改的违法行为以及违法建设行为强化信用监管，鼓励失信主体整改，规范信用修复。年内，全市城管系统记录一般失信主体19569起，较重失信主体180起，严重失信主体54起；完成信用修复102件。

（于　健）

【医疗卫生行业信用监管】 2020年，市卫生健康委推行信用承诺管理，引导管理相对人在“信用无锡”网站主动公示信用承诺书8000余份。开展医疗卫生行业“信用＋综合监管”试点，探索信用分类监管。针对不同信用等级监管对象按照不同比例进行随机抽取，实施“双随机”差异化监管，年内完成“双随机”抽查任务2230件，“双随机”监督抽查覆盖率超20%。建立健全医疗卫生机构及从业人员和医疗卫生行政执法相对人信用档案，做好“双公示”等信用信息归集、使用和管理，年内公示行政许可信息8784件，行政处罚信息165条，监督检查信息331条，归集报送新冠肺炎疫情良好信息214条，开展信用信息核查100余次，完成信用修复5件。开展守法诚信教育，营造医疗卫生行业守信激励、失信惩戒的良好社会氛围，在“与信用同行·筑梦新时代”知识竞赛活动中，全系统关注人数1.1万。

（周海川）

编辑　胡　慧

综　述

【概况】 2020年，无锡市成立无锡市数字经济专项工作组，制定《无锡市数字经济核心产业统计分类目录》《无锡市数字经济高质量发展2020年度工作评价细则》，健全推进机制、统计制度、考核办法。年内，全市有数字经济核心产业规模以上企业1156家，实现营业收入5572.78亿元，比上年增长10.2%；营业利润332.98亿元，比上年增长18.9%；利润总额344.63亿元，比上年增长18.1%。根据新华三集团数字经济研究院发布《2020中国城市数字经济指数白皮书》，全市数字经济发展指数位列全国第七位、长三角第三位。面对新冠肺炎疫情冲击，全市以物联网为龙头的新一代信息技术产业呈现逆势增长的良好态势，物联网、软件和信息服务业、集成电路、大数据和云计算产业全年收入（产值）分别比上年增长23.0%、15.3%、28.9%、30.4%，展现出强劲的发展韧性和活力，对全市工业经济企稳向好发挥重要的作用。加速推进5G建设，建成5G基站8699个，新开通5G基站数、5G基站覆盖密度等全省领先，形成无锡市区和江阴、宜兴城区及开发区室外重点区域基本连续覆盖。无锡市获评国家综合型信息消费示范城市、智慧城市基础设施与智能网联汽车协同发展试点城市，物联网集群入围国家首批先进制造业集群。

（张贞哲　张伟峰）

8月20日，2020无锡（杭州）数字经济交流合作洽谈会在杭州市召开，市长杜小刚致辞　（张贞哲　供）

【发展状况】 2020年，无锡数字经济研究院和无锡江南大数据研究院成立，通过组建数字经济专家咨询委员会和高端智库，研究数据治理、产业互联网等数字经济热点、难点问题，探索大数据交易市场建设，形成可行性研究报告。8月20日，由市政府主办、市大数据管理局承办的2020无锡（杭州）数字经济交流合作洽谈会在杭州市举办，杭州市互联网、大数据、人工智能等领域的骨干企业、行业协会、高校和科研院所等单位代表约300人参加，总投资金额60亿元的47个数字经济合作项目集中签约。依托“太湖人才计划”，引进数字经济领域领军人才和创新创业团队69人，全年新增数字经济相关高层次人才超过900人。全市在数字经济领域授权专利1346件，其中发明专利475件、实用新型专利865件、外观设计专利6件。全市数字经济领域（电子信息、高技术服务、先进制造与自动化）高新技术企业超过1100家，“雏鹰”、“瞪羚”以及准“独角兽”企业35家。金山云物联网（中国）总部和腾讯数字经济双平台落户梁溪区，无锡市成为全国首个腾讯数字经济双平台同时落地的城市。国家数字化设计与制造创新中心江苏中心落户惠山区。

（张贞哲）

【无锡市首届互联网大会】 9月16日，无锡市首届互联网大会召开，大会以“新基建、新互联、新动能”为主题，同步启动2020年无锡市网络安全宣传周系列活动。省委网信办副主任王万军，省工业和信息化厅副厅长池宇，市委常委、宣传部部长袁飞出席会议。大会由1场主论坛、2020无锡网络创益大赛路演决赛和2020无锡市网络安全宣传周开幕式两场分论坛、无锡互联网产业成果展组成。会议发布2020年度无锡市互联网名企汇榜单，并对2020“福彩杯”无锡网络创益大赛及“骏安杯”无锡网络安全技能大赛获奖团体及个人进行颁奖。

（徐佳铭）

数字基础设施建设

【概况】 2020年，市政府与电信、移动、联通、铁塔四大电信运营商江苏省分公司共同签署新一轮的战略合作协议，加快推进数字基础设施建设。推进独立组网模式5G网络建设，新开通5G基站7300个，投入运营5G基站8699个，基本实现市区、发达镇村和重点区域5G信号全覆盖。有4G基站4.77万个，4G网络实现全域覆盖。根据电信、移动的评测情况，无锡市4G、5G覆盖网络质量在全省乃至全国领先。全市建成NB-IoT（窄带物联网）基站超6700个，物联网连接数超1500万。中国电信股份有限公司无锡分公司（以下简称无锡电信）、中国移动通信集团江苏有限公司无锡分公司（以下简称无锡移动）均已完成全市小区固定宽带千兆网速接入能力建设，中国联合网络通信有限公司无锡市分公司（以下简称无锡联通）启动千兆网络小区覆盖工程，户均宽带平均速率约180M，全市城域网（不含IDC）出口带宽超9.1T。建成15个成规模数据中心，规划机柜数21000余个，建成机柜数18000余个，IDC出口带宽超13.6T，占地面积7公顷。推进车联网项目二期建设，推进无锡城区路侧设施智能化改造，全年完成600个路口改造升级，覆盖约350平方千米。

（叶　晨）

【5G网络建设】 2020年，无锡电信建成5G基站3335个（套），无锡移动建成5G基站5364个（套），完成密集市区、一般市区、县城、重点乡镇5G覆盖。点、线、面结合针对重点楼宇、解放环路等重点道路、城区CBD等区域打造5G高质量精品网络，市民体验畅享800Mbps+下载极速。完成地铁1、2、3、4号线以及机场、高铁等交通枢纽的5G覆盖。无锡联通与无锡电信实施5G共建共享，在梁溪区打造5G示范区，在地铁3号线打造5G示范线。无锡联通5G创新中心与灯塔点亮工业互联网等13个行业签署战略合作、成立5G+开放联合实验室，累计签约30余家。

（钱晓静　张玲珠　赵琬琦）

【数据中心建设】 2020年，无锡电信启动兴竹天翼云机房建设，新增机柜354架（6千瓦），兴竹IDC机房建设完成后，无锡作为中国电信集团天翼云AZ2节点远端POP机房，共有782个机架。实现提供普通云主机、裸金属服务器、专属云、EIP（公网地址在双AZ间无缝浮动）、ELB（负载均衡）、VPN等服务。无锡移动完成中国移动长三角（无锡）数据中心全部三期建设，总机架规模近1万个。无锡联通华东云数据中心作为中国联通全国12个5星级、绿色数据中心之一，目前覆盖江浙沪及长三角地区，中国联通物联网研究院、中国联通软件研究院项目在华东云数据中心开始运行。

（钱晓静　张玲珠　赵琬琦）

【新型城域网试点】 2020年，无锡电信推进新型城域网架构的部署，构建城域内Spine-Leaf无阻塞转发平面，引入SR/SRv6、EVPN、FlexE等新一代IP协议，实现固移融合流量统一承载，可满足无锡各类客户大带宽、SLA可承诺、SLA可保障、业务快速开通要求。中国移动江苏公司在省内苏南、苏北、苏中构建三个5毫秒低时延圈，无锡移动架构完成全光网建设，构建市区1毫秒、市到县2毫秒、全境3毫秒的低时延圈。中国联通江苏分公司与中国联通上海分公司合力打造的边缘计算平台落户无锡市，全面提升长三角地区骨干网络及云资源互联互通，打造环沪3毫秒时延圈，降低长三角区域间访问时延。

（钱晓静　张玲珠　赵琬琦）

【光网建设】 2020年，无锡电信加快光缆网建设，主干光缆总计10万纤芯千米，中继光缆近6万纤芯千米，光纤覆盖率100%，户均带宽达到180Mbps，加快10GEPON设备的部署。无锡移动城域骨干光缆超82万纤芯千米，接入光缆超141万纤芯千米，光纤覆盖率100%，全网OLT100%具备10GPON网络承载能力，户均带宽达220Mbps。无锡联通小区宽带覆盖新增30万余户100%光纤接入，户均带宽超过150Mbps，推进10GPON布点及千兆小区试点。

（钱晓静　张玲珠　赵琬琦）

物联网产业

【概况】 2020年，无锡市以国务院批复的《无锡国家传感网创新示范区发展规划纲要（2012—2020年）》为统领，围绕技术创新核心区、产业发展集聚区、应用示范先导区的发展目标，培育、发展、壮大物联网产业。年内，全市物联网企业数量超3000家，产业规模达3135.93亿元，比上年增长23%，“十三五”期间年均增幅超20%，以物联网为代表的新一代信息技术产业体系持续健全，先后获批23个物联网国家级品牌，高分通过国家首批先进制造业集群竞赛决赛，成为全国唯一物联网领域集群。智能传感器、环保物联网、扬名传感园等特色园区集聚效应凸显，鸿山、雪浪、慧海湾、南山车联网小镇正逐渐成为产业发展“生力军”。

（徐　冲）

【产业创新】 2020年，无锡市以无锡物联网创新促进中心为核心，加速集聚物联网领域高端资源，建成国家智能交通测试基地、国家物联网感知装备产业计量测试中心等国家级创新载体178个，高性能MEMS传感器、异构感知融合、物联网终端安全防护等一批创新成果达到国际领先水平。年内，无锡企事业单位在物联网领域授权发明专利超2000件，位居全国前列。推进跨区域协同创新，与上海市嘉定区、合肥市、杭州市、中电海康集团有限公司联合共建长三角面向物联网领域"感存算一体化"超级中试中心，激活产业发展新动能。

（徐　冲）

【国家级车联网先导区】 2020年，无锡市制定国家级江苏（无锡）车联网先导区建设工作方案，指导先导区各项工作开展。确立车联网建设运营主体，推进车联网项目二期建设，推进无锡城区路侧设施智能化改造，完成600余个路口改造升级，覆盖约350平方千米，覆盖规模显著扩大。国家智能交通综合测试基地（一期）已完成建设，实现封闭、半封闭、开放、高速的全场景覆盖。建设无锡智能网联汽车公共测试道路（一期），包含6大特色测试区域，测试能力达到新高。

（徐　冲）

【重点合作项目】 2020年，无锡市聚焦产业链短板和关键环节，推动市政府与中国平安保险（集团）股份有限公司、北京百度网讯科技有限公司、北京邮电大学签署战略合作框架协议，与华为技术有限公司开展新一轮深化战略合作，航天科工无锡物联网安全生态基地、斯润天朗车联网运营总部基地等项目相继落户，博世智能网联中国总部、中国创新与软件开发中心正式运营，中电海康无锡物联网产业基地启动建设，南山车联网小镇——国家级车联网先导区展示中心启用。

（徐　冲）

【产业交流】 2020年，无锡市举办国家级江苏（无锡）车联网先导区发展峰会；承办全省车联网先导区建设现场推进会；协办中国智慧交通管理产业联盟第五届年会、2020车联网产业发展高峰论坛、2020智慧产业高峰论坛。赴上海市、南京市、深圳市等地开展产业交流活动，其中2020无锡（深圳）新一代信息技术产业合作交流活动集中签约项目54个，总金额113.3亿元。

（徐　冲）

5月9日，全省车联网先导区建设现场推进会在无锡市召开

（徐　冲　供）

【国家信息消费示范城市评分全国居首】 2020年，无锡市培育信息消费新产品、新业态、新模式，推进信息消费线上线下融合应用，在《关于加快无锡市新型信息基础设施建设扩大信息消费的实施意见》的基础上，制定《信息消费示范城市建设工作方案（2020—2022年）》。无锡市以综合排名第一的成绩入选国家信息消费示范城市。

（徐　冲）

【人工智能产业】 2020年，无锡市依托全国唯一国家传感网创新示范区发展优势，产业规模超150亿元。复杂环境识别、新型人机交互、异构感知融合技术等人工智能技术在关键装备中加快集成应用，智能传感器、神经网络芯片等关键核心产品形成突破。年内，集萃深度感知技术研究所产品先后入围中科院2020人工智能感知层创新排行榜第6位，获评第十届吴文俊人工智能专项奖芯片项目三等奖。

（徐　冲）

集成电路产业

【概况】 2020年，无锡市集成电路列入统计的规模以上企业139家，集成电路产业总产值1403.69亿元，比上年增长28.9%，实现营收1421.48亿元，比上年增长27.5%，利润总额138.01亿元，比上年增长69.6%，为近年来最好水平；从业人员9.88万人。根据江苏省半导体行业协会发布的2019年度数据显示，无锡市集成电路产业核心三业（设计、制造、封测）发展规模和全省范围内占比均为第一名，尤其是三业所占比重达到49.36%。在全省集成电路配套支撑产业中，无锡市销售额占比超过50%。

（朱立新）

【重大项目】 8月，华虹无锡集成电路研发和制造基地项目在工艺等级90-65纳米的12英寸特色工艺集成电路生产线上，实现月投入1万片，11月，实现月投入2万片，计划2021年完成项目规划产能每月4万片，比项目可行性研究报告提前一年半；无锡SK海力士二工厂项目建成投产，形成月产17万片12英寸高端存储器芯片晶圆的总产能，年总销售额超30亿美元；中环领先大硅片项目8英寸硅片实现每月25万片产能，12英寸硅片每月5万片产能，8英寸订单每月20万片，12英寸订单每月3万片；连城凯克斯高端半导体装备项目总投资30亿元，规划用地13.33公顷，建设年产2000台（套）半导体高端装备研发制造基地，落户院士工作站，打造成连城总部和研发中心，连城凯克斯高端半导体装备项目一期占地面积7.2公顷，总建筑面积6.3万平方米，已开工建设，1号厂房完成内部装修和设备安装进行试生产，其余3栋厂房已进行主体施工；12月12日，总投资14亿美元M8项目正式投产，M8项目是海辰半导体（无锡）有限公司和SK海力士系统集成电路（无锡）有限公司共同投资建设的8英寸非存储晶圆项目。项目月总产能11.5万片，高于国内外其他8英寸线月产5万片的平均水平，有助于缓解目前国内8英寸晶圆产能不足的局面。

（朱立新）

【创新中心】 5月，国家集成电路特色工艺及封装测试创新中心（以下简称创新中心）由工业和信息化部批复组建。创新中心依托华进半导体封装研究中心有限公司组建，聚焦共性技术的攻关和应用技术的研发，突破集成电路特色工艺及封测领域内关键技术，在部分领域能够引领国际产业技术发展，提升行业服务与成果转化能力。创新中心是无锡市第一个国家级制造业创新中心，也是江苏省首个新一代信息技术产业领域国家创新中心。

（朱立新）

【半导体企业上市】 2020年，无锡市有三家半导体企业上市。2月，华润微电子在上海证券交易所科创板挂牌上市，成为A股红筹第一股；7月，无锡芯朋微电子股份有限公司在上海证券交易所科创板挂牌上市，公司专注于功率集成电路研发，是国内高压电源和驱动类芯片的领先供应商；9月，无锡新洁能股份有限公司在上海证券交易所主板挂牌上市。公司主营业务为MOSFET、IGBT等半导体芯片和功率器件的研发设计及销售，是国内半导体功率器件设计龙头企业之一，连续多年名列“中国半导体功率器件十强企业”。

（朱立新）

【特色半导体园区】 2020年，无锡先导集成电路装备与材料产业园，总投资150亿元，规划占地46.67公顷。以总部大楼、特色IC设计孵化器、专用装备基地、高端材料区、特色工艺区进行布局，计划5年后形成国内领先的半导体装备与核心零部件材料产业集群；SK海力士无锡高新区集成电路产业园，由无锡高新区与SK海力士合作共建，项目总投资20亿元。重点围绕SK海力士上下游产业链，打造以SK海力士为龙头、各类优质配套企业和研发培训中心聚集的半导体产业总部经济集群；无锡惠山经济开发区打造1.5平方千米“国家先进半导体产业园”，逐步完善第三代新型半导体产业链。

（朱立新）

8月5日，市政府与江苏省产业技术研究院举行共建江苏集成电路应用技术创新中心签约仪式　（陆金艳　供）

【微纳系统国际创新中心】 12月6日，东南大学微纳系统国际创新中心揭牌成立。微纳系统国际创新中心是由市政府与东南大学共建的公共平台，以东南大学微电子学院为主体，覆盖集成电路、MEMS传感器、柔性电子、新材料、分析表征等领域的共性研发需求，旨在打造集人才培养、科学研究和产业服务于一体的政产学研综合基地，提升微电子人才培养质量，促进产业自主化技术储备。

（朱立新）

【江苏集成电路应用技术创新中心】 8月5日，市政府与江苏省产业技术研究院合作共建的江苏集成电路应用技术创新中心签约，江苏集成电路应用技术创新中心落户锡山经济技术开发区。江苏集成电路应用技术创新中心建成后，将形成3个以上行业级集成电路应用测试平台，争创国家技术创新中心等国家级平台。团队规模预计达130人以上，计划培养、引进大型公司高管等高层次人才20人以上，引进博士级别专业人才60人以上。

（朱立新）

【无锡国家“芯火”平台】 2020年，无锡国家“芯火”平台由无锡国家集成电路设计基地有限公司、江苏集萃智能集成电路设计技术研究所有限公司和无锡市半导体行业协会三方共建。无锡市代表企业携无锡市半导体设计、制造、封测、材料和设备等，参加第三届全球IC企业家大会暨第18届中国国际半导体博览会

（IC China 2020），通过视频播放、展板介绍、样品展示等多种方式，宣传“无锡芯火”线上综合服务平台、IP/SoC 技术服务、人才培训、共享实验室等服务内容，全方位展示无锡市、高新技术开发区等集成电路产业发展的悠久历史、雄厚的产业基础、良好的产业环境。

（朱立新）

【中国通信集成电路技术应用研讨会】 9 月 24 日，2020 世界物联网博览会系列活动——第 18 届中国通信集成电路技术应用研讨会在无锡市召开。会议由中国通信学会、中国半导体行业协会、无锡市人民政府指导，中国通信学会集成电路委员会、中国半导体行业协会集成电路设计分会主办，无锡物联网创新促进中心协办。会议以“5G 智联世界，用芯构造未来”为主题，围绕 5G 时代的集成电路技术发展以及新一代信息基础设施下的通信芯片、AIoT、车联网、卫星互联网、光通信、自主 IC 创新等热点话题展开交流研讨，中国工程院院士许居衍做“从技术走向应用看后摩尔时代的创新”的主题报告。

（朱立新）

9 月 25 日，在第六届“i 创杯”互联网创新创业大赛总决赛中，无锡市选送的“感图科技 AI 视觉工业检测智能设备”项目获一等奖　（周同林　供）

软件和信息服务业

【概况】 2020 年，无锡市软件和信息服务业产业规模稳步增长，全年收入 1601.79 亿元，比上年增长 15.3%；软件业务收入从上年的 4 亿元增至 1601 亿元，年均增速近 38%。年内，新增通过评估的软件企业 111 家，累计 1363 家，其中国家规划布局内重点软件企业 15 家，江苏省规划布局内的重点软件企业培育库企业 22 家，江苏省专精特新软件企业培育库企业 25 家，江苏省软件企业技术中心 22 家，涉软企业在主板上市 16 家，在“新三板”挂牌 33 家；1 家企业入围中国软件业务收入百强，2 家企业入围中国软件和信息技术服务竞争力百强，3 家企业入围中国互联网综合实力企业百强，3 家企业入围中国大数据企业 50 强，5 家企业入围江苏省互联网企业 50 强。通过评估登记的软件产品累计 7030 件，其中获评省首版次软件产品 8 件，获得省“金慧奖”的优秀软件产品 47 件，获得市“飞凤奖”的优秀软件产品 113 件，年内，新增通过评估登记的软件产品 499 件。至年末，无锡市拥有国家级软件园 1 家，省级软件园 4 家，省互联网产业园 2 家，省互联网众创园 5 家，省大数据产业园 2 家。

（周同林）

【产业政策】 2020 年，无锡市制定《无锡市促进软件产业高质量发展的若干政策》，是全国地级市中首个出台的软件产业专项政策。贯彻落实无锡市《关于进一步深化现代产业发展政策的意见》《无锡市信息技术产业（软件和云计算）扶持资金管理实施细则》，推动产业转型升级，围绕软件新技术、新产品、新模式和新业态，在基础软件、工业软件、行业应用软件等领域，扶持 8 个重点项目建设，奖励优秀软件产品“飞凤奖”和相关资质 40 个，兑现资金 852 万元；推进华为软件开发云项目，为相关企业做好赋能服务，扶持企业 44 家，支持扶持资金 1050 万元。年内，获国家、省级各类软件专项资金支持 6622 万元。

（周同林）

【龙头企业培育】 2020 年，华云数据控股集团有限公司、朗新科技集团股份有限公司入围由中国电子信息行业联合会发布的 2020 中国软件和信息技术服务竞争力前百家企业榜单，实现无锡在此领域零的突破。华云数据控股集团有限公司、无锡不锈钢电子交易中心有限公司入围由中国互联网协会发布的 2020 年中国互联网综合实力前百家企业榜单。帆软软件有限公司、浪潮卓数大数据产业发展有限公司、华云数据控股集团有限公司入围由中国大数据产业生态联盟与赛迪顾问联合发布的 2020 中国大数据企业 50 强榜单。

（周同林）

【第六届“i 创杯”大赛】 2020 年，为激发互联网创新创业热情，发掘基于互联网的新技术、新产品、新模式和新业态，无锡市举办第六届“i 创杯”暨无锡市第五届“iPark 杯”互联网创新创业大赛，大赛包括 7 场分站赛和 1 场市决赛，发动参赛项目超 150 个，吸引观摩人员 1000 余人次，参赛项目与投资机构对接超 50 次，选送项目最终在省总决赛中获一等奖 1 个、三等奖 3 个、优秀奖 14 个，市工业和信息化局、无锡（国家）软件园、江南大学国家大学科技园获组织奖。

（周同林）

【产业招商】 2020年，无锡市推进以物联网为龙头的新一代信息技术产业发展，结合全市产业特色和实际，市、区、园多方联动，赴北京市、成都市等重点城市组织新一代信息技术产业合作活动，加强招商引资对接交流。联合惠山区赴成都市举办“携手成都，智启未来”活动，推进省级智能制造和工业互联网融合创新中心与成都企业机构良好合作。举办“2020无锡新一代信息技术产业（北京）合作交流会”，300余家北京市、无锡市重点企业、重点科研院所和高校代表出席会议，促成两地务实合作，集中签约合作项目32个，投资总额超120亿元。全市新注册软件和信息服务企业1565家，注册资金102.8亿元。

（周同林）

【产业联盟】 6月23日，无锡市区块链产业联盟揭牌成立。联盟由市委网信办、市工业和信息化局联合指导，江苏恒为信息科技有限公司、无锡市信息化协会联合无锡市有关高校、科研机构和社会企业共同发起，为推动区块链技术与应用的创新发展而搭建的政、产、学、研合作交流平台，首批成员单位包括江苏恒为信息科技有限公司、无锡移动、红豆集团、中城智慧科技有限公司等60余家企业。

（周同林）

【江苏省信息技术应用创新大会】 6月15日，无锡市举办江苏省信息技术应用创新大会，省市相关部门负责人，省信创企业、行业组织及研究机构负责人300人参加会议，参展参会企业150余家。会议上举行江苏省信息技术应用创新产业生态基地揭牌成立仪式，江苏省信息技术应用创新产业生态基地由省工业和信息化厅与无锡市联合共建，由江苏省信息技术应用创新攻关基地、江苏省信创测试中心、培训中心、联盟展示中心和江苏省密码技术应用创新促进中心组成，按照“一基地、四中心”模式运营。

（周同林）

大数据和云计算产业

【概况】 2020年，无锡市大数据管理局完成大数据和云计算产业运行监测平台建设，大数据、云计算正式列统企业433家，比上年增加105家；全年实现销售收入290.74亿元，比上年增长30.41%。编制《无锡市大数据和云计算产业合作指南》《无锡市大数据和云计算产业链图谱》《无锡市大数据和云计算产业招商指导目录》，推动重点企业和合作项目落地。

（张贞哲）

【园区建设】 2020年，市大数据管理局编制完成《无锡市大数据产业园建设评估规范》，评选出无锡软件园、无锡南长科技创新及服务外包集聚区、无锡山水城科教产业园、江苏数字信息产业园4个市级大数据产业园。总投资额50亿元的易华录数据湖产业园开园，首期200PB数据存储空间建成，北京比特大陆科技有限公司、南京南数数据运筹科学研究院等6家合作伙伴签约入驻。总投资额11.5亿元的中物达大数据产业园项目开工建设。工程投资额5亿元的北控大数据科技园启动建设，设计机柜数5000个，位列全市第一。工程投资额8.6亿元的浪潮大数据产业园建设有序推进。年内，无锡高新技术产业区获评省大数据产业园，江阴市、梁溪区获评省大数据开放共享和应用评估试验区。

（张贞哲）

【企业发展】 2020年，在2020中国大数据企业50强评选中，江苏省有3家企业入选，均为无锡企业，分别是帆软软件有限公司、华云数据有限公司、浪潮卓数大数据产业发展有限公司。无锡中科光电技术有限公司和江苏卓易信息科技股份有限公司获评智慧江苏创新服务平台解决方案供应商，江苏极熵物联科技有限公司获评工业大数据融合应用提供商，江苏鸿利智能科技有限公司获评大数据关键技术先导应用提供商，中科怡海高新技术发展江苏股份公司、江苏中科西北星信息科技有限公司获评民生大数据创新应用提供商。

（张贞哲）

【智库建设】 2020年，市大数据管理局推动易华录无锡数据湖成立无锡江南大数据研究院，加强对产业发展的研究指导和智力支持。启动“无锡数据要素市场化配置体制机制研究”课题，论证数据要素资源价值释

5月17日，无锡数据湖开湖仪式在无锡数据湖示范湖内举行

（无锡数据湖信息技术有限公司　供）

放等重点问题。发挥第三方行业组织的桥梁纽带作用，市大数据协会开展“用数赋智，共见未来”系列沙龙和DCMM宣贯等工作，市信息化协会开展《无锡市大数据和云计算产业地图》编制。

（张贞哲）

通信产业

中国电信股份有限公司无锡分公司

【覆盖5G边缘计算网络建设】 2020年，无锡电信建成覆盖全无锡的5G边缘计算网络，实现区域内端到端5G时延平均为10毫秒，端到端数据传输可达1GBPS，低时延大容量可调度智能边缘计算网络可解决目前智能制造无线通信问题，在江阴港口集团、无锡晶晟科技股份有限公司等企业完成5G边缘计算使用。

（钱晓静）

【战略合作协议签署】 5月12日，无锡市人民政府与中国电信股份有限公司江苏分公司签署5G建设与融合创新应用战略合作协议。年内，中国电信股份有限公司江苏分公司在无锡市开展“百千万”行动，计划5年内，建设高等级数据中心，支撑智能制造产业的快速发展，无锡市城乡普遍具备千兆带宽提供能力，在新一代信息基础设施建设方面投资计划超100亿元，全市光纤宽带提供能力达到1000M，出口带宽达到10000G。其中5G计划投入82亿元，全市建设5G基站20000座，人口和面积基本实现全覆盖。

（钱晓静）

【保障项目视频签约】 2月15日，无锡电信制定“云＋端”（云视频会议，端到端保障，两地会议现场终端保障，两地之间网络保障）一站式的解决方案，保障滨湖区与健适医疗科技集团举行高端医疗器械研发、生产基地项目视频签约仪式。无锡电信依托中国电信云会议平台，结合视频签约实际需求，选用一体式视频会议终端C4Z，保证两地会场专业稳定的音视频采集及通信效果，通过多终端接入模式保障市委、市政府远程连线需求，助力项目视频签约仪式顺利举行。

（钱晓静）

5月12日，市政府与中国电信股份有限公司江苏分公司签署5G建设与融合创新应用战略合作协议

（钱晓静　供）

【高清大屏通话系统】 2020年，无锡电信与滨湖区民政局联合为辖区13家养老机构安装“高清大屏通话系统”，通过电视机和投影仪实现大屏幕画面输出，大屏幕显示16个终端画面，实现多人参与亲情通话。2月12日，该系统在百禾怡养院等养老机构投入使用。除亲情视频通话功能外，该系统还可用于急救时期多科室医疗专家进行远程会诊，安全快捷地接受应急诊疗。

（钱晓静）

【“锡菜通”信息报送平台】 2020年，无锡电信会同市农业农村局开发“锡菜通”信息报送平台。平台使用中国电信翼填报系统，主要功能是为农业生产主体找销路，为电商平台找基地，为城乡居民搭桥梁，助力政府做好疫情防控期间“菜篮子”产品保供工作。

（钱晓静）

【援鄂抗疫人员智慧家庭服务】 2020年，无锡电信会同市卫健委，为新冠肺炎疫情期间无锡卫生系统援鄂抗疫169名医护人员免费安装和提供“智慧家庭”服务。智慧家庭工程师上门安装，开通天翼看家、双向对讲、云存储、天翼高清，并赠送影视包、教育包，同时为其家庭宽带免费提速至500M，通过电信信息技术助力援鄂医护人员在一线安心抗“疫”。

（钱晓静）

【清明祭扫预约热线】 2020年，无锡电信114承担无锡市自3月26日起对清明节期间室外公墓现场祭扫实行提前24小时预约工作。需到市区各经营性公墓现场祭扫的市民群众于3月26日至4月6日通过手机拨打“（0510）114”进行电话预约，预约成功后凭手机确认短信进入墓区进行祭扫活动。无锡电信承接市新冠肺炎疫情防控应急指挥部工作部署及流程，开发公墓祭扫预约平台和预约码短信发送平台，完成AI智能语音平台开发的快速升级工作，8小时内完成系统准备工作。通过应对首日呼入量突破60000个、规范流程和系统优化等措施，接通率、短信到达及时率持续向好并趋于稳定，保障清明节期间市民祭扫活动。

（钱晓静）

【5G基站建设】 5月26日19时，随着无锡港下镇工商所一座5G基站的开通，无锡电信提前一个月完成中国电信集团有限公司下达的5G建设目标，成为省内首个完成目标的地市分公司。无锡电信5G基站完成市区、县城、发达乡镇的热点覆盖，完成重点交通枢纽、地铁、政企单位、医院、商业综合体、高校等区域的5G深度覆盖。在太湖国际博览中心开通全市首个5GSA独立组网的200MHzCA（载波聚合）基站，在3.5GHz频段实现100MHz+100MHz双载波聚合，实测下行速率均值超2.6Gbps，创历史速率新高。推动“5G+云+VR”成功落户苏南硕放机场，助力硕放机场智慧化转型；在完成沪宁高铁无锡段5GSA高铁组网后，无锡电信持续测试和优化，对高铁穿损、5G铁路覆盖模型等进行研究和论证。

（钱晓静）

【5G全景直播第二届运博会】 9月3～7日，无锡电信提供通信保障的以“融合·创新·共享”为主题的第二届大运河文化旅游博览会在无锡主会场、淮安分会场举办。博览会上，江苏广电总台采用“线上＋线下”相结合的活动方式，线上“以电视化播出”完成全程直播活动，线下通过5G、AR、VR等新技术为移动终端用户提供“云出席”沉浸式体验。无锡电信保障团队针对各项直播活动、重点场馆制定并组织落实差异化保障方案，开通保障专线4条，布放双路由光缆约16千米。为现场安保指挥部接入公安专网、视频专网等，对夜游古运河、开幕式活动场地、“行大运”骑行活动及指定酒店等重点区域进行信号测试和优化。发挥服务、网络和平台优势，借助5G+8K+VR技术全景直播运博会盛况，通过电信5G网络实时传送至天翼视频云平台。

（钱晓静）

【南京理工大学江阴校区信息化建设保障】 2020年，无锡电信服务保障南京理工大学江阴校区信息化建设和启用，推进智慧校园建设，利用云端一体化的“互联网+”架构模式，将之前独立、分散建设的教学环境、数据中心、资源和应用等系统节点，实现整合互通，构建开放的、支持共享、社交和个性化学习的教与学应用生态。拓展信息化智能服务，通过物联网、云计算、大数据分析等为校园信息发布、能耗管理、安全保卫等方面提供优质信息化服务。

（钱晓静）

【5G智慧模架产业园】 10月18日，在宜兴市举办的2020中国模架产业（宜兴）高峰论坛上，无锡电信与模架科技产业园（宜兴）有限公司共同建成国内首个5G智慧模架产业园。无锡电信加强产业园建设，推进5G基础设施建设，全面深化5G智慧应用合作，探索5G实验室合作领域，依托工业互联网将整个模架行业的上下游企业关联集聚，建立一条完整的模架一体化产业链。

（钱晓静）

【2020年马拉松赛通信保障】 11月1日，无锡电信完成当天开赛的2020年无锡马拉松赛现场通信保障任务。无锡电信保障团队提前铺设15个点位近15千米的光缆，开通央视直播终点转播车与3个微波接收点、2个单机位及起点转播车间19条出租光纤、10张4G卡、12条专线宽带、6门电话。在赛事线路和起点、迷你马终点、半马终点、全马终点及赛事指挥部确保4G、5G高质量覆盖网络，实现赛道沿线零故障、零拥塞，治安、医疗等各项保障调度迅捷畅通，电信5G+360度VR直播通过手机H5实时推送，让广大市民充分感知电信5G的优质体验。

（钱晓静）

【全省首批“共享阅读亭”建设】 2020年，无锡电信会同宜兴市委宣传部等单位将使用率小的公用电话亭升级改造成共享阅读亭，江苏省首批5个“阳羡书香小站”在宜兴市投入使用，打造全省首次将公用电话亭升级为共享阅读亭的先例。“阳羡书香小站”于10月初开始建设，在保留电话亭原有通话功能的基础上，注入形式多样的阅读元素，形成独特的“城市名片”。小站24小时免费开放，可容纳图书40本左右，涵盖名著、宜兴市本土文化书籍等多种类型，读者可使用微信扫描二维码自助借还图书，并体验免费市话、手机充电等服务。

（钱晓静）

【助力长江经济带生态环境保护】 2020年，无锡电信会同江阴市农业农村局打造长江渔业信息化监管项目，发挥综合智能信息服务优势，助力实施长江十年禁渔计划，推动区域内长江生态环境整治。在长达35千米的长江江阴段水域，运用无人机空中巡查系统进一步完善渔业监管体系。将视频检测、数据库融合等技术应用于夜间及恶劣天气巡管、可疑违规标注、现场核查、成果汇总等监管环节，大幅拓展水域监控视界范围，降低巡航执法成本。

（钱晓静）

【2020世界物博会通信保障】 11月18日，无锡电信完成2020世界物联网博览会各项通信保障任务，提前完成物博会9条重点线路和15个重点场所、酒店的无线信号测试和优化工作，完成设备、线路资源扩容改造，组织完善各类应急预案，提前完成物博会保障应急预案演练。现场首次设置中国电信物博会保障指挥中心，实时监测24个重点区域无线网络、38条重要专线的网络质量，市、县200余人次的保障团队实时响应保障需求。确保机场、高铁、高速公路到重要场馆、酒店的道路无线信号高速畅通，重点监控场馆、重要酒店的4G、5G网络运行情况。

（钱晓静）

【网络空间安全实训基地】 8月10日，由无锡电信承建的中国电信江苏公司网络空间安全实训基地在南京信息工程大学滨江学院揭牌。网络空间安全实训基地总面积3700平方米，基地集教学培训、网络安全、网络评论、网络传播、科普宣传、应急演练等功能于一体，重点开展首席网络安全官（CNSO）、网络安全官助理、网络安全专业技术人员、网络安全从业人员、网络评论、网络传播培训，重点打造应急演练、竞赛靶场和人才工作站建设。

（钱晓静）

中国移动通信集团江苏有限公司无锡分公司

【助力打造“数字工厂”】 2020年2月，无锡移动助力捷普电子（无锡）有限公司打造的“基于5G边缘计算的数字工厂”入选“2019年工业互联网试点示范项目”。该项目是全国10个“5G+工业互联网”集成创新应用之一，是全市唯一入选示范项目。2019年下半年起，无锡移动在厂区打造5G室分站点，开通周边5G宏站，通过5G+MEC技术，促进工厂“生产管理、产品质检、物流配送、安全识别”等管理从有线局域网向无线网络迁移，扩大自动化管理和AI程度，提升工厂生产效率。

（张玲珠）

【签署战略合作协议】 5月12日，市政府与中国移动通信集团江苏有限公司签署战略合作协议。协议提出，加快新型信息基础设施建设，重点围绕5G、“双千兆”、数据中心等重点项目，推进无锡新型信息基础设施建设。推动人工智能、物联网、云计算、大数据、边缘计算等新兴智慧产业在无锡市的规模发展。实施5G创新服务，推动5G在工业互联网、车联网等领域创新服务。提升“5G+”网络与信息安全水平，统筹做好5G+网络设施、核心数据等安全防护。加强对互联网不良信息、虚假信息等治理，促进无锡网络与信息安全产业发展。

（张玲珠）

【参与车联网先导区建设】 5月，由中国移动通信集团、公安部交通管理科学研究所、华为技术有限公司、无锡智慧城市建设发展有限公司4家单位共同建设的“国际级车联网C-V2X应用先导性综合服务平台”，在无锡市举行的江苏省车联网先导区建设现场推进会上，获2019年江苏省车联网（智能网联汽车）优秀创新技术和产品奖项。10月，无锡移动会同多家车联网单位，建设南山车联网小镇——国家级江苏（无锡）车联网先导区展示中心，通过实景模拟、设备演练等形式，展示无人驾驶、车路智能、数据处理等车联网城市应用场景。12月4日，无锡移动承办2020国家级江苏（无锡）车联网先导区发展峰会，大会现场无锡移动搭建直播平台，实时共享分论坛活动盛况，吸引7.5万名市民实时观看。

（张玲珠）

9月3日，在第二届大运河文化旅游博览会上，市民通过5G+VR技术跨越时空距离“欣赏”苏州昆曲

（张玲珠 供）

【5G网络机场建设】 7月，无锡移动完成无锡苏南硕放机场5G新型室分全覆盖，提升旅客的网络体验感知。项目建设中，无锡移动采用难度大、速率快的华为5G新型室分方案，施工期间，采取多点并行推进错峰错时等加快施工进度，减少对机场和旅客的影响，建成后可满足航站楼内旅客顺畅通信。

（张玲珠）

【助力关爱工程】 8月，无锡移动会同宜兴市红十字会合作定制移动定位手环，助力“帮你回家”关爱工程。首批200个定位手环发放至宜兴各乡镇易走失人员手中。移动定位手环内置物联网卡，将佩戴者的位置信息通过移动无线网络上传到由宜兴市红十字会运营管理的后端平台，并与宜兴市公安“110”联网，同时监护人可以通过手机App随时查看手环佩戴者实时地理位置。通过移动定位手环，可以有效降低易走失人员的走失率，缩短寻找走失人员所花费的时间。

（张玲珠）

【第二届运博会5G技术与网络保障】 9月3～7日，无锡移动联合凤凰出版传媒集团、《现代快报》2家媒体搭建“5G+8K+VR互动区”全息5G大运河展区，为第二届大运河文化旅游博览会提供5G技术与网络保障。通过8K超清VR摄像头，实时把运河美景全方位、视角传输到展馆内的互动区，市民通过5G+VR技术在馆内跨越时空距离欣赏运河盛宴，“品尝”无锡美食，“欣赏”苏州昆曲，“游览”古运河魅力。

（张玲珠）

【“5G 智慧停车”示范道路】 9 月，无锡移动打造位于无锡经济开发区金融三街的全市首条“5G 智慧停车”示范道路开放使用。该应用主要发挥 5G 高速率、广连接的优势，将物联网技术、地锁停车技术和道路泊车智能升降机器相结合，采用 5G+ 远程管理模式，节省人工成本，保证数据及时、准确处理，车主可通过配置的各类引导指示快速、便捷完成寻找车位、取车缴费。

（张玲珠）

中国联合网络通信有限公司无锡市分公司

【“锡慧在线”服务】 2020 年，无锡联通宽带 IPTV 为“锡慧在线”官方服务平台提供通信与入口服务。“锡慧在线”是市教育局为中小学学生开发的远程在线教育学习平台，由市教育局免费向江苏联通 IPTV 平台开放内容，无锡联通沃云系列云计算产品提供支撑，提供沃云 500T 存储流量，覆盖全市 1.2 万用户，供学生点播，覆盖学校 166 家、学生 30 万余人。“锡慧在线”学习平台最高同时在线 60 万，全年访问量 480 万、浏览量 1400 万、峰值带宽 700G。

（赵琬琦）

【战略合作协议】 5 月 12 日，中国联通有限公司江苏分公司与无锡市政府签署《共同推进 5G+ 新基建及数字经济产业发展》战略合作协议。根据协议，未来 5 年里，中国联通有限公司江苏分公司计划在无锡市投入 50 亿元，推动对无锡市本地产业的扶持与合作。双方将本着“发挥优势、持续发展、长期合作、互利共赢”原则，共同推进 5G+ 新基建及数字经济产业发展，全面落实网络强国、数字中国、长三角一体化等重要战略部署，围绕江苏“两个率先”战略目标和无锡市产业强市主导战略，合力打造高速、移动互联网体系，推进行业创新融合，加快工业互联网赋能，统筹区域信息化协调发展，推进无锡数字经济高质量发展。

（赵琬琦）

【锡康码便捷通产品】 2020 年，无锡联通上线锡康码便捷通产品，更新至 1.4 版。产品在无锡市民中心、市车管所办事大厅、恒隆广场商业综合体，国家 AAAAA 级旅游景区鼋头渚公园、灵山拈花湾、南禅寺朝阳农贸市场等全市各大重要公共场所进行布设，至年末，已布设 40 处。

（赵琬琦）

【5G 战略合作协议】 5 月 19 日，无锡联通与无锡汉和航空技术有限公司、无锡凯乐士科技有限公司签署 5G 战略合作协议。无锡联通与无锡汉和航空技术有限公司、无锡凯乐士科技有限公司共同携手，发挥各方的技术、产业、市场等优势，共同打造 5G 智慧农机、5G 智慧仓储，开展面向智慧农业领域的新型通信基础设施的研究，建设支持典型应用场景的服务运营能力，拓展智慧农业领域市场。10 月 26 日，中国联合网络通信有限公司与红豆集团有限公司签署《5G+ 纺织服装工业互联网战略合作协议》。根据协议，未来 3 年，中国联合网络通信有限公司与红豆集团有限公司构建 5G 智能服装联盟，共同打造 5G+ 纺织服装工业互联网的全国标杆示范点，筹建 5G 智能服装联盟，推动制定纺织服装行业柔性智能制造行业标准，助力产业转型和地方数字经济发展。

（赵琬琦）

10 月 26 日，中国联合网络通信有限公司与红豆集团签署《5G+ 纺织服装工业互联网战略合作协议》 （赵琬琦 供）

【助力智慧渔业】 6 月，无锡联通助力滨湖区农业农村局实施无锡智慧渔业项目，实现政府管理部门对渔船的自动化、电子化和信息化的高效管理。智慧渔业项目采用无线通信技术，每艘渔船配备一台不可拆卸、复制，无须外部供电且无法人为关闭的船载定位部件。通过船载部件，建立渔船进出港自动监管、船舶流量统计、锚地管理、伏休管理、航程统计、违法作业、一键报警、问题渔船管理等多功能、多层次的动态管理系统平台，为无锡智慧渔业提供信息化应用解决方案，满足无锡太湖水域渔业安全生产监管的需求，实现对渔船在太湖水域的定位监控与跟踪，伏休渔船、防台风、渔船遇险报警等管理工作需要，打击非法捕捞、违法捕捞等违法活动。

（赵琬琦）

【5G 公交车联网融合网关】 11 月 18 日，在 2020 世界物联网博览会——2020 中国企业战略投资峰会暨 2020 世界物联网博览会创新成果发布会上，无锡联通“5G 公交车联网融合网关”获“2020 世界物联网新技术新产品新应用成果”金奖。

无锡联通聚焦公交行业，打通车联网应用堵点，推出的5G公交车联网融合网关，解决行业信息化共性难题，提升公交行业的服务质量与管理水平，为车联网在公交行业规模落地奠定基础。“5G车联网融合网关”是商用车智能化提升的关键部件和技术，作为公交行业整体数据服务的中台，整合治理后的公交应用各子系统海量数据汇聚，形成有效数据链，结合公交场景快速形成服务能力，保障公交精细化运营，有效提升公交在信息系统架构、安全规范运营、设备预测维修等方面的能力，为公交行业实现数字化转型、参与智慧城市建设提供支撑。

（赵琬琦）

【首个5G人工智能巡逻机器人】 2020年，无锡联通为滨湖区公安警务工作站提供无锡首个5G人工智能巡逻机器人，建立5G“智慧”赋能警务站，通过高科技装备以智能增效能，提高一线民警应急处理突发事件的能力。5G人工智能巡逻机器人通过智能化信息传输系统，利用5G低时延高速度画面回传与现场出警民警实时推送互动，为街面巡防警力提供全方位信息支撑。

（赵琬琦）

数字创意

【数字电影产业】 2020年，无锡国家数字电影产业园引入企业213家，申报立项影视剧140部，申报立项网络视听节目193部，承接影视剧拍摄制作245部。投资约30亿元的全球首个金庸武侠主题体验馆落户，打造集影视、网红、VR、电竞于一体的场景型娱乐体验新文娱、新商业业态。

（周　文）

【新吴区创新创意产业园】 2020年，新吴区创新创意产业园引进科技项目277个，比上年增长166%，创历史新高，总注册资本10.5亿元，其中亿元以上项目3个，5000万元以上项目4个，吸引信创教育、江南影视、欢娱网络等文化创意企业。园区聚集各类科技型企业575家，其中动漫游戏、创意设计、数字媒体、互联网广告等领域的数字文化企业超300家，集聚各类文化创意人才1万余人。园区内数字文化企业总产值157.24亿元，占总产值76.7%。其中，多盟睿达科技（中国）有限公司实现产值25亿元；无锡昂然时代广告有限公司实现产值9.98亿元。

（周　文）

9月11日，无锡（灵锡）首届数字生活月暨灵锡美食节开幕仪式在苏宁广场举行 （张贞哲　供）

【灵锡数字生活月】 9月11日，以“灵锡，让科技更有温度”为主题的无锡（灵锡）首届数字生活月暨灵锡美食节开幕仪式在无锡苏宁广场举行。数字生活月活动由灵锡互联网（无锡）有限公司主办，联合阿里巴巴蚂蚁平台，历时近两个月，以提高市民精神生活幸福感为目标，以数字科技融合市民衣食住行为核心，整合近万家商家资源，面向无锡市民推出形式多样的线上惠民促销活动，实现线上带动线下开展百千实体联动，惠及全城，更好满足无锡市民疫情时期重健康、高品质、补偿性的消费需求。数字生活月设置一系列线上线下的主题文娱活动，囊括美食周、印象周、惠民周、文旅周、科技周5个主题周，开展灵锡网红打卡地、新人有礼、最美和声红歌合唱大赛、灵锡最美代言人评选、直播秒到家等一系列线上线下文娱活动。活动依托“灵锡”App等线上平台派发惠民消费券6000万元，参与商户2.1万户，惠及市民70万人，拉动消费5亿元。

（张贞哲）

电子商务

【概况】 2020年，无锡市作为国家电子商务示范城市，电子商务网络零售额超过850亿元，总量位居全省第三，其中实物商品网络零售额比上年增长16.1%，“双十一”期间网络零售额突破80亿元。旺庄科技创业发展中心获评国家电子商务示范基地，远东买卖宝网络科技有限公司、江苏麦乐多科技有限公司等6家企业获评省级首批数字商务企业，江阴市传澄电子商务有限公司、无锡闲不闲信息科技有限公司等12家企业获评市级数字商务企业，全市53个村和19个镇获评2020年淘宝村和淘宝镇。年内，无锡市参与直播的商品实现零售额104.8亿元，累计观看5.95亿人次。全市跨境电商进出口交易额25.7亿美元，比上年增长19.8%。中国（无锡）跨境电子商务综合试验区线上综合服务平台入库跨境电商企业超600家，21家企业在外投资33个海外仓，海外仓面积超过20万平方米。中国（无锡）跨境电子商务综合试验区建设工作在省内取得“七个第一”：省级公共海外仓总数位居全省第一；省内首单海关新监管模式下的跨境电商保税进口商品通关；省内首家实现跨境电商进口代理企业直接对外付汇；省内首家跨境电商进口O2O线下体验中心开业；省内首家跨境电商学院挂牌；省内首批跨境电商专业服务平台上线；省内首单跨境电商保税出口商品通关。

（张琬秋）

8月6日，“创响无锡”中国（无锡）跨境电子商务综合试验区第五届跨境电商创新创业大赛启动　（张琬秋　供）

【中国（无锡）跨境电商综合试验区】 2020年，跨境电商监管场站建设完成，实现9610、9710、9810、1210全模式通关。建设无锡跨境电子商务综合服务平台、产业转型跨境电商全流程辅导平台、全球贸易精准营销大数据平台、跨境电商品牌出海“一站式”服务平台、国际商标知识产权服务平台、国际互联网广告服务平台，为企业提供一站式服务。推进跨境电商产业集聚，江苏云蝠跨境电商产业园、江阴澄江跨境电商产业园、宜兴市跨境电商园、高新区“一带一路”跨境电商产业园、梁溪区跨境电商产业园等陆续开园。推动跨境电商政策落地，通过政策资金支持带动企业转型升级。设立“十大”市级公共海外仓，举办“锡品卖全球”系列活动，跨境电商创新创业大赛、新生态应用发展大会等活动。推进跨境电商人才培养，成立全省首家跨境电商学院和跨境电商人才培养产教联盟。

（张琬秋）

【第五届跨境电商创新创业大赛】 8～12月，“创响无锡”中国（无锡）跨境电子商务综合试验区第五届跨境电商创新创业大赛召开。双创大赛有46家企业团队、43家学生组团队、近300人参加比赛，参加人数及规模创历届参赛最高，销售产品涵盖汽摩配、家纺、服装等优势产业。通过大赛的培训学习，凤凰画材科技股份有限公司实现销售额从2018年68万美元到2020年1000万美元的突破，比上年增长超300%；恒扬贸易由传统贸易转型跨境电商3年，在“黑色星期五”购物期间亚马逊的销售额实现超5倍增长；学生团队销售商品单笔最高利润达到54.99%，订单总数单周增长6倍，通过eBay跨境初级考证人数达到74人，通过率68%。

（张琬秋）

编辑　胡　慧

综　述

【概况】 2020年，全市52家总部企业完成税收74.9亿元，比上年增长13.8%，户均税收缴纳近1.4亿元。新吴区、江阴市新认定总部企业分别为7家、6家，列全市前二；宜兴市、滨湖区、惠山区总部企业营收增幅分别为44%、39%、26%，列全市前三；锡山区累计认定复核总部企业14家，列全市第一。年内，阿斯利康（无锡）贸易有限公司纳税额最高，达到35亿元，吸纳就业人数最多，近1.1万人。海澜之家股份有限公司市外分支机构数量最多，达33个。

（陈景芹）

【政策落实】 2020年，无锡市制定《无锡市总部经济高质量发展三年行动计划（2020—2022年）》及2020年度工作要点，明确年度目标、重点任务及工作分工，重点实施领域总部升级行动、总部国际化提升行动、总部新动能培育行动、总部企业布局优化行动4项行动，将无锡市建设成为长三角乃至全国具有重要影响力的总部基地城市。制定《无锡市总部企业认定和管理办法》，确定总部企业评定标准，根据相关文件要求，组织开展市级总部企业认定和奖补资金申报工作。全年认定市级总部企业52家。

（陈景芹）

【发展环境优化】 2020年，通过报刊、网络等渠道宣传全市总部经济发展成果，为总部经济各项工作开展创造良好舆论氛围。优化服务，协调解决困难，新吴区发挥“一站式”服务中心作用，在全市率先推进总部项目“拿地即开工”审批服务模式。做好医保服务工作，完善“无锡医保”公众号医保业务经办功能。为总部企业高层次人才异地就医提供便利，长期异地就医申请、医疗保险关系转入、医疗保险关系转出等，均可通过掌上办理。

（陈景芹）

总部企业

【跨国公司总部】 2020年，远景能源有限公司、江阴天江药业有限公司、确成硅化学股份有限公司、约克（无锡）空调冷冻设备有限公司、威巴克（无锡）减震器有限公司5家外资企业获评省商务厅认定的江苏省第十一批跨国公司地区总部和功能性机构。至年末，全市累计省级跨国公司地区总部有25家，跨国公司功能性机构有16家。

（刘孔水）

【培育机制】 2020年，无锡市建立“准总部企业”培育机制，定期开展重点企业摸排，梳理形成具备总部企业资质的重点企业名单，建立准总部企业培育库，摸清后备企业底数。江阴市对江苏力博医药生物技术股份有限公司、江苏普莱医药生物技术有限公司等“雏鹰”企业、“瞪羚”企业、准“独角兽”企业开展常态化跟踪，了解企业经营发展方向和政策需求。宜兴市围绕技术先进性、经济贡献度、总部控制力等多个维度确定后备企业标准，滚动培育总部经济后备企业100家。惠山区对规模以上企业进行梳理，建立区总部企业储备库，目前入库15家企业。新吴区建立总部企业“培育池”，实行“一个领导挂钩、一个部门牵头、一个专人联络、一个平台管理”的推进机制。

（陈景芹）

【招商引资】 2020年，无锡市各地区围绕自身主导产业，遴选出国内外龙头企业作为各环节潜在招商对象，编制总部经济“产业图谱”和“招商地图”。年内，江阴市引进安姆科新材料包装事业大中华区研发总部，中信集团有限公司总投资14亿元的泰富临港医院项目已正式开工，将成为中信泰富医疗板块及延伸服务产业的总部，总投资51亿元的智建美住江阴总部基地项目正在加快建设，建成后可形成年产25万间智慧移动建筑的产能，实现销售收入80亿元。宜兴市引进总投资9亿元的宜兴阳光国际鲜花和芳香总部产业园项目、总投资80亿元的模架产业总部集聚项目、总投资10亿元的美好房屋智造江苏公司总部经济项目，总投资20亿元的鹏鹞环保智能制造总部基地正在加快建设。江苏华地国际控股集团有限公司在梁溪区注册成立八佰伴商业管理公司作为八佰伴商业管理全国总部，金山云物联网（中国）总部在梁溪区注册成立包括金山云互联网研发、数字金融服务等五大中心。锡山区签约投资额1.8亿美元的鹰普（中国）有限公司亚太区航空

5月15日，无锡惠山经济开发区与叮咚买菜签署叮咚买菜八千里路总部项目签约仪式（惠凯莉 供）

零部件生产及研发基地项目、投资额1.2亿美元的鹰普集团中国总部产能升级项目、投资额10亿元的八佰伴数字科技（无锡）电商总部。惠山区新引进总投资8亿美元的叮咚买菜八千里路总部项目、投资10亿元的无锡蓝沛新材料总部项目和总投资10亿元的无锡欧谱纳轻型燃气轮机制造工厂总部化项目，保诺科技全球创新药物研发总部落地建设。滨湖区新引进的健适医疗项目启动建设，智康弘义项目完成载体装修、正式运行。新吴区先后签约引进总部概念项目37个，其中包括亚太资源集团总部项目、闻泰无锡超级智慧产业园、迪哲医药中国区总部等重大总部项目。

（陈景芹）

【创新发展】 2020年，无锡市总部企业创新意识和能力持续增强，各板块加速推动功能型总部向综合型总部升级，形成研发、生产、销售、服务的全链发展格局，不断向产业链、价值链、技术链微笑曲线两端延伸。海澜之家股份有限公司克服新冠肺炎疫情影响，加速推进数字化、多样化的新零售渠道布局，联合线上各业务平台持续发力，对新加坡、日本、马来西亚增资上千万美元，海澜之家门店实现东南亚市场全面布局。大众医药连锁有限公司以中华老字号“致和堂”为品牌，发展连锁经营，目前门店达210家（江阴97家）。新吴区推动“工厂总部化”，完成148家工厂总部化改造，涌现阿斯利康（无锡）贸易有限公司、爱思开海力士（无锡）半导体销售有限公司、布勒（中国）投资有限公司等一批影响力大、专业性强、档次高、发展潜力足的总部企业。云蝠集团在洛杉矶设立公共海外仓，成为开拓美国本土市场的“桥头堡”。江南模塑科技股份有限公司在德国、美国都设有研发机构，与宝马公司形成战略合作同盟，在墨西哥、美国设立公司，与特斯拉建立全面战略合作关系，海外供应链持续延伸。

（陈景芹）

总部经济集聚区

【江阴高新区】 2020年，江阴国家高新技术产业开发区培育省跨国公司地区总部4家、省跨国公司功能性机构2家、无锡总部4家、无锡研发总部1家，总部企业平均营收超40亿元、平均利润超2亿元。在新一轮产业空间布局调整优化过程中，以滨江科技创新走廊和产城融合带为骨架，沿线规划置入上市公司总部、区域研发总部、区域金融总部、高端商务、文化创意、检验检测等特色区块，整合分散资源，集聚发展合力，不断提升对研发型企业总部或区域中心的吸引力、承载力，加快打造苏南国家自创区核心区。提升全方位服务水平和质量，打造良好营商环境，为企业发展“铺路架桥”。自2019年7月出台总部经济类企业的扶持政策以来，对世界、全国500强企业和区内外上市公司在高新区新建总部大楼，优先安排土地指标，达到相关要求后给予相应补助。对于新引进年入库税金超过一定规模的总部经济类企业，及当年新认定为江苏省跨国公司地区总部、功能性机构的企业和无锡市总部企业，加大奖励力度。在持续优化总部经济发展环境的同时，不断加大招引力度，培植典型企业。在中信特钢总部从上海迁至高新区的同时，江阴高新技术产业开发区助推长电科技引入中芯国际控股、并购新加坡星科金朋、合作中芯长电项目等发展战略实施；发挥“省级上市公司总部集聚园”的集聚效应，先后引进A股上市公司神宇通信、港股上市公司星光文化落户，加速推进总部经济发展。江阴高新技术产业开发区鼓励法尔胜泓昇集团有限公司、江苏申利实业股份有限公司等重点企业做大做强，推进江阴泰迪服饰有限公司等后备企业加快上市步伐，培育存量内外资总部型企业。

（陈景芹）

【锡东新城商务区】 2020年，锡东新城商务区围绕人工智能、生命科学、产业金融、总部经济等方向，加大招商引资力度，推进重点项目落地，吸引国内外知名公司区域性总部、功能性总部及民营企业总部落户。4月，注册资本20亿元的全国第十九家、江苏省第二家、苏锡常地区首家民营银行——无锡锡商银行总部开业；注册资本6000万元（外资）的德国博世智能网联中国总部开业；总投资10亿元的中铁十一局集团无锡总部基地落户；雅迪总部大楼地块完成出让；总投资超50亿元的弘海健康智慧谷项目落户；估值52亿元的臻和总部完成股改，计划于2021年实现科创板上市；估值10亿元的元码基因确立与华大基因的战略合作，完成总部落户；估值8.4亿元的宽岳生物设立全球总部及销售中心；总投资超100亿元的数字芯谷项目落户；中国南山·无锡车联网小镇一期项目建设顺利，举办首届国家级江苏（无锡）车联网先导区发展峰会，启用国家级车联网先导区展示中心，落户中科创达行业事业部总部、鹰驾科技等车联网、智能网联相关行业总部14家，启动车联网示范工程一期项目。包括红豆东方财富广场、兖矿信达大厦、创融大厦、雅迪总部大厦等在内的11个总部经济项目的15栋商务楼宇落地，总投资超50亿元，华夏商务大厦、红豆东方财富广场、宁泰华辰大厦等一批总部楼宇投用，总投资8.5亿元的大明集团总部科创中心项目启动建设，估值5亿元的伯科生物在商务区设立研发制造销售及上市总部。实施创新驱动和产业兴城战略，招引优质科技项目，打造高端科创平台，集聚创新创业人才，打造具有全球吸引力的科创产业化中心。商务区投用科创载体4个，在建拟建科创载体10个，有欧洲创新中心无锡分中心、国科（苏南）未来科技创新中心、微软——“云暨移动技术孵化计划”无锡人工智能暨智能制造加速器、南京信息工程大学无锡研究院等。全年新增金融基金类、资产管理类项目10家，新增规模18亿元，新增参股2个产业子基金，新增杠杆撬动基金规模15.5亿元助力商务区新兴产业发展、新增新兴产业专项金融扶持3500万元。

（陈景芹）

【无锡高新区】 2020年，无锡国家高新技术产业开发区围绕集成电路、物联网、高端装备制造、生物医药、5G和人工智能、新能源及新能源汽车等主导产业，掀起“双招双引”（招商引资、招才引智）热潮，开展定点、定向、定链精准招商，引导招商部门和人员瞄准世界500强、中国500强和国内外行业龙头企业，涌现以阿斯利康投资（中国）有限公司、SK海力士半导体（中国）有限公司为代表的销售总部，以布勒（中国）投资有限公司、利纳马（中国）投资有限公司为代表的跨国公司地区总部和投资性总部，以卡特彼勒技术研发（中国）有限公司、普利司通（中国）研究开发有限公司、柯尼卡美能达办公系统研发（无锡）有限公司、安利（中国）植物研发中心有限公司为代表的跨国公司研发总部。根据自身发展特色，独创以“强研发、扩销售、增利润”为代表的制造企业“工厂总部化”工作，完成148家重点制造企业的“工厂总部化”。发挥龙头企业的引领作用，以行业内龙头企业的做大做强带动产业转型升级，打造形成以瀚云科技有限公司、华润微电子有限公司为代表的物联网产业总部集群，以SK海力士半导体（中国）有限公司、华虹半导体（无锡）有限公司、无锡先导智能装备股份有限公司等为代表的集成电路产业总部集群，以阿斯利康制药有限公司、纽迪希亚制药（无锡）有限公司、迪哲（江苏）医药股份有限公司等为代表的生物医药产业总部集群，加快产业链的资源整合、转型升级，构筑高质高效的产业质态。制定《关于加快推进总部经济高质量发展三年行动计划（2020—2022年）》，明确到2022年高新区总部经济发展的五大量化目标。到2022年实现全区各类总部企业集聚，集聚各类总部企业300家以上，其中引进培育综合型总部100家，引育生产研发型总部100家，培育利润提升型总部100家；质量效益稳步提升，总部企业平均营业收入增幅、利润等相关指标年均增幅6%；创新能力持续增强，总部企业平均研发投入占营收比提升至4%以上，新增研发技术人员3500人；国际竞争能力不断提升，经市级或市级以上认定的总部企业达到30家以上；总部能级提档升级，在148个制造企业“工厂总部化”的基础上，再完成150个“工厂总部化”项目。创新“产业综合创新园+龙头企业特色产业园”发展机制，实施“一园一策”扶持政策，引导中电海康集团有限公司、阿斯利康投资（中国）有限公司、朗新科技集团股份有限公司、无锡先导智能装备股份有限公司等企业分别建立国际化的创新园区，聚集上下游合作伙伴，打造加速自身总部化的“生态圈”。阿斯利康国际生命科学创新园成立后，已引进20多家海内外创新领军企业，与英国、瑞典等5个相关领域国际园区建立战略合作关系，并计划在三年内引育企业300家，培育上市挂牌企业5家，产业产值突破1000亿元。

（陈景芹）

编辑 胡 慧

枢纽经济

综　述

无锡地铁三号线列车整装待发　　（周　涛　摄）

【概况】 2020年，无锡市贯彻落实产业强市主导战略、创新驱动核心战略，合力推动全市枢纽经济发展。全市枢纽经济发展50个年度重点建设项目中，43个完成阶段目标，进度达标率86%，其中，重大基础设施项目共18个，14个达到预期进度；重大平台项目共12个，全部达到预期进度；前期项目共20个，17个达到预期进度。70项年度重点任务中，52项达到预期进度，占比74%；14项基本达到预期进度，占比20%；4项未达到预期进度，占比6%。

（谢路遥）

【政策体系完善】 2020年，无锡市制定《无锡市加快推进枢纽经济高质量发展三年行动计划（2020—2022年）》《枢纽经济重点发展产业指导目录》《无锡市加快推进枢纽经济高质量发展2020年工作要点》《2020年度枢纽经济高质量发展目标任务分解表》等一系列配套文件，围绕枢纽设施功能提升和枢纽经济产业体系，实施空港枢纽能级提升、江阴港枢纽功能提效、高铁枢纽联动发展、陆港枢纽智慧建设、现代物流提质增效五大行动计划，分阶段推进落实，建立无锡市枢纽经济专项工作组，制定《无锡市枢纽经济发展工作考核办法（试行）》，加强组织领导和督促考核。

（谢路遥）

【规划研究】 2020年，市枢纽经济专项工作组办公室专题召开枢纽经济区发展规划编制推进会，邀请专家指导，各地区做好上下协同，推进属地枢纽经济区发展规划编制。市发展改革委遴选权威机构，推进“十四五”物流业发展规划编制，完成全市物流业发展现状评估报告，形成物流业空间布局优化调整研究报告，适应各地区产业发展对物流服务的不同需求。在此基础上，结合中长期规划思路，加强省市对接，推进“十四五”物流业专项规划编制。

（谢路遥）

【重大项目】 2020年，提升空港方面机场保障能力，完成苏南硕放机场总体规划调整、第二跑道项目前期论证，进近管制正式投运，雷达管制获民航总局批复，南北复线顺利开通，实现航班进离场分离，有效缓解空域矛盾。持续优化航线网络，结合疫情发展情况，有序复航国际客班，稳定欧美洲际货运航线，新辟东南亚货运航线及客改货临时包机，成立运营航空货运平台公司，挂牌成立硕放机场昆山货站。发挥航空快件中心、跨境电商监管中心作用，进境药品口岸获国家批准。加快机场集疏运体系建设，飞凤路建成通车，312国道锡山段快速化改造开工建设，地铁3号线一期建成投运，苏锡常快线、锡宜轨道线、4号线二期推进前期研究，锡张轨道线、锡虞轨道线、地铁3号线南延等前期方案持续深化。加快推进苏州市和无锡市合作，开展城际断头路规划研究，推动苏锡常综合交通运输一体化发展。提升江阴港功能，申夏港区长洋码头竣工投运，件杂货码头改扩建启动前期研究。进境药品口岸、进境肉类指定监管场地均获得国家批准。集疏运通道加快建设。锡澄运河航道升级整治持续推进，黄石大桥主体结构基本完工，航道工程按计划推进。江阴第二过江通道开工建设，沿江高速扩建工程项目可行性报告审查待批，初步设计同步开展，新锡澄路北延惠山段建成通车，江阴段开工建设，江阴第三过江通道工程项目可行性报告通过省级审查。锡澄轨道线加快主体围护结构及基础施工，徐霞客大道开工建设，滨江路快速化改造完成施工设计，长山大道前期工作加快推进。完善高铁港集疏运体系，通沙路有序推进，南沿江城际铁路江阴段基本完成征拆工作，盐泰锡常宜铁路完成初测、可研究性报告，继续优化线路走向及站点布置方案。优化临铁经济格局，江阴站区推进高铁综合体建设，开展勘察设计招标。宜兴站区开展站前广场改造，完成规划方案和施工图设计，贵宾楼、贵宾通道建成运行。推进陆港方面建设，西站物流园区规划加快修编，铁路驮背运输试点持续推进，宜马快速通道加快建设，锡宜高速改扩建完成工可审查，初步设计完成初稿。锡太高速完成初步设计大纲审查和中间方案研讨，路线走向基本稳定。

（谢路遥）

【物流发展】 2020年，无锡市编制“十四五”物流业发展规划，明确“十四五”时期以及至2035年无锡物流业发展的重点任务，制定实施计划。市邮政管理局、市工业和信息化局联合印发《关于推进快递业与制造业深度融合发展的意见》，促进全市快递业与制造业融合发展。市工业和信息化局在物流供应链管理技术、供应链成套管理系统、物流装备及技术、供应链管理标准等领域优选132个项目列入《全市重点技术创新项目导向计划》和《重点推广应用的新技术新产品目录》。苏南快递产业园获批省级示范物流园区，江苏华溢物流有限公司、阿斯利康（无锡）贸易有限公司被认定为省重点物流企业，无锡西站物流园、江苏物云通物流科技有限公司等4家单位被纳入省级智慧物流降本增效综合改革试点。拓展物流发展新业态，推进物流标准化试点示范、城乡高效配送行动，建设绿色货运配送示范工程、多式联运示范工程，无锡至上海海铁联运班列成功投运。

（谢路遥）

产业发展

【航空经济】 2020年，无锡民航事业持续发展，苏南硕放机场连续实现第17个安全飞行年。全年完成旅客吞吐量599.4万人次，比上年减少198.1万人次，下降24.8%；完成货邮吞吐量15.7万吨，比上年增加1.2万吨，增长8.3%；完成运输起降架次5.5万架次，比上年下降11.7%。苏南硕放机场驻场飞机达到25架。全年通航城市75个，其中国内航点54个，国际地区航点25个。客货运航线104条。年内，受新冠肺炎疫情影响，机场客运航班一度停航，自7月22日起恢复国际及地区客运航线，无锡至马尼拉、首尔、中国澳门航线先后复航，新开至东京航线及无锡至大阪、新加坡货运航线。加密无锡至广州、重庆、福州、太原、运城、西安、长沙等城市的客运航班，新增无锡至北京大兴、宜昌、遵义、临沂等城市客运航线，日均航班量150架次，平均客座率71.4%，平均载运率67.7%。航空公司总数达36家。

苏南硕放机场有中国东方航空江苏有限公司无锡分公司、深圳航空有限责任公司无锡分公司、瑞丽航空有限公司、顺丰航空有限公司等25家国内航空公司；新加坡酷虎航空、美国阿特拉斯航空等11家外籍航空公司。无锡通用航空企业适航在册航空器总数达21架，其中，江阴华西通用直升机场2架，亚捷通用航空无锡有限公司17架，无锡太湖通用航空有限公司2架。亚捷通用航空无锡有限公司完成通用航空生产作业飞行5134.15个小时，比上年增长1.36%，起落6163架次，比上年下降15.6%。无锡太湖通用航空有限公司完成通用航空生产作业飞行

2020年，中秋节、国庆节期间苏南硕放机场运送旅客18.2万人次。图为10月8日苏南硕放机场候机楼大厅 （陈淑娅 供）

447.44个小时，比上年增长32.7%，起落3290架次，比上年增长45.6%。苏南硕放机场客货运全国排名均达到历史最高，分列第40名和第20名，比上年均上升2位。

无锡苏南国际机场集团推进雷达管制工作。7月16日，苏南硕放机场进近管制席正式启用。12月31日11时30分，吉祥航空HO1862航班顺利落地，标志着苏南硕放机场正式实施进近雷达管制，成为国内首家实施进近雷达管制的中小机场。

（杨　华　陈淑娅）

【铁路经济】 2020年，铁路无锡站围绕打好安全、经营、新冠肺炎疫情“三大战役”工作主线，加强疫情防控常态化条件下的客运组织，精准申请运能，客运恢复率逐月攀高。全年办理到发旅客2740.88万人，比上年减少1908.39万人次，下降41%。完成运输收入15.13亿元，比上年减少41%。年初对始发终到或经停湖北境内的33对列车，先后实施停运、停止办客，停运列车239对，办理退票77.09万张，退款1.33亿元。二季度疫情好转后，有序恢复停运列车，争取运能，开行专列，最大限度助力无锡市复工复产。全年货物发送139.15万吨，比上年增加58.49万吨，增长72.51%。完成重点物资运输和专特运军事运输任务，车站全年未发生任何事故，确保重点时段安全稳定，实现连续第十个高质量的安全年。

（魏　玉）

【公路经济】 2020年，无锡公路建设完成投资73.87亿元。全市完成公路客运量3763万人次，客运周转量384.5亿人千米；货运量1.85亿吨，货运周转量194.96亿吨千米。至年末，无锡市境内公路总里程达7983.6千米，公路密度达172.54千米/百平方千米。其中，高速公路277.8千米，一级公路1174.4千米，二级公路1918千米，三级公路1428.7千米，四级公路3184.7千米。有公路客运场站6个。常宜、宜长高速公路建成通车。苏锡常南部高速太湖隧道实现底板贯通，江阴第二过江通道启动建设。G346国道芙蓉道段、S340省道惠山东段等建成通车，S341省道宜马通道等加快推进，G312国道锡山段等开工建设。S342省道智慧公路建设通过交工验收。新建农村公路82.42千米，桥梁30座。12月8日，客运集团首席技师浦锡东获评江苏省交通运输厅第二届“江苏交通工匠”。4月28日，江苏省总工会授予定制客运公司稳稳达浦东机场定制接送班组“江苏省工人先锋号”荣誉称号。

（徐天南　付春霞　惠　勤）

【航运经济】 2020年，无锡航道部门完成水路货物运输量3064万吨，货运周转量319.34亿吨千米，完成投资9464万元。至年末，无锡航道总里程为1687.16千米，达到等级航道里程为481.09千米。其中，三级航道76.83千米、四级航道66.24千米、五级航道117.84千米、六级航道90.57千米、七级航道129.61千米，全市航道密度达每百平方千米36.45千米，等级航道密度达10.39千米/百平方千米，在全省处于领先水平。锡澄运河新夏港船闸、江阴南北段建设项目通过竣工验收，市区段黄石大桥完成南半幅施工。锡溧漕河整治宜兴段进展顺利，锡溧漕河大桥、宜兴和桥、屺亭段修建完工。申张线中康桥建设加快推进。芜申线宜兴段航道整治完成工程项目可行性研究报告，部署京杭运河江苏段绿色现代化航运示范区建设。

（徐天南　陈武宁）

【港口经济】 2020年，无锡港完成投资2500万元。无锡（江阴）港石利港区长江化学品洗舱站建成，无锡（江阴）港申夏港区砂石集散中心码头完成交通运输部审批。无锡（内河）港宜兴港区旺达物流集装箱码头扩建项目报省厅调整至2021年开工建设。全港完成货物吞吐量3.16亿吨，集装箱吞吐量55.7万标准箱。无锡（江阴）港加强与上海洋山港、外高桥港等周边港口合作，加大航线密度，完成货物吞吐量2.56亿吨，比上年增长10.79%，创历史新高。12月，江阴港完成货物吞吐量2641.95万吨，比上年增长18.83%，创下单月吞吐量最高纪录。年内，江阴港金属矿石吞吐量完成1.03亿吨，比上年增长18.31%，占全港吞吐量的40.15%。完成外贸吞吐量6474.57万吨，比上年增长23.32%。集装箱吞吐量完成50.61万标准箱，比上年下降6.17%，外贸箱量下滑明显，完成2.98万标箱，比上年下降28.55%。无锡（内河）港完成货物吞吐量4.6亿吨，集装箱吞吐量5.11万标准箱。12月20日，在南京市举行的江苏港航高质量发展论坛上，江阴港港口集团码头被评为五星级江苏绿色港口，全省仅4个。

年内，无锡市港务公司完成营业收入2431.51万元。其中，装卸营收716.2万元，租赁收入1383.81万元，完成吞吐量68万吨，操作量115.01万吨。港务公司引进多家新客户，调整货位，提高货物的堆放质量与效率，全年铁路货运到车1605车，比上年增加271车。港务公司根据设备设施现状与生产管理需要，投资117.34万元，实施五区门头、电子监控系统、门禁系统等38个改造项目。

（徐天南　蒋　屹　刘晓炎　黄志宇）

【物流经济】 2020年，全市物流行业完成货物运输总量21683.7万吨，比上年增长5.2%，其中公路运输量18472万吨，比上年增长6.2%；铁路运输量139.2万吨，比上年增长65.9%。全市航空货邮吞吐量15.72万吨，比上年增长8.3%；港口吞吐量31599.49万吨，比上年增长9.9%；快递业务量7.58亿件，比上年下降7.29%。年内，无锡市规模以上物流服务业营业收入211.08亿元，比上年增长7.2%。城乡高效配送试点城市建设进程加快，全市建成各类快递末端公共服务平台707个，覆盖大多数社区、写字楼、商区。

（任　蔚）

项目建设

航空项目

【机场客货航线网络】 2020年，苏南硕放机场新增至海口、临沂、北京大兴、泸州、宜昌、遵义等国内航班，先后恢复无锡至马尼拉、首尔、东京、中国澳门等航班。引进京东物流，新开3条国内定班货运航线，协调顺丰速运持续扩大运营范围，每周平均国内货班量增加至65班，比上年增加29班。稳定欧美洲际货运航线，与DHL达成美线恢复合作协议，于4月1日恢复无锡至美国芝加哥的货班，最多每周6班。

（杨　华）

【国际货运航线恢复】 2020年，面对新冠肺炎疫情，苏南硕放机场针对苏南地区货运需求，助力企业复工复产，拓展国际航线，先后恢复和新增欧美、东南亚等国际航线包机航班。9月2日，机场获批进口药品口岸资质，提升航空货运枢纽优势，引导产业聚集，吸引更多外向型医药企业到无锡市发展，为打造长三角区域性货运枢纽提供支撑。12月30日，机场国际快件中心项目通过验收，提升跨境电商业务保障能力。昆山异地货站通过“舱单分拨”，于11月20日揭牌，实现货站功能的前置，为昆山制造业提供便捷化的航空物流服务。

（杨　华）

【国际货运】 2020年，市邮政管理局会同市交通运输局、无锡苏南国际机场集团合作签约，打造全市航空货运（快件）枢纽。苏南硕放机场复航及开通无锡—哈恩、无锡—新加坡、无锡—大阪、无锡—芝加哥等国际货运航线。顺丰速运、圆通速递、京东快递、UPS快递等企业在苏南硕放机场每周全货机航线超过55个班次，每周国际吞吐量约700吨，单日国际货量最高达234吨，完成无锡快件（跨境）监管中心扩建及智能化升级。

（郑　彤）

3月17日凌晨，苏南硕放机场开通顺丰“无锡—新加坡”国际货运航线

（陈淑娅　供）

【丁蜀通用机场建设】 2020年，无锡丁蜀通用机场按照A1类通用机场标准建设，项目占地33.13公顷，跑道为800米×30米，于2019年7月正式开工建设，至年末，完成机场综合楼结构封顶和单体建筑主体工程。机场建成后，将开展新机试飞、短途航线运营、飞机维修保养、航空器展示与体验、观光旅游、飞行驾驶培训、农林作业、应急救援等作业任务。

（杨　华）

【苏南硕放机场V11、V16南北复线开通】 6月30日9时，苏南地区临时航线实施（北复线）启动，9点18分，首架ZH8523航班使用临时航线V11离港，实现航班进离场分离，标志着苏南硕放机场空域工作进一步优化。苏南硕放机场推进长三角地区空域精细化改革，10月8日，启用苏南地区V16临时航线（南复线），7时19分，ZH9834和MU2789航班相继使用临时航线V16离港，标志着继苏南地区V11临时航线（北复线）启用之后，南复线也顺利开通，苏南硕放机场空域优化工作完成阶段性目标任务。V11、V16两条临时航线的启用，完善了苏南地区航路航线结构，航班通过进离场分离进一步提高空域使用率，降低航班调配风险，提高机场航班的准点率和航空安全裕度。

（陈淑娅）

【苏南硕放机场RNP AR飞行程序运行】 6月24日，随着深航ZH9803航班的顺利落地，苏南硕放机场RNP AR飞行程序投入运行，标志着RNP AR飞行程序开始发挥实际效能。该次新程序首飞成功标志着苏南硕放机场拥有了RNP AR飞行程序实施能力。

（陈淑娅）

公路项目

【公路养护】 2020年，无锡市完成国省干线公路“十三五”国检任务，优良路况率高于95%，公路技术状况指标大于92。全市管养公路里程达609千米，桥梁497座，委托第三方对普通国省干线公路进行养护检查，由季度集中检查改为月度检查，在全省公路中心开展的小修保养检查中，无锡市考核获优秀等次。增配养护作业综合车、雾炮车、安全防撞缓冲车、多功能抑尘车等养护机械，并对应急作业车统一换装，统一标识。实施桥梁安全检测3568座，完成25座独柱墩桥加固，投资5244万元，推进G346国道窑港河桥加固维修、桥梁预防性养护、S122省道江阴张家桥桥梁健康监测系统建设，在役桥梁船舶防撞专项整治等。完成10条省道140.53千米的安防工程建设，对496个平交道口、54个集镇段、57处临水临河路段问题以及28处视距不良路段进行处置，提升公路安全性能。全年免收普通公路通行费1253万元。加强路网监测设施建设，建立完善高速公路出入口和普通国省道绿化及环境整治。

（徐天南　付春霞）

【苏锡常南部高速公路建设】 2020年，苏锡常南部高速公路加快建设，完成投资5.03亿元，为年度计划的24.5%；累计完成投资73亿元，为概算的70.8%。路基桥梁工程，隧道工程钢板桩围堰、土方开挖、基底钻孔灌注桩、基底方桩已全部完成，主体结构底板、侧墙、顶板、中间管廊、土方回填，建设进度分别占总量的100%、88.1%、80.1%、62%、60.1%；路面底基层、路面基层、路缘石安装、中分带建设分别占总量的91.9%、80.6%、84.8%、38.8%；房建工程管理中心和马山收费站，其他房建基础工程已完成，已进行主体工程施工；交安设施完成10%的标志基础、15%的护栏板立柱、20%的隔离栅；声屏障、机电工程已进行材料制作、设备采购、基础管道施工。

（付春霞）

【江阴第二过江通道开工建设】 3月25日，省发展改革委批复江阴第二过江通道可行性研究报告，4月28日，该工程正式开工。江阴第二过江通道是《长江经济带立体综合交通走廊规划（2014—2020）》中批复的江苏省14条过江通道之一。工程于江阴大桥和泰州大桥之间，北接靖江，南连江阴，分别距泰州大桥约54千米，距江阴大桥约5千米。起点位于靖江市城西大道与公新公路交叉处，向南沿城西大道布线，在新港大道以北设置隧道，从七圩港处穿越长江，在江阴市通富路以南出隧道，接着向南沿西外环路布线，止于芙蓉大道，路线全长约12千米。

（陈久宇）

【常宜高速通车】 12月28日，常宜高速（S39江宜高速常州至宜兴段一期）正式通车。常宜高速起自S39江宜高速常州西绕城段的武进高新区枢纽，止于沪宜高速公路万石枢纽。全线设置武进高新区枢纽、武高新西互通、前黄枢纽、和桥互通、万石枢纽共5处互通式立交。其中，武进高新区枢纽至前黄枢纽段采用双向八车道高速公路标准，前黄枢纽至万石枢纽段采用双向六车道高速公路标准，全线设计速度120千米/小时，设置武高新西、和桥2个收费站。

（李　聪）

【葡萄岭隧道双洞贯通】 7月28日，宜长高速公路葡萄岭隧道实现双洞贯通，葡萄岭隧道位于张渚镇岭下村，连接宜兴市和浙江省长兴县两地，由江苏省、浙江省共建，为分离式长隧道，江苏段长约1800米（平均长）。隧道通车之后，宜兴市至浙江省长兴县的行车路程将由原来导航最短路径的42千米缩短为2.5千米。

（李　聪）

【花山互通工程竣工验收】 1月10日，锡澄高速公路花山互通工程（江阴南互通）通过竣工验收。该工程位于徐霞客镇和云亭街道交界处，距锡澄高速公路江阴互通约5千米，采用主线拼宽加互通匝道方案，与峭岐枢纽形成复合式互通。主线全长3千米，互通匝道共8.3千米，全线设拼宽桥梁1座、新建桥梁7座、收费站1处，工程于2014年6月开工，2016年3月完工并完成交工验收进入试运营。

（赵　玥）

【国省道安防工程】 2020年，市公路发展中心对市区段干线公路88座桥梁完成国际灰统一涂装，完成10条省道140.53千米的安防工程建设，对496个平交道口、54个集镇段、57处临水临河路段问题以及28处视距不良路段进行处置；完成58座县乡道桥梁安全防护设施的提升改造工作。做好限载标志整治工作，全市2237座需设置完善限载标志的农村公路桥梁实施到位，公路安全性能提升。

（秦哲伟）

【车辆动态称重系统项目】 5月30日，锡山区首套车辆动态称重系统（试点）项目完工。为加快路面动态称重检测系统和道路治超执法信息

广南立交桥鸟瞰　（徐天南　供）

化监管平台建设，按照省市交界处、重要节点路段不停车称重系统建设全覆盖的要求，锡山区确定4处动态称重系统的布点。其中，锡太路出城方向车辆动态称重系统作为试点项目，4月15日开工，工期45天，总计投入资金约340万元。动态称重系统具有识别车辆前后车牌、车辆外观拍照、识别车辆轴型、车辆石英窄条称重、可变情报提示板、信息汇总分析软件等功能。项目建成后，能有效掌握苏锡交界出城方向货运车辆超载实时情况，对项目以东500米处的公安卡口，起到预警作用，为卡口现场执法提供有效数据。

（李俊海　曹　立）

【首套绿色通道车辆快速检测】 12月14日，沪宁高速公路无锡管理处首套绿色通道车辆快速检测系统在无锡东站试运行。系统运用多项领先技术，融合5G/WiFi、云计算、人工智能、大数据等多项先进技术，以X射线透射成像为工作原理，当受检车辆进入车道时，系统会主动识别并避让驾驶室，之后通过车道两侧的发射及接收装置，自动开启射线，对集装箱或封闭车体进行扫描成像检测，车辆通过率100辆/小时，具有全天候运行、设备故障自动报修、危险品自动识别预警、数据智能统计分析等优点。系统符合多种规范标准，辐射安全指标完全满足《工业X射线探伤放射卫生防护标准》GBZ117-2006、《集装箱检查系统放射卫生防护标准》GBZ143-2002、《电离辐射防护与辐射源安全基本标准》GB18871-2002等各项国标规定值。

（邓爱东）

【“车保姆”服务】 4月3日，江苏长运定制客运服务无锡有限公司在无锡汽车客运站召开稳稳达“车保姆”服务产品媒体推介会。稳稳达“车保姆”推出家庭专车服务、校园专车服务及健康专车服务。家庭专车服务提供门到门护送学生上下学，专线专点，定制上下学，专门为有需要的家庭服务。稳稳达“车保姆”陆续开通南京市、泰州市、南通市方向的校园专车服务。4月17日，稳稳达推出面向大中院校学生的校园专车服务，首辆无锡市至南通大学“车保姆”校园专车准时从无锡汽车客运站发车。4月17日，无锡市至南京市仙林大学城拼车式上门接送专车正式启航。6月1日，稳稳达“车保姆”健康专车开始运营，定制客运公司根据市场需求为广大市民提供多场景用车服务，满足客户的新需求。1月15日，江苏长运定制客运服务无锡有限公司“稳稳达”品牌获评江苏省交通运输厅颁发的“第八届江苏交通优质服务品牌”。

（惠　勤）

航运项目

【航道维护】 2020年，无锡航道部门做好航道疏浚、船闸养护和航标配布工作。干线航道和船闸平稳运行，通航保证率95%以上，航标正常率达99%。完成苏南运河市区段、惠山段一期疏浚工程，苏南运河农科所段护岸工程，芜申线与杭湖锡连接段一期航标工程等。内河智能化船舶污染物接收设施建设项目通过验收。无锡航道5个服务区及1个船闸，完成安装9套船舶垃圾和油污水智能一体的接收装置，6套生活污水转运固定接收装置，9套船舶垃圾接收标识牌，水上服务区实现岸电全覆盖。智慧航道能力提升，推广应用“船舶交通量自动观测系统”科研成果，完成全市6条干线航道自动交通量观测系统全覆盖购买服务模式招投标，完成“感知航道”信息系统维护方案设计并通过专家审查，苏南数据中心整体运行安全稳定。

（陈武宁）

【锡澄运河新夏港船闸竣工验收】 6月24日，锡澄运河新夏港船闸通过竣工验收，这是无锡市唯一一座可通千吨级船舶的长江口门船闸。新夏港船闸于2012年开工，2016年5月建成试运行。船闸下闸首距长江主航道1.5千米，该闸按Ⅲ级航道通航标准建设，船闸规模为2×180×23×4.0（米）（双线×闸室长×口门宽×槛上水深），能保障1000吨级单船通过，船闸设计年船舶通过能力双向货运量为8346万吨。新夏港船闸从试运行至5月，安全通行船舶82.7万艘、通行船舶总吨位2.88亿吨，船闸通航保证率与优良闸次率均为100%。新船闸具有较强的抗洪排涝能力，升级整治后的锡澄运河泄洪断面由原来的204平方米提高到344平方米，增强区域水量调蓄能力，提升了锡澄地区的防洪泄洪能力。

（蒋晓军）

【锡澄运河江阴南北段航道整治工程】 12月1日，锡澄运河三级航道整治工程江阴南北段航道整治项目竣工质量等级评定为优良。锡澄运河江阴南北段航道整治工程，是交通运输部、省、市水运重点建设项目锡澄运河三级航道整治工程的重要组成部分，包括江阴南段航道整治工程和江阴北段航道整治工程，共计整治航道23.72千米、改建桥梁19座。北段航道整治工程起自新夏港河璜观桥，终点至新夏港河船闸上游引航道，全长5.856千米，新建护岸约10925米，改建桥梁8座，同时设置待闸锚地、船闸上游服务区和临时停泊区，项目总投资约8.4亿元。南段航道整治工程起点为锡澄运河江阴、惠山区交界处，止于江阴南闸镇璜观2号桥桥位处，全线17.87千米，新建护岸约33654米，改建桥梁11座（其中2座由江阴市实施），项目总投资约9.78亿元。两项目均按照三级航道标准实施整治，航道底宽不小于45米，航宽不小于60米，最小水深3.2米，最小弯曲半径480米，改建桥梁通航净空满足60×7米，保障千吨级船舶畅行无阻。在航道整治中统筹实施沿河绿化、标志标牌等配套附属工程，两段航道新增沿河绿化面积17258平方米，设置航道标志标牌19

2020 年，整治后的申张线航道景象　　（徐天南　供）

座，加固老驳岸 1884 米。12 月 25 日，通过竣工验收。

（王敏丰）

【锡溧漕河新大桥建成通车】 11 月 1 日，位于 342 省道庆源大道上的锡溧漕河新大桥建成通车。新大桥为钢桁架梁结构式，跨径 81.2 米、桥面净宽 30 米，设计荷载等级为公路—Ⅰ级，设计时速 80 千米 / 小时，通航标准为三级航道，通航净空为 60×7 米，主线全长 675 米，桥长 147.44 米。

（李　聪）

【申张线中康桥主桥悬臂箱梁合龙】 11 月 18 日凌晨，申张线（张家港—江阴段）航道整治工程中康桥主桥悬臂箱梁顺利合龙。随着近年来船舶流量持续增长、船舶大型化趋势加速，申张线航道需要升级整治，中康桥是其中先行改建的 1 座跨河桥梁，项目为原址改建工程，中康桥新桥于 2019 年 4 月开钻施工，新建的中康桥全长 894.854 米，桥梁上部跨径布置为（4×20）+（53+85+53）+(4×20）米，其中主跨为变截面预应力混凝土连续梁桥，两侧引桥为 20 米跨径预应力空心板梁，桥面道路设计等级为二级公路。中康桥于 4 月进入主桥悬臂箱梁挂篮施工阶段，主桥现浇悬臂箱梁强度为 C50，计 4200 余立方米。

（王敏丰）

【申港河口段航道疏浚工程】 12 月 27 日，江阴申港河口段航道维护性疏浚工程通过验收。工程位于申港河入长江口，疏浚长度 150 米，疏浚土方约 4.2 万立方米，总投资约 110 万元。申港河口段航道疏浚完成后，经实测扫床，疏浚断面达到设计标准，航道设计水深 7.8 米，通航宽度 90 米。

（包柳燕）

【苏南运河疏浚工程】 12 月 15 日，苏南运河无锡城区段、惠山段航道疏浚工程（一期）完成。城区段疏浚范围项目共两个段落，段落一起点位于高桥，终点位于蓉湖大桥；段落二起点位于新安大桥，终点位于丰乐桥，疏浚长度 8.276 千米，疏浚土方 24 万立方米。惠山段疏浚范围为苏南运河直湖港口至洛社大桥段，疏浚长度 5.15 千米，疏浚土方 23 万立方米。

（陈武宁）

【锡澄运河江阴段航道整治工程竣工验收】 12 月 25 日，锡澄运河江阴南、北段航道整治工程通过省交通运输厅组织的竣工验收。锡澄运河航道整治工程按三级航道标准进行全面整治，江阴南段航道整治工程包括整治航道 17.87 千米和改建桥梁 11 座，江阴北段航道整治工程建设包括整治航道 5.85 千米和改建桥梁 8 座，先后于 2015 ~ 2017 年完成交工通航。

（黄志宇）

港口项目

【“美丽港口”三年行动】 2020 年，无锡市制定建设“美丽港口”三年实施方案，至年末，已完成 9 项目标任务。港口码头粉尘综合治理到位，完成京杭运河从事易起尘货种装卸的港口码头粉尘在线监测系统建设，完成全市其他干线航道沿线港口粉尘在线监测系统建设，建成覆盖全市从事易起尘货种装卸的港口粉尘监测网。港口码头油气回收达标，完成 100% 的原油成品油装船码头油气回收系统改造。推进岸电设施建设改造，完善供售电机制，电力公司配套便捷电网服务，推进船舶安全规范使用岸电和水路经营者实施船舶受电设施改造。提高 LNG 动力装卸运输装备、电动车等节约能源和减少污染物排放，规划建设供电配套设施。依规实施港口码头水污染防治，加快改善水环境质量，督促辖区港口企业在完成港口码头水污染防治设施的建设、改造和维护，对码头平台、堆场、装卸区的初期雨水、港区生活污水和生产污水做到依规收集和处理，做好港口船舶污染物接收转运及处置。推动化学品洗舱站建设运行，以无锡（江阴）港石利港区水上洗舱站建设运营为重点，推动液体化工码头企业开展船舶化学品洗舱水接收治理业务。全面提升港口绿化及港容港貌，提高已建绿化区域的管养水平，优化港区生产生活环境。做好港口货物堆码标准化工作，推进港内标志标识的美化改造，推进港区老旧房屋设施维护，港区环境达到标准要求。对全市内河从事货物装卸作业的非法码头及设施开展整治。

（蒋晓军）

江阴港新貌 （王 琰 供）

【洗舱站通过洗舱调试运行验收】 11月23日，江阴市石利港区长江干线水上洗舱站项目通过洗舱调试运行验收，标志着江阴港洗舱站已具备前沿洗舱、内部转运、后方接收洗舱水的能力，为后期长江航运船舶提供全流程洗舱服务奠定基础。江阴港水上洗舱站位于江阴石利港区，由江苏丽天码头有限公司利用既有码头设施改扩建而成，年洗舱能力600艘次，该项目填补了江阴船舶洗舱能力的空白。洗舱站污水零排放，提升长江下游船舶污染物接收、转运和处置能力。

（黄志宇）

【长江江阴段水上过驳区关停】 12月19日13时，长江江阴段水上过驳区正式关停。长江江阴段水上临时过驳作业区是省整治办2017年统一设立的长江江苏段7个临时过驳作业区之一。12月14日，无锡市长江江阴段水上过驳专项整治领导小组办公室组织召开长江江阴段水上过驳取缔动员部署大会，会议传达《无锡市长江江阴段水上过驳作业取缔实施方案》，部署水上过驳取缔期间治安管理、水上交通安全、环保等工作。12月17日14时，泰州籍浮吊“中伟工929号”由江阴市夏港长江拆船公司开始拆解，成为长江江苏段首台拆解的浮吊。

（蒋 屹）

【取缔非法经营码头】 11月11日，为进一步规范京杭运河沿线码头和船舶运行管理秩序，提升运河河岸环境，市交通运输局与梁溪区政府开展联合执法行动，取缔辖区非法经营运河东路华世达建材码头和新光码头。

（朱 菡）

物流项目

【物流运作体系】 2020年，无锡市强化物流节点、通道、网络规划布局，鼓励物流龙头骨干企业对国际物流重要设施、重要节点以及运营能力进行投资布局。全市形成以苏南硕放机场、无锡（江阴）港、内河港、铁路枢纽、高等级公路网为骨干的陆海空综合立体交通网络。苏南硕放机场空域优化实现突破，南北复线均顺利开通，年内恢复或临时运营哈恩、芝加哥、大阪、新加坡4条国际货运航线、3条客改货包机。提升无锡（江阴）港江海河联运功能，江阴第二过江通道开工建设，申夏港区长洋码头竣工验收，一周两班“江阴—外高桥”外贸快航航线开通，与世界100多个国家和地区的600多个港口建立通航。深化综合保税区创新发展，全面复制推广自贸区改革创新举措，无锡市、江阴市进境药品口岸、江阴市进境肉类指定监管场地均获得国家批准。年内，无锡海关进出口整体通关时长继续在全省保持领先水平，进口平均通关时长快于全省10个小时、快于上海15个小时以上，出口平均通关时长快于全省、上海一半以上，贸易便利化得到提升。

（任 蔚）

【物流园区建设】 2020年，全市物流园区示范创建工作有序推进，在供应链管理、智慧物流、多式联运等方面发挥标杆引领作用，物流载体建设成效显著。无锡西站物流园依托并强化园区“公铁水”联运功能，开通无锡—丹灶公铁联运班列，连续9年被评为“全国优秀物流园区”。江阴长江港口综合物流园加大招商引资力度，集聚近800家现代商贸物流企业，形成一条以物流为核心，涵盖商品贸易、保税仓储、货运代理、金融支撑、会计服务等业务的全产业链，“物流+商贸”产业发展成效明显，成为江阴市首家千亿级物流园区。苏南快递产业园获批省级示范物流园区，全年实现快递中转量超40亿件，实现业务收入约42亿元，实现税收收入超2亿元，增幅均在20%以上。新增江苏华溢物流有限公司、阿斯利康（无锡）贸易有限公司2家省重点物流企业，全市累计拥有省重点物流企业（基地）48家。推进网络货运平台道路货物运输经营管理，12家企业通过网上能力认定，江苏物云通物流科技有限公司、无锡恰途网络科技有限公司等9家企业获得网络货运许可。

（任　蔚）

【智慧物流】 2020年，无锡西站物流园、江苏物云通物流科技有限公司等4家单位获批省智慧物流降本增效综合改革试点单位，西站物流园重点在车辆智能管理、多式联运信息整合、智慧物流信息服务、公共信息管理服务等方面推进园区智慧化改造。江苏物云通物流科技有限公司融合新技术新模式，形成智慧化网络货运平台，为企业提供更高效的“云物流”“大数据”共享、产业链外包、后市场等服务，提高运行效率。中科微至智能制造科技江苏股份有限公司完成自动化分拣设备安装150多套，帮助物流企业节省人力超过60%。无锡顺达通过为客户提供室内物流前期规划与咨询、客户产品工艺布局与分析、自动化生产装备的设计与制造、智能化生产管理软件系统、专用设备的集成与应用等，成为室内物流智能化解决方案的专业供应商。红豆集团有限公司依托EMS、顺丰、百世等快递企业，开发基于智慧生产线和智慧供应商的管理平台，实现客户个性化定制流程配送。海澜之家集团股份有限公司联合快递企业，利用高位智能仓储物流中心和综合性信息系统，提高供应链和存货管理的效率及精细化程度。

（任　蔚）

锡东新城商务区新貌　　（陈景芹　供）

产业集聚区

【锡东新城产业集聚区】 2020年，锡东新城推动枢纽经济与总部经济融合发展，完成招引15个超亿元项目（其中超5亿元科创项目2个、规模2亿元以上基金项目7个），打造上海、无锡资源双向流动平台。无锡站前商贸区盘活商业资源，协调第六空间项目合作，推动假日酒店、全季酒店等项目落地。惠山城铁商务区推进建设省锡中双语国际学校、红星美凯龙商场、西部健康生态产业园等项目，完善站区功能配套。

（谢路遥）

【空港经开区产业集聚区】 2020年，新吴区发挥空港区位优势，加大航空制造、生物医药、跨境电商、集成电路等产业招引力度，招引投资10亿元的鸿鹏航空动力项目和超亿元的楼蓝航空发动机燃烧室关键部件项目落地空港枢纽经济区。济民可信生物药产业基地签约，总投资1亿元的长风医疗研发总部项目完成备案。日淘、顺丰等跨境电商项目先后落户新吴区。空港经济开发区举行的枢纽经济项目集中签约仪式，涵盖枢纽经济、产业综合体、科技创新等领域，涉及项目31个，总投资超100亿元。

（谢路遥）

编辑　胡　慧

综　述

【综合保障】 2020年，无锡市制定《高质量推进“一带一路”交汇点建设三年行动计划》和《2020年工作要点》，明确目标、细化任务、完善举措。各有关市（县）、区制定工作要点，健全工作体系，抓好重大项目跟踪推进，全力服务项目建设运营，推动“一带一路”建设工作有效落实。相关部门组织召开无锡市企业国际化发展大会，成立“1+N”（1是在无锡市建立“一带一路”法律服务中心作为无锡企业到境外投资、外商外资到无锡投资的涉外法律服务平台，N是在境外有条件的国家或地区设立若干个分中心）模式的市“一带一路”法律服务中心，打造“一带一路”海外发展服务平台，承办“一带一路”沙龙·无锡站活动，多举措提升“一带一路”综合保障能力。

（王亦娴）

【“一带一路”线上数字展览】 11月16日，由市商务局、惠山区商务局共同主办，米奥兰特国际会展承办的2020无锡名品“一带一路”线上数字展览暨无锡市惠山区国家外贸转型升级基地汽车零部件专场在无锡市召开。展览会获得墨西哥中国商业科技商会、巴西商业企业联合会在海外的大力支持。展览会为期15天，以中国企业和产品以及拉美、中东非、中东欧地区买家和需求信息为核心，利用“网展贸Max”平台为企业提供在线交流洽谈机会和精准配对服务，助力企业找寻合作商机，开拓国际市场。

（徐　力）

11月16日，2020无锡名品“一带一路”线上数字展览暨无锡市惠山区国家外贸转型升级基地汽车零部件专场举行开幕式　（市商务局　供）

经贸合作

【概况】 2020年，无锡市备案境外投资项目89个，中方协议投资额12.4亿美元。其中，31个项目投向17个“一带一路”沿线国家（地区），协议投资额4.9亿美元。全市对“一带一路”沿线国家进出口贸易额206.4亿美元，占全市进出口总额23.5%，其中出口141.2亿美元。

（王亦娴）

【国际产能合作】 2020年，无锡市支持企业“走出去”参与国际产能合作，有序推动产业链向境外延伸，提升轻纺、汽车零部件、能源电力等优势行业在非洲、东南亚、拉美等地区影响力。境外参股并购活跃，无锡威孚高科技集团股份有限公司收购比利时公司100%股权，实现快速进入燃料电池核心零部件领域，银牛微电子（无锡）有限责任公司收购以色列芯片领域领军企业56.42%股权，带动芯片行业企业集聚。

（王亦娴）

【西港特区建设】 2020年，柬埔寨西哈努克港经济特区（以下简称西港特区）开展严密防疫，新冠肺炎零病例。全年实现进出口总额15.65亿美元，比上年增长26.52%，实现逆势发展。至年末，西港特区累计实现投资10.28亿美元，累计实现总产值25.37亿美元，已有来自世界各地的166家企业入驻，创造就业岗位近3万个。全年完成路基建设4328米，路面浇筑2010米，修筑排水沟2824米，铺设污水管1754米，平整土地32万平方米；热电厂主体建设已完工；完成水库二期及拦水坝工程；6栋职工宿舍全部建成启用，满足3000名员工的住宿需求。

（王亦娴　陆　方）

【丝路贸易】 2020年，无锡市落实“稳外贸12条”“稳外资10条”等政策措施，“外贸小微贷”发放贷款19.03亿元，“苏贸贷”发放贷款8.13亿元。启动服务贸易统保平台，协助8家服贸企业运用政策性保险工具拓展市场。跨境电商加快发展，全年跨境电商进出口交易额25.7亿美元，比上年增长19.8%；21家企业在外投资33个海外仓，仓储面积超过20万平方米。持续推进贸易便利化改革，无锡航空口岸、江阴港口岸获批药品进口口岸资质，无锡海关进出口整体通关时长继续在全省保持领先。

（王亦娴）

互联互通

【苏南硕放机场】 2020年，苏南硕放机场建立机场联防联控“三道关口”“五项清单”等闭环机制，守住疫情防控的“空中门户”。畅通复工复产“便捷通道”，全年保障国际复工包机16班次，运送人员1729人次。引进京东物流，新开三条国内定班货运航线。

（王亦娴）

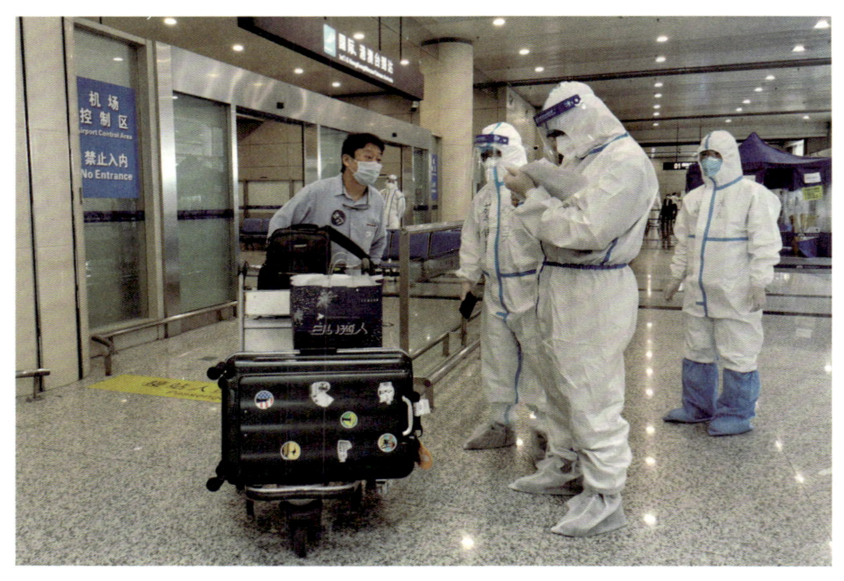

2020年，苏南硕放机场做好疫情防控工作　　（市商务局　供）

【江阴港开辟外贸快航航线】 2020年，江阴港港口货物吞吐量2.56亿吨，比上年增长10.79%，集装箱吞吐量为50.6万标准箱。开辟一周两班“江阴—外高桥”外贸快航航线，与世界100余个国家和地区的600余个港口建立通航，打造江海河联运的全方位集疏运网络体系。

（王亦娴）

人文交往

【卫生合作】 2020年，无锡市向“一带一路”沿线10个国家13个国际友城及地区捐助一次性医用口罩29万个、防护服2400套、护目镜500副以及防护手套500副。第五批援柬医疗队利用专长全力配合当地开展疫情防控工作。

（王亦娴）

【文教合作】 2020年，西港工商学院和中柬友谊理工学院通过线上授课，实现“停课不停学”。成立澜湄区域教育发展研究中心，推动建设澜湄区域职业教育合作和澜湄教育共同体。无锡职业技术学院的“中马立体交叉多维深度合作创新项目”第二次入选中国—东盟高职院校特色合作项目。

（王亦娴）

编辑　胡　慧

利用外资及港澳台资

【概况】 2020年，全市完成实际使用外资及港澳台资36.21亿美元，位列全省第三位，比上年增长0.04%。全年新批外资及港澳台资项目410个，新增协议注册外资及港澳台资57.8亿美元(不含减资金额)，比上年增长8%。制造业投资高于全省平均。全市制造业实际使用外资及港澳台资16.2亿美元，占全市外资及港澳台资比重44.6%，占全省制造业比重13.7%，全市制造业比重高于全省(36.7%)7.9个百分点。服务业投资快速增长，全市服务业协议注册外资及港澳台资和实际使用外资及港澳台资分别为42.1亿美元、20.1亿美元，分别比上年增长82.8%、81.8%，主要源于信息传输计算机服务和软件业、批发和零售业、房产开发、租赁和商务服务业、科学研究技术服务和地质勘查业等领域快速增长，实际使用外资及港澳台资分别比上年增长367.8%、161.4%、20.4%、152.5%、87.4%。主要外资及港澳台资来源地有升有降。全市港澳台资主要来源地为中国香港、中国台湾，实际使用外资及港澳台资占全市比重为56%、2.9%，全市外资主要来源地为新加坡、韩国、欧盟、英属维尔京群岛、美国、日本，实际使用外资及港澳台资占全市比重分别为15.2%、9.5%、3.6%、2.1%、1.4%、1%。来自欧洲、离岸金融中心、新加坡的实际投资呈现增长态势，实际使用外资及港澳台资分别比上年增长13.4%、25.5%、94.1%；来自中国香港、中国台湾、日本、韩国、美国的实际投资呈现下滑趋势，实际使用外资及港澳台资分别比上年下降24.8%、69.8%、79.8%、20.1%、21.6%。来自亚洲、RCEP成员国、“一带一路”国家及地区、欧洲、大洋洲、北美洲、离岸中心的实际使用外资及港澳台资分别占比85%、26.6%、15.2%、3.7%、0.9%、1.5%、8.9%。

(刘孔水)

【外资及港澳台资使用】 2020年，无锡市实际使用外资及港澳台资36.21亿美元，实现正增长；新增协议注册外资及港澳台资57.8亿美元，比上年增长8%；新增协议注册外资及港澳台资3000万美元以上重大项目69个，比上年增加19个，其中总投资超亿美元项目31个，比上年增加6个。外资结构实现优化，服务业实际使用外资及港澳台资20.06亿美元，比上年增长81.8%，占全市比重55.4%。制造业实际使用外资总量和比重均保持全省第二位。推动外资总部经济发展，无锡市制定《全市总部型外资企业培育三年行动计划》，5家企业被新认定为江苏省跨国公司地区总部，超额完成省高质量考核个性目标任务。新引进6家世界500强跨国公司在无锡市投资设立8家外商投资企业。推动招商护商，举办全市招商

表27　2020年无锡市利用外资及港澳台资统计表

指标	单位	2020年	比上年增长(%)
实际使用外资及港澳台资	亿美元	36.21	0.04
批准协议注册外资及港澳台资	亿美元	57.80	8.00
服务外包合同总额	亿美元	144.81	11.70
服务外包执行总额	亿美元	109.78	2.20
离岸外包合同总额	亿美元	102.25	15.60
离岸外包执行总额	亿美元	77.70	4.70
新批境外投资中方协议投资额	亿美元	12.37	−14.70
外经合同额	万美元	373.00	−98.10
外经营业额	万美元	73.00	−99.60

(市统计局)

护商大会以及无锡日本、无锡韩国产业链对接合作大会，举办无锡太湖金秋招商月活动。建立全市政府服务企业专员制度，发布无锡市投资服务云平台，发布优秀外商投资企业白名单，制定支持外资企业发展、打造外商投资最满意城市的政策措施和招商护商工作激励办法，与全球国际房地产顾问五大行——仲量联行、高力国际、戴德梁行、第一太平戴维斯、世邦魏理仕等签订战略合作协议。

（楼利锋）

【外资及港澳台资项目】 2020年，全市新批协议注册外资及港澳台资超3000万美元以上的重大外资项目共69个；完成协议注册外资及港澳台资48.0亿美元，占全市比重高达83%；完成投资总额101.9亿美元，项目平均投资规模为1.5亿美元，其中，总投资额超亿美元项目31个，累计投资总额83.9亿美元，超3亿美元重大项目9个，累计投资总额48.6亿美元，超5亿美元重大项目4个，累计投资总额30.5亿美元，如总投资9亿美元的八千里路（无锡）网络科技有限公司、总投资4.3亿美元的环晟新能源（江苏）有限公司、总投资4.2亿美元的博世汽车柴油系统有限公司、总投资3亿美元的迪哲（江苏）医药股份有限公司、总投资3亿美元的鹰普流体科技有限公司等。

（刘孔水）

【外资及港澳台资企业】 2020年，全市外资及港澳台资企业进出口总额556.7亿美元，比上年下降7.4%，占全市进出口总额的63.4%。全市外资及港澳台资企业缴纳涉外税收489.9亿元（省商务厅口径），比上年增长3.6%，占全市税收的29.4%。

（刘孔水）

对外及对港澳台贸易

【概况】 2020年，无锡市外贸进出口实现877.8亿美元，比上年下降5%，其中，出口及对港澳台输出512.4亿美元，比上年下降7.6%；进口及港澳台输入365.4亿美元，比上年下降1.2%。高新技术产品、机电产品出口分别为201.8亿美元和348.1亿美元，比上年分别下降9%和6.9%，占全市出口比重分别为39.4%和67.9%。

年内，全市外贸有进出口实绩企业数增加617家，达到10852家，其中民营企业数增加696家，达到8908家，均创历史新高。民营企业出口214.6亿美元，增长7.5%，增幅高于全市平均15.1个百分点，占全市出口比重41.9%，较上年同期提升5.9个百分点。全市一般贸易进出口额达448.2亿美元，比上年增长1.5%，增幅高于全市平均6.5个百分点，占全市外贸进出口比重51.1%，比上年增加3.3个百分点。全市进口占外贸进出口比重41.6%，比上年增加1.6个百分点，占比连续第二年超40%。

年内，在全市三大传统出口市场中，对美国、日本和欧盟出口分别为56.3亿美元、36.1亿美元和82.9亿美元，比上年分别下降11.7%、10.6%、2.6%；对韩国、东盟出口分别为68亿美元、79.2亿美元，比上年分别下降4.6%、3.5%；销往中国香港56.1亿美元，比上年下降2.9%；对拉丁美洲、大洋洲和非洲出口分别为28.9亿美元、17.9亿美元和11.7亿美元，比上年分别下降19.3%、15.1%、19.9%；对“一带一路”沿线市场出口141.2亿美元，比上年下降8.0%。主要进口来源地中，自韩国、日本和东盟进口分别为74.8亿美元、67.5亿美元和47亿美元，比上年分别下降9.3%、6.3%、0.8%；自美国和欧盟进口分别为31.9亿和63.9亿美元，比上年分别增长29.8%和3.2%。年内，欧盟、韩国、东盟、日本、美国位列无锡市前五大贸易伙伴，进出口分别为146.8亿美元、142.8亿美元、126.2亿美元、103.7亿美元和88.2亿美元，占比分别为16.7%、16.3%、14.4%、11.8%和10%。

（徐　力）

【市场多元化战略】 2020年，无锡市支持外贸企业线上参展，组织全市1000家外贸企业参加第127届、第128届网上中国进出口商品交易会、第30届中国华东进出口商品交易会以及“江苏优品，畅行全球”线上对接会。在省内率先与香港贸易发展局、阿里巴巴、米奥兰特会展公司等国内知名展会机构共同举办“无锡外贸优品——云展会”“无锡名品‘一带一路’线上数字展览暨无锡市惠山区国家外贸转型升级基地汽车零部件专场”，精选50家外贸企业参展，推动全市轻纺、汽车摩托车配件、机械等优势外贸产品触网上线。拓展内销市场，与阿里巴巴、中国制造网等电商平台进行合作，拓宽外贸转内销渠道，助力外贸企业稳产能、去库存。举办“海购无锡，云启未来——新零售助力外贸拓内销活动”，优选18家外贸企业、100余款产品，现场8个直播间线上观看165.7万人次，销售金额超过4760万元。第三届中国国际进口博览会无锡交易分团组织1393家企业参加展会，152家企业签约成交订单248笔，意向成交金额11.66亿美元，比上年增长21.5%，成交额和增幅均居全省前列。举办“2020全球新能源产业峰会”“无锡欧洲生命科学创新产业园”等活动，对促进无锡市新能源产业和生物医药产业国际交流合作具有重要意义。

（徐　力）

【外贸转型升级】 2020年，无锡市推动新吴区获批国家级外贸转型升级基地（集成电路），至年末，全市共有6家国家级外贸转型升级基地，全省排名第二，涵盖集成电路新能源、节能环保、摩托车及零部件等多个优势产业，对优化提升外贸结构、加快转变外贸发展方式、促进优势出口产业集聚形成强大支撑。全市外贸转型升级基地建设经验被省商务厅《江苏商务发展参考》录用。保税维修检测业务集聚，无锡高新区综合保税区全年开展维修检测企业

表 28　　2020 年无锡市开放型经济统计表

指标	单位	2020 年	比上年增长（%）
进出口总值	亿美元	877.85	−5.0
#一般贸易	亿美元	448.15	1.5
加工贸易	亿美元	343.08	−10.5
来料加工	亿美元	79.69	−0.8
进料加工	亿美元	263.38	−13.0
出口总值	亿美元	512.43	−7.6
#一般贸易	亿美元	285.39	−1.1
加工贸易	亿美元	190.59	−14.6
来料加工	亿美元	42.17	0.1
进料加工	亿美元	148.42	−18.0
进出口总值	亿元	6075.61	−4.6
#一般贸易	亿元	3104.25	2.1
加工贸易	亿元	2375.38	−10.0
来料加工	亿元	551.84	−0.4
进料加工	亿元	1823.54	−12.6
出口总值	亿元	3547.07	−7.2
#一般贸易	亿元	1975.96	−0.7
加工贸易	亿元	1320.38	−14.1
来料加工	亿元	292.30	0.7
进料加工	亿元	1028.07	−17.6

（市统计局）

4 月 30 日，“海购无锡，云启未来”——新零售助力外贸拓内销启动仪式在无锡国家数字电影产业园举行　　（市商务局　供）

8 家，新增富昌中外运、来德福特等 4 家维修检测企业，全年完成维修检测进出区货值 12819 万美元，比上年增长 190.3%，无锡高新区综合保税区保税维修检测产业呈现集聚发展态势。全市 92 个省级品牌获评“2020 ~ 2022 年江苏省国际知名品牌”，总数占全省比重达 22%，连续七届蝉联全省第一。新兴业态快速发展，加快推进中国（无锡）跨境电商综试区建设，新增省级公共海外仓 1 家，总量达到 5 家，位列全省第一；旺庄科创中心获评国家电子商务示范基地，红豆股份有限公司被评为商务部首批线上线下融合发展数字商务企业，6 家企业获评省级数字商务企业。

（徐　力　楼利锋）

【外贸综合服务平台】 2020 年，无锡世贸通供应链服务有限公司和无锡一达通企业服务有限公司 2 家省级外贸综合服务试点企业通过整合外贸服务资源，为中小企业提供综合性服务平台，降低中小外贸企业运行成本，提升中小企业国际市场竞争力。2 家企业服务中小微企业超 3000 家，进出口额 1.97 亿美元，其中出口 1.8 亿美元。

（徐　力）

【出口信保】 2020 年，全市出口信用保险支持全市出口贸易 131.9 亿美元，规模连续第二年跨上“130 亿”美元的台阶；全口径贸易渗透率 25.7%，比上年增加 2 个百分点，服务企业 3028 家，比上年增长 20.5%；支持企业加大对一带一路沿线国家出口的支持力度，出口金额 45.42 亿美元，占到总体承保金额的 34.4%。加大对企业出运前风险保障，全年为 14 家客户累计 17 亿美元出口新增出运前风险保障，增强疫情期间企业接单信心。年内，加强对小微企业支持力度，新增承保小微企业 753 家，比上年增长 115%，全年服务小微企业 2032 户，向小微企业支付赔款 140.54 万美元，比上年增长 36.5%，帮助小微企业防范出口风险。

（徐　力）

【外贸小微贷】 2020年，无锡市修订并制定《无锡市中小微外贸企业信用贷款风险补偿业务管理实施细则》，“外贸小微贷”业务实现扩面，新引入招商银行、上海银行2家合作银行，全年“外贸小微贷”风险补偿基金规模增加1亿元总量达2.2亿元，合作银行增至4家，单户贷款额度放大一倍至1000万元，贷款利率进一步下调，为364家外贸企业提供融资19亿元，平均利率4.11%。

（徐 力）

对外及对港澳台经济合作

【概况】 2020年，无锡市对外及对港澳台经济合作呈现稳健的发展态势，全年新批境外企业（机构）89个，投资领域新增以色列1个国家，累计92个国家（地区）。中方协议投资额12.4亿美元，比上年下降14.5%，其中，民营企业对外投资项目71个，中方协议投资额10.7亿美元，项目数和投资额分别占总量的79.9%和86.7%，继续保持对外投资主力军地位。全年，对外工程承包和劳务合作方面，完成外经营业额73万美元，外经合同额373万美元，新派劳务人员151人，至年末共有在外劳务452人。在对外援助方面，无锡市具有国家援外资格的机构，以其专业领先优势，继续承担和发挥在渔业养殖与寄生虫防治方面的培训基地作用。

（陆 方）

【投资项目】 2020年，全市完成的89个新批项目中，“一带一路”沿线境外投资项目31个，中方协议投资额4.9亿美元，项目数和投资额均占全市总额三成以上，主要投向泰国、以色列、新加坡、柬埔寨等国家。其中1000万美元以上项目6个，超亿美元项目2个。

（陆 方）

国际贸易投资促进

【概况】 2020年，中国国际贸易促进委员会无锡市委员会围绕“一带一路”建设、长三角区域一体化发展工作要求，加强资源整合，举办“外商合作交流之夜（无锡）商务交流活动”“无锡—刚果（布）经贸合作对接会”“2020无锡—台湾环保产业在线采洽会”等多场经贸交流活动，深化无锡市与相关国家（地区）的经贸交流与合作。疫情期间，调研全市防疫物资生产企业，编制防疫物资生产企业名录向各国驻华使领馆及商务机构推送，帮助防疫物资生产、出口企业解决原材料供应、国际运输、品质检验等方面的困难，促成泽华经贸与德国巴伐利亚州政府1000万美元的防疫物资出口协议。

（卢 珊）

【国内外展览组织情况】 2020年，新冠肺炎疫情暴发初期，市贸促会抢抓机遇，组织70余家企业参加巴黎服装面料展、德国慕尼黑国际体育及户外休闲用品展等14个境外展（博）览会，出展面积500余平方米。疫情全球蔓延后，市贸促会利用贸促系统的渠道优势，多方位发掘线上展会资源，组织全市30余家防疫物资生产企业参加广州市、上海市等城市举办的防疫物资展、“江苏品牌产品线上丝路行（中东非站）”、“美国拉斯维加斯服装”等10余场国际线上展会活动，以及中国（鄂尔多斯）国际羊绒羊毛展览会、盘锦市乡村振兴博览会等国内知名行业盛会，帮助企业开拓国内、国际两个市场。

（卢 珊）

【国际经贸变局应对】 2020年，为帮助企业应对新冠肺炎疫情和“逆全球化”思潮挑战，市贸促会以外贸风险防范及育新机开新局为主题开展系列线上线下培训活动。全年举办“RCEP与国际经贸规则体系”“专利侵权诉讼策略”“新冠肺炎疫情下的新机遇——首届智慧新零售高峰论坛”“出口信用保险政策宣讲”等培训活动20余场，为企业复工达产、实现稳定发展提供指导。连续举办6期“经贸大讲堂”，帮助外经贸企业抓住经济发展战略转型的机遇、熟悉外经贸政策和规则、认清经济发展形势、开拓国际国内多元化市场，促进

9月17日，2020外商合作交流之夜（无锡）商务交流活动在无锡市举行

（市贸促会 供）

11月4～6日，第12届中国（无锡）国际新能源大会暨展览会在无锡市举办
（市贸促会 供）

全市外贸经济稳健发展，吸引线上线下超过3万人次参与。

（卢 珊）

【国际商事法律服务】 2020年，市贸促会推广“不见面”服务，简化企业办证流程。通过“无锡e贸促”手机App系统，实现原产地证书的自助申请、线上审核、手机终端信息查询及自主、自助打印全流程“不见面”服务，原产地证自主打印率超过95%。宣传“两证合一”云备案，简化材料，提高效率。全年出具各类外经贸证书、认证7.3万份。为帮助受疫情影响无法按期交货的外贸企业减轻或免除出口合同违约责任，为全市85家企业出具疫情不可抗力证明94份，涉及合同金额约3亿美元。

（卢 珊）

【2020中国（无锡）国际瑜伽节】 6月20日，由无锡市贸促会牵头举办的“2020中国（无锡）国际瑜伽节”开幕。此届瑜伽节以“瑜伽·让生活更健康”为主题，吸引瑜伽爱好者近500人次现场参与，得到新华社、《中国时报》、新浪、网易、《无锡日报》等10余家媒体报道，网络媒体点击量超过30万次。活动期间组织“瑜伽俪人打卡网红地标”活动，通过抖音短视频、网站、微信公众平台等社交媒体进行了网络宣传，展示无锡城市多姿多彩的自然风貌和无锡市民健康向上的精神面貌，打造无锡城市新名片，带动体育休闲消费的增长。

（卢 珊）

【第12届中国国际新能源大会】 11月4～6日，第12届中国（无锡）国际新能源大会暨展览会在无锡市举办。展览会以“低碳·智慧·高效”为主题，举办“全球新能源产业峰会”“第16届中国太阳级硅及光伏发电研讨会”等40余场论坛活动。来自国家能源局、中国贸促会、中国能源研究会、中国科学院、各级政府代表以及专家学者、企业家2500余人参会。吸引包括国家电力投资集团有限公司、国家能源投资集团有限责任公司等龙头企业在内的近百家企业参展，展览面积2万平方米，观众约2万人次。23家单位、12个重大项目签约88.5亿元，成功打造无锡新能源和会展经济的“双名片”。

（卢 珊）

【2020中国关务发展大会暨太湖关务节】 12月11日，“2020中国关务发展大会暨太湖关务节”在无锡市举办。活动以“新关务：生态与专业价值构建”为主题，来自全国各地进出口企业、通关服务企业负责人、关务人员以及海关、口岸等相关部门、行业协会的700余名代表出席大会。大会围绕跨境电子商务、人工智能与关务发展、国际供应链与技贸服务、数字供应链与智能通关、畅通国内国际双循环等内容举行5场分论坛，并发布大会宣言和相关课题成果。

（卢 珊）

口 岸

【概况】 2020年，全市口岸货物吞吐量完成2.58亿吨，比上年增长10.66%；外贸货物吞吐量完成6530.25万吨，比上年增长22.91%；集装箱吞吐量完成62.49万标准箱，比上年下降7.74%。无锡空港旅客吞吐量完成599.42万人次，比上年下降24.8%，其中出入境旅客吞吐量完成10.46万人次，比上年下降89.9%；货邮吞吐量完成15.72万吨，比上年增长8.3%，其中出入境货邮为2.14万吨，比上年下降38.1%。在全国235个机场排名中，客运排名40位，货运排名20位，比上年上升2位。

（潘君祥）

【指定监管场地获批】 9月，经国务院批准，国家药品监督管理局、海关总署联合制定《关于增设无锡航空口岸、江阴港口岸为药品进口口岸的公告》，同意增设无锡航空口岸、江阴港为药品进口口岸。药品进口口岸的建设将带动周边地区的经济发展，促进全市生物医药及相关产业发展，提升无锡的城市竞争力和影响力。11月23日，海关总署发文公告同意在江阴苏南国际集装箱码头设立进境肉类指定监管场地。进境肉类指定监管场地的建设，将完善江阴口岸功能，带动江阴国际贸易发展，满足无锡市、江阴市、常州

江阴港水运一类口岸场景 （潘君祥 供）

市、泰州市的现实需求，减少江阴地区进口肉类产品的中间环节，降低物流成本，发挥现代物流业对江阴市转型发展的推动和促进作用。

（潘君祥）

【首批离境退税商店】 9月，无锡商业大厦大东方股份有限公司、无锡苏宁商业管理有限公司、无锡三阳百盛广场有限公司、无锡红豆商业管理有限公司、无锡八佰伴商贸中心有限公司5家企业通过省税务局备案审核，成为无锡市首批离境退税商店。推进了全市口岸服务，推动无锡市创建国际消费中心城市。

（潘君祥）

【航空口岸】 2月27日起，苏南硕放机场国际及地区客运航班全部停航。新冠肺炎疫情期间，苏南硕放机场新开无锡至大阪、新加坡货运航线，同时保障无锡—马尼拉、无锡—基辅—法兰克福、无锡—玻利维亚临时客改货包机。为保障国家重大外资项目建设，机场与市商务部门共同调研和搜集无锡村田电子有限公司、村田新能源（无锡）有限公司、SK海力士半导体（中国）有限公司、三星电子（苏州）半导体有限公司等企业技术人员到中国复工需求，协调航司提供包机运力支持，先后由深航、东航、国航、吉祥航开通大阪、首尔、东京至无锡的16班国际复工包机及1班公务机。7月22日起，无锡至中国澳门及至马尼拉、首尔、东京等国内地区及国际客货运航班先后复航。年内，无锡航空口岸开通52个国内主要城市、23个国际和中国港澳台地区城市的103条客货运航线（国内77条，国际和中国港澳台地区26条，其中货运及客改货航线11条）。日航班量最高达219架次，平均客座率71.4%，平均载运率67.7%，初步构建起覆盖国内，辐射东北亚、东南亚的航线网络。

（潘君祥）

海　关

【概况】 2020年，无锡海关统筹推进疫情防控和促进外贸稳增长，审核进出口报关单45.2万份，比上年下降11.5%；监管货运量59.8万吨，比上年增长3.2%；监管货值316.8亿美元，比上年下降2.7%；监管集装箱8.1万箱次，比上年下降4.9%；监管飞机1480架，比上年下降83.1%；监管邮、快件2.5万件（票），比上年下降60.8%。检验检疫进出口货物4万批、310.7亿元，比上年分别下降13.2%、增长4.1%；征收税款入库63.7亿元，比上年增长8.4%。年内，通过全国文明单位复查。无锡海关统筹口岸疫情防控、“人物同防”、常态化疫情防控等工作，推进构建口岸公共卫生防控体系，有2人被表彰为省抗击新冠肺炎疫情先进个人。

（邵元飞）

【依法监管】 2020年，无锡海关做好企业注册登记，开展危化品及危险货物包装性能检验，严格防疫物资、旧机电等重点敏感商品把关，查获案例入选海关总署警示通报。口岸查验成效明显，人工查获率12.7%。推进动植物检疫监管工作，出口农产品协同监管机制发挥合力，有害生物检出总量保持高位。推进创新后续监管模式改革，“互联网＋稽核查”、柔性监管成效初显，稽核查有效率分别为63.64%和62.4%，位居全省前列。

综合治税量质并举，全年税收入库63.67亿元，比上年增长8.41%。

（邵元飞）

【改革创新】 2020年，无锡海关推进“两段准入”“两步申报”等通关模式改革，通关流程更加顺畅可控，保税检测、企业集团保税等自选改革试点项目效果突出。深化科技运用为监管赋能，“智慧海关”项目作为无锡市物联网重大应用示范项目予以立项，在全国首创“5G+AI远程验放”监管模式，“慧眼通”智能监管提升无锡高新区综合保税区通关速度近80%，“智慧旅检”和“快件现场智能化管理系统”极大提升通关速度和通关体验，为无锡机场建设区域性航空枢纽提供支撑。

（邵元飞）

5月29日，无锡海关坚守在苏南硕放机场口岸新冠肺炎疫情防控一线对进境旅客实施红外测温 （邵元飞 供）

【地方发展服务】 2020年，无锡海关支持航空口岸功能拓展，助力国际邮件互换局、药品口岸、冰鲜水产品指定监管场地等正式获批。优化资源配置，保障国际货运航班扩线加密，先后支持开通欧美货运定班航线2条、货运包机新航线2条、客改货航线1条以及临时防疫物资包机3班，协调开通卡车航班、开通国际航班国内段混载运输，有效保证无锡及周边地区的供应链稳定。助力无锡高新区综合保税区对外开放平台建设，区内企业简化海关业务核准手续，首本研发账册顺利设立，一线进出口检修货物快速增长，跨境电商新业态体量过亿元，1210（保税跨境贸易电子商务）监管方式出口海外仓业务位居全国第二。

（邵元飞）

【优化企业服务】 2020年，无锡海关落实海关总署、南京海关“18+20”项应对疫情影响促进外贸稳增长系列措施，推行“互联网+海关”，鼓励企业在线办理各类备案、减免税审批等业务，提升通关效率，整体进口通关时间处于绿区。推动“问题清零”机制，坚持一企一策帮扶企业纾困解难，助力水蜜桃、大闸蟹等本地优质农产品出口。释放减税降费政策红利，减免企业滞报金、税款滞纳金1188万元，支持地方产业升级，为企业进口减免税款4.38亿元。做优海关信用管理，全年新增海关AEO高级认证企业5家，通过重新认证5家。

（邵元飞）

【走私违规打击】 2020年，无锡海关严厉打击洋垃圾、毒品、濒危物种和野生动物及其制品走私，截获濒危物种33批、走私进口的固体废物“腐殖土”12吨，查获毒品大麻201.3克、冰毒887.32克。全年立案侦查刑事案件11起，案值5364万元，其中1起被海关总署缉私局列为一级挂牌督办案件。全年查处侵犯知识产权案件18起，比上年增长28.5%。

（邵元飞）

编辑 胡 慧

综　述

【概况】 2020年,全市14个省级以上开发区持续发挥经济发展增长极作用,完成规模以上工业增加值2675.6亿元,比上年增长16.2%,增速高于全市9.6个百分点,占全市比重67.4%,占比提升5.9个百分点;完成规模以上服务业营业收入780.6亿元,比上年增长12.7%,增速高于全市6.1个百分点,占全市比重65.4%,占比提升3.7个百分点;完成一般公共预算收入542.4亿元,比上年增长5.5%,增速高于全市1.7个百分点,占全市比重50.4%,占比提升0.8个百分点。新增境内外上市公司12家,比上年增长4家,占全市比重75%。

（费　卫）

【开放平台建设】 2020年,全市做好开发区高质量发展考核评价工作,发挥高质量发展考评对开发区争先竞位的激励督促作用,在9月份省商务厅公布的2019年度全省经开区科学发展综合考核排名中,无锡市7家经济开发区整体排名较上年度均有提升。加快复制推广自贸区改革试点经验,在市开放型经济工作领导小组框架下增设自贸试验区联动创新工作组,按照国务院在全国范围复制推广的改革试点经验的部署,目前全市已实现"能复制尽复制"的要求。强化园区合作,举办"长三角开发区合作共建与联动创新高峰论坛",推动无锡开发区融入长三角一体化。境外合作园区建设加快,实现进出口15.65亿美元,比上年增长26.5%,推动江苏贝德服装集团有限公司、江苏通用科技股份有限公司2家企业申报省级境外合作园区。进一步完善口岸功能,无锡航空口岸、江阴港口岸获批药品进口口岸,江阴进境肉类指定监管场地获批。推进中国(无锡)跨境电商综试区建设,新增1家省级公共海外仓和5家市级公共海外仓,省市两级海外仓总量达到15家。

（楼利锋）

【营商环境】 2020年,全市开展相对集中行政许可权改革试点,落实"一枚印章管审批"改革目标,与行政区统筹推进"不见面审批",简化项目审批环节,强化事中事后监管,降低制度性交易成本。在全市开发区推行区域评估改革,变"单个项目评"为"区域整体评",变"企业付费"为"政府买单",变"申请后审批"为"申请前服务",构建科学、便捷、高效的工程建设项目审批和管理体系,全年完成38项区域评估事项,完成年度目标任务。

（费　卫）

【对外开放】 2020年,全市产业链供应链稳定,建立重点企业服务协调机制,发挥外资外贸"压舱石"作用。全年开发区完成到位注册外资及港澳台资34.5亿美元,比上年增长4.8%,增速高于全市4.7个百分点;批准设立协议外资及港澳台资超3000万美元重大项目58个,批准协议注册外资及港澳台资金额42.1亿美元,分别占全市比重的82.9%和87.2%;外贸进出口总额764.3亿美元,增速高于全市0.8个百分点,占全市比重86.2%,占比提升0.9个百分点;新增跨国公司地区总部及功能性机构4家,占全市比重80%;新增中方协议投资额5000万美元以上境外投资项目8个,占全市比重88.9%。至年末,全市有江阴综合保税区和无锡高新区综合保税区两个海关特殊监管区。

（费　卫）

【品牌建设】 2020年,全市全面整合区内人才、品牌、政策、机制等方面优势,培育一批具有影响力、竞争力的产业集群。宜兴环保科技工业园的节能环保产业园、无锡空港经济开发区的航空高端装备制造产业园、无锡蠡园经济开发区的集成电路设计产业园获评省级特色创新(产业)示范园区,江阴国家高新技术产业开发区获评省级智慧园区,成功创建省级品牌园区数达到13家,数量位居全省第一。

（费　卫）

【科技创新】 2020年,全市开发区实现高新技术产业产值6308.2亿元,比上年增长15.7%,占全市比重74.1%,占比提高3.5个百分点;新增"雏鹰"、"瞪羚"、准"独角兽"企业1738家,占全市40.3%;新增省级以上孵化器、众创空间47家,占全市78.3%。全年引育国家级重大人才10人,省双创人才39人,省双创团队3个,太湖人才领军人才112人,太湖人才领军团队5个,各级人才占全市比重75%以上。

（费　卫）

【绿色发展】 2020年,全市开发区新增规模以上工业和服务业企业593

家，比上年增长16.5%，规模以上企业税收收入514.5亿元，比上年增长4.0%。全市开发区中有12个开发区已开展生态工业园区创建，其中获批省级以上生态工业示范园区8家，占比高于全省6.2个百分点。全年开发区无较大环境事件发生。

（费　卫）

【安全生产】 2020年，全市制定出台经济开发区和高新技术开发区安全专项整治三年行动实施方案，成立工作专班，建立工作协同、信息共享、定期例会、请示报告、考核奖惩等工作制度，强化“回头看”督查机制，推动专项整治任务落实。自专项整治开展以来，全市列入整治的7个经济开发区排查安全隐患17371处，完成整改16511处，整改率95%；2个高新技术产业开发区出动检查人员145498人次，检查企业68584家，排查重大隐患22项，整改22项。全年开发区无较大安全生产事故。

（费　卫）

【园区共建】 2020年，市商务局、宜兴经济技术开发区多次带领相关企业至延安高新区洽谈合作，两地共洽谈项目12个。其中：意向签约的项目2个；已签约的项目1个，是苏州锂智车业科技有限公司和延安高新区管委会签订的年产20万辆折叠式锂电电动车项目。至年末，全市有11个经省政府批准设立的南北共建园区，主要共建地区是省内徐州市、泰州市和淮安市。

（费　卫）

8月15日，无锡高新区与闻泰科技股份有限公司举行总投资100亿元闻泰无锡超级智慧产业园项目签约仪式　　（新吴区档案史志馆　供）

无锡国家高新技术产业开发区

【概况】 2020年，无锡国家高新技术产业开发区（以下简称无锡高新区）完成地区生产总值1930.1亿元，全国高新技术产业开发区排名第27位，比上年提升6位；完成规模以上工业总产值4585.6亿元，其中战略性新兴产业、高技术制造业、高新技术产业产值占规模以上工业总产值比重分别提高到49.7%、52.5%、68.5%；完成固定资产投资686.56亿元，其中高技术产业投资占61%。

（文　明）

【项目建设】 2020年，无锡高新区应对新冠肺炎疫情冲击，实施“强链、补链、延链、造链”招商，成立15支招商队伍。全年新批超亿元重大项目107个，比上年增长12.6%。其中10亿元以上项目15个，闻泰产业园、海力士集成电路产业园等50亿元以上项目2个，项目主要集中在生物医药、智能制造、集成电路、物联网、新能源等主导产业。引入世界500强外资项目3个，SK海力士半导体（中国）有限公司二工厂、村田电子有限公司入选国家第四批01重点项目库。签约落地闪耀现实总部基地、航天科工人工智能与物联网安全基地等80个重大科技项目。6个省级重点项目、44个市级重点项目投资完成率均超过150%，村田电子第二工厂、乐友新能源材料（无锡）有限公司等30个重大产业项目竣工投产，新增产能180亿元以上。

（文　明）

【科技创新】 2020年，无锡高新区积极融入太湖湾科技创新带，启动谋划太湖湾科创城建设，构建众创空间—孵化器—加速器—产业园区全链条科技企业培育体系，新增国家集成电路特色工艺及封装测试创新中心等重大创新平台4家、国家级博士后科研工作站3家、市级以上众创空间7家，均为全市第一。推动科技金融协同发展，469个项目获得14亿元科技贷款；新动能基金及国有创投平台直接投资项目30个，引导成立合作基金10支、总规模超100亿元。全年招引科技企业1480家，比上年增长74%；净增高企282家，增幅位列全市第一；科技型中小企业评价入库1014家，位列全市第一；入选苏南自创区潜在“独角兽”企业7家、“瞪羚”企业43家，位列全市第一；新增科创板上市过会企业6家。新招引各类人才1万余人，新增科技部创新创业人才4人，列全省高新技术产业开发区第一；44个创新创业领军人才及团队项目入围市“太湖人才计划”，数量位列全市第一。

（文　明）

【基地公司】 2020年，无锡国家集成电路设计基地有限公司招引企业135家，入选市创业领军人才项目2个，完成区领军人才协议类认定3个。新增高企8家，新增高企入库10家，新增科技部中小企业入库22家，新增“雏鹰”培育企业4家，新增“瞪羚”入库培育企业4家，新增准“独角兽”培育企业1家，新增“雏鹰”遴选企业1家，“瞪羚”遴选1家，准“独角兽”1家，专精特新“小巨人”企业2家。联合江苏集萃智能集成电路设计技术研究所有限公司和无锡市半导体行业协会申报“面向集成电路产业的‘芯火’双创平台”项目，获批1180万元。新增专利授权82个；新增申请80个；新申请“PCT”50个；无锡华润上华科技有限公司获评国家科技技术进步奖二等奖；华润微集成电路（无锡）有限公司获评中国“芯”优秀支援抗疫产品；无锡拍字节科技有限公司、无锡泽太微电子有限公司获评中国“芯”新锐产品奖；江苏润石科技有限公司获评硬核中国芯最佳国产模拟电路芯片产品奖、中国模拟半导体优秀企业奖；无锡拍字节科技有限公司入选中国芯新锐企业50强；无锡力芯微电子股份有限公司等5家企业获评首批江苏省服务贸易重点企业；无锡市德科立光电子技术股份有限公司中标中国电信5G前传设备集采项目；无锡芯朋微电子股份有限公司获省科学技术一等奖。建设国产EDA软件应用推广平台，为IC设计企业创新研发活动提供国内先进EDA设计工具的支撑服务，年内，EDA平台服务企业数累计有50余家，签订租赁合同14家。仪器设备共享实验室形成16纳米以下数字、模拟、混合信号集成电路设计开发、仿真验证能力。对接晶圆厂10家、晶圆厂代理4家，形成晶圆代工服务能力。打造IP资源池，解决IC企业对研发产品的共性IP需求，实现IP正版化。

（徐　丹）

【无锡国际生命科学创新园】 4月，无锡国际生命科学创新园全面启用，园区构建研发区、加速区和产业区三大区域，构建无锡市生物医药产业的创新新高地、世界级创新集群的生命科学生态圈。拥有30万平方米的研发商务区作为科技研发、商务办公和创新孵化的开放性空间；9.2万平方米的加速中试区作为GMP工厂和生产场地，超30家海内外优秀企业入驻园区，全球8个产业机构和10余个投资机构与园区达成战略合作，江苏省药监局无锡检查分局无锡高新区生物医药产业创新发展服务中心、无锡市外办I· Campus外事服务站、无锡市生物医药行业协会入园。全年实现营业收入60亿元，实现税收收入3.8亿元。培育超10亿元企业1家，超5亿元企业1家，新增培育超亿元企业4家，园区超亿元企业达到9家。培育科创板上市企业1家，省高新技术企业入库28家；高新技术企业净增19家；完成科技企业招引220家。完成科技型中小企业入库数93家；培育市“雏鹰”、“瞪羚”和准“独角兽”企业33家、7家和2家；引进观合检验所生物医药平台1个；无锡凯乐士科技有限公司、无锡市凯奥善生物医药科技有限公司、江苏三联生物工程有限公司、无锡创新网络安全股份有限公司、无锡海斯凯尔医学技术有限公司5家企业入选苏南自主创新示范区“瞪羚”企业；无锡和邦生物科技有限公司入选“2020中国新经济企业500强”。无锡高新科技创业发展有限公司、无锡留学人员创业园发展有限公司2家孵化器在2019年度国家级科技企业孵化器绩效评级中均获评优秀（A类）；加速构建阿斯利康企业生态圈，特别是其国内供应商体系内的“独角兽”企业落户园区。

（王开新）

【无锡软件园】 2020年，无锡软件园完成招引科技项目277个，比上年增长166%。园区年度产值突破205亿元，比上年增长21.3%，实现税收8.5亿元。无锡软件园连续第四年获得国家级科技企业孵化器A类评定，获批无锡市首批大数据产业园。园区形成三大特色数字经济产业，分别是以无锡文思海辉信息技术有限公司、无锡永中软件有限公司、索尼（中国）有限公司无锡软件中心等企业为代表的信息技术服务产业，以央视国际网络无锡有限公司、无锡艾德无线广告有限公司、多盟睿达科技（中国）有限公司等企业为代表的文化创意产业，以感知集团有限公司、朗新科技集团股份有限公司等企业为代表的物联网产业。全年新涌现出无锡乐骐科技股份有限公司、钛灵特压缩机无锡有限公司、无锡永中软件有限公司等一批具有较强生命力和竞争力的上市后备企业，园内累计集聚高新技术企业超80家。全年入库“雏鹰”企业36家、“瞪羚”企业9家、准“独角兽”企业3家，入库总数、“雏鹰”企业入库数及准“独角兽”企业入库数均位列高新区专业园区第一。园区拥有产值超10亿元企业7家，超亿元企业33家。创新成果亮点纷呈，入选区领军人才创新创业项目9个，入选“太湖人才”创新创业领军人才和团队项目3个，园区每万人拥有高企27家，专利数667件，发明专利267件。园区孵化出的重点企业成长迅速，朗新科技集团股份有限公司、新码供应链管理有限公司启动自建园区项目，无锡睿勤科技有限公司入驻新址并开展业务。

（范子杰）

【中国物联网国际创新园】 2020年，中国物联网国际创新园成为无锡市首个“物联网双百园区”，拥有高新技术企业101家，在园企业产值超103.5亿元，税收6.1亿元，亩均产出3400万元，亩均税收200万元，企业平均税负率6%，纳税企业平均产值1200万元，万人发明专利拥有量1250件。园区获得工业和信息化部赛迪顾问研究院评选的“传感器十大园区”第四名。新引进科技企业252家，科技人才项目61个、高企培育项目60个，产业覆盖集成电路、智能硬件、传感器及AI等领域。“一事一议”重点项目18个，超亿元重大项目3个，完成全年目标的150%。中国物联网国际创新园主导的4个拿地项目在太湖国际科技园总计拿地9.88公顷，已开工建设。净增高新技术企业31家，省高新技术企业入库43家，火炬中心科技部科技型中小企业评价入库数102家，第一批培育入库“雏鹰”企业29家，“瞪羚”企业12家，准“独角兽”企业2家。实现国家重点人才工程B类专家自主培育零突破，2家企业入围科技部创新人才推进计划，新增培育江苏省双创人才5人，新增认定市“太湖人才计划”领军人才项目8个，新增培育第一批区科技领军人才创新创业项目11个，新增国家级博士后科研工作站1个。华进半导体封装先导技术研发中心有限公司成为全国首个集成电路封装领域国家创新中心、全省首个新一代信息技术产业领域国家创新中心、全市首个国家级制造业创新中心，无锡计量院获批全国首个国家级物联网检测中心“国家物联网感知装备产业计量测试中心”，无锡创星孵化器管理有限公司获批国家备案众创空间。

（陆　魏）

中国宜兴环保科技工业园

【概况】 2020年，中国宜兴环保科技工业园（以下简称环科园）区域面积212平方千米，完成一般公共预算收入19.4亿元，比上年增长6.3%，总量位居宜兴市第一；应税销售收入额1819亿元，比上年增长9.2%，总量位居宜兴市第一；规模以上工业产值、规模以上工业增加值分别完成601.6亿元和107.2亿元，分别比上年增长8.4%、11.9%，超宜兴市平均增幅5.3%、7.1%；全社会固定资产投资68.7亿元，比上年增长8.8%；高技术产业产值64.1亿元，比上年增长20.8%；规模以上服务业营业收入10.6亿元，比上年增长26.3%；到位外资及港澳台资1.3亿美元，比上年增长43%。新增73家规模以上企业，其中工业企业41家，总数达372家。中辰电缆股份有限公司在主板上市、江苏金丝利药业有限公司在“新三板”上市。规模以上环保企业中39家实现正增长，27家实现两位数增长，9家产值增幅超50%，4家超100%；规模以上线缆企业产值增长11.3%，远东电缆有限公司等骨干企业产值净增长超10亿元；以米格电气江苏有限公司为代表的装备制造业增长50%；以江苏鹏鹞药业有限公司为代表的生物医药行业增长25.5%。

（陆　蓥）

【重大项目】 2020年，环科园在建项目49个，拟建项目53个，36个列入宜兴市重点，11个列入无锡市重点。总投资13.3亿元的碧迪医疗科技（江苏）有限公司、总投资4.23亿元的环保物联网中心、总投资6.8亿元的联东U谷产业园等一批在建项目全面推进；总投资12亿元的长顺创谷产业园、总投资30亿元的航天空气动力技术转化应用中心等一批重大项目以及西门子增材创新基地、中船重工膜制造基地等一批潜力型项目逐步落户。

（陆　蓥）

【科技创新】 2020年，环科园产业培育库入库企业75家；无锡市“雏鹰”企业、“瞪羚”企业、准“独角兽”企业培育库入库数分别为115家、39家、4家；入选省科技型中小企业库264家；万人有效发明专利拥有量69件；国家技术标准创新基地成功落户，入选省特色创新（产业）示范园区和中国特色产业集群发展示范园区，赴北京市举办第七届中国环保技术与产业发展推进会，连续六年举办环保创新创业大赛；桂林理工大学宜兴产业研究院在高塍镇挂牌成立；江苏天鸟高新技术股份有限公司、江苏俊知技术有限公司入选工业和信息化部专精特新“小巨人”企业，实现宜兴市国级专精特新“小巨人”企业零的突破；江苏碧诺环保科技有限公司、江苏大信环境科技有限公司获批苏南国家自主创新示范区“瞪羚”企业；入选省科技人才计划26人次，其中4个人才（团队）项目入选省“双创计划”（江苏省高层次创新创业人才引进计划）；入选无锡“太湖人才”计划9项；新增国家级、市级两化（信息化与工业化）融合示范企业2家，总数达18家；新增省级工程（技术）研究中心5家，总数达34家。碧迪医疗科技（江苏）有限公司入选美国50强创新企业；江苏天鸟高新技术股份有限公司、江苏贝色新材料有限公司等项目取得国内领先项目；宜兴城市污水资源概念厂成为国际水处理领域的标杆。通过落后产能淘汰和低效闲置资产盘活，腾出土地约60公顷，引进高端制造项目8个。

（陆　蓥）

【国家技术标准创新基地】 10月16日，环科园举行国家技术标准创新基地（水环境技术与装备）建设启

10月16日，宜兴环科园举行国家技术标准创新基地（水环境技术与装备）建设启动会

（陆　蓥　供）

动会，标志着全国生态领域唯一的国家技术标准创新基地在宜兴市落户。国家技术标准创新基地(水环境技术与装备)计划依托南京大学环境学科优势和宜兴环科园产业，联合国内水处理领域顶尖高校院所与企业，面向标准化支撑及服务生态文明建设国家战略及水环境技术与装备产业发展重大需求，致力于打造国家水环境领域先进技术快速标准化、市场化、国际化和标准化复合型人才培养的核心示范区，持续引领国家生态环保产业升级发展以及国际竞争力提升。

(陆　蓥)

【中国环保技术与产业发展推进会】 11月5日，由宜兴市人民政府、环科园主办，主题为“融入国家战略，构建环保产业新生态”的2020(第七届)中国环保技术与产业发展推进会暨部省支持环科园创新发展汇报会在北京市召开。科技部、省科技厅、无锡市、宜兴市的相关负责人，国内外知名环保领域专家学者，国内外环保企业和宜兴重点环保企业、相关金融机构代表等参会。会上，环科园与国际金融论坛、北京航天益森风洞工程技术有限公司、华润环保科技有限公司、中钢生态环境科技有限公司进行战略合作签约。

(陆　蓥)

拈花湾景区夜景　(吴彧翎　供)

无锡太湖国家旅游度假区

【概况】 2020年，无锡太湖国家旅游度假区(以下简称度假区)围绕“一岛、双核、三环”(一岛是马山国际健康旅游岛，双核是国际知名的生命健康产业高地、国内一流的旅游度假康养胜地，三环是环太湖城市会客厅、长三角生态花园、国际化宜居城镇)高质量发展目标，完成一般公共预算收入21.8亿元，比上年增长29.8%；完成规模以上工业总产值145.97亿元，比上年增长13.59%；完成全社会固定资产投资33.5亿元，其中工业投入18.7亿元，比上年增长31.5%；完成规模以上服务业营业收入16.83亿元，比上年增长15.3%；完成限额以上社会消费品零售额6.53亿元，比上年增长12.7%；完成进出口总额3.81亿美元，比上年增长2.1%；实现到位注册外资及港澳台资1.2亿美元，为年目标的160%；接待游园人数1145万人次。在省文化和旅游厅组织的旅游度假区考核中，度假区列无锡市第一。

(吴彧翎)

【招商引资】 2020年，度假区签约27个重大项目，签约项目投资总额近285亿元。其中包括总投资100亿元的中国移动长三角数据中心项目、总投资50亿元的健适医疗无锡研发生产基地项目、总投资30亿元的智康弘义项目、总投资15亿元的海吉亚三甲医院项目、总投资10亿元的小南湾乡创综合体项目。支持灵山集团深化混改和拈花湾文投上市。德林海环保科技股份有限公司成功登陆科创板，成为马山及滨湖区首个科创板上市企业。

(吴彧翎)

【先进制造】 2020年，度假区28家规模以上换热器及配套企业总产值25.12亿元，比上年增长5.69%。推进无锡方成包装科技有限公司、无锡德林海环保科技股份有限公司生产及配套用房、无锡七机机床有限公司高精度复合加工中心生产线、无锡四方友信股份有限公司中小钢桶生产线等一批先进制造项目建设。低效企业清理步伐加快，全年淘汰改造提升低效低端企业85家，盘活整理低效载体6.1万平方米。

(吴彧翎)

【文化旅游】 2020年，度假区制定全域旅游推进工作方案，明确换乘中心、文化古迹修复等八大重点项目建设方案。拈花湾被中国旅游研究院评为2020中国文化和旅游融合发展十大创新项目。锡宜一体化建设先导工程大拈花湾项目开工，打造无锡旅游新名片。龙山石城墙保护与展示工程通过省级验收，成为遗址公园新亮点。举办女子半程马拉松赛、太湖皮划艇挑战赛、乐跑马山等大型文旅活动。嶂青社区引进建成时茗园优质茶叶生产基地项目，群丰社区创建成为国家级乡村旅游重点村，和平社区创建成为省级乡村旅游重点村。马山杨梅被农业农村部评为农产品地理标志。

（吴彧翎）

【生物医药】 2020年，度假区生命健康产业总产值突破百亿元大关，达103.95亿元。推进药明生物生命科技园、费森尤斯卡比华瑞制药特医食品、贝勒生命养疗中心、无锡贝迪生物工程股份有限公司医用胶原蛋白、辉瑞制药（无锡）有限公司无菌灌装冻干生产线等一批重大生命健康产业项目建设。健适医疗无锡生产研发基地奠基。举办太湖（马山）生命与健康论坛，持续打造高端峰会品牌。外包区获国家级"海智计划"工作基地授牌。

（吴彧翎）

江阴国家高新技术产业开发区

【概况】 2020年，江阴国家高新技术产业开发区（以下简称江阴高新区）以"拼抢"为主旋律，服务大局、应对变局、开拓新局。全年完成地区生产总值1060亿元，比上年增长4.6%。规模以上工业总产值1260亿元，比上年增长7.12%。全社会固定资产投入270亿元，比上年增长10.06%，其中工业投入98亿元，比上年增长9.35%；服务业投入173亿元，比上年增长10.46%。一般公共预算收入62亿元，进出口总额88亿美元，到位注册外资及港澳台资5.16亿美元。

（陈　健）

【招商引资】 2020年，江阴高新区实施项目攻坚行动，举办"云签约""未来产业""主题产业园""现代服务业"和上海科技人才合作恳谈会、开放合作创新大会6场项目集中签约活动，签约超亿元内资项目和超1000万美元外资项目66个、总投资约520亿元，其中工业项目40个、服务业项目26个；外资项目19个、总投资超20亿美元；超10亿元项目11个、超50亿元项目3个。美国鲁米纳斯医用新材料、谷田电池铝塑膜二期、兴澄马科托耐磨新材料等项目签约。推进"证照分离"改革、工程建设项目审批制度改革，实现新设企业全链通半天办结目标，全年新注册重点重大项目23个，新开工21个，新投产15个。

（陈　健）

【支柱产业】 2020年，江阴高新区以特钢新材料及制品为特色，微电子集成电路、现代中药和生物医药、机械智能制造为支撑，新能源汽车及关键零部件为战略先进制造业体系发展壮大。特钢新材料及制品产业获批省级特钢新材料产业集群"两业融合"试点，总投资额150亿元的中信泰富特钢主题产业园签约，江阴兴澄特种钢铁有限公司入围省示范智能车间名单，全区特钢新材料及制品产业规模以上产值472.9亿元，比上年增长9.7%。微电子集成电路产业形成集成电路设计、芯片制造、封装及测试的全产业链，制定《江阴高新区加快集成电路设计产业发展专项政策》，新引进集成电路设计企业4家，江苏长电科技股份有限公司首次入选中国制造业500强，江阴长电先进封装有限公司晶圆片级芯片规模封装车间入围省示范智能车间公示名单。全区微电子集成电路产业规模以上产值306.4亿元，比上年增长19.5%。现代中药和生物医药产业构建以中药配方、创新药、诊断试剂盒为一体的产业链，形成现代中药、医疗器械、新药研发、智慧康养四大发展方向。江阴天江药业有限公司获评省长质量奖与省总部企业称号，全区现代中药和生物医药产业规模以上产值52亿元，比上年增长0.7%。机械智能制造产业推进智能制造，启星智能制造产业园入驻智能制造项目15个，江阴金童石化装备有限公司入围国家专精特新"小巨人"企业，全区机械智能制造产业规模以上产值39亿元，比上年增长7%。新能源汽车及关键零部件产业是全区战略布局产业，总投资200亿元的新能源动力电池领域领军企业联动天翼项目一期投产并获评无锡市智能车间，全区新能源汽车及关键零部件产业规模以上产值11.6亿元。

（陈　健）

【科技创新】 2020年，江阴高新区部署创新提质行动，实施创新型企业倍增计划，无锡市"雏鹰"企业培育入库39家、"瞪羚"企业培育入库24家、准"独角兽"企业培育入库3家；科技型中小企业评价入库188家，认定高新技术企业56家、总数达143家，新增市级以上研发机构55家，其中省级工程技术研究中心8家。与中国

5月27日，在2020江阴国家高新区科技人才合作恳谈会上，举行江阴高新区（上海张江）科创孵化器揭牌仪式　（陈　健　供）

科学院微电子研究所合作的江阴集成电路设计创新中心、与华中科技大学合作的江阴智能制造创新研究院建成投用，江阴金属材料创新研究院落地项目8个。建成上海、深圳2个异地孵化器，开创无锡“科创飞地”先例。获评国家级众创空间2个、省级众创空间1个。举办创新创业大赛、长三角金属创新大会、智能制造技术创新论坛。入选国家重大人才工程、省“双创计划”、无锡“太湖人才计划”、江阴“暨阳英才”等各类人才项目212人。科技投入超2.5亿元。高新技术产业产值占规模以上工业产值比达74.8%，全社会研发投入占GDP比达5.54%，获评省“智慧园区”。

（陈　健）

【青阳园区建设】 2020年，高新区青阳园区确立“奋战1000天，实现五个5”（新增超5亿元投入项目5个以上，其中超50亿元投入项目1个以上；新增超亿元投入项目15个以上；新增高新技术企业5家；新增工业销售超50亿元；新增税收超5亿元）的三年奋斗目标，实施“招商突破年、项目服务年、基础设施提升年”三年行动计划。全年签订超亿元项目6个，其中超亿美元项目1个，超5亿元项目2个，4个项目完成土地摘牌，环普国际产业园11月开工建设，实现到位注册外资零的突破；南阳彩纤项目12月试运营，总投资额6亿元的必得科技项目7月9日开工。

（陈　健）

锡山经济技术开发区

【概况】 2020年，锡山经济技术开发区（以下简称锡山开发区）坚持稳中求进总基调，围绕“高标打造高质量发展标杆园区”总目标，经济社会发展取得新的进展。完成一般公共预算收入69.95亿元，比上年增长7.09%；规模以上工业总产值1329.09亿元，比上年增长7.7%；全社会固定资产投资480.9亿元，比上年增长8.0%，其中工业投入261.3亿元；到位外资及港澳台资3.6亿美元。主要经济指标增幅在锡山区均位列第一，在2019年度江苏省118家经济开发区科学发展综合考核评价中位列第八。

（陆金艳）

10月19日，锡山经济技术开发区举行集成电路产业项目合作交流活动集中签约仪式　（陆金艳　供）

【招商引资】 2020年，锡山开发区签约工业项目35个、科创项目40个、服务业项目59个，签约投资总额超340亿元，其中总投资超亿元工业项目24个，3亿元以上13个，10亿元以上3个，协议外资及港澳台资3000万美元以上6个，引进总投资1.8亿美元的鹰普航空（无锡）有限公司零部件项目、总投资21.5亿元的科创新源华东总部项目、总投资10亿元的哈威亚太区研发运营中心项目等重大项目。全年挂牌产业项目9个，挂牌面积33.87公顷。金光地块、宛山湖11号地块顺利出让。推进重大项目建设，蜂巢能源无锡技术中心项目、无锡理奇智能装备增资项目、诺马连接技术（无锡）有限公司等15个项目开工，中科微至智能制造科技江苏有限公司、无锡三峰汽车零部件有限公司等16个项目主体工程封顶，无锡英特科智能科技有限公司、派克汉尼汾工程材料（无锡）有限公司等12个项目竣工投产。

（陆金艳）

【产业升级】 2020年，锡山开发区强化规划引领，“十四五”产业发展规划、西区产业集聚空间优化提升规划完成编制。服务企业发展，为企业争取各级各项扶持和补贴资金5.66亿元，电子信息、精密机械、汽车零部件等优势产业比上年分别增长16.3%、17.9%、8.2%，全年新增开票超100亿元企业1家、50亿元企业1家、10亿元企业1家，新增超亿元企业12家。实施技改扩能，全年实施技改项目49个、技改投入94亿元，创建省“互联网＋先进制造业”基地，无锡恩福油封有限公司、乐星汽车技术（无锡）有限公司等7家企业获评省、市级智能车间，无锡鑫宏业线缆科技股份有限公司、无锡恩捷新材料科技有限公司等8家企业获评省、市级技术中心，德力佳传动科技（江苏）有限公司、安民汽车安全零配件（无锡）有限公司等7家企业获评市两化融合示范企业。引导企业加快上市挂牌，中科微至智能制造科技江苏股份有限公司科创板IPO获受理，鑫宏业报省证监局辅导备案，高德（无锡）电子有限公司即将完成股改，无锡吉冈精密科技股份有限公司进入新三板创新层。

（陆金艳）

【重大项目】 1月6日，设立在锡山开发区的德力佳传动科技（江苏）有限公司竣工开业，项目总投资20亿元，达产后，年产风力齿轮箱2000台，预计年产值超20亿元，年纳税超1.2亿元。8月5日，江苏集成电路应用技术创新中心落户锡山经济技术开发区。8月20日，总投资5亿元的中科健齿华东创新中心项目签约落户锡山经济技术开发区。

（陆金艳）

【科技创新】 2020年，锡山开发区实现高新技术产业产值382.3亿元，比上年增长14.5%，占规模以上工业产值比重达58.7%。加速培育创新企业，认定省级高新技术企业61家、培育入库70家，有效期内省级高企数量162家；完成“雏鹰”企业、“瞪羚”企业、准“独角兽”企业入库分别为55家、23家和4家，认定省、市级工程技术研究中心分别为1家和6家，累计通过国家科技型中小企业190家。发动企业申报省市科技项目，累计立项39个，项目立项数与获扶持资金额度均占全区一半以上。引聚高端人才，入围省“双创”人才项目3个、“太湖人才计划”创新创业人才及团队项目8个、“锡山英才计划”创新创业人才及团队项目20个，全年争取各级各类科技人才扶持资金7500万元。

（陆金艳）

【特色园区】 2020年，锡山开发区规划“锡山芯谷”集成电路产业集聚区，出台“芯片十条”产业政策，承办全国集成电路创业之芯大赛，江苏集成电路应用技术创新中心落户，全年招引芯片企业19家。加快专业园区建设，中欧高端装备产业园完成总体规划方案和一期施工图设计，集成电路产业园完成一期方案设计。拓展离岸科创资源，锡山北京离岸加速器、锡山深圳离岸孵化器正式落地，锡山上海离岸创新中心启用。加快高端平台搭建，国家知识产权示范园区平台启动建设，无锡市智能制造产业知识产权运营服务平台投入运营，中科微至智能物流装备与机器人技术产业研究院挂牌成立。完善人才生活服务配套，建融家园高端人才公寓、锡山区高层次人才一站式服务中心投入运营。开展规划修编，完成宛山湖核心片区景观规划深化设计，启动宛山湖科技城战略规划及云林片区园区二次更新整体规划研究。

（陆金艳）

宜兴经济技术开发区

【概况】 2020年，宜兴经济技术开发区（以下简称宜兴经开区）紧扣“勇当宜兴高质量发展领跑者”定位，开展“巡视意见整改年、安全发展强基年、绿色发展固本年、高质量发展提速年”活动。宜兴经开区工贸营收突破1000亿元，达到1022.6亿元，比上年增长6.3%；完成规模以上工业总产值694.1亿元，比上年增长5.3%，总量位居宜兴市第二；完成工业投资97.2亿元，超过宜兴市的三分之一；实际使用外资及港澳台资超2亿美元，占宜兴市的一半；完成外贸进出口总额21.3亿美元，超过宜兴市的五分之二；完成一般公共预算收入18亿元，主要经济指标完成年度目标任务，连续四年被宜兴市委、市政府授予“集体三等功”。

（仲　映）

【招商引资】 2020年，宜兴经开区坚持产业强区、项目为王战略，聚焦新能源、集成电路材料、智能装备制造、5G信息技术等战略性新兴产业，实施在建项目34个、在批项目19个，总投资562.6亿元。克服新冠肺炎疫情不利影响，优化招商布局、拓展招商路径，持续招引牵动性强、投资额大的好项目。2月，举行“打造新能源产业高地重大项目开工签约仪式”，签约项目3个、开工项目1个，总投资120亿元；5月，参加宜兴（上海）经贸文旅合作洽谈会，签约合作项目7个；秋洽会期间，签约合作项目34个，总投资125亿元，发展动能持续增强。总投资30亿美元的中环领先大硅片项目，8英寸、12英寸大硅片分别实现产能50万片/月、5万片/月，二期及外延片项目已经启动；总投资30亿元的环晟新能源3GWG12高效太阳能电池组件项目，从开工到满产仅用时10个月；总投资20亿元的先科半导体新一代电子信息材料、总投资8.03亿元的中石伟业5G高效散热模组、总投资5亿元的帝科股份光伏新材料项目已启动建设。年内，战略性新兴产业完成应税销售超500亿元，梯次分明、布局合理、结构优化的现代产业体系初具规模。

（仲　映）

【改革创新】 2020年，宜兴经开区重点改革有序推进，推进行政审批制度改革，镇村两级政务服务体系全覆盖，政务服务中心全年办件突破7万件，群众满意率始终保持在99%以上。实质性启动国企改革，完成基层整合审批服务执法力量改革。创新驱动持续发力，培育高新技术企业102家，全年净增24家，创历史新高；省市示范智能车间增至13家，超过宜兴市的一半；入库培育无锡市准“独角兽”企业5家、“瞪羚”企业25家、“雏鹰”企业53家，帝科股份成为宜兴市唯一的准“独角兽”企业，并在深圳证券交易所主板上市；硅谷电子科技有限公司获中国专利优秀奖，宝银特种钢管有限公司、江苏银环精密钢管有限公司、江苏鑫泰岩土科技有限公司3家企业获省科学技术奖一等奖，帝科股份、环晟光伏入选“无锡市重点产业集群龙头企业”。入选省“双创计划”团队1个、人才1名，入选无锡市“太湖人才计划”团队1个、人才4名，均居宜兴市前列。全区税收超千万元企业47家，比上年净增9家，其中，超亿元企业4家，红牛饮料税收近7亿元，连续6年位列宜兴市第一。举办宜兴经开区开放合作大会、长三角（宜兴）集成电路材料产业研讨会，成立长三角（宜兴）氢能产业联盟。12月，举办

12月5日，2020宜兴"双招双引"南方（深圳）活动暨南方科技大学科技人才对接合作会在深圳市举办 （仲 映 供）

2020宜兴"双招双引"南方（深圳）活动，与南方科技大学开展科技人才对接，汇聚一批创新资源和高端要素。

（仲 映）

【产业园建设】 2020年，宜兴经开区优化载体建设，抓好智能制造产业园、5G信息技术产业园建设，加快引进优质市场主体。编制"3985"电子专用材料产业园规划，启动氢能产业园建设，有针对性地布局优质项目、优势企业，增强专业园区集聚功能。

（仲 映）

江苏无锡经济开发区

【概况】 2020年，江苏无锡经济开发区（以下简称无锡经开区）生产总值、一般公共预算收入增幅均位列全市第一，实现地区生产总值400.64亿元（含胡埭）；完成一般公共预算收入26.23亿元，比上年增长7.02%，其中税收收入22.91亿元，比上年增长5.92%；规模以上工业总产值468.44亿元（含胡埭）；完成社会消费品零售总额53.76亿元；文化产业总产值23.44亿元，比上年增长36.36%；固定资产投资286.37亿元（含胡埭），其中工业投资完成30.65亿元（含胡埭）、增长12.29%，房地产投资112.87亿元（含胡埭）；到位注册外资及港澳台资793万美元，比上年增长159.15%。

（袁贝盛）

【招商引资】 2020年，无锡经开区围绕优势产业"建链、强链、补链、壮链"，开展靶向招商。雪浪小镇与杭州市云栖小镇、甘肃省榆中栖云小镇在杭州市联合举办"特色小镇与数字时代同行——数字时代小镇机制创新论坛"，共同启动全国首个小镇联合创新中心。先后赴北京市、上海市、深圳市、杭州市等地举办"融智经开，创领未来""数智经开@未来""数据经开·智联未来""从物联网之都到科创之都——无锡经开区深圳产业对接会"等专题招商推介活动，签约落地57个重点项目。年内，新引进各类科创公司和平台企业超过180家，有英伟达人工智能平台、湖南大学智能控制研究院、上海大学无锡产业研究院、东南大学群智智能研究院、天翼工业互联网产业孵化平台、中兴通讯无锡物联网创新中心、泰尔实验室无锡联创中心等重大创新平台，也有车联天下智能网联（无锡）信息科技有限公司、壹云（无锡）技术有限公司、塬数科技（无锡）有限公司等一批工业互联网、人工智能和大数据领域的创新公司和赛伯乐工业互联网孵化器、方创资本科技企业孵化器等知名孵化器。

（汪 晶）

【产业发展】 2020年，无锡经开区制定《无锡经济开发区产业发展规划》《无锡太湖湾科技创新带发展规划（2020—2025年）经开区行动纲领》，确定以雪浪小镇为核心、包含黄金湾科技创业产业园、太湖湾信息技术产业园、智能制造产业园、国家传感信息产业园、太湖新城文创会展产业园的"一镇五园"产业布局，构建以数字经济、总部经济、服务经济、创客经济为形态，以大数据、物联网、云计算、人工智能、IC设计、智能制造、生物医药为方向的产业生态格局，形成"一园区、一班子、一产业、一政策、一基金"的特色园区发展新模式。先进制造业加快转型升级，华东重型机械股份有限公司入围中国制造业企业500强，世界500强企业英伟达正式落地，万华机械有限公司、化工装备股份有限公司、王兴幕墙装饰工程有限公司、机床股份有限公司等企业提升产能，加大技改力度。科技金融服务业吸引300多家金融类企业，资本运营规模超过7000亿元。上市企业集群初具规模，新洁能股份有限公司在上海证券交易所主板上市，线上线下成功过会，化工装备成功报会，好达电子股份有限公司完成股改。至年末，上市企业有5家。

（朱克坚）

【重大项目】 2020年，无锡国际会议中心、雪浪小镇未来中心、新发数字经济创新中心、山姆会员店、基金Park 5个项目总投资超85亿元。推进列入区级重点的10个项目建设，总投资27.7亿元的秀水坊创新中心、怡和医院、好达电子射频滤波器、金东涞厂房扩建、大昌机械汽车零部件技改5个项目实现竣工投产。总投资17.3亿元

3 月，市长杜小刚（前排左三）赴无锡经开区参观调研雪浪小镇

（无锡经开区　供）

的雪浪小镇数据创新中心（原浪潮大数据产业园）、万华机械超高强度钢板热型冲压件生产线、机床股份零部件等 3 个项目累计完成投资 7.8 亿元，预计 2021 年实现竣工。

（陆梦玲）

【科技创新】 2020 年，无锡经开区建立“小镇 + 平台 + 生态 + 集群”发展模式，推动制造业和互联网、大数据、人工智能全面融合，设立总额 100 亿元的产业、科技和人才扶持资金，制定支持力度大、精准度高的产业扶持政策，实现平均每 2 天落户 1 家科创企业的“加速度”。创新企业加快培育，有效期内高新技术企业数 91 家，比上年增长 52%。39 家“雏鹰”、12 家“瞪羚”、2 家准“独角兽”企业培育入库，4 家企业通过全市遴选。创新平台加快建设，湖南大学无锡智能控制研究院、上海大学无锡产业研究院、东南大学群智智能研究院、中车智能交通研究院建设有序推进。创新人才相继落户，新认定“太湖人才计划”创业创新领军人才 11 名、近千名科创人才落户经开区。好达电子股份有限公司、爱信（无锡）车身零部件有限公司获批无锡市智能车间，华东重型机械股份有限公司获批省级服务型制造示范企业，东雄金鹰科技有限公司、麒啸机械有限公司等 6 家企业入围企业上云省级切块项目。

（何　阳）

江苏省无锡蠡园经济开发区

【概况】 2020 年，江苏省无锡蠡园经济开发区（以下简称蠡园开发区）（街道）完成税收收入 22.3 亿元，比上年增长 11.4%；一般公共预算收入 11.2 亿元，比上年增长 8.8%；规模以上工业总产值 115 亿元，比上年增长 12.7%；规模以上服务业营业收入 23.18 亿元，比上年增长 5.6%；全社会固定资产投资完成 37.4 亿元，其中工业投资完成 9.5 亿元；限额以上社会消费品零售额 23.9 亿元，比上年增长 12.6%；进出口总额超 10 亿美元。主要经济指标中一般公共预算收入、规模以上工业总产值、规模以上服务业营业收入、到位注册外资 4 项指标居滨湖区前三位。

（赵　莉）

【招商引资】 2020 年，蠡园开发区通过开展太湖创“芯”峰会、“创新蠡园”双招双引、清华大学校友行、“智汇滨湖”创新创业大赛等一系列招商活动，提升招商品牌影响力，全年新引进企业 398 家，累计注册资金超 50 亿元，其中注册资金 1000 万元以上企业 142 家，5000 万元以上企业 16 家，1 亿元以上企业 7 家。滨湖区创投产业集聚区共集聚企业 408 家，企业认缴资金规模 269 亿元，已到位资金 149 亿元。受疫情和中美贸易摩擦影响，外贸外资发展面临供需两端的双重压力，蠡园开发区稳住外资外贸基本盘，全年到位外资及港澳台资 4251 万美元（市统计口径），江苏尼科医疗器械有限公司、国动网络通信集团股份有限公司等企业外资到位情况较好。

（赵　莉）

【支柱产业】 2020 年，蠡园开发区培育特色产业，新兴产业企业实现销售收入 119 亿元，比上年增长 15.3%；规模以上工业企业实现产值 115 亿元，比上年增长 12.7%，其中高新技术产业占比 67%，有研发活动企业数占比超 75%；集成电路设计产业实现营业收入 36.6 亿元，比上年增长 40.2%，其中江苏卓胜微电子股份有限公司发挥龙头骨干企业的带头作用；信息技术产业实现营业收入 37 亿元，比上年增长 10.8%；规模以上服务业企业实现营业收入 23.18 亿元，比上年增长 5.6%，在滨湖区居第二位。

（赵　莉）

【重大项目】 2020 年，蠡园开发区重大项目招引取得突破，大北庄地块落实开发主体，完成投资额超 10 亿元的卓胜微芯卓半导体、中微亿芯 FPGA、智康弘义 3 个项目招引，尼科医疗并购超 2 亿元功能性服务业项目，金诚滨湖天使基金、核芯（中电）IC 基金、三翼股权投资、江苏葑全新能源 4 个 5000 万元以上新兴产业项目招引。哈工大机器人集团（无锡）创新中心、中科院空间重点实验室创新实践基地等一批重点科创项目落户。

（赵　莉）

12 月 25 日，卓胜微芯卓半导体射频芯片技术产业园奠基仪式在胡埭工业园举行 （宋 佳 供）

【科技创新】 2020 年，蠡园开发区新增高企 59 家，有效期内高企总数 128 家，占滨湖区总量的三分之一；“三类”企业（“雏鹰”、“瞪羚”、准“独角兽”企业）培育入库总量 91 家，8 家企业遴选为 2020 年“三类”企业，占滨湖区总量的三分之二，3 家企业入选“飞凤奖”，全市占比 30%。企业科创能力强，无锡市亚迪流体控制技术有限公司获评 2020 全国科技进步特等奖，江苏卓胜微电子股份有限公司获批立项 2020 省科技成果转化项目，无锡华测电子系统有限公司被认定为省级工程技术中心，江苏尼科医疗器械有限公司获评苏南创新自主示范区潜在“独角兽”企业。全年培育省“双创人才”2 人，省“双创博士”1 人，“太湖人才”“滨湖之光”等人才项目申报和获评总量位列滨湖区第一。无锡利普思半导体有限公司和无锡沐创集成电路设计有限公司进入全国创新创业大赛总决赛，其中利普思半导体有限公司获初创企业二等奖。

（赵 莉）

【特色园区】 2020 年，蠡园开发区克服新冠肺炎疫情不利影响，加速无锡市知识产权服务业集聚区建设，各项筹建工作如期完成，9 月 28 日揭牌运营。蠡园开发区将独立、优质的政府资产汇创大厦作为集聚区承接载体，规划总面积 4 万平方米，首期使用 2 万平方米，包含知识产权成果展示、基础服务、商业运营三大功能区，成立专业的运营团队，涵盖大楼管理、项目招引、企业服务等多种功能。集聚区引进多家公共服务平台、产业运营平台和高端服务机构，整合国家知识产权局无锡商标受理窗口、无锡（国家）外观设计专利信息中心、滨湖区科技创新促进中心等资源，筹备中国（无锡）知识产权保护中心落地，计划通过三年，建设成为“全链条、多门类、一站式”新型城市知识产权综合服务平台特色地标区域。

（赵 莉）

江苏省无锡惠山经济开发区

【概况】 2020 年，江苏省无锡惠山经济开发区（以下简称惠山经开区）完成一般公共预算收入 23.53 亿元，比上年增长 10%；完成规模以上工业总产值 487.5 亿元，比上年增长 14.9%，其中完成高新技术产业总产值 176.6 亿元，比上年增长 24.4%；完成全社会固定资产投资 128 亿元，比上年增长 8.6%，其中完成工业投入 67 亿元，比上年增长 22.1%；完成到位注册外资及港澳台资 2.22 亿美元，占惠山区比重的 70%；完成进出口总额 10.8 亿美元，比上年增长 5.5%。在 14 项主要经济指标中，惠山经开区 13 项经济指标总量保持惠山区第一，9 项指标在惠山区占比超过四分之一。惠山经开区在 2019 年度全省经济开发区科学发展综合考核评价中综合得分位列第四。

（惠凯莉）

【招商引资】 2020 年，惠山经开区推进太湖湾科创带建设，举办第三代半导体产业推介、长三角创新高峰论坛、中国可信计算产业大会等经贸招商活动；5 月 15 日，总投资 8 亿美元的叮咚买菜八千里路总部项目落户惠山经济开发区，构建以生鲜仓储、物流配送、供应链生态及供应链金融为一体的总部，计划 3 年内累计实现产出 250 亿元；年内，新签约落户总投资 1.5 亿美元的香港供应链、总投资 10 亿元的蓝沛科技等 15 个重大内外资及港澳台资项目；新引进 4 名院士，丁汉院士团队入选市“太湖人才计划”首个顶尖团队，并获 1 亿元顶格支持；新入选 21 名市级以上人才（含团队）；新增 2 家上市企业、1 家国家火炬（精准医疗）特色产业基地；新打造可信计算产业基地、海创国际创新中心及“两星三云”集成电路创新服务平台；新认定 88 家高新企业，新入库 85 家“雏鹰”、“瞪羚”、准“独角兽”企业；新设立 5 支对外合作基金，入驻基金总规模近 300 亿元；与上海临港集团缔结战略合作，与徐州市贾汪园区合作共建，徐州市惠泉高新技术产业园进入推进阶段。

（惠凯莉）

【智能制造】 2020 年，惠山经开区围绕智能制造开展智能制造及物联网政策宣讲会、两化融合贯标及“企业上云”推进会、智能制造咨询诊断对接会，智能制造项目推进会等工作。推进江苏锡安达防爆股份有限公司“超高效隔爆型三相异步电

10月17日，惠山经济开发区举行第三代新型半导体产业推介大会

（惠凯莉 供）

动机智能生产线”、无锡英鹏新能源有限公司“太阳能组件智能生产车间”、无锡明恒混合动力技术有限公司“插电式混合动力机电耦合驱动系统生产线智能化技改”等项目23个，完成智能制造投资12.4亿元。组织民联汽车、永亿科技等9家企业开展智能制造诊断。无锡透平叶片有限公司、无锡万斯集团有限公司获评“江苏省工业互联网标杆工厂”称号。大唐融合物联网科技有限公司获江苏省重点工业网平台。江苏中智软创信息技术有限公司智能制造和工业互联网融合创新中心获江苏省“数动未来”融合创新中心称号。年内，新增无锡志力信息科技有限公司等2家省三星级企业上云单位，无锡恒和环保科技有限公司等5家无锡市两化融合示范企业，无锡市华通气动制造有限公司“高精阀门智能加工车间”等4家企业车间获无锡市智能车间称号。嘉科密封件完成智能制造能力成熟度二级评估。组织无锡英鹏新能源有限公司、无锡双鸟科技股份有限公司、无锡万斯家居科技股份有限公司等7家企业申报省智能车间。年内，获得惠山区智能工厂、智能车间、智能生产线、智能装备（产品）称号35个。

（惠凯莉）

【重大项目】 2020年，惠山经开区项目建设有序推进。市区级35个重大产业项目完成投资78.91亿元，完成计划年度投资的170%。其中，恒久安泰、永豪压铸等9个项目已竣工投产；推进总投资超10亿元的明恒混合动力等项目建设；投资10亿元的蓝沛新材料实现年内签约、建设、投产；总投资10亿元的派斯燃气项目已启动建设；总投资13.28亿元的明恒混合动力项目已完成厂区建设封顶；总投资6.37亿元的中车浩夫尔动力项目3号厂房设备进场，2号厂房正在装修；11.8亿元总投资的惠联垃圾热电项目已完成主体建设；总投资4.2亿元的保诺生物创新药项目已完成一期实验室改造。年内，惠山经济开发区设立首期5000万元的纾困专项股权基金，新增“园区保”等普惠金融工具，助力46家企业获得融资总额2.8亿元。新设立5支对外合作基金，联合洛社镇落地产业母、子基金，通过路演促成近8000万元融资。依托“资本招商”新模式，推动软磁材料分拆上市企业蓝沛新材料科技股份有限公司、信创领域龙头企业可信华泰信息技术有限公司、高速成长企业深蓝动力科技有限公司、热门赛道潜力企业保仕健生物科技有限公司4家优质项目落地。上能电气股份有限公司登陆创业板，无锡王道科技有限公司（能工教育云）在纳斯达克挂牌上市。4月30日，一汽解放汽车有限公司16L发动机建设及天然气试验能力提升项目签约落户惠山开发区，该项目以“中国第一、世界一流”为目标，打造国际领先的发动机绿色智能工厂。

（惠凯莉）

【科技创新】 2020年，惠山经开区完成高新技术企业申报86家，高企培育入库76家，引进科技项目18个，完成技术合同成交金额10.9亿元。无锡透平叶片有限公司获评省成果转化项目，无锡煤矿机械股份有限公司成功申报省级产业前瞻性欲关键技术项目，上能电气股份有限公司申报市成果转化项目，无锡博伊特科技股份有限公司等10家企业申报市级科技发展资金项目等获得市级以上各类项目、奖项30余项。推动企业技术中心建设，新建卢强院士工作站，为年内无锡市唯一一家省级院士工作站，新增5家市级工程技术研究中心，1家省级工程技术研究中心。11月19日，首届可信计算产业峰会暨第五届中国可信计算产业发展论坛在惠山经济开发区举行。峰会上“无锡可信计算技术研究院”“无锡可信计算重点联合实验室”“信息化创新培训基地”“网络安全等级保护制度2.0与可信计算3.0攻关示范基地”揭牌，可信计算科技（无锡）有限公司与北信源软件、奔图电子、金山办公等多家可信计算产业链核心企业，以及院校签署合作协议，可信计算产业基地核心动力源“一核双平台”（一核代表国家可信技术最高权威的可信3.0技术、双平台分别是国家级网络安全院士联合实验室和国家级信息技术应用创新培训基地）、可信计算产业基金、可信计算供应链服务平台全面启动。纳斯达克上市公司泛生子基因科技有限公司在生命园设立癌症早期筛查中心总部基地，保诺科技全球创新药物研发总部项目年内落成投用，建设惠山精准医疗特色产业基地；保诺科技有限公司、无锡永亿精工科技有限公司等5家企业通过战新企业认定；无锡透平叶片有限公司、无锡万斯纺织品有限公司2家企业获评省工业互联网标杆企业；江苏洁澄水业科技有限公司、无锡志力信息科技有限公司获评省三星级上云企业；无锡傲腾自动化科技有限公司、无锡鸿羽医疗科技有限公司等76家企业入选高企培育库，无锡赢同新材料科技有限公司、江苏邦盛振业医疗器材有限公司等28家企业入选“雏鹰”培育库，无锡众鑫模具科技有限公司、无锡传奇科技有限公司等13家企业入选“瞪羚”培育库，江苏新瑞贝科技股份有限公司成为惠山区唯一入库准“独角兽”企业；惠山海创国际创新中心成功落户，生命园获评国家火炬无锡惠山精准医疗特色产业基地。

（惠凯莉）

【企业上市】 4月10日，上能电气股份有限公司在深圳证券交易所创业板挂牌交易。7月27日，能工教育科技有限公司登陆纳斯达克挂牌上市。按照“培育一批、股改一批、辅导一批、上报一批”的思路，确定近期、中期培育对象，充实英罗唯森科技有限公司、无锡万斯家居科技股份有限公司、江苏微炫客信息技术有限公司等上市后备资源，逐步形成梯次推进的良好格局。重点培育的后备上市企业，分别是江苏金木土科技有限公司、无锡神探电子科技有限公司、江苏恒铭达航空设备有限公司、江苏慧眼数据科技股份有限公司、无锡中德美联生物技术有限公司。

（惠凯莉）

【特色园区】 2020年，惠山经开区软件园引入以沈昌祥院士为代表的可信计算产业基地项目，招引叮咚买菜八千里路总部项目，园区获评省级生产性服务业集聚示范区。生命园获批国家火炬精准医疗特色产业基地，建成并运营“无锡火眼”助力抗疫，入选省留创园、省科普教育基地，在全国生物医药产业园区竞争力评价中位列人才竞争力第6、综合竞争力第14。数字园启动华清创智园建设，园区荣获省级科技创业孵化十大品牌运营机构培育单位、省级互联网众创园等8项荣誉称号。高端装备产业园卢强院士工作站被评为2020年无锡唯一省级院士工作站，园区获评为江苏省小型微型企业创业创新示范基地。创业中心累计4次、连续两年获评国家级优秀科技企业孵化器。科技金融中心不断优化以企业培育为基础、以产融结合为核心的资本招商模式，获评“江苏省创业投资集聚发展示范区”和“江苏省创业投资优秀团队”。

（惠凯莉）

无锡山水城

【概况】 2020年，无锡山水城（以下简称山水城）完成一般公共预算收入11.9亿元；规模以上工业总产值70.75亿元、比上年增长10.6%；规模以上服务业营业收入35.08亿元、比上年增长2.2%；限额以上社会消费品零售总额5.5亿元；全社会固定资产投资80亿元；实际使用外资及港澳台资6000万美元；进出口总额1.98亿美元；实现游园人数2338万人次，超额完成目标任务。无锡影都全年引入影视文化类企业231家，落地上市公司华东区总部超20家，实现产值约60亿元，税收4.8亿元。

（堵雨洋）

【科技创新】 2020年，山水城围绕三大经济和五大主导产业集群发展，全年引进新兴企业561家，其中注册资本5000万元以上企业26家，超亿元企业5家。全年完成企业股权投资超1.4亿元，兑付2019年度山水城专项扶持资金266万元；“雏鹰”、“瞪羚”、准“独角兽”培育入库企业分别为26家、6家和2家，申报高新技术企业52家，实现有效高企数量翻番。无锡上机数控股份有限公司通过市级总部经济企业认定，无锡雪浪环境科技股份有限公司、无锡锡南科技股份有限公司、无锡华通智能交通技术开发有限公司等4家企业通过区级总部经济企业认定。江苏蓝创智能科技股份有限公司和锡南铝业技术有限公司的IPO上市筹备工作有序推进。用好市、区各类专项人才招引政策和江大科技园等专业化众创空间，加快构建

5月20日，第四届中国·江苏太湖影视文化产业投资峰会暨太湖电影周启动仪式在无锡国家数字电影产业园举行　（无锡华莱坞　供）

特色鲜明、高度集聚的双创文化生态圈。优化人才引育环境，全年申报并入选省“双创”人才1人，省“乡土人才”6人，市“太湖人才”9人，“滨湖之光”创业人才2人、创新人才4人、院地校地创新人才3人。

（堵雨洋）

【重大项目】 2020年，山水城保障苏锡常南部高速、融创文旅城、国家智能交通综合测试基地一期、607所研发中心一期、七〇二所深海空间站一期、东南大学无锡国际校区等省市重大项目建成投用。围绕数字影视文化产业发展，加快推动“国家电影产业创新实验区”创建，全年引入盛大网络、恒信东方等影视文化类企业231家，落地上市公司华东区总部超20家。全年实现产值约60亿元，税收4.8亿元。举办第四届中国·江苏太湖影视文化产业投资峰会暨太湖电影周活动，发布三大创新平台，落地四大产业基金。推进数字文创园、综艺大本营、国家短视频直播基地等重点产业项目建设。推进悦享新经济文化产业园、恒信东方华东区总部、盛趣信息产业总部等总部项目落地。

（堵雨洋）

【特色园区】 2020年，山水城围绕信息技术产业全面提质，配合无锡先进技术研究院产业化公司完成一期办公区和配套食堂装修交付及消防验收，推进二期办公区装修收尾。推进雪浪智创谷建设，制定《关于推进雪浪智创谷建设工作方案》，确立车联网、信息安全、数字文化和总部经济四大产业发展方向。雪浪智创谷全年完成税收3.7亿元（包括胡埭工业园），其中税收超百万元企业51家，招引落地主导产业企业25家，注册资本6929万元。通过司法拍卖和破产清算拍卖取得二泉太阳能地块和全通电缆相关资产，理清园区存量企业的产业结构、发展方向、转型提升等内容，提升园区整体对外形象，加快推动雪浪智创谷建设。

（堵雨洋）

江苏无锡空港经济开发区

【概况】 2020年，江苏无锡空港经济开发区（以下简称空港经开区）实现规模以上工业总产值369.2亿元，比上年增长2.6%；规模以上服务业51亿元，比上年增长11.5%；限额以上批发销售额完成426.4亿元；限额以上零售额完成54.95亿元，比上年增长2.1%；固定资产投资完成60亿元，比上年增长99.3%。完成财政总收入27.5亿元，比上年增长19.6%，其中完成公共财政预算收入16.5亿元，比上年增长24.2%。

（唐钰倩）

【招商引资】 2020年，空港经开区以“招商引资、招才引智”为工作重点，推进“枢纽经济”特色产业，加大“高端物流、先进制造、商贸服务、生命科学”等主导产业的招引力度。全年完成16个重大项目备案，总投资61亿元，其中总投资超10亿元项目2个，超5亿元项目1个，完成注册外资及港澳台资3000万美元项目1个。15个市、区重大产业项目中栖霞建设、航亚科技、深南电路W2项目、来仕德机械、力特半导体二期等9个项目开工建设，无锡会通轻质材料股份有限公司、无锡特恒科技有限公司、无锡祥生医疗科技股份有限公司等6个项目竣工。完成8宗工业地块、1宗商业用地挂牌，出让土地面积17.67公顷。

（唐钰倩）

【重大项目】 2020年，空港经开区项目建设有序推进。5月18日，力特半导体（无锡）有限公司二期项目举行启动仪式，启动的二期项目总投资9000万美元，新增注册资本3000万美金，累计投资1.5亿美元，项目全部达产后无锡公司销售收入预计超15亿元，纳税超1.5亿元。5月22日，无锡祥生医疗科技股份有限公司举行全球研发中心开工暨智能制造基地主体封顶仪式，无锡祥生医疗科技股份有限公司是国内专业的、具有完全自主知识产权的超声医学影像设备及相关技术提供商，智能制造基地具备年产各类超声诊断医疗设备及相关医疗设备1万～1.5万台的生产能力，全球研发中心将成为公司前沿应用技术研发及基础理论突破转化的技术平台。7月3日，空港经开区（硕放街道）举行枢纽经济项目集中签约仪式，集中签约的31个项目，

7月23日，空港经开区举办2020空港新城区域价值品鉴会

（张　洵　摄）

涵盖枢纽经济、数字经济、总部经济、战略性新兴产业、产业综合体、科技创新合作、产业基金七大领域，共计外资项目2个，总投资1.15亿美元；内资项目29个，总投资101.28亿元，其中超10亿元项目6个，全部建成达产后预计年销售239.5亿元，可实现税收12.88亿元。7月23日，空港经开区举办2020空港新城区域价值品鉴会，吸引无锡融创地产有限公司、无锡恒大房产开发有限公司、碧桂园集团、万科房地产有限公司、无锡龙湖置业有限公司等70余家知名房企参加，空港经开区介绍推出8宗地块，总面积约53.33公顷。

（唐钰倩）

【科技创新】 2020年，空港经开区加强苏南自主创新示范区、太湖湾科创带建设，推动制造业升级和新兴产业发展。全年高新技术产业产值占规模以上工业产值比重达55.7%，比上年增长8.3%。全年招引科技企业102家，申报国家高新技术企业77家、认定40家，认定省高新技术企业入库66家，市“雏鹰”、“瞪羚”、准“独角兽”企业分别入库30家、16家、1家，江苏赛索飞生物科技有限公司获“太湖杯”创新奖。在无锡祥生医疗科技股份有限公司、航亚科技股份有限公司先后科创板上市的基础上，围绕“五年五家上市企业”的目标，做好三联生物科技有限公司、无锡松煜科技有限公司等企业上市准备工作。

（唐钰倩）

【特色园区】 10月30日，空港经开区“苏南快递产业园”通过江苏省省级示范物流园区评审。11月，空港经开区“航空高端装备制造产业园”以总得分第四名入选第三批省级特色创新（产业）示范园区名单。

（唐钰倩）

江苏江阴临港经济开发区

【概况】 2020年，江苏江阴临港经济开发区（以下简称临港经济开发区）以“区块链群”为顶层设计，以改革、创新、开放为强大动力，打造竞争力一流的国际化开放园区。全年完成地区生产总值850.72亿元，比上年增长5.6%；完成工商开票销售收入5388亿元；全社会固定资产投资226.24亿元；一般公共预算收入48.17亿元；规模以上工业总产值1328亿元，比上年增长14.9%；限额以上批零业销售额1399亿元，比上年增长1.4%；到位注册外资及港澳台资4.36亿美元。经济总量在全省91家省级开发区中位列第一。入选中国国际化营商环境建设十佳产业园区，获批省级知识产权示范园区。

（陈喜凤）

【招商引资】 2020年，临港经济开发区坚持“一切为了项目干、一切围绕项目转、一切服从项目快”，通过集中签约、合作恳谈、专场招商推介、小分队招商、经贸洽谈会等模式开展系列招商活动。全年签约重大项目62个，总投资637.2亿元。在重大项目招引方面，招引超百亿元意向项目1个、超50亿元项目4个（中新智地产业园、恒大养生谷、中信泰富新能源、扬子江LNG产业园项目）、超30亿元项目2个（华润新国联天然气高压管网、双良硅材料科技单晶炉项目）、超10亿元项目14个，外资及港澳台资超亿美元项目6个。全年完成工商

临港经济开发区海港大道与芙蓉大道交通枢纽 （陈喜凤 供）

登记协议注册外资及港澳台资80229万美元，完成到位注册外资及港澳台资43679万美元，创历史新高。

（陈喜凤）

【支柱产业】 2020年，临港经济开发区内10家企业年开票销售超百亿元，13家企业入库税金超亿元，23家企业入围中国各类企业500强。南理工工业互联网研究院等6个项目落户长三角（江阴）数字创新港，远景千亿级智慧能源产业园加快建设，双良集团获第六届中国工业大奖，中向旭曜科技有限公司获得全国第一份泥炭土壤调理剂登记证并建立院士工作站。

（陈喜凤）

【重大项目】 2020年，临港经济开发区持续打造智慧能源、中信事业、节能环保及光催化、保税小镇及加工贸易、现代物流5个千亿级产业集群，巩固提升金属制品、石化新材料及清洁能源2个已有传统千亿级产业集群，壮大工程机械、高端包装新材料2个500亿元级产业集群，建设1个科创中心——长三角（江阴）数字创新港，形成“5+2+2+1”产业发展新格局。全年开工泰富临港医院、骏友电子材料、双良硅材料科技单晶炉等超亿元项目43个，总投资293.5亿元。全年竣工南京理工大学江阴校区、光大水务三期等项目32个，总投资186.5亿元。共有53个项目列入江阴市重点项目，其中省重点2个（远景AESC电池、南京理工大学江阴校区项目），无锡市重点20个，全部实质性开工。

（陈喜凤）

【科技创新】 2020年，临港经济开发区新认定高新技术企业55家，新增准“独角兽”、“瞪羚”、“雏鹰”培育库企业60家，获批省“双创计划”团队1个、人才1人。年内，新增无锡市工程技术研究中心9家，无锡市企业技术中心11家，省级智能车间2家，省企业技术中心1家，4家企业通过省专精特新“小巨人”评选，20余家企业开展产学研合作项目，专利授权2225件，其中有效发明专利928件。

（陈喜凤）

临港经济开发区港口夜景（陈喜凤 供）

【特色园区】 2020年，江阴综合保税区建成15万平方米保税仓库并开展相关业务，累计招引入驻企业900余家，全年仓库月均租仓率90%以上，完成进出口额2.83亿美元，开票销售333.41亿元，入库税金1.25亿元。江阴综合保税区拥有免税、保税、退税、实际状态征税、退还增值税等政策优势，依托原江阴保税物流中心多年发展，江阴综合保税区发展保税物流、保税加工、服务贸易、国际贸易、口岸功能等方面业务，围绕打造加工制造中心、物流分拨中心、销售服务中心，全年签约大龙网跨境电商产业园项目、盛馆冷链物流、进口食品预制新兴产业项目、长投双创大楼项目、乐晶进口食品预制新兴产业项目及领克动力汽车零部件出口项目等8个重点项目，同时跟踪洽谈39个新兴产业项目。6月3日，完成全省特殊区域跨境出口首单，8月6日，实现无锡地区跨境电商出口海外仓首单，8月20日走通9710（跨境电子商务企业对企业直接出口）业务，目前园区是无锡跨境电子商务综合试验区城市中唯一全面走通1210双向进出口及9710、9810（跨境电子商务出口海外仓）跨境出口业务的园区。成功申报“区港联动”业务；江阴综合保税区增值税一般纳税人资格试点通过国家税务总局、财政部、海关总署审核备案；药品进口江阴港口岸获国务院批复；江阴市进境肉类指定监管场地获海关总署批复。

（陈喜凤）

【港口发展】 2020年，临港经济开发区围绕打造竞争力一流的国际化开放园区总目标，贯彻新发展理念，发展集装箱多式联运，构建高效便捷、腹地直达的港口集疏运体系，打造长三角地区江海联动组合港和区域性综合物流服务中心。药品进口江阴港口岸获国务院批准。江阴苏南国际集装箱码头进境肉类指定监管场地获海关总署批准，获批跨境电商特殊区域出口全省首单业务。开辟“江阴—外高桥”外贸快航航线，将江阴市到上海外高桥的外贸支线船舶在途时间缩短至13小时。年内，无锡（江阴）港完成货物吞吐量2.56亿吨（不包含靖江园区），比上年增长10.79%，其中，临港开发区码头完成货物吞吐量2.4亿吨，占全港货物吞吐量的94%（不包含靖江园区），比上年增长11.93%，完成集装箱吞吐量50.6万标准箱。年内，持续推进贸易便利化措施，江阴口岸进口整体通关时间约为82.42小时，较2017年压缩67.04%，出口整体通关时间为2.66小时，较2017年压缩74.57%。自4月13日起，江阴港推行集装箱设备交接单无纸化，已实现船公司全覆盖。江阴港港口集团码头被评为“五星级江苏绿色港口”，中信中煤江阴码头被评为“三星级江苏绿色港口”。

（陈喜凤）

12月10日，“两江携手，共话发展”2020江阴—靖江上市公司党建联盟活动在江阴市融媒体中心举行

（毛 璧 供）

江苏江阴—靖江工业园区

【概况】 2020年，江苏江阴—靖江工业园区（以下简称靖江园区）完成地区生产总值95亿元，规模以上工业总产值167.26亿元，全社会固定资产投资18.68亿元，一般公共预算收入7.87亿元，限额以上单位零售额5.58亿元，限额以上单位销售额240亿元，进出口总额1.73亿美元，实际到位外资及港澳台资4009万美元。4月1日，省政府发布《〈长江三角洲区域一体化发展规划纲要〉江苏实施方案》，明确支持江阴—靖江工业园区建设跨江融合发展试验区。

（毛 璧）

【招商引资】 2020年，靖江园区围绕“建设高质量跨江融合发展试验区”工作目标，树立产业强区意识，开展一系列专题招商活动，外出招商30余批次，拜访企业60余家，多次赴上海市、苏州市、宁波市、杭州市等10余个长三角城市进行产业对接，主动承接上述地区在产业升级中的优质项目和企业转移。10月16日，组织召开2020江阴—靖江工业园区产业发展恳谈会，签约装备制造增资、水处理环保专用设备制造、新能源航空装备、LNG动力船部件装备制造、东方能源增资项目5个。在江阴经贸合作洽谈会期间，靖江园区签约优特钢棒材生产线、新能源新材料装备部件制造和高端特种环保装备制造项目3个，8个项目总投资额超60亿元。年内，引进“三个一批”（在建一批、拟建一批、重点意向一批）项目60个，总投资额383.23亿元，其中在建项目13个，总投资额102.99亿元，拟建项目12个，总投资额88.74亿元，重点意向项目35个，总投资额191.5亿元。12月10日，靖江园区举办“两江携手，共话发展”2020江阴—靖江上市公司党建联盟首期活动，通过访谈沙龙、现场互动等形式，打造企业家交流平台，推动两地高质量融合发展。

（毛 璧）

【支柱产业】 2020年，靖江园区打造临江先进制造业基地和现代港口物流基地，园区重点骨干企业运行稳中有进。江苏新扬子造船有限公司占据较大的市场份额；大明重工有限公司产能扩张，新建8号厂房投入运营，在手压力容器、结构件、机加工等订单充足，全年产值大幅度增长；江苏长强钢铁有限公司运行平稳订单充足，市场行情好转价格回升，疫情带来的负面影响逐月消化，全年产值与上年同期相比差距逐渐减小。靖江园区中小型企业加快转型升级，江苏格尔顿传动有限公司研发投入超过1000万元，客户需求量加大，商用车转向订单量大幅增加；江苏海鹏特种车辆有限公司加大6个项目研发，产品多样化，订单比上年增加；江苏骥鑫船舶设备有限公司与浙江大学合作研发高标准船舶配套设备；江苏盛佳精密机械有限公司依托风电行业对调质银亮材的需求量加大的机遇，增加设备技术改造，不断提高产品质量，业务量增加，产值增速超过40%。

（毛 璧）

【重大项目】 2020年，靖江园区推进重点重大项目60个，其中在建项目13个，分别为总投资50亿元的大明高端金属材料精密加工项目，总投资7.3亿元的永益铸管智能化搬迁改造项目，总投资1.8亿元的江苏铭展高精不锈钢棒深加工项目，总投资1.4亿元的日本精品玩具项目，总投资4.64亿元的中晶晶润新型墙体晶板项目，总投资3.15亿元的下六圩港港池码头项目，总投资2.64亿元的长强钢铁综合料场封闭工程项目，总投资15亿元的融扬置业项目，总投资13亿元的江语天镜项目，总投资1.2亿元的盛佳精密高精度特钢深加工项目，总投资1亿元的博丞养老公寓项目，总投资1.06亿元的年产1万套机箱机柜项目和总投资0.8亿元长吉办公大楼项目。拟建项目12个，分别为总投资30亿元的特种钢管热连轧工程项目，总投资4.64亿元的新型环保建材项目，总投资9.5亿元的特种钢结构项目，总投资5.5亿元的高端特种环保装备制造项目，总投资14亿元的新能源新材料装备部件制造项目，总投资2亿元的新能源航空装备项目，总投资2.1亿元的进口食品交易中心项目，总投资5亿元的中建钢构新型建筑钢结构项目，总投资1.5亿元的中建钢构国家级检测中心项目，总投资10亿元的大明港务项目，总投资2亿元的钢纤维项目和总投资0.5亿元的电力成套设备项目。重点意向项目35个，总投资达191.5亿元。

（毛　璧）

【科技创新】 2020年，靖江园区出台产业强区政策，新增高新技术企业3家，完成科技型中小企业认定6家；新增4星级上云企业1家、3星级上云企业1家、两化融合贯标企业2家、两化融合试点企业3家。江苏新扬子造船有限公司世界首创的油—散—化组合兼装船的研发及产业化项目获2020年省科技成果转化专项资金1000万元，江苏骥鑫船舶设备有限公司与浙大研究院合作成立特种流体机械研究中心，江苏双江能源有限公司万标检测中心落户园区，两江创客空间获批省级众创空间。

（毛　璧）

5月17日，丁蜀镇投资环境说明会在上海国际会议中心举办

（丁蜀镇　供）

江苏宜兴陶瓷产业园区

【概况】 2020年，江苏宜兴陶瓷产业园区（以下简称陶瓷产业园区）总体经济发展态势平稳，坚持“产业强区”发展战略，以加大科技创新、招商引才为动力，以创优环境、安全生产为保障，推进项目建设，促进企业智能化改造步伐，做好园区企业服务工作，保障经济稳健运行。规模以上工业总产值完成155.85亿元，规模以上工业增加值完成26.79亿元，规模以上服务业营业收入完成3.25亿元。到位注册外资及港澳台资8122万美元，比上年增长493.27%，超额完成市定高质量发展考核目标。陶瓷产业园区综合实力不断增强，在全省91个省级开发区中居第50位；在国家级和省级共118个开发区的综合排名中，居第77位。年内获得2020年度无锡市“四千四万”开拓专项奖（争先进位奖）；通过“江苏省文化产业示范园区”复核。

（刘全忠）

【招商引资】 2020年，陶瓷产业园区贯彻落实“深耕上海”战略，围绕产业强区开展系列产业招商活动，以全面“接轨上海”为主攻方向，建设投资要素完备、基础设施完善、科创服务汇聚的现代产业发展高地，打造上海产业溢出的“上佳承接地”，举办上海投资环境说明会、金秋经贸洽谈会，签约项目27个、总投资186亿元，其中超10亿元项目4个。通过与上海市地市商会会长联合会、德国茵创国际并购有限公司建立合作关系，签订招商专员合作协议，明确推介有效信息数以及落地项目数。5月17日，在上海市举办的2020“陶都风沪上行”暨宜兴（上海）经贸文旅合作洽谈会及投资环境说明会上，陶瓷产业园区举办丁蜀镇投资环境说明会，签约一批产业项目、聘请驻沪产业投资顾问，在上海市本地客商与在沪乡贤中取得良好反响。陶瓷产业园区在上海市设立常驻办事处，举办4次“在沪德国企业产业合作座谈会”，与德国商会、德国工商大会、德国中小企业联盟等官方机构形成良性互动关系，联系拜访德国中小企业细分领域中各行业的行业龙头100余个。

（刘全忠）

【重大项目】 2020年，陶瓷产业园区坚持“项目为王”的发展理念，通过举办工业重点项目集中开工仪式等举措，强化领导挂钩重点项目联系机制，协调项目建设中的相关制约问题和存在困难，推进项目建设进程。丁蜀通用机场完成总工程量的79%，其中航站区工程机库地面灰土施工完成，综合业务楼建设，飞行区工程完成站坪、跑道施工；盛廷微电子江苏有限公司项目一期生产线安装到位，进入试生产;江苏富陶科陶瓷有限公司陶板生产线项目车间二层主体建筑完成混凝土浇筑,年底主体封顶;江苏莫红新材料有限公司研发中心化学设备全部进场调试安装;江苏无锡太湖可可食品有限公司车间完成改造,进入设备调试,12月中旬竣工量产;宜兴市铭迪陶业有限公司项目外墙保温生产线投产,磨粉生产线项目开始办理立项等前期手续;宝龙城市综合体项目整体建筑工程进度完成15%;万丽酒店内装修项目室内水电工程进度完成,其他装修全面开工;无锡市宜刚耐火材料有限公司超临界耐火材料项目前期建设手续办理完成开工建设;宜兴市灵谷塑料设备有限公司办理前期建设等相关手续年底开工;宜兴市吉泰电子有限公司、智能装备产业园等项目已办理土地、立项等前期手续;青龙水泥技改项目完成原料及成品进出系统安装和基础设施改造;江苏省宜兴非金属化工机械厂有限公司蜂窝陶扩能项目完成厂房建设,设备订购;宜兴市库珀电讯科技有限公司、张泽工业炉项目设备安装调试完成,进入试生产。

(刘全忠)

【**陶瓷产业重要活动**】 9月16日,为期4天的2020中国(宜兴)国际陶瓷全产业链展览会在丁蜀镇青龙山公园开幕。展览会由中国陶瓷工业协会与丁蜀镇人民政府共同主办,中国陶瓷工业协会工业陶瓷分会、宜兴市陶瓷产业发展研究会承办,是经商务部备案的国内首个工业陶瓷专业性展览。展览会关键词为“国际、专业、全产业链”,范围涵盖陶瓷原辅料、陶瓷机械设备、工业陶瓷零部件、产品及耐火材料,邀请纺织、环保、化工、电器电缆等领域的专业买家以及各相关前沿研究领域的专家学者、企业观展。9月17日,2020中国(宜兴)国际陶瓷全产业链展览会第11届中国(宜兴)工业陶瓷产业发展高峰论坛,在丁蜀镇青龙山公园综合馆举行。依托高峰论坛的基础,同期举办陶瓷新材料、工业设计、高温节能、粉体材料、工业陶瓷在高端领域的应用、智能装备等学术论坛,为“产学研”各方搭建交流互动的平台,促进工业陶瓷企业加快完善产业链、增强创新能力、提升核心竞争力,促进工业陶瓷产业实现跨越式发展。

(刘全忠)

【**科技创新**】 2020年,陶瓷产业园区设立武汉科技大学、武汉理工大学、景德镇陶瓷大学等高校科研院所的常态化技术转移中心,为合作高校、科研院所提供常态化的展示窗口,对高校优势学院学科、待转化的科技成果等资源进行展示,增强高校与丁蜀工业陶瓷企业的技术联系。陶瓷产业园区加速推进科技创新平台与载体建设,加大投入建设陶瓷新材料和陶瓷智能装备两大孵化器。完善修订孵化器考核方案及奖励政策,严格监督孵化器实质化运作。宜兴市科技成果转化中心在丁蜀镇落成,确定武汉科技大学入驻,中心围绕产业发展布局,立足特色产业发展优势和特点,精准对接,促使高校科研成果在企业转化落地。围绕“人才+产业”模式建设产业研究院。江苏新宇生物科技有限公司与江南大学化妆品联合实验室共建离岸研发中心,在化妆品领域进行合作,推动技术创新、促进制造和服务的深度融合。10月18日,由中国卫星导航定位协会指导,江苏省测绘地理信息学会、江苏宜兴陶瓷产业园区主办,丁蜀镇人民政府承办的2020北斗技术应用(宜兴)产业发展高峰论坛,在丁蜀镇综合文化服务中心举行。江苏亨鑫科技有限公司、江苏省陶瓷研究所有限公司、江苏国豪耐火科技有限公司、宜兴市丁山耐火器材有限公司、江苏江能新材料科技有限公司的智能化设备投入生产,在细分行业内起到示范作用,加快带动其他企业的智能化升级。运行智能陶瓷装备孵化器平台载体,为推进陶瓷企业技术革新提供支撑。

(刘全忠)

【**特色园区**】 2020年,人力资源服务产业园有人力资源公司6家、税务师事务所1家、法律驿站1家,全年为陶瓷产业园区20多家企业提供流动性工人2400多人次,比上年增长71.43%。受新冠肺炎疫情影响,采取线上线下相结合的招聘方式,持续为企业招聘用工服务。陶瓷产业园区定期举办“政企企”活动,邀请园区多家企业,主体内容丰富,切实提高企业负责人专业知识、法律意识,更好地开展生产经营活动。

(刘全忠)

编辑 胡 慧

综　述

【概况】 2020年,全市农业总产值208.4亿元,比上年增加6.88亿元,增长3.41%。全市粮食种植面积70373.33公顷,亩产481.8千克,总产量50.86万吨。全市蔬菜播种面积42964公顷,比上年增长3.4%;蔬菜总产量128.88万吨,比上年增长3.5%。茶叶种植面积5472.16公顷,总产量0.4万吨。果品种植面积10935.13公顷,总产量18.53万吨。无锡市被省委、省政府确定为整体推进率先基本实现农业农村现代化试点的设区市,被农业农村部认定为整建制率先基本实现主要农作物生产全程机械化的设区市。宜兴市万石镇获批全国农业产业强镇,惠山区阳山镇、滨湖区马山街道获评全国乡村特色产业十亿元镇,江阴市红豆村、宜兴市后洪村、宜兴市张阳村获评全国乡村特色产业亿元村,宜兴市西渚镇白塔村(南天竹)、惠山区阳山镇桃源村(休闲观光农业)获评全国"一村一品"示范村镇。宜兴红(茶)被认定为江苏省特色农产品优势区。

(孙科敏)

【高标准农田建设】 2020年,无锡市实施国家高标准农田建设项目8个,建设面积2000公顷,高效节水灌溉266.67公顷,项目总投资5550万元,财政资金5550万元,其中,争取中央财政投资3012万元、省级财政投资1777万元、市县财政投资761万元。

(孙科敏)

【现代农业园区】 2020年,全市"百企建百园"工程新建项目40个,计划总投资13.52亿元,呈现出项目建设进度较快、质量层次较高、投入产出水平较强的特点,推动工商、社会资本投资农业、农业资源要素的整合利用以及农村一二三产业融合发展。10月30日,全省现代农业产业示范园建设工作会议在无锡市召开,江阴市现代农业产业示范园在

表29　2020年无锡市主要农产品产量及其增长速度统计表

产品名称	产量(吨)	比上年增长(%)
粮食(扣除轮作休耕)	508560	−7.1
油料	6991	2.1
#油菜籽	6145	3.8
茶叶	4026	−41.0
水果	185276	−9.9
水产品	118727	−0.9

(市统计局)

宜兴市徐舍镇高标准农田连片整治示范区　(竺壮凌　摄)

会上作典型交流。

（孙科敏）

【产业融合发展】 2020年，全市加大农村产业融合推进乡村振兴，促进新业态培育发展。宜兴市万石镇获批建设农业产业强镇；锡山区种子种苗一二三产业融合发展先导区获评江苏省农村一二三产业融合发展先导区。

（孙科敏）

【生态循环农业试点】 2020年，全市推进省级生态循环农业试点村建设，江阴市华西新市村、宜兴市张渚茶亭村列入全省首批31个生态循环农业试点村，全面启动为期三年创建工作。年内，完成2个省级生态循环农业试点村方案市级评审，各项创建任务有序推进。

（孙科敏）

【科技兴农】 2020年，全市新建省级星创天地3家，新建省级农村科技服务超市3家，新培育省农业科技型企业6家，省级农业产业技术创新战略联盟1家。全市共有新增法人科技特派员20家，科技特派员131名，组织科技培训活动163场次，累计培训12946人次。

（叶祥荣）

农业产业

【概况】 2020年，全市粮食种植面积70370公顷，亩产481.8千克，总产量50.86万吨。夏粮面积26690公顷，亩产327.6千克，总产13.11万吨。其中：小麦种植面积25520公顷，因轮作休耕比上年减少11130公顷；亩产334.8千克，比上年增加9.75千克；总产12.81万吨，比上年减少5.06万吨。油菜种植面积2417公顷，比上年增加277公顷；亩产169.46千克，比上年增加5.76千克；总产0.59万吨，比上年增加0.02万吨。全市秋粮面积43680公顷，平均亩产576千克，总产37.74万吨。其中：水稻种植面积39390公顷，比上年增加930公顷；亩产610千克，比上年减少1.73千克；总产36.04万吨，比上年增加0.75万吨。全年全市蔬菜播种面积42964公顷，比上年增加1399公顷，增长3.37%；蔬菜总产量128.88万吨，比上年增加4.44万吨，增长3.54%；每亩平均产量为2015千克，比上年增加3千克，增长0.15%。茶叶种植面积5472公顷，茶叶总产量0.4万吨，比上年减少0.28万吨，降低41%。果品种植面积13718公顷，果品总产量18.53万吨，比上年降低1.91万吨，降低10.9%。全年全市地产存栏生猪

表30　2020年无锡市农业产值、农产品产量统计表

指标	单位	2020年	比上年增长（%）
农林牧渔业总产值	亿元	209.85	4.1
农作物播种面积	千公顷	129.80	−5.9
#粮食	千公顷	70.37	−11.5
夏粮	千公顷	26.69	−29.3
秋粮	千公顷	43.68	4.6
粮食产量	万吨	50.86	−7.1
夏粮	万吨	13.11	−27.8
秋粮	万吨	37.74	3.1
粮食年亩产	公斤/公顷	7227.00	5.0
夏粮	公斤/公顷	4914.00	2.3
秋粮	公斤/公顷	8640.00	−1.5
造林面积	公顷	780.00	37.3
油菜籽	吨	6145.00	3.8
茶叶产量	吨	4026.00	−41.0
水果产量	吨	185276.00	−9.9
牛奶产量	吨	4538.00	−54.9
禽蛋产量	吨	14667.00	25.2
水产品产量	吨	118727.00	−0.9

（市统计局）

6.31万头，比上年增长280.22%。地产累计出栏生猪12万头，比上年增长96.64%。全市新改扩建生猪养殖场11个，设计存栏规模11.25万头、出栏21.5万头，其中，新建猪场8个(万头以上规模猪场7个)、改扩建猪场3个，全市生猪自给率稳步提升。年内，畜禽生态养殖水平提升，畜禽生态健康养殖比重100%，畜禽粪污综合利用率99.73%、规模养殖场粪污处理设施装备配套率100%，规模养殖场治理率100%。

(孙科敏)

【夏熟耕地轮作休耕】 2020年，按照《市政府办公室关于印发无锡市整体推进耕地轮作休耕促进农业绿色发展的实施方案的通知》，全市夏熟耕地轮作休耕的计划目标任务为13236公顷，实际完成轮作休耕的面积为13601.76公顷，其中，江阴市3552.7公顷，宜兴市8290.09公顷，锡山区1112.67公顷，惠山区240.62公顷，新吴区369.02公顷，滨湖区33.33公顷，无锡经济开发区3.33公顷。

(孙科敏)

【优质稻米产业化】 2020年，全市继续扩大优质食味稻米品种种植面积，继续推广南粳46、苏香粳100、南粳5055、南粳3908、宁粳8号等优良食味稻米品种，全市优质食味稻米品种种植面积占比65%，比上年增长17个百分点。集成“四增四减”减污高效施肥、优质稻米绿色防控、水稻集中育秧壮秧培育、机插稻绿色高效配套栽培、稻田综合种养等优质稻米标准化生产技术。全市建立稻麦绿色高效示范片30个，其中小麦省级示范片1个，水稻部级万亩示范片1个、省级5000亩示范片1个、省级千亩示范片15个，市级百亩片12个。打造“华西村臻米”“杨巷大米”“隆元大米”“吴之天川”等高中端大米品牌。宜兴市和桥镇、江阴市徐霞客镇、锡山区羊尖镇被评为省“味稻小镇”。开展第四届无锡好米品鉴活动，评选出“无锡好米”十金十五银。

(孙科敏)

【渔业经济】 2020年，全市渔业经济总产值41.71亿元，渔业增加值21.04亿元，其中渔业一产产值32.23亿元，一产增加值17.5亿元。全市淡水养殖面积16020公顷，水产品总产量11.87万吨，其中，淡水养殖水产品总产量10.86万吨、淡水捕捞总产量1.01万吨。引导发展投饲少、污染小、效益高的特色水产、精品渔业养殖，市特种水产养殖面积12813.33公顷，占比80%，其中河蟹9506.67公顷，比上年增加393.33公顷，产量1.42万吨；青虾主养693.33公顷，混养约4000公顷，产量2600吨；克氏原螯虾200公顷，产量300吨。新增稻田综合种养面积602.87公顷，主要有稻虾、稻鸭、稻蛙等模式，推进国家级水产健康养殖示范场创建活动，2家国家级水产健康养殖示范场通过复评。

(孙科敏)

【绿色防控】 2020年，全市推广应用高效低毒低残留农药和生物农药，分别在粮食、果蔬、茶叶上建立省级绿色防控示范区13个，其中水稻3个、蔬菜3个、果树4个、茶3个，核心面积1220公顷，辐射面积4607公顷，有效推动全市农作物病虫害绿色防控技术的快速推广，制定《2020年无锡市区稻麦病虫草害绿色防控产品主推品种目录》，包含稻麦病虫草防控药剂总计71个品种，其中，小麦上杀菌剂8个、杀虫剂4个、除草剂12个；水稻上杀菌剂14个、杀虫剂17个、除草剂16个。

(孙科敏)

【补充耕地质量评定】 2020年，无锡市强化耕地质量监管，实行最严格的耕地保护制度。全市组织补充耕地质量评定8批次，对121个项目的177.87公顷新增耕地进行现场踏勘和评审，通过补充耕地质量评定面积152.8公顷。

(孙科敏)

【化肥减量行动】 2020年，无锡市加强耕地质量建设，以推进有机质资源利用、推广科学施肥技术等措施，实现化肥施用减量化。累计推广应用商品有机肥29778吨，推广应用配方肥29812.8吨，有机无机复混肥1666吨，种植绿肥206.6公顷，测土配方施肥技术覆盖率达95.95%。

(孙科敏)

【首届“农产品品牌”评选】 2020年，无锡市农业农村局组织开展首届“无锡市十大农产品品牌”的评选活动，经农产品品牌主体申报、市(县)、区综合评价推荐、网络投票、现场演示、专家评审、社会公示等程序，评选出三乡岸乳鸽鸽蛋、江阴璜土葡萄、天资乳品、华西村大米、宜兴阳羡茶、从心安全大米、水军锅巴、甘露青鱼、宜兴红茶、上农农业蔬菜10个农产品品牌，在农博会开幕式上，市长杜小刚为10个品牌企业进行颁牌。

(孙科敏)

【园艺产业】 5月23日，主题为“茶与美好生活”的首个国际茶日江苏主场活动在宜兴市启动。活动发布江苏省种植业“百园荟萃”十大生态茶园及江苏省重点茶区茶旅精品线路，宜兴市乾红茶文化休闲体验园、兰山茶场入选江苏省种植业“百园荟萃”十大生态茶园，宜兴市2条“田园牧歌”旅游路线入选江苏省十条茶旅精品路线。江苏省第19届“陆羽杯”名特茶评比中无锡市获特等奖12个、一等奖15个，获奖总数位居全省首位。5月，无锡市组织8名选手参加江苏省茶叶加工工(精制)职业技能竞赛暨全国茶叶竞赛江苏初赛，宜兴市永红茶场徐定元获全省第三，代表江苏省参加国赛。

(孙科敏)

【特色果品】 2020年，第二届江苏“好西(甜)瓜”品鉴推介会上，无锡市获得“好品牌”组特等奖5个、金奖2个；江苏省优质杨梅果品评比中，无锡市获金奖2个、银奖4个；江苏省第二届优质早熟梨评鉴会上，无锡市选送的29个梨样品获得6金11银的好成绩，获奖率58.6%。江苏省桃产业技术发展论坛暨第三届2020年优质桃果大赛中，无锡市的阳山水蜜桃获10个金奖、15个银奖，金奖占比20%，银奖占比25%，位列全省首位。在江苏省第二届优质葡萄评鉴活动中，无锡市获得金奖3个、银奖11个。在江苏省甜柿产业发展研讨和评比活动中，江阴市徐霞客镇四季承家庭农场获金奖，江阴市舒滕葡萄专业合作社获银奖。第二届无锡好桃品鉴活动中，来自全市各地的27家单位和个人选送29个样品，最后水蜜桃组决出特等奖3个、金奖6个、银奖9个、优秀奖7个；蟠桃和黄桃组决出特等奖1个、金奖1个、银奖1个、优秀奖1个。

（孙科敏）

【农产品加工】 2020年，农产品加工产值与农业总产值比达到4.03∶1。太华竹制品加工集中区和宜兴市杨巷农产品加工集中区通过省级监测，加强加工集中区建设能力和服务水平，发挥各级农业龙头企业的带动作用，推动加工业集群集聚和优化升级，促进农村经济稳增长。

（孙科敏）

【第15届无锡现代农业博览会】 9月11～12日，"无上农光，锡望您来"第15届无锡现代农业博览会在市体育中心会展馆举办，农博会以"展示成果、交流合作"为宗旨，设立5个中心特装展区，分别为"百企建百园，村企共发展，同奔现代化"展区、十大农产品品牌展区、十大农业产业化龙头企业展区、智慧农业展区和最美新型青年农民展区。邀请延安市、海东市、霍城县、阿合奇县、盘锦市、徐州市6个对口支援城市进行简装展示。展销区内设立194个标准展位，汇聚199家企业、1000余品种，其中无锡市本地农产品企业146家，占比73%。南京市、苏州市、常州市、镇江市、扬州市、南通市、盐城市等省内友好城市受邀参展。农博会3天进场（客流量）约10.2万人次，比上年增长45.7%；线下销售额356.2万元，比上年增长42.5%。农博会全程无任何安全事故发生，农产品质量零投诉。

（孙科敏）

9月11～12日，"无上农光，锡望您来"第15届无锡现代农业博览会在市体育中心会展馆举办

（史国华 摄）

农业经营

【新型农业经营主体】 2020年，农民专业合作社和家庭农场建设围绕高质量发展要求，按照重数量更重质量、重速度更重效益的发展思路，做好培育认定、示范创建、运营监测、项目建设、技术服务、宣传推广等工作，推动全市新型农业经营主体壮大发展。市农业农村局制定《无锡市市级示范家庭农场评定及监测办法》，全市新创建省级示范家庭农场29家、市级示范家庭农场30家，4个家庭农场入选2020年度全省家庭农场典型案例，宜兴市宝星家庭农场主熊宝星当选2020年全国劳动模范，宜兴童心生态家庭农场农场主申小峰被评为全国抗击新冠肺炎疫情突出贡献农民。219家农民专业合作社列入省公布的政府优先扶持农民合作社名录，新评定省级示范农民专业合作社21家，市级示范农民专业合作社100家。

（孙科敏）

【农业科技创新】 2020年，全市实施基层农技推广体系改革与建设补助项目、省级现代农业产业技术体系建设项目，共建立农业科技示范基地7个（江阴市2个、宜兴市1个、锡山区2个、惠山区2个），省级现代农业产业技术体系推广示范基地12个（市级1个、江阴市3个、宜兴市3个、锡山区1个、惠山区2个、滨湖区2个），培育稻麦、蔬菜、农机农艺结合等科技示范主体1806户。推进产学研合作，实施市级产学研项目7个（锡山区4个、惠山区2个、滨湖区1个）。

（孙科敏）

【农业技术推广】 2020年，市农业农村局发布《无锡市2020—2021年农业重大技术推广计划内容》，包括水稻机插绿色高质高效栽培技术、优质桃绿色高效生产技术、茶园化肥农药减施增效集成技术、养殖尾水净化处理技术、畜禽重要疫病综合防控与净化技术等11项技术，涵盖稻麦、蔬菜、林果、水产、畜牧等多个产业。通过"1+5"模式，即"一项技术""农技人员、示范基地、科研院所、科技示范主体、农业生产户"五个主体，推广应用先进适用的技术和品种，发挥科技在推进乡村振兴战略实施、实现农业农村高质量发展中的引领支撑作用。

（孙科敏）

【高素质农民培育】 2020年，各地积极抗击新冠肺炎疫情带来的不利影响，发挥本地资源，开展高素质农民培训工作，重点依托4个省级高素质农民培育实训基地(田间学校)、3个省级农业科技综合示范基地和9个省级产业体系推广示范基地，发挥网络载体作用，开展云培训等，提升农民生产能力水平和综合素质。全年完成各级高素质农民培育6532人，超额完成年度目标任务。红豆集团无锡红豆杉培训有限公司高素质农民培育实训基地(田间学校)通过省级考核，成为全市第四家省级实训基地(田间学校)。

(孙科敏)

【农业科技成果】 2020年，无锡市农推总站组织申报的“太湖地区优质稻米全产业链关键技术集成推广”获评“第九届江苏省农业技术推广奖”二等奖，无锡市水产技术推广总站参与实施的《池塘养殖水多级生物净化和循环利用技术创新与推广》项目获省农业技术推广奖二等奖，无锡市茶叶品种研究所有限公司组织申报的“茶叶病虫害现代防控技术集成与推广”获三等奖。锡山区水产技术推广站蒋造极获全国第二届“最美农技员”荣誉称号，为全市获此殊荣第二人。惠山区蔬菜技术推广站余汉清为2020年享受政府特殊津贴人员。

(孙科敏)

【农业产业化龙头企业】 2020年，全市新增市级农业龙头企业17家、省级农业龙头企业5家。全市市级以上龙头企业总数达到158家，经营主体日趋壮大，创业创新热潮高涨，主导产业特色鲜明，区域品牌颇具影响。

(孙科敏)

【休闲农业】 2020年，全市推进休闲农业，通过举办“锡有乡愁”无锡休闲农业系列活动，“苏韵乡情”乡村休闲旅游农业(无锡)专场推介活动暨惠山区阳山水蜜桃农业休闲旅游季，拍摄“无上农光，锡望您来”无锡休闲农业宣传片，发布无锡休闲农业精品线路，扩大产业规模，丰富类型模式，提高综合效益。宜兴市省庄村、锡山区山联村获评“中国美丽乡村”。至年末，全市共有“中国美丽休闲乡村”9个。无锡市选送的锡绣手工艺人在全国首届乡村手工艺(刺绣)大赛中获银奖。

(孙科敏)

农业装备

【概况】 2020年，无锡市农机总动力93.24万千瓦，比上年减少0.78万千瓦。农机保有量14.11万台(套)，比上年增加0.04万台(套)。全年农机化投入9362.7万元，其中财政资金投入3345.16万元，基本建设投入1442.72万元，农机购置投入4574.82万元。农机购置投入中，中央和省级补贴资金1037.06万元，占比22.7%，补贴机具2089台套。全年农机服务收入3.34亿元，其中农机作业服务收入2.77亿元。全市机耕面积118.52千公顷，机播面积89.93千公顷，机植保面积115.2千公顷，机收面积90.25千公顷，机电灌溉面积46.25千公顷。

(孙科敏)

【农机化转型升级】 10月13日，市政府制定《关于加快推进农业机械化和农机装备产业转型升级的实施意见》，明确到2025年，全市农机装备结构与产业布局进一步优化，农机基础设施和作业条件显著改善，农机装备智能化信息化程度持续提高，农机社会化服务体系更加健全，农业机械化进入全程全面高质高效发展新阶段。全年，全市农机总动力稳定在90万千瓦以上，农业机械化水平保持在90%以上，主要农作物耕种收机械化率97%，设施农业、畜牧水产养殖、林果和农产品初加工机械化率总体达65%以上，保持全省领先。

(孙科敏)

【农作物生产机械化示范市创建】 2020年，无锡市主要农作物生产全程机械化作业水平定量指标全部达标，技术支撑能力和组织保障能力定性评价均符合创建标准。8月，通过省级考核，并申报全国主要农作物生产全程机械化示范市，12月，被农业农村部认定为整建制率先基本实现主要农作物生产全程机械化的设区市。

(孙科敏)

【秸秆机械化还田】 2020年，全市投入秸秆机械化还田作业补助资金

3月15日，农机科技志愿者在严家桥农机专业合作社进行“3·15”田间服务日活动 (张建国 摄)

960.5万元，完成秸秆机械化还田面积57173.33公顷，还田率88.79%。其中，麦秸秆机械化还田面积24213.33公顷，还田率96.32%；稻秸秆机械化还田面积32960公顷，还田率83.96%。

（孙科敏）

【农机现场会】 2020年，在江阴市青阳镇、宜兴市杨巷镇、宜兴市盛道茶业有限公司、江苏神力生态农业科技有限公司分别召开无人植保机、林果机械、茶叶生产机械、农业废弃物机械化处理现场观摩活动，聚焦农机化转型升级，演示农机生产环节装备及技术路线，展现农机农艺信息化融合路径，示范推广一批绿色、智能、高效、适用的农机化新机具新技术，加快推进全程化、全覆盖"两全"工程，助推农机化全程全面、高质高效发展。

（孙科敏）

11月20日，农机科技志愿者在宜兴市盛道茶场举办茶叶生产机械化示范推广活动

（张建国 摄）

【农机社会化服务】 2020年，全市推进农机社会化服务组织向市场化、专业化、标准化、集约化方向发展。重点培育和扶持区域性农机全程化+综合农事服务中心、无人农场和区域性农机维修服务中心建设，实现农机专业合作组织提质增效，全市农机服务组织社会化服务水平占整个农机化服务水平的70%以上，成为农机社会化服务的主力军。全市经注册登记的农机专业合作社219家，机具原值2.99亿元，年度总作业面积169673.33公顷，拥有全国农机合作社示范社3个、省级22个、市级50个。宜兴市金兰农业服务专业合作社入选第二批全国"全程机械化+综合农事"服务中心典型案例。

（孙科敏）

【无人农场试验】 2020年，江阴市雪峰农机专业合作社开展稻麦作业主要环节（耕整地、种植、植保、收获等）的农业全过程无人作业试验和成果应用，建立26.67公顷稻麦全过程无人作业试验农场，借助智慧农机服务管理平台，实行无人驾驶、远程遥控、大数据分析与智能管控，最终实现全自动化智慧农业，为全市粮食生产实现从"全程机械化"到"全程无人化"转变，从粗放到精确、从机械到智能、从有人到无人方式的转变，探索经验和路径。

（孙科敏）

【农机科技志愿者服务】 2020年，市农业农村局深入农机合作社机库、田间地头、培训基地等开展政策宣传、咨询解答、技术培训、农机具检修与调整等一系列形式多样的农机科技志愿服务活动。全年，下乡服务860人次，培训人员500余人，检、抢修农机1500台（次），供配金额400万元，发放各类宣传资料和物品2000余份，现场解答咨询200余人次。

（孙科敏）

【蔬菜生产机械化】 2020年，为解决蔬菜产业用工紧张，市农业农村局开展统筹规划，试点开展集中育苗、农机具存放和维修以及采后分等分级和初加工等农机作业服务和采后配套设施的合理布局。通过明确田间道路、田块长度宽度平整度及农业设施大棚等"宜机化"要求，完成0.07公顷现有蔬菜基地提标改造。逐步探索开展以金花菜、鸡毛菜为代表的速生绿叶蔬菜全程机械化生产，扩大生产规模，大幅提升生产效率，促进生产成本降低，增加生产的规模效益和市场竞争力。为推进全市设施蔬菜生产全程机械化方案创制出蔬菜生产"机器换人"的先行模式。

（孙科敏）

【农机安全生产专项整治】 2020年，根据《无锡市全面深入开展安全生产专项整治行动工作方案》要求，市农业农村局制定《无锡市农机安全生产专项整治行动工作方案》，针对全市农机作业服务组织、农机库房与作业场所、变型拖拉机和上道路行驶拖拉机、农田作业拖拉机、联合收割机、烘干机场所等开展为期一年的专项整治行动。全市53个涉农乡镇全部以文件形式明确镇级安全监管员102人、村级农机安全协管员654人；各市（县）、区与各乡镇，乡镇与农机经营服务组织全部签订安全生产责任状，签订率100%；全市所有农机专业合作社全部建立农机经营服务管理台账。按照分级分类监管实施办法，对全市201家农机服务组织按照规模、类别、风险等级等方面进行分级分类，明确市本级、市（县）区、镇（街道）各层级监管单位清单。全市累计排查隐患346项，完成整改346

项，整改率100%，全年未发生道路外农机安全生产事故。

（孙科敏）

【变型拖拉机清零】 5月18日，市政府颁布《关于调整拖拉机通行管理措施的通告》，在全市道路禁止变型拖拉机和拖拉机运输机组通行。市农业农村局制定《关于修订印发〈无锡市变型拖拉机报废补贴实施方案〉的通知》和“变拖清零计划表”，延长申请报废补贴截止日期，扩大报废补贴标准，于11月25日实现全市登记在册变型拖拉机全部清零，提前完成省农业农村厅年底清零目标任务。

（孙科敏）

【农机安全执法检查】 2020年，根据省农业农村厅《关于开展“三查一禁”农机安全执法行动的通知》《关于开展秋季“两打一清”农机安全执法行动的通知》，市农业农村局开展农机执法检查工作。全市开展农机安全执法检查行动306天次，出动人员973人次，检查各类农机1992余台（套），处罚违章违法行为47起。

（孙科敏）

表31 2020年无锡市农机化基本情况统计表

项目	单位	合计	江阴市	宜兴市	锡山区	惠山区	滨湖区	新吴区
一、农机总动力	万千瓦	93.24	27.10	45.60	9.48	8.23	1.68	1.15
二、拖拉机	台	5621.00	1627.00	3219.00	366.00	177.00	87.00	145.00
1. 小型拖拉机	台	3533.00	947.00	2152.00	130.00	109.00	78.00	117.00
2. 中型拖拉机	台	1814.00	606.00	876.00	229.00	66.00	9.00	28.00
3. 大型及以上	台	274.00	74.00	191.00	7.00	2.00	—	—
三、拖拉机配套农机具	部	15955.00	3786.00	9817.00	1484.00	503.00	86.00	279.00
其中：与58.8千瓦以上配套	部	7320.00	1514.00	4446.00	1220.00	85.00	10.00	45.00
四、耕整地机械	—	—	—	—	—	—	—	—
1. 耕整机	台	459.00	—	—	348.00	—	58.00	53.00
2. 微耕机	台	3288.00	841.00	1548.00	294.00	455.00	150.00	—
3. 旋耕机	台	5254.00	1230.00	2899.00	811.00	215.00	15.00	84.00
五、种植业机械	—	—	—	—	—	—	—	—
1. 免耕播种机	台	1011.00	39.00	892.00	68.00	—	12.00	—
2. 水稻直播机	台	326.00	6.00	245.00	45.00	25.00	—	5.00
3. 水稻插秧机	台	2786.00	539.00	1570.00	601.00	67.00	4.00	5.00
其中：乘坐式	台	1153.00	340.00	562.00	175.00	67.00	4.00	5.00
六、排灌机械	台	—	—	—	—	—	—	—

续表 31

项目	单位	合计	江阴市	宜兴市	锡山区	惠山区	滨湖区	新吴区
1. 水泵	台	11003.00	2619.00	5733.00	838.00	1103.00	475.00	235.00
2. 节水灌溉类机械	台	3863.00	2372.00	319.00	300.00	324.00	131.00	417.00
七、田间管理机	—	—	—	—	—	—	—	—
1. 中耕机械	台	2449.00	—	1647.00	295.00	455.00	45.00	7.00
2. 机动植保机械	台	12927.00	3704.00	5547.00	1836.00	960.00	500.00	380.00
3. 修剪机械	台	3684.00	500.00	1736.00	288.00	290.00	812.00	58.00
八、收获机械	—	—	—	—	—	—	—	—
1. 稻麦联合收割机	台	1099.00	290.00	698.00	84.00	16.00	4.00	7.00
2. 油菜籽收获机	台	38.00	5.00	21.00	12.00	—	—	—
3. 采茶机	台	779.00	—	392.00	76.00	241.00	70.00	—
4. 秸秆粉碎还田机	台	2355.00	745.00	1108.00	297.00	108.00	12.00	85.00
5. 打捆机	台	107.00	19.00	70.00	12.00	6.00	—	—
九、收获后处理机械	—	—	—	—	—	—	—	—
1. 机动脱粒机	台	4682.00	3641.00	529.00	510.00	—	—	2.00
2. 谷物烘干机	台	1161.00	359.00	662.00	84.00	48.00	3.00	5.00
3. 种子加工机械	台	25.00	2.00	22.00	1.00	—	—	—
4. 保鲜储藏设备	台	1259.00	259.00	595.00	263.00	77.00	45.00	20.00
十、温室	—	—	—	—	—	—	—	—
1. 连栋温室	万平方米	303.21	205.08	30.09	52.00	7.60	3.60	4.83.00
2. 日光温室	平方米	860.00	—	—	—	—	—	860.00
3. 塑料大棚	万平方米	3816.38	2552.58	478.63	440.50	277.94	4.45	62.28
十一、农产品初加工作业机械	台	6609.00	1114.00	4250.00	672.00	198.00	257.00	118.00
1. 粮食加工机械	台	3464.00	932.00	1853.00	439.00	147.00	28.00	65.00

续表 31

项目	单位	合计	江阴市	宜兴市	锡山区	惠山区	滨湖区	新吴区
2. 油料加工机械	台	188.00	68.00	77.00	31.00	—	4.00	8.00
3. 果蔬加工机械	台	79.00	3.00	26.00	12.00	3.00	—	35.00
4. 茶叶加工机械	台	2760.00	15.00	2282.00	190.00	48.00	225.00	—
十二、畜牧机械	台	2994.00	764.00	645.00	1342.00	243.00	—	—
十三、水产机械	台	38738.00	6000.00	27252.00	3162.00	2158.00	—	166.00
其中： 1. 增氧机	台	22034.00	3658.00	15399.00	1877.00	1062.00	—	38.00
2. 投饵机	台	15171.00	2289.00	10373.00	1285.00	1096.00	—	128.00
十四、农田基本建设机械	台	2101.00	658.00	838.00	442.00	95.00	8.00	60.00
十五、农用航空器	架	206.00	62.00	137.00	2.00	4.00	1.00	—
1. 植保无人机	架	206.00	62.00	137.00	2.00	4.00	1.00	—
十六、农机化作业总体情况	—	—	—	—	—	—	—	—
1. 机耕面积	公顷	118522.20	29869.00	68722.00	7546.00	11070.00	400.00	915.20
2. 机播面积	公顷	89927.82	22637.50	52082.92	5908.00	8389.00	300.00	610.40
3. 机电灌溉面积	公顷	46253.75	9218.53	27989.52	4716.00	3458.00	410.00	461.70
4. 机械植保面积	公顷	115201.20	29869.00	68722.00	7470.00	6830.00	1683.00	627.20
5. 机收面积	公顷	90251.00	22637.50	52085.00	6187.00	8412.00	280.00	649.50
6. 小麦机耕面积	公顷	25473.00	6229.00	16230.00	2370.00	484.00	40.00	120.00
7. 小麦机播面积	公顷	24188.67	6131.00	15418.67	2015.00	470.00	40.00	114.00
8. 小麦机收面积	公顷	25473.00	6229.00	16230.00	2370.00	484.00	40.00	120.00
9. 水稻机耕面积	公顷	39388.33	9218.53	25010.00	3800.00	772.00	85.80	502.00
10. 水稻机械种植面积	公顷	35744.89	8455.22	22258.67	3724.00	762.00	80.00	465.00
其中： 1. 水稻机播面积	公顷	3288.95	785.95	1592.00	410.00	110.00	—	391.00
2. 水稻机插面积	公顷	32455.94	7669.27	20666.67	3314.00	652.00	80.00	74.00

续表 31

项目	单位	合计	江阴市	宜兴市	锡山区	惠山区	滨湖区	新吴区
11. 水稻机收面积	公顷	39236.33	9218.53	25010.00	3648.00	772.00	85.80	502.00
12. 油菜机耕面积	公顷	2417.39	712.39	1536.00	169.00	—	—	—
13. 油菜机播面积	公顷	2285.00	580.00	1536.00	169.00	—	—	—
14. 油菜机收面积	公顷	2081.39	712.39	1200.00	169.00	—	—	—
15. 水果机械中耕面积	公顷	13127.30	2739.00	5894.00	726.00	2295.00	1457.00	16.30
16. 水果机械施肥面积	公顷	7730.60	1672.00	3454.00	452.00	1313.00	830.00	9.60
17. 水果机械植保面积	公顷	13450.20	2712.00	5959.00	741.00	2570.00	1457.00	11.20
18. 水果机械修剪面积	公顷	5697.70	1156.00	2585.00	151.00	880.00	920.00	5.70
19. 水果机械采收产量	吨	9575.50	4372.00	960.00	1996.00	1849.00	380.00	18.50
20. 水果机械田间转运产量	吨	107559.00	50963.00	20109.00	4591.00	17981.00	13800.00	115.00
21. 茶叶机械中耕面积	公顷	3375.67	6.67	2920.00	197.00	16.00	226.00	10.00
22. 茶叶机械施肥面积	公顷	3012.00	—	2765.00	120.00	21.00	100.00	6.00
23. 茶叶机械植保面积	公顷	3396.67	6.67	2920.00	197.00	37.00	226.00	10.00
24. 茶叶机械修剪面积	公顷	2253.67	6.67	1956.00	40.00	15.00	226.00	10.00
25. 茶叶机械采收产量	吨	1748.78	1.78	1630.00	13.00	69.00	35.00	—
26. 茶叶机械田间转运产量	吨	3905.40	2.40	3749.00	30.00	54.00	70.00	—
27. 精量播种面积	公顷	3526.00	2951.00	—	—	542.00	33.00	—
28. 机械节水灌溉面积	公顷	15124.67	7906.67	2590.00	800.00	2916.00	542.00	370.00
29. 机械化秸秆还田面积	公顷	61142.56	13385.56	39590.00	6449.00	929.00	169.00	620.00
30. 植保无人机作业面积	公顷	15565.00	8538.00	4100.00	2667.00	200.00	60.00	—
十七、农机社会化作业面积	—	—	—	—	—	—	—	—
1. 合作社作业服务面积	公顷	279883.00	65200.00	182380.00	28920.00	3203.00	—	180.00
2. 农机跨区作业面积	公顷	34375.00	3399.00	30000.00	133.00	400.00	—	443.00

续表 31

项目	单位	合计	江阴市	宜兴市	锡山区	惠山区	滨湖区	新吴区
其中 1. 机收小麦	公顷	15319.30	1666.00	13333.30	—	200.00	—	120.00
2. 机收水稻	公顷	18964.67	1733.00	16666.67	133.00	200.00	—	232.00
十八、农机化作业服务组织	个	388.00	112.00	198.00	65.00	10.00	—	3.00
1. 拥有农机原值 50 万元以上	个	209.00	77.00	119.00	6.00	4.00	—	3.00
2. 农机专业合作社	个	264.00	85.00	151.00	21.00	4.00	—	3.00
十九、农机户	个	10558.00	4440.00	5107.00	345.00	370.00	216.00	80.00
1. 拥有农机原值 20 万元以上	个	740.00	483.00	235.00	3.00	10.00	4.00	5.00
2. 农机作业服务专业户	个	2354.00	1093.00	860.00	345.00	—	—	56.00
二十、农机维修厂、点	个	121.00	27.00	50.00	27.00	15.00	—	2.00
二十一、农机从业人员	个	14584.00	7206.00	4360.00	2183.00	417.00	223.00	195.00
二十二、农机化财政投入	万元	2028.66	664.66	360.00	541.00	300.00	150.00	13.00
二十三、农机服务收入	万元	33407.00	8305.00	16800.00	6650.00	800.00	110.00	742.00
二十四、农机具总量	台（套）	141094.00	—	—	—	—	—	—

（市农业农村局）

编辑 胡 慧

制造业

综述

【概况】 2020年，面对新冠肺炎疫情及中美贸易战等不利因素，无锡工业经济展现出较好的质态和较强的韧劲。无锡市连续2年被评为“促进制造业创新转型和高质量发展、先进制造业集群培育等工作成效明显的地方”，受到省政府办公厅通报激励。江阴市蝉联“中国工业百强县(市)”冠军，宜兴市位列第八，新吴区、惠山区、滨湖区、锡山区分别位列“中国工业百强区”第8位、第34位、第35位和第37位。境内外上市企业总数达162家，A股上市公司总市值突破1.2万亿元。全市入围中国企业500强14家，入围中国制造业企业500强26家，入围数均居全省第一，其中中国制造业企业500强入围数连续14年位居全省首位。2家企业上榜2020年度软件和信息技术服务企业竞争力百强。新增国家级专精特新“小巨人”企业10家、制造业单项冠军2家、省级专精特新“小巨人”企业52家。

(浦美晨)

【工业经济增长】 2020年，全市完成规模以上工业产值17831.18亿元，比上年增长6.3%，增速高于全省平均0.8个百分点；规模以上工业增加值3968.8亿元，比上年增长6.6%，增速高于全省平均0.5个百分点，位列全省第三位、苏南第一位。全市规模以上工业企业实现利润1264亿元，比上年增长7.2%。无锡制造业贷款余额比年初新增52.7亿元，制造业贷款余额占比继续保持全省第一。全市战略性新兴产业完成规模以上工业产值6140.5亿元，比上年增长13.4%，占全市比重为34.9%，比上年提高6.8个百分点。全市新登记注册工业企业5570家，比上年增长59.6%。

(浦美晨)

【集群发展】 2020年，无锡市编制《无锡市先进制造业重点产业集群产业链图谱和招商指导目录汇编(2020版)》，推进实施重点产业链市领导挂钩联系制度，打造产业地标，全市9个集群营收超千亿元。开展“百企引航”“千企升级”行动，培育行业龙头企业。实施中小企业“专精特新”培育行动，10家企业获评国家专精特新“小巨人”企业。252个项目入选省技术创新导向计划目录，国家集成电路特色工艺及封装测试创新中心获工业和信息化部认定、成为省内首个新一代信息技术产业领域的国家制造业创新中心，“国家数字化设计与制造江苏中心”获国创中心批复。新认定国家级企业技术中心1家，省级企业技术中心36家。9个项目获国家首台(套)保险补贴，苏锡常首台(套)重大装备互认顺利推进。

(浦美晨)

【产业结构优化】 2020年，无锡市制定《无锡市加快发展以物联网为龙头的新一代信息技术产业，打造世界级产业集群三年行动计划(2020—2022年)》及2020年工作要点。全市战略性新兴工业总产值比上年增长13.4%，高于规模以上工业总产值增幅7.1个百分点，物联网产业不断壮大，中电海康、博世等合作项目的深度与广度不断扩展。采取双线互融模式举办物博会系列活动，智能传感器、环保物联网等特色园区载体加快建设。国家级江苏(无锡)车联网先导区建设持续推进，推进车联网C-V2X项目建设。南山车联网小镇——国家级车联网先导区展示中心正式对外开放，国家智能交通综合测试基地一期正式启用。集成电路产业发展后劲充足，无锡华虹基地、SK海力士二工厂、中环领先大硅片、8英寸非存储晶圆芯片等一批重大项目顺利推进。软件产业加快发展，无锡市制定《无锡市促进软件产业高质量发展的若干政策》，实施精准扶持。加快信创产业高质量发展，开展信创先试先行工作，推进江苏省信创产业生态基地建设，初步构建从CPU、整机到基础软件、安全产品等相对完备的自主可控信息技术产业体系。组织开展华为软开云服务，扶持本地企业生态建设。

(浦美晨)

【绿色制造成效显著】 2020年，全市规模以上工业产值能耗下降6.3%、工业增加值能耗下降6.6%，单位GDP能耗下降3.27%，“十三五”期间累计下降18%以上，超额完成省下达的“十三五”规划节能目标任务。建立工业节能与循环经济项目库，入库项目62个，实现年节能26万吨标准煤。新增国家级绿色工厂3家，累计达18家。6家企业被评为首批省级绿色工厂。全年关停化工生产企业275家，超额完成省下达任务。工业企业资源利用绩效管理深入开展，完成占地面积0.2公顷以上企业评价工作，差别化政策落实走在全省前列，严格实施水电气价格等7项差别化政策，全市A类企业享受城镇土地税减免1亿多元，盘活低效土地733.33公顷。支持工业设计中心建设，2家企业被认定为省级工业设计中心。

（浦美晨）

【信息化水平提高】 2020年，无锡市制定《无锡市工业互联网和智能制造发展三年行动计划(2020—2022年)》，全市100个智能化重点项目全年完成投资258.49亿元。无锡小天鹅电器有限公司成为全省唯一入选的国家第3批智能制造标杆企业(全国仅5家)；全市新增省智能工厂建设项目1个，通过两化融合管理体系贯标评定企业226家。江南大学无锡智能制造协同创新中心《大功率集散式光伏逆变成套系统研制与产业化》项目获江苏省科学技术一等奖。培育蓝创智能、远景能源等10个工业互联网平台，2个项目入选国家级工业互联网创新发展工程，实现无锡市在该项目上的突破。全市新增五星级工业互联网平台1个，工业和信息化部工业互联网试点示范项目1个；省级重点工业互联网平台2个、工业互联网标杆工厂5个。在全国同类城市中率先出台《无锡市5G产业发展规划(2020—2025年)》。全市建成开通5G基站8699个，新增5G基站数量全省领先，已基本实现市区、发达镇村和重点区域的全覆盖。捷普电子入选工业和信息化部"5G+工业互联网"十大集成创新应用。

（浦美晨）

【营商环境持续优化】 2020年，无锡市深化"放管服"改革，营造"无难事、悉心办"的优质营商环境。弘扬企业家精神和新时代锡商精神，设立"无锡企业家日"，发布《无锡市促进中小企业转型发展条例》。设立中小微企业普惠融资平台——锡信贷，为209家企业办理255笔贷款，放款8.89亿元，为企业节约融资成本444.68万元。设立转贷应急资金，年内，为965家中小企业办理1348笔转贷业务，使用转贷资金104.12亿元，续贷金额108.73亿元，为中小企业减负融资成本约1.62亿元。疫情期间，建立疫情防控应急融资机制，27家银行为122家相关工业企业新增信贷投放31.7亿元；下调"锡信贷"利率和"转贷应急资金"费率，转贷应急资金为企业减负融资成本约6819万元。搭建银企合作"绿色通道"，组织开展银企授信签约，年内，33家金融机构向2990家企业授信1630.83亿元。建成全市企业服务中心三级网络体系，推动以政府公共服务、非营利机构公益性服务和中介机构商业化服务为一体的示范平台建设。成立"无锡市中小企业发展服务联盟"，建立企业服务云平台，为企业提供"一站式"服务。

（浦美晨）

表32　　2020年无锡市规模以上工业总产值统计表(一)

指标	单位	2020年	比上年增长(%)
工业总产值(现价)	亿元	17831.18	6.3
1.按经济类型分:			
内资企业	亿元	11453.51	6.0
港澳台商投资企业	亿元	2093.62	0.7
外商投资企业	亿元	4284.05	9.5
2.按轻重工业分:			
轻工业	亿元	3493.36	15.1
重工业	亿元	14337.82	17.2
3.按规模分:			
#大型企业	亿元	5769.61	10.5
中型企业	亿元	4227.80	4.3
小型企业	亿元	7540.13	3.2

续表 32

指标	单位	2020 年	比上年增长（%）
4. 在总计中：			
#国有控股	亿元	1447.95	8.3
#民营企业	亿元	10125.60	5.4

（市统计局）

表 33　　2020 年无锡市规模以上工业总产值统计表（二）

指标	单位	2020 年	比上年增长（%）
规模以上工业总产值	亿元	17831.18	6.3
#纺织业	亿元	677.07	−7.0
纺织服装、服饰业	亿元	405.65	2.2
印刷和记录媒介复制业	亿元	147.11	−6.7
石油、煤炭及其他燃料加工业	亿元	139.02	−10.3
化学原料和化学制品制造业	亿元	1029.61	−2.0
医药制造业	亿元	414.11	11.4
化学纤维制造业	亿元	306.31	−0.2
橡胶和塑料制品业	亿元	606.16	−1.6
非金属矿物制品业	亿元	473.87	0.9
黑色金属冶炼和压延加工业	亿元	1456.66	6.5
有色金属冶炼和压延加工业	亿元	972.04	14.9
金属制品业	亿元	1305.88	3.1
通用设备制造业	亿元	1287.51	4.7
专用设备制造业	亿元	896.29	9.0
汽车制造业	亿元	1191.31	8.5
铁路、船舶、航空航天和其他运输设备制造业	亿元	339.01	15.4
电气机械和器材制造业	亿元	2567.96	5.9
计算机、通信和其他电子设备制造业	亿元	2712.96	16.0
仪器仪表制造业	亿元	174.62	14.4
电力、热力生产和供应业	亿元	221.20	−2.4

（市统计局）

表 34　　2020 年无锡市规模以上工业增加值统计表

指标	单位	2020 年	比上年增长（%）
规模以上工业增加值	亿元	3968.80	6.6
1. 按行业分：			
制造业	亿元	3860.17	6.7
电力、燃气、水的生产和供应业	亿元	108.62	3.1
2. 按轻重工业分：			
轻工业	亿元	792.53	3.5
重工业	亿元	3176.27	7.4
3. 按规模分：			
#大型企业	亿元	1511.65	9.5
中型企业	亿元	987.00	5.4
小型企业	亿元	1354.59	4.4
4. 在总计中：			
#国有控股	亿元	303.46	10.2
#民营工业	亿元	1974.06	5.8

（市统计局）

表 35　　2020 年无锡市主要工业产品产量统计表

指标	单位	2020 年	比上年增长（%）
粗钢	万吨	1337.82	5.2
钢材	万吨	1918.81	−7.6
铜材	万吨	208.83	13.5
钢绞线	万吨	26.64	−17.2
电站锅炉	万蒸发量吨	1.53	−32.6
工业锅炉	万蒸发量吨	1.48	−13.6
滚动轴承	亿套	8.46	7.8
发动机	万千瓦	7993.05	19.8
电力电缆	万千米	183.66	7.6
光缆	万芯千米	1980.37	19.8
光纤	万千米	508.61	−21.5
太阳能电池（光伏电池）	万千瓦	431.64	−36.5

续表 35

指标	单位	2020 年	比上年增长（%）
半导体分立器件	亿只	389.02	10.3
集成电路	亿块	304.82	17.8
电子元件	亿只	9542.00	54.2
印制电路板	万平方米	1885.71	4.2
绒线（俗称毛线）	万吨	0.71	-13.5
呢绒	万米	7675.40	-26.1
帘子布	万吨	1.06	-23.7
化学纤维	万吨	418.38	15.7
合成纤维聚合物	万吨	55.21	-21.7
锂离子电池	万只	31929.43	-11.8
硬盘存储器	万台	4814.51	-21.7
服装	万件	48334.99	-10.0
数码照相机	万台	108.93	-30.5
民用钢质船舶	万载重吨	185.82	-40.8
电动自行车	万辆	232.52	42.3
家用洗衣机	万台	1394.20	-2.0
家用电热水器	万台	104.32	-6.3
微型计算机设备	万台	61.86	44.6

（市统计局）

表 36

2020 年无锡市规模以上工业经济效益统计表

指标	单位	2020 年	比上年增长（%）
企业单位数	家	7001.00	
#亏损企业	家	1027.00	（+158 家）
从业人员平均人数	万人	115.33	-2.3
营业收入	亿元	18747.36	4.1
利润总额	亿元	1298.08	7.2
亏损总额	亿元	83.12	31.4
资产总计	亿元	19313.50	7.3
负债总计	亿元	10057.55	7.3

续表 36

指标	单位	2020 年	比上年增长（%）
流动资产合计	亿元	12170.32	7.6
应收账款	亿元	4021.45	11.8
存货	亿元	2440.54	8.5
#产成品	亿元	1091.51	8.8

（市统计局）

高端装备制造业

【概况】 2020 年，无锡市高端装备产业加快转型升级，经济运行平稳，产业规模增长，全年实现产值 1081.8 亿元，比上年增长 13%；实现利润 121.9 亿元，比上年增长 5.6%。

（朱　宇）

【“两机”产业链发展】 2020 年，无锡透平叶片研制的航空发动机标志性难加工高压涡轮导叶通过首件鉴定及质量评审会；无锡派克新材料科技股份有限公司、无锡航亚科技股份有限公司分别在主板和科创板成功上市，并入围工业和信息化部专精特新“小巨人”企业。

（朱　宇）

【重大项目】 2020 年，无锡市高端制造业 4 家企业的 9 个项目获得国家首台(套)保险补贴。5 个项目通过江苏省首台套重大装备认定，数量占全省的 1/8，居全省第一。双良集团有限公司的“智能化大型钢结构间接空冷系统”获得第六届中国工业大奖项目奖，是全国唯一一家获中国工业大奖企业奖与项目奖的民营企业；GE 医疗集团在无锡生产的首批高端呼吸机正式投产下线，标志着无锡智能医疗产业发展和智能制造转型迈上新的台阶；无锡海鹰电子医疗系统有限公司高强度聚焦超声治疗系统 HY2900 获“优秀国产医疗设备”称号；无锡奥特维科技股份有限公司在上海交易所科创板挂牌交易，为无锡市首家新三板成功“转板”科创板的企业；宝银特种钢管有限公司以《先进核能系统关键管材与核心部件研制及产业化》项目获评 2019 年度江苏省科学技术一等奖，并在上半年顺利交付国内首套小堆直流蒸发器螺旋盘管；无锡市明鑫机床股份公司研制生产的国内首台 5 米数控立式磨床交付用户并投产，填补国内空白；无锡先导智能装备股份有限公司入选“2020 年度江苏省企业技术创新奖”名单；无锡量子感知产业园入围 2020 年江苏省重大项目序列，将致力于打造“园中设计、园内制造”的科学仪器装备产业新模式，构建中国高端科学仪器装备全产业链园区。

（朱　宇）

【高端船舶和海工装备】 2020 年，中国船舶重工集团公司第七〇二研究所获 2020 年度江苏省省长质量奖，牵头研制的万米载人潜水器“奋斗者”号在马里亚纳海沟成功下潜突破 10000 米，近 30 家无锡企业给予配套支持；深海技术科学太湖实验室在无锡市正式揭牌成立；江苏振江新能源装备股份有限公司打造的国内首座 1200 吨自升式风电安装平台“振江号”完成首个任务——江苏如东风场的风机吊装任务；扬子江船业获有史以来最大订单，成为中国第一家有能力建造 LNG 动力大型集装箱船和两万箱以上超大型集装箱船的民营企业。

（朱　宇）

扬子江船业集团公司制造的船舶产品　（毛　璧　供）

新材料产业

【概况】 2020年,全市列入统计战略新兴产业中的新材料企业361家,完成工业总产值1342.27亿元,比上年增长19.1%,实现利润84.04亿元,比上年下降1.3%。产业集群口径统计中,全市新材料产业集群产值略有下降,但盈利能力持续提升,新材料产业集群实现总产值2103.7亿元,比上年下降3.0%;实现利润总额152.2亿元,比上年增长2.7%以上。

(顾　颖)

【特钢产业集群】 2020年,无锡市特钢产业集群实现总产值1204.6亿元,比上年增长2.2%,实现利润75.9亿元,比上年增长0.7%,形成特钢原材料、高端制品、下游应用的产业链条,集聚一批具有特色和竞争力的企业群体,集群内集聚产业链企业及服务机构132家,其中高新企业42家、上市企业3家、百亿元企业3家。千亿元龙头中信泰富特钢集团股份有限公司在集群内支撑作用明显,在江阴市的生产基地具备年产600万吨特殊钢能力,主要产品服务于航天航空、海洋、核电、风电、石油开采、工程机械和汽车等产业。中信泰富特钢集团股份有限公司利用自身的技术优势,集中力量攻关特钢材料,在国内69项卡脖子的特钢材料中,已完成攻关8项,有16项正在攻关中,航空航天用钢、军工用钢、高铁用钢(转向架、悬架等)、高端轴承钢等已实现技术突破,高端轴承钢国际市场占有率全球第一,作为中国最大的特钢出口企业,年内,中信泰富特钢集团股份有限公司特钢棒线材的出口量为82.2万吨,约占特钢协会会员单位出口量的50.8%。

(顾　颖)

【高分子材料产业集群】 2020年,无锡市高分子材料产业集群实现总产值604.1亿元,比上年下降13.8%,实现利润48.8亿元,比上年增长6.4%,集群超亿元企业86家、境内外上市公司15家。高分子材料产业形成涵盖PX(对二甲苯)、PTA(精对苯二甲酸)、涤纶纤维、聚酯切片、PET(差别化纤维和聚酯材料)薄膜、氨纶、PS(聚苯乙烯)、EPS(可发性聚苯乙烯)、PU(聚氨酯)、PA(聚酰胺)、聚醚胺、IBOMA(甲基丙烯酸异冰片酯)等在内的品类众多的高分子材料产业链体系。下半年受经济回暖带动,隶属于精细化工类的高分子材料产品涨价幅度普遍较大,得益于低油价下的大宗原材料成本下降,在产值下降的情况下利润仍增长明显。

(顾　颖)

【电子材料产业集群】 2020年,无锡市电子材料产业集群实现总产值295亿元,比上年增长2.3%,实现利润27.6亿元,比上年增长1.7%,形成涵盖超高纯试剂、光刻胶、特种气体、醛模塑料、环氧模塑料、液态环氧封装料、动力电池材料、滤光片等在内的较为完善的产业体系。江阴江化微电子材料股份有限公司、江苏广信感光新材料股份有限公司、江阴润玛电子材料股份有限公司已实现部分湿电子化学品的自主研发和生产,产品技术等级均达到国际标准的G2等级,部分产品技术达到国际G3等级;江苏雅克科技股份有限公司近年来通过收购韩国UP化学的半导体前驱体材料和LG的彩色光刻胶业务,已填补国内空白。在国家试点开展的新材料首批次应用保险补偿资金申报中,从2017年起,每年无锡市获得国家资金支持的项目数和资金额都名列江苏省前列,年内,江苏隆达超合金股份有限公司、江阴江化微电子材料股份有限公司、江苏泰瑞耐火有限公司3家企业共获国家补偿资金428万元,项目个数占江苏省的33.3%,资金数额占江苏省的27.8%。

(顾　颖)

【锡山新材料产业园】 2020年,锡山经济开发区新材料产业园是无锡市集成电路半导体产业电子化学品的配套园区,作为无锡市区唯一的一个化工园区,新材料产业园的电子化学品配套功能,在集成电路半导体产业发展中不可或缺。新材料产业园已形成以系列聚苯乙烯为主导的高分子材料产业链和以车用化学品为主导的专用化学品产业链。园区内化工生产企业共10家,年内应税销售总收入176亿元,其中产业链上化工企业10家,占比100%。以系列聚苯乙烯为主导的高分子材料产业链主要涉及兴达泡塑的系列可发性聚苯乙烯、洪汇新材氯醋树脂、水性涂料和胶黏剂树脂等产品,企业之间通过产品形成关联度,该产业链两大主导无锡兴达泡塑新材料股份有限公司、无锡洪汇新材料科技股份有限公司均为行业龙头企业。无锡兴达泡塑新材料股份有限公司是国内EPS规模最大生产企业,公司跻身于中国制造企业500强、中国民营企业500强、中国化工企业100强等行列;无锡洪汇新材料科技股份有限公司的含卤乙烯基树脂技术水平高,生产的含羟基的乙烯基三元共聚树脂填补国内空白,建有江苏省特种氯乙烯共聚物工程技术研究中心、功能性高分子材料工程中心等。以车用化学品主导专用化学品产业链聚集国内多家车用化学品龙头企业,确成硅化学股份有限公司是国内产能第一的绿色轮胎用高分散白炭黑产品企业;无锡中石油润滑脂有限责任公司是国内最大润滑脂生产基地;无锡阿科力科技股份有限公司是国内聚醚胺龙头企业,产品广泛用于汽车表面涂层;无锡市高润杰化学有限公司和无锡市飞天油脂有限公司是国内润滑油、润滑脂、制动液、冷却液等骨干生产企业。

(顾　颖)

【宜兴新材料产业园】 2020年,宜兴市新材料产业园累计集聚22家化工生产企业,形成以涂料、合成材料助剂、胶粘剂等产品为主的专用化学品和以高吸水性树脂、聚氨酯为主的化工新材料产业体系,22家化工企业全部在产业链上。宜兴市新材料产业园涂料产业产值占园区总产值的95% 以上，形成集树脂生产、涂料、配套原材料为一体的涂料产业集聚，成为江苏省重要的涂料生产基地，在全国都具有较强的行业影响力。江苏三木集团有限公司、江苏三木化工股份有限公司作为园区龙头企业，生产近 30 种大类产品，主要集中在有机原料、涂料树脂、溶剂和化工助剂领域，在国内具有较强的行业影响力。宜兴市新材料产业园已形成上、下游关联紧密的产业体系，形成以江苏三木化工股份有限公司的基础原料、合成树脂材料、固化剂等为龙头，向下游延伸发展系列功能性涂料、橡塑助剂、涂饰剂等专用化学品，并进一步向防水卷材、线缆专用料加工、皮塑加工助剂、纺织印染助剂等产品靠拢的产业结构，形成较为完整的上中下游全产业链生产格局和产业集聚。

（顾　颖）

5 月 22 日，无锡祥生医疗科技股份有限公司举行全球研发中心开工暨智能制造基地主体封顶仪式　（顾静怡　摄）

生物医药产业

【概况】 2020 年，无锡市有生物医药企业 1052 家，产业规模 1135.96 亿元，其中规模以上工业企业实现产值 557.73 亿元，比上年增长 13.6%，在全市战略性新兴产业制造业中位列前列。4 月 1 日，无锡首个生物医药专项扶持政策《关于加快推进无锡市现代生物医药产业发展的若干措施》正式发布。政策从支持创新药物、高端医疗器械和品质仿制药研发、支持重大创新中心和重点企业技术公共服务平台建设等方面提出 15 条措施，单家企业每年资助总额最高 1 亿元，重要创新研发项目和重大产业化项目实行“一事一议”“一企一策”。

（赵雪倩）

【生物医药企业】 2020 年，以药明康德新药开发有限公司、药明生物技术股份有限公司、保诺科技有限公司、无锡观合医学检验所有限公司等为代表的医药研发服务外包（CRO）产业，研发服务外包和创新能力国际一流、国内领先。特殊医学配方食品领域研发和生产均处于国际领先水平，江南大学拥有食品科学领域全球排名第一国家重点实验室，费森尤斯卡比华瑞制药有限公司的肠外营养液和纽迪希亚制药有限公司的肠内营养乳剂占据全球 90% 的特医食品市场份额。医学影像设备领域产品研发生产表现强势，通用电气公司的 B 超设备及探头系列产品拥有全球 60% 的市场份额，祥生医疗科技股份有限公司自主研发的超声设备的出口排名居国内品牌前三，海斯凯尔医学技术有限公司自主研发的无创肝纤维化和脂肪变量化检测系统已实现销售并完成国产替代。

（赵雪倩）

【创新成果】 2020 年，卡尤迪生物科技有限公司、奇天基因生物科技有限公司、泽成生物技术有限公司、科智达科技有限公司等企业研发生产新冠病毒核酸快速检测试剂和相关配套设备，正则医学检验所联手深圳华大基因股份有限公司建立新冠病毒核酸检测无锡“火眼”实验室，尚沃医疗电子股份有限公司、三联生物工程有限公司、申瑞生物制品有限公司等企业在肿瘤、糖尿病、代谢性疾病等领域研发的体外诊断试剂产品均获三类器械注册证。

（赵雪倩）

新能源产业

【概况】 2020 年，虽有新冠肺炎疫情因素影响，全市新能源产业整体向好，行业呈高景气度发展。新能源（含光伏、风能）产业完成总产值 929.88 亿元，比上年增长 25.0%；新能源产业集群（含光伏、风能、电线电缆等）完成总产值 1659.92 亿元，比上年增长 17.3%；利润总额达到 100.34 亿元，比上年增长 23.1%；其中，光伏产业总产值 372.23 亿元，比上年下降 3.39%；风电产业总产值 553.5 亿元，比上年增长 53.1%；电线电缆总产值 734.19 亿元，比上年增长 9.8%。相较受制于产业周期而发展滞缓的无锡光伏产业，风能产业在远景能源等带动下，稳步实现龙头引领，上下配套，链式发展的集群式发展模式，产业链完整、创新能力强的特点在产业集群中日益凸显，产业发展进一步提速。

（张　飚）

【宜兴经开发区新能源产业体系】 2020年，宜兴经济技术开发区已形成光伏、风电、核电、氢能等新能源产业体系，国家电投、国家能源、天津中环、中广核、中国华能等重点央企国企均在产业体系中布局，新上项目典型代表是天津“中环系”。年内，中环应材宜兴企业实现应税销售66.57亿元，比上年增长141.75%；中建材（宜兴）新能源上线全球首条轻薄透光伏玻璃智能生产线，比上年增长57.39%。

（张　飚）

【长三角（宜兴）氢能产业联盟】 10月17日，由上海市、江苏省、浙江省等新能源产业领域重点企业发起的长三角（宜兴）氢能产业联盟在宜兴经济技术开发区成立。能源生产、装备制造、交通运输等方面的优势企业、高等院校和科研机构加入氢能产业联盟的成员单位。联盟整合行业优质资源，抓住长三角一体化发展机遇，加速建设长三角“氢走廊”，打造新的产业发展共同体，为构建绿色氢能供应链、服务链提供支撑，推进无锡市氢能产业化、市场化应用建设。

（张　飚）

【新能源企业上市】 4月10日，无锡光伏逆变器龙头企业上能电气股份有限公司在深圳证券交易所创业板挂牌交易；5月21日，光伏设备行业中的细分市场龙头无锡奥特维科技股份有限公司在上海证券交易所科创板上市交易；6月18日，无锡帝科电子材料股份有限公司作为A股太阳能导电浆料第一股在深圳证券交易所创业板上市；10月20日，风电变桨系统龙头企业之一的中国纳泉能源科技控股有限公司在香港交易所上市交易。

（张　飚）

【远景能源】 2020年，远景能源（江苏）有限公司在“2020年全球风电整机制造商市场份额排名”中上升1位，成为唯一一家全球在陆上、海上、陆上+海上新增三项装机规模均位列第四的风电整机制造商，并继续在国内排名中蝉联亚军。年内，装机规模为10.35吉瓦，比上年增长4.57吉瓦，增幅明显。远景能源（江苏）有限公司自创立以来，在中国风电发展史上创造多项第一，引领中国风电行业的技术进步。从智能风机（低风速风机、全钢柔性高塔、海上风机、分布式风机）到智慧风场、智慧储能，远景能源提供系统的创新解决方案，大幅降低风电的度电成本。全球权威媒体 *Wind Power Monthly* 发布的2014～2019年度最佳机型榜单中，远景智能风机年年进榜，有9款机型被评为全球最佳风机，2次获金奖。

（张　飚）

4月10日，上能电气股份有限公司在深圳证券交易所创业板挂牌交易

（刘　洋　摄）

节能环保产业

【概况】 2020年，无锡市节能环保产业克服新冠肺炎疫情影响稳步发展。全年节能环保产业实现营业收入1327.18亿元，比上年增长5.9%。利润总额111.06亿元，比上年增长1%。其中，节能实现营业收入842亿元，比上年增长1.69%，环保实现营业收入378.23亿元，比上年增长16.94%，资源循环利用及其他实现营业收入106.64亿元，比上年增长4.76%。年内，推进重点节能环保产业项目，全市节能环保产业投资项目82个，总投资89.91亿元，重点项目有序推进。

（冯　朴）

【宜兴环科园】 2020年，宜兴环保科技工业园工业总产值、规模以上工业总产值分别突破780亿元、600亿元，服务业增加值年均增长9.3%，战略新兴产业产值从59.7亿元增长到349.3亿元，增长585%。实际使用外资及港澳台资5.8亿美元，实施亿元以上项目58个，其中10亿元以上项目4个。新增上市企业3家，累计达9家。始终把环保产业作为最鲜明主题，实施新一轮部省合作计划，“环境医院”平台效应显化，环保产业产值、税收实现年均增长27%和28.6%。高新技术企业从67家增加到197家，实现3倍增长；科技型中小企业增加到264家，实现5倍增长；万人有效发明专利等创新指标居宜兴市第一。连续举办高峰论坛、创业大赛，引进新南威尔士大学（宜兴）环境技术转移中心，获批省环保装备产业技术创新中心、国家技术标准创新基地等重大平台，江苏卓易信息科技股份有限公司成为无锡市首家科创板上市企业。汇聚中外院士28名，

2020 年，江阴兴澄特种钢铁有限公司推进绿色制造工程，厂区呈现绿色生态环保景象　（陆卫宇　摄）

各类高级人才 400 人。

（冯　朴）

【节能与绿色制造】 2020 年，无锡市推行清洁生产，加大钢铁、水泥、化工等重点行业清洁生产技术推行力度，107 家企业通过 2020 年度清洁生产审核验收。逐年降低能源消耗强度，实施节能与循环经济项目 62 个，累计实施 24 个节能量交易项目。推进绿色制造工程，远东电缆有限公司等 3 家企业入围工业和信息化部绿色工厂名单，无锡戴卡轮毂制造有限公司等 6 家企业入围江苏省第一批绿色工厂名单，江阴兴澄特种钢铁有限公司等 6 家企业 15 类产品获工业和信息化部绿色产品称号。江苏阳光集团入围工业和信息化部第二批工业产品绿色设计示范企业名单。中国移动长三角（无锡）数据中心入围工业和信息化部 2020 年度国家绿色数据中心名单。推广新墙材和散装水泥，全市完成新墙材产量 55.5 亿块标准砖，新墙材建筑竣工面积 942 万平方米，新墙材应用比例达到 99%。完成散装水泥供应量 1836.41 万吨、预拌砂浆产量 172.63 万吨。

（冯　朴）

【环保产业协作配套对接会】 7 月 30 日，由无锡市工业和信息化局主办、宜兴市工业和信息化局承办的 2020 无锡环保产业协作配套对接会在宜兴市召开。有关市（县）区工业和信息化局及来自市内外约 200 位环保企业负责人参加会议。2020 无锡环保产业协作配套对接会围绕“畅通产业链供应链、促进国内大循环”主题，集中展示行业优秀的设备品牌和产品技术，让电力、化工、污水等行业设备厂商及工程公司、终端用户与环保供应企业无缝对接。150 余家企业参会，其中采购企业 30 余家，来自河南省、山东省、重庆市等 8 个省市，采购产品涉及废气治理、水处理、风机、膜及膜组件等 70 多种。

（冯　朴）

新能源汽车产业

【概况】 2020 年，无锡市新能源汽车实现工业总产值 44.76 亿元，主营业务收入 44.94 亿元。无锡市新能源汽车产业主要分布于江阴市、宜兴市、惠山区、锡山区、新吴区等地，形成包含整车制造、核心零部件、充换电装备制造、充换电基础设施建设与运营等环节的较为完整的产业集群。通过近年招商引进，全市在动力电池，特别是正、负极材料方面有较好优势，拥有格林美（无锡）能源材料有限公司、无锡先导智能装备股份有限公司、联动天翼科技有限公司、远东电池有限公司、无锡晶石新型能源股份有限公司、无锡东恒新能源材料有限公司、无锡恩捷新材料科技有限公司等行业知名企业。

（毛云栋）

【产业链发展】 年末，无锡市拥有新能源汽车产业链企业 120 余家，其中规模以上企业 34 家。拥有整车生产企业 4 家（上汽大通无锡分公司、无锡中车新能源汽车有限公司、江苏常隆客车、华晨新日新能源汽车有限公司）。拥有以博耳（无锡）电力成套有限公司、无锡聚能新能源科技有限公司为龙头的多家充换电装备制造企业，以无锡市政公用新能源科技有限公司、无锡广盈实业有限公司等为龙头的一批充换电基础设施建设与运营企业。在电动汽车整车控制技术、电机驱动和电池管理技术、动力型锰酸锂材料技术、燃料电池与氢源技术、磁悬浮径向直流电机技术、汽车充电数据支持平台技术等方面均达到国内领先水平。

（毛云栋）

【推广应用】 2020年，无锡市推广应用新能源汽车9135辆，其中纯电动汽车7888辆、混合动力汽车1242辆、燃料电池汽车5辆，备案建设充电站61座、充电桩1079个，其中直流充电桩565个、交流充电桩514个。

（毛云栋）

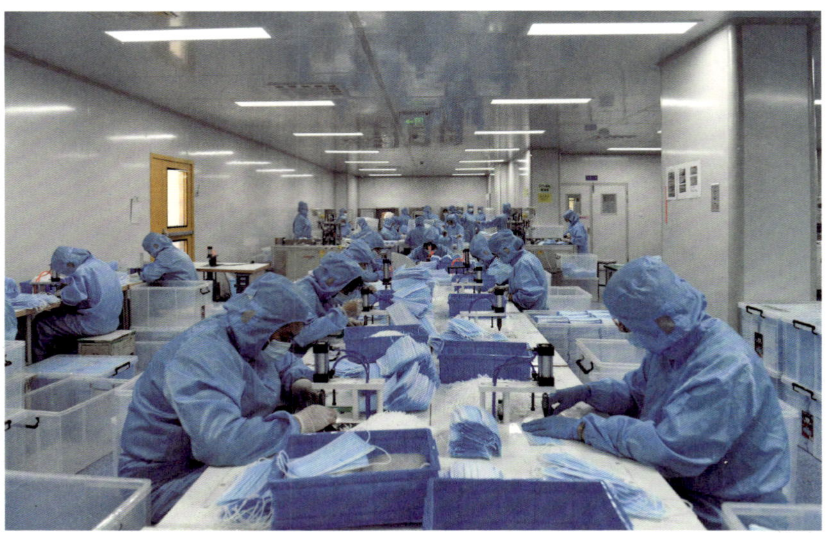

2020年新冠肺炎疫情期间，红豆集团第一时间转产防护服、隔离服和口罩等防疫物资。图为红豆集团防疫物资生产车间 （周国兴 摄）

纺织服装业

【概况】 2020年，受新冠肺炎疫情影响，无锡市纺织行业受到较大冲击，行业整体运行质量下滑明显，全市纺织行业涉及4个大类，规模以上企业899家。实现工业总产值1413.51亿元，营业收入1940.70亿元，利润总额57.26亿元，出口额224.24亿元，利税总额82.25亿元，分别比上年下降3.2%、4.0%、16.9%、9.9%和15.2%。亏损企业259家，比上年增长67.1%，企业亏损面28.8%，比上年增长11.5个百分点；亏损企业亏损总额12.29亿元，比上年增长47.5%，比上年净增亏3.91亿元。因为新冠肺炎疫情造成外地员工的流失，及企业主动改进设备自动化、智能化、信息化，提高劳动生产率等原因，全行业规模以上企业的用工缩减8.3%，减员约1.5万名职工。

（王 旻）

【行业经济指标】 2020年，纺织行业主要经济指标总体降幅收窄，纺织经济现价工业总产值1～3月比上年同期下降15.5%，1～6月下降8.3%，1～9月下降5.8%，全年下降3.2%；纺织经济营业收入1～3月比上年同期下降24.9%，1～6月下降13%，1～9月增长2.3%，全年下降4.0%。全年无锡市纺织行业经济运行稳定恢复，主要经济指标总体持续回暖向好。

（王 旻）

【分行业运行情况】 2020年，纺织行业受原辅材料价格上涨、贸易摩擦限制、环保成本增加等诸多不利因素影响，完成工业总产值651.71亿元，比上年下降7%，实现利润27.09亿元，比上年下降15%；服装行业完成工业总产值400.57亿元，比上年增长2.2%，成为唯一实现正增长的子行业，实现利润18.31亿元，比上年下降20.3%；化纤行业实现工业总产值306.69亿元，比上年下降0.2%，实现利润8.34亿元，比上年下降20.0%；纺机纺器业现价工业总产值完成56.38亿元，比上年下降9.7%，实现利润3.52亿元，比上年下降3%。

（王 旻）

【转产防疫物资】 2020年，新型冠状病毒肺炎疫情发生以后，纺织企业落实企业社会责任，为抗击疫情出人出力、捐款捐物。为响应国家防疫需求，红豆集团第一时间转产防护服、隔离服和口罩等防疫物资，用2天时间将红豆运动装生产线改成隔离服生产线；4天时间从立项到买设备、安装调试、配料生产普通防护型口罩；10天内完成医用一次性防护服生产车间的扩产改造。4月8日，红豆集团旗下无锡红豆运动装公司获批“一次性使用医用口罩”生产许可证和“二类医疗器械注册证”，是江苏省防疫物资应急审批期间最早获得医用口罩认证的生产企业之一。日产口罩300万只，其中一次性医用口罩日产量可达50万只。江苏阳光集团第一时间转产医用防护服，保障前线防疫物资供应。2月3～6日，江苏阳光集团将三条高档服装生产线、近八分之一的产能实施技术改造，把原有的30万级洁净车间升级为10万级洁净车间，同时，引进设备，采购面料，进行技术攻关，满足医用防护服生产的环境要求和技术要求。采用薄膜复合技术，研制出一款穿着舒适，具有较好的防渗透性，可满足于医院系统以外的海关、社区、交通卡口、检查站等工作人员穿着的防护服。

（王 旻）

【产业链挂钩联系制度】 2020年，无锡市制定《无锡市高端纺织服装产业链（集群）市领导挂钩联系制度工作方案》，按照高端纺织服装产业链（集群）发展目标，建立“一个工作专班、一套支撑服务机制、一个决策咨询机构、一套议事协调机制、一套推进工作机制”的工作机制，由市领导挂钩联系高端纺织服装产业链(集群),市工业和信息化局作为牵头部门,相关部门参与,协力推进产业链(集群)发展。根据纺织产业链全产业链环节,绘制《无锡市高端纺织服装产业链图谱》,全面梳理产业链上下游终端企业、龙头企业、关键企业。

(王　旻)

【4家企业入选“营业收入”百强企业】 2020年,全市有4家企业入选中国服装协会发布的2019年服装行业“营业收入”百强企业,分别是海澜集团有限公司、红豆集团有限公司、江苏阳光集团有限公司、江苏刘潭集团有限公司。其中,海澜集团有限公司在“营业收入”百强企业和“利润总额”百强企业中均位居榜首,连续4年获评中国服装行业百强“双冠军”。

(王　旻)

机械制造业

【概况】 2020年,无锡机械工业呈现前低后高、逐月回升的经济态势。一季度因防疫需要,多数企业停产、限产,规模以上企业营业收入比上年下降23.1%,工业总产值比上年下降16.27%,利润总额比上年下降44.1%,出口交货值比上年下降20.16%。二季度,企业全面防疫复工,回稳向好的趋势日益明显。工业总产值比上年下降4.4%,较一季度回升11.87个百分点,营业收入比上年下降5.6%,较一季度回升17.5个百分点。利润总额比上年增长4.2%,较一季度回升48.3个百分点。三季度,各项指标均保持逐月回升态势。全年稳中有进,经济恢复超过预期。全年全市机械工业规模以上企业3042家,从业职工49.36万人。累计实现工业总产值7374.6亿元,比上年增长6.7%;实现营业收入7452.1亿元,比上年增长5%;实现利润总额624.2亿元,比上年增长9.4%;实现外贸交货值854.2亿元,比上年下降15.5%。年内,机械工业重点监测的120种主要产品中,产量实现增长的产品有84种,占比70%。从市场形势表现看,投资类产品增长较快,消费类产品市场恢复较慢。发动机、滚动轴承分别增长19.8%、7.8%。装载机、混凝土机械等工程机械产品产量全面增长,挖掘机比上年增长16%;电力与输变电设备比上年增长5.9%,电力电缆比上年增长7.6%;光缆比上年增长19.8%、电动自行车比上年增长42.3%;汽车产销继续回稳,汽车及零部件比上年增长8.5%,12月增长14.8%;钢绞线比上年下降17.2%,电站锅炉比上年下降32.6%,工业锅炉比上年下降13.6%,光纤比上年下降21.5%,民用钢制船比上年下降40.8%。年内,一汽解放发动机事业部位列2020中国汽车零部件企业百强榜单。远东复合技术有限公司获评“2020年全球能源管理领导奖——能源管理洞察力奖”。法尔胜泓昇集团有限公司、双良集团有限公司、远东控股集团有限公司、江苏大明金属制品有限公司、无锡华东重机科技集团有限公司入选“中国民营企业500强榜单”。无锡统力电工有限公司实施文化系统建设提升企业品牌效益的经验被评定为2020年江苏省质量标杆。在2020“谁是第一”商用车年度评选总决赛暨颁奖典上,解放动力奥威CA6DM2-46E6发动机被评为“2020年度第一可靠动力”。解放动力奥威13L发动机获“2020年度TCO运营值得用户信赖节油重型发动机”大奖。一汽解放发动机事业部铂威CA6DH获“我信赖的国六中型动力”、奥威CA6DM获“我信赖的十年经典发动机”奖。

(姜鲁宁)

【科技创新成果】 2020年,无锡机械工业投入研发费用166亿元,比上年增长31.3%。远东控股集团“铝合金节能输电导线及多场景”项目获国家科学技术进步二等奖。双良集团高端制造项目“智能化大型钢结构间接空冷系统”获第六届中国工业大奖项目奖。江苏双良锅炉有限公司研发的SZS70MW大型模块组装超低氮水管锅炉,被认定为江苏省首台(套)重大装备,大型模块组装高效冷凝式燃气热水锅炉获首届锅炉科学技术奖二等奖。双良节能公司实施的河北华电石家庄第一医院燃气分布式能源项目获2020年度中国分布式能源优秀项目特等奖。无锡职业技术学院“可扩展交换网络负载均衡技术研究与推广应用”项目与“机械压力机用凸轮控制器(JB/T12090-2014)”项目分获江苏机械工业科技进步奖一等奖、二等奖。解放动力奥威CA6SM3国六天然气发动机获“中

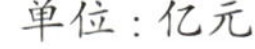

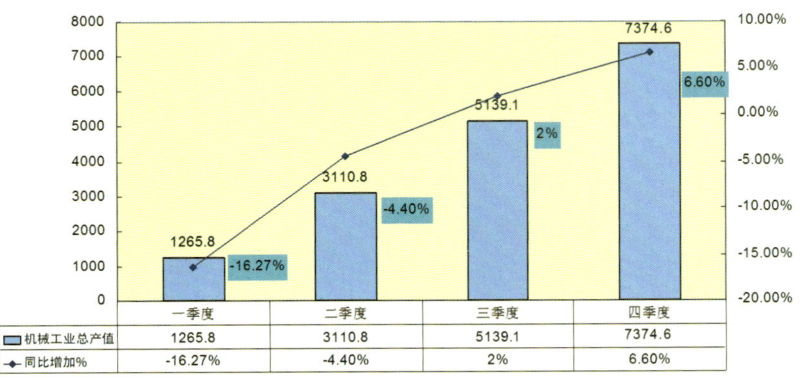

图21　2020年无锡市机械工业总产值季度同比增长情况示意图

(市机械工业联合会)

单位：万元

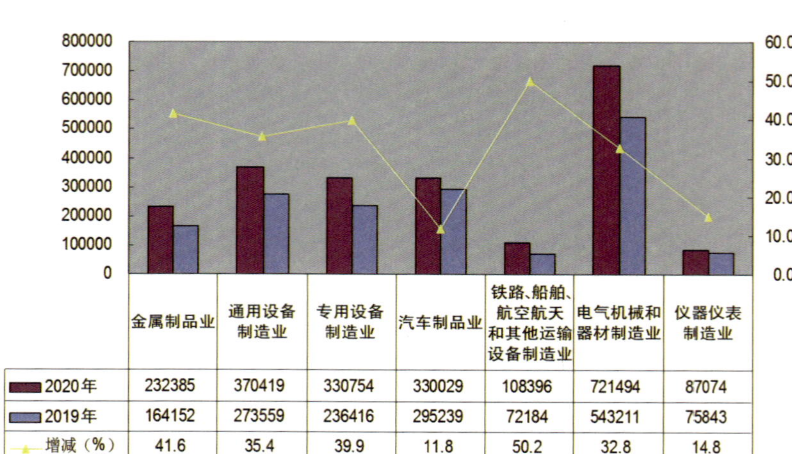

	金属制品业	通用设备制造业	专用设备制造业	汽车制品业	铁路、船舶、航空航天和其他运输设备制造业	电气机械和器材制造业	仪器仪表制造业
2020年	232385	370419	330754	330029	108396	721494	87074
2019年	164152	273559	236416	295239	72184	543211	75843
增减（%）	41.6	35.4	39.9	11.8	50.2	32.8	14.8

图 22　2019 年、2020 年无锡市机械工业分行业研发费用比较图

（市机械工业联合会）

国源动力口碑先锋”“中国源动力创新先锋”两项“国字号”大奖。无锡宏源科技股份有限公司自主研发的具有多功能、智能化、环保型等特点的新产品 HY-10 型多锭位高速弹力丝机获 2019 年度第十八届江苏纺织技术创新奖。远东集团研制的特高压输电工程用节能导线系列产品与工程应用研究项目获江苏省科技进步二等奖。江苏省特检院无锡分院的“起重电机性能智能测试系统关键技术研究及应用”项目获中国特种设备检验协会科学技术奖三等奖。项目填补了起重电机智能测试系统领域的多项空白，达到国际先进水平。

（姜鲁宁）

【机械工业战略性新兴产业】 2020 年，无锡机械工业战略性新兴产业表现亮眼，工业总产值比上年增长 13.4%，利润总额比上年增长 13.3%。其中，高端装备制造产业利润总额比上年增长 8.7%，新能源汽车工业总产值比上年增长 19.8%，航空、航天器及设备制造业比上年增长 6.7%，节能环保产业比上年增长 5.0%；智能装备产业工业总产值比上年增长 30.1%，利润总额比上年增长 23%。无锡威孚集团过滤系统测试中心通过 CNAS 国家实验室现场评审，滤清器测试能力达到国内领先水平。一汽解放发动机事业部自主高压油轨获得 2000 台批量装机任务，项目攻克取得重要突破。在国际数据集团 IDG（International Data Group）亚洲主办的 2020 小蛮腰科技大会——全球移动开发者大会暨人工智能高峰论坛上，无锡混沌能源技术有限公司凭借其自主研发的能源优化算法技术以及创新的数据采集技术，获“最佳数据采集技术创新奖”。远东碳纤维复合芯导线成功运用在全球最大截面积碳纤维复合芯导线的工程——承德东至阳乐双回 500 kV 输变电工程，标志着碳纤维复合芯导线应用取得突破性成果。无锡中车新能源汽车公司新开发的首台国六标准二驱工程车通过国六 PEMS 试验和整车定型试验。无锡统力电工股份有限公司承担研制达到国际同类产品先进水平铝基卢瑟福超导线缆产品，通过中国科学院高能物理研究所组织的评审验收。代表国内最高水平的两款 WMG-50 型、WMG-100 型首台数控高精度无心磨床在无锡市明鑫机床有限公司研制成功，磨削精度达到国外同类产品水平。无锡动力工程股份有限公司研制的满足四阶段排放法规的首台非道路用 V 型 16 缸柴油机样机在试车台位上启动，点火成功。远东安缆公司研发“华龙一号”堆型用壳内和壳外核级电缆，从材料到工艺，都采用新研发的三代核电技术，产品技术达到国际先进水平。

（姜鲁宁）

【产业升级】 2020 年，无锡机械工业以供给侧改革为动力，加快转型升级步伐，提升产业基础高端化，产业链智能化水平。4 月，远东电缆有限公司承担的省级工业和信息产业转型升级专项资金项目——8 兆瓦海上风电动力传输用关键零部件（中压耐扭电缆）核心技术攻关通过验收，经省工业和信息化厅组织专家鉴定委员会鉴定，项目系列产品综合性能达到国际先进水平，可替代国外进口，该项目研发的产品应用于国内首个海上大功率风机试验场——福建兴化湾一期海上风电场。9 月 26 日，一汽解放发动机事业部举行奥威 16L 发动机建设项目开工仪式。10 月 27 日，无锡威孚高科技股份集团公司与 Borit NV 公司签署股权购买协议，通过全资收购 BoritNV，威孚将快速进入燃料电池核心零部件——金属双极板领域，优化燃料电池产业布局。11 月，江苏四达动力集团公司 4V25 配套相关整车厂汽车 G 平台、K 平台手动挡和自动挡通过国家检测所国 6（B）阶段排放检测，成为国内首家采用国产共轨通过国 6A、国 6B 的发动机厂家。11 月 18 日，工装自控无锡公司举行增资扩能项目签约仪式，计划投资 4 亿元建造新工厂，新工厂将与工装流体、工装阀门铸造两个工厂组成无锡工装的“黄金三角”，延伸产业链。12 月 4 日，无锡压缩机股份有限公司承担的国家重点产业振兴和工业中小企业技术改造项目“大型乙烯工艺流程用压缩机生产线技术改造项目”通过项目竣工验收，项目可满足国家对百万吨乙烯、千万吨炼油关键设备配套工艺流程用压缩机 150 台（套）的需求能力。12 月 13 日，远东集团研发的 13 项新产品通过鉴定，其中复合材料芯软铝型线绞线和额

表 37　　2020 年无锡机械工业经济主要指标统计表

单位：亿元

指标名称	工业总产值	比上年增长（%）	工业销售产值	比上年增长（%）	出口交货值	比上年增长（%）
金属制品业	1119.1	3.1	1103.3	1.2	74.2	−17.6
通用设备制造业	1234.7	4.7	1209.4	3.7	199.4	−19.6
专用设备制造业	812.4	9.0	797.1	7.9	85.4	−7.8
汽车制造业	1176.6	8.5	1196.1	10.4	89.8	−20.1
铁路、船舶、航空航天和其他运输设备制造	335.7	15.4	332.9	14.5	73.3	−15.2
电气机械和器材制造业	2535.2	5.9	2524.5	7.4	323.1	−13.2
仪器仪表制造业	160.9	14.4	156.8	13.0	9.0	3.7
合计	7374.6	6.6	7320.1	6.7	854.2	−15.5

（市机械工业联合会）

表 38　　2020 年无锡机械工业经济效益主要指标统计表

单位：万元

指标名称	投资收益	比上年增长（%）	营业收入	比上年增长（%）	利润总额	比上年增长（%）
金属制品业	36615	63.6	10692884	−1.9	600437	3.5
通用设备制造业	272336	3.6	12314744	1.2	1498306	12.4
专用设备制造业	35102	−11.1	8054643	5.6	775837	11.6
汽车制造业	68127	2.1	12447315	11.8	1328657	14.6
铁路、船舶、航空航天和其他运输设备制造	313503	30.9	4074102	12.5	520130	−8.5
电气机械和器材制造业	54222	−30.4	25317620	5.4	1322133	5.2
仪器仪表制造业	13190	39.0	1620124	9.7	197084	70.8
合计	793095	10.4	74521432	5.0	6242584	9.4

（市机械工业联合会）

定电压 36/66kV 风力发电用耐扭曲软电缆 2 项新产品经专家鉴定综合性能达到国际领先水平，交联聚乙烯绝缘嵌入式芯片智能电力电缆等 8 项新产品综合性能达到国际先进水平。无锡航亚科技股份有限公司(股票代码“688510”)登陆科创板，在上海证券交易所挂牌上市。无锡凯龙高科技股份有限公司在深圳证券交易所创业板上市，公开发行股票 2800 万股，主要用于现有主导产品内燃机尾气后处理系统扩能和研发中心建设。由一汽解放发动机事业部牵头承担的国家重大专项课题——电控共轨柴油喷射系统制造技术与关键装备的研发及应用(二期)通过工业和信息化部的综合绩效评价验收。

(姜鲁宁)

【车客渡船制造】 4 月 17 日，江苏苏洋船舶公司举行九江市江心航运有限公司建造的 49.8 米车客渡船开工仪式，该船船型为双头、单体、单甲板、中机型、舯桥楼式，适航长江 B 级航区，总长 77 米，水线长 49.8 米，型宽 14.4 米，型深 3.3 米，设计吃水 2.45 米，最大载货量 450 吨。9 月 10 日，江苏苏洋船舶公司为九江市江心航运有限公司建造的“九江车 0098”车客渡船顺利下水。该船总长 52 米，型宽 14.4 米，型深 3.3 米，设计吃水 2.45 米。10 月 12 日，苏洋船舶公司举行太仓港长海船务有限公司 2 艘 6000HP 全回转拖轮的开工仪式，该船总长 38.7 米，型宽 10.5 米，型深 4.5 米，吃水 3.3 米，主机功率 2×3000HP。

(吴志红)

【市场开拓】 2020 年，无锡机械工业参与双循环新发展格局的构建，实现业内的良性循环，加快结构调整，提升国际、国内市场的竞争力。年内，无锡宏源科技股份有限公司出口化纤高速弹力丝机 16 台，该产品出口量创公司历史新高，出口金额近 4000 万元。中车时代电动汽车股份有限公司生产的 12 米自动驾驶客车通过在法国巴黎进行的道路测试，中国自动驾驶客车首次进入法国。无锡压缩机股份有限公司开拓工艺往复压缩机备件海外市场，将市场拓展到缅甸联邦共和国和哈萨克斯坦共和国。无锡华光环保能源集团有限公司设计制造的“一带一路”越南海阳 2×600 兆瓦燃煤电厂项目 1# 机组并网成功。无锡压缩机股份有限公司承接的延长石油延安炼化伴生气项目 CO 离心压缩机、烟台万华 CO 离心压缩机，分别在用户现场完成氮气试车任务。无锡华光环能集团有限公司设计制造配套的国内首台 GE 9HA.01 型燃气机组在天津华电军粮城成功点火。无锡威孚集团南京金宁公司“非道路智能电控分配泵系统”列入江苏省重点推广应用的新技术新产品目录。双良锅炉公司承接京雄城际铁路雄安站建设的 3 座 46 兆瓦燃气热水锅炉及配套余热热泵系统形成的全地下智慧能源站建设。双良冷却系统公司 2 套 10.5 万空分空冷系统成功配套目前最大的国产空分装置——宁夏宝丰能源 10.5 万空分装置。远东集团参与的河北省唐山乐亭菩提岛海上风电场 300 兆瓦工程示范项目的风叶全部吊装完成，为全国低温型海上风场开发提供成功样板。

(姜鲁宁)

【机械工业标准化建设】 2020 年，无锡机械工业面向市场，面向需求，持续标准化建设，提升企业科技创新的基础能力。无锡威孚力达公司起草的《轻型甲醇汽车排放后处理系统用催化剂》等 5 项团体标准，由中国内燃机工业协会和中国机械工业标准化技术协会联合发布，自 7 月 31 日起实施。无锡威孚力达公司起草的《轻型甲醇汽车排放后处理系统用催化剂》等 5 项团体标准，由中国内燃机工业协会和中国机械工业标准化技术协会联合发布，自 7 月 31 日起实施。无锡统力电工有限公司的智能电网特高压变压器用绕组线标准化工作项目，成为省战略性新兴产业标准化试点项目，并正式启动。解放动力“超低排放”技术发布，该技术 NOx 加权排 0.018 克 / 千瓦·时，比国六标准降低 95%，比当前全球最严苛的排放法规要求低 33%，树立中国内燃机排放技术的里程碑，标志着民族品牌发动机在环保技术上达到世界领先水平。

(姜鲁宁)

【防疫复工】 2020 年，面对突如其来的新冠肺炎疫情，全体机械职工防疫情、抓复工，攻坚克难。至 3 月底，无锡机械制造企业全面复工。其中大型国企开工率平均在 90% 以上；大中型民营企业中，电工、通用设备、专用设备、汽车等主要行业工业用电大户的复产指数为 76，产能平均恢复到以往的 70% 以上；民营小微企业平均开工率在 60% 以上。5 月以后，全行业恢复正常生产。从 1 月 29 日起，江苏太锅、大明集团、双良集团、航亚科技、威孚高科、亨达电机、统力电工、远东集团等先后向疫区捐款超过 5000 万元，并捐赠数千套防护服、数万只 KN95 口罩和其他防疫物资。无锡市机械工业联合会，为 60 多家中小企业发放了 23 万余只防疫用口罩，帮助企业联系部分消毒液、测温枪等器材。4 月 7 日，一汽解放发动机事业部以“寸物越四海、关爱芯相连”为主题，举行海外客户关爱暨抗疫物资捐赠仪式，向伊朗、巴基斯坦等 15 个国家捐赠 15000 只医疗专用口罩，被评为中国汽车企业“优秀战‘疫’担当企业”。

(姜鲁宁)

冶金工业

【概况】 2020 年，受新冠肺炎疫情的影响，无锡市冶金工业呈先低后稳趋势，经济规模扩大，产量稳中有增。一季度工业产值比上年下降 5.4%，钢产量下降 1.2%、铁产量下降 8.2%，钢材产量下降 25.5%；6 月底，工业产值比上年增长 5.7%，钢产量增长 2.8%，铁和钢材产量继续下降。全年，铁产量1002万吨，比上年增长2.11%；钢产量1337.8万吨，增长5.231%。耐火材料102万吨，基本持平；钢材产量1918.81万吨，下降7.57%。铜材208.83万吨，增长13.48%。

全行业经济规模扩大，效益持平。全年冶金工业完成现价工业总产值3140.71亿元，增长9.07%；营业收入3145.84亿元，增长3.54%；利润总额131.63亿元，下降0.5%。其中，黑色金属业占全行业工业经济规模的46%，占利润总额的59%。年内，全市冶金行业有规模以上工业企业650余家，比2015年多200余家。从营业收入看，50亿元以上的企业有13家，10亿元以上的有5家，200亿元以上的有2家。从利润总额看，5000万元以上的有30家，1亿元以上的有19家，10亿元以上的有3家。另有113家企业亏损，行业亏损面为17.2%。年内，无锡市生铁产量1002.34万吨，粗钢产量1337.82万吨，钢材产量1918.81万吨，钢板和带钢产量783.6万吨，耐火材料产量102.01万吨，铜材产量208.83万吨，铝材产量117.38万吨，棒材和线材产量727.52万吨，无缝钢管产量182.83万吨，焊接钢管产量158.74万吨，中小型钢产量29.23万吨，钢(绞)丝和钢丝绳产量125.58万吨，无锡市生铁、粗钢、钢材产量分别为江苏省的10%、11%、13%。各子行业领头企业受到的市场冲击不大。耐火材料业的江苏正达炉料有限公司产量7.47万吨，增长2.93%；黑色金属业的江阴兴澄特种钢铁有限公司生铁和粗钢产量分别为555.2万吨和686.6万吨，分别增长0.1%和2.3%，营业收入和利润总额居行业第一；有色金属业的江苏江润铜业有限公司铜材产量47.9万吨，增长9.3%；金属丝绳业的法尔胜集团生产钢丝绳13.1万吨，下降2.4%。江苏赛福天钢索股份有限公司生产钢丝绳5.58万吨，增长10%。无锡新三洲特钢有限公司营业收入持平，利润总额增长36.7%。江阴华西钢铁有限公司营业收入增长38%，利润总额增长39.1%。无锡中彩新材料股份有限公司冷轧薄板略有减产，营业收入下降5%，利润总额增长一倍。江苏玉龙钢管科技有限公司钢管减产16%，营业收入增长20%，利润总额增长29%。无锡市振达特种钢管制造有限公司总产量下降24%、营业收入下降36%，利润总额增长2.9倍。无锡市南方耐材有限公司在产量没有增长的情况下利润总额增长1.3倍。无锡苏嘉新材料公司在宝钢集团“电炉厂圆方坯产线冶炼区域耐火材料总承包”项目招标中独家中标，合同总金额6000万元。江苏长强钢铁有限公司产铁127万吨，产钢151万吨，营业收入51.2亿元，利润总额4.1亿元。

（陈　健）

【铜加工业市场】 2020年二季度以后，随着经济全面复苏以及房地产市场的由负转正，铜材市场需求突增，铜价提升到近两年来的历史高位水平。无锡市有色金属业抓住市场机遇，营业收入大幅度提高，在全冶金行业营业额前10名中有7个是铜加工企业。江苏江润铜业有限公司年营业收入在200亿元以上；潞安宏泰新型铜材科技宜兴有限公司、江苏中广润新材料科技有限公司、宜

表39　　2020年无锡市冶金工业各子行业规模情况统计表

单位：亿元

子行业	现价工业总产值		营业收入		利润总额		产值占全行业比重（%）
	总额	比上年增长（%）	总额	比上年增长（%）	总额	比上年增长（%）	
耐火材料制品制造	92.60	－0.03	87.41	－3.30	8.23	－1.50	2.95
黑色金属冶炼和压延加工业	1450.45	6.52	1458.38	－0.35	78.07	2.10	46.18
有色金属冶炼和压延加工业	1253.71	14.09	1265.16	8.77	27.89	－14.62	39.92
金属丝绳及其制品制造	343.94	3.72	334.89	4.33	17.45	17.80	10.95

（市冶金工业协会）

12月，江阴华西钢铁有限公司推出“工业旅游”，展示华西钢铁低排放、绿色发展的新形象（江阴华西钢铁有限公司　供）

兴市意达铜业有限公司年营业收入在100亿元以上；江苏鑫立德铜业有限公司、宜兴市金啸铜业有限公司、宜兴市润峰铜业有限公司，年营业收入都在60亿元以上。上述7个企业的铜材产量达149万吨，占全行业的71%。但受铝加工业影响，整个有色业利润水平有所下降。

（陈　健）

【企业技术中心认定】 2020年，江苏省工业和信息化厅、无锡市工业和信息化局相继公布2020年度企业技术中心认定名单，江苏嘉耐高温材料股份有限公司技术中心、宜兴市耐火材料技术中心、无锡华生精密材料股份有限公司技术中心、无锡通用钢绳有限公司技术中心、江阴祥瑞不锈钢精线有限公司技术中心上榜省级企业技术中心名单。无锡华生精密材料股份有限公司生产的电子产品用精密冷轧不锈钢带被评为江苏省专精特新产品。

（陈　健）

【产学研合作】 6月，江苏嘉耐高温材料股份有限公司与中信泰富特钢集团举行中特嘉耐新材料研究院合作签约仪式。7月，江苏赛福天钢索股份有限公司博士后研究课题《基于数字孪生的钢丝绳生产过程管控技术研究》开题，赛福天公司是省博士后创新实践基地，已招收3名博士后。10月，中特嘉耐新材料研究院与苏州大学产学研合作协议签约暨洁净钢关键工艺智能模拟研发中心揭牌仪式在苏州大学举行。

（陈　健）

【法尔胜获中国专利奖】 7月，江苏法尔胜缆索有限公司“一种热挤聚乙烯锌铝合金镀层钢丝拉索的制作方法”获评国家知识产权局发布的第21届中国专利优秀奖。“一种热挤聚乙烯锌铝合金镀层钢丝拉索的制作方法”属于核心专利，解决平行钢丝拉索制造领域关键性、共性的技术问题，为超大桥梁的建设提供技术基础，专利技术产品已在港珠澳大桥、沪苏通长江公铁大桥、湖北石首长江大桥、武汉青山长江大桥等桥梁广泛应用，至11月，法尔胜集团承接国内外架桥项目1018座。

（唐和平　唐芸芸）

【兴澄特钢发展】 10月，日产汽车第八届“兴澄日”活动在江阴兴澄特种钢铁有限公司（以下简称兴澄特钢）举办。这是日产汽车连续8年的“兴澄日”活动。在“十三五”国家重点研发计划中，兴澄特钢牵头承担“轴承钢冶金质量控制基础理论与产业化关键共性技术研究”，参与“汽车齿轮用钢质量稳定性提升关键技术开发及应用”等多项子课题的研究工作。兴澄特钢靠自主工艺创新将汽车特殊弹簧钢强度提高到2300兆帕，已出口到瑞典和日本。兴澄特钢的高性能轴承钢获工业和信息化部、中国工业经济联合会颁发的《制造业单项冠军产品证书（2020—2022年）》。兴澄特钢、大冶特殊钢有限公司共同参与的“高品质特殊钢绿色高效电渣重熔关键技术的开发和应用”项目，获得国家科技进步奖一等奖。

（吴军江　林海明）

【亚太轻合金科技创新】 2020年，江苏亚太轻合金科技股份有限公司投入研发费用1.5亿元，占营业收入的3.76%。至年末，公司已拥有专利382项，其中发明53项、实用新型300项、外观设计29项。公司完善科技创新体系与管理机制，基于汽车轻量化、新能源汽车、军民融合、航空航天等工业领域发展需求，加强新材料、新产品和新技术的开发，提升国内汽车用铝挤压材细分市场占有率，研发的“轻质高强铝基纳米复合材料及其在高端载运工具上的应用”获江苏省科学技术奖二等奖。年内，公司的高性能铝挤压材的产销比上年分别增长9.69%、12.07%，实现在国内汽车用铝挤压材细分领域的市场份额提升。

（季　燕）

【华西钢铁公司通过“两化融合”评定】 12月，江阴华西钢铁有限公司取得“两化融合管理体系评定证书”，公司把“两化融合”作为企业管理创新举措，通过信息化与工业化的深度融合，提升企业核心竞争力和推进信息化、智能化管理。7月，江阴华西钢铁有限公司与感知集团、无锡物联网产业研究院、江南大学共同申创的“‘数动未来’融合创新中心”经江苏省融合创新中心评估和江苏省工业和信息化厅公示通过；12月，通过江苏省星级上云企业（四星级）认定。

（陈　健）

【江阴金属新材料创新园项目】 3月6日，江阴金属新材料创新园项目入驻签约仪式在江阴高新技术产业开发区举行，非砂铸制坯项目、金属零部件减磨延寿项目、金属材料检测平台项目等8个来自国内高校及相关企业的科技人才项目集中签约。作为江阴高新技术产业开发区投资超5亿元重点打造的金属材料重大创新载体，江阴金属材料创新园以金属材料创新研究院为研发中心，依托东北大学和中科院沈阳金属研究所，按照“一个金属材料创新研究院、一个金属材料专业基金、一个金属材料创新园”的思路，打造金属材料科技成果转化高地和战略性新兴产业策源地。至年末，研究院已建成材料检测分析综合平台和新材料技术转化中试平台。

（施　文）

电子工业

【概况】 2020年，无锡市电子信息产业规模以上现价工业总产值完成5091亿元，比上年增长7.2%，比全市规模以上工业增速高0.9个百分点；实现利润328.5亿元，比上年增长61%。至年末，全行业规模以上企业711家，比上年增加147家。其中，计算机、通信、电子元器件、电子专用材料和其他电子设备制造业完成现价工业总产值2642亿元，比上年增长16%；实现利润230.6亿元，比上年上升82.77%；主营业务收入3407亿元，比上年增长48.7%。全行业规模（电子、计算机、通信、电子元器件、电子专用材料和其他电子设备）工业出口交货值完成1848亿元，外销率比上年增长14%。

（任国伟）

【全行业经济总量增长】 2020年，无锡电子信息制造业完成现价工业总产值5091亿元。全行业12个分支产业中有6个实现增长，电子器件、电子元器件、电机、通信设备、通用仪器仪表、电子设备等行业的发展增速均达到15%以上，其中，电子器件、电子元器件的发展增速分别为71.4%、35.3%。全行业实现利润328亿元，比上年增长61%。

（任国伟）

【半导体集成电路生产】 2020年，全市半导体、集成电路行业生产、销售和盈利整体趋稳，生产比上年增长17.8%，深南电路股份有限公司、江

表40　　2020年无锡市电子信息产业分行业完成情况统计表

分支行业	现价产值（万元）	比上年增长(%)	实现利润（万元）	比上年增长（%）
计算机制造	2489872	0.50	24927	−79.8
通信设备制造	2309038	91.38	100632	48.7
广播电视设备制造	490350	−5.80	24838	−21.3
视听设备制造	3249702	−4.50	60941	−41.5
电子器件制造	10990189	21.20	770952	71.4
电子元件制造	6680884	14.50	641513	35.3
其他电子设备制造	110425	−10.70	8388	19.1
电机制造	5724058	57.70	550713	93.0
电光缆制造	10588862	1.00	409257	−6.7
电池制造	1111867	−10.70	29080	−34.2
通用仪器仪表制造	1254054	25.60	176674	135.4
专用仪器仪表制造	293681	−16.60	18595	−49.8

（市电子工业协会）

表 41　　2020 年无锡市主要电子产品产量统计表

主要产品名称	单位	2020 年完成数	比上年增长（%）
半导体分立器件	亿只	389.02	10.3
锂离子电池	万只	31929.43	−11.8
集成电路	亿块	304.82	17.8
数码照相机	万台	108.93	−30.5
硬盘存储器	万台	4814.51	−21.7
微型计算器设备	万台	61.86	44.6
电子元件	亿只	9542.00	54.2
电缆光缆光纤	万千米	2672.64	17.6
印制线路板	万平方米	1885.71	4.2

（市电子工业协会）

苏海德半导体有限公司、SK 海力士半导体（中国）有限公司、江苏长电科技股份有限公司、华润上华科技有限公司生产分别比上年增长 38.5%、30.8%、27%、21% 和 17%。

（任国伟）

【电子信息制造企业】 2020 年，14 家电子信息制造企业跻身全市现价工业总产值前 50 强企业之列，分别是：SK 海力士半导体（中国）有限公司、无锡夏普电子有限公司、希捷国际科技（无锡）有限公司、绿点科技（无锡）有限公司、远东电缆有限公司、捷普电子（无锡）有限公司、无锡江南电缆有限公司、江苏长电科技股份有限公司、新远东电缆有限公司、健鼎（无锡）电子有限公司、无锡村田电子有限公司、三星（无锡）电子材料有限公司、住化电子材料科技（无锡）有限公司、无锡先导智能装备股份有限公司。10 家电子信息制造企业跻身全市工业效益前 50 强，分别是：SK 海力士半导体（中国）有限公司、无锡江南电缆有限公司、无锡先导智能装备股份有限公司、健鼎（无锡）电子有限公司、无锡飞翎电子有限公司、江苏卓胜微电子有限公司、华润上华科技有限公司、西门子中压开关技术（无锡）有限公司、无锡村田电子有限公司、远东电缆有限公司。

（任国伟）

【先导集成电路装备与材料产业园项目】 2 月 21 日，无锡先导集成电路装备与材料产业园项目，以及园区首个进驻项目吴越半导体氮化镓衬底及芯片制造项目，签约落户无锡高新区。无锡先导集成电路装备与材料产业园项目总投资 150 亿元，通过打造新材料、新技术、新装备、新工艺、新模式，促进装备、零部件和材料的自主可控，形成集成电路特色装备与材料产业生态，填补无锡市产业链空白。园区分 3 期建设，首期重点布局化合物半导体产业链衬底材料及核心设备、下一代高端刻蚀设备，将陆续引进碳化硅高端封装项目等。首个进驻的吴越半导体氮化镓衬底及芯片制造项目，总投资约 37 亿元，将进行第三代半导体氮化镓自支撑单晶衬底及氮化镓功率、射频芯片的研发及生产。项目建成达产后，将形成第三代半导体材料、加工、外延、芯片、器件完整产业链，最终实现全部国产化。

（任国伟）

【新能源汽车电池技术】 2020 年，烯晶碳能电子科技有限公司经过 10 年时间研发成功聚焦储能器件技术

"干法电极+超级电容器"工艺,该技术已实现产业化,对电动汽车整车性能、综合成本、寿命、安全性将有大幅改善。

(任国伟)

【连城凯克斯半导体高端装备研发制造项目】 3月24日,连城凯克斯半导体高端装备研发制造项目在锡山区锡北镇开工。连城凯克斯半导体高端装备研发制造项目总投资30亿元,规划用地13.33公顷,计划建设年产2000台(套)半导体高端装备研发制造基地,将落户院士工作站,打造成大连连城无锡总部和研发中心。

(任国伟)

【5G高端电子材料项目】 4月10日,总投资10亿元的无锡优泰5G高端电子材料项目签约落户锡山经济技术开发区,项目共规划36条生产线,总投资约10亿元,总用地面积约4.67公顷,预计在2021年6月实现首条生产线投产。项目主要生产压合型挠性双面无胶铜箔、涂布型挠性单面无胶铜箔,应用于4G、5G、6G通信、车载智能应用、智能家居应用、智能化工业控制等领域,满足未来电子产品轻薄精密化的需求,满足车载、功控、大功率产品使用的需求,以及满足5G、6G产品高频高速的特殊需求。

(任国伟)

【国家制造业创新中心】 4月22日,无锡国家集成电路特色工艺及封装测试创新中心建设方案通过专家论证会论证。无锡国家集成电路特色工艺及封装测试创新中心是无锡市首个国家制造业创新中心,也是省内首个新一代信息技术产业领域国家创新中心,由华进半导体封装先导技术研发中心有限公司牵头创建,聚焦共性技术的攻关和应用技术的研发,突破集成电路特色工艺及封测领域内关键技术,在部分领域能够引领国际产业技术发展,提升行业服务与成果转化能力。中心建成超1万平方米研发大楼,集合全国范围内71家产业链单位,拥有各类研发人员约300人,申请专利876项,通过知识产权入股、技术支持及转移等形式衍生孵化7家企业,实现80项技术转移。

(任国伟)

10月29日,市委书记黄钦(左四)出席利晶Micro LED量产基地投产仪式

(梁溪区委宣传部 供)

【集成电路产业】 1月16日,SK海力士半导体(中国)有限公司与无锡高新技术产业开发区签署投资合作协议,共建集成电路产业园,项目总投资20亿元,围绕SK海力士产业链,打造各类优质配套企业和研发培训中心聚集的半导体产业总部经济集群,完善商业、公寓、公共服务等配套功能,建成体现高新技术产业开发区产业特色的创新街区。5月14日,无锡高新技术产业开发区与阿斯麦公司签署战略合作协议,扩建升级光刻设备技术服务(无锡)基地。光刻设备技术服务(无锡)基地从事光刻机维护、升级等高技术、高增值服务的技术中心,为设备安装、升级及生产运营等所需物料提供物流支持的半导体供应链服务中心。

(任国伟)

【闻泰无锡超级智慧产业园】 8月15日,无锡高新技术产业开发区与闻泰科技股份有限公司举行签约仪式,总投资超100亿元的闻泰无锡超级智慧产业园落户无锡高新技术产业开发区。签约落户的超级智慧产业园项目,将按照国际顶级标准建设,采用最先进的生产设备实现高度自动化,围绕手机、平板、笔记本电脑、服务器、无线耳机、物联网、无线路由、可穿戴设备等产品,建设世界最先进水平的"1+8+N"智慧超级工厂及研发中心。项目达产后销售规模将达500亿元,至2028年预计可实现超过2600亿元产值,形成超3000人的研发团队规模。

(任国伟)

【江苏疌泉君海荣芯投资基金】 8月28日,由江苏省政府投资基金与SK海力士(无锡)投资有限公司、联想控股、无锡市、无锡高新技术产业开发区联合发起的江苏疌泉君海荣芯投资基金在无锡市签约落地。江苏疌泉君海荣芯投资基金规模20亿元,是省政府投资基金首支与外资合作的子基金,将依托SK海力士(无锡)投资有限公司、联想控股的资源优势和基金管理团队的专业优势,聚焦省信息科技产业的重点领域和关键环节开展投资。

(任国伟)

【利晶Micro LED量产基地】 10月29日,利晶Micro LED量产基地在梁溪区山北光电园正式投产。利晶无锡 Micro LED 量产基地是业内首个 Micro LED 大规模量产基地，项目于 3 月启动，建设总投资 13 亿元的 MiniLED 和 MicroLED 显示量产基地，项目全部达产后年销售额可达 50 亿元。

（任国伟）

【村田电子二工厂投运】 10 月 19 日，村田电子第二工厂投产运营。村田电子二工厂项目于 2018 年 11 月启动建设，项目新增总投资超 6 亿美元，新增用地 11.8 万平方米，一期建设面积约 13 万平方米，6 月主体厂房竣工，项目全部投产后，将月产 800 亿个贴片式陶瓷电容器，新增年销售额约 40 亿元。

（任国伟）

【国联闻泰 5G 通讯和半导体产业基金】 10 月 18 日，国联集团与闻天下投资有限公司签署合作协议，双方共同发起成立起始规模 100 亿元的国联闻泰 5G 通讯和半导体产业基金。闻泰科技作为全球领先的通讯和半导体企业，是中国最大的分立器件半导体 IDM 公司，形成从芯片设计、晶圆制造、半导体封装测试到手机、笔记本电脑、IoT、汽车电子产品等研发制造于一体的庞大全球化产业布局。国联闻泰 5G 通信和半导体产业基金，依托闻泰科技和国联集团在半导体产业的资金、技术优势，围绕闻泰科技及其供应链，以"数字新基建"为主题重点布局符合国家战略、突破关键技术、市场认可度高的高端智能制造企业。

（任国伟）

【无锡与微软中国签署合作备忘录】 11 月 27 日，无锡市与微软（中国）有限公司签署合作备忘录，双方将在人工智能、物联网、工业互联网、智能制造、人才培训等领域开展新的合作。双方以签署的合作备忘录为框架，强化对接，优化合作，振兴智慧产业，促进微软技术优势、产品优势和无锡产业优势、市场优势相结合，加强新一代信息技术产业发展，构筑智造高地，培育本土工业互联网标杆工厂和"互联网＋先进制造业"基地，推动数字驱动的产业新生态。

（任国伟）

【半导体企业上市】 2020 年，无锡市电子工业行业有 3 家半导体企业上市。华润微电子 2 月在科创板挂牌上市，成为 A 股红筹第一股，公司力争成为世界一流功率半导体和智能传感器产品的供应商之一。无锡芯朋微电子 7 月在科创板上市，公司专注于功率集成电路研发，是国内高压电源和驱动类芯片的领先供应商。无锡新洁能 9 月在上海证交所主板上市，是国内半导体功率器件设计龙头企业之一。

（任国伟）

石油化工业

【概况】 2020 年，无锡市石油化工业实现工业总产值 1765 亿元，比上年下降 2.6%，占全市工业总产值的 10.0%，比上年同期上升 0.5 个百分点，其中化学原料和化学制品制造业实现总产值 1040.7 亿元，比上年下降 2.0%；橡胶和塑料制品业实现总产值 585.2 亿元，比上年下降 1.6%。年内，化工景气度逐步回暖上升后回落震荡，至 8 月，石油化工行业实现利润 78.1 亿元，比上年增长 6.0%，后期受原材料涨价影响利润逐月下降，至年末，利润总额与上年基本持平，全年实现利润 103.3 亿元，比上年下降 0.6%。

（顾　颖）

【化工企业专项整治】 2020 年，全市关停化工生产企业 275 家。2017 ~ 2020 年，全市共关停化工生产企业 887 家，关停化工企业数量全省第一，化工企业总数较 2017 年压减近 70%。2020 年是国务院办公厅 2017 年布置开展的城镇人口密集区危化品生产企业搬迁改造工作的收官之年，经过 3 年的努力，全市相关工作全面完成，全市 61 家危化品生产企业，顺利完成关停或搬迁改造。

（顾　颖）

江苏灵谷化工有限公司厂区全景

（顾　颖　供）

【化工园区】 2020年，全市化工园区基础设施和管理水平提升，从2018年的6个压减到目前的3个，保留的3个化工园区全面提升园区安全环保管理和基础设施保障水平，投入巨资进行安全卫生距离达标改造，建设智慧园区安全环保一体化管理平台，实施化工园区封闭化管理，建设危险化学品专用停车场，配置和完善提升消防站，建设和提升专用污水处理厂等。江阴临港化工园区被认定为省级化工园区，宜兴市新材料产业园、锡山新材料产业园被认定为省级化工集中区。

（顾　颖）

【化工重点监测点管理】 2020年，全市化工产业结构进一步优化，行业管理要求进一步提高，为适应产业发展新格局，无锡市制定《无锡市化工重点监测点管理办法》，从全市化工园区、化工集中区外有一定经济规模和影响力的细分行业领域龙头骨干化工企业中，启动严选一批企业认定为重点监测点工作。

（顾　颖）

粮油工业

【概况】 2020年，全市粮油工业稳步增长，产业结构持续优化，粮食工业实现销售收入83.65亿元，实现销售利润2.82亿元，分别比上年增长10.77%、7.03%。

（梅欢丛）

【产业发展】 2020年，无锡市坚持以科技创新促产业发展，在粮油产品、精深加工、粮机制造等多个领域开展技术革新，《稻米精深加工利用关键技术装备创新及产业化应用》《粮食质量安全快速定量检测系统》《无锡市"智慧粮食"物联网示范应用工程》3个项目申报"苏粮硅谷"杯优秀创新成果。疫情防控期间，全市粮油保供重点企业在稳定粮油价格、保证市场供应方面发挥重要作用，15家企业获得省级财政专项补贴资金322万元。无锡市促进"粮食＋互联网"发展，加快粮油产品销售从传统的线下实体店销售转变为线下线上并重，营销方式发生根本性改变，营销收入实现快速增长。

（梅欢丛）

【产品结构优化】 2020年，无锡市结合疫情发展形势，加大大米、小麦粉、精炼食用植物油等成品粮油产品生产，满足市场需求，利用国家鼓励扩大生猪养殖规模的有利环境，加大饲料产品供应力度，饲料产量实现大幅增长。以产品品质为核心，提升产品品牌价值，增加优质、绿色、有机大米供应。宜兴百粮农业科技有限公司、宜兴安乐米业有限公司、宜兴中谷粮油有限公司和宜兴中川米业有限公司被省粮食行业协会评为"2020年度苏米核心企业"。宜兴市粮油集团大米有限公司的"隆元"牌晚粳米和"隆元"牌粳米——富硒大米、宜兴市中谷粮油有限责任公司的"金玉满仓"牌南粳9108、宜兴市和桥米厂有限公司的"泥娃"牌宜兴香米4个产品入选"江苏好粮油"产品。宜兴市大米集团有限公司"隆元"牌大米首次获得2020年度"中国好粮油"产品称号，实现无锡市零的突破。

（梅欢丛）

无锡产业发展集团有限公司

【概况】 2020年，无锡产业发展集团有限公司（以下简称无锡产业集团）超额完成市国资委下达年度经营指标，全年全资、控股企业实现营业收入808.95亿元，利润总额33.93亿元，现价工业总产值183.04亿元，分别增长20.30%、28.09%和13.09%，完成年度营收目标的117.37%、年度利润目标的176.53%，全口径营收1356.26亿元。连续12年蝉联中国企业500强，列2020年"中国企业500强"榜单第178位，"中国制造业500强"专项榜单第73位。

（彭旻婕）

【企业运行】 2020年，无锡产业集团整合渠道资源，帮助市政府代采一次性口罩200万只，交付进口额温枪1700只。支援国际合作伙伴瑞士布勒、德国博世医用口罩13万只、防护服1000套。引导企业发挥优势协同防疫，信息产业电子第十一设计研究院科技工程股份有限公司无偿完成武汉"火眼"实验室医疗工程设计；商贸市场做好特殊时期民生保供稳价；类金融企业推行精准服务，支持防疫项目10个、提供专项保障资金3.6亿元；出台系列优惠措施，减免受疫情影响的507户中小微企、个体工商户房租1172万元，对外捐赠防疫善款、物资价值近500万元。无锡威孚高科技集团股份有限公司及时调整经营策略，产品市场占有率持续提升，商用车、乘用车板块销量均创历史新高；新能源、智能网联新兴业务营收规模突破100亿元。无锡市太极实业股份有限公司继续保持高位稳定增长，半导体主业竞争力不断提高，海太半导体签订三期后工序服务、保持海力士体系领先优势，太极半导体品质、技术跻身重点客户最佳供应商第一方阵，十一科技集成电路工程设计龙头地位稳固。无锡国开金属资源有限公司升级风控系统、优化贸易服务，实现销售超400亿元。江苏汇联铝业有限公司持续推进原材料供应基地深度合作，控制采购成本，不断优化产品结构、客户结构，比上年实现减亏控亏。江苏太极实业新材料有限公司PA56技术开发应用实现阶段进展，市场开拓和管理增效双管齐下，经营规模保持平稳。江苏日托光伏科技股份有限公司内部管理逐步完善，应收账款回收和库存去降成效显著。

（彭旻婕）

【项目推进】 2020年，无锡产业集团有序推进项目建设，培育形成新的增

12月12日，海力士M8项目正式投产仪式在无锡高新技术产业开发区举行 （彭旻婕 供）

长极，加快产业结构转型升级。全年严格投资项目审批，实际投资项目55个，投资总额72.3亿元。突出项目实施，抢抓工期、落实进度，促进达成预期目标。华虹无锡项目一期工程12英寸线第一批工艺、量测设备运行良好，第二批扩产设备完成安装调试，第三批扩产设备全部搬入。中环宜兴项目加速扩产增量，8英寸线月产25万片、12英寸线月产5万片，实现全尺寸半导体硅片产品规模化量产。海力士M8项目有序推进生产设备搬迁、调试，试验线投片、稳步产生收入，统筹谋划提前出资工作。远景AESC项目江阴生产基地完成工程制造中心施工，年内实现试生产，推进投后方案优化。无锡锡产微芯半导体有限公司提升海外LFoundry运营管控能力，收购封测企业银茂微，收购半导体设计企业，全年实现净利润超过1亿元，初步形成IDM运营模式。突出基金管理，深度协同、合作挖潜，集聚优质产业资源。无锡产业集团代表无锡市参与国家集成电路产业投资基金二期募资工作，累计完成出资4亿元。完成出资中国农垦产业发展基金2亿元，挖掘粮食深加工、食品供应链等领域机会。参与运营的迪维单项目基金定向投资凯赛生物，8月登陆科创板，成为科创板合成生物第一股，推进与集团新材料板块业务协同。提升基金自主运作市场化能力，首个自主管理的无锡物联网基金累计投资项目6家、投资金额2.02亿元，被投企业中科微至进入上市流程，微步在线、极智嘉、云智慧启动筹备上市，推动物联网及工业互联网产业向价值链高端攀升。成熟运作“双GP”模式，满足多元商业合作需求，发挥协同优势效应。云晖新汽车及智能基金完成沃特节能、中钛装备等项目出资3.9亿元。7月，孚能科技在上海证券交易所科创板上市。康鹏科技、紫建电子已上市申报并进入受理阶段。无锡产发服务贸易投资基金对一微半导体、广芯微等6个项目投资2.8亿元，发挥资本纽带作用，成功引进卫星运营龙头企业和德宇航、金硅科技落地无锡创业。参与设立总规模10亿元的华德诚志重科技产业基金，主投清华大学重点科技成果转化项目，为无锡战略产业持续创新前瞻性布局。支持无锡创业投资集团有限公司优化基金管理，搭建华鼎基金管理公司，设立总规模1亿元的创业投资基金，提升直接投资专业能力。协同出资设立总规模1.21亿元的无锡中科产发智造知识产权基金，服务区域新兴产业发展。

（彭旻婕）

【改革创新】 2020年，无锡产业集团坚持全面深化改革，保障全局性改革任务落实。无锡市苏南学校食材配送有限公司完成春秋学期学校食材配送，建成运行锡山区净菜基地，推动江阴市、宜兴市基地规划建设。无锡苏南农副产品物流股份有限公司城南、城北两大市场开业，社会配送稳健起步，加快构建城市配送体系。无锡市北创科技创业园有限公司交接二期A、B楼，完成土地资产置换工作，为“健康无锡”发展提供支持。推进南、北米市整合工作，加快市场化步伐。探索推进关键性领域改革，入选全市首批董事会职权改革试点单位，建立改革政策资源库，动态优化完善改革整体框架，在中长期发展决策权、经理层成员选聘权、业绩考核权、薪酬管理权、职工工资分配管理权与重大财务事项管理权等授权改革事项上大胆尝试、具体推进。优化国有资本布局，完成类金融企业重组配置，无锡产发金服集团有限公司正式运营，初步建立起涵盖创业投资、融资租赁、商业保理、担保、小贷五位一体的科技金融服务平台。配合经营场所征收、稳妥规范推进无锡华亚织造有限公司关闭清算，加快落后产能退出。继续推行职业经理人制度，规范职业经理人聘用协议，组织开展情况自查和专题调研，持续健全长效管理。实行市场化薪酬分配制度，在有条件的企业有序推出多样激励计划，继主导无锡市太极实业股份有限公司在全市国资系统中率先实施上市公司员工持股计划后，年内在国有控股上市公司无锡威孚高科技集团股份有限公司整体层面实施股权激励计划。无锡产业集团紧扣争当科技创新领路者目标，持续完善科技创新发展体系，进一步营造创新生态、赋能创新引擎。加强应用技术创新，增资无锡物联网创新中心公司2500万元，持续支持建设国家物联网科学创新中心；无锡南大绿色环境友好材料技术研究院有限公司完成易址迁移、2万吨PLA聚乳酸项目落户惠山区前洲街道，加快落地对接、新工艺设计等前期工作。加强技术改造升级，瞄准“四化”方向和“两化”融合，年内完成技术改造项目21个、总投入9.14亿元，打造无锡威孚高科技集团股份有限公司技术中心等一批创新平台，实施太极半导体存储器测试车间、海太半导体工业互联网上云等关键项目。加强新品研发销售，推动企业面向市场、加快产学研用、提高产品附加值和技术先进性，年内获得专利授权356件，形成无锡宏源机电科技股份有限公司HY-10省技术创新奖等“拳头产品”，技术知识产权优势提升，完成研发费用约12亿元，实现新品销售收入近120亿元。加强商业模式创新，支持锡产投资（香港）有限公司实体化运作，有序推进国别铜、快消品等业务。供应链管理部聚焦优先领域、重点合作伙伴，创新完善项目流程设计、交易方案，实施翔桥、嘉隆万邦等业务，完成营业收入8.4亿元。加强科创载体建设，无锡市北创科技创业园有限公司新增出租面积1.6万平方米，比上年上涨33%，国家级科技孵化器服务作用显著发挥。无锡锡东科技产业园股份有限公司为M8项目、安普瑞斯提供优质工程服务，优化招商服务体系，引进雅迪等知名客户，在租面积近6.5万㎡，高新产业服务保障功能初显。

（彭旻婕）

【经营管理】 2020年，无锡产业集团在管理关键领域和核心环节，提升管理质量，对外输出可推广、可借鉴、具有产业特色的管理方案。创新实施领导挂钩联系企业工作制度，在不打破现有管理机制和不打破企业经营决策体制前提下，集团行政领导挂钩联系企业，坚持“一企一策”，打造信息及时反馈、问题快速处理、困难高效解决的工作模式。强化财务管控，动态满足发展资金需求，有效控制融资成本。完成20亿元中期票据注册，关注直接融资市场动态，选择合适窗口，年内累计发行直接债务融资工具127亿元，发行利率创新低。及时调整间接融资计价方式，实行LPR计价模式，进一步节约财务成本。实施间隙资金理财计划，实现理财收益1829万元，有效提高资金使用效益。启动续发3.5亿美元债工作，初步确定主承销商，发行备案材料已上报国家发展改革委审批。至年末，无锡产业集团本部融资规模余额220.32亿元，直接债务融资余额159亿元，占总融资余额72%，综合融资成本3.36%，融资效率保持市属国企领先水平。完善资产管理，提高存量效益，完成化工库、小木桥、夹城里等地块拆迁征收，落实家具一厂、丝印厂、焦化厂、省船厂等地块征收补偿回款，收回应收账款约3.7亿元，超额达成年度回款计划。确保资产出租应收尽收，实现资产出租收入3136万元。严格资产登记、产权管理，规范做好划转2.35亿国有资本充实社保基金，充分体现国企全民所有、发展成果全民共享；继续推动“三供一业”移交工作，与13个属地街道签署5.79万平方米移交合同；完成粮机厂等3家全民所有制企业改制工作，接受市国资委对应股权注资4.5亿元。注重风险防范，优化安全发展长效机制，落实安全生产目标责任，聚焦安全生产专项整治“一年小灶”行动，进一步压实企业主体责任和岗位行为责任，排查、整改安全问题隐患952项，形成省级安全工作经验推广成果1项。完善法律风险防控制度，加强违规经营投资责任追究工作体系建设，明确实施细则、调查程序、组织机构；常态推进重点工作效能监察，加强内部审计工作，年内完成10个审计项目，强化审计后续跟踪检查、落实到位。做好托管人员服务、信访维稳、档案保密、网络安全等工作，协力营造良好发展环境。

（彭旻婕）

编辑　胡　慧

商贸流通

综 述

【概况】 2020年，全市有商品交易市场375个，其中，专业市场122个，农贸市场253个。受新冠肺炎疫情及供给侧改革带来的市场竞争、成本上升影响，除农产品市场、建材家居市场外，生产资料、工业品、小商品、日用消费品等专业市场成交量和成交额都有不同程度下降。无锡市出台政策加快推进各类市场复工复业，开展"六稳""六保"，各类商品市场第一时间实现复工，为满足人民群众生产生活需求提供强大的支撑。无锡市持续推进商品市场转型升级，发挥其引导生产、扩大消费、促进增长、助力供给侧结构性改革的作用，全市商品交易市场总体呈现转型升级、管理规范和服务提升的趋势。

（华尔斐）

【市场建设管理】 2020年，朝阳市场、天鹏市场推进供应链创新与应用试点建设，强化产销衔接，完善农产品供应链，发挥农产品保供稳价的主渠道作用，市场全年成交量分别达147万吨、42万吨，成交额分别达110亿元、148亿元。新冠肺炎疫情期间，全市各大商品交易市场在做好市场保供的同时主动为经营户减租免租，30余家大型专业市场共减免租金近1亿元。年内，新论证设立毛岸、方庙、江溪寰宇生鲜3家农贸市场，推进农贸市场标准化改造工作，市政府制定《"美丽无锡"市区农贸市场标准化改造行动计划（2020—2021年）》，全年完成改造农贸市场20家，改造面积9万平方米，改造摊位数3500个，带动社会投入约3.3亿元，受益周边群众60万人。规范二手车市场经营秩序，在全市开发推广使用"无锡二手车交易信息管理系统"，实现二手车交易"实物、实名、实情、实时"登记制度，全年实现二手车交易19万辆，比上年增长1.2%，交易额137.76亿元，和上年持平。

（华尔斐）

【批发零售】 2020年，全市社会消费品零售总额保持稳中向好态势，实现社会消费品零售总额2994.36亿元，比上年下降1%，高于全省0.6个百分点，列全省第四位，实现限额以上社会消费品零售总额1207.87亿元，比上年增长5%。完成限额以上批零贸易销售总额10865.87亿元，比上年增长5.3%。无锡市区全年实现社会消费品零售总额1807.03亿元，占全市比重60.35%；梁溪区实现社会消费品零售总额695.55亿元，占市区比重38.4%。江阴市实现社

表42　　2020年无锡市规模以上服务业统计表

指标	单位	2020年	比上年增长（%）
规模以上服务业营业收入	亿元	1399.01	6.6
交通运输、仓储和邮政业	亿元	314.19	5.7
信息传输、软件和信息技术服务业	亿元	391.04	11.7
房地产业	亿元	90.37	20.6
租赁和商务服务业	亿元	313.05	0.8
科学研究和技术服务业	亿元	164.26	8.0
水利、环境和公共设施管理业	亿元	47.06	−2.1
居民服务、修理和其他服务业	亿元	15.42	19.0
教育	亿元	9.21	−6.7
卫生和社会工作	亿元	27.52	3.9
文化、体育和娱乐业	亿元	26.89	−20.1

（市统计局）

表 43　　2020 年无锡市国内贸易统计表

指标	单位	2020 年	比上年增长（%）
限额以上社会消费品零售总额	亿元	1207.87	5.0
批发和零售业	亿元	1114.11	5.7
粮油、食品类	亿元	119.58	30.3
饮料类	亿元	13.92	6.2
烟酒类	亿元	15.99	−4.2
服装、鞋帽、针纺织品类	亿元	95.18	7.6
化妆品类	亿元	17.55	22.6
金银珠宝类	亿元	16.69	−28.1
日用品类	亿元	33.15	13.0
五金、电料类	亿元	19.17	−1.2
体育、娱乐用品类	亿元	2.20	42.8
书报杂志类	亿元	39.35	2.7
家用电器和音像器材类	亿元	39.78	−3.9
中西药品类	亿元	44.92	7.6
文化办公用品类	亿元	11.25	66.2
家具类	亿元	5.74	−8.0
通信器材类	亿元	31.52	4.0
石油及制品类	亿元	151.78	2.3
建筑及装潢材料类	亿元	11.51	4.7
汽车类	亿元	432.23	2.4

（市统计局）

会消费品零售总额 675.07 亿元，占全市比重 22.54%；宜兴市实现社会消费品零售总额 512.26 亿元，占全市比重 17.1%。18 大类商品实现正增长的有 13 个，增长面为 72.2%。文化办公用品类、体育娱乐用品类、粮油食品类、化妆品类 4 类商品增速均超 20%，而金银珠宝类则下降超过 20%。所有类别商品中，汽车类占比最大，年销售额 432.23 亿元，比上年增长 2.4%，占限额以上批零总额的比重为 38.8%。粮油食品类、饮料类、烟酒类、服装鞋帽针纺织品类、日用品类、中西药品类等生活必需消费品类限额以上批零占比 28.97%，比上年上涨 2.39 个百分点；汽车类、石油及制品类限额以上批零占比达 52.42%，比上年下降 1.08 个百分点，体现出新冠肺炎疫情对消费结构优化的冲击作用较为明显。

（成亮铖）

粮食流通

【概况】 2020 年，全市两季粮食收购 83.5 万吨，其中最低价粮食收购 8.4 万吨，地方国有粮食企业商品粮收购 48.2 万吨。夏粮收购小麦 36.4 万吨，其中最低价小麦收购 8.4 万吨，地方国有粮食企业商品粮收购 25.8 万吨；秋粮收购粳稻 47.1 万吨，其中地方国有粮食企业商品粮收购 22.4 万吨。全年全市粮食消费总量 195.7 万吨，其中居民口粮消费 120 万吨。

（陈界和）

【收储保供】 2020 年，无锡市完成省粮食和物资储备局下达的 32 万吨全年优质优价收购任务。随着粮食收储制度改革不断深化，国家下调稻麦最低收购价和日益复杂的收购形势，全市各级粮食部门周密部署、积极应对，实现两季收购“全规范、零投诉”。加强地储粮食管理，优化储备品种结构，将稻麦储存比例由 5.5∶4.5 调整为 7∶3，更加贴近无锡口粮需求比例。加强粮源基地建设，与徐州市、扬州市签订粮食产销协议总量达 33.9 万

4月20日，无锡市国家粮食储备库工作人员进行常规仓情、粮情检查

（胡明武　供）

吨；在徐州市建立的3333.3公顷的粮食生产基地得到进一步延续。提升粮食应急保供能力，对全市粮食应急供应网点、应急加工网点、应急配送中心等进行进一步的梳理、调整和补充，重新组织修订《无锡市粮食应急预案》，并组织“2020无锡·省市联动粮食应急演练”。

（陈界和）

供销合作

【概况】 2020年，无锡市供销合作总社全面完成市委、市政府下达的重点工作目标及省供销合作总社下达的各项目标任务，获得2020年度全省供销社综合业绩评价“优秀”等次第一名。制定《关于应对新冠肺炎疫情减免承租企业房屋租金的意见》，减免租金187.28万元。年内，惠山区供销合作总社成立大会暨第一次代表大会召开，完成江苏省推进乡村振兴战略“建立健全县级供销合作社‘三会’制度”年度重点任务。宜兴市和桥镇、宜城镇、丁山镇、周铁镇，及滨湖区胡埭镇五地基层供销社先后召开社员代表大会。市供销社获评全国供销合作总社信息报送工作先进单位，被省供销合作总社表彰为信息宣传工作优秀单位。江阴市供销社、宜兴市供销社入选全省“二十强县级供销合作社”。

（周　毅）

【农业社会化服务】 2020年，市供销社制定《2020年无锡市供销合作社系统指导性目标任务表》，年度主要经济指标比上年增长8%。连续5年组织召开农业社会化服务现场推进会，通过现场观摩、经验交流，充分展现区域为农服务特色，服务内容不断向多领域发展。年内，市供销社参办（领办）农民专业合作社12个（其中联合社2个），发展农村一二三产业融合发展综合体10个，新增涉农乡镇（街道）基层社8个，完成“三体两强”（自主经营实体、农民社员主体、合作经济组织联合体、综合实力强、为农服务能力强）基层社创建4个，农村综合服务社改造升级14个，创建村供销社（有限公司）8个。全年新建现代农业综合服务中心5个，设立消费扶贫专区（柜）展区8个，农业社会化服务面积14800公顷。市供销合作总社制订无锡市区农药配供、包装废弃物统一回收实施意见，规范落实供销社社有资金350万元作为专项资金保障。全市供销社系统设立基层农药配供网点近70个，零差率配供农药2879万元，回收并无害化处置农药包装废弃物约86吨、855万件，发放农药集中配供专项补贴768万元，助农增收近1000万元。至年末，江阴市、宜兴市、无锡市区制定实施开展农药集中配供的实施意见，落实财政专项资金，全市供销社系统开展农药集中配供覆盖率83.3%，覆盖全市约15333.33公顷农田。

（周　毅）

【现代服务体系】 2020年，市供销社以打造“网上供销社”为方向，构建线上线下融合发展的农村电子商务经营服务体系，拓展农村电子商务。指导江阴市供销社打造海外购苏南运营中心江阴旗舰店及乡镇连锁店。9月29日，东西部农产品消费扶贫产销对接会暨中国供销海外购苏南运行中心开业仪式在江阴市举行。年内，新吴区电商销售额突破41亿元，惠山区电商销售额比上年增长20%。9月，市供销合作总社组织全系统各专业合作社参加“江苏省农副产品展示展销中心直播购物节”活动。12月，参加2020长三角供销合作社名优农产品展销会。滨湖区供销社拓展区域特色果品线上线下销售渠道，“大浮醉李”“大浮杨梅”连续3年在“食行生鲜”电商平台网销，连续10年进入天惠超市销售。加快“菜篮子”工程建设，重点推进苏南农副产品物流中心东西南北中五大市场和城市配供中心建设，城北市场2019年底投入运营，城南市场于7月中旬开始试营业。推进农村合作金融服务，有效缓解各类农业经营主体因资金制约发展的困境，年内，中合华惠小额贷款有限公司为110家农业经营主体提供贷款1.48亿元。牵头开展再生资源回收利用网络与环卫清运网络“两网融合”试点工作，促进城乡生活垃圾应收尽收和减量化、资源化，助力全市生态文明建设。推动农资物联网建设及其产业化工作，开发以“一中心六平台”（农业大数据中心、农资质量追溯平台、农资物流配送平台、农资终端销售监管平台、农资电子商务平台、网上庄稼医院平台、农业综合服务信息平台）为重点建设内容的农业大数据平台，有效促进农资行业升级转型。发挥全国供销合作总社特有工种职业技能鉴定无锡工作站、农产品经纪人协会、基层“农民讲堂”功能作用，举办各类培训班。10月、12月，分别组织承办第二届全国茶叶加工、全国评茶员职业技能竞赛江苏预选赛，选拔的3名优秀选手代表江苏省参加全国第二届茶叶加工职业技能竞赛。锡山区供销社组织20余名农技人员参加植保无人机操作培训，并取得无人机执照。

（周　毅）

5月14日，市烟草公司执法人员进行道路运输执法检查　（祝　壮　摄）

烟草专卖

【概况】 2020年，无锡烟草专卖局（公司）（以下简称市烟草公司）加盟终端建设，成为全省首家建成直营终端、合作终端、加盟终端、新现代终端和普通终端的“金字塔”形终端格局的地市公司。全市烟草系统实现税利33.06亿元，比上年增长4.89%；上缴财政26.41亿元，比上年增长5.22%。年内，市烟草公司获评国家级2019～2020年节约型公共机构示范单位荣誉称号。

（祝　壮）

【专卖管理】 2020年，市烟草系统履行卷烟市场监管主责担当，查获涉烟违法案件4237起，比上年上升85%；查获违法卷烟8822万余支，比上年上升12%；总案值首次突破亿元，达1.10亿元，比上年上升28%。上述三项指标绝对值分别名列全省第四名、第二名、第二名，执法单位平均值名列全省第一名、第二名、第一名。破获国标假烟网络案件12起，10月，连续查获3起50万元以上、2起百万元以上假烟案件；1起案件被公安部、国家烟草专卖局列为督办案件。

（祝　壮）

【烟草执法】 4月1日至6月30日，市烟草公司开展“利剑5号”集中整治专项行动，查获涉烟案件1777起，查获各类违法卷烟3780.89万支，案值累计4450.03万元。全市专卖战线利用晚间、周末节假日等违法活动相对集中的时段进行突击检查、错时检查，落实全时段监管，仅“五一”假期期间就查获各类案件100起。加强道路运输、物流寄递、新型烟草制品、重点对象、重点地区等重点环节监管，严防非法流通冲击，有效遏制违法卷烟反弹的势头。行动期间，物流寄递环节查获案件455起，道路运输环节查获案件11起，取缔违法违规大户21个。12月18日，市烟草公司组织召开全市系统卷烟打假打私工作推进会，建立健全公检法等多部门联合协作机制，对2019年全市卷烟打假工作中成绩突出的12个先进集体、52名先进个人及7个专案组进行表彰。举办新型加热不燃烧烟草制品案件侦办培训会，提升新型烟草制品监管能力。

（祝　壮）

【卷烟配送非核心业务服务】 9月，市烟草公司对卷烟配送非核心业务服务外包项目公开招标，无锡邮政公司速递物流分公司中标，承接市公司卷烟送货运输服务工作，无锡市公司完成省公司下达的卷烟配送非核心业务100%服务外包的目标任务。

（祝　壮）

盐业经营

【概况】 2020年，无锡市盐业公司销售盐产品62395.56吨，其中小包装食盐23925.44吨，大包装食盐17155.2吨，小工业盐21314.92吨，实现销售收入9869.17万元。全年实现非盐销售收入2063.62万元。全公司实现利润613.46万元，比上年上升75.17%。聚焦资产盘活，盐品战略储备仓库技术改造项目通过验收，在9月底投入运营，完成迁址办公。

（潘爱农）

【盐品战略储备库建设】 9月，市盐业公司盐品战略储备仓库及营业用房技术改造项目通过无锡市建设工程质量监督站的验收。10月，食盐政府储备库（无锡库）投入使用，项目的顺利投运，为完成市政府食盐储备工作提供保障。该项目包括1335.53平方米的旧仓库及办公楼一层（1632平方米）改造，按照丙二类标准，新建5065平方米的标准钢结构仓库；配套改造安装10千伏变电所设备，对码头3800平方米地面进行硬化。配套建设仓库及办公用房信息化系统，建设道路、绿化、排水系统等配套设施。

（潘爱农）

【食用盐安全宣传】 2020年，市盐业公司加强与苏南学校食材配送公司的合作，保障全市公办中小学食盐安全。5月14日，市盐业公司会同市卫生健康委、市疾病预防控制中心、惠山区疾病预防控制中心开展“5·15”碘缺乏宣传日广场宣传活动，现场讲解碘缺乏相关知识及如何正确选购无碘盐，活动现场的群众了解到更多碘盐知识，以及不同人群食用不同盐类的重要性。

（潘爱农）

石油经营

【中国石油无锡销售分公司】 2020年，中国石油天然气股份有限公司江苏无锡销售分公司主要负责无锡市、江阴市、宜兴市3个区域成品油的仓储、配送、批发、零售、非油以及加油站网络的开发，在岗员工632人。全年完成油品销售总量34.1万吨，其中，纯枪销售25.6万吨，直批销售8.5万吨；非油店销收入8500万元，实现利润420万元；总体营业收入22.5亿元，实现利润9405万元，缴纳税金4229万元；全年安全运营，未发生安全环保、数质量等事故事件。

（王雅楠）

【中石化无锡石油分公司】 2020年，中国石化集团江苏石油有限责任公司无锡分公司（以下简称中石化无锡石油分公司）销售成品油112.32万吨，其中，零售86.56万吨，直分销24.43万吨，天然气1.33万吨；非油品销售额2.71亿元，完成年度利润1.22亿元，获得市区级商务保供补贴40万元。年内，中石化无锡石油分公司选取20座易捷精品店，开展“锡惠有你”惠民消费券活动。开展“一键加油”业务，开启“无接触”加油模式。成立柴改汽攻坚小组，完成5座站点柴改汽工作，完善油品种类。创建30座绿色基层站，11座绿色示范站，完成28座加油站的危化证到期换证。开展差异化营销，延长营业时间，建设19座卡车“司机之家”。打造鸿山站、尤渡站综合体项目，增加移动店中店、手机销售、快餐等服务，满足客户多元需求。与无锡市万帮星星新能源科技有限公司、江苏易速捷新能源科技有限公司合作，拓展4座加油站的充电业务。会同市公安局等部门建立沟通机制，成立打非治违专班，全年协助取缔4个黑加油点、226辆流动车。

（熊　莎）

商务服务业

人力资源服务

【概况】 2020年，无锡市人力资源和社会保障局推进人力资源服务业发展，在全省率先发布《关于做好全市各类人力资源服务机构疫情防控工作的通知》。全市人力资源服务业产值实现新增16.5亿元，累计突破340亿元，人力资源服务从业人员1.64万人。全市新增许可机构总数达到59家，经营性人力资源服务机构456家；全年服务企业24.9万家次，全年服务就业人员297.5万人次。持续优化HR-E站服务机制，建立市区联动机制，115个重大项目和重点企业纳入服务范围。全年参加人力资源业务培训1678人，完成年度目标任务239.7%，实现机构持证上岗率达85%以上。开展人力资源诚信机构认定，认定30家企业为2019年度市级人力资源服务诚信机构，其中10家被评为省级诚信人力资源服务机构称号。

（孙皓晨）

【人力资源服务机构补助】 3月2日，市人力资源社会保障局制定发放就业服务补助相关政策，对无锡市各类人力资源服务机构成功推荐服务无锡市户籍登记失业人员就业的，按每人800元的标准给予就业服务补助；就业困难人员按每人1000元的标准给予就业服务补助。在新冠肺炎疫情防控期间，对吸纳初次到无锡的外来务工人员并与其签订1年以上劳动合同、按规定缴纳社会保险费的，用人单位所在区可按不超过每人1000元的标准给予补助；对人力资源服务机构为无锡市企业输送初次到无锡的外来务

6月19日，市人力资源市场举办“精英无锡”重点企业猎头见面会暨高端人才开放日活动　（市人力资源社会保障局　供）

工人员，用人单位与其签订1年以上劳动合同并按规定缴纳社会保险费的，用人单位所在区可按不超过每人1000元的标准给予人力资源服务机构补助，并规定同一人员不重复领取企业和人力资源服务机构补助。

（孙皓晨）

【人力资源培训】 7月3日至8月10日，市人力资源社会保障局举办2020年江苏（无锡）人力资源服务从业人员资格培训班，全市906名人力资源服务从业人员参加资格培训，其中887名学员通过考核。11月4～6日，市人力资源社会保障局在厦门大学举办2020年无锡市优秀人力资源企业高管研修班，主题为“人力资源服务机构如何转型升级适应国内大循环建设”，全市30家人力资源服务机构负责人参加。

（孙皓晨）

【“HR-E站”服务平台】 2020年，无锡市纳入重点企业人力资源“一站式”服务平台（HR-E站）服务的市区两级重点企业数量达115家。年内，HR-E站建立“市区联动、分级服务”新机制，有效整合市区人社部门资源，打通服务重点企业渠道。

（孙皓晨）

【人力资源市场建设】 2020年，市人力资源社会保障局贯彻落实《人力资源市场暂行条例》，推进并完善“互联网+”人力资源服务工作，做好“放管服”工作，加强事中事后监管，全年完成“双随机”抽查人力资源机构33家。完成年度报告公示和依法换证工作，全年变更换发新证69家。做好政策宣传工作，向全市人力资源机构发放《关于规范人力资源市场活动的提示函》和安全生产“一法两条例”合印本。推进人力资源服务行业协会完善管理和行业自律建设，指导行业协会向全市人力资源服务机构发出书面倡议，不断加强行业自律，抵制和打击“高额返费”欺诈行为。

（孙皓晨）

10月26日，无锡市“一带一路”法律服务中心成立　　（孙志中　供）

律师服务

【概况】 2020年，无锡市有律师执业机构355家，包括律师事务所203家，公职律师办公室123家，公司事务部21家，法律援助中心8家；执业律师3290人，包括专职律师2852人，兼职律师34人，公司律师60人，公职律师323人，法律援助律师21人，另有实习人员371人。全市律师担任企业法律顾问20038家，律师办理各类案件7.09万件。

（孙志中）

【法律服务团】 2020年，无锡市司法局成立6个律师专家团，组建4类志愿法律服务团，推出28期“防疫法律解读”专栏，刊发60余篇专项法律指引，提供“三免两减”法律服务422件次，举办防疫专项法律知识讲座348场次，参加听课38064人次。

（孙志中）

【专项法律服务】 2020年，市司法局开展“法治体检四进四送”等专项法律服务活动，在30个省、市和县、区级重点项目设立重点项目律师工作站，为5000余家顾问单位提供法治体检，帮助解决实际问题近万件。建立无锡市实体化“一带一路”法律服务中心，在全省率先采用“1+N”（1是在无锡市建立“一带一路”法律服务中心，N是在境外有条件的国家或地区设立若干个分中心）模式运行“一带一路”法律服务中心。年内，在新加坡、菲律宾、柬埔寨、澳大利亚、阿联酋迪拜、埃塞俄比亚等国家和中国香港地区设立7个分中心，建立由10名境外专家律师、10名外省市专家律师、20名无锡市专家律师、20名无锡市骨干律师组成的“一带一路”法律服务中心涉外律师人才库，确保企业在境内外都可以享受到即时高效涉外法律服务。

（孙志中）

公证服务

【概况】 2020年，无锡市有5家公证机构57名公证员，办理各类公证73597件，收费2969.42万元，其中，包括国内公证63433件（不含港澳台地区），涉外公证9568件，涉港澳台公证596件。

（孙志中）

【公证服务创新】 2020年，全市全面推广“公证在线受理平台”，推行“最多跑一次”服务，在3家市属公证处成立公证家事法律服务中心，“全程在线”一次性申办出生、亲属关系等66类公证事项。推行在乡镇（街道）公证办证联系点使用“公证自助服务终端”。持续深化减证便民活动，减免各类公证收费64余万元。

（孙志中）

会计服务

【会计专业技术资格考试】 2020年9月，无锡市财政局组织全市会计专业技术资格考试，并做好服务和培训工作。全市报名参加会计专业技术初、中、高级资格考试的人员分别为32772人、13202人和209人，初、中、高级合格人数分别为7854人、2615人、103人。

（鲍珺婷）

【会计职称评审】 6月，市财政局组织全市会计专业高级职称评审，全市有105人报名参加，其中，82人（市区45人、江阴市26人、宜兴市11人）通过江苏省高级会计师评审，通过率78.10%，比上年增长3.3%。

（鲍珺婷）

【高端会计人才培养】 11月，市财政局组织开展第二期无锡市高端会计人才培养项目毕业和第三期高端会计人才培养项目开班工作，第二期培养项目的51名学员毕业。按照规定的程序和要求，秉承公开公平、竞争择优的原则，结合初审评分、笔试与面试选拔情况，确定55名学员入选第三期培养项目，组织集中培训。

（鲍珺婷）

【注册会计师服务】 2020年，全市有注册会计师及从业人员1951名，比上年增加117人，其中，注册会计师执业会员762人，比上年增加22名，解决大学生就业95人。64家会计师事务所完成财务报表审计户数17082家，专项审计户数18395家，内部控制户数55家，验资户数2129家，涉税鉴证户数1752家，工程预决算454家，其他鉴证742家，会计服务1340家，税务服务440家，咨询服务5371家，其他业务843家。全年完成业务收入7.29亿元，比上年增加4259万元，增长6.2%。从收入构成看，年报审计收入4.25亿元，咨询业务1.98亿元，涉税业务和其他收入1.06亿元，占比为58∶27∶15。

（尹晓波）

科技服务

【概况】 2020年，全市科技服务业总收入937亿元，比上年增长20.75%，位居全省第三。规模以上科技服务机构480家，从业人员66442人。年内，无锡市科技局制定《无锡市科技创新券实施办法（试行）》，与省科技创新券协同支持科技型中小企业购买科技服务，推动高校院所的科技资源向社会开放共享服务，降低科技型中小企业创新成本，激发企业技术创新活力。全市技术合同成交额294.61亿元，比上年增长22.5%，占全省技术合同成交额12.6%，位居全省第三。市科技局制定《无锡市技术转移中介机构、技术经纪（经理）人备案办法》，全市累计备案技术转移机构51家，发展技术经纪（经理）人203名。

（万 磊 朱 莹）

【科技创新资源服务】 6月18日，市科技局与上海市研发公共服务平台管理中心签署战略合作协议，加入长三角科技创新资源服务共同体，推进无锡市与上海市、长三角地区科技创新资源的有效对接、互通互联、共建共享。

（朱 莹）

【天使投资项目】 6月，市科技局发布《关于组织开展市天使投资机构及项目入库暨奖励补贴资金申报工作的通知》，市辖区推荐申报创业（天使）投资机构入库8家、天使投资项目入库13个、天使投资项目奖励3家机构。经专家评审，江苏中科物联网科技创业投资有限公司等3家机构被纳入市创业投资机构库，无锡高新技术创业投资股份有限公司等2家机构被纳入市天使投资机构库，无锡恒和新自动化科技有限公司等4个项目被纳入天使投资项目库，4个入库项目涉及的2家投资机构共计获得16万元的项目奖励。

（叶利群）

【科技贷】 2020年，全市发放科技贷72.11亿元（包括锡科贷65.86亿元、苏科贷6.25亿元），在贷余额67.27亿元，比上年分别增长27.6%、30.4%，财政资金增加近29倍，获贷企业数1139家，合作银行贷款审核发放最快一个工作日内办结。“苏科贷”全流程线上运行，省、市两级备案时限压缩至2个工作日，为科技型

6月18日，在2020无锡（上海）科技合作洽谈会上，市科技局与上海市研发公共服务平台管理中心签署战略合作协议 （市科技局 供）

中小企业创新发展提供有力的金融支撑。在"苏科贷"绩效评价中，无锡市连续4年获评省"苏科贷"优秀(A类)合作地区。

(叶利群)

广告业

【概况】2020年，市市场监管局以公益广告为依托，加强广告导向管理，针对辖区媒体特点，定期发布弘扬正能量的公益广告。加强传统媒体广告监测，全年监测传统媒体广告240162条次；开展互联网(含新媒体)广告监测，监测互联网广告43752486条次，监测户外广告33063条。开展"新冠肺炎疫情""软色情""非法制售军服""少先队标志标识""特供""专供"等涉及广告导向的专项行动。组织发动全市广告企业在新冠肺炎疫情期间公益投放各类防疫抗疫宣传材料，播放公益宣传广告2924514条次。

(满玉贞)

【公益传播设计大赛】2020年，市市场监管局组织举办"2020紫金奖·发现无锡·我的小康"主题公益传播设计大赛，大赛创新模式，获无锡市第八届网络文化季网络人气奖，以线上互动互联网直播为传播形式，参与人数400万余人，征集作品800余件，参赛作品《四季繁盛图》《小康路上代际相传》获2020年度"紫金奖"铜奖。

(满玉贞)

会展业

【概况】2020年，无锡市举办各类线下会展活动108场，展览面积近60万平方米，新能源大会、国际瑜伽节等品牌会展活动继续举办，花卉园艺展览会、东西部小动物兽医师大会等新引进的项目为全市会展经济注入新的活力。年内，无锡市获评"2019～2020年度中国十佳会展城市"，在中国会展经济研究会发布的《2019年中国城市会展业竞争力指数报告》中，获地级市会展业竞争力指数第二名。

(卢　珊)

6月11日，第14届中国无锡国际新能源电动车展览会在无锡太湖国际博览中心开幕

(市贸促会　供)

【会展业促进】2020年，市贸促会制定《无锡市会展业促进办法》，会同市发展改革委、市财政局等部门加大会展业扶持力度，组织政策宣讲，帮助企业充分享受政策红利。市贸促会协调相关部门研究会展业疫情防控工作方案，制定《无锡市会展活动疫情防控操作手册》《无锡市会展业新冠肺炎疫情防控指南》，组织赴上海市等会展先行城市考察学习展会期间的疫情防控工作经验。指导展馆开展疫情防控应急处置演练、举办"会展主体疫情防控"培训班。在市贸促会的推动下，6月11日，第14届中国无锡国际新能源电动车展览会在无锡太湖国际博览中心开幕。

(卢　珊)

典当·拍卖

【典当业】2020年，无锡市有典当行43家，其中分支机构26家；典当总额23.74亿元，比上年增长18.2%；典当余额12.09亿元，比上年增长12.26%，主要指标整体处于全省前列。典当企业数量、典当总额均位列全省前三名。典当行业整体业务结构保持优化，动产典当比重连续两年超过房地产典当比重。行业盈利状况逐渐好转，全行业利息收入比上年增长3.4%，风险资产逐步下降，比上年下降5.3%；其中绝当余额1749万元，比上年下降3.2%。

(刘海荣)

【拍卖业】2020年，无锡市新设立拍卖公司8家。至年底，全市有正常经营的拍卖企业62家，从业资格人员317人，其中国家注册拍卖师81人。全年拍卖成交792次场，拍卖成交金额44.8亿元，比上年增长10%；佣金收入4456万元，比上年下降49%。

(方少异)

居民服务业

住宿餐饮

【生活服务业职业技能大赛】2020年，市商务局联合市人力资源社会保障局、市总工会、团市委和市妇联联合举办的无锡市商贸服务业职业技能大赛分别于10月24日和11月

7日举行物流行业技能大赛和家电维修服务技能大赛。物流行业技能大赛和家电维修技能大赛有40余家企业、140余名选手参赛。两项比赛设置仓储管理团体赛、叉车驾驶、货车驾驶、空调安装维修、彩电维修和冰箱维修6个赛项。市总工会向获得各赛项第1名的5名选手授予“无锡市五一创新能手”称号,团市委向获得各赛项第1名的5名选手授予“无锡市青年岗位能手”称号,市人力资源社会保障局向获得各赛项前3名的18名选手授予“无锡市技术能手”称号。

(方少异)

【“真正无锡味”系列活动】 8月8日、9月25日,市商务局、市农业农村局联合主办,市烹饪餐饮行业协会承办的2020年“真正无锡味”系列活动成功举办。活动由无锡乡土地标菜及代表性企业评选、无锡乡土地标菜美食展、2020无锡太湖醉蟹争霸赛3个部分组成,评选出175道无锡乡土地标菜、109家无锡乡土地标菜代表性企业、太湖醉蟹十大品质奖、十佳口味奖及最受欢迎奖23家,选送部分乡土地标菜及代表性企业参加省百道乡土地标菜评选,无锡太湖醉蟹、无锡酱排骨、无锡肉酿面筋、宜兴汽锅双味、宜兴咸肉煨笋和江阴顾山扇子骨获评江苏省百道乡土地标菜。

(方少异)

【无锡酱排骨团体标准】 9月1日,由无锡市餐饮烹饪行业协会发布实施《无锡酱排骨团体标准》。《无锡酱排骨团体标准》是由无锡市商务局提出并归口,无锡市烹饪餐饮行业协会、无锡商业职业技术学院、无锡市三凤桥肉庄有限责任公司、无锡市真正老陆稿荐肉庄有限公司、无锡湖滨饭店有限公司等多方合力起草,历时近一年时间开发完成,为无锡市首次发布知名无锡传统菜的标准。《无锡酱排骨团体标准》详细规定选材范围、制作工艺、产品质量标准,对涉及的术语和定义、分类、评价指标、感官指标、所用原料、检验规则等内容进行详细的规范。标准内容全面,为无锡酱排骨的生产、出品检验、贸易交货、技术交流、争议仲裁和质量监督检查提供参考依据,规范和促进无锡酱排骨的持续、健康、良性发展。

(方少异)

家政服务

【概况】 2020年,无锡市家庭服务业协会充分发挥作为政府与行业企业之间的桥梁纽带作用,以“为民、便民、利民、安民”为服务宗旨,协助政府,为民众服务,为会员服务,促进无锡家庭服务业的健康发展。至年末,协会有35个会员,服务项目有母婴护理、养老服务、室内外清洁等。

(张　慧)

【家政服务创新】 2020年,无锡市家庭服务业协会指导无锡朗高养老集团股份有限公司、无锡万怡母婴护理有限公司等企业紧贴社会服务需要,推出多项暖心服务项目。12月30日,在协会的指导下,无锡万怡母婴护理有限公司主持协办全市首届月子会所高峰论坛——“无锡月子会所的昨天、今天、明天”,研讨服务、管理、创新、公益四个方面服务工作,全市会所参与。当天,组织无锡市首届月子餐实操大赛和月子餐系列展示活动,经专业厨师现场评选出10名“厨心金勺奖”,为推动行业规范发展作出探索与尝试,推动提升同行业务服务水平。

(张　慧)

邮政服务业

【概况】 2020年,无锡市邮政行业(包括邮政企业和快递企业)业务总量完成172.2亿元。全年邮政行业业务总收入(不包括邮政储蓄银行直接营业收入)103.13亿元,比上年增长36.05%。其中全年邮政寄递服务业务总量2.21亿件,比上年下降6.18%;业务收入4.04亿元,比上年下降22.54%。全年快递企业业务量7.58亿件,快递业务收入83.24亿元。年内,同城、异地、中国港澳台地区及国际快递业务量分别占全部快递业务量的12.87%、86.7%和0.43%,业务收入分别占全部快递收入的7.22%、63.06%和11.90%。无锡市、江阴市和宜兴市快递业务量分别为5.13亿件、2.13亿件和0.31亿件,占全部快递业务量的67.7%、28.14%和4.16%;快递业务收入分别为65.81亿元、13.98亿元和3.45亿元,占全部快递业务收入的79.06%、16.8%、4.14%。快递与包裹服务品牌集中度指数CR8为86.02,比上年下降0.1。疫情期间,市邮政管理局开通武汉专线邮路,执行援鄂物资运输工作,完成援助运输任务5批次、9车次,运输物资约55吨。9月25日,在中国快递示范城市创建工作会议上,无锡市获颁“中国快递示范城市”荣誉牌匾,成为全国25个、全省2个获得该殊荣的城市之一。市民中心“快递e站”入选第八届江苏交通优质服务品牌。苏南快递产业园获批成为省级示范物流园区。中国邮政集团公司江苏省无锡邮区中心局(无锡长三角集散中心)获评“全国邮政行业先进集体”,2人获评“全国邮政行业劳动模范”,1人获评“全国交通运输系统抗击新冠肺炎疫情优秀共产党员、先进个人”,3人获得“江苏省最美快递员”“江苏省技术能手”“江苏省五一创新能手”等省级荣誉称号,2名快递员因见义勇为获得省级、市级先进表彰。

(郑　彤)

【邮政监管】 2020年,无锡市邮政管理局健全寄递渠道安全监管联动协作机制,实现县域邮政监管机构全覆盖,创新监管方式,提升检查频次和执法效能。发挥无锡物联网优势,建设完成无锡市快递末端网点信息监管平台,对全市318家快递末端网点进行动态监测,利用信息化智能化手段确保寄递安全“收寄验视、实名收寄、过机安检”三项制度落实到位。完成对主要分拨中心的第三方安全评估工作，落实企业安全主体责任。市邮政管理局会同市公安局成立全省首个“警邮联动协作室”，强化公安、邮政管理在信息互通、事务协调、服务保障等方面联防联动。会同市城市管理局施行特殊时期柔性监管，允许快递末端网点在人流量较少的时间段临时规划门店前区域进行规范作业。开展“双随机”互查、专项检查、突击检查等专项检查活动，成立邮政、顺丰、苏宁等8支应急救援队伍，完成全市邮政快递业危化品和消防综合应急演练。全年未发生一起安全生产责任事故，未发生一起行业群体性事件。1月6日，宜兴邮政管理局揭牌成立，无锡市所辖3个市（县）区实现邮政监管机构全覆盖。

（郑　彤）

【快递服务】 2020年，市邮政管理局联合市工业和信息化局印发《关于促进快递业与制造业深度融合发展的实施意见》，明确快递业与制造业在构建集群协作体系、优化产业规划布局等八方面重点任务。推进“快递进村”“快递进厂”“快递出海”工程。成立江苏省内首个农村电商学院，为无锡市及周边地区农村电商、农产品跨境电商领域提供人才、平台、技术等服务。年内，市邮政管理局、市交通局、市农业农村局、市商务局、市供销总社五个部门联合印发《关于推进邮政快递业服务“乡村振兴”战略的实施意见》。5月28日，召开邮政快递业服务“乡村振兴”会议，成立全省首个农村电商学院。引入邮政金融惠农政策，无锡邮储银行提供10亿元乡村振兴综合授信额度。围绕本地特色农副产品阳山水蜜桃、百合、茶叶、太湖清水蟹、紫砂壶等12个种类，推进“快递＋特色农产品”工作。年内，全市邮政、快递服务水蜜桃业务量400万件，快递业务总收入1.64亿元，比上年增长39%，带动农业总产值6.4亿元，比上年增长51%，带动就业超4000人。市邮政管理局联合市工业和信息化局印发《关于促进快递业与制造业深度融合发展的实施意见》，推进“快递进厂”，围绕纺织服装、医药、电子、机械制造等产业，邮政快递企业以“仓储＋配送”一体化模式，订单末端、区域性供应链模式与海澜集团、红豆集团、无锡威孚集团有限公司、江阴天江药业有限公司等50家企业开展合作，其中全年快递服务制造业企业超千万件项目2个、超百万件项目6个，产生快递业务量8050万件，快递业务收入17亿元，支撑无锡制造业产值超130亿元。“双11”期间，海澜集团、红豆集团继续在“双11”电商销售榜单中名列前十。

（郑　彤）

【绿色邮政建设】 2020年，市邮政管理局部署开展绿色试点创建工作，培育建设4个绿色网点和1个绿色分拨中心。全市邮件快件使用45毫米

表44　　2020年无锡市邮电业务统计表

指标	单位	2020年	比上年增长（%）
邮电业务总量	亿元	447.83	6.7
#邮政业务总量	亿元	172.20	−7.7
固定电话用户数	万户	116.88	−4.7
移动电话	万户	985.74	−3.7
固定互联网宽带接入用户数	万户	360.09	10.4
快递业务量	万件	75750.03	−7.3
快递业务收入	亿元	83.24	2.2

（市统计局）

9月25日，在中国快递示范城市创建工作会议上，无锡市获颁“中国快递示范城市”荣誉牌匾　（刘　磊　供）

1月31日，无锡邮政公司向武汉雷神山医院运输抗疫捐赠物资

（赵丹于　摄）

以下封装比例达到99.5%，电商快件不再二次包装率98.4%，可循环中转袋使用率98.4%。全年新增绿色回收箱450个，城市建成区邮政、快递网点绿色回收箱实现全覆盖。市邮政管理局会同市文明办、团市委、新吴区政府、市生态环境局等单位举行快递包装绿色回收箱发放仪式，分两批向寄递企业发放绿色回收箱共330个，建设绿色回收体系。会同团市委在江南大学举行“以青春的名义共建美丽无锡”绿色快递进校园活动，营造绿色共治共建的社会氛围。

（郑　彤）

【邮政行业人才培养】 2020年，市邮政管理局推进快递工程专业职称评审工作，119人获得技术资格认定，其中42人获评技术员职称，77人获评助理工程师职称，通过开展业务培训、岗位练兵、技能比武、人才评价等形式，提升全市邮政快递行业从业人员的素质。年内，无锡城市职业技术学院获批成为全国邮政行业人才培养基地，9月28日举办全市首届邮政行业职业技能竞赛，10月18～19日、12月26～27日，分别举办江苏省快递员职业技能竞赛、江苏省职业院校快递专业技能大赛两个省级一类赛事。

（郑　彤）

【邮政抗疫】 2020年，新冠肺炎疫情期间，无锡邮政公司做好各项防疫措施，所有网点全部正常运行。开通机构捐赠防疫物资寄递绿色通道和金融绿色通道，累计收寄防疫物资77.87吨。保障对湖北地区援助物资的运输，免费向武汉、黄石、黄冈等地医疗机构运输7443箱捐赠物资，联合市商务局搭建“惠民口罩”购买平台，缓解市民购买口罩困难。助力新吴区商务局，对接向日本捐赠防疫物资活动。3月25日，完成7万只口罩收寄，箱子上均贴有“一衣带水、源远流长、隔海相望、樱花满开、众志成城、战疫必胜”字样。其中5万只口罩寄往友好城市丰川，2万只口罩寄往友好城市名古屋，总价值约17.5万元。

（丁　欢）

【海外防疫健康包线配送服务】 4月，无锡邮政公司会同国际供应链公司推出海外防疫健康包线上购买配送服务。海外防疫健康包以一次性普通防护口罩、普通防护服、一次性洗手液等防疫用品为主，用户可通过扫描“邮乐食堂”小程序二维码进入页面购买，平台在24小时内处理订单信息。配送范围覆盖美国、欧洲全境，寄递参考时效为5～7个工作日。该业务推出首月即收获线上订单122单。

（丁　欢）

【跨境国际包裹出口业务】 6月3日，全省跨境电商特殊区域出口首单在江阴综保区内运营成功，为江苏邮政体系内“1210”（海关对保税跨境电子商务监管方式的监管代码）跨境国际包裹出口的首单。江阴邮政公司作为“1210”出口模式的区内运营主体，多方协调，仅用36天即高效完成前期准备工作，实现全流程全环节有效衔接，在跨境电商、海关、邮政之间形成一条简便的绿色通道。

（丁　欢）

【新农合作产业链】 2020年，无锡邮政公司构建融入水蜜桃新型农村合作产业链，构筑具有邮政特色的邮政新农合作产业链，开展“我为合作社代言”“超级会员日”等主题活动，通过邮政自有线上平台、基地直播带货、江苏银行直销银行App等渠道进行全方位推广，提升阳山水蜜桃知名度。聚焦客户体验，根据各路向时限情况，综合通过南京邮航、南京民航、无锡民航、直开汽车直达邮路等发运方式，重点以“冷链+落地配”模式开通北京广州冷链邮路，实现水蜜桃极速鲜邮件经转环节最少，时限最优。全年无锡邮政销售水蜜桃330万元，寄递水蜜桃37.78万件。

（丁　欢）

编辑　胡　慧

综 述

【概况】 2020年，全市金融系统应对疫情带来的挑战，强化金融支撑保障，金融业运行总体稳健。全年金融业增加值1058.75亿元，比上年增加86.63亿元，占地区生产总值比重8.55%，比上年提升0.35个百分点。全市社会融资规模增量2685.06亿元，比上年增长20.45%。银行信贷投放增量增速年内均创新高，全年新增贷款1746.76亿元，增速12.88%；制造业、重大项目、普惠等重点领域得到金融支持，制造业贷款余额占比继续保持全省第一；基础设施类贷款增长15.21%，比上年同期高8.38个百分点；普惠小微贷款增速42.05%，居全省第二。保险业保障能力增强，无偿为全市5万名医务人员及驰援武汉的医务人员提供专属风险保障；开发"重点企业复工复产疫情防控综合保险"，支持企业加快推进复工复产工作，为156家投保企业承保风险2.75亿元；全年保险机构实现保费收入432.01亿元，累计赔款和给付119.81亿元。企业上市量质齐升，全年新增境内外上市公司16家，全市累计上市企业数162家。江苏证监局无锡监管办正式挂牌，成为全国首家市级挂牌的证监分支机构。民营无锡锡商银行、台资上海商业储蓄银行无锡分行开业运营。中国建设银行、中国农业发展银行、中国邮政储蓄银行等省级分行先后与市政府签署战略合作协议。无锡综合金融服务平台功能进一步优化，上线"银税互动""融资绿色通道""企业征信报告查询"等多项特色功能，注册企业数超过3.4万户，累计促成融资近600亿元。"创投无锡"创新开启"云路演"模式，17家创新创业企业获得融资6.69亿元，4年间累计服务600多个企业项目，促成80多个项目融资22亿余元。政府性融资担保体系初步建成，市、市(县)两级政府性融资担保机构实现全覆盖。非法金融活动得到有力遏制，P2P网贷机构风险基本出清，非法集资新设案件数、涉案金额、参与人数比上年继续"三下降"，牢牢守住不发生系统性、区域性金融风险的底线。

（刘海荣）

表45　　2020年无锡市金融运行概况表

行业	指标	金额（亿元）	新增金额（亿元）	比上年增长（%）	指标	金额（亿元）
银行业	存款余额	19400.95	1795.49	10.20	新增住户存款	967.56
					新增企业存款	655.64
	贷款余额	15303.43	1746.76	12.88	新增短期类贷款	474.95
					新增中长期贷款	1255.65
保险业	指标	金额（亿元）	比上年增长（%）	指标	金额（亿元）	比上年增长（%）
	保费收入	432.01	−0.63	财险收入	101.85	4.48
				人身险收入	330.16	−1.72
	保费支出	119.81	9.46	财产险赔付	62.42	11.07
				人身险赔付	57.39	7.76

续表 45

<table>
<tr><td rowspan="5">资本市场</td><td>年度融资情况</td><td colspan="2">首发融资（亿元）</td><td>定增融资（亿元）</td><td>公司债（亿元）</td><td>可转债（亿元）</td><td colspan="2">企业债（亿元）</td></tr>
<tr><td rowspan="4">上市挂牌情况</td><td colspan="2">132.63</td><td>163.81</td><td>450.74</td><td>33.86</td><td colspan="2">25.5</td></tr>
<tr><td colspan="2">年内新增上市企业（家）</td><td>上市企业总数（家）</td><td>境内上市企业总数(家）</td><td>科创板上市企业总数（家）</td><td colspan="2">新三板挂牌企业总数（家）</td></tr>
<tr><td rowspan="2">16</td><td>境内 13</td><td rowspan="2">162</td><td rowspan="2">92</td><td rowspan="2">7</td><td colspan="2" rowspan="2">275</td></tr>
<tr><td>境外 3</td></tr>
<tr><td rowspan="5">地方金融行业</td><td colspan="2">小额贷款</td><td colspan="2">融资担保</td><td colspan="2">典当</td><td colspan="2">融资租赁</td></tr>
<tr><td rowspan="2">贷款余额（亿元）</td><td rowspan="2">65.62</td><td rowspan="2">余额（亿元）</td><td rowspan="2">132.3</td><td>典当总额（亿元）</td><td>23.07</td><td>资产总额（亿元）</td><td>284.12</td></tr>
<tr><td>典当余额（亿元）</td><td>12.09</td><td>其中租赁资产总额（亿元）</td><td>237.23</td></tr>
<tr><td colspan="4">商业保理</td><td colspan="4">地方资产管理公司</td></tr>
<tr><td colspan="3">发放商业保理融资款（亿元）</td><td>68.23</td><td colspan="2">当年化解不良贷款（亿元）</td><td colspan="2">168.6</td></tr>
</table>

（市地方金融监督管理局）

【普惠金融服务】 2020年，无锡银保监分局出台《普惠金融发展三年行动方案（2020—2022年）》，开展“百行进万企”升级扩面行动，实施“金融顾问伴成长计划”。至年末，全市银行业金融机构普惠型小微企业贷款余额1447.35亿元，比年初增加443.82亿元，增速44.23%，高于同期各项贷款增速31.31个百分点；贷款户数10.03万户，比年初增加2.78万户。联动市税务局实现市级层面银税数据直连，扩展申贷企业从纳税信用评级A、B级至M级，受惠覆盖企业新增8.55万家。联合市商务局开展“政银信”普惠金融合作，为7500余家企业提供政策性保险保障，节约保费1.2亿元，保障规模在全国地级市中最大。联合市市场监管局启动全省首个知识产权金融赋能工程，指导中国人民财产保险股份有限公司无锡市分公司在全国首推“知识产权混合险”，全市有28家试点银行累计向141家企业发放知识产权质押贷款28亿元。联合宜兴市、惠山区政府开展“普惠金融下基层”融资对接活动，35家银行与576家企业成功对接，授信金额32.31亿元，其中首贷户195家、金额6.73亿元。

中国人民银行无锡市中心支行推动征信促融工作，无锡企业征信公司正式向辖内首批金融机构提供企业征信查询服务，助力解决小微企业融资难问题；促推财政系统对接中征应收账款融资服务平台，实现省内首家全流程线上“政采贷”（银行机构以政府采购诚信考核和信用审查为基础，凭借中小企业取得并提供的政府采购合同，按优于一般中小企业贷款的利率直接向申请贷款的中小企业发放贷款的一种新融资方式）模式。推进绿色金融实践，宜兴版的绿色标准体系初步搭建，并将绿色信贷增长纳入对商业银行支持地方经济发展专项考评。加强外汇服务，推动无锡农商行、江阴农商行跨境金融区块链服务平台直连系统开发上线，成为全省首个实现农商行区块链直连系统全覆盖的地区；推进贸易收支便利化试点，国内首笔服务贸易收支便利化业务在无锡落地；进口关单核验“白名单”、跨境人民币业务试点的企业分别达到118家、108家，分别是上年的4倍、2倍；支持朗新科技外资股东认购可转换公司债券1.165亿元，成为外资股东认购可转债全省首例；推动跨境资金集中运营业务加速发展，跨境收支业务是上年的4倍；组织银行开展“外汇服务面对面”百日千企走访活动，累计走访企业2000余家，解决外汇管理问题400余个。

（姜耀琪　杨　月）

【金融基础设施建设】 2020年，中国人民银行无锡市中心支行加快农村金融综合服务站建设，全市建成普惠金融服务点110个。推进现金服务示范区建设，深入江阴市黄塘镇、宜兴市湖㳇镇等地区设立现金服务点20个。推进移动支付便民工程，在全市4200辆公交车及所有地铁实现移动支付全覆盖，在江阴市建成江苏省首个云闪付示范街区。成立全省首家金融系统金融科技工作联合会，推进金融科技创新和应用；创新推进“刷脸付”，全辖支持人脸付的机具近7000台，居全省前列；深化全球法人识别编码（LEI）推广应用，至年末全市赋码企业数量1591家，位全省第一。

（杨　月）

【金融风险防控】 2020年，无锡银保监分局持续巩固“会诊帮扶”成果，作为全省“会诊帮扶”首个成功案例，远程电缆股份有限公司彻底化解风险；江苏华亚化纤有限公司、江苏中超投资集团有限公司生产经营向好，江苏三房巷集团有限公司完成资产证券化。会同市（县）区政府、有关部门，坚持市场化、法制化原则，推进江苏倪家巷集团有限公司、江阴澄星实业集团有限公司等大额风险处置工作。全市银行业累计处置不良贷款162.87亿元，比上年增加70.97亿元。辖内人身险公司全年平稳支付退保金39.04亿元，满期给付23.18亿元。稳妥实施风险机构接管工作，3家被接管保险公司未出现涉客户或员工的群体性事件。

（姜耀琪）

【金融服务创新】 2020年，中国人民银行无锡市中心支行政务服务分中心整体并入无锡市行政审批中心。依托“全链通”平台实现省内首单电子营业执照银行开户成功落地。建设“无锡市财税数据共享平台”2.0版，实现退税全程电子化。推进乡镇（街道）信用评价工作，促成20家银行与企业开展银企签约，授信金额合计8.08亿元。全市新增3个征信自助查询网点。

（杨　月）

【金融乱象治理】 2020年，无锡银保监分局在辖区开展市场乱象整治“回头看”工作，对12家银行保险机构开展现场检查，对28家银行保险机构开展乱象整治“回头看”督查，对8家机构下发督查意见单，督促各机构深自查、真整改、严问责。开展“法人治理提升年”活动，首次对农商行实施公司治理评估，部署股权和关联交易专项整治“回头看”。制定两项车险自律公约，约谈车险经营机构20余家次，对8家车险经营指标异动的公司提出监管意见。以中介渠道业务管理和财务真实性等为抓手，清退22家机构。分局全年对17家机构处罚678万元，对16人实施行政处罚，其中，对8人处罚30万元，对14人实施警告。无锡市银行业协会、无锡市保险行业协会成立全省首家银行业保险业消费者权益保护中心，承担投诉处理、人民调解、金融宣传教育三大职能，成立以来，共接收转办银行业、保险业消费投诉3036件、举报件99件。

（金　佳　姜耀琪）

银　行

【概况】 2020年，全市社会融资规模累计新增2685.06亿元，比上年增长20.45%。全市本外币各项贷款余额15303.43亿元，比上年多增309.51亿元，增量创近十年新高；贷款余额增速12.88%，创2012年以来最高水平。全市发行直接债务融资工具810.16亿元，比上年多发243.27亿元。全市制造业贷款余额3155.14亿元，占行业贷款余额比重为22.12%，行业占比保持全省首位。全市民营企业贷款余额4313.7亿元，比上年增长12.22%；普惠小微贷款余额1436.73亿元，余额增速42.05%，高于全市各项贷款增速29.17个百分点。全年组织金融机构走访外贸企业6906家（次），解决融资需求696.69亿元。用好用足再贷款再贴现额度，利用再贷款资金投放的贷款平均利率仅4.42%。加快落实贷款市场报价利率（LPR）改革要求，引导降低实体企业贷款利率。年末，全市人民币贷款加权平均利率为4.68%，比上年下降0.48个百分点，低于全省平均0.38个百分点；普惠小微贷款加权平均利率4.92%，比上年下降0.5个百分点。

（杨　月）

表46　　2020年末无锡市金融机构本外币存贷款统计表

金融机构	各项存款			各项贷款		
	余额（亿元）	比年初增减（亿元）	比年初增长（%）	余额（亿元）	比年初增减（亿元）	比年初增长（%）
全市合计	19400.95	1795.49	10.20	15303.43	1746.76	12.88
市　区	12375.26	1321.92	11.96	9980.80	1374.62	15.97
江　阴	4394.43	214.73	5.14	3439.05	189.15	5.82
宜　兴	2631.26	258.85	10.91	1883.59	182.99	10.76

续表 46

金融机构	各项存款			各项贷款		
	余额（亿元）	比年初增减（亿元）	比年初增长（%）	余额（亿元）	比年初增减（亿元）	比年初增长（%）
中资大型银行	8171.17	954.36	13.22	6361.67	500.79	8.54
工商银行	1384.02	211.06	17.99	1222.03	123.69	11.26
农业银行	2185.09	230.49	11.79	1378.66	125.32	10.00
中国银行	1520.34	200.63	15.20	1368.94	106.95	8.47
建设银行	1529.00	242.33	18.83	1208.24	93.11	8.35
交通银行	936.88	5.16	0.55	785.18	21.22	2.78
邮储银行	615.83	64.70	11.74	398.62	30.50	8.28
中资中型银行	6149.80	282.18	4.81	5451.22	731.09	15.49
农发银行	37.14	1.79	5.06	217.89	43.23	24.75
中信银行	567.63	35.15	6.60	437.19	56.12	14.73
光大银行	609.04	49.75	8.90	713.74	94.82	15.32
华夏银行	427.99	31.33	7.90	430.43	58.05	15.59
广发银行	170.03	19.31	12.81	133.97	43.86	48.67
平安银行	169.50	15.34	9.95	127.71	10.95	9.38
招商银行	490.57	85.65	21.15	512.48	83.72	19.53
无锡浦发	339.73	−14.08	−3.98	230.40	43.27	23.12
江阴浦发	414.39	29.56	7.68	236.08	34.04	16.85
兴业银行	404.57	−109.47	−21.30	390.36	16.88	4.52
民生银行	375.25	−52.92	−12.36	317.23	13.31	4.38
北京银行	136.35	36.08	35.99	259.01	57.20	28.34
上海银行	72.69	9.90	15.76	157.09	35.28	28.96
江苏银行	1934.92	144.79	8.09	1287.64	140.38	12.24
中资小型银行	4663.52	565.95	13.81	3255.14	515.91	18.83
恒丰银行	88.72	−5.44	−5.78	95.43	1.16	1.23
浙商银行	105.42	−4.61	−4.19	67.68	−3.46	−4.87

续表 46

金融机构	各项存款			各项贷款		
	余额（亿元）	比年初增减（亿元）	比年初增长（%）	余额（亿元）	比年初增减（亿元）	比年初增长（%）
渤海银行	86.48	29.50	51.79	50.80	18.84	58.95
南京银行	668.41	69.24	11.56	419.30	61.86	17.31
宁波银行	543.56	91.70	20.29	409.24	99.16	31.98
长江银行	9.54	3.96	70.93	10.71	2.77	34.97
苏州银行	59.73	23.69	65.72	72.12	14.28	24.70
无锡农商	1300.62	92.51	7.66	772.68	96.84	14.33
江阴农商	905.38	84.87	10.34	604.54	63.29	11.69
常熟农商	41.81	4.20	11.16	68.45	12.51	22.37
张家港农商	65.17	14.05	27.49	78.73	22.53	40.10
江南农商	38.87	17.63	82.99	27.50	5.77	26.53
宜兴农商	589.40	54.96	10.28	437.21	46.33	11.85
民泰村镇	15.23	0.30	1.98	10.23	2.02	24.64
中银富登村镇	1.04	0.35	51.25	3.14	1.81	136.96
兴福村镇	7.45	3.41	84.28	8.09	1.50	22.69
浦发村镇	14.06	1.15	8.90	16.05	0.05	0.32
阳羡村镇	40.81	2.66	6.99	38.12	3.54	10.23
锡商银行	81.82	81.82	—	65.12	65.12	—
财务公司	80.79	−10.85	−11.84	96.87	0.89	0.93
国联财务	40.35	−2.17	−5.10	32.53	3.66	12.68
红豆财务	16.63	−5.40	−24.50	28.60	2.10	7.92
华西财务	8.49	−1.60	−15.85	15.74	−2.87	−15.42
三房巷财务	15.32	−1.69	−9.93	20.00	−2.00	−9.09
外资银行	196.46	17.49	9.77	137.53	−0.42	−0.31
汇丰银行	48.39	20.49	73.45	14.79	3.27	28.41
东亚银行	—	−10.48	−100.00	—	−9.20	−100.00

续表 46

金融机构	各项存款			各项贷款		
	余额（亿元）	比年初增减（亿元）	比年初增长（%）	余额（亿元）	比年初增减（亿元）	比年初增长（%）
瑞穗银行	56.06	10.40	22.79	17.83	−14.99	−45.67
三菱银行	30.23	0.26	0.86	21.91	−3.24	−12.88
新韩银行	16.80	−0.35	−2.02	18.81	−0.69	−3.55
南洋银行	44.98	−2.84	−5.94	64.19	24.42	61.40
国联信托	—	—	—	1.00	−1.50	−60.00

（中国人民银行无锡市中心支行）

【中国农业发展银行无锡市分行】 2020年，该行根据地方疫情防控、企业防疫物资生产的资金需求，开辟疫情防控、复工复产、信贷专项“三大通道”。全行累计向10余家企业投放应急贷款16笔、6.67亿元，居全省农发行系统第一，其中使用人行专项再贷款资金投放额占全市金融机构的60%。对纳入疫情防控应急通道的疫情防控应急贷款及复工复产贷款执行优惠政策，救灾应急贷款执行利率一年期贷款市场报价利率（LPR）减少225～115个基点，最低贷款利率2.05%，复工复产贷款在执行价格基础上给予客户一年优惠50个基点的支持，全年让利超5000万元。中小微企业贷款在利率执行价格基础上实行首年优惠100基点，累计投放小微企业贷款8240万元，年末贷款余额5160万元，较年初新增2280万元。围绕市委、市政府关于长江三角洲区域一体化发展、长江经济带高质量发展等规划，该行启动“长江行”活动，重点支持江阴秦望山固危废治理项目建设、长江沿岸绿化工程、宜兴茶旅一体化等系列项目。全年获批长江大保护贷款项目14个、82.7亿元，投放47.41亿元，较年初净增41.44亿元，位列全省农发行系统第一。支持粮油全产业链发展，统筹支持政策性收储和市场化收购，全年投放粮食购销贷款13亿元，其中，投放秋粮收购贷款5.54亿元，目标任务完成率149.91%，位列全省农发行系统第一。8月，省、市分行与无锡市政府及各市（县）、区板块分别签订战略合作协议，年内对接项目金额超280亿元、准入206亿元、获批144亿元、实现投放103亿元。全年发放贷款88亿元，比上年增加34.8亿元；加权执行利率4.16%，低于同业平均利率57个基点。年末，该行各项贷款余额达218亿元，比年初增加43.23亿元，增速24.75%，比全省系统平均增速高12个百分点，净增额和增速同时位列全省系统第一。

（陈福和）

8月26日，中国农业发展银行江苏省分行与无锡市政府签订“三农”综合金融服务合作协议　（陈福和　供）

【中国工商银行无锡分行】 2020年，该行开展支持疫情防控、复工复产、稳链固链等专项行动，全力支持疫情防控和经济企稳复苏；服务重点领域，促进无锡产业升级和战略性新兴产业发展。全年累计完成项目审批82个，授信总额230亿元，包括农业园区新建项目、产业升级项目、重点制造业项目、文化产业项目等。积极开展稳外资、稳外贸的“春融行动”，向重点企业累计发放融资超10亿元。坚持赋能智慧政务、智慧医疗等领域，为合作方提供智慧金融解决方案。深化“第一个人金融银行”战略实施，推进互动式线上“云网点”、客户经理“云工作室”、面向老年客群推出手机银行“幸福生活版”，提升金融服务适应性、普惠性。持续深化金融消费者权益保护，以普及各项金融服务政策为主线，全年开展各类线下活动360场，设计创作多媒体宣传作品60件。突出加大对小微企业、制造业的金融支持，全年普惠金融贷款新增超20亿元，贷款增速超40%；制造业贷款369亿元，占全部公司贷款比例近50%，比年初增加12.99亿元，全年贷款新增超80亿元，信贷投放保持逐年递增，贷款余额和增量均保持市场领先。落实好无还本续贷、贷款延期、减轻融资成本等优惠政策，全年累计为中小微企业办理续贷88亿元，新发放小微企业贷款平均利率4.28%，有效减轻企业负担。年末，该行本外币各项贷款余额1197.14亿元，较年初新增119.36亿元。

（郁利花）

【中国农业银行无锡分行】 2020年，该行创新推出“资产e贷”“抵押e贷”等系列线上产品，新增线上贷款44亿元，全年为1810户中小微企业办理延期贷款164.5亿元。年末，普惠贷款余额122.9亿元，比年初增加52.9亿元，增速76%。支持全市老旧小区改造等城市更新项目，全年审批相关贷款71亿元。其中包括全市以及农行在江苏地区首个超百亿“城市更新贷”——梁溪区北片改造项目，银团总额110亿元，该行作为牵头行参贷63亿元。连续12年发放“金钥匙”奖学金，累计向600名新大学生发放金额180万元。年末，该行本外币各项贷款余额1378.7亿元，居全市金融同业第一；比年初增加125.3亿元，居四大行第一，总量、增量均创历史新高。人民币实体贷款、普惠贷款加权利率比上年分别下降34个和42个基点，全年让利实体经济2.3亿元。

（胡晓峰）

【中国银行无锡分行】 2020年，该行率先推出“支持小微企业的十条措施”“稳外贸十条措施”。一季度，向实体经济新增投放优质信贷资产100亿元。通过专项总量延期、贷款展期等方式，为33家公司办理授信总量延期75亿元。成功为江阴利港发电发行“疫情防控债”，为江苏省中行首单“防控防疫债”，票面利率锁定2.67%，创江苏市场同评级超短融历史新低，保障关键时期企业资金的流动性。新冠肺炎疫情期间，加强跨境撮合，组织113家企业参加第三届中国国际进口博览会，在两天的对接活动中，达成合作意向33个，签署合作协议41个，意向金额1.41亿美元。全年完成项目开发20个，其中“医保局阳光采购支付结算平台”“江阴二手房资金监管系统”“市区二手房资金监管”等项目上线运行。推进以客户为中心的场景建设，推出无锡客运公众号手机银行支付、无锡公交银联乘车码手机银行嵌入、无锡商院校园E卡通空中圈存、无锡外国语幼儿园云缴费等项目。制定出台《无锡分行“4+1”风险管控方案》，年末不良贷款余额17.18亿元，不良率1.26%，资产质量在同业中排名靠前。参与市政府信保基金业务，成为“商银通宝”“锡信贷”“锡科贷”“普惠贷”四大业务的主要合作银行，至年末，4项产品在贷户数合计525户，贷款余额21.51亿元。年末，该行本外币贷款余额1369亿元，较年初新增107亿元。其中，制造业贷款余额305亿元，省辖贡献度27.41%；民营企业贷款余额352亿元，省辖贡献度20.07%，均列省辖系统第一。普惠贷款余额119亿元（银保监口径），比上年新增41亿元；对公普惠贷款户数9100户，比上年新增近1000户。

（李 允）

11月，中国银行无锡分行组织113家企业参加第三届中国国际进口博览会

（李 允 供）

【中国建设银行无锡分行】 2020年，该行以建行江苏省分行与无锡市人民政府签署战略合作协议为契机，加大对基础设施领域重大项目建设支持力度，全力支持制造业转型升级。为无锡地铁3、4号线新增投放9.9亿元；落地4个新基建领域PPP项目，提供融资总额73亿元；为制造业企业新增融资额度75亿元；大力支持华虹半导体、南沿江铁路、SK海力士二工厂等省发展改革委重大项目，实现投放20亿元；创新推出“城市更新贷款”融资产品，年内获批城市更新项目6个，授信总额65亿元，实现投放13.6亿元。助力小微企业复工复产，打造以“惠懂你”App为主要平台，“线上+线下”多场景深度融合的创新型全渠道服务体系，创新推出疫情专属信贷产品“云义贷”，专享4.1%优惠利率，为278家小微企业提供2.08亿元专项信贷资金支持；提供宽松信贷政策，累计为2073家企业办理延期续贷，涉及金额19.8亿元；丰富产品供给，相继推出“商户云贷”“收单云贷”等创新线上产品，精准对接个体工商户和小微企业经营融资需求。至年末，普惠金融贷款余额131.77亿元，较年初增加54.13

亿元，两项指标均列全市第一；贷款户数1.17万户，比年初增加3405户。持续运用金融科技赋能新金融，完成灵锡App、e帮扶电商扶贫平台、便民缴费平台、无锡市行政审批局成全E站、宜兴社保代发、政务进STM、物联网贷、无锡市人防车位资金监管平台、锡山政务百事通便民服务平台等金融科技重点项目9个。积极参与金融科技创新马拉松，组织8家无锡企业参加江苏省建行组织的外部创新马拉松活动，其中两个项目分获三等奖和优秀奖。丰富住房租赁业务，实现无锡市住房租赁公共服务平台全辖覆盖，该平台是当前市住建部门唯一全辖（含江阴、宜兴）统一使用、数据共享的系统软件。稳步推进监管平台应用，引导租户进行租赁合同网签备案的自助申报，完成公安部门数据接口开发。对接市保障房办公室，实现3000套公租房房源租赁备案登记。围绕住建领域推动“数字房产”系统建设，申报完成智慧房管、智慧监管、智慧工地3个数字房产项目。银政首次尝试合作租赁住房建设，落成该行长租品牌公寓——CCB建融家园锡山集智广场、胜利门吉祥大厦两个项目，助力解决住房租赁市场结构不平衡问题。年末，该行各项贷款余额1230亿元，较年初新增113亿元。

（李　勰）

【交通银行无锡分行】 2020年，该行以先进制造业、战略新兴产业等重点发展产业为主攻方向，对接政府重大投资计划，支持华虹半导体、长电科技、中科芯、中德电子、中环领先半导体、SK海力士系统集成电路等龙头企业，新增制造业贷款中超80%为上市公司和科技类企业。年内，该行制造业贷款余额为256.50亿元，在各项贷款中占比32.67%，位列无锡六大国有行第一，全市中大型银行第二。推出普惠贷、增额保、抗疫担保贷等创新产品，有效解决小微企业融资难问题。与市市场监管局（市知识产权局）、中国银保监会无锡监管分局签订“知识产权金融战略合作协议”，全面开展知识产权质押融资业务，降低企业融资门槛，成为首批无锡市知识产权金融产品创新实验室授牌银行之一。至年末，该行普惠小微贷款余额66.59亿元，比年初净增25.6亿元，增量占比8.59%，增速62.46%；普惠小微贷款客户3102户，比年初净增1176户，增速61.06%；普惠涉农贷款余额20.84亿元，比年初净增5.41亿元。该行全力支持企业复工复产，为中小微企业纾解困境，运用展期、延长宽限期、调整还款计划、无还本续贷等方式给予354家小微企业延期偿还贷款本金，累计延期偿还本金金额43.07亿元；延期支付贷款利息940户，累计延期支付贷款利息0.29亿元。运用并购、债券投资等专项审批授权优势，积极对接市场化国企混改和兼并重组等金融需求，创新服务实体经济，保障疫情防控期间发行人直接债务融资渠道的畅通。年内，该行累计承销发行债券金额41.89亿元，历史首次单年承销量突破40亿元大关，承销金额位列地区国有五大行第一。通过债券承销累计带动活期存款流量30亿元。联合市人力资源社会保障局对推出的“个人助保贷”特色产品进行升级，进一步解决大龄断保人员缴纳养老保险费问题，该项目作为江苏省率先推广的政府贴息贷款缴纳社保费新模式，实现总分行跨条线、跨部门协作。至年末，该行累计发放“个人助保贷”贷款1000余笔，受惠贫困断保人员超130人次。积极推进扶贫工作，向四川省理塘县引进企业、个人无偿捐赠20万元，购买当地农产品10万元，帮助销售农产品45万元；帮助陕西省延安老区销售杂粮、蜂蜜、核桃、红枣等农作物，年内消费扶贫2万余元。与无锡市经开区助残联盟开展合作，走访慰问重点贫困残障家庭，向44户贫困残障家庭捐赠慰问物资7260元。年末，该行人民币存款时点余额901.18亿元，较年初增加7.7亿元；人民币各项贷款时点余额781.95亿元，较年初增加19.45亿元。

（朱漪琳）

【中国邮政储蓄银行无锡市分行】 2020年，该行为疫情防控相关企业发放贷款超16280万元；无还本续贷33笔，金额23825万元；延期143笔，金额61644万元；停息33笔，金额2936万元。在各类公益募捐中累计捐赠金额10万余元。普

12月10日，邮储银行江苏省分行与无锡市政府在无锡举行战略合作签约仪式

（谈晓英　供）

惠小微贷款余额49.55亿元，普惠小微贷款指标完成率242%；扶贫贷款净增3727万元，完成率745%；涉农贷款净增6.94亿元，完成率119%；绿色贷款余额37.07亿元，比上年增长20.72%，助力打赢污染防治攻坚战。扩大农村金融服务覆盖面，年内优化6家物理网点的服务网络布局，超过3/4的网点分布在无锡各行政区主要乡镇。精准服务区域涉农产业，为天鹏食品城、金桥市场、朝阳米市场等大型涉农集贸市场、各类新型农业主体提供农保贷、富农贷、省农担等信贷支持。参与建设美丽无锡，年内为无锡轨道交通2、3、4号线，江阴利港发电“上大压小”项目，锡东生活垃圾焚烧发电提标扩容项目等重大项目提供优质优价的资金支持近33亿元。12月，邮储银行无锡市分行与无锡市地方金融监督管理局签署金融创新战略合作框架协议，与无锡山水产业投资发展有限公司、无锡市建设发展投资有限公司、无锡地铁集团有限公司、红豆集团有限公司4家单位签订实体产业金融服务合作协议。年末，该行资产规模670亿元，各项存款余额615.04亿元，各项贷款余额398.62亿元，不良贷款率0.21%，远低于无锡辖内银行业金融机构平均水平。

（谈晓英）

【江苏银行无锡分行】 2020年，该行持续加大实贷投放，普惠口径小微余额较年初增长24.36%，民营企业贷款新增30亿元，涉农贷款较年初增27.51亿元，是无锡地区唯一一家连续12年获评“小微企业（普惠）金融服务工作先进单位”的银行。着力支持重点产业，制造业贷款较年初增加27.21亿元，绿色信贷新增11.58亿元，均居系统内第一。着力以金融创新满足企业、居民新的金融需求，成立省内首家“成全e站”，手机银行对接融创物业服务集团有限公司等5家物业公司，上线“朝阳到家”本地场景、无锡公积金及无锡不动产查询功能。年末，各项存款余额1948.42亿元，较年初增155.39亿元；各项贷款余额1289.05亿元，较年初增139.54亿元。

（夏世杰）

【无锡农村商业银行】 2020年，该行成功发行全国首单支持疫情防控的理财直融工具，发行金额2亿元。通过“复工贷”累计发放贷款12.25亿元助力689家中小微企业复工复产，运用人民银行支农支小再贷款资金74.56亿元支持小微企业和个体工商户2828家（户），与政策性银行合作发放转贷款10亿元惠及153家企业。贯彻落实两项直达实体的政策工具，至年末，办理普惠型小微企业临时性延期还本贷款34.21亿元，普惠型小微企业信用贷款余额比年初增加11.9亿元，新增占比48.75%。向无锡市慈善总会捐款150万元，定向用于防疫物资采购。开展大走访送服务活动，年内走访回访各类企业3万余户，拓展首贷户895户、发放贷款46.15亿元。服务乡村振兴战略，加大涉农领域贷款投放，推广“阳光幸福贷”“惠农贷”“省农担”，对涉农专属信贷产品实施利率优惠。年末，涉农贷款余额205.61亿元，较年初净增10.43亿元。结合“万企联万村，共走振兴路”工作，在羊尖、东北塘和荡口地区试点“阳光信贷”建档和“整村授信”，建立村委白名单评议机制，进村针对意向客户开展对接服务，以点带面提升农户贷款获得率、便利性和覆盖面。推动制造业贷款持续增长，建立中长期制造业贷款企业白名单，并持续跟踪名单内贷款转化情况。至年末，该行制造业贷款余额212.62亿元，中长期制造业贷款较年初净增15.67亿元，增速67.68%。年内，该行牵头作为战略投资者参股徐州农商银行合并组建工作，该行出资人民币7.82亿元，持股占比为10.95%，引入人员、系统、管理和专长优势，构建良好的协同效应和发展合力。年末，该行资产总额1800.18亿元，各项存款余额1413.32亿元，各项贷款余额996.93亿元，不良贷款率1.10%。

（张婷婷）

【上海浦东发展银行无锡分行】 2020年，该行深化属地客户经营，深耕上市公司等优质实体企业，合作上市公司47家，落地浦发银行首单可交换债投资并实现市场化退出。通过定增、员工持股计划、直投基金、大宗商品衍生品交易等创新业务加载，为上市公司提供全方位、高层次的综合金融服务。以无锡太湖浦发股权投资基金为契机，为无锡制造业提供金融支持，至年末，无锡太湖浦发股权投资基金实缴30亿元，对外投资累计3个子基金，直投22个项目，累计投资金额22.01亿元。年末，该行资产规模突破351亿元，各项存款余额267亿元，各项贷款余额234亿元，全年实现全口径营业净收入9.1亿元，全口径利润5.8亿元，总存款、总贷款和营收等各项主营指标年均增幅均超10%；后三类不良贷款余额1.1亿元，不良率0.47%，比年初实现双降，优于无锡同业平均水平。

（徐　军）

【招商银行无锡分行】 2020年，该行参与市、区两级重大工程项目，累计投放对公贷款（含票据）355亿元，年末普惠小微贷款余额54亿元，全年净增14.88亿元，增幅38.04%，支持普惠小微客户5700余户，受益客户数量居全市首位。以金融科技为依托，全年为权益客户累计创造盈收超12.9亿元。全年实现营业净收入14.69亿元，比上年增长3.74%，经济利润6.39亿元。年末，该行人民币各项存款时点余额474.58亿元，比年初增长20.61%，市场份额提升至2.53%；人民币自营贷款余额511.28亿元，比年初增长19.62%，市场份额较年初提升0.19%，其中零售贷款市场份额占比4.8%，稳居股份制银行第一。该行获评招商银行系统“2018～2020年度招商银行优秀分行”“2018～2020年度公司金融条线优秀分行”等称号。

（沈　潮）

表 47　　2020 年末无锡市金融机构(含外资)本外币信贷收支统计表

金融机构	本外币		其中			
			人民币		外币	
	余额(亿元)	比年初增加(亿元)	余额(亿元)	比年初增加(亿元)	余额(万美元)	比年初增加(万美元)
一、各项存款	19400.95	1795.49	18867.71	1702.38	81.72	18.63
(一)境内存款	19226.85	1761.28	18728.30	1690.27	76.41	15.12
1. 住户存款	7283.68	967.56	7195.67	969.16	13.49	0.64
(1)活期存款	2229.36	208.07	2190.44	202.17	5.97	1.23
(2)定期及其他存款	5054.32	759.49	5005.23	766.99	7.52	−0.59
2. 非金融企业存款	8223.06	655.64	7813.05	582.82	62.84	14.50
(1)活期存款	2564.35	113.26	2268.49	38.39	45.34	13.67
(2)定期及其他存款	5658.72	542.38	5544.57	544.44	17.49	0.84
3. 机关团体存款	3123.88	27.88	3123.82	27.90	0.01	0.00
4. 财政性存款	140.56	−13.66	140.56	−13.66	—	—
5. 非银行业金融机构存款	455.67	123.85	455.19	124.05	0.07	−0.02
(二)境外存款	174.10	34.21	139.42	12.11	5.32	3.51
二、金融债券	85.57	10.00	85.57	10.00	—	—
其中:境外发行	—	—	—	—	—	—
三、卖出回购资产	15.00	15.00	15.00	15.00	—	—
四、借款及非银行业金融机构拆入	0.98	0.96	—	—	0.15	0.15
五、联行往来(净)	—	—	—	—	—	—
六、应付及暂收款	449.02	56.27	444.59	56.65	0.68	−0.01
七、各项准备	439.98	88.75	434.95	85.26	0.77	0.55
八、所有者权益	576.90	62.11	572.55	66.43	0.67	−0.58
其中:实收资本	150.25	34.99	150.25	34.99	—	—
九、其他	−217.35	132.49	−214.34	126.91	−0.46	0.77

续表 47

金融机构	本外币		其中			
			人民币		外币	
	余额（亿元）	比年初增加（亿元）	余额（亿元）	比年初增加（亿元）	余额（万美元）	比年初增加（万美元）
资金来源总计	20751.05	2161.07	20206.03	2062.64	83.53	19.51
一、各项贷款	15303.43	1746.76	15114.05	1726.86	29.02	4.73
（一）境内贷款	15294.64	1742.49	15109.51	1724.84	28.37	4.37
1. 住户贷款	4200.60	843.67	4200.41	843.95	0.03	−0.04
（1）短期贷款	732.88	286.28	732.69	286.56	0.03	−0.04
消费贷款	394.10	144.93	393.92	145.21	0.03	−0.04
经营贷款	338.77	141.35	338.77	141.35	—	—
（2）中长期贷款	3467.72	557.39	3467.72	557.39	0.00	0.00
消费贷款	3151.51	438.80	3151.51	438.80	0.00	0.00
经营贷款	316.21	118.59	316.21	118.59	—	—
2. 非金融企业及机关团体贷款	11094.04	898.83	10909.10	880.89	28.34	4.40
（1）短期贷款	4491.40	98.41	4428.64	98.73	9.62	0.58
（2）中长期贷款	5540.95	698.26	5422.02	683.25	18.23	3.33
（3）票据融资	1042.01	90.26	1042.01	90.26	—	—
（4）融资租赁	—	−0.09	—	−0.09	—	—
（5）各项垫款	19.67	11.98	16.43	8.74	0.50	0.50
3. 非银行业金融机构贷款	—	—	—	—	—	—
（二）境外贷款	8.79	4.27	4.54	2.02	0.65	0.36
二、债券投资	984.23	150.48	984.23	150.48	—	—
其中：境外债券	—	—	—	—	—	—
三、股权及其他投资	335.38	44.82	335.38	44.82	—	—
四、买入返售资产	6.74	0.29	6.74	0.29	—	—

续表 47

金融机构	本外币		其中			
			人民币		外币	
	余额（亿元）	比年初增加（亿元）	余额（亿元）	比年初增加（亿元）	余额（万美元）	比年初增加（万美元）
五、存放非银行业金融机构款项	3.58	1.06	0.15	0.12	0.53	0.17
六、联行往来（净）	3935.37	208.35	3583.64	130.00	53.91	14.72
其中：境内存放二级准备金	158.69	−119.88	157.10	−119.93	0.25	0.02
七、金银占款	—	—	—	—	—	—
八、外汇占款	—	—	—	—	—	—
九、应收及预付款	77.74	13.02	77.26	13.79	0.07	−0.11
十、投资性房地产	1.44	−0.15	1.44	−0.15	—	—
十一、固定资产	103.15	−3.57	103.14	−3.57	0.00	0.00
资金运用总计	20751.05	2161.07	20206.03	2062.64	83.53	19.51

（中国人民银行无锡市中心支行）

【中信银行无锡分行】 2020年，该行支持无锡市地方重大产业类项目，支持一批智能制造业公司上市，新增上市企业IPO募集账户6个。年末制造业贷款时点余额和占比均为近3年最高，制造业贷款在对标股份制银行中增量排名第一。普惠信贷投放量及余额增量均处于地区股份制银行前列。年末，该行各项存款余额567.63亿元，各项贷款余额437.19亿元，不良贷款率0.12%，资产质量保持历史最佳水平。全口径总存款日均526亿元，比上年增41亿元。全年营业收入、中间业务收入保持增长，非息收入占比比上年提升2.9个百分点，经营效益保持多元增长。

（瞿峥屹）

【兴业银行无锡分行】 2020年，该行围绕市政府重大战略规划，加大产业投资、技改扩能以及优质房地产开发等重大项目信贷投入，支持安镇及鹅湖污水处理厂二期工程、新吴区基础设施及公共配套设施工程等重大民生项目，全年累计投放重点项目57.38亿元。助力企业共同抗疫，发行无锡地区首单银行间市场疫情防控债2亿元。作为国内首家“赤道银行”，致力于为绿色产业提供金融力量，重点支持水资源、土壤修复、危废处理、清洁能源及可再生能源等环保领域优质项目，包括秦望山工业固废无害化处置等。全年该行投放绿色金融贷款30.7亿元，环保贷款1.75亿元，绿色金融融资客户271户，绿色金融融资余额129.67亿元，居全市银行前列。充分利用“兴惠贷”“环保贷”等风险损失分担类产品，给予优质小微企业授信支持。至年末，普惠小微贷款余额5.53亿元，较年初增加2.27亿元；民营企业贷款余额83.33亿元，较年初增加10.73亿元；民营企业贷款户数358户，新增58户。年末，该行本外币各项存款余额400亿元，本外币各项贷款余额390亿元。

（岳国锋）

【苏州银行无锡分行】 2020年，该行加大实体企业贷款投放，为无锡地区集成电路行业领先企业提供授信，成功落地首笔美元流动资金贷款。对接一批具有代表性的优质民营企业，至年末，共投放77家制造业企业客户流动资金贷款总计超8亿元。拓展上市公司资本市场业务，成功落地全域首笔股票质押式回购业务，全年累计开展5笔，合计投放超5亿元。通过再贴现、再贷款政策给予融资优惠，全年投放支持小微企业复工复产贷款4.08亿元，再贴现3.9亿元。年末，该行资产规模70.15亿元，比年初增长24.84%；各项存款余额59.73亿元，较年初增长 65.78%；各项贷款余额 72.12 亿元，较年初增长 24.71%。

（李　霁）

【华夏银行无锡分行】 2020 年，该行通过提供授信、降低贷款利率、贷款到期自动延期、延期付息和不进行不良征信报送等方式，助力经营受困的小微企业稳健发展，涉及贷款金额合计 3.2 亿元；运用由市财政局支持的“普惠贷”产品，为小微企业提供短期生产经营周转的可循环的小额信用贷款；运用自主创新的“阳光龙 E 贷”产品，实现线下业务线上审批，为个体工商户提供小额贷款；依托平台金融网络，为生猪养企业、养殖户在线发放、可随借随还的信用贷款。锡山支行被中国银行业协会评为中国银行业文明规范服务“千佳”网点。至年末，该行表内外资产总量 641 亿元；各项存款余额 427.99 亿元，一般性存款日均 412 亿元；各项贷款余额 430 亿元。该行被中国人民银行无锡市中心支行评为“执行人民银行政策 A 类行”，各项工作在总行条线排名靠前。

（苏　泽）

保　险

【概况】 2020 年，无锡市保险业实现原保险保费收入 432.01 亿元，比上年下降 0.63%，保费收入居全省第三位，占全省的 10.76%。其中，财产险保费收入 101.85 亿元，比上年增长 3.06%；人身险保险保费收入 330.16 亿元，比上年下降 1.72%，产寿险规模均位居全省第三。全市保险业赔款和给付 121.03 亿元，比上年增长 10.25%。其中，财产险赔款支出 67.27 亿元，比上年增长 14.87%；人身险赔款和给付 53.76 亿元，比上年增长 4.96%。全市保险业累计提供风险保障 20.3 万亿元，比上年增长 55.67%。其中，财产险承担 13.7 万亿元的风险保障，比上年增长 57.58%。人身险期末有效保险金额 6.6 万亿元，比上年增长 32.32%。

按无锡市 2020 年地区生产总值 12370.48 亿元计算，无锡保险深度 3.5%，比上年下降 0.16 个百分点。按照无锡市户籍人口 508.96 万人计算，无锡市保险密度 8488.1 元，比上年增加 157.96 元。至年末，全市有保险主体 81 家，其中产险公司 30 家（含出口信用保险）、寿险公司 51 家，其中总公司 1 家（国联人寿）、外资公司 19 家。保险专业中介机构 163 家，其中经纪公司 17 家、代理公司 134 家、公估公司 12 家。全行业从业人员 5.81 万人。

（金　佳）

【保险行业发展】 2020 年，无锡市平稳实现商业车险综合改革，达成降价、增保、提质的阶段性目标，辖内车均保费平均下滑超 20 个百分点，保障额度提升。财产险公司非车险业务占比 25.79%，比上年提高 1.96 个百分点。人身险公司新单期缴保费收入比上年增长 0.68%，期缴占比 38.65%，比上年提高 10.3 个百分点。其中 10 年期以上期缴占比为 35.78%，比上年降低 7.4 个百分点，低于全省 1.48 个百分点。人保财险无锡分公司等公司推出 8 款新型农业保险产品，农业保险实现保费收入 7398.75 万元，比上年增长 74.98%，保额 22.38 亿元，比上年增长 117.6%。太平洋财产保险无锡分公司等公司签发全国首张新型冠状肺炎新药临床试验责任保单、知识产权评估责任保险等创新险种，为科技进步发展保驾护航。中国出口信用保险公司与无锡市政府签署战略合作协议，3 年内为全市提供 400 亿美元的承保规模，为超过 7500 家企业提供政策性信用保险保障。全市环境责任保险为企业提供风险保额 12.59 亿，为 1624 家企业提供环境风险现场勘查和评估，累计保费与责任风险保障在全国地级市排名第一。食品、危化品等领域实施安全生产责任保险，“保险 + 服务”模式深入推进。新一轮全市居民大病保险招投标完成，至年末无锡全辖有 583.66 万人参保城乡居民大病保险项目，10.57 万人次实时享受大病保险补助待遇，受益金额 10809.5 万元。江阴市长期护理保险正式运行，长期护理保险制度在无锡实现全覆盖，至年末，全市共有参保人数 589.8 万人，服务失能人员 69.25 万人次，支付护理费用 25737.7 万元。

（金　佳）

表 48　　2020 年无锡地区各产险公司业绩统计表

序号	寿险公司名称	保费收入（万元）	比上年增长（%）	市场占比（%）
1	人保财险	374437.55	1.09	34.50
2	太平洋财险	209820.77	8.61	19.33
3	平安财险	300296.25	11.90	27.67
4	国寿财产	44693.35	6.00	4.12

续表 48

序号	寿险公司名称	保费收入（万元）	比上年增长（%）	市场占比（%）
5	中华联合	32015.26	10.43	2.95
6	天安保险	18103.25	−9.68	1.67
7	太平保险	17098.90	1.26	1.58
8	阳光财产	13676.56	−5.78	1.26
9	大地财产	13221.30	−32.87	1.22
10	紫金财产	11605.95	−9.17	1.07
11	永安产险	5510.66	−6.42	0.51
12	英大财产	5269.35	20.64	0.49
13	长安责任	4879.71	−22.40	0.45
14	华安财险	4859.84	−9.95	0.45
15	中银保险	4839.24	8.03	0.45
16	富德财产	4811.43	294.27	0.44
17	国任财险	3327.15	−19.02	0.31
18	大家财险	2916.18	0.00	0.27
19	浙商财产	676.98	−19.27	0.06
20	都邦产险	675.17	−33.33	0.06
21	渤海产险	648.58	−69.65	0.06
22	安诚产险	626.28	−55.75	0.06
23	泰山财险	302.52	17.76	0.03
24	永诚产险	131.20	22.13	0.01
25	安信农业	8.15	−49.01	0.00
26	亚太财险	0.53	943.09	0.00
27	安邦财险	0.00	−100.00	0.00
28	安盛天平	8999.17	−11.95	0.83
29	国泰产险	1204.30	0.00	0.11
30	华泰财产	809.60	−42.14	0.07
合计		1085465.16	4.48	100.00

（无锡银保监分局）

表 49　　2020 年无锡地区各寿险公司业绩统计表

序号	寿险公司名称	保费收入（万元）	比上年增长（%）	市场占比（%）
1	中国人寿	790212.49	7.46	24.43
2	太平洋寿险	357056.66	−3.76	11.04
3	平安寿险	338783.37	−6.03	10.47
4	前海人寿	241494.56	−38.94	7.47
5	华夏人寿	205969.11	−13.43	6.37
6	君康人寿	141738.80	−32.69	4.38
7	太平人寿	101339.28	1.83	3.13
8	泰康人寿	98154.27	7.38	3.03
9	国联人寿	93684.66	11.05	2.90
10	友邦保险	70957.94	17.93	2.19
11	中意人寿	67467.88	0.91	2.09
12	中宏人寿	55461.41	13.37	1.71
13	大家人寿	53684.43	686.13	1.66
14	新华人寿	47450.00	32.02	1.47
15	利安人寿	43436.39	−6.81	1.34
16	百年人寿	42364.26	−2.82	1.31
17	天安人寿	38733.68	48.32	1.20
18	英大人寿	34320.55	1635.54	1.06
19	工银安盛	33473.39	−11.72	1.03
20	人保寿险	32187.31	−49.10	1.00
21	同方全球人寿	28273.04	21.59	0.87
22	信泰人寿	28206.29	302.47	0.87
23	建信人寿	28080.98	31.90	0.87
24	华泰人寿	26437.52	0.52	0.82
25	交银康联	24615.58	21.49	0.76
26	招商信诺	23075.21	6.78	0.71
27	阳光人寿	21787.65	−7.27	0.67
28	富德生命人寿	20106.51	20.19	0.62
29	中美联泰	19900.40	8.37	0.62
30	中信保诚	14888.95	108.33	0.46

续表 49

序号	寿险公司名称	保费收入（万元）	比上年增长（%）	市场占比（%）
31	农银人寿	13939.29	45.06	0.43
32	民生人寿	12216.30	15.91	0.38
33	中银三星	10650.17	56.76	0.33
34	太平养老	9977.77	26.59	0.31
35	平安养老	9290.82	61.48	0.29
36	东吴人寿	7838.69	−34.31	0.24
37	平安健康	7175.77	1084672.31	0.22
38	国华人寿	5963.09	−39.28	0.18
39	人保健康	4441.17	5.26	0.14
40	北大方正人寿	4204.21	9.04	0.13
41	光大永明	3622.38	−3.27	0.11
42	合众人寿	3426.41	−20.36	0.11
43	陆家嘴国泰	3212.34	−9.61	0.10
44	中英人寿	2956.65	0.58	0.09
45	长城人寿	2915.11	−29.91	0.09
46	恒安标准	2455.64	−24.81	0.08
47	德华安顾	2436.58	22.42	0.08
48	国寿存续	2060.17	−14.13	0.06
49	中德安联	1293.17	47.43	0.04
50	幸福人寿	912.64	−12.52	0.03
51	和谐健康	300.91	516.66	0.01
52	瑞泰人寿	45.76	−22.24	0.00
合计		3234677.62	−2.23	100.00

（无锡银保监分局）

【中国人民财产保险股份有限公司无锡市分公司】 2020年，中国人民财产保险股份有限公司无锡市分公司服务无锡现代经济社会发展大局，努力提升参与社会治理的参与度、融入度和贡献度，发挥行业领头雁的引领示范作用。公司作为“优农联盟”成员单位围绕农险经营模式转变，进一步加大农村网点和队伍建设，在村级建立230个“三农”保险服务点，形成部、站、点三级农险服务网络格局，实现全市行政区域全覆盖。推进农业保险发展，水产保险取得突破，累计保费超1000万元；惠山水蜜桃保险实现全覆盖，提供7800万元的风险保障；在宜兴市率先开办中央财政补贴型公益林综合保险，承保面积2.6万公顷。9月，针对连续梅雨给农户造成的严重损失，在惠山区召开政策性农业保险理赔兑现大会，累计支付赔款1100万元。公司在无锡市城乡居民大病保险、全市危化餐饮等行业安全生产责任险、中低收入居民疾病医疗自费支出救助责任保险、电梯责任险、食品安全责任险等重点项目招标中，获得主承保（首席）资格。率先在全国和行业开展知识产权综合保险、地理标志被侵权责任保险、农村土地流转履约保险试点等，引领行业发展。优化环境责任保险运行模式，全年累计承保企业2605家，承保企业数比上年上升38.99%；累计保费2075.76万元，比上年增长42.32%。至年末，累计为2400多家企业进行环境风险现场勘查与评估，出具评估报告2400余份，帮助企业排查出较大环境污染安全隐患1.2万余个。聚焦民生保险重点，5月11日，公司独家、首席承保无锡市域重要快速干线宜马快速路工程项目YMA01、YMA02两个标段，保额达29亿元。8月，江阴支公司与江阴市人民法院合作，为中国银行江阴支行签出首笔"执行无忧"悬赏保险，向社会公开发出寻找11名被执行人下落的悬赏公告。9月16日，通过客户自主线上投保，开出全市首张投标保证险电子保单，为企业提供投标担保。承保辖内梁溪区住房城乡建设局、锡山区3个镇（街道）、新吴区卫生系统等多个"保险+服务"项目，累计保费超100万元，被江苏省住建部门确定为危旧房屋安全管理省级试点。全年无锡市慈福民生系列保险投入保费4300万元，累计处理理赔案件15452件，救助13621人（户），发放救助慰问金2945万元。新冠肺炎疫情期间，公司第一时间与市卫生健康委签订《无锡市医疗机构新型冠状病毒肺炎保险协议》，对赴武汉驰援的医务人员赠送法定传染病责任险，每人保额100万元；对全市所有医疗人员赠送法定传染病责任险，每人保额30万。与市委台办联合召开无锡市台企健康关爱综合保险签约仪式，助推在无锡台企复工达产。大力推进复工复产综合保险，承保规模位列全省系统前列。针对各类企业不同需求，全面提供免费扩展传染病责任、免费延长保险期限、及时支付保险赔付资金、提供金融服务等"十项举措"，助力企业做好安全生产。年末，公司有支公司8家、专业保险部15个，另在县域农村地区设有服务网点80余个。全年实现全险种保费37.44亿元，其中车险保费27.89亿元、非车非农保8.96亿元、农险保费5903万元，累计承担风险5.02万亿元；处理报案近28万件，支付赔款24.69亿元；上缴各类税费0.95亿元。

（汤震宇）

【中国人寿保险股份有限公司无锡市分公司】 2020年，中国人寿保险股份有限公司无锡市分公司聚焦理赔服务时效，力促理赔全流程、处理及超长支付时效提升；推广移动理赔，开展理赔直付、全流程智能理赔；提升理赔自动化处理程度，加快业务处理时效；开展"重疾一日赔""重大突发事故速赔"等特色项目，优化理赔服务品牌。全年共处理理赔案件30.78万件，赔付金额5.41亿元，其中，普通客户理赔案件12.55万件，无锡退休职工互助理赔案件18.23万件；客户申请理赔后5个自然日内结案率99.99%，件数获赔率达99.72%。开通小额赔案（赔款10000元以下）快捷支付，实现结案后理赔金额实时到账，全年实现赔案快捷支付8.44万件，赔付金额8810.59万元。为客户提供空中签名、异地双录、核保等多种专项服务；引导客户使用寿险App、柜面一体机终端、E柜、E店（保全管家）等多元化自助办理渠道，优化客户保全业务流程，提高业务处理时效。长期护理保险、大病保险、退休人员住院医疗互助保险等社会民生项目健康运行。以总分第一中标市区大病保险首席承保公司，全年大病赔付超6万人次，单人次最高赔付金额121万元；长期护理保险服务人数342.5万人，是覆盖无锡最大服务区域的保险机构，全年完成失能等级评估12766人，实付赔款8975万元；医保控费经办管理高水平运行，监控平台、病案审查和外伤审核合计扣款基数超6000万元，创历史新高；与市妇联签订合作战略协议；与市退役军人事务局、无锡军分区、市双拥办签订四方合作战略协议，并成功中标义务兵家庭重疾保险项目。新冠肺炎疫情期间，向奋战在抗疫一线的全市志愿者捐赠总保额超400亿元的专属风险保障。年末，公司下辖5家综合性支公司，6家专营性支公司，在无锡辖区共有100余个分支机构。全年实现总保费收入78.78亿元，比上年增长7.12%，是全市52家寿险公司中首家，也是唯一一家保费突破75亿元的单位。公司获"江苏省文明单位""全省系统年度先进市分公司"等多项称号。

（汪旻敏）

【中国太平洋财产保险股份有限公司无锡分公司】 2020年，中国太平洋财产保险股份有限公司无锡分公司首席承保无锡市建工行业安全生产责任保险项目和地铁1、2、3号线运营保险项目，承保无锡市危化行业、无锡312国道和高浪路改造两大工程保险项目等，创新开展的IDI（建筑工程质量潜在缺陷保险）项目在无锡落地14单，保持市场份额持续领先。响应政府乡村振兴战略，推出商业性水稻收入保险、耕地地力指数保险、商业性古树名木保险等，签发首单蔬菜目标价格保险、生猪收入保险，完成"农供保"项目试点第一阶段工作。公司分别与无锡、江阴、宜兴三市商务局签署服务第三届中国国际进口博览会合作协议，在复业、融资、贸易、跨境和展会等各领域为无锡市企业提供全周期服务及全流程保障。开展扶贫公益项目，首次通过直播带货的方式，销售椴树蜜1382瓶，销售金额约7万元，精准帮扶长白山长白县佳在水村尚未脱贫的21户、30人。新冠肺炎疫情期间，公司无偿为驰援武汉的首批40名医务人员及全市5万名医务人员提供总保额150亿元专属风险保障；推出"重点企业复工复产疫情防控综合保险"，成功

7月，太平洋财产保险无锡分公司举办扶贫带货直播活动

（太平洋财产保险无锡分公司　供）

以首席承保人牵头组建共保体，执行全市落地推广工作，为156家投保企业承保风险总保额2.75亿元。年末，公司有分支机构35家，其中中心支公司2家、支公司7家。全年公司实现保费收入21.64亿元，比上年增长10.88%。其中：车险保费16.67亿元，市场份额为20.35%；非车非农保险市场份额18.18%，农业保险市场份额11.81%，非车险市场份额始终居行业第二位，是无锡市场上第二家风险保额超2万亿的保险公司。

（葛兆君）

【中国太平洋人寿保险股份有限公司无锡分公司】 2020年，中国太平洋人寿保险股份有限公司无锡分公司以构建大个险经营格局加快推进个险业务转型发展，以推进社商合作实现团险业务量质并举，风险综合评级、反洗钱工作均被评为最高"A类机构"。1月18日，"吴韵·智享家ISC"正式开业。该门店集智能、交互、融合于一体，设有灵犀机器人、云柜员、跟进式服务管家、24小时一对一在线远程医疗等特色服务，并可定制成个性化客户俱乐部，为客户提供更坚实全面的保障、更智慧温暖的服务、更炫彩科技的体验。3月27日，公司中标无锡市城乡居民大病保险项目，并获该项目江阴片区的首席承保权，服务期限自2020年7月1日至2022年12月31日，保费规模8700万元。至年末，江阴市城乡居民大病保险共137.08万人参保，累计赔付6963人，赔付金额3910.63万元。公司落实扶贫攻坚工作部署，全年通过集团精准扶贫电商平台"彩虹计划"采购贫困地区的农副产品，累计金额149700元；连续第二年向连云港市灌云县二段村扶贫捐助金额14万元，帮助当地发展特色农业。新冠肺炎疫情期间，向援鄂医疗队及当地医务工作者等6000余人无偿提供总保额59.48亿元的新冠保险保障，对20多款团险产品、16款长期疾病保险产品进行新冠责任扩展。年末，公司有支公司6家，营销服务部35家。全年实现总保费收入35.71亿元，处理赔案12177件，支付理赔款18991万元，实际缴纳税费5643万元。

（孙雯玉）

【天安财产保险股份有限公司无锡中心支公司】 2020年，天安财产保险股份有限公司无锡中心支公司在新冠肺炎疫情期间，以线上教育宣传为主的方式，开展以切实保障消费者的合法权益为目的，以金融消费者为中心助力疫情防控为主题，以服务"战疫"、依法维权和以案说险为主要内容的教育宣传周活动。2月12日，为无锡惠山交警大队三中队46名民警及辅警每人捐赠保额20万元的"疫安心"保险产品。4月，公司中标无锡市应急管理局危化品行业安全责任保险项目。11月，公司中标无锡市建筑施工行业安全生产责任保险项目。公司获2020年江苏分公司第三届岗位技能大赛团体一等奖。年末，公司有支公司7家。全年公司实现保费收入1.81亿元，其中，车险14987万元，非车险3114万元，比上年增长21.92%。

（赵　坚　杨晓静）

【中国平安财产保险股份有限公司无锡分公司】 2020年，中国平安财产保险股份有限公司无锡分公司为68个企业客户提供食品安全责任保障

2月12日，天安财产保险无锡中心支公司为无锡惠山交警大队三中队46名民警及辅警每人捐赠保额20万元的"疫安心"保险产品　（杨晓静　供）

10.75亿元；为67家医院提供医疗责任保障2520万元；为交通运输行业、危化行业企业提供安全生产责任保障58.2亿元；为95家客运公司、公交公司提供承运人责任保障166.4亿元；为188家旅行社提供旅客人身及财产风险保障1.25亿元。承保诉讼保全责任险3339笔，提供风险保障63.5亿元。坚持金融创新，与市市场监管局签订《知识产权金融（保险、质押融资）战略合作协议》，全年累计服务高新技术企业、专利清单企业40家，提供保障7100万元。推广工程质量潜在缺陷损失保险（IDI）项目，全年提供相关保障8.5亿元。参与无锡市公共资源交易中心电子保函项目，全年为139家企业提供在线电子保函服务。新冠肺炎疫情期间，公司第一时间成立防控应急专项工作小组，2月下旬，公司全辖25个办公职场全部恢复经营，95%以上案件通过不接触方式理赔；累计向无锡市包括医护人员、小微企业主、志愿者、媒体记者、公共交通运营人员等各条线战疫人员赠送超160亿元风险保障；面向全体市民提供专家在线义诊服务，让3万余人享受到无接触的线上一对一健康咨询服务。全年组织党员志愿者开展各类公益活动超20场，组织采购中西部贫困地区扶贫产品累计22万元。年末，公司有营业网点26个，其中市级分公司或中心支公司3家、支公司3家、营业部或营销服务部20个，从业人员634人。全年公司实现保费收入30.1亿元，比上年增长12.0%；提供保险保障27787.2亿元，比上年增长114.2%；服务个人客户数72.1万人、团体客户4.7万户；全年赔款支出14.4亿元，比上年上升4.1%，净利润2.9亿元；实际缴纳税费3.1亿元，比上年增长2.0%。

（蒋　力）

【中国平安人寿保险股份有限公司无锡中心支公司】 2020年，中国平安人寿保险股份有限公司无锡中心支公司深化科技赋能，立足线上化经营，推动智能化转型升级。8月，中国平安保险（集团）股份有限公司与市政府签署战略合作协议，围绕金融服务、社会治理、智慧城市、物联网及车联网等领域加深合作，联手打造具有物联网特色的“智慧名城”。新冠肺炎疫情期间，及时对多款保险产品扩展新冠保险责任，推出“疾病守护金”“平安乐交通意外伤害”等赠险，累计向全市医护人员、志愿者、媒体记者、公共交通运营人员等各条线战疫人员及小微企业主、市民赠送超600亿元的风险保障；开通理赔绿色通道，提供7×24小时线上金融服务；依托平安好医生线上医疗资源，开通免费问诊服务等。全年公司保险案件闪赔8935件，最快赔付1分50秒。年末，公司有营业网点31个，其中市级中心支公司1家、支公司2家、营业部1个、营销服务部27个。全年公司实现保费收入338783.37万元，理赔、生存满期给付48402.08万元，实际缴纳税费3391.21万元。

（王乐天）

7月1日，平安产险无锡分公司志愿者参与交通安全专项整治行动

（蒋　力　供）

【泰康人寿保险股份有限公司无锡中心支公司】 2020年，泰康人寿保险股份有限公司无锡中心支公司总保费超9.8亿元，其中个险营销承保7.8亿元，银行保险承保1.3亿元。全年理赔案件1670件，赔付金额3889.56万元。续收保费业务较快增长，全年续收保费7亿元，续期业务品质良好，13个月继续率94.65%，25个月达成率91.18%。年末，公司有四级机构3家，五级网点5个。

（张　艳）

证券·期货·信托

【概况】 2020年末，全市有法人证券公司2家，证券分支机构172家；法人期货公司1家，期货分支机构34家，私募基金管理人144家。全市年内新增境内外上市公司16家，累计上市企业数162家，其中A股上市企业90家，年末总市值突破1.2万亿元，居全省前列，亿元GDP企业股权融资额263.6万元，拟上市（发行）企业53家，新三板挂牌企业150家。

（刘海荣）

【国联证券股份有限公司】 2020年，国联证券股份有限公司（以下简称国联证券）深入实施战略转型和市场化改革，经营业绩持续稳健增长。2月27日，国联证券香港子公司——国联证券（香港）有限公司正式注册成立，注册资本为港币3亿元，注册地址为香港湾仔骆克道3号12楼。至年末，香港子公司完成公司治理、管理体系和业务团队搭建，并获发香港市场1号牌照（证券交易）、4号牌照（就投资提供意见）和9号牌照（资产管

8月28日，国联证券公募基金投顾信息系统项目获证券行业创新大奖
（缪伸涛 供）

理），标志着国联证券的跨境业务布局迈出关键一步。3月4日，国联证券收到中国证监会无异议函，获批试点开展公募基金投资顾问业务，系首批7家试点券商中唯一一家中小券商；11月6日，公司与杭州银行完成行业首个基金投顾银证合作。至年末，公司基金投顾签约客户超过5万户，签约资产规模53.54亿元，在所有试点机构中处于领先地位。7月31日，国联证券首次公开发行A股股票在上海证券交易所主板上市，股票代码601456。公开发行新股47571.90万股，发行价格为每股4.25元，募集资金总额202180.58万元，扣除发行费用后的募集资金净额为193808.46万元。8月28日，在恒生电子股份有限公司举办的2020年度证券行业合作伙伴峰会上，公司公募基金投顾信息系统项目获证券行业创新大奖。全年公司实现合并报表营业收入18.76亿元，比上年增长15.87%；实现归属于上市公司股东的净利润5.88亿元，比上年增长12.76%。年末，公司资产总额462.20亿元，比上年增长62.64%；归属于上市公司股东的净资产105.94亿元，比上年增长31.32%；加权平均净资产收益率为6.41%。

（缪伸涛）

【华泰证券股份有限公司无锡分公司】 2020年，华泰证券股份有限公司无锡分公司加大客户资产配置观念引导，推进产品销售特别是权益类产品的销售工作。依托涨乐财富通、涨乐全球通、行知等各大平台，扩大客户服务圈，向机构客户推广行知App。通过科技赋能，实施任务管理、过程管理、服务留痕三方面，推动可指导、可追溯、可还原的财富管理和资产配置。新冠肺炎疫情期间，公司采取现场办公与非现场办公相结合的方式，通过虚拟专用网络（VPN）与云桌面系统支撑，做到疫情下正常工作推进。全年公司开展多次投资者教育活动。其中，开展“515我们在行动”线上助力活动，邀请客户参与“5·15”投资者保护日宣传；联合上海证券交易所开展“携手科创板，理性共成长”科创板会员投教活动；举办无锡地区上市（拟上市）企业交流会，与会企业20余家，为机构业务开拓夯实基础；举办年末高端客户交流会，邀请高净值客户150余名，培养客户良好的投资习惯，提高投资者对非法证券活动的识别，强化风险防范意识，保护投资者的合法权益。12月，公司冠名的“2020吴都100越野挑战赛”在无锡荣氏梅园景区举行，通过活动普及“防范非法证券活动，打击股市黑嘴”的内容，提高群众对非法证券行为的警惕意识。在中国人民银行无锡市中心支行对辖区231家非法人金融机构分类评级中，该公司评级为A类，全市券商排名第一。

（于文诗）

【国联期货股份有限公司】 2020年，国联期货股份有限公司（以下简称国联期货）创新“线上+线下”拓客模式，与“同花顺”平台开展引流合作，实现开户210户，期末权益379万元，成交金额19.93亿元。客户日均权益规模29.48亿元，比上年增长38.99%；实现期末客户权益32.02亿元，比上年增长63.53%。持续巩固经纪业务规模，新增5只私募基金产品的投资，存续运作5只产品，整

2020年，国联期货获评中国最具成长性期货公司 （马 丽 供）

体投资运作状况良好，全年14只证券私募专户在公司落地。创新业务模式，国联期货全资风险管理子公司——国联汇富资本管理有限公司推出“期现结合+”模式，嫁接场外期权、现货上下游，推动仓单服务、含权贸易等风险管理工具的发展，利润大幅增长。通过国联汇富资本管理有限公司，持续开展“保险+期货”精准扶贫项目，实现上期所、大商所、郑商所三大商品交易所项目全覆盖。全年开展9个“保险+期货”项目，规模合计20019.05万元；完成8个，实现赔付6个，赔付金额738.78万元，平均赔付率为109%。其中交易所项目3个、商业项目6个，涉及抗疫、扶贫、民生，保险标的从橡胶、棉花、鸡蛋逐渐扩展至红枣、猪饲料、苹果。其中出资30万元开展新疆阿图什棉花“保险+期货”扶贫项目，完成云南江城橡胶、湖南慈利猪饲料、新疆红枣“保险+期货”扶贫项目；助工复产武汉企业开展鸡蛋“保险+期货”项目，给予武汉中小微企业免租金3个月合计12万元。精准扶贫新疆棉花项目代表江苏省唯一一家期货公司，入围中期协“期货经营机构服务实体经济优秀案例”，公司参与的上期所的“橡胶保险+期货精准扶贫项目”获二等奖。全年公司营业收入287532.79万元，实现利润总额4160.11万元。年末，公司资产总额417958.87万元，净资产77325.63万元，净资本54736.89万元。年内，国联期货在《期货日报》和《证券时报》联合主办的第13届中国最佳期货经营机构暨最佳期货分析师评选中，获中国最具成长性期货公司、最佳商品期货产业服务奖、最佳精准扶贫及爱心公益奖、最受欢迎的期货经营机构自媒体、最佳风险管理子公司服务创新奖、最佳衍生品综合服务创新奖、最佳中国期货经营分支机构（江阴）7项集体奖。

（马　丽）

【国联信托股份有限公司】 2020年，国联信托股份有限公司（以下简称国联信托）优化业务结构，压降通道及融资业务，努力完成监管要求；发展标品业务，做大标品规模，成功打开代销渠道；回归信托本源，围绕企业转型和产业升级，定制包括融资服务、项目方案、资源嫁接、产业整合等在内的综合金融服务方案助力企业发展。国联信托除大力发展标品信托，还通过证券化等方式进行非标转标业务转型开拓，在票据资产证券化（ABS）、资产支持票据（ABN）、资产支持商业票据（ABCP）等业务上探索开展，全年ABN及ABCP业务各落地一单，ABS业务以及TOF（基金中的信托）、FOF（基金中的基金）等创新业务均在推进中。1月28日，响应中国信托业协会倡议，出资50万元与信托同业一道加入并成立“中国信托业抗击新型肺炎慈善信托”，该笔资金第一时间投入湖北防疫救助工作。全年公司实现营业收入62957万元，实现利润总额55492万元，实现净利润47818万元。

（张　雯）

表50　　2020年无锡新增境内外上市公司一览表

序号	所属区域	企业名称	上市板块	上市时间	股票代码	股票名称	行业
1	江阴市	江苏科茂新材料科技有限公司	澳大利亚国家证券交易所	2020.1.10	KEM	科茂新材	冷轧带钢及马口铁
2	新吴区	华润微电子有限公司	上交所科创板	2020.2.27	688396	华润微	集成电路设计生产
3	惠山区	上能电气股份有限公司	深交所创业板	2020.4.10	300827	上能电气	光伏逆变器
4	新吴区	无锡奥特维科技股份有限公司	上交所科创板	2020.5.21	688516	奥特维	光伏设备
5	宜兴市	帝科电子材料股份有限公司	深交所创业板	2020.6.18	300842	帝科股份	太阳能材料
6	新吴区	无锡芯朋微电子股份有限公司	上交所科创板	2020.7.22	688508	芯朋微	集成电路设计
7	滨湖区	无锡德林海环保科技股份有限公司	上交所科创板	2020.7.22	688069	德林海	蓝藻治理技术系统集成
8	惠山区	无锡王道科技有限公司	美国纳斯达克	2020.7.29	EDTK	能工教育	在线教育
9	经开区	国联证券股份有限公司	上交所主板	2020.7.31	601456	国联证券	金融服务

续表 50

序号	所属区域	企业名称	上市板块	上市时间	股票代码	股票名称	行业
10	滨湖区	无锡派克新材料科技股份有限公司	上交所主板	2020.8.25	605123	派克新材	合金高精密锻件
11	江阴市	优彩环保资源科技股份有限公司	深交所中小板	2020.9.25	002998	优彩资源	再生有色纤维新材料
12	经开区	无锡新洁能股份有限公司	上交所主板	2020.9.28	605111	新洁能	计算机、通信和其他电子设备制造业
13	江阴市	江阴弘远新能源科技有限公司	香港联交所	2020.10.20	01597.HK	纳泉能源科技	风电及变桨控制系统
14	惠山区	凯龙高科技股份有限公司	深交所创业板	2020.12.7	300912	凯龙高科	内燃机尾气后处理产品
15	锡山区	确成硅化学股份有限公司	上交所主板	2020.12.7	605183	确成股份	二氧化硅产品
16	新吴区	无锡航亚科技股份有限公司	上交所科创板	2020.12.16	688510	航亚科技	航空发动机零部件

（市地方金融监督管理局）

地方金融行业

【概况】 2020年末，全市地方金融从业机构法人总数141家，网点总数180多家，注册总资本255亿元。小贷公司、典当行、融资租赁、商业保理4个行业累计发放各类融资款415亿元，客户总数超10万户。融资担保年末小微企业在保余额99.48亿元，疫情期间对受疫情影响较大的中小微企业的融资担保业务，担保费率不超过1%，其他业务担保费率下降20%。无锡置业担保年末在保余额930亿元，累计为49.4万个家庭协助解决住房贷款。江苏资产管理有限公司发行省内首单纾困专项公司债券15亿元，票面利率3.7%，创造交易所地方资产管理行业同品种同期限历史最低利率记录。无锡财通租赁公司总资产、净利润年末排名均位列全省同行业第一，成功发行2020年度第一期资产支持商业票据（简称“ABCP”），发行规模14.99亿元，票面利率3.6%，是无锡市首单、江苏省第二单银行间市场ABCP产品。

（刘海荣）

【融资担保】 2020年，全市有融资担保机构23家，注册资本41.1亿元，其中，法人机构16家，分支机构7家，从业人员约450人。16家融资担保法人机构中，国有及国有控股机构11家，民营机构5家；全年新增担保户数2296户，年末在保2362户，与上年度基本持平；新增担保总额165.99亿元，在保余额132.30亿元，分别比上年增长13.20%、5.82%；新增担保代偿2.08亿元，增长29.19%，年末代偿余额5.04亿元，增长10.77%。

（刘海荣）

【小额贷款】 2020年，全市有小额贷款公司（以下简称小贷）63家，其中，农村小额贷款公司（以下简称农贷）53家（年内锡山阿福小贷公司由农贷调整为科贷），科技小额贷款公司（以下简称科贷）7家，互联网科技小额贷款公司（以下简称互联网科贷）3家。在63家小贷公司中，纳入江苏省金农监管系统汇总统计的56家，其中农贷47家、科贷（含互联网科贷）9家。全年全市小贷公司累计发放贷款87.34亿元，比上年多放14.99亿元，增长20.72%。年末全市小贷公司贷款余额80.09亿元，比年初减少2.17亿元。其中，农贷公司57.78亿元，比年初减少2.84亿元；科贷公司22.31亿元，比年初增加0.67亿元。

（刘海荣）

【融资租赁】 2020年，全市有融资租赁法人机构21家，注册总资本65亿元，其中：开展经营活动并按期提交财报的企业9家，从业人员总数约150人；列入非正常经营的企业5家，另有存在经营意愿但未开展业务的企业6家。登记在册融资租赁分支机构30家。年末，开展经营的9家融资租赁企业客户总数2546户，融资租赁资产总额237.24亿元，比年初增长52.39亿元，其中，售后回租业务余额233.72亿元，直接租赁资产余额3.52亿元。

（刘海荣）

【商业保理】 2020年，全市有法人商业保理企业9家，有8家法人商业保理企业开展经营，客户总数197家，全年发放保理融资款68.23亿元。

（刘海荣）

编辑　何　峰

综 述

【概况】 2020年，无锡市发挥市旅游发展暨创建国家全域旅游示范区领导小组的作用，健全完善各部门联动、全社会参与的旅游综合协调机制，全域旅游成为提升城市功能品质、推动产业升级、增进民生福祉的重要抓手。12月2日，文化和旅游部发文认定宜兴市为第二批国家全域旅游示范区。滨湖区、梁溪区被江苏省文化和旅游厅认定为省级全域旅游示范区。受疫情影响，全年无锡市接待入境过夜旅游人数9.12万人次，其中外国人6.68万人次，中国香港同胞0.55万人次，中国澳门同胞0.25万人次，中国台湾同胞1.64万人次；全市接待国内旅游人数6010.20万人次。至年末，旅游总收入1057.89亿元，其中旅游外汇收入1.98亿美元，国内旅游收入1044.23亿元人民币。

2020年，无锡市文化旅游发展集团有限公司(以下简称市文旅集团)实现总收入9.24亿元，其中旅游总收入约3.17亿元。在常态化疫情防控背景下，科学研判文旅产业格局变革预期，围绕核心优势打造、文化内涵挖掘、重大项目推进等，推进樱花节、梅花节、杜鹃花节、桃花节等特色花卉节庆活动提优升级，创新性打造太湖渔家风情节、惠山茶会、范蠡文化节、蠡湖体育旅游赛事活动等，建成开放无锡动物园阿熊乐园，加快“太湖、惠山、蠡湖”品牌提档升级步伐。紧抓文明城市建设契机，开展“建设美丽无锡、形象大提升”劳动竞赛活动，加快景区基础设施维修、岸线景观打造、绿化景观提升步伐，促进集团文旅品牌提升。

(周 文 袁 方)

【旅游度假区考核评价】 2020年，根据《无锡市旅游度假区考核评价办法》，无锡市文化广电和旅游局加强对旅游度假区的督查和考核，指导旅游度假区提升建设发展水平。翠屏山旅游度假区继2019年在全省旅游度假区考核排名提升12位之后，年内又提升8位至26位，连续两年提升幅度位列全省第一。无锡太湖国家旅游度假区编制实施度假区全域旅游发展规划，全力推进环山东路示范段景观绿化改造、环山西路景观提升与照明建设、旅游标识设计与安装等项目建设，打造国家化、人性化、特色化的全域旅游新标杆。8月，阳羡生态旅游度假区管理办公室挂牌进入实质化运作，标志着宜南山区旅游发展进入资源整合、协同发力、跨越提升的新阶段。无锡太湖山水城旅游度假区加强度假区内主干道路沿线绿化美化、环境综合治理、厕所与标识系统建设等，为游客提供良好的出行环境，提升游客体验感。阳山生态休闲旅游度假区创新举办第24届(网络)桃花节，开展云赏万亩桃林、云桃花马、摄影大赛等13个特色线上活动，乡村音乐节暨美食文创集市丰富了度假区的夜游经济内涵。江南古运河度假区初步形成管理办公室、景区发展服务中心、平台公司“三位一体”、统分结合的“一体化运行”模式，重磅打造“今夜梁宵”——无锡夜市一条街，获长三角夜间文化和消费样板街区、2020年度消费者最青睐的文旅融合标杆项目等称号。鸿山旅游度假区全面推进丽笙酒店二期、吴越水街、鸿山遗址本体保护展示工程、七房桥乡村田园文化旅游特色村等重大项目建设。

(周 文)

【景区疫情防控工作】 全市景区落实收费景区临时闭园、景区人流管控、公共区域消毒、员工防控管理、防疫宣传教育等疫情防控举措。1月25日至2月20日，鼋头渚景区闭园27天，1月25日至2月25日，惠山古镇、梅园、蠡园和动物园景区闭园32天。恢复开园之后，各景区全面实施线上实名预约及扫描支付，围绕“控流量、防聚集、严防护”工作要求，落实入园体温筛检、健康码核验、游园秩序疏导等措施，保障景区游览平稳有序。围绕“六稳”“六保”工作要求，落实疫情期间租金减免政策。针对疫情期间景区闭园实际情况，对“园林一卡通”用户使用有效期实行延期；针对医务工作者出台免费游园政策(2021年4月30日前免费)。

(袁 方)

【旅游环境品质提升】 2020年，市文旅集团围绕“美丽河湖”等全市重点工作，加强水域管控，增强专业化队伍和设施设备配置，常态开展控源截污、河道巡检，完善河湖沿线景区污水管网，严控、严抓蓝藻(水草)打捞工作。做好景观提档升级，实施景区道路、桥梁、码头、绿化、标识标牌、厕所等基础设施维修提升。精心雕琢景观绿化，丰富植物景观品种，打造微景观，室内室外展示不断推陈出新。推进重点项目建设，推进梅梁湖景区十八湾沿湖一侧绿地疏林改造工程，完成蠡湖周边岸线、道路绿化及景观设施提升方案设计，启动渔父岛至蠡园8千米沿湖景观改造提升，持续打造十里芳径、环蠡湖沿线“最美景观道”。

（袁　方）

【旅游厕所革命】 2020年，无锡市计划建设旅游厕所60座，实际完成72座，其中新建57座、改建15座；计划建设乡村旅游区厕所10座，实际完成18座，完成率180%，验收评级旅游厕所373座，完成全国旅游厕所建设管理新三年行动计划。完成51家等级景区旅游厕所基本情况调查，全部纳入厕所系统统一管理；国家AAAAA级景区率先开展“一厕一码”等级景区旅游厕所评价试点；完成厕所系统内全市旅游厕所在百度地图的标注。

（周　文）

【花事花展】 2020年，市文旅集团组队参加2020年江苏省绿化行业花卉工职业技能竞赛，获得个人竞赛项目第二名、第四名。惠山古镇景区代表无锡参加在上海植物园举办的主题为“精致园艺，美丽家园”上海（国际）花展，《城市家居——幸福人家春常在》获花展庭院景点铂金奖；参加2020年湖北省“斗菊”职业技能竞赛，获菊花展台造型一等奖及斗菊项目（独本飞舞菊）二等奖。梅园景区参加在南京市举办的第17届中国梅花腊梅展览会，室外景点“三星聚首，天心高洁”获地景类金奖；设计室内展台“梅园香雪”获展台类金奖，选送梅花腊梅桩景共计获得10项金奖、4项银奖、1项优秀奖。

（袁　方）

【无锡动物园“阿熊乐园”开园】9月28日，无锡动物园升级改造后的欢乐园区“阿熊乐园”正式向市民开放。“阿熊乐园”于2019年8月开工建设，建成后的园区植入了无锡人家喻户晓的“阿熊拜拜”文化主题，形成自己的主题IP形象，总面积为5万多平方米，分为森林工坊、音符花园、蜂蜜城堡、星空群岛4个主题区域，设置了疯狂出租车、凤舞狂欢、超级救火队、丛林搬运工、甜蜜旋律、太空飞梭、星海奇航、野外探险8套游乐设施，主要面向儿童和家庭亲子游人群，打造锡城游客沉浸式家庭亲子游的首选之地。

（朱　浩）

旅游资源

中视传媒无锡影视基地

【概况】 2020年，中央广播电视总台无锡影视基地深入贯彻各项防控要求，布置落实各项防控措施，坚守防控战线，确保无锡影视基地全年安全平稳运营。2月21日，无锡影视基地三国水浒景区成为无锡市首批恢复开放的景区。为促进旅游恢复，无锡影视基地对外开展营销“云服务”，联系对接旅行社等各大合作伙伴，通过线上线下多渠道努力维护客源；开展“身临其境”等专题微信宣传，尝试直播及短视频宣传，提升景区知名度和影响力；举办“三国文化旅游节”“名著之旅穿越三国水浒城网络直播”“520汉婚”“三国经典诵”“红嘴鸥观赏季”等多个特色活动，提升景区品牌亮点；对外开展合作，携手鼋头渚景区开通“太湖赏花航线”，与小娄巷文化街区合作汉婚活动，携手腾讯、巨人等公司先后落地“鸿图之下”水幕灯光秀、“征途15周年庆典”活动，引发市场较高的关注度；引进全新互动体验项目，增设“VR游艺”“辕门射戟比武场”、面塑及玻璃内画等“非遗”文创项目，丰富景区业态，受到游客欢迎。全年，无锡影视基地共接待《拜托了！8小时》《陌上人如玉》《狄仁杰之伏妖篇》《我的宠物少将军》《那小子不可爱》等影视剧组37个。年内，无锡影视基地被评为首批无锡市交通运输行业规范管理先进企业，基地专职消防队被评为2019年度全省“先进企业专职消防队”，三国城竞技场卫生间通过市“爱心母婴休息室”验收。

（王　柯）

【无锡影视基地活动】 1月1日，无锡影视基地新年交响音乐会在水浒城宋皇宫举行，来自无锡洛可可交响乐团的60余名演奏员将中外交响乐名曲和影视经典曲目融汇，以别开生面的方式与游客共迎新年。1月3日，全域文化旅游品牌影响力高峰

4月，三国城吴营水寨古船与樱花　（许燕生　供）

12月，无锡影视基地美景　　（许燕生　供）

论坛暨第三届“寻找优质人气目的地最美代言人”活动在江苏镇江举行，无锡影视基地三国水浒景区获“全域旅游优质人气100景”称号。受新冠肺炎疫情影响，无锡影视基地1月24日起闭园。2月21日起，根据市文广旅游局统一安排，无锡影视基地三国水浒景区按照精准防控、稳妥有序的原则逐步恢复开放。3月21日，无锡影视基地三国水浒景区和鼋头渚景区联合推出的“太湖赏花航线”正式启航。无锡广电新闻中心、中国江苏网、《江南晚报》、今日头条等多家媒体现场采访报道。4月1日，无锡环宇国际旅行社、常州金坛国旅旅游有限公司分别组织旅游团到无锡影视基地，畅游三国水浒景区，成为恢复省内游后景区接待的首批旅游团。4月18日，无锡影视基地联合无锡广电文化融媒体中心、同程旅游网举办“名著之旅穿越三国城水浒城”首次大型网络直播活动，活动吸引数万人观看点赞。5月10日，由深圳市大疆创新科技有限公司主办的江苏省首届大疆航拍大赛启动仪式在无锡影视基地三国城举行。5月10日，无锡影视基地携手市文化广电和旅游局、市卫生健康委举办“感恩有你·慧游无锡”主题活动，接待129名援鄂医务人员及家属免费参观三国水浒景区。6月7～16日，无锡影视基地举办第三届“三国品梅节”活动，给游客呈现“旅游＋农业”的新型体验项目，并于6月7日进行开幕活动抖音直播宣传。6月26日，无锡影视基地与无锡小娄巷历史文化街区合作的汉婚大典在小娄巷街区成功演绎，活动吸引众多市民与游客驻足观赏。7月29日，市旅游业协会、市教育学会、市职业技术教育学会召开“无锡市研学旅行社会实践教育工作推进会”，会上无锡影视基地获评“无锡市研学旅行社会实践教育基地（营地）”。10月17～18日，11月8日，光影星娱文化传播有限公司打造的《光影少年团》栏目走进无锡影视基地。64名来自南京的“光影星少年”在三国城、水浒城寻找名著故事，领略影城美景，感受影视魅力。

（王　柯）

灵山景区

【概况】 2020年，无锡灵山文化旅游集团有限公司实现合并收入121582万元，合并利润总额4120万元，实现购票入园254万人次。全年灵山集团承办2020中国夜间经济论坛、2020太湖人才峰会、长三角·紫金网络传播创新峰会等重大活动。灵山集团获“全国文明单位”称号，并高分通过江苏省文化产业园区复核，拈花湾景区获2020中国休闲度假案例、2020文化和旅游融合发展十大创新项目奖、江苏省书香企业建设示范点单位等荣誉。在疫情带来的不利影响下，灵山集团保持AA+信用等级，并完成“绿色企业”主体评定工作，为后续业务开展奠定基础。

（陈佳慧）

【景区建设】 2020年，灵山胜境景区完成九龙灌浴、杏坛广场等设备设施修缮改造，提升硬件服务水平。拈花湾景区“微笑广场”惊艳亮相，“禅行”演出全面升级，“生活禅”体验进一步创新；配套演艺活动、节日系列活动、主题体验活动应接不暇。拈花湾景区现身央视《朝闻天下》，夜经济品牌收获官媒肯定，并入选省级夜间文旅消费集聚区。

（陈佳慧）

【大拈花湾项目加快推进】 作为太湖治理的生态工程和锡宜一体化发展的示范工程，经过前期筹备和谋划，3月，大拈花湾项目公司正式注册成立，机构和班子组建完成。10月，项目投资合作协议签订，并于同月完成项目整体立项。12月底，项目通过报批正式开工，进入实施阶段。团队进一步完善创意策划和规划设计，围绕“心灵调养、生命保养、生活康养”的总体定位，完成文旅及大健康产品体系的初步研究，启动概念性规划和城市设计全球招标。

（陈佳慧）

鼋头渚景区

【概况】 2020年，鼋头渚景区围绕“打赢疫情防控战争，打造国家精品景区”目标，以强化规范管理、提高旅游品质、提升经济效益为重点，开展各项工作。年内，举办太湖国际樱花季、花菖蒲绣球节、金秋渔家风情节、中秋烟花秀等花事游园活动，获“江苏研学旅行基地”等称号。

（黄　艺）

【休闲旅游产品开拓】 2020年，鼋头渚景区主推“游山玩水·诗意太湖”鼋头渚精品慢游产品。开发樱花影院、横云饭店、天香楼、樱花山庄等休闲旅游套餐。加大百年老字号横云饭店太湖船菜和锡帮菜的传承、开发与创新力度。在“2020真正无锡味”活动中，横云饭店选送的“清炒太湖河虾仁”“太湖云块鱼”被评为“真正无锡味、乡土地标菜”。横云饭店制作的醉蟹获评“2020太湖醉蟹最受欢迎奖”。

（黄　艺）

【基础设施建设】 2020年，景区实施完成充山观光车站台及内部公交站台升级改造、十里芳堤沿路翻新、景区照明整改等项目。推进“厕所革命”三年实施计划，优化旅游服务配套设施，完成横云厕所、樱花谷厕所改扩建，其中横云厕所被评定为AAA级旅游厕所。按照《无锡市文物保护工作三年行动计划（2018—2020）》，完成万浪桥、太湖别墅门坊、涵万轩、鼋渚灯塔、澄澜堂、在山亭、飞云阁、戊辰亭、杨氏墓园及祠堂等文保建筑的修缮工程。

（黄　艺）

惠山古镇景区

【概况】 2020年，惠山古镇景区成功创建国家AAAAA级旅游景区，推进申遗和建设工作，传承无锡历史文脉、挖掘文化底蕴、激活文化资源、促进文旅创新融合，通过举办二泉映月民俗文化旅游节、“金秋·惠山茶会”、金秋惠山菊会、首届园林戏曲节等活动，不断丰富系列旅游产品，深耕惠山文化、二泉文化，擦亮古镇品牌，打造独具无锡特质文商相融合的旅游目的地和长三角一体化发展的江南文脉聚集地，成为大运河文化带的重要节点景区。年内获得江苏省廉政文化实践探索优秀成果奖，中国泥人博物馆获评江苏省科普教育基地，惠山古镇“青益空间”被评为江苏省青年学习社，景区游客服务中心获2020年度江苏省三八红旗集体称号。

（袁　方）

【惠山古镇景区被评为国家AAAAA级旅游景区】 1月7日，文化和旅游部发布公告，惠山古镇景区于2019

9月，惠山古镇金秋菊会　　（刘　楠　摄）

年12月31日完成公示，正式列入国家AAAAA级旅游景区。继太湖鼋头渚景区、灵山景区、三国水浒城景区后，无锡第4个国家AAAAA级景区落户惠山古镇景区。

（濮　青）

【廉政文化教育专线建设】 2020年，市文旅集团优化提升惠山古镇廉政文化教育专线，推出360度全景线上虚拟游，拍摄惠山古镇廉政教育系列宣传片，并融入家风文化内容，开展家风文化体验活动，制作抖音短视频，开发网红家风系列文创产品等，惠山古镇景区获江苏省廉政文化实践探索优秀成果奖。梅园景区挖掘整合洗心泉、天心台、念劬塔、经畬堂等景点的廉洁元素，在“5·10”思廉日之际推出“荣氏梅园”廉政文化教育专线。

（袁　方）

【惠山古镇“申遗”工作】 8月，惠山古镇景区召开惠山祠堂群古建筑测绘、古建筑形变和工艺材料分析专家论证会，通过了天津、无锡两地专家组测绘成果的考核评审，为惠山古镇申遗后续工作提供有力支撑。配合央视摄制组完成江南水乡古镇申遗宣传片在惠山古镇的拍摄对接工作。完成碧山吟社修缮前期立项、项目论证及资金申报等前期工作；完成惠山寺经幢保护修缮工程，试验性修复及采样检测试验，为下一步编制保护性方案提供依据；开展景区资源信息智慧化管理，完成文保单位、“非遗”项目、古树名木、特色花卉等分类别的收集、整理、电子档案录入工作。

（陈　笑）

【忍草庵修缮及环境整治工程】 5月20日，市级文保单位忍草庵修缮及环境整治工程通过市文物局组织的专家组验收。该工程于2019年8月20日开工，2020年4月30日竣工。方案修缮及环境整治面积4278平方米，项目对坍塌的天王殿进行落架修缮，对贯华阁进行了考证修复，对僧楼及周边院落环境进行彻底复原。修复工程让忍草庵贯华阁恢复旧时古韵，尽显山中野趣。

（陈　笑）

【惠山“非遗”传承保护】 2020年，惠山古镇景区利用惠山泥人、锡绣、留青竹刻等“非遗”文化资源，推出泥人制作、国学礼仪等文化体验项目，开办留青竹刻技艺传习班，开展锡绣技艺进校园活动，让更多人感受到“非遗”魅力。全年累计接待惠山泥人制作体验游客1.5万人次。惠山古镇景区获评江苏省“非遗”旅游体验基地，中国泥人博物馆被认定为江苏省科普教育基地。

（陈　笑）

旅游推介

【无锡文化旅游系列推介会】 10月28日，无锡文化旅游（郑州）推介会在河南郑州举办；10月30日，无锡文化旅游（西安）推介会在陕西西安举办；11月11日，无锡文化旅游（福州）推介会在福建福州举办；11月13日，无锡文化旅游（泉州）推介会在福建泉州举办。市文广旅游局组织无锡各市（县）区文体旅游局、市文旅集团、阳山生态休闲旅游度假区、三国水浒城景区、鼋头渚风景区、江南古运河景区、荡口古镇景区、宜兴竹海景区、宜兴善卷洞景区、拈花湾禅意小镇、无锡博物院等主要景区，通过宣传片观赏、城市整体推介、特色旅游线路推荐及景区介绍、互动抽奖等方式，加强与各地旅游企业的合作，展示“太湖明珠，江南盛地”无锡的独特魅力。

（周　文）

【乡村旅游推介】 2020年，无锡市优化乡村旅游供给，推动乡村旅游高质量发展，创成国家级乡村旅游重点村3个（宜兴市西渚镇白塔村、江阴市华西新市村、滨湖区马山街道群丰社区），省级乡村旅游重点村2个（滨湖区马山街道和平生态村、新吴区鸿山街道七房桥村）。市文广旅游局制作播出《周末去哪儿7》乡村旅游综艺节目，以“不可错过的民宿，可以遇见的人生”为主题，把无锡特色民宿、周边景点、乡村美食等组合成两日一夜的周末乡村度假休闲线路，让游客感受乡村游的休闲自在。12月2日，“周末惬意在无锡”——无锡乡村旅游（南京）推介会暨江苏、安徽云推介在南京举办，累计观看超213万人次。推介会现场进行了无锡乡村旅游产品直播带货，无锡市旅游业协会会长王洁平化身带货主播，与旅游网红主播一起为无锡的精选特色乡村旅游产品“代言”；无锡宜兴乡村旅游协会会长黄亚云走进直播间，与网友分享打造民宿等经历和故事，同时也推出不少爆款产品，直播间内人气爆棚，许多爆款产品刚上链接，就被瞬间购完。12月3日，“周末惬意在无锡”乡村旅游推介会在浙江省杭州市举办。以乡村旅游和休闲旅游主题为切入口，通过无锡文化旅游宣传片观赏、十大乡村旅游和休闲度假产品线路推荐及民宿业主分享、互动抽奖等方式，向杭州市1036万名市民朋友推介无锡丰富的乡村旅游资源和极具特色的乡村民宿以及休闲度假产品，打造乡村旅游休闲度假新亮点，展示无锡“太湖明珠，江南盛地”的又一张金名片。新浪无锡全程直播，累计观看超122万人次。

（周　文）

【鼋头渚景区花事节庆系列活动】 2020年，鼋头渚景区相继开展太湖国际樱花季、花菖蒲绣球节、金秋渔家风情节、中秋烟花秀等花事游园活动。樱花季开幕式采用线上云开幕的方式，女神云赏樱、网络直播秀等子活动精彩纷呈。在历届菖蒲节的基础上，新增“鼋渚·古韵”水上游园会及江南兰苑首届蒲草艺术展，以节造势，切实提高花菖蒲、绣球的知名度和影响力。中秋、国庆双节假期期间延长营业时间，举办“渔夫之旅”撒网捕鱼活动，并以湖畔音乐会、“花好月鼋”国潮秀配合中秋烟花秀，打造景区休闲旅游亮点。

（黄　艺）

【**惠山古镇景区旅游节庆活动**】 3月28日至于5月10日，惠山古镇景区举办“二泉映月”民俗文化旅游节，集无锡市花杜鹃花展、精品牡丹展、民俗文化展示于一体，举行线上开幕式。4月19日，无锡市支援湖北医疗队首批12位援鄂归来的抗疫英雄携家人畅游杜鹃园。6月25～27日，景区举办“浓情惠山，复礼端午”活动，开展端午传统礼仪、“一叶扁舟纪屈原”水上巡游等民俗活动。7月18日至8月30日，景区举办惠山古镇童乐趣节，开展传世家训体验游、惠山泥人体验等活动。9月26日至11月30日，景区举办2020金秋惠山菊会，共计展出菊花700余个品种数万余盆，配合各色时令草花20余个品种及各式新奇特观赏植物2万余盆。国庆、中秋小长假期间，推出国潮文化旅游节，景区举办“寄畅园首届园林戏曲节”以及传统汉文化表演、中秋拜月大典、团圆家宴、民俗巡游等精彩活动，推出“无锡有戏——梦回寄畅”沉浸式园林实景演出。10月16日～11月15日，景区举办2020惠山茶会，通过开展陆子茶祭、专家论坛、特色茶席、传统雅集、“一茶馆一特色”，将惠山古镇打造成为中外茶人的精神家园和爱茶人的打卡圣地。11月中旬，景区举办2020惠山古镇七彩秋叶节，开展大型梦幻彩叶雨、梦幻欢舞会、彩叶妆女神体验行等活动。

（袁　方　周笑一）

【**梅园景区旅游节庆活动**】 2020年，梅园景区围绕“品质梅园·四季休闲”发展目标，做好疫情防控、项目建设、市场开发、景区管理、品牌创建等各项工作，获评江苏省文明单位。2月，因受疫情影响，梅园景区联合无锡广电集团举办“云赏花直播”活动，梅花节“云赏花”视频全网观看量达800万人次。3～4月，景区举办郁金香观赏季，郁金香栽植面积为7200余平方米，栽植种球21万余个，品种30余个，引入国潮韵舞表演巡游等。“五一”期间，梅园景区联合生态采摘园推出“小小农夫”活动，为孩子们提供回归生活、回归自然的研学课堂。端午期间，举办“浓情端午，亲子香囊手工DIY”活动。9月25日起，梅园景区在传统赏桂的同时引入百合花主题展，引进20余个百合花稀缺品种，精心布置近万平方米百合花海，打造华东地区首次大型百合花主题展，组织百合花涧音乐秀、小丑互动巡游、百合花海瑜伽、百合花艺展示、百合美食节等系列体验项目，为中秋、国庆市民出游提供丰富的节日休闲大餐。

（殷明明）

【**蠡园景区旅游节庆活动**】 9月，蠡园景区举办首届范蠡文化节，通过挖掘提炼范蠡文化元素，升级完善春秋阁范蠡文化展陈以及《烟雨江南西施情》舞台剧，推出范蠡西施家宴、梅花凤鲚炙、财神糕、范蠡酥饼等文创餐饮，为市民游客带来沉浸式文化体验。因受疫情影响，桃花节、荷花展、向日葵展活动以景观氛围营造为主。桃花节期间，增植新优品种桃树，营造桃花烂漫的蠡园春景，让游客体验别样的赏花之旅。夏季，景区举办蠡园精品睡莲及荷花展，以塘荷、睡莲的自然景观与精品睡莲、缸荷、碗莲展示结合，为游客献上一场精致的荷花盛宴。秋季，景区在西部道路两侧、广场周围种植近十万株向日葵，契合范蠡文化节活动，营造标志性地境花艺景观，吸引游客游玩打卡。

（严　峻）

【**无锡动物园系列旅游活动**】 4～6月，无锡动物园举办动物狂欢魔术

10月，梅园百合花展音乐表演　（刘　楠　摄）

9月，范蠡文化节《烟雨江南西施情》舞台剧表演　　（严　峻　供）

节，推出动物园魔术舞台剧、“萌宠复学季”、“萌宠宝宝出生季”等活动。6月1日，举办“六一”儿童欢乐季，开展动物集体生日趴、“忆童年”老照片征集等活动。6月19日，因大熊猫场馆升级改造，举办欢送大熊猫“缘大”回四川成都熊猫基地“探亲”活动。秋季，开展“动物秋季大体检”，首次开展为长颈鹿听诊、测耳温，蛇类徒手体检，陆龟性别鉴定，怀抱小羊驼称重等活动。

（朱　浩）

旅游管理与服务

【旅行社】 至2020年末，全市旅行社250家，其中星级旅行社39家；五星级旅行社3家、四星级旅行社7家、三星级旅行社20家、二星级旅行社8家、一星级旅行社1家。新冠肺炎疫情期间，累计完成对174家旅行社质量保证金的暂退，同时，开展政策奖补、贷款贴息、减租补贴等方面纾困扶持，惠及旅行社企业38家，纾困资金612万元，规模和数量位居全省第二。

（周　文）

【导游队伍建设】 至2020年末，全市导游数量达7300余名，其中特级导游1人、高级导游48人、中级导游226人、初级导游7000余人。无锡百事通旅行社导游徐志伟入选文化和旅游部2020年“金牌导游”培养项目计划（江苏省10人）。

（周　文）

【星级饭店】 至2020年末，全市星级饭店29家，其中五星级饭店11家、四星级饭店8家、三星级饭店10家。年内，无锡融创万达文华酒店、融创万达嘉华酒店、鲁能万豪酒店创评为全国“金树叶级”绿色旅游饭店。

（周　文）

【全域旅游智慧监管服务平台】 2020年，无锡市优化全域旅游一站式服务平台建设，整合宣传营销、信息集聚、旅游超市等功能。陆续上线精品线路、四季主题、特产文创、景区酒店等45款产品。普及触摸一体机服务，在各大景区和酒店部署76台触摸屏一体机，全年游客点击量5万多次，商品点击量32332次，基本覆盖无锡主要的交通节点、酒店、综合体等部位。丰富营销渠道，持续打造无锡旅游立体化营销体系，与马蜂窝、驴妈妈、途牛、携程等国内外知名网络平台合作，全年各大OTA（在线旅游）平台总订单量281万单。景点、酒店的OTA网评数据远超国内城市平均水平，网评数据采集与分析系统完成游客线上服务评价采集30余万人次，整体好评率95.6%。

（周　文）

【全域智能导览】 2020年，该应用在完成全市30个AAAA级以上景区、30个文化景区实现应用的基础上，新增热门景区、文化场馆、网红打卡地热点80个。

（周　文）

编辑　何　峰

综 述

【概况】 2020年，为应对新冠肺炎疫情影响，国家宏观层面实施积极的财政政策和稳健的货币政策，市委、市政府出台疫情期间相关纾困政策，对受疫情影响的房地产开发项目和建筑企业提供相关政策支持，统筹推进房地产市场与建筑业持续健康发展。无锡上半年土地市场活跃，各项成交指标稳步回升；下半年，按照房地产市场调控工作要求，研究出台新的政策措施封堵投机炒作漏洞，稳定市场预期，并强化房地产行业监管，推动市场迅速回调，逐步回归理性。至年末，无锡市建筑业施工企业总数3473家，其中特级资质企业2家，一级资质企业74家，二级资质企业280家；全市建筑业企业资质总数7091项，其中总承包资质1820项（特级资质2项、一级资质85项、二级资质327项、三级资质1406项），专业承包资质4887项（一级资质432项、二级资质2199项、三级资质1865项、不分等级391项），劳务资质384项；全市具有监理资质的企业51家，具有检测资质的企业36家，建筑业总产值1111亿元。全市房地产开发企业有一级资质企业3家，二级资质企业64家，暂定二级资质企业461家，三级资质企业9家，暂定三级资质企业56家，全市房屋施工面积6363万平方米，房地产开发投资1349.69亿元。

（郭维军　鲁丁坤　蔡　晔）

【工伤保险培训教育】 8月，受市社会保障局委托，无锡建筑行业协会在全市建筑业企业组织开展“工伤保险走进建设工地”培训教育系列活动。该活动旨在工伤预防、宣传工伤保险政策法规、普及工伤预防知识及维权路径。通过宣传工伤保险认定鉴定，待遇支付、工伤预防等方面的工作流程和管理规范，提高群众对工伤保险的认知度，增强建筑业用人单位和职工知法、遵法、守法意识，预防和减少各类工伤和职业伤害，依法维护建筑业职工工伤保险权益。培训活动开展时间1个多月，分4场进行，300余人参加培训。

（朱连成）

【“建筑业协会杯”安全生产知识竞赛】 7月，无锡建筑行业协会在全市建筑施工行业领域举办“建筑业协会杯”安全生产知识竞赛活动，内容涵盖建筑业施工生产法律法规、安全基础知识、安全常识等方面。竞赛活动自7月15日网上开始，至9月3日在无锡教育电视台进行公开决赛，全市范围内有300余家建筑业企业近4000名从业人员参赛，最终6支代表队进入公开决赛。通过激烈角逐，无锡建设监理咨询有限公司获得一等奖，华仁建设集团有限公司、中建四局第六建设有限公司获得二等奖，中国电子系统工程第二建设有限公司、无锡市新兴建筑工程有限公司、江苏赛华建设监理有限公司获得三等奖。根据网上竞赛结果及竞赛评委专家的评定，江苏园景工程设计咨询有限公司等4家企业获得单位优胜奖，刘剑花等92人获得个人优秀奖。市住房城乡建设局对6家获奖单位予以全市通报表扬，并给予相应信用奖励。

（朱连成）

【钱云皋荣登中国好人榜】 10月29日，中央文明办发布8～9月“中国好人榜”，无锡建筑行业协会副会长、无锡市锡山三建实业有限公司董事长钱云皋荣登“中国好人榜”。中国好人榜是由中央文明办、全国总工会、共青团中央、全国妇联组织开展的“我推荐我评议身边好人”活动所产生的五类道德模范月度榜单，钱云皋属“诚实守信”类别的中国好人榜，其主要事迹是：诚信立业，竖信誉卓著好口碑；诚信立身，扬以人为本好风尚；诚信立志，铸精益求精好品牌；诚信立节，亮奉献社会好德行。钱云皋以“诚信敬业，以民为主”为核心价值理念，用工匠精神铸造“三建”品牌，坚持走“质量兴企，科技引领”之路，先后创出了工法、QC成果、论文、专利等300余项成果，所建工程获得国优称号3项、“扬子杯”及省优称号40余项、“太湖杯”及市优称号200余项。同时，参与慈善公益事业，在捐资助学、扶贫帮困、便民工程、防控新冠肺炎疫情等方面投入上千万元。在他的带领下，公司先后获“全国守合同重信用企业”“全国工程建设质量管理优秀企业”“江苏省建筑业优秀企业”等称号。

（朱连成）

房地产开发

【房地产开发投资】 2020年，无锡市区房地产开发投资901.69亿元，比上年下降4.5%,其中住宅投资735.66亿元,比上年下降2.8%。江阴市房地产开发投资303亿元,比上年增长11.6%。宜兴市房地产开发投资145亿元,比上年增长1.95%。

(市房屋交易管理中心)

【房地产项目建设】 2020年,无锡市区房地产施工面积4221.61万平方米,比上年减少1.32%,其中住宅3162.67万平方米,比上年减少0.42%;新开工面积1027.32万平方米,比上年增长6.92%,其中住宅777.77万平方米,比上年增长10.59%;竣工面积为1012.85万平方米,比上年增长3.57%,其中住宅778.48万平方米,比上年增长9%。江阴市房地产施工面积为1409.25万平方米,比上年减少3.1%,其中住宅1155.27万平方米,比上年增长0.76%;新开工面积为376.14万平方米,比上年增长27%,其中住宅330.82万平方米,比上年增长28.38%;房地产竣工面积为398.15万平方米,比上年增长60.02%,其中住宅310.45万平方米,比上年增长60.88%。宜兴市房地产施工面积为732.26万平方米,比上年增长17.92%,其中住宅584.62万平方米,比上年增长15.44%;新开工面积为231.35万平方米,比上年增长16.79%,其中住宅177.33万平方米,比上年增长18.27%;房地产竣工面积为106.3万平方米,比上年增长6.85%,其中住宅86.33万平方米,比上年增长6.93%。

(市房屋交易管理中心)

【商品房交付使用验收】 2020年,无锡市住建部门完成商品房交付使用竣工验收项目195项,面积约1547万平方米,100482套。其中毛坯住宅面积约643.99万平方米,51391套;精装住宅面积约397.82万平方米,31158套;非住宅面积174.38万平方米,17195套。

(蔡　晔)

【项目手册发放】 2020年,无锡市对房地产企业填报的电子项目手册和开发项目信息进行审核,全年办理电子项目手册的发放及审核81批次;完成商品房“两书”(质量保证书、使用说明书)征订18500万套,发放18500万套。

(蔡　晔)

【项目开发建设管理】 2020年,无锡市加强商品房开发管理,在新建项目中提出公共服务设施、建筑节能、绿色建筑、绿色施工、可再生能源利用、成品住房、海绵城市以及产业现代化等建设要求。房屋交付前,市住建部门按照建设要求进行公共服务设施核实,确保所有建设按质按量配置到位。全年办理《项目建设条件意见书》20项,涉及住宅面积约214.74万平方米,住户17444户,公共服务设施配置面积约18.58万平方米;完成公共服务设施核验57项,涉及住宅面积约331.2万平方米,户数24097户。

(王　烨)

【成品住房建设管理】 2020年,无锡市住房和城乡建设局印发《关于进一步加强我市新建成品住房建设管理的通知》,进一步明确开发建设单位在成品房建设过程中的相关要求,并对样板房装修及撤除作出明确规定,通过完善管理制度,推进全市建筑产业绿色发展,提升住房质量品质,规范新建成品住房建设管理,维护当事人的合法权益。

(蔡　晔)

房地产市场

【土地市场】 2020年,无锡市区公开出让经营性用地58幅,面积367.72公顷,比上年增长39.56%,合同金额749.57亿元,比上年增长58.79%,平均楼面地价10542元/平方米,比上年增长13.29%。其中商品住宅用地49幅,面积328.67公顷,比上年增长47.37%,合同金额733.71亿元,比上年增长76.50%,平均楼面地价

表51　2020年无锡市房地产开发与销售统计表

指标	单位	数值	比上年增长(%)
房屋施工面积	万平方米	6363.12	0.2
#住宅	万平方米	4902.56	1.5
#新开工面积	万平方米	1634.81	12.4
房屋竣工面积	万平方米	1517.30	14.4
#住宅	万平方米	1175.27	19.0
竣工房屋价值	亿元	886.09	34.6
#住宅	亿元	682.15	33.5
商品房销售面积	万平方米	1550.56	12.4
现房销售面积	万平方米	318.04	20.3
期房销售面积	万平方米	1232.51	10.4
商品房销售额	亿元	2361.75	22.4
现房销售额	亿元	301.31	29.1
期房销售额	亿元	2060.44	21.5

(市统计局)

11459元/平方米。江阴市出让国有建设用地81.3万平方米，比上年减少62.49%，成交金额95亿元，比上年减少29.84%。宜兴市出让国有建设用地127.1万平方米，比上年减少5.4%，成交金额90.42亿元，比上年增长37.6%。

（市房屋交易管理中心）

【商品房新增供应】 2020年，无锡市区商品房新增供应面积641.78万平方米，比上年下降13.40%，其中住宅552.17万平方米，比上年下降12.29%。江阴市商品房新增供应面积375.5万平方米，比上年增长46.66%。宜兴市商品房新增供应面积156.99万平方米，比上年减少24.17%。

（市房屋交易管理中心）

【商品房价格备案】 2020年，无锡市坚持"房子是用来住的，不是用来炒的"定位，立足"稳房价、稳地价、稳预期"目标，落实因城施策要求，开展新建商品住房价格备案工作。年内，累计备案154个批次，总面积754.79万平方米、6.28万套。

（倪　婷）

【商品房成交】 2020年，无锡市区商品房成交面积698.69万平方米，比上年下降16.85%，成交金额1298.36亿元，比上年下降7.49%；其中商品住房成交面积595.91万平方米，比上年下降18.40%，成交金额1181.83亿元，比上年下降7.62%。二手房成交面积606.84万平方米，比上年下降3.42%，备案金额691.68亿元，比上年增长15.50%；其中二手住房成交面积560.61万平方米，比上年增长0.68%，备案金额665.47亿元，比上年增长18.01%。江阴市商品房成交面积302.28万平方米，比上年减少3.21%，成交金额381.94亿元，比上年增长12.59%；其中商品住房成交面积263.26万平方米，比上年减少7.65%，成交金额353.09亿元，比上年增长11.95%。二手房成交面积168.23万平方米，比上年减少11.07%，备案金额127.78亿元，比上年减少2.35%；其中二手住房成交面积155.11万平方米，比上年减少14.13%，备案金额121.18亿元，比上年减少3.17%。宜兴市商品房成交面积184.4万平方米，比上年减少11.36%，成交金额237.26亿元，比上年增长0.3%；其中商品住房成交面积167.38万平方米，比上年减少12.38%，成交金额220.08亿元，比上年增长1.08%。二手房成交面积215.66万平方米，比上年增长2.58%，备案金额105.5亿元，比上年减少36.62%；其中二手住房成交面积为154.76万平方米，比上年增长58.16%，备案金额92.93亿元，比上年增长4.12%。

（市房屋交易管理中心）

【公积金贷款发放】 2020年，全市个人住房商业贷款发放838.33亿元，比上年增长9.42%；市区公积金贷款发放73.35亿元，比上年下降58.78%。至年末，无锡市房地产开发贷款余额总计740.36亿元，个人购房贷款余额（商业性）2948.74亿元。

（市房屋交易管理中心）

表52　　2020年度无锡市住宅指数统计表

单位：百分点

统计时期	住宅指数	比上季度涨落
一季度	14979	161
二季度	15239	260
三季度	15415	176
四季度	15315	−100

（市住房城乡建设局）

【商品房预售资金和存量房交易资金监管】 2020年，无锡市区签订商品房预售资金监管协议163份，累计核实入账金额605亿元，拨付资金5833笔，拨付金额578亿元。无锡市存量房资金监管累计签约25996起，监管金额239.6亿元，支付（销户）21845笔。

（市房屋交易管理中心）

【房地产市场调控】 2020年8月，市政府印发《关于进一步促进我市房地产市场平稳健康发展的通知》，从增加住宅用地供应、试行"限房价、竞地价"出让模式、完善住房保障政策体系、完善商品住房限购政策（夫妻离异后2年内购买商品住房的，其拥有住房套数按离异前家庭在无锡市市区范围内拥有住房套数计算）、调整二套房首付比例、整顿规范房地产市场秩序、加强房地产市场监测分析等方面着手，强化调控措施，推动"房住不炒"目标导向落实，支持合理自住需求，坚决遏制投机炒房，确保房地产市场持续健康发展。

（郭维军）

房地产中介服务

【房产经纪和中介机构】 2020年，全市新增全国房地产经纪人协理401名，全国房地产经纪人402名。5人在2020年首届江苏省房地产经纪行业从业人员技能竞赛无锡赛区中获奖，其中无锡市大众房地产服务连锁有限公司朱巧妹获市年度最佳房地产经纪人、二等奖，无锡优房房产经纪有限公司韦兴东获三等奖，无锡我爱我家房屋中介公司王德龙、无锡好邻居房产经纪有限公司施书林、无锡市中山房地产有限公司李莎获省优秀奖。

（过　焰）

【存量房产交易】 2020年，无锡市区存量房成交面积595万平方米，成交61336套，备案成交均价11460

表 53　　2020 年度锡房住宅均值统计表

统计时期	一季度				二季度				三季度				四季度			
	商品房		二手房		商品房		二手房		商品房		二手房		商品房		二手房	
	均值（元/平方米）	涨幅（%）	均值（元/平方米）	涨幅（%）	均值（元/平方米）	涨幅（%）	均值（元/平方米）	涨幅（%）	均值（元/平方米）	涨幅（%）	均值（元/平方米）	涨幅（%）	均值（元/平方米）	涨幅（%）	均值（元/平方米）	涨幅（%）
锡房住宅	16913	1.09	10981	0.64	17207	1.74	11331	3.19	17405	1.15	11674	3.03	17292	−0.65	14093	1.62
城中板块	19052	0.94	12997	0.65	18927	−0.65	13465	3.60	19748	4.33	13868	2.99	19316	−2.19	10035	0.36
城东板块	18368	0.74	9318	0.35	18341	−0.15	9552	2.52	18297	−0.24	9999	4.68	18520	1.22	10278	−1.00
城南板块	20371	−0.13	9672	0.05	20547	0.86	9932	2.69	20578	0.16	10382	4.53	20610	0.15	8805	0.88
城北板块	15684	0.27	8330	0.66	15783	0.63	8477	1.76	15864	0.51	8728	2.97	15911	0.30	11678	1.90
新区板块	15005	0.41	10728	0.15	14923	−0.54	10931	1.89	15234	2.08	11461	4.85	15288	0.36	11581	−1.66
蠡溪板块	20255	−2.95	11130	−0.24	20458	1.00	11220	0.81	20399	−0.29	11776	4.95	20007	−1.92	17488	2.71
太湖新城板块	21967	0.58	15602	−0.98	22098	0.60	16219	3.95	22553	2.06	17027	4.98	22658	0.46	10022	−0.16
锡山板块	14653	0.90	9166	−0.66	14664	0.07	9522	3.88	14906	1.65	10037	5.41	14709	−1.32	11440	−0.13
惠山板块	13660	0.72	10544	0.12	13718	0.42	10861	3.01	13878	1.17	11455	5.47	14315	3.15	11688	0.12

（市住房城乡建设局）

元/平方米；其中，滨湖区存量房成交面积 111 万平方米，成交 12024 套，备案成交均价 11248 元/平方米；新吴区存量房成交面积 142.6 万平方米，成交 14602 套，备案成交均价 13953 元/平方米；惠山区存量房成交面积 112 万平方米，成交 9509 套，备案成交均价 9237 元/平方米；梁溪区（原崇安区范围）存量房成交面积 37 万平方米，成交 4475 套，备案成交均价 11910 元/平方米；梁溪区（原南长区范围）存量房成交面积 54 万平方米，成交 6538 套，备案成交均价 12306 元/平方米；梁溪区（原北塘区范围）存量房成交面积 50.9 万平方米，成交 6173 套，备案成交均价 10867 元/平方米；工商可查询房产经纪和中介名称公司 4447 家，无锡房地产业协会统计经营活跃公司 1050 家，有网签资格公司 162 家，从业人员约 21000 人（不含江阴、宜兴）。

（过　焰）

【房地产经纪机构信用管理】 1 月，市住房城乡建设局印发《无锡市房地产经纪信用管理办法》（以下简称《办法》），自 2020 年 6 月 1 日开始实施。《办法》秉承国务院、省政府、市政府关于诚信建设、失信惩戒和社会中介组织信用管理的系列指导意见的精神，旨在规范房地产市场行为、促进房地产经纪机构诚信经营、保障交易当事人合法权益方面发挥重要作用。《办法》正文分为五章二十八条，另附《无锡市房地产经纪机构信用评价标准》和《无锡市房地产经纪从业人员信用评价标准》，并对信用等级进行三年滚动公示，对经纪机构和从业人员以红榜（A 级）、绿榜（B 级）、黑榜（C

级）进行公示，对未备案经纪机构用灰榜进行公示。

（郭维军）

房产管理

【公房管理体制调整】 随着房改将公房出售给承租人以及城市更新改造，住建部门管理的公房大幅减少。2020年，惠山区、锡山区以及新吴区住建部门针对辖区内公房数量少、分布广的特点，在充分调研的基础上，经区政府同意，将区直管公房等国有资产产权及管理权限划转属地镇（街道），原房管所人员进行分流转岗。直管公房划转属地镇（街道）后，区住建部门承担相关的指导监督职能。

（江建华）

【直管公房危旧房屋安全专项整治】 2020年，市住房城乡建设局印发《直管公房安全专项整治的实施意见》，组织开展直管公房安全隐患排查治理专项行动。通过健全巡查制度、落实巡查责任，全面加强排查，共计排查6871户公房，发现安全隐患1206处，并建立危房档案。通过棚户区改造、综合维修、临时加固等方式落实解危举措。

（江建华）

【减免公房租金支持企业复工复产】 2020年，市住房城乡建设局按照市委、市政府"六稳""六保"决策部署，印发《关于应对新型冠状病毒感染的肺炎疫情减免中小企业租赁直管公房租金的通知》，通过直管公房租金减免，帮助服务业小微企业和个体工商户缓解房租压力。全年办理非住宅公房的减免手续787户，合计减免租金1411.57万元，支持企业复工复产。

（江建华）

【薛汇东住宅整修完工】 薛汇东住宅坐落于前西溪2号，为省级文保单位，属于市级直管非住宅公房。该房屋整修工程于2018年立项，2019年7月开工，由无锡市公用房产管理处组织实施，列入"无锡市文物保护三年行动计划"。整修内容主要对建筑进行揭顶大修、外立面清洗、水电更新以及外环境改造等。2020年11月，整修工程通过市文物局验收，由市政协作为委员活动之家使用。

（江建华）

【交房（地）即发证服务】 2020年，无锡市推动交房（地）即发证。惠山区首创建设用地规划许可证、不动产登记证和建设工程规划许可证"三证联发"。年内全市为40余宗地提供交地即发证服务，为近5000户业务提供交房即发证服务。

（刘梦蛟）

【不动产登记历史遗留问题清理】 2020年，市自然资源规划局全面排查解决"办证难"遗留问题，开展不动产登记历史遗留问题清理专项行动，梳理不动产登记历史遗留问题25个，涉及房屋10383套。为鸿运苑、鸿山紫庭、平湖天地等小区7000余户居民解决办证难题。

（刘梦蛟）

物业管理

【行业管理和示范创建工作】 2020年，市住房城乡建设局开展全市物业管理"双随机"检查，市、区两级住建部门共抽查物业管理项目509个，涉及物业企业199家，督促整改有关问题569个。加强行业诚信体系建设，完善物业企业信用管理系统，年内对违反诚信行为的19家企业进行诚信记分总计200分，并公布2019年度信用评分等级。开展平安小区创建工作，全年共有31个项目获得市级物业管理示范项目称号，20个项目获得省级物业管理示范项目称号。开展第三方满意度测评，全市范围内79.90%的受访业主对当前无锡市物业企业的服务表示满意，总体物业服务满意度得分为88.43分，比上年上升4.23个百分点。

（徐　丹）

【开展党建引领物业管理服务活动】 7月，市住房城乡建设局会同市委组织部出台《关于党建引领业主委员会和物业行业建设的实施意见》，通过党建引领，推进社区治理、物业管理服务和居民自治的良性互动。市、区两级住建部门先后成立物业管理行业党委，各街道成立物业管理办公室，形成街道、社区党组织领导下的居委会、业委会、物业企业三方联动机制。同时，开展10家"先锋物业"和30个党建引领物业管理服务工作示范点评选，打造一批"先锋物业"党群服务阵地，汇聚一批以党员为骨干的物业团队，实施一批解决老百姓难点、痛点问题的服务项目，通过样板引路、品牌带动，推动党组织对小区一级单元治理体系和治理能力建设水平进一步提升，使物业服务群众的"最后一千米"更畅通、更舒心。年末，全市物业行业有9个党建项目被省委组织部、省住房城乡建设厅评为省级党建示范点。

（徐　丹）

【老旧小区物业管理】 11月，无锡市出台《市区老旧小区物业管理实施方案》，对老旧小区进行统一划分，推行组团式、集约型、规范化管理，并由国有物业服务企业进驻托底管理，落实相关奖补政策，推动老旧小区物业管理全覆盖。年末，市区494个无物业管理的老旧小区有294个完成国有物业企业接管的签约和进驻，完成目标总量的59.5%，受益业主15.5万余户。各国有物业企业进驻后，首先从群众急难愁盼的问题入手，开展环境卫生整治、合理设置车辆画线停放、修补失修路面、修剪绿化补种绿植、楼道灯改装、清理楼道内杂物等专项治理，小区环境面貌焕然一新。

（徐　丹）

【地铁"红色物业"成为国企托底老旧小区样板】 按照无锡市国有物业企业进驻老旧小区托底管理的部署，8月，无锡地铁集团自有物业企业参与无锡老旧小区物业管理工作，先后入驻学前街88号、五里北新村、沁园

8月，无锡地铁物业进驻老旧小区　　（市住房城乡建设局　供）

新村、新江南花园等35个老旧小区，服务面积超过140万平方米，为超2万户居民提供物业保障。在参与国有物业企业进驻老旧小区托底管理的过程中，无锡地铁集团针对老旧小区配套设施落后、老年居民居多等特点，将无锡地铁智慧物业管理平台植入老旧小区物业服务之中，应用大数据、云计算、物联网等新技术，加快实施现代物业集约化、协同化的智慧管理新模式，以此改变传统物业劳动密集型产业的传统管理方式。通过国有企业进驻老旧小区的方式，无锡城市面貌和城市治理取得积极成效，无锡地铁物业托底的老小区焕发新面貌，居民群众满意度提升，无锡地铁"红色物业"形成品牌效应，成为全市探索国有物业企业托底老旧小区管理模式的试点。

（李文程）

建筑勘察设计

【勘察设计市场资质管理】 2020年，无锡市住建部门运用"江苏省勘察设计行业管理信息系统""江苏省建设工程合同信息归集系统"和"无锡市工程勘察设计企业信用管理系统"，采集勘察设计企业及人员信息，加强对企业和人员的资质、资格、市场行为及信用评价的管理，实现勘察设计项目合同信息归集网上办理。年内完成注册建筑师、勘察设计注册工程师初始注册、延续注册、变更注册、注销注册305人次，建设工程勘察设计合同信息归集1242项。至年末，全市有工程勘察设计单位218家。

（陈素碧）

【勘察设计业务培训和设计评优】 2020年，无锡市有注册建筑师326名、注册结构工程师359名和注册土木（岩土）工程师131名参加继续教育线上学习。市住建部门组织开展"2020年无锡市城乡建设系统优秀勘察设计""2020年第七届紫金奖·建筑及环境设计大赛"活动和中华人民共和国成立70周年优秀建设项目（建筑）的征集工作，评选出城乡建设系统优秀勘察设计项目202个（一等奖38个、二等奖81个、三等奖83个），其中63个项目获省城乡建设系统优秀勘察设计奖项，8个项目获省第七届紫金奖·建筑及环境设计大赛（2020）奖项。

（陈素碧）

【施工图设计审查改革】 2020年，无锡市住建部门推进施工图"多图联审"工作，将消防、人防、技防等技术审查全面并入施工图设计文件审查，将"串联审"变为"并联审"，由"接力跑"改为"齐步跑"，实现"一窗进、统一审、一张证"的目标，进一步优化审批流程，压缩审批时间，实现审批服务再提速。针对简易低风险工程项目和一些小型建设项目，如小型工业项目、2000平方米以下的配套用房、成品房以外装饰装修项目、市政支路项目等，实施施工图自审承诺制，推动工程项目加快实施。年内，无锡市施工图审查中心完成新建建筑工程施工图设计审查面积1823万平方米；市政工程施工图设计审查总投资额36.2亿元；幕墙专项完成投资额10亿元项目审查；查纠违反工程强制性条文942条、违反强制性标准19728条、提出合理化建议和改进意见98908条，将工程质量安全隐患解决在萌芽状态。

（陈素碧）

【首座装配式地铁车站专项设计通过专家评审】 8月，无锡至江阴轨道交通工程（无锡地铁S1号线）南门站专项设计通过专家组评审。该站系无锡市也是江苏省内首次在软土富水地区、基坑多道支撑条件下建造的预制装配整体式地下二层车站，总建筑面积11264平方米，东西向长198.7米，南北向平均长度17.6米。车站结构中板、顶板、侧墙、中柱、纵梁、站台板、轨顶风道、楼梯及内隔墙等均采用预制构件，结构新颖，施工方便，技术先进，经济合理，安全可靠，其中使用的单面预制外墙板的叠合结构型式和上下预制墙板间环扣搭接节点新形式达到国际先进水平。专家组建议通过该项目的实施，开展相关评价标准编制和技术专利等申报工作，并推荐将该项目作为预制装配式地下车站的示范项目。

（赵天福）

建筑施工

【行业评优活动】 2020年，无锡建筑行业评定无锡市建筑业优秀企业42家，优秀进锡企业7家，建筑业外出施工优秀企业26家,无锡市优秀企业经理29名,建筑施工企业优秀建造师57名。获2018～2019年江苏省建筑业优秀总工程师称号4人,获2019年度省优秀建造师称号8人、优秀项目经理称号8人。江苏无锡二建建设集团有限公司、中国电子系统工程第二建设有限公司、江苏正方园建设集团公司和无锡市锡山三建实业有限公司在江苏省建设工程BIM(建筑信息建模)应用大赛中,分别获二类和三类成果奖。无锡建筑行业协会、江阴市和宜兴市建筑行业协会分别获江苏省建筑业先进协会称号,无锡建筑行业协会获江苏省"四好商会"称号。无锡建筑行业协会副会长、宜安控股有限公司董事长蒋东良当选为中国安装协会第七届理事会副会长。中国电子系统第二建设有限公司、江苏沪宁钢机股份有限公司受到江苏省住房城乡建设厅和江苏省人民政府驻深圳(广州)办事处通报表扬,被授予"在深圳特区建设中做出突出贡献的先进单位"称号。江苏沪宁钢机股份有限公司获江苏省省长质量奖和江苏省民营企业创新100强企业。

(朱连成)

【建筑工程质量创优】 2020年,无锡市评出"无锡市绿色示范工地"39项,江苏省建筑施工标准化星级工地88个,评定2018～2020年无锡市"太湖杯"优质工程179项,推荐申报江苏省"扬子杯"优质工程43项。由江苏无锡二建建设集团有限公司承建的无锡新区新瑞医院(上海交通大学医学院附属瑞金医院无锡分院一期)项目被评为2020年度中国建设工程"鲁班奖";由无锡锡山建筑实业有限公司、江苏天亿建设工程有限公司、江苏城嘉建设工程有限公司、江苏冠杰建设集团有限公司承建的南京信息工程大学滨江学院无锡校区建设项目(一期)分别被评为2020年度江苏省优质工程奖"扬子杯"和2020年度"国家优质工程奖"。江苏沪宁钢机有限公司、江苏宜安建设有限公司、无锡金城幕墙装饰工程有限公司和中国电子系统工程第二建设有限公司参建的有关8个工程项目(外地)分别被评为2020～2021年度第一批国家优质工程奖。

(朱连成)

【建筑产业现代化推进】 2020年,无锡市以装配式建筑为抓手,推动建筑产业现代化发展,促进建筑产业高质量发展。全市装配式建筑在新建建筑中的比例持续提升,新开工装配式建筑面积约497万平方米,新开工比例达到30%以上。在市政基础设施项目中推进装配式建造方式,省内首个装配式高架桥(凤翔路高架)建成通车;省内首个预制装配整体式地下车站(地铁S1线南门站)设计完成,经专家论证总体上达到国际先进水平。市委党校新校区建设项目、地铁4号线具区路站综合楼、光电科技园配套小学和海力士医院等一大批公建项目陆续采用装配式建造技术,其中地铁4号线具区路站综合楼首次采用装配式装修做法。年内,全市有3个建设工程获评省建筑产业现代化示范项目。至年末,全市各类国家省级部品部件类示范基地、设计研发类示范基地、示范项目等有80个(项)。

(赵天福)

【绿色建筑暨建筑节能工作】 2020年,无锡市加快推进绿色建筑与建筑节能工作,新建民用建筑(居住建筑和公共建筑)全部执行二星级及以上绿色建筑标准,全面执行65%及以上的建筑节能标准。年内,全市新增节能建筑面积1475.58万平方米,城镇绿色建筑占新建建筑比例达100%,太阳能光热建筑应用面积1052.18万平方米,既有建筑节能改造面积121.62万平方米;获绿色建筑设计标识的绿色建筑面积1268.24万平方米(全部为二星及以上),获绿色建筑运行标识的绿色建筑面积102.95万平方米,获民用建筑能效测评标识项目53栋,列入能耗统计项目1145项。江南大学综合实验楼二期(食品科学中心)获2020年度"江苏省绿色建筑创新项目"三等奖。在江苏省住房和城乡建设厅组织的2019年全省绿色建筑工作调研评价中,无锡市绿色建筑工作获得A等次,综合排名第二。

(陈素碧)

【沪宁钢机获中国钢结构协会最高成就奖】 11月13日,中国钢结构最高成就奖颁奖仪式在太原隆重进行。江苏沪宁钢机股份有限公司的"超高层建筑钢结构加工制作关键技术及其工程应用""北京大兴国际机场航站楼核心区工程大平面复杂空间曲面钢网络结构屋盖施工技术"两个项目分别获中国钢结构协会"科学技术奖"特等奖和一等奖,公司总工程师高继领被授予钢结构大师荣誉称号。

(朱连成)

【无锡建筑行业协会地基基础检测分会成立】 为加强对全市建设工程地基基础检测单位及检测从业人员协调管理,10月28日,无锡建筑行业协会地基基础检测分会成立。通过第一届全体会员会议选举,鲍煜晋当选为分会会长,曹志群当选为秘书长(兼),倪文辉、吴华、童金清、高伟钧、周欣、曹志群、夏辉明、杨志清当选为理事。

(朱连成)

建筑业管理

【省内首部工程质量管理地方性法规出台】 2020年,《无锡市建设工程质量管理条例》(以下简称《条例》)获省人大常委会批准,自8月1日起施行。《条例》从强化市场管理、保证设计质量、严控进场材料、落实主体责任、提升监管效能5个方面加强工程质量管理,并对规范发包承包活动、推行建设工程质量保险制度、实施诚信体系建设、推动信息化技术应用、严控建筑材料及构配件质量、落实终身责任制、创新检测单位检测方式等明确相关内容，为优化全市工程质量管理提供法律保障。

（刘东亮）

【建筑工程质量监督管理】 2020年，市住建部门开展工程质量监督检测，对整个建设工程进行持续性的强制监督检查，提高各方责任主体的质量意识。启动住宅工程质量潜在缺陷保险试点工作，加快推进工程质量潜在缺陷保险制度实施。调整完善建筑施工企业信用考核及应用工作相关事项，强化工程监理企业信用考核，完善建筑行业信用体系建设。

（刘东亮）

【建筑施工安全生产专项整治】 2020年，市住建部门组织开展全市建筑施工安全生产专项整治行动。专项整治聚焦建筑施工安全管理的薄弱环节，出台细化相关行动方案，分阶段开展建筑市场行为、违法施工、房屋拆除工程、重要时段节点、危大工程安全管控、预防高坠、脚手架和模板支撑体系、施工起重机械、施工现场消防、施工用电安全专项整治等十项安全专项排查整治工作，对1436个项目工地开展检查8137次，排查隐患24225条，发出隐患整改通知书5072份，停工整改项目工地413个。制定《无锡市建设工程质量安全巡查工作实施细则》《建筑施工安全生产分级分类监管实施方案》《建筑施工安全生产隐患排查和隐患闭合管理实施细则》《建筑施工安全监督检查处置标准》等长效制度，建立健全分级分类监管、标准信息化监管、隐患标准化整改、标准化执法等长效管理机制。

（刘东亮）

【文明施工管理】 2020年，无锡市开展建设工程文明施工水平提升行动，完善建筑工程文明施工导则，推动现场文明施工全过程、标准化、精细化管理。开展建设工地围挡整治提升行动，制定围挡整治更高标准，推动全市1436个建筑工地实现围挡整治提升。制定完善建筑工地扬尘严控“十条规矩”，开展专项检查，处罚违法违规行为698起。推行“扬尘监测+视频监控”智慧管控模式，落实全市超90%的建筑工地布设扬尘监测设备。建立“红黑榜”通报工作机制，对77个项目进行黑榜曝光，倒逼企业落实文明施工管理主体责任。

（刘东亮）

2020年，市住房城乡建设局开展建筑施工安全生产专项整治工作

（市住房城乡建设局 供）

【工程造价管理】 2020年，市建设工程造价管理部门贯彻省住房城乡建设厅建设工程各专业计价定额及计价政策，并制定本市的计价规定。应对新冠肺炎疫情，出台建设工程施工合同履约及工程价款调整的指导意见，完成疫情期间人工指导价的测算，并完成相关临时工程审核概算、结算和现场计量，保障城乡有序建设。做好工程造价行政调解工作，先后调解有关工程项目的土建、幕墙、桩基及基坑支护工程结算等争议问题，并测算工程造价中人工费的占比份额，为工资实名制支付管理提供支付依据。加强国有投资工程造价管理，协调处理有关工程款支付、工程结算审计、延期开工价格调整等问题。加强工作研究，完成相关工程的现场安全文明施工费分析调研和相关财政拨款工程的工程款支付情况调研。加强造价信息服务，测算并发布2020年度1300多种苗木价格信息。加强工程造价咨询市场监管，全市造价咨询企业全年完成各类造价咨询项目上报7492个，咨询标的额1162.99亿元，核减金额64.45亿元，核减率17.35%。

（杨继红）

【工程招投标“双随机”监管】 2020年，无锡市住建部门加大建设工程招标投标“双随机、一公开”监管常态化管理力度。年内，组织两次“双随机”检查工作，涉及公开招标标段84个，对发现问题的63家招标代理机构责令限期整改，并按照招标代理机构动态考评管理办法进行考核扣分；对涉及违法、违规问题的6家招标代理机构依法实施处理；对承诺的项目管理机构人员未能全部到岗的11家中标人进行通报批评；对存在问题的16名评标专家按相关规定扣分或暂停评标专家资格3个月；对4家递交无竞争力投标文件的监理单位，按照《省住房城乡建设厅关于改革和完善房屋建筑和市政基础设施工程招标投标制度的实施意见》规定，在江苏建设工程招标网等指定媒介上公示。同时将“双随机”检查情况在无锡市住房和城乡建设局网站对外公布，检查结果与招标投标活动各方行为主体的信用考核挂钩，记入信用评价系统。

（戴一昂）

【工程招投标监管制度完善】 2020年，无锡市住建部门落实招标投标信用承诺公开制度，规范资格审查条件的设置，规范施工招标中材料、设备的技术标准或者质量要求，完善评标系统，并实行网上异议制度，加强投标人中标后的合同履约管理，加强招标代理、造价咨询企业信用考核结果应用，加大对串标围标、挂靠等违法行为的处罚力度。依托信息监管平台，向社会全面公开建筑市场各类信息，完善诚信评价制度，建立守信激励和失信惩戒机制，营造更加公平的市场竞争环境。全年，全市（含江阴、宜兴）建设工程交易管理平台共招标发包1906个标段，比上年下降2.56%；中标额639.3亿元，比上年增长15.29%；通过招投标节省投资64.47亿元，平均下浮9.16%。

（戴一昂）

表54　　2020年无锡市建筑业统计表

指标	单位	数值	比上年增长（%）
企业个数	家	657	(+27家)
建筑业总产值	亿元	1111.06	7.0
#装修装饰产值	亿元	35.05	−10.3
建筑业在外省完成的产值	亿元	373.82	10.5
#建筑工程产值	亿元	890.79	4.7
安装工程产值	亿元	209.11	18.7
建筑业其他产值	亿元	11.15	−2.3
建筑业竣工产值	亿元	607.88	−4.3
房屋建筑施工面积	万平方米	5314.50	11.5
房屋建筑竣工面积	万平方米	1669.41	25.8
建筑业直接从事生产经营活动平均人数	人	269860	9.1
建筑业期末从业人数	人	258510	29.2
建筑业全员劳动生产率	元/人	411717	−1.9

（市统计局）

【优化实名制管理系统】 2020年，市住房城乡建设局制定下发《关于优化实名制管理系统加强建筑工地关键岗位人员到岗履职核查工作的通知》，就优化实名制管理系统，加强建筑工地关键岗位人员到岗履职核查工作提出要求，对考勤对象、考勤要求及相关规定作出明确，加快建立关键岗位管理人员到岗履职管理规范化、常态化工作机制，推动施工现场规范化管理水平提升，强化企业的工程质量安全生产和文明施工主体责任落实。通过实名制平台，定期对施工现场关键岗位人员到岗履职情况进行统计、分析，对不达标的项目工地，系统将自动向属地建设行政主管部门预警，属地建设行政主管部门按月对项目的关键岗位人员到岗履职情况进行"红黑榜"考核，推出"红榜"示范项目和亮点工程，树立行业标杆，引领行业发展；曝光"黑榜"反面典型，加大违法违规行为惩处力度。

（戴一昂）

【拖欠外来务工人员工资治理】 2020年，市住房城乡建设局联合市交通运输局、市水利局、市人力资源社会保障局、市中级人民法院制定下发《关于加强工程建设项目领域保障农民工工资支付管理的通知》，就施工合同中必须明确人工费与工程款分账管理、必须明确欠薪清偿责任等提出有关规定和要求。将保障农民工工资支付管理要求落实情况作为开工（既有项目复工）核查内容，明确要求全市所有工程建设项目开工（既有项目复工）前均需检查保障农民工工资支付各项管理制度的落实情况，各行业主管部门应对各参建单位上报的开工（既有项目复工）备案材料进行核查，对未落实人工费与工程款分账管理、未明确欠薪清偿责任等保障农民工工资支付管理要求的项目，应立即下发书面整改通知书，要求尽快落实整改，未整改完成的不得批准开工或复工。

（戴一昂）

【住建综合行政执法】 2020年，无锡市住建部门采取多项举措，推进综合行政执法工作。落实执法人员、主要职责、执法依据、执法程序、执法监督、法律救济公示上墙；实现在线案源流转，增加全过程监督环节，推进行政处罚系统优化升级；严格实施执法人员持证上岗、亮证执法工作要求，规范执法事中公示；按照"谁产生、谁公示、谁上传、谁负责"的原则，做到公示信息"应归尽归、应示尽示"；利用执法办案信息系统、执法记录设备、视频监督设施等手段，实现行政执法全程留痕和可回溯管理；成立行政处罚案件审理委员会，集体审议重大行政处罚案件，强化法制审核制度的落实；根据行政许可、行政处罚、行政强制三类执法行为类别，编制重大执法决定法制审核目录清单，并向同级司法行政部门报备；规范执法行为，确保行政执法工作零投诉、零复议和零诉讼。

（蒋　丹）

编辑　何　峰

城乡规划

【概况】 2020年，无锡市围绕区域市域协同发展，开展《环太湖区域生态保护与绿色发展行动》和《无锡产业园区融入上海大都市圈规划》等编制，编制《苏南硕放机场周边地区（无锡—苏州）协同发展概念规划》和《无锡空港地区战略规划及重点片区城市设计》，研究苏锡常一体化轨道交通建设“一张图”和城市快速路“一张网”，完成锡澄、锡宜两个协同发展区规划编制。构建城市设计四级编制体系，完成总体城市设计专题编制；制定《无锡市城市设计管理办法》和《无锡市总体城市设计导则》，构建具有无锡特色的城市设计管控制度体系；加强重点地区、重要空间和重要节点的空间特色塑造，完成《城北中央公园地区城市设计》《无锡市运河湾地区城市设计》成果论证，形成《无锡南站（太湖新城枢纽）综合发展区启动区概念规划及城市设计》《尚贤河湿地公园东侧地区城市设计》初步成果。

（周根文）

【国土空间规划编制体系】 2020年，按照党中央、国务院及省委省政府关于建立国土空间规划体系的重大部署，为了整体谋划新时代无锡国土空间开发保护格局，提升国土空间治理能力，市委、市政府制定出台《关于建立无锡市国土空间规划编制体系的实施意见》（以下简称《实施意见》）。《实施意见》明确无锡市国土空间规划编制体系的指导思想和主要目标，要求强化空间传导，层层细化落实上位规划的要求，按照法定程序审议审批；同时要求科学编制各级各类国土空间规划，市级国土空间规划应强化战略指导，统筹规划实施，市（县）、区级国土空间规划应落实上位规划，强化空间落地，镇级国土空间规划应落实指标传导，细化规划管控，专项规划应服从总体规划，详细规划要为规划许可提供依据；对于全市国土空间规划的执行提出具体要求，并明确建立用途管制制度、监测评价机制以及加强组织领导方面的要求。

（刘梦蛟）

表55　　2020年无锡市城市建设统计表

指　标	单　位	2020年	2019年
城市道路			
城市道路长度	千米	3986	3930
城市道路面积	万平方米	7424	7262
城市路灯数	盏	286208	283789
公共交通			
年底运营车辆	辆	3036	2995
年底运营线路网长度	千米	5772	5822
运客总数	万人次	19118	35405
供水			
年底水厂	个	6	6
年底生产能力	万吨／日	245	245
全年供水总量	万吨	44574	43505
天然气			
年底管道长度	千米	3125	3041
全年供气总量	万立方米	112106	112454
液化气			
全年供气总量	吨	31941	34531
天然气、液化气普及率	%	100	100

（市统计局）

【无锡市国土空间总体规划纲要成果】 2020年，无锡市自然资源和规划局编制形成国土空间总体规划纲要成果，成果提出全面展现中国梦的“太湖明珠、江南盛地”的城市愿景，初步形成无锡未来发展的框架。初步形成国土空间现状“一张底图”，根据国土“三调”（第三次全国国土调查）阶段性成果，按照基数转换规则，初步完成国土“三调”底数底图转换，形成坐标一致、边界吻合、上下贯通的“一张底图”。开展资源环境承载能力和国土空间开发适宜性评价“双评价”，研判国土空间开发利用问题和风险，分析自然地理格局、人口分布与区域经济布局的空间匹配关系，识别生态系统服务功能极重要和生态极敏感空间。修改完善生态保护红线评估调整和自然保护地整合优化成果；开展市域永久基本农田布局优化研究，初步摸清现状情况，提出下一步优化思路；进一步优化城镇开发边界，规划战略留白用地，完成开发边界试划方案并上报。

（刘梦蛟）

【《无锡市锡澄协同发展区规划》编制完成】 2020年，市自然资源规划局启动并完成《无锡市锡澄协同发展区规划》编制工作。锡澄协同发展区包括惠山区北部四街道及江阴市南部三镇，总面积375.6平方千米。该规划以打造创新能力卓越、产业层次高端、优质资源汇聚、产城深度融合、辐射带动能力强的一体化协同发展区为目标，构建一核两轴三区的空间结构以及“城、镇、村、林、田、湖”全域、全要素空间管控体系。锡澄协同发展区规划是贯彻习近平总书记在扎实推进长三角一体化发展座谈会上讲话精神、推动无锡市加快推进“锡澄一体化”战略的重要研究型规划，是长三角次区域协同发展的规划实践探索。该研究成果纳入在编的无锡和江阴国土空间总体规划，有效指导无锡市市域轨道S1线的站点选址及周边地区发展，推动协同发展区起步区的划定、规划及重要基础设施的实施，规划策划形成的重点建设项目全部纳入无锡“十四五”规划初步成果。

（刘梦蛟）

【《无锡市锡宜协同发展区规划》编制完成】 2020年，为加快推进无锡市“锡宜一体化”进程，统筹锡宜协同发展区的定位、发展模式、空间布局与支撑体系等内容，市自然资源规划局启动并完成《无锡市锡宜协同发展区规划》编制工作。规划范围包括滨湖区马山街道，宜兴市周铁镇、万石镇和芳桥街道，总陆地面积319平方千米，湖域面积281平方千米。锡宜协同发展区以建设展现太湖生态人文魅力、承载未来创新经济功能的锡宜协同发展区为目标，打造“文化旅游魅力湖湾区、创新产业特色集聚区、区域融合生态示范区”。规划构筑一湾三带的总体空间结构。围绕环竺山湖打造生态人文新湾区，东部整合一城一镇两区，打造文旅休闲体验带；联动西部三镇，打造特色智造小镇带；南部融入宜兴经开区，打造科创服务产业带。该规划从生态共治、交通互联、产业协同、设施共享4个维度提出39项具体建设工程。锡宜协同发展区、锡澄协同发展区的规划建设将互为补充，共同构建市域一体两翼两区的空间结构。

（刘梦蛟）

【《环太湖区域生态保护与绿色发展行动》编制完成】 2020年，按照《长江三角洲区域一体化发展规划纲要》构建上海大都市圈、加快都市圈一体化发展的要求，由上海市牵头，无锡等8个城市开展上海大都市圈空间协同规划编制工作。根据整体工作安排，无锡市于年初牵头开展大都市圈空间协同规划五大板块行动之一的《环太湖区域绿色发展行动》的编制工作，《环太湖区域绿色发展行动》研究范围是无锡、苏州、常州、湖州四市。规划在落实上海大都市圈要求的基础上，整合环太湖各个城市的发展特征与诉求，最终形成具体的行动策略。该行动按照建设人和自然和谐共处的世界级魅力湖区的总目标愿景，开展5个方面的具体行动：共守生态底线，共建绿色湖区；强化功能引导，共建环太湖科技创新等4条科创走廊；挖潜旅游资源，共建人文家园，塑造中国大运河文化之路，打造三大环湖精品游线；鼓励设施协同，共建高效网络，构建环湖四市1小时交通圈；跨区先行先试，共建苏锡、苏常、锡湖、吴南4个环湖示范区。该规划形成了稳定成果，为上海大都市圈空间协同规划提供支撑。

（刘梦蛟）

【《苏南硕放机场周边地区（苏州—无锡）协同发展概念规划》完成论证】 2020年，在长三角区域一体化发展进入深化实施新阶段，无锡和苏州两市贯彻落实国家“区域协调”战略，将苏锡之间的区域协同发展作为重点内容。为促进苏锡深度协同，市自然资源规划局组织编制《苏南硕放机场周边地区（无锡—苏州）协同发展概念规划》，并完成论证。该规划围绕解决无锡市和苏州市交界地区空间利用、交通组织、产业发展等诸多现实问题，对接无锡、苏州两市国土空间规划，落实太湖湾科创带发展要求，围绕打造环太湖科技创新和绿色发展协作示范区总体目标，提出区域空间结构以及生态治理、综合交通、科创发展、品质服务、文旅协同等五大协同策略，明确政策申报、重点片区及协同机制等内容，为跨行政地区的协同发展提供有益探索。

（刘梦蛟）

【大运河文化公园南部节点概念性城市设计】 2020年，市自然资源规划局组织大运河文化公园南部节点概念性城市设计。该城市设计规划范围北至港务路、周新东路，西至华谊路，东至城南路、沪宁铁路，南至高凯路，包括南尖公园、下甸桥公园及部分梁塘河湿地公园，用地面积约220公顷。无锡大运河南部重要节点地区位于梁溪区、新吴区、滨湖区等多个行政区相互交接之地，既是城市发展新空间，也是新、老运河的交汇之处。在挖掘地区历史与城市特色的基础上，确定“新时代、无锡城、运河门”的主题和“运河两脉塑一尖，六大秀场串四片”的空间结构，以带动片区发展，实现运河南尖地区的“华丽转身”。

（刘梦蛟）

【自然保护地整合优化和生态保护红线评估调整】 2020年，市自然资源规划局组织开展生态保护红线评估调整与自然保护地整合优化工作，按照国家、省相关部署，经过多轮省级核查、国家核查，形成无锡市生态保护红线评估调整最终上报方案与自然保护地整合优化最终上报方案。评估调整后的生态保护红线总面积839.46平方千米，涉及1个自然保护区、1个地质公园、5个森林公园、7个湿地公园、2个国家级风景名胜区、1个特质资源保护区、1个生态极重要功能区、8个水源保护区、2个重要湿地；整合优化的自然保护地总面积325.45平方千米，涉及1个自然保护区、1个地质公园、5个森林公园、7个湿地公园。生态保护红线评估调整与自然保护地整合优化在兼顾城市发展、农田保护需要的同时，确保生态空间面积与质量的双提升，进一步明确国土空间总体规划中的生态空间底线约束条件。

（刘梦蛟）

【苏锡常“一张图”“一张网”研究】 2020年，由市自然资源规划局牵头，组织开展的苏锡常轨道“一张图”、快速路“一张网”规划研究，作为苏锡常峰会交流的重要成果，为苏州、无锡、常州三市共同推动区域交通基础设施互联互通打下基础。

（刘梦蛟）

【快速路系统详细规划（第二批）方案研究】 2020年，为优化骨干客货路网体系，市自然资源规划局开展货运分流通道及西部快速路规划研究，提出以构建快速“中环”为核心的快速客运体系布局优化方案，进一步完善全市快速路网体系及货运体系。相关研究成果纳入政府工作报告、“十四五”规划、重点道桥建设计划当中，作为交通引领城市建设的标志性项目。

（刘梦蛟）

【无锡市综合交通模型建设】 2020年，由市自然资源规划局牵头，组织国内知名科研机构与地方设计单位组成联合项目组，同时搭建由监理和专家顾问组成的技术保障团队，全面启动综合交通模型构建项目。至年末，完成部门调研、现状基础数据的收集整理及基础网络的建模等工作；先期搭建的现状交通模型分析成果，应用在部分道路规划建设方案的研究上，辅助市领导进行科学决策。

（刘梦蛟）

【《无锡历史文化名城保护规划（2016—2035）》通过市人大常委会审议】 12月，《无锡历史文化名城保护规划（2016—2035）》通过市人大常委会审议。审查组和市人大委员肯定了保护规划的成果质量，认为该保护规划在保护体系、保护思想、保护对象、和保护利用措施等方面做了较大扩充。

（刘梦蛟）

城市重点工程

【概况】 2020年，无锡市统筹推进区域综合交通和城市路网建设，苏锡常南部高速公路、宜长高速公路按时序推进，常宜高速公路建成通车，341省道无锡马山至宜兴周铁段马山段

5月，兴昌路北延新建工程通车　　（华栋梁　供）

加快建设，江阴第二过江通道正式开工，丁蜀通用机场业务综合楼完成主体结构封顶，锡澄运河航道整治工程黄石大桥南半幅主体结构贯通；地铁3号线一期工程建成通车，地铁4号线一期工程实现全线“洞通”，锡澄S1线高架段启动施工；新锡路北延、兴昌路北延、钱皋路、稻香东路、惠峰路、飞凤路、华谊路等项目建成通车，太湖西大道体育中心人行天桥建成投用，凤翔路快速化改造进入冲刺阶段，通沙路、广运路、新惠路等项目建设加速推进，高浪路快速化改造、菱湖大道、吴桥西路、312国道锡虞立交至通江大道段改扩建工程开工建设。

（周根文）

【新锡路北延新建工程】 该工程南起锡沪路，与已建新锡路高架相接，沿老查桥人民路向北延伸至锡虞路，全长约2.9千米。其中，锡沪路至胶阳路段采用“高架快速路＋地面主干路”的敷设形式，高架部分长约1.7千米，宽24.5米，双向6车道；地面道路宽50～68.5米，双向6车道；胶阳路至锡虞路段为地面主干路，宽65米，双向8车道。该工程建设单位为无锡市公共工程建设中心，设计单位为上海市政工程设计研究总院，施工单位为上海建工四建集团有限公司、腾达建设集团股份有限公司、无锡大诚建设有限公司、无锡市交通工程有限公司，监理单位为江苏苏科建设项目管理有限公司、无锡太湖明珠建设咨询有限公司（联合体）。工程于2017年9月开工，2020年3月通车。

（华栋梁）

【兴昌路北延新建工程】 该工程起于广石西路，向南延伸至现状沪宁城际铁路，转而向东南延伸后与兴昌北路顺接，全长1.5千米，宽30～40米，双向6车道，为城市主干路。该工程建设单位为无锡市公共工程建设中心，设计单位为苏州市交通设计研究院有限责任公司，施工单位为无锡路桥集团股份有限公司，监理单位为无锡太湖明珠建设咨询有限公司。工程于2017年9月开工，2020年5月通车。

（华栋梁）

【钱皋路改拓建工程】 该工程南起高桥，北至广石西路，改拓建后的道路全长约1.5千米，宽40米，双向6车道，为城市主干路；拆除重建后的高桥为简支钢桁拱桥，长412米，主跨105米。该工程建设单位为无锡市公共工程建设中心，设计单位为无锡市政设计研究院有限公司、中铁大桥勘测设计院集团有限公司、中铁第四勘察设计院集团有限公司，施工单位为中铁大桥局集团有限公司，监理单位为中铁武汉大桥工程咨询监理有限公司。工程于2016年12月开工，2020年6月通车。

（华栋梁）

【稻香东路改拓建工程】 该工程西起湖滨路，东至锡星苑，改拓建后的道路全长384米，宽24米，双向2车道，为城市支路。该工程建设单位为无锡市梁溪区住房和城乡建设局、无锡市滨湖区住房和城乡建设局，设计单位为无锡市政设计研究院有限公司，施工单位为江苏航卓建设股份有限公司，监理单位为江苏东南工程咨询有限公司。工程于2019年10月开工，2020年6月通车。

（华栋梁）

【飞凤路新建工程】 该工程南起锡甘路，北至金城东路，全长3.86千米，宽40米，双向4车道，为城市主干路。该工程建设单位为无锡市公共工程建设中心，设计单位为江苏中设集团股份有限公司，施工单位为中交隧道工程局有限公司、无锡交通建设工程集团有限公司、无锡市第二市政工程有限公司，监理单位为江苏苏科建设项目管理有限公司。工程于2019年4月开工，2020年12月通车。

（华栋梁）

【华谊路改拓建工程】 该工程南起干城路，北至观山路，改拓建后的道路全长3.72千米，宽34米，双向4车道，为城市次干路。该工程建设单位为无锡市新吴区人民政府、江苏无锡经济开发区管理委员会，设计单位为江苏省科佳工程设计有限公司，施工单位为无锡市市政设施建设工程有限公司、无锡市第三市政建设工程有限公司，监理单位为无锡市市政建设咨询监理有限公司。工程于2019年9月开工，2020年12月通车。

（华栋梁）

【无锡地铁交通疏解惠峰路及周边环境配套改造工程】 该工程西起惠钱路，东至凤翔路，全长约1.6千米，宽18～24米，双向2车道，为城市支路。该工程建设单位为无锡市公共工程建设中心，设计单位为无锡市政设计研究院有限公司，施工单位为无锡交通建设工程集团有限公司，监理单位为无锡市市政建设咨询监理有限公司。工程于2019年4月开工，2020年12月通车。

（华栋梁）

【体育中心人行天桥新建工程】 该工程横跨太湖西大道，北侧位于体育中心南大门西，南侧位于震美路东，全长67.4米，跨街主桥宽4米，通行净宽3.5米，南北两侧各设2条梯道。该工程建设单位为无锡市公共工程建设中心，设计单位为上海市政工程设计研究总院（集团）有限公司，施工单位为江苏永旺建筑工程有限公司，监理单位为江苏东南工程咨询有限公司。工程于2020年3月开工，9月投用。

（华栋梁）

市政设施管理

【概况】 2020年，无锡市共有市管道路102条，计996.34万平方米；市管桥梁358座，计305.27万平方米；雨水管道961.51千米，声屏障18.578千米，泵站19座，场地1块（太湖新城污水处理厂再生水供应站，853.1平方米）；管辖隧道14条，29.95千米；地下人行通道6条，407米。

（市政设施管理处）

【市政工程质量监督】 2020年，市市政工程质量监督站受理市政公用质量监督注册工程169项,监督注册工作量78.3亿元,其中新注册市政道桥工程54项、公用工程14项、室外市政工程92项、地铁工程9项。市市政工程质量监督站组织市政工程质量大检查4次,巡查在建重点工程37个。监督抽查642次,监督抽测353次,监督抽检151次。在监督过程中,针对质量责任单位在质量行为、实体质量和试验检测等方面所存在的问题,发出整改通知书425份,整改完成率100%;行政处罚6起,结案6件,金额8.7万元。

(市市政工程质量监督站)

【市管桥梁结构定期检测】 为保障市管桥梁安全受控运行,市市政园林局于2009年编制并开始实施6年桥梁结构定期检测计划,2020年是第三轮检测计划实施的第一年,全年组织对59座次桥梁进行结构定期检测。

(市政设施管理处)

【桥梁独柱墩抗倾覆加固项目】 312国道上跨桥侧翻事故后,市市政园林局组织实施城市桥梁独柱墩抗倾覆加固应急项目。根据现场实际情况,按照轻重缓急,组织对29座桥梁分六批次进行推进,做到验算一批、加固一批、储备一批。该项目于2019年10月30日开工,于2020年12月底完成施工。

(市政设施管理处)

【隧道(立交)群试点全天开放】 7月1日起,无锡市隧道(立交)群试点全天24小时开放(除每座隧道每周一次于0～6点轮流封闭,以便集中养护作业和保洁)。开放的隧道群主要有蠡湖隧道、金城隧道、青祁隧道、惠山隧道、太湖大道隧道、蠡湖大道快速路等多条隧道(立交)。

(市政设施管理处)

【金城公铁立交桥梁结构健康监测系统项目】 2020年,金城公铁立交桥梁结构健康监测系统项目完成并投入使用。该系统是一个采用先进传感技术的桥梁结构健康监测系统,可服务于该跨铁路桥梁的科学养护、监管和安全运行。系统的硬件成本低廉、部署灵活、维护方便,解决传统检测手段存在的各种问题,是未来桥梁结构监测的重要发展方向。该项目的实施表明无锡在城市桥梁科学养护管理方面已走在前列,同时对推动物联网技术的应用具有参考价值。

(市政设施管理处)

【落实工程质量安全手册制度】 2020年,市市政园林局贯彻落实住房和城乡建设部《工程质量安全手册》(以下简称《手册》)制度,将推进《手册》制度作为规范各责任主体及项目质量安全行为、提升质量安全管理水平的有效手段,通过统一思想、统一行动,督促工程参建各方主体认真执行《手册》,将质量安全要求落实到工程项目的每个面、每条线、每个点。将企业和项目执行《手册》情况,纳入市场管理、资质管理和诚信管理的范畴。以《手册》为切入点,加强对企业质量安全管理体系建立运行情况和施工现场标准化落实情况的检查,全年对飞凤路,凤翔路,地铁3、4号线等重点项目进行监督检查56次,推动施工企业实现质量管理科学化、标准化和规范化。

(市市政工程质量监督站)

【重点道桥项目工程质量监督管理】 2020年,市市政工程质量监督站做好凤翔路、飞凤路工程等一批市重点工程的质量监督管理工作。加大对工运路和春申路工程监督力量的投入,规范各方质量行为,加强对现场实体质量的抽查和抽检力度,在抽查部位上,重点关注工程关键部位和重要隐蔽工程,突出检查桥跨承重结构和涉及工程安全的重要部位和关键工序的质量,保障主体工程质量和安全。在飞凤路新建工程现场组织举行市政人行道施工及可调式铸铁井盖安装施工质量观摩活动,全市建设、施工、监理、设计等单位200余名技术人员参会观摩,通过观摩会,参加人员了解了实体质量和工程质量管理水平及新技术新工艺做法,起到示范样板引领作用,有助于推动提升城市精细化管理水平。

(市市政工程质量监督站)

【完善市政工程质量监督制度】 2020年,市市政工程质量监督站制定《2020年市政工程质量监督工作要点》和《2020年市政工程质量监督工作措施》,通过加大监督抽查、抽测力度,加强对施工现场质量的监管;通过加大监督检测频率,加强对工程实体质量的监督;运用通报、质量约谈、信用考核、行政处罚等多种手段,奖优

城市桥梁独柱墩抗倾覆加固应急项目——景云立交墩身两侧增设钢立柱设置支座

(市市政公用产业集团　供)

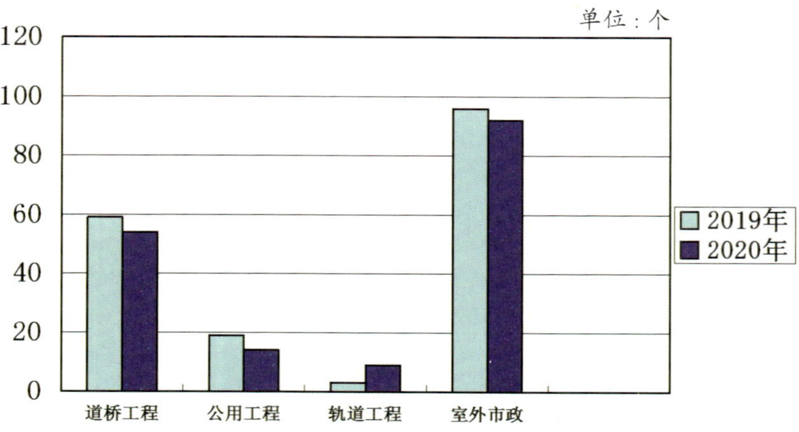

图 23　　2019 年、2020 年无锡市主要质监工程项目数量比较图

（市市政工程质量监督站）

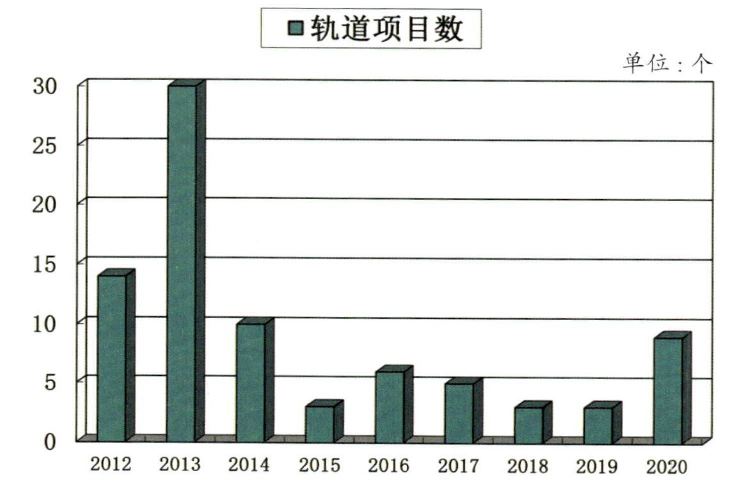

图 24　　2012~2020 年无锡市轨道工程质监工程数量比较图

（市市政工程质量监督站）

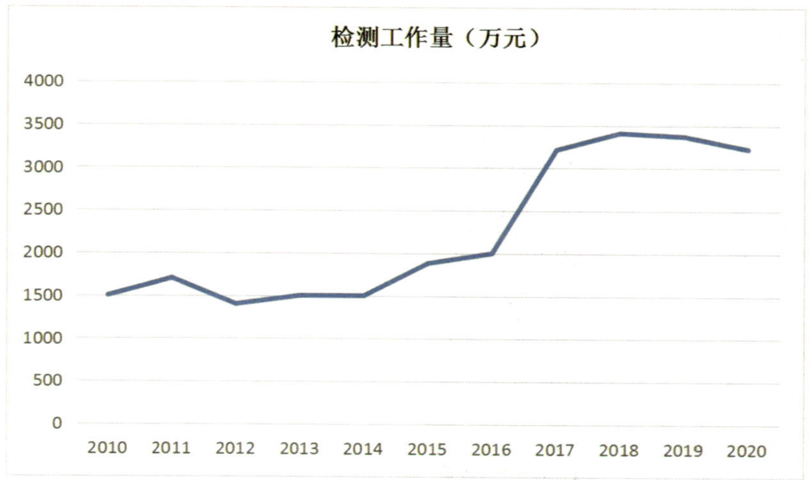

图 25　2010~2020 年无锡市市政工程质量检测工作量年度对比图

（市市政工程质量监督站）

惩劣，提高参建各方的质量意识；加强对监理单位质量行为的监督管理，形成辐射效应，不断提高市政工程质量监督管理效率。制定《无锡市市政基础设施工程质量监督检测管理规定》，对监督检测的实施过程、相关职责、具体要求和责任追究作出明确规定，推动监督检测工作科学、有序开展。全年组织工程质量监督检查4次。

（市市政工程质量监督站）

【科技监管手段运用】 2020 年，市市政园林局运用现代化科技手段助力工程质量监督工作。引进视频监督检测车辆，通过视频监控系统，实时掌握周边动态视频信息，加大对施工现场和实体质量的管控力度，提升对施工过程的质量监督管理水平，实现质量行为和实体质量的综合动态监管。通过无人机技术与监督工作的结合，提高监督工作效率。利用无人机全景拍摄的优势，对违法建设的情况进行现场取证，使取证影像资料更完整、直观、清晰、易判别。利用无人机几乎不受高度限制的优势，可以采用抵近飞行或利用高倍率摄像头拉近现场画面，对桥梁高空部位进行外观质量检查，不但大大降低监督人员工作强度，也规避了登高作业安全风险。

（市市政工程质量监督站）

【日常检测工作】 2020 年，市市政工程质量监督站完成总检测工作量 3222 万元，受疫情影响比上年同期减少约 4.4%。其中：常规检测工作量 2285 万元，比上年同期下降约 6.9%；桥梁结构检测工作量 478 万元；管道检测工作量 407 万元；其他外委等检测工作量 52 万元。检测 64231 批次，出具检测报告 44049 份。检测结论准确率 100%、持证上岗率 100%、在用设备完好率 100%、检测报告及时率 99.4%、服务满意率 100%，未接到申诉和投诉。

（市市政工程质量监督站）

【无锡市市政设施建设工程有限公司】 2020 年，无锡市政设施建设工程有限公司负责市区范围内的主次干道107条、约784万平方米,222座桥梁,786千米下水道,525米隧道,30座城市高架桥梁和18座公铁立交桥的日常养护维修。全年完成道路养护8.61万平方米、人行道养护11.91万平方米;侧平石维修13.42万米;完成桥梁养护319座共计1201座次;疏通窨井5.4万座、雨水井19.83万座,累计疏通主管和支管1572.57千米;更换雨水井盖4572只、窨井盖1334只;养护维修合格率保持100%,城镇道路综合完好率99%以上;"110"联动255次,投诉处理率为100%。年内,公司完成内环高架伸缩缝应急抢修、内环快速路设施提升改造等项目,蠡湖大道快速化改造工程LHDD13标施工标段工程获评2020年度江苏省市政工程"扬子杯"。12月,公司获批通过省级《大掺量再生沥青混合料施工工法》。年内,新增实用新型专利10项,新增受让发明专利2项,新增授权软件著作权2项,新增已授权的实用新型专利2项。至年末,累计实用新型专利33项,发明专利9项,软件著作权3项。

(张 薇)

【无锡市城市环境科技有限公司】 2020年,无锡市城市环境科技有限公司统筹推进疫情防控和生产经营工作,全年处置医疗废物6355.87吨,其中新冠肺炎疫情医疗废物24.28吨、各集中隔离医学观察点医疗废物120余吨。在进口冷链货物检出新冠病毒阳性以来,承担涉阳冷链食品的安全处置责任。垃圾填埋场完成生活垃圾应急处置任务,日处理量1500 ~ 2500吨/日;在确保汛期填埋场渗滤液达标排放的基础上,外接处置渗滤液8.66万吨,破解市区中转站高油脂渗滤液处置难题。全年运输蓝藻藻泥9.28万吨(含陈藻)。9月2日,公司投资2000万元建设医废应急备用线项目启用,该项目在现有厂房内增设一套医废应急焚烧炉,采用"热解—焚烧"工艺,处理能力24吨/日,能够为无锡市提供7200吨/年的医废处置备用能力。12月15日,公司安全填埋二期工程通过竣工验收,该工程投资额约1.05亿元,采用刚性填埋库结合柔性库堆高填埋方案,总库容11.8万立方米,填埋处置能力1万吨/年。公司全年成功注册实用新型专利19项,新增申报专利29项,获"中国环卫行业AAA级信用企业"称号。

(游顺子)

公用事业

【供气】 2020年,无锡市区天然气管网覆盖到所有乡镇,市区实现"西气""川气"双气源供气。全市(含江阴、宜兴)天然气年用气量27.16亿立方米,其中市区全年天然气用量为11.48亿立方米,江阴市全年天然气用量为9.48亿立方米,宜兴市全年天然气用量为6.2亿立方米。无锡市(含江阴、宜兴)天然气总用户数202.51万户,其中无锡市区天然气用户1458918户,江阴市天然气用户368986户,宜兴市天然气用户217190户。市区新增天然用户74908户,其中民用73068户,公福1739户,工企101户。市区有压缩天然气(CNG)加气站13座,压缩液化天然气(C-LNG)加气站2座,液化天然气(LNG)加气站4座,市区CNG加气站累计销售天然气3903万立方米,LNG加气站累计销售天然气726万立方米。市区全年天然气气化率92%。

(公用事业管理处)

【供水】 2020年,通过实施市区供水管网优化和乡镇管网改造工程,无锡市实现"同城同质、同城同价、同服务",建立安全可靠的供水体系,供水范围覆盖1648平方千米区域,形成"江湖并举、对置供水、双源互补、安全保障"的供水格局。市区形成取水能力260万吨/日,供水能力195万吨/日的规模,最高日供水量162.23万吨。江阴市形成120万吨/日取水能力,供水能力110万吨/天规模,最高日供水量82.32万吨;宜兴市采用横山水库、油车水库水源,西氿为应急水源,最高日供水量达到41.34万吨/日。市市政园林局联合无锡市水务集团有限公司及各区住建部门完成二次供水改造项目方案评审231个。至年末,二次供水改造项目完工360个,完成全年目标任务。

(供排水管理处 市园林和公用事业监管中心)

【供电】 2020年,无锡市全社会用电量760亿千瓦时,比上年增长1.16%。国网无锡供电公司完成售电量700亿千瓦时,比上年增长1.8%;调度最高负荷1347万千瓦,创历史新高;完成固定资产投资23.25亿元;投产35千伏及以上主变压器容量138万千伏安,线路长度90千米。

(袁侃凯)

【污水处理】 2020年,全市49家污水处理厂总处理规模251.2万吨/日,其中市区21家污水处理厂处理规模175.25万吨/日,江阴市20家污水厂处理规模达53.95万吨/日,宜兴市8家污水处理厂处理规模22万吨/日。全市污水主管网总长度达9028.55千米,其中江阴市1949.88千米,宜兴市1806.53千米,市区5272.14千米,其中主城区污水管网1668.57千米。年内,全市49家城镇污水处理厂,实际处理水量7.06亿吨,其中市区21家污水处理厂处理4.65亿吨,江阴市20家污水处理厂处理1.51亿吨,宜兴市8家污水处理厂处理0.9亿吨。

(排水管理处)

【城市照明】 至2020年末,全市照明设施总量1252239盏。其中,中心城区市管总灯盏数为289687盏;锡山区为104758盏,惠山区为81175盏,新吴区为385603盏,马山国家旅游度假区为9596盏;江阴市为111136盏,宜兴市为270284盏。

全年应发生电费约1.58亿元,实际发生电费约1.37亿元,节约电费2099.49万元。中心城区

表 56　　2020 年无锡市照明灯盏数汇总表

区域	功能照明（盏）	景观照明（盏）	总灯盏数（盏）
中心城区	138491	151196	289687
锡山区	43549	61209	104758
惠山区	44058	37117	81175
新吴区	75082	310521	385603
马　山	7347	2249	9596
江　阴	51687	59449	111136
宜　兴	46246	224038	270284
全市共计	406460	845779	1252239

（市市政园林局）

表 57　　2020 年无锡市区照明设施电费使用情况表

区 域	电量（万千瓦时）	电费（万元）	比例（%）
中心城区	6572.67	4185.14	30.45
经开区	1753.01	1101.96	8.02
锡山区	4605.19	2911.64	21.19
惠山区	4128.58	2612.55	19.01
新吴区	4620.37	2931.77	21.33
合计	21679.82	13743.06	100

（市市政园林局）

电费 4185.14 万元，占全市电费的 30.45%；经开区电费 1101.96 万元，占全市电费的 8.02%；锡山区电费 2911.64 万元，占 21.19%；惠山区电费 2612.55 万元，占 19.01%；新吴区电费 2931.77 万元，占 21.33%。

全年中心城区亮灯率 99.69%，设施完好率 99.14%。锡山区亮灯率 99.06%，设施完好率 97.59%；惠山区亮灯率 99.19%，完好率 97.96%；新吴区平均亮灯率 99.67%，设施完好率 98.66%。（上文数据为 2020 年 4 次行业考评的平均数据。）

市市政园林局制定无锡照明智慧灯杆杆型汇总初步方案，结合南湖大道示范段（和畅路—吴都路）进行多功能杆应用研究与建设，按照多杆合一的设计思路将道路照明、交通标志、交通信号、安防监控等杆件进行整合，至年末合计安装各类杆件 36 套。年内，改造大通路、观山路、方庙路等，安装单灯控制器 501 套，集中控制终端 4 套。对渔港路（渔港立交—环湖路）、沁园路辅仁路及周边道路、五星家园等 5 项功能照明设施进行大中修改造，共计改造各类灯具 1259 盏，投入资金约 346 万元。对开源大桥、清宁大桥、梁溪大桥等 5 项亮化设施进行大中修改造，共计拆除老设施 6307 套，改造后新装设施 17367 套，投入资金约 231 万元。

（公用事业管理处）

【节水项目建设】 2020 年，市市政园林局推动节水型用水器具普及和推广工作，提高建设项目节水设施“三同时”（与主体工程同时设计、同时施工、同时投产使用）管理水平、非常规水资源利用水平。市园林和公用事业监管中心为建设单位提供技术咨询和现场指导、勘查累计 100 多人次，对 56 个与公共供水管道连接的户外供水管道及其附属设施建设工程竣工验收进行行政许可审批，对 68 个新建工程项目节水方案（包括雨水收集回用方案）进行技术性审核备案许可。新建商业用房及居民住宅小区、公共建筑雨水收集设施 52 个，新增雨水蓄水池容积 3 万立方米。严格执行用水计划定额管理制度，对全市 1072 家用水企业（单位）按季核定用水计划指标。全年有 18 家省节水型企业（单位）、节水型小区通过省住房城乡建设厅评定。

（市园林和公用事业监管中心）

【燃气监管】 2020 年，市市政园林局加强对工业企业自建供气设施的安全管理，按照《关于加强工业企业自建 CNG、LNG 供气设施建设运行管理的通知》要求，完成对 366 家工业企业自建 LNG 供气设施排查摸底，并在无锡华润燃气有限公司（以下简称无锡华润燃气）、无锡苏新天然气利用有限公司、无锡市华盛气体有限公司设立 3 个示范点，规范工业企业自建 LNG 供气设施日常管理。对 9 家燃气具安装维修企业和 6 家燃气经营企业进行换证前现场勘查。委托专家对无锡市区的 39 个燃气场站进行安全检查，全年进行两轮检查，发现隐患 114 个，向各企业发出《行政检查通知书》114 份。全年行政处罚 5 起，其中，查处燃气企业违法行为 1 起，第三方施工挖破燃气管道 4 起，全部结案，累计处罚金额 5.4 万元。开展以关注燃气安全、共筑美好生活为主题的活动，进行“云开幕”及“云接力”

倡议活动，有4268人响应。全年先后进入13所学校、27个社区以及6家企业对《江苏省燃气管理条例》进行宣讲，直接培训人数5076人，发放《江苏省燃气管理条例》5000本、燃气安全手册和市民安全用气告知书30000份、宣传物品700件。

（市园林和公用事业监管中心）

【供排水监管】 全年，市市政园林局完成317个点次、5628个检测项目数据的城市供水出厂水、管网水、二次供水设施水质抽样检测任务，涉及106项全分析、42项常规全分析和常规7项水质指标，经委托有资质的水质检测站进行检测分析，监测结果符合国标要求，管网水水质综合合格率稳定达到100%。开展市管道路市政消火栓增补项目的实施督查、工程验收和资金预算拨付工作，确保项目按期实施完成。加强对市管道路634个消火栓养护和巡查工作的监督考核，分批抽查市政消火栓99个，对发现的问题要求水务集团及时整改，确保消火栓完好率达到100%。全年水质抽样检测360批次，每月3次对城区三大污水处理厂进水水质进行比对检测，三大污水处理厂进水稳定。

（市园林和公用事业监管中心）

【电力安全管理】 2020年，国网无锡供电公司加强设备运维管理，做好应急处置保障，强化需求侧响应，成功应对强降雨、强寒潮等恶劣天气，迎峰度夏、度冬期间电网保持安全运行。成立8个安全生产专业委员会，制定5项安全工作规范。试点实施外包安全"双准入"机制，完成311家外包单位准入审核、9600余名外包人员准入考试。在全省率先建立市县两级安全管控中心，开展现场及远程视频督查1600余次。开展电网设备跳闸专项整治，电网设备跳闸数量下降13%，为近五年最低。推进电网设备本质安全性评价，完成变电站、线路、重要用户等评价178项。配合市政府开展企业线路老化专项治理，完成全市3200余家用户电气隐患排查。

（袁侃凯）

【"12319"服务热线】 2020年，"12319"社会公共服务热线平台受理各渠道事件20551件，其中"110"社会求助3905件、"12345"市民服务热线3114件，"12319"热线7223件，数字城管6213件，污染防治86件，"12345"安全10件，按时办结率100%，满意率为96%。

（市园林和公用事业监管中心）

【国网无锡供电公司】 2020年，国网无锡供电公司落实省公司与市政府战略合作协议，"数字能源高智享"的城市能源互联网规划通过评审，祝塘变电站综合能源站等10个示范项目基本建成。重点工程属地支撑坚强有力，白鹤滩水电入苏、500千伏凤城至梅里长江大跨越、锡南变电站等工程开工建设，茅斗线改造顺利完成。开工35千伏及以上主变容量199万千伏安、线路长度156千米；投产主变压器容量138万千伏安、线路长度90千米。实施"电靓锡城、美丽家园"配电网升级改造专项行动，拆除废旧电力杆线1600余处，清理低压台区3万个，完成庙桥线入地改造等示范工程。110千伏招商变电站成为全国首座整站二次设备"自主可控"变电站。110千伏东桥变电站获评首届工程建设行业BIM（建筑信息建模）大赛一等奖。

配合完成国家营商环境评价工作。全省率先推广办电业务政企联合审批、限时办结，促请二市五区出台电力工程300米免审批实施细则。创新开展业扩可视化管控，在全省率先实行"阳光业扩"服务。积极贯通政企数据，推动证照信息共享，打通全市"水电气联合过户"渠道，实现居民用户"零证办电"、企业用户"一证办电"。全省首个在地方政务平台——"灵锡"App增设办电入口，在全市行政服务大厅均设立办电窗口。高低压平均接电时长分别压降至35个和5个工作日。推广电力大数据应用，开发"无锡重点行业日用电量走势分析"等15个数据产品。配合物价部门全面整改转供电加价行为。完成运博会等保电任务。

国网无锡供电公司"高落差高压电缆线路无损施工技术创新及应用"创新项目获国家科技进步二等奖。建成并运行省内唯一电力北斗综合应用示范区；投运全省首个基于"工单驱动"的"中压抢修指挥系统"；建成国内领先的不停电作业实训基地，省内率先应用机器人参与复杂不停电作业。与江阴市新国联集团有限公司、海澜电力有限公司加强合作，推进增量配电改革试点项目。联合相关政府部门在全省率先建立电

9月25日，江苏凤城至梅里500千伏线路长江大跨越工程在无锡开工

（王　辰　摄）

力行政执法监督机制，推动《江苏省电力条例》落地。推广电力市场化交易，累计交易电量421亿千瓦时，减少用户成本超12亿元。

（袁侃凯）

【无锡市市政公用产业集团】 2020年，市市政公用产业集团为确保全市医疗机构、临时集中收集点的医废应收尽收，紧急采购一批医废运输车缓解运力紧张问题。全年支持中小微企业和个体工商户平稳健康发展，减免承租国有企业经营用房租金32家，减免金额116.28万元。全年集团累计为全市工商业企业减免水、气费用28954万元，其中累计减免水费18448万元，涉及工商业用户37594户，特种用户22户；累计减免气费成本10506万元，涉及工商业用户829家，接管用户161户。根据市级文件要求对特困用户、低保用户每月增加水费返回10元，至年末累计减免水费166万元，涉及居民用户6126户。集团完成承担的饮用水安全保障项目、城镇污水处理厂及配套管网建设项目、城镇垃圾处置项目等水污染治理重点工程，污水处理厂提标获省级财政资金3192万元，中央资金21220万元。集团落实优化营商环境要求，提升接入效率，供水供气接入环节统一压缩至3项，接入时限平均缩减30%以上，办理材料统一精简至1份；实现报装申请线上、线下同步受理，水气网上营业厅实现工商用户全程线上报装、签订合同、开具发票等功能，民用户实现在线开（过）户、缴费、报修、投诉等功能。为用户提供全程协办服务，由客户经理提供政策指导、技术咨询、施工管理等服务，并跟踪工程接入进度，出现问题及时与用户一对一沟通协商，确保在承诺工作时间内完成接入工程。集团位列中国服务业企业500强第388名，比上年上升111位。

（市政公用产业集团）

【无锡市水务集团有限公司】 2020年，无锡市水务集团有限公司总供水量4.86亿立方米，平均日供水量为132.78万立方米。全年完成污水处理量2.05亿吨，完成计划的105.38%，出水稳定达到一级A排放标准，水质排放综合合格率100%；化学需氧量（COD）削减量5.45万吨，生化需氧量（BOD）削减量2.22万吨，产生污泥全部得到安全处置。

集团建设优质民生工程，自来水老旧管网改造年度目标60千米，实际完成64.04千米；二次供水改造项目年度目标完成60个，实际完成改造120余个。继续实施芦村、城北、太湖新城污水厂提标改造工程，太湖厂提标改造工程于6月底投入试运行并完成交工验收；芦村、城北两厂均实现全厂深度处理设施投运。城北五期项目、锡澄深度处理二期项目开始地基施工。集团强化供水管网漏损控制，全年漏损率17.3%，完成年初制定的17.5%的工作指标；加强污水管网的日常巡视及清通养护力度，处理率100%。加强管线隐患排查，全年完成排查614.7千米，清通养护91千米；通过摸排及视频检测，发现管道结构性缺陷41处，功能性缺陷8处，防坠网缺失、老化7082套；完成勤新泵站出水管道、吴都路泵站出水管、贡湖大道等10个项目的管道抢修工程。集团对市政污水总管网上游接管用户进行雨污合流情况进行排查，消减雨污合流点41个；对惠峰新村等19个小区、793栋建筑单元进行调查，发现98处雨污混流现象；对广益佳苑等15个小区进行复查，4个小区整改到位，抽查未找到雨污合流问题。对太湖新城片区重点排查支管及用户483处，封堵无用户支管及非法接入239处。集团污水管网、泵网、调度网三网融合信息系统上线试运行。

年内，集团开展《城镇污水处理厂尾水加氯消毒优化研究与应用示范》《二次供水水质现状调研及问题分析》等5项科研项目；获得5项专利授权，其中2项发明专利，即《一种蓝藻深度脱水的方法》《一种水华蓝藻板框压滤的前处理方法》；3项实用新型专利，即《一种基于NB-loT的可变频远传采集设备》《一种叠压清洁供水水箱》及《一种水表检测比对试验装置》。

（赵静静）

【无锡市公用水务投资有限公司】 8月，无锡市公用水务投资有限公司承建的重大产业项目基础设施配套一期（海力士、华虹）配套管网工程，获2020年无锡市市政基础设施优质工程奖“太湖杯”奖项。12月，江苏省城镇污水处理提质增效工作现场推进会在无锡召开，公司负责的运河东

2020年，无锡市水务集团完成供排水保障任务，图为雪浪水厂厂区

（市市政公用产业集团　供）

路、山水东路等管网检测与修复，成为全省城镇污水处理提质增效和精准攻坚“333”行动的示范亮点，在现场观摩推进会上得到省住房城乡建设厅的肯定。山水东路漆塘泵站项目施工用的DN600进水管创新性地采用非开挖修复静压裂管修复工艺，显著降低施工过程中对管线周边构筑物、道路及景观绿化影响。

（华东方）

【无锡华润燃气有限公司】 2020年，无锡华润燃气有限公司（以下简称无锡华润燃气）发展居民用户53558户，全年供应天然气17.7亿立方米，其中供应电厂6.8亿立方米，供应城市燃气10.9亿立方米，相当于减少燃煤350万吨，减少二氧化碳排放900万吨，减少二氧化硫排放8万吨，减少烟尘排放1.5万吨。全年完成市政中压管道建设84千米。

新冠肺炎疫情期间，为满足防疫物资重点企业无锡市宇寿医疗器械有限公司的新增用气需求，公司仅用五天四夜便完成1.7千米燃气工程建设，落实市委、市政府惠民惠企政策，在疫情期间执行居民用户欠费不停气措施，并向援鄂医护人员以及确诊患者、低保、特困等家庭发放燃气大礼包。针对实体企业经营困难，公司提前恢复淡季气价，降低企业用气成本，完成3次非居民用户顺价。

配合各地政府开展餐饮用户钢瓶液化气改用管道天然气安全隐患整治专项工程，全年完成“瓶改管”签约用户2463户，超额完成年度目标。开展燃气安全专项整治，对全市7800千米管线进行拉网式排查，落实燃气管道违章占压54处，与属地部门配合完成整改任务；全年免费安检民用户666944户，一级隐患整改率95.05%，打造凯发苑小区、大箕山社区成为无严重隐患安全规范小区、社区，实现了直排式热水器清零的整治目标；工商用户安检率达到100%，其中综合体一年安检4次，累计发现不合规软管817根，全部整改完成。7月，公司完成对无锡市区最后一个管道液化气用气点——马山半山壹号小区天然气置换工作，标志着管道液化气在无锡市区正式退出历史舞台。11月18日，无锡华润燃气与华中科技大学无锡研究院能源大数据联合实验室共建签约仪式举行，签约双方旨在发挥各自优势，整合技术资源，打造面向燃气行业的大数据和人工智能联合实验室，探索侧重于在燃气、能源领域的技术研发、产品和产业化，重点关注智慧燃气建设，以提升生产效率、降低运营成本等。12月，无锡华润燃气《初心堂中问初心》成果获江苏省廉洁文化实践探索优秀成果奖。年内，公司申报的物联网应用示范类项目“燃气物联网智慧场站”获市工信局“2020年无锡市物联网发展资金扶持项目”；申报的2020年无锡市科技创新专项资金“社会发展科技示范类”——“城市燃气管网安全风险防范与应急管理科技示范”项目通过市科技局市级立项评审和公示。

（吴广敏）

【无锡华润燃气硕放加氢站完成首次加氢测试】 12月14日，无锡首座纯加氢站——无锡华润燃气硕放加氢站完成首次氢燃料电池车加氢测试，正式具备车辆加氢能力。该站为无锡华润燃气有限公司与无锡公交集团新区公交有限公司合资成立的无锡润新氢能源有限公司首个项目，于7月正式开工建设，11月份通过工程竣工验收，占地面积4202平方米，设计规模为1000公斤/天，分两期建设，一期加氢规模500公斤/天，可满足20 ~ 30辆氢燃料电池公交车加注需求，为无锡首条氢燃料公交示范运营线路和无锡市相关用氢单位提供加氢服务。

（吴广敏）

【无锡照明股份有限公司】 2020年，无锡照明股份有限公司谋求开拓创新业务市场，承建路灯型5G微型基站、多功能杆、乡镇路灯安全整治、太阳能光伏及亮化、城市照明节能改造、公交站接线及照明等各类创新业务100余项。实施飞凤路、锡沙线、梅里古镇等道路亮化项目。蠡湖大道照明设备采购及安装项目获2020年度全国市政金杯示范工程称号。全资子公司无锡市政公用新能源科技有限公司全年新建或优化各类充电桩178台，注册（充值）用户增至20163人，完成充电收入1090万元，比上年增长29.8%。公司应对照明行业资质改革，获通信工程施工总承包三级资质、市政公用工程施工总承包三级资质、喷泉水景甲贰级资质。

年内，公司外地单体养护合同首次超过600万元，设计的深圳市宝安区重点区域和路段夜景照明提升改造工程获中照照明工程设计二等奖，合肥市黑池坝景区夜景照明工程、昆山市花桥国际商务城夜景照明提升

2020年，市政公用新能源充电桩及运营平台建设——无锡火车站南广场场站

（市市政公用产业集团　供）

工程获中照照明工程设计优秀奖。公司承办并参加2020年无锡市电工职业技能竞赛(城市照明行业),获团体第一名;代表无锡市参加2020年江苏省城市照明行业电工职业技能竞赛,获团体第二名。公司以融合“教育促廉”“文化寓廉”“实践倡廉”三位一体的“廉洁文化互动互促工作法”获江苏省国企廉政文化实践探索创新成果奖。公司全年新申请专利14项,新增知识产权19项,获评中国市政工程协会“中国城市照明优秀会员单位”“中国城市照明优秀品牌企业”称号。

(马 婕)

【无锡西区燃气热电有限公司】 2020年,无锡西区燃气热电有限公司完成洛社线支线过铁路顶管施工,完成锡陆线热网建设配合道路地埋施工1175米,完成进度90%,钱皋线热网过运河航评专家论证结束,配合管架桥招标完成。公司全年申报7项实用型专利和4项发明型专利,其中2项实用型专利《一种燃气联合循环机组汽机旁路控制策略分析系统》《一种低温天然气降低循环水温度系统》获得国家专利局的授权。

(曹 靖)

【无锡市政公用环境检测研究院有限公司】 2020年,无锡市政公用环境检测研究院有限公司开展国家、省、集团级别科研项目5项,其中2项完成,3项处于滚动发展中,发表5篇技术论文。公司全年申请专利12项,获得授权专利8项。1月14～16日,公用检测实验室(国家城市供水水质监测网无锡监测站)完成扩项评审,增加活性炭、激素、次氯酸钠消毒剂等资质认定项目68项,增加方法66个,产品3个,共计93项参数。3月,环境检测实验室扩充次氯酸钠、醋酸钠、冰醋酸、PAM等水处理药剂的检测能力。全年实验室完成数据约22.4万个,其中内部数据约7.3万个,外部数据约15.1万个,无数据失实;全年出具检测报告1.19万份,所有报告均客观公正,合法合规,科学真实;全年完成质控考核281项,其中外部考核61项,结果均合格。年初,设立监测分公司,提供水质连续自动监测系统第三方运行维护管理、在线设备站点建设、在线监测仪表销售等服务,全年完成4个监测站点的标准化建设,中标并开展无锡市排污水质远程监控系统现场监测站点运行维护管理项目。

(房俞晓)

城市更新

【美丽宜居城市建设】 2020年,无锡市推进美丽宜居城市建设,建设水平在年度考核中位居全省前列。完善公共配套设施,锡东和惠联提标扩容项目相继开工建设,地铁S1线、苏锡常南部高速太湖隧道等一批区域一体化重点项目加快实施,老旧管网改造、居民住宅二次供水设施改造、新污水管网铺设加快推进。推进棚户区和老旧小区改造、海绵城市建设、公共停车场建设、应急避难场所建设等,城市居住环境和功能设施进一步完善提升。城市管理“无锡标准”基本形成,合格区管理单位个数、面积稳步上升,建设合格率99.66%,建设优良率77.53%。进一步健全现代城市治理体系,推动警网、组织、平台、力量、技术“五大融合”,无锡市率先成为全省“一标多实”系统和市网格化联动处置平台间数据流转的地级市。在全省率先通过“升级版技防城”建设验收评估,建成智慧技防校园381个,规划建设智慧公安检查站17个、查缉堵控点279个,并修订完善相关应急预案,加强应急预案演练,应急处置能力进一步提升。

(郑向启)

【城乡人居环境改善】 2020年,无锡市推进国土绿化、湿地修复、城市“双修”、园林绿化、污水治理等工程,全市林木覆盖率和湿地保护率稳定在27.7%和62%以上,市区新增绿地250万平方米,城镇生活污水处理提质增效,海绵城市建设持续推进,生态人居品质进一步提升。推进旧城改造,市区完成棚改征收拆迁72.8万平方米,丽新路、新民村、井亭新村等一大批低洼地区3945户住房困难家庭彻底改善居住环境;完成老旧小区改造266万平方米,无物业管理的老旧小区超60%实现国有物业企业进驻管理。推进农村住房建设,全市首批107个农房建设任务全面完成,打造出一批以白墙黑瓦风格为主,具有“新江南人家”颜值的村落,美丽宜居乡村建设达标率持续保持100%。推进美丽宜居城市建设,一批综合试点项目和专项试点项目取得阶段性成效,美丽宜居城市建设水平在省内排名靠前。

(周根文)

【房屋征收清点清障攻坚行动】 为破解房屋征收拆迁对重点工程项目、重大产业项目、经营性地块项目、民生保障项目建设的瓶颈制约,2020年,无锡市组织开展房屋征收清点清障攻坚行动。市房屋征收管理部门会同各市(县)、区,制定清点清障和攻坚拔点项目清单和考核办法,完善政策体系和操作实施制度,加强动态督查,强化考核验收,抓重点、寻突破、解难题,全市完成清点清障项目341个、攻坚拔点项目24个,夹城里、民主街等47个十年以上的房屋征收项目实现“清零”,80个五年以上房屋征收项目和109个三年以上房屋征收项目拆平交地。年内,全市累计完成房屋征收拆迁面积924.19万平方米,征收拆迁总户数16761家,完成征收项目527个,整理土地2806.67公顷,征收面积比上年增长45.5%。

(市房屋征收办公室)

【棚户区(危旧房、城中村)改造】 2020年,无锡市区完成棚户区征收拆迁72.79万平方米,丽新路、新民村、井亭新村等一大批低洼地区3945户住房困难家庭彻底改善了居住环境。年内,争取到中央财政保障

2020 年,梁溪区低洼地区棚改安置房新貌　　（市住房城乡建设局　供）

性安居工程补助资金 4637 万元,国家发展改革委棚改安置房配套基础设施费(第一批)1.18 亿元;获得棚改专项债资金 54.2 亿元。

（丁　鼎）

【老旧小区改造与宜居住区建设】 2020 年,无锡市推进老旧小区改造提标扩面,改造标准从 130 元 / 平方米增加到 200 元 / 平方米,部分试点小区达到 500 元 / 平方米,全年完成老旧小区改造 266 万平方米,比上年增长 202%,受益群众超 2.7 万户。推进既有住宅增设电梯工程,完善配套政策,开通公积金扶持渠道,下放增梯申报受理平台,全年受理增梯申请 130 余台,完成审批流程开工建设 94 台,竣工投入使用 70 余台,发放补贴 49 万余元。继续推进省级宜居示范住区建设,在全市范围内选定金宇苑、惠畅里、富丽花园等 2000 年以前建设的老旧小区 5 个,按“十有十无”(“十有”指有整洁小区环境、有规范停车场所、有无障碍化设施、有安全供水供气、有基本消防设施、有畅通消防通道、有安防设施设备、有规范物业服务、有公众参与机制、有住区文化建设;“十无”指无危险房屋、无违章搭建、无乱堆杂物、无乱拉电线、无屋面渗漏、无乱停车辆、无乱贴广告、无破损道路、无排水不畅、无损毁绿地)要求标准实施改造,并推进居家养老服务用房、适老化改造、新增公共活动场所等功能的提升改造;选定扬子华都、红园、寺头家园三期等 2000 年以后建设的既有住区项目 12 个,按照物业管理省级示范项目的标准进行建设,并同步推进社区共商共建共享机制,提升居民居住满意度。

（徐　丹）

【海绵城市建设】 2020 年,无锡市区建成区完成海绵化改造面积约 70 平方千米,实现建成区 20% 以上达到海绵城市建设要求的目标任务。省下达的海绵项目考核数 98 项,达标 90 项,上报达标率 91.8%。省级 20.71 平方千米试点区建设有序推进,完工项目 114 项,完工率 90.4%,达到省考核要求。打造锡塔影苑、丰泽苑等老旧小区改造以及荡东片区生态湿地、飞凤路新建工程等一批海绵项目,增加透水铺装 268 万平方米,下凹式绿地 219 万平方米,生物滞留设施 7.18 万平方米,雨水湿地 366 万平方米,植草沟 4.51 万平方米,灰绿结合的基础设施体系逐步形成。通过布设的 35 套海绵监测数据表明,显义桥小游园、妙光苑等项目场次降雨径流控制率均达到 85% 以上,部分项目水体中的总氮、总磷通过海绵设施净化下降 70% ~ 90% 左右,水体自净能力明显提升。生态环境部调研组对景渎海绵城市公园运用“海绵”原理,营造可持续的绿地生态水系环境的开发思路给予充分肯定。

（郑向启）

【危旧房屋安全专项整治】 2020 年,无锡市住建部门按照市委、市政府统一部署,组织开展危旧房屋安全专项整治。督促各市(县)、区按照“见底彻底”目标,在摸清底数的同时,全面推进隐患排查,对排查出的危旧房屋建档立案并登记造册;针对 D 级危房通过征收拆迁、加固、空关、提前置换、定期巡查等方式全部采取解危措施。制定实施危旧房屋安全管理分级分类监管暂行办法,深化危旧房屋安全巡查制度落实,并强化督查考核力度。加大对城市住宅装修违规行为的排查取证和行政处罚力度,坚决遏制房屋“由安转危”的增量发生,并加强对各类老旧办公楼、商场、公寓、居委会(社区)用房等老旧房屋的违法拆改、违章装修行为的巡查,依法查处违规乱象。探索创新监管模式,在全省率先开展“保险 + 服务”工作,引入具有房屋专业管理能力、安全监测资质和设备的第三方机构,对被保险房屋进行安全管理和巡查监测,“保险 + 服务”危旧房屋巡查模式被省安全生产专项整治第二督导组列入无锡市安全生产典型经验做法清单。

（丁　鼎）

【建筑安全管理制度完善】 2020 年,市政府制定下发《关于进一步加强我市既有建筑安全管理工作的通知》,强化既有建筑从建成交付、使用维护到报废拆除的“全寿命”周期安全管理,进一步明确相关行业管理部门和属地政府的管理责任,并按照“先急后缓、分类实施、逐步推进”的工作原则,明确先落实安全措施、后实施解危工作的危房解危方式。启动《无锡市房屋安全管理条例》修订程序,通过该条例的立法后评估,促使危房整治和房屋安全管理工作进一步法治化、制度化,实现危房整治工作从

“治标”向“治本”转变。

（丁　鼎）

【太湖新城建设】 2020年，太湖新城发展集团及子公司实施固定资产投资项目15个，完成投资24.2亿元。12月25日，国际会议中心、新发数字经济创新中心、雪浪小镇未来中心、山姆会员店、基金PARK5个市级、区级重大项目集中开工。方庙睦邻中心、太湖新城体育公园等民生工程完工交付，金桥初中项目和垃圾集运中心项目完成主体结构施工。代建经开区及原指挥部办公室项目41个，工程投资2.1亿元，完成小溪港套闸水下部分、方桥浜水环境提升工程、新东古巷浜东绛河、碧水河（具区路—规划文教路）等环境提升项目建设。构建经开区城市服务一体化平台体系，打通市政、绿化、环卫、园区管理、物业管理、公共泊位管理等城市服务项目后台数据，实现数字化全方位协同管理；推进国有物业进驻老旧小区，太湖街道老旧小区实现全面覆盖。会展产业复苏，太湖新城博览中心全年承办第二届大运河文化旅游博览会、2020第12届中国（无锡）国际新能源大会暨展览会、第16届中国（无锡）国际设计博览会、2020第三届中国无锡太湖国际汽车展览会等展会活动43场。

（王墨涵）

园林绿化

【概况】 2020年，全市各级绿化部门围绕“美丽无锡”建设，全面提升无锡城市形象。市区新增城市绿地350万平方米，建成区绿化覆盖率43.43%，建成区绿地率40.36%，建成区公园绿地服务半径覆盖率90.1%，城市人均公园绿地面积14.95平方米。高品质完成省民生实事项目，新建锡澄运河样板段、陶都路生态长廊东侧公园、春潮一区游园；改造见义勇为公园、臻园、新吴区中央公园，年内新改建公园全部建成开放。开展市级园林式单位、居住区建设工作，评选出市级园林式单位17个、园林式居住区31个。市市政园林局编制《城市家具品质提升工作导则（城市绿化专篇）》，推进无锡城市园林绿化建设与管理规范化。国庆期间，推出22条绿化养护示范路，市区绿化道路景观面貌提升。完成中心老城区解放环路、人民路、中山路3条道路隔离栏花箱设置并实现技术创新。组织推进重要节日花卉园艺景点布置工作，优化布置方案，形成“一带一路”东西南北均布的总体格局，确保在每个重要节日推出主题文化明确的园艺景观布置，为城市绿化提亮增色。

（城市绿化管理处）

【园林绿化行业发展规划】 2020年，市市政园林局完成《无锡市区绿地系统专项规划（2019—2035）》的修编工作。围绕“美丽宜居城市”“美丽无锡”建设目标高标准编制《无锡市区园林绿地系统改造提升项目实施方案》，入选省住房城乡建设厅江苏省美丽宜居城市专类示范项目。制定并由市政府办公室下发《无锡市创建国家生态园林城市三年行动实施方案》，成立创建工作领导小组，启动生态园林城市创建工作。

（城市绿化管理处）

【主题游园建设】 2020年，按省住房城乡建设厅“公园绿地+”要求，市市政园林局推进公园绿地建设提升改造工作，打造一园一特色，对游园、公园进行地域文化、植物等主题特色提炼。全年无锡市区完成新改建游园24个，完成社区公园6个、综合公园4个，建成一批精品主题特色游园，如以枫叶为主的地铁3号线吴桥站游园，以海棠、杜鹃为主题特色的盛岸路站游园，以体育健身为主题特色的桑园墩公园，以见义勇为为主题特色的见义勇为公园，以党建廉政文化为主题特色的富安新郑游园等。

（城市绿化管理处）

【古树名木保护管理】 2020年，无锡市落实辖区管理责任，完善长效保护管理举措，按照《无锡市古树名木保护办法》要求，加强日常巡查，及时掌握古树名木生长和环境变化状况，2019年各市（县）、区发现上报涉及古树问题8处、10余棵古树，除1处因建筑安全问题外，均得到有效处置；各地加快落实委托专业绿化养护单位进行古树名木专业养护进程，市区6个区涉及城管、林业、公园等9家管理单位，有7家单位落实专业绿化养护队伍，进一步推动古树名木的专业化、科学化、系统化管理。继

一级保护古树名木——锡惠公园惠山寺大同殿前630年的古银杏

（刘梦蛟　供）

续做好古树复壮抢救保护，发挥古树名木专家组作用，按轻重缓急原则，按照保护有度、科学施策的要求继续对蠡湖家园499号古榉树、寨门小学485号古桂花树等12棵古树实施复壮抢救保护措施；锡山等区对古树护栏设置情况进行普查，安排专项经费，对19棵古树予以修缮或设置。根据古树普查成果，圈定保护区域，更换古树名木保护铭牌，采集新增古树信息（二维码等），重新更换规范市区496棵古树名木铭牌。

（刘梦蛟）

【优化城市绿化行政许可流程】 2020年，市市政园林局进一步提升行政许可服务质量，对各类绿化行政许可事项进行分类梳理。根据特殊申请对象制定前置条件，如国网无锡供电公司、中国铁塔股份有限公司无锡市分公司等占用绿地审批需行业主管部门的批准，加强对临占绿地恢复的跟踪监管和验收工作，做到到期后及时恢复、验收并接管，因特殊情况需延期要提前报批同意后方可延期。根据住房和城乡建设部关于成都桂花砍伐事件的通报，结合无锡市实际，出台《关于加强树木迁移审批工作的通知》，进一步加强树木迁移审批批前批后监管工作。

（城市绿化管理处）

【全市绿化养护专项整治行动】 2020年，针对城市绿化养护管理现状中存在的突出问题，无锡市开展专项整治行动，针对草坪、林下空秃地、空秃地补绿和其他常见养护问题等九类问题进行集中治理，改变城市绿化形象。全市完成市、区主次干道绿化提升整治325条，公园景区广场等开放绿地整治23.2万平方米，草坪专项整治59.4万平方米，林下空秃地专项整治40.8万平方米，空秃地补绿、复绿114万平方米，实现城市绿化面貌在短期内提亮增色。

（城市绿化处）

【第二十一届无锡市花——杜鹃花节】 2020年，受新冠肺炎疫情影响，该届市花节采用创新办节模式，首次采用网上市花节的办展形式，在市市政园林局网站首页设置专门网页，专页设置市花节概况、市花节活动导航等板块，全面介绍历年市花节情况，以及该次市花节期间举办的各种活动；云赏杜鹃花、赏花指南、温馨提示等板块，让市民群众足不出户就能欣赏到锡惠公园杜鹃花盛开美景，了解杜鹃花品种、栽培和养护知识以及杜鹃花展览展信息等，让市民在疫情期间也能感受市花的魅力。

（园林管理处）

【城市公园数字监管】 2020年，针对无锡市城市公园管理现状特点和管理要求，市市政园林局创新开展公园监管工作，将首批41个城市公园纳入数字城管公园专项监管，加强对城市公园日常管理情况的检查监督。同时，配套制定出台城市公园管理工作考核办法，采取数字城管日常动态巡查监管、专项检查和行业监管情况考评相结合的方式，对各区（单位）的公园管理工作进行综合评定，提升公园行业监管能力和服务水平。

（园林管理处）

【无锡园林研究成果获奖】 为全面挖掘整理无锡园林文化，宣传无锡城市园林文化特色和艺术风格，无锡市于2015年启动无锡园林文化研究工作。2020年，《中国无锡近代园林》《中国无锡当代名花园林》两本专著获2020年度中国风景园林学会科学技术奖（科技进步奖）三等奖。

（园林管理处）

【全市花境景观营造技能大赛】 为适应时代发展需求，培养高技能应用型人才，9月，市市政园林局会同市人力资源社会保障局、市总工会在锡惠公园举办2020年无锡市园林绿化行业花卉园艺工职业技能竞赛，本次竞赛首次以花境景观营造为竞赛内容。全市72名选手报名参赛，通过理论知识考试、现场花境景观营造技能竞赛等方式，40名选手获得高级工证书。选拔出的部分优秀选手参加了2020年“泰园杯”江苏省园林绿化行业花卉工职业技能竞赛，获个人第二、第四、第八、第十七名以及团体第二名的成绩。

（园林管理处）

城市公交

【概况】 2020年，无锡市推进公交、地铁“两网融合”发展，新辟、优化调整公交线路41条，新增、更新新能源公交车辆341辆，换乘优惠间隔延长至90分钟，公共交通日均换乘客流量7.8万人次。苏锡常三地“毗邻公交”12条，“镇村公交”在全覆盖基础上运营良好。无锡市公共交通集团有限公司（以下简称无锡公交集团）拥有常规公交线路259条，微型巴士10条，定制公交130条，合计399条线路，运营车辆2664辆，日均营运班次9687个，日均客流37.7万人次，完成营运里程13098.5万千米。无锡公交集团获全国“公共交通高效运营企业”“江苏省巾帼文明岗”等荣誉称号。

（徐天南　祁辰洵）

【4条锡澄毗邻公交线路开通】 1月28日，无锡市区与江阴青阳、徐霞客、长泾、顾山4个镇间无锡公交656路（政和大道—青阳镇政府）、无锡公交657路（政和大道—徐霞客公园）、江阴公交318路支线（长泾客运站—锡山东港镇）、江阴公交325路支线（顾山客运站—东港山联村）4条锡澄毗邻公交线路同时开通，实现无锡市区与江阴之间公交的无缝对接、零距离换乘，为锡澄两地群众出行提供便利。

（张　勇）

【无锡智汇交通科技有限公司成立】 3月，无锡智汇交通科技有限公司正式成立，公司注册资本5000万元，拥有员工119人。全资子公司1家，为无锡太湖交通卡有限公司；控股子公司两家，为江苏大运信息科技有限公司、无锡智慧停车有限公司。公司主营业务为智汇交通、大运科技、太湖

5月8日，无锡公交首批配套充电站完成高压送电工作　　（徐天南　供）

交通卡三大业务板块，围绕交通科技服务、资源开发、市场拓展等方面展开。地址在滨湖区商业街商会大厦。

（国　蓉）

【公交首批配套充电站建设】 5月8日，无锡公交首批配套充电站建设与运营项目全部完成高压送电工作。该项目包含羊北路、梅园、新区分公司、安镇停车场4个充电站共302个充电桩。4个充电站均采用群管群控的智能充电设备，可实现功率共享、负荷约束、统一调度、统一管理等智慧充电功能。

（祁辰洵）

【江阴城镇公交实现刷码乘车】 9月，江阴市城镇公交推出"刷支付宝乘公交"活动，市民免费开通"江阴电子公交卡"，上下车各扫一次乘车码，即可享受支付宝刷码乘车的快捷方便。城镇公交实现银联、微信、支付宝等移动支付乘车，为群众出行提供便利。

（张　勇）

【新吴区内微循环787线路开通】 9月27日，新吴区内微循环787路开通。硕放穿梭巴士1号线暨公交787路是一种全新的运营模式，采取定时班次模式，保持人车定量不变，与主干公交线路无缝对接，将主干公交系统与镇区内公交有机结合。787路公交是循环线路，从空港场站出发，依次设有香楠佳苑、硕放中学、硕放为民服务中心、丽景佳苑北、丽景佳苑南、孙安路（长江南路）、丽景佳苑二期东门、丽景佳苑二期、咏硕苑、墙门、通祥路（三联超市）、硕放医院、裕丰路（墙裕村）、裕丰路、南星小学、锡宅路（南星苑）等站点。

（郭馨馨）

【江阴张家港毗邻公交开通】 10月，江阴市至张家港市毗邻公交线路试运营，江阴市城镇公交222路延伸至张家港市李巷公交首末站，张家港市公交35路延伸至江阴市新桥客运站。

（张　勇）

【两条跨市公交线路开通】 11月24日，无锡公交集团开通731路（无锡—常熟）、26路（无锡—常州）2条跨市公交线路。731路由无锡东站始发，至常熟练塘。26路由无锡锡惠公园始发，至常州雪堰桥公交总站。

（陆晓明）

【公共交通免费换乘】 12月1日，无锡智汇交通科技有限公司完成公交与公交优惠换乘技术改造测试和实施工作。公共交通换乘政策正式上线，实现太湖交通卡、无锡市民卡、江苏交通一卡通与前次刷卡间隔90分钟内公交免费换乘。

（芮　杰）

【宜兴203路旅游公交专线开通】 12月18日，宜兴市203路旅游公交专线正式开通。203路旅游公交专线起点为宜兴客运站，终点为西渚镇水墨田园温泉度假酒店，全程46千米，投入6辆30座新能源纯电动公交车上线营运，是该市首批投放的每人一座的新能源公交车。

（李　聪）

【首条居民小区与地铁站"萌萌巴"公交线开通】 12月28日，无锡公交集团举行地铁站至居民小区的定制"萌萌巴"线开通仪式。该定制线由无锡地铁1号线天一站始发，终点至阳光100小区，途经多个大型社区、学校及商贸市场。

（陆晓明）

【开发上线"智汇交通"App】 12月，无锡智汇交通科技有限公司完成"智汇交通"App的开发。该App拥有电子交通卡、快捷购卡、实时公交、服务网点四大功能板块，是集交通支付、智慧停车、旅游交通、电子商务、交通定位卡、智慧工地、线上购票等于一体的便民服务平台。通过智汇交通App，市民可自助进行购卡充值、扫码乘车、实时公交查询、服务网点查询等多项业务。

（国　蓉）

【网约车纳轨管理】 2020年，市区有注册网约车平台公司30家，完成432辆车的更新手续。推进客车非法营运整治"智网行动"，一批涉嫌非法营运车辆得到查处。

（徐天南　李俊杰　杨　蕾）

地　铁

【概况】 2020年，无锡地铁集团有限公司（以下简称无锡地铁集团）实现营业收入7.26亿元，年度目标完成率112%。其中，票务收入1.71亿元，受疫情影响同比下降26%。非票务收入5.55亿元，占总收入的76%。创造利润2.29亿元，完成年度必成目标的327%，超额完成市国资委下达的年度目标。全年完成地铁建设总投资78.6亿元，较年初67亿元目标提高17%，实现疫情下的逆势增长。其中，地铁3号线一期工程完成建设投资38亿元，提前两个月建成通车。地铁4号线一期工程完成建设投资30亿元，实现全线“洞通”和主体结构封顶，进入机电装修阶段；具区路车辆段、天河停车场征拆工作取得重大突破，为加快施工创造条件。锡澄S1线完成建设投资10.1亿元，进入主体施工阶段。推进第三期建设规划报批工作，顺利召开国家级评估会，报批速度为同类地级市最快，同步推进后续重点线路研究工作。积极响应市文明建设和工程管理的要求，持续开展文明施工专项提升工作。开发新型装配式围挡，搭建文明施工智慧管理平台。

地铁3号线一期工程开通，无锡地铁运营里程达到87千米。全年优化列车运行图10次，提供各类人群优免乘车服务2228万人次，推出贴心和特色服务25项，有责投诉处理率100%，乘客投诉回复及时率100%，收到表扬近千次，乘客满意度水平持续提升。开展客流提升工作，推出企业团体票、年卡等优惠措施，地铁1、2号线客流强度达到0.72。全年运营总成本5.95亿元，成本控制水平继续保持在同类城市前列。

无锡地铁集团以探索“站城一体化”为总领，深耕地铁TOD（以公共交通为导向的开发）物业开发，成立置业公司，以“生态、幸福、智慧”为主题的具区路地铁TOD综合示范项目A地块进入主体施工阶段并开盘销售。探索线上商业，“地铁城”线上商城累计访问量260万次，策划开展商业活动20余场，促进商流提升32%，为提振区域经济贡献国资力量。三阳广场商业街被评为全国城轨行业商业特色街（区）和江苏省放心消费示范街区。围绕地铁车站，优化公共自行车站点布局，通过自主探勘、自主建设，拓展地铁3号线两端服务辐射范围，推进“最后一千米”接驳网向地铁新线延伸完善。“红色物业”彰显国企担当，进驻老旧小区35个，覆盖小区面积超140万平方米，服务居民超2万户，入选江苏省省级示范物业管理项目。以打造“171”工程为目标的绿色装配式合作项目，基地落成、公司成立。与中车株洲电力机车研究所有限公司、中铁第四勘察设计院集团有限公司共同合资成立无锡智能交通研究院，致力于打造智慧城轨“产学研”一体化产业平台。加快太湖云公司融入地铁业务，开发“复工宝”，参与智慧物业、幸福社区等项目。“码上行”注册用户数达172万，轨道交通日出行使用量约9万人次，公交、公共自行车等出行方式每日使用量约1.5万人次，开通市民卡、支付宝、“灵锡”等第三方支付渠道，实现与上海、苏州、常州等7个城市异地联乘。顺应在线培训新趋势，上线在线教育平台，承办全国轨交行业微课大赛等大型赛事，获交通运输部职业技能鉴定站、江苏省无纸化考点、江苏省首批产教融合企业试点等资格。

（李文程）

【地铁具区路车辆段上盖打造TOD新样板】 2020年，无锡地铁集团本着土地复合利用、优化城市空间布局的原则，无锡地铁4号线具区路车辆段按照“地铁+物业”模式实施一体化建设开发。下部为无锡地铁运营车辆段，上部为地铁TOD物业综合开发项目。其中，具区路车辆段是无锡地铁4号线开通运营的必要配套工程，位于太湖新城中瑞生态城，北靠震泽，南邻具区路，东至南湖大道，西接贡湖大道，西北角紧邻地铁4号线博览中心站，总用地面积41公顷。该车辆段为地铁4号线运营，承担全线列车的停放、列检和保养任务，以及列车定修、全线机电设备、供电系统、通信信号弱电系统的保养维护及检修等功能，于2019年7月初启动施工。上部为具区路地铁TOD综合示范项目，由无锡地铁集团、京投发展股份有限公司、中铁四局集团有限公司三方合作开发，由A、B、C三地块组成，总占地面积38万平方米，总建筑面积约93万平方米。该项目定位为世界首个WELL（基于性能的评价系统）地铁车辆段一体开发引领标杆，围绕“生态、幸福、智慧”三大主题，涉及生态指标233项，包括中瑞生态城落位指标22项、WELL建筑指标53项、WELL社区指标66项、绿建三星指标92项。汇集6大常规社区人群和4类特殊人群的622条幸福需求及25个社区生活场景、35个解决方案，投资总规模达180亿元规模，是无锡有史以来占地最大、投资最大的房地产项目，也是无锡首个全生命周期的幸福居所，致力于打造全国智慧社区建设的示范标杆、中瑞生态城首个示范先导和创新标杆。该项目A地块于6月30日获施工许可证启动建设，于12月开始预售。年内，成为国内首个完成WELL认证的地铁上盖物业项目，从而确立无锡地铁“生态、幸福、智慧”物业上盖品牌。

（李文程）

【地铁3号线一期工程建成通车】 无锡地铁3号线一期工程是无锡市城市轨道交通第二期建设规划的骨干线路，于2016年3月28日启动建设，于2020年10月28日正式开通运营。该工程西北起自苏庙站、东南至硕放机场站，线路全长约28.5千米，共设车站21座，分别在无锡火车站、靖海站、盛岸站与无锡地铁1、2、4号线交会，不仅有效串联起惠山区、梁溪区、无锡高新区（新吴区）等城市中心城区、副中心区，也串联起空港产业园区、无锡火车站、无锡中央汽车客运站、新区城际站、苏南硕放机场等功能片区与交通枢纽，为拓展城市空间形态、密切南北城乡联系提供有力支撑。地铁3号线一期工程开通后，无锡轨道交通运营里程达到87千米、车站66个。12月，无锡城市轨道交通线网日均客流提升到45万人次，比“十二五”期末提升116%。

（李文程）

【无锡地铁实现全年运行畅通】 2020年，新冠肺炎疫情突发以来，无锡地

10 月 28 日，无锡地铁 3 号线一期工程开通仪式　（周　涛　摄）

铁集团做好疫情防控期间地铁车站客运组织，实现全年地铁运营服务不间断，保障了城市经济生产和市民生活秩序。落实防疫举措，乘客进入地铁站内必须佩戴口罩，在所有运营车站配备并升级测温设备，实行进出站实名登记查验工作，落实异常情况隔离举措，确保对重点人员行程轨迹及时有效追溯。高频率调整地铁列车运行间隔，四次调整列车运行图，及时面向社会发布调整公告，保障地铁列车正常运营和市民安全健康出行。在车站内显示屏滚动播放防疫科普知识，提升乘客自我防护能力，针对出行困难乘客，及时发动爱心接力、爱心帮扶等行动。定期开展地铁列车、车站等公共场所的消杀工作，所有站点增设口罩及医用垃圾废弃物垃圾桶，针对重点区域和设备进行全天候消杀，全年消毒新风滤网 42624 片、消毒更换混合风滤网 21312 片，完成空调滤网消杀更换 888 列次、空调回风口消杀 14036 列次。

（李文程）

城市管理

【概况】 2020 年，无锡市完善城市精细化管理工作体系，加快建设智慧城管，建立完善标准体系，启动“红黑”榜评选，探索建立共治共享体系，城市精细化管理成效显现。启动实施《无锡市环卫固废处置设施建设三年计划》《无锡市区生活垃圾分类工作三年行动计划》《无锡市区环卫保洁提升三年行动计划》，推进固废处置设施建设，扎实推进生活垃圾分类，持续开展厕所革命，环卫保洁水平稳步提升。启动市容环境集中整治“春雷行动”和“靓丽行动”，开展环境卫生和停车秩序管理专项整治行动，加快推进背街小巷整治、裸露土地复绿整治、取缔流动摊担和店外（占道）经营、拆除各类违规设置广告设施等，市容环境面貌持续向好。加强城管执法队伍力量建设和规范化建设，落实城警联动保障机制，加强城管法治建设，执法工作效能不断提高。

（周根文）

【市容环境集中整治】 2020 年，无锡市开展“春雷行动”“靓丽行动”“文明城市建设整改提升行动” 3 个为期 100 天的铁腕整治，市区两级形成常态化的巡查督导和即查即改工作机制。全年城市管理行政执法一般程序案件数比上年增长近 1 倍，违法建设拆除量是上年的 2.4 倍，道板违停查处量是上年的 1.8 倍，多个长期存在的大型疏导点被拆除，完成 32 条道路包装出新、20 个重点区域市容整治和 85 条背街小巷建设性整治，无证占道、毁绿占绿、偷倒垃圾、共享单车乱停放等多个市容顽疾得到化解。全市城市管理热难点区域导示图基本绘制完成，问题点位和类别逐个明确，为挂图作战、精准施策奠定基础。其中，梁溪区拆除金城新村、中桥二村、风雷小商品市场等 6 个大型疏导点，结合“百巷梁溪”建设，投入 3 亿元，高品质开展背街小巷治理，成功打造“苏家弄—惠巷—崇宁弄”等特色街巷，完成槐古支路、曹张路等老大难“网红路”整治，有效提升中心城区市容环境面貌；新吴区创新思路，政企合力共同开展重要道路两侧外立面出新，同步实施地面立面平面全覆盖的整体环境提标改造。在停车秩序管理方面，宜兴市对停车管理热难点区域靶向发力、精准施策，有效解决中心区停车难、秩序乱问题；江阴市大胆尝试机关、居民小区停车场所对社会车辆的错时开放；惠山区以文明城市建设整改为契机配备城市保安（或停车管理员）672 人，停车秩序管理进步显著。

（于　健）

【户外广告设施管理全国示范项目】 2020 年，市城管部门构建完成“市级总规 + 区级详规 + 重点区域专项规划”的三级规划体系，推进户外广告和店招标牌安全整治，对全市 3685 个监管目标实现监管全覆盖，拆除违规广告设施 42.4 万平方米，实施两批户外广告设施拍卖，拍卖金额 3713.5 万元。完成住房和城乡建设部规范城市户外广告设施设置管理试点任务，建成广告设施设置试点项目 5 个，全国试点工作总结会在无锡召开，梁溪区中山路、滨湖区建筑路溪南公馆、经开区万象城等示范项目受到住房和城乡建设部领导肯定。

（于　健）

【环卫工作改革】 2020 年，全市垃圾分类集中处理率有较大幅度提升，江阴市、宜兴市餐厨废弃物处置设施和江阴市、宜兴市、锡山区、惠山区、梁溪区建筑垃圾资源化处置厂均建成投运，锡东和惠联提标扩容项目相继开工建设，综合指数位居全省第五。推动环卫一体化改革，暂停市区所有尚未招标的环卫作业，启动道路清扫保洁全要素测绘事宜。生活垃圾分类取得突破，市区247个小区实现生活垃圾“四分类”定时定点投放，其中新吴区在30个2020年无锡市区生活垃圾分类示范小区中占据14席，垃圾分类推进成效明显。

（于　健）

【城市管理创新实践】2020年，市城管部门开展小微执法和非接触性执法，就遛狗不牵绳、不清理宠物粪便、随地吐痰、非机动车乱停放、垃圾不分类等行为开出罚单，全年查处小微违法行为4501起、处罚金额17.61万元。其中惠山区成功办理全市首例“非接触性执法”案件，为全市“非接触性执法”树立典范。建立“牡丹花红、行走城管”党建品牌，通过组织18次义务劳动解决多个城市卫生死角问题。常态化开展城警联动，在停车秩序整治、偷倒建筑垃圾、破坏绿化、三乱治理中得到充分运用，无锡市首次以偷倒垃圾为由刑拘2人。年内，无锡市级组建无锡城管地铁大队，滨湖区先后实施“靓丽滨湖体验师”和区域城市管理物业化，惠山区推行“微路长”制度，梁溪区在全区背街小巷推开“巷长制”管理，各级各部门都在城市管理共治共享方面做出良好的尝试和探索。

（于　健）

【环卫设施建设】2020年，市城管环卫部门完成编制环卫行业2035规划，推进惠联和锡东提标扩容项目建设，完成锡东一期大修技改工作，实施大型中转站（四座）污水处理和除臭系统改造工程，提升环保运行能力。新（改）建城市公厕202座（新建37座、改建165座），农村公厕198座，实现每个行政村至少有1座三类以上水冲公厕的目标。首批100家“厕所开放联盟”单位对外免费开放。

（勇　豪）

【建筑垃圾管理】2020年，市环卫部门规范工程渣土运输车辆密闭改装，现场勘查3711车次，1371辆工程渣土运输车辆完成规范改装，并纳入渣土运输企业目录。完善装修垃圾收运体系，明确装修垃圾跨区调度范围、调度流程、资源化利用后产生的轻物质分类处置等相关事项；出台《关于告知装修垃圾运输处置成本的函》，就装修垃圾有偿服务费提供成本参考；印发《关于统一装修垃圾专运车辆密闭装置及标志标识规范标准的通知》，细化装修垃圾车辆密闭升级改造要求和标志标识标准；全年有399辆装修垃圾环卫专运车辆完成备案。推进装修垃圾资源化利用，全年处置建筑垃圾82.28万吨，其中梁溪区罗地亚项目处置建筑垃圾38.02万吨；锡山区尚明建筑垃圾资源化利用厂处置19.46万吨；惠山区建筑材料资源化处置中心处置1.41万吨；滨湖区胡埭装修垃圾资源利用厂处置23.39万吨。加大建筑垃圾运输处置检查力度，全年抽查85家运输单位556辆车、市区工地188处。《无锡市区装修垃圾环卫专运全覆盖收运体系项目》被纳入省住房城乡建设厅2020年江苏省城市生活垃圾分类和治理创新重点项目。

（勇　豪）

【生活垃圾无害化处置】2020年，无锡市区处置生活垃圾174.96万吨，日均4780.43吨，比上年下降0.94%。市环卫部门建立并启动生活垃圾无锡大市统筹机制，调运生活垃圾至江阴、宜兴市2.10万吨和12.47万吨。完善餐厨垃圾收运处置体系，市区组建专门收运队伍，签约收运单位3200多家，全年处理餐厨废弃物12.68万吨。

（勇　豪）

【道路保洁】2020年，市环卫部门提高环卫作业标准，所有道路作业等级上提一级，一类道路机械化作业频次从一洗一扫一冲提升至两洗三冲，延长作业时间，扩展夜保洁范围。扩大作业范围，实行“一路带两侧，墙到墙、边到边”“道路作业单位上门收集沿街商铺生活垃圾”作业模式。优化作业方式，试点“三车联动”（冲水、机扫、洗地三车联动）作业模式，选择中山路、太湖大道、蠡湖大道作为试点，实行冲水、机扫、洗地三车组合的精细化作业模式，扬尘控制明显。加强信息化监管，为48名路段长配置作业手环，发挥层级管理职能。启动主次干道撤桶工作。

（勇　豪）

编辑　何　峰

镇村规划

【镇村布局规划修编】 按照省自然资源厅《关于做好镇村布局规划优化完善工作的通知》的要求，无锡市自2019年底开展新一轮镇村布局规划修编工作，于2020年完成无锡市域镇村布局规划修编，并获市政府批复。镇村布局规划修编按照《江苏省镇村布局规划优化完善技术指南（试行）2019年版》要求，对镇村的经济、农地流转、农业园区、人口情况进行深度分析，在现行镇村布局规划的基础上完善村庄分类，将现状自然村划分为集聚提升类村庄、特色保护类村庄、城郊融合类村庄、搬迁撤并类村庄、其他一般村庄五类。其中，规划条件较好、发展意愿较强的村庄划分为“集聚提升类村庄”，历史文化名村、旅游景观资源丰富的村庄划分为“特色保护类村庄”，具备成为城市后花园条件的村庄划分为“城郊融合类村庄”，上述三类统称为规划发展村，也是乡村人口集聚、产业发展和公共服务设施配置的主要空间载体，引导各类发展资源优先向规划发展村庄倾斜。因避灾避险、生态、基础设施建设而需要搬迁的村庄，划分为“搬迁撤并类村庄”，其他看不准、暂不分类的村庄，划分为“其他一般村庄”。按照上述分类技术要求，各市（县）、区以镇（涉农街道）为基本编制单元开展规划修编。在编制过程中，尊重乡村发展演变的自然客观规律，在规划实施评估的基础上，通过详细调研座谈、广泛征求村民意见和建议，尊重农民生产、生活习惯和乡风民俗，尽可能在原有村庄形态和肌理上改善居民生活条件，保持乡村自然和人文环境的原真性，保护好乡土文化和乡村风貌。修编方案按照村酝酿、镇统筹、区协调、市组织论证的程序，经村、镇、市充分讨论并确认，合理确定各类村庄的数量、布局，最终汇总形成市域方案。与上版镇村布局规划相比，由于城市建成区扩张、村庄拆迁等原因，市域村庄总数有所减少；由于基础设施廊道建设、村庄合并、村庄拆迁、纳入城市建成区、与相关保护规划相协调等原因，有部分村庄不再设为规划发展村；由于农房建设试点等原因，又增设部分村庄为规划发展村，规划发展村总数与上版保持不变。无锡市镇村布局规划修编的完成，有效指导无锡乡村地区的农房建设、人居环境改善，基本公共服务设施均等化等各项工作的推进落实，推动无锡市城乡空间的整体格局不断优化，促进城乡一体化进程，实现地区高质量发展。

（刘梦蛟）

【实用性村庄规划示范点编制】 2020年，为深入落实乡村振兴战略实施和推进城乡融合发展等相关要求，市自然资源规划局按照“按需编制、有序推进、务实规划”的原则，在全市范围内开展“多规合一”实用性村庄规划示范点编制工作。全市共确定54个行政村作为试点，并于年末完成村庄规划编制工作。该规划深入落实乡村振兴战略实施和推进城乡融合发展等相关要求，通盘考虑土地利用、产业发展、居民点布局、人居环境整治、

省级特色田园乡村建设试点村——惠山区阳山镇桃源村前寺舍

（市住房城乡建设局　供）

生态保护和历史文化传承等内容，统筹安排村内各类空间与设施布局，为村庄建设提供科学的指引。该规划坚持“生态优先、绿色发展”，优先保护自然生态空间，落实耕地和永久基本农田、生态保护红线保护要求，明确底线管控要求，加强国土空间综合整治，优化乡村建设用地布局，盘活农村零星分散的存量建设用地资源，逐步提高土地使用效率。

（刘梦蛟）

镇村建设

【概况】 2020年，江阴市、宜兴市、锡山区、惠山区的建制镇总数为29个，其中江阴市10个、宜兴市13个、锡山区4个、惠山区2个。纳入村镇建设统计范围的有28个镇（宜兴市丁蜀镇数据纳入城建年报统计）、367个行政村、6236个自然村。全市镇域面积215789.6公顷，建成区面积21921.9公顷，镇域户籍户数529343户、户籍人口170.96万人，建成区户籍户数199724户、户籍人口62.05万人。全市累计建成国家美丽休闲乡村9个，省级特色田园乡村21个，市级美丽乡村示范村110个。

（任余娟 孙科敏）

【美丽宜居村庄建设】 2020年，按照中央和省关于农村人居环境整治三年行动计划和无锡市“一推三治五化”（持续推进农村住房和美丽乡村建设，全面治理农村垃圾、污水、河塘，加快实现厕所净化、道路优化、路灯亮化、村庄绿化和管理长效化）工作要求，无锡市继续加大整治力度，系统提升农村村容村貌、基础设施和公共服务水平。委托第三方开展农村人居环境整治工作暗访，进一步加大村（社区）环境长效管护力度，美丽宜居村庄建设取得新成效。年内新增美丽宜居村庄248个，全市累计建成1081个美丽宜居村庄，美丽宜居乡村建设达标率为100%，位列全省前列。农村生活污水治理进程加快，覆盖率提升，市区基本实现村庄生活污水治理全覆盖，江阴市、宜兴市完成1411个自然村生活污水治理，自然村生活污水治理覆盖率分别为85%和80%。

（任余娟）

【农村住房建设改造试点】 2020年，无锡市加大扶持保障力度，压茬推进全市农村住房建设和改造工作，全市首批107个试点村全面按期完成建设目标。至年末，全市累计建设农房8276户，累计竣工农房7979户，一批与田园风光相融、与吴地风情相辉、与水乡风貌相映，粉墙黛瓦、小桥流水的“新江南人家”村落建成，展示出新时代无锡美丽田园乡村新形象。

（任余娟）

【特色田园乡村建设】 2020年，无锡市围绕“特色、田园、乡村”三个方面九个内涵，通过坚持规划设计前置（所有列入试点村都有专项规划设计方案）、落实资金奖补激励（省、市级试点2万元/户标准，已投入市级资金近7000万元）、强化过程服务指导、组织专题学习培训等方式，全面推进试点建设和面上创建工作，取得阶段成效。到年末，全市建成市级特色田园乡村33个，并通过市田园办验收命名，其中21个村通过省田园办试点和创建验收，被命名为江苏省特色田园乡村。

（任余娟）

【小城镇建设】 2020年，全市按照“美丽无锡”建设要求，以规划为引导，择优培育重点中心镇和特色镇，充分发挥市场主体作用，引导小城镇与特色产业发展相结合，与服务“三农”相结合，推动小城镇集约化发展，增强小城镇的综合发展实力。江阴市新桥镇、惠山区阳山镇列入省重点及特色镇保护发展建设项目。开展被撤并集镇区整治改造，锡山区东港镇、惠山区洛社镇纳入省被撤并集镇区整治改造建设项目。

（任余娟）

【村镇基础设施建设】 2020年，无锡市建制镇建设投资市政公用设施10.62亿元；建成区范围内自来水供水普及率100%，燃气普及率95.88%；道路长度1407.6千米；建成区绿地面积4757.64公顷，其中公园绿地面积566.98公顷，绿化覆盖率29.49%；公共厕所589座；各类环卫机械575辆；有村镇污水处理厂43座，污水处理能力67.46万吨/日，年污水处理总量13830.74万吨。全市村庄道路长度3033.49千米，集中供水行政村比例100%，对生活垃圾进行无害化处理行政村比例100%。

（任余娟）

新吴区鸿山街道徐塘桥物联网科技高标准农田 （钱奕栋 摄）

农村人居环境整治

【概况】 6月29日，全市召开农村人居环境整治提升暨农村住房建设现场推进会，市长杜小刚到会部署，推动各项工作落地落实。9月22日，市人大常委会召开"全面改善农村人居环境，高水平推进美丽乡村建设的议案决议"落实情况专题询问会议，就农房建设、规划编制、风貌管控、河塘治理、污水治理、厕所革命、飞线整治、乡村旅游、长效监管等19个方面进行专题询问。在全省率先制定出台《关于健全完善无锡市农村人居环境整治长效管护机制的实施意见》，健全有制度、有标准、有队伍、有经费、有农民主体作用发挥、有督查评价的长效管护机制，对全市8080个村庄按照规划发展村庄和一般村庄分类制定实施管护标准。完善经费保障制度，按常住人口每人每年不低于50元的标准安排长效管护经费。开展3次第三方暗访测评和市级部门随机抽查，健全立体式、全覆盖督查体系，全面形成问题发现、反馈、整改、销号的工作闭环。实施"红黑榜"考核，发布"红黑榜"3期，市级设立1200万元专项资金对经督查评价成效明显的行政村予以激励。锡山区获评2020年中央农办、农业农村部全国村庄清洁行动先进县，江阴市获评2020年江苏省农村人居环境整治激励县。

（孙科敏）

【"一推三治五化"专项行动】 2020年，无锡市持续推进"一推三治五化"专项行动，制定下达27项年度目标和40项工作要点，年内重点组织实施农村住房建设107个村，美丽乡村示范村创建25个，生活污水治理项目800个，垃圾分类试点村100个，厕所建设项目133个，河塘清淤项目183个，道路建设项目83个，路灯亮化项目286个，共计1717个项目，各级投入超100亿元。至年末，全市农村生活和装修垃圾收运体系、乡道村道优良中等路、行政村三类以上水冲式公厕、村主要场所和道路路灯、村道宜林路段绿化率、镇村河长制履责实现"六个全覆盖"。结合文明城市建设，制定印发《农村建设专项整治行动工作方案》，进一步提升农村人居环境品质。

（孙科敏）

【农村路灯亮化】 至2020年末，无锡市区286个农村路灯建设项目安装各类路灯15315盏，农村主要道路路灯覆盖率达100%、主要公共场所路灯覆盖率达100%。

（公用事业管理处）

强村富民

【概况】 "十三五"期间，全市农民人均可支配收入从2016年的26158元增长到2020年的35750元，五年涨幅近万元。2020年，全市农民人均可支配收入比上年增幅6.5%，全省排第六位。城乡收入之比1.81 ∶ 1，位居全省第四位。全市城乡居民基本养老保险参保率保持100%，保障标准全面实现大市一体、城乡一体，全市城乡居民最低生活保障标准实现12年连增，提升至每人每月1010元，特困人员供养基本生活标准提升至每人每月1525元，保障标准居全省前列。推进村级医疗互助制度，全年群众平均参加率75.3%，住院群众医疗负担平均减负27.1%。

（孙科敏）

2020年，无锡市推进特色田园乡村建设。图为锡山区严家桥村（严家桥村委会 供）

严家桥村丰收节　（严家桥村委会　供）

【经济薄弱村帮扶】 2020年是无锡市第九轮集体经济相对薄弱村帮扶的收官之年，全市村级稳定性收入低于200万元的155个市级相对薄弱村提前2年全面实现脱困转化，村级稳定性收入均达超200万元，经过继续巩固和不断提升，全市相对薄弱村基本建立了稳定的长效增收机制。2016～2020年，全市上下陆续出台扶持相对薄弱村的政策和举措，各级财政专项预算的帮扶资金达8.95亿元，市级单位累计帮扶资金0.65亿元，155个市级相对薄弱村集体经济取得长足发展。

（孙科敏）

【农村金融改革】 2020年，无锡市优化“惠农贷”利率机制，实行与同期LPR挂钩的贷款利率，降低农担担保费率，进一步降低经营主体融资成本，有力支持农业经营主体保供生产。“惠农贷”新增贷款9667万元，较上年增长73%，至年末，无锡地区农担业务在保余额达9.69亿元，在保户数达1080户，位居全省第五、苏南第一。在全市全面推行农村承包地经营权抵押贷款，全年新增承包地经营权抵押贷款5.215亿元，累计22.46亿元，居全省第一，贷款余额20.14亿元。开展“保险+”农业保险创新探索，在省内率先试点开发杨梅采摘期降雨指数保险和鸡蛋期货价格保险条款。全年农业保险保费收入8190万元，比上年增长56.2%。

（孙科敏）

【村级集体经济】 2020年，全市村级集体经济总资产为806.23亿元，村级集体组织总收入达81.25亿元。开展“村企共发展、同奔现代化”行动，100%的村（涉农社区）与企业确立结对关系，签订联建项目协议254个，联建覆盖率达到84.2%。

（孙科敏）

农村社会治理

【乡村治理】 2020年，市委农村工作领导小组以推动市域治理体系和治理能力现代化走在前列为目标，在乡村善治“一核心四平台”体系基础上制定出台《关于深化完善乡村善治体系建设的指导意见》，创新完善全市乡村治理工作体系，并在《江苏改革简报》摘要刊登、介绍经验。制定《农村基层党组织“四领四强化”行动实施意见》《2020—2022年村党组织书记队伍建设规划》，全面增强农村基层党组织政治功能和组织功能，加快建设“五有五强”村书记队伍。全市村党支部标准化规范化建设合格率达到100%，“五强”型村书记占比达到80%。以党群服务“一中心”、文明实践“一阵地”、基层治理“一网格”、自治管理“一格局”、股份合作“一组织”、便民服务“一窗口”为主要内容，着力健全乡村善治载体、平台和机制。全市选树村（社区）党群服务中心示范点30个，村（社区）人民调解委员会规范化建成率、村便民服务中心建成率、村级协商民主平台和村务监督委员会建设覆盖率均达到100%，全市县级及以上文明乡镇、文明村占比分别达到97.8%和93.7%，省级民主法治示范村（社区）建成率达到50.3%。

（孙科敏）

【农村集体产权制度改革】 至2020年末，全市所有村（涉农社区）全面完成清产核资、成员身份确认、股权量化、成立股份经济合作社、注册登记赋码等各项改革任务。组建村（社区）股份经济合作社960家，并全部纳入省平台管理，改革完成率达100%。

（孙科敏）

【农村集体三资监管】 2020年，无锡市实现市级三资监管平台与省农村产权交易平台数据对接，“户户通”平台覆盖率达到100%。有效整合三资监管平台、“户户通”公开平台和“e银通”系统，实现全市集体三资操作流程和环节的全覆盖、全留痕和网上公开运行监管。在全市范围内开展村级集体资金违规出借和资产出租问题专项清理整治工作，为加强农村集体三资监管靶向发力，确保村级存量欠款应收尽收、增量欠款有效遏制，村级集体产权线上交易应进尽进、村级资产租赁合同合法合规。

（孙科敏）

编辑　何　峰

生态建设

环境质量

【空气环境】 2020年，全市 $PM_{2.5}$ 年均浓度为33微克/立方米，较上年下降15.4%；环境空气质量优良天数比率为81.7%，较上年上升9.6个百分点，两项指标均达到省考核要求。各市（县）、区 $PM_{2.5}$ 浓度介于30微克/立方米～37微克/立方米，优良天数比率介于77.9%～83.0%。

城市空气　全市 $PM_{2.5}$、可吸入颗粒物（PM_{10}）、二氧化硫（SO_2）、二氧化氮（NO_2）年均浓度分别为33微克/立方米、56微克/立方米、7微克/立方米和35微克/立方米；一氧化碳（CO）和臭氧（O_3）浓度分别为1.2毫克/立方米和171微克/立方米。与上年相比，各项浓度分别下降15.4%、18.8%、12.5%、12.5%、14.3%和5.0%。

按照《环境空气质量标准》（GB3095-2012）二级标准进行年度评价，各市（县）、区臭氧浓度未达标，江阴市 $PM_{2.5}$ 浓度未达标，其余指标均达标。

降尘　2020年，无锡市降尘年均值为3.7吨/平方千米·月，与上年相比下降14.0%。其中，江阴市、宜兴市、梁溪区、锡山区、惠山区、滨湖区、新吴区和经开区降尘年均值分别为：2.9、3.1、5.5、2.8、2.7、4.8、4.3和4.8吨/平方千米·月。

酸雨　2020年，全市酸雨频率为19.0%，降水年均pH值为5.45，酸雨年均pH值为4.90，与上年相比酸雨频率下降8.8个百分点。其中，市区酸雨频率4.4%，比上年下降16.7个百分点；江阴市酸雨频率27.6%，比上年上升5.0个百分点；宜兴市酸雨频率24.3%，比上年下降29.5个百分点。

（陈　茜）

【水环境】 2020年，全市地表水环境质量达“十三五”以来最优，国省考断面优Ⅲ比例达到年度考核目标，国省考断面、主要入江支流和出入湖河流全面消除劣Ⅴ类，太湖连续13年实现“两个确保”（确保饮用水安全、确保不发生大面积湖泛）的目标。

国省考断面　纳入国家《水污染防治行动计划》地表水环境质量考核的13个断面中（百渎港桥不考核），年均水质符合《地表水环境质量标准》（GB3838-2002）Ⅲ类标准的断面比例为69.2%，达到年度考核目标；无劣Ⅴ类断面。纳入江苏省“十三五”水环境质量目标考核的43个地表水断面中（百渎港桥、漕桥不考核），年均水质符合Ⅲ类的断面比例为86.0%，Ⅳ～Ⅴ类水质断面比例为14.0%，无劣Ⅴ类断面。与上年相比，符合Ⅲ类断面比例上升4.6个百分点。

饮用水水源地　全市7个集中式饮用水水源地分别为太湖的沙渚、锡东水源地，长江的小湾、肖山湾和西石桥水源地，宜兴市的横山水库和油车水库水源地。2020年，全市7个集中式饮用水水源地水质达标（不

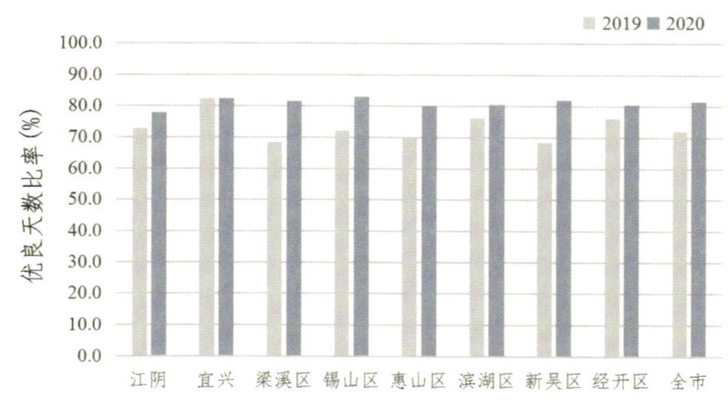

图26　2020年无锡市环境空气质量优良天数比率情况图

（市生态环境局）

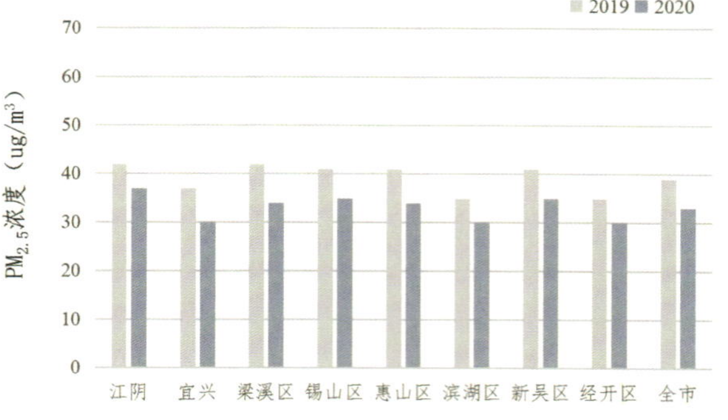

图27　2020年无锡市环境空气中 $PM_{2.5}$ 年均浓度情况图

（市生态环境局）

计总磷)，取水总量约为8.30亿吨。

太湖无锡水域　2020年，太湖无锡水域水质处于Ⅳ类。其中，高锰酸盐指数和氨氮年均浓度分别为4.1和0.14毫克/升，分别处于Ⅲ类和Ⅰ类；总磷年均浓度为0.082毫克/升，处于Ⅳ类；总氮年均浓度为1.24毫克/升，处于Ⅳ类。与上年相比，高锰酸盐指数、氨氮浓度稳定在Ⅲ类及以上，总氮浓度下降6.8%，总磷浓度下降4.7%。湖体综合营养状态指数为55.4，比上年下降0.5，总体处于轻度富营养状态。

3～10月，太湖蓝藻预警监测期间，通过卫星遥感监测共计发现蓝藻水华聚集现象129次。与上年同期相比，发生次数略有减少，藻类最大聚集面积比上年增加6.8%，藻类平均发生面积比上年减少11.0%。

年内，13条主要出入湖河流年均水质达到或优于Ⅲ类的占比100%，与上年持平。

长江流域　2020年，长江干流江阴段总体水质为优，西石桥、小湾和肖山湾3个断面水质均为Ⅱ类，与上年相比水质保持稳定。3条主要入江支流水质总体处于良好，卫东桥、黄田港大桥和金潼桥3个控制断面水质均达到或优于Ⅲ类，与上年相比水质保持稳定。

（陈　茜）

【土壤环境】 2020年，5个省级土壤背景点位均达到《土壤环境质量农用地土壤污染风险管控标准(试行)》(GB15618-2018)风险筛选值，达标率为100%。

（陈　茜）

【声环境】 2020年，全市声环境质量总体较好，昼间和夜间声环境质量基本保持稳定。

区域声环境　全市昼间区域噪声平均等效声级为56.5分贝，与上年持平。其中，江阴市、惠山区达到城市区域环境噪声昼间二级(较好)水平；宜兴市、滨湖区、新吴区、锡山区达到城市区域环境噪声昼间三级(一般)水平；梁溪区达到城市区域环境噪声四级(较差)水平。影响城市声环境质量的主要声源是社会生活噪声，占比为56.5%；其余依次为交通噪声(30.4%)、工业噪声(10.7%)

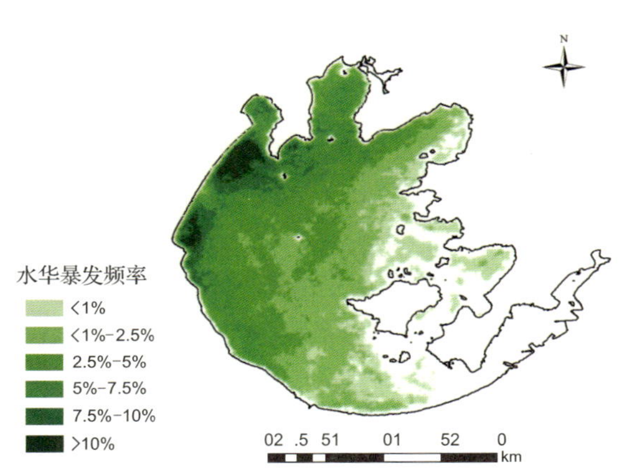

图28　2020年3~10月蓝藻预警监测期间太湖蓝藻暴发频率分布图

（市生态环境局）

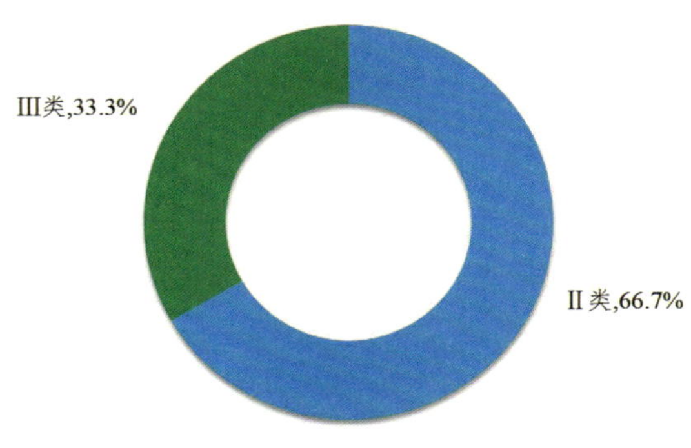

图29　2020年长江江阴段主要入江支流控制断面水质类别比例图

（市生态环境局）

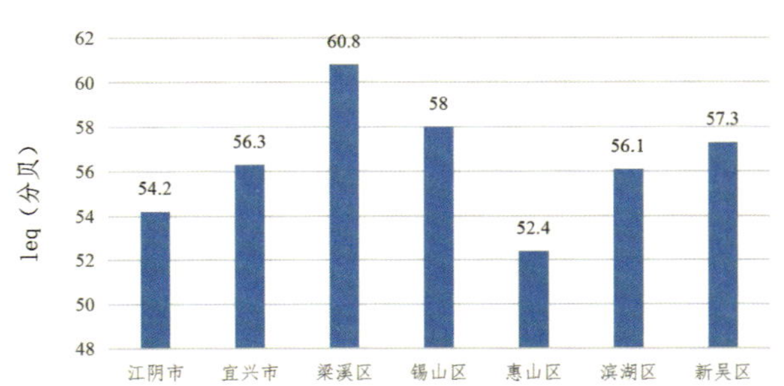

图30　2020年无锡市昼间区域噪声平均等效声级情况图

（市生态环境局）

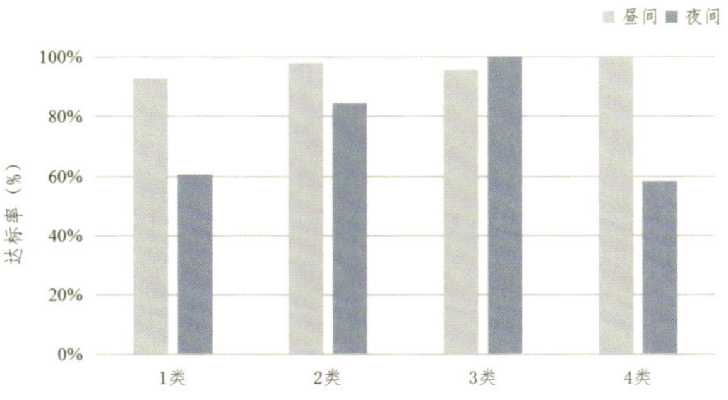

图31　2020年无锡市各类功能区噪声达标率情况图

（市生态环境局）

和施工噪声（2.4%）。

功能区声环境　依据国家《声环境质量标准》（GB3096-2008）评价，2020年全市1～4（4a、4b）类功能区声环境昼间达标率分别92.9%、98.1%、95.8%和100.0%，夜间达标率分别为60.7%、84.6%、100.0%和58.3%。与上年相比，功能区噪声昼间平均达标率上升5.5个百分点，夜间平均达标率上升3.9个百分点。

道路交通声环境　全市道路交通噪声昼间平均等效声级为68.3分贝，比上年下降0.3分贝。昼间道路交通噪声强度为二级，声环境质量为较好。监测路段中，声强超过国家二级标准限值（昼间为70分贝）的路段长占监测总路长的32.4%，昼间超标路段长比例较2019年下降4.9个百分点。

（陈　茜）

【生态环境】 2020年，全市生态环境状况指数为66.03，各市（县）、区生态环境状况指数处于57.11～72.59，生态环境状况均处于良好状态。

（陈　茜）

【辐射环境】 2020年，全市辐射环境3个国控点和8个省控点监测结果表明，空气吸收剂量率和大气中放射性核素浓度处于天然本底涨落范围内；太湖水体中放射性核素浓度处于天然本底；重点饮用水水源地取水口水中放射性指标符合《生活饮用水卫生标准》（GB5749-2006）要求；环境中电磁辐射监测结果均低于《电磁环境控制限值》（GB8702-2014）中公众曝露控制限值的要求。

（陈　茜）

【农村环境】 2020年，全市共选择15个村庄开展农村环境质量监测。15个村庄环境空气质量总体为优，2个“千吨万人”饮用水水源地达标率100%，16个县域地表水点位中8个点位水质达到或优于Ⅲ类，56个农田、果园等重点区域土壤点位中，52个点位为低风险（最优级别）。

（陈　茜）

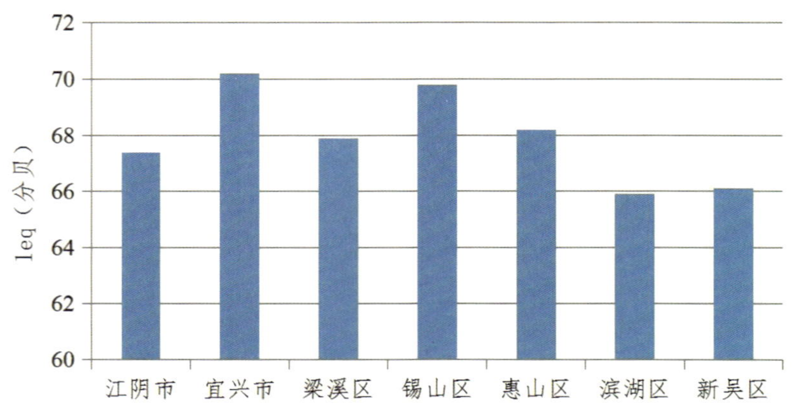

图32　2020年无锡市昼间道路交通噪声平均等效声级情况图

（市生态环境局）

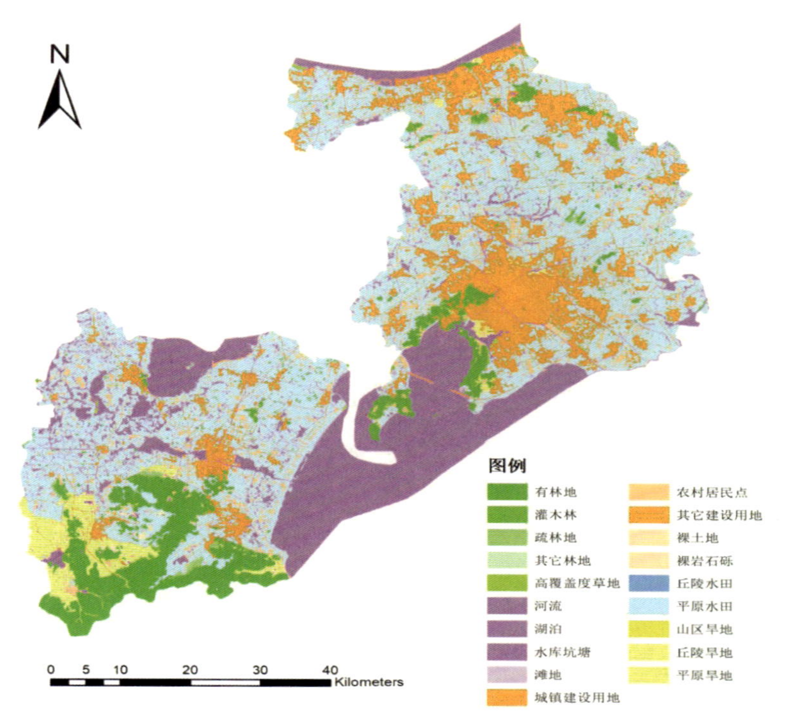

图33　2020年无锡市生态景观分布情况图

（市生态环境局）

水资源保护

【水源地保护】 2020年，市水利部门加强水源地达标建设与长效管护，提升供水安全保障能力，全市集中式饮用水源地水质达标率达100%。推进宜兴市朱家涧塘坝“千吨万人”水源地达标整治，水源地保护区划分方案获江苏省人民政府批复同意。推进宜兴市龙珠水库水源地达标建设，整治任务全部完成，水源地保护区划分方案上报无锡市人民政府。督促各市（县）、区水利部门切实加强各自行政区域内饮用水源地巡查督查执法等工作，确保每个水源地每月都有巡查记录和问题反馈，提高水源地安全保障水平。

（岳喜磊）

【水环境治理】 参见“水利”类目。

土地资源保护

【概况】 2020年，无锡市建设完善“制度、特殊、生态、激励、底线”耕地“五重”保护机制，落实政府耕地保护责任，全市划定永久基本农田91420公顷，划定永久基本农田储备区1726.67公顷。全市给予耕地保护补偿激励资金1550万元。6月，无锡市获评“2019年度江苏省国土资源节约集约利用模范市”，受到省政府办公厅真抓实干通报激励通报表扬。年内，无锡市被确定承担自然资源部城市建设用地节约集约利用详细评价试点，在中心城区368.24平方千米范围内，重点围绕居住、商业、工业、教育、科创载体五类建设用地进行宗地节约集约评价，形成评价成果。江阴市“‘三进三退’护长江促生态产品价值实现案例”被自然资源部纳入《生态产品价值实现典型案例(第二批)》在全国推广，并确定无锡江阴为全国生态产品价值实现试点城市，全国仅7个试点。锡山区谈村整体改造、新吴区SK海力士二工厂项目入选江苏省节地模式(技术)推广案例，是省内入选案例最多的地级市。无锡市在实践中形成“清、优、评、提、借、改”六字诀节地经验，受到省厅主要领导批示肯定，《念好节地“六字诀”撬开发展新空间》一文刊登在《中国自然资源报》头版与江苏省自然资源厅《调研与参考》上。

（刘梦蛟）

【永久基本农田特殊保护】 2020年，全市划定永久基本农田91420公顷，完成上级下达90440公顷永久基本农田保护任务。防止永久基本农田“非农化”“非粮化”，在“两线”（生态红线、城镇开发边界）划定、重大项目、设施农用地涉及永久基本农田时从严论证，能避让永久基本农田的一律避让。多措并举严管永久基本农田上挖湖造景、种植草皮等问题。加大宣传和监管力度，将永久基本农田纳入国土一体化平台管理，加强视频监控、动态巡查，做到实时监管，构建全方位、多渠道、多关口、网络化的永久基本农田保护监管体系。开展永久基本农田储备区建设，组织各地实际划定永久基本农田储备区1726.67公顷，超过下达目标1380公顷，并做好永久基本农田储备区动态更新管理。

（刘梦蛟）

锡山区农博园高标准农田　　（刘梦蛟　供）

【土地整治项目验收】 2020年，市自然资源规划局组织对所有土地整治项目逐图斑实地踏勘，且内业资料审查齐全合格后才予以通过验收。全市通过验收土地整治项目规模384.6公顷，其中耕地占补平衡项目规模303.87公顷、城乡增减挂钩复垦规模36公顷、工矿废弃地复垦项目44.73公顷。

（刘梦蛟）

【耕地保护补偿激励机制】 无锡市实施差别化的新增费分配机制，2020年，优先向耕地保护重点区域倾斜分配上级返还新增费1.14亿元。科学开展耕地保护绩效评价，宜兴市新建镇、锡山区东港镇获评省级耕地保护激励单位。宜兴市、宜兴市高塍镇等5个镇、江阴市西奚墅村等21个村获评市级耕地保护激励单位，获得1550万元资金激励，对2019年度通过验收的挂钩复垦和工矿废弃地复垦项目给予5543万元资金激励，各市(县)、区获得耕地保护补偿资金4268万元。资金专项用于地方耕地和永久基本农田保护、高标准农田建设、土地综合整治、耕地质量提升等。

（刘梦蛟）

【生态补偿】 2020年，市自然资源规划局贯彻实施《无锡市生态保护补偿条例》，完成年度生态补偿申报审核工作。市区合计申报生态补偿面积27940公顷，含永久基本农田8673.33公顷、水稻田4500公顷、市属蔬菜基地1140公顷、种质资源保护区953.33公顷等，生态补偿资金达1.16亿元。

（刘梦蛟）

【“十四五”矿产资源总体规划编制】 2020年，市自然资源规划局全面开展“十四五”矿产资源总体规划编制工作，研究提出勘查开采规划区块及开发强度调控等主要指标。以优化服务为目标，积极对接指导开发区主体，合力推进区域评估工作。至年末，全面完成11个开发区压覆矿区域评估，在实现市区城市建设用地范围672平方千米全覆盖的基础上，江阴市实现市域全覆盖，锡山区实现全区全覆盖，无锡经开区等6个开发区实现园区全覆盖；完成空港经开区、无锡经开区、宜兴经开区、宜兴环科园、宜兴陶瓷产业园区5个开发区地质灾害危险性区域评估，全面启动山水城旅游度假区、惠山经开区、无锡高新区、江阴高新区、江阴临港经开区5个开发区地质灾害危险性区域评估。

（刘梦蛟）

【工业用地“三优”出让机制】 2020年，无锡市建立“优选项目、优配资源、优化监管”的“三优”工业用地出让机制，通过工业项目综合评审、差别化供地模式、“合同＋协议”监管机制，实现工业用地全链闭合管理，形成“优质项目有标准，高效产出有保障”的良性循环。

（刘梦蛟）

【集体经营性建设用地入市试点】 2020年，江阴市、宜兴市、锡山区开展集体经营性建设用地入市试点工作。12月7日，宜兴市和桥镇一宗集体经营性建设用地使用权挂牌成交，系全市首宗，标志着无锡市集体经营性建设用地入市试点工作取得实质成果。

（刘梦蛟）

【土地征收制度改革】 2020年，为贯彻落实新修正土地管理法，市自然资源规划局印发《关于做好过渡期内无锡市区土地征收有关工作的通知》，落实《中华人民共和国土地管理法（修正案）》（以下简称新法）对征地制度改革精神，对土地征收工作流程、组织领导、责任落实等作出明确规定，确保新老政策衔接；对照新法第四十五条征地范围，结合《划拨用地目录》和自然资源部关于新法的学习读本等，理顺新法框架下可以征地的具体情形，并界定了政府组织实施需要满足的条件；结合实际社会经济发展水平和现行征地补偿标准，科学测算征地区片综合地价，成果经公开听证、专家论证、风险评估、集体讨论后，上报省政府并获批准。市区征收农用地的土地补偿费、安置补助费标准分别提高32%、23%，征收建设用地和未利用地的补偿费用也大幅提高，切实维护被征地农民的合法权益。

（刘梦蛟）

【“基于服务人口的人地挂钩政策研究”项目通过省专家组验收】 2020年，“基于服务人口的人地挂钩政策研究”项目通过省专家组验收。该项目基于人地挂钩模型，通过分析不同类型服务人口的用地特征，设置强挂钩、一般挂钩和弱挂钩三种情景下的人地挂钩，构建基于服务人口的人地挂钩模型，测算人地挂钩的用地需求和供需平衡特征，并提出未来保障基于服务人口人地挂钩用地空间的三种可行思路。

（刘梦蛟）

湿地资源保护

【概况】 2020年，无锡市自然湿地保护率达到62%，完成年度61.5%任务指标，位列全省前三。太湖、蠡湖等重点水域完成湿地修复，面积达506.26公顷。

（刘梦蛟）

【《无锡市湿地保护条例》送审】 根据2020年市人大常委会立法计划安排，1月，市自然资源规划局成立条例起草工作小组，在深入调研、专家论证、书面征求意见、反复研讨与修改的基础上，形成《无锡市湿地保护条例（送审稿）》（以下简称《条例（送审稿）》）。《条例（送审稿）》报政府后，市司法局根据立法程序，公开征求各部分和社会意见。在此基础上，市司法局会同市人大常委会有关工委、市自然资源规划局进行多次会商、论证和修改，4月，形成《无锡市湿地保护条例（草案）》。

（刘梦蛟）

【湿地公园和湿地保护小区建设】 2020年，市自然资源规划局加强太湖、长江等河湖、湿地保护与修复方面的工作。宜兴市将西太湖流域沿岸湿地保护和建设纳入湿地保护体系。3月，宜兴太湖省级湿地公园获省林业局的批复。蠡湖湿地公园对渤公岛、蠡堤、长广溪内湖湿地等区域的滨岸带进行全面梳理及因地制宜补植，至年末恢复滨岸带湿地面积约20000平方米。湿地公园两处水质监测设备均功能正常，能够及时反映湿地水体健康状态，对区域内湿地资源进行科学保护与管理。

（刘梦蛟）

【湿地鸟类资源调查】 2020年，无锡市湿地公园开展植物多样性调查和野生鸟类资源调查监测活动，完成年度调查报告。湿地公园内有维管束植物106科、286属、326种，其中，银杏、水杉和苏铁为国家一级保护植物，野大豆和细果野菱为国家二级保护植物；记录到鸟类16目、47科、136种，国家二级重点保护野生动物12种。鸟类调查结果显示，保育区内有不少白鹭、青脚鹬等水鸟，鸻鹬类水鸟的出现，说明水鸟栖息地的建设取得成效。梁鸿国家湿地公园开展水鸟栖息地恢复工程、后门河道植被恢复工程、水西巷河道清淤工程等项目建设，其中水鸟栖息地项目完成地形整理44700平方米，恢复植被面积约1.5万平方米，重在恢复湿地生态系统结构、完善生态功能，为水鸟营造适宜的栖息地。

（刘梦蛟）

【湿地标识设立】 根据《江苏省湿地条例》相关条款以及《江苏省林业局关于加强省级重要湿地名录保护管理的通知》中2020年全面完成辖区内省级重要湿地界标和标识标牌设立的要求，市自然资源规划局按照《江苏省重要湿地标识规范》，启动全市重要湿地标识标牌及湿地解说系统设立工作。项目实施内容包括：湿地规范制度标识、湿地范围界限牌、行为提示标识、安全警示标识、湿地总体介绍牌、生态系统解说牌、湿地文化解说牌。至年末，全市11个省

2020 年，蠡湖水域湿地修复 （刘梦蛟 供）

级重要湿地标识标牌和界标全部制作、安装完毕，并通过市级验收。

（刘梦蛟）

【湿地监测评估】 为客观评估无锡市湿地公园生态状况和生态效益，摸清全市湿地资源“家底”，实现湿地科学管理，为无锡市湿地保护修复和建设管理提供数据支撑和决策依据，2019 ~ 2020 年，无锡市开展湿地公园保护管理和生态状况监测评估。至年末，该项目完成全部调查评估内容，主要完成专家评审及《无锡市湿地公园建设管理和生态状况监测评估报告》《无锡市湿地公园生态服务价值公报》等编制工作。市自然资源规划局建立年度评估数据库，对评估数据进行长期管理。

（刘梦蛟）

森林资源保护

【概况】 2020 年，无锡市开展造林绿化，确保森林资源总量稳步增加。全年完成成片造林面积 926.67 公顷（其中新增成片造林面积 780 公顷），珍贵树种造林面积 533.33 公顷；完成珍贵用材树种培育 117 万株。完成长江沿岸造林面积 46.67 公顷。新增城市绿地面积 250 万平方米，完成年度目标任务。至年末，全市林木覆盖率 27.71%，完成省林业局下达的 25 个绿美村庄建设和 32 个国家级森林乡村建设任务。

（刘梦蛟）

【义务植树】 2020 年，无锡市倡导社会公众参与绿色公益事业，拓宽全民义务植树尽责形式，通过认养绿地、认养古树、群众植树活动、手机短信和网络捐赠植树等，从建绿、护绿、养绿、捐绿多方面开展全民义务植树。3 月份，市四套领导班子和市机关干部代表约 350 人，在太湖新城蠡河生态湿地公园参加义务植树活动，植树 1000 余株。年内，全市共举办 80 场次宣传活动，云直播（微讲堂）9 场，推送公众号、短信 25 个，市（县）、区发出倡议书 9 个；组织现场义务植树活动 62 场，参加人数 2 万余人，植树 9 万余株，其中营建纪念林 35 个。义务植树网络捐款全省第一，全市义务植树尽责率达 80%。无锡市绿化委员会办公室联合团市委和无锡广播电视集团（台）举办保护母亲河争当“河小青”——青苗护绿同心战疫为主题的“3 · 12 植树节”云认领活动，家庭网上云认领秀心愿，展示生态环保或抗“疫”微心愿，选出 1000 个优秀作品，制作成带视频二维码的“特别版”认领卡悬挂在尚贤河公园云认领小树上。市青年志愿者协会和无锡邮政公司举办“美丽无锡·青春行动”主题绘画征集活动和“律动青春快乐植树”答题赢奖品活动，倡导绿色生态资源保护，传播正能量，展示无锡生态文明建设成就。

（刘梦蛟）

【“互联网 + 全民义务植树”基地建设】 2020 年，针对土地资源有限、可植树地方缺乏的实际，创新义务植树尽责样式，市自然资源规划局推进“互联网 + 全民义务植树”基地建设，为广大市民提供多样化的尽责方式和途径，方便履“植”尽责。无锡金匮公园、宜兴云湖景区吊桥基地、江阴高新区蟠龙山公园 3 家省级基地建设初步完成。

（刘梦蛟）

【闲置地复绿建设】 2020 年，市自然资源规划局对市区批而未供、供而未用、批而未用、已供但使用不足的建设用地和其他各类抛荒地进行全面摸排，明确复绿工作原则、范围，制定标准，科学复绿。根据地块性质和开发利用计划，将具备绿化条件的闲置用地分别采取草花、草坪（乔灌木）、小游园、体育功能（场地）、成片造林等措施，以地块为单位分类制定复绿方案，统筹推进实施。全年完成闲置地复绿总面积273.18公顷，完成率达96.25%。推进江阴市“林长制”试点工作。完成年度美丽河湖绿化美化河湖岸线专项行动工作任务。

（刘梦蛟）

【林地保护管理】 2020年，市自然资源规划局严格执行林地保护利用规划，实施林地分级保护管理措施，坚持做到“以规划管地、以图管地”；强化林地使用审核报批，通过优化流程节点，压缩审批时限，保障汤省路改扩建工程、锡山区斗山崩塌地质灾害治理等一批重点项目建设实施；对违法占用林地行为，坚决予以打击。全年办理林业行政案件24起，结案率100%。与上年同期（42起）相比，下降42.86%。6月底，完成“十四五”期间森林采伐限额编制和森林经营规划工作。

（刘梦蛟）

【森林督查和“一张图”更新】 市自然资源规划局完成2020年度森林督查暨森林资源管理“一张图”更新工作。邀请省林业专家对各市（县）局、分局主要业务处（站、科）室、森林资源管理人员、林业行政案件执法人员和市局相关业务处人员进行专题培训，细化分工、落实责任，全面完成森林督查暨森林资源管理“一张图”年度更新工作。

（刘梦蛟）

【林业有害生物防控】 2020年，全市共签发出省调运检疫证8700余份，签发植物检疫书9000余份，林木种苗检疫率达100%，未发生一起违规跨省调运染疫事件。全市松材线虫病防控措施进一步加强，发病面积、病死树木量均控制在正常范围内。全市疫点松材线虫病发生面积1653.33公顷，病死树11363株，松材线虫病发生面积比上年增加2.90%，病死树数量比上年下降9.15%。杨树、柳树食叶害虫、蛀干害虫发生平稳，主干道两旁杨树等食叶害虫实现连续7年呈“有虫无灾”状态。

（刘梦蛟）

【种苗管理】 2020年，全市深入开展种苗管理工作，确保绿色无锡建设基础扎实。市自然资源规划局加强林木种苗生产的监督管理，开展对省级以上从事林木种苗生产经营活动的部分种苗基地和林下经济进行调研和督查推进，组织对全市3个省级种苗基地和1个国家级种质资源基因库开展年终考评，逐步建立和完善生产经营者连续、完整、真实的诚信档案。根据省林业局工作要求，2019年10月，市林木种苗管理站配合省林业局完成宜兴市的银杏、核桃（含薄壳山核桃）的现场采样工作；2020年12月，市自然资源规划局组织开展2020年食用林产品产地环境安全监督检查及跟踪管理工作，重点检查宜兴市万阳园食坊食品有限公司的薄壳山核桃、油用牡丹等食用林产品种植过程中投入物使用情况、产品储存环境及储存方法等，引导生产经营者依法、规范、科学使用农药化肥，推广有害生物绿色防控，保障食用林产品质量安全。

（刘梦蛟）

【惠山国家森林公园管理】 2020年，市自然资源规划局对森林防火监控系统进行升级改造，工作内容含新增设高清数字监控4个，并实现13个高清数字监控前端与市自然资源规划局滨湖分局监控系统的互联互通，强化惠山森林公园范围内防火监控的监测力度和广度，提高森林防火预警效能。完成森林公园内厕所指示牌、文明养犬警示牌及森林“防火码”等的建设工作。

（刘梦蛟）

【种质资源清查】 2020年，市自然资源规划局完成全市的种质资源清查工作。根据《江苏省林业局关于开展全省林木种质资源清查工作的通知》及《江苏省林木种质资源清查操作细则》工作要求，通过政府采购方式确定国家林草局华东林业调查规划设计院中标承担无锡市的种质资源清查工作，至年末完成种质资源清查的外业调查、内业整理及信息系统录入等工作。

（刘梦蛟）

3月，无锡市中小学生开展义务植树造林活动 （刘梦蛟 供）

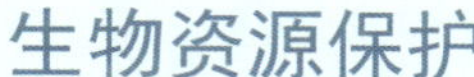

生物资源保护

【野生动物保护】 2020年，市自然资源规划局加强政策宣导，严厉打击非法行为，定期巡查巡护，落实值班值守，在新冠肺炎疫情期间，出动检查人员967人次，检查人工繁育单位155家，检查餐馆等经营户339家，配合检查市场557次，野外巡护

1070 人次，监测到野生动物 18076 只，解救野生动物 17 只，发放宣传资料 2967 册，宣传教育 8841 人次。向野生动物养殖单位、餐饮经营户等送达《新型冠状病毒感染肺炎防控告知书》《野生动物禁食禁售倡议书》《关于禁止野生动物交易的通告》等，做到家家到、处处查、全覆盖，确保每个场所都有监管责任人，督促落实封控隔离、清洁消毒、检测检疫和疫病防范等具体防控措施。对林区非法捕猎、贩卖、销售野生动物行为进行重点监管，安排森林巡防队员对重点林区进行野生动物保护巡查。对部分人员活动频繁的林区采取封闭式管理措施。加大湿地等自然保护地监测巡护力度，强化省级陆生野生动物疫源疫病监测站的监测巡护工作，做到监测巡护不间断。

（刘梦蛟）

【陆生野生动物应急防控】 2020 年，根据国家市场监督管理总局、农业农村部、国家林业和草原局三部门联合下发《关于加强野生动物市场监管积极做好疫情防控工作的紧急通知》以及江苏省市场监督管理局、江苏省农业农村厅、江苏省林业局三部门联合下发《关于落实新型冠状病毒防控措施加强市场监管的紧急通知》等文件要求，市自然资源规划局编制《无锡市陆生野生动物应急防控实施方案》（以下简称《方案》），并下发《关于全市陆生野生动物应急防控工作的通知》。《方案》主要针对打击非法贩卖售卖野生动物，整顿餐饮场所、农贸市场等重点场所，打击非法运输野生动物及制品，打击非法猎捕野生动物行为，动物人工繁育场所防疫检查等方面。1 月，市自然资源规划局建立防控工作指挥部并下设办公室，各市（县）局、分局成立工作专班；与公安、市场监管部门对接，明确工作范围和重点，落实联络机制与防控措施，做好各项联合执法、检查行动准备；落实全市活禽和野生动物交易市场全部关闭措施，对农贸市场、菜市场、餐饮单位、超市等重点场所，开展“回头看”。

（刘梦蛟）

【禁止非法野生动物交易】 2020 年，按照全国人民代表大会常务委员会下发《关于全面禁止非法野生动物交易、革除滥食野生动物陋习、切实保障人民群众生命健康安全的决定》和国家林业和草原局下发《贯彻落实〈全国人民代表大会常务委员会关于全面禁止非法野生动物交易、革除滥食野生动物陋习、切实保障人民群众生命健康安全的决定〉的通知》，市自然资源规划局联合各级野生动物主管部门对以食用为目的的野生动物人工繁育场所再调查再摸底，对农贸市场、餐饮单位开展“回头看”，全面禁止野生动物交易行为。编印各类宣传品，采取多样的形式对公众进行宣传引导，倡导革除滥食野生动物陋习。

（刘梦蛟）

【长江流域禁捕退捕】 2020 年，无锡市通过迅速建立工作体系、全面排查摸清底数、稳妥推进渔民补偿安置、严格执法监督管理以及落实船网证回收处置等举措，太湖、滆湖水域持证渔船 928 艘、渔民 2131 人退出捕捞。至年末，全市渔船 1210 艘、渔民 2443 人全部退出捕捞，落实“六尽”（应转尽转、应帮尽帮、应保尽保、应补尽补、应救尽救、应助尽助）要求，全市退捕渔民社保参保率 100%，帮扶需转产就业渔民 1297 人，转产就业率 100%，退捕渔船补偿资金共计 6.67 亿元，全部发放到位。全体渔政人员配合全市各级执法监管部门紧盯重点水域，开展打击非法捕捞专项整治行动，重拳打击涉渔违法偷捕行为，确保“四清四无四不”（“四清”指清船、清网、清江、清湖，“四无”指无捕捞渔船、无捕捞网具、无捕捞渔民、无捕捞生产，“四不”指水上不捕、市场不卖、餐馆不做、群众不食）。

（孙科敏）

【池塘生态化改造】 2020 年，按照《无锡市养殖池塘生态化改造实施方案（2019—2022 年）》要求，对非禁养区百亩以上连片池塘实施生态化改造，全市完成改造面积 251 公顷，其中，江阴市 68.8 公顷，宜兴市 100 公顷，锡山区 64.67 公顷、惠山区 17.53 公顷。

（孙科敏）

【渔业增殖放流活动】 2020 年，无锡市开展太湖放流日活动，向太湖投放鱼种 39.5 万尾；在江阴开展长江渔业资源增殖放流活动，向长江投放河豚和四大家鱼鱼苗、鱼种共 411.6863

2020 年，无锡市开展长江流域禁捕退捕工作推进会

（江阴市农业农村局　供）

万尾。连续19年的江阴长江增殖放流活动，累计放流河豚等珍稀鱼类和四大家鱼鱼苗超过1.8亿尾，对改善江阴长江水域生态环境、恢复渔业资源、保护生物多样性和促进渔业可持续发展起到积极作用。

（孙科敏）

【“中国渔政亮剑2020”专项执法行动】 2020年，无锡市组织开展“中国渔政亮剑2020”专项执法行动，打击渔业违法行为。严厉打击重点水域非法捕捞行为，配合市场监管部门做好野生江鲜市场的监督管理，切断野生江鲜的销售渠道，并联合公安、海事部门开展联合执法检查。清理整治“三无”（无船名船号、无船舶证书、无船籍港）船舶，全市排查清理各类“三无”船舶530艘。年内，全市长江流域重点水域专项执法行动出动执法人员996人次、执法车辆25辆次、执法船艇391艘次，查获非法捕捞案件75起，查获涉案人员94人，移交公安部门3起11人，查获渔获物1.19万公斤，行政罚款5.61万元。打击电力捕鱼，保护渔业资源，全年张贴标语46条，悬挂横幅25条，向群众手机客户端发送法律短信2400余条，电视台宣传6次，报纸宣传3次，发放宣传资料227份，出动执法人员414人次、执法车辆12辆次、执法船艇107艘次，查获电力捕鱼案件14起，查获涉案人员17人，移交公安部门1起1人，没收电捕器14套，行政罚额1.55万元。开展水生野生动物执法检查，出动执法人员69人次、执法车辆13辆次，检查水生野生动物人工繁育和经营利用单位28家，确保水生野生动物繁育及经营场所停止销售水生野生动物。

（孙科敏）

太湖治理

【概况】 2020年，太湖无锡水域水质总体符合Ⅳ类水平，定类指标为总磷，浓度为0.082毫克/升，比上年下降4.7%；化学需氧量浓度为15.8毫克/升，达到Ⅲ类标准，比上年下降11.7%；氨氮浓度为0.14毫克/升，达到Ⅰ类标准，与上年持平；高锰酸盐指数浓度为4.1毫克/升，达到Ⅲ类标准，比上年下降2.4%；总氮作为单独评价指标，浓度为1.24毫克/升，处于Ⅳ类标准，比上年上升6.8%；综合营养状态指数55.4，比上年下降0.5，水体处于轻度富营养。

对照国家治理太湖总体方案和省、市实施方案要求，结合无锡市实际，2020年全市共下达实施9大类264项治太重点工程项目(其中含省目标责任书项目132项)。根据各地区各部门自查情况、第三方核查及综合评定，有259项治太重点工程项目完成年度建设任务，年度目标完成率98.1%；全市治太项目实际完成投资34.7亿元，完成率114%，超额完成任务。

（陈 茜）

【蓝藻水草打捞处置】 受气象条件影响，5月份至入梅前，太湖无锡沿岸部分水域蓝藻出现集聚；梅雨期间太湖遭遇百年一遇汛情，太湖水位持续高涨导致沿湖的芦苇荡、湿地、塘坝等区域出现不同程度蓝藻侵灌集聚。全市蓝藻水草打捞处置工作突出饮用水源保护区、湖泛易发区、风景名胜区、居民聚集区和交通干道沿线等重点区域以及汛后沿湖退水区域，坚持机械打捞与人工打捞、机动打捞与定点打捞、近岸打捞与离岸打捞、常规打捞与应急打捞相结合，统筹调度蓝藻打捞、藻水分离、藻泥运输处置等相关力量，延长工作时间，提高工作负荷，确保蓝藻打捞处置有效开展。全年累计打捞蓝藻169.85万吨、水草6.32万吨，产出藻泥8.61万吨。

（岳喜磊）

【水质应急防控】 5月下旬至6月上旬，无锡市由于气温偏高、降雨少、水位偏低和季风影响，在风浪作用下近岸浮淤上泛，贡湖湾沿线近岸水域断续出现水体异常。异常水体出现后，市水利部门会同沿湖板块和相关部门迅速制定并落实应急处置方案，明确加密监测、围隔阻挡、增氧曝气、动力推流、人工增雨、应急清淤等应急处置措施。年内，贡湖湾沿线完成约10.5千米围隔建设、50余台(套)增氧曝气及推流稀释装备安装，防止异常水体扩散、促进水体恢复；贡湖周边水域实施人工降雨量达到45毫米，增加湖体流动性；实施“引江济太”(通过望虞河引优质长江水入太湖以改善太湖水环境的水资源调配措施)应急调水，在确保防洪安全的前提下，向太湖应急调水1030万立方米；启动贡湖湾沿线应急清淤，清除近岸淤泥、浮泥约90万立方米。由于应对及时、措施有力，异常水体得到快速处置并恢复正常，保障水源地水质安全。

（岳喜磊）

【蓝藻离岸防控】 2020年，按照“离岸设防、应设尽设”的要求，沿湖地区和有关单位在太湖岸线距离岸边300～500米的湖区科学设置挡藻围隔，全力避免太湖蓝藻在无锡太湖近岸水域集聚。年内，完成贡湖湾、梅梁湖、竺山湾等水域共计约25千米离岸围隔建设。实行离岸设防与离岸处置有机结合，坚持“物理疗法、前道处理、良性循环”的太湖应急治理理念，在传统的平台打捞、船只打捞的基础上，将深井加压控藻技术作为应急处置措施开展试点应用，完成宜兴市符渎港、经开区张桥港两座加压控藻深井建设，加快实施梅梁湖十八湾沿线3座加压控藻深井及盘湖湾至闾江大堤段离岸围隔建设，并优化完善贡湖湾、梅梁湖、湖西区蓝藻离岸防控方案编制，不断完善蓝藻离岸防控体系。

（岳喜磊）

【调水引流】 2020年，市水利局配合上级水利部门实施望虞河“引江济太”3次，累计引长江水量6.65亿立方米，累计入湖水量2.34亿立方米。做好梅梁湖、大渲河泵站调水引流工作，根据太湖水质及蓝藻聚集情况，优化梅梁湖、大渲河泵站调水引流方案，拉动水体流动保护太湖水源地水质，梅梁湖、大渲河泵站累计调水量7.47亿立方米。统筹协调西引梁溪河太湖水、北引锡北运河长江水、东引九里河望虞河水三条调水引流线路，改善城区水环境，"运东大包围"累计开机4634台时，调排水量2.69亿立方米。

（岳喜磊）

【科技治藻】 2020年，无锡市区藻泥压滤焚烧项目在试运行期间总结经验、调整工艺，提高运行管理水平，年内建成的5000吨藻泥缓冲调节设施，提升藻泥处置能力，该项目日最高处理量达到1300吨，全年累计处置藻泥6.4万吨。积极探索研究藻泥无害化处置、资源化利用新途径，在藻泥高效脱毒生产鱼饲料、藻泥制氨基酸、藻泥低温干化生产藻粉等技术上取得积极进展，在蓝藻湖泛防控中发挥有效作用。国家"十三五"水专项课题"环境友好型植物化感物质高效抑藻技术研究与应用示范"项目通过省级验收，研究成果为湖泊蓝藻治理开辟新路径，具有良好的示范应用前景。

（岳喜磊）

节能减排

【概况】 2020年，无锡市节能工作圆满完成省下达的能耗强度控制约束性目标，为生态文明建设和促进经济高质量发展做出贡献。经初步核定，全年无锡市单位GDP能耗下降3.27%，超额完成年度降低目标。2016～2020年单位GDP能耗下降18.69%，超额完成"十三五"节能目标要求。

（肖俊英）

【落实节能降耗目标责任】 2020年，市工业和信息化局制定出台《无锡市2020年节能降耗工作意见》，分解落实单位GDP能耗降幅指标及11项重点工作目标任务。加强形势预警分析，对辖区内各板块进行三级预警，督促一级和二级预警地区及时采取降低能耗的措施，确保完成年度节能目标任务。组织开展各市（县）、区政府节能"双控"（能源消费总量和强度双控制度）目标考核及通报，完成2019年度全市重点用能单位节能目标责任考核。其中，150家万吨标煤以上重点用能企业实现年度节能量35万吨标准煤。

（肖俊英）

6月，江苏省委书记娄勤俭（左三）调研太湖梅梁湖生态清淤试点工程

（市水利局 供）

【重点领域节能】 在工业领域，无锡市调整产业结构，狠抓重点企业能效提升，2020年全市规上工业单位增加值能耗下降6.60%，超额完成进度目标任务。在建筑领域，全市完成新建建筑节能建筑面积1475.58万平方米，节能16.76万吨标准煤，全市城镇绿色建筑占新建建筑比例100%，全面完成省下达目标任务。在交通领域，无锡市区全年城市公交客流量为19118万人次，城市公共交通机动化出行比例达到40%以上，城市公交新能源车辆数比上年增加341辆，新增和更新车辆中的新能源车辆比例达到100%。在公共机构领域，全年公共机构人均综合能耗对比2015年下降14.25%，单位建筑面积能耗下降10.10%，超额完成"十三五"公共机构节能目标任务。

（肖俊英）

【重点用能单位节能管理】 2020年，无锡市组织开展重点用能单位"百千万"行动，对147家列入无锡市"百千万"行动重点用能单位进行"双控"目标完成情况考核，督促企业健全能源管理制度，落实节能措施。42家企业开展节能诊断工作，139家企业完成能源审计，129家企业通过能源管理体系认证和评价，130家企业建立能耗在线监测系统并接入省平台。开展节能自愿承诺活动，组织开展重点用能单位能源负责人培训和备案，能源管理负责人备案343家。

（肖俊英）

【污染物减排】 2020年，全市完成化学需氧量、氨氮、总氮和总磷四项主要水污染物减排量分别为1101.11吨、155.16吨、494.09吨、35.217吨，分别比上年削减2.26%、2.98%、3.58%、4.03%，较2015年削减13.97%、14.26%、15.73%、17.76%，完成省下达的各项目标任务。全年完成水环境减排项目303个，其中，工业污染治理项目12个，城镇生活污水治理项目6个，涉水“散乱污”企业取缔项目285个,有效减少全市水污染物排放总量,改善区域水环境质量。完成大气减排重点工程1233项,持续推动热电整合,开展工业炉窑提标改造,在3家全流程钢铁企业推进超低排放改造评估,二氧化硫、氮氧化物排放量相比2015年分别下降27.88%和24.26%,达到目标进度。

(陈　茜)

污染防治

【空气污染防治】 2020年,全市落实空气质量三级“点位长”制,在全省率先出台《无锡市大气臭氧污染防治攻坚28条三年行动计划(2020—2022年)》,推进实施1233个年度重点工程项目。全年关停化工企业275家,淘汰燃煤电厂3家30兆瓦机组,整治工业窑炉130台,2016～2020年累计减煤270.28万吨。加强夏季臭氧污染精准防控,完成VOCs(挥发性有机物)整治项目477个。制定出台高排放车辆提前淘汰补贴办法,淘汰国三及以下排放标准营运中型和重型柴油货车5245辆。开展“清洁城市行动”,对市区主要道路实施“以克论净”考核。

(陈　茜)

【水污染防治】 2020年,全市推进实施88个年度重点治水工程和259项年度治太工程,完成新创建排水达标区121个,推进梅梁湖生态修复和53条劣Ⅴ类支流支浜整治。完成长江、太湖2939个入河入湖排污口排查和监测溯源。推进美丽河湖十大专项行动,聚焦816条重点整治河湖,开展河湖环境集中整治。加强长江保护与修复,编制完成《长江岸线保护利用规划》,45个长江干流岸线利用项目清理整治整改全部通过验收,长江无锡江阴段捕捞渔船全面退出。制定出台农村生活污水治理提质增效行动方案,完成1411个村庄生活污水处理设施建设。

(陈　茜)

【土壤污染防治】 2020年,全市完成252家重点行业企业用地土壤污染状况采样调查,实施完成年度重点工程项目420个,完成梁溪区焦化厂退役场地东厂区地块修复、惠山区省级农业生态保护与资源利用两个国家试点项目。

(陈　茜)

【船舶生活污水治理】 2020年,市地方海事部门抓好100～400总吨船舶的生活污水防污改造,辖区964艘改造船舶除10艘拆解外,其余954艘全部安装到位,至年末无锡地区安装污水贮存柜的船舶有3735艘。检查船舶生活污水防污设施安装使用情况3890艘次,对400总吨以上内河货运船舶实施铅封292艘次。实施船舶燃油质量抽检467艘次。内河辖区累计接收船舶生活垃圾631.78吨、船舶生活污水接收735.54吨、船舶油类污染物168.71立方米。

(徐天南)

【智能化船舶污染物接收设施建设项目通过验收】 5月29日,无锡内河三级以上干线航道沿线5个水上服务区及1个船闸区域的智能化船舶污染物接收设施建设项目全部通过验收,标志着无锡内河干线航道开始迈入船舶污染防治智能化时代。该项目涉及无锡航道5个水上服务区及1个船闸,安装船舶垃圾油污水智能一体化接收设施9套、生活污水转运固定接收设施6套、船舶垃圾接收标识牌9套。船舶污染物接收设备与船舶污染物电子联单平台相连,船民通过手机扫码或刷卡,即可自动识别船号、实时垃圾称重和油污水计量,生成电子接收单,只需几分钟即可实现船舶垃圾与油污水的快速回收,增强无锡水上服务区及船闸的船舶生活垃圾、生活污水、含油污水“应收尽收”的公共服务能力。

(蒋晓军)

【资源环境价格改革】 2020年,无锡市按照污染者使用者付费、保护者节约者受益的原则,建立健全资源环境价格机制,加快淘汰落后产能,促进产业结构转型升级。落实市政府工业企业资源利用差别化价格政策,对C、D类企业污水处理费每立方米分别加价0.30元和0.50元;对D类企业在现行目录销售电价基础上每千瓦时加价0.10元;对D类企业用气价格每立方米加价0.15元。根据环保信用评价等级实施差别电价、水价,对红色、黑色等级企业电价每千瓦时加价0.05元、0.10元,污水处理费每吨加价0.60元、1.00元。落实钢铁、水泥等高耗能行业阶梯电价、惩罚性电价。全面推行城镇非居民用水超定额超计划累进加价制度。

(倪　婷)

环境监管

【生态环境执法监管】 2020年,市生态环境局开展“绿刃”“大风”专项执法行动,下达行政处罚决定1612件。对工程渣土、装修垃圾车辆等开展执法检查和整治3658次,查处尾气超标车164辆,累计取缔非法码头209家。加强生态环境领域安全监管和风险防控,深化化工企业安全环保整治提升专项行动,开展危废处置专项整治及辐射安全风险隐患排查与整治。

(陈　茜)

【医疗废水废物监管】 2020年,市生态环境局做好疫情期间医疗废水、废物处置监管,加大医疗废水处理及废物处置设施运行情况执法检查力度,指导医疗机构处置企业进行分类收集和处理,确保医疗废水稳定达标排放、医疗废物安全处置。制定出台《关于进一步加强我市塑料污染治理的实施意见》,建立塑料污染治理工作联席会议机制,开展塑料污染治理联合检查。

(陈　茜)

编辑　何　峰

河湖长制

【概况】 2020年，无锡市河湖水质持续向好，国、省考断面优Ⅲ类水比例86%，比上年提高4.6个百分点，“十三五”期间提升48.2个百分点，改善幅度全省最大。重点水功能区水质达标率97.8%，超过省定目标15.8个百分点；161条环境综合整治河道优Ⅲ水比例66.7%，比上年提高13.3个百分点；3条入江河流全部达到或优于Ⅲ类水。太湖无锡水域水质总体符合Ⅳ类水平，涌现出万马白荡、泰康浜、小渲河、九曲基河、前湖村浜、胶山南新河等一大批生态样板河道，《人民日报(海外版)》头版加整版专题报道无锡市河道综合整治成效。无锡市河湖长制工作获省政府真抓实干督查激励通报表扬，无锡市河长办被省人社厅、省水利厅联合表彰为“全省水利系统先进集体”，无锡市滨湖区河长办获评“长江经济带全面推行河湖长制先进单位”。

（岳喜磊）

【河湖长制体系】 2020年，无锡市建立市、县、镇、村四级河长体系，共落实市、市(县)区、镇(街道)、村(社区)四级河长3080人，其中市级河长20人、区级河长157人、镇级河长973人、村级河长1930人，全市5635条河道、35个湖泊、19座水库实现河(湖)长制全覆盖。自2018年以来，市河长办牵头建立河长制工作联席会议、检查巡查、水质通报、信息报送、考核奖惩等5项重点工作制度，修订完善《无锡市河道管理条例》等涉水法规，将河长职责和工作要求上升为地方性法规，为全面深化河长制提供坚实的法制保障。

（岳喜磊）

【河湖长履职】 2020年，全市各级河长累计巡河履职193234次，其中市级河长140次、区级河长1593次、镇级河长28794次、村级河长162707次。市级河长巡河履职坚持问题导向，对履职中发现的问题及时协调解决，下发交办单6份，压实责任、限期整改；对工作不力、水质恶化的20余名河湖长进行约谈，传导压力、奖优罚劣，推动河长制从有名到有实到有效。市河长办不定期进行明察暗访和问题整改“回头看”，全年组织明察暗访41次，通报问题83个，向各市(县)、区级河长下发交办单190份，推动了水质达标攻坚战的开展。

（岳喜磊）

【区域协同治水】 6月，无锡与湖州两市政府签署关于建立太湖蓝藻防控协作机制文件，通过十项机制，共同提升蓝藻防控水平。各地纷纷打破行政壁垒，全力破解治水难题，形成河湖治理合力：江阴市、锡山区、新吴区相继与周边区域建立联合河长制机制，推进跨区县上下游、左右岸一体化治水；宜兴市建立武(进)宜(兴)两地政府跨界环境污染预警处置联防联控工作机制，保障滆湖流域入湖水质安全；惠山区在全市首推建立“河长制+检察官”协作机制，为河道治理筑牢司法屏障。

（岳喜磊）

美丽河湖

【“美丽河湖”行动】 9月，无锡市启动“美丽河湖”三年行动(2020～2022

梁溪区九曲基河 （市水利局 供）

年），聚焦太湖、长江、大运河、蠡湖等城市重要水体和群众身边的816条重点河湖，推进十大专项整治。全年清理水面岸坡垃圾杂物1.37万吨，排查整治河湖岸线违规行为504处，排查溯源入河排污口2939处、整治规范161处，清理拆除非法围网管桩2482处，整治“三无”（无船名船号、无船舶证书、无船籍港）船舶1652艘，排查清理住家船舶167艘，渔港喇叭口、大运河沿线码头等重点区域整治初显成效。建立“周周报、月月督、季季推”“红黑榜”“抄告单”等工作机制，解决河湖水域岸线突出问题，推进生态环境修复、岸线景观塑造、历史文脉传承与公共服务设施建设，打造高品质、高水平的滨水空间、生态走廊和城市景观特色，形成有特色、可示范的“美丽河湖”无锡样本。江阴市黄田港公园、宜兴市男留村河、梁溪区大寨河、锡山区九里河、惠山区万寿河、滨湖区富安新河、新吴区伯渎河、经开区尚贤湖等各具特色的“美丽河湖”，成为市民养生休憩的“网红点”“打卡地”。

（岳喜磊）

【河道环境综合整治】 2020年，全市列入《无锡市河道环境综合整治工作方案（2016—2020年）》的161条河道环境综合整治项目基本完成，涉及控源截污、清淤疏浚、河岸整治、生态修复等整治项目3234个，投资74.23亿元。全市列入治理任务的72条黑臭水体整治全部完成，其中市区41条黑臭水体提前一年完成整治任务并基本消除黑臭，部分河道水质达到地表Ⅲ类水指标。在完善“一河一策”的基础上，市水利局逐条制定26条市级河湖年度整治计划，全年落实整治项目76个，投资11.75亿元。建立双月报制度，每单月统计26条市级河湖、161条环境综合整治河道整治项目进度，对整治进度较慢的地区进行通报，倒逼工作推进。

（岳喜磊）

【入湖入江河道治理】 2020年，无锡市将13条主要入湖河流达标纳入“百日攻坚”专项行动，开展53条劣Ⅴ类支流支浜整治，委托第三方开展监测和调查评估，落实治理项目68个，总投资5.4亿元，13条主要入湖河流连续两年达到或者优于Ⅲ类，53条支浜消劣顺利通过省销号验收。实施长江保护20项重点示范工程，推进长江水源保护、入江支流治理、入江排污口排查整治、水域岸线整治、非法采砂监管等专项行动，优化整合长江岸线资源，打造高端进、低端退，治理进、污染退，生态进、生产退的“三进三退护长江”模式，长江无锡段水质达到Ⅱ类标准，锡澄运河、白屈港、利港河3条入江支流水质全部到达或优于Ⅲ类，长江小湾、西石桥、窑港口3个水源地水质达标率100%。

（岳喜磊）

12月，锡山区荡口古镇入选省级水利风景区。图为荡口古镇一角

（陆佳敏　摄）

【河湖水域岸线管理】 2020年，市水利局坚持管好盛水的“盆”、护好“盆”里的水，推进重点河湖“两违三乱”（“两违”指违法圈圩、违法建设，“三乱”指乱占、乱建、乱排）“一湖两河四乱”（“一湖”指太湖，“两河”指望虞河、太浦河，“四乱”指乱占、乱采、乱堆、乱建）”专项整治，全市287个重点河湖“两违”问题整治完成率99.3%，34个省级河湖“三乱”问题整治完成率100%，34个“一湖两河四乱”问题完成整改销号33个，江阴市45个长江干流岸线利用项目清理整治提前完成整改，长江经济带警示片蓝藻相关问题完成验收销号，市级河湖149个“三乱”问题全部整改完成并通过验收销号。完成长江、太湖、苏南运河等重点河湖以及城市防洪工程水利枢纽、太湖闸站工程水利枢纽等重点水利工程在内的第一轮河湖和水利工程管理范围划定。实施太湖梅梁湖、贡湖、竺山湖退渔（田）还湖，超额完成814.73公顷退渔任务，完成退田还湖585.56公顷，加快推进竺山湖、新湖农场退渔（田）还湖。

（岳喜磊）

【水利风景区建设】 2020年，市水利局制定无锡市水利风景区行动计划，着力推进水利风景区市（县）、区全覆盖。12月，锡山区荡口古镇入选江苏省级水利风景区，至此全市建成国家级水利风景区7家、江苏省级水利风景区5家，其中国家级水利风景区数量为全省排名第一。全市国家和省级水利风景区发挥水利风景区的社会责任和担当，积极响应倡议，在2020年对全国医务工作者及家属免费开放。

（岳喜磊）

水利工程建设与管理

【概况】 2020年，无锡市实施市级水利投资项目17个，计划投资16.59亿元，实际完成投资16.82亿元，项目开工率100%，投资完成率101.4%，超额完成年度目标任务。新沟河延伸拓浚工程通过竣工验收，新孟河延伸拓浚工程率先实现通水，锡澄运河整治定波水利枢纽工程于主汛期前通过水下验收，太湖梅梁湖生态清淤试点工程完成试点任务，望虞河西控、环太湖大堤剩余、锡澄片骨干河网畅流活水等重点工程进展顺利。新孟河工程宜兴段获评“江苏省水利工程文明工地”。宜兴市水利建设获省政府真抓实干督查激励通报表扬、移民工作获省水利厅通报表扬。

（岳喜磊）

【水利规划】 2020年，市水利局围绕生态文明建设、长江经济带建设、长三角一体化发展、大运河文化带建设等国家重大战略，完成《无锡市水利发展“十四五”规划》初稿编制。完成《无锡市区水系规划》修编，开展重点河湖保护规划编制。完成《太湖（梅梁湖、贡湖）无锡市退渔（田）还湖专项规划修编报告》编制，配合水利部、省水利厅开展《太湖流域水环境综合治理方案》修编和《江苏省区域水利治理规划》编制。配合市有关部门完成《长江三角洲区域一体化发展规划纲要》《无锡市国民经济和社会发展第十四个五年规划纲要和二〇三五年远景目标纲要》《无锡市综合立体交通网规划研究（2021—2050年）》等规划纲要编制。开展《霞客湖水生态水环境方案研究》，完成《蠡湖水环境深度治理和生态修复》课题研究工作。《水利基础设施空间布局规划》编制工作有序开展。

（岳喜磊）

【新沟河延伸拓浚工程】 该工程是国家172项节水供水重大水利工程之一，无锡市境内工程批复总投资25.38亿元，主要建设内容为河道延伸拓浚41.45千米，堤防工程53.78千米，堤顶防汛道路31.79千米，上堤道路1.2千米，护坡护岸工程25.75千米，新建西直湖港北枢纽（90立方米每秒流量立交地涵）、西直湖港闸站枢纽（90立方米每秒流量泵站+24米节制闸）、西直湖港南枢纽（16米×160米船闸+15米节制闸+3孔地涵），新建口门控制节制闸14座，封堵口门6处，修建跨河桥梁36座，合并拆除跨河桥梁1座，同步实施相关水系调整工程。工程于2014年启动建设，2020年12月30日通过竣工验收。

（岳喜磊）

【新孟河延伸拓浚工程】 该工程是国家172项节水供水重大水利工程之一，无锡市境内工程涉及宜兴市河道整治工程，批复总投资9.4亿元。年内完成工程建设投资1.3亿元，完成漕桥河河道疏拓6.4千米、太滆运河河道疏拓2.7千米、北干河河道疏拓0.57千米，完成老八烈士桥拆建、渎边公路桥接长、人民路桥和新长铁路桥工程，并在主汛期前实现全线通水、发挥工程效益，河道一标、二标、四标和跨河桥梁一标完成合同工程验收。

（岳喜磊）

【环太湖大堤剩余工程】 该工程为太湖流域防洪规划重点工程，是国家172项重点节水供水重大水利工程之一，工程任务是对江苏省境内环太湖大堤剩余工程进行加固，新建、拆除重建口门、套闸、节制闸、泵站等建筑物，新建跨港渎桥梁，无堤段岸线防护，湖西滨湖地区影响处理工程等，以巩固和提高环太湖大堤的防洪安全度与标准，增强太湖防洪调蓄及水资源调控能力。无锡段工程涉及宜兴市、滨湖区及经开区，投资概算12.32亿元。无锡段工程于2019年12月18日正式施工，年内完成投资3.6亿元，累计完成投资4.15亿元。

（岳喜磊）

【望虞河西岸控制工程】 该工程是国家172项节水供水重大水利工程之一，主要任务是对望虞河西岸口门进行控制，改善入湖水质和太湖流域水环境，提高太湖水环境容量，结合水资源配置、防洪等综合利用，同时兼顾地区排涝和航运等功能。工程涉及锡山区、新吴区，主要内容为新建望虞河西岸16座支河口门建筑物，新开河道0.3千米，疏浚河道7.1千米，工程等别为Ⅱ等，主要建筑物级别为3级，按流域防洪100年一遇洪水标准设计，概算总投资3.1亿元。无锡市境内工程于2016年12月开始进场施工，锡山区境内工程一标、二标、三标、六标于2019年通过完工验收，五标卫浜枢纽于2020年7月31日通过完工验收，四标杨安港枢纽于2020年11月20日通过水下验收，至年末基本完工；新吴区境内工程于2020年6月30日通过完工验收。

（岳喜磊）

【锡澄运河整治工程】 该工程包括河道工程和定波水利枢纽工程。河道工程任务是扩大区域洪水北排长江的能力，提高武澄锡虞区防洪除涝能力，兼顾区域供水和改善水环境，并结合其他工程的实施，使区域防洪标准提高到50年一遇，总投资14.93亿元，年内实际完成投资6亿元（含征迁费），完成顺河围堰2000米，基坑开挖1500米，浇筑钢筋混凝土底板1000米。定波水利枢纽工程任务是扩大区域洪水北排长江的能力，提高武澄锡虞区防洪除涝能力，兼顾区域供水和改善水环境，总投资4.35亿元，至年末累计完成投资3.43亿元，6月17日通过水下验收，年内完成泵站厂房、控制楼、节制闸启闭机房封顶和4台水泵机组安装。

（岳喜磊）

【锡澄片骨干河网畅流活水工程】 该工程包括大河港泵站工程、白屈港综合整治应急清淤工程及界河东西节制闸控制工程。大河港泵站工程主要建设内容是拆除原大河港桥及大河港闸、重建大河港桥、新建大河港泵站（8米节制闸+45立方米/秒流量双向泵站），工程于

望虞河西岸控制工程卫浜水利枢纽（市水利局 供）

2019年末开工，年内桥梁已建成通车，泵站水下部分工程基本完成，累计完成投资1.1亿元。界河东西节制闸工程主要建设内容是在白屈港东、西两侧的界河上各新建节制闸一座，其中东闸为3孔，总宽32米（10米+12米+10米），西闸为3孔，总宽36米（每孔净宽12米），工程于12月开工，累计完成投资500万元。白屈港应急清淤工程主要建设内容是在白屈港闸站枢纽至青祝河段进行清淤，河道清淤总长24.98千米，清淤方量约65万立方米，工程于7月通过完工验收，累计完成投资5849万元。

（岳喜磊）

【水利工程质量监督】 2020年，市水利局开展水利工程监督检查（巡查）131次，发布质量安全监督通报3期，展开监督飞行检测3次，书面下达监督检查意见79份。印发《无锡市水利工程建设项目稽察工作实施细则（试行）》，组织省级稽察专家对环太湖大堤剩余工程、新孟河延伸拓浚工程等省级重点工程开展稽察4次，发现并整改问题303个。开展对市（县）、区的水利质量监督机构履职能力专项检查。组织全市质量管理条线监管人员开展安全技能现场交流和线上线下培训活动，派员参加第一届“工匠杯”江苏省水利建设工程质量监督技能竞赛、上海市“啄木鸟杯”质量监督技能大赛，在省“工匠杯”竞赛中获优胜奖。

（岳喜磊）

【水利工程规范化精细化管理】 2020年，市水利局贯彻《江苏省水利工程精细化管理评价办法》，明确全市水利工程精细化管理评价工作适用范围、评价内容、评价标准、验收要求等，下达全市水利工程精细化管理建设任务，促进水利工程管理在规范化基础上提档升级。年内，全市11家水管单位有10家获省级以上水利工程管理单位称号、创建达标率90.9%，17座小水库中有16座通过规范化管理考核、创建达标率94.1%，均为全省第一。6月，市城市防洪工程管理处、省望虞河锡山管理所顺利通过省水利厅组织的省一级、二级水管单位复核；10月，市太湖闸站工程管理处、宜兴市横山水库管理所高分通过国家级水利工程管理单位复核。8月，宜兴市“深化小型水库管理体制改革示范县”创建工作高分通过水利部评估，11月，被水利部确定为全国“第一批深化小型水库管理体制改革样板县”。

（岳喜磊）

农村水利

【农村水利建设】 “十三五”期间，无锡市投入农村水利建设资金42.6亿元，完成农村圩堤加高加固778.9千米，新建、改造机电泵站1027座、防洪闸129座，完成20个万亩圩区达标建设，修建防渗渠道560.7千米，建成标准化泵站366座，建成以镇（街道）为主的农村防汛决策指挥系统58套。至2020年末，全市旱涝保收田面积率85.4%，有效灌溉面积率93.2%，节水灌溉工程面积率77.2%，灌溉水利用系数0.67，为促进农业农村高质量发展和实现乡村振兴提供有力的水利保障。

（岳喜磊）

【农村河道综合治理】 2020年，市水利局印发《关于加快推进农村河塘综合整治工作的通知》，将水面积50平方米以上的小微水体纳入河长制管理范围，落实河塘清淤、垃圾清理、岸坡绿化、水系沟通、控源截污、长效管护等措施，打通河道整治“最后一千米”。完成168条农村河道生态清淤385.5万立方米，建成江阴市红旗河、张塘浜，宜兴市轩庄河、马庄河，锡山区新华浜、界州浜，惠山区刘仓河、杨市中心河等8条农村生态河道。编制完成《无锡市农村生态河道建设“十四五”规划》，计划建设农村生态河道52条，其中县级10条、乡级42条，总长度212千米。

（岳喜磊）

【农业水价综合改革】 2020年，无锡市农业水价综合改革工作通过省级验收。全市提前一年完成省水利厅下达的农业水价综合改革任务，完成改革面积7.326万公顷，安装计量设施4322台（套），成立农民用水户协会456家，实现所有灌区农民用水组织全覆盖、农业用水有效计量全覆盖，促进农业节水，降低用水成本，提高用水效益。自2016年启动农业水价综合改革工作以来，全市水利部门先后组织26批次的宣传小组深入乡村社区开展农业节水宣传活动，发放各类宣传资料20000余份，出台水价核定、节水奖励和精准补贴等系列文件，通过政策宣讲、答疑解惑、知识竞赛、现场活动等形式，引导群众自觉参与到农业水价改革工作中来。

（岳喜磊）

【水土保持】 2020年，市水利部门开展生产建设项目水土保持方案审批，通过政府采购选定第三方服务机构实施水土保持委托管理，全年各级水利部门审批生产建设项目水土保持方案238个，验收备案8个。开展水土保持监督执法专项行动，对水土保持“未批先建”项目重点突击检查，发出调查、限期补办、责令停止通知书41份，立案查处2起，指导、督促生产建设单位补办完成水土保持方案许可手续25项，实现水土保持案件执法“零突破”。无锡市以高分通过国家水行政主管部门组织的水土保持监管履职能力督查，在省水土保持目标责任年度考核中获评优秀等次。

（岳喜磊）

【水土流失治理】 2020年，无锡市在市级农村水利专项资金中落实845万元用于水土流失防治，带动有关市（县）、区投入3800余万元。年内，建成生态清洁型小流域2个、国家水土保持重点工程1个，完成水土流失治理面积10平方千米，累计创建省级生态清洁型小流域7条，包括绿色产业型生态清洁小流域1条（惠山区阳山小流域）、和谐宜居型生态清洁小流域1条（江阴市山泉村小流域）、生态休闲型生态清洁小流域5条（宜兴市乾元涧、园田涧、龙山涧、向阳涧、山花岭涧小流域）。龙寺水土保持科技示范园通过水利部定期评估，经验做法获得省水利厅领导批示肯定并在全省推介。

（岳喜磊）

水资源管理

【最严格水资源管理】 坚持以水而定、量水而行，守住水资源开发利用控制、用水效率控制、水功能区限制纳污“三条红线”，2020年，市水利局组织对各市（县）、区2019年度实行最严格水资源管理制度考核工作，考核结果由市政府进行通报，督促并跟踪各地完成问题整改。印发《无锡市2020年实行最严格水资源管理制度考核实施方案》，将全市2020年目标任务分解下达至各市（县）、区人民政府。无锡市在省政府最严格水资源管理考核中获评优秀等次，代表江苏省迎接国家最严格水资源管理制度考核并取得好成绩。

（岳喜磊）

【取水许可证照数字化】 12月9日，滨湖区水利局向无锡风水隆物业管理有限公司颁发取水许可电子证照，这是无锡完全自主颁发的第一张取水许可电子证照，标志着全市取水许可证开始进入数字化电子证照时代，也是落实国务院深化“放管服”改革部署、推进“互联网+政务服务”、全面实行取水许可“一网通办”的重要举措。实行取水许可电子证照后，取用水单位和个人可以线上申领取水许可证照，实现“让百姓少跑腿、让信息多跑路”，可以更快捷地进行取水许可审批和日常监管。

（岳喜磊）

【河湖水量分配】 2020年，市水利局印发实施《洋溪河—双河水量分配方案》，制定洋溪河—双河在滨湖区、惠山区、梁溪区的水量分配方案；开展张塘桥河水量分配工作，编制水量分配方案，提出工作保障措施；完成锡山区安镇街道和新吴区梅村街道的规划水资源论证。开展生态流量（水位）确定和保障重点河湖（库）名录编制工作，研究确定重点河湖名录12条，年内实施完成梁溪河和西氿2条重要河湖的生态水位和保障方案。完成取水工程（设施）核查登记整改提升，取水工程（设施）核查登记整改项目255个，整改完成率100%。启动实施全国用水统计调查制度，全市各类取水户录入率、注册认证率均达100%。

（岳喜磊）

【节水型社会建设】 2020年，市水利部门完成对江南大学、无锡职业技术学院、江苏信息职业技术学院、无锡商业职业技术学院、无锡城市职业技术学院5所高校的节水型学校达标复核创建，完成市水利局机关大楼和宜兴市水利局机关大楼节水型机关建设。锡山区国家级县域节水型社会达标建设通过省级技术评估和行政验收。江南大学和无锡市市民中心被评为第二批省级水效领跑者，江苏省天一中学、无锡商业职业技术学院和无锡市振太酒业有限公司被评为第二批市级水效领跑者。全年共创建省市县级节水型载体68个，无锡市南湖中学等5所学校被命名为2020年省级节水型学校。高速公路梅村服务区被确定为省级“节水型高速公路服务区”试点创建单位。

（岳喜磊）

【推出“节水贷”】 2020年，市水利部门联合财政部门创新建立节约用水绿色信贷机制，联合商业银行推出节水型企业复工复产专项贷款“节水贷”业务，为节水型企业开展节水技术改造、供水管网改造、非常规水源利用、节水“三同时”（新建、改建、扩建建设项目的用水节水设施应当与主体工程同时设计、同时施工、同时投入使用）基础设施建设、节水服务等项目提供贷款支持，助力企业减轻融资压力、降低融资成本、实现节水增效。无锡市省级节水型企业无锡荣成环保科技股份有限公司成为首批受惠企业，获得“节水贷”额度5000万元，首笔投放500万元，并享受3.85%的优惠贷款利率。

（岳喜磊）

锡山区厚桥街道谢埭荡村　　（锡山区水利局　供）

水利行业管理

【最优水利营商环境建设】 2020年，无锡市涉水行政许可事项全部实现"不见面"审批、网上审批。通过提前介入、主动服务、信息共享等手段进一步减少审批事项，审批服务事项对外承诺办事时限在法定办理时限的基础上提速50%，实际办理时限在承诺办理时限上再提速20%以上。相关办理流程、办理材料、办结时限等信息在江苏政务服务网等网站进行公示，提高工作的透明度，促进依法行政，接受公众监督。保障大拈花湾、宜马快速通道、锡澄轨交S1线、宜兴中环大硅片、白鹤滩江苏特高压输电线路无锡段等一批省市级重大项目的顺利开工建设。

（岳喜磊）

【水情宣传教育】 2020年，市水利部门在"世界水日""中国水周"期间，在《无锡日报》《江南晚报》上开展线上宣传活动；组织"节水护水，你我同行"原创童谣、主题征文及绘画比赛；在"水韵无锡"公众号推出"最受群众喜爱的生态样板河湖"网络评选，阅读量近9万人次，参与投票网友近8万人。与柏庄实验小学、江南大学物联网工程学院青年志愿者协会联动，开展节水"云微课""云论坛"等节水宣传进校园活动；联合梁溪区大窑路社区、滨湖区西园社区开展以"坚持节水优先，建设幸福河湖"为主题的水情宣传进社区活动；市水利局领导做客"中国无锡"政府门户网站"走进直播间"在线访谈栏目，与广大网友就节水主题在线进行互动交流。通过无锡地铁播放水利公益宣传片，完成蓝藻、河长制、水利工程3个主题的水利科普短片制作。汛期及时发布最新雨情水情，在"网易无锡"开辟"直击2020无锡暴雨"专题，实时发布雨情汛情及工作动态。年内"水韵无锡"微信公众号累计推文388篇，总阅读量近54万人次；"无锡市水利局"新浪微博累计推送447条，总浏览量超80万人次。

（岳喜磊）

【依法治水】 2020年，市水利部门以"两违三乱四清"（"两违"指违法圈圩、违法建设，"三乱"指乱占、乱建、乱排，"四清"指清理乱占、乱采、乱堆、乱建行为）专项整治行动为中心，组织水政执法巡查2964次，依法处理水事违法行为209起，封填违章凿井68眼，拆除违章建筑和违章占用2640平方米，清除河湖网、簖287处，拆除河道违章坝埂86条，其中市本级开展水政执法巡查106次，依法处理水事违法行为69起。做好江砂禁采管理，全年组织出动执法艇31艘次、执法车335辆次、执法人员931人次，开展专项打击行动26次，向公安机关移交涉砂违法线索2起，抓获涉砂犯罪嫌疑人16人，拆除采砂船的采砂机具6条。

（岳喜磊）

【水利信息化建设】 2020年，市水利局建设市河长制管理平台，采用5G、物联网、大数据、云计算、卫星遥感、无人机、无人船等技术，在既有交通、城管、水利、自然资源等部门监控视频的基础上，增设视频监控点位25个和高空鹰眼系统3套，新建精度高、无污染、快速化、低功耗的多源光谱融合分析水质自动监测站39座，实现河湖岸线违法行为自动侦测处置、水质自动监测、数据在线传输、主要河湖全天候监控、河长电子化巡河、河长指令实时传达以及处置流程在线闭环，为全市河长制工作和河湖治理提供支撑。年内，该平台完成投资3500万元，并在全市范围内试运行。无锡市水利信息化改造提升工程通过完工验收，累计完成投资1300万元。依托智慧水利平台建立防汛数据中心，对接省水利厅、各市（县）区水利局、各工程管理单位、气象局、水文局等22个单位（部门），汇集769个实时监测站点（332个水位站、210个雨量站、128个工情站、1个流量站、14路工程视频、84个降雨预报站）数据信息，实现数据实时交换情况的监控与智能预警。

（岳喜磊）

编辑　何　峰

综　述

【概况】 2020年,《无锡市新型智慧城市建设三年行动计划(2018—2020年)》收官,六大提升行动(大数据提升应用行动、智慧产业提升行动、智慧治理提升行动、智慧生活提升行动、信息网络提升行动、信息安全提升行动)、36个重点专项实施完毕,无锡市连续第十年位列全国新型智慧城市建设第一方阵。市大数据管理局分析研判无锡新型智慧城市建设中存在的问题,确定未来3～5年无锡市智慧城市发展目标,起草《无锡智慧城市顶层设计方案》;开发"灵锡"App,以政务服务、公共服务、便民生活服务为主要建设内容,通过"统一用户、统一支付、统一入口"建设,打造具有政府公信力的、更具体验感的、全景全要素的城市服务总门户;举办"新型智慧城市建设十大优秀解决方案"评选活动,编制《新型智慧城市建设百优案例》,提升市民在新型智慧城市建设中的获得感、参与度,激励应用创新不断涌现。年内,无锡市获评亚太智慧城市"2020中国领军智慧城市"、2020智慧中国年会"中国智慧城市示范引领奖"、第11届物联网产业与智慧城市发展年会"2020中国智慧城市示范城市奖"、中国电子信息产业研究院"智慧城市十大样板工程",并以"智慧城市(物联网)"主题,成功跻身"百城百园"行动实施主体城市行列。

(张贞哲)

【数据立法】 5月1日,《无锡市公共数据管理办法》(以下简称《办法》)正式施行。结合无锡市公共数据资源的分布情况,以及公共数据资源共享、开放的实际需求,《办法》将行政机关和履行公共管理和服务职能的企业、事业单位以及其他组织在依法履行职责和提供公共服务的过程中采集和产生的数据都纳入公共数据管理范畴。《办法》共7章39条,首次在地方立法中提出"数据治理"概念,明确优化公共数据管理体制,实行目录管理,提供共享、开放服务,加强质量管理这4个方面的内容。《办法》的创新之处在于首次提出"三个一":明确数据资源目录编制要求,制定数据共享、开放清单,通过目录实现数据家底"一张表";统一建设大数据中心、共享平台和开放平台,整合数据共享交换通道,实行数据共享开放"一条道";建立公共数据管理指标体系,监测公共数据质量,将公共数据管理工作纳入政府考核体系,实现数据管理"一条链"。作为全国设区市首个公共数据管理的地方规章,《办法》的出台标志着无锡市公共数据管理工作进入法治化、科学化、规范化的新阶段。

(张贞哲)

【《〈无锡市公共数据管理办法〉释义》出版】 7月,《〈无锡市公共数据管理办法〉释义》经法律出版社公开出版,形成无锡规章释义公开出版第一案例。释义对《无锡市公共数据管理办法》中每一条规定,分别从规范内容、立法背景、立法依据、立法宗旨等维度进行全面、详细的解释和说明;同时,在部分条文中进行大量的文献梳理和学术研究工作,总结与归纳对应条文内容下的当前数据管理与服务工作的开展情况,广泛比较全国重点省市的数据管理工作及相关立法现状,并在文后列举该条规定的关联法规。释义的出版,助益市政府各委办局和社会各界更加全面、准确地理解与落实这部出台的地方政府规章,进一步推进无锡公共数据管理工作的开展,同时也向全社会展现《无锡市公共数据管理办法》立法的全过程。释义中进行的大量文献梳理与学术研究工作,为公共数据学术研究领域和其他地方公共数据立法工作提供参考与借鉴。

(张贞哲)

数据抗疫

【科技防疫】 1月28日,市疫情防控指挥部决定成立数据分析组,作为指挥部办公室下属工作组,研发各类大数据产品工具,全面采集、汇总核对、精准分析疫情防控各类信息,协助市疫情防控指挥部科学决策,打好疫情精准防控的主动仗。市大数据管理局作为数据组牵头单位,联合市公安局、市卫生健康委等,集聚全市大数据科技力量,组建系统研发突击队,以"数据速度"与疫情赛跑,用"数据硬核"与"疫魔"较量。疫情初期,48小时内研发上线"疫情防控一点通"(信息发布)、36小时内研发上线"疫情管理通"(核查直报)、28小时内研

2月6日，返锡通平台上线
（市工业和信息化局 供）

发上线"返锡通"（复工复产）;24小时内研发上线"锡康码"，1个月内迭代50多个版本。进入常态化防控阶段，4天内上线入境人员转运系统，48小时内上线大规模人员核酸检测系统，18小时上线进口冷链食品申报追溯系统。各数据产品均根据市防控政策和实际使用情况快速迭代，用科技防疫的硬实力，构建全方位、全过程、多层级、立体式疫情防控核心管理与服务能力，不仅在常态化疫情防控和推动复工复产方面发挥作用，也为电子身份证系统的建设推广提供宝贵的数据支撑。

（张贞哲）

【疫情防控一点通】 1月31日，该应用正式发布。该应用能够实现疫情信息公开权威、及时、精确，让市民更精准地获取无锡市域的有效疫情防控数据。新冠肺炎防疫期间，累计访问量211万次，累计访问人数82万人，累计"自主申报"1530条，累计提交线索873条。

（张贞哲）

【返锡通】 2月6日，该应用发布上线。该应用保证外地返锡的健康务工人员能够便捷地进入无锡市，保障企业正常复工经营，防止出现大规模"用工荒"。至2月18日下线，累计实现卡口核查8000余人，社区核查22万余人。之后上线"复工易"模块，展示复工复产政策、复工企业名录等，为企业复工复产和员工返锡返岗提供线上解决方案。

（张贞哲）

【疫情管理通】 2月1日，该应用发布上线。该应用能够使区、街道、社区三级工作人员更高效、更安全地开展防疫工作，实现重点人群的基础信息采集与匹配。至6月30日下线，累计核查完成30余万人，社区新增核查17.5万余人、社区补录核查4.7万余人。

（张贞哲）

【疫情防控态势系统】 2月2日，该应用发布上线。该应用采用图表、视频、地图等可视化方式，对市疫情防控指挥部下属各组采集到的各类数据进行分类统计和集中展示，包括返锡人员区域分布、返锡人员风险分布、复工企业排查、市场物资供应、市内交通情况、防控物资生产情况。

（张贞哲）

【锡康码】 2月20日，该应用发布上线。该应用基于黑名单原则，融合卫健、公安以及社区等隔离等数据，为全市公共场所、社区、园区、企业或人群聚集场所制定通行码应用规则。至年末，注册人数1121.5万余人、累计核验超过1.58亿人次。

（张贞哲）

【入境人员转运系统】 8月3日，该应用发布上线。该应用实现上海入境来锡人员、无锡苏南机场国际航班入境人员、接驳人员、管理人员等人员的信息管理，涵盖申报、接驳、检测、隔离等环节，提供全流程信息化服务，支持中、日、英、韩4种语言。至年末，服务上海入境到无锡人员3100余人，累计解除隔离2400余人。

（张贞哲）

【进口冷链食品申报追溯系统】 11月15日，该应用发布上线，是全国首个进口冷链食品申报追溯App。该应用将集中监管仓、超市酒店、分销商信息在内的全市进口冷链食品进货、流向、分布等信息全部纳入，为监管部门使用智能化手段防范化解进口冻品疫情传播风险提供"来源可溯，去向可追，问题可查，责任可究"的全过程信息链条。系统全程使用区块链认证，进口冷链食品经营者手机操作即可预约进入集中监管仓，经全面消杀检测合格后，取得出库证明方可进入生产经营环节;消费者可扫码查询，实现"出库证明验真，商品来源追溯"。12月15日，通过该应用及时追溯出一批核酸检测呈阳性的进口冷链产品。该系统运行成效明显，获省长吴政隆批示肯定，在央视《新闻联播》《共同关注》《朝闻天下》《新闻直播间》等栏目连续播报。

（张贞哲 满玉贞）

【大规模人员核酸检测系统】 12月1日，该应用上线。该应用创新建立大规模全程检测追溯机制，为市民、现场身份检验人员、现场样本采集人员、转运人员、实验室人员、疾控中心人员提供涵盖通知、采集、转运、检测等环节的全流程信息化服务。

（张贞哲）

【防疫通信保障工作】 2020年，无锡电信承接市委、市政府防疫通信保障任务，对接市疫情防控指挥部，做好医疗卫生等行业防疫工作支撑。完成无锡疫情智慧中心会议通信环境的搭建工作，包括现场30个政务网络点接入、50部电话开通以及经开区分会场视频会议系统建设。为市政府、市卫生健康委、市公安局等提供疫情防控视频会议系统及保障，完成固话新装50余部，新建光缆2条，24小时保障视频会议终端和链路。重点保障无锡市人民医院、无锡市中医医院、江南大学附属医院、疾控中心等12条线路、20多部固话，并紧急安装疫情电话;对6家重点医院进行专线免费提速;为援鄂医务人员天翼套餐提供通信补贴每人100元，开通不停机、免流量服务。在江阴市周庄镇宗言村开通全省第一套智慧广播系统，并在宜兴市丁山镇等地推广，助力农村疫情防控布置和告知。启动"12345"在线平台应急预案，为市民提供关于疫情的咨询解答和诉求受理；1月21～28日，“12345”平台受理涉及新冠肺炎疫情相关问题5407件，包括电话4886件、微信480件、网站35件、省平台交办5件。1月23～31日，无锡电信累计向市民发送疫情提醒短信约40批次、共500万条短信，其中对武汉市到无锡市的2381个号码发送提醒短信。户外电子大屏发布疫情相关宣传片2个，日播放频次1400次。支撑无锡市网格化社会治理联动处置平台，24小时完成研发上线，大数据系统累计推送数据约8000条，助力网格疫情防控精准排查。

（钱晓静）

基础支撑

【数字网络支撑】 2020年，全市新开通5G基站7300个，累计投入运营5G基站8699个，基本实现市区、发达镇村和重点区域5G信号全覆盖。有4G基站4.77万个，4G网络全域覆盖。全市累计建成NB-IoT（窄带物联网）基站超6700个，物联网连接数超1500万。加快万兆以太网无源光网络（10G EPON）设备的部署，提升千兆用户规模，确保全面覆盖住户千兆以上接入能力，加快推进“宽带+5G+WiFi”三千兆建设，无锡电信、无锡移动均完成全市小区固定宽带千兆网速接入能力建设，无锡联通启动千兆网络小区覆盖工程，户均宽带平均速率约180M，全市城域网（不含IDC）出口带宽超9.1T。全市累计建成15个成规模数据中心，规划机柜数21000余个，建成机柜数18000余个，IDC出口带宽超13.6T。

（叶　晨）

【大数据中心和基础数据资源库建设】 2020年，无锡城市大数据中心作为全市数据资源管理的新型基础设施，采用“1+5+N”（1个平台+5个基础库+N个主题库）架构推动全市数据中心一体化进程。建立无锡市基础数据库建设管理联席会议制度，加大数据资源归集和治理力度，推进全市公共数据共享开放，建立健全数据质量评估和更新维护机制，推进基础数据库深化应用。全年归集207.69亿条数据，比上年增长77.43亿条。其中：人口库1.03亿条，增长55%；法人库6233万条，增长11%；电子证照库408万条，增长92%；归集电子证照126张。基础数据资源库建设多个分项指标成绩领先：电子证照入库数据量居全省第一，省级数据接口使用数据居全省第二，数据资源挂裁数据居全省第二。

（张贞哲）

【年度公共数据资源目录普查】 2020年，市大数据管理局通过线上、线下方式对96个市级部门单位、8个市（县）区级单位开展公共数据资源核查，组织召开数据资源内部审查会，通过数据比对、项目追踪等手段，比对各部门在建、在用等系统数据资源申报情况。组织编写《2020年度全市公共数据资源核查通报》《无锡市公共数据资源核查目录》，排查全市市级公共管理服务机构信息系统3394个，其中自建系统1246个，国家级垂直系统462个，省级垂直系统616个，市级系统1070个；全市市级67个政务部门上报信息资源1917个、信息项34986个，比上年分别增长0.74%和6.71%。

（张贞哲）

【沪宁高速公路巧用窄带物联技术】 2020年，沪宁高速公路无锡处运维队（以下简称运维队）成功攻克主线情报板复位操作耗时长的难题，依托窄带物联技术，仅用时3秒便可完成主线情报板的远程一键式复位，将原先至少耗时30分钟的操作流程缩短至3秒。主线情报板作为大流量路段智慧扩容的基础设施，对车道管控起着至关重要的作用。运维队通过历史故障数据分析发现：无锡段31处情报板存在宕机或“断网失灵”现象，每月发生9次左右。一旦遭遇此类情况，屏显信息无法实时更改，极易误导驾驶员，引发交通事故和责任险投诉。因情报板系统与收费门架、摄像机、毫米波雷达等共用一路电源，无法在控制中心关闭总电源，常常需要外协维护单位到场人工重启，花费时间至少需要30分钟。窄带物联网（NB-IoT）构建于蜂窝网络，可直接部署于GSM网络，支持低功耗设备在广域网的蜂窝数据覆盖。运维队以此为切入点，从“需求分析”确定“模块功能”，第一时间完成整套远程电源控制装置的集成联调，实现手机、电脑客户端的一键远程查看、重启及断电操作，整个过程只需调度员动动手指，耗时不到3秒，每月可节约人工和车辆通行费成本约3000元，降低维护员上路作业的安全风险，实现从低效人工管理向高效智能管理的飞跃。该项技术有远控距离长、性能稳定、传输可靠、制作成本低、功能扩展方便等优点。

（俞建军）

数据共享赋能

【数据共享和治理】 2020年，市大数据管理局制定《无锡市公共数据共享工作规范》，对省级系统数据传输通道进行调整，明确各部门数据统一通过城市大数据中心进行交换共享，新增获取并封装国家、省相关数据接口17个，累计达39个，累计调用省部级接口1271万次，接口调用量全省第二；开发市级数据接口超过100个，全市接口调用累计1270万次。制定《无锡市公共数据风险评估办法（试行）》《无锡市级部门政务数据共享责任清单》，在无锡城市大数据中心数据治理平台的基础上，构建数据治理框架，编制标准域词典，完善人口库、法人库标准，按照数据质量问题分别从技术、业务和质量维度设计多项质量检验规则，提升数据质量问题发现率。

（张贞哲）

【数据赋能应用】 2020年，无锡城市大数据中心为深入推进“放管服”改革、落实优化营商环境提供数据赋能支撑。全年为37个部门和地区的业务系统共享数据129.6亿条，其中：“互联网+监管”11.2万条、“互联网+政务服务”880万条、“阳光扶贫”1459.1万条、“综合金融服务”7954.6万条、“大数据+网格化+铁脚板”470.6万条。无锡城市大数据中心推动数据在政府各部门的广泛化、多样化和弹性化应用，被省委网信办认定为“2020数字江苏建设优秀实践成果”，获中国通信工业协会中国国际数字政务服务博览会“2020年度智慧政务奖”，中国信息产业商会人工智能分会“2019～2020年度数字政府建设卓越实践奖”。

（张贞哲）

【公共数据资源开发利用试点】 2020年，根据国务院办公厅《公共数据资源开发利用试点方案》，无锡车联网（C-V2X）城市级应用、智慧市场监管等2个项目成功入选省公共数据资源开发利用重点领域应用试点，试点项目数排名全省第二（全国8个试点省份，全省12个项目入选），为全省在交通、市场监管等重点领域形成一批示范应用、推进社会治理体系和治理能力现代化提供先试先行经验。

（张贞哲）

【“智慧民宗平台”信息化项目启动】 11月，市民宗局“智慧民宗平台”信息化项目获批启动。该项目主要分市、市（县）区两级民宗部门视频会议、全市民族宗教事务管理和全市民宗领域信息化安防等3个系统。视频会议系统与省民族宗教委视频会议系统联通，实现省—市—县三级视频互联互通；民族宗教事务管理系统对全市民族宗教资源进行录入、整合和显示，覆盖全市民族宗教信息管理网络；民宗领域信息化安防系统与公安部门、无锡市佛教大数据中心、无锡城市大数据中心、省民宗委信息平台对接。

（张　兵）

数据开放创新

【开放平台建设】 7月29日，无锡市公共数据开放平台正式上线。该平台拥有22类领域主题、9大应用场景，归集开放数据集1984个、数据项14867项，结构化数据2507万条，推动了公共数据在政务服务、公共服务、医疗服务等多项惠民、惠企服务中的应用创新。至年末，该平台访问总量突破50万次，下载总量超过5.1万次，入选全国地市级“十大优秀创新案例”。复旦大学和国家信息中心数字中国研究院联合发布“2020下半年中国开放数林指数”和《2020下半年中国地方政府数据开放报告》显示，无锡公共数据资源开放水平在地级（含副省级）综合排名中位列江苏第一，全国第六，比上年上升46位，增速全国最高，获“数飞猛进”单项奖。

（张贞哲）

【首届大数据开发与应用大赛】 5～10月，无锡市成功举办江苏首届大数据开发与应用大赛（华录杯）。该赛事由无锡市政府和江苏省工信厅联合主办，大赛设置车联网、社会治理、医疗卫生、数字消费等赛道，均采用现实生活中产生的真实数据，在公共数据资源开发利用方面属全省首创。5月18日大赛在无锡正式启动，9月19日在南京软博会开赛，10月31日作为物博会系列活动之一，在无锡举行决赛评审和颁奖仪式。该大赛吸引全球8个国家1455个参赛队伍进行角逐，onex团队、里梭团队、视觉盛宴团队凭借算法优势，分别获得医疗卫生赛道——癌症风险智能检测、车联网赛道——道路交通事件检测、社会治理赛道——违法广告信息检测三个赛道冠军，lswooks团队“智慧数字南长街建设运营方案”，获得创新创意应用赛道——“数字+消费新模式“冠军。大赛对推动政府治理和公共服务能力现代化，激发大数据技术在智慧城市建设中的创新应用起到示范作用。

（张贞哲）

智慧政务

【一体化协同办公平台建设】 2020年，无锡市开展一体化协同办公平台信创试点，统一门户、统一身份、统一登录、统一安全认证，落实国家统一信息系统安全等级保护要求，打造覆盖全市政府公共部门的超级OA平台，数字化、移动化、协同化、集约化，跨层级、跨区域、跨部门在线协同办公基本实现，加快构建“文电在线、组织在线、

10月31日，江苏首届大数据开发与应用大赛（华录杯）决赛在无锡举办

（张贞哲　供）

沟通在线”的一体化行政高效政府。推进各级政府部门办公信息系统向协同办公系统迁移，至年末完成17家市级单位应用推广和全市200多家单位公文交换系统信创替代。

（张贞哲）

【自然资源规划一体化平台上线】 2020年，无锡市在省内率先实现“全业务大融合”自然资源规划一体化平台上线。该平台融合规划、土地等103项业务、747个要素图层。推行“锡地码”，实现“一码智办”的精细化共享管理模式，首创“项目＋宗地”综合编码方式，做到项目选址预审、土地报批、规划许可、土地供应、工程规划许可、不动产登记、批后监管、验线核实等环节“一个码”精准关联，实现“对内强管理、对外促服务、横向便共享”多个维度创新应用，助推无锡自然资源全领域“码上智办”。

（刘梦蛟）

【国土资源卫星创新应用】 2020年，“江苏省国土资源卫星应用技术中心苏南分中心”在无锡市城市规划信息中心挂牌，推进卫星遥感数据在现状调查、耕地保护等工作中的应用。针对新时期、新需求，市自然资源规划局联合江苏省卫星中心、浙江万维空间信息技术有限公司、中国移动通信集团有限公司、北京中天博地科技有限公司等技术单位，发挥卫星遥感监测范围广、数据可回溯等特点，启动“锡山自然资源规划智慧中心”建设，着眼于新技术、基层自然资源管理新需求融合发展趋势，与“慧眼守土”系统动态实时监测的优势相结合，将3S（RS、GIS、GPS）技术和3A（AI、AR、AIoT）技术深度融合，打造“天眼＋慧眼”组合，探索从遥感提取、综合分析、分类推送，到实时监控、智能识别、持续管控的自然资源“全域＋实时”监测监管新模式，构建资源聚合、科技驱动、精准治理、集约高效的自然资源智慧监测监管新机制。

（刘梦蛟）

【“慧眼守土”综合监管系统建设】 2020年，市自然资源规划局拓展共建共享新途径，“慧眼守土”综合监管系统与市公安局实现400路视频双向交换共建共享，用于森林防火监控、批后监管、土地执法巡查等管理工作。

（刘梦蛟）

【智慧工地建设】 2020年，市住建部门制定智慧工地建设标准和试点工作方案，推动全市650多个项目落实智慧管理，在施工现场安装智慧化的实名制人脸抓拍系统、视频监控系统、扬尘在线监测系统等，并推动智慧工地平台各项监测数据接入市级智慧监管平台。无锡市智慧工地建设项目列入2020年江苏省建筑工程绿色智慧示范片区和江苏省美丽宜居城市建设试点项目。创新开发“筑锡”二维码，强化从业人员实名制管理和施工现场出入管理，压实企业对工人安全生产教育培训、建筑工地疫情防控的主体责任。

（刘东亮）

【智慧人社建设】 2020年，市人力资源社会保障局拓展线上服务，实现网上自助经办服务功能193项，审批服务事项全部实现在线办理。“一窗式”综合服务窗口成为市政务服务社保分中心，实现进一个门、取一个号集成办理就业创业、社会保险等高频业务，全年办结22.99万笔业务。在省内首家实现养老保险关系转移跨省通办，跨省转入实现支付宝、微信等渠道“不见面”申请，全面取消纸质材料，全程短信告知进度，全年转接企业养老保险关系4.36万人次，网上转入占比82%；经办时限降至15个工作日，整体提速66.7%。失业补助金实现全国统一平台申请，将国家社会保险公共服务平台、电子社保卡等全国统一平台和渠道作为线上申请统一入口，并开放传统的线下柜台申请渠道，完成无锡市与部、省平台接口的对接开发、本地化审核发放流程的业务功能开发，实现失业补助金审核线上线下、前台后端相融合的办理模式，8～12月，全市发放失业补助金5342万元，惠及2.9万余人。在省内率先实现新设企业网上办理社保开户登记手续，通过“全链通”平台，利用电子营业执照直接读取信息，大数据自动识别、系统比对，全年网上开户1.03万户。8月，无锡市高技能人才重点建设评审项目申报平台上线运行，实现技能大师工作室、企业首席技师、技术能手的在线申报、附件上传、表格在线打印、在线审核及反馈的全程线上操作。9月1日起，市区实施工伤保险待遇经办“受办分离”，同步建立工伤保险待遇文书管理系统，省内率先点对点衔接EMS信息系统，实现与省人社一体化信息平台有效对接，全年市区为工伤职工兑现工伤保险待遇3万人次。网上服务大厅和“无锡人社”微信公众号社保服务项目分别增至76项和24项，市区10.41万家单位、99.41%参保人员实现网上申报，无锡“掌上人社”公共服务平台获评“全国人力资源社会保障系统2017～2019年度优质服务窗口”。

（孙皓晨）

智慧民生

【“灵锡”App】 5月7日，无锡城市服务“灵锡”App正式上线。该应用是2020年为民办实事项目之一，至年末注册用户数超224万人，日活跃用户峰值超过20万人。该应用承载一个基于公安网证码的数字身份证，采用统一用户身份、统一信用支付、统一入口设计，实现“一机在手走遍无锡，一码通行无阻”，使用唯一的二维码实现“人、证、码”合一，在办事、生活等各类应用场景使用，实现“电子身份证”“社会保障卡”“地铁码”等22张电子码照随身带。与无锡市其他政务和生活服务类App相比，该应用提供7×24小时的智能化城市服务，上线“政务预约”“阳光食堂”“宾馆入住”“网吧开机”等服务事项超过500项。“灵锡”App项目将“通、惠、趣”贯彻整个运营生命周期，边建设、边运营、边优化、快速迭代、持续

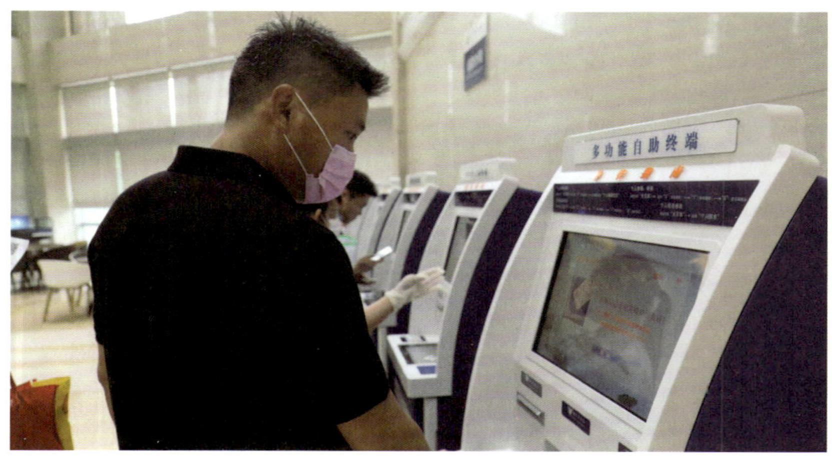

2020 年，无锡市人力资源市场“一窗式”综合服务大厅自助服务终端

（市人力资源社会保障局　供）

升级，充分结合城市特色及地方政府的施政方略，重构互联网时代城市服务新模式，创新服务生态新价值。该应用在银川国际智慧城市博览会上被评为“社会治理与服务成就奖”，是江苏省唯一奖项；被中国通信工业协会物联网应用分会授予“中国智慧城市优秀解决方案”称号。

（张贞哲）

【农业信息系统】 2020 年，无锡市开展农业地理信息系统二期建设，结合地理信息、大数据、移动通信技术、物联感知等先进技术，对已有系统进行升级与完善，对基础地理信息数据、农业专题等数据更新维护 8 万余条。扩充完善农业“一张图”数据库，补充产业产值、农业管理、农业服务等相关数据资源，完善系统数据资源，保持数据现势性和有效性，持续发挥系统应用价值，满足各部门对信息资源成果的需求。对农业地理信息资源目录进行升级。新增模板导入导出批量操作功能及地址自动定位、手动校验、同步数据更新等功能。新建生产、经营、管理、服务四大模块，融合一期建设成果并新建产能产值、农机、集体产权、乡风文明、土地制度、支农财政、精准扶贫、农产品价格、农业溯源等内容，进一步综合呈现全市农业农村发展现状，为实现智慧“三农”提供支撑。

（孙科敏）

【不动产登记线上办理】 2020 年，无锡市实现“不动产登记 +N”（不动产登记的 N 种形式）线上一网办理，深化与金融机构、公证处、法院合作，实现线上抵押登记一站式办理；公证继承登记“一次申请、一步流转、一窗领证”；查询和查（解）封“在线秒办、全市通办”等。年内全市向权利人和线上合作金融机构颁发不动产登记电子证书（明）491388 份，完成存量电子证照 1010465 份，提升政务服务水平和权利人的便利度。无锡市会同南京市、苏州市、常州市等五市间开展不动产登记“跨城通办”，打造“异地线下申请、异地线上帮办”双渠道办理模式，为实现“全省通办”“跨省通办”提供先行先试经验。

（刘梦蛟）

【公共文化服务云平台】 2020 年，市文广旅游局打造的无锡文化云平台联合新浪网、新浪微博、新浪新闻、无锡新浪五大平台全网同步对“群芳奖”舞台类作品决赛以线上网络直播的方式，向全市观众展示近两年来群文艺术成果，平均每场热度超 10 万人。“非遗文化体验周”活动在无锡文化云网站同步上线，依托线上平台，开设云赏·非遗展示、云听·非遗课堂、云品·非遗购物、云忆·非遗记录、云游·非遗旅游等多个栏目。至年末，该平台入驻无锡文化单位 125 家，其中市属文化单位 19 家，区属文化单位 106 家，累计发布信息近 3500 条，获互联网点击总数 500 余万条，注册用户突破 12000 人，为广大市民和游客提供覆盖面更广、获得感更强的公共服务。

（周　文）

【全民健康信息平台】 2020 年，无锡市建设完善市级全民健康信息平台并获评江苏省“智慧江苏重点工程”。无锡市第二人民医院、宜兴人民医院通过电子病历应用水平评级五级测评，全市电子病历应用水平评级已通过五级测评 4 家、四级测评 11 家。惠山区区级全民健康信息平台、无锡市骨科医院院级信息平台通过国家卫生健康委互联互通标准化成熟度四级甲等测评。无锡市人民医院实现“云胶片”影像查询的影像数字化。市卫生健康委完成智慧健康提升工程、电子病历语音输入系统、卫生许可系统升级、省计划免疫本地化改造、老龄优待卡信息管理系统等项目建设；继续推进无锡市健康医疗电子票据管理及监管共享系统、医疗废物管理信息系统一期、体检数据汇集系统、智医助手、公卫数据中心、医疗影像云平台二期、院前院内急救信息通道建设一期（胸痛中心）等项目建设。

（刘星宇）

【互联网医院在线门诊】 2020 年，无锡市第二人民医院、江南大学附属医院、无锡市妇幼保健院、无锡市中医医院、宜兴市人民医院、无锡市精神卫生中心 6 家互联网医院在线开展门诊服务累计达 2 万余人次。上线“锡康码”医护版应用，在全市 1500 余个医疗机构投入使用，注册核验员 11276 人，实现有效核验 3000 万余人次。

（刘星宇）

【医保信息业务编码测试应用试点】 2020 年，市医疗保障局高标准完成全市 2731 家定点医疗机构与定点药店，4.33 万名医保医师、医保护士和医保药师，32 个门诊慢特病病种、20个医保日间手术病种的信息编码维护，并在全国率先落地应用疾病诊断和手术操作、门诊慢特病病种、日间手术病种3项医保信息业务编码标准，率先在按疾病诊断相关分组（DRG）付费中落地应用医保结算清单，成为首个落地应用国家医保信息业务编码的试点城市。

（俞　翔）

【智慧体育】 2020年，无锡智慧体育综合服务平台优化升级，上线体育场馆增至254家，为443家体育社团和培训机构提供服务，全年发布优质体育赛事活动110余场，服务市民超过10万人次，入围中国数字经济与智慧社会优秀案例；该平台新增公共体育设施巡检功能，为全市900套（件）公共体育器材提供线上巡检管理服务。无锡智慧体育产业园入驻企业增至67家，启动智慧体育（无锡）创新中心建设，落地国内首家国体认证智慧体育（江苏）检测中心。全市新建二代智能健身路径24条，较传统健身路径更为智慧化：每套路径均安装太阳能电池板，可为手机等移动设备充电，器材内置智能系统可语音播放动作要领及运动指标，屏幕可显示日期、运动时间、运动次数、运动卡路里及使用教程等，具有数据统计和处理功能，能够有效指导群众科学健身。

（周妮雯）

【智慧消防】 2020年，无锡市试点推广“慧消防”微信便捷小程序，引导1.37万家场所开展消防安全自查自改1.17万次，指导派出所民警、网格员等各类基层监管人员利用小程序有针对性排查风险隐患5414条，建成华庄街道水乡苑、长安街道惠韵家园等一批智慧消防小区。

（王　威）

【5G智慧小镇】 2020年，无锡电信会同宜兴市万石镇人民政府共建全省首个5G智慧小镇。实现从万石石材市场—万石镇中心—万石南部工业区的5G信号连续覆盖，将5G应用与万石本地特色产业相结合，推进5G基础设施建设，建设新一代5G智能网络。

（钱晓静）

智慧治理

【无锡城市运行管理中心启动建设】 12月，无锡城市运行管理中心（以下简称无锡城运中心）启动建设。该项目围绕市域治理体系和治理能力现代化，按照“顶层设计、长远谋划；功能定位、科学精准；资源整合、数据共享；统一指挥、规范运营；创新应用、迭代升级”的总体要求，由市大数据管理局牵头顶层设计，搭建城运中心整体框架，在市级层面建设运营中枢和指挥中心。

（张贞哲）

【智慧交管建设】 2020年，市公安局交警支队编制的无锡市智能交通一体化三年规划方案，被市政府纳入三年行动计划目录。“城市交通智能网联动态管控与协同服务关键技术及应用”项目获公安部科学技术一等奖，“高速公路疫情风险主动防控技术的应用”项目获省公安厅科技强警基层技术革新类一等奖。应用执勤执法监管系统，对民警执法进行全流程实时监管和定期通报，提升交管执法规范化水平。建设应用“智源”系统，全年预警重点违法车辆和驾驶人2000余例，注销吸毒、重性易肇事肇祸精神障碍等重点驾驶人驾驶证253本。开展高速公路“慧安”系统建设，破解高速公路大流量交通安全管理困局。创建“智容”工程，实现汇流影响最低化、资源利用最大化，提升高速公路通行容量和能力。创建“智感”工程，打造实时感知、全面管控、精准预警的全域综合安全感知网络。创建“智控”工程，加强重点车辆精准预警查缉，解决流动重危违法犯罪惩治效率不高的问题。创建“智防”工程，应用高速公路重点违法行为以及异常事件的实时预警、即时报警系统和重点车辆主动干预警示系统，解决重大事故管控难问题。

（耿永军）

【应急系统智慧治理】 2020年，无锡市应急管理局率先建设并投入使用无锡市应急系统隐患排查治理工作平台，实现隐患“全生命周期”管理。牵头建设无锡市安全生产监管平台，实现市、市（县）区、镇（街道）三级23个部门、32个行业领域专项整治问题、隐患、事故情况动态、跟踪、留痕管理。完善无锡市安全生产信息化管理系统，形成全市在安全生产监管监察、辅助决策、行政综合管理、公共服务管理、行政审批、投保与理赔等功能于一体的综合信息化平台。推进危化品安全生产风险监测预警系统功能建设，完成54家重大危险源企业基本信息数据、143个危险源数据、1540个监测感知点位数据、366个视频点位监控数据接入工作，形成从企业、园区、区县级、市级应急管理部门分级管控与动态监测。推动危化企业“五位一体”信息化平台建设，215家化工企业完成平台建设。

（邵曰坚）

【城市精细化管理机制完善优化】 2020年，无锡市建立数字城管驻场联席会办机制，编制完成《无锡市城市管理导则汇编》（一期）。位于经开区南湖大道（和畅路—吴都路）的城市家具示范区建设按时完工，展示交通设施、市政设施、城市家具等最新发展成果，演绎物联智能、海绵城市设计在城市生活中的运用。启动背街小巷市容秩序、主次干道停车秩序、公共厕所、小区垃圾分类四个项目“红黑榜”评选，梁溪区和锡山区各4个项目获得年度红榜，总数并列市区第一。稳步推进优美环境合格区建设，智慧城管项目整体进度达到87%，592个管理单元中优秀单元占比17.74%，除惠山区和经开区各有1个管理单元不合格外，市区其他管理单元全部达到合格及以上标准。

（于　健）

编辑　何　峰

综　述

【概况】 2020年，面对严峻的新冠肺炎疫情冲击和复杂多变的国际形势，全市科技系统坚定不移实施创新驱动核心战略和产业强市主导战略，持之以恒抓好创新布局优化、创新主体培育、创新资源集聚以及创新氛围营造等重点任务，为构建新发展格局提供强力科技支撑。全市科技进步贡献率达到66.7%，连续8年位居全省设区市第一；全社会研发投入占地区生产总值比重达到3.15%，居全省第三；高新技术产业产值占规上工业总产值比重提升至48.32%，创"十三五"以来最高水平；在国家创新型城市创新能力评价排名中，无锡市位居第十二位、地级市第二位。

（吕华伟）

【科技投入】 2020年，市级科技发展资金达到7亿元，比上年增长55.56%，包括技术创新、技术研发、创新能力、成果转化四大类18个专项计划，涵盖中小企业创新基金、产业前瞻与关键技术研发、重大科技成果转化等多个专项。全年获国家科技经费1.8亿元、省科技经费3.6亿元。获省级科技计划经费主要有：高新技术企业培育资金、企业研发费用奖励和省科技成果转化专项资金。

年内，全市17个项目获省重点研发计划立项支持，包括8个竞争项目、9个后补助项目，支持经费总额1186万元；组织实施市产业前瞻与关键技术研发项目，立项重点项目4个、一般项目27个，支持经费总额3100万元，年内拨付1210万元；组织实施市科技型中小企业创新基金项目，立项58个项目，支寺经费总额1160万元。全市8个项目获省科技成果转化项目立项，获拨资金达0.79亿元，立项数与资金额均位居全省前列。组织实施市科技成果转化产业化资金项目8个。

（李　雯　强　蕾　叶利群　白二飞　王春耕　苏顺开）

【78个项目列入省自然科学基金项目】 2020年，全市78个项目获省基础研究计划（自然科学基金）项目立项，省拨资金共计3670万元，其中包括前沿引领项目1项、杰出青年项目4项、优秀青年项目2项、青年项目46项和面上项目25项。江南大学"蛋白质功能设计与高效制造的核心技术基础"项目，为无锡市首次获前沿引领技术基础研究专项资助，资助金额2000万元。

（赵雪倩）

【社会发展领域科技项目】 2020年，针对人口健康、公共安全、生态环境等民生领域的创新需求，市科技局积极推进一批关键技术研发与应用示范项目，其中，国家重点研发计划立项1项，省重点研发计划社会发展项目立项8项，市级社会发展科技示范项目立项16项、医疗卫生项目立项115项。针对新冠病毒肺炎疫情的科技需求，组织科研院所、企业、医院等机构科研人员开展关键技术攻关与推广应用，34个项目获立项资助，市级科技拨款共计460万元。无锡市申报的瀚云科技"基于云计算和大数据技术的无锡个人健康码'锡康码'项目"等5个项目获科技部"科技助力经济2020"重点专项立项，获拨中央资金250万元。

（赵雪倩　王春耕）

9月4日，无锡太湖湾科技创新带发展规划新闻发布会　（市科技局　供）

【创新创业】 2020年，全市创业人才项目立项116个，比上年增加78个、增长205.26%。全市创业人才企业销售收入842.94亿元（含应税销售及出口、免税销售），比上年增长50.02%；全市创业人才企业入库税收29.10亿元，比上年增长25.49%。至年末，全市累计立项创业项目1965个，市级财政资金累计支持创业人才16.97亿元，创业人才企业累计入库税款142.68亿元；全市累计立项创新项目104个，市级财政资金累计支持创新人才0.63亿元，创新人才企业累计入库税款63.01亿元。持续引进外籍高层次人才。年内，市科技局外国人来华工作许可窗口累计办理外国人来华工作许可事项5983件，其中，发放外国人来华工作许可通知1258份，办理外国人来华工作证4725张。至年末，全市有外国高端人才及专业人才3395人，排名全省第三。

丁汉院士团队获“太湖人才计划”1亿元资金支持，用于人才引进、新技术研发、成果产业化，主要在智能制造、航空航天制造及自主可控软件等领域攻克一批“卡脖子”技术，推动一批高端制造工艺和装备产业化。该团队是无锡市第一个享受顶格支持政策的人才团队，也是省内设区市对顶尖人才兑现的最高支持。

（易智辉　李海宁）

【太湖湾科技创新带发展规划】 2020年，根据市委、市政府部署，市科技局在分析中国台湾新竹科学工业园、日本名古屋、德国亚琛等地实践案例和借鉴G60科创走廊、杭州城西科创走廊等地经验做法的基础上，牵头编制《无锡太湖湾科技创新带发展规划（2020—2025年）》。该规划以“强富美高”为工作总纲，以建设国家级新区为目标，着力打造新发展理念实践示范区，努力建成无锡产业发展的新空间、经济发展的新引擎、城市形态的新展现、科产城人融合的新样板，打造成为具有国际竞争力的科技创新中心，为长三角构建具有全球竞争力的世界级城市群提供有力支撑。

（白二飞）

科技创新

【创新示范区建设】 2020年，全市科技系统认真贯彻落实《国务院关于促进国家高新技术产业开发区高质量发展的若干意见》《苏南国家自主创新示范区一体化发展实施方案（2020—2022年）》等相关文件精神，稳步推进无锡苏南国家自主创新示范区高质量发展。根据科技部火炬高技术产业开发中心对国家高新区评价（试行）结果的通报，无锡高新区、江阴高新区分别位列第27位、第56位，分别较上年提升6位、5位；争取省高新区奖励补助资金6450万元，保持全省第三。“江苏省物联网创新中心建设”等3个项目被确定为苏南国家自主创新示范区2020年度省市共同推进重大科技创新建设项目；“深海技术科学太湖实验室”等13个平台项目被纳入苏南国家自主创新示范区2020～2021年度重大科技平台项目清单。无锡华云数据技术服务有限公司被评估为苏南国家自主创新示范区“独角兽”企业，15家企业被评估为苏南国家自主创新示范区潜在“独角兽”企业，57家企业被评估为苏南国家自主创新示范区“瞪羚”企业。

（潘慧治）

【深海技术科学太湖实验室建设】 2020年，无锡市紧密结合国家“十四五”深海前沿领域布局战略需求和地方经济社会发展需要，以建立深海技术科学国家战略力量、建成国家实验室为目标，联合中国船舶集团布局建设深海技术科学太湖实验室（以下简称太湖实验室）。12月7日，太湖实验室获批建设江苏省实验室；12月30日，太湖实验室顺利揭牌，正式转入实体化运行阶段。太湖实验室开展深海运载安全（深潜）、深海通信导航（深网）、深海探测作业（深探）3个研究方向的重大科技任务攻关，为国家深海技术科学领域和太湖湾科技创新带原始创新、自主知识产权重大科研成果策源地。

（孙凌寒）

【科技创新平台】 2020年，国家超级计算无锡中心等6个项目被纳入新一轮省重大科技创新平台项目库进行重点培育，占全省入围总数的20.7%，入围数居全省前列。

（万　磊）

【工程技术研究中心】 2020年，无锡市新认定市级工程技术研究中心

12月30日，深海技术科学太湖实验室揭牌仪式　（市科技局　供）

138家，新增省级工程技术研究中心51家。至年末，全市市级以上工程技术研究中心达到1502家，其中省级工程技术研究中心597家、国家级6家，省级以上工程技术研究中心总数位列全省第二。

（万 磊）

【江苏省高品质轴承钢关键技术重点实验室建设】 9月，由江阴兴澄特种钢铁有限公司承担建设的江苏省高品质轴承钢关键技术重点实验室创建方案通过专家组论证，启动建设。该实验室针对高品质轴承钢的理论和共性技术问题进行研究，通过与科研院所的合作，加强轴承钢行业的发展，解决当前国内轴承钢行业的共性技术问题，为重大装备用轴承钢国产化提供保障。

（万 磊）

【科技孵化载体建设】 2020年，全市新备案市级众创空间15家、省级众创空间10家、国家级众创空间7家（其中国家级专业化众创空间1家），累计建有市级以上众创空间达83家，其中省级37家、国家级23家；新认定6家市级科技企业孵化器、1家省级科技企业孵化器，累计建有市级以上科技企业孵化器56家，其中国家级21家、国家级大学科技园2家；新增省级众创社区备案试点2个，累计列入省级试点数10个。8家国家级科技企业孵化器考核评价为A类，比上年增长33.33%，优秀率全省排名第二；25家省级科技企业孵化器绩效评定为良好以上，其中7家评定为优秀；中科芯集成电路国家专业化众创空间获评全国首家集成电路领域专业化众创空间。载体内细分领域高成长性企业不断涌现，无锡德林海环保科技股份有限公司、无锡芯朋微电子股份有限公司、无锡奥特维科技股份有限公司等科创型企业在科创板上市。

（强 蕾）

【高新技术产业】 2020年，全市高新技术产业产值达到8508.69亿元，比上年增长10.18%，占全省比重达到15.33%，位居全省第二；高新技术产业产值占规模以上工业总产值48.32%，升至全省第四。在8大高新技术产业领域，有6个产业产值实现正增长，其中，电子及通信设备制造业表现最为强劲，比上年增长20.07%，仪器仪表制造业比上年增长14.63%，智能装备制造业比上年增长13.15%。

（白二飞）

【高新技术企业】 2020年，全市新增省高新技术企业培育库入库企业1921家，比上年增长39.9%，位列全省第三；全市有效期内高新技术企业达到4030家，比上年增长44.8%，增幅位居全省第一，总数是“十二五”期末（1395家）的2.89倍，超额完成“十三五”时期培育目标任务。制定《2020年科技招商实施方案》，全年依托各板块、科技园区开展科技招商活动72场次，引进各类科技型企业6088家。扎实做好科技型中小企业入库评价工作，通过评价企业达到5044家，比上年增长36.1%，再创新高。结合企业发展实际，修订《无锡市雏鹰企业、瞪羚企业和准独角兽企业评价遴选办法（试行）》，组织开展两批次“雏鹰”、“瞪羚”、准“独角兽”企业入库培育工作，新增入库企业分别达到1206家、547家和63家；评价遴选61家“雏鹰”企业、50家“瞪羚”企业、11家准“独角兽”企业。根据省科技发展战略研究院发布的“2020江苏省百强创新型企业”名单，远景能源、兴澄特钢等12家企业上榜，比上年增加1家。

（白 勇 白二飞 石秀臣）

产学研合作

【院士工作站建设】 2020年，经省科技厅复核认定，无锡市被认定省级院士工作站20家（含新建1家），数量居全省第二。全市新建市级院士工作站2家。至年末，全市累计建成院士工作站165家，涵盖全市高端制造业、新一代信息技术、新材料等重点产业领域和医疗卫生等社会民生领域。

（苏顺开）

【先进复合材料成型技术与装备研究所项目落户无锡】 4月9日，由叶林院士领衔的江苏省产业技术研究院先进复合材料成型技术与装备研究所项目“云签约”落户无锡惠山区。该项目由惠山区政府、江苏省产业研究院和国际顶尖科研团队联手打造，面向国家重大战略和行业发展需求，致力于碳纤维复合材料产品成型工艺及智能装备的研发，应用领域涵盖航空航天、汽车等产业，产品附加值极高。项目计划投资2亿元。

（王春耕）

【上海大学无锡产业研究院落户无锡】 5月25日，无锡市人民政府、无锡经济开发区与上海大学签署战略合作协议，共建上海大学无锡产业研究院（以下简称研究院），在长三角一体化发展合作示范项目、重点领域产学研合作、教育与人才培养等方面开展合作。研究院按照“三中心一基地”的总体布局，重点建设创新研究中心、技术转移中心、项目孵化中心和工程师培育基地，汇聚由吴明红院士领衔的高端科研团队、专职科研人员，引进和孵化创新型企业，培育上市企业，实现科创、产业的互促共进。

（王春耕）

【江苏集萃集成电路应用技术创新中心落户无锡】 8月5日，无锡市人民政府、锡山经开区管理委员会与江苏省产业技术研究院签署共建江苏集萃集成电路应用技术创新中心框架协议，江苏集萃集成电路应用技术创新中心（以下简称创新中心）落户锡山经济技术开发区。创新中心是无锡市与江苏省产业技术研究院合作共建的重大科技创新平台，是省政府为提升区域创新整体水平，对标国家技术创新中心布局建设的集成电路领域的省级技术创新中心。创新中心行使省产研院相关职能，统筹管理省产研院体系内集成电路应用技术创新相关专业研究所、企业联合创

8月5日，江苏集萃集成电路应用创新中心框架协议签约仪式

（市科技局 供）

新中心、项目经理及行业资源，围绕智能制造应用，致力于工业芯片应用需求分析、产品定义、产业孵化，深度垂直整合供应链，提取智能制造行业芯片需求，为企业提供自主可控工业芯片解决方案。

（潘慧治）

科技项目和成果

【"奋斗者"号创中国载人深潜新纪录】 11月10日8时12分，由中国船舶集团有限公司第七〇二研究所（以下简称七〇二所）牵头研制的"奋斗者"号全海深载人潜水器在马里亚纳海沟成功坐底，坐底深度10909米，再创中国载人深潜新纪录。通过近20年的攻关，"蛟龙"号首次实现中国载人深潜装备自行设计、自主集成总体方案的闭环；"深海勇士"号在装备关键技术自主可控和配套设备国产化上取得重大突破；"奋斗者"号则瞄准全球海洋最深处，实现中国同类型载人深潜装备的全球引领、全面超越。

（孙凌寒）

【获批"百城百园"行动城市】 2020年，市科技局聚焦"智慧城市（物联网）"主题，制定《实施六大提升行动，打造物联网特色"智慧名城"》行动实施方案，积极申报参与科技部、财政部联合开展的"科技抗疫——先进技术推广应用'百城百园'行动"，获批进入"百城百园"行动实施主体城市行列，成为全省入选的4个地级市之一。朗新科技集团股份有限公司、无锡神探电子科技有限公司各有1个典型项目获中央引导地方科技发展专项资金支持。

（潘慧治）

【争创国家新一代人工智能创新发展试验区】 2020年，市科技局编制《无锡国家新一代人工智能创新发展试验区建设方案（2020—2023年）》（以下简称《建设方案》），并报江苏省人民政府，为加快推进全市新一代信息技术产业发展，促进人工智能与经济社会发展深度融合，迈出重要一步。省政府于12月20日致函科技部报送《建设方案》。

（潘慧治）

【38个项目获省科学技术奖】 2020年，无锡市获省科学技术奖共38项，其中一等奖3项、二等奖17项、三等奖18项。无锡宝通科技股份有限公司、无锡先导智能装备股份有限公司获省企业技术创新奖。

（苏顺开）

【无锡市"腾飞奖"评选】 2020年，江南大学"淀粉加工关键酶制剂的创制及工业化应用技术"、江苏银环精密钢管有限公司"先进核能系统关键管材和核心部件项目"、无锡市第二人民医院"国家胸痛中心全市模式的创新和转化研究"、无锡宝通科技股份有限公司"面向工业散货物料数字化输送的特种高性能纤维/橡胶复合材料关键技术及应用"、宜兴市西渚镇白塔村村民委员会"白塔村基于'两山'理论的美丽乡村建设实践"5个项目获2020年无锡市"腾飞奖"。

（苏顺开）

表58　　2020年无锡市获江苏省科学技术奖项目一览表

奖项	等级	序号	项目名称	完成单位
江苏省科学技术奖	一等奖	1	大功率集散式光伏逆变成套系统研制与产业化	江南大学、上能电气股份有限公司、华中科技大学无锡研究院
		2	氨基葡萄糖绿色生物制造关键技术及产业化	江南大学
		3	蓝牙单晶片自组网SOC研发及其应用	无锡中感微电子股份有限公司

续表 58

奖项	等级	序号	项目名称	完成单位
江苏省科学技术奖	二等奖	1	高压燃油喷射空化喷雾理论与关键技术及应用	一汽解放汽车有限公司无锡柴油机厂
		2	几丁质资源生物加工及精益制备的关键技术研发与产业应用	江南大学
		3	高阻隔复合包装膜低成本与绿色制备关键技术及应用	江南大学、江阴升辉包装材料有限公司
		4	纳米包覆颜料开发及其在纺织品清洁染整应用 中的关键技术	江南大学
		5	大型先进压水堆核电 70 英寸等级长叶片制造技术研发及应用	无锡透平叶片有限公司
		6	高性能纤维立体间隔织物机织装备关键技术研 发及产业化	江南大学
		7	宏 – 微 – 纳结构强度与失效机制的多尺度理论	江南大学
		8	速冻面米食品生产关键技术与装备及其产业化	江南大学
		9	耐多药结核的发生机制与新型诊断技术的建立及产业化	无锡市第五人民医院、江苏省原子医学研究所
		10	大直径功能聚合物单丝成形关键技术及应用	江南大学
		11	辅料聚山梨酯 80 的安全性关键技术研究及在醒 脑静注射液等中药注射剂中的应用	无锡济民可信山禾药业股份有限公司
		12	江苏贝类资源高值化利用关键技术及产业化示范	江南大学
		13	大尺寸晶体硅料摆辅助多金刚线切片关键技术研究及产业化	无锡上机数控股份有限公司
		14	大型复杂结构高效、精准装配对接技术及应用	天奇自动化工程股份有限公司
		15	建筑空间钢结构火灾安全保障关键技术及应用	江苏沪宁钢机股份有限公司
		16	果蔬作物灰霉病菌和菌核病菌抗药性及治理关键技术	江阴苏利化学股份有限公司
		17	优质慢软型桃新品种选育与应用	无锡市惠山区阳山水蜜桃桃农协会
	三等奖	1	10kV–1000kV 电压等级带电作业关键技术及系 列装备应用	宜兴市宜安电力工具制造有限公司
		2	雷电监测技术与预警系统	江苏省无线电科学研究所有限公司
		3	复杂工业过程有限时域下的状态估计与控制	江南大学

续表 58

奖项	等级	序号	项目名称	完成单位
江苏省科学技术奖	三等奖	4	国产办公软件关键技术研发及应用	永中软件股份有限公司
		5	移动通信紧缩尺寸多频 MIMO 天线	江苏亨鑫科技有限公司，江苏亨鑫无线技术有限公司
		6	用于精密无损检测的微焦点射线源关键技术及产品	无锡日联科技股份有限公司
		7	自主可控的云计算管理平台关键技术及应用	无锡华云数据技术服务有限公司
		8	IGPS 图像引导放疗定位系统	江苏瑞尔医疗科技有限公司
		9	基于融合成像技术的实时高清便携式彩色超声诊断系统	无锡祥生医疗科技股份有限公司
		10	医学诊断用微阵列化学发光生物芯片关键技术及应用	江苏三联生物工程有限公司，无锡三联医学检验有限公司实验室
		11	高压自愈式电容器关键技术研究及产业化应用	无锡市电力滤波有限公司
		12	高质量高附加值玻璃基材生产用贵金属关键成套装备	无锡英特派金属制品有限公司，江南大学
		13	柔性智能输送装备关键技术研发及产业化应用	无锡顺达智能自动化工程股份有限公司，南京航空航天大学无锡研究院
		14	生态环境远程智控监测技术及应用	江苏蓝创智能科技股份有限公司
		15	高速公路交通行为空地协同智能监控关键技术及产业化	公安部交通管理科学研究所，江苏数字鹰科技股份有限公司
		16	靶向递送 miRNA 纳米载体体系的构建及肿瘤 基因治疗新靶点的开发	江南大学附属医院，江南大学，
		17	淡水水产品关键技术创新及应用	中国水产科学研究院淡水渔业研究中心
		18	控制病媒蚊虫的新型微生物制剂创制与应用	江苏省血吸虫病防治研究所

（市科技局）

科技活动

【无锡—麻省理工学院（MIT）双年度会议】 1月7日，由市科技局和麻省理工学院产业联盟主办，锡山区科技局、江阴市高新区、市科创中心国际合作部承办的“2020无锡—MIT产学研计划创新研讨会”顺利召开。120多家本外地企业的近200位高管、科研机构专家、投融资机构代表参会交流。

（乔 健）

【2020无锡（上海）科技合作洽谈会】 6月18日，2020无锡（上海）科技合作洽谈会在上海举办。该活动是无锡市首次在上海以科技合作为主题的洽谈会，并作为融入大上海、投身长三角一体化发展的具体行动之一。会上现场签约项目59个，计划投资103.6亿元。其中，长三角一体化平台项目6个，总部项目6个，创新园区建设项目4个、产学研项目11个、科技创业类项目32个，充分体现锡沪共享区域创新一体化平台、共建总部经济集聚区、共商优势领域协同发展、共推自主可控硬核科技的特点。

（陶佳漪）

【2020无锡市产学研科技成果洽谈会】 8月5日，2020无锡市产学研合作科技成果洽谈会在无锡举办。来自科技、教育、投融资、重点产业

等领域的专家学者、企业代表共聚灵山小镇，寻找城市合伙人，共启湖湾新时代。该届科洽会是2020高层次人才创新创业无锡交流大会的重要组成部分，太湖湾科技创新带、太湖实验室、"太湖之光"科技攻关计划等一批无锡科技"新基建"项目集中亮相，现场签约项目46个，签约资金10.59亿元。围绕新一代信息技术、高端装备、新材料、生物医药等领域，举办"海创江南"技术转移供需对接会4个专场活动，127家企业提出419项技术需求，43所高校85个团队携带1266项科技成果参加对接会，72个项目需求、20项科技成果零距离深度对接，50多个项目达成初步合作意向。

（强　蕾）

【2020中国无锡科技创新创业大赛】 7月8日～9月2日，2020中国无锡科技创新创业大赛作为第九届中国创新创业大赛和第八届"创业江苏"科技创业大赛无锡地方赛举行。大赛组委会共征集项目445个，其中初创企业组项目83个、成长企业组项目142个、市内团队项目55个、国内团队项目135个、海外团队项目30个，覆盖上海、西安、合肥、杭州等国内主要创新型城市以及英、法、意等国家，为赛事创办三年来参赛项目覆盖地域最为广泛的一届。大赛通过多轮比拼，有43个项目分获3个组别的各个奖项，分享195万元奖金。组委会遴选出25个项目推荐晋级省行业赛，有6个项目在省总决赛中获奖，获奖数量位居全省前列。经过省行业赛选拔，共有18个项目晋级国赛行业赛，其中，14家企业被评为"优秀企业"，占全省获奖总数的17%；无锡利普思半导体有限公司和无锡影速半导体科技有限公司两家企业晋级国赛总决赛，其中无锡利普思半导体有限公司获得国赛初创企业组二等奖。

（强　蕾）

【2020中国健康新势力发展峰会】 12月13日，2020中国健康新势力发展峰会在无锡举行。该会议由人民网、无锡市人民政府指导，人民健康（人民网下属平台）、无锡市科学技术局和无锡国家高新技术产业开发区共同主办，无锡国际生命科学创新园、火石研究院和中国医疗健康产业投资50人论坛共同协办，以"健康中国行，科创太湖湾"为主题，与会嘉宾通过多视角、多领域、多途径探讨中国大健康行业现状，并对行业未来发展建言献策，为实现"健康中国"目标提供助力。会议共设"后疫情时代人民健康新趋势，免疫力就是好医生""应对人类共同挑战，科技赋能健康新势力""未来5至10年国产创新医疗健康产业发展的机遇与挑战"等3场圆桌论坛，围绕未来健康产业的发展进行充分交流。会议公布2020中国健康新势力企业征集活动结果，涵盖医疗器械、生物医药、医学影像和互联网医疗等多个领域。

（赵雪倩）

科研院所

【中国船舶科学研究中心】 2020年，中国船舶科学研究中心（又称七〇二所）积极履行强军首责，着力践行深海战略，优化布局产业资源，实现了"十三五"规划的完美收官。牵头研制的"奋斗者"号刷新10909米的中国深度，"深海技术科学太湖实验室"成功揭牌，并以排名第一获江苏省省长质量奖，向着建设"三强"（国际一流海洋装备研究中心、深海技术科学国家实验室、中国最美研究所）的目标迈出坚实的一步。继续把落实创新驱动发展战略与深化改革、调结构转方式统一起来，紧紧围绕海洋强国和世界一流海军建设的战略目标，加快科研服务、深海装备、科技产业三大板块高质量发展，相关科研成果及发展建议得到习近平总书记的亲自批示。

（中国船舶科学研究中心）

【公安部交通管理科学研究所】 2020年，公安部交通管理科学研究所（以下简称交科所）聚焦全国交通事故预防"减量控大"工作和无锡市太湖湾科创带的部署要求，结合国家重点研发计划项目实施，深化交通安全管控技术研发应用，积极适应道路交通发展的新形势和新需求。交科所启用公安部、工业和信息化部、江苏省人民政府三方共建的国家智能交通综合测试基地，推进自动驾驶安全测试研究。研发形成自动驾驶完整测试工具链，研究构建自动驾驶能力分类分级测评体系，搭建智能网联汽车自动驾驶能力测评运行监管系统平台。基于申报成功的江苏省科技公共服务平台建设"高级安全辅助驾驶汽车安全测试验证平台"项目，完成高级安全辅助驾驶汽车安全测试评价软件、高精度测评环境软件和ADAS仿真测试软件的开发，初步构建高级安全辅助驾驶汽车安全测试平台，完成约3千米高级安全辅助驾驶汽车测试道路建设。交科所依托国家级车联网先导区（无锡）建设，携手中国移动、华为等知名企业，在无锡实施全球首个城市级开放道路的车路协同技术规模应用。至年末，覆盖全市480余个信号灯控路口，升级车路协同专用信号机及路侧边缘融合单元等基础设施，打造城市交通智慧管控与智能网联赋能平台。基于无锡车联网开展工信部项目应用先导性综合服务平台建设，构建自动驾驶安全测试、车联网技术相关标准体系。交科所联合南京理工大学共建研究生工作站，与长沙市公安局等单位签订合作协议，合作单位拓展至33家。吸纳宝马等4家公司加入中国智慧交通管理产业联盟，联盟成员总数达61家，承办世界物联网大会车联网与智能交通产业发展高峰论坛等大型学术会议，不断提升行业影响力。

（交科所）

【中国电子科技集团公司第五十八研究所】 2020年，中国电子科技集团公司第五十八研究所（以下简

中国电子科技集团公司第五十八研究所 （市科技局 供）

称五十八所）销售收入比上年增长24.2%，双创中心作为创新平台获得科技部授予的国内唯一一家国家集成电路专业化众创空间称号。五十八所及下属8家控股公司全部通过国家高新技术企业认定，重点产品32位MCU获第15届“中国芯”优秀技术创新产品奖；10余款产品成功配套BD-3号和火星探测等国家重大工程；突破申威6B服务器处理器芯片与整机关键技术，获中国电子科技集团公司“十大科技进展”称号。全年五十八所获得省部级以上科技成果奖创历史新高，参与项目分别获国家科技进步奖一等奖1项，二等奖1项，获国防科技进步奖3项。

（五十八所）

【中国水产科学研究院淡水渔业研究中心】 2020年，中国水产科学研究院淡水渔业研究中心围绕主导品种培育、生物资源养护、水域生态环境保护、健康养殖技术、精准营养饲料、重大疫病防控和水产品质量安全等方面的国家需求，实现重大关键技术突破，形成一批核心技术，引领中国淡水养殖产业技术创新。牵头国家重点研发计划“蓝色粮仓”重点专项项目，全年在研项目373项，合同经费2.6亿元；“草鱼健康养殖营养技术创新与应用”获得国家科技进步二等奖；发表学术论文232篇，其中SCI/EI期刊收录104篇。高效RNA功能阻抑技术突破鱼类目标基因改造研究与应用；种质资源创新和水产新品种培育成功，构建了“育繁推”良种生产体系；稻渔生态综合种养关键技术创建与应用，引领产业绿色发展，助力决胜脱贫攻坚；池塘绿色高效养殖与尾水生态化治理关键技术应用，实现产业转型升级；首获突破橄榄蛏蚌全人工繁育关键技术；长江下游资源生态监测网络优化布局支撑长江流域资源环境保护和重点水域禁捕；罗非鱼全产业链标准构建与推广应用体系初步建立；“缅甸标准化稻田养鱼技术示范项目”入选联合国南南合作优秀案例；发挥技术援外优势，共同抗击疫情，统筹抓好疫情防控和科研生产。

（中国水产科学研究院淡水渔业研究中心）

【无锡石油地质研究所】 2020年，无锡石油地质研究所保持安全、稳定、健康发展的良好态势。获省部级科技类奖励4项，其中，代表中国石化牵头完成的国家“十三五”油气资源评价成果获得集团科技进步一等奖；获得发明专利25项、软件著作权登记2项，中国石化成套专有技术认定2项，发表SCI/EI论文17篇，构建页岩油气地质实验评价等标准与规范；主持论证风险井5口，依托重点实验室创新研究平台，进一步拓展成烃成藏的基础理论研究和前瞻技术开发；承办的《石油实验地质》期刊在全国92种石油天然气工业类期刊中排名第五；引进博、硕士19人，柔性引进高级人才2人。

（无锡石油地质研究所）

【中国航发控制系统研究所】 2020年，中国航发控制系统研究所承担政府科研、集团专项、创新基金、航空基金等科研课题60余项、完成课题验收17项，申报获批课题21项，争取预研经费1.3亿元。全年获航发集团科技进步二等奖3项，三等奖4项，申请发明专利97件，基于技术树的专利布局体系基本形成。

（中国航发控制系统研究所）

【中国航空工业集团公司雷华电子技术研究所】 2020年，中国航空工业集团公司雷华电子技术研究所完成预研项目结题48个，新项目申请12个；获省部级科技成果奖11项、国防科技进步奖3项，申请专利144项，其中发明专利占专利总数95%以上。民用航空方面，无人机载测云雷达完成科研试飞验证，填补国家海洋高时空分辨率气象观测的空白；C919配套部件进入美国FAA适航审查阶段；研制新一代AG600有源气象雷达和综合监视系统工程样机。非航产业方面，FOD（机场道面异物探测系统）、智慧水域监测信息系统获得市场突破；产业化平台混合所有制改革有序推进。年内，完成山水城研发中心二期主体结构施工及相关配套设施建设；完成在建技改项目年度投资4项。

（中国航空工业集团公司雷华电子技术研究所）

编辑 何 峰

综 述

【教育发展质量】 2020年，市委教育工作领导小组围绕高考制度改革、年度重点突破项目等工作，加强党对教育工作的全面领导。无锡教育现代化年度监测综合得分92.94分，位列全省第二。省对设区市政府履行教育职责考评综合得分位列全省第一。市政府向市（县）、区政府下达《2020年教育重点目标任务书》，组织开展对市（县）、区政府履行教育职责考评，强化教育重点工作目标考核，推动教育发展责任层层传导下移。出台《无锡市优化完善基础教育资源布局三年行动计划（2020—2022）》，全面推进区域教育资源建设，优化教育资源配置。加大学前教育资源供给，新开办幼儿园31所，全市每万人拥有幼儿园数提升至0.9所。加快推进义务教育学校标准化建设和优质均衡发展，全市99.76%的义务教育学校达省定办学标准，义务教育优质均衡监测达标比例为80.08%，均位居全省第二。推进普通高中优质内涵发展，无锡市作为全省唯一设区市获批普通高中新课程新教材实施国家级示范区，江苏省锡山高级中学（以下简称锡山高中）获批国家级示范校，江苏省天一中学（以下简称天一中学）、江苏省南菁高级中学（以下简称南菁高中）、无锡市第一中学（以下简称无锡一中）3所学校获批省级示范校，示范校数量居全省第一。无锡市入选国家职业教育高地建设城市、部省共建苏锡常都市圈职业教育高质量发展样板，再次被省政府评为“江苏省职业教育改革发展成效明显的设区市”。江南大学获批建设“国家粮食质量安全生物快速检测技术创新中心”。东南大学无锡国际校区一、二期工程，南京理工大学江阴校区建成启用。新冠肺炎疫情期间，市教育局组织指导全市1000多所学校、110多万名学生、近10万名教职工做好防疫工作，在省内率先开发教育系统疫情防控信息化平台，以“大数据”精准掌握疫情防控动态信息，制定《无锡市学校新冠肺炎疫情常态化防控工作实施方案》，保障各级各类学校教育教学正常化，市教育局被省委、省政府授予“全省抗击新冠肺炎疫情先进集体”称号。

（程家平）

【素质教育】 2020年，无锡市深入贯彻习近平总书记在学校思想政治理论课教师座谈会上的重要讲话精神，成立无锡市大中小学思政课一体化建设联盟，打造大中小学思政课一体化建设的无锡样本。贯彻落实《新时代爱国主义教育实施纲要》，通过开展“云德育”、组织“复学第一课”、开设“无锡教育思政E课堂”等形式，讲好“中国故事”“英雄故事”“励志故事”，弘扬抗疫精神，进行爱国主义和思想政治教育，激发学生家国情怀与民族自豪感。加强德育队伍建设，4人获省基础教育青年教师教学（班主任）基本功大赛一等奖，堰桥初中胡文珠老师获评“感动江苏教育人物——2020最美班主任”称号，市教育局获活动优秀组织奖。重视心理危机干预和心理疏导，建立特殊学生心理成长档案，常态化开展心理防护。认真开展全市学生体质健康测试和监测，举办小学生校园足球超级联赛，新增16所全国足球特色幼儿园、3所省足球后备人才示范学校，包揽“省长杯”青少年校园足球赛高中男、女组冠军，18名运动员入选全国青少年校园足球夏令营最佳阵容，获国家一级、二级运动员称号，新增全国篮球、排球特色学校17所。根据疫情防控需要，中考体育考试实行送考到校，举行首届青少年学生线上体育运动会。推进学校美育发展，举办艺术展演指导教师专题培训，加大艺术社团和艺术特色学校创建力度，运用网络平台载体，通过人机对话形式，完成首届初中学生艺术素质过程评价和艺术学科素养考核。规范组织67所学校5万余名高中新生参加军事训练和国防教育。推进学生参与社会实践活动数据化管理试点工作，鼓励学校在综合实践活动的框架下构建校本课程，创新劳动教育模式，《中国教育报》以《无锡让劳动成为学生“成长营养”》为题进行报道。

（程家平）

【教师队伍建设】 2020年，全市教育系统贯彻落实加强和改进新时代师德师风建设意见，开展中小学师德师风突出问题持续专项治理。创新实行义务教育学校教职工编制标准核定、单列管理，构建“以县为主、市域调剂、动态调配”的编制管理新机制，为编制紧缺的市（县）、区调剂增核义务教育教师编制1907个。创新公办幼儿园机构编制管理方式，鼓励开展人员编制备案管理，满足用人需求。推进义务教育学校教师“县管校聘”管理体制改革，所有市（县）、区出台实施意见或方案，强化县域内教师统筹管理，促进师资均衡配置。开展“四有”（有理想信念、有道德情操、有扎实学识、有仁爱之心）好教师团队建设，全市36所学校被确定为首批市级“四有”好教师团队建设培育单位。梁溪区、惠山区、宜兴市教师发展中心通过省示范验收。建成省级教师发展示范基地校20所，市级教师发展示范基地校68所，市、县、校三级教师发展支持体系全面建成。落实“六稳”“六保”要求，加大教师补充力度，年内全市公办中小学幼儿园招录教师2966名，其中应届毕业生占比超过80%。教育人才队伍进一步壮大，5人入选首届“苏教名家”培养工程，5人获评省有突出贡献中青年专家，新增中小学（中职校）正高级教师26名。落实乡村教师支持计划，启动第五届16个乡村骨干教师培育站建设工作，培养482名乡村骨干教师，6人入选省乡村优秀青年教师培养奖励计划。

（程家平）

【依法治教】 2020年，全市教育系统围绕关键少数，落实中心组集中学法制度，组织学习《中华人民共和国民法典》《中华人民共和国公职人员政务处分法》和《中国共产党基层组织选举工作条例》等法律法规。深化教育“放管服”改革，落实“双随机、一公开”部门抽查和联合抽查，加强校外培训机构事中事后长效监管。修订并出台《无锡市市级民办教育发展奖补资金管理办法》和年度奖补方案，促进民办学校健康规范发展。推进食堂治理改革，参照市委专项巡察模式，集中力量组织4个检查组，对全市38所公办普通高中食堂组织开展专项检查。自觉接受市人大、市政协监督，支持人大代表、政协委员履行参政议政职能，承办建议提案93件，为历年最多。市教育局牵头的《调研协商，持续跟进，优化学生体质健康促进工作》入选2020年建议提案十大创新务实办理举措。

（程家平）

【教育基础保障】 2020年，无锡市加大教育经费保障力度，各类教育生均一般公共预算教育经费全面增长，实现两个“只增不减”（一般公共预算教育支出逐年只增不减，确保按在校学生人数平均的一般公共预算教育支出逐年只增不减）目标。明确教育领域市与区财政事权和支出责任划分，将公办与普惠性民办幼儿园列入公用经费保障范围。按照基准定额新标准，全面落实公办学校生均公用经费。严格落实学生资助各项政策，年内全市发放各类资助经费1.33亿元，累计资助13.5万人次。推进智慧校园建设，完成无锡教育城域网IPv6升级改造。年内，67所学校被确定为市第四批“智慧校园”建设试点学校，205所学校被认定为省智慧校园。无锡一中、锡山高中等6所学校成为首批省智慧校园示范校。推进全市教育（校园和校车）安全专项整治，推进无锡市平安校园建设。出台《无锡市中小学实验室安全防护与化学危险品管理规范》《学校食堂燃气安全管理规定》等长效机制，针对校园安全重点加强专项整治。

（程家平）

表59　　2020年无锡市教育经费收入统计表

项目	全市		江阴市		宜兴市		市区	
	金额（万元）	占全市教育总经费的比例（%）	金额（万元）	占该市教育总经费的比例（%）	金额（万元）	占该市教育总经费的比例（%）	金额（万元）	占市区教育总经费的比例（%）
国家财政性教育经费	2249952	88.21	516203	94.67	350265	91.94	1383484	85.17
事业收入	243566	9.55	26726	4.90	24023	6.30	192817	11.87
其中：学杂费收入	218357	8.56	23719	4.35	20010	5.25	174628	10.75
捐赠收入	5482	0.21	397	0.07	4850	1.27	235	0.01
民办学校中举办者投入	1257	0.05	759	0.14	295	0.08	203	0.01
其他教育经费	50464	1.98	1197	0.22	1553	0.41	47714	2.94
合　计	2550721	100.00	545282	21.38	380986	14.94	1624453	63.68

（市教育局）

表 60 2020 年无锡市教育事业统计表

	学校数（所）	班数（个）	毕业生数（人）	招生数（人）	在校学生数（人）	毕业班学生数（人）	教职工数（人）	
							总计	其中：专任教师
1. 普通高等学校	12	—	34387	48899	133163	35948	9978	7020
2. 中等专业学校	16	—	15916	17544	46862	13973	5224	4595
3. 职业高中	—	—	1336	868	2761	—	—	—
4. 普通中学	195	5807	75264	91064	257856	79264	25457	22836
高中	45	1797	23112	29886	83077	25207	—	7689
初中	150	4010	52152	61178	174779	54057	—	15147
5. 小学	219	10307	60979	81038	439140	63900	26425	25007
6. 特殊教育学校	8	119	345	456	2578	587	401	339
7. 幼儿园	536	6422	71314	68380	208211	72004	26031	14076
8. 成人高等学校	—	—	10081	17237	31234	13795	—	—
9. 成人中等职业学校	—	—	15	15	—	—	—	—
10. 成人技术培训学校	91	1533	202390	—	248866	—	2004	857
11. 技工学校	15	—	5300	7883	22821	—	1527	1142

（市教育局）

【教育交流合作】 2020 年，无锡市重视国际交流合作意识形态工作，加强普通高中国际课程班思政课管理，规范外籍人员子女学校招生，建立外籍教师信息库，开展中小学使用国际教材调查。推进“互联网 +”交流合作，评选第四批市国际理解教育特色品牌项目 20 个、第三批市国际交流合作示范校 9 所。

（程家平）

【教育督导】 2020 年，无锡市发挥教育督导监督指导作用，优化完善各级各类学校综合督导工作，研究制定无锡市幼儿园、民办中小学校综合督导方案，先后对无锡市妇联实验托幼中心、无锡市少年宫、江苏省宜兴中学、江苏省江阴高级中学、江苏省宜兴第一中学、无锡市第一中学开展综合督导。做好责任督学挂牌督导工作。开展义务教育教师工资待遇落实情况等专项督导。开展县域义务教育优质均衡发展、学前教育普及普惠发展创建与监测。

（程家平）

【线上教育服务】 2020 年，无锡市落实国家“停课不停学、停课不停教”要求，快速推出“锡慧在线”免费名师线上课程，在全省率先实现“全学段、全学科、全名师、全过程、全免费”的线上学习。覆盖小学至高中各年级各学科，提供直播二维码、微信小程序、网站、电视、App、央视频、网易课堂等 12 种观看途径。连续 12 周面向全市 70 万名中小学生提供“停课不停学”在线教学，制作在线课程 3000 多节，访问量超过 2 亿人次。

（程家平）

【基础教育内涵建设成果】 2020 年，全市基础教育新增省级中小学品格提升项目 5 个、幼儿园课程游戏化项目 3 个、小学文化建设项目 8 个、初中质量提升项目 4 个、初中课程基地 4 个、普通高中课程基地 5 个、特殊教育发展项目 5 个、省基础教育前瞻性教学改革实验项目 13 个。获批全省基础教育国家级教学成果推广应用研究所 4 个，数量占全省 50%，居全省第一。

（程家平）

【大中小学思政课一体化建设联盟启动】 2020 年，全市大中小学思政课一体化建设研讨会在无锡市第一

10月9日，无锡在省内率先成立大中小学思政课一体化建设联盟

（李陶逸　摄）

中学举行。会议举行了无锡市大中小学思政课一体化建设联盟启动仪式，并为江南大学大中小学思政课一体化建设研究中心揭牌。市委宣传部常务副部长陆惠玲，市委教育工委书记、市教育局局长唐加俊，江南大学党委副书记戴月波等出席研讨会。

（程家平）

【3个工作室跻身省首批中小学网络名师工作室】 2020年，江苏省教育厅在官网公布首批江苏省中小学网络名师工作室名单，无锡有3个工作室位列其中，分别为无锡市教育信息化管理服务中心的顾军网络名师工作室、无锡市通德桥实验小学的赵国防网络名师工作室、无锡市梅里中学的张增光网络名师工作室。

（程家平）

【家庭教育指导服务】 2020年，市教育局、市妇联联合成立无锡市家庭教育指导服务站，贯彻落实教育部《关于加强家庭教育工作的指导意见》精神，充分发挥"家庭、学校、社区"联动作用，开展家庭教育指导精品课程评选，提升课程的精准化和专业性，加强学校家庭教育师资队伍建设，提高家庭教育工作者的综合素质和专业能力。年内，由市教育局、市关工委联合举行全市中小学家庭教育推进会，进一步完善学校、家庭、社区三位一体的网络体系，举办家庭教育宣传周活动，将家庭教育工作纳入中小学常态化和优质化建设。

（程家平）

【教育对口帮扶】 2020年，无锡教育多渠道助力脱贫攻坚，加强东西部教育协作，选送114名干部教师赴新疆、青海、陕西等省、自治区开展对口支援，接受1000余名对口协作地区干部教师到无锡挂职研训，妥善安排800余名陕西省延安市学生和云南省大理市贫困生到无锡就读。1月17日，市教育局组织召开支教工作总结暨新一批援疆教师出征动员会，交流支教经验，开启崭新征程。会上，援疆教师、阿合奇县同心中学校长曹飞及教师代表金飞，霍城县支教团副团长张斌，霍城县初级中学教师代表尹耀清先后做工作汇报和交流。发挥职业教育在脱贫攻坚中的重要作用，5所无锡市区中等职业学校招收云南省大理州建档立卡贫困家庭学生，有700多名学生顺利毕业并走上工作岗位，实现脱贫目标。《真情援疆着力精准同心同行——无锡教育立体帮扶新疆阿合奇县纪实》入选2020年全国教育扶贫典型案例。

（程家平）

【无锡经开区教育局成立】 12月18日，江苏无锡经济开发区教育改革推进会举行。经开区党工委副书记、管委会副主任杨建平，无锡市委教育工委书记、市教育局局长范良出席会议并为经开区教育局成立揭牌。经开区分别与江南大学和无锡市大桥实验学校签订合作办学协议。市教育局副局长萧晶和经开区教育局党委书记、局长杨柳共同为行知、行远两个幼儿教育集团揭牌。会上举行经开区教育教学指导委员会专家聘任仪式，发布《经开区"名师计划"教育高层次人才引育实施办法》。

（程家平）

12月18日，江苏无锡经济开发区教育局成立揭牌　（市教育局　供）

学前教育

【概况】 2020年，无锡市有幼儿园536所，全年招收幼儿68380人，在园幼儿208211人，毕业幼儿数71314人。拥有幼儿教职工26031人，其中专任幼儿教师14076人。年内，全市新增省优质幼儿园16所、市优质幼儿园29所，全市在省、市优质幼儿园就读幼儿占比达90%。

（程家平）

【学前教育优质普惠发展】 2020年，全市普惠性幼儿园覆盖率达91%，位居全省前列。无锡通过政策引导持续加大普惠性学前教育资源的供给力度，将公办幼儿园占比列入各市（县）、区政府履责以及年度考核目标内容，学前教育公共服务体系日渐完善，在全省率先实现幼儿园服务区制度全覆盖，为每个有需要的适龄幼儿安排一个普惠园学位，学前教育优质普惠发展。

（程家平）

【62个城镇小区配套幼儿园治理】 2020年，无锡市聚焦小区配套园规划、建设、移交、办园等环节存在的突出问题，出台《无锡市城镇小区配套幼儿园治理工作方案》等文件，大力推进城镇小区配套幼儿园治理，完成62个城镇小区配套幼儿园治理工作，增加普惠性幼儿园学位数26179个。

（程家平）

【普惠性民办园扶持】 2020年，无锡市积极扶持非营利性民办普惠幼儿园，按公办园同等标准拨付生均公用经费，并在土地划拨、税收减免、政府补贴、免除租金、购买服务、资金奖励、派驻公办教师和管理服务等方面加大扶持力度。各地财政对普惠性民办幼儿园收费标准与不同等级幼儿园基准办园成本间的差额进行补助。

（程家平）

【出台幼儿园综合督导方案】 为深入贯彻党的教育方针，推动幼儿园规范办园行为，实施科学保教，全面提高办园水平和保教质量，4月，市教育局制定出台《无锡市幼儿园综合督导方案》。方案旨在督促政府依法履行教育工作职责，办好家门口的每一所幼儿园；督促、指导幼儿园贯彻执行有关教育法律法规、方针政策，遵循教育规律，全面促进学前教育高质量发展；引导社会、家长用科学的标准评价幼儿园的办园水平，关心和支持幼儿园工作。根据督导方案，市政府教育督导室组织对无锡市妇联实验托幼中心开展综合督导。

（程家平）

【学前教育内涵发展】 2020年，全市认真贯彻教育部《幼儿园工作规程》《幼儿园教育指导纲要（试行）》和《3—6岁儿童学习与发展指南》，开展指南实验园建设工作，全年新增无锡市指南实验园14所；以区域化推进幼儿园课程游戏化建设为抓手推动幼儿园课程改革，新增省级区域推进课程游戏化项目3个，市级课程游戏化项目9个。通过实地调研指导、召开全市现场研讨会等多种方式，不断丰富幼儿园课程资源，优化课程方案，提升教师专业素质，实施科学保教，提高保教质量。

（程家平）

义务教育

【概况】 2020年，无锡市有小学219所，全年招生81038人，在校小学生439140人，毕业学生60979人；小学拥有教职工26425人，其中专任教师25007人。无锡市有初中150所，全年招生61178人，在校初中生174779人，毕业学生52152人；初中拥有专任教师15147人。全市九年义务教育巩固率100%。

（程家平）

【义务教育优质均衡发展】 2020年，无锡市推进义务教育薄弱环节改善与能力提升工作，获省教育厅通报表扬。农村义务教育学校全部达省定办学标准；全面消除56人以上大班额；进一步加强控辍保学，确保义务教育阶段零辍学。开展第二批新优质培育建设项目学校中期发展评估和年度满意度测评。新吴区、滨湖区进一步夯实基础提升发展水平，做好国家级优质均衡发展县（市、区）申报和迎评工作。

（程家平）

【集团化办学】 2020年，无锡市鼓励支持各地推进义务教育学校集团化办学。7月，新吴区教育局召开优质教育发展共同体集群化办学工作推进会。会上，宣读基地校（园）、集团校（园）、联盟校（园）集群组织架构和中小学学科基地名单。9月，江阴市教育局联合江阴市融媒体中心联合举办《校长讲坛》，邀请江苏省南菁高级中学实验学校教育集团总校长费玉新等5位校长作为首批嘉宾，向来自南菁校区和暨阳校区的70位家长介绍集团的办学思路。梁溪区教育局经过四年多的实践探索，义务教育集团化办学逐步形成独具特色的“梁溪样本”，通过调整集团组合、明晰责权分配、创新管理路径、优化考核评价等方式，实现从“先行先试”的探索到“先行示范”的飞跃，为全省乃至全国的义务教育集团办学提供梁溪经验。

（程家平）

【无锡教育督导经验入选中国基础教育典型案例】 2月，中国教育报刊社发布《2019中国基础教育年度报告》，并在2020年第2期《人民教育》上首发。《2019中国基础教育典型案例》在全国范围内共遴选出30个案例，《江苏无锡：责任督学走向学校现场、服务发展、寓导于督》入选。

（程家平）

【无锡首家区级课程教学改革研究所挂牌】 9月4日，梁溪区课程教学改革研究所挂牌。各教育集团分管教学的副总校长、部分幼儿园分管教学的副园长以及区教师发展中心各部门主任参加挂牌仪式。在区级层面建立课改研究所，在无锡尚属首家。研究所旨在区域教改品牌建设力、对外传播力、学校教改服务力上发挥积极作用，为区域教学改革注入新的动能。

（程家平）

【省锡中教育集团正式成立】 9月10日，惠山区举行省锡中教育集团成立大会。省锡中教育集团以锡山高中为龙头学校，首批成员学校为：江苏省锡山高级中学、江苏省锡山高级中学锡西分校（筹）、江苏省锡山高级中学实验学校、江苏省锡山高级中学匡村实验学校、江苏省锡山高级中学实验学校第一小学、江苏省锡山高级中学实验学校第二小学等8所学校。集团充分发挥“省锡中”的辐射示范作用，积极探索建立品牌保障机制、内部管理机制、合作共赢机制，在特色课程体系研发、现代教育技术开发应用、以师资统筹为试点打破校际师资壁垒等方面积极改革探索，为推进基础教育改革、区域教育高质量发展、经济社会高品质发展提供强有力的教育支撑。

（程家平）

7月23日，教育部组织召开普通高中新课程新教材实施国家级示范区建设启动工作预备会，市教育局作交流发言（费骋远 摄）

普通高中教育

【概况】 2020年，无锡市有普通高中45所，全年招生29886人，在校高中生83077人，毕业学生23112人；普通高中拥有专任教师7689人。高中阶段教育全面普及，高中阶段教育毛入学率100%。年内，全市新增1所省四星级高中，稳步推进高考制度改革举措落细落实，指导规范学校做好选科工作。

（程家平）

【无锡获评普通高中新课程新教材实施国家级示范区】 7月，教育部公布普通高中新课程新教材实施国家级示范区、示范校名单，全国确定32个示范区和99所示范校。无锡是省内唯一示范区、示范校双双入选的城市。其中，无锡市获评首批普通高中新课程新教材实施国家级示范区，是省内唯一获评的城市；江苏省锡山高级中学获评普通高中新课程新教材实施国家级示范校，全省仅3所学校入选。7月23日，教育部组织召开普通高中新课程新教材实施国家级示范区、示范校建设启动工作视频预备会。市教育局局长唐加俊和江苏省锡山高级中学校长唐江澎在会上分别作为示范区与示范校代表作交流发言，介绍建设工作及三年规划，向全国介绍“无锡经验”，努力给出“无锡范本”，助推全国高中教育课程改革走向现代化。

（程家平）

【首届长三角高品质高中发展高峰论坛】 11月26日，来自江浙沪三省市的知名教育专家齐聚江苏省锡山高级中学参加首届长三角高品质高中发展高峰论坛。论坛围绕“高品质高中建设与发展”主题进行研讨。论坛由江苏省教育学会会长、江苏省教育厅原副厅长朱卫国主持。锡山高中唐江澎校长做题为《探索高品质高中发展的问题解决方案》的报告。江浙沪三省市的校长就高品质示范高中建设中学校未来发展作大会交流。

（程家平）

特殊教育

【概况】 2020年，无锡市有特殊教育学校8所，全年招生456人，在校学生2578人，毕业学生345人；特殊教育学校拥有教职工401人，其中专任教师339人。年内，全市新建融合教育资源中心91个，更好地满足区域特殊儿童少年的教育需求，实现融合教育资源中心从幼儿园到初中的全覆盖。持续健全特殊教育保障体系，实现残疾儿童少年接受义务教育“全覆盖零拒绝”。指导各地做好本地特殊儿童评估诊断与教育安置工作。“锡台融合教育交流合作项目”从5月起每月安排一次全市融合教育师资线上培训，全年培训教师6000余人。开发的特殊教育评估工具为省内首创。至年末，全市有融合教育资源中心300

10 月 29 日，全国听障教育年会暨无锡市特殊教育学校建校 80 周年素质教育展示活动　　（王　磊　摄）

个，融合教育示范校 32 所。

（程家平）

【无锡市特殊教育学校建校 80 周年展示活动】 10 月 29 日，2020 年全国听障教育年会暨无锡市特殊教育学校建校 80 周年素质教育展示活动在无锡举行。该活动是对无锡市特殊教育事业发展的回顾和总结。无锡市实行残疾学生从学前到大学全过程免费教育，推进特殊教育提升计划，为残疾儿童少年提供多类型、全覆盖、高质量的特殊教育服务。

（程家平）

中等职业教育

【概况】 2020 年，无锡市有中等专业学校 16 所、技工学校 15 所，全年招生 26295 人，在校生 72444 人，毕业学生 22552 人；拥有教职工 6751 人，其中专任教师 5737 人。无锡市启动实施《职业教育质量提升攀登计划（2021—2025 年）》。成立无锡职教园建设发展工作领导小组，推进无锡职教园与锡西片区产教融合、教城融合发展，打造国家级职业教育示范园区。无锡机电高等职业技术学校等 5 所学校入选省中等职业学校领航计划，2 所学校创成省优质特色职业学校，全市 16 所中职学校已有 14 所学校建成江苏省现代化示范性职业学校和江苏省优质特色职业学校，基本实现优质资源覆盖。

（程家平）

【无锡市入选国家职业教育高地建设城市】 7 月，教育部将无锡市列入国家职业教育高地建设城市。10 月，教育部与江苏省在南京召开部省共建启动大会，发布《教育部江苏省人民政府关于整体推进苏锡常都市圈职业教育改革创新打造高质量发展样板的实施意见》，联合启动建设苏锡常都市圈职业教育高质量发展样板。苏锡常都市圈是全国首个以城市群为单元的职业教育创新发展高地，无锡成为国家推进东部地区职业教育改革创新的先行者、探路者。年内，无锡市再次被省政府评为“江苏省职业教育改革发展成效明显的设区市”。

（程家平）

【职业教育高质量发展】 2020 年，全市新增 10 个省现代化实训基地、10 个省现代化专业群、5 个江苏省中小学生职业体验中心，获批 142 个省现代职业教育体系建设试点项目。培育 50 个无锡市现代化专业群、100 门精品课程和 10 个中高职专业办学联盟，10 所职业院校获得无锡市职业院校产业发展贡献奖。组建无锡市“1+X”证书（学历证书 + 若干职业技能等级证书）制度试点联盟，推进“1+X”证书制度试点工作，发放职业技能等级证书 2.7 万张。全市参加 2020 年江苏省职业学校技能大赛获得 59 块金牌、75 块银牌和 106 块铜牌，金牌总数位列全省第二。参加第 11 届江苏省中等职业学校文明风采活动，获奖 50 项，排名全省第一，6 家单位获得优秀组织奖。举办全市大中专院校创新创业大赛，组织开展“传承工商精神，推进创新创业”系列活动，5 万余名师生参加活动。

（程家平）

【职业教育融合发展】 2020 年，无锡商业职业技术学院江苏商贸职业教育集团、无锡职业技术学院机械行业智能制造技术职业教育集团、无锡机电高等职业技术学校江苏·发那科数控职业教育集团入选全国示范性职业教育集团。无锡商业职业技术学院牵头成立全国职业教育实践育人产教联盟。年内，全市建成 5 个国家级、省级职业院校教师教学创新团队，涌现出无锡机电高等职业技术学校教师徐夏民等一批“全国先进工作者”“江苏工匠”。

（程家平）

【全国数字影视职业教育集团成立】 12 月 19 ~ 20 日，由全国职业教育集团化办学工作组、江苏省教育厅、江苏省电影局、中国职业技术教育学会、无锡市教育局等多方指导，无锡城市职业技术学院牵头组建的全国数字影视职业教育集团成立大会暨数字影视创新发展高峰论坛在无锡城市职业技术学院举行。全国数字影视职业教育集团的成立填补数字影视方向的全国性职教集团空缺。无锡城市职业技术学院当选集团理事长单位。

（程家平）

9月11日，南京理工大学江阴校区正式启用　　（朱志飞　摄）

普通高等教育

【概况】 2020年，全市有普通高等学校12所，全年招生48899人，在校学生133163人，毕业学生34387人；普通高等学校拥有教职工9978人，其中专任教师7020人。无锡市出台《无锡市高等教育创新发展重点项目评审管理办法》，设立专项经费，支持在无锡高校加快内涵式发展。江南大学、无锡太湖学院共18个专业入选国家一流本科专业建设点，太湖学院、滨江学院共10个专业入选江苏高校一流本科专业。无锡太湖学院成立中国（无锡）跨境电商学院，太湖学院苏格兰学院成为全国同类高校中首批获教育部批准成立的中外合作办学机构。南京信息工程大学滨江学院获批“江苏省物联网设备超融合应用与安全工程研究中心”和“江苏省工业环境危害要素监测与评估工程研究中心”。高度重视高校毕业生就业，召开在无锡高校2020届毕业生就业创业工作会议，成立大学生创新创业孵化基地，组织开展网络招聘、空中招聘等活动，有效化解大学毕业生就业难问题，2020届年终一次就业率为93.5%，在无锡就业率为37.57%。

（程家平）

【南京理工大学江阴校区建成启用】 9月11日，经过近2年的建设，南京理工大学江阴校区正式启用，项目占地面积74.33公顷，建筑面积30余万平方米。无锡市委书记黄钦，江苏省工信厅副厅长胡学同，法国驻上海总领事纪博伟，南京理工大学党政主要领导、江阴市领导及参与建设的有关单位代表出席了启用仪式。

（程家平）

江南大学

【推进一流本科教育】 2020年，学校推进“一流本科教育提升行动计划”，全面修订人才培养方案，不断优化至善生培养模式，加强拔尖创新型人才教育教学培养体系。布局建设人工智能、机器人工程、大数据管理与应用、环境科学等新兴专业，打造“通识教育精品课程”并建设一流课程培育立项项目，获批国家级一流本科专业15个、国家级一流本科课程19门、省级重点教材13部。实施新工科、新农科研究与实践项目，获批教育部“新工科”研究与实践项目8个（全国并列第七、省内第二）、“新农科”研究与实践项目6个（全国并列第二、省内并列第一）。深入贯彻落实《教育部等八部门关于加快构建高校思想政治工作体系的意见》精神，一体化构建学校“7+1”（理论武装体系、学科教学体系、日常教育体系、管理服务体系、安全稳定体系、队伍建设体系、评估督导体系＋组织领导和实施保障）思想政治体系，开展“三全育人”（全员育人、全程育人、全方位育人）综合改革示范学院创建工作。

（钱　锋）

【推进卓越研究生教育】 2020年，学校获评江苏省研究生招生管理工作优秀招生单位。提升研究生培养质量，国务院学位办博士学位论文抽检合格率保持100%，多篇论文获评省级优秀博士学位论文、优秀硕士学位论文和优秀专业学位论文等奖项。加强研究生导师队伍建设，强化导师立德树人使命担当，1人获江苏省“十佳研究生导师”称号，获江苏省“十佳研究生导师团队”提名1个。

（钱　锋）

【师资队伍建设】 2020年，学校深入实施人才强校战略，制定学校领导联系服务人才工作办法，成立人才工作办公室，加强人才引进四级把关制度建设和人才安全事件应急管理工作。优化调整高层次人才及师资引聘小组成员结构与议事规则，年内新增国家级人才3人次、省级人才40人次、省级团队1支；建立健全校内人才培养支持体系和教师教学发展支持平台，遴选首批“至善教授”，首获江苏省青教赛优秀组织奖。推进辅导员导师“领雁计划”，涌现出“江苏省高校辅导员年度人物”“江苏省抗击新冠肺炎疫情先进个人”等典型。深化教师考核评价改革，优化职称申报及评审办法，全面实施绩效工资改革，教职工基础性绩效与改革性补贴稳步提升。推进师德师风建设，编印《教师手册》，修订学校教师师德考核办法，通过打造“教师育人工作室”品牌项目、评选师德标兵、惩处师德失范行为等，努力营造良好育人氛围。

（钱　锋）

【学科建设水平提升】 2020年，学校学科布局不断优化，8个学科保持ESI（基本科学指标数据库）全球前1%，其中农业科学进入全球前0.3‰；

22个学科在"软科2020年中国最好学科"上榜,15个学科入选"2020年软科世界一流学科",食品科学与工程学科蝉联世界第一,轻工技术与工程、食品科学与工程、设计学3个学科入选"中国顶尖学科"榜单。扎实做好教育部第五轮学科评估准备工作和学位授权点增列申报工作,生物工程等8个一级学科博士学位授权点与3个专业学位博士点的增列申请,顺利进入国务院学位办评审阶段。继续实施学科进位提升计划,自主设置食品光学智检技术、系统科学与管理两个博士二级学位授权点。

(钱 锋)

【科研创新能力提高】 2020年,学校实施科研平台分类分级管理,推进未来食品科学中心建设,获批国家药品监督管理局化妆品监管科学研究基地等部省级平台。科研项目及科研奖励等实现新增长,国家级和省部级科研奖项创历史新高,获国家技术发明奖二等奖、国家科学技术进步奖二等奖各1项,省部级一等奖获奖数实现新突破,首获国家自然科学基金创新研究群体项目、教育部高等学校科学研究优秀成果奖(人文社科)一等奖,签约15个千万级科技服务项目,到账科研经费首次突破9亿元,其中人文社科经费首次突破5000万。科技辐射能力大幅提升,新建地方研究院所5个、技术转移分中心9个,入选首批国家知识产权示范高校。举办"长三角一体化进程中的江南运河文化高层论坛",加快江南文化与大运河文化研究资源的融合;智库建设成效显现,多篇智库成果获党和国家领导人、省级领导批示。

(钱 锋)

【对外交流合作】 2020年,学校持续推进与西澳大学、拉夫堡大学、兰卡斯特大学等中外合作办学项目,新增食品科学与工程中外合作办学项目,首次获批承办中国工程院"未来食品与生物技术"国际工程科技战略高端论坛。创新高层次国际化人才培养模式,拓展世界高水平大学线上学分课程及科研能力提升项目,获批教育部中外人文交流中心首批"高层次国际化人才培养创新实践基地"称号。推进校级国际联合实验室建设,修订学校国际合作联合实验室管理办法,立项建设项目11个。执行各类聘专引智项目,获批科技部"高端外国专家引智计划"项目6个,其中"一带一路"创新人才交流外国专家项目1个。启动学校孔子学院转型工作,转型方案得到教育部相关部门认可。统筹谋划学校"一体两翼"发展路径,宜兴校区一期项目进入全面建设阶段。成立市校合作共建工作办公室,共建"江南大学质量品牌研究院",启用附属医院新院区。强化校友会、董事会、基金会组织建设,创新校友会年会办会形式,提升校友捐赠率。

(钱 锋)

【图书档案建设】 2020年,江南大学提升图书情报分析与服务能力,新增1个中文数据库——中国共产党思想理论资源数据库,新增1个外文数据库——InnoGraphy专利数据库。构建食品科学与工程等13个学科服务平台,获批高校国家知识产权信息服务中心,并加入高校知识产权信息服务联盟;完成档案馆二期数字化建设,完成2019～2020学年学生课程信息40多万条数据的导入和部分存量档案数字化工作——档案管理综合系统数据集成项目,扫描学生录取名册、成绩单近95000多页,著录约7万条;荣氏资料数据库建设初具规模,收录数据10000余条,推动建立荣氏资料数据联盟。

(钱 锋)

社会教育

【概况】 2020年,无锡市完善以无锡开放大学(无锡市社会教育服务指导中心)为主导、市(县)区社区学院为引领、镇(街道)社区教育中心、村(社区)居民学校为骨干的社区教育四级网络体系,市(县)、区全部达到省级以上社区教育示范区水平。全市有7所社区教育学院,81个镇(街道)、社区教育中心通过省级标准化社区教育中心验收,覆盖率和达标率均达100%。至年末,全市建有1142所省级标准化居民学校,实现全市村、社区100%全覆盖;建成首批5所教育现代化示范性居民学校;全市建有各级老年学校600余所,注册老年学员达到33.85万人次,占全市老年人数的25.25%。无锡开放大学开展社会教育线下培训成果信息存入学分银行试点,残疾人教育学院残疾人培训项目先行先试;加强社区教育课程建设,被评为省终身教育研究科研工作先进单位,《与新时代文明实践融合发展的无锡社区教育》获评省社会教育(教学)成果一等奖。

(程家平)

【语言文字工作】 2020年,无锡市全面完成各级各类学校语言文字规范化达标学校建设。升级普通话水平测试点标准化考场,全年完成测试任务12889人次。发挥省级语言文字推广基地(无锡教育电视台)示范引领作用,整合高校、地方资源,打造一批中华优秀语言文化品牌活动,传承传播中华优秀文化。在全市开展主题为"同讲普通话携手进小康"第23届全国推广普通话宣传周系列活动、"传承中华优秀文化礼赞伟大时代精神"主题系列活动、"第六季中国诗词大会"和全国第二届中华经典诵写讲大赛的无锡赛区选拔赛等活动,吸引2万余人积极参与。无锡市语言文字工作委员会办公室获2020年"诵读中国"经典诵读大赛江苏选拔赛优秀组织奖,选送的作品获特等奖1个、一等奖5个、二等奖6个、三等奖4个;在全国总决赛中,无锡市获1个二等奖、1个三等奖、2个优秀奖。

(程家平)

【校外培训机构长效监管】 2020年,无锡市制定印发《无锡市校外培训机构安全管理规范(试行)》,细化6

7月3日,民办义务教育学校电脑随机派位录取现场 (王 磊 摄)

项、29个安全检查点位,探索实施第三方安全专业机构对民办学校(培训机构)开展安全管理检查评估指导。在全省首家上线启用无锡市培训机构疫情防控信息平台,通过信息化手段对面广量大的培训机构疫情防控工作开展“云”监管。举办校外教育培训机构专(兼)职保健员培训班,提升机构疫情常态化防控水平。对全市面向幼儿园幼儿和中小学学生、高校学生开展非学历教育培训的校外培训机构从教人员线上线下授课内容进行清查整治,实地抽查1712家教育培训机构。探索校外培训机构资金安全监管方式,健全完善长效监管机制。

(程家平)

【“无锡市社会教育成果展示汇”活动】 2020年,无锡市举办以“凝心聚力夯实文明根基,砥砺奋进共创美丽无锡”为主题的全市社会教育成果展示汇活动。通过“终身学习篇·守初心之路”“社区教育篇·践微微之光”“居民学校篇·悟活力之源”和“社会办学篇·承使命之志”4个篇章集中展现无锡市在“十三五”期间社会教育取得的新成果。

(程家平)

招生考试

【民办学校与公办学校同步招生】 2020年,无锡市坚持依法治教、严格管理,切实规范学校招生行为,发布《关于做好2020年无锡市区义务教育招生入学工作的意见》,将民办学校招生纳入审批地统一管理,与公办学校同步招生。在全省率先优化义务教育招生工作平台,统筹做好民办义务教育学校网上志愿填报、材料审核和电脑派位等工作,促进公办民办学校共同发展。

(程家平)

【中考中招工作】 2020年,无锡市中考报名人数为51506人,比上年增加3791人。新冠肺炎疫情期间,全市先后完成报名、命题、考试、录取等各环节工作。对所有考生的锡康码状态进行滚动摸排,将原集中到医院的体检改为送检到校;优化考点布局以应对疫情和高温天气的影响,对各考点全面开展排查,排除风险隐患;建成中考中招管理信息平台,实现考生在线填报志愿、查询录取结果;同时开通网上招生市场,开展外市招生学校在线招生录取。

(程家平)

【高考工作】 2020年,全市高考报名23841人,比上年增加1210人。因疫情高考延期至7月举行,全市各地各部门高度重视高考组织领导和实施工作,落细落实疫情防控与卫生保障工作。每个考点增设1名副主考,由市卫生健康委指定相关医疗专家担任,配合考点做好涉疫常规工作和突发事件处置;采取设置考生市级集中隔离点、增设隔离备用考场、开通核酸检测绿色通道等一系列措施保障考试的顺利;积极做好极端暴雨天气应对工作,通过媒体发布提示,提醒考生密切注意天气状况、合理规划交通路线、带好备用衣物;组织公安进行交通疏导;组织考点提前处置低洼积水、搭建雨棚、安排更衣室等场所,做好应急处置安排;加强考试安全和涉考队伍建设,以最严措施保障试卷安全;开展考生诚信教育,指导学校有效开展考生心理疏导,营造良好社会氛围,确保高考工作平稳实施。

(程家平)

编辑 何 峰

公共文化

【概况】 2020年，无锡市落实公共文化场所疫情防控工作，严格执行“八暂停一落实一延迟”（暂停营业性演出活动、暂停对外文化和旅游交流活动、暂停各级文化场馆对外开放、暂停开放旅游景区景点、暂停娱乐场所和互联网上网服务营业场所经营活动、暂停旅游企业经营活动、暂停社会艺术水平考级和线下培训活动、暂停线下旅游推广活动，落实旅游星级饭店监测报告制度，延迟文化和旅游系统所属文化、旅游学校春季开学时间），全市所有公共文化场馆一律暂停线下对外开放，春节期间及2月共取消公益文化活动600余场次，“非遗”民俗活动31项。线下场馆闭馆但不停服务，各公共场馆利用数字资源，同步开展线上公共文化活动，内容涵盖数字图书馆、掌上慕课、在线展览、“非遗”普及等，采取在线直播、视频转播、网络讲堂、群组交流等形式，提供公共文化线上产品500余种。文化战线利用多种形式创作一批抗疫题材文艺作品，一起为奋战在一线的工作者加油鼓劲。在防控措施落实到位的前提下，自3月5日起，公共文化场馆有序恢复开放。全年，建成基层综合性文化服务中心8个，继续动态实现全市行政村（社区）综合性文化服务中心覆盖率达100%。至年末，全市共有市（县）区以上公共图书馆8个、文化馆8个，乡镇（街道）文化站82个，村（社区）综合性文化服务中心1083个，农家书屋799个，均实行免费开放。调动广大群文骨干开展文化活动和团队争先创优的积极性，群众特色文化团队小额资助扶持团队459个，其中三星级187个、四星级226个、五星级46个，共计资助169.5万元。

（周　文）

【“群芳奖”比赛】 2020年，无锡市第五届“群芳奖”共评出舞台类作品金奖28个、银奖30个、铜奖30个，静态类作品美术、书法作品各10件获选群芳奖，40件入选展览。决赛首次采用网络直播方式，新浪直播联合无锡文化云网站进行，累计观看194.3万人次。赛后，在各市（县）、区的城市广场、公共空间内举办“群芳奖”优秀作品巡演7场；该届“群芳奖”的群众文艺创作成果在无锡文化云网站上集中展示。组织部分“群芳奖”获奖作品参加江苏省第14届“五星工程奖”评奖活动，舞台类作品入选终评12个，获“五星工程奖”5个。

（周　文）

【“十百千”示范工程】 2020年，无锡市推进基层公共文化服务效能提升“十百千”（重点扶持10个县级文化馆图书馆、100个乡镇综合性文化服务中心、1000个村级综合性文化服务中心示范建设）示范工程。全市2个县级图书馆文化馆、7个镇（街道）文化站、55个村（社区）综合文化服务中心被纳入“十百千”示范工程创建单位名单。64个示范创建单位整合资源，多措并举，在活动内容、服务延伸、品牌建设、机制创新、功能拓展、供需对接等多方面提升服务效能，形成政府统筹、地区协调、社会参与、资源共享、服务群众的工作格局，基层公共文化服务效能全面提升。

（周　文）

11月4日，市歌舞剧院创排的舞剧《歌唱祖国》赴南京江苏大剧院参加2020江苏省基层文艺单位优秀剧目展演　（周　文　供）

【全民阅读】 2020年，无锡市全民阅读指数75.93，位居全省第四。举办第13届太湖读书月、第七届故事家族讲故事比赛、百场公益阅读活动进基层、二泉阅谈名家名师公益讲座、“逆光飞翔，成就人生”残障人士故事分享会等活动500余场，征集“我的书屋我的梦”作品1000余件；宜兴市马庄村农家书屋获评全国“服务农村，服务农民”基层农家书屋先进单位（全国34个）；无锡市图书馆、百草园公众号、青阳阅读空间、周乐秾被评为省第三届全民阅读“五十佳”；无锡图书中心、无锡百草园书店、江阴新华书店被评为第十届江苏书展优秀分展场；宜兴市、梁溪区被评为第三批江苏省书香城市建设示范区。

（吴昌应）

【文化惠民活动】 2020年，无锡市举办各类公益性演出9943场次，临展1886场次，完成送戏下基层1273场次、送书下基层7.94万册、送展览下基层650场次；利用各级文化馆（站）等群众文化阵地，组织举办各类艺术普及、艺术培训和文艺志愿活动，开展社会艺术培训2571班次，文化骨干培训班435期，举办免费文化讲座2407场次，新创群文舞台类作品480件，美术、书法作品5000余件。江阴市“文化走基层，服务进万家”文化惠民活动，宜兴市“我们的中国梦，文化进万家”“2020年春雨行动”送文化下乡系列活动、“唱响新时代，逐梦奔小康”2020文化服务新行动惠民演出，梁溪区的“文化下基层·幸福万家乐”系列活动、“馨语梅香”文化分享会、梁溪雅韵、梁溪茗鉴系列活动，惠山区的百姓大舞台精品文艺巡演、法制文艺巡演，滨湖区的新年音乐会、百姓大舞台、百场文艺进社区等系列品牌活动，丰富和活跃了群众文化生活，扩大了公共文化服务的知名度与影响力。锡山区指导各镇（街道）“一镇一品”文化品牌项目创建，形成安镇“九里有戏”、锡北“百姓舞台”、云林“民宿文化节”、羊尖“锡花朵朵开”等一批特色鲜明、氛围浓厚、具有一定影响力的镇域文化品牌。

（周 文）

【公共图书馆】 2020年，全市有公共图书馆8座。各级图书馆认真贯彻落实《中华人民共和国公共图书馆法》等法律法规，市、区图书馆设施进一步健全完善。市图书馆总分馆服务体系中的成员馆达26个，市级分馆继开进景区、商业综合体、医院后，新增的迎龙·漫咖啡分馆将公共阅读植入咖啡馆业态。区图书馆总分馆服务体系中成员达535个。

市图书馆新增纸质图书3.75万种、8.31万册，数字资源5种，年末累计图书藏量351万册（件）、数字资源51种。探索文献采访新模式，首次参与“云馆配”，通过线上馆配会、线上大数据等渠道采购新书近6.8万册。完成《徐霞客研究古今集成》《健康生活信息数据库》《家庭装饰装潢指南》自建数据库改版，以及无锡市公共数字文化服务平台（无锡市移动图书馆）App升级。3部馆藏古籍入选第六批国家珍贵古籍名录，馆内共有国家珍贵古籍112部；馆藏民国报纸、地方文献扫描2.5万版、古籍修补3000余页。举办“走进图书馆，认识家乡珍贵典籍”活动，制作寻找图书的前世今生、古籍线装书的装订讲座视频，探索向少儿群体推广古籍、了解古籍。市图书馆延长开放时间，提供夜间借阅服务。8月，无锡市首届文化场馆月期间，举办“文化悦光，点亮夏夜”系列夜间文化体验活动，推出古琴音乐会、香道体验、木刻刷印、彩绘书签、手工编绳等丰富的夜间文化“大餐”，近万人次参与。结合新馆开放20周年，推出夏令营、读书会等一系列形式多样的活动，线上线下传递书香，参与近15万人次。“梁溪大讲堂·东林文化讲坛”通过自主直播以及与智慧无锡“慧直播”、梁溪之声广播合作等形式，实现讲座线上线下同步进行，现场听讲近千人次，线上听讲3.3万人次。以“潮书”为主题参展第十届中国（无锡）国际文化艺术产业博览交易会，通过有声太空舱、眼罩式VR阅读器、AI光影阅读器等高科技、智能化阅读设备体验，打造融科技、智能、沉浸式场景体验于一体的数字阅读空间。9月下旬至10月，策划举办“吴水漴洄”大运河文化推广活动，推出“大运河之源探访”、大运河文化传承主题讲座两大主旨活动、“寻·运河美”“品·运河雅”“享·运河趣”3条特色阅游路线，带领市民感受千年运河之美。举办少儿流动图书馆“七色花”阅读推广、“彩虹桥”青少年阅读推广等活动。暑期，举办“小小徐霞客 畅游大中国”阅读指导讲座和“名人故居

1月18日，在滨湖区河埒街道水秀社区开展文化惠民活动

（市委宣传部 供）

里的名人故事”活动，将阅读与行走有机融合，带领青少年在阅读中探寻自然、在行走中阅读。“我听我读”第四届少儿读者主题朗诵作品征集活动中，市图书馆被评为全国“有声阅读示范基地”。关爱未成年人心理健康，开展未成年人心理健康活动，受益人群达26万余人次。推出青少年心理援助“疫情专线”；结合中考、高考热点，线上线下同步推出“心灵护航，微笑迎考”系列微讲座；与无锡新闻综合广播联合举办“80分课堂”“乘风破浪的高考”等节目。举办“耳边的世界”系列活动、“心聆感影”为盲人讲电影、“跨进新时代，唱响中国梦”视障读者红歌会等视障读者活动。

江阴市图书馆完成江阴人著作展厅改造，“江阴记疫”自建数据库、有声数字图书馆和启航简笔画平台的建设投用，以及官方抖音号与哔哩哔哩网直播号的开设，开通网借系统平台、微信公众号和支付宝平台“艺风微书房”小程序。宜兴市图书馆全年接待读者70余万人次，新增注册读者1.6万余人、新增图书6万余册，图书外借25.3万余册、电子资源访问65.8万余次，开展各项读者活动200余场。梁溪区图书馆整合“喜马拉雅”“樊登读书”等知名平台资源，构建起一个拥有49.1TB资源的数字图书馆；9月，与国企合作建成联通大厦城市书房；12月，金匮街道玺悦书房正式启用，集结社会力量，拓展阅读空间；创新推出“爱上读来读往”梁溪文化寻访活动，将“阅读+旅游”“阅读+文创”“阅读+生活”有机融合，设置书香线路，让市民打卡梁溪区内的名人故居、实体书店、城市书房、文化地标等，完成一场梁溪区人文探索的深度体验；挂牌无锡民进市委会“蓝星妈妈”喘息服务站，为自闭症儿童的妈妈提供喘息服务以及互助服务。锡山区图书馆围绕“蒲公英读书行动”，成立蒲公英志愿者队伍，聘用绿书签推广大使，举办“流动的公开课”公益培训班、“悦分享”公益讲堂、“悦生活”文化讲座、指悦手工课堂等，打造蒲公英阅读品牌。新吴区图书馆总分馆二级流通服务达成通借通还藏书50万册，全年数字资源库点击量近456万次，创历史新高。

（周　文）

【市文化馆】 2020年，市文化馆通过惠民演出直播、云上“非遗”、高雅艺术免费看、慕课有奖参与等形式开展线上线下联动。馆内各类数字文化平台点击量累计超过200万次，发挥了全市群文主阵地的重要作用。“西水公益学堂全民艺术普及公益培训班”扩大服务半径，拓展服务群体到社区、农村、企业、综合体等，推进全民艺术普及。开展无锡市文化活动进农村活动，全年组织主题文艺展演进农村1001场次、戏曲演出进农村944场，开展艺术普及进农村2096次（其中线上普及1197次）、开展文化人才培育进乡村451场，丰富了农民群众的精神文化生活，促进了农村文化繁荣发展。

（周　文）

【政府购买公共文化服务】 2020年，政府向社会力量购买公共文化服务项目，共有3个大类57个项目列入购买名单，购买活动683场次，购买资金总额584.90万元，激发社会力量举办公共文化活动的活力和热情。政府购买新创作的大型现代锡剧《追梦路上》在惠山区巡演25场，宣传身边好人、讴歌时代风尚，将高质量的文艺精品送到百姓身边，该剧目作为参演剧目参加全国少数民族文艺会演。

（周　文）

【首届文化场馆月】 7月15日～8月15日，无锡市首届文化场馆月成功举办。通过市、区、街道、社区四级联动，线上线下融合等形式，打造180场展览和社教活动。在无锡文化云网站联合发布长三角地区重点文化场馆75场精品活动，推介长三角地区知名文化场馆活动品牌，推动环大运河文化场馆群合作与交流互鉴。

（周　文）

【“战疫”灯谜】 1月24日（除夕夜），市文联联合相关部门在无锡新闻综合广播电台播出“新春猜谜乐”互动节目，连续7天14个小时，集中推出“战疫情”主题灯谜。2月3日，市文联与无锡电视台的名牌栏目《扯扯老空》合作，推出由主持人演绎的“战疫情”灯谜小单元。2月8日（元宵节），没有热闹灯会，没有人声鼎沸，无锡猜谜人通过“智慧无锡”移动端户，全天候参与“同守望，共打赢·天涯共明月战疫灯谜会”。市民间文艺家协会灯谜学会会员创作“战疫情”主题灯谜近百条，在电台、电视、网络等多个平台线上传播，用灯谜宣传疫情防控、讴歌英雄、温暖人心，为打赢疫情防控阻击战贡献力量。

（孙必勇）

文学艺术

文学

【文学创作】 2020年，无锡市文化艺术研究保护所完成文学作品创作6万字，其中约3万字的作品发表在《小说月刊》等全国文学核心期刊，文学创作业绩受到省作协、市委宣传部奖励。无锡市作家协会评出6部作品入选“香樟文丛·2020卷”，分别是小说集《北碑》（姚琦）、散文集《无锡景》（陆永基）、诗集《江南俚语》（非斐）、散文集《拥山河入怀》（陆文勤）、小说集《搜缸记》（陈锡生）、小说集《隐痛》（刘晖）。无锡作家在国内文学刊物发表多部作品，其中，阮夕清的小说《鸟兽草木之名》《黄昏马戏团》分别在《花城》《上海文学》发表；王学芯的组诗《愉快过程》《路过老人院》分别在《作家》《人民文学》发表；苏迅的散文《沟壑》在《散文》发表，中篇小说《高手》在《广西文学》作为“特约头条”发表，并被《小说月报》和《海外文摘》转载，短篇小说《进城》、中篇小说《凡尘磨镜录》在《小说月报》转载;阿福的小说《我的故事在洛莫妇孺皆知》在《广州文艺》发表。相关报道以《见证时代:无锡文学创作出现新高潮》为题在“学习强国”无锡频道报道。无锡作家创作的多部长篇小说出版,其中,王顺法的《苏南的雪》《琉璃红琉璃黄》分别在《中国作家》长篇小说专号和《钟山》长篇小说专号发表,凌鱼的《红线青衣》、乐心的《十八拍》出版发行。年内,王学芯的诗集《迁变》获第七届江苏省紫金山文学奖,长诗《草塘》获《特区文学》主办的第五届中国长诗奖最佳成就奖。3位作家的作品获无锡市第九届精神文明建设“五个一”工程奖,分别是高仲泰《荣毅仁的前半生》、陆阳《杨家旧事:杨绛记忆之外的故事》、夏坚勇《庆历四年秋》。

(孙必勇　周　文)

【无锡作家“云书展”举办】 4月23日,市作家协会联合无锡日报报业集团“无锡观察”客户端,开展无锡作家“云书展”线上活动,引领市民在读书节里多读好书,助力营造全民阅读氛围。该次“云书展”,选择王学芯、无罪、庄若江、苏迅、陆阳、迟慧、庞培、徐风、夏坚勇、徐朝夫10位无锡当代作家,用新媒体方式呈现他们的作品,作品类型涵盖传统文学、网络文学、儿童文学等领域,展示了无锡当代文学的创作面貌,以品读无锡、讲述无锡的方式引领广大读者深入感受锡城文化味道。

(孙必勇)

【“风从太湖来——无锡本土作家优秀作品全媒体展播”活动】 4月23日,市作家协会、无锡新闻综合广播电台联合举办“风从太湖来——无锡本土作家优秀作品全媒体展播”活动。在一周时间里,推出获省级及以上文学奖的10位无锡优秀作家的最新创作成果展示给听友书友。陆续展播的作品有:《庆历四年秋》(夏坚勇)、《冬至》(庞培)、《江南繁荒录》(徐风)、《我的故事在洛莫妇孺皆知》(阿福)、《四俊散记》(周国忠)、《迁变》(王学芯)、《不可思议的朋友》(迟慧)、《荣毅仁的前半生》(高仲泰)、《无锡景》(陆永基)、《泥与焰:南方笔记》(黑陶)等。

(孙必勇)

10月,市文联文研院作家迟慧前往凉山州美姑县尔其乡依惹村小学开展文学公益支教活动　(市文联　供)

【无锡市文学艺术研究院开展公益支教活动】 为落实文艺界广泛开展“深入生活、扎根人民”主题实践活动的要求,引导广大作家关注现实、关注贫困儿童,10月,市文学艺术研究院作家迟慧前往凉山彝族自治州美姑县尔其乡依惹村小学开展文学公益支教活动。在开展支教活动期间,迟慧与全校师生同吃住,进行了10余场公益讲座,并捐赠图书物资;她走进每个班级给孩子们讲童话故事,启发孩子们创作童话;开展“山上课堂”,把课堂搬到了山上,在飘荡的云雾间、在翠绿的青草间,孩子们围坐在老师周围,一起寻找“童话城堡”。

(孙必勇)

【汪政、胡弦与无锡作家座谈交流】 9月5日,著名评论家、茅盾文学奖、鲁迅文学奖评委汪政,著名诗人、鲁迅文学奖获得者、《扬子江诗刊》主编胡弦,就地方作家如何突破地方局限的话题与无锡作家进行讲座和交流。汪政从“离乡式写作”“返乡式写作”“在乡式写作”三个层面分享他对乡土文学创作的理解。胡弦以高更等艺术家为例,讲述地域性与文学的双向关联,分析地域性对作家创作的影响。市文联领导,市作家协会主席团成员,以及市作家协会40多位会员参加座谈会。

(孙必勇)

【市文艺评论家协会赴南通开展采风交流活动】 11月27日,市文艺评论家协会组织优秀评论人才一行20人,赴南通开展为期两天的采风交流活动。市文艺评论家协会主席团、理事会部分成员、评论创作骨干等与南通市文联艺术家进行研讨交流,两地就当地协会工作的开展情况、如何推进地级市文艺评论队伍建设、如何紧密结合当地优秀作品开展研讨活动、如何与高校紧密联系开展合作等工作进行交流,取长补短、互相学习,并就进一步合作开展两地文艺评论工作事项进行探讨。

(孙必勇)

戏剧·曲艺

【概况】 2020年,无锡市文艺工作者创作的小戏《半条命》入选浙江省文联举办的小戏小品剧本征集,并在中国剧协《剧本》杂志发表。改编的锡剧大戏《包公打龙袍》和原创舞蹈脚本《水墨运河》被搬上舞台。第二届无锡市“优秀剧本孵化计划”圆满完成结项，收到作品67部，经专家组评审，有12部大戏、19部小戏小品被评为优秀剧作；其中大戏《追梦路上》获江苏省紫金文化艺术节“入选剧目奖”，大戏《桃源山歌》获长三角地区主题创作优秀奖，大戏《华阿金》由新吴区梅村街道排演；大戏剧本《五纬当官》《阚得胜的船》获得江苏省戏剧文学剧本评选提名奖；部分优秀作品结集成册，以《无锡优秀新剧本选编》的形式出版发行。

（周　文）

【第二届“无锡曲艺奖”大赛颁奖仪式】 11月8日，第二届“无锡曲艺奖”大赛决赛终评、颁奖仪式暨文艺进万家“阿福喜乐会”曲艺名家新秀惠民演出成功举办。市政协副主席金元兴，市文联主席卢敏，中国曲艺家协会顾问、专家委员会主任、滑稽表演艺术家王汝刚，以及来自江苏省、山东省、四川省的曲艺名家为获奖演员颁奖。

（孙必勇）

【青年戏剧人才赴酒泉市采风交流】 11月14日，由无锡市文联、酒泉市文联主办的青年戏剧人才交流展演活动在酒泉市文化馆举行。酒泉市戏剧家协会主席王小林、副主席兼秘书长王雪琴，无锡市戏剧家协会副主席蔡瑜、无锡市青年戏剧家协会主席王子瑜等两地戏剧艺术家14人参加交流展演活动。两地戏剧艺术家分别就南北地域文化的差异，锡剧与秦腔的艺术特点、传承创作、人才队伍建设情况，两地剧种的发展现状等问题进行探讨与交流。

（孙必勇）

【市曲艺家协会赴成都市创作采风、交流演出】 7月20～24日，无锡市曲艺家协会组织一行16人，赴成都市创作采风交流演出。无锡市曲艺家协会与四川省曲艺家协会、四川省曲艺研究院开展对口交流座谈；7月21日、22日分别在嘻贰叁剧场和哈哈曲艺社闲亭剧场举行两场“川苏曲艺名家交流展演”，演出现场反响热烈，受到成都观众的欢迎和盛赞。

（孙必勇）

【山西省曲艺家协会代表团到无锡创作采风、交流展演】 7月31日，来自山西省曲艺家协会、山西省曲艺团、大同市云海曲艺社的艺术家和演员们到无锡“阿福喜乐会”惠民开心小剧场，为无锡观众奉献了一台精彩的演出。山西省文联党组成员、书记处书记、副主席王招宇，江苏省文联党组成员、书记处书记、副主席刘旭东，无锡市文联党组书记杨建，无锡市文联主席卢敏出席相关活动。

（孙必勇）

11月2日，由无锡市文联、陕西省曲协主办的“文艺进万家——陕西相声神州行·曲艺名家新秀走进高校惠民演出”在江南影视艺术职业学院举行

（市文联　供）

【“陕·苏锡”南北曲艺交流暨精品曲艺走进高校活动】 11月2日，由无锡市文联、陕西省曲协主办的“文艺进万家——陕西相声神州行·曲艺名家新秀走进高校惠民演出”在江南影视艺术职业学院举行。曲艺名家们联袂献艺，精彩连连，高潮迭起，为学校师生们带来一场高品位的曲艺盛宴。“陕·苏锡”南北曲艺交流座谈会在无锡举行，来自陕西省、无锡市两地的曲艺界的领导、专家和演员欢聚一堂，交流艺术心得体会。座谈会增进两地的友谊和感情，推动和促进两地曲艺艺术的交流与发展。

（孙必勇）

音乐·舞蹈

【概况】 2020年，全市广大文艺工作者投身抗“疫”主题艺术创作，先后创作歌曲、舞蹈等多种形式的文艺作品近50件。歌曲《眼语》《平安归来》《用生命守护生命》《蓝色的风铃草》《花开归来》，锡剧唱段《打好抗疫阻击战》，弹词开篇《众志成城缚苍龙》，系列微小品《小滑稽大防疫》等一系列作品推出，广受好评，多个作品登上“学习强国”“精彩江苏”等平台。市民族乐团组建完成，举办民乐团成立仪式暨“盛地美韵二泉情”民族音乐会。先后创排舞剧《千年运河》、舞剧《歌唱祖国》、锡剧《泰伯》、滑稽戏《桃花朵朵开》4部精品力作；创排音乐会《梁溪华章》；创排运河沿线实景演出《运河四季》，精彩亮相第二届大运河文化和旅游博览会；打造青春版锡剧《狸猫换太子》，完成中国戏剧梅花奖演员数字电影工程——锡剧数字电影《江南雨》的拍摄工作，完成大型古装戏《荆钗记》的排练；创作弹词开篇《阿炳和二泉映月》、音画评弹《江南·无锡景》等项目。舞剧《歌唱祖国》入选2020江苏省舞台艺术精品创作扶持工程重点投入剧目、文化和旅游部“庆祝中国共产党成立100周年舞台艺术精品创作工程”重点扶持作品——“百年百部”创作计划、第13

11月3日，大型原创锡剧《泰伯》在无锡人民大会堂首演

（市委宣传部 供）

届全国舞蹈展演剧目、江苏省庆祝中国共产党成立100周年舞台艺术精品创作工程。在2020紫金文化艺术节中再创佳绩，舞剧《千年运河》获优秀剧目奖，锡剧《惠山泥人》《追梦路上》获入选剧目奖，其中《惠山泥人》主演蔡瑜获优秀表演奖。

（周 文）

【"江南情韵咏无锡"创作项目】 2020年，市文化艺术研究保护所创作战疫歌曲《眼语》、大运河主题歌曲《清名桥畔歪歪楼》、无锡城市歌曲《走起无锡》、建党100周年献礼歌曲《百年百分百》和《诗韵中国》。其中，歌曲《眼语》《走起无锡》《清名桥畔歪歪楼》分别被新华网客户端及"学习强国"平台转发；歌曲《走起无锡》自10月1日首发以来，被无锡发布、智慧无锡等众多平台转发，无锡交通音乐频率对歌曲主创进行专访，歌曲在新华客户端上线仅2天，点击量便超40万人次（全年点击量超42.5万人次）。《百年百分百》参加由中国文联和中国音协主办的"心中的歌"全国优秀歌词征集活动，获优秀歌词奖。

（周 文）

【首届"无锡舞蹈奖"决赛】 12月5日，由市文联主办的2020年首届"无锡舞蹈奖"决赛及颁奖仪式在市人民大会堂举办。该奖项以近三年内原创作品为主，分专业组、社会组、少儿组3个组别。自6月启动，来自全市的舞蹈艺术团体及舞蹈爱好者积极响应，收到少儿组节目39个、社会组和专业组节目各11个。经过公开选拔，邀请省舞蹈家协会专家终评，共评出金奖6个、银奖10个、铜奖13个及若干优秀奖作品，14家单位获优秀组织奖。

（孙必勇）

美术·书法·摄影

【无锡美术馆（无锡市书画院）】 2020年，无锡美术馆（无锡市书画院）举办各类公益性展览25场，其中，在本馆举办15场，在中山路红豆万花城无锡美术馆实验空间举办6场，在程及美术馆、太湖国际博览中心、无锡市图书馆、上海1933老场坊等本馆以外场馆办展4场，免费接待观众40余万人次。举办多项重要的展览项目：纸痕之相——第二届长三角版画邀请展、纪念建党99周年书法邀请展、文化场馆伴我成长——无锡少儿绘画比赛、无锡市全面小康主题优秀美术书法作品展、画写初心无锡市书画院艺术家2020年度作品展等。在美术精品创作上，有5件作品入选国家级画展，其中1件获奖；27件次作品入选省级画展，其中5件获奖。

（周 文）

【顾青蛟庚子画鼠专题画展】 1月14日，由市文联主办、无锡花鸟画研究会、艺宝韵美术馆承办的"瑞鼠迎春——顾青蛟庚子画鼠"专题画展开幕。顾青蛟笔下的老鼠从生灵到时代审美意识的转换，作了全新的艺术表达，生动而有趣，传递出对丰收吉祥和美好生活的向往。

（孙必勇）

【第二届无锡书法奖作品展】 5月26日，由市文联、市书法家协会主办的第二届无锡书法奖作品展在市文化馆揭幕。该奖项是由市文联、无锡市书协于2017年设立的专业性奖项，与"江苏书法奖"相衔接，是无锡市书法的最高荣誉，每两年举办一次。该奖项旨在发现和推介无锡书法创作成果，发现无锡优秀书法人才，引领、推动无锡书法事业的繁荣发展。经过初评和终评两个阶段，最终评出获奖作品10件、提名作品10件。

（孙必勇）

【国展入展作者座谈会】 6月11～12日，市委宣传部、市文联组织召开2019年书法、摄影国展入展作者和美术国展入展作者座谈会，交流总结创作经验，听取艺术家的意见建议，以推进无锡文艺在新的起点上进一步发展。座谈会上，艺术家们畅谈自己入展作品的创作过程、艺术作品的主题性选择、创作技法的创新表现等，艺术家们各抒己见、互动热烈，他们还就加强艺术扶持中的小额资助、打通新文艺群体的联络渠道以及大力组织专业艺术培训等方面提出意见建议。

（孙必勇）

【无锡市书法家协会首期新会员培训班】 8月3日，市书法家协会新会员培训班在市文联举办，市文联党组书记杨建作开班动员，市书协主席孙璘主持开班仪式。该培训班是市书法家协会成立四十年来首次举办，是拓展新思路，探索新途径的一次实践活动，旨在注重仪式感，弘扬正能量，关注地域文化研究，倡导艺文兼修，提升会员队伍整体素质，推动作品创作，为无锡书法的可持续发展夯实根基。培训班邀请省书法家协会副秘书长徐燕、江南大学教授庄若江分别就展览体制下书法创作、吴地文脉溯源与解读等作专题讲座和辅导。最后还为新会员代表颁发会员证。

（孙必勇）

【无锡市首届中青年书法创作高研班】 8月23日，无锡市首届中青年书法创作高研班开班，并进行首期面授，华南师范大学文学院教授、博士生导师、中国古文字研究会理事、广东省书法家协会主席张桂光，中国书法家协会理事、《中国书法》杂志主编朱培尔，浙江省书法家协会副秘书长、《美术报》首席记者、书法周刊主任蔡树农，无锡市领导吴峰枫、刘霞、金元兴，无锡市文联领导杨建、卢敏、吴立群等出席开班仪式。开班仪式后，由张桂光主讲《书法创作中的文字问题》《书法与传统文化》，朱培尔主讲《书之妙道——中国书法经典回望》《当代书法创作批评》，并开展作品点评、创作辅导等活动。

（孙必勇）

【无锡市第三届妇女书法作品展】 8月28日，由市文联、市妇联主办的无锡市第三届妇女书法作品展在崇安寺钟楼书院开幕。参展作者中，涌现出一批青年女书家，呈现出喜人的发展态势。无锡女性书家成为一种群体性现象，她们立足丰厚的传统文化土壤，继承书法传统，延续地域书风，正以女性独特的文化视角和艺术表达方式，挥洒艺术才情，书写出女性笔下的时代新貌。

（孙必勇）

【无锡市第二届书法临帖作品展】 8月31日，无锡市第二届书法临帖作品展在新吴区东方美术馆揭幕，展出98位入展作者的临创作品196件，其中严春亚等10人共20件作品被评为优秀作品。开幕式后，太湖对话艺术讲堂开讲，由省青年书法家协会主席李双阳主讲《草书元素与风格拓展》，结合自己的创作实践，从草书笔法体系，风格体系与类型，草书的三重境，“参禅”地书写，五体兼修、融于草体五个方面为无锡百余位书法创作骨干和爱好者作深入解读。

（孙必勇）

【敦煌书法艺术学术研讨会】 10月25日，由敦煌研究院、敦煌市人民政府、兰州大学敦煌研究所、南京大学文化艺术教育中心、无锡市文联和无锡城市职业技术学院共同主办的“纪念敦煌藏经洞发现120周年·敦煌书法艺术学术研讨会”在无锡城市职业技术学院举行。来自国内外的文博、书协、院校等单位的百余位专家学者汇聚一堂，共同发掘敦煌艺术瑰宝，探讨书法历史渊源，弘扬中国书法艺术。中国书法家协会副主席、江苏省书法家协会主席孙晓云，中国书法家协会副主席翟万益，国际书法家协会首席主席刘正成，中国书法杂志社社长、主编朱培尔，无锡市人大常委会副主任吴峰枫，无锡市政协副主席金元兴，敦煌市委常委、宣传部部长马慧君，无锡市教育工委书记、无锡市教育局局长唐加俊，无锡市文联主席卢敏，无锡城市职业技术学院党委书记应可福，党委副书记、校长张志祥，副校长吴雪纯等出席大会，卢敏主持会议开幕式。2017年，无锡城市职业技术学院、市文联组织有关专家对敦煌纸上、石上、简牍上的书法深入研究，撰写五卷本的《敦煌书法史》丛书，并藉此成果举办此次研讨会。研讨会期间，“敦煌写经邀请展”同时举办，展出与会代表和来自全国各地书法家的书法作品120余幅，孙晓云、刘正成、黄正明等知名书画艺术家泼墨挥毫，现场创作艺术作品。

（孙必勇）

【摄影作品参加长三角视觉艺术青年艺术家作品展】 7月，由沪浙苏皖三省一市文联主办的长三角视觉艺术青年艺术家作品展中，无锡市黄一清、张雨驰、朱智辉、谢劲4名青年摄影家的作品代表江苏参加展出，展现新时代青年摄影人的理想信念、家国情怀、使命担当。

（孙必勇）

【第二届无锡摄影奖获奖作品展】 11月2日，第二届无锡摄影奖获奖作品展暨颁奖仪式在市图书馆举行。该奖项评选出无锡摄影奖10名，无锡摄影奖提名奖5名。市人大常委会副主任魏多，市政协副主席金元兴，市文联主席卢敏，市文联党组成员、副主席卢俊峰，江苏省摄影家协会主席、无锡市文联副主席、无锡市摄影家协会主席许益民，市图书馆馆长钱菲菲等出席颁奖和展览开幕仪式。

（孙必勇）

【首届无锡摄影新人新作展暨作品集首发式】 11月22日，首届无锡摄影新人新作展开幕式在市图书馆举行，《首届无锡摄影新人新作展作品集》同时首发。首次尝试在青年摄影人中征集摄影专题作品，自征稿启动以来，收到42位青年作者的116组专题作品，在第一阶段初评出22位入围作者后，第二阶段启动“名师带徒”计划，邀请无锡市18位摄影名家与初评入围的青年作者一对一结对，从思路革新、技法创新、编组精新等方面对作品二度创作指导提高，反复打磨完善。经过严谨规范的评选流程和社会公示后，评选出获奖作者10人，提名奖作者6人，优秀指导老师9人。

（孙必勇）

【“当徐州遇见无锡”摄影美术作品交流展】 12月15日，“当徐州遇见无锡——吴韵汉风、南北共建两地摄影美术作品交流展”在徐州开幕。无锡、徐州两市参展作者和艺术家代表，嘉治剑桥公学师生、家长代表参加开幕式。该次展览无锡市和徐州市分别以“世界三大赏樱胜地”和“世界汉文化旅游目的地”为主题，展出两市摄影和美术作品140余幅，展现各自城市的不同特质，以“吴韵汉风”为主题搭建起文化之桥、友谊之桥和心灵之桥。

（孙必勇）

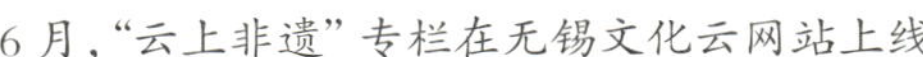

6月，“云上非遗”专栏在无锡文化云网站上线　　（市文广旅游局　供）

文化遗产保护

【概况】 2020年，无锡市全国重点文物保护单位本体核定工作全面完成；市县级文物保护单位“两线”（文物保护单位保护范围线与建设控制地带线）划定备案工作全部完成。市文物局全年组织实施第八批全国重点文物保护单位、第八批省级文物保护单位等文物保护单位标志牌、说明牌更新设立和“两线”划定12处。梳理和上报江苏省不可移动革命文物44处。无锡博物院创成国家一级博物馆，实现12年来无锡地区国家一级博物馆“零”突破；宜兴市博物馆、宜兴陶瓷博物馆、鸿山遗址博物馆创成国家二级博物馆。东林书院举办第二届大运河文化生活节暨东林书院文创祈福周，融合“学、赏、读、养、食、创”六大元素，打造“书院生活文旅体验中心”品牌。在省文物局公布的《2021年度江苏省博物馆教育优秀案例示范项目》中，无锡市在10个馆校合作项目中占3个，在10个研学游项目中占2个，均位列全省第二，创历史最好成绩。

全市有国家级非物质文化遗产（以下简称“非遗”）代表性项目11项，省级“非遗”代表性项目51项，市级“非遗”代表性项目133项；国家级“非遗”代表性传承人10人，省级“非遗”代表性传承人56人，市级“非遗”代表性传承人219人；国家级“非遗”生产性保护示范基地1个，省级“非遗”生产性保护示范基地3个，省级“非遗”传承示范基地2个，省级“非遗”研究基地2个，省级“非遗”创意基地2个，省级“非遗”旅游体验基地1个，市级“非遗”传承示范基地16个，市级“非遗”生产性保护示范基地12个，县级“非遗”名师工作室及“非遗”名师工作室培育点19个，形成非物质文化遗产传承保护的基本梯队。

（周　文）

【文物保护规划】 2020年，钱钟书故居、春雷造船厂船坞等11处省级文物保护单位保护规划完成编制与专家论证工作。全市完成省级以上文物保护单位保护规划编制14处，正在组织编制6处。

（周　文）

【文物保护“三年行动计划”】 2020年，各板块、各文物管理单位组织实施文物保护工程70余项，评审批复技术方案近50件，茂新面粉厂旧址、南禅寺妙光塔等42项修缮工程通过

表61　无锡市“十三五”省级以上文物保护单位保护规划编制名录

序号	文保等级	文保单位	所在区域
1	全国重点	国民党江阴要塞司令部旧址	江阴市
2	全国重点	钱钟书故居	梁溪区
3	省级	惠山寺庙园林	梁溪区
4	省级	顾毓琇故居	梁溪区
5	省级	张中丞庙	梁溪区
6	省级	荡口华氏建筑群——华氏襄义庄	锡山区
7	省级	倪瓒墓	锡山区
8	省级	植福庵	锡山区
9	省级	春雷造船厂旧址	锡山区
10	省级	李全镛宅	惠山区
11	省级	安阳书院旧址	惠山区
12	省级	孙冶方故居	惠山区
13	省级	薛暮桥故居	惠山区
14	省级	陆氏宅	惠山区

（市文广旅游局）

表 62　　无锡市国家级“非遗”代表性项目及传承人名录

序号	项目类别	项目名称	传承人
1	民间文学	梁祝传说	—
2	民间文学	吴歌	张浩生
3	传统音乐	道教音乐（无锡道教音乐）	尤武忠
4	传统戏剧	锡剧	王建伟
5	传统美术	竹刻（无锡留青竹刻）	乔锦洪
6	传统美术	泥塑（惠山泥人）	喻湘涟、王南仙
7	传统美术	苏绣（无锡精微绣）	赵红育
8	传统技艺	宜兴紫砂陶制作技艺	汪寅仙、徐秀棠 吕尧臣、周桂珍
9	传统医药	中医传统制剂方法（致和堂膏滋药制作技艺）	刘柏生
10	传统技艺	陶器烧制技艺（宜兴均陶制作技艺）	李守才
11	民俗	庙会（泰伯庙会）	—

（市文广旅游局）

竣工验收。根据《无锡市文物保护工作三年行动计划（2018—2020）》要求，至年末全市实现实施100处文物保护修复的总体目标要求，大批文物得到保护修缮，全市文物保存状况明显改善。全市累计启动实施东林书院等110处各级文物保护单位文物保护工程150多项，完成90项；市级专项资金累计安排7200万元（其中2020年专项资金预算2600万元），有51个文物修缮工程获补助，带动各级投入文物修缮经费3.2亿余元。

（周　文）

【历史建筑保护利用】 2020年，无锡市制定出台《无锡市区历史建筑确定与保护利用工作方案》和《关于加强无锡市区历史建筑确定与保护利用工作的实施意见》，确定市自然资源规划局、市住房城乡建设局、市文广旅游局、市工信局、市财政局和各区政府为责任单位，共同做好历史建筑保护工作；明确“普查—论证公示—公布—挂牌—测绘建档—修缮利用”六个节点的工作流程；明确属地政府建立健全历史建筑保护利用专人专项的工作责任机制。年内，市自然资源规划局完成市区范围内重点地区的历史建筑普查；完成第一批次20处历史建筑和第二批次83处历史建筑的挂牌与测绘建档工作；完成第三批次134处历史建筑的专家论证和网上公示工作；启动历史建筑信息管理平台建设工作；制定历史建筑保护利用图则的编制计划。

（刘梦蛟）

【考古研究】 2020年，无锡市文化遗产保护和考古研究所配合全市大型基本建设项目，完成锡澄靖轨道交通工程等近20个项目的考古调查、勘探工作，组织考古发掘项目3个，编写完成发掘报告3篇，策划筹备展出“髹木流光——无锡出土宋元漆器保护修复成果展”“梅里遗址展示馆陈展”等考古成果展。发函40多家相关建设单位，加强用地面积5万平方米以上建设项目考古调查勘探监管。根据中央、省有关土地储备考古前置制度的相关法律法规和文件要求，无锡市文物局研究起草无锡市土地储备考古前置工作实施意见及规程，广泛征求各市（县）、区及市相关部门意见并反复修改完善，经合法性审查后报市政府。

（周　文）

【“文化和自然遗产日”活动】 2020年，无锡市开展“文化和自然遗产日”活动。6月15～19日，无锡市“非遗文化体验周”活动举办，“云上非遗”专栏也在无锡文化云网站同步上线。该活动由市文广旅游局主办、市文化馆（市非物质文化遗产保护中心）承办，以“非遗传承·健康生活”为主题，围绕传统医药和传统饮食，普及“非遗”知识与健康生活理念，同步开设云观展、云课堂、云记忆、云购物、云畅游等多个栏目。“非遗购物节”期间，杨巷葱油饼制作技艺、宜兴乌饭、宜兴青瓷制作技艺、宜兴紫砂陶制作技艺、梨膏糖制作技艺、徐舍小酥糖制作技艺、珠绣、铜制品加工技艺、无锡酱排骨烹制技艺、灵山素饼10个项目在阿里、京东、苏宁、美团、东家、拼多多6个电商平台，上线店铺14个，销售“非遗”产品25450件。9月，参加第二届大运河文旅博览会分会场暨第三届中国淮安大运河文化带城市“非遗”展、第14届中国镇江金山文化旅游节；10月，参加长三角城市非物质文化遗产特展、第六届中国非物质文化遗产博览会等各类展示活动。梁溪区组织锡帮菜、太湖船菜、无锡酱排骨烹制技艺和梨膏糖4个“非遗”类项目参加第十届中国无锡国际文化艺术产业博览交易会。江阴市组织40余场次“非遗+文创+集市”推介展示活动。宜兴市开展35场“宜美讲座季”和“非遗体验季”系列活动。

（周　文）

【“非遗”进校园】 2020年，市文广旅游局推进“非遗”进校园活动，邀请锡帮菜烹制技艺市级“非遗”传承人张献明、周国良在无锡旅游商贸高等职业技术学校开展有关锡帮菜烹制技艺与传承发展的“非遗”文化讲座。惠山区在9所小学开设“桃娃小锡班”、开展“名家进校园”“名品进校园”“剧团进校园”和“学生进剧场”系列活动，打造锡剧文化特色教育品牌。梁溪区红豆万花城梁溪“非遗”基地实现升级改造，新入驻文创手工艺活态项目包括油纸伞、花灯、扇子、风筝等7个项目。

（周　文）

【**数字化抢救与推广**】 2020年，无锡市完成国家级“非遗”代表性传承人徐秀棠、吕尧臣以及翁国汉等4位高龄传承人的数字化抢救性记录工作。江阴市编纂出版《匠艺澄心》江阴传统手艺类“非遗”图文志，宜兴市拍摄“非遗”宣传片《世外“陶”源，匠心百艺》，梁溪区配合央视《味道》栏目组完成王兴记、穆桂英、真正老陆稿荐、三凤桥、朱顺兴惠山油酥的拍摄录制；拍摄制作7个“非遗”美食短视频，在线上发布推广“舌尖上的梁溪非遗”，推出“非遗”云课堂，传播优秀传统文化。

（周　文）

【**无锡博物院**】 2020年，无锡博物院自办和引进“与古为新——锡博2020艺术新空间特展”“师法造化，元气淋漓——纪念徐风诞辰120周年特展”“涪城汉韵——绵阳市博物馆藏汉代文物精品展”“艺道漠漠归心缘——程及的艺术探索之路”等10个临展，“院藏钱紫筠作品展”“院藏紫砂艺术展”分赴北京市、绵阳市等地博物馆展出，“繁华印记——文物中的无锡民族工商业”展览入选2020年度省文物巡回展项目。12月21日，中国博物馆协会官网公示第四批国家一级博物馆名单，无锡博物院获评国家一级博物馆。

（周　文）

大运河文化带建设

【**概况**】 2020年，无锡市按照党中央、国务院和省委、省政府部署要求，结合“美丽无锡”建设，统筹推进大运河文化带和国家文化公园建设。12月，出台《无锡市大运河文化保护传承利用实施规划》，明确建成传古扬今的文化带、绿色宜居的生态带、享誉中外的旅游带的时间表和路线图。推进大运河国家文化公园“两园三带十五点”建设，率先在省内完成对清名桥核心展示园和惠山古镇核心展示园的大运河国家文化公园标识形象系统导入应用。加强多方保障，率先在省内出台《关于贯彻执行〈省人大常委会关于促进大运河文化带建设的决定〉的决议》；统筹利用总额7亿元的无锡大运河文化旅游发展基金，对接省大运河专项债券，宜兴市和惠山区两个项目获得债券支持2.9亿元；发挥无锡大运河文化带建设研究院、无锡古运河研究会、无锡吴文化研究会“一院两会”作用，扶持大运河课题研究项目30余项，打造大运河文化研究中心10个；梳理推动全市大运河保护传承利用项目80余项，重点推进惠山古镇二期、伯渎河文化公园等重大工程项目建设。

全年实施文物保护工程70余项，阖闾城遗址龙山石城墙保护展示工程（一期）等重点工程按期完成；开展“美丽河湖”三年行动（2020～2022年），实施全市入河排污口排查整治等10个专项行动。举办第二届运博会，承办“2020中国夜经济论坛”，打造《千年运河》《运河四季》等实景演出，塑造“今夜梁宵”等一批夜间消费品牌；开设“行走大运河系列报道”栏目，制作40期广播节目《了不起的大运河》、20期短音频节目《应运而生》，讲好无锡运河故事。发挥全市21个与运河相关的志愿者团队力量，成立“无锡市大运河文化志愿宣讲队”“运河同舟”联盟，发挥东林古运河小学牵头组建的沿河六省两市近50所中小学的“运河文化教育联盟”作用，支持无锡运河之光文化有限公司建设中国运河网，搭建全民参与平台。

（谢记科）

【**第二届大运河文化旅游博览会**】 9月3～7日，第二届大运河文化旅游博览会（以下简称运博会）在无锡举办。该届运博会以“融合·创新·共享”为主题，举办夜游古运河、主题演出、展览展示、主题论坛、“非遗”分会场和互动联动等7大板块、15项重点活动，接待来自国内外嘉宾2500余人。通过现场取景、云端展示、全程直播、网红带货等多种方式，打造“永不落幕”的运博会。国内50余家媒体、近200名记者在场采访，展示“太湖明珠、江南盛地”的无锡城市形象。

（周　文）

6月15日，舞剧《千年运河》在无锡市人民大会堂举行汇报演出

（市委宣传部　供）

【大运河文化弘扬】 2020年，结合第二届大运河文化旅游博览会，市文广旅游局牵头打造夜游古运河实景演出，设置古运河沿线11个展示点（飞凤迎宾、流金岁月、滚珠落玉、乡音袅袅、繁华商埠、龙凤呈祥、海纳百川、水巷情韵、码头威风、江南雅韵、吴韵悠扬）等，通过灯光秀、米码头情景再现、江南丝竹《紫竹调》、锡剧表演《赠塔》、名画投影、风羽龙表演、管弦三重奏《查尔达什》、舞蹈表演《绣娘》、石锁表演、昆曲《牡丹亭》选段、吴歌对唱等节目，让嘉宾观众体验运河生活、感受运河文化。创排音舞诗画《运河四季》，通过歌、舞、诗、乐、曲艺、戏曲等艺术形式，展示大运河全流域的景色之美、人文之美、风物之美。原创融媒体音视频节目《了不起的大运河》，通过线上线下有机联动，阐述传播运河文化。

（周　文）

【文化旅游重点项目建设】 2020年，宜兴茗岭窑湖小镇、无锡大拈花湾·太湖水环境综合治理工程被列为2020年江苏省重点文化和旅游项目。10月17日，宜兴市政府与灵山文化旅游集团签署合作协议，大拈花湾文化旅游康养项目进入实施阶段。5月1日，山海美境·和光同尘艺术馆正式开馆。年内，锡钢浜游客集散中心完成前期工作，惠山古镇二期等文旅项目按计划完成建设进度。

（周　文）

文化产业

【概况】 2020年，全市文化产业保持较好发展势头。2019年度文化及相关产业增加值由2018年度的478.8亿元增加到505.5亿元，增长5.6%，占GDP比重4.26%。9月，江苏省评选首批省级夜间文旅消费集聚区建设单位，无锡市清名桥历史文化街区、拈花湾禅意小镇、海澜飞马水城3个集聚区入选，分别获扶持资金100万元。

（周　文）

10月15日，第十届中国无锡国际文化艺术产业博览交易会开幕仪式

（周　文　供）

【文化消费】 2020年，全市人均公共文化财政支出为468元，比上年增长91.8%。开展“品味无锡·惠享四季”无锡休闲购物节主题活动，依托“灵锡”App、“云闪付”等平台发放总价1000万元的文旅消费券，在无锡市主要景区、剧院、影院、旅行社消费满额后可以直接抵扣。6月16日～10月7日，共发消费券24.8万张，实际核销优惠76.9万元，带动消费325.2万元。发动广大文化旅游企业配套策划开发促消费的系列活动，加大营销力度，有力推动文旅市场的复苏。

（周　文）

【无锡文创生活馆】 2020年，市文广旅游局打造“新零售概念下的文创产品博览交易平台”，建成两家“无锡文创生活馆”展示门店，分别位于淘沙巷商业街及无锡博物院内，将线下品牌连锁店和线上文创平台相结合，挂牌成立“无锡文创研发中心”。在第二届运博会期间，完成文旅精品展、文创展、美食展三大展区，策划无锡“运河一日”城市馆和无锡“非遗”文创馆。

（周　文）

【第十届无锡文博会】 10月15～19日，第十届中国无锡国际文化艺术产业博览交易会在无锡太湖国际博览中心举行，以“新文旅，新消费，新生活”为主题，深化“文旅融合文化惠民”理念，搭建信息发布、政策解读、产业融合、贸易助推、对外合作等平台，打造长三角知名展会品牌，推动无锡文化产业转型，促进文化消费升级。该届文博会共分为十大展区，举办20余场活动。展会推出“五最特色”的“新文旅，新消费，新生活”特展，将“无锡十大玩法”“文旅带货直播”“文旅特产链销”“文博文创展售”“文旅特色展演”汇聚一堂，让观众一站式、沉浸式体验无锡文旅融合最新成果。展会为受邀参加展会的无锡特色文旅企业免费配套服务，并按照无锡文化产业高质量发展若干政策，对符合条件的文旅参展企业提供50%、不超过15万元的参展补助，通过政策帮扶，搭建企业和市场之间的桥梁，共享展会红利。

（周　文）

【新经济文化产业园签约落地】 10月15日，无锡市滨湖区与耀世星辉（北京）传媒集团（以下简称耀世星辉）签订全面合作协议，新经济文化产业园项目正式落地无锡国家数字电影产业园。耀世星辉专注于优质生活领域，将内容、科技、时尚、社交、娱乐等元素融于移动互联网新文娱

11 月 27 日，第六届无锡市文化创意设计大赛颁奖典礼在荡口古镇举行

（周 文 供）

产业中，成为以聚合优质生活内容赋能新消费的中国新文娱创新企业，2 月登陆美国纳斯达克。耀世星辉看好无锡发展前景，把数字经济总部落在无锡，基于自身在互联网、大数据等新一代信息技术和新文娱产业上的优势，构建多业态、复合式、互动式的线上线下综合体，集聚更多合作伙伴，打造新型文化消费生态园区，推动数字文化产业做大做强。该次与滨湖区展开全面合作，打造“悦享新经济文化产业园”，发展新文娱、新零售、数据科技、教育培训等产业，并聚集优势新文娱企业，孵化新文娱类新生代企业，为无锡数字文化产业发展注入新动能。

（袁 伟）

【第六届无锡市文创大赛】 11 月 27 日，第六届无锡市文化创意设计大赛颁奖典礼在荡口古镇举行。来自全国各大知名艺术设计类高校的近 500 名师生代表参加了现场活动。该大赛吸引来自海内外 2200 多名设计师参与，征集作品 2600 余件，来自全国近 50 所艺术设计类专业高校师生及艺术家结合大赛对无锡进行的艺术考察调研超 2 万人次，参与度和作品征集数量均达到历年最高。大赛共评选出铜奖 20 名、银奖 10 名、金奖 2 名。活动通过对无锡文化旅游资源的深度挖掘和再创造，为无锡传统文化旅游资源的开发拓宽新渠道，为完善无锡文化旅游产品体系、提升无锡文化标识度提供新动能，为疫情常态化防控形势下旅游市场的加快复苏注入了新活力。

（周 文）

文化市场管理

【文化市场执法】 2020 年，市文化市场综合行政执法支队共出动执法人员 9569 人次，检查经营单位 3115 家，办理行政处罚案件 42 件，其中文化市场 33 件、旅游市场 9 件。无锡数源科技有限公司侵犯摄影作品信息网络传播权案专案组、无锡好搜科技有限公司侵犯著作权案专案组、无锡春华教育科技有限公司销售侵权盗版图书案专案组、无锡打击销售侵权盗版图书系列案专案组、无锡打击影视侵权盗版系列案专案组、无锡培训机构侵权系列案专案组 6 个支队专案组被国家版权局评为 2019 年度查处重大侵权盗版案件有功个人，无锡市文化广电和旅游局获评有功单位。加强预防警示，约谈文化和旅游经营单位 28 家次，进一步遏制违法苗头，提高执法成效。

（周 文）

【企业纾困】 2020 年，全市文旅部门全面排摸文化旅游企业受疫情影响情况，印制《积极应对新冠肺炎疫情支持企业共渡难关推动文化旅游产业复苏振兴国家、省、市系列政策速查手册》，宣传惠企政策。重点就景区租金减免、企业贷款利息、国内旅游接待、营销推广活动、文化产业复苏等领域给予补助或奖励，政策惠及全市旅游企业 200 余家，扶持资金 8000 余万元。全力帮助企业开展对上争取，国家层面为全市 151 家旅行社暂退质量保证金 4275 万元；省级层面为 46 家文旅企业获得省级纾困资金 894 万元。年度市文化产业专项资金完成项目 103 个，兑付扶持资金 9412.12 万元。引导文化旅游企业积极申报 2020 年度省文化旅游产业专项资金，5 个项目入围，获得补贴和奖励 300 万元，缓解文旅企业经营困难。加大企业资金奖补扶持力度，奖补 9 家绿色网吧 74 万元，3 家演出场所 311.95 万元，13 个演出团体 1648.79 万元。

（周 文）

【文化市场扫黑除恶】 2020 年，无锡市加强对文化市场的扫黑除恶专项斗争的线索摸查和宣传，组织开展重点行业专项整治工作，建立多部门联合执法检查联动工作机制，重点查处“黑网吧”“黑歌厅”等 40 家无证经营场所，办理文化市场行政处罚案件 40 件。

（周 文）

编辑 何 峰

新闻出版

无锡日报报业集团

【宣传报道】 2020年，面对突如其来的新冠肺炎疫情，各媒体始终坚守正确的政治方向、舆论导向和价值取向，发挥主流媒体作用，持续壮大主流思想舆论。报业集团纸媒平台全年刊发抗疫报道5000余篇，新媒体平台发布抗疫报道超2.1万篇。各媒体聚焦决胜全面小康、打造最优营商环境城市、城市精细化管理、太湖湾科创带建设等重大主题，精心推出一系列高质量的专题专栏专版报道。融媒体作品《从这面湖奔向那片海》《无锡号出发！》《锡望号归来！》《背着〈诗经〉去流浪》《泪目！无锡医护和120急救队员写下一封封“请战书”》等均取得良好社会效益，彰显党媒责任担当。

（无锡日报报业集团）

【媒体融合】 2020年，报业集团推进媒体融合，在全市性重大主题、重大活动全媒体新闻采访报道中，新型融媒体指挥调度机制充分发挥作用。机制创新探索深度融合一体运作，《无锡日报》组建政务融媒专班，《江南晚报》推出基于新媒体端的考核办法，无锡观察做优做强融媒体中心一期平台，实现更为广泛的传播。科技赋能助力产品多元融合传播，无锡“两会”报道中成功引入AI主播，利用5G技术开展几十场有影响力的5G政务和商务直播、扶贫助农直播活动。报业集团主要新媒体平台用户有显著增长，新媒体平台总用户数超1300万人，影响力呈上升趋势。各媒体在高等次新闻奖评选中再获突破，《一条大路一起追梦》获江苏新闻奖，6件作品获省报纸好新闻一等奖，11件作品获无锡新闻奖。

（无锡日报报业集团）

【项目驱动】 2020年，报业集团强化制度设计，发挥综合传播优势，服务行业板块，以重大项目为抓手，化解疫情带来的不利因素。注重展示主流媒体的品牌核心价值，深化“新闻+服务”运营模式，探索采编与项目的紧密联动，在《无锡日报》创刊71周年之际与市商务局联合举办的“无锡首届网红打卡点”评选，吸引60余万人次投票。国庆长假期间，开展报业集团首届读者服务季活动，打造报业又一个闪亮品牌。在“2019～2020中国传媒经营价值百强榜”评选中，《无锡日报》位列“全国城市日报十强”第三名，《江南晚报》位列“全国晚报二十强”第十名。

（无锡日报报业集团）

《无锡日报》

【科技创新报道】 2020年，《无锡日报》抓住全市实施创新驱动核心战略这一主线，对无锡市全力打造科技创新高地进行融媒体报道。太湖湾科创带是无锡市实施创新驱动核心战略的“头号工程”，在10月中旬全市太湖湾科创带建设工作会议召开后，《无锡日报》第一时间进行解读，采用动态长图、手绘、视频等多种形式，制作发布新媒体产品。此后又围绕打造意义、科产城人融合、基础科研和长三角一体化等方面在短时间内推出一组加快推进太湖湾科创带建设的系列报道，刊发后受到读者好评，安徽省政府《决策》杂志社专门来电询问科创带规划发展情况。为讲好无锡科技创新故事，12月初《科创无锡》专刊面世，稿件紧贴无锡创新发展实践，紧扣太湖湾科创带建设、长三角一体化、融入和服务国家创新驱动战略等主题，展示创新驱动发展的无锡作为、无锡理念。

（无锡日报社）

【重大主题报道】 2020年，《无锡日报》集中优势，对决胜全面小康、全国省市“两会”、市委全会、打造最优营商环境城市、“奋斗者”号凯旋、“三大经济”推进会、产业链对接合作、长三角一体化发展、太湖人才峰会、运博会、无锡企业家日、安全生产工作等重大主题报道进行快速传播，完成各项报道任务。“奋斗者”号载人深潜器突破万米深海是第四季度的重磅新闻，《无锡日报》首次以竖通版的创新形式对稿件进行整合报道，版面内容丰富，细节到位，同时以二维码形式链接专门制作的新媒体产品，与版面内容形成互补。随后，融媒体采访团队多次赴七〇二所，挖掘采写三台潜水器、三代深潜人背后的故事。

（无锡日报社）

【民生关切问题报道】 2020年，城市精细化管理是贯穿全年的一项民心工程，《无锡日报》先后推出多个专栏，聚焦公共设施、城市景观、环境

10909米！
“奋斗者”号坐底马里亚纳海沟
锡有重器 奋勇向潜
硬核“抗压”
中国载人潜水器走向谱系化

11 月 11 日，《无锡日报》“奋斗者”号重大主题创新报道 （无锡日报社 供）

卫生等维度，让读者真切感受到城市精细化管理带来的美好生活；加大对城市治理方面各类红黑榜的宣传和监督力度，刊发相关稿件百余篇。对“十三五”规划收官之年各项民生工程进展进行相关报道，对地铁 3 号线、老旧小区物业管理、“摘帽”的黑臭河道、道路快速化改造等进行实地探访，提出观点，深化报道主题。下半年推出《百姓事，我来帮》专栏，围绕百姓急难愁盼事，做好新闻志愿服务，推动相关职能部门改作风重担当，推动问题的顺利解决。

（无锡日报社）

【战“疫”系列报道】 2020 上半年，《无锡日报》深入无锡疫情防控第一线展开采访报道。围绕医疗救治、防疫物资、联防联控、市场保供等内容加强整体策划和协调，采编人员及时提供最新鲜、最权威的报道；全市打响复工复产攻坚战后，策划破解难题加快企业复工复产系列报道，开设“携手共克时艰，全面复工达产”“复工笔记”“危中寻机，克难前行”等专栏。疫情防控常态化后，又根据市委、市政府的部署，在保企业、保产业、保就业、扩消费方面及时发声，撰写深度报道，为夺取疫情防控和经济社会发展“双胜利”营造良好舆论氛围。同时，发挥党报评论优势，在一版刊发主题鲜明的评论 20 余篇。

（无锡日报社）

【媒体融合发展】 2020 年 7 月底，《无锡日报》整合资源组建政务融媒专班，深化政务新闻的实时传递、注重新媒体深度报道，丰富政务新闻融媒体产品供给。重点栏目“无锡一周”选取一周内无锡发生的政经民生要闻，做二次加工整理，采用时下最流行的 H5 动态长图形式，将一周内的重要新闻进行集中呈现；“市（县）区委书记、区长一周”为各板块推动重点工作、形成高质量发展齐头并进的良好局面，提供了有力的舆论支撑。年内，政务融媒专班累计发稿 350 余篇，单篇超 10 万次阅读量的稿件 5 篇，单篇超 5 万次阅读量的稿件 16 篇，全网累计阅读量超千万次。以政务融媒专班为核心，《无锡日报》力促全员融合，采编人员在全国“两会”、“智汇长三角，科创太湖湾”全媒体新闻行动、“我的 2020”年终报道等一次次实战中，提升融媒报道能力。

（无锡日报社）

【党报影响力提升】 2020 年是《无锡日报》创刊 71 周年，报社精心策划举办读者节活动。8 月 1 日，“无锡首届网红打卡点”评选活动启动；新一批特约记者、特约撰稿人、特约摄影师出炉；全市八大板块以“一区一品”形式与党报读者共享发展成果。“无锡首届网红打卡点”评选活动自 8 月 1 日启动至国庆前夕，共收到 130 多处打卡点的报名与推荐，吸引 50 余万人次投票。下半年党报党刊发行季，又邀请丁汉、周海江、陈静瑜、沈茂德、叶聪等名人为党报代言，提升了党报影响力。年内，4 件作品获 2020 年度江苏省优秀作品一等奖，1 人获省“文化英才”称号，2 人入选省文化优青，1 人获省抗疫先进个人称号。

（无锡日报社）

《江南晚报》

【服务社会发展】 2020 年，《江南晚报》的新闻产品围绕党和政府的中心工作，服务于无锡发展大局。新冠肺炎疫情期间，《江南晚报》通过纸端、移动端，及时发布重要抗疫信息、报道各行各业的抗疫工作。上半年，有关疫情的微信、海报等新媒体产品受到关注，屡屡创出超10万次阅读量产品，此外，纸端产品每天推出多版相关内容，传播正能量，为无锡的抗疫阻击战作出媒体应有的贡献。疫情平稳后，开设“阳光总在风雨后”专栏，报道全市复工复产的典型。下半年，推出“锡夜亦美丽”专栏，关注无锡夜经济，助力本地经济的复苏。总结报道特刊《“锡”望——畅想2025》，着眼于“十四五”规划的开启之年无锡各行业的亮点及蓝图展望。随着城市建设精细化管理的推进，推出“美丽无锡需要精微绣”专栏，从城市管理的一些细节问题入手，见微知著，让市民、专家共同为城市管理出谋划策。《江南晚报》还加强与阿里公益的合作，加强报纸与移动端的互动，在继续推出“最美家乡人”活动的同时，还推出为抗疫英雄圆梦的“共圆英雄梦”“我给妈妈化个妆”等活动，体现《江南晚报》的公益性与影响力。

（江南晚报社）

【服务民生】 2020年，《江南晚报》坚持服务民生的定位，在版面设置上有新的调整，改版乐龄周刊，增加锡友记、美食等版面，在细分受众、增强服务上做出新的探索。抓住社会热点问题，回应群众投诉，对于快速路边的公交站设置、卜蜂爱莲售假、培训机构突然关门走人等问题进行深入调查、及时回应，得到读者好评。

（江南晚报社）

图书·期刊

【期刊发行】 2020年，无锡市23种期刊发行总量54.5139万册，资产总额2442.57万元，营业收入1258.03万元，利润总额155.66万元。其中主管单位市级8种、省级5种、国家级10种。市委宣传部对23种期刊出版单位社会效益进行评价考核。结合年检工作，采取出版单位自评、主办单位复评、主管单位审核、市委宣传部备案、省委宣传部核查等方式，从导向正确性、舆论引导与社会责任、出版与管理、规模与效果、党的建设与人才培养5个方面内容进行评价考核，考核结果均在良好以上。《书画艺术》杂志获华东地区优秀栏目奖、江苏省明珠奖、江苏省第12届期刊技能大赛金奖。

（吴昌应　周　文）

【地方文化类图书出版】 2020年，凤凰出版社无锡分社完成出版图书28本。遴选100余名梁溪区的历史名人，编写出版《梁溪区名人集萃》；记录展示中国工艺美术大师王木东艺术成就，编写出版《鹤之独行——王木东》。此外，还出版《百年芳华——无锡市惠山区近现代优秀女性风采录》《金声雨韵，雅心慧思》《梁溪区少年宫少儿艺术系列丛书》《口述常熟抗战记忆》《名家在生长》《古运河梁溪风情图》等。

（锡　书）

表63　　2020年无锡市期刊出版名录一览表

序号	期刊名	刊期	刊号	地址	出版单位	主办单位	主管单位
1	太湖	双月	CN32-1016/I	无锡市复兴路122号3楼	太湖杂志社	无锡市文学艺术界联合会	中共无锡市委宣传部
2	中华核医学与分子影像杂志	月	CN32-1828/R	无锡市梁溪区大娄巷23号	《中华医学杂志》社有限责任公司	中华医学会	中国科学技术协会
3	江南论坛	月刊	CN32-1405/C	无锡市复兴路122号4楼400室	《江南论坛》杂志社	无锡市哲学社会科学界联合会	中共无锡市委宣传部
4	今商圈	月刊	CN32-1820/F	无锡市太湖新城金融二街1号	无锡锡报期刊传媒有限公司	无锡锡报期刊传媒有限公司	无锡日报报业集团
5	现代铸铁	双月	CN32-1112/TG	无锡市惠山经济开发区北惠路55号	《现代铸铁》编辑部	无锡一汽铸造有限公司、中国机械工程学会	一汽铸造有限公司
6	电子与封装	月刊	CN32-1709/TN	江苏省无锡市建筑西路777号B1栋	《电子与封装》编辑部	中国电子科技集团公司第五十八研究所	中国电子科技集团公司
7	粮食与食品工业	双月	CN32-1710/TS	无锡市滨湖区惠河路186号	《粮食与食品工业》编辑部	无锡中粮工程科技有限公司、中国粮油学会	中粮工程科技有限公司
8	江南大学学报（人文社会科学版）	双月	CN32-1665/C	无锡市蠡湖大道1800号江南大学蠡湖校区32#	《江南大学学报（人文社会科学版）》编辑部	江南大学	教育部

续表 63

序号	期刊名	刊期	刊号	地址	出版单位	主办单位	主管单位
9	服装学报	双月	CN32-1864/TS	无锡市蠡湖大道1800号江南大学蠡湖校区31#	《服装学报》编辑部	江南大学	教育部
10	创意与设计	双月	CN32-1794/TS	无锡市蠡湖大道1800号江南大学蠡湖校区32#	《创意与设计》编辑部	江南大学、中国轻工业信息中心	教育部
11	书画艺术	月	CN32-1522/J	无锡市复兴路122号3楼	书画艺术杂志社	无锡市文化艺术研究保护所	无锡市文化广电和旅游局
12	现代车用动力	季刊	CN32-1642/TH	无锡市滨湖区钱荣路15号	《现代车用动力》编辑部	无锡油泵油嘴研究所	无锡市油泵油嘴研究所
13	中国血吸虫病防治杂志	双月	CN32-1374/R	无锡市滨湖区梅园杨巷117号	《中国血吸虫病防治杂志》编辑部	江苏省血吸虫病防治研究所	江苏省卫生健康委员会
14	机械职业教育	月刊	CN32-1457/G4	无锡市滨湖区高浪西路1600号	《机械职业教育》编辑部	中国机械工业教育协会、无锡职业技术学院	江苏省教育厅
15	科学养鱼	月刊	CN32-1131/S	无锡市滨湖区山水东路9号	科学养鱼杂志社	中国水产学会、中国水产科学研究院淡水渔业研究中心、全国水产技术推广总站	中国科学技术协会
16	船舶力学	月	CN32-1468/U	无锡市滨湖区山水东路222号	《船舶力学》编辑部	中国船舶科学研究中心 中国造船工程学会	中国船舶重工集团公司
17	无锡职业技术学院学报	双月	CN32-1678/Z	无锡市滨湖区高浪西路1600号	无锡职业技术学院学报编辑部	无锡职业技术学院	江苏省教育厅
18	石油实验地质	双月	CN32-1151/TE	无锡市蠡湖大道2060号	《石油实验地质》编辑部	中国石油化工股份有限公司石油勘探开发研究院、中国地质学会石油地质专业委员会	中国石油化工集团有限公司
19	无锡商业职业技术学院学报	双月	CN32-1644/Z	无锡市惠山区钱胡路809号	无锡商业职业技术学院学报编辑部	无锡商业职业技术学院	江苏省教育厅
20	江苏陶瓷	双月	CN32-1251/TQ	宜兴市丁蜀镇丁山北路196号	《江苏陶瓷》编辑部	江苏省陶瓷研究所有限公司	江苏省科学技术厅
21	食品与生物技术学报	月	CN32-1751/TS	无锡市蠡湖大道1800号江南大学蠡湖校区31#	《食品与生物技术学报》编辑部	江南大学	教育部
22	秀江南	月刊	CN32-1816/GO	无锡市太湖新城金融二街1号	无锡锡报期刊传媒有限公司	无锡锡报期刊传媒有限公司、江南晚报社	无锡日报报业集团
23	城市党报研究	月刊	CN32-1874/G2	无锡市太湖新城金融二街1号无锡报业大厦19楼	无锡锡报期刊传媒有限公司	无锡日报报业集团	无锡日报报业集团

（市委宣传部）

【民族工商业文化图书出版】 2020年,凤凰出版社无锡分社出版《依理而行——申新三厂经营文化研究》,该书为荣家近代代表性企业无锡申新三厂的个案研究,旨在回溯荣家企业创业历程,梳理其企业文化的丰富内涵,从而勾勒其经营、管理理念和实践的文化特征。出版《绅商之道——荣德生的二十八个侧面》,该书侧重于从细节中发现历史,通过荣德生投资创业、构建其庞大的工商实业,以及兴办教育、热心公益的一系列事情,特别是富有生动情节的若干奇事、巧事、佚事的描写,进一步细化对这位实业巨擘的认知。

(锡　书)

【编辑出版《江南论坛》"四千四万"精神专刊】 6～7月,市社科联与市委组织部联合开展"四千四万"精神专题学术征文活动,收到征文27篇,组织上海、江苏有关专家撰写高质量论文5篇,编辑出版《江南论坛》"四千四万"精神专刊。部分优秀论文在省社科学术大会获奖,其中,一等奖1篇,二等奖3篇;在市社科学术大会上获一等奖3篇,二等奖4篇,三等奖5篇。

(卞雨江)

广播·电影·电视

【概况】 2020年,市文广旅游局联合无锡广电集团(无锡广播电视台)共同策划制作的融媒体节目《了不起的大运河》、电视节目《跨界新文创》在优酷网纪录片频道、无锡经济广播、智慧无锡"慧直播"等平台播出,打造了江南主题的文创新产品,扩大了无锡大运河影响力。组织各类广播电视作品评选推优活动,无锡电视台策划的《一访定心》栏目获评省广电局季度创新创优节目,并向国家广电总局推荐;《欢迎回家,致敬英雄53天最美逆行》《当候鸟遇到重大项目,一场保护"接力赛"展开》《沪苏通大桥通车,两项"世界首创"技术无锡参与》获评省广电局季度优秀电视新闻作品;原创动画《太湖少年》获评国家广电总局年度优秀国产动画片,获江苏省动漫金奖。《英雄岁月》等6部电视剧选题入选江苏省广电局第二批重点电视剧选题(2019～2022年)。

(周　文)

【无锡广播电视集团】 2020年,无锡广播电视集团(无锡广播电视台)明确"打造无锡新闻宣传'第一传媒'、传媒产业'领航旗舰'"工作思路,克服新冠肺炎疫情和行业下行带来的多重压力,各项工作保持良好态势。推出"众志成城,严防严控""育新机,开新局""无难事,悉心办""补短板,惠民生""科创引领未来"等专题、专栏50多个,重点报道600多篇;推出聚焦"两会"、市委全会、太湖人才峰会、第二届大运河文化旅游博览会、"智汇长三角,科创太湖湾"等重大新闻专题、新闻行动20多场;推出"'四千四万'正当时"等大型融媒体新闻行动。在抗击疫情、文明城市建设、打造最优营商环境等主题宣传和迎战强降雨、强寒潮等新闻行动中,用实在暖心的选题和呈现方式,反映政府为民办实事、提福祉的成效。策划推出老年主题频道和《悦谈·对话企业家》栏目,《金色年华》《花漾镜》《空中车管所》等新节目相继开播。在省级广播电视政府奖年度评选中,无锡广电48件作品获奖,其中一等奖11个。

无锡广电构建宣传与经营相互赋能平台机制,分别对广播中心和广播传媒公司、电视中心和电视传媒公司实行一体化运营,构建全媒体融合、全平台编排、全流程运作的内容生产平台,打造全案策划、全媒推广、全程服务的营销体系和利润中心。广告产业结构优化,推出新型融合项目,培育营销新"爆点",如"无锡广播网红团购季"等系列活动、"电视+融媒体整合营销模式"、改版升级"万屏直播"等,人气和效益显著。以融媒体中心为依托的宣传策划与全媒体整合营销成效显著,年度订单量超3500万元。提升视频制作和影视内容定制业务占总营收比例,制作原创大型文创设计真人秀节目《跨界新文创》,在"优酷"上线仅30分钟就登顶文化纪实热度榜第一名。探索城市广电MCN(一种网红经济运作模式)带货新模式,举办"登攀创新峰"首届直播带货PK赛。实施"开门办广电",集团党委领导挂钩联系块面、重点单位等,全年邀约800多人次走进集团。加大无锡广电品牌形象、服务能效等宣推力度,无锡广电的整体影响力和认可度显著提升。集团(台)蝉联"TV地标中国电视媒体年度最具综合实力城市台"称号,无锡广电新闻中心获评江苏省抗疫先进集体。

(陈　啸)

【媒体融合发展】 2020年,"无锡博报"新媒体首发成为宣传主导形态,从全国和省"两会"报道,到太湖人才峰会、大运河文化旅游博览会等重大活动,新媒体产品爆款频出。"无锡博报"策划推出的"无锡,你的"系列受到热捧,其中,《无锡,你的名字》10小时阅读量超22万次。"无锡博报"微信公众号粉丝数达36万人,点击量超10万次原创作品达80余条;以"慧直播"新媒体直播平台为核心,"智慧无锡"运作形态进一步明晰,推出"人间梁溪""锡惠有你"等直播带货和夜经济直播38场,吸引观看人数超470万人次。年内,"慧直播"场次5950场,观看人数超9000万人次,其中观看人数超30万人次的直播22场;"智慧无锡"客户端用户237万人,周活跃用户量提升,超过17万人次。"智慧无锡"融合媒体云平台项目入选国家广播电视和网络视听产业发展项目库。"爱吾锡"平台探索融媒体社区服务新模式,以点扩面取得新进展,该平台运营团队通过建立"社区大联盟",联动社区社群为群众解决实际生活问题千余件。"爱吾锡"社群拓展项目被评为全国广播电视媒体融合成长项目。融媒体技术创新取得新成效，打通移动互联网、局域网、新闻编辑网互联瓶颈，实现“前采＋后编”无缝衔接。无锡经济、影视、娱乐、生活4个专业频道完成高清升级改造，无锡电视6个频道全面进入高清时代，采、编、播实现全流程数字高清化。

（陈 啸）

【“百室千端，智慧联盟”入选全国广播电视媒体融合典型案例】 1月17日，国家广播电视总局公布全国广播电视媒体融合先导单位、典型案例、成长项目征集的评选结果。其中，无锡广播电视集团（台）“百室千端，智慧联盟”案例被评为全国广播电视媒体融合典型案例，是全国15个广播电视媒体融合典型案例之一。“百室千端”是无锡广电打造的新媒体内容集成板块，以主持人、记者、编辑等台内人员和一些重点岗位上的社会人士为主体，运用工作室与兼职签约等机制，培育新媒体个性产品。

（陈 啸）

【迎春特别节目上演】 1月22日，“和你在一起”无锡广电2020迎春特别节目在广电传媒中心上演，是无锡广电集团（台）连续七年为广大市民献上新年贺礼。晚会以“幸福年”为主题，以“中国梦”为主线，以幸福、温暖、和谐、欢乐为总基调，全方位、多角度展示经济社会发展、城市建设取得的令人瞩目的成就，体现无锡近几年来的快速发展、喜人变化，展现市民欢度中国年的地域文化“无锡味道”。晚会在新华社、网易、百度、爱奇艺等15家国内媒体平台进行同步直播，累计点击量达112万人次。

（陈 啸）

【抗击疫情融媒体接力直播新闻活动】 2月5日，无锡广电“慧直播”平台举办“万众一心，全民战‘疫’”融媒体接力直播活动。广电主播深入抗击一线，通过全市范围内10个站点的接力直播，全景展示医疗救助、社区和农村防控、科研攻关、道口查控、物资保供等各个领域，总历时300多分钟，在线观看人气突破64万人次。2月4日，无锡还作为唯一地级市加入央视《共同战“疫”》新闻新媒体大直播，反映G42高速无锡东高速检查站安全有序查控的实况，在央视新闻客户端、微博、头条等多渠道播出，总收看人数超4000万人次。

（陈 啸）

【创意短视频《希望的叶子》】 3月3日，由市委宣传部策划，无锡广电经济频率参与制作的情景短视频《希望的叶子》登录《人民日报》、新华社客户端，播放量突破百万次。该视频以一位援鄂医疗队员和女儿对话的形式，用创意沙画展示疫情面前白衣战士义无反顾、逆行而上的勇气和担当。作品以“小角度”和“暖色调”营造温馨氛围，直抵人心，引起强烈反响。

（陈 啸）

【原创动画《太湖少年》登录央视】 3月25～27日，由无锡广电热线传媒网络有限公司出品的环保题材动画片《太湖少年》在中央广播电视总台央视少儿频道（CCTV-14）《动画大放映》栏目黄金时段播出。央视CNTY、芒果TV、爱奇艺、腾讯等全网同步播出。该片以童话的形式描绘太湖的曾经与未来，展现人与自然和谐共生、致力建设美丽中国的主题，共13集，每集13分钟。3月，该片入选2019年第四季度全国优秀国产电视动画片推荐目录。

（陈 啸）

【抗疫纪录片在中国教育电视台等平台播出】 3月10日、11日和4月1日，由无锡广电广新影视动画技术有限公司制作的系列微纪录片《战役》，在CETV-1、秧纪录智能大屏院线、中国纪录片网及新媒体平台播出。《战役》分15期，总时长超140分钟，其中《出征》《口罩车间的志愿者》《“蓝光”在行动》等短纪录片入选由中国教育电视台联合中国电视艺术家协会行业电视委员会、秧纪录、中国纪录片网共同发起的抗击疫情全民微纪录片计划《战“疫”24小时》。《出征》被中国电视艺术家协会行业电视委员会评为最佳作品。

（陈 啸）

【原创融媒体节目《了不起的大运河》】 4月12日起，由市文广旅游局和无锡广电联合策划制作的原创融媒体节目《了不起的大运河》，每周日午间在无锡经济广播和智慧无锡App音视频同步直播，并制作成短音频、短视频在喜马拉雅、抖音等平台播出。节目分《运河入境》《抱城而流》《运河绝版地》《古镇记忆》《因运而

1月22日，无锡广电2020迎春特别节目 （朱 达 摄）

生》5个篇章，以广播语言和视频镜头，带领受众走读大运河无锡段的地理风貌及人文故事，讲述一条河与一座城的因缘。

（陈 啸）

【纪录片《阿小的箬帽》获2019年度江苏广播电视彩虹奖专题节目一等奖】 4月，纪录片《阿小的箬帽》获2019年度江苏广播电视彩虹奖专题节目一等奖。该片全长17分58秒，讲述爱收集老物件的下支埃留恋农村生活，发现箬帽并挖掘箬帽的故事，在讲述过程中展示箬帽技艺制作流程，并记录以王阿小为代表的留守老人在乡间的生活状态。2018年末，该片拍摄制作完成在无锡电视《发现》栏目播出，2019年3月完成中英对照版并于同年参加上海电视节展映，在江苏国际频道《长江视野》、黄河电视台《新唐风》、美国华视《魅力无锡》等外宣平台播出。

（陈 啸）

【全国“两会”报道工作】 5月下旬，无锡广电克服疫情带来的不利影响，全景展示2020年全国“两会”盛况，及时播发反响报道，反映无锡代表委员的“好声音”。无锡广电关于全国“两会”的广播电视宣传报道发稿70篇，新媒体发稿208篇。其中“无锡博报”的《定了！上调！》阅读量达43万次；《杜小刚代表建议：在无锡创建一个国家级“实验区”！》《全国人大代表、市长杜小刚畅谈聆听政府工作报告感受》两件作品登录新华社客户端，浏览量分别为90万次和40万次。“学习强国”无锡平台《代表委员上“强国”·全国人大代表陈静瑜：履职战“疫”一线彰显时代担当》阅读量达11.7万次。

（陈 啸）

【“‘四千四万’正当时”融媒体新闻行动】 7月，无锡广电推出“‘四千四万’正当时”大型融媒体新闻行动。新闻行动集纳集团所有媒体传播平台，通过“活动＋报道”的有机结合，唤醒新时代“四千四万”精神。时政栏目推出系列报道和系列评论；民生栏目寻访“四千四万”精神；专题节目推出人物访谈与蹲点日记；新媒体设立专题专页，利用视频直播、H5（第5代HTML制作的数字产品）、图文海报、主题漫画等多种手段开展宣传，在全市上下形成比学赶超、你追我赶、奋勇争先的良好氛围。至年末，《无锡新闻》推出报道30条（篇），“无锡博报”推送专题21档。

（陈 啸）

【第13届中国（无锡）国际汽车博览会】 8月20～23日，由无锡广电承办的第13届中国（无锡）国际汽车博览会在无锡太湖国际博览中心举办。博览会有首发新车、绿色新能源车、炫酷豪华车等75家经销商的50多款车型、400余辆展车集中亮相。博览会通过媒体品牌打造和专业运作，聚合供给端，对接需求端，助力复苏“后疫情时代”无锡消费市场。

（陈 啸）

【《悦谈·对话企业家》节目】 10月3日起，无锡广电推出《悦谈·对话企业家》节目，与市企业家协会等合作，展现无锡企业家风采，弘扬无锡企业家精神。至年末，推出无锡第一棉纺织集团董事长周晔珺、江阴新潮科技集团有限公司董事长王新潮、宜兴鹏鹞环保股份有限公司董事长王鹏鹞、法尔胜泓昇集团有限公司董事长周江等具有代表性的企业家专访。栏目突出产业强市，科技强企的定位，以全媒体传播扩大影响力，搭建服务企业平台、助力营商环境优化，为无锡打造具有国际影响力的科创名城，打响中国第一工商名城品牌贡献广电媒体力量。

（陈 啸）

【“锡有MCN”融媒体项目获评省广播电视媒体融合典型案例奖】 10月17日，2020江苏省广播电视媒体融合优秀案例评选成果发布会在南京举行。无锡广电“锡有MCN”融媒体项目获得省广播电视媒体融合典型案例奖。该项目源于2018年末启动的“百室千端，智慧联盟”项目，通过成立媒体人工作室尝试拓展运营，以整体操盘，私域流量（触达和运营更加自由的流量）+KOL（拥有更多的产品信息，对某群体的购买行为有较大影响力的人）+KOC（能影响自己的朋友、粉丝，产生消费行为的人）宣推等方式，组织开展直播带货。在为期一个月的“登攀创新峰”第一届直播带货比赛中，集团员工自由组合的38个战队参与，直播260多场，创收1500多万元，实现利润159万元。

（陈 啸）

【《一访定心》栏目获评省广播电视创新创优节目】 10月，在江苏省广播电视局2020年第三季度广播电视创新创优节目评选中，无锡广电《一访定心》栏目被评为创新创优节目，同时由省局向国家广电总局推荐参评。《一访定心》是9月3日推出的一档融媒体建设性监督服务栏目，每周五期，聚焦百姓关注的民生问题，从个案解决入手，整合政府和社会资源，以媒体与政府部门间的良性互动为群众排忧解难。无锡广电与市信访局、市政务办建立沟通协作机制，有关部门全程参与题材确定和处理追踪，形成解决问题的闭环。

（陈 啸）

【原创短视频《看见平凡》获全省新媒体创新作品奖】 10月31日，以“网聚长三角、共话深融合”为主题的2020长三角·紫金网络传播创新峰会在无锡举行。会上，公布由江苏省委宣传部、江苏省委网信办组织评选的第五届全省新媒体创新作品奖名单。由无锡市委网信办和无锡广电共同报送的短视频《看见平凡》榜上有名。该作品以短视频形式记录无锡首批支援武汉医疗队32位队员，回到家乡解除隔离摘下口罩时露出的笑脸，真实感人，极具视觉冲击力。

（陈 啸）

【《进博会无锡时间》特别节目】 11月8日，无锡广电经济频率与上海长三角之声频率联合策划推出第三届进博会特别节目《进博会无锡时间》。

节目邀请市商务局及参展企业嘉宾走进设在上海广播大厦的主直播室和上海国家会展中心的分直播室，一起见证进博盛会，展示无锡成果。节目以全媒体方式呈现，新华社现场云、阿基米德、话匣子 App 等多家平台音频、视频、图文同步直播，新华社客户端转发了相关信息。

（陈　啸）

【省内首家青干融媒实训基地在无锡广电成立】 11 月 25 日，无锡青干讲习所融媒实训基地在无锡广电成立。该基地由市委组织部与无锡广电合作打造，配置 MCN 演播室、高清编辑线、5G 移动回传等融媒体采编播制作设备，并设置舆情应急处突演练、短视频拍摄制作、直播带货实战等多项技能提升课程和传媒职场体验项目，让参训人员深度参与融媒一线轮岗实训，提升年轻干部新闻素养和应变能力。

（陈　啸）

【无锡广播电视集团（台）蝉联年度综合实力城市台】 12 月 15 日，在北京举行的“TV 地标”中国电视媒体暨“时代之声”全国广播业综合实力大型调研成果发布会上，无锡广播电视集团（台）获评“TV 地标（2020）”年度综合实力城市台，连续六年蝉联该项殊荣。同时，广电新媒体中心获评年度优秀融媒体团队；无锡广播电视台（广播）获评年度品牌影响力市级广播电台，广电音乐广播获评年度优秀市级广播频率。活动由国家广电总局主管的《中国广播影视》杂志社主办。

（陈　啸）

【《跨界新文创》获评 2020 年度最具影响力创新综艺】 12 月 31 日，由“传媒内参”主办、北京指尖族科技有限公司承办的第五届指尖传播影响力高峰论坛暨指尖榜调研成果发布会在京举办。发布会上，“2020 指尖榜”新鲜出炉。其中，由无锡市文广旅游局指导，无锡广电旗下广新影视动画技术有限公司原创制作的大型文创设计真人秀《跨界新文创》获评 2020 年度最具影响力创新综艺。该节目共 10 期，在优酷视频和无锡电视播出，将视角置于文创产品诞生的全过程，以跨界主理人率领团队实地探访 + 演播室嘉宾观察点评的模式，诠释文创理念、弘扬传统文化。

（陈　啸）

【产业园率先复工复产】 2020 年，市委宣传部聚焦电影企业纾困，确保各级政策落地，指导无锡国家数字电影产业园在全国率先推出影视全程代办服务、企业租金减免优惠、剧组拍摄减免特惠、线上剧组管家服务、加大协拍资源支持力度的“五大举措”支持影视行业应对疫情、共渡难关。执行中央、省财政下达无锡市的专项资金 128 万，拨付文化产业专项扶持资金中无锡国家数字电影产业园专项资金 5000 万元及电影类奖励 830 万元。无锡国家数字电影产业园立项影视项目 44 部（已取得立项审批文件），承接影视剧拍摄制作 261 部，招引优质影视企业 113 家（注册资本 300 万元以上），超额完成省市高质量考核全年目标任务。

（袁　伟）

【聚焦纾困帮扶影院】 5 月，市委宣传部制定出台“服务业纾困政策十条”影院扶持专项政策，在全国地级市中率先拿出资金帮助影院共克时艰，渡过难关。向 38 家城区影院发放纾困资金 875.81 万元，推动影院复业。年内，新增乡镇影院 2 家，屏幕 13 块，座位数 1373 个。至年末，全市总票房约 2 亿元，保持全省第三；全市 22 个镇建有影院共 28 家，银幕 138 块，座位 16344 个，覆盖率 73.3%，在全省排名首位。

（袁　伟）

【重点电影作品】 2020 年，围绕全面建成小康社会、建党 100 周年等重要时间节点，市委宣传部在全市组织开展重点电影项目梳理汇总工作。向省委宣传部报送《极地救援》等各类电影作品 25 部，分别作为 2020 年度和 2021 ~ 2025 年度重点电影候选项目。中宣部重点影片《中国医生》在无锡完成拍摄。申请立项备案电影 125 部，审查通过 29 部，无锡国家数字电影产业园园区企业出品的一批大制作影片如《西游记之再世妖王》《发财日记》《天星术》等完成后期制作，择机上映。在第二届江苏文艺大奖·电影奖 9 部获奖影片中，有 8 部出自无锡国家数字电影产业园园区企业。

（袁　伟）

3 月 29 日，金庸“射雕三部曲”全产业链开发项目签约发布会

（无锡国家数字电影产业园　供）

【金庸"射雕三部曲"全产业链开发项目签约】 3月29日,金庸"射雕三部曲"全产业链开发项目签约发布会在无锡国家数字电影产业园举行。金庸"射雕三部曲"全产业链开发项目包含金庸"射雕三部曲"主题体验馆、金庸"射雕三部曲"沉浸式戏剧及主题商业,金庸《神雕侠侣》动画影视剧,金庸"射雕三部曲"移动游戏,金庸"射雕三部曲"主题衍生品开发。

无锡国家数字电影产业园、恒信东方文化股份有限公司(以下简称恒信东方)、中手游科技集团有限公司(以下简称中手游)进行金庸"射雕三部曲"全产业链开发合作签约,恒信东方获得金庸全球唯一授权且是全球首个金庸武侠线下体验馆落地园区,并吸引两家合作上市公司恒信东方、中手游的华东区总部同时入驻。

(袁 伟)

【第四届中国·江苏太湖影视文化产业投资峰会】 5月20日,第四届中国·江苏太湖影视文化产业投资峰会暨太湖电影周在无锡国家数字电影产业园揭幕。该届峰会以"5G时代数字影视的发展未来"为主题,著名导演郭帆、路阳、饶晓志,上影集团董事长王健儿,著名表演艺术家牛犇,上海电影表演艺术协会会长佟瑞欣,华为中国区传媒业务部部长蒋中平等影视界精英、行业大咖、企业高管在太湖之滨汇聚一堂,共同探讨"数字经济时代"和"后疫情时代"下,如何以数字技术促进中国电影产业的变革与创新,从数字文化的视角思考中国电影产业、电影衍生产业的新一轮发展。峰会由江苏省委宣传部、江苏省电影局、江苏省广电局、江苏省文学艺术界联合会以及无锡市人民政府共同主办。峰会进行了3大数字创新平台的发布、4个规模基金的签约、南京艺术学院与无锡国家数字电影产业园共建的大学生艺术创新与创业实践基地揭牌、圆桌对话、行业论坛、影片路演以及电影活动等环节。

(袁 伟)

网络传播

【无锡观察融媒中心建设】 2020年,无锡观察融媒中心依托"无锡观察"客户端和无锡新传媒网等网络矩阵,打造无锡市互联网传播第一平台。通过流程优化、平台再造,实现多种媒介资源、生产要素有效融合,形成协同高效的全媒体传播体系。网络新闻宣传凸显移动互联网新闻传播新时代价值,在舆论引导、思想引领、文化传承等方面占据区域传播制高点。发挥"精准发声、稳定人心"的舆论引导作用,展现疫情阻击战中的无锡力度、无锡速度和无锡温度。全年新媒体平台刊发"抗疫"报道2万余篇,"无锡观察"客户端下载量20余万次,累计150万次。网络稿件每日报省委网信办,优秀稿件获全网推播频次在全省同级重点新闻网站位居前列。7篇稿件被中央网信办全网推送,百余家中央主要新闻网站和地方新闻网站进行转载,总传播量超2000万次。

(无锡观察融媒中心)

【网络主题宣传】 2020年,无锡新传媒网首页头条每日滚动报道习近平总书记重要活动、重要讲话和党中央工作部署。设置"大国小鲜@基层之治""走向我们的小康生活"等专题,巩固全党全国人民团结奋斗的共同思想基础。主动聚焦市委、市政府重大决策部署和中心工作,精心组织策划主题宣传报道。增开"头条推送"板块,传播无锡市各领域发展的好声音、正能量、暖心事。至年末,无锡新传媒网开设各类专题专栏68个,发布稿件78475篇,日均发稿量约230篇。"无锡观察"客户端生产点击量超10万次新媒体产品70个,单篇最高阅读量51万次,短视频单条最高阅读量1.3亿次。

(无锡观察融媒中心)

【"学习强国"无锡平台正式上线】 5月21日,"学习强国"无锡学习平台正式上线。该平台由市委宣传部主管,无锡广电集团(台)负责日常运营。设有今日无锡、新思想在无锡、领跑先锋、学习实践、县级融媒、璀璨群星、江南文脉、幸福路上、太湖明珠等9个一级栏目。该平台在各县(市)区、街道、社区和重点单位建立260余个基层通讯站和直报点。通过讲好无锡故事、传播好无锡声音,展现真实、立体、全面的无锡,打造全国地级市平台中的一流平台。至年末,"学习强国"无锡学习平台被主站录用稿件195篇,其中,《江苏无锡锡山:辛勤耕耘茶农场,小康生活有奔头》一文被"学习强国"学习平台推荐首页录用,阅读量超1400万次。《乡村振兴·江阴申港街道:"三美融合"描绘小康画卷》阅读量超670万次,《"咱家的小康生活"vlog:晚餐时光里的温情》播放量超131万次。

(陈 啸)

【5G云直播】 2020年,无锡观察融媒中心利用5G技术开展100余场有影响力的5G政务直播活动,以政务5G云直播为主的融媒体直播成为报业直播的特色。1月,依托融媒体中心一期平台,加强与无锡移动、无锡电信等公司合作,实现"AI+5G"落地运用,在无锡"两会"报道中创新引入人工智能(AI)主播。

(无锡观察融媒中心)

【直播带货扶贫助农】 2020年,无锡观察融媒中心升级完善直播技术设施,自主搭建完成直播平台,并成功开展直播带货等业务。8月1日,在海岸城举办的《无锡日报》创刊71周年读者节上,无锡观察禧宝消费扶贫助农直播平台正式启动上线。全年陆续开展4场直播带货活动,帮助青海省、延安市等地推介地方优质特色农产品。

(无锡观察融媒中心)

【无锡市互联网传播研究会成立】 1月6日,无锡市互联网传播研究会正式成立,百余名会员听取无锡市互联网传播研究会筹备工作报告，审议通过相关章程和管理办法，选举产生无锡市互联网传播研究会会长、副会长、秘书长、监事及第一届理事会成员。江南大学党委常委、宣传部部长、新闻发言人倪松涛当选首任会长。省互联网行业联合会常务副会长张年春出席成立大会并揭牌。

（徐佳铭）

【“太湖云享”网络访谈活动】 3月13日，由无锡市委网信办、中国经济网、无锡广电集团联合主办的“太湖云享”网络访谈活动启动。首期访谈以“疫情之下智能制造产业突围之策”为主题，邀请朗新科技、红豆集团、小天鹅等重点企业负责人，智能制造领域专家学者，知名自媒体运营人参与线上讨论。中国电信等多家平台对活动进行直播，社会各界和网民群众广泛参与。全年以“围绕中心工作，广纳各界声音”为宗旨，听取各行建议，汇聚各界声音，累计开展12期。“太湖云享”网上访谈分享系列活动获评2020年江苏省网络文化季优秀项目奖。

（徐佳铭）

【“锡引力·新思享”行走的思政课网络主题活动】 4月18日，市委网信办联合市委宣传部、市教育局、江南大学开展“锡引力·新思享”行走的思政课网络主题活动。邀请唐忠宝等“网红”老师开展《战“疫”下的中国担当、无锡作为》《为人民打CALL》《美丽乡村蝶变之舞》等4期活动，全网总传播量超千万。课程在新华社现场云、学习强国江苏频道等10家平台联动播出。活动现场为第一批思政课老师颁发聘书。

（徐佳铭）

【无锡市第八届网络文化季】 4月28日，无锡市第八届网络文化季在宜兴启动。本届网络文化季围绕“万众E心”奔小康、“E气奋发”赢健康、“E呼百应”正能量、“E身正气”好网民四大篇章，突出“一月一主题”活动，推出40个活动项目。启动仪式正式揭晓第八届网络文化季LOGO、主题曲和海报获奖名单，并邀请驰援湖北一线的战疫英雄代表讲述一线故事。全年网络文化活动共举办100余场，征集图文、视频等相关作品500余件，总传播量突破20亿次，为“强富美高”新无锡建设营造良好网络文化环境。

（徐佳铭）

【“太湖明珠，盛地小康”原创短视频大赛】 5月15日，市委网信办联合无锡广播电视集团开展“太湖明珠，盛地小康”原创短视频大赛，活动以“赋”（锦绣江南）、“比”（美好生活）、“兴”（盛地小康）为主题，发动广大网民积极参与创作投稿，通过短视频形式，从小细节、小人物、小故事衍伸开去，充分反映无锡产业兴旺、生态宜居、乡风文明、治理有效、人民幸福的全面小康新图景，讲好高水平全面建成小康社会的无锡故事。

（徐佳铭）

【“遇见锡引力”微博大V无锡行】 7月12～16日，“遇见锡引力”微博大V无锡行成功举行。活动由市委网信办主办，新浪江苏承办。邀请20余位人文、历史、旅游、美妆领域知名博主和一批本地网络大V，围绕文旅、物联网、乡村等主题，多角度点赞无锡城市发展，解锁网红城市背后的高质量发展密码，发布微博200余条，4场直播观看量超1230万次。网络传播总量达6330万次，网友讨论1.7万人次。

（徐佳铭）

【“听·见小康”大型融媒体行动】 8月25日，“听·见小康”大型融媒体行动走进无锡，活动以“城市改造、乡村振兴、文旅融合”为主题，由省委网信办指导，新华报业传媒集团、市委网信办联合主办。采用线上线下联动方式，开展蹲点式、跟踪式、体验式采访报道，推出短视频、视频网络日志（Vlog）等系列新媒体产品，同步开设特色网络话题。

（徐佳铭）

【“智汇长三角，科创太湖湾”全媒体新闻行】 10月11日，“智汇长三角，科创太湖湾”全媒体新闻行启程，新闻采访团由全市相关部门及板块负责人、专家学者和全媒体记者组成，先后走访合肥、黄山、南京等8个城市，对高科技企业、技改项目、产业园区等进行现场考察。活动期间无锡新传媒等网站增设“智汇长三角，科创太湖湾”专栏，全市重点新媒体平台即时推送图文、短视频，多维度、行

7月12～16日，微博大V无锡行活动 （徐佳铭 供）

10 月 31 日，长三角·紫金网络传播创新峰会　（徐佳铭　供）

进式报道。

（徐佳铭）

【长三角·紫金网络传播创新峰会】 10 月 31 日，长三角·紫金网络传播创新峰会在无锡举行。峰会以“网聚长三角，共话深融合”为主题，由江苏省委网信办、上海市委网信办、浙江省委网信办、安徽省委网信办和无锡市委网信委主办，市委网信办、江苏现代快报传媒有限公司承办。会上，“三省一市”网信办共同签约成立长三角网络传播协作机制和网络评论协作机制。中央网信办副主任、国家网信办副主任杨小伟，省委副书记任振鹤，市委书记黄钦等领导出席大会并致辞。省委网信办主任兼省委宣传部副部长徐缨主持大会开幕式。全国 500 余名网络传播界人士应邀参加会议。全国发稿量 6416 篇，阅读量超 4 亿次。

（徐佳铭）

新闻出版管理

【新闻出版】 2020 年，无锡市有报纸 9 种，期刊 23 种，连续性内部资料出版物 78 种；在营印刷企业 1662 家，从业人员 4.23 万人，规模以上企业实现年度工业总产值 149.5 亿元，利润总额 9.34 亿元。在营出版物发行单位 1030 家，网上发行单位 128 家，外资发行企业 23 家，出版物销售总额 26.7 亿元。无锡市百草园书店等 20 家实体书店获批无锡市服务业企业应对疫情发展专项资金 297 万元，无锡市新吴区净湖社区农家书屋等 8 家单位被表彰为省五星级农家书屋，获得奖励资金 12 万元。无锡德华彩印包装有限公司、鸿兴包装（无锡）有限公司被评为 2020“江苏省印刷示范企业”。无锡日报报业集团、无锡金广顺包装有限公司、江阴升辉包装材料有限公司等 4 家单位获批省级现代服务业（新闻出版）发展专项资金 230 万元。

（吴昌应）

【扫黄打非】 2020 年，“扫黄打非”进基层成效明显，惠山区玉祁街道被评为全国“扫黄打非”进基层示范点，江阴璜土村、锡山区锡北镇、滨湖区胡埭镇被表彰为全省“扫黄打非”进基层示范点。锡山区委宣传部、惠山区委宣传部、梁溪区广益街道党委、市人民检察院第一检察部、市“扫黄打非”工作领导小组办公室被评为省“扫黄打非”先进集体。“无锡‘金屋藏娇’等网站传播淫秽物品牟利案”入选江苏省“扫黄打非”2020 年度 10 起典型案件。

（吴昌应）

编辑　何　峰

综　述

【概况】 2020年，无锡市拥有登记注册的医疗卫生机构2952家，比上年增加182家，其中医院210家、社区卫生服务中心（卫生院）114家；全市医疗床位数51562张，平均每千人口拥有医疗床位10.13张（按户籍人口算）。年末，全市有卫生人员77062人，比上年增加4714人；其中卫生技术人员62967人，执业（助理）医师25031人，注册护士27999人，平均每千人口拥有卫生技术人员12.37人（按户籍人口算）。全市各级医疗机构全年完成诊疗5063.81万人次，出院108.75万人次，平均每门诊人次医疗费用242.5元，平均每一名出院病人医疗费用11574.1元。居民平均预期寿命83.19岁，其中男性80.91岁、女性85.58岁。

2020年，无锡市卫生健康委员会完成市委、市政府下达的6大项重点工作、6个省高质量发展指标、3项市政府为民办实事、市卫生健康委70项年度重点工作和9项卫生健康惠民举措以及各条线下达的年度重点工作。无锡市实现全国健康城市建设示范市、国家慢性病综合防控示范区、国家卫生镇3个"全覆盖"。市属医疗卫生资源布局进一步深化优化，10月，江南大学附属医院南院搬迁启用，无锡市第二人民医院北院正式开诊。

（王　婷）

【深化医改】 2020年，无锡市调整市医药卫生体制改革领导小组、公立医院管理委员会成员，成立市、市（县）区医院党的建设工作指导委员会，全面实行党委领导下的院长负责制。推进建立健全现代医院管理制度，10家三级公立医院落实总会计师制度。至年末，全市建成医联体21家，共有14家三级公立医院、25家二级公立医院、1家一级公立医院、20个乡镇卫生院、72个社区卫生服务中心、1个公共卫生医疗机构、6个民营医疗机构及6个其他类别医疗机构参与医联体建设。无锡市人民医院、无锡市第二人民医院、江南大学附属医院、无锡市中医医院牵头建立4家城市医疗集团，无锡市人民医院与新吴区、无锡市第二人民医院与梁溪区开展"府院合作"紧密型医联体建设。江阴市人民医院、江阴市中医院、宜兴市人民医院、宜兴市中医院、锡山人民医院、惠山区人民医院6家县级医院牵头开展了县域医共体建设。设立市属公立医院领导班子成员绩效年薪、高层次人才协议工资、科技成果转化等专项绩效工资，稳步提升医务人员收入水平。无锡市被省医保局确定为药品招标采购制度改革试点城市，成立市药品招标采购制度改革试点工作领导小组，推行集中带量采购和阳光挂网议价等药品采购方式，建设药品招标采购信息管理系统。1月，全市25家试点医院实行DRG结算，试行基于DRG的医院评价。无锡市被评为全国30个试点城市中进度完成最快的两个城市之一，医院上传数据质量位居前三。中医治未病被纳入医保支付。

（朱洪斌）

【卫生健康对外合作交流】 2020年，无锡市积极融入长三角卫生健康一体化发展，与复旦大学耳鼻喉医院、上海仁济医院、瑞金医院、红房子医院等长三角地区医疗机构缔结合作

7月8日，无锡市人民政府与南京医科大学签订深化战略合作框架协议

（市卫生健康委　供）

表 64　　2020 年无锡市卫生健康事业统计表

	数量	与上年比增长数	与上年比增长率（%）		数量	与上年比增长数	与上年比增长率（%）
卫生机构（家）	2952	182	6.57	卫生人员（人）	77062	4714	6.52
医院（家）	210	5	2.44	卫生技术人员（人）	62967	3664	6.18
社区卫生服务中心（卫生院）（家）	114	3	2.70	执业（助理）医师（人）	25031	1865	8.05
医疗床位（张）	51562	1084	2.15	注册护士（人）	27999	1414	5.32
平均每千人口医疗床位（张）	10.13（户籍）	0.09	0.90	平均每千人口卫生技术人员（人）	12.37（户籍）	0.58	4.92
人口	总数（万人）		508.97（户籍）	卫生费用	卫生事业费（万元）（统计范围调整为大市）		723774.78
人口	出生率（‰）		7.75	卫生费用	卫生事业费与上年比增长率（%）		51.28
人口	死亡率（‰）		7.91	卫生费用	卫生事业费占财政支出百分率（%）		5.96
人口	自然增长率（‰）		−0.16	卫生费用	卫生系统资产（万元）		2320400.67
医疗服务	诊疗总人次（万人）		5063.81	卫生费用	卫生系统基建投资（万元）（统计范围调整为大市）		147284.55
医疗服务	出院总人次（万人）		108.75	卫生费用			
医疗服务	出院者占用总床日（万日）		1102.74	卫生费用	平均每门诊人次医疗费用（元）		242.50
医疗服务	住院病人手术人次（万人）		50.31	卫生费用	平均每一出院病人医疗费用（元）		11574.10

（市卫生健康委）

关系 66 对。无锡市人民医院胸外科肺移植中心和江南大学附属医院烧伤整形中心入选江苏省卫生国际（地区）创国际一流医学中心项目。

（毛泉娇）

疾病防控

【传染病防控】 2020 年，全市甲乙类传染病发病率同比下降 10.98%，丙类传染病发病率同比下降 51.52%。推进“艾滋病知识传播校园行”，实施学校预防艾滋病“互联网 + 综合干预”项目，年内报告艾滋病病毒感染者比上年下降 2.08%。积极规范处置学校肺结核聚集性疫情，开展密切接触者筛查工作。推进市域社会治理试点建设，建立日常广泛收集、定期信息交换、双向核查确认的信息共享机制。

（王　泳）

【免疫规划】 2020 年，无锡市推进预防接种门诊规范化建设，完成两家示范儿童预防接种示范门诊建设工作；推进无锡特色智慧接种门诊建设，完成省预防接种系统二期项目建设和成人疫苗线上预约功能。预防接种系统分布式数据中心完成三级等保建设，城区接种点完成内网改造，提升系统网络安全性。利用微信、直播网络课堂等新媒体手段，开展第 34 个全国儿童预防接种日系列宣传活动，举办在线课堂 6 次、微信推文 18 篇。全面推进全市 7 周岁以下儿童的调查摸底，完成 7 岁以下儿童 15300 人次查漏补种工作。开展地方扩大免疫规划，为 1 周岁、4 周岁儿童接种水痘疫苗 15.48 万剂次；

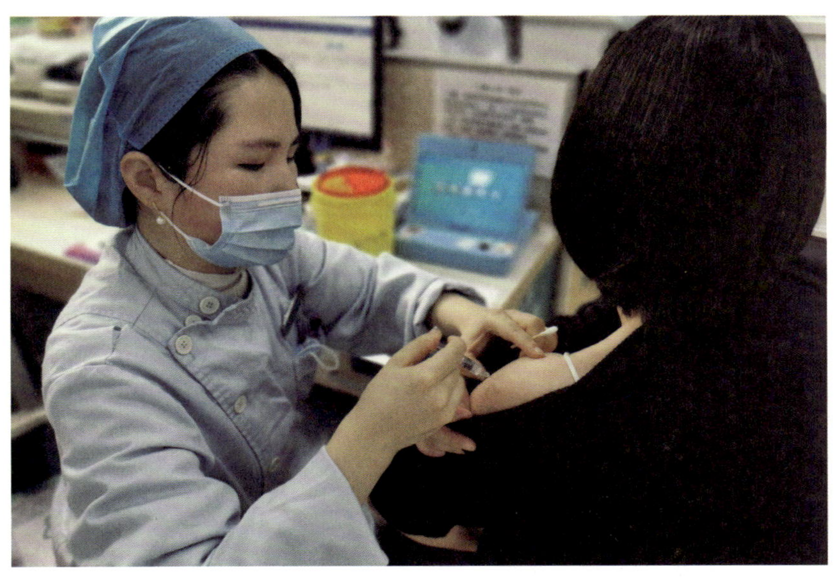

2020 年，医务人员为成人接种疫苗 （市卫生健康委 供）

为 65 周岁以上户籍老年人接种肺炎疫苗 5.79 万剂次。

（王 泳）

【慢性病防控】 2020 年，无锡市肿瘤登记数据被《中国肿瘤登记年报》收录县区覆盖率达到 100%，新吴区被国家卫生健康委确定为第五批国家慢性病综合防控示范区，无锡市成为全省首个达到国家慢性病防控示范区全覆盖的城市。9 月，市卫生健康委组织召开 2020 年全民健康生活方式宣传月推进暨慢性病及危险因素流行状况发布会，向社会发布慢性病监测和防控社会因素调查的核心数据。年内，全市管理高血压病患者 618262 例，糖尿病患者 196402 例。11 月，首次举办无锡市慢性非传染病防治工作岗位技能大赛，3 人获市人力资源社会保障局“无锡市技术能手”称号。全市重性精神疾病报告患病率 4.41‰，管理率 95.05%，在管严重精神障碍患者未发生严重肇事肇祸事件。开展市级心理卫生综合职业技能竞赛，选拔优胜竞赛选手深入社区开展社会大众心理健康教育，提升全民心理健康素养。

（王 泳）

【区域性癌症防控】 2020 年，市政府与国家癌症中心签订战略合作备忘录，无锡市被确定为国家癌症中心区域性癌症防控全周期、全链条管理试点地区。试点工作在惠山区启动。市区企业退休人员和 65 岁以上老年人年度体检项目，增加两年一次的肿瘤标志物免费筛查，纳入市政府 2020 年度为民办实事项目。全年检测 328439 人次，筛查出高危人群 18417 人，新诊断恶性肿瘤 724 例。

（郁卫平）

基层卫生

【基层医疗卫生服务体系】 2020 年，无锡社区医院建设经验获全国首届社区医院建设经验交流会作典型案例推广。8 ~ 9 月，国家卫生健康委在无锡市连续举办 3 期全国紧密型县域医共体建设政策培训班。10 月，江阴市人民医院在第二届中国健康县域大会上获全国医共体建设示范奖。在国家基本公共卫生服务项目 2019 年度省级绩效考核中，无锡以综合评分 96.50 分位列全省第二名。

（王 炎）

【基层医疗卫生服务能力】 2020 年，全市新增 1 个省社区医院示范区、5 家省社区医院、8 个首批江苏省农村区域性医疗卫生中心。16 个基层社区卫生服务机构被确认为“优质服务基层行”国家服务能力推荐标准、43 个机构被确认为基本标准。全市新增 2 家省级家庭医生服务模式创新单位、4 家省星级家庭医生工作室；组建家庭医生签约服务团队 1197 个，实施新型签约 367933 人。无锡社区卫生服务中心团队获“优质服务基层行”家庭医生团队感控技能竞赛省级决赛二等奖，确认省级优秀基层卫生骨干人才 160 名、市级基层卫生骨干人才 804 名。

（王 炎）

妇幼保健

【妇幼健康服务体系】 2020 年，无锡市基层医疗卫生机构妇幼健康规范化门诊建设单位新增 15 家，建设率达到 69.51%。其中，新增省级孕产妇危急重症救治中心 1 家（无锡市人民医院）、省级新生儿危急重症救治中心 2 家（无锡市儿童医院、无锡市妇幼保健院），成立无锡市危重症新生儿救治联合体，宜兴市妇幼保健院和无锡市第八人民医院成为第一批市级儿童早期发展基地。江阴市和宜兴市妇幼保健院建设被纳入省高质量发展个性化考核指标，宜兴市二级妇幼保健院完成建设并试运行，江阴市三级妇幼保健院开工建设。市卫生健康委制定印发《关于加强新型冠状病毒肺炎疫情防控期间孕产妇疾病救治与安全助产工作的通知》《关于进一步规范孕产妇全程管理工作的通知》，依托省妇幼健康信息系统规范孕产妇全程管理工作。

（龚宝梅）

【母婴安全保障】 2020 年，全市孕产妇死亡控制在零，婴儿死亡率 2.14‰。自 1 月起，对全市常住人口孕产妇及新生儿实行免费产前筛查

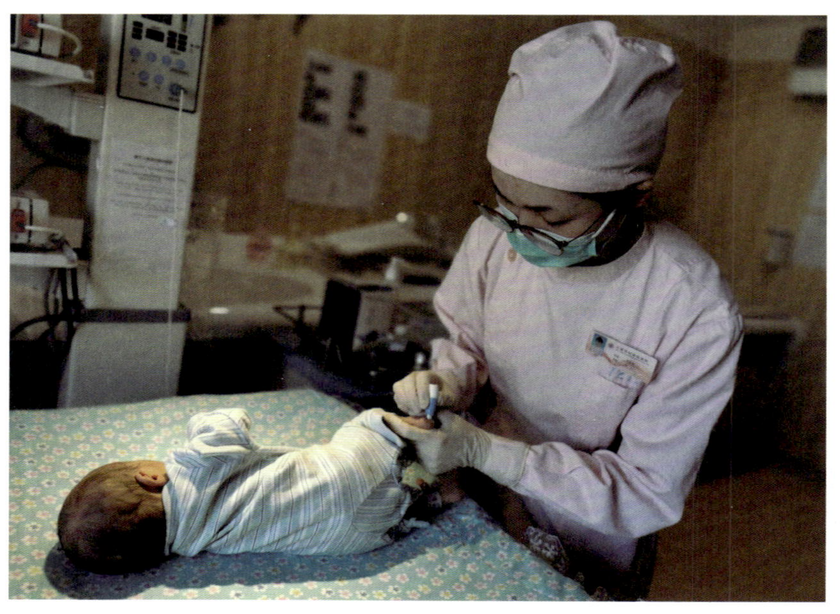

2020 年，医务人员为新生儿开展疾病筛查　（市卫生健康委　供）

和新生儿疾病筛查，全年累计完成产前筛查 46017 人，新生儿遗传代谢性疾病筛查 46947 人，听力筛查 46586 人，先天性心脏病筛查 46564 人，实现产前筛查和新生儿疾病筛查常住人口全覆盖。全年完成夫妇孕前优生健康检查 1.95 万对。城乡适龄妇女免费"两癌"筛查完成宫颈癌检查 19.5 万人、乳腺癌检查 19.7 万人；全市乳腺癌检出 131 例，发生率为 66.43/10 万，乳腺癌早诊率 89.91%；宫颈癌检出 69 例，宫颈癌前病变 1421 例，宫颈癌早诊率 96.45%。近 5 万例孕产妇艾滋病、梅毒和乙肝检测实现全覆盖，感染艾滋病、梅毒和乙肝的孕产妇及所生儿童干预措施及时有效，实现零传播。加强母婴保健技术人员监管，培训考核助产技术和计划生育技术考核人员 210 人次，合格发证 174 人次，合格率达 82.86 %。出生医学证明及时签发率 97.2%、废证率 0.2%，均达到目标要求。近 100 万份 2016 年以前签发的出生医学证明档案移交市档案史志馆，进行集中电子化归档。全市 524 家托幼托育机构卫生保健合格率达 100%。

（龚宝梅）

老龄健康

【老龄健康服务机构】 2020 年，无锡市建成市级老年病医院（无锡市第二人民医院），二级及以上公立综合医院设置老年医学科比例 72.7%。年末，全市有老龄健康服务为主的医疗机构 150 家，其中护理院 59 家、康复医院 6 家、护理站 16 个、养老机构内设医疗机构 58 家、其他设置养老机构的医疗机构 11 家；医养结合服务机构 129 家，其中养老机构同时设置护理院 56 家、内设卫生室 56 家、康复医院 5 家、医疗机构举办养老机构 12 家。

（郁卫平）

【老年人健康管理】 2020 年，市卫生健康委整合 65 周岁及以上企业退休人员体检与常住老年人健康管理项目，建立健全老年人健康管理项目技术指导专家组，完善老年人健康体检系统。全年完成老年人健康管理 64.6 万人，管理率 75.8%。实施老年人心理关爱项目试点工作，新增 5 家试点单位，全年完成 10064 例老年人心理健康状况现场调查，项目完成率 100.64%，其中一般人群 9063 例、临界人群 782 例、高危人群 219 例。完成《疫情期间老年人心理状况问卷调查》5552 份。

（郁卫平）

【护理院等级管理】 2020 年，市卫生健康委与医疗保障部门出台《无锡市护理院医疗等级管理试行方案》，制定《无锡市护理院等级评估标准（试行）》，对经卫生健康部门许可登记准入的护理院医疗服务实施分级评估，评定为 3 个等级，并根据评估结果调整医保结算办法。

（郁卫平）

健康促进

【"健康无锡"建设】 2020 年，无锡市、江阴市、宜兴市获评全国首批健康城市建设示范市。12 个复审的国家卫生镇和 2 个新创建的国家卫生镇通过评审，无锡市实现国家卫生镇全覆盖。无锡市印发《2020 年"健康无锡"建设重点工作安排》《2020 年度"健康无锡"建设考核指标体系》，参与健康中国行动办公室联合新华网组织开展"开展健康中国行动——各地品牌传播活动"，举办推进健康中国行动暨健康镇村（社区）建设培训班，开设"健康无锡"大讲堂，全市居民健康素养水平达 31.84%。委托复旦大学公卫学院开展《无锡市落实健康中国行的政策研究》和《无锡市健康城市建设效果评估》，评估全市第三轮（2016 ~ 2020 年）健康城市建设效果。

（邬先赞）

【健康教育促进活动】 2020 年，市卫生健康委积极推动健康知识普及行动，有效提升全民健康素养水平，联合市人力资源社会保障局、市总工会举办 2020 年无锡市健康促进与健康教育技能竞赛，各市（县）区和市属医疗卫生机构选派选手参加竞赛活动，评选产生10名无锡市健康促进与健康教育岗位能手。

（邬先赞）

【职业健康】 2020年，市卫生健康委完成职业健康监管职能落实到村（社区）。开展职业病危害普查申报，掌握30438家存在职业病危害企业的职业病防治相关信息。开展工作场所职业病危害因素监测143家，随访调查职业性尘肺病患者5635例。建成省级职业卫生、职业医学重点实验室各1个。在国家卫生健康委职业健康司省级职业病管理工作会议上作经验交流。宜兴市成为全国职业卫生分类分级监管试点县市之一。

（李红建）

【禁控烟工作】 2020年，市卫生健康委联合市文明办、市机关事务管理局印发《关于加强无烟党政机关建设的通知》，大力开展无烟党政机关建设，经各个党政机关申报、所在地爱卫办验收评估，全市新增无烟党政机关309个。

（邬先赞）

中医药事业

【中医药传承创新】 2020年，市卫生健康委实施市级中医药科技项目，评审立项2个重点项目、20个一般项目，通过20项中期评估。探索建立与上海中医药大学附属医院、南京中医药大学卫生经济管理学院的合作评审机制。无锡市中医医院“生津润燥合剂”取得省药监局备案资格。年内，“龙砂医学流派”被列为《江苏省中医药条例》重点传承中医学术流派。7名中医专家入选新一届“江苏省名中医”，无锡市中医医院王坤正团队入选2020年度无锡市太湖人才计划顶尖医学专家团队。

（叶志超）

【中医药服务体系】 2020年，市卫生健康委制定《无锡市中医重点专科管理办法（2020版）》《无锡市中医重点专科评审标准（2020版）》《无锡市中医护理重点专科评审标准（2020版）》，完成实施市级中医重点专科申报评审，新增22个市中医（中西医结合）重点专科和6个建设单位，15个市中医（中西医结合）重点专科通过复核，1个薄弱专科建成市级中医重点专科，推进无锡市中医健康管理中心建设，开设“龙砂医学流派治未病工作室”。江南大学附属医院增设无锡市中西医结合医院作为第二名称。无锡市中医医院、江阴市中医院、宜兴市中医医院通过三级中医医院复核评审。江阴市中医院异地新建项目正式开工，梁溪区中医医院、新吴区中医医院启动异地新建工作。2019～2020年度省级基层医疗卫生机构中医馆建设项目19个通过验收合格。市卫生健康委促进优质医疗资源下沉，在基层建立8个中医专科工作室；宜兴市中医医院与17个基层医疗机构建立医共体；无锡市第二中医医院与经开区6个护理院进行“医养护联合体签约授牌仪式”。年内，组织全市二级以上公立中医医院全面纳入绩效考核体系。

（叶志超）

【中医医疗服务能力建设】 2020年，市卫生健康委实施县级中医医院医疗服务能力调查，省级推荐标准达标率达100%。无锡市中医医院创成省中医护理专业化培训基地，江阴市建立中医“治未病”江阴模式，新吴区为签约居民提供家庭病床中医康复服务包。组织开展“五运六气理论和临床应用研修班”“青年经方骨干人才培训班”“临床医师西学中培训班”“基层中医护理适宜技术推广活动”等培训提升，累计262人参训。推进市龙砂医学流派研究院建设，与北京中医药大学继续教育学院完成2020年度全国五运六气高级师资班培训，启动整理《龙砂医学丛书》（第2辑）。11月，第九届龙砂医学（国际）论坛在江阴市举办。新冠肺炎疫情期间，累计向一线医护人员、防控工作人员、社区群众、就诊患者发放中药预防方3万余人份、中药防疫香囊1.5万余个、中药雾化包5000余包。年内，全市中医住院医师规范化培训结业考核通过率达92%。首批14个市级名中医工作室启动运行。“龙砂医学诊疗方法”申报国家级“非遗”项目，4人被确定为第五批江苏省非物质文化遗产代表性项目代表性传承人。全年，无锡市累计开展中医药义诊、巡讲362场次，授课专家446人次，免费发放中医药健康宣传资料44296册，制作展出展板412块，开展相关报道110篇和各类网络、电视宣讲66次，直接受益群众达3万余人次。

（叶志超）

卫生法规与监督

【卫生健康政策法规】 2020年，无锡市完成《无锡市献血条例》立法和《无锡市社会医疗机构管理条例》立法修改。市卫生健康委加强规范性文件制定和管理，开展涉及民法典、妨碍市场公平竞争政策、野生动物保护、优化营商环境、党内规范性文件5次地方性法规、规章、规范性文件专项清理。制定《重大行政执法决定法制审核目录清单》，对2件重大许可决定、7件重大处罚决定开展法制审核。规范复议诉讼应诉，完成行政复议案件审理1件，行政复议应诉3起，行政诉讼应诉一审1起、再审2起，行政机关负责人出庭应诉率达100%。加强法治宣传教育，深入学习贯彻《中华人民共和国民法典》《中华人民共和国基本医疗卫生与健康促进法》《中华人民共和国传染病防治法》《江苏省中医药条例》《无锡市献血条例》等法律法规。

（周海川）

【卫生健康行政审批】 2020年，市卫生健康委持续推进卫生健康“放

2020 年度“太湖人才计划”引进医学专家团队　（市卫生健康委　供）

管服”改革，取消二级及以下医疗机构设置审批事项，优化社会办医跨部门审批，将“证照分离”改革全覆盖试点扩大至全市范围开展，推进医疗机构、医师、护士电子证照申领，紧急启动消毒产品快速审批程序。全年累计办件 13490 件。

（周海川）

【卫生健康综合监督】 2020 年，全市卫生监督机构共监督检查各类单位 16813 户次，开展各类专项整治 176 项，处理举报投诉 582 起，立案查处违法行为 676 起，移送司法机关案件 7 起，罚没款 800 余万元。市卫生健康委完善综合监管体系，印发《无锡市改革完善医疗卫生行业综合监管制度实施方案》，制定综合监管督察反馈意见整改方案；推进部门协同监管，印发建立综合监管部门协调机制文件；市（县）、区从政府层面印发综合监管制度具体实施方案。印发《关于加强疫情常态化防控督查检查工作的通知》，加强疫情防控监督检查，加强进口冷链食品集中监管仓驻点监督，全年累计检查医疗卫生机构 5887 家次，集中隔离医学观察场所 434 家次，企业单位 1090 家次，学校 992 家次，公共场所单位 7523 家次。

（周海川）

【学校卫生工作】 2020 年，无锡市突出校园食品安全及传染病防控工作重点，加强食品安全指导管理，实行集中用餐陪餐制度，全面深化学校结核病防控工作督检。出台《关于进一步做好无锡市中小学生健康体检工作的补充通知》，明确中小学生体检项目及体检费用标准。出台《关于加强无锡市中小学校卫生技术人员队伍建设的意见》，使学校专职卫生技术人员队伍规模、结构及能力逐步适应学生身体健康服务需求。全市新增 5 所省健康促进金牌学校。

（程家平）

医政药政管理

【医联体建设】 2020 年，市卫生健康委落实医联体网格化建设规划，4 个城市医疗集团和 6 个涉农地区医疗共同体按照《无锡市医疗联合体建设规划》重新签订协议。推进三大救治中心建设，成立胸痛、卒中专科医疗联盟，推进市级、县（区）级救治中心建设。全面完成医院章程制定工作。持续提升县医院能力，开展县（区）级医院能力评估。加大临床专科建设力度，新增省级临床重点专科 10 个。开展医院评审工作，无锡市传染病医院被确认为三级甲等专科医院，新确认 1 家二级甲等综合医院和 1 家二级甲等专科医院。强化医疗机构监管及质量安全监管，检查医疗机构 200 余次，对 800 余个医疗机构开展质控工作。

（李明钢）

【医疗服务】 2020 年，市卫生健康委推动全市专科护理的发展，21 个市级专科护士培训基地全年培养市级专科护士 340 余名。57 个二级以上公立医院开展多种形式预约诊疗，三级医院门诊预约就诊率达 75.97%、专家门诊预约就诊率达 87.14%。

（李明钢）

【医疗质量安全监管】 2020 年，市卫生健康委组织开展医疗质量安全管理、急诊明察暗访、抗菌药物、抗肿瘤药物、处方点评、院感等专项检查，检查医疗机构 200 余家次，市级质控中心对 800 余家医疗机构开展质控，对 30 家医疗机构进行现场检查。

（李明钢）

【平安医院创建】 2020 年，市卫生健康委调整市平安医院创建活动协调领导小组成员，组织开展“市平安医院、市平安示范医院”创建考评。完善医疗风险分担体系，169 家医疗机构购买医疗责任险，保费 2663 万元，赔付 1023.042 万元。充分发挥“三调解一保险”机制（构建以人民调解为主体，院内调解、人民调解、司法调解、医疗风险分担机制有机结合、相互衔接的制度框架）作用，市医患纠纷调处中心案件调解率 100%，调解成功率 81.6%。

（李明钢）

【基本药物使用】 2020 年，市卫生健康委建立全市医疗卫生机构基本药物配备使用情况双月通报制度。将基本药物使用情况纳入绩效考核范围，与基层实施基本药物制度补助资金的拨付挂钩，将基本药物使用情况纳入处方点评范围。

（王莉娅）

【短缺药品监测】 2020年，市卫生健康委实行短缺药品国家、省双平台信息申报和审核工作，实现短缺药品信息监测直报工作全覆盖。建立全市短缺药品监测预警通报制度，考核全市短缺药品承储企业的承储情况并与补助资金分配挂钩。

（王莉娅）

【医疗设备购置】 2020年，市卫生健康委启动修订直属医疗卫生机构医疗设备购置管理办法，科学规范审定直属医疗卫生机构医疗设备购置计划。新冠肺炎疫情期间，组织市属医疗卫生机构紧急采购医疗防控物资400.67万件。紧急征用企业具有合规资质的医疗设备48台（套），调配医疗设备45台（套）。向市纪委报备启动容错纠错机制，开通绿色采购途径，紧急采购应急医疗设备、防控物资、车辆等54840件。为定点医院及疾控等重点单位累计调配医疗防控物资123.8万件，调拨急需医疗设备156台（套）。按需为全市援湖北、新疆医疗队提供医疗防控物资9.95万件、医疗设备35台。各级医疗卫生机构按照30天满负荷运转要求储备相应的医疗物资。联合市市场监督管理局在全市医疗机构中开展医疗器械使用质量监督检查。

（王莉娅）

医学科研与教育

【卫生健康“办名院、建名科、增名医”战略】 2020年，市卫生健康委推进无锡转化医学中心、教育部烧伤创面修复工程技术研究中心、省级肺移植工程技术研究中心、博士后工作站等创新平台建设和功能发挥，支持肿瘤和启动生物样本库标准化建设应用示范重点专项工作。推进医疗卫生机构医学伦理组织建设和科研诚信管理，全面实施科研诚信承诺制。年内，全市医疗卫生系统获国家和省自然科学基金（重点专项）35项、市厅级科技项目106项；市卫生健康委本级择优资助重点项目、面上项目、青年项目、精准医学专项等各类科研项目152项，资助科技成果和适宜卫生技术推广项目44项、科普作品创作项目10项。全年获中华医学科技奖、华夏医学奖一等奖各1项，省科学技术奖二等奖1项、三等奖1项，获市科技创新创业大赛一等奖和二等奖项目各1项，获省医学新技术奖32项，转化科技成果10项，发表影响因子10分以上SCI论文13篇，获国家发明专利46项，其中国际发明专利1项。

（吕卓鸿）

【医学教育】 2020年，市卫生健康委调整住院医师规范化培训专业基地设置，建立住院医师规范化培训质控制度，组织国家和省、市级专家开展基地评估督导。385名住院医师通过规范化培训结业考核，理论统考通过率达94%。推进“互联网+”继续医学教育培训，举办各级各类继续医学教育项目511项，其中，国家级、省级继续教育项目177项，精选24项继续教育项目免费送教下乡，提高对优秀项目奖补标准。全年新增订单定向培养医学生65名。

（吕卓鸿）

【生物安全】 2020年，结合新冠肺炎疫情防控工作，市卫生健康委组织各级管理人员、技术人员加强生物安全三级防护学习和演练，加强生物安全督查。联合市场监督管理局组织开展防范生物安全渗透工作专项培训。至年末，全市共有上报备案生物安全实验室200个，其中医疗卫生系统154个、疾控系统9个、科研系统4个、教育系统4个、出入境系统1个、各类企业28个，年度新增生物安全备案实验室80个。

（吕卓鸿）

编辑 何 峰

综　述

【概况】“十三五”期间，无锡健儿夺得全国及以上比赛冠军217个，市体育局连续5年获评省体育后备人才输送和竞技体育成绩突出单位称号。2020年，无锡市人均体育场地面积为3.54平方米，经常参加体育锻炼人数比例42%，每万人拥有社会体育指导员36人，国民体质合格率95.7%。全市体育产业总产出673.31亿元，创造增加值214.34亿元，分别比上年增长6.4%、5.3%；体彩销售26.73亿元、居全省第二。市体育局推进国家全民运动健身模范市创建，全年新建改建体育公园20个，建成健身步道212千米、社会足球场20片，主城区新建更新公共健身器材设施300余件(套)；新增省级体育产业示范基地4个、省级体育服务综合体2个、中国体育旅游精品项目4个。推进体教融合改革，全市新增3所、调整4所市队校办学校，各市(县)、区均有5个项目达到小学、初中、高中6∶2∶1布局，无锡市代表队参加省年度锦标赛冠军数81个，居全省第一，无锡市教融合改革考核得分全省第一。全年成功举办2020无锡马拉松、全国跆拳道锦标系列赛、全国跆拳道冠军总决赛等一批大型体育赛事，策划开展“跃动锡城·2020无锡体育大联赛”等一系列群众体育活动。市体育局被国家体育总局授予“2020年度全国体育事业突出贡献奖”。

（周妮雯）

【无锡马拉松入围最具影响力马拉松赛事排行榜】4月7日，人民网公布“2019最具影响力马拉松赛事排行榜”Top100赛事，江苏省有11项全、半程马拉松赛事入选，无锡马拉松排名全省第一、全国第七。除锡马外，无锡市环蠡湖国际半程马拉松、宛山湖国际马拉松两项赛事也榜上有名。该排行榜指标围绕赛事专业度、媒体辨识度、公众认可度3个一级指标进行考量，设置二级、三级指标30余项，全国共有300余项马拉松赛事参与榜单统计。

（周妮雯）

【市体育局获全国体育事业突出贡献奖】12月26日，国家体育总局公布2020年全国体育事业突出贡献奖名单，特别表彰在全国体育条线“防疫情、保备战、促发展”工作中作出突出贡献的92个集体和172名个人，无锡市体育局凭借出色的赛事组织水平榜上有名。市体育局统筹推进疫情防控和体育高质量发展，推出纾困惠企税费减免和体育惠民消费券政策，成功举办全国跆拳道锦标系列赛，成功重启2.2万人规模的“奔跑中国”系列首站无锡马拉松赛，打造线上线下互动融合、市区两级协同联动的跃动锡城·无锡体育大联赛，上百个体育活动在商业广场和城市综合体举办，有力推动体育企业复工复产、全民健身红红火火，为常态化疫情防控下有序恢复国内赛事市场提供有益经验。

（周妮雯）

【市体育局获中国跆拳道协会年度备战保障突出贡献奖】12月30日，中国跆拳道协会第四届会员代表大会第四次会议在无锡召开。会上，中国跆拳道协会对年度先进个人、先

10月26日，2020年全国跆拳道冠军总决赛在无锡开赛　（周妮雯　供）

进单位进行表彰，市体育局被授予年度备战保障突出贡献奖。年内，无锡市积极服务奥运备战大局，承办全国跆拳道锦标系列赛和全国跆拳道冠军总决赛，15个比赛日，来自全国的2114名运动员参赛，为跆拳道国家队以赛促练提供保障。

（周妮雯）

体育设施

【公共体育设施建设】 2020年，无锡市新建社会足球场20片，其中十一人制1片、七人制4片、五人制14片、其他类1片，“十三五”期间共建社会足球场155片，超额完成省下达的98片建设指标。新建改建各级各类体育公园20个，其中县级体育公园2个、街道体育公园8个、社区体育公园10个，总面积近40万平方米。建成健身步道212千米，4.5千米环尚贤河彩色步道建成投用。更新配建公共健身器材设施300余件（套），其中二代智能健身路径24套。市体育局获评2020年度江苏省“三下乡”先进集体。

（周妮雯）

【环尚贤河彩色步道】 环尚贤河彩色步道是市体育局2020年为民办实事项目之一，位于经开区尚贤河湿地公园内，总长4.5千米、宽5米。步道中央采用预制环保卷材，两侧镶嵌细小萤石。作为无锡马拉松体育公园的一部分，步道两侧规划了标准篮球场、足球场等公共体育设施，沿线配建健身器械和AI交互大屏，可实时显示用户运动时长、千米数及消耗卡路里等信息，为市民运动锻炼提供科学健身指导。

（周妮雯）

【新增两个全省最美乡村健身公园】 11月24日，江苏省体育总会、江苏省农民体育协会公布2020全省最美乡村健身公园榜单，江阴澄江街道黄田港公园、宜兴西渚镇横山村健身公园上榜。加上宜兴龙池山自行车公园、宜兴龙珠湖公园、滨湖区胡埭镇人民公园，无锡已有5个全省最美乡村健身公园。至年末，全市有省级体育公园3个、市级体育公园6个，以及覆盖城乡的市（县）区、镇（街道）、村（社区）体育公园208个，完善了全民健身公共服务体系。

（周妮雯）

群众体育

【全民健身公共服务体系完善】 2020年，无锡市推进国家全民运动健身模范市创建，创建专班在省内首批完成创建自评申报，并获省体育局首批推荐上报国家体育总局。以创建为契机，全市全民健身公共服务体系进一步完善。全年新增公共体育场地面积100万平方米，人均体育场地面积增至3.54平方米，位于全省前列。省级国民体质监测站点增至11个，全年免费开展国民体质监测2万余人次，万人拥有社会体育指导员增至36人。全年购买公共体育服务43项、总额超600万元，比上年增长87%。办好全民健身日、周末体育超市、网民公益体育大会等一批品牌活动，组织参加省第八届全民健身运动会获最佳组织奖和道德风尚奖。全市经常参加体育锻炼人数比例达42%，国民体质合格率达95.7%。

（周妮雯）

【线上亲子体育嘉年华活动】 5月23～27日，无锡市开展“庆祝六一·让运动陪伴我们健康成长”——2020年线上亲子体育嘉年华活动，全市350余所幼儿园、小学的1.2万多个家庭共3万余人报名参赛。活动设置“勇往直前”“爱心传递”“亲子双人30秒单摇跳”“亲子双人正反面颠球”4个项目，均需孩子和家长合力完成。隔着屏幕，小运动员们与家长配合默契、各展技能，用镜头记录下比赛过程，并上传至网络平台。经组委会专家评审，授予成绩排名前2000名的运动员一等奖，并向获奖运动员发放了证书及奖牌，所有完赛运动员均获得完赛纪念证书。

（周妮雯）

【无锡市排球协会成立】 6月27日，无锡市排球协会第一届会员代表大会暨成立大会召开。大会审议通过《无锡市排球协会章程》、协会会费收缴标准，选举产生首届理事会和监事，协会会员57人。排球作为三大球之一，在全市有着广泛的群众基础，协会的成立能够调动和激发广大排球爱好者的积极性，助推排球运动在全市广泛开展。8月20日，2020年无锡市中老年气排球比赛在无锡市第三高级中学开赛，是无锡市排球协会成立以来组织的首场赛事，吸引来自江阴、宜兴、梁溪、锡山、惠山的25支队伍、216人参赛。

（周妮雯）

【全国全民健身嘉年华曼达洛水上冲关赛】 7月1日，由全国体育总会主办、无锡市体育产业发展集团有限公司承办的“全民健身，活力中国”全国全民健身嘉年华曼达洛水上冲关赛在惠山区曼达洛水世界启动。赛事分少年组和成人组两个组别，设置“蜻蜓点水”“手忙脚乱”“太空漫步”等多个挑战项目，参赛者需在限定时间内完成各关卡挑战。赛道总长55米，为国内最长的水上冲关赛道。为期一个多月的活动共吸引3600多人参赛。

（周妮雯）

【江苏省老年人体育节无锡分会场】 8月7日，2020年江苏省老年人体育节无锡分会场启动仪式在无锡体育公园举行。来自无锡市老年人体协柔力球专项委员会、梁溪区老年人体协手杖健身操队和滨湖区老年人体协健身秧歌队的近300名健身爱好者进行了风采展示，来自各市（县）、区的7支队伍、100多名老年人参加2020年无锡市快乐健身系列活动太极拳俱乐部联赛。以“决胜小康、快乐健身”为主题，结合无锡市快乐健身系列活动，在全市范围内先后开展太极拳(剑)、门球、手杖操、掼蛋、桌上冰壶等10多项传统与特色健身项目交流展示，为广大老年人搭建参与健身、交流技艺、展示风采的优质平台。老年人体育节持续至11月底。

（周妮雯）

【全国围棋定段赛】 10月10～18日，2020年全国围棋定段赛在无锡开枰。这是常态化疫情防控背景下全国举办的首场业余围棋大赛，吸引国内30个地区的65支代表队、321名棋手参赛。全国围棋定段赛至2020年举办30多年，被业内称为“围棋高考”，是每年度业余棋手想要进入职业行列的一次“大考”，定段概率在4.4%。自2003年第一届棋王争霸赛在无锡落子以来，一批全国性围棋赛事相继落户无锡，惠山区被中国围棋协会授予“全国围棋之乡”称号。中国围棋协会主席林建超表示：“无锡既是围棋发展的火热之地，也是围棋历史文化沉积的厚重之地。”

（周妮雯）

【长三角城际台企慢垒邀请赛】 10月17～18日，“空港新城杯”长三角城际台企慢垒邀请赛在无锡市棒球运动训练基地举办。赛事作为2020海峡两岸“环太湖”经贸文化系列活动之一，吸引来自上海市、苏州市、无锡市、南通市等城市的10支台企代表队参加，近200名台胞进行体力与智慧的比拼、技艺与友谊的交流。慢投垒球运动在全市有着良好的群众基础，无锡市在2017年、2019年连续2次承办海峡两岸棒球交流赛，在传播棒球文化的同时，有效增进了两岸交流。

（周妮雯）

【无锡市游泳俱乐部精英赛】 10月17日，无锡市游泳俱乐部精英赛在无锡体育中心游泳跳水馆鸣枪开赛。该比赛是2020年无锡市举办的首场市级游泳赛事，全市21支队伍、300余名游泳爱好者在泳池中展开竞技，以实战检验半年多来的训练成效。经过激烈角逐，无锡天健泰丰游泳俱乐部、南长街小学和博威体育队获得团体前三。

（周妮雯）

10月18日，无锡市网民环太湖徒步大会。图为无锡太湖国际博览中心现场

（周妮雯 供）

【网民环太湖徒步大会】 10月18日，2020年无锡市网民环太湖徒步大会拉开帷幕，市人大常委会副主任华博雅、副市长周常青为徒步大会鸣枪发令。3000名网友从太湖国际博览中心出发，用脚步丈量无锡广度，用身心感受无锡温度，把弘扬网络公益精神与追求健康生活结合起来，倡导生态、环保、运动的生活理念。环太湖徒步大会自2012年创办以来，已吸引当地及周边城市上百万名网民参加，成为无锡市倡导全民健身、传播网络公益、展示城市形象的特色名片。

（周妮雯）

【江苏省滑翔伞俱乐部联赛】 10月18日，2020年江苏省滑翔伞俱乐部联赛在国家级航空飞行营地——江阴花山滑翔伞基地拉开帷幕，省内6家航空俱乐部、30多名滑翔伞精英和爱好者竞逐蓝天、尽显英姿。该届联赛分江阴站、连云港站、南京站，设置定点着陆项目男子组、女子组和团体组3个组别，运动员从山顶乘滑翔伞起飞，在山下指定区域靶标上着陆，依据靶心距离确定成绩。靳常春、黄茜兰青摘得江阴站男、女子个人赛冠军，江阴花山队摘得团体赛冠军。

（周妮雯）

【发放体育惠民消费券300万元】 2020年，市体育局通过无锡智慧体育综合服务平台，面向市民发放体育惠民消费券300万元，比上年增长50%。该项目旨在鼓励市民体育消费，带动体育经营场馆提升服务水平，助推无锡智慧体育建设。项目惠及健身群众3万人，直接带动体育场馆消费约600万元，间接拉动体育装备、健身休闲、人员培训等体育相关消费超3000万元。

（周妮雯）

【长江经济带全民健身大联动】 11月7日，“长江经济带”全民健身大联动(无锡分会场)暨百城千村健身气功交流展示大赛启动仪式在无锡体育公园举行。活动现场，来自全市的近千名健身气功爱好者展演了八段锦、易筋经、五禽戏等多套国家体育总局健身气功管理中心创编的功法。惠山区展示的五禽戏、锡山区表演的太极养生杖、滨湖区带来的坐势功法十二段锦、锡山区选送的气舞·太湖美等功法，在一招一式间，彰显健身气功的独特魅力。全年无锡市先后开展全市健身气功站点联赛、市健身气功管理干部培训、健身气功“五进”推广活动、健身气功百城千村系列活动，组织志愿者深入街道、社区、站点送“戏”授“诀”，传“经”递“锦”，推出健身气功居家习练指南，营造了习练健身气功的良好氛围。在常态化疫情防控背景下，各级健身气功协会采取小规模、多场次、以户外为主的形式，开展各类培训推广活动100多场次。

（周妮雯）

【宛山湖马拉松】 11月15日，2020宛山湖马拉松暨锡山区全民健身跑活动鸣枪开跑，1900多名跑友徜徉在青山绿水之间。在常态化疫情防控背景下，锡山区创新采用“线上+线下”融合的办赛方式。线上赛分为迷你马和全马两项，不限时间，不限地点，进入“悦动锡山”线上小程序就能够完成报名，“身临其境”感受宛马赛道，报名总人数超过11.5万人。线下开展全民健身跑，由来自锡山区机关、企业和热心跑团组成的39个方阵，围绕宛山湖进行5千米迷你健身跑活动。

（周妮雯）

【全国象棋业余棋王赛江苏赛区总决赛】 11月15日，全国象棋业余棋王赛江苏赛区总决赛在江阴落幕。全省13个设区市、5000余名运动员经过前期预赛选拔，决出198名“棋王”，分8个组别进入决赛，竞逐江苏赛区总冠军。经过7轮比赛，巢正圣、逐晔、王卢钰、宋徐艺、陆周博、罗昀曦、颜林、徐乃基8名选手摘得个人赛桂冠，苏州市代表队摘得团体冠军。

（周妮雯）

【苏锡常游泳交流赛】 11月28日，2020年苏锡常游泳交流赛在无锡体育公园举办，来自苏州市、无锡市、常州市的150名游泳高手参赛。苏锡常三地游泳爱好者一直有组织交流比赛的传统，该赛事自2017年创办以来，已连续举办4年。该交流赛分为男、女各8个年龄组别，每个城市选拔出50名18～69岁的选手，进行50米和100米4种不同泳姿的较量。

（周妮雯）

【无锡市代表队获全省广场舞比赛特等奖】 11月29日，2020年“舞动江苏”暨江苏省首届网络全民健身运动会广场舞比赛总决赛在南京举办。本届比赛历时8个月，共吸引3380支队伍59500余人参加，经过网络海选和城市冠军赛，共有13支队伍脱颖而出进入决赛。无锡市代表队在决赛中凭借一曲《山笑水笑人欢笑》获特等奖，无锡市广场舞协会获最佳组织奖。

（周妮雯）

11月29日，无锡市代表队获2020年“舞动江苏”暨江苏省首届网络全民健身运动会广场舞比赛特等奖 （周妮雯 供）

【江苏省体育舞蹈俱乐部联赛（无锡站）】 11月29日，由江苏省体育总会和江苏省体育舞蹈运动协会主办的2020江苏省体育舞蹈俱乐部联赛（无锡站）在滨湖区举办。比赛设置摩登舞、拉丁舞、标准舞、团体舞等项目，执行中国体育舞蹈竞赛规则，来自苏州、常州、扬州等地的24支队伍、600多名体育舞蹈爱好者参加。

（周妮雯）

【无锡市在省第八届全民健身运动会上获评多个奖项】 12月5日，“魅力江苏、最美体育”江苏省全民健身运动会闭幕式在南京举行，该届全民健身运动会历时4个月。无锡市组织536名运动员参加27个大项的比赛，共获第一名12个、第二名18个、第三名15个、优胜奖93个、集体体育道德风尚奖11个、个人体育道德风尚奖59个，无锡市获评江苏省第八届全民健身运动会最佳组织奖、道德风尚奖和网络全民健身运动会最佳组织奖。闭幕式上还颁发一批奖项，无锡体育公园获评省十佳优秀场馆，无锡市社会体育指导员董岚获评省十佳最美健身达人，江阴绿道、滨湖区胡埭镇状元古道越野跑步线路获评2020全省最美跑步线路，江阴市澄江街道黄田港公园、宜兴市西渚镇横山村健身公园获评2020全省最美乡村健身公园。

（周妮雯）

【二级社会体育指导员项目技能培训】 12月10～11日，无锡市二级社会体育指导员广场舞项目技能培训在宜兴体育公园体育馆举办，江南大学体育老师徐清香为全市100名一线社会体育指导员教授《不忘初心》广场舞套路。全年市体育局共举办二级社会体育指导员培训5期，项目涵盖太极剑、柔力球、广场舞、健身气功等，累计培训500余人次。

（周妮雯）

【社会体育篮球联赛】 12月13日，历时5个月的2020社会体育篮球联赛圆满落幕。赛事共设6站比赛，分别在乐运体育服务综合体、玉泉公园、万象城、宜兴体育中心、江阴体育中心、宝龙广场举办，吸引500多名篮球爱好者参加。无锡惠汕、胜利者、江苏豪翔等24支队伍进入决赛，经过两日的酣战，无锡惠汕队、无锡通善口腔一队分别摘得联赛男女子组别总冠军。

（周妮雯）

【水上体育赛事】 2020年，市文旅集团承办首届环太湖“工会杯”龙舟赛、江苏省帆船俱乐部联赛（江阴敔山湾站）、江苏省青少年皮划艇静水锦标赛、无锡社会体育六大联赛皮划艇比赛等赛事，100余支团队、近1000名选手参加比赛，线上直播观看人数超20万人次。加强“教、培、游”资源整合，推出暑期敔山湾基地夏令营、市总工会2020年职工“1+1”亲子皮划艇亲子夏令营等活动，并推进江阴水上体育基地投入运营。

（严　峻）

竞技体育

【江苏省第三届国际象棋邀请赛】 1月5日，江苏省第三届国际象棋邀请赛在宜兴举办，1128名棋手参赛。比赛现场，小棋手们斗智斗勇、步步为营，举棋、思考、落子，每一步棋都深思熟虑，上演一场场精彩绝伦的对弈。经过7轮角逐，安琪、邵梓轩分别摘得男女子组别桂冠。

（周妮雯）

【无锡市皮划艇训练基地揭牌】 1月6日，无锡市皮划艇训练基地签约、揭牌仪式在江阴市月城镇双泾生态园龙舟赛基地举行。江阴市月城镇是江苏十大体育名镇，全镇水域面积达30%。皮划艇训练基地的落成有助于广泛传播水上运动文化，激发群众参与水上竞技运动热情，也为培育输送水上运动优秀人才提供保障。

（周妮雯）

2020～2021无锡市小学生校园足球超级联赛　　（周妮雯　供）

【无锡市小学生校园足球超级联赛落幕】 1月7日，2019～2020无锡市小学生校园足球超级联赛在江阴市利港实验学校落幕。历经13轮角逐，江阴利港队夺得该届联赛冠军，江阴利港队球员向茂楠获金靴奖。该届小学生校园足球超级联赛由无锡市体育局、无锡市教育局主办，来自全市11所小学的280多名运动员参赛。

（周妮雯）

【4家单位入选省级青少年奥林匹克体育俱乐部】 7月1日，江苏省体育局公布第十二批省级青少年奥林匹克体育俱乐部名单。无锡市江阴市要塞一念堂武术训练馆、无锡市恒星足球俱乐部、江阴灵格羽毛球俱乐部、江阴嘉博篮球俱乐部4家单位入选。无锡市围绕促进青少年健康发展，强化体教融合工作力度，鼓励青少年体育组织建设，至年末，全市累计建成24个国家级、45个省级青少年奥林匹克体育俱乐部。

（周妮雯）

【江苏省青少年田径锦标赛】 8月8日，江苏省青少年田径锦标赛暨县组田径比赛在宜兴市体育中心落幕。宜兴市组队参赛，获得6金1银4铜、团体总分95分的好成绩。金牌数、奖牌数、团体总分均列全省第一。宜兴市代表队获体育道德风尚奖，取得竞赛成绩和精神文明双丰收。

（周妮雯）

【江苏省青少年象棋锦标赛】 11月1日，2020年江苏省青少年象棋锦标赛在昆山落幕，省内13个设区市、280名运动员参赛。无锡市组织8名运动员参赛，斩获2金1铜，刘之炀获少年男子乙组冠军，吴宜翰获儿童甲组冠军，刘柏宏获儿童甲组季军。

（周妮雯）

【幼儿体适能教师培训】 11月6～26日，无锡市举办2020年幼儿体适能教师培训班。培训根据第20届省运会青少年部少儿体适能暨快乐体操项目设置，采取理论讲解和实践传授相结合的方式，课程涵盖基础动作演示及讲解、保护帮助手法、运动安全管理、快乐体操、综合体能、跑酷、趣味田径等内容。结合常态化疫情防控要求，培训采取线上线下相结合的方式。线下培训开展8期，全市487所幼儿园、883名教师参培；线上培训以“观看直播＋线上考试”的形式进行，全市2647名教师参培并取得证书，培训规模省内领先。

（周妮雯）

【无锡太湖皮划艇桨板挑战赛】 11月22日，2020无锡太湖皮划艇桨板挑战赛在滨湖区马山慕湾农庄码头举办，近120名选手参赛。经激烈角逐，吕炜悟以1分04秒99获得皮划艇公开组第一名；王路路、孙宝奎以1分20秒90获得男女混双组第一名；徐海伟以1分30秒37获得男子统一组第一名；陈燕君以1分23秒66获得桨板公开组第一名。活动当天还举行了职工皮划艇拔河团体赛。

（周妮雯）

【长三角城市羽毛球混合团体邀请赛】 12月5～6日，"中国体彩杯"2020年长三角城市羽毛球混合团体邀请赛在宜兴市体育中心举办。比赛设置男双、混双、男单、女单、第二男双等组别，来自上海、江苏、浙江、安徽等地区的8支队伍、100余名选手参赛。宜兴市羽毛球协会代表队获得冠军，安吉县羽毛球协会、广德市羽毛球协会代表队分获亚军、季军。

（周妮雯）

【江阴体校获省青少年足球精英联赛冠军】 12月12日，2020年江苏省青少年足球精英联赛落下帷幕，江阴体校以4局全胜战绩夺得男子U14～15岁组冠军，并包揽最佳教练员、最佳球员、最佳守门员3个个人奖项。该届精英联赛吸引全省13个设区市、38支男女足青少年精英队伍参加，开展6个组别、115场次的角逐。

（周妮雯）

【推动省棒球队职业化发展】 2020年，市体育局积极推动省棒球队职业化改革，在开展资产评估基础上，对有合作意向的企业进行调研并与投资方进行洽谈，确定以引入民营资本的形式对省棒球队进行股权结构改革，与江苏康胜体育产业发展有限公司（以下简称江苏康胜）签订无锡钜马棒球俱乐部股权转让备忘录。省棒球队以"江苏钜马棒球俱乐部"名义参加中国棒球职业联赛及其他俱乐部比赛或商业比赛，江苏康胜每年投入不少于50万元用于联赛运营、市场开发等活动。省棒球队与江苏康胜在项目推广、人才培养、赛事培育、市场运作等方面开展全方位合作，共同打造规范化、职业化、市场化运营的棒球俱乐部。

（周妮雯）

重大赛事和活动

【大运河文化旅游博览会骑行活动】 9月3日，第二届大运河文化旅游博览会"行大运"骑行活动在无锡太湖广场拉开帷幕，来自省内13个设区市的300多名骑手组成盛大的骑行队伍，现身活动现场。"行大运"骑行活动是运博会的一项重要活动，骑行路线选取无锡古运河经典点段，途经无锡市中心几乎所有重要地标，包括新运河、惠山古镇、运河公园、黄埠墩、环城古运河、阳春巷、清名桥历史文化街区、南禅寺等，全长20千米。该活动旨在展现无锡大运河遗产景区风貌。

（周妮雯）

【全国跆拳道锦标系列赛】 9月22日，2020年全国跆拳道锦标系列赛第一站比赛在无锡太湖国际博览中心开赛。来自全国35支代表队的近700名选手在全封闭式比赛环境中，开启争夺第14届全运会积分的最后一个赛季。决出4个项目的金牌，吉林队成为最大赢家，余小慧以11∶5击败河南队的郭耘菲，获女子67公斤以下级冠军，李国迅以30∶5大胜河北选手宋国栋，获男子68公斤以下级冠军。湖南队选手邹芳以23∶16击败天津队左菊，获女子53公斤以下级冠军；广东队选手王要锡以26∶10战胜山东队选手王则栋，获男子87公斤以下级冠军。

（周妮雯）

【无锡市与中国跆拳道协会签署战略合作协议】 10月27日，无锡市与中国跆拳道协会签署战略合作协议。市委书记黄钦会见国家体育总局副局长高志丹一行，并出席签约仪式。中国跆拳道协会主席管健民表示，中国跆拳道协会与无锡的合作卓有成效，协会的体育赛事和国际交流有了历史性突破和变革，无锡的国内国际"朋友圈"也得到拓展，无锡跆拳道已成为彰显双方亲密伙伴关系的"国际名片"。该次战略合作协议的签署是双方贯彻体育强国国家战略的具体行动，中国跆拳道协会的行业资源与无锡的地方资源全面对接，在跆拳道全球赛事体系、科技装备产业基地、教育培训中心、跆拳道公益发展资金等方面开展合作，推动更多优质资源在无锡布局、更多优质项目在无锡落地，携手打造国

9月，第二届大运河文化旅游博览会"行大运"骑行活动 （周妮雯 供）

际化的跆拳道产业生态。

（周妮雯）

【第七届长三角运动休闲体验季】 10月10日，2020年第七届长三角运动休闲体验季（无锡）暨长三角跆拳道道馆赛在无锡太湖国际博览中心开幕。无锡市人民政府副市长周常青、江苏省体育局副局长王志光、上海市体育局副局长许琦、无锡市体育局局长黄浩然以及来自浙江、安徽等长三角地区的领导出席开幕式。长三角运动休闲体验季活动是三省一市体育主管部门为加强区域体育资源共享、共同培育运动休闲市场、强化长三角体育产业协作而携手主办的体育产业宣传推广活动，已连续举办7年。长三角跆拳道道馆赛，设置男、女子各年龄段共6个组别，近500名选手参赛。体验季期间同时开展蠡湖水域皮划艇运动体验、徒步游蠡园等活动。

（周妮雯）

【无锡马拉松】 11月1日，2020无锡马拉松（以下简称锡马）在太湖大道和隐秀路口鸣枪开跑，2.2万名跑友参赛。该届锡马对赛道进行美化提升，完成鼋渚路至环湖路赛段10千米景观改造，新增贡湖湾湿地公园赛段，建成全国首座马拉松体验中心，锡马形象大使、中科院院士、西湖大学校长施一公在接受央视采访时盛赞锡马赛道美如画。赛事在央视体育频道全程直播160分钟，全面展示无锡市山水风光、城市地标和经济社会发展成果，并穿插介绍无锡市聚焦脱贫攻坚、全方面对口支援青海省海东市、陕西省延安市、新疆阿合奇县等西部贫困地区的生动事例。29家组委会单位现场办公，3600余名志愿者、4000余名安保人员、700余名医疗人员、16辆救护车、1架急救直升机、85台AED设备沿线服务，确保赛事零重大事故。据中国移动、中国电信大数据统计显示，参加该届锡马的当地和外地选手比例约1∶4，赛事期间共吸引36.4万人观赛及旅游休闲，比上届增长20%，拉动住宿、餐饮、交通、观光等相关服务业消费1.98亿元。

（周妮雯）

【首届长三角大众跆拳道邀请赛】 11月14～15日，首届长三角大众跆拳道邀请赛在新吴区万达广场举办。来自无锡和上海、南京、苏州等多个长三角城市的22支队伍、500多名小选手，在两天的比赛中进行了竞技、品势等项目的比拼。该邀请赛旨在通过打造品牌赛事，选拔一批热爱跆拳道且技能优秀的青少年，进一步推动项目在无锡的发展。至年末，全市拥有跆拳道项目习练人数近6万人。

（周妮雯）

【跃动锡城·无锡体育大联赛】 2020年，无锡市推出“跃动锡城·无锡体育大联赛”全新品牌。8～12月末，整合推出社会体育六大联赛、青少年体育十大联赛、全民健身三十三项大赛，共三大板块49个比赛项目，全年开展各类健身赛事活动3000余场次，形成“月月有安排、周周有比赛、天天有活动”的全民健身热潮。大联赛总投入800万元，将赛事活动通过公开招标交付体育经营机构和社团组织承办。上百个子活动在各地商业广场、城市综合体举办。同步开展的40余项线上比赛，吸引5万余人次参加，智慧无锡、抖音等网络平台参与直播300小时以上，点击量超100万次。

（周妮雯）

体育产业

【概况】 2020年，无锡市出台《关于促进全民健身和体育消费推动体育产业高质量发展的实施方案》，拨付总额970万元的省体育产业发展专项资金和省健身俱乐部专项扶持资金，投入668万元支持社会力量承办体育赛事活动。全市新增省级体育产业基地4家、省级体育服务综合体2个。无锡智慧体育综合服务平台扩大在线服务范围，上线体育场馆增至254家，服务体育社团和培训机构443家，入围中国数字经济与智慧社会优秀案例。推动体旅融合，4个项目入选2020中国体育旅游精品项目，2个项目入选长三角精品体育旅游项目，江阴海澜飞马水城创建省体旅融合示范基地。组织无锡体育大联赛上百个项目走进综合体、商业广场，发放体育惠民消费券300万元，有力带动市场消费。全年，无锡市体育产业实现正增长，总产出673.31亿元，创造增加值214.34亿元，分别比上年增长6.4%和5.3%；全年体彩销售26.73亿元，保持全省第二。

（周妮雯）

【跆拳道产业获《人民日报》报道】 1月3日，《人民日报》用三分之一版面专题报道《牵手跆拳道，无锡有一套》，详细介绍无锡市跆拳道运动开展、跆拳道赛事举办、跆拳道市场开发等经验，高度评价无锡市培育赛事IP、推动跆拳道运动全产业链发展的探索做法。无锡市建立世界跆拳道联盟中国唯一官方分支机构世界跆拳道（无锡）中心，加快跆拳道赛事品牌培育，打造贯穿全年、产生奥运积分和奥运外卡资格的世界跆拳道大满贯冠军系列赛，成功申办2021跆拳道世界锦标赛，面向青少年举办跆拳道大满贯道馆赛，形成常年办赛热点。依托赛事拓展“体育+”新业态，支持赛事机构进军智能装备、体育培训、运动功能饮料以及赛事衍生品开发，成立世界跆拳道教育学院，主导推动世界跆拳道项目教材编写，有效打通上下游产业链，国内首个跆拳道全产业服务创新中心在无锡市落地。

（周妮雯）

【体旅融合示范基地创建】 5月10日，无锡市创建体旅融合示范基地启动仪式在江阴市举办。江苏省体育局、无锡市体育局、无锡市文化广电和旅游局、江阴市文体广电和旅游局、新桥镇人民政府、海澜集团共同签署《联合打造体旅融合示范基地战略合作协议》，同时，引进优质武术资源，联合国家非物质文化遗

10月10日，第七届长三角运动休闲体验季在无锡开幕　（周妮雯　供）

产太极拳发源地河南省焦作市，打造海澜体育旅游精品示范工程。无锡市政府与焦作市政府签署战略合作意向协议，在体育、文化、旅游等领域充分发挥双方优势，携手实现创新发展。东武太极研修院新桥分院、江苏省武术队新桥集训基地、江苏省摔跤柔道队新桥集训基地同时揭牌成立。

（周妮雯）

【“6·16”彩民节】 6月16日，“5周年光芒焕新·点亮健康无锡——6·16彩民节”庆祝活动举办。体彩知识有奖竞猜、体彩运动会等活动轮番进行，市民在舞台上比拼技能、火热对战，为“点亮健康无锡”助力。现场颁发羽毛球拍、瑜伽球、塑性训练环等奖品，并为参与市民送上体彩大礼包。该彩民节新增线上互动环节，“传递云火炬”“体彩运动会”和“奖牌雨”等线上活动在“江苏体彩”微信公众号同步进行，为购彩者送去众多好礼。

（周妮雯）

【两家单位入选省第三批体育服务综合体】 6月29日，省体育局公布江苏省第三批体育服务综合体名单，无锡市惠山区全民健身中心和无锡乐运体育商业综合体入选。至年末，无锡市有5个省级体育服务综合体，分别是：无锡体育中心、江阴市体育中心、无锡华润万象城、惠山区全民健身中心、无锡乐运体育商业综合体。

（周妮雯）

【4个项目入选中国体育旅游精品项目】 12月23日，2020中国体育文化博览会、中国体育旅游博览会落幕。会上公布从全国范围内推选出的190项中国体育旅游精品项目，江苏省共入选12项，其中十佳项目3项。无锡市江阴海澜马文化主题旅游景区（十佳）、江苏蠡湖景区、宜兴“江南水城”体育旅游线路（十佳）、环蠡湖国际半程马拉松等4个项目入选，获奖数、十佳数均列全省第一。

（周妮雯）

【争取省级体育产业发展专项资金补助】 2020年，无锡市斯诺克世界杯、跆拳道全系列赛、宜兴国际马拉松赛、“洛克公园”美式运动体验馆、青少年体育培训社会化建设等9个项目，获省级体育产业发展专项资金补助920万元，比上年增长155.6%。

（周妮雯）

【无锡市体彩销量全省第二】 2020年，无锡市体彩销售26.73亿元，总量排名全省第二，为江苏省体彩销量全国第一作出重要贡献，市体育局被省体育局评为年度体育彩票发行工作成绩突出单位。年内，面向全市体彩网点发放疫情专项补贴138万元，人文关怀补贴、销售性奖励补贴229万元，新建传统实体网点123个，新增安卓终端、即开彩票网点162个，有力提振市场信心，促进客户回流、消费回暖。加强责任彩票建设，专职督查岗全年检查网点2200点次，开展互联网销售和合规经营专项检查，覆盖率100%。精心擦亮服务窗口，打造“微笑服务在体彩”党建品牌，围绕“暖冬”“助学”“关爱”主题，开展贯穿全年的教育助学、扶贫助残、电影“五进”活动700余次，市体彩中心获评“全国文明单位”称号。全年筹得体彩公益金2.37亿元，为健身步道等设施建设、体育惠民消费券发放等民生实事项目、无锡马拉松等赛事举办和全市运动员备战参赛等体育事业发展提供有力支撑。

（周妮雯）

编辑　何　峰

城镇居民收入

【概况】 2020年，无锡市城镇常住居民人均可支配收入64714元，比上年增长4.5%。收入绝对值分别高出全国、全省20880元和11612元，增速分别高于全国、全省1.0和0.5个百分点。其中，工资性收入、经营净收入、财产净收入、转移净收入四大类收入分别为42517元、6277元、6471元、9449元，分别占65.7%、9.7%、10%、14.6%。

（仲正园）

【工资性收入】 2020年，无锡市城镇就业持续增加，登记失业率保持低位；实施失业保险稳岗返还政策，发放稳岗返还资金16.59亿元；落实社会保险补贴和公益性岗位补贴政策，发放"两项补贴"3.23亿元。城镇常住居民工资性收入持续增长，成为增收主渠道，人均42517元，占65.7%，居四大类收入之首，对可支配收入增长的贡献率为41.4%，拉动可支配收入增长1.9个百分点。

（仲正园）

【经营净收入】 2020年，无锡市落实一系列支持疫情防控和企业复工复产政策，包括"六税两费"12项税收政策、阶段性减免企业社会保险费、扶持个体工商户税收新政。城镇常住居民人均经营净收入6277元，比上年增长3.4%，拉动可支配收入增长0.3个百分点。分季度看，经营净收入一季度、上半年、前三季度的降幅分别为6.4%、4.7%、3.4%，呈逐季收窄的态势。

（仲正园）

【财产净收入】 2020年，随着疫情影响减弱，管控等级下降，外来人员回流，房租逐渐回收加之创投行业规模发展壮大，无锡市居民投资理财收入明显增加。城镇常住居民人均财产净收入6471元，比上年增长10%，拉动可支配收入增长0.9个百分点，对可支配收入增长的贡献率为21.1%。

（仲正园）

【转移净收入】 2020年，无锡市居民养老金平稳增长。市政府全年启动9次社会救助标准与物价上涨挂钩联动机制，发放价格临时补贴1.18亿元，带动转移净收入稳步增长。城镇常住居民人均转移净收入9449元，比上年增长9.8%，拉动可支配收入增长1.4个百分点，贡献率为30.1%。

（仲正园）

表65　2020年无锡市城镇常住居民家庭人均可支配收入统计表

	收入值（元）	比上年增长（%）	占比（%）	贡献率（%）
人均可支配收入	64714	4.5	100.0	100.0
1. 工资性收入	42517	2.8	65.7	41.4
2. 经营净收入	6277	3.4	9.7	7.4
3. 财产净收入	6471	10.0	10.0	21.1
4. 转移净收入	9449	9.8	14.6	30.1

（国家统计局无锡调查队）

城镇居民消费

【概况】 2020年，无锡市城镇常住居民人均消费支出37195元，比上年下降0.6%。八大类消费支出中，食品烟酒10080元、衣着2678元、居住8629元、生活用品及服务2195元、交通通信5468元、教育文化娱乐5021元、医疗保健2083元、其他用品和服务1041元，分别占27.1%、7.2%、23.2%、5.9%、14.7%、13.5%、5.6%、2.8%。

（仲正园）

【食品烟酒支出】 2020年，无锡市城镇常住居民人均食品烟酒类消费支出10080元，比上年增长1.1%；占生活消费支出的27.1%，较上年提高0.5个百分点，为城镇常住居民的消费主体。下半年，随着疫情有效控制，居民外出就餐意愿逐步恢复，市民消费券等举措带动餐饮消费持续回升，限额以上餐饮营业额增幅实现连续6个月

表 66　2020 年无锡市城镇常住居民家庭人均生活消费统计表

	支出额（元）	增幅（%）
人均生活消费支出	37195	−0.6
1. 食品烟酒	10080	1.1
2. 衣着	2678	−9.4
3. 居住	8629	9.6
4. 生活用品及服务	2195	6.6
5. 交通通信	5468	−3.8
6. 教育文化娱乐	5021	−8.5
7. 医疗保健	2083	−7.9
8. 其他用品和服务	1041	−8.8

（国家统计局无锡调查队）

转正，其中 12 月当月同比增长 28.6%。从网络配送情况看，全年限额以上餐饮企业通过公共网络实现餐费收入 15.09 亿元，比上年增长 114.9%，餐饮网络配送业务的快速增长成为餐饮消费持续回升的一大重要动力。

（仲正园）

【居住支出】 2020 年，无锡市城镇常住居民用于优化生活空间、改善居住环境的支出也随之增加。全年人均居住类消费支出 8629 元，比上年增长 9.6%，增速为八大类消费之首。

（仲正园）

【医疗保健支出】 由于新冠肺炎疫情的影响，医疗保健类消费开支减少。第四季度开始，多地出现疫情反复，居民对家庭备用医疗药品和装备的意识增强，医疗保健支出降幅较前三季度收窄 0.5 个百分点。2020 年，城镇常住居民人均医疗保健支出 2083 元，比上年下降 7.9%。

（仲正园）

【教育文化娱乐支出】 2020 年，无锡市城镇常住居民人均教育文化娱乐类消费支出 5021 元，比上年下降 8.5%。上半年，受新冠肺炎疫情影响，各级学校延迟开学，教育培训机构停课，居民外出减少，影院景区等文旅场所关门休业，教育文化娱乐类消费支出降幅较大。随着疫情的逐步控制，教育文化娱乐领域加快推进复商复市，全年教育文化娱乐消费支出降幅较前三季度（17.8%）有所收窄。

（仲正园）

农村居民收入

【概况】 2020 年，无锡市扎实推进富民增收工作，农村常住居民人均可支配收入 35750 元，比上年增长 6.5%，高于江苏省农村常住居民人均可支配收入（24198 元）11552 元，是全国农村常住居民人均可支配收入（17131 元）的 2.1 倍。从全年看，人均可支配收入增速逐季回升，一季度、上半年、前三季度、全年增速分别为 −1.4%、2.6%、4.9%、6.5%。城乡收入比进一步缩小，城镇常住居民人均可支配收入与农村常住居民人均可支配收入比值为 1.810，低于全省平均水平 0.384，低于全国平均水平 0.749。从收入结构看，工资性收入、经营净收入、财产净收入、转移净收入四大类收入分别为 22236 元、5827 元、3325 元、4362 元，分别占总收入的 62.2%、16.3%、9.3%、12.2%。

（王　俊）

【工资性收入】 2020 年，全市各级部门积极应对疫情给企业和居民复工复产造成的困难，强化企业帮扶，稳定劳动关系，落实补贴发放，保农民工工资支付。农村常住居民人均工资性收入 22236 元，比上年增长 6.0%，拉动可支配收入增长 3.7 个百分点，对收入增长的贡献率为 57.6%，拉动力和贡献率均居四项收入之首。

（王　俊）

【经营净收入】 2020 年，无锡市农村常住居民经营净收入 5827 元，比

梁溪区拉动市民夜间消费　　（梁溪区档案史志馆　供）

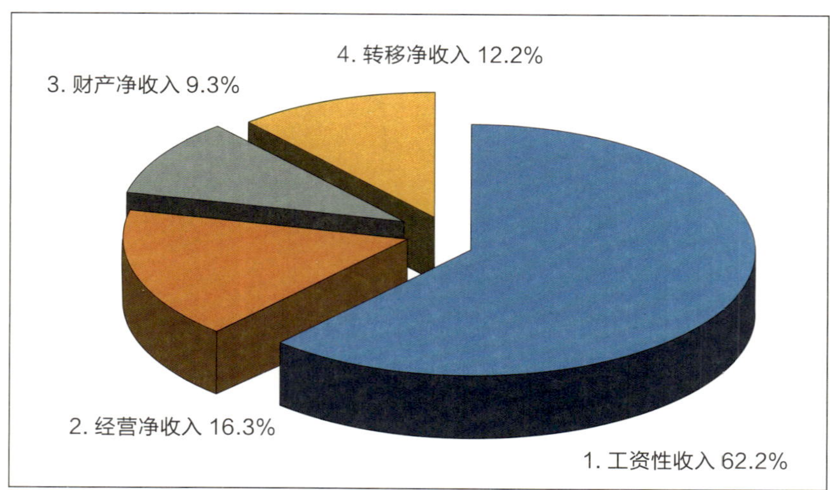

图 34　　2020 年无锡市农村常住居民收入结构示意图

（国家统计局无锡调查队）

上年增长 2.1%，增速低于上年 7.6 个百分点，拉动收入增长 0.4 个百分点。全年仅实现小幅增长，其中人均第一产业和第三产业经营净收入比上年下降，人均第二产业经营净收入实现正增长。从分月情况看，2 ~ 3 月经营净收入受疫情影响明显下降。餐饮业、批发零售业、服务业、交通运输和仓储邮政业等非农自营业主在 2 月处于歇业状态，部分个体户一季度经营净收入比上年下降 30.0% 以上，且上半年疫情的影响持续。8 月，在国内疫情得到有效控制后，市场活力恢复，加之惠企政策效果逐渐显现，餐饮、文化旅游、交通运输等行业恢复正常经营，农村常住居民经营净收入逐渐恢复增长。

（王　俊）

【财产净收入】 2020 年，无锡市农村常住居民人均财产净收入 3325 元，比上年增长 8.8%。其中，人均利息净收入、出租房屋净收入 1190 元，比上年增长 16.6%，增幅较大。

（王　俊）

【转移净收入】 2020 年，无锡市城乡居民基础养老金调整为每人每月 540 元，增幅约 8%；被征地农村常住居民政府保养金按年龄段上调，分别上调至月人均 1030 元和月人均 920 元，增幅为 5.1% 和 5.7%；7 月 1 日起，居民最低生活保障标准调整为月人均 1010 元，增幅为 5.2%；农村特困人员供养标准上调 6.6%。全年农村常住居民人均转移净收入为 4362 元，比上年增长 14.0%，增幅高于上年 3.0 个百分点，对可支配收入增长的贡献率为 24.6%，拉动收入增长 1.6 个百分点。

（王　俊）

农村居民消费

【概况】 2020 年，受疫情影响，无锡市农村常住居民人均生活消费支出为 21944 元，低于上年 1082 元，比上年下降 4.7%。八大类消费支出中，食品烟酒 6649 元、衣着 1690 元、居住 4850 元、生活用品及服务 1053 元、交通通信 3138 元、教育文化娱乐 2458 元、医疗保健 1492 元、其他用品和服务 614 元，分别占 30.3%、7.7%、22.1%、4.8%、14.3%、11.2%、6.8%、2.8%。其中，仅食品烟酒类消费支出实现增长，其余七大类消费支出均不及上年。

（王　俊）

【食品烟酒支出】 2020 年，无锡市农村常住居民人均食品烟酒类消费支出 6649 元，比上年增长 1.2%，增速低于上年 4.4 个百分点；占生活消费支出的比重（即恩格尔系数）为 30.3%，较上年同期（28.5%）提高 1.8 个百分点。食品烟酒支出增加和占比提升的原因，一方面是发

表 67　　2020 年无锡市农村常住居民家庭人均生活消费统计表

	支出额（元）	增幅（%）
人均生活消费支出	21944	-4.7
1. 食品烟酒	6649	1.2
2. 衣着	1690	-11.6
3. 居住	4850	-0.9
4. 生活用品及服务	1053	-13.4
5. 交通通信	3138	-8.2
6. 教育文化娱乐	2458	-8.0
7. 医疗保健	1492	-6.6
8. 其他用品和服务	614	-17.4

（国家统计局无锡调查队）

展和享受型消费因疫情影响支出减少，另一方面是食品烟酒类价格比上年增长8.3%。人均食品烟酒类消费的二级分类中，食品类和饮料类消费高于上年，烟酒类和饮食服务类消费低于上年。

（王　俊）

【居住支出】 2020年，无锡市农村常住居民人均居住类消费支出4850元，低于上年45元，比上年下降0.9%。居住类消费主要包含租赁私房和公房房租、住房维修及管理、水电燃料消费。只有租赁私房和公房房租类消费在一季度受到疫情的影响下降，从全年结果看疫情对居住类消费的影响较小。

（王　俊）

【教育文化娱乐支出】 2020年，无锡市农村常住居民人均教育文化娱乐类消费支出2458元，比上年下降8.0%。疫情给教育文化娱乐消费造成明显冲击，其中上半年人均教育文化娱乐支出比上年下降15.4%，下半年消费逐渐回暖。教育类消费减少的主要项目是教育培训支出，文化娱乐类减少的主要项目是旅游观光类，其次是看电影、话剧、演出、KTV等娱乐类。在政府发放的消费券使用方面，居民对文娱领域消费券使用率低于商场和超市领域。

（王　俊）

【交通通信支出】 2020年，无锡市农村常住居民人均交通通信类消费支出3138元，比上年下降8.2%。交通通信类消费支出下降主要是受疫情影响，其中交通类下降幅度高于通信类。分季度看，一季度交通通信类消费支出明显下降，比上年下降28.1%，二、三季度逐渐恢复正常，第四季度开始国内部分地区疫情反复，交通类消费进一步缩减。从2020年12月开展的长距离出行调查（跨地级市且距离超过50千米的出行）看，农村住户收支调查样本户中，当月有长距离出行的户占比不到1.0%，大多数居民只选择市内出行。

（王　俊）

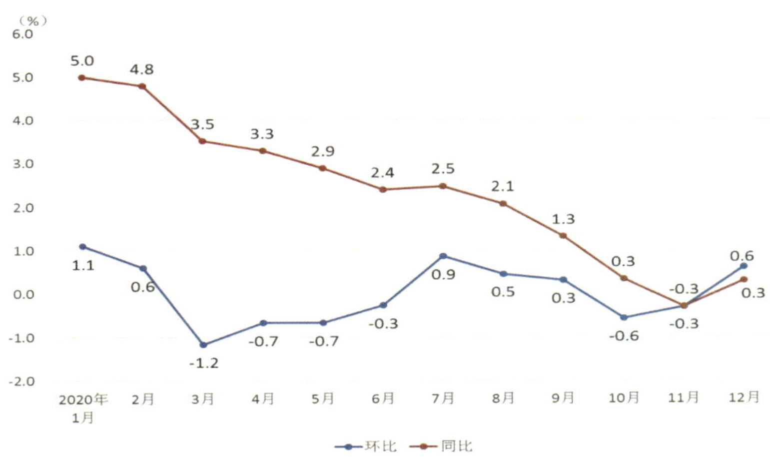

图35　2020年无锡市CPI分月同比和环比涨跌幅趋势图

（国家统计局无锡调查队）

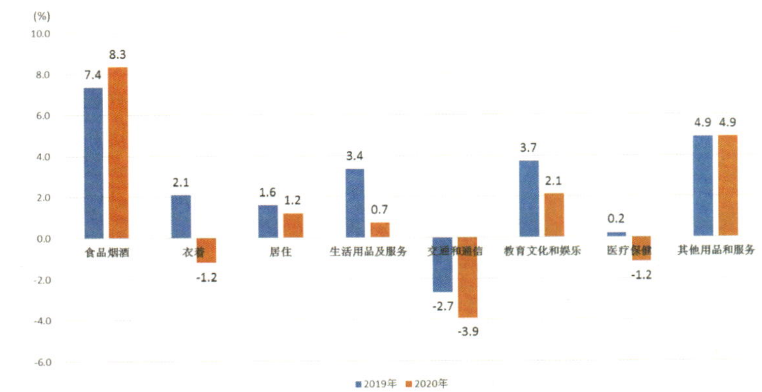

图36　2020年无锡市八大类商品和服务价格较上年涨跌幅比较图

（国家统计局无锡调查队）

市场物价

【概况】 2020年，无锡市居民消费价格指数（CPI）比上年上涨2.3%，涨幅较上年收窄0.6个百分点。扣除食品和能源的核心CPI上涨1.2%，整体处于温和上涨区间。其中：食品价格上涨10.7%，非食品价格上涨0.5%；消费品价格上涨3.1%，服务项目价格上涨1.2%。全年物价呈前高后低走势。1月，在2019年食品价格上涨带来的翘尾和春节“错月”因素影响下，CPI比上年上涨5.0%。2月起，随着保供稳价政策显成效，CPI涨幅由4.8%缩小至0.3%。11月，猪肉价格高位回落，翘尾对指数推升作用减弱，指数由正转负，CPI比上年下降0.3%，是自2009年11月以后首次进入负区间。12月受天气因素影响，鲜活食品价格走高，指数小幅上涨0.3%。全年CPI涨幅低于全国和全省0.2个百分点，在全省13个市中排名第11位。与周边四市相比，低于常州0.2个百分点，低于南京、镇江0.1个百分点，高于苏州0.1个百分点。

（李　颖）

【八大类商品和服务价格】 2020年，无锡市八大类商品及服务价格“五涨三降”。其中：食品烟酒类价格上涨8.3%，涨幅居首，是拉动全年指数上涨的首要因素；其他用品和服务、教育文化和娱乐价格分别上涨4.9%和2.1%，居住、生活用品及服务价格分别上涨1.2%和0.7%；交通和通信价格下降3.9%，衣着、医疗保健价格均下降1.2%。

（李 颖）

【食品价格】 2020年，无锡市食品价格上涨10.7%，拉动CPI上涨1.89个百分点，对CPI上涨的贡献率超八成，食品价格对物价上涨拉动的结构性特征明显。调查的55个食品基本类与上年相比呈现42涨13降，其中猪肉、鲜菜、淡水鱼等鲜活食品的涨幅较大。受“猪周期”、猪瘟疫情等因素影响，2019年下半年起猪肉价格快速上涨，至2020年2月达到峰值，后随着生猪产能恢复，价格同比涨幅逐步收窄，11月同比指数由正转负，结束连续20个月的上涨，首次出现下降。全年猪肉价格上涨51.2%。在猪肉价格带动下，部分替代消费品同步上涨，牛肉、羊肉价格比上年分别上涨13.5%和10.3%。猪肉副产品、肉制品和餐饮价格跟涨，猪腰、猪肝等畜肉副产品价格上涨31.5%，食用动物油猪板油价格上涨25.8%，火腿肠等肉制品价格上涨8.8%，以鲜肉馄饨、鲜肉小笼包为代表的地方小吃价格上涨16.5%。鲜菜价格上涨8.1%，涨幅较上年扩大1.6个百分点。淡水鱼由于产量减少、购买增加，价格上涨13.8%，同比指数回升17.7个百分点。鸡蛋由于产能扩大，在外餐饮、食堂等大宗需求减少，价格下降12.2%。

（李 颖）

居民食品价格保持稳定　（市档案史志馆 供）

【非食品价格】 2020年，无锡市非食品价格比上年上涨0.5%，涨幅较上年收窄1.1个百分点，波动较小。其中，工业消费品价格由2019年上涨0.4%转为下降1.4%，服务价格涨幅由2.1%收窄至1.2%。成品油年内5次下调价格，汽油、柴油比上年分别下降14.2%和15.6%。由于避险情绪上升，金饰品价格比上年上涨28.3%。受新冠肺炎疫情防控影响，出行旅游市场受抑，飞机票、宾馆住宿、旅行社收费比上年分别下降17.6%、9.4%和2.6%，其他文娱服务、电影票、上网费等文化娱乐服务项目比上年分别下降3.2%、2.7%和1.8%。人工成本刚性上涨，快递服务、家政服务、洗浴、车辆修理与保养、衣着加工等劳动力密集型服务项目分别比上年上涨10.7%、5.5%、2.9%、1.7%和1.2%。此外，随着消费者对优质教学资源的追求，小学初中教育、课外教育、学前教育、专业技能培训等收费分别比上年上涨14.9%、9.3%、6.5%和2.7%。

（李 颖）

【价格调控】 2020年，无锡市落实价格调控目标责任制，发布《无锡市2020年价格调控目标责任制的实施意见》，修订完善无锡市价格异常波动应急预案，启动价格补贴联动机制，发放价格临时补贴超1.3亿元，惠及困难群众60.25万人次。全年CPI累计涨幅2.3%，完成价格调控目标。

（左丛一）

编辑 葛 红

人口家庭

【人口出生监测】 2020年,无锡市加强人口动态监测,整合相关部门信息及卫生健康大数据,提高出生人口信息采集入库率。全市人口出生数据监测率93.09%,完成全国人口监测调查县级监测点任务,为国家开展全面二孩政策实施效果问卷调查提供翔实数据。

(蒯　薇)

【3岁以下婴幼儿照护服务】 2020年,无锡市完成托育机构备案37家,总数增至229家。市卫生健康委起草完善《无锡市关于促进3岁以下婴幼儿照护服务的实施方案》,修编出版《家庭科学育儿指导手册》,创建"婴幼儿照护"微信公众号。新增13家省政府普惠托育民生实事项目机构,其中,3家被评选为省示范托育机构,2家参与国家发展改革委、国家卫生健康委组织的普惠托育专项行动,获得中央预算内185万元的投资支持。锡山区获评全国计划生育优质服务先进单位。

(蒯　薇)

【计划生育家庭利益导向政策落实】 2020年,无锡市计划生育奖励扶助对象15.14万人、计划生育特别扶助对象1.44万人,发放奖扶特扶资金2.55亿元。市级计划生育公益金扶助543户,发放扶助金179.7万元。全年受理企业退休职工独生子女父母一次性奖励申请5.3万人,发放奖励金1.9亿元。

(蒯　薇)

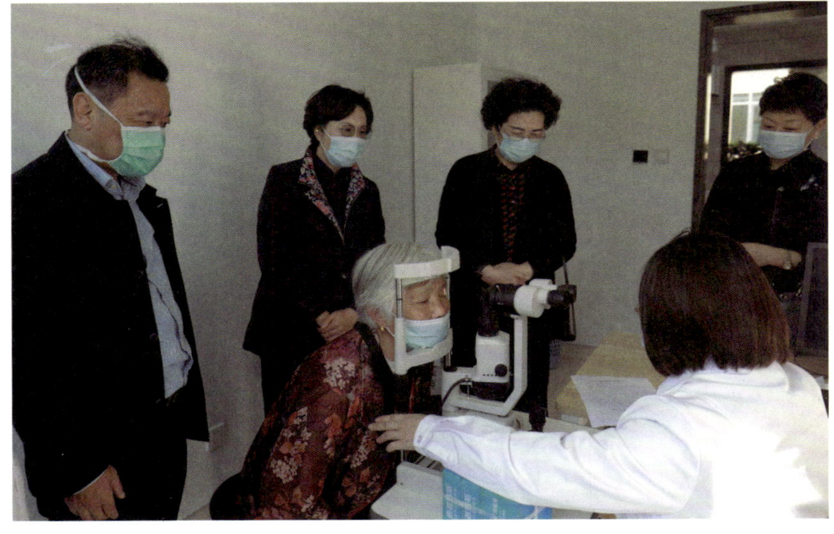

2020年,市卫生健康委为计生特殊家庭老年人开展"点亮父母的眼睛"眼健康筛查

(市卫生健康委　供)

【计划生育特殊家庭帮扶】 2020年,无锡市将计划生育特殊家庭纳入低收入人口大病专项救治范畴。落实《无锡市区中低收入居民疾病自费支出救助工作实施方案(试行)》,全年4675人次获223万元保险理赔。组织开展计划生育特殊家庭心理疏导项目,对重点人员采取专人专项定期心理疏导。新冠肺炎疫情期间,为4715户计划生育失独家庭发放每户500元的一次性生活补贴,并发放防疫物资。

(蒯　薇)

【婚姻登记】 2020年,无锡市办理结婚登记25981对,其中涉外、涉港澳台和华侨婚姻登记82对;办理离婚登记12055对。各登记处开展结婚登记颁证服务和婚姻家庭辅导服务,共调解3994对离婚当事人,劝回1442对,减少非理性离婚、感情未破裂离婚等案例的发生。10月19日起,启用江苏省婚姻登记信息管理系统,具备人脸识别、扫描存档、拍照录像等功能,进一步提升婚姻登记的智能化、精细化水平。

(钱青艳)

【殡葬管理】 2020年,市民政部门深化殡葬改革,全市乡镇公益性公墓(骨灰堂)覆盖率100%,生态节地安葬(放)比例90%以上,殡葬改革工作走在全国前列。制定《无锡市殡葬服务市场专项整治实施方案》,重点开展殡仪服务车辆整治。发布《关于全面禁止殡葬礼炮车服务的公告》,联合公安、交通等部门在重点路段进行现场执法,对群众反映较为强烈的礼炮车问题开展专项治理,市区礼炮车扰民现象基本消除。

（钱青艳）

【清明免费代祭扫服务】 2020年清明节期间，无锡市在全省率先推出免费代为祭扫服务。全市公墓服务管理机构投入保障人员2.4万余人次，完成128万余套墓穴（骨灰格位）的代祭扫服务，服务实现全免费、全覆盖、全公开，得到社会各界的好评。3月26日起，对室外公墓祭扫实行提前预约、分时限流、有序开放，共保障近96万群众、22.5万多车辆的现场祭扫工作，实现清明祭扫平安有序。

（钱青艳）

就业创业

【就业促进】 2020年，无锡市人力资源和社会保障局积极应对新冠肺炎疫情的冲击，保障复工复产，守住民生底线。持续推进高校毕业生“就业启航”“创业引领”“青年见习”“基层成长”4项计划，提高就业见习补贴和社保补贴标准，鼓励中小微企业吸纳高校毕业生。落实就业服务常住地登记制度，发放社保补贴和公益性岗位补贴4.79亿元，零就业家庭保持动态清零。全市就业总量297.99万人，城镇新增就业15.56万人，完成省定目标任务的148.2%，完成率居全省第一；城镇登记失业率1.75%，保持低位运行。全年引进各类人才近10万人，其中引进高层次人才近1万人，比上年增长10%。2020年，无锡市被评为中国年度最佳促进就业城市，蝉联中国年度最佳引才城市。

（孙皓晨）

【人才引育】 2020年，市人力资源社会保障局出台“锡引工程”升级版8条举措，明确在户口迁入、租房安居、创业扶持等方面予以支持。建设高校毕业生“云招聘”平台，在南京启动“百企千才高校行”云对接暨“锡望您来&云聘行动”系列活动，举办各类高校毕业生网络招聘会15场，1800多家单位推出4.4万个毕业生就业岗位，43万人在线观看直播。强化校企对接，举办“长三角一体化”高校就业论坛，成立无锡市物联网、智能制造校企合作联盟，组织开展“智汇无锡”校园招聘活动15场，23所高校的在校研究生1102人参加交流活动。扩大就业渠道，挖掘见习岗位，全市组织见习上岗3484人，开发见习岗位10134个。上线先落户后就业系统，运用大数据比对“秒审核”，为10352名人才办理落户。

（孙皓晨）

【“乐业无锡”校企对接“云端会”】 7月，市人力资源社会保障局举办“无比爱才，锡望您来”2020年“乐业无锡”校企对接“云端会”活动，279家企业和陕西、江西、湖北等23个省（市）137所院校参加。参与的院校和学生中，本科院校约占31%，高职院校约占41%；本科毕业生生源12万余人，大专毕业生生源11万余人，专业涉及电子自动化、人力资源管理、烹饪、智能制造等100余个专业。活动采取线上报名、线上洽谈的云端模式，校企通过注册“云端会”小程序，在线发布信息，浏览、收藏、分享意向合作单位，并可通过线上文字或视频方式进行校企长期合作及毕业生培养方案、薪酬福利、毕业实习等方面的交流。活动期间，校企双方共发起5900余次对话，其中达到校企深度洽谈（在线对话10次以上）的93对。

（孙皓晨）

【“三网三码三重点”创新就业服务】 2020年，市人力资源社会保障局落实“三网三码三重点”服务措施，助企业引才、促高校毕业生就业。通过无锡人力资源招聘网、江苏省高校招生就业指导服务中心91job智慧就业平台、高校就业部门网址“三网”，用人单位可发布校招信息并查看简历投递情况。创新“三码”服务，推出红、蓝、绿二维码服务，让高校毕业生及时了解无锡用人单位岗位需求（红色奋斗码）、就业服务流程（蓝色服务码）和大学生引进政策（绿色生态码）。聚焦重点高校、重点行业、重点人才，提供精准供需对接服务，促成校企合作，吸引高层次创新人才团队到无锡就业创业。

（孙皓晨）

【高校毕业生就业扶持】 2020年，市人力资源社会保障局提高高校毕业生就业见习补贴和社保补贴标准，将离校两年内未就业高校毕业生灵活就业社会保险补贴标准，提高至实际

5月15日，2020无锡市“百企千才高校行”云对接暨“锡望您来&云聘行动”系列活动在南京启动 （市人力资源社会保障局 供）

缴纳社会保险费的2/3，将就业见习生活补贴标准提高至无锡市月最低标准的80%，对年内招用毕业年度高校毕业生的中小微企业给予一次性吸纳就业补贴。

（孙皓晨）

【创业扶持】 2020年，市人力资源社会保障局加强创业资金扶持，发放各类创业扶持资金3105万元。将小微创业基地纳入市级创业孵化基地认定范围，新增认定10个省级创业示范基地。年内，举办第二届"创响无锡"全民创业大赛，新增高校联盟赛、海外赛、退役军人赛等专项赛事，举办年度颁奖典礼暨长三角城市群创业交流活动，创业氛围持续升温。

（孙皓晨）

【职业技能提升】 2020年，市人力资源社会保障局出台《进一步弘扬工匠精神加强技能人才队伍建设的实施意见》和产业工人队伍建设改革等27项配套政策，构建技能人才培养体系。开展职业技能提升行动，制定出台以工代训、岗前培训、线上培训、安全技能培训等惠企培训补贴政策，创新运用大数据比对、主动确认和补贴承诺制等经办模式，全年发放专账资金5.9亿元，开展补贴性职业培训111万人次，培养企业新型学徒2578人。高技能人才队伍建设成效显著，全市新增国家级技能大师工作室1个、省级技能大师工作室2个、江苏大工匠工作室1个、江苏工匠工作室9个、省乡土人才传承示范基地1个、省乡土人才示范工作室2个。在第五届江苏省技能状元大赛上，无锡市获4块金牌，金牌数和团体总分居全省第二；职工组3人获省技能状元称号，状元数连续三届居全省第一。无锡技师学院获评江苏省重点技师学院。

（孙皓晨）

【企业新型学徒培养】 1月13日，锡山区首批"企业新型学徒制班"开班仪式举行，无锡市企业新型学徒制工作全面启动，在实践中建立完善企校双师联合培养制度、学徒弹性学制和学分管理制度、适应企业特点的培训课程和评价体系3项机制。江苏新日电动车股份有限公司、国泰精密机件（无锡）有限公司和安普瑞斯（无锡）有限公司的企业学徒及师傅188人参加开班仪式并接受入学教育。4月8日，市人力资源社会保障局确定江苏新日电动车股份有限公司等5家企业及对应合作院校无锡技师学院、无锡工业高级技工学校为无锡市首批企业新型学徒制备案实施单位。至年末，首批5家企业共9个企业新型学徒制班开班，备案企业新型学徒282人，获得112.7万元的政府预拨补贴资金。全市有41家企业和20所技工院校、高职院校和职业培训机构合作开展企业新型学徒制培训，培训企业学徒2578人。

（孙皓晨）

【第二届"创响无锡"全民创业大赛】 8月3日，第二届"创响无锡"全民创业大赛决赛、第四届"中国创翼"创业创新大赛江苏省选拔赛暨"创响江苏"创业创新大赛无锡市选拔赛在无锡举办。42个优秀创业项目团队、市本级及各市（县）区人社部门相关负责人，就业管理机构、创业服务机构及部分创业孵化基地负责人共200余人参加活动。"创响无锡"全民创业大赛由市政府主办、市人力资源社会保障局等部门承办，吸引超过380个项目报名参赛，42个创业项目进入决赛。"5G装备用层状金属复合材料研发与产业化""智能四向穿梭车及配套货架的自动化仓储系统"等18个项目分别获得大赛创新组、创业组的各类奖项，一等奖获最高30万元的项目无偿资助。同时，创新组和创业组各两个优秀项目晋级第四届"中国创翼"创业创新大赛江苏省选拔赛暨"创响江苏"创业创新大赛。

（孙皓晨）

【一次性吸纳就业补贴政策】 2020年，无锡市出台一次性吸纳就业补贴政策。补贴发放对象分为两类：第一类为吸纳登记失业半年以上人员就业且签订1年以上劳动合同，并按规定为其缴纳社会保险费的企业，按每人1000元的标准给予一次性吸纳就业补贴，发放期限为2020年1月1日至12月31日；第二类为春节期间（1月24日至2月9日）开工生产、配送疫情防控急需物资且经省认定的疫情防控物资生产企业，按照在岗职工每人每天100元的标准给予一次性吸纳就业补贴，一次性发放到位。全年发放一次性吸纳就业补贴2272万元，受惠企业10943家。

（孙皓晨）

【困难人员就业援助】 2020年，市人力资源社会保障局将就业困难人员分为A（重点援助）、B（需要帮助）、C（及时关注）3类，通过精准识别、一人一策、购买服务，建立人员分类、服务分级、四级联动就业援助机制。完善就业援助动态管理机制，落实就业服务常住地登记制度，零就业家庭保持动态清零。全年援助就业困难人员实现就业38768人，发放社保补贴和公益性岗位补贴4.79亿元，惠及5085家企业的10.77万名职工。

（孙皓晨）

老龄事务

【老龄关爱工作】 2020年，无锡市持续开展"敬老月"系列活动，全市街道（镇）级以上政府部门和各级组织开展活动260余项，参与敬老服务8.6万余人次，慰问老年人19.6万余人次，发放资金1300万余元。百岁老人"尊老金"标准由每人每月300元调高至500元。全市99.51万人参加"安康关爱行动"老年人意外伤害保险，覆盖率75%。市区70周岁以上老年人持免费卡乘坐公共交通工具，团体意外伤害保险受益人数由上年的307793人增至330490人。无锡市社会福利中心等5家单位被评为第三届全国"敬老文明号"，李全兴等8人被评为全国"敬老爱老助老模范人物"，孙燕萍等14人被评

1月13日，市老龄委举办第六届无锡老年新春联欢会　（市老龄办　供）

为江苏省第三届“百佳孝星”。

（陈建忠　张兴堂）

【老龄文化生活】 1月13日，市老龄委主办以“健康新时代，乐活银龄梦”为主题的第六届无锡老年新春联欢会。11月，完成第七届无锡老年春晚的海选，并在无锡电视台播出海选节目。与无锡日报报业集团合作，开设“无锡观察”App无锡老年教育宣传网络平台“乐龄”频道，通过政策法规、信息公告、晚晴风采、心香一瓣等栏目，宣传报道无锡市老龄工作活动情况。组织老年人参加省、市文艺比赛，在省“翰墨绘春秋，光影耀银龄”老年书画摄影作品展中，获绘画二等奖1项、获绘画优秀奖3项、摄影优秀奖3项；市老年大学合唱团在江苏省“讴歌新时代，唱响新生活”老年大学合唱节获“最佳合唱奖”第二名。

（陈建忠　张兴堂）

【涉老项目扶持】 2020年，市老龄委办公室打造为老服务品牌项目，改造老年活动设施、老年教育设施30个，支持项目资金135万元；培植年度老年文体特色团队50个，扶持资金25万元。在各市（县）、区试点建设8个社区老年关爱中心，打造8个为老服务品牌，扶持资金24万元。

（陈建忠　张兴堂）

养老事务

【深化养老服务改革】 2020年，无锡市深化养老服务改革，推进社会办养老机构和养老护理型床位建设。4月17日，出台《关于应对新冠肺炎疫情促进养老服务平稳健康发展的实施意见》，通过增加社会办养老机构运营补贴（补贴标准上调15%）、减轻税收负担、降低房租成本等途径，支持养老机构应对新冠疫情影响。年末，全市养老机构171家，总床位4.45万张，每千名老人拥有养老床位超过45张。其中：社会办养老机构145家，床位3.69万张，床位占比82.92%；养老护理型床位2.9万张，占比65.17%。社区居家养老服务实现全覆盖，全市接受上门服务的居家老人22万人，占户籍老人总数的15%以上。

（陈莺歌　是炜云）

【《无锡市养老机构条例》完成修改】 1月，无锡市对2015年出台的《无锡市养老机构条例》（以下简称《条例》）启动修改工作。7月1日，新《条例》经市人大常委会审议通过，7月31日经省人大常委会批准，于8月11日公布并施行。新《条例》进一步简化养老机构开设流程，明确扶持发展品牌、连锁、智慧养老机构并给予补贴或奖励，持续促进养老机构规模化、连锁化发展，细化职能部门对养老机构的监管，推动全市养老行业快速发展。

（是炜云）

【《无锡市推进养老服务高质量发展三年行动计划（2020—2022年）》出台】 2020年，无锡市制定出台《无锡市推进养老服务高质量发展三年行动计划（2020—2022年）》。该

新吴区硕放颐养园　（新吴区档案史志馆　供）

计划对无锡市未来3年养老服务高质量发展的6个方面18项具体任务进行部署，包含完善政策体系、优化设施供给、深化医养结合、提升服务质量、加强队伍建设、加大多元投入等方面。根据计划，至2022年，全市每千名老人拥有养老床位数47张以上，社会办养老床位占比80%以上，护理型床位占比70%以上，建成以居家为基础、社区为依托、机构充分发展、医养有机结合，功能完善、服务优良、覆盖城乡的养老服务体系。

（是炜云）

【养老服务行业专家库组建】 5月，无锡市向社会公开征集无锡市养老服务行业专家库成员。10月，公布首批养老行业专家库名单，成员51人，聘期3年，设标准化建设及质量监管组、运营管理组、照料护理组、设施设备及信息化组、综合组5个专业组。发布《无锡市养老服务行业专家库管理规定》，明确专家库成员的来源、基本条件、工作职责、权利义务、日常管理、回避情形、报酬支付、相关罚则等要求。

（是炜云）

退役军人事务

【服务体系建设】 2020年，无锡市退役军人事务系统按照"五有"（有机构、有编制、有人员、有经费、有保障）和"全覆盖"要求，推动四级服务保障机构实体化运行、标准化建设、规范化管理、专业化保障、多元化服务，建成一批"有温度、有质感、有情怀"的退役军人服务阵地。至年末，全市建成1个市级、7个市（县）区级退役军人服务中心和82个镇（街道）、1163个村（社区）退役军人服务站，落实专职工作人员1437人。年内，全市78个服务中心（站）通过全国示范型退役军人服务中心（站）创建验收，通过率87.6%，列全省前茅；宜兴市退役军人服务中心等6家单位被评为全省优秀退役军人服务中心（站）；锡山区安镇街道服务站站长获评全国百名优秀服务站站长。

（陈国兵）

【英烈祭扫】 2020年9月30日是中国第七个烈士纪念日。9时30分，市委书记黄钦，驻无锡部队领导高汛，市领导杜小刚、徐一平、周敏炜、徐劼等，老战士、老英雄、老干部代表，烈属、劳模先进代表，机关和企事业单位干部职工代表，驻无锡部队官兵代表，公安干警、师生和各界群众代表，到市革命烈士陵园祭扫英烈，举行敬献花篮仪式，参观烈士事迹陈列馆，缅怀革命先烈。

（陈国兵）

【接收安置】 2020年，市退役军人事务局强化政府部门协同、统筹社会各界资源、优化人岗相适匹配，克服新冠病毒疫情的影响，全面完成国家和省下达的军转干部、符合政府安排工作条件退役士兵的接收安置任务，实现接收单位、安置对象、部队"三满意"。10月13日，符合政府安排工作条件退役士兵完成选岗；10月15日，营职以下及专业技术军转干部完成双向选择；10月16日，团职军转干部完成选岗。

（李立东）

【退役军人就业创业】 2020年，无锡市以提升退役军人职业技能、增强退役军人就业竞争力为重点，推进退役军人教育培训和就业创业。举办"扬帆起航、再续辉煌"专场招聘会19场，开通线上常态化招聘渠道，消除新冠肺炎疫情带来的就业影响。开展"四送服务进军营"（送政策、送服务、送岗位、送技能）活动，依托全市144个技能大师工作室，进军营进行技能培训和技能等级考核。6月18日，联合市人力资源社会保障、工业和信息化、地方金融等部门，举办无锡市首届"兴业杯"退役军人创业创新大赛，为全市退役军人就业创业提供交流展示、项目合作和产融对接的互动平台。指导梁溪区推进无锡市首个军创科技园——华腾军创（江苏）科技园建设，9月19日举行合作签约仪式，打造退役军人就业创业"新引擎"。

（陈国兵）

【首届"最美退役军人"评选表彰】 7月30日，无锡市首届"最美退役军人"发布仪式在解放军联勤保障部队第九〇四医院举行。市委副书记、政法委书记徐劼出席活动，并为老战士吴成颁发"特别荣誉奖"。首届"最美退役军人"设敬业奉献奖、

锡山区安镇街道退役军人事务站　（市退役军人事务局　供）

创业有成奖、热心公益奖、自强不息奖和特别荣誉奖5个奖项，评选出吴成、吴小龙、徐晓东、杨实秋等17名“最美退役军人”。获奖人员中，既有党政机关公职人员，也有企事业单位代表；既有自主择业军转干部，也有不同时期转业复员的士兵；有远赴武汉一线的抗疫先锋，有冲在反恐处突一线的排爆特警，有十年耕耘为老百姓提供“放心奶”的企业家，有身残志坚、传播红色基因的战斗老英雄……发布仪式现场，还播放17名“最美退役军人”先进事迹的视频短片，汇聚追梦奋斗的强大正能量。

（陈国兵）

【“微党课”授课竞赛获奖】 7月11日，“戎耀今生”首届江苏省退役军人党员“微党课”授课竞赛总决赛在江苏大剧院举行，全省10名优秀选手登台授课，从家与国、情与理、言与行等不同层面，诠释初心使命的责任担当，抒发“戎耀今生”的真情实感，展示“退役不褪色、建功新时代”的奋进风采。无锡市退役军人周燕以《小巷里的绿色情怀》为题，展现新时代“兵支书”的风采，以第一名的成绩获一等奖，许伟文、吴赟获优胜奖。

（陈国兵）

【军休干部服务保障】 2020年，市退役军人局制定军休服务管理机构星级评定办法和标准，在全市范围内开展军休机构星级评定试行，推动军休服务管理提档升级，被省退役军人事务厅在全省推广。引入社会化服务资源，建立关心关爱高龄、重病、失能等军休干部的帮扶机制，探索拓宽居家养老、人身保险等社会化服务的保障渠道和模式，与无锡朗高养老集团股份有限公司、江苏扬子养老产业管理有限公司、无锡市滨湖区百禾怡养院、无锡蓝天护理院、无锡市滨湖区太湖养老服务中心、无锡太湖金夕延年护理院等养老机构签订合作框架协议，为军休干部提供入住优先、价格优惠、服务周到的医养结合式养老服务场所。

（陈国兵）

社区建设

【社区工作者职业体系建设】 2020年，市民政局出台《关于构建社区工作者“星级＋薪级”职业体系的实施意见》《无锡市社区工作者星级管理暂行办法》等文件，以“星级社工”评定为抓手，制定“三岗十八级”薪酬体系，构建城乡社区工作者“星级＋薪级”职业体系，破解社区工作者薪酬体系、发展空间、能力提升等难题，为城乡社区治理能力提供优质队伍保障。各地根据要求制定具体实施办法，开展社区工作者星级评定，落实薪酬体系。年内，市级评选出首批“五星社工”34人、优秀社区工作者35人，新冠肺炎疫情防控中表现突出的15名社区工作者被提拔为社区书记。“星级＋薪级”职业体系激发了社区工作者干事创业的积极性，全年社会工作者考证报名人数增幅近50%。该项工作被评为2020年度全省高质量民政事业发展优秀成果。

（周　豪）

【社会工作者队伍】 2020年，无锡市通过社工考试取得社会工作者职业水平资格证的人数1657人，通过率27%。至年末，全市取得职业水平资格证的社会工作者9456人，考试通过率、社工考试取证人数和培训规模在全省均名列前茅。年末，全市每万人拥有社工数11.94人，处全省领先水平。

（许　珂）

【社区特殊人群服务】 2020年，无锡市新增14家街道（镇）级老年人日间照料中心，总数增至99家。经评估达到民政部《社区老年人日间照料中心建设标准》二类及以上的日间照料中心，视情况给予5万～10万元的一次性建设补贴。至年末，近八成日间照料中心完成达标建设。推进困难老年人家庭适老化改造，完成适老化改造2801户。推进12个精神障碍社区康复服务点建设，协调对接2020年江苏省精神障碍社区康复购买服务项目，督促承接项目的第三方专业机构发挥自身优势，通过组织集体活动与开展个案服务相结合的方式，降低精神障碍患者的病情复发率、致残率，提高自理率。

（是炜云　钱青艳）

社会组织管理

【社会组织发展】 2020年，无锡市成立社会组织综合党委，建立社会组织孵化培育基地101个，率先实现市县两级社会组织孵化基地全覆盖。年末，全市有社会组织16789个，其中登记6899个、备案9890个。有城乡社区社会组织12263个，其中城市8546个、农村3717个；城市社区平均拥有社区社会组织12.67个，农村社区平均拥有6.52个，均居全省前列。

（吉晨阳）

【社会组织公益服务项目采购】 2020年，市民政局首次通过政府购买服务招投标程序，投入资金308万元，向全市社会组织采购公益服务项目18个，服务内容包括关爱儿童、关爱老人、关爱特殊群体、社会组织增能与督导评估4个类别，单个项目采购金额最低15万元、最高20万元，单个项目的服务对象最少80人、最多100人。该举措标志着无锡市社会组织的发展阶段由创投“海选”初级阶段，进入注重高质量的“品牌塑造”时代。

（吉晨阳）

民族事务

【民族团结进步活动】 年初，无锡市建立全市企业民族工作联席会议机制，召开企业民族工作座谈会、现场

10 月 19 日，市民政局组织开展社会组织公益服务项目采购

（市民政局　供）

会，交流企业民族团结进步创建经验做法。江苏新日股份、无锡英特派、无锡华洋轴承、无锡隆玛科技、无锡麦梯服装、无锡天健体育等 10 家企业负责人参加会议。6 月末，市委统战部、市民宗局主办无锡市“民族团结进步宣传月”启动仪式暨少数民族文艺晚会，市委常委、统战部部长陈德荣及各族群众 150 余人参加活动。网易直播平台对开幕式现场进行网上直播，21 万人次点击收看。7 月，开展全市“民族团结进步宣传月”活动，举办民族团结进步创建成果展、民族文化和端午习俗展、民族工作政策法规“进万家”等特色活动，形成“民族团结一家亲”的氛围。7 月 31 日，副市长刘霞到清真寺，与少数民族代表共同欢度古尔邦节。

（张　兵）

【民族团结进步模范表彰】 10 月 19 日，全省民族团结进步表彰大会在南京召开，江南大学体育部、江阴市民宗局、宜兴市曲坊社区被省政府表彰为全省民族团结进步模范集体，王祖庚、李青、唐丽琴（土家族）、谢志毅被表彰为全省民族团结进步模范个人。会上，省委书记娄勤俭、省长吴政隆等省领导为 2019 年国务院表彰的全国民族团结进步模范集体和个人——无锡市民族宗教事务局、惠南社区党总支书记胡晓春以及受表彰的集体和个人颁发奖牌和证书。

（张　兵）

【“红石榴家园”创建】 2020 年，无锡市发动社区、企业、学校、医院等 20 家单位，围绕“硬件有规模、软件有特色”原则标准，按照动员发动、特色建设、审核推荐的方法，推进江苏省民族工作“红石榴家园”创建。无锡市民族团结教育馆、江阴市少数民族活动中心、宜兴市紫砂小学、无锡明慈心血管病医院、锡山区东亭街道、惠山区惠南社区、滨湖区蠡湖街道、新吴区江溪街道景渎社区 8 家单位被评为江苏省民族工作“红石榴家园”。其中，无锡市明慈心血管医院作为全省“红石榴家园”单位中唯一的民营企业和专科医院，参与援助新疆儿童的“爱心天使”公益项目。

（张　兵）

【新日公司包机运送少数民族员工复工复产】 2 月 23 日，全国统筹推进新冠肺炎疫情防控和经济社会发展工作部署会议召开，无锡市积极响应复工复产。2 月 26 日，市委常委、统战部部长陈德荣亲自协调、组织，江苏新日股份公司定制包机运送 135 名柯尔克孜族员工，从乌鲁木齐直飞无锡返岗复工复产。中央电视台、“学习强国”、《人民日报》等 9 家中央媒体和 8 家省级媒体对事件进行报道。

（张　兵）

【“梁溪—循化”消费扶贫】 2020 年，无锡市梁溪区对口支援青海省海东市循化撒拉族自治县的干部积极联系对接两地企业，帮助循化产品打开销路。“五一”期间，无锡四海一家投资有限公司主动与循化县驼铃有限公司进行品牌合作，生产“鲜吉多-艾慕萨”系列干拌面，达成千万元生产合约。5 月，一辆青海循化的大货车满载 3000 箱价值近 20 万元的干拌面抵达无锡，成为“梁溪—循化”消费扶贫第一车。千万元的订单，带动当地 50 多户建档立卡贫困户就近就业、致富增收。

（张　兵）

【原创锡剧《追梦路上》入选第六届全国少数民族文艺会演】 12 月，惠山区锡剧艺术传承中心精心打造的大型原创现代锡剧《追梦路上》入选第六届全国少数民族文艺会演参演剧目，成为江苏省唯一入选剧目。《追梦路上》是在脱贫攻坚战略收官之年精心推出的一部精准扶贫题材的主旋律戏剧作品。该剧以全国优秀共产党员、壮族干部黄文秀为原型进行创作，在讴歌“时代楷模”黄文秀的同时，颂扬惠山区盛产好人、充满大爱。作品构思巧妙，唱词讲究，音乐优美，角色鲜明，服装和舞美呈现具有民族特色和地域特点，受到国家民委、文化旅游部专家高度评价。

（张　兵）

宗教事务

【宗教活动场所文物修缮】 2020 年，无锡佛学居士林、无锡天主堂、南禅寺妙光塔、南水仙庙、广福寺、开原寺、中山路基督教堂 7 处宗教活动场

2月26日,新日股份公司定制包机运送135名柯尔克孜族员工,从乌鲁木齐直飞无锡返岗复工复产

(市民宗局 供)

文物完成修缮。修缮工作始于2018年,申请修缮经费2244余万元。其中,南禅寺妙光塔修缮工作始于2019年7月,主要对塔身破损部分进行修缮,2020年3月通过市文物局专家组竣工验收,修缮费用178.65万元。

(张 兵)

【启动《无锡道教文化史话》编撰】 3月31日,无锡市道教协会启动《无锡道教文化史话》编撰工作,市道教协会会长李纯明等编写人员参加会议。该书分道教宫观篇、道教名贤篇、道教音乐篇、道教文化篇、道教故事篇、道教活动场所6个部分,展示无锡市道教文化的历史沿革和地域特色。

(张 兵)

【宗教慈善事业】 2020年,全市宗教界积极开展"宗教慈善周""慈善助学""慈善基金会""低碳环保义卖"等活动,在全省率先成立"宗教慈善联盟",受益群众达2万余人。8月22日,普俊法师被省政府授予第五届"江苏慈善奖"之"最具爱心慈善行为楷模"称号。梁溪区宗教界连续第三年对口帮助青海循化县开展助学、助残等慈善活动,受助学生200人次。据不完全统计,全年宗教界用于公益慈善事业资金1584.5万元。

(张 兵)

【第三届太湖论道活动】 12月2～4日,由江苏省道教协会主办、无锡市道教协会承办的第三届太湖论道活动在无锡举办。江苏省委统战部二级巡视员王耀强,无锡市委常委、统战部部长陈德荣,无锡市委统战部副部长、市民宗局局长施正洲等出席开幕式。论道活动以"道教与江南文脉"为主题,探讨江南道教的文化传承与发展,并就道教文化的时代价值和现实意义开展广泛深入的对话交流。国内宗教学、哲学等方面的专家学者和道教界人士100余人参加活动。

(张 兵)

【宗教活动场所管理】 2020年,市民宗局持续推进星级宗教活动场所认定工作,修订完善《无锡市星级宗教活动场所认定考核评分细则》。11月16～20日,对全市申报三星级、四星级的宗教活动场所进行考评,32处通过认定。其中,江阴市东岳庙、宜兴市东城寺、锡山区石村古寺等20处被认定为三星级宗教场所,江阴市龙庆寺、梁溪区惠工桥基督教堂等12处被认定为四星级宗教场所。年内,市民宗部门统筹推进宗教活动场所安全工作专项整治,排查出一般隐患1719处、重大隐患22处,整改率100%。

(张 兵)

【首批宗教活动场所法人登记试点】 7月,省委统战部、省民宗委和省民政厅联合发文,推进全省宗教活动场所法人登记试点工作,无锡市新吴区国际礼拜堂成为在全省两家试点单位之一。12月下旬,新吴区行政审批局向国际礼拜堂送达宗教活动场所法人登记证书并向社会公示,无锡市承担的全省首批宗教活动场所法人登记试点工作圆满完成。

(张 兵)

编辑 葛 红

社会保险

【全民参保基本实现】2020年,无锡市人力资源和社会保障局实施全民参保计划,养老保险净增缴费11.78万人。开展城乡居民养老保险转企业职工基本养老保险专项行动,5.69万人被纳入企业职工养老保险制度。至年末,全市企业职工基本养老保险参保总人数393.17万人,其中在职参保298.52万人、离退休94.65万人;机关事业单位在职参保21.01万人,离退休7.87万人;居民养老缴费19.18万人,领取待遇68.4万人。参加工伤保险人数345.94万人。做好长江退捕渔民安置保障工作,长江干流和水生物保护区渔民就业、社保完成率100%。全年发放失业保险金5.5亿元、价格补贴6539.5万元、失业补助金4413.38万元。

(孙皓晨)

【养老金发放标准提高】2020年,无锡市企业退休人员养老金发放标准实现16年连增,平均每人每月增加162.03元,市区人均增至3020元。7月,全市96.57万名退休人员养老金调整发放到位。市区城乡居民基础养老金调整为每人每月540元,合计调整人数6.78万人,补发差额808.90万元。被征地农民政府保养金标准调整为:男60周岁以上、女50周岁以上,每人每月1030元;男50周岁以上、不满60周岁,女40周岁以上、不满50周岁,每人每月920元;合计调整人数17.55万人,补发差额2631.76万元。全市41.97万名居民养老保险人员养老金、28.46万名被征地农民政府保养金调整发放到位。

(孙皓晨)

【贴息续保政策完善】2020年,市人力资源社会保障局、市财政局、市民政局、人民银行无锡市中心支行联合印发《关于完善市区政府贴息贷款缴纳城镇断保人员养老保险费实施办法有关问题的通知》,放宽贴息续保政策。新政策加大政府贴息扶持力度,在贷款偿还期产生的利息由贷款对象个人承担改为由政府全额补贴。贷款对象既符合享受贴息续保政策条件,又符合享受就业困难人员就业援助社会保险补贴政策条件的,可自主选择一项最优政策享受,确保权益最优化。贷款对象在享受退休待遇并偿还贷款期间,还款额度不计入家庭收入统计范围,可继续享受最低生活保障待遇。根据贴息续保申请对象个人信用情况,银行适当放宽贷款条件,加快贷款审核办理进度,20个工作日内办结贷款发放。12月23日,召开《无锡市区缴费困难人员贷款缴纳养老保险费政府贴息贷款担保合作协议》签约大会,设立担保基金,市社保中心、交通银行无锡分行、无锡联合融资担保股份公司签订三方协议,发放首期300万元贴息续保担保基金。首期担保基金按照1∶20放大贷款余额,可提供6000万元贷款授信,满足未来2～3年的需求。

(孙皓晨)

【企业社保费用减免】3月,市人力资源社会保障局出台《关于贯彻落实阶段性减免企业社会保险费有关事项的通知》,在省内率先出台社会保险费减免政策,取消困难企业社保缓缴担保门槛。对中小微企业、按单位参

3月19日,无锡市召开关于贯彻落实阶段性减免企业社会保险费有关事项的新闻发布会 (市人力资源社会保障局 供)

保的个体工商户，免征2020年2～12月社保单位缴费或雇主缴费部分；对大型企业、民办非企业单位和社会团体等，减半征收2020年2～4月社保单位缴费部分。减免社保费后仍有困难的企业，缓缴政策执行期截止日期为2020年12月，缓缴期限最长不超过6个月，缓缴期间免收滞纳金。至年末，为15.52万家参保单位减免企业养老、失业、工伤三项社会保险费159.93亿元；608家（次）单位享受缓缴政策，缓缴金额约3000万元。提前恢复工伤保险国家基准费率，平均费率比原市定费率下降37%，每年可为用人单位减负5.2亿元。

（孙皓晨）

【医疗保险】 2020年，市医疗保障局以覆盖全民、城乡统筹、权责清晰、保障适度、可持续为目标，加快构建以基本医疗保险为主体、医疗救助为托底、补充医疗保险和商业健康保险共同发展的医疗保障制度体系。至年末，全市基本医疗保险参保总人数603.62万人，其中职工医保393.03万人、居民医保210.59万人；生育保险参保总人数249.31万人。市区居民医保基金运行试评价结果居全国第二位。

（俞 翔）

【基本医保市级统筹】 2020年，市医疗保障局有序推动基本政策、待遇标准、基金管理、经办管理、定点管理、信息系统“六统一”。政策待遇方面，出台《无锡市基本医保和生育保险市级统筹政策过渡办法》，实现居民医保筹资标准、医保结算年度统一；基金统收统支方面，7月起实现各市（县）当期收入即时缴入市级国库；经办管理方面，完善市、区、街道（镇）、社区（村）四级经办服务网络，制定无锡市区、江阴、宜兴3个统筹区经办一体化建设方案；信息系统方面，完成市级统筹数据归集和治理，推进大市统一的公共服务平台建设，通过系统改造实现一卡同城结算。

（俞 翔）

【完善城乡居民大病保险制度】 2020年，市医疗保障局在省内率先建立全市统一的城乡居民大病保险制度。在2013年市区实施城乡居民大病保险的基础上，建成保障对象、筹资政策、保障范围、待遇水平、招标管理等全市统一的城乡居民大病保险制度，7月1日起统一实施。至年末，全市有6.85万人次享受大病保险补助待遇，受益金额2.27亿元。

（俞 翔）

【长期护理保险优化】 2020年，市医疗保障局推进全市统一的长期护理保险实施工作，优化新冠肺炎疫情防控期间失能人员待遇申请和享受流程，出台商保机构经办考核办法。全年为2.75万失能人员发放长期护理保险待遇3.35亿元，取得良好的社会效益。

（俞 翔）

3月27日，举行无锡市城乡居民大病保险承办项目签约仪式

（市医保局 供）

【按疾病诊断相关分组付费】 1月1日起，无锡市作为省内唯一按疾病诊断相关分组（DRG）付费国家试点城市，在25家试点医院、30家观察点医疗机构，全面实行总额控制下DRG为主的多元复合医保支付，试点医疗机构全年的例均费用、费用消耗指数等多项绩效指标比上年有明显改善。无锡作为全国30个试点城市中实现实际付费的两个城市之一，DRG数据质量位列前三，DRG付费项目获国家医保经办精细化管理服务典型案例优秀奖。

（俞 翔）

【医药阳光招采平台应用】 1月1日，无锡医药阳光招采平台正式应用。至年末，全市140家医疗机构全部入驻平台，近40家二级以上公立医疗机构实现内网直联，注册医药企业4000多家，主要配送企业实现ERP直联。该平台获得国家版权局计算机软件著作权登记证书。

（俞 翔）

【药品和医用耗材集中采购】 2020年，无锡市推进和执行各级各类药品和医用耗材带量采购，为患者减轻医疗负担10.56亿元。其中：国家3批药品集中采购和使用，减轻患者用药负担7.73亿元；江苏省3轮医用耗材联盟带量采购，减轻患者医疗负担2.29亿元；无锡市首轮医用耗材联盟带量价格谈判，4个品种累计为患者节约医疗费用0.54亿元。

（俞 翔）

【医保基金安全管理】 2020年，市医疗保障局强化医保基金安全管理。加强源头治理，在全省率先组织定点医药机构开展自查自纠工作，召开院长座谈会，举办多场专题培训，培训规模2200余人。开展打击欺诈骗保集中宣传活动，编发宣传资料5.3万份，曝光典型案例45例。接受省级异地交叉抽查复查和国家飞行检查各1次，依托日常稽核、智能监控常态化监管和专项抽查复查，全年现场检查定点医药机构2549家，处理违规定点医药机构542家，暂停医保定点服务协议60家、解除医保定点服务协议19家、移送司法机关追究刑事责任2件。

（俞　翔）

【医疗保障公共服务专项治理】 2020年，市医疗保障局开展"医疗保障公共服务专项治理年"活动，优化32项医保公共服务事项，推进"互联网+医保"，异地就医备案等16项业务实现24小时掌上办理。异地就医定点医院联网覆盖率保持100%，实现长三角地区异地就医门诊费用"一单制"直接结算全覆盖。打造"无锡医保"微信公众平台，权威发布通知公告、政策解读、办事指南和各类政策动态。

（俞　翔）

住房保障

【市区共有产权保障房制度】 8月，市政府出台《无锡市市区共有产权保障房管理暂行办法》（以下简称《办法》），加快建立共有产权保障房供应体系，为城镇中低收入家庭提供保障性住房。《办法》对共有产权保障房的产权份额设定、建设标准、保障对象类别、申请审批流程、分配管理规定、房屋使用管理、保障资格的取得和失效等内容进行明确的规定。与经济适用房相比，共有产权保障房有以下特点：在户型设计方面，单套住宅面积标准适当放宽，并且首次提出可以建设三居室保障房，专门向有不同性别子女且子女均大于8周岁（含8周岁）的申请家庭供应，更加贴合住房保障家庭的实际需要；对保障房购买后的处置，按照政府回购、个人购买政府产权、向市场转让等情况，做出具体规定。《办法》明确规定，共有产权保障房向市场转让的收益必须按产权份额进行分割，体现保障性住房"房住不炒"的保障功能。

（王光荣）

【住房保障标准调整】 10月，无锡市调整2020年度住房保障标准。申请廉租住房保障、享受廉租住房租金补贴的住房困难家庭标准调整为：家庭人均月可支配收入在2580元以下、人均住房建筑面积在18平方米以下的低收入住房困难家庭。其中，符合低保（特困）、家庭人均建筑面积在15平方米以下的住房困难家庭可申请廉租房实物配租；申请廉租房货币补贴标准，低收入家庭按每平方米20元计算，低保特困家庭按每平方米25元计算，不足500元的补足500元，放弃廉租房实物配租的，补贴标准增加20%。调整经济适用房货币补贴标准，按1人户保障30平方米、2人户保障40平方米，3人及3人以上户保障50平方米计算，每平方米补贴11000元。市区城镇中等偏下收入住房困难家庭申请公共租赁住房保障标准调整为：申请人家庭人均月可支配收入4127元以下的无房家庭。

（王光荣）

【保障性住房建设与安置】 2020年，全市完成新开工各类保障性住房17841套，其中市区16897套、江阴市944套；基本建成6638套，其中市区5166套、江阴582套、宜兴890套。市区组织6批次资格会审，新增各类住房保障家庭3803户，配售经济适用房340多户，发放城镇住房保障家庭租赁补贴1425户。

（王光荣　丁　鼎）

【保障房建设管理体制改革】 2020年，市住房城乡建设局研究探索市区保障性住房建设管理体制改革的实施路径，按照"建管分离"的原则，由住房保障实施机构采取委托代建方式，落实保障性住房项目建设。市保障性住房管理办公室作为建设主体，采取公开遴选国企代建的方式，组织龙塘岸后五巷B块共有产权保障房项目的实施工作，并于12月28日开工建设。

（王光荣）

2020年建成的保障性住房——新吴区集体宿舍

（新吴区档案史志馆　供）

社会福利

【困境儿童保障】 2020年，无锡市落实自然增长机制，全面提升孤儿养育等救助保障标准。7月1日起，孤儿集中养育和分散养育标准分别提高到每人每月2730元和2320元，散居养育标准为集中养育标准的85%，超

1月10日，松下能源（无锡）有限公司走进市残疾人托养中心，与残疾人共同描绘“幸福·家” （市残联 供）

过省定标准10个百分点，继续保持全省领先地位。8月12日，市民政局、市财政局出台《关于加强重残、重病困境儿童基本生活保障和困境儿童动态管理的通知》，将重病、重残儿童纳入保障范围，按照社会散居孤儿基本生活补贴的50%发放生活补贴，扩大救助覆盖面，完善困境儿童分类保障制度。

（许 珂）

【儿童福利阵地建设】 2020年，市民政局按照“硬件完善、软件齐全、管理规范、社会参与、活动经常”的要求，依托新时代文明实践站、社区便民服务中心改（扩）建等方式，投入约125万元资金，高标准、高质量、高效率完成9个儿童“关爱之家”建设，惠及困境儿童5000余人。

（许 珂）

【扶残政策提标扩面】 4月，市委、市政府印发《关于推进残疾人事业高质量发展的实施意见》，5月，中国残联办公厅向全国残联系统转发推广，中国残联副主席、副理事长程凯对意见进行肯定批示。6月，市政府办出台《无锡市发展残疾人专项服务扶持办法》《无锡市残疾人保障和救助办法》，中国残联就业服务指导中心和省残工委分别向全国和全省转发推广。至年末，2.7万残疾人享受到生活补贴，3.5万名残疾人享受到护理补贴，1.5万名残疾人享受康复服务补贴，1.1万名残疾人享受到就业培训帮扶。

（李 洋）

【残疾人保障救助】 2020年，市残联、市财政局联合印发《关于在疫情防控期间实施惠残措施的通知》，发放残疾人自主创业和个体就业补贴500多万元，惠及残疾人2500人次、残疾人创业机构316家。修改完善考核评估办法，全市230个“残疾人之家”结合心灵家园、康复服务示范点建设提质增效，增加机构服务功能，为残疾人提供就近、就便的基本公共服务，全年托养服务3941人，实现辅助性就业2504人。市残疾人托养中心启动“幸福微菜篮”计划，惠及广益街道、江溪街道、旺庄街道及惠景家园社区的137户残疾人家庭。

（李 洋）

【退休人员福利】 2月，无锡市出台《无锡市推进国有企业退休人员社会化管理工作方案》，将尚未实行社会化管理的国有企业已退休人员移交街道和社区，率先实施事业单位退休人员社会化管理。至年末，市退管办与65家单位签订移交协议，接收退休人员9692人，其中接收7家事业单位退休人员2577人。全市企业退休人员住院医疗互助保险参保人员净增2.18万人，参保总人数53.6万人；保费突破亿元，达1.04亿元。全年享受住院医疗互助保险基本普惠待遇累计赔付人数10.61万人，累计赔付人次30.86人次，受益金额8597.44万元，人均理赔499.73元；可享受住院医疗互助保险特惠部

2020年“夕阳美·社保情”无锡市企业退休人员大型文体活动现场

（市退管办 供）

分理赔的有3026人，累计支付金额1815.4万元，支付个人最高为10万元。市区整合社会化管理企业退休人员与老年居民的健康体检，市人力资源社会保障局负责65周岁以下社会化管理企业退休人员健康体检，市卫生健康委负责65周岁及以上社会化管理企业退休人员健康体检，增加肿瘤标志物筛查项目，全年完成65周岁以下社会化管理企业退休人员健康体检及肿瘤标志物筛查11.96万人。全年安排1968万元帮困慰问资金，走访慰问生重病住院和困难企业退休人员10.8万人次。各级退管服务机构组织6万多人次退休职工参加文体娱乐活动。市退管办组织以“健康生活，幸福人生”为主题的“夕阳美·社保情”无锡市企业退休人员大型文体活动，退休人员展示非物质文化遗产技艺。10月，在全省“非遗”文化艺术比赛中，市退管办获最佳组织奖，推荐节目《锦绣百寿》获优秀“非遗”视频二等奖、《渔篮花鼓》获优秀“非遗”视频三等奖。

（魏晓武）

社会救助

【保障救助标准提高】 7月1日起，无锡市提高各项保障标准，居民最低生活保障标准、特困供养标准首次实现城乡、大市一体。落实最低生活保障标准自然增长机制，居民最低生活保障标准由上年每人每月 960元（宜兴910元），统一提高至每人每月1010元，实现12年连增；特困人员供养标准，分别由城镇每人每月1470元、农村每人每月1430元（宜兴城乡每人每月1300元），提高至城乡每人每月1525元；孤儿集中、分散养育标准，分别由每人每月2600元、2210元提高至2730元、2320元；市级、市（县）区级临时救助限额标准，分别由7400元、4600元提高至8000元、5000元。年末，全市有最低生活保障对象9985户13925人，全年发放低保金1.3亿余元；特困救助供养对象5306人，支出保障金8259万元。对因病、因灾和突发困难导致基本生活困难的家庭，由市、市（县）区两级给予临时救助，全年救助1.1万人次，发放临时救助资金1486万元。全年对最低生活保障对象、特困供养人员、孤儿启动10次价格临时补贴联动机制，发放补贴3876万元，惠及20.4万人次。对最低生活保障对象、特困供养人员、孤儿、低保外享受困难残疾人生活补贴对象，按每人每月120元的标准发放临时生活补贴，全年发放5614万元，惠及46.56万人次。春节期间，民政部门对其管理的机构及对象，由市级下拨节日补助资金约1651万元。

（李　莉）

【医疗救助】 2020年，市医保局落实医保扶贫、医疗救助各项政策。对所有医疗救助对象参加城乡居民基本医保个人缴费部分实行全额资助，实现应保尽保，全年资助医疗救助对象免费参加居民医疗保险31505人。及时发放医疗救治费用补助，全市累计201824人次享受医疗救治费用救助，发放医疗救助资金7412.91万元。

（朱国俊）

【临时遇困人员救助】 2020年新冠肺炎疫情防控期间，市民政部门设立“12345”求助热线，对滞留无锡的湖北籍务工人员，由属地在12小时之内进行安置，保障临时遇困人员的基本生活。无锡救助管理站开辟单独的隔离观察区，对非重点疫情地区且体温正常的到站人员实行单独居住，并进行14天的隔离观察，将救助期限由10天放宽至14天。

（钱青艳）

【流浪乞讨人员救助】 2020年，无锡市完善联动救助机制，联合公安、城管、卫生等部门多次开展联合行动，到火（汽）车站广场、桥梁涵洞等流浪乞讨人员集中区域进行巡查，做好流浪乞讨、务工不着等人员的救助工作。年内开展“寒冬送温暖”“夏季送清凉”专项救助行动。全年市救助站管理站站内救助816人次。

（钱青艳）

【慈善资金募集使用】 2020年，无锡市慈善会系统募集慈善资金2.05亿元，其中，市本级慈善总会募集慈善资金4774.58万元，支付助困、助医、助学、助残、助老等救助资金3497.95万元。新冠肺炎疫情发生后，市慈善总会于1月29日发布专项募捐公告，开通募捐平台和网络募捐通道。至12月14日，募集慈善专项资金3757.92万元，支出3508.16万元；募集防疫物资折价219.76万元，均捐助各市（县）、区一线防疫使用。其中，在慈善总会官网发布的“众志成城，抗击疫情”网络募捐项目，募集到2651人次78.37万元捐款。9月，联合灵山公益基金会，开展以“精准扶贫，无锡力量”为主题的腾讯“99公益日”网上募捐活动，线上募集总额97.11万元，获得企业配捐总额100万元，发动7152人次参与活动。2020年，市、市（县）区两级慈善会组织接收疫情防控专项资金1.9亿元，支出1.86亿元；募集防疫物资折价1999.87万元，支出折价1999.1万元。

（缪　城）

【慈善义拍】 2020年，市慈善总会通过慈善义拍，丰富善款来源。3月，无锡籍著名雕塑家、书画艺术家钱绍武以92岁高龄创作《山川异域，风月同天》等3幅书法作品，捐赠给市慈善总会，通过义拍的形式，支持家乡抗疫工作。市慈善总会会同无锡市文化艺术创作中心、无锡市收藏家协会、无锡何振梁与奥林匹克陈列馆、江苏金卫星集团有限公司等协办支持单位，发动无锡书画艺术家参与“风月同天，善爱同行”书画艺术作品慈善义拍活动，100名书画艺术家捐赠国画、书法、油画等各类作品136幅。10月18日，在无锡博物院开展慈善义拍，200多名企业家和市民参拍，成交作品117件，募得善款114.22万元，全部用于支持市人民医院、市第二人民医院购置防疫检测、治疗设备与物资。

（缪　城）

【慈善扶贫救助】 2020年，市慈善总会坚持"收入型"困难家庭救助的同时，兼顾"支出型"困难家庭救助，为低收入家庭及部分中等收入家庭提供临时救助服务。以元旦、春节"送温暖"为主要抓手，对纳入政府社会救助政策对象提供配套救助。全年向患重病特困家庭和生活特困家庭发放救助金722.1万元，惠及困难群众5947人（户）次；捐助米油、棉被等物资折价129.81万元，惠及市区低保对象10633户次。使用慈善超市爱心卡，救助低保边缘家庭，支出救助资金181.3万元，捐助对象3500人（户）。临时救助市区困难和重病低收入家庭，支出资金3.4万元。救助市区困难学生家庭，支出助学资金149.1万元，资助学生481人次。作为慈善资金对社会保障的补充，"慈福"民生保险支出配套资金104.99万元。承担中华慈善总会9个慈善靶向药物的发放工作，救助患者3546人次，发放救助药品3661.15万元。

（缪　城）

【慈善合作救助】 2020年，市慈善总会与多方合作开展慈善活动，拓宽救助渠道。与灵山慈善基金会合作开展"为爱行走"大型公益徒步活动，通过"运动+慈善+旅游"模式，推动公益事业发展。与市康复医院合作开展慈善康复工程，为1974名贫困肢体、精神残疾患者提供康复治疗。与无锡农村商业银行合作，为百岁老人提供每月300元尊老金补贴，受益老人200多人。与学校及慈善义工合作，开展"温暖衣冬""无锡励志包"等活动，受益困难群众8700余人。9月，与市民政局合作，推动"村级医疗互助"项目签约落地，按病种补助村民重大疾病治疗费用支出，有效破解因病致贫返贫难题。11月，与各区民政部门合作启动"安心居"适老化改造项目，精准对接社会"夹心层"群体，提供居家环境适老化改造服务。

（缪　城）

2月19日，日行一善公益组织向市红十字会捐赠30万元，定向用于支持武汉医疗队

（市红十字会　供）

【红十字会贫困帮扶】 2020年，市红十字会常态化开展"博爱送万家"活动。全年募集社会捐赠款物9325万元，实施精准救助6501.1万元，惠及困难群众14万余人。收到230个部门（单位）、299名社会爱心人士捐赠衣物4.03万件，援助无锡贫困群体、外来务工人员和延安等贫困地区。全年完成对口援助延安、海东、新疆、徐州等地累计款物301.98万元。

（刘　森）

【红十字会爱心公益项目】 2020年，市红十字会推动线上线下融合筹资，设立29个人道救助基金。以"爱心相伴、就在身边"为母项目，推动涉及老年关爱、疾病救助、爱心助学助餐、关爱儿童和残障人士等15个子项目参加"99公益日"活动，筹集善款390337.91元，居全省设区市首位。该项目被省红十字会评为最佳组织奖，梁溪区红十字会"救在身边——梁溪红助力计划"获省红十字会"99公益日"最具网络人气项目。扩大红十字"帮你回家"定位手环公益项目覆盖面，为阿尔茨海默病患者等易走失人员提供定位监护服务，全年免费配发定位手环500个。

（刘　森）

编辑　葛　红

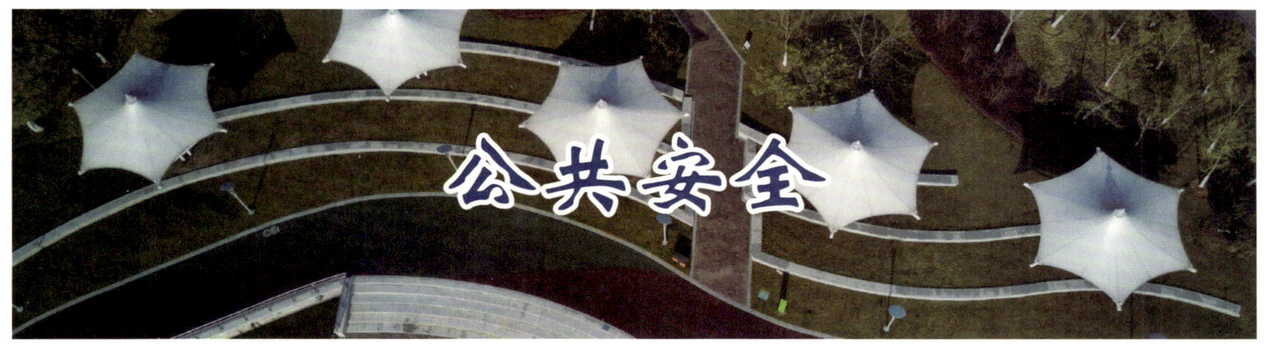

应急管理

【防灾减灾救灾联动机制】2020年，无锡市应急管理局与市红十字会签订《防灾减灾救灾联动工作机制合作协议》，与市水利局建立会商联动协调机制，与市自然资源规划局、市气象局建立汛期地质灾害会商、分析、预警机制，与市粮食和储备局建立应急救灾物资储备、快速调用机制，与无锡军分区和驻地武警部队建立工作联系、信息共享、联合会商3项制度。

（邵曰坚）

【防灾减灾救灾预案】 2020年，各部门各单位开展机构改革后新一轮应急预案修订工作，完成《无锡市突发事件总体应急预案》及《无锡市地震应急预案》《无锡市突发地质灾害应急预案》《无锡市工矿企业生产安全事故应急预案》《无锡市雨雪冰冻灾害应急预案》《无锡市自然灾害救助应急预案》《无锡市森林火灾应急预案》等51个市级专项应急预案的修订印发。

（邵曰坚）

【应急救援能力建设】 2020年，全市开展专项应急预案演练1195次、部门应急预案应急演练541次、市直管企业应急预案演练1267次。市应急管理局牵头组织工贸企业生产安全事故应急演练、地震应急救援演练、突发地质灾害综合应急演练和危险化学品泄漏事故应急预案桌面推演。全市建有道路桥梁抢修、隧道救援、通信保障和抢修、雨雪冰冻灾害、防汛防旱、交通保障等各类城市应急救援队伍162支、5402人，市区范围有6个直升机临时起降点符合有关起降条件。

（邵曰坚）

【防灾减灾救灾知识普及】 2020年，全市共在城市重点路段沿线、公交站台、地铁、火车站、商场等人员密集场所设置宣传广告牌2026个，LED流动宣传车、出租车447辆，设置高炮122个，开设“应急之声”广播电视栏目，制作应急管理、安全生产专题50期。针对防火、水旱、地质、地震等自然灾害特点，组织灾害预警、事故预防、减灾救灾常识宣传，推送各类警示教育、预警信息等文章和视频150余篇次，提高全社会事故风险防范能力。开展森林防灭火宣传月和第12个“全国防灾减灾日宣传周”活动，与市北高中联合开展“防灾减灾日”学生综合实践活动。

（邵曰坚）

【应急避难场所建设管理】 2020年，市住建局强化政策指导，制定《关于加强应急避难场所建设管理的指导意见》，印发《市住房城乡建设局关于推进应急避难场所建设管理的通知》，促进全市应急避难场所科学化、规范化建设管理。至年末，全市建成4个中心级应急避难场所、30个固定级应急避难场所，初步形成城市应急避难场所体系。落实维护费专项资金并及时拨付，加大对相关级应急避难场所的支持和保障力度。开展应急避难场所建设情况自查和中心级应急避难场所专项检查，全面梳理应

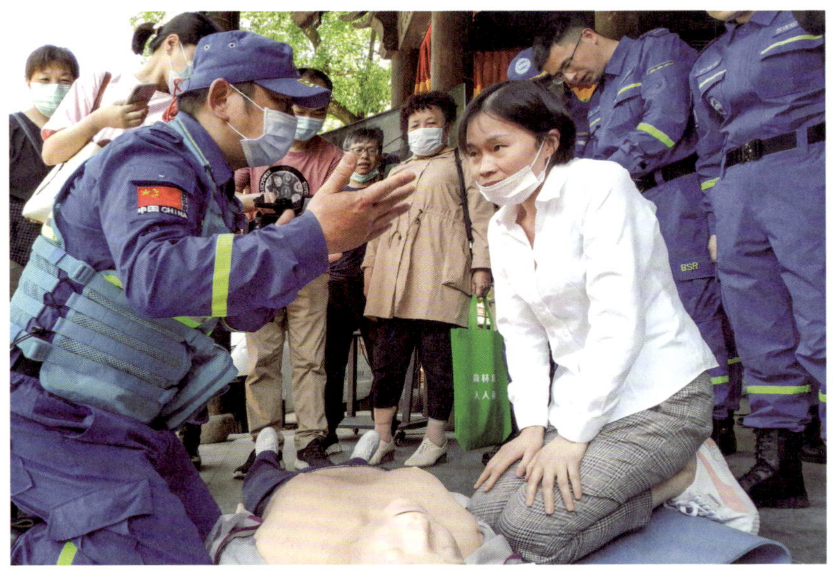

5月12日，市应急管理局在锡惠公园举行防灾减灾知识宣传

（市应急管理局　供）

急避难场所建设情况，提升应急避难场所管理水平。开展专项整治，改善应急避难场所条件。

（李渊明）

【应急救护能力建设】 2020年，市红十字会修订完善《无锡市红十字会自然灾害应急预案》，与市应急管理局、市粮食和储备局签订《防灾减灾救灾一体化协议》，并联合开展应急救援演练。各市（县）、区红十字会均与当地应急管理部门签订合作联动协议。建成5个红十字景区救护站，实现全市AAAAA级景区全覆盖。建设群众性应急救护专业化救援队伍，主动服务2020无锡马拉松等大型赛事和重大活动的应急保障，受益群众5000余人。加强应急救护培训，深入开展“应急救护百万培训”活动，完成初级救护员培训8073人，组织群众普及性培训65208人，举办2020年无锡市红十字应急救护技能竞赛。组队参加全省红十字应急救护技能竞赛，获总分第一名、团体特等奖。指导梁溪区、锡山区建成并投入使用红十字急救培训基地，其中梁溪区红十字应急救护培训基地入选全市首批“科技志愿服务活动站”。江阴市应急救护培训基地被总会评为“应急救护示范基地”。

（刘 森）

【应急救灾物资储备】 2020年新冠肺炎疫情期间，市粮食和储备局在全国防控物资严重供不应求的情况下，依托“1+2+N”物资储备体系（1是实物储备，2是合同储备和能力储备，N是联动合作），构建物资采购网络，保障全市物资需要。采购疫情防控物资总价值6500余万元，包括各类口罩1690余万个、测温仪1.4万余个、医用防护服16.8万余件等，发放单位120余家。根据市应急管理部门的目录清单，采购帐篷、应急灯、雨衣等33类救灾物资。扩大能力储备企业规模，与中国邮政集团有限公司无锡市分公司、江苏佳利达国际物流股份有限公司、国药控股无锡医疗器械有限公司等20家企业签约。与市红十字会签订应急救灾物资一体化互动协议，共同建立应急救灾物资一体化互动机制，实现信息互通、资源共享。全面落实粮食安全责任制，将粮食安全责任制考核纳入市（县）区高质量发展考核体系，提升粮食安全保障水平。2020年，市粮食和储备局被人社部、国家粮食和物资储备局联合表彰为全国粮食和物资储备系统先进集体。

（徐 凯）

气象灾害防御

【气象灾害】 2020年，影响无锡的灾害性天气主要有暴雨洪涝、寒潮、低温冰冻、强对流、高温、台风、雾霾、连阴雨等。其中因超长梅雨期导致的暴雨洪涝和年终强寒潮引发的严重低温冰冻影响较大。

（夏 健）

【流域性大洪水灾害防御】 2020年初夏，无锡市出现旱涝急转。6月10日入梅，比常年早6天；7月22日出梅，比常年晚11天；梅雨期长达42天，比常年多16天（最长的1991年为56天）。梅汛期间，强降雨过程频繁，暴雨、大暴雨频发，出现6月11～12日、14～18日、21～23日、27～29日，7月5～7日、15日、17日、19～20日8次强降雨过程，主要河湖水位快速上涨，陆续超警戒水位。超长梅雨期、超多梅雨量，引发流域性大洪水。7月6日起，无锡市内河水位全面超警戒水位，7月8日起多座水库陆续开始泄洪、溢洪。大运河无锡站最高水位5.05米，超警戒水位1.15米，位列历史第四；太湖水位于6月28日超警戒水位（3.8米），一直处于持续上涨通道，7月17日超保证水位（4.65米），7月21日涨至最高水位4.79米，与1991年并列为1954年以来历史第三高水位，超过全流域50%的地面高程，太湖流域发生流域性大洪水。梅汛期间，市、市（县）两级累计发布重要天气报告49期，提前预报强降水过程；市、市（县）气象台精准发布暴雨、雷暴、大风、大雾4类预警信号累计107次。每周与水利、水文部门进行联合视频汛情会商，联合应急管理局、自然资源规划局发布地质灾害气象风险预警，联防联控，形成防御合力。梅汛期内，全市气象部门启动5次重大气象灾害（暴雨）应急响应，1次防汛救灾气象保障服务Ⅰ级应急响应。市领导多次召开防汛调度会，市防汛防旱指挥部启动防汛Ⅳ级应急响应，并逐渐提升到Ⅲ级、Ⅱ级；市应急管理局做好随时参加灾害应急救援的准备工作；市自然资源规划局对地质灾害隐患点加密巡查，增

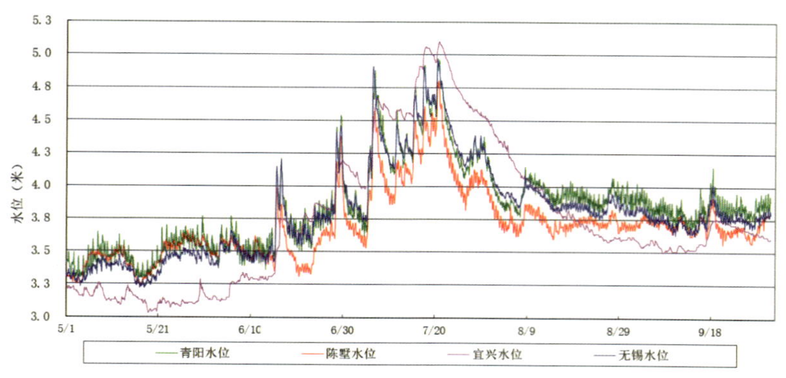

图37 2020年汛期无锡地区主要站点水位过程线示意图

（市水利局）

设警示设施，做好人员撤离；市市政园林局对各易积水点定点值守，道桥中心24小时值守实时监控，通过开井助排、加泵抽水等多种方式及时处置积水；市城管局协同绿化、市政等部门对全市156条主干道及34个下穿通道加强巡查排涝，消除积水和路障隐患；市公安局落实应急处置、值班备勤等措施，全力保障道路安全畅通和人民群众生命财产安全；市粮食和物资储备局积极做好应急救援物资储备工作；市农业农村局深入田间地头，深入低洼圩区现场指导农户抗灾，因地制宜提出补救措施，做好技术服务工作。

（夏　健）

【“霸王级”寒潮灾害防御】 12月29日中午起，强冷空气自北向南影响无锡市，出现7～9级偏北大风，傍晚降雨逐渐转为降雪，22时前降雪先后结束，无锡、江阴和宜兴降雪量2.1毫米、3.0毫米和4.3毫米，积雪深度1厘米、2厘米和3厘米。29日下半夜天气迅速转好，受冷空气和辐射降温的双重影响，气温急剧下降。该次冷空气过程持续时间较长，后续升温较为缓慢，12月30日起连续4天最低气温在-6℃左右，平均气温在0℃以下，出现严重冰冻。混合式雨雪、速冻式降温所形成的“霸王级”寒潮，给城市运营、市民生活、露地蔬菜、设施农业生产带来不利影响。市气象灾害应急指挥部启动气象灾害（寒潮）Ⅲ级应急响应。市委宣传部组织全网发布温馨提醒短信；市安委办发布《关于做好低温雨雪冰冻寒潮灾害防范应对工作的紧急通知》；市应急管理局加强对重点区域、重大危险源的监管，防止次生灾害发生；市住房城乡建设局加强对房屋建筑、建筑工地和附属设施的灾害险情排查和监测，组织好城市基础设施的安全检查和故障抢修；市市政园林局加强快速内环、城市高架桥、公铁立交和城市主干道绿地的扫雪除冰工作；市城管局组织协调市内运河、梁溪河等主要桥梁的积雪清理工作，并有针对性地采取防冻防滑措施；市交通运输局组织公交、铁路、机场、道路运输企业做好抗雪防冻救灾工作，重点保障国道、省道等主要交通干线公路的畅通有序；市农业农村局、市自然资源规划局加强农村防雪除冰、农田作物的冰冻防治，做好农业、林业和水产畜牧业防灾减灾指导；市应急管理局、市气象局和市文广旅游局通过应急广播系统的8183个小区终端，连续3天同步播放紧急通知，提醒公众做好防冻防寒保暖措施，注意出行安全；市供电公司科学安排电网运行方式，强化冬季设备运维管理，确保居民生活用电可靠。

（夏　健）

防汛减灾

【汛期灾害防御】 2020年，全市水利部门面对超长汛期、超强降雨，统筹流域区域、城市农村、外洪内涝，开展城市防洪工程水闸—泵站—地涵联合调度以预降预排、合理控制运东大包围水位，调度沿江闸站全力抢排洪水入江，严格运用横山水库、油车水库等大中型水库削减洪峰、排泄洪水，加强巡堤查险、值班值守，迅速有效处置太湖、大运河等处突发险情，最大程度减轻汛情影响，保障人民群众生命财产安全、生产生活秩序正常。无锡市水利局、惠山区水利局被评为江苏省抗旱抗台抗洪工作先进集体。

（岳喜磊）

【防汛抢险演练】 2020年，市水利局在全省率先开展城市超标准洪水调度演练，是全省13个设区市中唯一开展超标准洪水调度演练的城市。首次采用远程视频指挥方式组织开展市级防汛抢险演练，重点考核远程指挥、防汛物资转运、机电辅助配合、沙袋构筑子堤、挖掘机桩木围护封堵、反滤围井构筑、机泵排水等科目。其中，首次尝试运用远程调度指挥抢险、二维码视频教学和无人机辅助巡查，提升防汛抢险科技化信息化水平。

（岳喜磊）

【城市防洪能力提升】 2020年，市水利局针对城市防洪运东大包围和运西片山北南圩、山北北圩、盛岸联圩口门建筑及堤防等方面存在的防汛薄弱环节，通过新建拆建口门建筑

2020年汛期，宜兴横山水库泄洪　　（宜兴市水利局　供）

物、加高加固堤防和建设防汛通道、改造防洪墙伸缩缝、增加墙后防渗等措施,提升防洪能力,保障区域防洪安全,同时兼顾航运安全及生态景观需要。针对太湖新城片区在防汛工程体系建设和科学调度运行方面暴露出的问题和短板,加快实施横大江、东埄河、秀水河、碧水河、大溪港等主要引排河道的整治、拓浚工程,加快实施阚甲里闸站、三房桥河闸站、横泾巷河闸站等配套口门控制工程,优化完善太湖新城片区防汛调度体系,确保片区防汛安全。

(岳喜磊)

地质灾害防治

【地质灾害应急防治机制建设】 2020年,市自然资源规划局开展"十四五"地质灾害防治规划编制工作。制定《无锡市2020年度地质灾害防治方案》,所有隐患点均发放地质灾害防灾明白卡、避险明白卡及每个隐患点防灾预案。在遭遇超长梅雨期、超强降雨量和持续8轮强降雨的情况下,落实各项地质灾害防治措施,落实带班领导和24小时值班、每日零报告和险灾情速报制度,强化汛期监督检查,通过电话回访、实地核查等方式,压紧压实防御应对工作。加强部门协作,与应急、气象等部门建立地质灾害气象风险预警会商机制,年内发布地质灾害气象风险预警及提示信息4则,发送短信4000余条,成功预报地质灾害险灾情3起,连续17年未发生因地质灾害造成人员伤亡事故。

(刘梦蛟)

【地质灾害隐患排查】 2020年,无锡市查明地质灾害隐患点93处,以滑坡、崩塌为主。按灾害类型划分,崩塌71处,滑坡14处,地面塌陷4处,地裂缝4处;按行政区划分,江阴市36处、宜兴市13处、梁溪区5处、锡山区13处、惠山区8处、滨湖区18处。其中,重要地质灾害隐患点14处,主要分布在宜兴市和滨湖区,其次为江阴市、锡山区和惠山区。

(刘梦蛟)

【地质灾害险(灾)情应对】 2020年,全市共发生突发地质灾害险(灾)情8起,等级为小型。按类别分:崩塌5起(江阴市、宜兴市、锡山区各1起,滨湖区2起),滑坡3起(宜兴市2起、滨湖区1起)。除江阴市1起为灾情外,其他均为险情,均未造成人员伤亡。市自然资源规划局组织地质灾害应急调查27次,出动地质灾害防治专家和技术人员60余人次;各级自然资源规划部门开展"三查"(汛前排查、汛中巡查、汛后复查),出动人员2000余人次。

(刘梦蛟)

【地质灾害治理】 2020年,市自然资源规划局实施宜兴市张渚镇杰达石材、芳桥镇架弓山、太华镇三儒里、锡山区锡北镇斗山、滨湖区大山头等一批地质灾害治理工程。工程采取削坡减载、坡面清理、挂网客土喷播绿化、平台普通喷播、排水沟设置、防护网、边坡格构锚固、修建重力挡墙等方式,消除地质灾害隐患。

(刘梦蛟)

【大山头地质灾害治理】 6月28日,滨湖区大山头山体崩塌。当晚,市自然资源规划局组织人员对落石所在的山水西路实施临时围挡,派遣专人巡查崩塌山体,警示二次崩塌。该处崩塌点坡顶进行处岩体悬空,存在二次崩塌的可能,崩塌点周边边坡稳定性亦较差,对坡脚山水西路上的行人及车辆造成一定威胁。通过对大山头整面山体实施加固挂网、客土喷播等治理措施,做到彻底消除地质灾害隐患。

(刘梦蛟)

完成山体治理的滨湖区大山头　　（市自然资源规划局　供）

防震减灾

【防震减灾应急机制建设】 2020年,按照市防震减灾工作联席会议办公室职能,调整市防震减灾工作联席会议成员。依法修编《无锡市住房和城乡建设局地震应急预案》,明确编制目的和依据、适用范围及工作原则、地震事件分级及响应、组织体系及主要职责、地震应急处置、预案管理,对地震事件分级、响应、应急指挥机构组成及其主要任务进行说明,设定应对方法,提出预案适时修订和演练要求,对应急工作中的行为明确奖惩规定。与市应急局建立震情共享和传递机制,提升应急工作能力。市住房城乡建设局被评为江苏省地震应急技术运维工作优秀单位、江苏省防震减灾工作优秀单位。

（周克敏）

【**地震监测预报**】 2020年，无锡地震台网新增宜兴太华山强震动观测仪，改善惠山区阳山强震台观测环境。坚持震情值班制度，全天候监视地震活动。组织震情趋势会商工作，研究震情，研判趋势。开展无锡地震台网安全运行随机和定期巡查191次，落实台站安保措施。年内处置地震事件119起，包括责任区内9起、网内35起、网外40起，发送地震“三要素”（发震时间、震中、震级）短信7928条，接收群众问询电话7起。全年抢修监测设施55台次，测震台网运行连续率99.75%、强震台网运行连续率98.74%，前兆台网运行连续率100%。定期提交台网运行月报和震情目录，编写《无锡市2020年度地震趋势会商报告》。2020年，无锡地震台网获江苏省2020年度市级台网系统运行第二名。

（周克敏）

【**建设工程抗震设防**】 2020年，市住建局开展建设工程地震安全监管检查，推进国家有关法律法规和强制性技术标准的贯彻实施，推进地震安全性区域评估工作。根据《无锡市优化营商环境2020年工作要点》《无锡市地震安全性区域评估工作实施方案》，为相关园区开展地震安全性区域评估提供支持服务，其中惠山经济开发区2次、无锡高新技术产业开发区1次。

（李渊明）

【**防震减灾科普宣传**】 2020年，市住建局加大防震减灾科普宣传力度，制定《新时代无锡市防震减灾科普提升行动实施意见》，就加强组织领导、强化政策支持、科学评估考核、加强学校防震减灾科普教育、拓展防震减灾科普阵地建设、打造防震减灾科普精品项目、优化防震减灾主题科普活动、创新防震减灾科普传播方式、加强防震减灾科普工作队伍建设等，提出具体措施和要求。以“5·12”全国防灾减灾日、科普周、安全生产月、全国科普日等活动为契机，开展各类防震减灾宣传活动256场次，其中广场宣传42次、知识讲座36次、应急演练43次，发放宣传品1万余份，扩大防震减灾知识覆盖面，提高全社会防震减灾意识和抵御灾害的能力。2020年，市住房城乡建设局被省地震局评为全省唯一的地震科普宣传先进单位。

（李渊明）

5月9日，市住房城乡建设局开展防震减灾宣传活动

（市住房城乡建设局 供）

森林防火

【**森林火灾防治规划编制**】 2020年，《无锡市区森林火灾防治规划（2021—2025年）》完成文本编制，并通过专家论证评审。规划构建无锡森林火灾防治基础保障体系、预警监控、通信指挥、森林火灾早期扑救力量建设、森林火灾阻隔、火源管理、航空护林、森林防火宣传八大体系建设规划设计，统揽布局森林防火各项工作。

（刘梦蛟）

【**森林火灾预防体系建设**】 2020年，市自然资源规划局健全森林火灾预防体系，针对森林火灾预防工作中存在的“软肋”“短板”，制定出台《无锡市林业系统森林火灾联防协作制度》《无锡市林业系统森林防火专项整治行动推进工作方案》《无锡市林业行业森林火灾预防分级分类监督管理办法（试行）》以及《无锡市自然资源规划局森林防火专项整治相关工作制度》等文件，健全完善森林火灾预防的一整套制度体系。

（刘梦蛟）

【**“引水上山”工程**】 2020年，市自然资源规划局开展“引水上山、以水灭火”工程建设。以森林防火蓄水池建设为重点，按照“每100公顷山林蓄水量达到500吨以上，水车取水半径不超过3千米”的标准，规划布局引水灭火工程。滨湖分局将“引水上山”工程项目列入为民办实事项目，实现三年任务一年完成。2019～2020年，全市新建蓄水池1230个，林间增加总蓄水量24462吨，新增引水上山管道1200米、消防栓10个。“引水上山防火，多措并举护林”被市委、市政府办公室评选为2020年市人大代表建议和政协提案十大创新务实办理举措。

（刘梦蛟）

【**森林防火阻隔系统建设**】 2020年，市自然资源规划局推进森林防火阻隔系统建设，按照“重点林区路网密

10月14日，梁溪森林防火半专业队伍进行消防演练

（市自然资源规划局 供）

度26米/公顷”标准设置防火道路，按照“重点林区隔离网8.5米/公顷的密度”标准设置工程阻隔网，并对重点林区防火通道两侧5米内林下可燃物进行清理。全市建设防火通道12.07千米、防火隔离设施13.8千米，修补破损隔离网1200米，清理林下可燃物1400公顷。

（刘梦蛟）

【林火视频监控系统建设】 2020年，市自然资源规划局推进林火视频监控系统和通信指挥系统建设，综合运用视频监控、无人机巡查、瞭望观察和地面巡逻等手段，实现森林火灾自动监控、识别及报警，火情瞭望覆盖率达到85%以上。市区新建森林火灾预防通信基站1座，并投入运行。江阴市建成林火视频监测系统5套，9个红外双光视频监控前端通过测试启用。宜兴市森林消防指挥中心建成投入使用，新购置数字对讲机50部，全部分发到相关森林防火重点乡镇（街道）。滨湖区投入1700万元用于林业灾害防治智能化系统建设，并对惠山森林公园视频监控系统实施“互联共享”。惠山古镇景区、梅园景区新购置无人机2架，用于森林火情监测。惠山古镇景区沿惠山索道增设视频监控点5个，在龙光塔建设鸟瞰高清监控视频前端1个，在惠山南坡重点区域新建点位监控视频前端10个。在入山道口和防火道路等重要地段新增视频话音播报器213个，提示登山休闲的市民进入林区不忘森林防火。

（刘梦蛟）

【护林队伍配备管理】 2020年，市自然资源规划局按照“一般山林每500亩山林配备1名护林员、重点山林每300亩配备1名护林员和重点林区重要入山进林道口配备2名护林员、一般道口配备1名护林员”的标准，全市配备护林员1818人，实施定岗、定人、定责、定绩、定酬，分片划区包干，实行网格化管理，明确护林员的巡防职责、日常管理、培训教育和考核奖惩等制度，对市区护林员实施每人每年3000元的财政补助政策。

（刘梦蛟）

【森林防火隐患整治】 2020年，市自然资源规划局加强火源管控，围绕森林防火隐患整治，推进基础设施建设改善，探索森林火灾防范分级分类管理。全年出动3258人次，对2418个乡镇（街道）、村（居）委员会、森林经营单位、林火视频监测中心、护林检查站（哨）、森林防火重要设施等进行检查，发现问题20个、隐患190处，监管检查率100%，至年末全部完成整改。全年森林火灾受害率控制在0.3‰以内、控制率在1.2公顷/次以下，火灾报告率100%，未发生较大以上森林火灾和人员伤亡事故。

（刘梦蛟）

【森林防火专项整治】 2020年，市应急管理部门开展野外火源专项治理行动和森林防火专项整治行动。全市各级出动检查人员1042人次，检查单位2036家，排查隐患问题236个，其中即知即改96个、限期整改126个、长效治理14个。成功处置森林火灾21起，其中宜兴市6起、梁溪区1起、惠山区1起、滨湖区4起、市文旅集团9起。火灾过火面积大幅下降，扑救效率大幅提高，最大限度减少灾害损失。

（邵曰坚）

交通安全

【交通运输安全管理】 2020年，市交通运输局围绕“遏制重特大事故发生、事故发生率和亡人率同比下降20%”的“一遏制、双下降”目标，加强交通运输安全管理。牵头推进交通运输领域道路、水路两个安全生产专项整治行动，对企业开展安全检查3万余家（次），排查整改隐患2642处，立案处罚5759家（辆）、关闭取缔13家，停产整顿135家，罚没金额1468.98万元。探索形成“金链条”治超监管压降，普通公路超限率降至0.17%（为全省最低）。在全省率先实施“智网行动”，实施“五步法”（筹建一个系统、精确两类研判、构建三套网络、建立四项机制、推进五张表格），打击大客车非法营运，该办法入选全国平安交通特别推荐安全项目。10月17日，无锡市公路事业发展中心成立，挂“无锡市公路管理和应急指挥中心”牌子。同日，成立无锡市港航事业发展中心。

（徐天南）

【水上交通安全管理】 2020年,地方海事部门组织执法人员31069人次,出动海巡艇10610艘次,检查船舶42645艘次,查处违章船舶3530艘次;实施日间电子巡航9153次,夜间电子巡航3223次,通过电子巡航处置事件17起;江阴船闸进出港报告269687次;船舶进出港报告350743次;太湖湖区封航70次。发放五级及以上水上水下活动许可证25张,发布航行通告37份。接处警721起,救助船舶237艘次,救助船民248人次,人命搜救成功率100%。检验船舶2393艘,检验船用产品19318台(套),审核船舶与船用产品图纸150套。完成778本(张)的各类船员证书(件)签发,完成船舶登记776艘次,船舶识别号221起、船舶配员470起和船名核准170起。实施行政处罚859起。年内,辖区无等级以上水上交通事故,无6小时以上航道堵塞事件,无重特大船舶污染水域事故。

(徐天南)

【道路水路运输行业安全生产分级分类监管】 7月24日,市安全委员会办公室印发通知,对无锡市道路水路运输行业安全生产实施分级分类监管。道路水路运输行业分为道路运输重点类、道路水路客货运类和道路运输相关业务类三大类,明确三类企业安全生产责任,根据道路水路运输企业的经营类别、经营规模、经营区域特性,将道路水路运输企业安全生产监管分为三级,明确一级企业由市级主管部门负责监督管理,二级企业由市(县)、区主管部门负责监督管理,三级企业由镇(街道)负责日常监督,由市(县)、区主管部门负责执法监管,形成市、市(县)区、镇三级安全监管体系。

(李俊杰)

【危险品水路运输安全监管】 2020年,无锡地方海事部门加强危险品水路运输安全监管。加强专项整治宣传教育,通过走访危化品码头、危化品运输船舶等,向有关企业和船员发放《水上交通运输安全生产专项整治告知书》,会同市公安局水上分局通过无锡市水上交通安全指挥平台、海事微政务等发送提醒短信,告知船民关于船载危化品运输监管的具体事项和要求,强化水路运输安全生产意识。加强运输企业静态监管,6月18～19日,对宜兴市徐舍交通运输有限公司开展专项督查,督促企业建立健全并落实安全管理制度,加强对危险品运输从业人员的静态管理,落实企业安全生产主体责任。加强现场运输动态监管,运用智慧海事对进入辖区危化品船舶开展提醒、预警和跟踪。通过"船舶进出港报告系统",核查每天拟到港危化品船舶信息,与船员电话联系,提醒和告知相关工作要求。加强夜间电子巡查,对进入辖区的液体化学品船舶,提醒告知船员有关规定。各海事所一线执法人员加强巡航检查频次和力度,落实载运危化品船舶进出港申报管理和危化品船舶现场核查。落实危险品船禁航规定,7月1日起,夜间22时至次日凌晨5时,禁止600总吨及以下载运危险化学品船航行,海事部门加强内河水域的巡航巡查,严厉查处违反禁航规定的船舶。开展危货运输应急演练。6月19日,市地方海事部门与中航油无锡供应站、新吴区交通运输局联合开展油船着火联合应急演练,完善和充实应急处置预案,规范操作流程和处置程序,提高事故处理能力。

(朱　菡)

【"三无船舶"专项联合执法】 3月10日,新区海事执法人员与辖区居委会、派出所以及市场监督、城管、渔政、交通运输等部门开展联合执法,对小溪港未按要求整改到位的"三无"(无船名船号、无船舶证书、无船籍港)船舶和没有船主认领的160余艘船只予以拆除。4月,江阴市启动长江沿线"三无"船舶专项整治。其间,开展沿江大规模集中整治行动12次,7月20日实现沿江板块清零;排查清理各类"三无"船舶530艘,其中拆解496艘、驱离34艘,范围覆盖非法捕捞、水上供应、船舶修理、非法交通等船舶以及住宿船、僵尸船等;拆除沿岸违建14处。8月1日起,"三无"船舶整治向内河推进,先后开展大规模集中整治行动3次,摸排"三无"船舶327艘,至11月27日完成清理拆解工作。

(高　峰　门伟东)

【高速公路分级救援体系】 2020年,沪宁高速公路无锡处建立分级救援体系,根据所辖路段车流量、事故量、清障量和道路承受能力的分级,将无锡段按枢纽互通分割的7个自然区段划分为3个等级的保畅需求路段,并对应作出3个等级的救援能力配置。一级路段:苏锡交界—无锡东,日均断面流量17万辆,最高24万辆,每千米年事故量377起,每千米年清障量237起,常态化救援力量7组,设置主线救援驿站2处、收费站驻点2处。二级路段:无锡东—无锡北,日均断面流量15万辆,最高21万辆,每千米年事故量227起,每千米年清障量133起,常态化救援力量5组,设置主线救援驿站1处、收费站驻点2处。三级路段:无锡北—锡常交界,日均断面流量11万辆,最高18万辆,每千米年事故量88起,每千米年清障量96起,常态化救援力量3组,设置收费站驻点2处。

(平　成)

【高速公路港湾救援点建设】 9月29日,沪宁高速公路无锡段管理处4对港湾应急救援点建成投用,升级原有7对14个港湾救援点。新建成的4对港湾应急救援点主要采用主线拼宽方式,拼宽路面采用沥青浇筑,面层采用水泥混凝土。为警示社会车辆应急站点仅供救援车辆及应急情况使用,面层采用彩色沥青进行封层,彩浆防滑封层采用环氧树脂或改性环氧树脂作为黏结剂,采用花岗岩等坚硬性颗粒作为彩色骨料,厚度3毫米。面层拼接处,基层顶部设置聚酯玻纤布,以防止可能出现的裂缝向上反射。

(范　钊)

【冬季高速公路交通安全管理】 2020年，沪宁高速公路无锡管理处做好冬季道路安全管理。常态化开展安全巡查，重点排查易积水凝冻路段、钢桁架桥面、桥涵下方隔离栅等安全隐患多发区，列明清单限时整改，确保辖段路域“零隐患”。对收费亭、食堂、宿舍等区域电器设备和消防设施进行专项排查，对收费站计重、抓拍、通信等系统进行维保，确保设备设施稳定。开展多样化冬防安全演练。在收费站开展道口扫雪除冰应急预案演练，提高小型手扶式除雪设备的熟练度。利用养排中心新型辖段路域沙盘，开展扫雪除冰线路规划、作业车辆编组、途中车辆轮换等内容推演。提前储备铁锹、草垫、扫帚、推雪铲、融雪剂等冬防物资，在易积水凝冻路段、互通匝道、钢桁架桥梁、港湾应急停靠带等交通节点，提前设置应急物资临时堆放点，在收费站区设立融雪剂补给点，确保冬防应急物资快速调配与补给。

（陈海涛　李卓一）

【高速公路标线标志设置】 2020年，沪宁高速公路无锡处在辖区路段首次试用新型点涂噪音标线，以无锡北枢纽至无锡枢纽的5千米大流量路段为试验段，对四车道与应急车道分界线进行漆画出新。区别于传统漆划标线，该新型标线采用点涂工艺和双组份材料，具备很高的防滑性能和逆光反射优势；汽车压到该标线时，会产生轻微振荡，发出强烈的呼啸声，从而起到良好的警示作用。是年，为配合南京二桥、江阴大桥、苏通大桥等路段重大节假日实施部分货车限时错峰出行政策，沪宁高速公路无锡处全面完成“货车错峰出行”相关标志牌的制作安装，提前做好车辆疏导，实现“消堵消患”目标。

（张　澄）

【交通事故预防压降】 2020年，全市各级交警部门围绕道路交通管理农村、城市、高速、源头“四大战场”，开展交通安全专项整治，交通事故死亡人数连续17年下降。加强隐患排查治理，建立隐患排查治理闭环新机制，编制《G312国道、S228省道交通安全分析和建议》白皮书，开展警情、民情、舆情“三情”研判。落实道路运输企业“红黑榜”（红榜是企业所属车辆无交通安全违法、交通运输违章记录，且未发生运输安全责任事故通报，黑榜是企业所属车辆发生重大交通事故或车均交通安全违法起数较多）通报制度。制定《道路交通事故深度调查实施办法(试行)》，将车辆安全、企业监管、道路设施、刑事侦查、检验鉴定等领域专家和事故处理骨干纳入交通事故深度调查专家组和人才库，对一次死亡2人和重点车辆致人死亡且承担主要责任以上的事故开展深度调查。国务院督导组反馈的超限超载治理、智能交通一体化建设、工程车整治、电动自行车整治等突出问题全部得到整改。加强安全源头监管，对全市运输企业、车辆和驾驶人实施分级分类监管，落实各级监管责任和企业主体责任；建立“三重排查”工作机制，开展重点车辆和驾驶人背景审查，落实重点车辆、驾驶人风险隐患审查、抄告制度，及时发现消除“两客一危一货一校”（公路客运、旅游客运、危化品运输、货运、校车）重点车辆和驾驶人安全风险。全年清理失驾、毒驾等问题驾驶人401人，清理逾期未检验、未报废等问题车辆5000余辆，查处农村货车违法载人2279起、旅游客车违法706起、危险化学品运输车严重违法688起、工程运输车重点违法2.1万余起，排查整改运输企业隐患994处，处罚企业责任人415人次。加强高速公路“两口一区”（出口、入口、服务区）值守，实施编组巡逻，开展亮灯鸣笛喊话，启动夜间勤务，固化国省干道“固定+流动”全天候勤务。开展电动车“百日整治”、货车工程车整治、“三车整治”（摩托车、人力三轮车、残疾人三轮车）以及非法加油车联合整治专项行动，现场查处各类交通违法行为321.9万起。固化“6+14”（6个固定治超点加14个流动治超点）联合治超机制，落实固定治超站24小时勤务，常态化联合流动治超。会同城管等部门开展“小微违法”和车辆违停治理集中查处行动；与市交通运管部门建立治理非法营运联合办公、联合研判、联合指挥、联合执法“四个联合”工作新机制。全年查处行人、非机动车重点违法195.7万余起，酒后驾车7295起，货车超载1.4万余起，非法营运1010起，农村面包车超员1075起。

（耿永军）

【交通事故】 2020年，全市发生交通事故1470起，死亡385人，伤1082人，直接经济损失1052.36万元。与上年相比，事故数、死亡数、伤人数分别下降11.02%、10.47%、20.32%，经济损失增长33.03%。发生两起一次死亡3人以上的交通事故，分别为京沪高速公路1起死亡6人、江阴市芙蓉大道1起死亡4人。

时段分析：事故数、死亡数、伤人数，凌晨(0～6时)分别占总数的

表68　　2020年无锡市交通事故统计表

地　区	事故数（起）	死亡数（人）	伤人数（人）	损失数（元）
市　区	526	151	311	2666700
江阴市	354	120	265	5796700
宜兴市	590	114	506	2060213
合　计	1470	385	1082	10523613

（市公安交通警察支队）

11.98%、9.61%、8.27%，上午（6～12时）分别占30.27%、40%、32.32%，下午（12～18时）分别占28.23%、27.01%、32.69%，晚上（18～24时）分别占29.52%、23.38%、26.72%。死亡事故最突出的时段为6～8时，事故数、死亡数、伤人数分别占15.37%、20.26%、15.89%。

道路分析：事故起数、死亡数、伤人数，高速公路分别占总数的0.88%、3.90%、1.29%，普通国省道分别占6.39%、5.19%、7.35%，城市道路事故分别占45.93%、38.70%、43.61%，县乡公路村道分别占46.80%、52.21%、47.75%。交通事故主要发生在路段，事故数、死亡数、受伤数分别占62.11%、58.96%、61.07%。非机动车特别是电动自行车进入机动车道行驶、逆向行驶，非机动车和行人随意横穿道路等交通违法，是导致路段事故多发的主要原因。无隔离道路交通事故较为突出，事故数、死亡数、伤人数分别占46.46%、36.88%、48.76%，高于机非隔离道、中心隔离道路或机非加中心隔离道路。无任何物理隔离的道路主要集中在农村地区，非机动车或行人随意横穿现象更为突出，导致事故多发。

交通方式：事故数、死亡数、伤人数，涉及私家车的分别占总数的63.47%、52.21%、60.79%，涉及电动自行车的分别占42.72%、36.88%、51.97%。

原因分析：导致事故的机动车违法行为依次为：酒后（醉酒和饮酒）驾驶，占事故总数的19.61%；未按规定让行，占12.19%；无证驾驶（主要是摩托车），占3.95%；违反交通信号，占3.47%；超速行驶，占1.5%。导致事故的非机动车违法行为依次为：违反交通信号，占事故总数的3.81%；未按规定让行，占3.06%；逆行，占1.97%；违法占道行驶，占1.77%；醉酒驾驶，占0.88%；无牌车辆违法上路行驶，占0.88%。交通事故的行人违法行为主要是：行人不按规定横过机动车道，占事故总数的0.82%；违反交通信号，占0.34%。

（市公安交通警察支队）

消防安全

【消防救援能力建设】 2020年，无锡市启动“十四五”消防规划和2035远景规划编制，修订完善《无锡市火灾事故应急预案》，累计编制单位数字化灭火救援预案1400余份。消防部门持续提升专业救援队能力，完成部局高层建筑灭火救援作战编成试点、部局抗洪抢险专业队伍建设、全省地震救援跨区域拉动演练、总队重型化工编队建设验收工作。

（王　威）

【消防设施建设】 2020年，无锡市消防救援支队加强消防基础设施建设，全年消防业务经费3.6亿元，同比增长19.85%。消防队站立项9个，开工建设5个，投入执勤4个；完成8座消防训练塔新建、1座训练塔改造；投入2亿余元，购置各类消防救援车辆41辆、个人防护装备2044件（套）、灭火和抢险救援器材1687件（套）。战保智能仓库和消防装备智能管理系统投入使用，物资投送和装备携行运输模块化试点工作有序推进，装备建设和应急保障水平跨越式提高。加快消防安全智能感知设施建设，推广智能消火栓650个，安装独立式感烟火灾探测报警器1.1万个、简易喷淋1193套、电气火灾监控系统1199套，在全省首推杜绝电动自行车入户充电的电梯AI识别阻车系统，推广安装电动车集中充电装置1.2万套。2347家设有自动消防设施的单位接入建筑消防设施联网监测系统，实现高危场所消防安全状况全天候监测。

（王　威）

【消防接警救援】 2020年，市消防救援支队接警15414起，其中火灾扑救809起、灾害事故抢险救援3688起，社会救助2763起、其他出动8154起；出动1.55万队次，出动车辆2.87万车次、人员14.7万人次，救出遇险人员977人，疏散人员195人，抢救财产价值约4979万元。完成“8·28”梁溪区天源冷藏库火灾、“11·02”江阴高新区晨耀纺织厂火灾等处置任务，以及环太湖流域宜兴周铁段防汛抗洪等急难险重任务。市消防救援支队被省总队表彰为先进支队、消防执法先进支队，特勤大队一站被评为省十佳基层消防站，宜兴张渚专职

2020年，消防人员深入危化企业开展突击检查（市消防救援支队　供）

队入选“2019感动中国·江苏十大感动人物”。

（王　威）

【消防安全监管】 2020年，市委常委会、市政府常务会议、市安全生产例会等多次研究部署消防安全工作，黄钦、杜小刚等党政领导先后听取消防工作汇报并带领相关部门开展消防检查，现场督办行业领域火灾隐患，市委组织部和市纪委联合督导组、市安全生产督导组将火灾防控专项整治纳入督导工作重点内容。市消防安全委员会发文明确40家成员单位职责清单，成立6个消防安全重点领域攻坚组，住建、消防等部门拟定合作框架备案录，联合长航公安局苏州分局明确江阴港口的消防监督管理职责和管辖范围；市公安局出台《关于进一步加强和规范公安派出所消防安全监管工作的实施意见》；市政法委将消防安全纳入网格化综合管理工作，印发《关于开展网格消防重点场所巡查的通知》，规范隐患排查、入户宣传、联合执法、统计研判职能。市政府与各地签订消防工作责任书，部署跟进冬防、夏防、“一年小灶”、百日攻坚、大型综合体、电动自行车、生命通道、养老机构等专项行动。全年检查单位场所2.7万家次，发现并督促整改火灾隐患3.2万余处，临时查封534处，责令“三停”（停产停业、停止使用、停止施工）532家，整改完成历史遗留的苏豪国际大厦、嘉天纺织品有限公司重大火灾隐患以及新挂牌的兴盛大厦、金泰国际广场等34家重大火灾隐患单位。深化“祛火源、降荷载、强设施、畅通道、重管理”专项行动，80%的消防安全重点单位完成达标建设。首创基层消防安全管理“12345”工作机制，运行消防安全委员会管理机构，明确乡镇（街道）消防工作、市（县）、区消防工作两条工作主线，统筹协调公安派出所、综合行政执法队、政法专职网格员3支监管力量，确定统筹谋划、协调指挥、督导检查、宣传培训4项职能定位，落实组织、制度、人员、考核、科技5项保障机制，全市82个乡镇、街道全部成立消防安全委员会，消委会办公室人员基本配置到位并实体化运行。推行公众聚集场所投入使用、营业消防安全告知承诺管理，明确300平方米以下的公众聚集场所投入使用前可以不申请办理消防安全检查。

（王　威）

11月7日，举办无锡首届消防粉丝嘉年华暨“萌橙会”消防小卫士联盟特别活动

（市消防救援支队　供）

表69　　2020年无锡市火灾情况统计表

地　区	成灾数（起）	死亡人数（人）	受伤人数（人）	经济损失（元）
江阴市	159	3	8	5800167
宜兴市	196	0	4	3447223
梁溪区	80	0	1	1511073
锡山区	36	0	0	640500
惠山区	77	0	1	3854743
滨湖区（含经开区）	179	0	0	565088
新吴区	82	0	1	2691977
合　计	809	3	15	18510771

（市消防救援支队）

【消防宣传教育】 2020年，市消防救援支队利用地铁一、二号线站厅车厢和76条公交线路车厢的有线电视屏、户外大屏、楼宇电视，隧道、高速出入口LED屏播出消防安全提示。联合无锡移动公司发布消防安全提示短信，积极依托微信、微博、抖音、快手、头条、知乎等新媒体阵地开展宣传，实现传统媒体宣传与新媒体宣传双向发力。与江阴市公交公司合作，推出38条江阴消防主题公交线路及主体公交车，并于“119”消防安全宣传月开通启用。与梅村街道合作，在梅

里古镇街区首创水幕消防安全灯光秀。推进消防宣传进学校，在全市校园开展消防安全教育授课及各种教学体验式演练，借助官方微博、抖音等新媒体平台进行直播，组织线上线下互动。组织社区开展针对孤寡、留守老年人等消防安全“弱势群体”的“关爱老人”主题宣传活动。深度打造“萌橙会”消防小卫士联盟品牌文化，利用寒暑假期、重要节点及消防安全宣传月开展各类宣传体验活动。11 月 7 日，举办首届消防粉丝嘉年华暨“萌橙会”消防小卫士联盟宣传月特别活动。结合“双十一”购物节，定制“119”消防安全提示不干胶、贴画等宣传资料，由快递外送员逐一张贴到每个包裹并送达市民手中。推出全省首个消防主题地铁站厅暨消防主题专列、全国首家消防主题奶茶店，利用已建成的应急科普教育基地、消防主题公园、体验点等场所，组织在校师生、社区居民、企业员工参观体验，提升社会各界对消防安全的关注力度。年内，在中央电视台用稿 35 条，在《人民日报》、新华社、《新华日报》、《中国应急管理报》、“学习强国”、部局政府网等媒体用稿 60 余篇。及时播发抗击长江、太湖流域汛情一线执勤等工作动态，新闻素材获得央视《新闻联播》报道，在《新闻直播间》栏目滚动报道，并承担部消防局环太湖流域网络直播任务。

（王　威）

【养老机构消防审验问题专项整治】 1 月，市民政局牵头成立由民政、自然资源规划、住房城乡建设、消防等部门组成的市养老服务机构消防审验处置工作组。3 月，出台《无锡市解决养老机构消防审验问题实施方案》，明确全市养老机构消防审验问题的工作责任、具体要求和时序安排。加大资金投入，按照“一院一策”的要求制定整改方案，推进养老机构消防改造。至 7 月，全市 10 家因土地性质、规划许可、不动产登记等审验前置手续问题未取得相关部门出具消防审查验收合格手续的养老机

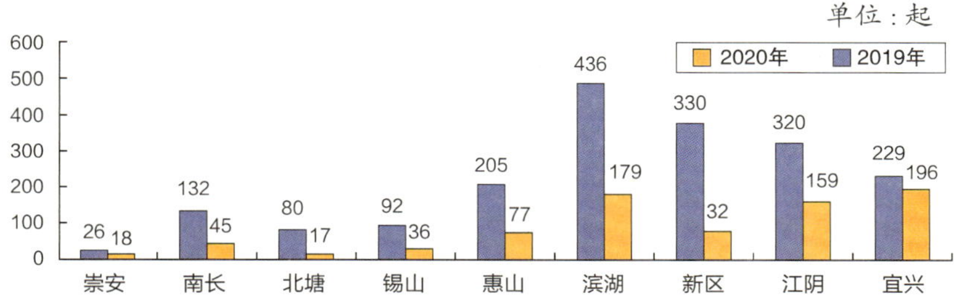

图 38　2019 年、2020 年无锡市分地区火灾情况对比图

（市消防救援支队）

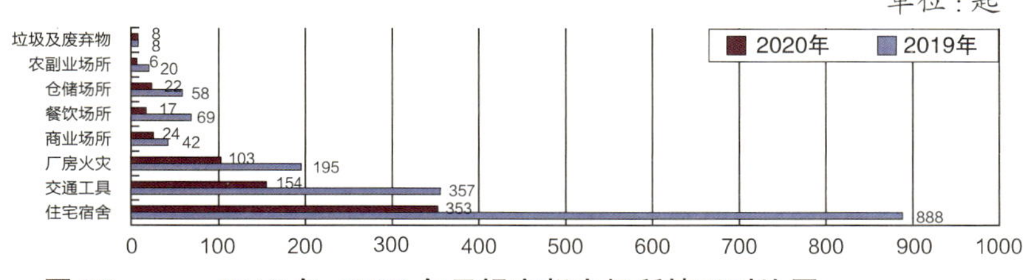

图 39　2019 年、2020 年无锡市起火场所情况对比图

（市消防救援支队）

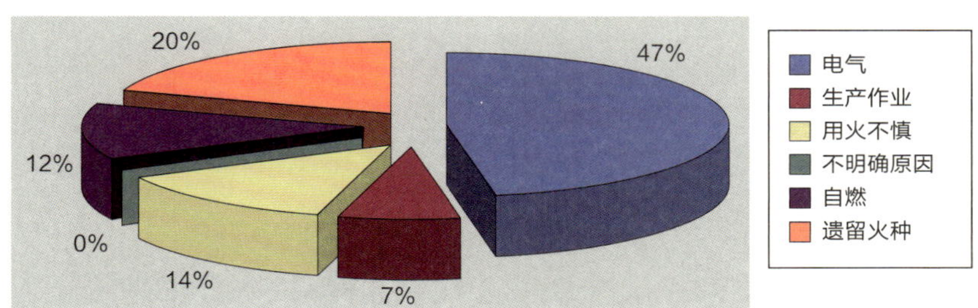

图 40　2020 年无锡市火灾原因构成示意图

（市消防救援支队）

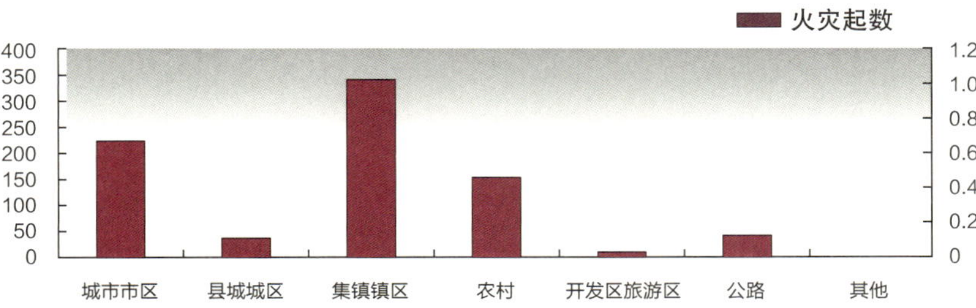

图 41　2020 年无锡市区域火灾情况示意图

（市消防救援支队）

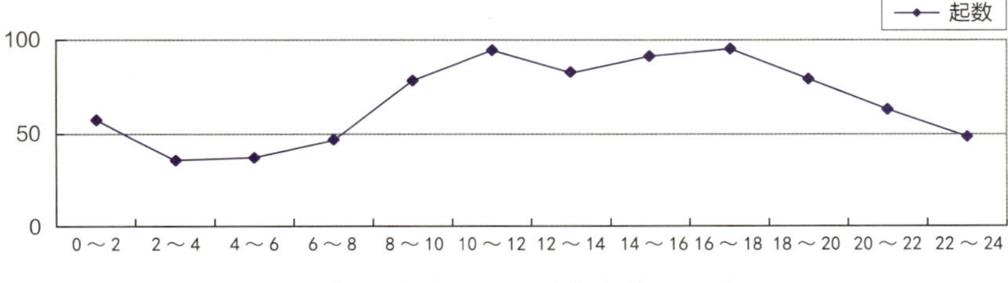

图 42　2020 年无锡市 24 小时火灾情况示意图

（市消防救援支队）

构全部整改完毕。

（是炜云）

【火灾情况】 2020年，全市发生火灾809起，比上年下降58.51%；死亡3人（均在宜兴市），比上年减少8人；伤15人，比上年增加2人；直接经济损失1851.08万元，比上年下降29.14%。

按行政区域划分：滨湖区火灾起数179起，比上年下降63.17%；新区火灾起数82起，比上年下降78.42%；江阴市火灾起数159起，比上年下降50.31%。

发生火灾区域分析：住宅宿舍火灾353起，占火灾总起数的43.63%，比上年下降60.24%；交通工具火灾154起，比上年下降56.86%；厂房类火灾103起，比上年下降47.18%。

起火场情况分析：因电气引发火灾342起，比上年下降44.21%；因遗留火种引发火灾146起，比上年下降11.52%；因用火不慎引发火灾100起，比上年下降67.53%；因自燃引发火灾87起，比上年下降43.14%。

城市与集镇镇区发生火灾情况：城市市区火灾225起，占火灾总数的27.81%，比上年下降63.83%；集镇镇区火灾342起，占火灾总数的42.27%，比上年下降52.23%。

24小时火灾情况分析：火灾高发时段为10～12时、14～16时、16～18时，平均每两小时发生火灾93.3起。最高时段为16～18时，发生火灾95起，占总数的11.74%。

（王　威）

安全生产

【安全生产监管机制建设】 2020年，无锡市开展电梯安全管理、货物运输车辆超限超载治理、房屋安全管理等条例的立法修法，落实安全生产行政处罚与刑事处理相衔接工作制度，在省内率先出台《餐饮服务单位安全生产规范团体标准》《叉车安全管理规范》等安全管理工作标准。在全省率先实行党政主要负责人同时担任安委会主任的“双主任”制，市、市（县）区两级安委办实体化运行，市、市（县）区两级195个部门增设（加挂）安全生产监管内设机构。至年末，市、市（县）区、镇三级安全监管人员比上年增长43.83%，全年市、市（县）区两级安全生产投入比上年增长85.4%。健全完善消防安全委员会和17个安全生产专委会工作机制，在危险废物、环境治理设施、治超、养老服务等行业领域实行信息共享、联合审批、联动执法机制。建成江苏江阴（沿江）危化品应急救援基地（一期）等一批重点项目。年内，推进32个行业领域安全生产专项整治，全市安全生产事故起数、死亡人数比上年分别下降67.2%和68.7%，连续19年实现双下降，在全省安全生产年度考核中位列第一。

（邵曰坚）

【安全生产责任落实】 2020年，无锡市制定《市委常委会成员和市政府领导班子成员年度安全生产重点工作清单》，推动各级党委政府把安全生产纳入重要议事日程和领导干部职责清单，构筑安全生产党政领导、属地管理、部门监管、企业主体、岗位行为全方位、系统性责任链条。制定行业部门安全监管责任和企业主体责任清单，在全国率先探索安全生产工作一季度一考核督办机制，出台安全生产季度考评办法，考核结果纳入高质量发展考核。开展派驻督导和危化品安全生产专项巡察，强化常态化督导检查和针对性约谈警示，综合运用法律、行政、经济、信用等措施压实企业主体责任，推动安全生产责任层层落实、压力层层传导。成立安全生产专项整治工作专班，实行集中办公，建立隐患清单和工作进展周报制度、重大隐患“滚动式”分级挂牌制度等，加强专项整治统筹协调和督促检查。

（邵曰坚）

【安全生产隐患消除】 2020年，无锡市先后出台安全生产一年专项整治工作方案和专项整治三年行动工作方案，对32个行业领域15万余家企业（场所）实行市县镇分级分类监管，检查各类企业81万余家次，累计排查整治隐患26.8万项。国务院督导组第六工作组、国务院常驻督导组以及省督导组检查指出的128个问题全部整改完成。建成全市安全生产监管平台，实现对市、市（县）区、镇32个行业领域隐患、问题、事故的全流程监管，闭环管理隐患30.9万余项；危险化学品重大危险源监测预警系统对152个重大危险源单元实时监测、动态评估和预警处置；建设智

6月3日，无锡市第27个“安全生产月”活动启动仪式云发布现场

（市应急管理局　供）

慧燃气、交通运输“智源”、智慧消防、智慧电梯等系统平台，破解行业监管难题。委托中国化学品安全协会、省冶金协会等专家团队对全市化工园区、1114家高温熔融金属和粉尘涉爆企业开展深度排查，在全省首创“保险＋服务”的危旧房屋安全管理第三方专业机构巡查管理模式。

（邵曰坚）

【化工行业安全生产整治】 2020年，无锡市优化化工行业布局，化工园区由6个压减为1个化工园区和2个化工集中区，关闭、退出危险化学品生产企业48家、化工生产企业275家。压降低端、低效产能，集中开展违法违规“小化工”“小字头”和停产停业企业等专项整治，责令停产停业企业5023家、关闭取缔企业3752家。

（邵曰坚）

【安全生产监管执法】 2020年，市应急管理局围绕安全生产“一年小灶”专项整治，开展“利剑出鞘”专项执法行动、违法违规“小化工”专项整治行动、违法违规“小字头”停产停业企业专项整治行动，全市共检查企业16587家，出具执法文书45387件，整改隐患86676项；立案2578件，其中事前立案2558件，事前罚款金额8357.12万元。

（邵曰坚）

【安全生产宣传教育】 6月3日，市应急管理局组织开展无锡市第27个“安全生产月”云发布启动仪式，当日在线观看量30万人。年内，组织开展“百团进百万企业”活动，740多名领导宣讲约2000场次，20.5万名企业人员参加，实现工业企业全覆盖。推动安全宣传教育进企业、进农村、进社区、进学校、进家庭。全市共培训考核生产经营单位各类人员9.24万人，其中“三项岗位人员”（生产经营单位主要负责人、安全管理人员和特种作业人员）4.84万人、一般企业从业人员4.4万人。

（邵曰坚）

【特种设备安全教育进校园】 2020年，市市场监管局组织开展特种设备使用安全“特设安全进校园”教育宣传活动，引导学生正确了解电梯和大型游乐设施的安全常识，掌握电梯、大型游乐设施安全事故应急处置的方法和技巧。全年走进校园32个，参加活动师生总计4000余人，发放特种设备安全手册、特种设备安全文具1万余份，并通过“小手拉大手”的形式，进一步带动学生家长学习了解特种设备安全知识，提高整个社会的安全意识和自我保护能力。

（满玉贞）

【老旧电梯监管】 2020年，市市场监管局联合江苏省特种设备安全监督检验研究院无锡分院，成立由60人组成的老旧电梯安全状况调研小组，对全市93家使用单位的1520台老旧电梯的使用状况、管理情况、经费保障等情况进行摸底排查，“老旧电梯加装智能监测装置”被列入无锡市十大为民办实事项目，实现全天候安全监测。同时，为老旧住宅电梯全面覆盖电梯责任保险，为居民安全出行增加保障。

（满玉贞）

【测绘安全生产专项整治】2020年，市自然资源规划局成立测绘安全生产专项整治工作组，制定测绘领域专项整治方案，建立专项整治工作联络群，对全市86家测绘单位开展安全生产专项整治工作，组织22家测绘单位完成安全生产自查，对12个钢标进行排查，未发现安全隐患。

（刘梦蛟）

【港航安全生产监管】 2020年，市港航部门建立健全安全管控体系，推进安全生产标准化建设。开展“安全生产月活动”，组织“安全生产大家谈”云课堂、安全应急演练等活动，落实安全生产主体责任。制定《航道安全生产专项整治行动工作方案》，重点围绕航道基础设施、船闸运行和船闸基础设施、航道在建工程和特种设备等方面，开展安全专项整治。全面排查航标、标志标牌及船艇、船闸，开展督查42余次，排除隐患17处，全部整改到位。加大港口安全隐患排查力度，全市危货港口码头共查出安全隐患1015处，整改完成1004处。推进安全生产标准化一级达标工作，全市18家涉及甲A、甲B类危险货物作业或涉及重大危险源的港口企业全部完成一级标准化达标。开展港口危化品储罐检测检验，完成313个储罐，其中常压储罐286个、压力储罐27个。全市8家港口重大危险源企业全部完成流量监测装置的安装。

（徐天南）

【水利行业安全生产】 2020年，市水利局开展各类安全监督检查125次，形成安全监督检查意见52份，督促指导参建单位整改安全隐患278处，出具安全评价报告2份。强化在建水利工程安全监管和安全施工检查稽查力度，抓好深基坑、围堰、堆土滑坡、临水施工、脚手架、起重机械、施工用电等风险管控，全面排查整治工地及周边安全隐患，并督促整改。在“世界水日”“中国水周”期间，赴重点在建水利工程开展现场安全生产监督执法和宣传，向参建单位、施工人员发放安全生产法律法规200余册。

（岳喜磊）

农产品质量安全

【绿色农产品建设】 2020年，全市新增绿色食品31个、有机农产品2个。至年末，共有绿色食品327个、有机农产品81个、地理标志农产品4个，省级绿色优质农产品基地32个；绿色优质农产品比重85%，其中种植业绿色优质农产品比重70%、畜禽生态健康养殖比重100%。全市农产品质量抽检合格率99.8%，锡山区创建成为省级农产品质量安全县（市）。

（孙科敏）

【农产品质量检测】 2020年，市农业农村局完成省、市例行检测、委托检验任务2568批次，检测参数10.6万项次。省级例行检测872个批次，综合检测合格率99.77%，其中：种植业产品451批次，检测参数30668项次；畜产品289批次，检测参数3718项次；水产品132批次，检测参数3456项次。市级检测1623个批次，综合检测合格率99.7%，其中：种植业产品1048批次，检测参数59507项次；畜产品575批次，检测参数7162项次。开展以蔬菜为重点的农产品质量监督抽查，监督抽检蔬菜样品140批次，经第三方检测机构检测，所抽样品全部合格。全年为基层农业管理单位、农业企业、农业合作组织、种养大户和城乡居民提供农产品检测公益服务，免费检测样品99批次，检测参数3121项次。

（孙科敏）

【水产品质量安全专项检查】 2020年，无锡市开展水产品质量安全专项检查，发放宣传资料260份，出动执法人员101人次，出动执法车辆27辆次，检查水产苗种场13家、水产养殖场4家，未发现有禁用投入品的使用。

（孙科敏）

【蔬菜质量安全管理】 2020年，市农业农村局完善蔬菜质量安全体系，加大蔬菜农药残留检测（验）和蔬菜质量安全监管力度。加强放心菜质量检测（验）员队伍管理，开展检测（验）员上岗证换证工作。加强宣传、技术指导和监督管理，规范农药使用行为，提高安全用药意识，提升科学用药水平。2020年，市辖区放心菜检验员169人，全市放心菜检测（验）蔬菜样品40.8万批次，检测（验）蔬菜样品合格率99%以上，群体性蔬菜农药残留中毒事件零发生。

（孙科敏）

【“瘦肉精”专项整治】 2020年，无锡市印发《关于开展2020年度养殖屠宰环节质量安全风险监测工作的通知》，明确各地对辖区内出栏前生猪、肉牛、肉羊养殖场全年至少抽检1次“瘦肉精”，每次抽检3个样品；家畜屠宰场，生猪按不低于5%的比例抽检，肉牛、肉羊按10%的比例抽检。年内，快速检测“瘦肉精”样品149354份，其中屠宰环节抽检样品149192份、养殖环节抽检样品1162份，检测结果全部合格。生猪屠宰企业“瘦肉精”自检抽样78229份，检测结果全部合格。

（孙科敏）

【兽药饲料专项整治】 2020年，无锡市重点围绕规范兽药饲料生产经营行为、兽药饲料专属标识管理、标识说明书管理、许可证有效期和企业自查5个方面，对全市兽药饲料生产经营企业进行全面检查。通过查看资料、现场检查，提出整改意见，并要求当地主管部门开展复查。组织开展全市兽药质量监督抽检、风险监测、动物及动物产品兽药残留监控、饲料质量安全监测，完成兽药、饲料部级采样59份，省级采样82份，检测结果全部合格。

（孙科敏）

【农药产品质量监督】 2020年，全市抽检省、市两级农药产品质量监督抽检任务195批次、肥料5批次、兽药30批次、饲料和饲料添加剂28批次，经第三方检测机构检测，不合格产品3个。按属地管理原则进行定向督办，全年发出查案通知15件，督办各类违法行为查纠15起，全市各级农业综合行政执法机构办理行政处罚一般程序案件24起。

（孙科敏）

【畜禽屠宰管理】 2020年，无锡市加强监管体系建设，推进生猪屠宰标准化建设，巩固提升肉品质量安全保障能力。全市有获证生猪定点屠宰企业11家，其中江阴市3家、宜兴市4家、锡山区2家、惠山区1家、梁溪区1家。全年屠宰生猪126.57万头，检出病害猪及其产品4800.28件，无害化处理5350.28件，无害化处理率达100%，未发生因屠宰环节而引起的肉品质量安全事故。宜兴市宏德食品有限公司被评为省级生猪屠宰标准化示范企业。

（孙科敏）

【外来物种入侵防控】 2020年，市农业农村局做好外来物种入侵防控工作。全市投入防治经费182.84万元，秋季防除加拿大一枝黄花面积750公顷。6月起，组织全市开展福寿螺疫情普查，指导各地对发生福寿螺疫情的16公顷区域开展防治工作，通过采取药剂防除、人工拾螺等方式清除，防治面积294亩次。

（孙科敏）

【重大动物疫病防控】 2020年，全市对重大动物疫病实施强制免疫，共免疫猪9.39万头次、鸡161.01万羽次、鸭16.86万羽次、鹅26.54万羽次、其他禽121.4万羽次、羊1.01万只次、牛0.23万头次，口蹄疫、禽流感等重大动物疫病应免密度均为100%，杜绝了重大动物疫情的发生。结合春、秋冬季集中防疫和夏季补免行动，全年组织实施3次全市性的大消毒以及灭鼠灭蚊虫专项行动。全年监测样品参数15850份，其中血清样本7359份、病原学样品8491份，为全市动物疫情形势的科学研判发挥重要作用。

（孙科敏）

【农业转基因生物监管】 2020年，市农业农村局印发《关于做好2020年全市农业转基因生物监管工作的通知》，制定《无锡市2020年农业转基因生物监管工作任务分解表》。5月和9月，对全市5家企业开展农业转基因生物安全管理专项检查；8～10月，组织开展随机性农业转基因生物田间取样检测，以水稻为主，涉及14个镇（街道），获取检测样本85份，均未出现转基因阳性结果。

（孙科敏）

食品药品安全

【食品安全保障】 2020年，无锡市市场监督管理局组织实施新一轮（2020—2023）食品安全责任保险签约，试点范围新增食品销售经营企业、食品生产（加工）企业两类业态。全市千人食品抽检率7.98批次，抽检合格率98.69%，城乡居民食品安

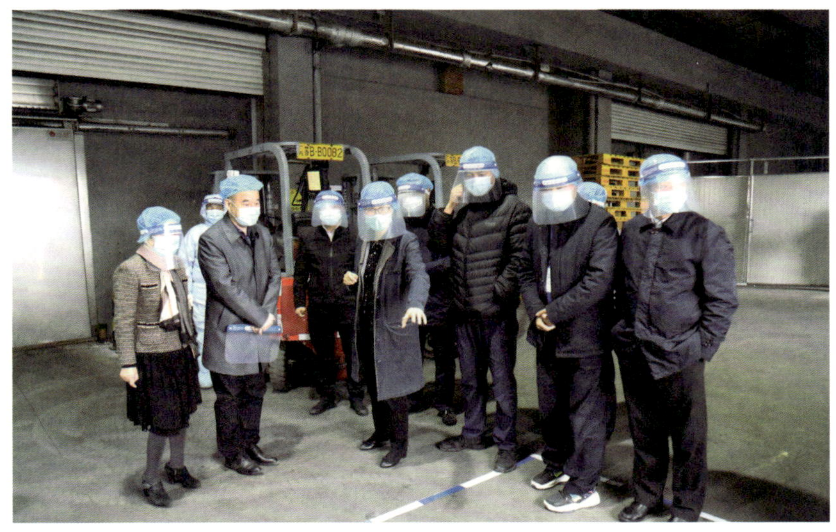

11 月 23 日，市场监管工作人员检查进口冷链食品监管仓

（市市场监管局　供）

全满意度总体分值 78.2，较上年提高 4.62 个百分点。连续 26 年未发生重大食品安全事故，守住不发生重大食品安全事故和系统性区域性食品安全风险的底线。

（满玉贞）

【省级食品安全示范城市全覆盖】 3 月 30 日，副省长赵世勇在全省食品安全委员会全体（扩大）电视电话会议上，宣布南京市秦淮区等 16 个县（市、区）为“江苏省食品安全示范县（市、区）”，无锡市梁溪区、新吴区名列其中。至此，无锡市省级食品安全示范城市创建实现全覆盖。

（满玉贞）

【全国首个进口冷链食品“监管仓＋追溯码”系统】 11 月 15 日，市市场监管局根据市疫情防控指挥部紧急会议精神，用一天两夜建成全国首个进口冷链食品“监管仓＋追溯码”系统，全市形成 1 主仓（无锡）+4 分仓（江阴、宜兴、锡山、惠山）的运营工作布局，同步开发进口冷链食品申报追溯 App。至 12 月 20 日，全市进口冷链食品集中监管仓累计入库货物 1543 批次 3749.7 吨，开具 529 份出库证明；检出并隔离控制阳性货物 2 批次 10.2 吨。对全市所有冷库开展拉网式排查，严厉打击进口冷链食品应进仓而未进仓等违法行为，累计立案 170 起，查扣涉案进口冷链食品 418.56 吨，罚没款 90.38 万元。

（满玉贞）

【校园食品安全守护行动】 2020 年，市市场监管局开展校园食品安全守护行动。开展全面监督检查，春秋两季对 1135 家学校食堂、13 家学生集体用餐配送单位、2709 家校内外社会餐饮经营者、2414 家校内外食品销售经营者进行检查，下达责令整改通知书 135 份，立案处罚 9 起。开展食品安全自查，完成学校食品从业人员培训 6848 人次，学校食品安全管理员抽考率 100%，合格率 100%。对无锡市苏南学校食材配送有限公司 5 个配送点加大日常监督检查和食品抽检，确保食材安全。与教育、人社等部门多次开展联合检查，改善部分学校食品安全管理水平相对较低的状况。至年末，完成学校食堂五常（常组织、常整顿、常清洁、常规范、常自律）管理全覆盖，幼儿园及中小学食堂 100% 建成“互联网＋明厨亮灶”。全市学校食堂食品安全量动态等级逐年提升，优秀率 91.4%。

（满玉贞）

【“锡食名坊”培育】 2020 年，市市场监管局联合市农业农村局、市商务局、市文广旅游局和市消保委，共同开展无锡市市级名特优食品小作坊——“锡食名坊”培育活动。年内培育首批“锡食名坊”10 家，分别为：江阴市月城鑫宸年糕加工场、江阴市长泾张慎裕食品坊、宜兴市高塍镇杭杨猪婆肉加工店、宜兴市黑桂娥农林专业合作社、宜兴市恒和食品有限公司、宜兴市太华镇华峰茶厂、梁溪区赞匠面包房、锡山区东港如饴麦芽糖工作坊、惠山区阳山镇曹小敏糕团店、滨湖区凌阿姨美食店。设立专项以奖代补资金，推动小作坊向“精工坊”升级转变。

（满玉贞）

【食品药品抽检监测】 2020 年，全市市场监管系统完成食品抽检监测任务 50167 批次，发现不合格食品 677 次，不合格率 1.35%。其中，市本级完成食品抽检监测任务 11475 次，发现不合格食品 67 批次，不合格率 0.58%。完成药品抽样任务 900 批次，发现不合格药品 2 批次。其中，市本级完成省药监局下达医疗器械国家级抽检、省级抽检任务 11 批次；完成化妆品监督抽检 100 批次（其中网购 8 批次），发现不合格化妆品 17 批次。

（满玉贞）

【药品进口双口岸获批】 9 月 14 日，国家药品监督管理局、海关总署联合发布《关于增设无锡航空口岸、江阴港口岸为药品进口口岸的公告》，增设无锡航空口岸和江阴港为药品进口口岸，增加无锡市市场监督管理局为口岸药品监督管理局，承担无锡航空口岸和江阴港药品进口备案工作；增加无锡市药品检验所为口岸药品检验所，承担无锡航空口岸和江阴港的药品口岸检验工作。无锡市成为自 2015 年药品进口口岸申报政策施行后，全国第一个获批空港、水港双口岸的城市。

（满玉贞）

【疫苗监管体系建设】 2020年，无锡市印发《关于改革和完善疫苗管理体制确保疫苗安全和供应保障的通知》，建立无锡市疫苗管理市级部门联席会议制度，构建长效疫苗监管机制。市市场监管局加强对全市疾控机构和疫苗接种点储存、运输、预防接种环节冷链的监督检查力度，做好疫苗质量管理工作。

（满玉贞）

【医疗器械监管】 2020年，市市场监管局组织医疗器械二类备案核查1098家次，检查医疗器械经营企业2940家次。创新利用第三方监测平台，发现涉嫌违规数据506条，约谈44家无证线上销售企业并发布行政警示书，移交案源线索10条。审核医疗器械网络销售备案材料468份，检查网络销售企业170家，办理产品出口销售证明25份。检查医疗器械使用单位1119家次，完成无菌植入医疗器械、彩色平光隐形眼镜等专项检查；检查3830家医疗器械经营企业、901家医疗机构，发现经营企业违法违规案件33起、无证经营企业5家，发现无注册证品种1个，罚没款77.51万元。

（满玉贞）

公共卫生安全

【突发公共卫生事件处置】 2020年，无锡市修订印发《无锡市突发公共卫生事件应急预案》《无锡市突发公共事件医疗卫生救援应急预案》，举办无锡市第十三届突发公共卫生事件现场医疗救援培训班、2020年无锡市突发公共卫生事件应急演练暨学校结核病疫情应急处置演练，承办省卫生健康委2020年江苏省危化品运输爆炸事故紧急医学救援应急演练。全市报告一般突发公共卫生事件22起，较上年（52起）下降58%，无较大及以上突发公共卫生事件发生，事件均得到及时有效处置。

（唐新龙）

【公共卫生监测】 2020年，市卫生健康委启动无锡市人体生物监测项目，在省内率先开展婴幼儿游泳沐浴场所卫生监测，完成无锡地铁集团有限公司地铁三号线一期工程站台公共区域集中空调通风系统卫生学评价。“毒理学替代法在饮用水新型消毒副产物毒性评价中的应用”项目获2020年度江苏省医学引进新技术评估一等奖。开展学生常见病监测、干预，在全省率先开展覆盖全市的学生近视调查，为近视防控评估提供科学数据。

（王 泳）

无线电安全

【无线电安全监管】 2020年，无锡市指配无线电频率28个，批准新设专业台（站）26个；因设台单位设备损坏或改用公众移动对讲等原因，台（站）报停申请增多，关停台（站）605个，收回频点72个；累计核发、换发电台执照24590张。开展保护航空、铁路、水上求险等重点频率监测，完成监测1756小时。强化电波秩序维护，协调查处电波干扰事件25起，协调解决5G干扰事件12起。强化技术设施建设，先后完成江阴固定站数字电路升级改造、机场固定站监测系统功能升级等项目，推进宜兴市区小型站的选址定点、租用，并完成建设。全年征收频率占用费110.916万余元。

（叶 军）

【重点工程保障】 2020年，市无线电管理部门针对无锡地铁3、4号线和无锡供电公司共享使用1.8GHz频段频率建设无线通信网问题，组织两家单位召开建设方案协调会，并组织地铁公司、供电公司、无线电监测站对地铁地面场站、高架路段等重点区域进行现场电磁环境监测，排查干扰风险，消除干扰隐患。

（叶 军）

【重大活动保障】 2020年，市无线电管理部门先后完成“2020年无锡国际马拉松”等4次重大活动无线电保障任务。组织全国高考、国家统一法律资格考试、英语四六级考试等重要考试无线电反作弊保障23次。加强重要时期无线电监测，圆满保障2020年春运、全国“两会”期间专用频率使用安全。

（叶 军）

【无线电台（站）监督检查】 2020年，市无管线管理部门开展在用台（站）核查工作，核查设台（站）单位50家，纠正台（站）过期、设备与执照不符等问题。结合文明城市创建，重点开展通信营业厅无线电发射设备抽查及备案登记工作，抽查136家，对未按要求备案的营业厅，督促相关电信运营商做好备案工作。持续开展“打黑（黑广播）除伪（伪基站）”专项行动，全年取缔并移送公安机关“黑广播”案件10起。

（叶 军）

网络和数据安全

【大数据安全体系建设】 2020年，市大数据管理局编制《无锡城市大数据中心信息安全突发事件应急预案》，常态化开展安全检查，组织开展两次应急演练。加强数据安全体系建设，数据资源分级分类覆盖率、敏感数据识别率、敏感数据安全传输率均达到100%。

（张贞哲）

【政务网络安全管理】 2020年，市大数据管理局制定实施《无锡市电子政务外网管理办法》《无锡市电子政务外网数据容灾备份管理细则》，严格落实网络安全责任制和网络安全等级保护要求。开展政府网站巡查，发现并协调整改各级各部门各类网站问题，无锡市政府门户网站在全国地级市评比中排名第二。

（张贞哲）

【网络安全应急演练基地挂牌】 12月23日，在无锡市网络安全应急演练活动上，市委网信办宣布无锡市网络安全应急演练基地在无锡移动公司挂牌成立，为全省首个地市级的演练基地。应急演练基地创建无锡市网络安全应急技术支撑队伍工作室，组建标准化的应急技术支撑队伍，并配备相应装备，为全省各行业网络安全应急支撑队伍标准化建设做出示范。

（张玲珠）

【无锡市网络安全应急指挥中心建成启用】 4月30日，无锡市网络安全应急指挥中心上线启用，无锡市互联网舆情中心、无锡市互联网违法和不良信息举报中心同步上线，市委常委、宣传部部长袁飞出席活动并揭牌。市委网信办与人民网舆情数据中心签署网络舆情智库服务协议。2020年，无锡应急指挥中心被中央网信办评为全国地市级网信办应急指挥中心规范化建设试点单位。

（徐佳铭）

【江苏省网络空间安全（无锡）实训基地落成启用】 7月15日，江苏省网络空间安全（无锡）实训基地落成启用仪式在无锡举行。实训基地于2019年9月16日挂牌，由市委网信办与南京信息工程大学滨江学院合作建设。启动仪式上，无锡市人民政府与中央网信办安全中心江苏分中心签署战略合作协议。省委网信办主任兼省委宣传部副部长徐缨、无锡市委书记黄钦、中国工程院院士邬江兴、南京信息工程大学党委书记管兆勇、新华社原副社长周锡生等出席仪式并讲话。省、市党政机关和企事业单位相关负责人300余人参加活动。同日，全省首届网络安全官培训班在无锡开班。

（徐佳铭）

【无锡市首期网络安全事件应急演练】 1月7日，2020年无锡市首期网络安全事件应急演练在无锡移动公司举行。应急实战演练由市委网信办会同市公安局、市卫生健康委共同组织开展，分别选取市人民医院、市中医医院、市疾控中心的网站和重要信息系统，在模拟环境下，从网络攻击、监测发现、汇报定级、预案启动、应急处置、漏洞查找修复、信息报送等环节，实施全流程现场应急处置操作，同步配备视频演示、分析讲解和专家点评。市直机关、各市（县）区委网信办有关负责人160余人到现场观摩。

（徐佳铭）

4月30日，无锡市网络安全应急指挥中心上线启用　（徐佳铭　供）

【“网安2020”无锡行动】 7月17日，“网安2020”无锡行动启动。行动由市委网信办、市工业和信息化局、市公安局、市大数据管理局共同举办，邀请24支技术支撑团队，对全市689家单位的1511项互联网资产，竞争式发现网络安全漏洞，真实反映全市重要信息系统、网站以及市辖区政务网络和系统的安全防护水平。行动共确认2603个可复现漏洞，其中高危漏洞1546个、中危漏洞769个、低危漏洞288个。7月30日，召开全市网络安全工作推进会，部署漏洞整改等工作。

（徐佳铭）

【《无锡市互联网发展状况报告（2020）》发布】 8月10日，《无锡市互联网发展状况报告（2020）》发布。该报告由市委网信办、市互联网协会和南京信息工程大学滨江学院共同撰写，全面展示无锡互联网创新发展与应用成果，总结展望产业发展现状及未来趋势，内容涉及全市互联网基础资源状况、网民和网络应用状况、互联网企业发展状况、网络安全状况等多个方面，提出促进无锡互联网行业发展的对策建议。

（徐佳铭）

【“骏安杯”无锡市网络安全技能大赛】 8月21～28日，“骏安杯”无锡市网络安全技能大赛开赛。比赛由市委网信办、市人社局、市总工会联合举办，分初赛和决赛两个环节。初赛通过网上答题形式开展，党政机关组报名58组、企业组报名50组。根据初赛积分排名，两组分别取前15名晋级决赛。决赛采用解题模式夺旗赛（CTF）形式进行，覆盖Web渗透、二进制漏洞挖掘利用、密码分析、取证分析、逆向分析、安全编程等网络安全各项技术。无锡移动一队、无锡电信、无锡农商行一队获企业组团体前三名，无锡公安网安、无锡公安技侦二队、无锡公安技侦一队获党政机关组团体前三名。

（徐佳铭）

【无锡市网络空间安全联盟成立】 11月23日，无锡市网络空间安全联盟正式。联盟以“服务社会、服务会员”

为宗旨，由无锡市信息化协会发起，全市与网络安全密切相关的50余家企事业单位、高校、科研机构组建，是集网络安全标准研究制定、技术应用推进、产业链合作、人才培养和投融资等功能于一体的服务平台。成立大会公布首批联盟智库名单，包含省安全测评中心、南京信息工程大学滨江学院、蓝深远望科技公司等单位的核心专家，CIIPT无锡实训基地、安恒信息网络安全培训基地、蓝深远望网络空间安全人才实训基地同时揭牌。

（徐佳铭）

【江苏省网络安全发展大会召开】 11月25～27日，江苏省网络安全发展大会在无锡召开。大会以“护航新基建，安全新担当”为主题，围绕技术应用、产业发展、成果转换、人才培养等领域，举办1场主论坛、5场分论坛、1场赛事和1场网络安全成果展。中央网信办网络安全协调局副局长毛作奎、省委网网信办主任兼省委宣传部副部长徐缨、市委副书记徐劼出席会议并致辞。中国工程院副院长、院士陈左宁作主题演讲，11个网络安全重大项目集中签约，7个全省网络安全优秀案例公布，300余名网络安全行业专家、学者参加相关活动。

（徐佳铭）

【网络综合防控体系建设】 2020年，市公安网络安全保卫部门健全无锡市网络安全应急工作机制，提升各级各部门网络安全意识和网络安全事件应急处置能力，会同市委网信办、市卫健委举办2020年网络安全事件应急演练活动。开展地理图谱试点工作，在网络空间地理图谱可视化展现全市网络空间资产资源、安全态势、案事件、情报等要素，为网络安全提供作战指挥地图，支撑网络安全部门监控指挥挂图作战以及快速反应；将网络空间地理测绘与城市网络安全综合防控体系相结合，打造集各类模块化应用于一体的城市网络空间安全综合防控与指挥调度平台，实现全市网络综合防控体系实体化运作。

（耿永军）

【公安网络安全监管】 2020年，无锡市公安网络安全保卫部门开展“净网2020”专项行动，参加公安部组织的7次集群战役，侦破涉网案件1046起，其中公安部挂牌督办案件6起，抓获犯罪嫌疑人2205人。侦破搭建网站贩卖“空包”快递单号案件，打停网络“空包”黑产，被评为江苏省“净网2020”典型案例。配合相关警种开展惩治跨境网络赌博违法犯罪专项行动。集中整治互联网移动应用以及重点行业侵犯公民个人信息等突出问题，办理网络行政案件787起，其中11起被公安部、省公安厅评为精品案件。推进市、市（县）区两级电子数据取证实验室等级化建设，市公安局二级电子数据取证实验室通过公安部组织的2020年度电子数据取证实验室能力验证测试，宜兴市公安局、滨湖公安分局建成三级电子数据取证实验室。制定《关于进一步规范全市公安机关电子数据鉴定工作的通知》，明确网络安全、刑侦部门电子数据取证工作运行机制及职责分工。开展地市级和市（县）区级网络安全综合防控体系试点建设。依托新浪微博、微信公众号等网络警察公开巡查执法阵地，加强网络安全监管整治，发现和处置各类有害信息，惩治警示网上造谣传谣人员，净化网络运营环境。开展VPN专项整治和重点互联网服务提供者安全监督检查工作，全年开展执法检查200余家次，排查发现271家单位的2356个网站系统存在安全风险。加强信息安全等级保护，维护重要信息系统运行安全，全年新增重要信息系统备案306个。成立无锡市网络与信息安全通报中心，全年发出互联网安全通报760余份，预警通报安全隐患漏洞2100余个。依托全国互联网安全管理服务平台，开展全市自主主机网站实名登记备案和网络安全评估工作，全年办理网站备案审核900家、安全评估73家、互联网上网服务营业场所信息审核16家。

（耿永军）

编辑 葛 红

江阴市

【概况】 江阴市北枕长江，南近太湖，东接常熟、张家港，西连常州。交通便捷，是大江南北的重要交通枢纽和江海联运、江河换装的天然良港。总面积986.97平方千米，其中陆地面积829.66平方千米、水域面积157.31平方千米（其中长江水面56.7平方千米，沿江深水岸线长35千米），城市建成区面积125平方千米。2020年末，辖10个镇、7个街道，有行政村194个（其中村居合一2个）、社区81个。有户籍人口126.66万人，人口出生率6.97‰，死亡率7.57‰，自然增长率为-0.59‰。人均预期寿命为82.4岁。江阴市人民政府设在澄江中路9号。2020年，实现地区生产总值4113.75亿元，比上年增长3%。其中：第一业增加值38.04亿元，增长2.5%；第二产业增加值2094.11亿元，增长4.2%；第三产业增加值1981.60亿元，增长1.6%。三次产业占比为0.9 ： 50.9 ： 48.2。一般公共预算收入259.66亿元，比上年增长1.2%；其中税收收入215.91亿元，下降1%。一般公共预算支出237.86亿元，增长2.9%。年内，江阴市被评为全国双拥模范城（县）、全国县域数字农业农村发展评价先进县、第二批全国农村集体产权制度试点典型单位、中国营商环境百佳示范县市，被复查确认为全国文明城市，蝉联全国县域经济与县域综合发展“十八连冠”、中国工业百强县（市）“四连冠”、中国全面小康十大示范县市“十三连冠”。

（朱其涛）

【农林牧渔业】 2020年，江阴市农林牧渔及农林牧渔服务业总产值62.49亿元。粮食种植面积1.72万公顷，总产量12.3万吨，其中谷物11.7万吨；蔬菜种植面积1.22万公顷，总产量38.85万吨；水果种植面积2740公顷，总产量8.41万吨。出栏生猪5.25万头，猪肉产量3938吨；奶牛存栏972头，牛奶产量3427吨；水产品产量2.41万吨。

（朱其涛）

【工业】 2020年，江阴市规模以上工业实现营业收入5853.7亿元，产品销售率97.8%，利润总额359.96亿元。在跟踪统计的19种重点产品中，8种产品的产量实现正增长。全年工业用电量235.38亿千瓦时。工业百强企业全年完成产品销售收入3895.73亿元，实现利润292.64亿元，分别占规模以上工业企业的66.6%和81.3%。海澜集团有限公司、中信泰富特钢集团股份有限公司税务销售超1000亿元，江苏三房巷集团有限公司、远景能源有限公司税务销售超500亿元，江苏新长江实业集团有限公司、江阴澄星实业集团有限公司、江苏华西集团有限公司、江苏阳光集团税务销售超300亿元。

（朱其涛）

【建筑业】 2020年，江阴市实现建筑业总产值111.01亿元。全年获国家优质工程奖2项、江苏省“扬子杯”优质工程奖2项，获评江苏省标准化星级工地17个、江苏省优秀住宅项目2项、无锡市市政基础设施工程“太湖杯”优质工程奖2项、无锡市优秀物业管理项目6项。

（朱其涛）

【房地产业】 2020年，江阴市实现房地产开发投资303.04亿元，比上年增长11.6%。房屋建筑施工面积1409.25万平方米，新开工面积376.14万平方米，竣工面积398.15万平方米。商品房销售面积365.45万平方米，其中住宅销售面积330.63万平方米。

（朱其涛）

【金融业】 2020年末，江阴市金融机构各项本外币存款余额4394.43亿元，各项本外币贷款余额3439.05亿元。存款中，住户存款余额1588.24亿元。住户贷款中，人民币短期贷款114.06亿元，中长期贷款507.49亿元。证券交易开户总数36.45万户，证券机构交易金额11689.56亿元。实现保费收入83.26亿元，其中财产险24.24亿元、人身险59.02亿元。

（朱其涛）

【国内贸易业】 2020年，江阴市实现社会消费品零售总额675.07亿元，其中限额以上零售额212.34亿元。在限额以上批发和零售业零售额中，汽车类下降12.9%，粮油食品类增长47.3%，服装鞋帽针纺织类增长35.1%，中西药品类增长28.4%。

（朱其涛）

【交通邮电业】 2020年，江阴市完成客运量6584万人次，完成货运量5223万吨，完成港口货物吞吐量25624万吨。年末全社会拥有车辆59.92万辆，其中汽车55.49万辆。

私人汽车拥有量47.82万辆。江阴市全年邮政业务总收入7亿元。年末移动电话用户227.50万户，其中5G移动电话用户44.17万户。

（朱其涛）

【固定资产投资】 2020年，江阴市完成固定资产投资881.37亿元，比上年增长9.8%。分产业投向看，第一产业投资3.14亿元，下降67.3%；第二产业投资423.88亿元，增长12.5%；第三产业投资454.35亿元，增长9.1%。分投资主体看，国有投资83.15亿元，下降5%；民间投资676.78亿元，增长6.7%；中国港澳台及外商投资84.32亿元，增长16.6%。

（朱其涛）

【外向型经济】 2020年，江阴市实现进出口总额191.4亿美元，其中出口123.89亿美元、进口67.51亿美元。30家企业的32个出口品牌获批2020～2022年度江苏省重点培育和发展的国际知名品牌。全年到位注册外资及港澳台资9.2亿美元。新批外资及港澳台资项目40个，其中协议外资及港澳台资超3000万美元项目13个、超亿美元项目8个。新批境外投资项目27个，完成对外直接投资总额10.56亿美元。对"一带一路"国家投资项目8个，中方协议投资额5346万美元。

（朱其涛）

【旅游业】 2020年，江阴市拥有国家A级景区7个，星级饭店9家，旅行社44家；拥有江苏省旅游度假区1个，江苏省乡村旅游区13个，全国乡村旅游重点村1个，无锡市美丽乡村休闲旅游示范村4个。全年接待国内游客857.75万人次，旅游总收入142.73亿元。

（朱其涛）

【基础设施建设】 2020年，江阴市南沿江城际铁路江阴段加快推进，江阴第二过江通道、无锡至江阴城际轨道交通S1线、长山大道快速化改造等开工建设，江阴港洗舱站建设完成，集疏运体系不断完善。"澄堡"配套道路改建工程、沿江景观大道一期工程、塘前路东段一期改建工程、通运路工程、青果路南段改建工程、应天河整治工程、辅延幼儿园工程和立新中学工程8个项目竣工。年末公路总里程2450.11千米，其中高速公路72.7千米。全年征收拆迁完成278.4万平方米，其中主城区完成87.21万平方米；建成安置房53.7万平方米，其中城区建成21万平方米。

（朱其涛）

【公用事业】 2020年，江阴市全社会用电量273.99亿千瓦时，市供电公司完成售电量242.79亿千瓦时。长江自来水覆盖率100%，日供水能力52.36万立方米，供水管道长1711千米。新敷设燃气管道127千米，新增天然气居民用户2.3万户。建成省级生活垃圾分类达标小区30个，城市建成区居民小区垃圾分类设施覆盖率达100%。建设环卫运营中心、餐厨废弃物集中处理、建筑垃圾资源化利用等项目，全年无害化焚烧处理生活垃圾71.96万吨，处理建筑垃圾125万吨；新增洗扫车3辆、多功能抑尘车2辆，打造"超净路"15条、"优胜路"144条、五星级公厕9座，新改扩建农村公厕123座。新建管径100毫米以上供水管道30千米，改建40千米，完成肖山、澄西水厂80万吨深度处理改造、2105户农村供水管网和户表改造、4个居民住宅小区的二次供水设施改造，全年优质供水2.57亿立方米。

（朱其涛）

江阴市锡澄运河公园（丁家骏 摄）

【生态环境】 2020年，江阴市森林覆盖率20.28%，林木覆盖率24.65%。城市建成区绿化覆盖面积5492公顷，绿化覆盖率43.94%；绿地面积5080公顷；公园绿地面积581公顷，人均15.65平方米。$PM_{2.5}$平均浓度37微克/立方米，比上年下降11.9%；空气质量优良天数比例为77.9%，比上年提高5个百分点。国、省考断面水质优Ⅲ比例88.9%。

（朱其涛）

【科技创新】 2020年，江阴市净增高新技术企业150家，高新技术企业总数增至650家。高新技术企业培育库入库212家，国家科技型中小企业入库991家，通过无锡市遴选入库"雏鹰"企业、"瞪羚"企业分别为8家、14家。高新技术产业产值2132.45亿元，占规模以上工业产值比重为40.9%。发明专利授权量586件，比上年增长14.2%。全年获批江苏省企业重点实验室1个、江苏省院士企业研究院1个；新增江苏省工程技术研究中心11个，累计173个；新增无锡市工程技术研究中心52个、江阴市工程技术研究中心172个。获批江苏省科技成果转化项目2个、省重点研发计划项目7个，获批省"双创计划""科技副总"19人、省引进外国专家人才专项3个、省"外国专家工作室"项目4个，获批无锡市"太湖人才计划"创新人才5人、创业人才11人。全年获江苏省科学技术奖2项。

（朱其涛）

【教育】 2020年，江阴市有高等学校2所、普通高中12所、中等职业学校2所、初中41所（含九年一贯制学校8所、体育中学1所、特殊教育学校1所）、小学43所、幼儿园（办班点）142所（个）。年末各类学校专任教师15503人，在校学生186295人，在园幼儿44480人。小学入学率、巩固率、毕业率均为100%，初中学生入学率、巩固率、毕业率分别为100%、98.9%、99.7%。南京理工大学江阴校区建成启用。全年2所高等学校招收全日制研究生、本科生、高职新生5383人。全年6546人参加江苏省学业水平合格性考试；5472人参加高考，录取5391人，录取率98.52%，其中本科录取率88.36%。教育经费总支出54.61亿元，其中一般公共教育经费38.84亿元，占一般公共预算支出的16.33%。教育现代化监测综合指标总得分94.43分。

（朱其涛）

【文化】 2020年，江阴市组织文化下乡活动3600场，开展"书香江阴"读书节、市民文化节系列活动165次。建成24小时图书馆6个、微书房3个，"三味书咖"阅读联盟增至11个。参加无锡市"群芳奖"评选，获金奖8项、银奖5项、铜奖4项。1件作品获江苏省"五星工程奖"，2件作品获无锡市"五个一工程"优秀作品奖。6家企业的7个项目获江阴市文化产业专项资金扶持共215.41万元。

（朱其涛）

【卫生】 2020年，江阴市有各类医疗卫生机构645个，其中医院37家、卫生院15家、社区卫生服务中心11个，开放床位9789张，年末卫生技术人员12120人。全年医疗服务总诊疗1009.26万人次，收治住院26.45万人次。

（朱其涛）

【体育】 2020年，江阴市承办中国足球甲级联赛、中国足协杯赛等省级以上体育竞赛8项次；江阴籍运动员在省级以上赛事中获24枚金牌。全年新建健身步道23千米、体育公园4个，组织元旦公益徒步等各类群众体育活动245场。江阴市获评江苏省综合类体育产业基地，4家单位获评省级体育产业示范单位。全年体育彩票销售额超7亿元。

（朱其涛）

【社会保障】 2020年，江阴市企业职工基本养老保险扩面新增5.49万人，净增2.22万人；养老、工伤、失业保险参保人数分别为64.02万人、56.83万人、56.16万人，医疗、生育保险参保人数分别为91.92万人、56.84万人。居民养老保险和居民医疗保险参保人数分别为2.71万人、48.04万人。城乡居民最低生活保障对象3458人，发放最低生活保障金2942.07万元。全年实施直接救助19.02万人次，直接医疗救助支出7392.63万元；实施临时救助269户次，发放救助金193.88万元。年末，有养老床位14991张。

（朱其涛）

【居民收入】 2020年，江阴市居民人均可支配收入61859元，比上年增长4.8%。其中：城镇居民人均可支配收入72185元，增长4.1%；农村居民人

2020年9月，南京理工大学江阴校区投用　（丁家骏　摄）

均可支配收入38416元，增长6.4%。城镇居民人均消费性支出34329元，下降0.9%；农村居民人均消费性支出22275元，下降4.9%。城镇居民家庭恩格尔系数27.8%，农村居民家庭恩格尔系数30%。

（朱其涛）

【就业创业】 2020年，江阴市提供就业岗位6.5万个，本地劳动力实现就业5.97万人，城镇新增就业2.92万人，城镇困难人员再就业6445人，城镇登记失业率1.75%。扶持自主创业5817人，带动就业2.72万人，发放各类创业补贴3969万元，发放创业担保贷款3.14亿元。

（朱其涛）

【第五次被评为全国双拥模范城（县）】 2020年，江阴市围绕争创双拥模范城，打造独具特色的创建载体。出台拥军优属等一系列政策文件，持续推动社会化拥军，做好疫情防控期间拥军支前工作，协助驻江阴部队落实好疫情防护物资。持续宣扬“最美退役军人”，开展退役士兵返乡欢迎、集中悬挂“光荣之家”牌匾、立功喜报送达等活动，在全社会树立尊崇军人、关爱军人导向。成立退役军人志愿服务队暨老兵故事宣讲团，举办“致敬最可爱的人”主题晚会、战时二等功以上功臣座谈会、“戎耀70载致敬老英雄”等活动。10月20日，在全国双拥模范城（县）命名暨双拥模范单位和个人表彰大会上，江阴市被命名表彰为“全国双拥模范城（县）”，是江阴市第五次获此荣誉。

（朱其涛）

【获评全国县域数字农业农村发展评价先进县】 江阴市多年持续按照“引进团队、依托园区、紧抓项目”的总体思路，大力实施数字农业战略，创新大数据技术在农业上的应用，集成融合物联网、云计算、移动互联等信息技术，通过引进技术研发团队、筹建示范试验基地、实施示范试点项目，融合整合江阴市农业生态补偿、农业保险、园区平台、循环农业平台、智慧农机等数据，建设江阴市农业社会化服务云数据中心，推进全市智慧农业社会化服务平台建设。2020年11月28日，农业农村部信息中心发布《2020年全国县域数字农业农村发展水平评价报告》，江阴市被评为2020年全国县域数字农业农村发展评价先进县。

（朱其涛）

【入选第二批全国农村集体产权制度试点典型单位】 江阴市深入实施乡村振兴战略，2018年，全面完成农村集体产权制度改革试点县各项任务，238个村全部组建村级股份经济合作社，确认成员股东90.78万人，量化净资产60.27亿元，村级收入35.23亿元，股份经济合作社发放分红和福利8.43亿元。2019年8月，江阴市探索集体经济组织与村（居）委会财务事务分离改革——村社分离改革。2020年4月17日，农业农村部从前三批中央确定的试点单位中选择工作扎实、成效明显、具有引领作用的60个县（市、区）作为第二批全国农村集体产权制度试点典型单位，供各地学习借鉴，江阴市入选。

（朱其涛）

【经复查确认为全国文明城市】 2020年，江阴市围绕建设“崇德向善、文化厚重、和谐宜居”文明城市目标，坚持为民、育民、惠民理念，大力弘扬江阴精神，始终把文明创建工作放在全市经济社会发展和高质量发展总体布局，坚持长效创建网格化、全域化、一体化推进，健全完善各级组织领导，压实创建网格责任，纵深推动创建全覆盖。坚持问题导向、目标导向、效果导向，纵深推进“十大专项提升行动”、深入开展江阴文明“八不”系列活动，精准发力，破解以往历史欠账多，基础管理薄弱，环境面貌与经济实力、城市影响力不相称等突出问题。常态落实周暗访督查、季度测评排名、媒体曝光、问题交办督办等制度，组织常态测评组、市民巡访团暗访督查80次，组织城市文明程度指数测评2次，编发周通报33期，协调媒体曝光11期，通报整改问题1.2万余个，持续提升创建工作成效。11月20日，中央精神文明建设指导委员会公布复查确认保留荣誉称号的往届全国文明城市，江阴市位列其中。

（朱其涛）

【蝉联中国工业百强县（市）“四连冠”】 2020年，江阴市实现地区生产总值4113.8亿元、规模以上工业增加值1104.7亿元，有规模以上工业企业1843家、入库税金超亿元企业34家、开票销售超百亿元企业16家、超千亿元企业2家。11家企业跻身中国企业500强，15家入围中国制造业企业500强，14家入围中国民营企业500强，10家入围中国服务业企业500强，领跑全国同类城市。11月13日，中国信息通信研究院在中国县域工业经济发展论坛（2020）上发布《中国工业百强县（市）、百强区发展报告》，江阴市再次位列中国工业百强县（市）之首，实现“四连冠”。

（朱其涛）

【获评中国营商环境百佳示范县市】 2020年，江阴市围绕企业全生命周期，打造高质高效的政务环境、暖心周到的政策环境、开放包容的市场环境、公平公正的法治环境和重商亲商的社会环境。江阴市是江苏省唯一实现自助办照一体机乡镇全覆盖的地区，不需预核名称、不需填表，营业执照立等可取。此外，江阴市着力消除影响企业发展的不合理市场因素和人为障碍，护航民营企业发展壮大，维护企业利益，给企业实实在在的获得感。12月26日，在2020第十五届中国全面小康论坛上，江阴市被评为2020年度中国营商环境百佳示范县市，居第六位。

（朱其涛）

【蝉联全国县域经济与县域综合发展“十八连冠”】 2020年，江阴市科学统筹疫情防控和经济社会发展，推动生产生活秩序恢复，县域发展质量基本指数、县域经济活力基本指数、县域居民增收基本指数和县域民生建设基本指数均达到A类水平。其中，县域发展质量基本指数新增高质量发展导向的“新视角”和“新思维”，设置以人均质量为标尺的“新坐标”，江阴市该项指数达到“A+”最优等级水平，远高于全国同类县（市）。12月16日，全国县域经济与县域发展专业研究机构、社会智库中郡研究所发布《第二十届县域经济与县域发展监测评价报告》，江阴市居全国县域经济基本竞争力前100名县市名单首位，实现“十八连冠”。

（朱其涛）

【蝉联中国全面小康十大示范县市“十三连冠”】 2020年，江阴市坚定实施产业强市首要战略，构建纺织服装、装备制造、智慧能源、新材料、石化五大千亿级产业集群和集成电路、生物医药、石墨烯三大500亿级产业集群，企业总数突破7万家。主动对接无锡市太湖湾科创带发展规划，全力参与科创带“第一岛链”建设，全面实施“南征北战、东西互搏”战略。城市建设提速，加快推进锡澄轨道S1线、南沿江城际铁路江阴段、江阴高铁站综合交通枢纽等重大交通工程建设。城市文明彰显，以全国第三的成绩蝉联全国文明城市，成为受中央文明办通报表扬的全国10个县级市之一。12月26日，第15届中国全面小康论坛在广东省中山市举行，江阴位列“2020年度中国全面小康十大示范县市”榜单第一名，实现该奖项“十三连冠”。

（朱其涛）

组织机构及负责人名录

中共江阴市委员会

书　记　王进健（至7月）
　　　　许　峰（7月任）
副书记　蔡叶明（至10月）
　　　　包　鸣（10月任）
　　　　袁秋中
常　委　计　军
　　　　吴　芳（女）
　　　　陈兴华
　　　　费　平（至11月）
　　　　邵文松
　　　　程　政
　　　　尹　平
　　　　靳佳高
　　　　赵　强（12月任）
　　　　黄　宇（12月任）
　　　　姜　锵（12月任，挂职）

江阴市人大常委会

主　任　孙小虎
副主任　唐仲贤（至5月）
　　　　龚振东（至5月）
　　　　朱　敏
　　　　黄耀清（至5月）
　　　　赵巧新（5月任）
　　　　张光伟（5月任）
　　　　吴国忠（5月任）

江阴市人民政府

市　长　蔡叶明（至10月）
代市长　包　鸣（10月任）
副市长　费　平（至11月）
　　　　赵　强
　　　　姜　锵（12月任，挂职）
　　　　虞卫才
　　　　郁秋皓
　　　　张国兴
　　　　张韶峰
　　　　许　晨（女）
　　　　王庆春
　　　　许迎春（挂职）
　　　　顾文浩
　　　　孙协军
　　　　（4月任，至10月，挂职）

政协江阴市委员会

主　席　徐冬青
副主席　韩　民
　　　　张英毅
　　　　喻伟力
　　　　陈兴初
　　　　张晓东

中共江阴市纪律检查委员会
（江阴市监察委员会与其合署办公）

书　记　靳佳高

（江阴市委组织部）

宜兴市

【概况】 宜兴市地处江苏省西南端、沪宁杭三角中心，东临太湖并与苏州太湖水面相连，东南接浙江省长兴县，西南接安徽省广德市，西接常州市溧阳市，西北毗连常州市金坛区，北与常州市武进区相傍。滆湖镶嵌于宜兴和武进之间，三氿（东氿、团氿、西氿）相伴市区。地势南高北低，西南部为低山丘陵，全市最高峰为黄塔顶，海拔611.5米；东部为太湖渎区，适宜种植各种蔬菜；北部和西部分别为平原区和低洼圩区，是宜兴粮油主要产地。总面积1996.6平方千米，其中太湖水域面积242.29平方千米。2020年末，辖13个镇、5个街道，有行政村207个（其中村居合一10个）、社区102个。有2个国家级开发区——中国宜兴环保科技工业园、宜兴经济技术开发区，1个国家级旅游度假区——江苏省宜兴阳羡生态旅游度假区，1个省级开发区——江苏宜兴陶瓷产业园区。年末户籍人口107.58万人，其中城镇人口67.62万人。全年出生7038人，出生率6.53‰；死亡9694人，死亡率8.99‰；人口自然增长率-2.46‰。宜兴市人民政府设在宜城街道陶都路8号。2020年，实现地区生产总值1832.21亿元，比上年增长3%；一般公共预算收入127.59亿元，增长3%；完成固定资产投资493.58亿元，增长10.5%；社会消费品零售总额512.26亿元，增长0.8%。城镇居民人均可支配收入61090元，增长4.4%；农村居民人均可支配收入32430元，增长6.6%。2020年，宜兴市获评全国文明城市、国家全域旅游示范区、全国双拥模范城、国家生态文明建设示范市、全国首批健康城市示范市称号，居全国百强县（区）第八位、中国工业百强县（市）第八位。

（吴　艳）

【农业】 2020年，宜兴市实现农业总产值84.33亿元，比上年增长5%。农作物播种面积7.28万公顷，减少0.65万公顷。粮食总产量32.42万吨，下降9.7%；油料总产量4704吨，茶叶总产量3748吨，水果总产量28621吨，干果总产量2231吨。年末生猪存栏数2.95万头，增长637.5%；全年肉猪出栏数5.5万头，增长64.7%；猪肉产量4813吨，增长28.1%。禽肉产量3622吨，增长3.9%。水产品产量81264吨，增长1.6%。

（吴　艳）

【工业】 2020年，宜兴市完成工业总产值4475.89亿元，比上年增长1.7%。1094家规模以上工业企业实现产值3479.37亿元，增长3.1%；完成营业收入3435.47亿元，增长1.5%；实现利润总额194.31亿元，下降1%；实现工业增加值592.05亿元，可比价增长4.8%。全市规模以上工业六大重点行业实现产值2843.27亿元，比上年增长4.2%，占规模以上工业产值的81.7%。工业总产值前100强企业完成产值2423.19亿元，增长10.8%。工业总产值超1亿元企业434家，增加9家。其中，产值超10亿元企业59家，超100亿元企业有江苏江润铜业有限公司、远东电缆有限公司、宜兴市意达铜业有限公司、江苏中广润新材料科技有限公司、无锡江南电缆有限公司5家。

（吴　艳）

【建筑业】 2020年，宜兴市实现建筑业增加值152.25亿元，可比价比上年增长2.7%；实现建筑业总产值333.77亿元，增长5.9%。房屋建筑施工面积2561.14万平方米，增长8.3%。年内获评“中国建设工程鲁班奖”5项、“国家优质工程奖”5项、江苏省“扬子杯”优质工程奖9项。

（吴　艳）

【房地产业】 2020年，宜兴市完成房地产业增加值141.22亿元，可比价比上年增长11.2%；完成房地产开发投资145.29亿元，增长1.9%。房屋施工面积732.26万平方米，增长17.9%。房屋竣工面积106.3万平方米，增长6.8%。全年商品房销售面积205.95万平方米，增长21.5%。商品房销售额254.75亿元，增长32.3%。

（吴　艳）

【金融业】 年末，宜兴市金融机构各项本外币存款余额2631.26亿元，比上年增长10.9%；各项本外币贷款余额1883.59亿元，增长10.8%。存款中，住户存款余额1400.71亿元，非金融企业存款余额931.96亿元。贷款中，住户贷款余额435.53亿元，非金融企业及机关团体贷款余额1447.09亿元。全年实现保险业务收入54.34亿元，比上年下降9.5%；保险赔款支出15.08亿元，下降12.7%。

（吴　艳）

【商贸业】 2020年，宜兴市实现社会消费品零售总额512.26亿元，比上年增长0.8%，其中限额以上消费品零售额186.09亿元。在限额以上消费品零售额中，粮油、食品类零售额比上年增长17.2%，饮料类增长4.2%，烟酒类下降3.2%，服装、鞋帽、针纺织品类增长18%，化妆品类增长32%，金银珠宝类增长29.2%，日用品类增长3.8%，家用电器和音像器材类下降30.2%，中西药品类增长7.8%，文化办公用品类增长36.5%，家具类增长4.2%，通信器材类下降8.6%，建筑及装潢材料类增长18.1%，石油及其制品类增长45%，汽车类增长4.3%。

（吴　艳）

【开放型经济】 2020年，宜兴市实现对外贸易进出口总额46.17亿美元，比上年增长3.8%，其中出口总额34.14亿美元、进口总额12.03亿美元。全年完成服务外包执行总额17.17亿美元，增长38.7%。新增外资及港澳台资项目34个，其中新设项目23个、增资项目11个。累计增加协议注册外资及港澳台资4.55亿美元，增长27.7%，新增协议注册外资及港澳台资超3000万美元的项目

2020年，宜兴市入选江苏省美丽宜居城市建设试点城市　（单祖英　摄）

7个。全年实际使用外资及港澳台资4.51亿美元，增长23.9%；其中新设外资及港澳台资制造业项目8个，实际使用外资及港澳台资2.5亿美元。新备案境外投资项目12个，其中贸易项目10个、非贸易项目2个，中方协议投资额9936万美元。

（吴　艳）

【交通运输】 年末，宜兴市公路通车里程2927千米，比上年增长17.8%；内河航道里程605千米，与上年持平。全年完成公路客运量3065万人次，下降54.2%；公路客运周转量42280万人千米，下降52.5%。宜长（宜兴—长兴）、常宜（常州—宜兴）高速公路建成通车。宜马（宜兴—马山）快速通道宜兴段开工建设，丁蜀通用机场航站区工程主体封顶，跑道基础工程完工，锡溧（无锡—溧阳）漕河宜兴段整治有序推进，和桥、屺亭农村段达到三级航道标准，锡溧漕河大桥建成通车。云岭路、潘西线等10条区间道路建成通车，360省道茗岭段有序推进，150千米农路、25座农村危旧桥完成改造。

（吴　艳）

【邮政通信】 2020年，宜兴市实现邮政业务总收入3.37亿元，比上年增长6.7%；电信业务总收入17.74亿元，增长6.3%。互联网用户100.13万户，增长7.3%。年末，全市拥有固定普通话机用户25.94万户、移动电话162.2万部、公用电话0.47万部。

（吴　艳）

【旅游】 2020年，宜兴市有等级旅游景区10个，其中国家AAAA级景区8个、AAA级景区2个；有星级宾馆7家，其中五星级宾馆2家、四星级宾馆3家、三星级宾馆2家；有旅行社33家。宜兴市跻身国家全域旅游示范区，西渚镇白塔村被评为第二批全国乡村旅游重点村。全年接待境内游客2033.18万人次，比上年下降26.9%；接待入境游客1.44万人次，下降85.9%。

（吴　艳）

【城乡建设】 2020年，宜兴市医疗中心、江南大学宜兴校区等项目有序推进，和桥医疗中心、宜城预防保健所、宜兴市档案史志馆新馆等项目基本完工，宜兴市特殊教育学校、市东氿小学和幼儿园、第二实验小学南校区扩建、森林公园樱花岭、应急避难场所等项目完工；城东梅林地块、王婆地块路网不断加密。城市更新改造接续实施，完成老旧小区改造，对向阳新村北侧、东域小学北侧等7处老旧或闲置绿地进行“口袋公园”更新改造。镇村建设不断深入，美丽宜居乡村建设达标率100%，特色田园乡村建设进展顺利，全年建成特色田园乡村13个。农村建房试点有序开展，建成户数位居无锡大市首位，“四类对象”（贫困户、低保户、农村分散供养特困人员、贫困残疾人家庭）危旧房屋改造、农村公厕及照明建设任务全面完成。全国文明城市长效管理工作有序推进，市政、绿化、照明精细化管理水平稳步提升，城市人居环境不断优化。完成东氿新城宜居示范街区及园林绿化示范项目，宜兴市入选江苏省美丽宜居城市建设试点城市。11月，江苏省生态园林城市创建工作通过省级专家验收。

（吴　艳）

【生态建设】 2020年，宜兴市$PM_{2.5}$平均浓度降至30.4微克/立方米，比上年下降18.9%；空气质量优良天数比例为82.5%。9条主要入湖河流水质均达到Ⅲ类及以上，18个国、省考断面水质优Ⅲ率88.9%，连续13年实现太湖安全度夏。年内，城区新增绿地面积69.67公顷，人均公园绿地面积15.56平方米，建成区绿化覆盖率43.4%。

（吴　艳）

【科技创新】 2020年，宜兴市新增高新技术企业172家，有效高新技术企业累计638家，组织实施产学研及国际合作项目170个。新增省高新技术企业培育库入库企业234家，累计487家。新增无锡市“雏鹰”企业240家、“瞪羚”企业105家、准“独角兽”企业12家。3家企业获省级及以上科学技术奖，2家单位获无锡市“腾飞奖”。年末全市拥有各类专业技术人员13.19万人，其中高级职称0.82万人、中级职称3.25万人、初级职称9.13万人。全年组织实施市级以上各类科技项目117项，其中国家级3项、省级20项、无锡市级28项、宜兴市级66项。全年专利授权总量8381件，比上年增长72.3%，累计专利授权总量49350件。高新技术产业产值占规模以上工业产值比重38.2%。

（吴　艳）

2020年12月，常宜高速通车　（李宁人　摄）

【教育】 2020年，宜兴市有普通高中8所，全年招生5220人，在校学生14923人；普通初中35所，全年招生9601人，在校学生28547人；小学59所，全年招生12571人，在校学生69938人；幼儿园107所，全年入园幼儿10494人，在园幼儿33400人。有中等技术学校2所，全年招生2352人，在校学生6466人；特殊教育学校1所，全年招生18人，在校学生192人。高考报名4472人，录取4347人，录取率97.2%，其中本科录取3150人，本科录取率70.4%。

（吴 艳）

【文化】 2020年，宜兴市有市级艺术表演团体1个，文化站（馆）18个；市级公共图书馆1个，藏书153.39万册；电影放映单位19家，放映场次14万次，票房收入2190万元。市文化中心各场馆到馆总人数约181.7万人次，举办各类展览、演出、讲座活动共723场，接待各类参观考察团717批次、34345人次。拥有全国重点文物保护单位7处12个点、省级文物保护单位12处25个点。拥有国家级非物质文化遗产项目4个、省级项目13个，在世的国家级非物质文化遗产项目代表性传承人4人、省级传承人22人。

（吴 艳）

【卫生】 2020年，宜兴市有医疗卫生机构588家，床位数7440张。拥有卫生技术人员12206人，其中执业医师3686人、执业助理医师466人、注册护士4514人。宜兴市人民医院新院区及宜城防保所主体建筑结构工程完成封顶。快速高效处置新冠肺炎疫情，3例确诊病例治愈出院。先后选派25名医护人员驰援湖北。

（吴 艳）

【体育】 2020年，宜兴市有体育场5个、体育馆18个、游泳池58个。全年举办全国动力冲浪板锦标赛暨水上嘉年华、中国·内河帆船联赛、全国风筝精英赛3项全国性赛事，2020年江苏省青少年田径锦标赛暨县组田径赛（第一赛区）、江苏省青少年拳击冠军赛、江苏省风筝精英赛3项省级赛事，举办宜兴第二十三届太湖风筝节等活动。全年体育彩票销售5.6亿元。

（吴 艳）

【人民生活】 2020年，宜兴市全体居民人均可支配收入50987元，比上年增长5.1%。按常住地分，城镇居民人均可支配收入61090元，农村居民人均可支配收入32430元。全体居民人均生活消费支出29138元，下降1.6%。按常住地分，城镇居民人均生活消费支出34164元，农村居民人均生活消费支出19906元。全年居民消费价格指数为102.9，下降0.5个百分点。其中，服务项目价格指数为101，消费品价格指数为103.9。全市城镇登记失业率1.8%。

（吴 艳）

【社会保障】 年末，宜兴市参加基本养老保险38.19万人，比上年增长1.4%；参加失业保险26.81万人，增长7.8%；参加企业职工基本医疗保险52.74万人，增长5.0%；参加城乡居民医疗保险53.5万人，下降1.1%。月低保标准提高至1010元，月最低工资标准2020元。全市拥有城镇社区服务中心18个。享受定期定量抚恤补助的优抚对象6425人。全年福利彩票销售1.97亿元。全年慈善机构接收捐赠款10582.96万元，其中慈善“一日捐”826.76万元、定向捐款7519.55万元、企业认捐到账929.9万元。市慈善会救助困难群众、学生62173人，救助支出8530.13万元。

（吴 艳）

【蝉联全国文明城市】 2020年，宜兴市严格对照最新的全国文明城市测评体系，以新出台的“十二大专项提升行动”为抓手，重点攻克行人与非机动车交通违法、车辆乱停放、环境卫生、出租车经营秩序、消防安全通道被堵塞和占用、不文明养犬等突出问题，全力攻坚问题短板、加快改善城市面貌，迎接全国文明城市国家复评。将习近平总书记关于开展爱国卫生运动的重要指示精神作为文明创建的抓手，有机融入文明城市、镇村、单位、家庭等创建活动，加大工作力度，提高市民素质。11月，全国精神文明建设表彰大会在北京举行，宜兴市蝉联全国文明城市，丁蜀镇入选全国文明镇，湖㳇镇洑西村、张渚镇五洞村入选全国文明村，宜城街道办事处入选全国文明单位。

（吴 艳）

【获评国家全域旅游示范区】 2020年，宜兴市编制完成《宜南山区旅游发展概念性规划》《宜南山区保护和开发管控规划》，启动编制“十四五”时期市级重点专项规划《宜兴市全域旅游高质量发展规划》，出台《关于促进全域旅游高质量发展的政策意见（试行）》及实施细则。全域旅游工作纳入所有板块的综合考核，并执行差异化考核。年内完成全域旅游服务中心形象提升工程，布点全域旅游服务中心丁蜀、张渚、湖㳇等9个二级分中心，布点锡宜高速宜兴服务区、文化中心、宁杭高速太湖服务区等6个三级驿站。6月，宜兴市被省文化旅游厅认定为江苏省全域旅游示范区，12月，被国家文旅部命名为国家全域旅游示范区。

（吴 艳）

【首次获评全国双拥模范城】 2020年，宜兴市深化双拥模范创建工作，广泛开展教育拥军、科技拥军、文化拥军、法律拥军等活动，加强宣传引导，营造全社会关心国防、支持军队、尊崇军人的良好氛围。继连续8次被省政府、省军区授予“双拥模范城”称号后，2020年10月，宜兴市被全国双拥工作领导小组、退役军人事务部、中央军委政治工作部命名为全国双拥模范城，为宜兴市首次获得该项荣誉。

（吴 艳）

【获评国家生态文明建设示范市县】 宜兴市境内山水相依、林湖密布，是江苏自然禀赋最为优越的地方之一。2020年，连续13年实现太湖安全度夏，饮用水源水质持续稳定达标。坚持绿色发展，产业发展持续优化，节能环保产业、新能源产业等四大新兴产业发展稳健，规模以上工业产值占全市规模工业经济比重20.3%；高新技术产业产值占规模以上工业产值比重38.2%。10月，生态环境部公布第四批国家生态文明建设示范市县，全国87个市县上榜，江苏省6个市（区）上榜，宜兴市位列其中。

（吴　艳）

【获评全国首批健康城市示范市】 2018年12月，宜兴市召开卫生与健康大会，健康城市建设各项任务纳入各部门高质量发展考核。至2020年，先后出台《健康宜兴两年行动计划考核指标体系》等文件，有效保证健康城市建设有序发展，宜兴市医疗体系优质高效，健康服务能力全面提升，老百姓的生活品质进一步提高，健康城市的氛围越来越浓厚。2020年1月，全国爱卫办公布全国首批健康城市示范市，宜兴市从参评的314个国家卫生城市（区）中以总分位列全国第六、县级市第三的成绩上榜。

（吴　艳）

组织机构及负责人名录

中共宜兴市委员会

书　记　沈　建（10月免）
　　　　封晓春（10月任）
副书记　张立军（8月免）
　　　　陈寿彬（8月任）
　　　　周中平
常　委　沈　建（10月免）
　　　　封晓春（10月任）
　　　　张立军（8月免）
　　　　陈寿彬（8月任）
　　　　周中平
　　　　朱旭峰
　　　　朱晓晔
　　　　沈晓红（女）
　　　　何晓进
　　　　裴焕良
　　　　余俊慧（女，8月免）
　　　　邱少波
　　　　沈晓萍（女，9月任）
　　　　吴爱军

宜兴市人大常委会

主　任　刘亚民（3月免，
　　　　10月开除党籍、开除公职）
　　　　周　斌（4月任）
副主任　周　斌（5月免）
　　　　赵菊明
　　　　徐志军
　　　　朱保强

宜兴市人民政府

市　长　张立军（8月免）
　　　　陈寿彬（8月任）
副市长　何晓进
　　　　周　斌
　　　　吴青峰（1月免）
　　　　储红飙
　　　　马　钟
　　　　谢海华（4月免）
　　　　温秀芳（女，1月任）
　　　　张　毅（1月任）
　　　　周　峰（1月任）
　　　　周　杰（5月任）
　　　　杨　延（挂职）
　　　　薛皓月（挂职，4月任）
　　　　孙骊君（挂职，12月任）

政协宜兴市委员会

主　席　梅中华（12月免）
　　　　周中平（12月任）
副主席　莫克明（10月免）
　　　　吴伯荣
　　　　洪　雅（女）
　　　　吴青峰（1月任）
　　　　芮俊燕（女）
　　　　钱伟兴
　　　　温秀芳（女，兼，1月免）

中共宜兴市纪律检查委员会
（宜兴市监察委员会与其合署办公）

书　记　邱少波

（宜兴市委组织部）

梁溪区

【概况】 梁溪区位于无锡市中部，因梁溪河而得名，面积71.5平方千米。2020年末，辖崇安寺、广益、广瑞路、上马墩、江海、通江、迎龙桥、南禅寺、清名桥、金匮、金星、扬名、北大街（含五河）、惠山、黄巷、山北17个街道，156个社区，有户籍人口80.01万人、常住人口98.55万人，区人民政府设在解放南路688号。2020年，实现地区生产总值1372.6亿元，比上年增长4.5%；固定资产投资完成240.35亿元，增长11.7%；进出口总额25.9亿元，增长7.0%；一般公共预算收入60.4亿元，增长5.4%；城镇居民人均可支配收入6.25万元，增长4.9%。

（陈建初）

【工业】 2020年，梁溪区97家规模以上工业企业实现产值292.9亿元、增加值86.3亿元，主营业务收入271.2亿元，利润36.93亿元。区工业传统产业排名前六的行业中，规模以上汽车制造业总产值170亿元，利润21.4亿元，工业投资8.72亿元。178家物联网企业列入市统计库，其中列入市软件业集群企业库的软件企业126家。全球首个Micro LED大规模量产基地——利晶微电子技术（江苏）有限公司成立并投产，总投资50亿元的易华录无锡数据湖产业园示范湖建成运行。

（陈建初）

【商贸服务业】 2020年，梁溪区有限额以上批发零售企业547家，其中批发企业315家、零售企业232家，全年完成批零销售额1006.5亿元。全年完成社会消费品零售总额

10月29日，市委书记黄钦（左）为利晶微电子技术（江苏）有限公司Micro LED研究院揭牌　　（梁溪区档案史志馆　供）

695.55亿元，同比下降2.1%；其中限额以上社会消费品零售额305.45亿元，比上年增长0.5%。电子商务加快发展，全区各类电商门店1350余家，梁溪电子商务产业园区获批江苏省首批电子商务众创空间试点单位，全年电子商务销售额突破120亿元。跨境电子商务全年出口额3.5亿美元。中山路商业街升级改造，通过“今夜梁宵”等活动推动夜间经济。

（陈建初）

【城市建设】 2020年，梁溪区完成宜居住区建设134.81万平方米，曹张新村等316个老旧小区引进国企物业公司管理。80个海绵城市建设项目全部完成，海绵城市建设达标率100%。新建流云广场等113个品质游园，数量为全市之最。跨区断头路稻香路打通，梁东路（西延）等6条区级道路建成通车，解放南路人行天桥建成投用，新增公共停车泊位3000个。优美环境合格区建设持续推进，完成槐古支路等7个城市疏导点拆除整治，拆除违章建筑56.84万平方米，完成103座公厕改造，开展165条背街小巷环境整治提升。完成5个垃圾分类示范小区建设，全区生活垃圾分类覆盖率达到90%，可回收物分拣中心及30万吨建筑装修垃圾消纳场建成投运。夹城里、民主街等8个跨度超过10年的地块完成清点，全年完成项目清点交地114个，整出可供用地228.02万平方米，为历年最多。

（陈建初）

【生态建设】 2020年，梁溪区完成188项污染防治攻坚任务、58个大气污染重点工程项目和8个太湖水治理项目。梁溪河蠡桥断面、京杭运河望亭上游两个国考断面稳定达标，持续保持全区无黑臭水体，44条综合整治河道Ⅲ类水比例提升到20.5%，$PM_{2.5}$年均浓度降至34微克/立方米，空气优良天数比率81.7%，均达到历史最好水平。

（陈建初）

【科技创新】 2020年，梁溪区新增81家高新技术企业，有效期内总数183家；新增“雏鹰”企业72家，“瞪羚”企业17家，准“独角兽”企业4家。高新技术企业培育入库170家，科技型中小企业入库223家。省科技企业上市培育计划入库企业2家，新增省级众创空间1个、市级众创空间2个，认定省级工程技术中心1个、市级工程技术中心1个。

（陈建初）

【教育】 2020年，梁溪区有小学36所、初中9所、九年一贯制学校5所，班级1575个，在校生68280人，义务教育巩固率100%。有幼儿园90所，在园幼儿27704人，毛入园率100%。年内，完成学校办学条件改造项目34个，崇安中心幼儿园世茂园竣工投用，连元实验幼儿园改扩建工程竣工，通江实验小学易地新建工程主体竣工。推进教育集团化办学改革，以名校带动形成13个教育集团。

（陈建初）

【文化体育】 2020年，梁溪区新增公共文化设施面积22289平方米。以区图书馆为龙头，建设16个街道图书馆、55个社区书屋、9个城市联盟阅读点、2个24小时城市书房。成立梁溪区文联、梁溪区作家协会，繁荣文艺创作。全年开展700多场主题文化艺术普及活动，组织参与第二届大运河文化博览节开幕式及文艺汇演活动。全年新增文化产业规模以上企业129家，总数增至138家，新增文化产业项目92个，其中投资额500万～1亿元的60个、投资额1亿～10亿元的26个、投资额10亿～50亿元的6个。完成4片足球场地建设，增设室外公共体育健身器材、设施，完善“10分钟体育健身圈”。举办环城古运河慢行步道的正式环通暨徒步活动、梁溪区全民健身启动仪式暨“魅力梁溪”无锡市三人制篮球联赛、无锡国金中心站垂直登高大奖赛等活动或赛事。

（陈建初）

【卫生】 年末，梁溪区有医疗卫生机构469家，开放床位12352张，卫生技术人员16162人，执业（助理）医师6125人。其中，区属公立医疗卫生机构46家，开放床位1597张，执业（助理）医师890人。启动编制梁溪区医疗卫生设施布局规划，易地建设梁溪区中医医院（无锡市康复医院），完成6家社区卫生服务机构改造，市第八人民医院、区疾控中心两个PCR实验室投入使用，区卫生防疫站被评为全国文明单位。

（陈建初）

【人民生活】 2020年，梁溪区城镇居民人均可支配收入6.25万元，比上年增长4.9%。实现城镇失业人员再就业2.1万人、就业困难人员再就业7000余人，零就业家庭至少一人就业覆盖率100%。发放低保救助金、走访慰问金、疫情临时生活补贴、物价补贴等2.1亿元，惠及困难群众8.9万人。全年新增日间照料中心4家、区域性助餐（配餐）中心4家、养老服务床位767张。“互联网+全科社工”服务模式获江苏省基层社会治理创新成果奖。

（陈建初）

【“今夜‘梁’宵”夜市一条街开街】 8月8日，“今夜‘梁’宵”夜市一条街在清名桥历史文化街区开街，为期3个月，串联暑期、七夕、中秋、国庆等假期，围绕夜购、夜食、夜游、夜娱、夜秀、夜读等主题，推出多项主题活动。在古运河、伯渎河交汇处设置游船舞台，与运河之眼3D灯光秀联动，打造流动的文艺盛宴；拓展水上交通资源，专线开通夜市水上巴士；在古运河边打造水上夜宴，重现“古运河边载酒船”的江南韵事。9月3～7日，举办第二届大运河文化旅游博览会，线下主会场设在清名桥历史文化街区，中央电视台、新华社等30余家媒体进行报道。清名桥历史文化街区获长三角夜间文化和消费样板示范街区、省级夜间文旅消费集聚区等称号。

（陈建初）

组织机构及负责人名录

中共梁溪区委员会

书　记　秦咏薪
副书记　许立新
　　　　邹士辉
　　　　陈锡明
常　委　朱　雄（在青海省循化撒拉族自治县挂职）
　　　　张　莉（女）
　　　　唐斌彪
　　　　周皖红（女）
　　　　李　平（至9月）
　　　　孙林祥
　　　　李　涛
　　　　王新华（至8月）
　　　　方　华（8月任）
　　　　王晓海

梁溪区人大常委会

主　任　邹士辉（党组书记）
副主任　童耀明（党组副书记）（至9月）
　　　　曹海燕（女）
　　　　徐　越
　　　　周克刚
　　　　任震宇
　　　　姚　凯

梁溪区人民政府

区　长　许立新（党组书记）
副区长　李　平（党组副书记）
　　　　朱　刚
　　　　张　琦
　　　　夏　琰（女）
　　　　周　军
　　　　李振云
　　　　李先光
　　　　周卫国（6月任）
　　　　王建华（挂职）
　　　　彭功茂（挂职，7月任）
　　　　施林峰（挂职，7月任）

政协梁溪区委员会

主　席　陈锡明（党组书记）
副主席　陈国忠（党组副书记）
　　　　钱丽忠（女）
　　　　李　波（女）
　　　　季　铮（女）
　　　　唐　红（女）
　　　　祝志明
　　　　秦惠芬（女）
　　　　黄梅华（女）

中共梁溪区纪律检查委员会
（梁溪区监察委员会与其合署办公）

书　记　孙林祥

（梁溪区委组织部）

古运河夜市　（梁溪区档案史志馆　供）

锡山区

【概况】 锡山区位于无锡市东北部，总面积399.11平方千米。2020年末，辖国家级锡山经济技术开发区、无锡锡东新城商务区，羊尖、鹅湖、锡北、东港4个镇，东亭、安镇、东北塘、云林、厚桥5个街道，设51个社区、75个行政村，年末户籍人口48.7万人，常住人口91.59万人。区人民政府设在锡州中路1号。全年实现地区生产总值975.38亿元，比上年增长5.0%；社会消费品零售总额221.61亿元；完成固定资产投资527.97亿元，增长8.2%；一般公共预算收入94.61亿元，增长5.4%。

（印宏绯）

【农业农村】 2020年，锡山区完成农业总产值28.71亿元。无锡锡山国家现代农业产业园科技服务中心、种子种苗繁育展示中心建成投用，台创园完成国家农业科技园区综合评估。大力培育新型农业经营主体，新增省级示范家庭农场4家。新建高标准农田项目10个、224公顷，高标准农田占比达78%。村企联建工作顺利推进，基本完成农村集体产权制度改革，市级经济薄弱村全部实现脱贫转化。

（印宏绯）

【工业】 2020年，锡山区新增规模以上工业企业124家，规模以上工业总产值1474.92亿元、工业增加值361.36亿元，比上年分别增长7.6%和7.8%。全年在建产业项目106个，华晨新日新能源汽车一期项目建成运行，德力佳、中科微至等重大项目竣工投产。新兴产业快速发展，生物医药、新能源和新能源汽车、集成电路、软件和信息服务业产值分别增长29.6%、21.2%、14.8%和37.7%。省、市"隐形冠军"企业93家，市级总部企业14家，数量均居全市首位。年内，确成硅化学股份有限公司在上海证券交易所上市。

（印宏绯）

【服务业】 2020年，锡山区完成规模以上服务业营业收入67.95亿元，比上年增长16.1%。适应"双循环"发展新格局，落实保市场主体政策举措，培育新的消费增长点。4月14日，红豆集团和江阴澄星集团等民营企业发起成立的无锡锡商银行成立运行，注册资金20亿元。12月18日，八佰伴中心开业运营，实现核心商圈"新蝶变"。

（印宏绯）

【招商引资】 2020年，锡山区举办2020锡山金秋招商月系列活动，发布先进制造业特色专业园区规划、产业投资热力图，全年签约总投资超亿元产业项目140个，其中超10亿元产业项目17个。新批重大外资及港澳台资项目10个、外资及港澳台资地区总部和功能性机构1个，确成硅化学股份有限公司获批省级外资及港澳台资跨国公司地区总部。

（印宏绯）

【外向型经济】 2020年，锡山区完成进出口总额49.1亿美元，其中出口38.1亿美元。实际使用外资及港澳台资3.7亿美元，战略性新兴产业实际使用外资及港澳台资占76.2%；完成境外投资1亿美元，无锡一棉纺织集团有限公司、江苏通用科技股份有限公司、确成硅化学股份有限公司海外项目建成投产，西港特区建设稳步推进。

（印宏绯）

【城乡建设】 2020年，锡山区启动国土空间总体规划编制。开展"两东"（东亭街道、东北塘街道）、云林地区规划研究及城市设计、翠屏山南片区城市设计，形成城镇规划、路网交通、重点设施联动布局发展体系。推进30条道路新建改建工程，大成路东延、联福路北延等14条道路建成通车，完成锡虞路、团结路等7条主干道路绿化景观提升。推进美丽河湖建设，建成生态景观河道54条（段）。建成公园及街头绿地6个、面积41.7万平方米，公园绿地"10分钟服务圈"基本实现全覆盖。开展村庄环境"红黑榜"评选，完成1330个自然村庄环境整治提升，新增国家级美丽休闲乡村1个（东港镇山联村）、省级特色田园乡村2个（东港镇山联村、鹅湖镇鹅湖村）、市级美丽乡村示范村5个（东港镇港南村、羊尖镇南村村、厚桥街道新联村、厚桥街道嵩山村、锡北镇斗山村），农村人居环境整治三年行动目标任务首批通过省级验收。完成126条农村道路改造提升、37座桥梁安全隐患整治，28个

锡山区胶阳路景观步道　（锡山区政府办　供）

市级试点村完工1893户农房建设。19条主要道路和23条背街小巷完成整治出新；拆除违法建设4002处、108.5万平方米；新建停车场27个，扩充停车位4817个；新建改建公厕100座；35个住宅小区、15个行政村生活垃圾“四分类”实施到位，餐厨垃圾转运设施和分拣中心建成运营；23家农贸市场完成标准化改造。开展清点清障百日攻坚，清点地块91个，腾出净地375.67公顷。盘活存量土地263.53公顷，完成低效用地再开发106.93公顷，获评“江苏省土地执法模范区”。在建棚户区改造项目11个，竣工安置房2164套。

（印宏绯）

【生态建设】 2020年，锡山区 $PM_{2.5}$ 年均浓度35微克/立方米，比上年下降12.2%；空气质量优良天数比例为83.0%，比上年提高10.9个百分点。国省考断面水质优Ⅲ比例100%，23条市考河道水质优Ⅲ比例87%。实施化工产业安全环保整治提升，关闭退出化工生产企业28家，完成城镇人口密集区搬迁改造企业2家。开展违法违规“小化工”和“散乱污”企业专项整治，关停取缔577家，升级改造56家。完成排水达标区复查整改，推进污水处理厂提标扩容，建成老锡沙线污水管网改造主体工程，完成太湖治理工程8个、大气治理工程422个。制定锡山区畅流活水规划，宛山湖水环境改善工程建成投运。建立跨区域联合河长制机制，建成全市首个镇（街道）全覆盖空气预警监测网，23个水质自动监测站投入运行。

（印宏绯）

【科技创新】 2020年，锡山区编制发布科创产业发展规划，谋划打造锡沪路科技创新走廊。全年完成高新技术产业产值714.8亿元，占规模以上工业总产值的48.5%。新增高新技术企业129家，有效期内高新技术企业增至439家。市“雏鹰”、“瞪羚”、准“独角兽”入库培育企业分别为126家、82家、8家，认定省级企业技术中心4个、省级工程技术研究中心2个。江苏集成电路应用技术创新中心落户锡山区，国家级江苏（无锡）车联网先导区展示中心建成开放，锡东车联网小镇入选省级特色小镇创建名单，博世智能网联中国总部投入运营。年内，引进院士人才项目2个，1人进入国家重大人才工程答辩；入选省“双创计划”人才6个，为6年间最多；51个项目入选市“太湖人才计划”，在7类评审中获得4项第一；举办深圳专场推介会，启动“归雁计划”。全年评定“锡山英才计划”创业类领军团队2个、创业领军人才20人、创新领军人才8人。投用人才公寓952套，新增科创载体15万平方米。实施重点智能制造项目20个，获评省、市级智能车间12个（其中省级2个）、两化融合管理贯标试点企业43家。实施超千万工业技改项目180个，技改投资171.9亿元，比上年增长12.8%。

（印宏绯）

【社会事业】 2020年，锡山区推进17所学校建设，东湖塘实验小学、查桥实验小学、怀仁幼儿园建成投用，天一教育集团实质化运行。在梓旺康复医院成立“励建安院士工作站”，推进安镇社区卫生服务中心分中心以及锡北镇、鹅湖镇卫生院建设，投用东亭、东北塘、羊尖急救分站，创建省级健康镇1个、健康村（社区）10个。实现村（社区）综合文化服务中心全覆盖，年内举办全国健美锦标赛、“宛马”系列赛暨全民健身跑活动等重大体育赛事活动。

（印宏绯）

【人民生活】 2020年，锡山区城镇居民和农村居民人均可支配收入分别为6.2万元、3.6万元，比上年分别增长4.8%和6.5%。企业职工基本养老保险净增缴费17985人，全年发放居民养老保险待遇7.8亿元。全年新增城镇就业1.98万人，城乡就业困难人员就业再就业4684人。建立创业担保贷款部门联动机制，发放创业担保贷款总额1090万元。新增养老机构1家，增加养老床位562张，新建老年人日间照料中心3家。

（印宏绯）

【回音行动启动】 4月29日，锡山区启动“回音行动”，聚焦全面建成小康社会的短板弱项，以“补齐民生短板、提升民生质量、增进民生福祉”为宗旨，实施“五有”（水质环境有改善、老旧小区有新颜、汛期安全有保障、困境儿童有书香、救助体系有拓展）、“五无”（农村路桥无隐患、急救服务无距离、贫困家庭无失业、残疾出行无忧虑、求职就业无障碍）工程。

（印宏绯）

【车联网先导区展示中心开放】 10月30日，位于锡山区的国家级江苏（无锡）车联网先导区展示中心落成开放。该中心占地1.2万平方米，建筑面积6000余平方米，由车联网先导示范区展示中心和博世智能网联创新中心两个展厅组成，集中展示无锡在车联网产业发展道路上取得的成果以及在无人驾驶、车路智能、数据处理等车联网城市应用场景的运用。

（印宏绯）

【华晨新日新能源汽车下线】 12月2日，无锡首辆自主品牌新能源汽车——华晨新日新能源汽车首台汽车下线。华晨新日新能源汽车有限公司由华晨汽车集团控股有限公司和新日（无锡）发展有限公司于2018年合资成立，是无锡市首家自主品牌新能源汽车整车企业。一期智能化新能源汽车工厂，设计年产10万辆纯电动轿车，投放i03、i03A两款纯电动轿车产品，下线首车为i03款。

（印宏绯）

组织机构及负责人名录

中共锡山区委员会

书　记　顾中明（至8月）
　　　　周文栋（8月任）
副书记　任　栋

言国强

常　委　李　江（至12月）

窦　虹

朱洪元

谢　军

徐　悦

陈秋峰（至5月）

章金伟

周文伟

陶　波（5月任）

周建伟（12月任）

吴莉萍（12月任）

锡山区人大常委会

主　任　蒋　群

副主任　陈建清

辛谊忠

毛　晨

黄懿斌

锡山区人民政府

代区长　任　栋（至5月）

区　长　任　栋（5月任）

副区长　任　栋（至5月）

李　江

陈　奕

周建伟

陶　波（至5月）

吴伟君

蒋文伟

胡小坚（至5月）

王　琪

徐涵明（5月任）

汤诗杰（挂职，至7月）

吴国玖（挂职，7月任）

政协锡山区委员会

主　席　章红新

副主席　李佩东

石国洪

孙军伟

史锡联

张　杰（5月任）

副主席候选人　张　杰（3～5月）

中共锡山区纪律检查委员会

（锡山区监察委员会与其合署办公）

书　记　谢　军

（锡山区委组织部）

惠山区

【概况】 无锡市惠山区位于无锡市区西北部，总面积325.12平方千米。2020年末，辖洛社镇、阳山镇2个镇，堰桥、长安、钱桥、前洲、玉祁5个街道，共86个城镇社区、29个行政村，有江苏省无锡惠山经济开发区。户籍人口51.56万人，人口自然增长率1.7‰；有常住人口89.37万人。区人民政府设在文惠路8号。2020年，实现地区生产总值985.26亿元，社会消费品零售总额234.01亿元，一般公共财政预算收入98.42亿元。

（章淑君）

【农业】 2020年，惠山区实现农林牧渔业总产值27.52亿元，比上年增长3.0%。有规模以上现代农业产业园10个，其中省级1个、市级6个，主导产业为水蜜桃、精细蔬菜和水稻。阳山水蜜桃种植面积2367公顷，在江苏省第三届优质桃果大赛中，获10块金牌、15块银牌。精细蔬菜播种面积0.97万公顷，日均蔬菜上市量180吨，年产值11亿元，为无锡市近郊最大的叶菜供应基地。粮食种植面积1373.33公顷，总产量0.94万吨；其中水稻种植面积773.33公顷，比上年增长3.77%，是惠山区水稻种植面积连续15年下降后的首次增长。年内创建省级水稻和小麦绿色高质高效示范片各1个，创建市级水稻示范方2个。2020年，惠山区获评中国特色农产品优势区，洛社镇获评中国全面小康乡村振兴十大示范镇、全国乡村特色产业十亿元镇，阳山镇桃源村获评全国“一村一品”示范村。

（章淑君）

【工业】 2020年，惠山区完成规模以上工业总产值1808亿元，比上年增长6.4%；工业开票销售收入2364.4亿元，增长9.7%；工业投资220.27亿元，增长25.5%，全市排名第二。全年推进智能化建设重点项目110个，完成投资72.5亿元；新增省星级上云企业104家（三星级22家、四星级82家），拥有示范智能车间120个（省级14个、市级53个、区级53个）。

（章淑君）

【商贸服务业】 2020年，惠山区完成全社会消费品零售总额234.01亿元，比上年增长1.20%，增幅居全市

12月3日，位于惠山区的上汽大通公司迎来第50万辆整车下线

（敖　翔　摄）

第二。其中：限额以上消费品零售额67.96亿元，增长25%；限额以上批发和零售业销售额678.86亿元，增长26.2%。全区重点服务业项目36个，总投资482.90亿元。全年完成服务贸易总额8.93亿美元，服务外包合同执行金额12.11亿美元，离岸执行金额9.8亿美元，跨境电商出口额3.81亿美元。完成旅游投入8.7亿元，旅游收入22.1亿元；完成文化产业投入14.53亿元，产出45.33亿元。总投资8亿美元的叮咚买菜八千里路总部项目落户惠山经济开发区。锡西文化创意产业园开园，入驻文化影视传媒公司8家。总投资120亿元的阳山会客厅休闲文旅项目、中国国家地理·阳山营地项目签约。

（章淑君）

【城乡建设】 2020年，惠山区完成建区后首个区总体发展规划编制。实施洛社镇全域土地综合整治试点，为全市唯一的首批部级试点项目。340省道东段、新锡澄路北延、钱皋路、钱胡路延伸、苏嘉路等建成，凤翔路快速化改造全线贯通。完成海绵城市项目30个，其中河道水系类16个、公园绿地类5个、建筑住区类2个、道路广场7个；玉祁文昌公园修复工程、西漳横街绿色小游园绿化改造、施家村人居环境提升工程通过海绵城市典型项目验收。新建九里河社区公园、谢印河综合公园2个区级游园，以及5个街道（镇）级游园、6个小型公园，改建区级游园2个。改造老旧小区33个、面积23万平方米，完成贫困户住房修缮解危18家。开展无违小区创建，全年拆除违法建设1746处、80.1万平方米。建成区61个居民生活小区垃圾分类投放覆盖率100%，建成区垃圾分类收集覆盖率85%。实施农村人居环境专项行动，获评省级特色田园乡村7个，数量居全市第一。

（章淑君）

【生态建设】 2020年，惠山区$PM_{2.5}$平均浓度34微克/立方米，比上年下降17.1%；空气质量优良天数比例为80.1%，降尘量为2.7吨/月·平方千米。12条主要河流中，年均水质达到Ⅲ类的9条，Ⅳ类的3条，无Ⅴ类和劣Ⅴ类水质河流。新增成片造林72.47公顷、城镇绿地98公顷、景观绿地130公顷，完成闲置地块复绿38.37公顷。关停退出化工企业77家、“散乱污”企业499家。完成重点行业企业土壤污染状况详查，抽查危险废物生产、经营单位389家，合格率95%。2020年，惠山区获评第四批国家生态文明建设示范区，2个街道和5个村创成第三批省级生态文明建设示范镇（街道）、村，实现省级生态文明建设示范镇（街道）全覆盖。

（章淑君）

【科技创新】 2020年，惠山区新增省高新技术企业入库329家，有效期内高新技术企业657家，全年高新技术产业产值593.96亿元，占规模以上工业总产值的32.85%。新增“雏鹰”、“瞪羚”、准“独角兽”企业入库271家。惠山生命科技产业园获批国家火炬精准医疗特色产业基地。新型研发机构新增发明专利166件、实用新型专利62件、计算机软件著作权18件，新衍生孵化企业14家，新增省级众创空间2家。丁汉院士团队入选市“太湖人才计划”首个顶尖团队，获1亿元顶格支持。新建无锡金卫星新能源卢强院士工作站，新建省级工程技术研究中心2个。黄威龙团队入选省“双创团队”，马超、王啸、刘磊入选省“双创人才”。

（章淑君）

【社会事业】 2020年，全区有各级各类学校107所，在校学生12.13万人，普惠性幼儿园覆盖率96.13%，居全市第一。成立无锡市省锡中教育集团，省锡中入选首批普通高中新课程新教材实施国家级示范校。有区、镇两级图书馆8个。惠山区创作的大型现代锡剧《追梦路上》获2020紫金文化艺术节“入选剧目奖”；舞蹈《锡韵流芳》、小锡剧《打分》以及歌曲《唯爱永恒》3件作品获省五星工程奖。投资4.9亿元启动区人民医院防疫中心建设，区三院、区康复医院分别被评定为二级甲等综合和二级甲等专科医院，创成市级中医重点专科3个。有社区服务卫生中心21个、社区卫生服务站81个，公共卫生技术人员4165人，群众区域医疗就诊率93%以上。

（章淑君）

【人民生活】 2020年，惠山区城镇居民人均可支配收入62830元，比上年增加2705元；农村居民人均可支配收入36164元，增加2539元。新增就业1.94万人，扶持就业困难人员再就业3576人，支持自主创业3390人，创业带动就业13031人，惠山籍应届大学生就业率95%。全年净增社保缴费1.4万人，完成断保接续854人。建成老年人日间照料中心30家、助餐中心15家，完成适老化改造401户。

（章淑君）

【中国肺移植联盟无锡康复中心落户】 6月10日，中国肺移植联盟无锡康复中心落户惠山区前洲街道。康复中心有独立的心肺康复评定室、康复训练室，开展肺移植术前、术后的康复治疗和指导，并制定个性化的康复方案。成立仪式上，中国肺移植联盟与惠山区康复医院签约，并举行“陈静瑜肺移植康复创新工作室”揭牌仪式。

（章淑君）

【2020数字经济高峰论坛】 7月17日，惠山区举办以“拥抱数字经济，赋能产业发展”为主题的2020数字经济高峰论坛。市长杜小刚出席并为国家数字化设计与制造创新中心江苏中心揭牌，论坛环节由华中科技大学无锡研究院副院长浦栋麟主持。中国工程院院士李培根、教育部“长江学者”特聘教授梅雪松、吉利汽车研究总院院长胡峥楠、海尔工业智能研究院副院长韩文振、国家数字化设计与制造创新中心常务副主任彭芳瑜、中航工业成都飞机工业（集团）有限责任公司副总经理隋少春作主题演讲。

（章淑君）

【首届长三角高品质发展高峰论坛】 11月26日，首届长三角高品质发展高峰论坛在江苏省锡山高级中学举行。论坛由江苏省教育学会会长、江苏省教育厅原副厅长朱卫国主持。江、浙、沪的知名教育专家齐聚一堂，围绕“高品质高中建设与发展”主题进行研讨，锡山高级中学校长唐江澎作题为《探索高品质高中发展的问题解决方案》的报告。

（章淑君）

组织机构及负责人名录

中共惠山区委员会

书　记　李秋峰（至8月）
　　　　吴建元（8月任）
副书记　吴建元（至8月）
　　　　方　力（8月任）
　　　　周子川（至5月）
　　　　程　松（7月任）
常　委　李秋峰（至8月）
　　　　吴建元
　　　　方　力（8月任）
　　　　周子川（至5月）
　　　　程　松（7月任）
　　　　俞　刚（至4月）
　　　　邓加红（女）
　　　　吴建明
　　　　吴立刚（至11月）
　　　　袁漪韬（女）
　　　　郝朝勇
　　　　曹文彬
　　　　吴　燕（女）
　　　　范　良（4月任，至11月）
　　　　孟　栋（12月任）
　　　　何国清（12月任）

惠山区人大常委会

主　任　计佳萍（女）
副主任　岳中云
　　　　陈　纯（女）
　　　　黄　明（5月任）
　　　　王玉珏（5月任）

惠山区人民政府

区　长　吴建元（至8月）
代区长　方　力（8月任）
副区长　吴　燕（女）
　　　　范　良（至4月）
　　　　赵　磊
　　　　孟　栋（至12月）
　　　　何国清（至12月）
　　　　徐胜祥
　　　　顾文龙
　　　　田红保（12月任）
　　　　虞　洁（12月任）
　　　　王兰兰（女，挂职，4月任）
　　　　于湧深（挂职，至3月）
　　　　于兆吉（挂职）
　　　　戴　政（挂职，12月任）

政协惠山区委员会

主　席　陈　燕（女）
副主席　陆　益
　　　　唐江澎（兼）
　　　　耿国平
　　　　陈晓松
　　　　凌　芝（女，5月任）

中共惠山区纪律检查委员会
（惠山区监察委员会与其合署办公）

书　记　吴建明

（惠山区委组织部）

滨湖区

【概况】 滨湖区位于无锡市区西南部，总面积572.65平方千米。2020年末，辖胡埭镇和马山、雪浪、蠡园、河埒、荣巷、蠡湖6个街道，有1个国家级旅游度假区和2个省级经济开发区，有社区71个、村居合一7个。有户籍人口37.29万人、常住人口59.3万人；人口自然增长率1.66‰，出生人口政策符合率99.97%。区人民政府设在金城西路500号。2020年，实现地区生产总值855亿元，比上年增长3.2%；一般公共预算收入86.8亿元，增长6.5%；规模以上工业总产值593.2亿元，增长8.7%；完成固定资产投资284.4亿元。

（赵　炀）

【农业农村】 2020年，滨湖区启动实施农田连片整治三年行动计划，划定永久基本农田614.33公顷，耕地保有量1866.66公顷。粮食种植面积178公顷，总产量0.125万吨；蔬菜种植面积288公顷，总产量0.58万吨；水果种植面积1893公顷，总产量2.1万吨。“马山杨梅”获国家农产品地理标志认证，并获2020年江苏省优质杨梅果品评比大赛金奖。完成长江流域太湖水域禁捕退捕工作任务，建成全省首个渔政雷达监控系统。累计创建省、市、区级绿色防控示范区5个、粮食高产创建示范片1个，胡埭夏渎水蜜桃种植实现绿色防控技术全覆盖。探索农村一二三产融合发展路径，顺利落地“万企联万村”项目18个，马山街道被认定为全国乡村特色产业十亿元镇，江苏水军实业公司被认定为市级农业产业化龙头企业。股份经济合作社二次股改和登记赋码工作全面完成，滨湖区成为全市首个省级“农村集体经济组织管理系统”及“农村产权交易信息服务平台”试点单位。

（赵　炀）

【工业】 2020年，滨湖区完成规模以上工业增加值190.2亿元，比上年增长7.4%；规模以上工业增加值率为35.1%，连续两年居全市第一。完成工业投入56.8亿元，其中5000万元以上工业投资项目开工58个，完成投资52.7亿元。智能制造专业联盟挂牌成立，派克新材料科技股份有限公司、卓胜微电子股份有限公司分别被认定为国家专精特新“小巨人”和国家制造业单项冠军，贝斯特5G

智能管控项目获批省级互联网标杆工厂项目，新增国家“两化融合”（信息化和工业化融合发展）贯标企业35家。新增上市公司2家，累计18家，年末总市值约占全市的47%。

（赵 炀）

【服务业】 2020年，滨湖区完成社会消费品零售总额223.7亿元，比上年增长1.3%，其中规模以上服务业营业收入120亿元。新增限额以上批零入库企业178家、规模以上服务业入库企业80家。开展商贸、餐饮企业促销活动，举办“夜缤纷·悦湖湾”滨湖消费促进主题直播、“弘扬美食文化、创新传承经典”滨湖区餐饮烹饪比赛等，促进消费回补和潜力释放。林肯汽车4S店项目建成运行，红旗体验中心项目试营业。现代服务业统计监测平台建成投用，无锡市知识产权服务业集聚区揭牌运行，新引进知识产权高端服务机构11家。

（赵 炀）

【文化旅游业】 2020年，滨湖区规模以上文化企业87家，完成营业收入69.5亿元；新增投资额500万元以上文化旅游项目46个。接待旅游总人数2602万人，实现旅游收入311亿元。年内举办第17届太湖山水文化旅游节，创成省级全域旅游示范区，群丰社区获评全国乡村旅游重点村，拈花湾禅意小镇被评为首批省级夜间文旅消费集聚区。完善旅游公共服务体系，开发智慧旅游大数据系统、全域旅游总入口，建成全域旅游二、三级导览系统。

（赵 炀）

【新兴产业】 2020年，滨湖区新兴产业逆势增长，1277家入库新兴产业企业完成营业收入331.6亿元，比上年增长10.2%，其中超亿元企业50家。年内引进各类新兴产业企业183家，培育形成生命健康、信息技术两个百亿元产业集群和集成电路设计、影视文化两个50亿元产业集群。加快推进总部经济发展，市、区两级总部企业16家。3家企业被认定为区级“瞪羚”企业，29家企业被认定为区“瞪羚”培育企业。

（赵 炀）

拈花湾禅意小镇　　（市档案史志馆 供）

【重大项目】 2020年，滨湖区实施5000万元以上重大项目130个，完成投资275亿元；其中新开工项目46个，完成投资70亿元。源清动力技术有限公司、振华亿美嘉科技有限公司、创彩光学材料有限公司等重大项目启动建设，深海空间站、药明生命科技园、华瑞制药特医食品生产项目、贝斯特精机公司六期等续建项目进展良好，河埒金融商务港、贝勒康体养生、信捷电气总部等产业项目竣工，无锡先进技术研究院“一院一公司”建成运营。举办2020滨湖发展大会暨金秋经贸洽谈会，全年落户注册资本超千万元项目525个，其中超亿元项目19个，智康弘义生物科技公司新药项目、卓胜微公司芯卓半导体产业化项目、中微亿芯公司FPGA项目等重大产业项目落地。

（赵 炀）

【开放型经济】 2020年，滨湖区实际利用外资及港澳台资2.76亿美元。完成外贸进出口总额23.24亿美元，比上年下降1.9%。其中：出口16.2亿美元，下降7.8%；进口7亿美元，增长14.9%。融入“一带一路”交汇点建设，完成对外实际投资额1.16亿美元，跨境电商出口额1.52亿美元。太湖学院挂牌成立全省首家跨境电商学院。

（赵 炀）

【城乡建设】 2020年，滨湖区编制完成31个村庄规划，20.7万平方米梁湖南苑宜居住区、25个居民小区“二次供水”设施、18个小区消防设施、38条背街小巷、胡埭农贸市场等改造项目和农村住房建设试点全面完成，农村人居环境整治持续深化，成功创建“四好农村路”省级示范区，海绵城市建设达标率92.3%。608省道滨湖段建设、滴翠路拓宽顺利推进，新（改）建小游园5个，完成梁清路、建筑路等7条道路景观提升。开展“春雷行动”“靓丽行动”，拆除违章建筑41万平方米、违法广告2.1万平方米，新增严管道路71条、机动车固定车位3518个、分时错时停车位1120个，常态化开展不文明行为小微执法。推进垃圾治理，创成垃圾分类示范小区7个，生活垃圾分类设施覆盖率95%、集中处置率92.8%。强化综合管护，创新实施“靓丽滨湖城市体验师”制度，实施道路扫地车、冲水车、冲洗车“三车联动”深度保洁。

（赵 炀）

【生态治理】 2020年，滨湖区$PM_{2.5}$平均浓度30微克/立方米，比上年下降14.3%；优良天数比例80.6%，

滨湖区“两诉”服务中心大厅 （冯晓倩　摄）

比上年提高4.4个百分点。启动“美丽河湖”三年行动，完成富安新河、钱巷浜等32条河道综合整治，所有入河排污口巡查定位全覆盖，187个排水区块整改全面达标。全区6个国省考断面、10个重点水功能区全部达标，10条市级水环境综合整治河道优Ⅲ类水体占比90%，250条河道实现基本消除劣Ⅴ类，区河长办获评长江经济带全面推行河（湖）长制先进单位。完成治太重点工程12个，启动梅梁湖、贡湖新一轮生态清淤，太湖连续13年实现安全度夏。年内，滨湖区创建成为第四批国家生态文明建设示范区，马山街道万丰社区、和平社区和雪浪街道大浮社区创成国家森林乡村，胡埭镇夏渎村石漕头自然村、荣巷街道青龙山社区青龙山自然村创成省级绿美示范村。

（赵　炀）

【科技创新】 2020年，滨湖区净增高新技术企业181家，有效期内高新技术企业数486家，高新技术产业产值完成419.7亿元，占规模以上工业总产值的70.7%，占比居全市第一。新增发明专利582件，新增省级工程技术研究中心5家，东南大学无锡国际校区建成运行，中国船舶重工集团公司第七〇二研究所获省长质量奖。举办科技创新与人才发展大会，发布滨湖“创新30条”，组建科技创新企业家联盟，科技创新促进中心暨高层次人才一站式服务中心挂牌启用，长三角资本市场服务基地滨湖站揭牌，滨湖区入围“江苏知识产权强省建设示范区”创建名单。持续升级“滨湖之光”人才政策，新入选省“双创人才”5人、“双创博士”6人、市“太湖人才计划”24人，评选“滨湖之光”高层次领军人才项目35个。

（赵　炀）

【社会事业】 2020年，滨湖区举办百姓大舞台、百场文艺进社区等惠民文化活动，成功举办首届滨湖区全民健身运动会。滨湖双语实验中学等3所学校建成投用，滨湖中学易地新建加快推进，南京师范大学滨湖实验学校共建项目签约落地，立人高中四星级创建完成现场评估。雪浪中医馆等3家基层医疗机构完成提档升级，新型家庭医生签约2.7万人，标准化中医综合服务区实现全覆盖，市第九人民医院芮永军团队获评“太湖人才计划”顶尖医学专家团队。

（赵　炀）

【人民生活】 2020年，滨湖区城镇居民人均可支配收入64562元，比上年增长4.3%；农村居民人均可支配收入35956元，比上年增长6.5%。城镇新增就业1.7万人，帮助城乡就业困难人员再就业3422人，支持自主创业3736人，企业职工基本养老保险净增缴费6894人。落实公益性岗位和社保“两项补贴”4230万元，发放各类救助资金8271万元，募集慈善资金1949万元。居家养老服务机构和区域性助餐机构实现全覆盖，智慧养老综合数据服务平台建成投用，助洁、助餐、陪护等居家援助服务惠及老年人2万余人，完成特定老年人家庭适老化改造245户，试点打造“友邻客厅”（乐龄驿站）27个。成立区“圆梦就业中心”、残疾人电商基地，蠡园街道、胡埭镇“残疾人之家”创成省社区康复服务示范点。建成标准化社区“优抚之家”32个、全国示范型退役军人服务中心6个。

（赵　炀）

【全省首家区级“两诉”服务中心投用】 10月29日，滨湖区矛盾纠纷多元调处区块链服务中心（以下简称“两诉”服务中心）正式投用，为全省首家区级“诉讼＋非诉讼”模式服务中心。“两诉”服务中心由滨湖区人民法院、区司法局共同打造，集调解、公证、复议、裁决、法援等非诉功能和立案、速裁审判、司法确认等诉讼功能于一体，建立全面覆盖民事、商事、家事、行政等四大领域的线上线下非诉讼纠纷化解综合平台，实现诉讼服务和非诉服务的无缝对接。“两诉”服务中心还将区块链技术与调解体系深度融合，打造调解区块链数据服务系统。

（赵　炀）

组织机构及负责人名录

中共滨湖区委员会

书　记　许　峰（至7月）
　　　　马　良（7月任）
副书记　陈锡伦
　　　　殷　毅（至12月）

郭　凯（挂职，4 月任）
常　委　宋　晓（至 12 月）
陈烈蓉（女）
彭红宇（至 3 月）
俞　刚（3 月任）
吴瑜君（至 12 月）
倪守红
范校军
贾效兵
陈　瑶（女，12 月任）
张爱军
王颐然（12 月任）

滨湖区人大常委会

主　任　许新宇（至 12 月）
赵虹路（女，12 月任）
副主任　林　忆（女，至 12 月）
韩　平
徐勇强
唐国良
吴石松（12 月任）

滨湖区人民政府

区　长　陈锡伦
副区长　郭　凯（挂职，4 月任）
范校军
王伟伦
钱锡忠
徐新宇（女）
张跃跃
陈　虎
周俊鹏（4 月任）
张清亮（挂职，至 1 月）
吴雄刚（挂职）

政协滨湖区委员会

主　席　刘洪兴
副主席　赵虹路（女，至 12 月）
宋　晓（12 月任）
过伟忠
程　红（女）
李明东
李雪花（女）

（滨湖区委组织部）

新吴区

【概况】 新吴区位于无锡市区东南部，总面积 220.01 平方千米，区内机场、高铁、高速、港口等交通基础设施一应俱全。2020 年末，辖旺庄、硕放、江溪、梅村、鸿山、新安 6 个街道，98 个社区、7 个行政村，有户籍人口 38.7 万人、常住人口 72.02 万人。区人民政府设在新安街道和风路 28 号。2020 年，实现地区生产总值 1930.1 亿元、比上年增长 5.1%，人均地区生产总值相当于世界经济体排名前 20 名水平，区域经济密度与上海相当。固定资产投资完成 686.56 亿元，增长 12.9%，增速居全市第一；其中，工业投资占 70%，高新技术产业投资占 61%。一般公共预算收入完成 216.2 亿元，增长 5.4%；其中税收收入 188.9 亿元，占 87.4%。辖有无锡国家高新技术产业开发区、无锡空港经济开发区、星洲工业园、综合保税区、无锡太湖国际科技园、鸿山旅游度假区，获批国家传感网创新示范区、国家创新型园区、国家生态工业示范园区、国家知识产权试点园区。

（文　明）

【农业农村】 2020 年，新吴区农业生产总值 1.02 亿。建成瑞可颐现代农业高新科技创新示范园，梅虹农业生态园两个“百企建百园”园区，在全市率先建成 323.33 公顷 3.0 版高标准农田，绿色优质农产品比重超过 80%，无锡汉和航空技术有限公司的“植保无人飞机减施增效关键技术集成与产业化推广应用”项目获全国农牧渔业丰收奖农业技术推广成果奖一等奖，富华科技有限公司的“家畜养殖数字化关键技术与智能饲喂装备创制及应用”项目获国家科学技术进步奖二等奖。启动建设覆盖全区的“智慧农业云”平台，农业信息化覆盖率全市第一。推动农村人居环境整治和美丽乡村建设，投入 1.1 亿元开展美丽乡村示范村建设，大坊桥获评全国文明村，七房桥等 3 个村建成无锡市美丽乡村示范村。农村集体资产清产核资工作全面完成，96 个村级股份经济合作社全面建成并全部完成赋码登记。

（文　明）

【工业】 2020 年，新吴区完成规模以上工业总产值 4585.6 亿元；规模以上工业增加值 1233.5 亿元，首次居全市第一。规模以上工业总产值中，高新技术产业产值占 68.5%，比上年提高 2.3 个百分点；工业战略性新兴产业总产值占 49.7%，其中物联网、集成电路、生物医药等产业产值分别比上年增长 14%、10%、10%。全年固定资产投资 686.56 亿元，比上年增长 12.9%，增速全市第一；其中工业投资占 70%，高新技术产业投资占固定资产投资 61.0%。

（文　明）

【商贸服务业】 2020 年，新吴区实现社会消费品零售总额 378.44 亿元，其中限额以上批发销售额 2172 亿元。年内实施一系列消费促进行动，下半年限额以上社会消费品零售增速由负转正，并逐月回升。新吴万达广场开业、梅里古镇开街、长江路沿线商圈优化提升，精心组织“约惠新吴，乐活一夏”以及秋冬消费促进季系列活动，策划龙虾节、购物节、美食评选等多场大型直播带货活动，拨付促消费和租金减免商务扶持资金 177.7 万元，旺庄科创中心创成国家级电子商务示范基地。

（文　明）

【外向型经济】 2020 年，新吴区实际利用外资及港澳台资 12.82 亿美元，连续 5 年保持全省县（市）区第一。进出口总额突破 500 亿美元，全市占比超过 50%。增值税一般纳税人资格试点企业 10 家，实现调库免抵 15 亿元。开展全球保税检测维修业务企业 8 家，完成进出口货值 1 亿美元，比上年增长 130%；完成外贸进出口总额 227.9 亿美元，占全市的 25.5%。星洲工业园建成全省首批国际合作

中国传感网国际微纳园　　（新吴区党政办　供）

园区，全省首单“1210”保税出口海外仓业务于10月23日开通运行。

（文　明）

【产业转型】 2020年，新吴区出台数字经济、总部经济、枢纽经济，以及生物医药、智能制造等系列三年行动计划，中电海康无锡物联网产业基地、朗新科技产业园、东庄电力电子产业园开工建设，数字经济核心产业营业收入2586亿元，比上年增长10%。实施工业企业资源利用绩效评价，深化“散乱污”企业整治，全年关停取缔1820家、整改提升857家。开展街道工业集中区提档升级，333.33万平方米低效用地和50万平方米低效厂房资源得以释放，连续3年获评省国土资源节约集约利用模范县（市、区）。完成“工厂总部化”项目40个，新增省级跨国公司地区总部和功能性机构2家、市总部企业14家。全年新增智能车间41家，占全市的40%；其中，市级智能车间26家，省级示范智能车间15家。无锡高新技术开发区获批集成电路国家外贸转型升级基地，宝通科技获评国家级企业技术中心，建成全市首个国家级五星工业互联网平台，新增市级以上企业技术中心40家。阿斯利康国际生命科学创新园引进迪哲医药股份有限公司、上海和誉生物医药科技有限公司等52家生物医药企业，中国传感网国际微纳园成为全市首个高新技术企业数量突破百家、产值达到百亿元的“双百专业园区”。

（文　明）

【惠企改革】 2020年，新吴区在全省率先创新“1+1”政银合作，在行政审批中心开设联办专窗，每个窗口设置1名行政审批人员配对1名银行人员，共4组8人的政银专业合作团队，执照办理、印章刻制、税务登记、银行开户、社保开户实行并联审批，最快半小时可领取营业执照。率先实现AI审批，通过人工智能、大数据、AI技术打造“一件事”的AI审批新模式，并将AI审批系统嵌入无锡市政务服务综合一体机“成全e站”，实现一网办结，“e站”打证。在全市率先完成6个街道为民服务中心标准化规范化建设，实现办照即营业、开办企业零费用和重大产业项目拿地即开工。统筹落实减税降费、减租降息、金融惠企等政策，全年减轻企业税费58.1亿元，留抵退税24亿元，转拨上级资金11亿元，拨付产业发展基金26亿元。完善中小企业融资担保补贴机制，年末企业贷款余额1202.36亿元，比年初增长23.21%，增幅居全市第一。全年新增市场主体8万余户，其中企业法人9740户，增量均为全市第一；新增“四上”单位（规模以上工业、有资质的建筑业和全部房地产开发经营业、限额以上批发零售业和住宿餐饮业、规模以上服务业法人单位）787家，总数超过2400家。

（文　明）

【基础设施建设】 2020年，新吴区争取政府专项债券49亿元，建设锡义路等道桥项目15个，建成新城中央公园等公园游园20个，打通飞凤南路等断头路13条；新增机动车固定泊位5000个、临时泊位2.1万个；完成征收拆迁176万平方米，完成清点清障39个。推进安置房建设，开工8000余套，建成5661套，实施5个老旧小区综合改造，248个小区全部建成智慧技防小区。开展市容环境集中整治“春雷行动”“靓丽行动”，推进立体空间环境提标，整治背街小巷13条，道路包装出新5条，拆除违章建筑100万平方米，建成164个A类优美环境合格区，51个小区完成生活垃圾分类投放。

（文　明）

【生态建设】 2020年，新吴区推进“蓝天、碧水、净土”保卫战，$PM_{2.5}$年均浓度35微克/立方米，空气质量优良天数比例为82.2%，环境空气质量首次达到二级标准，为2013年空气质量新国标实施以后最好水平。国省考断面达标率100%，优Ⅲ比例75%；重点地表水功能区达标率100%，劣Ⅴ类水体全面消除。开展工业企业稳定达标排放、机动车尾气排放、涉VOCs源排查整治、“抢夺优良天”等专项行动，推进荡东片区等5个河道生态保护与修复工程、污水处理厂提标扩建等15个治水亮点工程，完成恒方不锈钢原址污染土壤治理修复工程，建成能之汇危废处置新项目，缓解集成电路产业危险废物处置结构性矛盾。

（文　明）

【社会事业】 2020年，新吴区启动全国义务教育优质均衡发展区创建，打造“至新”优质教育资源共同体，推进各类学校项目建设21个，新增学位1万余个，新招聘教师355人。开展“健康新吴”行动，率先启动“家庭养老照护床位”项目，完成急救分站布点全覆盖，建成省级以上名中医基层工作站2个、特色科室3个。无锡首家中外合资综合医院——凯宜医院建成营业，区中医医院、硕放卫生服务中心等异地新建。创成2个省级残疾人社区康复示范点（新吴区硕放街道香楠佳苑残疾人之家、新安街道残疾人之家），新吴区残疾人联合会获“全国残疾人就业服务示范基地”称号。实施“白玉兰”文化惠民工程，举办首届乡村文化旅游节等文旅惠民活动2000余场。成立全市首个区级文联，鸿山遗址博物馆获评国家二级博物馆。

（文　明）

【人民生活】 2020年，新吴区城镇居民人均可支配收入63254.2元，比上年增长4.9%；城镇居民人均消费性支出31165.2元，下降0.3%。居民养老保险和居民医疗保险参保人数分别为774人和171737人；城乡居民最低生活保障对象275人，全年发放最低生活保障金281.98万元；发放各类社会救助资金近1亿元。城镇新增就业1.55万人，支持自主创业3607人，帮助城镇失业人员再就业9763人，发放失业保险、失业补助金1.47亿元，创成省级和谐劳动关系综合试验区。

（文　明）

组织机构及负责人名录

中共新吴区委员会

书　记　蒋　敏（女，4月任）
副书记　封晓春（至10月）
　　　　崔荣国（10月任）
　　　　洪延炜
常　委　吴胜荣（10月止）
　　　　匡　辉
　　　　余银龙
　　　　焦夕莲（女）
　　　　刘　霞（女）
　　　　祝君乔
　　　　章晓明
　　　　韩　杨（10月任）
　　　　王颐然（至12月）
　　　　周君荣（12月任）

新吴区人民政府

区　长　封晓春（至10月）
区长候选人　崔荣国（10月任）
副区长　祝君乔
　　　　朱晓红
　　　　李伟敏（女）
　　　　钱　前
　　　　丁旭东
　　　　丁洪军
　　　　尹震源（挂职，至4月）
　　　　王丹丹（女，挂职，7月任）
　　　　徐军团（8月任）
　　　　田　丰（挂职，至8月）
　　　　禹　罡（挂职，至8月）

新吴区人大常委会

主　任　张明烈
副主任　刘　骁
　　　　何雪清
　　　　黄家传（兼）
　　　　张文荣

政协新吴区委员会

主　席　刘蓓红（女）（至6月）
主席候选人　吴胜荣（7月任）
副主席　沈雪芳
　　　　肖伟民（兼）
　　　　平　江
　　　　金　燕（女）（兼）
副主席候选人　曹建兴（至5月）
副主席　曹建兴（5月任）

区纪律检查委员会
（新吴区监察委员会与其合署办公）

书　记　焦夕莲（女）

（新吴区委组织部）

无锡经济开发区

【概况】 江苏无锡经济开发区（以下简称无锡经开区）位于无锡市区南部，南濒太湖，面积56.6平方千米。托管华庄、太湖2个街道，设36个社区、2个社区筹备组，年末户籍人口18.51万人、常住人口32.2万人。区内风光秀丽，南有贡湖湾湿地，北有蠡湖和梁塘河湿地，东有蠡河湿地，西临长广溪湿地，中轴线上有尚贤河湿地，绿化率超过42%。2020年，实现地区生产总值306.19亿元（含胡埭为400.64亿元）；规模以上工业总产值141.01亿元，增加值35.24亿元；完成社会消费品零售总额53.76亿元；完成固定资产投资124.52亿元，其中第三产业投资116.38亿元；一般公共预算收入26.23亿元，其中税收收入22.91亿元。

（朱克坚）

【政务服务】 2020年，无锡经开区建设“1+2+36”（1个区级政务服务中心、2个街道为民服务中心、36个社区便民服务中心）三级政务服务体系。按照政务服务“区街一体化”要求，将辖区为民服务中心打造成无锡经开区政务服务分中心，将区级高频审批事项前移至分中心受理，实现政务服务多点办理格局。全年办结各类行政审批（服务）事项236771件；办理“12345”政府公共服务热线20510件，办结率100%，满意率98.52%。

（刘学荣）

【城市建设】 2020年，无锡经开区建成全市首个城市家具样板区。项目位于吴都路南湖大道交叉口东北侧，占地6.4公顷。投资1.5亿元建成全市首个“智慧大脑”城市管理作业平台，通过城市精细化管理系统，与市级城运中心对接，实现区域治理、数据融合、上下贯通、产业培育。推进城市更新，公园新村、万

雪浪小镇　　　　（无锡经开区管委会　供）

花新村等6个老旧小区提标改造，东华花园、东泉花苑等17个老旧小区实现国有物业企业入驻。对博大广场、吴都路与锡南路西南侧地块、滨湖新城3号地块等一批10多年未完成的拆迁征收项目实施清点清障。优化区域路网体系，华谊路竣工通车，扬名大桥拆除重建，打通雪丰路、和鸣路等“断头路”、瓶颈道路。启动建设无锡国际会议中心、雪浪小镇未来中心、新发数字经济创新中心等地标性建筑。雪浪小镇数据创新中心（原浪潮大数据产业园）获评2020年江苏省建筑产业现代化示范工程项目。

（陆梦玲）

【生态建设】 2020年，无锡经开区实施碧水河综合整治工程，完成清源路—华谊路段景观绿化、具区路—规划文教路段河道整治。配合地铁4号线一期工程具区路车辆段施工，开展具区路车辆段河道综合整治，健全河网水系布局，确保周边水系畅通。推进口袋公园建设，项目总面积约2.64公顷，融入城市家具系统，打造彰显特色的示范性主题游园。全年新增、接管绿地106.8万平方米，国、省考断面和主要出入湖河流水质达标率100%。

（袁贝盛）

【社会事业】 2020年，无锡经开区新增、扩建2所学校。辖区内有锡师附小、尚贤、行知、行远4个教育集团，有区管学校29所。有初中6所，在校生5538人；小学8所，在校生16268人；幼儿园19所，在园幼儿11487人。实施《“健康经开”三年行动计划》，辖区内有医疗机构118家，其中三甲医院1家（江南大学附属医院），二甲医院1家（滨湖区中医院），社区卫生服务中心2家、卫生服务站10个，另有无锡怡和妇产医院等民营医院。有太湖国际博览中心、无锡大剧院、无锡市少年宫、无锡市工人文化宫等市级公共文化设施，设有世界跆拳道联盟第一个官方分支机构——世界跆拳道（无锡）中心。贡湖湾湿地公园建成长3千米的彩虹步道，尚贤河湿地公园建成长4.5千米的无锡首条紫色夜光AI有氧步道，成为网红徒步路线。世界跆拳道大满贯系列赛、环太湖国际公路自行车赛、无锡马拉松、青少年击剑巡回赛等重大体育赛事在辖区举办。出台10余项民生保障政策，全年发放低保金、特困金、尊老金等各类救助资金2061.8万元。

（吴丹芸　吴晨鸿）

组织机构及负责人名录

中共无锡经济开发区工作委员会

书　记　马　良
副书记　杨建平
委　员　冯爱东
　　　　陈　瑶（女）
　　　　王　贤
　　　　王　勇
　　　　吴石松（12月免）
纪工委书记　陈　瑶（女）

无锡经济开发区管委会

主　任　马　良
副主任　杨建平
　　　　冯爱东
　　　　王　贤
　　　　付　游（挂职，4月任）
　　　　秦　艳（女，挂职，4月任）

（无锡经开区党群部）

编辑　葛　红

新任市领导

徐 劼

徐劼，男，汉族，1963年10月生，江苏兴化人。1982年8月参加工作，1988年7月入党，省委党校研究生学历，硕士学位。1979年9月无锡技工学校钟表制造专业学习；1982年8月无锡市钟表总厂工作，历任车间团支部副书记、书记；1986年9月起历任无锡市手表厂团委负责人、副书记，市家电公司团委副书记（1985年9月至1988年7月无锡广播电视大学文秘专业在职大专学习）；1990年1月起历任无锡市委办公室秘书、副科级秘书、正科级秘书；1995年7月任无锡市委办公室综合一处处长；1996年5月任无锡市委办公室副主任（其间：1996年8月至1998年12月中央党校函授学院经济管理专业在职大学学习）；2001年4月任无锡市委副秘书长、办公室主任（1999年9月至2001年6月南京大学国际商学院投资经济专业研究生课程进修班学习）；2003年10月任无锡市委秘书长（2003年2月至2004年7月江苏省委党校政治经济学专业在职研究生学习）；2005年3月任无锡市委常委、秘书长；2006年1月任无锡市委常委、秘书长，锡山区委书记；2006年10月任无锡市委常委、锡山区委书记；2008年11月任无锡市委常委，市政府副市长、党组副书记（其间：2009年8月至2011年9月中欧国际工商学院工商管理专业学习，获工商管理硕士学位）；2012年4月任江苏省统计局局长、党组书记；2014年5月任江苏省政府副秘书长（正厅级）；2016年1月任无锡市委副书记（正市级）；2016年2月任无锡市委副书记（正市级），梁溪区委书记；2016年5月任无锡市委副书记（正市级），梁溪区委书记，市委党校（市行政学院）校长（院长）（兼）；2018年7月任无锡市委副书记（正市级），市委党校（市行政学院）校长（院长）（兼）；2020年4月任无锡市委副书记、政法委书记（正市级），市委党校（市行政学院）校长（院长）（兼）。

（市委组织部）

柏长岭

柏长岭，男，汉族，1969年9月生，江苏连云港人。1992年8月参加工作，1992年6月入党，大学学历。1988年9月南京师范大学政教系思想政治教育专业学习；1992年8月任江苏商业管理干部学院公共课教研室教师；1993年11月任江苏商业管理干部学院商校学生科副科长；1994年6月任江苏商业管理干部学院团委副书记兼商校学生科副科长；1998年3月任江苏省委省级机关工委组织部干部；1999年3月任江苏省委省级机关工委组织部副主任科员；2001年12月任江苏省委省级机关工委组织部主任科员；2002年8月任江苏省级机关团工委副书记；2005年8月任江苏省级机关团工委书记；2010年4月任江苏省委省级机关工委办公室主任；2011年10月任江苏省委省级机关工委组织部部长；2013年11月任江苏省委省级机关工委副巡视员；2015年6月任江苏省信访局副厅职信访督查专员；2016年12月任江苏省信访局副局长、党组成员；2018年7月任盐城市委常委、组织部部长；2020年4月任盐城市委常委、组织部部长、统战部部长；2020年8月任无锡市委常委、组织部部长；2021年1月任无锡市委常委、组织部部长、统战部部长。

（市委组织部）

王作才

王作才，男，汉族，1968年3月生，浙江苍南人。1986年11月参加工作，1988年4月入党，中央党校研究生学历。1986年11月历任武警浙江省总队湖州支队德清中队战士、班长；1990年9月武警杭州指挥学校内卫专业中专学习；1992年7月任武警浙江省总队温州支队直属大队一中队排长；1994年9月任武警浙江省总队温州支队乐清中队副中队长；1996年2月任武警浙江省总队温州支队乐清中队中队长；1999年2月任武警浙江省总队温州支队司令部管理股股长（1997年8月至1999年12月中央党校函授学院经济管理专业函授大学学习；1997年9月至2000年7月武警西安技术学院法律专业函授大学学习）；2001年7月任武警浙江省总队温州支队教导队队长；2003年1月任武警浙江省总队温州支队城区大队大队长；2003年12

月任武警浙江省总队司令部训练处副处长;2007年1月任武警杭州指挥学院训练部副团职教员;2008年1月任武警杭州指挥学院训练部副部长;2008年12月任武警杭州指挥学院副院长(2007年9月至2010年7月中央党校法学理论专业在职研究生学习);2012年6月任武警杭州士官学校训练部部长;2017年7月任武警士官学校副校长;2019年4月任无锡军分区司令员;2020年4月任无锡市委常委、无锡军分区司令员。

(市委组织部)

王进健

王进健,男,汉族,1973年9月生,江苏常州人。1996年8月参加工作,1996年1月入党,省委党校研究生学历。1992年9月苏州大学财经学院财政学专业学习;1996年8月任无锡市财政局财监处办事员;1997年5月任无锡市国有资产管理局综合处科员;2000年2月任无锡市国有资产管理局综合处副主任科员;2001年3月任无锡市财政局办公室副主任科员;2002年1月任无锡市财政局办公室副主任;2003年4月任无锡市财政局办公室主任;2003年11月任无锡市财政局副局长、党组成员;2006年1月任无锡市北塘区委副书记、代区长;2006年2月任无锡市北塘区委副书记、区长(2004年9月至2006年7月江苏省委党校行政管理专业在职研究生学习);2010年9月任江阴市委副书记(副市级,援疆任无锡市对口支援新疆伊犁州霍城县前方工作组组长、伊犁州委常委、霍城县委书记);2013年12月任无锡市政府副市长,江阴市委副书记;2014年1月任无锡市政府副市长、党组成员;2018年1月任无锡市政府副市长、党组成员,新吴区委书记,无锡高新技术产业开发区党工委书记;2019年12月任无锡市政府副市长、党组成员,江阴市委书记,江阴高新技术产业开发区党工委书记;2020年6月任无锡市委常委,江阴市委书记,江阴高新技术产业开发区党工委书记;2020年7月任无锡市委常委。

(市委组织部)

陆志坚

陆志坚,男,汉族,1968年5月生,江苏无锡人。1990年1月参加工作,1987年1月入党,中央党校大学学历。1984年11月历任无锡市刘潭纺机厂职工,郊区黄巷乡刘潭村团总支副书记、书记,刘潭水产养殖场副场长,刘潭村村委委员、治保主任、民兵营长;1990年1月任无锡市郊区黄巷乡团委副书记;1991年3月任无锡市郊区黄巷乡团委书记;1992年8月任无锡市郊区黄巷乡团委书记,兼刘潭村党总支副书记;1992年10月任无锡市郊区黄巷乡团委书记,兼乡商业公司副经理;1993年4月任无锡市郊区黄巷乡团委书记,兼乡商业公司经理、党支部书记;1993年11月任无锡市郊区黄巷乡商业公司经理、党支部书记;1994年12月任无锡市郊区黄巷乡党委委员,乡商业公司经理、党支部书记;1995年5月任无锡市郊区黄巷乡党委委员,乡商业公司经理、党支部书记,兼金桥商贸发展总公司总经理;1995年10月任无锡市郊区黄巷乡党委委员,乡商业公司经理、党支部书记,兼金桥商贸发展总公司总经理,兼凤翔公园主任(1993年8月至1995年12月中央党校函授学院经济管理专业在职大学学习);1996年11月任无锡市郊区黄巷乡党委委员、副乡长,乡商业公司经理、党支部书记;1998年10月任无锡市郊区扬名乡(镇)党委副书记、乡(镇)长;1999年12月任无锡市郊区(滨湖区)山北镇党委书记;2001年8月任无锡太湖国家旅游度假区党工委委员、管委会副主任、发展总公司副总经理;2001年10月任无锡市滨湖区委常委,无锡太湖国家旅游度假区党工委委员、管委会副主任、发展总公司副总经理,马山镇党委书记;2002年8月任无锡市滨湖区委常委,无锡太湖国家旅游度假区党工委副书记、管委会主任、发展总公司总经理,马山镇党委书记;2003年3月任无锡市滨湖区委副书记,无锡太湖国家旅游度假区党工委副书记、管委会主任、发展总公司总经理,马山镇党委书记;2004年6月任无锡市滨湖区委副书记,无锡太湖国家旅游度假区党工委副书记、管委会主任,马山镇党委书记;2006年1月任无锡市滨湖区委副书记、区长;2008年11月任无锡市锡山区委副书记、代区长;2009年1月任无锡市锡山区委副书记、区长,锡山经济开发区党工委副书记、管委会副主任,无锡高铁站商务区党工委书记;2009年6月任无锡市锡山区委副书记、区长,锡山经济开发区党工委副书记、管委会主任,无锡高铁站商务区党工委书记;2012年7月任无锡市锡山区委书记,锡山经济技术开发区党工委副书记、管委会主任,无锡高铁站商务区党工委书记;2013年11月任无锡市锡山区委书记,锡山经济技术开发区党工委书记,无锡锡东新城商务区党工委书记;2017年2月任无锡市政府副市长、党组成员,锡山区委书记,锡山经济技术开发区党工委书记,无锡锡东新城商务区党工委书记;2017年12月任无锡市政府副市长、党组成员,无锡锡东新城商务区党工委书记;2018年1月任无锡市政府副市长、党组成员;2020年7月任无锡市委常委、秘书长;2021年1月任无锡市委常委、秘书长、宣传部部长。

(市委组织部)

蒋 敏

蒋敏,女,汉族,1978年2月生,江苏徐州人。1998年8月参加工作,1996年5月入党,研究生学历,硕士学位。1994年9月吉林工业大学工程机械系流体传动及控制专业学习;1998年8月任丹徒县科学技术委员会办公室干部;1999年11月任丹徒县科学技术委员会办公室副主任;2000年5月任丹徒县委办公室秘书;2001年11月任共青团丹徒县委副书记;2002年11月任镇江市委组织部县(市)区干部处副科级组织员;2003年7月任镇江市委组织部知识分子工作处副处长;2004年3月任镇江市京口区象山乡党委副书记;2004年7月任镇江市京口区象山乡党委副书记、乡长;2006年3月任镇江市京口区象山乡党委书记;2007年9月任共青团镇江市委副书记、党组成员(其间:2008年9月至2011年6月江苏大学管理学院工商管理专业在职研究生学习,获工商管理硕士学位);2011年8月任共青团镇江市委书记、党组书记;2012年8月任共青团镇江市委书记、党组书记,镇江市金山焦山北固山国家风景名胜区管委会主任、党工委副书记;2012年12月任镇江市金山焦山北固山国家风景名胜区管委会主任、党工委副书记;2013年2月任共青团江苏省委副书记、党组成员;2018年5月任无锡市政府副市长、党组成员;2020年4月任无锡市政府副市长、党组成员,新吴区委书记、无锡高新技术产业开发区党工委书记;2020年12月任无锡市委常委,新吴区委书记、无锡高新技术产业开发区党工委书记。

(市委组织部)

许 峰

许峰,男,汉族,1967年10月生,江苏扬州人。1985年10月参加工作,1993年7月入党,中央党校大学学历,硕士学位。1985年10月任无锡市工商联办公室办事员、科员(1992年6月江苏省自学考试南京师范大学汉语言文学专业毕业);1997年1月任共青团无锡市委办公室科员、副主任、实业发展部副部长、专职纪检员;1999年9月任共青团无锡市委办公室主任(1997年8月至1999年12月中央党校函授学院经济管理专业在职大学学习);2001年10月任无锡市滨湖区新安镇党委副书记、纪委书记(正科级);2002年6月任无锡市滨湖经济技术开发区党工委委员、管委会副主任兼项目招商部部长;2003年2月任无锡市滨湖经济技术开发区党工委委员、管委会副主任;2004年2月任无锡市滨湖经济技术开发区党工委副书记、管委会副主任;2004年12月任无锡市滨湖区外经局局长、党组书记,区招商局局长;2005年6月任无锡市滨湖区委常委(其间:2005年7月至2005年11月挂职任新疆霍城县委常委,兼清水河经济技术开发区管委会主任;2005年11月至2008年7月挂职任新疆霍城县委常委,兼清水河经济技术开发区<清水河镇>党委书记、管委会主任;2008年6月至2008年7月挂职任新疆伊犁州党委副秘书长);2008年7月任无锡新区党工委委员、纪工委书记(正处级);2012年3月任无锡市委农村工作办公室主任(2008年7月至2012年12月重庆大学高级管理人员工商管理专业在职学习,获工商管理硕士学位);2014年12月任无锡市纪委副书记、市委农村工作办公室主任;2015年12月任无锡市纪委副书记;2016年6月任无锡市纪委副书记、市监察局局长;2017年7月任无锡市滨湖区委书记,无锡太湖国家旅游度假区党工委书记,市监察局局长;2017年8月任无锡市滨湖区委书记,无锡太湖国家旅游度假区党工委书记;2020年7月任江阴市委书记、江阴高新技术产业开发区党工委书记;2020年12月任无锡市委常委,江阴市委书记、江阴高新技术产业开发区党工委书记。

(市委组织部)

陈德荣

陈德荣,男,汉族,1962年12月生,江苏无锡人。1985年8月参加工作,1984年3月入党,研究生学历。1981年9月南京师范大学中文系学习;1985年8月任南京师范大学团委组织部、宣传部部长,学生工作处秘书;1988年9月任无锡市郊区政府办公室秘书;1989年5月任无锡市郊区政府办公室副主任;1994年3月任无锡市蠡园经济开发区党工委副书记、蠡园经济开发区管委会副主任、蠡园经济发展公司副总经理(正科级);1995年9月任无锡市郊区区委组织部副部长(正科级)(1993年9月至1996年4月南京理工大学经济管理学院系统工程专业硕士学位研究生班学习);2001年2月任无锡市滨湖区委组织部副部长(正科级);2001年3月任无锡市北塘区副区长;2004年5月任无锡市北塘区委常委,区政府副区长、党组副书记;2004年12月任无锡市城市管理局(行政执法局)局长、党组书记;2006年1月任江阴市委常委,市政府副市长、党组副书记(正处级);2007年10月任江阴市委副书记、江阴经济开发区党工委副书记、江阴临港新城(江阴临港经济开发区)党工委书记;2008年3月任徐州市委常委、新沂市委书记;2012年5月任无锡市委常委;2012年6月任无锡市委常委、统战部部长,市总工会主席;2021年1月任无锡市人大常委会副主任、党组副书记,市人大监察和司法委员会主任委员,市总工会主席。

(市委组织部)

曹佳中

曹佳中,男,汉族,1964年11月生,江苏无锡人。1983年8月参加工作,1985年5月入党,省委党校研究生学历,硕士学位。1980年9月无锡职业大学无线电机械制造专业大专班学习;1983年8月任无锡市电仪局职工大学教师、团总支副书记;1987年8月任无锡市郊区工业局工作人员;1988年7月历任无锡市郊区计经委工作人员、办公室副主任;1993年6月历任无锡市郊区政府办公室秘书、秘书科副科长;1994 年 1 月历任无锡市郊区政府办公室副主任、主任;1997 年 11 月任无锡市郊区黄巷乡(镇)党委书记(1995 年 8 月至 1997 年 12 月中央党校函授学院涉外经济专业在职大学学习);2000 年 1 月任无锡市郊区区长助理、黄巷镇党委书记;2000 年 8 月任无锡市郊区区委副书记;2001 年 2 月任无锡市北塘区委副书记、代区长、区长(其间:2001 年 9 月至 2004 年 7 月江苏省委党校政治经济学专业在职研究生学习);2006 年 1 月任无锡市北塘区委书记;2007 年 5 月任无锡市副市级干部,湖南省常德市副市长(挂职);2009 年 6 月任无锡市副市长(其间:2009 年 8 月至 2011 年 9 月中欧国际工商学院工商管理专业在职学习,获工商管理硕士学位);2016 年 9 月任常州市委常委、常务副市长;2020 年 4 月任无锡市人大常委会、党组副书记;2021 年 1 月任无锡市人大常委会副主任、党组副书记,市人大开发区委员会主任委员。

(市委组织部)

吴峰枫

吴峰枫,男,汉族,1961 年 7 月生,江苏无锡人。1981 年 8 月参加工作,1984 年 11 月入党,省委党校研究生学历。1979 年 9 月扬州师范学院历史系学习;1981 年 8 月历任无锡县天一中学教师、团委副书记、教导处副主任(其间:1985 年 9 月至 1987 年 8 月江苏省委党校经济管理专业在职学习);1987 年 8 月任无锡县委党校组教科科长;1990 年 10 月任无锡县政府办公室秘书科科长、办公室副主任;1994 年 2 月任无锡县外经委副主任;1995 年 8 月任锡山市雪浪镇党委书记;1997 年 1 月任锡山市委常委、雪浪镇党委书记;1997 年 2 月任锡山市委常委、新疆伊宁市委副书记;1999 年 6 月任锡山市委常委、新疆伊犁州政府副秘书长(正处级);2000 年 2 月任锡山市委常委(正处级);2000 年 8 月任宜兴市委副书记、代市长、市长(其间:2002 年 9 月至 2004 年 1 月江苏省委党校政治经济学专业在职研究生学习);2006 年 1 月任宜兴市委副书记;2006 年 10 月任无锡市对外贸易经济合作局局长、党组书记;2008 年 1 月任无锡市政府秘书长、党组成员,市政府办公室党组书记,市行政服务中心主任(兼);2009 年 9 月任无锡市政府秘书长、党组成员,市政府办公室党组书记,市行政服务中心主任(兼),无锡太湖城(无锡经济开发区)党工委书记(兼);2013 年 12 月任无锡市人大常委会党组成员,市政府秘书长、党组成员,市政府办公室党组书记,市行政服务中心主任(兼),无锡太湖城(无锡经济开发区)党工委书记(兼);2014 年 1 月任无锡市人大常委会副主任、党组成员;2020 年 2 月任无锡市人大常委会副主任、党组副书记;2021 年 1 月任无锡市人大常委会副主任、党组副书记,市人大法制委员会委员。

(市委组织部)

袁　飞

袁飞,男,汉族,1963 年 7 月生,江苏启东人。1983 年 8 月参加工作,1984 年 5 月入党,大学学历。1979 年 9 月厦门大学物理系物理学专业学习;1983 年 8 月南京炮兵学院军事指挥专业学习;1984 年 7 月历任步兵某师炮兵团排长、司令部参谋、连长、炮兵科参谋、副科长、科长;1996 年 10 月任武警某师炮兵科科长;1999 年 8 月任无锡市计划委员会科技处副主任科员(1998 年 9 月 ~ 2000 年 6 月南京大学国际贸易专业研究生课程进修班学习);2000 年 8 月任无锡市计划委员会电子办副主任科员;2001 年 12 月任无锡市发展计划委员会综合处处长;2004 年 5 月任无锡市发展计划委员会副主任;2005 年 6 月任无锡市发展和改革委员会副主任、党组成员;2006 年 1 月任无锡市滨湖区委常委,无锡太湖国家旅游度假区党工委副书记、管委会主任(正处职);2008 年 12 月任无锡市滨湖区委副书记、代区长、区长,无锡太湖国家旅游度假区党工委副书记、管委会主任(正处职);2010 年 10 月任无锡市滨湖区委副书记、区长,无锡太湖国家旅游度假区党工委副书记、管委会主任(正处职),无锡山水城党工委书记(兼);2011 年 7 月任无锡市滨湖区委副书记、区长,无锡太湖国家旅游度假区党工委副书记、管委会主任,无锡山水城党工委书记(兼);2013 年 2 月任无锡市滨湖区委书记、区长,无锡太湖国家旅游度假区党工委副书记、管委会主任,无锡山水城党工委书记(兼);2013 年 11 月任无锡市滨湖区委书记,无锡太湖国家旅游度假区党工委书记,无锡山水城党工委书记(兼)(其间:2014 年 1 月至 2015 年 12 月任滨湖区人大常委会主任);2017 年 2 月任无锡市人大常委会副主任、党组成员,市人大财政经济委员会主任委员,滨湖区委书记,无锡太湖国家旅游度假区党工委书记,无锡山水城党工委书记(兼);2017 年 3 月任无锡市人大常委会副主任、党组成员,滨湖区委书记,无锡太湖国家旅游度假区党工委书记,无锡山水城党工委书记(兼);2017 年 7 月任无锡市委常委,市人大常委会副主任、党组成员,市人大财政经济委员会主任委员,无锡山水城党工委书记(兼);2017 年 8 月任无锡市委常委、宣传部部长;2021 年 1 月任无锡市人大常委会副主任、党组成员。

(市委组织部)

周常青

周常青,男,汉族,1975 年 11 月生,江苏南京人。1997 年 8 月参加工作,1996 年 1 月入党,大学学历,硕士学位。1993 年 9 月厦门大学计算数学及其应用软件专业学习;1997 年 8 月任江苏省委宣传部干部管理处干部(其间:1998 年 2 月至 1999 年 2 月淮安市淮阴县西宋集乡锻炼);

1999年4月任江苏省委宣传部干部管理处科员;2001年8月任江苏省委宣传部干部管理处副主任科员(其间:2002年9月至2004年12月南京大学公共管理专业在职学习,获公共管理硕士学位);2005年3月任江苏省委宣传部办公室主任科员;2005年4月任江苏省委组织部办公室正科级组织员;2009年1月任江苏省委办公厅党群政法处副处长;2011年11月任江苏省委办公厅农村处处长;2011年12月任湖北省政府应急办副主任(正处级)(其间:2013年5月至2015年5月挂职任湖北省潜江市委常委、副市长);2015年7月任湖北省政府金融领导小组办公室副主任;2017年9月任江苏省商务厅副厅长、党组成员;2020年4月任江苏省商务厅副厅长、党组成员,无锡市政府副市长、党组成员(挂职);2020年8月任无锡市政府副市长、党组成员。

(市委组织部)

张明康

张明康,男,汉族,1973年7月生,江苏丹阳人。1996年7月参加工作,1996年5月入党,大学学历。1992年9月南京大学国际商学院经济系经济管理专业学习;1996年7月任无锡市财政局行财处办事员;1999年6月任无锡市财政局行财处科员;2000年2月任无锡市财政局行财处副主任科员(1999年8月至2001年12月南京大学商学院政治经济学专业研究生课程进修班结业);2002年1月任无锡市财政局预算处副处长;2004年7月任无锡市财政局预算处处长;2005年4月任无锡市财政局预算处处长,市财政预算审核中心副主任(兼);2006年1月任无锡市财政局总会计师、党组成员,市财政预算审核中心副主任(兼);2007年11月任无锡市崇安区副区长、党组成员;2008年10月任无锡市崇安区副区长、党组成员,市中山路管理办公室主任(兼),市中山路商业街管理服务中心主任(兼);2012年2月任无锡市崇安区委常委,区政府副区长、党组副书记,市中山路管理办公室主任(兼),市中山路商业街管理服务中心主任(兼);2012年3月任无锡市崇安区委常委,区政府副区长、党组副书记;2012年8月任无锡市统计局局长、党组副书记;2013年10月任无锡市统计局局长、党组书记;2014年1月任无锡市发展和改革委员会主任、党组书记,市统计局局长、党组书记;2014年3月任无锡市发展和改革委员会主任、党组书记;2019年1月任无锡市政府秘书长、党组成员,市政府办公室党组书记,市政府研究室主任(兼);2019年10月任无锡市政府秘书长、党组成员,市政府办公室党组书记、一级调研员,市政府研究室主任(兼);2020年2月任无锡市政府秘书长、党组成员,市政府办公室党组书记,市政府研究室主任(兼),二级巡视员;2020年7月任无锡市政府副市长、秘书长、党组成员,市政府办公室党组书记,市政府研究室主任(兼);2020年8月任无锡市政府副市长、党组成员。

(市委组织部)

李秋峰

李秋峰,男,汉族,1972年7月生,江苏江阴人。1997年8月参加工作,1992年10月入党,博士研究生学历。1990年9月南京化工学院自动控制专业学习;1994年9月南京化工大学自动控制专业硕士研究生学习;1997年8月任宜兴市高塍镇工业公司副总经理、镇团委副书记;1999年1月任无锡新区经济发展局工作人员;1999年7月任无锡新区党政办公室秘书;2000年8月任无锡新区党政办公室主任助理;2001年4月任无锡新区党政办公室副主任;2001年9月任无锡新区信息产业科技园领导小组办公室副主任、信息产业科技园管理中心副主任(其间:2001年11月起任常务副主任主持工作;2002年5月至2002年9月借无锡市委办公室工作;2002年7月明确正科级);2002年9月任无锡市委办公室综合二处副处长(正科级);2003年4月任共青团无锡市委副书记、党组成员;2005年6月任共青团无锡市委书记、党组书记;2007年10月任宜兴市委常委,市政府副市长、党组副书记(正处级);2011年6月任无锡市委副秘书长(正处级);2011年8月任无锡市委副秘书长、办公室主任;2012年8月任无锡市崇安区委副书记、区长(2008年9月至2013年1月南京航空航天大学管理科学与工程专业在职学习,获管理学博士学位);2014年1月任无锡市惠山区委副书记、代区长;2015年1月任无锡市惠山区委副书记、区长;2017年12月任无锡市惠山区委书记;2019年10月任无锡市惠山区委书记、一级调研员;2020年2月任无锡市惠山区委书记、二级巡视员;2020年7月任无锡市政府副市长、党组成员、惠山区委书记;2020年8月任无锡市政府副市长、党组成员。

(市委组织部)

秦咏薪

秦咏薪,男,汉族,1967年9月生,江苏太仓人。1992年8月参加工作,1991年6月入党,研究生学历,硕士学位。1988年9月扬州师范学院中文系汉语言文学专业学习;1992年8月任无锡轻工大学食品工业系政治辅导员;1993年9月任无锡轻工大学纺织分院团委副书记(副科级,主持工作);1994年9月任无锡轻工大学纺织分院团委书记;1996年1月任无锡轻工大学校团委副书记(正科级);1998年12月任无锡轻工大学校团委书记;1999年5月任共青团无锡市委副书记、党组成员,市青联主席(其间:1999年9月至2001年7月上海理工大学管理科学与工程专业研究生课程进修班结业);2002年5月任共青团无锡市委副书记、党组成员兼纪检组组长，市青联主席；2002年11月任无锡市南长区副区长；2003年12月任无锡市委副秘书长（其间：2005年9月明确正处级；2008年3月至2008年7月上海市委党校江浙沪中青年干部培训班学习；2010年6月至2010年12月挂职任崇安区委副书记、副区长）；2011年6月任无锡市南长区委副书记、代区长；2012年3月任无锡市南长区委副书记、区长；2012年7月任无锡市南长区委书记；2012年8月任无锡市南长区委书记、区人大常委会主任（其间：2014年11月至2015年1月中央党校第一期县委书记研修班学习）（2010年8月至2012年9月中欧国际工商学院工商管理专业在职研究生学习，获工商管理硕士学位）；2016年2月任无锡市梁溪区委副书记、区政府筹备组组长；2016年6月任无锡市梁溪区委副书记、区长；2018年7月任无锡市梁溪区委书记、区长；2018年12月任无锡市梁溪区委书记；2019年10月任无锡市梁溪区委书记、一级调研员；2020年2月任无锡市梁溪区委书记、二级巡视员；2021年1月任无锡市政府副市长、党组成员。

（市委组织部）

朱良平

朱良平，男，汉族，1965年7月生，江苏苏州人。1986年7月参加工作，1986年6月入党，大学学历，硕士学位。1982年9月苏州大学法律系法律专业学习；1986年7月任江苏省人民检察院见习书记员；1987年10月任江苏省人民检察院控申处科员级书记员（其间：1988年3月至1989年3月吴县人民检察院锻炼）；1991年11月任江苏省人民检察院控申处副科级助理检察员；1993年2月任江苏省人民检察院控申处秘书科副科长；1994年10月任江苏省人民检察院控申处正科级助理检察员（其间：1996年3月至1996年12月任滨海县扶贫工作队队员）；1997年10月任江苏省人民检察院控申处副处级检察员；1998年6月任江苏省人民检察院控申处副处长（2004年4月正处级；其间：1999年9月至2002年6月南京大学法学院法律硕士专业在职学习，获法律硕士学位；2001年9月至2002年10月挂职任陕西省宝鸡市人民检察院检察长助理）；2004年8月任江苏省人民检察院研究室副主任；2006年1月任江苏省人民检察院检务督察办公室副主任；2006年4月任江苏省人民检察院反贪污贿赂局侦查三处处长（其间：2007年3月至2008年3月挂职任宿迁市人民检察院副检察长、党组副书记）；2010年5月任江苏省人民检察院侦查指挥中心办公室主任；2012年2月任江苏省纪委派驻省人民检察院纪检组副组长、监察处处长；2015年11月任江苏省人民检察院案件监督管理处处长；2017年1月任宿迁市人民检察院检察长、党组书记（2018年1月二级高级检察官）；2020年6月任无锡市人民检察院代检察长、党组书记、二级高级检察官，市委政法委副书记（兼）；2021年1月任无锡市人民检察院检察长、党组书记、二级高级检察官，市委政法委副书记（兼）。

（市委组织部）

国务院特殊津贴获得者

陈 亮

陈亮，男，1984年生，中共党员，高级技师和高级工程师，无锡微研股份有限公司加工中心班组副班长，国家级技能大师工作室领办人，江苏省青联委员和无锡市青联常委，江苏省产业教授，教育部首批产业示范导师，江苏省职业能力建设评审专家。

陈亮1998年到无锡求学，毕业后扎根无锡，成为技术技能型工人。经他之手研制出来的工业模具，精度可以控制在1微米。陈亮团队擅长淬火件的高精密加工（洛氏硬度60以上），例如易拉罐类的凹凸模、易崩刃、难测量刻线刀的加工，可精确到0.001 ~ 0.003毫米，表面粗糙度可达Ra0.4。该工艺的实现，打破了国外长期技术垄断，实现刻线刀的国产化。陈亮在公司与清华大学联合开展的倒锥微细孔电加工装备研发项目中，担任装备核心机构的加工工艺攻关负责人，解决了薄壁主轴的高精度加工工艺，为设备批量化生产做出重要贡献。该型装备于2015获中国机械工业科学技术奖一等奖。基于该项技术，陈亮团队和清华大学成功研制用于国产航空发动机喷油嘴喷孔加工装备和国产航空发动机叶片气膜冷却孔特种加工装备，突破卡脖子技术。陈亮团队工艺研发的精密成型智能化高翻边特种空调翅片模具打破国外高端模具的市场垄断，获中国模具工业协会2018年“精模奖”一等奖，并被省工业和信息化厅评为江苏省“双新”产品。

陈亮团队先后获国家发明专利和实用型专利28件、获省部级科技奖项5项，其事迹得到中央电视台、《人民日报·新青年》、央视新媒体、“学习强国”等平台的报道，被《中国工人》2019年7月刊选为封面人物。

（孙皓晨）

曹秀明

曹秀明，男，1973年生，中共党员，江阴市人大代表，江苏阳光集团办公室主任、技术中心主任，研究员级高级工程师，中国纺织工程学会毛纺专业委员会副主任，全国纺织品标准化技术委员会毛纺分技术委员会副主任委员，江苏省第四批产业教授。先后被评为江苏省劳动模范、中国纺织技术带头人、江苏省有突出贡献中青年专家、全国纺织青年科技创新领军人才、江苏省“333工程”第三层次培养对象、江苏省“六大人才高峰”高层次人才,2017年获第二届全国“杰出工程师鼓励奖”。

曹秀明1996年毕业于中国纺织大学纺织材料专业。他长期负责技术管理工作,承担3项国家技术创新项目、2项国家“863”项目的开发与管理,组织实施1项国家科技支撑计划课题和2项国家“十三五”重点研发项目课题,作为技术负责人主持1项江苏省科技成果转化专项资金项目,对纺织行业技术升级、产品结构调整起到重要的推动作用。曹秀明申请发明专利15件,获授权发明专利2件,获得省部级科技进步奖5项,负责组织7项国家和行业标准制修订工作并颁布实施。6个新产品、新技术通过省级新产品鉴定,并全部实现产业化,实现经济效益7亿余元,成为阳光集团在精纺呢绒领域的新亮点。

(孙皓晨)

鲁晓杰

鲁晓杰,男,1966年生,中共党员,江南大学附属医院院长、党委副书记,医学博士,教授,博士生导师,主任医师,世界内镜医师协会中国协会神经内镜与微创专业委员会理事、中国医师协会神经外科分会神经内镜专家委员会副主任委员。获国之名医(卓越建树)称号,入选中国名医百强榜神经外科专家,被评为江苏省重点临床专科神经外科学科带头人、江苏省医学领军人才、江苏省“333工程”培养对象、江苏省突出贡献中青年专家。

鲁晓杰及其团队成功创建江苏省医学创新团队,建立无锡市王忠诚院士工作站、王忠诚脑科中心和国家级博士后科研工作站,创建江苏省重点临床专科(神经内科、神经外科),并将脑科中心建成无锡市重点学科及无锡市重点发展专(学)科,创建中国神经内镜无锡培训基地、无锡中澳神经内镜及神经肿瘤国际协作中心、STORZ神经内镜培训基地。2015年后,鲁晓杰先后获亚洲医院管理卓越奖1项、江苏省科技进步奖一等奖1项、江苏省新技术引进奖一等奖3项;主持和参与国家“十一五”科技支撑计划项目1项、主持国家自然基金面上项目1项。获国家专利15件,其中发明专利1件。

(孙皓晨)

陆 曙

陆曙,男,1963年生,中共党员,主任中医师,医学博士(博士后),教授,博士生导师,第六批全国老中医药专家学术经验继承工作指导老师。国家临床重点专科(中医专业)、省中医重点学科(心病学)学科带头人,江苏省名中医,江苏省中医药领军人才,无锡市中医内科首席医师,“龙砂医学流派诊疗技术”非物质文化遗产项目代表性传承人,无锡市龙砂医学流派研究院院长。

陆曙临床擅长高血压、动脉硬化、冠心病、病毒性心肌炎、扩张型心肌病、心力衰竭等心血管疾病及失眠症诊治,擅用龙砂医学五运六气方药、经方、膏方等诊治疑难杂症及养生“治未病”。他创制的“降防保心胶囊”“连豆清脉方”获国家发明专利,并获准用于高血压心脏病、冠心病及动脉粥样硬化的临床防治。开展中药保护钙超载心肌损伤系列研究及中西医结合防治扩张型心肌病关键技术的转化及应用研究,先后获中华中医药学会科学技术奖(2012)、中国中西医结合学会科学技术奖(2018)。牵头制定国家中医药管理局《扩张型心肌病中医诊疗方案与临床路径(2012)》以及中华中医药学会《扩张型心肌病中医临床诊疗专家共识(2019)》,参与制定中国中西医结合学会《急性心肌梗死中西医结合诊疗指南(2018)》。

(孙皓晨)

余汉清

余汉清,男,1963年生,中共党员,农业技术推广研究员,无锡市人大常委会委员、中国园艺学会长江蔬菜协会理事、江苏省园艺技术标准化委员会委员、江苏省农业农村厅蔬菜专家指导组成员、江苏省设施蔬菜绿色发展产业技术专家组成员。

余汉清一直工作在农技推广第一线,先后主持和参与部、省、市各级农业科技项目40余项,获得农技成果25项;育成新品种2个,组织推广新品种70多个,出版专著《蔬菜无土栽培实用技术》,主编《实用技术培训教材》7册,完成实用新型专利8件,主持或参与制定各类技术标准15个。持续开展的蔬果绿色高效技术集成与推广应用领先全国,领衔举办2018年度农业部南方片区16个省市蔬菜绿色集成技术现场观摩交流会,为化学农药及化肥的减量使用做出示范引领。作为江苏省蔬菜产业技术体系执行专家,指导苏南、苏中地区蔬菜技术示范推广。培养出一批高中初级农技人员,每年组织或参与农民培训1000余人次,促进惠山区园艺业发展。

(孙皓晨)

全国劳动模范和先进工作者

周建平

周建平,男,1960年5月28日生,汉族,中共党员,大学本科,海澜集团有限公司董事长、总经理,全国劳动模范。

周建平带领海澜集团迅速成长为无锡市首家营业收入超千亿企业,2019年集团位列中国制造业企业

500强第62位、中国民营企业500强第39位。他致力于慈善事业,连续6年开展"多一克温暖"公益行动。新冠肺炎疫情防控期间,第一时间向湖北武汉捐赠价值1500万元医疗设备和物资。先后担任第十届全国人大代表,第11、12、13届全国政协委员,获"第五届全国非公有制经济人士优秀中国特色社会主义事业建设者""江苏省劳动模范"等称号。

(市总工会)

王全智

王全智,男,1970年11月2日生,汉族,中共党员,高中,无锡市穆桂英美食广场有限责任公司生产部部长,全国劳动模范。

王全智师从国家级烹饪大师倪伯荣、陈恩德,致力于传承发扬江南美食技艺,为振兴"中华名小吃"做出贡献。他制作的点心深受广大百姓和国内外名流的一致好评。作为高技能领军人才,带领团队创造年均营业额递增13.5%的成绩。先后获"全国商贸流通服务业劳动模范""江苏烹饪名师"等称号,获省级面点评委资质。

(市总工会)

郭军伟

郭军伟,男,1972年8月17日生,汉族,中共党员,高中,江苏红豆实业股份有限公司高级版师,全国劳动模范。

郭军伟从事服装制版行业近30年,凭着过硬的打版技术,从一名普通制版工成长为全国技能大师,实现从手工制版到电脑制版成功转型,开发四大改良版衬衫,为企业占领市场、赢得顾客做出突出贡献。创立劳模创新工作室,勇挑"师带徒"重任。先后获"全国五一劳动奖章""全国技术能手""江苏省首席技师"等称号。

(市总工会)

陈 亮

陈亮,男,1984年3月10日生,汉族,中共党员,中专,无锡微研股份有限公司加工中心班组副班长,全国劳动模范。

陈亮17年来爱岗敬业、淬炼匠艺,先后攻克电子枪模具高精度定位销铣磨复合加工工艺等多项行业技术难题,为无锡太湖人才先进制造技能领军人才。作为省技能大师工作室领办人,充分发挥传帮带作用,培养技术骨干30多人。先后获"全国最美职工""全国五一劳动奖章""江苏省有突出贡献中青年专家""江苏省优秀共产党员""江苏工匠"等称号。

(市总工会)

何光华

何光华,女,1978年1月4日生,汉族,中共党员,大学本科,国网江苏省电力有限公司无锡供电分公司电缆运检室主任兼党支部书记,全国劳动模范。

何光华从事电力电缆施工运维工作20年,潜心科技创新,取得国家专利40余件、省部级及以上科技奖项6项,其中《高落差高压电缆线路无损施工技术创新及应用》获国家科学技术进步二等奖(工人农民组),累计创造效益超过10亿元,为中国高压电缆施工运维技术进步做出突出贡献。获"全国五一劳动奖章"等称号。

(市总工会)

熊宝星

熊宝星,男,1971年10月25日生,汉族,群众,高中,宜兴市宝星家庭农场农场主,全国劳动模范。

熊宝星从承包20亩蔬菜田起步,凭着兢兢业业、吃苦耐劳的精神,逐渐将宝星家庭农场发展成千亩级"绿色信誉农业"基地,年产各类无公害蔬菜近千吨,产品远销日本等国家,获评江苏省高效农业示范基地。他心系乡梓,反哺社会,先后吸纳70多名农村剩余劳力,帮助解决就业难题,并长期资助革命老区贫困学生。获"江苏省劳动模范"等称号。

(市总工会)

陆志林

陆志林,男,1973年4月19日生,汉族,中共党员,大专,无锡锡山特种风机有限公司技术部部长,全国劳动模范。

陆志林20多年间扎根民营企业一线技术岗位,在纺织机械、粮食机械、电动机械、轨道交通等方面科技成果突出,获发明专利4件、实用新型专利13件。发明国内首例插入式循环风机,开创隔爆型外转子电机以及轴流风机创新运用在变频防爆电动机的先例,实现纺机企业节能减排自动化控制。先后获"全国五一劳动奖章""江苏省劳动模范"等称号。

(市总工会)

袁彩凤

袁彩凤,女,1984年11月6日生,汉族,中共党员,大专,电装天电子(无锡)有限公司主管,全国劳动模范。

袁彩凤立足岗位苦练本领,从一名"外来打工妹"成长为懂技术、会管理的新型员工。她开创四大检查手法,有效防止漏检和误判;改造自创检查治具,极大提高自检效率;组建能率改善小组,为公司节约成本百万元;带领同事抓紧业余时间学习充电,带头参加各类爱心公益活动。现任江苏省十三届人大代表,获"江苏省劳动模范"称号。

(市总工会)

储小悦

储小悦，男，1971年11月13日生，汉族，中共党员，大学本科，宜兴市公安局副局长，全国先进工作者。

从警32年来，储小悦参与、指挥破获刑事案件2万余起，连续14年实现命案全破。他深入推进扫黑除恶专项斗争，破获涉黑涉恶案件451起，摧毁多个涉黑涉恶团伙；推行全链条打击合成作战新机制，追赃挽损1.5亿余元。新冠肺炎疫情防控期间，他迅速追踪确诊病例密切接触者，最大限度掐断传染源，指挥侦破涉疫案件27起，切实保障人民生命财产安全。他多次荣立个人一、二等功，先后获“全国优秀人民警察”“江苏省人民满意的公务员”等称号。

（市总工会）

徐夏民

徐夏民，男，1964年6月11日生，汉族，中共党员，大学本科，无锡机电高等职业技术学校职业技能鉴定所主任，全国先进工作者。

徐夏民扎根基层职业技能教育33年，刻苦钻研教材教法，为无锡培养一大批高技能人才，带教学生在省级以上职业技能比武竞赛中获得11项全国冠军、35项省级冠军。作为江苏省数控集训队教练，带领江苏队在全国大赛中两次取得团体总分第一。先后获“全国五一劳动奖章”“全国模范教师”“江苏省有突出贡献的中青年专家”等称号。

（市总工会）

任 勇

任勇，女，1963年8月30日生，汉族，中共党员，大学本科，无锡市第五人民医院红丝带关爱中心负责人，全国先进工作者。

任勇牵头搭建无锡市艾滋病病人防治平台等多个艾滋病关爱服务平台，提供艾滋病人院外护理延伸服务，个性化制定干预措施，为艾滋病病人积极营造友善、理解、健康的生活氛围。新冠肺炎疫情防控期间，她连续96个小时在无锡市心理援助中心接受市民疫情防护知识咨询和心理疏导，主动参与到患者检测体温、药品发放等一线工作中去。获“全国卫生计生系统先进工作者”等称号。

（市总工会）

逝世人物

吴 钊

吴钊，男，汉族，1930年12月出生，江苏射阳人。1946年2月参加革命工作，1948年10月加入中国共产党。1946年2月在盐城县师范干部训练班学习，1947年3月在盐东县货管局工作。1949年3月渡江南下到无锡，4月起在无锡市税务局工作，历任火车站检查组组长、二科稽征员、城中分局股长、西新分局副局长、局长等职（1953年8月至1954年8月在中央财政干部学校学习）。1955年4月起，先后任无锡市西新区副区长、区长，无锡县太湖公社党委书记，郊区区委副书记等职。“文化大革命”期间遭到关押、批斗。1969年10月任无锡马山围田指挥部副指挥、马山公社党委书记。1975年5月起，历任无锡市郊区区委常委、革委会副主任，郊区区委副书记，郊区区委书记、革委会主任等职。1979年12月起，先后任无锡市政府副市长、秘书长，市委常委、市政府副市长、党组副书记。1986年3月任无锡市人大常委会副主任、党组副书记。1988年1月任无锡市人大常委会主任、党组书记。1996年12月离休。2020年12月29日，因病医治无效，在无锡逝世，享年91岁。

（市委老干部局）

编辑 葛 红

组织机构及负责人名录

中共无锡市委

书　　记　黄　钦
副 书 记　杜小刚
　　　　　徐　劼
常　　委　黄　钦
　　　　　杜小刚
　　　　　徐　劼
　　　　　陈德荣（至12月）
　　　　　王唤春
　　　　　柳江南（至4月）
　　　　　冯　军（至7月）
　　　　　袁　飞（至12月）
　　　　　柏长岭（8月任）
　　　　　朱爱勋
　　　　　王作才（4月任）
　　　　　王进健（6月任）
　　　　　陆志坚（7月任）
　　　　　蒋　敏（女，12月任）
　　　　　许　峰（12月任）
　　　　　丁四海（挂职，12月任）
秘 书 长　陆志坚（7月任）
副秘书长　马　良（常务副秘书长，至7月）
　　　　　陆　洪（10月任常务副秘书长）
　　　　　高　佩（至12月）
　　　　　曹国光
　　　　　陈寿彬（至8月）
　　　　　戴　泉（12月任）
　　　　　张映雪（女）
　　　　　孙协军（10月任）
　　　　　黄维恭（10月任）

市委办公室（市档案局）

主　　任　陆　洪
副 主 任　江　杰（至9月）
　　　　　孙协军（至10月）
　　　　　黄维恭（至10月）
　　　　　殷　伟（女，3月任）
　　　　　王　绫（兼）
　　　　　朱　敏（兼，至2月）
市档案局局长　陆　洪（兼）
市档案局副局长　徐　杰

市委组织部（市委非公企业和社会组织工委、党建办，市公务员局）

部　　长　冯　军（至7月）
　　　　　柏长岭（8月任）
副 部 长　崔荣国（常务副部长，至10月）
　　　　　陆卫东（兼）
　　　　　王锡惠（至8月）
　　　　　林茂松
　　　　　戴美忠
　　　　　余俊慧（女，兼，8月任）
部务委员　沈晓萍（女，至9月）
　　　　　宋新春
市考核办副主任　史国洪
市委“两新”工委书记
　　　　　崔荣国（至3月）
　　　　　林茂松（8月任）
市委“两新”工委副书记　盛小伟
　　　　　（兼，至12月）
　　　　　吴　涛（兼）
　　　　　许　岗（兼）
　　　　　徐艳萍（女，兼，12月任）
　　　　　张　贤（女，兼，12月任）
市公务员局局长　戴美忠（3月任）

市委宣传部（市政府新闻办、市文明办、市新闻出版局、市版权局）

部　　长　袁　飞
副 部 长　陆惠玲（女，常务副部长）
　　　　　蔡文煜（10月转兼任）
　　　　　商　明
　　　　　高　燕（女，10月任）
　　　　　李明新
市文明办主任　商　明
市文明办副主任　朱　瑛（女）
市新闻办副主任　刘　烈（至10月）
　　　　　朱　敏（10月任）
市新闻出版局（市版权局）局长
　　　　　陆惠玲（女，兼）
市新闻出版局（市版权局）副局长
　　　　　茅春荣（女，10月任）

市委统一战线工作部（市政府侨务办公室）

部　　长　陈德荣
副 部 长　吕勤彬（常务副部长）
　　　　　施正洲（兼）
　　　　　李镇国（兼，至8月）
　　　　　许　岗（兼）
　　　　　吴象忠

赵俊明
刘　列(女,8 月任)
李庆华(3 月任)
市侨办主任　吕勤彬(兼)
市侨办副主任　章叶春

市委政法委员会
书　　记　徐　劼(4 月任)
副 书 记　徐盛希(常务副书记)
刘必权(兼)
钱　斌(兼)
俞波涛(兼,至 7 月)
朱良平(兼,7 月任)
邹立群
卜海良
沈仲良(2 月任)
阳洪昕
政治部主任　郑　逸
市法学会专职副会长　徐竹芃(女)

市委研究室
主　　任　陈寿彬(至 8 月)
副 主 任　黄维恭(主持工作,10 月任)
江玉杰
刘　俊
郑立平
市委深改办副主任　朱建新

市委网络安全和信息化委员会办公室(市互联网信息办公室)
主　　任　蔡文煜
副 主 任　蹇　俊
娄子丹
鲁新龙(1 月任)
陈晓星(3 月任)
左保春(兼)
权　辉(兼)
倪示远(兼)

市委机构编制委员会办公室(市事业单位登记管理局)
主　　任(局长)　陆卫东
副 主 任　吴志伟(女)
张海涛
吴建昌
市事业单位登记管理局副局长
毕东升

市委台湾工作办公室
(市政府台湾事务办公室)
主　　任　相　江(至 8 月)
严健媛(女,9 月任)
副 主 任　汪克强(2 月任)
张曙峰(至 2 月)
许　宁(至 3 月)
蔡卫红
曹泳敏

市委市级机关工作委员会
书　　记　李祖坤
副 书 记　毛勤勇
诸　军
虞　艳(女)
彭　梅(女,1 月任)
市级机关纪监工委书记
丁文艳(女)

市委巡察工作办公室
主　　任　钱　群(女,至 2 月)
李　晓(4 月任)
副 主 任　徐俊友
杨成富(至 10 月)

市委老干部局
(市委离退休干部工作委员会)
局　长、市委离退休干部工委书记
王锡惠(兼,至 3 月)
余俊慧(女,8 月任)
副 局 长　章　雷(女)
袁伟强
胡泽服
市委离退休干部工委副书记
周　捷(至 4 月)
姜殿祥(5 月任)

市委机要保密局(市国家保密局、市国家密码管理局)
局　　长　张耀斌
副 局 长　毛亚荣
尹晓旭(5 月任)

市委党校、市行政学院
校　长(院　长)　徐　劼(兼)
常务副校长(副院长)、校务委员
金　政
副校长(副院长)、校务委员
谭　军
王　兵
成大江
尹清亮(5 月任)
周凌晶(女,12 月任)
教育长、校务委员
尹清亮(至 5 月)
吴文勤(5 月任)

市档案史志馆
馆　长、党组书记　宗　翡(女)
副 馆 长　徐俊文
闾东影(女)
盛　铁
接玉松
顾必成
孙海东

无锡日报报业集团(无锡日报社)
党委书记、总　裁(社　长)
杨　建(至 4 月)
张　军(女,4 月任)
总 编 辑　马正红(至 12 月)
党委副书记　马正红(至 12 月)
陈锡初
副总裁、副总编辑
江菊敏(女,常务副总编辑)
吴晓亮
范　式
纪委书记　李立群(女)

无锡市人大常委会

主　　任　徐一平
党组书记　徐一平
党组副书记　朱民阳(至 2 月)
赵志新(至 2 月)
曹佳中(4 月任)
吴峰枫(2 月任)
副 主 任　朱民阳(至 2 月)
赵志新(至 2 月)
陈德荣(副主任候选人,12 月提名)
曹佳中(副主任候选人,

4月提名）
吴峰枫
袁　飞（副主任候选人，12月提名）
华博雅（女）
滕兰英（女）
魏　多
沈　建（1月任）

党组成员　滕兰英（女）
吴峰枫（至2月）
魏　多
沈　建
陈荣庆（至9月）
王传军
蔡叶明（10月任）
黄蓉华

秘书长　黄蓉华

副秘书长　赵立平（女）
张淇铭（兼）
孙国祥（至10月）
管海燕（女，4月转兼任）
夏正兴（4月任）
杨智敏（兼，4月任）
唐加俊（10月任）
高　佩（兼，12月任）
吴燕敏（12月任）
张广鑫

市人大法制委员会

主任委员　赵志新（至2月）
副主任委员　吴早春
李　赢

市人大财政经济委员会

主任委员　魏　多
副主任委员　龚　聘（至7月）
吴迎春

市人大社会建设委员会

主任委员　王传军
副主任委员　管海燕（女）

市人大监察和司法委员会

主任委员　朱民阳（至2月）
副主任委员　吴早春

市人大常委会办公室

主　　任　张淇铭
副主任　蒋　健
任义好（3月任）
吴长青（10月任）

市人大常委会研究室

主　　任　顾正刚
副主任　林寿清

市人大常委会法制工作委员会

主　　任　李　赢
副主任　李红卫
姚爱军

市人大常委会监察和司法工作委员会

主　　任　吴早春
副主任　何云彪

市人大常委会经济工作委员会

主　　任　龚　聘（至4月）
杨智敏（4月任）
副主任　江　涛

市人大常委会农村经济工作委员会

主　　任　朱　伟
副主任　许建军

市人大常委会教育科学文化卫生工作委员会

主　　任　施　展（至6月）
管海燕（女，6月任）
副主任　朱惠霖（至10月）
朱　琳（女，10月任）

市人大常委会民族宗教侨务外事工作委员会

主　　任　蔡大钢（至12月）
高　佩（12月任）
副主任　陈荣文

市人大常委会环境资源城乡建设工作委员会

主　　任　翁林敏
副主任　唐尧夫

市人大常委会人事代表联络工作委员会

主　　任　严巍巍
副主任　冯伟东
陆汀兰（女，至8月）
叶长渭（10月任）

市人大常委会预算工作委员会

主　　任　吴迎春
副主任　黄宇回

市人大常委会办公室信访处

处　　长　季亚东

无锡市人民政府

市　长、党组书记　杜小刚

副市长　朱爱勋（党组副书记）
丁四海（副市长人选，挂职，12月提名）
刘　霞（女，至8月）
王进健（至6月）
刘必权
陆志坚（至7月）
高亚光（女）
蒋　敏（女，至12月）
周常青（4月挂职，8月任）
张明康（7月任）
李秋峰（7月任）
秦咏薪（副市长人选，12月提名）

秘书长　张明康（至8月）
张立军（8月任）

副秘书长　钮素芬（女，至3月）
相　江（8月任）
周浩明
周子川（5月任）
钱文琴（女）
徐　政（9月任）
张千山（9月改兼）
顾　伟（兼，至9月）
张建春（至3月）
严健媛（女，至9月）
戴　泉（兼）

市人民政府办公室(市政府研究室)
党组书记　张明康(至8月)
　　　　　张立军(8月任)
主　任、党组副书记
　　　　　童晓寒(至8月)
　　　　　相　江(8月任)
副 主 任　郭　平
　　　　　程　松(至7月)
　　　　　王建一
　　　　　张　亮
　　　　　马晓东(3月任)
　　　　　单婷婷(女,10月任)
研究室主任　张明康(兼,至8月)
　　　　　　相　江(兼,8月任)
研究室副主任　罗安斌

市发展和改革委员会
主　任、党组书记　周文栋(至9月)
　　　　　吴春林(9月任)
副 主 任　尤志斌(至12月)
　　　　　黄丽侠(女)
　　　　　邢益新(至4月)
　　　　　钱喜中
　　　　　吴虹娟(女)
　　　　　潘彬宾
市委军民融合发展办副主任
　　　　　俞勇军
　　　　　李　涛(10月任)

市教育局(市委教育工作委员会与市教育局合署办公)
局　长、市委教育工委书记
　　　　　唐加俊(至10月)
　　　　　范　良(10月任)
副 局 长　符菊成
　　　　　许　敏
　　　　　陈　曦
　　　　　吴洵如(女,至12月)
　　　　　萧　晶(女,4月任)
市委教育工委书记
　　　　　唐加俊(至10月)
　　　　　范　良(10月任)
市委教育工委副书记　符菊成
市政府教育督导室副主任　冯益民

市科学技术局
局　长、党组书记　孙海东
副 局 长　赵建平
　　　　　黄晓珊(女)
　　　　　李继军
　　　　　陈涵杰
　　　　　邹建春(1月任)
　　　　　刘　红(女,3月任)

市工业和信息化局(市物联网发展办公室)
局　长(主　任)、党组书记
　　　　　陈文斌
副 局 长　吴建平
　　　　　戴可为
　　　　　张国斌
　　　　　王荣明
　　　　　陈荣明
　　　　　左保春
　　　　　陈学龙
市物联网发展办公室副主任
　　　　　张　弦

市民族宗教事务局
局　长、党组书记　施正洲
副 局 长　许　宁(党组副书记,3月任)
　　　　　王觉民(女)
　　　　　程　鹏
　　　　　徐　敏

市公安局
党委书记、局　长、督察长　刘必权
党委副书记　龚清荣(至3月)
　　　　　　盛卫中(3月任)
　　　　　　孙开锋(9月任)
副 局 长　龚清荣(至3月)
　　　　　盛卫中(常务副局长)
　　　　　孙开锋
　　　　　缪小展(至12月)
　　　　　薛俊仁
　　　　　胡　晓
　　　　　施冬冬
　　　　　王国强(4月任)
政治部主任　胡　晓

市民政局
党委书记、局　长　葛恒显
党委副书记　马　剑
副 局 长　钱晓东
　　　　　徐艳萍(女)
　　　　　杨建荣(1月任)
　　　　　李　恒(3月任)

市司法局
局　长　杨智敏(党组副书记,至4月)
　　　　　谢海华(4月任)
党组书记　蒋　飞(至4月)
　　　　　谢海华(4月任)
副 局 长　蒋　飞(至4月)
　　　　　沈仲良(至2月)
　　　　　杨　军
　　　　　刘益良
　　　　　张文新
　　　　　魏晓晗(女,5月任)
　　　　　李永军
　　　　　杨志钢(至3月)
　　　　　姜　科(3月任)
市委全面依法治市办副主任
　　　　　魏晓晗(女,至5月)
　　　　　张晓波(8月任)
政治部主任　张文新(5月任)

市财政局
局　长、党组书记
　　　　　高圣华(至10月)
　　　　　赵　鞠(女,12月任)
副 局 长　陈安新(至4月)
　　　　　孙文华
　　　　　蒋晓鸣
　　　　　杨百海(至4月)
　　　　　浦向民(4月任)
　　　　　谷占彬(4月任)
　　　　　蒋明珠(女,8月任)

市人力资源和社会保障局
党委书记、局　长　吴春林(至9月)
　　　　　李　平(9月任)
党委副书记　杨乔良
副 局 长　杨乔良

顾学年
包晓东
沈　挺
张　琳(女)
孙　伟
韩　永(1月任)

市自然资源和规划局(市林业局)

局　长、党委副书记　席永清
党委书记、副局长　郑　强
副 局 长　任　颐
徐丽华(女)
陈　艳(女)
马卫明
李安国

市生态环境局
(市太湖水污染防治办公室)

局　长、党组书记
彭红宇(3月任)
副 局 长　顾　岗(党组副书记)
王晓栋
李秋宇
周　山
高小萍(女)
市太湖水污染防治办公室副主任
丁建清

市住房和城乡建设局
(市地震局)

党委书记、局　长　包　鸣(至10月)
陈雪峰(12月任)
副 局 长　王　达
周锡良
邵崇浴(至3月)
何跃平(至12月)
黄伟祥(至5月)
孙晓鹏(4月任)
祁　军(12月任)
市地震局副局长　刘韶岭

市市政和园林局

局　长、党组书记　吴燕敏(至12月)
尤志斌(12月任)
副 局 长　孙美萍(女,5月任)
张　剑
蔡　昌
徐炳香
孙晓鹏(至4月)
王兰兰(女)

市城市管理局
(市城市管理综合行政执法局)

局　长、党组书记　周立军
副 局 长　周　炜
周　峰
陈忠明
朱双清
邹　波(10月任)
刘东亚(3月任)
市城市管理综合行政执法局副局长
范洪强(12月任)

市交通运输局
(市地方铁路建设办公室)

党委书记、局　长(主　任)
夏正兴(至4月)
党委副书记、副局长(副主任)
胡小坚(主持工作,4月任)
党委副书记　尹南方
副 局 长　宋良栋(至5月)
丁满琪
刘永强
徐锡良
刘震宇
华向阳(女,5月任)
陈　东(兼)

市水利局

局　长、党组书记　张海泉
副 局 长　缪学军
邹永明
金雪林
兰秀凯
蒋勤芳(女)
总工程师　周　吉

市农业农村局
(市政府扶贫工作办公室)

局　长(主　任)、党组书记
周士良(至10月)
吴立刚(10月任)
副局长(副主任)
巫亚东(至3月)
蒋军民
荣　怡(女)
陈　松
惠　莲(女)
陆建军
黄华晟(3月任)
总农艺师　徐　斌(10月任)
市委农办副主任　王　盛
总畜牧兽医师　姚　静(女,3月任)

市商务局(市口岸办公室)

局　长(主　任)、党组书记　汪　行
副局长(副主任)　宗继芳(女,至12月)
袁开坤
石松哲
蒋　波
陈秀峰(至10月)
钟　渊(10月任)
刘西有(10月任)
市口岸办副主任　黄　珺(12月任)

市文化广电和旅游局(市文物局)

党委书记、局　长　蒋蕴洁(女)
副 局 长　李晓红
张曙峰(2月任)
高　燕(女,至10月)
柳永红
杨建国(至12月)
过旭明(至2月)
平伟东
刘　烈(10月任)

市卫生健康委员会
(市中医药管理局)

党委书记、主　任(局　长)
谢寿坤(至10月)
戴美忠(10月任)
党委副书记　张文伟(至8月)
王新华(8月任)
副 主 任　杨如年(至12月)
笪学荣(至12月)
朱国富
丁　胜(至12月)
徐　雯(女,兼,12月任)
过　栋(12月任)
陈恩品(12月任)
周　卉(女,12月任)

市中医药管理局副局长　徐　雯（女）
　　　　　　　　　　　邱晓东

市退役军人事务局
局　长、党组书记　糜君初（至12月）
　　　　　　　　　殷　毅（12月任）
副 局 长　常亚敏
　　　　　韩富才
　　　　　栾海港（至2月）
　　　　　徐水辉
　　　　　张　赟（10月任）
　　　　　傅　强（10月任）

市应急管理局
局　长、党组书记　周爱明
副 局 长　刘　平（党组副书记，兼，5月任）
　　　　　张　敏
　　　　　徐孝力
　　　　　胡才鸿
　　　　　华文明
　　　　　张宁冶（至10月）
　　　　　陶黎清（4月任）
　　　　　金雪林（兼）
市安委办副主任　杨　鑫（4月任）

市审计局
局　长、党组书记　刘燕萍（女）
副 局 长　谢浩峻
　　　　　潘海刚
　　　　　龚备英（女）
　　　　　唐盈洁（女）
总审计师　钱　芳（女，8月任）

市政府外事办公室（市政府港澳事务办公室）
主　任、党组书记　陈明辉
副 主 任　詹　熠
　　　　　叶　净（女）
　　　　　张　睿

市政府国有资产监督管理委员会
党委书记、主　任　许　可（至2月）
　　　　　　　　　张建春（3月任）
党委副书记　叶再熙（10月任）
副 主 任　叶再熙（至10月）
　　　　　赵　民
　　　　　蒋　岷

市行政审批局（市政务服务管理办公室）
局　长（主　任）、党组书记
　　　　　顾　伟（至9月）
　　　　　张千山（9月任）
副局长（副主任）　陈　波
　　　　　包松林
　　　　　夏慎洁（女）
　　　　　田红保（至12月）
　　　　　郑　虎（9月任）
　　　　　刘继先（1月任）

市市场监督管理局（市知识产权局）
局　　长　许伟英（女）
党组书记　邵鹤鸣（至4月）
　　　　　许伟英（女，4月任）
党组副书记　许伟英（女，至4月）
　　　　　周建辉（10月任）
副 主 任　邵鹤鸣（至4月）
　　　　　胡　宏（至12月）
　　　　　周建辉
　　　　　苏益玲（女，至12月）
　　　　　张　贤（女）
　　　　　夏一明
　　　　　于文霞（女）
　　　　　邹伟明
　　　　　胡　勇
市知识产权局副局长
　　　　　王　英（女，7月任）
总工程师　陈　彬（10月任）

市体育局
局　长、党组书记　黄浩然
副 局 长　汪克强（至2月）
　　　　　张振华（至12月）
　　　　　杨宇华
　　　　　李海红
　　　　　吴一骁（3月任）
　　　　　沈黎生（12月任）

市大数据管理局
局　长、党组书记　胡　逸
副 局 长　权　辉
　　　　　成志强
　　　　　卢　益
　　　　　袁禄来
　　　　　左保春（兼）

市统计局
局　　长　吴红星
党组书记　钮素芬（女，至3月）
　　　　　邢益新（4月任）
副 局 长　邹海峰
　　　　　杨晋超
　　　　　王　骏（3月任）

市医疗保障局
局　长、党组书记
　　　　　赵　鞠（女，至12月）
副 局 长　李　江（党组副书记，12月任）
　　　　　严雪峰
　　　　　徐　叶（女）
　　　　　杨中浩

市信访局（市委信访局）
局　长、党组书记　戴　泉
副 局 长　张晓波（至8月）
　　　　　陈　剑
　　　　　黄建军
　　　　　乐小松（5月任）
　　　　　夏志伟（10月任）
　　　　　张健峰（10月任）
信访督查专员　乐小松（至5月）
　　　　　徐　斌（至10月）
　　　　　陈学海（1月任）
　　　　　王朝晖（女，5月任）
　　　　　徐晓东（10月任）

市粮食和物资储备局
党委书记、局　长　周学东
党委副书记　陈　熹
副 局 长　陈　熹
　　　　　王　元（2月任）
　　　　　薛　钦
　　　　　吴莉萍（女，至12月）
　　　　　庄勤松

市人民防空办公室
主　任、党组书记　任金富
副 主 任　蒋仁宝
　　　　　朱　俊

胡建军
胡建人
刘　巍（10月任）

市地方金融监督管理局（市政府金融工作办公室）

局　长（主　任）、党组书记
鲁振平（至9月）
顾　伟（9月任）
副局长（副主任）　徐耀峰
张泓骏
杨晓妮（女）

市机关事务管理局

局　长、党组书记　冯晓明
副 局 长　武云超
张牧原
赵胜龙
吴海军

市政府驻北京联络处

主　　任　王　续
副 主 任　丁　丽（女）

市政府驻南京办事处

主　　任　朱　敏（至2月）
王建一（3月任）

市供销合作总社

党委书记、主　任　吴满良
副 主 任　吕　军
韩家武
徐　婧（女）
监事会主任　俞建新

市住房公积金管理中心

党总支书记　周泉林
主　　任　周德春

市城市重点建设项目管理中心（市城市重点工程建设办公室）

党委书记、主　任
俞　臻（女，至5月）
黄伟祥（5月任）
党委副书记　陆　骏（女，至2月）
副 主 任　陆国平（至9月）
邹　波（至10月）
陶　剑（8月任）
翟卫武（9月任）

市轨道交通规划建设领导小组（指挥部）办公室

主　　任　张千山（3月任）
常务副主任　徐　政（至9月）
副 主 任　陆春晓
张　军

无锡广播电视集团（无锡广播电视台）

党委书记、总　裁（台　长）
郭　王（至3月）
陈秋峰（4月任）
总编辑、党委副书记
张　军（女，至4月）
赵　波（4月任）
副总裁（副台长）
张　军（女，至4月）
赵　波
陈　宏
王　凡（女，至12月）
黄志东
许　扬
周俊清（10月任）
王　晓（10月任）
副总编辑　赵　波（至4月）
黄志东
许　扬
总会计师　周俊清（至10月）
纪委书记　朱荣欣（3月任）

中国企业管理无锡培训中心

主　　任　李建秋
党委书记　郁宝荣
副 主 任　郁宝荣
徐　旻

无锡城市职业技术学院

党委书记　应可福
院　　长　张志祥
党委副书记　张志祥
俞力元
副 院 长　吴雪纯（至12月）
王远东
梅亚萍（女）
纪委书记　刘永平

无锡科技职业学院

党委书记　张国华
院　　长　孙兴洋
党委副书记　孙兴洋
瞿立新（10月任）
副 院 长　瞿立新
华裕良
韩　宁（女）
邹洪芬（女，10月任）
纪委书记　陈　亮

政协无锡市委员会

主　席、党组书记　周敏炜
党组副书记　王国中
叶勤良
副 主 席　王国中
叶勤良
张丽霞（女）
吴仲林
丁旭初
刘　玲（女）
金元兴
高　慧（女）
韩晓枫
秘 书 长　王鸿涌
副秘书长　刘　翔（女，至7月）
吕益华（兼）
夏晓春（女）
吴建亮
邵鹤鸣（4月任）
谢寿坤（10月任）
顾铮铮（女，3月任）
王　晋（女，兼）
皮何总（兼，至11月）
王　萍（女，兼）
汤忠元（兼）
任克奇（兼）

市政协办公室

主　　任　吕益华
副 主 任　邱亚君（至4月）
于洪钟
吕　琴（女）
陆晋红（女，10月任）

市政协研究室

主　　任　范春虎
副 主 任　胡新兵

市政协提案委员会

主　　任　褚一波
副 主 任　汤亚宾
　　　　　施正洲（兼）
　　　　　宋良栋（兼）
　　　　　胡建光（兼）
　　　　　王健（女，兼）

市政协经济科技和农业农村委员会

主　　任　唐家梁
副 主 任　胡　蕙（女）
　　　　　陈晓华（兼）
　　　　　徐重远（女，兼）
　　　　　赵　鞠（女，兼）
　　　　　何丽梅（女，兼）
　　　　　张晓耕（兼）

市政协人口资源环境和城乡建设委员会

主　　任　陆　檬
副 主 任　夏维平
　　　　　邵崇浴（兼）
　　　　　卢　益（兼）
　　　　　周　炜（兼）
　　　　　周乙新（兼）
　　　　　赵　民（兼）

市政协文教卫体委员会

主　　任　王珍珍（女）
副 主 任　任英齐
　　　　　过　丹（兼）
　　　　　吴洵如（女，兼）
　　　　　胡建伟（兼，至 11 月）
　　　　　张振华（兼）
　　　　　殷兰青（女，兼）

市政协社会法制委员会

主　　任　魏持红（至 10 月）
　　　　　周士良（10 月任）
副 主 任　唐　瑛（女）
　　　　　杨乔良（兼）
　　　　　邹立群（兼）
　　　　　周国祥（兼）
　　　　　卢　敏（女，兼）
　　　　　盛卫中（兼）

市政协学习文史委员会

主　　任　周艳阳（至 2 月）
　　　　　王友根（4 月任）
副 主 任　袁彬彬（女）
　　　　　谭　军（兼）
　　　　　吴竹频（兼）
　　　　　陈　奕（女，兼）
　　　　　张　军（女，兼）
　　　　　许　扬（兼）

市政协港澳台侨外事民族宗教委员会

主　　任　冯　雷（至 12 月）
　　　　　糜君初（12 月任）
副 主 任　王观华
　　　　　相　江（兼）
　　　　　何巧凤（女，兼）
　　　　　陈明辉（兼）
　　　　　毛加弘（女，兼）

市政协委员工作委员会

主　　任　王友根（至 4 月）
　　　　　邱亚君（4 月任）
副 主 任　王忆平

中共无锡市纪律检查委员会
无锡市监察委员会

书　　记（主　任）　王唤春
副 书 记　（副主任）　刘葱葱（女）
　　　　　孙　英（女）
　　　　　方　力（至 8 月）
　　　　　章树军（10 月任）
纪委常委　钱　群（女，至 2 月）
　　　　　李　晓
　　　　　李勇忠
　　　　　边静玉（女，4 月任）
　　　　　杨百海（4 月任）
　　　　　罗功新（4 月任）
监委委员　钱　群（女，至 2 月）
　　　　　李　晓（至 4 月）
　　　　　李勇忠
　　　　　杨百海（4 月任）
　　　　　王海平（至 4 月）
　　　　　罗功新（4 月任）
　　　　　沈海洪
　　　　　杨　铭（4 月任）

无锡市中级人民法院

院　长、党组书记　钱　斌
副 院 长　赵建聪（党组副书记）
　　　　　蒋　飞（党组副书记，4 月任）
　　　　　弓建明（党组副书记，至 10 月）
　　　　　顾铮铮（女，至 3 月）
　　　　　蒋　飞（4 月任）
　　　　　杨志钢（3 月任）
　　　　　陈靖宇（10 月任）
执行局局长　邱必友
政治部主任　王　健（8 月任）
审判委员会专职委员
　　　　　陈靖宇（至 10 月）
　　　　　方海明（至 7 月）

无锡市人民检察院

检察长、党组书记　俞波涛（至 6 月）
　　　　　朱良平（代检察长，6 月任）
党组副书记　何洪辉（4 月任）
副检察长　何洪辉
　　　　　张　媛（女）
　　　　　蒋伟平（女）
　　　　　苟小军
政治部主任　王　卫
检察委员会专职委员
　　　　　顾　甦（至 10 月）

人民团体·民主党派

无锡市总工会

主　　席　陈德荣
党组书记　吴　涛
副 主 席　吴　涛
　　　　　周国祥
　　　　　施宇星
　　　　　刘　列（女，至 8 月）
　　　　　陈一方（女，8 月任）
　　　　　张　军（挂职）
　　　　　包晓东（兼）

袁彩凤（女，兼）

共青团无锡市委员会

书　记、党组书记　俞政业
副 书 记　周卫国（至 12 月）
朱晓峰
周凌晶（女，至 12 月）
余佳欢（12 月挂职改任职）
唐忠宝（兼）
朱　虹（女，兼）
甘　霖（兼）

无锡市妇女联合会

主　席、党组书记　蒋群联（女）
副 主 席　陈锡云（女，至 12 月）
杭向丽（女）
朱秀娟（女）
王　芳（女，挂职，至 3 月）
朱　芳（女，挂职，12 月任）
徐艳萍（女，兼）
戴敏君（女，兼）
卫　蕾（女，兼）

无锡市科学技术协会

主　席、党组书记　陈晓华
副 主 席　姚沛声（至 2 月）
张鹏飞
陆　骏（女，2 月任）
王　镇
胡满峰（挂职）
许　敏（兼）
赵建平（兼）
惠　莲（女，兼）
笪学荣（兼）
李廉水（兼）
何春荣（兼）
王晓东（兼）
王长君（兼）

无锡市归国华侨联合会

党组书记　李镇国（至 8 月）
张文伟（8 月任）
主　　席　毛加弘（女）
副 主 席　余海光
包晓东（兼）
尹　健（兼）

无锡市文学艺术界联合会

主　　席　卢　敏（女）
党组书记　陆惠玲（女，兼，至 4 月）
杨　建（4 月任）
副 主 席　吴立群
卢俊峰
过旭明（兼）
刘仲宝（兼）
许益民（兼）
梁　元（兼）
曹建平（兼）

无锡市哲学社会科学界联合会

主　席、党组书记　许麟秋
副 主 席　王铭涛（至 3 月）
孟　菲（女，3 月任）
刘　俊（兼）
谭　军（兼）
罗安斌（兼）
俞　波（兼）
刘焕明（兼）

无锡市残疾人联合会

理事长、党组书记　金卓青（女）
副理事长　王　元（至 2 月）
朱永彬
徐　斌
姚沛声（2 月任）
韩庆东（兼）

无锡市工商业联合会

主　　席　周海江（兼）
党组书记　许　岗
副 主 席　许　岗
张振华（12 月任）
窦　林（至 12 月）
俞　波
于建军
蒋谊春
吴建平（兼）
徐重远（女，兼）
盛小伟（兼）
张　健（兼）
周　江（兼）
温秀芳（女，兼）
蒋东良（兼）
龚育才（兼）
高岳峰（兼）
赵正红（女，兼）
严　奇（兼）
刘海涛（兼）
孙银龙（兼）
李洪耀（兼）
王新潮（兼）
蒋锡培（兼）
张庆卿（兼）
冯建昌（兼）
曹洪海（兼）
段　涛（兼）

中国国际贸易促进委员会无锡市委员会（中国国际商会无锡商会）

会　长、党组书记　徐惠娟（女）
副 会 长　王雪松（8 月任）
龚智杰

无锡市红十字会

会　　长　曹锡荣（兼，至 3 月）
刘　霞（女，3月任，至8月）
党组书记、常务副会长　殷兰青（女）
专职副会长　周　彬（10 月任）
兼职副会长　严健媛（女）
商　明
施　勤（女）
吴洵如（女）
孙开锋
钱晓东
杨百海
胡建伟（至 11 月）
普　俊
监事长　唐家梁（兼）

无锡市台湾同胞联谊会

会　长

中国国民党革命委员会无锡市委员会

主　　委　张丽霞（女，兼）
副 主 委　张　筠（女，兼）
王　晋（女）
姜　科（兼）

徐　雯（女，兼）

中国民主同盟无锡市委员会

主　　委　高亚光（女，兼）
副 主 委　皮何总（11月改兼）
　　　　　何丽梅（女，兼）
　　　　　洪　雅（女，兼）
　　　　　崔荣荣（兼）

中国民主建国会无锡市委员会

主　　委　华博雅（女，兼）
副 主 委　许建樟（兼）
　　　　　毛加弘（女，兼）
　　　　　王　萍（女）
　　　　　冼　薇（女，兼）
　　　　　陈卫宏（兼）

中国民主促进会无锡市委员会

主　　委　金元兴
副 主 委　杨瑞金（兼）
　　　　　吴国平（兼）
　　　　　惠　莲（女，兼）
　　　　　康立为（兼）

中国农工民主党无锡市委员会

主　　委　韩晓枫（兼）
副 主 委　汤忠元
　　　　　唐家梁（兼）
　　　　　张　琦（兼）
　　　　　夏加增（兼）

中国致公党无锡市委员会

主　　委　高　慧（女）
副 主 委　吴红星（兼）
　　　　　王晓刚（兼）
　　　　　江　波（兼）
　　　　　龚备英（女，兼）

九三学社无锡市委员会

主　　委　程　红（女，兼）
副 主 委　任克奇
　　　　　唐　红（女，兼）
　　　　　陈凤军（兼）
　　　　　何云彪（兼）
　　　　　李　崎（女，兼）
　　　　　卢　敏（女，兼）

中央、省直属部门和外地主要驻锡机构

国家税务总局无锡市税务局

局　长、党委书记　丁　源
党委副书记　顾一兵
副 局 长　顾一兵
　　　　　曹建伟（至6月）
　　　　　成尔方（至6月）
　　　　　朱晋达
　　　　　胡建光（至6月）
　　　　　王晓东
　　　　　陈　熙
　　　　　蔡莉萍（女，至8月）
纪检组长　徐　军
总经济师　曹国平
　　　　　严　郓
总会计师　吕　超
　　　　　李　青

无锡市气象局

局　长、党组书记　解令运
副 局 长　马志强
　　　　　施德锋
纪检组长　朱　玮（女）

无锡海关

党委书记　郑云祥（至12月）
　　　　　蔡嘉福（12月任）
关　　长　郑云祥（至11月）
　　　　　蔡嘉福（11月任）
副 关 长　顾礼鉴
　　　　　宋　平（至8月）
　　　　　李永江
　　　　　樊新华
　　　　　吴方玲（女）
　　　　　陶伟东

国家统计局无锡调查队

党组书记、队　长
　　　　　吴亚燕（女，至5月）
　　　　　潘荣军（5月任）
副 队 长　沈　旦
　　　　　陆伟明
　　　　　吴俊华（7月任）
纪检组长　王　渭

无锡市邮政管理局

党组书记、局　长　陈　东
副局长、纪检组长　张　亮（9月任）

无锡出入境边防检查站

党委书记、站　长　杨建忠
副 站 长　王亚兵
　　　　　胡忠华
政治处主任　刘　卉（女）

中国人民银行无锡市中心支行

党委书记、行　长　刘耀庭
副 行 长　惠　娟（女）
　　　　　黄　华
　　　　　朱　敏
　　　　　张静涛（至1月）
纪委书记　朱丽彬
工会主任　卢建明

中国银行保险监督管理委员会无锡监管分局

党委书记、局　长　胡　宏（9月任）
副 局 长　钱希为
　　　　　黄贤君
　　　　　祁　耀
纪委书记　徐　杰

江苏利电能源集团

党委书记、董事长　孙　峰
总 经 理　朱建刚
总会计师、党委副书记　赵建国
副总经理　丁仲麒
　　　　　朱震亚
　　　　　霍钧平
　　　　　石云峰
纪委书记　谢恭明

国网江苏省电力有限公司无锡供电分公司

党委书记　完　善
总 经 理　唐建清
党委副书记　唐建清
　　　　　　龚　冰
党委委员　顾志强
　　　　　蒋永平
　　　　　秦勇明
　　　　　丁建忠（至4月）

周长江(4月任)
徐建楠
副总经理 完 善
龚 冰
顾志强
丁建忠(至4月)
周长江(4月任)
龚逊东
纪委书记 黄峻岭(至4月)
徐建楠(4月任)
工会主席 徐建楠
总会计师 荆建忠(12月任)

中国邮政集团有限公司
无锡市分公司
党委书记、总经理 刘一青
副总经理 柳高远(兼工会主席)
黄定清
张志慧
孙越栋(至3月)
戴 斌(3月任)
纪委书记 孙越栋(至3月)
戴 斌(3月任)

中国电信股份有限公司无锡分公司
党委书记、总经理 叶 辉
副总经理 邹易风(兼工会主席)
孙晓健
刘中云
夏 杰
纪委书记 蒋 芃

中国移动通信集团江苏有限公司
无锡分公司
党委书记、总经理 谢生勃(至3月)
余 冰(3月任)
副总经理 陈 瑛(女,7月任)
张剑斌
黄 坚
张海忠(6月任)
卢晓炯(至7月)
罗一民(至5月)
纪委书记 张剑斌
工会主席 罗一民(至5月)
黄 坚(7月任)

中国联合网络通信有限公司
无锡市分公司
党委书记、总经理 张国鹏(至11月)
穆世军(11月任)
纪检组长 程希明
副总经理 黄 毅(至12月)
钱 彬
刘 浏
陈 妙(女,12月任)

无锡华润微电子有限公司
副总裁 李 虹
张小键
马卫清
姚东晗(党委副书记,女)
助理总裁 彭 庆
康 斌
专家委员会主任 王国平
纪委书记 张先锋

一汽解放汽车有限公司
无锡柴油机厂
党委书记、总经理 钱恒荣
党委副书记、纪委书记、工会主席
许海根
副总经理 黄成海
侯福建
李欲晓
黄南翔
王志宇(9月任)
糜锡东(12月任)

无锡市盐业有限公司
总经理 万泽湘
副总经理 沈 辉
季宏宁(女,11月任)

无锡市烟草专卖局
(江苏省烟草公司无锡市公司)
党组书记、局长、经理
廉 文(至4月)
刘 旭(4月任)
纪检组长 刘仲凡(至3月)
朱 忠(3月任)
副局长 范光耀(至3月)
刘仲凡(3月任,至11月)
潘彦峰(2月任)
副经理 韩剑操(11月任)
王宗建(挂职,9月任)

工会主席 王旭明

中国石化销售股份有限公司
江苏无锡石油分公司
党委书记、纪委书记、工会主席
黄建伟
经理、党委副书记 赵运林(至9月)
副经理 黄建伟
史红飞(女)
乐滕贤(8月任)

中国石油天然气股份有限公司
江苏无锡销售分公司
党委书记、纪委书记、工会主席 赵 伟
经理、党委副书记 陈中华
党委委员 胡建兵(4月任)
董 波
副经理 董 波

中国铁塔股份有限公司无锡市分公司
党委书记、总经理 陈建新(至7月)
沈 文(7月任)
副总经理 陈东伟(7月免)
王建春(7月任)
唐武军
纪委书记 陈东伟(7月免)
王建春(7月任)

江苏省广电有线信息网络股份有限公司无锡分公司
党委书记、总经理 袁剑峰
副总经理 朱瑞娟(女)
蒋永平
杨宏宇
纪委书记 赵宇晖

江南大学
党委书记 朱庆葆
校长 陈 卫(2月任)
党委副书记 陈 卫
戴月波
刘 淼
常委、副校长 徐 岩
田 备
顾正彪
吴正国
张凌浩

纪委书记 刘 森
郝志平
浦栋麟

无锡职业技术学院
党委书记 朱爱胜
院 长 龚方红
党委副书记 龚方红
周桂瑾
副 院 长 杨雪琴(女)
强伟纲
吴慧媛(女)
纪委书记 徐 浪

无锡商业职业技术学院
党委书记 杨建新
院 长 朱琴华(女)
党委副书记 朱琴华(女)
徐汉文
副 院 长 桂海进(女)
周丙洋
冯颀军
纪委书记 王建锋

江苏信息职业技术学院
党委书记 席海涛
院 长 魏 萍(女)
党委副书记 魏 萍(女)
辛春晖(女)
副 院 长 沈苏林
张 瑜
孙 萍(女)
纪委书记 王友明

无锡工艺职业技术学院
党委书记 梁惠娥(女)
院 长 邵汉强
党委副书记 邵汉强
冯 萍(女)
副 院 长 孙振球
吴岳军
谢建平
纪委书记 江庆华

江苏省税务干部学校
党委书记、校 长 冯生林
党委副书记、纪委书记 王 刚
副 校 长 黄建方

东南大学无锡分校
党委书记 王 强
常务副校长 张继文
党委副书记 殷 缨(女)
副 校 长 殷 缨(女,兼)
秦文虎

南京理工大学江阴校区
党工委书记兼副校长 孔 捷(2月任)
副 校 长 梅锦春(2月任)
龚建龙(2月任)

南京信息工程大学滨江学院
院 长 曹广喜
党委书记 左同宇
副 院 长 杨再强(兼)
包云轩
齐运锋
张灿龙(党委副书记)
纪委书记 李步浩

江苏省无锡交通高等职业技术学校
党委书记、校 长 李 虎(7月任)
党委副书记、纪委书记 朱雨兰(女)
副 校 长 耿兴华
倪依纯
邢 勇

中国水产科学研究院淡水渔业研究中心
主 任 徐 跑
党委书记 戈贤平
党委副书记 徐 跑
万一兵
副 主 任 戈贤平
邴旭文
徐钢春(8月任)
胡海彦(8月任)
纪委书记 万一兵

华中科技大学无锡研究院
院 长 丁 汉
副 院 长 王立成
孙 瑞(女)

公安部交通管理科学研究所
党委副书记、所 长 孙正良
副 所 长 潘汉中
俞春俊
刘东波
吴晓东
赵振科(2月任)
蔡 岗(2月任)
纪委书记 潘汉中

中国银行股份有限公司无锡分行
党委书记、行 长 陈新宏
副 行 长 何顺炜
李 扬(至3月)
伍晓玲(女,3月任)
崔时松
何晓明(女)
陈 涛(女,至10月)
丁 毅(12月任)
沈毅锋(11月任)
朱 莉(女,11月任)
纪委书记 颜志宏

中国建设银行股份有限公司无锡分行
党委书记、行 长
张 晶(至10月)
夏雪峰(10月任)
党委副书记 马啸海
杨 军(至4月)
副 行 长 马啸海
徐海峰(至7月)
夏思奇(至1月)
丁永明(1月任)
梁 柱(1月任)
柳成安
驻无锡分行纪检组组长
杨 军(至4月)
朱贵银(4月任)
合 规 官 胡 克(至3月)
周伟洪(11月任)
工会主任 肖银峰

中国农业银行股份有限公司无锡分行
党委书记、行 长 张洪润(女,至4月)

刘淮金（4月任）
副行长　杨玉林
吴永东
周学军
黄黎琴（女）
纪委书记　李元庆（至9月）
邹林刚（9月任）

中国工商银行无锡分行

党委书记、行　长　汪　超（女）
党委副书记　谢晓东
李　刚（12月任）
副行长　陈晓春
戴　政
朱伊民
蒋晓青（女）
蒋　俊
张晔蕴（女）
纪委书记　谢晓东

交通银行无锡分行

党委书记、行　长　杨文胜（至9月）
孙亦旻（9月代为履行行长职责，10月主持党委工作）
副行长　廉伟红（女）
黄大海
陈　筠（女）
苏海明
盛金才（至7月）
高　干（至7月）
纪委书记　廉伟红（女）

中国农业发展银行无锡市分行

党委书记、行　长　郭庆文（女）
副行长　王建春
许　晔（女）
陈　军（至6月）
陶　翔（6月任）

招商银行股份有限公司无锡分行

党委书记、行　长　余晓燕（女，9月任党委书记，12月任行长）
副行长　邢　军
黄小明（8月任）
冀苏泓（8月任）

江苏银行股份有限公司无锡分行

党委书记、行　长　王卫兵
党委副书记　金建明
副行长　金建明
徐　吉（至1月）
沈东兴
孙　瑶（女，至12月）
张　毅
纪委书记　徐　吉（至1月）
沈东兴（1月任）

无锡农村商业银行股份有限公司

党委书记、董事长　邵　辉
行　长　陶　畅
党委副书记　陶　畅
王　炜（至8月）
党委委员、纪委书记、监事长　徐建新
党委委员、副行长　陈步杨
王永忠
何建军
陈红梅（女）
陈　晖
党委委员　皮郁忠

中国人民财产保险股份有限公司无锡市分公司

总经理　尤力人
副总经理　彭　军
吴晓羚（女，至7月）
朱　勇
黄建新
纪委书记　彭　军

总经理助理　唐志明
张爱华（12月任）

中国人寿保险股份有限公司无锡市分公司

党委书记、总经理　张建平（至11月）
钟小白（11月任）
副总经理　罗建军
江礼志
季芯宇（至8月）
张　嵘
纪委书记　张　嵘
总经理助理　陈　波
徐国华（5月任）

中国太平洋财产保险股份有限公司无锡分公司

党委书记、总经理　范　帆（女）
党委委员、副总经理　田　群
胡柯丹（女）
纪委书记　田　群
党委委员　顾　新
总经理助理　于伟治

紫金财产保险股份有限公司无锡分公司

副总经理　孙　健（主持工作，11月任）
蒋　蓉（女，8月任）
总经理助理　李　俊

江苏省信用再担保有限公司无锡分公司

总经理　安　方
副总经理　吴　烨（女，11月任）

华泰证券无锡营业部

党总支书记、总经理　陆　融

（市委组织部）

重要文献选编

勇做全省“争当表率争做示范走在前列”的排头兵 努力成为全面建设社会主义现代化国家先行示范区

——在市委十三届十一次全会第一次全体会议上的讲话（摘要）

（2020 年 12 月 28 日）

黄　钦

一、深入学习贯彻党的十九届五中全会和习近平总书记视察江苏重要讲话指示精神，勇做全省“争当表率、争做示范、走在前列”的排头兵

党的十九届五中全会是在全面建成小康社会胜利在望、全面建设社会主义现代化国家新征程即将开启的重要历史时刻，召开的一次具有全局性、历史性意义的重要会议。全会审议通过的《中共中央关于制定国民经济和社会发展第十四个五年规划和二〇三五年远景目标的建议》，是向第二个百年奋斗目标进军的纲领性文件。习近平总书记在全会上的重要讲话，回答了一系列方向性、根本性、战略性重大问题，创造性提出了许多新观点新论断新要求，为推动高质量发展、构建新发展格局，夺取全面建设社会主义现代化国家新胜利提供了根本遵循。

在全面建设社会主义现代化新征程开启之际，习近平总书记视察江苏，殷切期望江苏“在改革创新、推动高质量发展上争当表率，在服务全国构建新发展格局上争做示范，在率先实现社会主义现代化上走在前列”。总书记重要讲话指示，是无锡现代化建设的总纲领、总命题、总要求，是我们谋划未来发展的重大战略指引和根本行动遵循。面临新形势、面对新使命、面向现代化，我们要坚定不移用五中全会精神统一思想、统揽全局、统领发展，坚定不移用总书记重要讲话指示精神领航新征程、探索新路径、推进新实践，增强“四个意识”、坚定“四个自信”、做到“两个维护”，勇做全省“争当表率、争做示范、走在前列”的排头兵，努力成为全面建设社会主义现代化国家的先行示范区。

1. 凝聚勇做“排头兵”的强烈共识。对无锡而言，这是责任所在、形势所驱、发展所需。讲责任所在，这次总书记提出“争当表率、争做示范、走在前列”，与以往对江苏作出的“两个率先”“强富美高”等发展要求一脉相承，体现了对江苏“为全国发展探路”的信任和期望。近年来，省委赋予无锡“当好全省高质量发展领跑者”的目标定位，在这次省委全会上又明确提出，无锡要更有底气地喊出“高质量发展看无锡”、在国家“强起来”的历史进程中烙下太湖印记。无锡作为全省重要板块和苏南重要一极，可以说是重担在肩、责无旁贷。无锡理应承担历史责任，按照优于全省、高于苏南的标准推动高质量发展、服务新发展格局、推进现代化建设，不辜负总书记和省委的厚望重托。讲形势所驱，当前我们所处环境的复杂程度前所未有，世界百年未有之大变局正进入加速演变期，全球经济、科技、文化、安全等格局正深刻变化；我国经济正面临周期性因素和结构性因素叠加、短期问题和长期问题交织、外部冲击和新冠肺炎疫情冲击碰头的多重影响。同时，在资源趋紧、区域协同的背景下，城市之间呈现出竞争加剧、合作加速的双重新特征。面对这种既是“逆水行舟”又是“百舸争流”的激烈形势，我们必须确立“排头兵”的目标，拿出敢为人先、勇争第一的志气胆气，形成锚定人先、力拼第一的姿态状态，取得位居人先、夺取第一的实绩业绩。讲发展所需，只有率先而为、领先有为，无锡的城市能级地位才会不断提升。围绕推进现代化建设，市委部署了一系列重大战略任务，比如，规划建设太湖湾科创带，打造具有国际竞争力的科技创新中心；主动接轨融入服务上海龙头，打造全球资源集聚之地、科技创新应用之地、高端产业承载之地、开放枢纽拓展之地、金融贸易活跃之地；打造最优营商环境城市，营造与国际接轨、国内一流的最优政

12月28日，市委书记黄钦在市委十三届十一次全会第一次全体会议上作报告 （市委办 供）

务环境、政策环境、市场环境、法治环境，等等。这些都是从“排头兵”定位谋划的，完成这些战略任务，我们就能昂首挺进在现代化建设最前沿、如愿站立在高质量发展最高峰。

2. 增强勇做“排头兵”的必胜信心。这份信心，来自无锡良好的发展基础、发展机遇和发展氛围。从发展基础看，“十三五”以来，无锡经济社会发展在攀高比强中取得突破性进展，体现在综合实力上，经济总量越过万亿元台阶，一般公共预算收入和政府性基金收入双双突破千亿元大关，人均GDP在全国大中城市中位居第二，入围中国企业、制造业、服务业和民营企业四张“500强”榜单的企业数均为全省第一，上市企业总数处在同类城市领先水平；体现在转型升级上，90%以上的规上企业实施了升级改造，培育了一批千亿级先进制造业产业集群，其中集成电路产业规模全国第二，物联网产业规模占全省1/2，“两机”产业集群形成较强竞争力，科技进步贡献率连续7年全省第一；体现在城乡环境上，创成首批国家生态文明建设示范市，连续3年被中国社科院评为内地最宜居城市；体现在人民生活上，低保标准是全省的2倍、全国的3倍并首次实现大市统一、城乡一体，居民人均可支配收入总量和增幅均居全省前列。无锡城市的影响力、美誉度和群众的获得感、满意度同步提升，无锡现代化建设的起点相对较高。从发展机遇看，国家和省级多重战略形成叠加效应，构成了难得的机遇“窗口期”。比如，长三角一体化、上海大都市圈、苏锡常一体化发展、锡常泰跨江融合发展等协同发展战略的深入实施，为无锡拓宽发展空间创造了重大机遇；比如，苏南国家自主创新示范区、沪宁G42产业创新带等协同创新战略扎实推进，为我们构建自主可控、安全高效的现代产业体系和产业科技创新体系创造了重大机遇；又如，“一带一路”交汇点建设等区域开放战略正全面推开，有助于无锡进一步畅通东西双向开放渠道、利用制度型开放先进成果，这是我们建设世界格局中的无锡、更好参与国际大循环的重大机遇。只要我们善于辨机、敏于择机、勇于抢机，就能有效应对变局、有力化解挑战，就能展现更大作为、成就更好发展、始终走在前列。从发展氛围看，“十三五”时期，在市委的团结带领下，全市广大干部群众再扬“四千四万”精神，合力打赢了一场场攻坚硬仗。面对发展困境时，我们负重爬坡、滚石上山，扭转了一个时期主要经济指标排名持续下滑、增速持续下行、动力持续下降、不良债务持续上升的困难局面；面对历史难题时，我们重启停滞12年的农房翻建改造、停步6年的锡东垃圾焚烧发电厂项目和地铁3号、4号线项目，办成了深化管办分离改革、行政区划调整等许多大事要事难事。这些不仅为后续发展留下了丰富的工作积淀和物质积累，更进一步汇聚了众志图强的“无锡力量”、锻造了闯关夺隘的“无锡血性”、激发了守正创新的“无锡智慧”，得益于此，即使前进道路上遇到再多再大的困难，我们也有拔得头筹、斩获头功的底气和自信。

3. 把握勇做“排头兵”的内涵标准。这个“排头兵”的内涵标准至少要体现在有领先的位次、有过硬的成果、有群众的认可上。有领先的位次，就是我们要做的“排头兵”，不仅是通常说的走在前列，而是必须走在最前列。一方面，领先率先的工作要多，决不能满足于好于以往、高于全省平均，要积极推进探索性发展、创新性发展、引领性发展，使无锡有更多的指标排“第一”，有更多的事情创成“唯一”，处处体现一流、体现最好最优；另一方面，短板弱项的地方要少，甚至没有，不能出现明显的“短腿”，否则就会拖整体的“后腿”，使无锡的“排头兵”地位越来越巩固、成就越来越令人信服。有过硬的成果，就是我们的发展成果要经得起历史和实践检验，要“硬”在没有水分上，每个领域、每项指标的“争先进位”不搞数字游戏、做表面文章，而必须来自实际工作的落实到位、实际问题的解决到位；要“硬”在没有失衡上，经济社会各方面、市区镇村各层级都按照“排头兵”的标准谋事干事，发展步伐更协调、更稳健；要“硬”在没有透支上，绝不乱铺摊子、寅吃卯粮，透支发展资源，留下历史欠账，而是立足当前、适度超前，推动实现更高质量、更有效率、更加公平、更可持续、更为安全的发展。有群众的认可，就是“排头兵”的成色如何，要让老百姓来评价，让老百姓作为“阅卷人”，把人民群众满不满意，作为是不是“排头兵”的重要评判依据，积极顺应民心、充分尊重民意、时刻关注民情、持续改善民生，努力使无锡老百姓的生活质量与“排头兵”的目标定位相匹配，用全市人民的“口碑”换取全省“排头兵”的“金杯”。

4. 明确勇做“排头兵”的实践要求。勇做“排头兵”要对标对表总书记的要求，落实省委对无锡的定位，提升目标追求，探索发展新路，发挥出“排头兵”应有的表率作用、示范效应、前列贡献，在国家“强起来”的历史进程中烙下太湖印记。

争当表率，一要在产业高端化上争当表率，坚定实施产业强市主导战略，培育世界级先进制造业产业集群，打造国家级战略性新兴产业技术创新核心区、产业发展集聚区、应用示范先导区，推动数字经济、总部经济、枢纽经济发展取得突破，建设制造强市、质量强市、品牌强市，提高中国第一工商名城的影响力。二要在科技自立自强上争当表率，深入实施创新驱动核心战略，以推进太湖湾科创带建设为抓手，在打造国家级重大创新平台、突破“卡脖子”关键核心技术、引育高层次创新人才团队等方面取得显著进步，加快建设科技强市、人才强市，成为具有国际竞争力的科技创新中心。三要在区域协同发展上争当表率，健全区域一体化发展机制，主动融入上海大都市圈，在做强市域一体化、服务全省一体化、融入长三角一体化中锻长板、补短板，把无锡打造成为长三角世界级城市群的重要中心城市。四要在统筹城乡发展上争当表率，同步推进新型城镇化和乡村振兴，发挥宁锡常接合片区国家城乡融合发展试验区建设作用，高水平建设城乡统筹、公平统一的公共服务体系，率先重塑工农互促、城乡互补、协调发展、共同繁荣的新型工农城乡关系。五要在全面深化改革上争当表率，勇于在改革创新上探索探寻探路、先行先试先闯，在“没有先例”的方面率先做出成功案例，在解决“共性问题”方面率先实现突破，在“普遍在做”的方面比别人做得更好，有更多首创经验在全省全国复制推广，使无锡成为改革创新的开路先锋。

争做示范，一要在构建稳定可靠的要素供应格局上争做示范，全面打通土地、劳动力、资本、技术、数据等生产要素自由流动的路径，全面实现上下游、产供销、大中小企业的配套集群发展，加快构建国内一流、配置高效的要素市场。二要在构建有效衔接的区域循环格局上争做示范，加快市域、城乡不同空间之间的经济循环，推动区域小循环与国内循环、国际循环紧密融合，成为国内大循环的重要支点、国内国际双循环的重要枢纽。三要在构建内畅外联的综合流通格局上争做示范，以建设全国性综合交通枢纽城市为依托，以发展枢纽经济为引领，加快健全空港带动、海港联动、陆港互动、多式联运等“有形”流通基础，加快完善新型基础设施等“无形”流通基础，成为区域性重要物流与供应链枢纽。四要在构建活跃有序的消费市场格局上争做示范，顺应国内消费升级趋势，大力培育壮大网络消费、夜间消费、信息消费、文化消费、健康消费等新模式新业态，持续优化消费环境，充分释放传统消费、新型消费、高端消费的潜力活力，创建国际消费中心城市。五要在构建以我为主的对外开放格局上争做示范，对标国际先进的高水平开放制度供给和高质量产品服务供给，对接区域全面经济伙伴关系协定（RCEP）和“一带一路”交汇点建设，加快外贸外资、开放园区结构调整、提质增效，建立全方位、多层次、多元化开放格局，形成开放型经济新体制，不断扩大在国际贸易投资版图中的“地盘”。

走在前列，一要在率先实现经济体系现代化上走在前列，打好产业基础高级化和产业链现代化攻坚战，实施产业基础再造工程，加快构筑自主可控、安全高效的现代产业体系和产业科技创新体系，在质量变革、效率变革、动力变革上率先实现突破。二要在率先实现城市现代化上走在前列，坚持以人为本、安全为先、管建并重、精细智能，统筹优化城乡空间、经济社会发展格局，提升城乡规划建设管理水平，做强城市功能，优化城市形象，打造新型智慧城市，努力建设世界格局中的无锡、现代化形态中的无锡。三要在率先实现人与自然和谐共生的现代化上走在前列，以美丽无锡建设为总抓手，坚定不移走生态优先、绿色发展之路，坚持在发展中保护、保护中发展，同步实现经济持续增长和能耗排放持续下降，率先达到碳排放峰值，成为美丽中国、美丽江苏的样板城市。四要在率先实现市域社会治理现代化上走在前列，扎实开展全国市域社会治理现代化试点，积极探索市域社会治理新模式，强化基层治理，健全完善风险防范机制，提高应急处置能力，有效保障人民安居乐业、社会安定有序，建设更高水平的平安无锡、法治无锡、诚信无锡。五要在率先实现共同富裕的现代化上走在前列，坚持以人民为中心的发展思想，稳步提高城乡居民收入水平，构建优质均衡、覆盖全体的社会保障体系，加快建设文化强市、教育强市、体育强市，全面建设健康无锡，持续改善生活品质，形成共建共享的民生发展新格局。

二、奋力开启全面建设社会主义现代化新征程，确保“十四五”发展开好局起好步

今年是极不平凡的一年。一年来，面对复杂形势、严峻挑战和特殊困难，全市上下坚持以习近平新时代中国特色社会主义思想为指导，深入贯彻落实中央和省委部署要求，攻坚克难、奋发进取，在危机中育先机、于变局中开新局，在大战大考中交出了一份“双胜利”答卷。主要体现在十个方面：一是疫情防控取得战略性成果。坚持人民至上、生命至上，精准落实疫情防控措施，实现“确诊患者零死亡、医务人员零感染”目标，并先后组织221名各类专业人员支援湖北和新疆，为全省全国疫情防控大局作出了贡献。二是全面小康收获决定性成就。制定实施补短板强弱项工作方案，针对疫情影响出台惠企20条等17项“六稳”“六保”政策举措，加快恢复正常生产生活秩序，预计15个主要指标有8个指标增速高于全省平均，高水平全面建成小康社会综合实现程度达98.7%、保持全省前列。三是创新驱动作出引领性布局。启动规划建设太湖湾科创带，举全市之力打造科创“高原”“高峰”，太湖实验室等一批重大创新平台加快建设，财政科技投入实现两位数增长，预计全市科技进步贡献率达66%、保持全省第一。四是改革开放实现突破性进展。积极推进最优营商环境城市建设，电子营业执照综合应用水平省内第一、国内领先，工程建设项目审批时限压缩至80个工作日内，成功获批药品进口口岸，口岸进口整体通关时间较2017年缩短50%以上，全面完成基层整合审批服务执法力量改革任务。五是生态环境得到有效性提升。扎实推进美丽无锡建设，全面启动“美丽河湖”、固废设施建设、市区生活垃圾分类等一系列三年行动计划；预计全年国省考断面优Ⅲ比例达86%以上，连续13年实现太湖安全度夏度汛；全年$PM_{2.5}$平均浓度降至35微克/立方米以下、在全省率先达到二级标准，空气质量优良天数比率超80%、达历史最好水平。六是一体发展迈出标志性步伐。主动接轨融入服务上海龙头，成功举办第二届苏锡常一体化发展合作峰会，开工签约一批合作共建协议、发布共建太湖湾科创带倡议；锡澄、锡宜协同发展区规划编制完成，锡澄S1线、大拈花湾等项目开工建设，征收拆迁“双清”工作取得突破；在全省率先全面启动农业农村现代化示范建设，城乡协调发展水平不断提升。七是人民生活获得持续性改善。10件45项年度为民办实事项目全部完成，城乡居民人均可支配收入增幅高于经济增幅，城镇新增就业15.3万人；低保标准提高到每人每月1010元、特困供养标准提高到每人每月1525元，均实现大市、城乡统一；义务教育优质均衡水平位居全省前列，东南大学无锡国际校区一期工程、南京理工大学江阴校区竣工启用，滨江学院转设为无锡学院已获教育部审议通过；江南大学附属医院南院区启用，成为全国唯一健康城市示范市市域全覆盖的地级市。八是安全生产呈现实质性转变。扎实推进安全生产专项整治“一年小灶”行动，深化32个领域安全隐患排查整治，扎实开展违法违规“小化工”整治等专项行动，国务院和省督导组反馈问题整改率100%，安全生产事故起数和死亡人数同比分别下降60%以上，未发生有影响的安全生产事故。九是社会治理开展探索性实践。全面推进市域社会治理现代化建设试点，扎实开展重大风险防范化解及“一战五行动”“排风险、建清单、除隐患、保稳定”专项行动，“大数据+网格化+铁脚板”基层治理机制升级完善，扫黑除恶专项斗争“六清”行动总体绩效居全省前列，平安无锡、法治无锡建设水平不断提高，食品药品安全得到有效保障，社会大局保持和谐稳定。十是发展蓝图进行前瞻性谋划。广泛听取意见建议，深入研究“十四五”发展，精心描绘“强富美高”新无锡、推进全面现代化建设的新蓝图。同时，全面贯彻新时代党的建设总要求，统筹推进全面从严治党各项任务落实，推动学习贯彻习近平新时代中国特色社会主义思想走深走实，掀起学习贯彻党的十九届五中全会精神和习近平总书记视察江苏重要讲话指示精神的热潮，意识形态领域总体平稳可控，基层党建取得明显成效，选人用人统筹性不断增强，一批优秀年轻干部脱颖而出，“三项机制”作用得到充分发挥，“四风”问题纠治保持高压态势，反腐败斗争压倒性胜利成果巩固，各级党组织和党员干部在大战大考中淬炼了初心使命，凝聚起了打好“收官仗”、夺取“双胜利”的强大力量。

同时，也要清醒看到问题不足，主要是：产业转型任务依然繁重，产业链创新链自主可控能力还不强，稳外贸稳外资压力较大；部分领域体制机制有待完善，治理体系和治理能力现代化步伐还需加快；生态环境整治任务仍然艰巨，治污设施有待加强；民生领域还存在短板弱项，文明城市建设基础不牢；公共安全、生产安全等仍存在不少隐患；党的建设仍有薄弱环节，“四风”问题特别是形式主义、官僚主义新表现还不同程度存在。对此，我们必须高度重视、切实解决。

综合考虑各方面因素，明年经济社会发展的主要目标是：地区生产总值增长7%；规模以上工业增加值增长8%；社会消费品零售总额增长8%；外贸进出口稳中提质；实际使用外资38亿美元；一般公共预算收入增长5%左右，其中税收收入增长7%左右；城镇新增就业13.5万人，城乡居民收入增长与经济增长同步。确定这些目标，充分把握了明年宏观经济形势的复杂性和不确定性，充分考虑了“十四五”发展开好局的需要，充分体现了排头兵的目标要求，同时也是留有余地、较为稳妥的。

做好明年工作，要立足新发展阶段、贯彻新发展理念、构建新发展格局，准确把握新征程中无锡的历史方位、发展定位、前进走位，坚定不移把新发展理念作为科学指引，把新发展格局作为谋划未来发展的大坐标，推动扩大内需战略与深化供给侧结构性改革有机结合，推动产业链与供应链、创新链、资金链、人才链深度融合、循环畅通，在服务全国构建新发展格局上作出无锡贡献；要把握规律性认识、发挥制度性优势、推进创造性落实，坚持把“五个根本”规律性认识作为我们做好各项工作的重要认识论和方法论，充分发挥集中力量办大事的制度优势，充分调动人民群众的积极性，创造性落实好中央和省委决策部署，下好先手棋、打好主动仗，让无锡的现代化建设更富探索性创新性引领性；要推动高质量发展、创造高品质生活、实现高效能治理，不断推动产业向智能化、绿色化、服务化、高端化转型升级，不断满足人民群众在“衣食住行康育娱”等各方面的更高期待，不断提升市域治理体系和治理能力现代化水平，努力做到高质量发展看无锡、高品质生活在无锡、高效能治理有无锡，进一步展现“强富美高”新无锡的现代化图景；要坚持系统化思维、提高专业化水平、增强实战化能力，统筹国内和国际两个大局，办好发展和安全两件大事，善于用政治眼光观察和分析经济社会问题，增强补课充电的紧迫感，自觉赶上时代潮流，提升驾驭复杂局面能力，努力成为领导构建新发展格局的行家里手，为“十四五”发展和现代化建设顺利开篇提供强有力的保证。

重点抓好以下七个方面工作：

1. 毫不放松抓好疫情防控。当前，境外疫情仍在蔓延，国内多地出现零星病例，外防输入、内防反弹的压力仍很大，要始终绷紧疫情防控这根弦，慎终如始抓好常态化疫情防控各项工作，巩固拓展疫情防控成果。坚持人物同防，按照“守住一线、放开全域”原则，继续用好“大数据+网格化+铁脚板”有效做法，严格落实入境人员、重点地区来锡人员、高风险岗位从业人员等群体管控措施，防范进口食品入境、通关、仓储、运输、销售各环节风险，筑牢疫情防控的坚固防线。坚持平战结合，落实落细网格化管理要求，聚焦人员密集场所和人员聚集活动，常态化开展扫码核验等工作，提升应急保障能力。坚持标本兼治，针对疫情暴露出的公共卫生治理能力不足问题，抓紧补短板、堵漏洞、强弱项，完善公共卫生重大风险研判、评估、决策、防控协同机制。深化爱国卫生运动，养成良好卫生习惯。

2. 全力保持经济运行在合理区间。从目前看，明年国内经济形势将趋好，要全力保障企业特别是“两头在外”的“长产业链”企业的供应链资金链安全稳定，推动企业有效组织生产经营，全力争取合理区间的上线，确保主要经济指标增速高于全省平均、位居苏南前列。坚持扩大内需这个战略基点，继续做好“六稳”“六保”工作，因时因势调整优化纾困惠企政策，持续激发市场主体活力。抓住当前项目建设窗口期，持续推进重大产业项目建设，扩大制造业技术改造投资，积极布局大数据、物联网、5G等新型基础设施建设，组织实施一批政府投资项目，积极争取中央、省级资金支持，加大地方政府债券争取力度，不断扩大有效投资规模。全面释放消费潜力，落实促进消费政策，加快消费服务业数字化转型，培育壮大新业态新模式，挖掘农村消费潜力，提高教育、医疗等公共服务支出效率，积极创建国际消费中心城市。认真研究我国签署区域全面经济伙伴关系协定（RCEP）、考虑加入全面与进步跨太平洋伙伴关系协定（CPTPP）等重大开放举措，抓住部分海外订单回流中国的机遇拓展外贸市场，对接国家中小外贸企业成长行动计划，加快建设国家外贸转型升级基地，积极打造服务贸易创新发展试点联动创新区，推动加工贸易转型发展、服务贸易创新发展，促进外贸稳中提质、结构趋优。

3. 推动改革开放实现新突破。深化“放管服”改革，加快推进“一网通办”“一网通管”，进一步减事项、减材料、减环节、减时间、减成本，不断提升“放”的含金量、“管”的实效性、“服”的满意度。统筹深化基层整合审批服务执法力量、综合行政执法体制、开发区管理体制机制等改革，高标准完成深化事业单位改革试点任务。制定实施国资国企改革三年行动计划，加快健全现代企业制度，优化完善市属国企领导人员管理体制，持续推进国企重组整合，推动国企聚焦主业、做大主业，促进国有资本保值增值，国资总额、国企利润保持两位数增长。深化财税金融体制改革，优化财政转移支付结构，抓好金融先行政策复制推广，争取合格境外有限合伙人（QFLP）在我市试点，支持宜兴争创绿色金融改革创新试验区，结合太湖湾科创带建设积极争创科创金融示范区。健全外资项目协调服务机制，加强对日韩等重点国别和地区的产业链招商，多渠道、多形式引进外资项目，打造外商投资最满意城市。加快建设西港特区升级版2.0，推进新设省级境外园区工作，支持境外并购项目回归发展，打造国际产能合作示范城市。高标准推进无锡航空口岸、江阴港药品进口口岸、国际邮件互换局、国家文化出口基地等建设，支持惠山经开区、江阴临港经开区提档升格，支持无锡综保区打造“五个中心”，提高开发区的贡献度和支撑力。全面提升外事服务城市开放发展的水平，拓宽经贸人文交流合作领域。

4. 促进区域一体发展取得更大进展。围绕长三角一体化，落实对接融入服务上海龙头的具体项目，促进苏锡常一体化协议合作事项加快落地，推动苏锡常南部高速、宜长高速等建成通车，盐泰锡常宜铁路等启动开工，锡太高速、锡宜高速宜兴段扩建等力争开工，南沿江铁路、江阴第二过江通道等加快建设，打通一体化的大通道。围绕市域一体化，编制完成市级国土空间总体规划，建立分级分类国土空间规划体系，初步形成全市国土空间开发保护“一张图”；实质性推进锡澄、锡宜两个协同发展区规划建设，加快推进锡澄S1线、宜马快速通道、高浪路和312国道快速化改造等项目，力争丁蜀通用机场、地铁4号线一期年内建成投用，锡宜S2线、地铁4号线二期和5号线开工建设，推动城市干线快速化改造和市区道路优化加密，增强市域整体性和协调性；加快推进锡澄运河北排扩大、白屈港综合整治等重点水利工程建设，提升水资源优化配置和水旱灾防御能力。围绕城乡一体化，推进城市更新，加快形成城市双核联动发展格局，统筹开展海绵城市和智慧城市建设，加强棚户区改造和老旧小区整治及长效管理，持续做好城市管理精细化、规范化、智慧化各项工作，启动市容“小专项”整治，打造全国最干净城市和美丽宜居城市。深入实施乡村振兴战略，纵深推进农业农村基本现代化示范建设，扎实开展现代农业发展及重点育种产业化应用、农村人居环境整治提升“一推三治五化”、乡村善治示范等专项行动，开展农房建设扩面工作，培育更多特色田园乡村、美丽宜居小城镇，坚决遏制耕地“非农化”、防止“非粮化”，牢牢守住耕地保护红线、城市粮食蔬菜安全保供底线。

5. 全面提升生态环境质量。以推进美丽无锡建设为牵引，继续打好污染防治攻坚战，促进生态环境持续改善，实现减污降碳协同效应。围绕总书记提出的“五新三主”重要指示要求，扎实推进长江流域重点水域禁捕退捕工作，推动长江经济带高质量发展。认真做好第二轮中央环保督察下沉迎检准备，全面完成全国和省人大土壤污染防治法执法检查反馈问题整改，防止整改问题反弹回潮。编制实施“十四五”太湖治理规划，以减磷控氮为重点，统筹做好水污染治理、水资源调配、水生态修复，加强流域区域联保共治，实现更高水平的“两个确保”，促进太湖水质一年比一年好。巩固提升河道综合整治成效，确保国省考断面优Ⅲ比例达到省定目标、主要入湖河流支浜基本消除黑臭、长江支流水质稳定达标。深化开展“美丽河湖”十大专项行动，打造一批“美丽河湖”无锡样板。扎实开展$PM_{2.5}$和臭氧“双控双减”，全力落实臭氧攻坚“28条”，确保空气质量持续改善。加强土壤污染治理修复和风险管控，严格建设用地土壤环境准入管理，保障污染地块安全利用。持续推进固危废处置设施建设，开工建设城北污水处理厂二厂工程及太湖新城污水处理厂扩建工程，加快锡东电厂和惠联电厂提标扩容，健全完善餐厨废弃物和建筑垃圾收运处置管理体系。深化执法行动，完善领导干部自然资源资产责任审计制度，优化完善环评审批、排污许可等政策制度，让保护修复生态环境获得合理回报，让破坏生态环境付出沉重代价。研究谋划我市碳达峰、碳中和方案，力争2025年前碳排放达峰。

6. 更大力度保障改善民生。坚持以人民为中心的发展思想，办好年度为民办实事项目，持续排查解决突出民生问题，不断提高人民群众福祉。实施高质量就业促进行动，保障高校毕业生、就业困难人员、退捕渔民等重点群体就业创业，打造更加充分更高质量就业示范区。推进全民参保计划，扎实做好企业职工基本养老保险、工伤保险省级统筹，深化医保支付方式改革，推动基本医疗保险市级统筹。实施民生兜底行动，针对3%的最低收入人员建立相对贫困帮扶机制，打造分层分类的社会救助体系。巩固拓展薄弱村脱贫攻坚成果，做好同乡村振兴的有效衔接。优化教育资源布局，加大省市优质幼儿园、新优质学校、高品质示范高中创建力度，启动苏锡常都市圈职业教育高质量发展样板建设，推进江南大学宜兴校区、东南大学无锡国际校区建设，积极支持无锡学院、太湖学院发展。创新实施新一轮健康城市“十项行动”，深化实施市属医疗卫生机构布局调整优化项目，滚动实施“三名”战略，深入推进医药卫生体制改革，不断提升“健康无锡”建设水平。深化养老服务“双试”改革，健全完善居家社区机构相协调、医养康养相结合的多层次养老服务体系。办好世界跆拳道锦标赛、无锡马拉松等重大赛事，争创全国全民运动健身模范市。建立房价地价联动机制，高度重视保障性租赁住房和共有产权房建设，努力实现“三稳”目标，促进房地产市场平稳持续健康发展。坚持“为民、惠民、利民”导向，推进文明城市建设提升工作及15个专项行动，促进文明城市建设制度化规范化法治化，努力取得过硬的文明城市建设成果。

7. 坚持统筹发展和安全。把安全发展贯穿于现代化建设各领域全过程，有效防范化解各类经济社会风险。加强生产安全，坚决贯彻落实习近平总书记关于安全生产重要论述，着力巩固提升“一年小灶”整治成果，扎实推进“三年大灶”任务，全面落实安全生产责任制，完善行业领域分级分类监管制度，促进安全生产形势持续稳定向好，不断提高安全生产治理体系和治理能力现代化水平。维护金融安全，加强互联网金融和地方各类交易场所风险综合防控，加快融资平台市场化转型，继续做好政府隐性债务化解工作，做好部分重点企业信贷风险化解，守住不发生系统性区域性金融风险的底线。确保社会安全，以创新加强市域社会治理现代化为主线，深入推进平安无锡、法治无锡建设，深化“一战五行动”和矛盾纠纷多元化解体系建设，深入实施“集中治理重复信访、化解信访积案三年行动”，推进新一代“雪亮工程”建设应用，加强立体化智能化社会治安防控体系建设，依法严厉打击各类违法犯罪，常态化开展扫黑除恶，深化食品安全示范市创建，维护社会和谐稳定。

三、全面深入推进产业强市，加快构建自主可控安全高效的现代产业体系

今年以来，全市上下坚持一张蓝图绘到底，齐心协力打好产业强市纵深仗，推动产业发展不断迈向新高度。一是新经济加快培育，数字经济核心产业营业收入超5000亿元，新认定总部企业17家、累计达到52家，年度70项重点枢纽经济项目稳步推进；二是新产业加快发展，预计全年战略性新兴产业、高新技术产业产值占规上工业总产值比重分别达36%和47%，其中物联网、集成电路、生物医药产业规模分别增长16%、26%和15%以上；三是新业态加快崛起，限上批零业网络零售额增速连续10个月保持20%以上，科技服务业、高技术服务业等新兴服务业分别增长15%和13%；四是新动能加快积蓄，市场主体累计突破100万家，新登记注册工业企业增长23.5%，高新技术企业突破4000家，全年引进各类大学生6.5万人，其中高层次人才1万人；五是新项目加快集聚，新招引超10亿元项目58个、较去年同期增加9个，新签约超10亿元项目67个、较去年同期增加18个。同时也要清醒看到，纺织、冶金等传统制造业抗风险能力较弱，企业库存压力、资金周转压力仍然较大，招引50亿元以上重大项目突破不大，产业链、创新链、供应链还存在薄弱环节，打造现代产业发展新高地任重道远。

1. 做强科创湾区“主引擎”。建设太湖湾科创带，是无锡实现科技自立自强的战略部署，是培育新动能、提升新势能的战略举措。市委、市政府已召开专题会议部署推进，并出台了五年发展规划。要抓紧制定相关政策意见，制定科创带建设年度工作方案，明确目标责任，务实高效推进，形成良好势头。要同心“搭台”，积极实施重大科技基础设施“领航计划”，抓住国家制定实施基础研究十年行动方案、支持有条件地区建设国际和区域创新中心的机遇，加强与国家部委、省相关部门的对接联系，积极争取深海领域国家实验室布局无锡，推动高性能计算技术创新中心申报国家级平台，推动无锡先进技术研究院、国家集成电路特色工艺及封装测试中心、物联网创新促进中心、车联网先导区等重大创新平台加快建设，打造更多高水平创新“国家队”。要精心“强企”，深入实施创新型企业培育攻坚攀登计划，全面推进“太湖之光”科技攻关计划，深入实施质量提升行动，引导企业参与更多国家和省科技计划、高价值专利培育计划项目，努力攻克一批关键领域“卡脖子”技术，推出一批拥有核心自主知识产权、原创性技术的科技成果，走出一条“雏鹰—瞪羚—准独角兽”梯次提升培育之路，让高成长性、爆发性的创新型企业在无锡层出不穷。要尽心“聚智”，完善具有竞争优势的人才政策体系，持续升级“太湖人才计划”，扎实推进“锡引”工程，细化落实“一行业领域一人才规划”，办好太湖人才峰会等活动，鼓励各类人才来锡创新创业，加快集聚200个左右产业发展急需的创新创业领军人才和团队，打造人才创新创业高地。建立健全政府、行业协会与高校合作共建机制，加快壮大高技能人才队伍。

2. 聚焦重点产业“主战场”。重点产业链的自主可控能力和综合竞争力，一定程度决定全市产业发展的韧性和抗风险能力。要强化集群带动力，培育建设集群发展促进机构，促进产学研深度融合、政企银协同对接、大中小企业交流，对集成电路、生物医药、人工智能等具有基础优势的产业，要坚持高端化、集约化发展，努力推动成为世界级产业链；对物联网、智能装备等具有先发优势的产业，要全面巩固提升领先地位；对深海装备、“两机”等具有技术优势的产业，要加快建成具有鲜明标识的地标产业集群。要强化链条整合力，深化落实重点产业链（集群）市领导挂钩联系制度，支持引导龙头企业和“隐形冠军”企业加强对产业链主要环节的资源整合和技术推动，开展对全链条的垂直整合，推动链条上下游、纵横向各环节紧密链接，不断增强发展自主性和供应链稳定性。要强化龙头引领力，大力实施“百企引航”“千企升级”计划，积极引导各类要素向新兴产业、先进制造业、现代服务业等领域优势企业和龙头企业集聚，支持“链主企业”“准链主企业”发展壮大，鼓励优势企业强强联合，不断提升骨干龙头企业对产业链的引领掌控力。

3. 强化重大项目“主抓手”。尽管这几年我市在项目建设上取得了长足进步，但仍要坚持项目建设不动摇，确保明年重大项目数量只多不少、投资只增不减、质量只升不降。要“强而又强”招引项目，坚持高质量导向，聚焦物联网、集成电路、生物医药、高端装备等重点产业，加紧对接跨国公司、重点央企、知名民企、高端研发机构、顶尖创新人才，引进一批有利于做强做优产业链的基地型产业项目、园区型平台项目，布局一批前沿技术、颠覆性技术产业化项目，落地一批科技含量高、增长潜力大的科技创新创业项目，抢抓一批总部型、研发型高端项目，持续巩固项目招引的强劲势头。要“快而又快”建设项目，坚持清单化管理，对确定实施的年度重大产业项目，逐个列出建设时间节点，紧盯项目建设进度，及时解决项目建设过程中的堵点难点，做到一切围绕项目转、一切咬着进度干，对于项目建设进度快的地区，加大资源政策的保障倾斜力度，以项目提速度促进发展加速度。要“实而又实”谋划项目，认真研究中央和省“十四五”规划，深入分析下阶段国家投资的方向，针对性筛选、策划一批具有可行性的重大项目，加强与上级部门的沟通对接，争取把更多项目纳入国家和省总盘子；积极支持本土骨干企业发掘储备一批技改扩能项目，推动在锡外资企业实施一批增资扩股项目，争取海内外锡商回锡投资发展，进一步拓展项目源。

4. 壮大实体经济“主力军”。要坚持把经济发展着力点放在实体经济上，帮助企业抢抓发展机遇、优化生产方式、提升产品质量，更好发挥实体经济在产业链现代化中的决定性作用。要借力“双循环”，随着我国加快构建新发展格局，内需体系、市场体系、生产体系、流通体系、消费体系等各方面都将重塑，要鼓励引导企业适应形势变化，主动参与国内大循环，推进技术创新，注重质量建设，加强品牌管理，参与标准制定，培育更多“拳头产品”，以高水平供给抢占内需大市场；进一步树立世界眼光和战略思维，更高水平利用国际市场，不断提升全球配置资源能力，在新一轮对外开放中做大做强。要拥抱“数字化”，加快推进实体经济与数字技术融合发展，大力发展智能制造，深入实施企业“上云”行动，推进智能化建设重点示范项目，推动传统制造业企业数字化、网络化、智能化转型；聚力发展物联网、集成电路、大数据和云计算、5G、人工智能等新兴产业，打造一批创新型数字企业，建设一批数字经济科技园区，为实体经济发展插上数字翅膀。要打好“资本牌”，今年企业上市数量创历史新高，但也要看到我市上市企业质量总体不够高，去年我市A股上市公司营业收入和净利润低于全省平均，平均市值只有125.35亿元、市值50亿元以下的有45家。要继续抢抓资本市场发展机遇，引进更多像诚通基金这样的头部投资基金，进一步深化研究企业上市高质量发展政策措施，引导企业用好资本做大做强，同时加速推动资本和项目聚集对接，努力实现每年新增15家上市企业、加快实现每个重点产业拥有3～5家千亿级市值上市公司的目标。

5. 发力营商环境“主动仗”。无锡的营商环境总体处在领先水平，但营商环境“优”无止境，要坚持问题导向、目标导向，持续擦亮“无难事、悉心办”品牌，打造最优营商环境城市。政策要更大力度，产业强市实施之初，市委、市政府明确“十三五”投入200亿元扶持资金支持现代产业发展，到今年预计实际兑现超330亿元，所产生的直接效应和间接效应大家有目共睹。要保持政策的连续性、稳定性，密切跟踪国家和省新出台的政策，对标上海、深圳、杭州等先进地区，研究谋划“十四五”产业政策，安排350亿元以上财政资金，拿出力度更大、针对性更强、含金量更高的措施，让企业有更强获得感。审批要更快速度，今年以来，一些地区积极探索“拿地即开工”审批服务模式，有的项目实现五证联发，审批只用2个工作日。要持续深化“一件事”改革，加快实现政务服务一网通办、全域通办、异地可办，推广“无证件办事”改革，为企业发展争取更多宝贵时间。服务要更有温度，针对企业所需，能够办的要积极主动办、亟需办的要争分夺秒办、难以办的也要想方设法办，真正做到无事不扰、有求必应。牢固树立“一家亲”的观念，建立亲清新型政商关系，健全完善领导干部挂钩服务、重点企业专员服务等服务机制，制定政商交往“负面清单”，鼓励干部大胆服务企业、与企业家正常交往。

四、精心谋划庆祝建党100周年活动，全面推动党的建设取得更大成效

一要强化对标看齐、紧跟紧随的政治自觉。面对新征程新使命，必须把政治标准和政治要求贯穿到党的建设各方面，引导党员干部自觉对标、坚定看齐，始终对国之大者做到心中有数。要加强党对各方面工作的领导，落实党领导人大、政府、政协、监察机关、审判机关、检察机关等制度，做好统战、群团、外事、民族宗教、双拥共建等各项工作。坚持和完善民主集中制，严格执行重大问题请示报告制度，健全党委(党组)研究讨论重大事项的决策机制，强化贯彻落实中央和省委决策部署的督查问责，切实抓好省委巡视反馈意见整改落实工作，不断提高各级党组织把方向、管大局、保落实的能力。健全“不忘初心、牢记使命”长效机制，严格党的组织生活基本制度，严格执行提高民主生活会质量四项制度，细化落实干部政治监督，全覆盖开展干部政治体检，深化政治生态监测评估，以自我革命精神守初心、担使命。按照中央和省委的统一部署，精心组织开展中国共产党成立100周年庆祝活动，高质量筹备召开市第十四次党代会，为现代化建设凝聚强大动力、提供组织保障。

二要夯实凝心聚魂、固本培元的思想根基。越是承上启下的重要节点、越是接续发展的重要时刻，越要坚持科学理论的伟大思想引领、巩固团结奋斗的共同思想基础。要开展新思想“五讲十进”活动，持续推进习近平新时代中国特色社会主义思想研修计划，开展党的十九届五中全会精神轮训，推动广大党员更加自觉地向新思想寻策问道，学会从中找方向找方法找答案，创造性地抓好各项工作落实。严格执行《党委（党组）意识形态工作责任制实施办法》，扎实开展维护意识形态安全专项行动，管好网络、高校、宗教等重点领域，深化网络治理体系建设，健全突发事件信息发布和舆情应对工作机制，牢牢掌握意识形态工作领导权。推进媒体深度融合发展，做优做强各级融媒体中心，积极开展庆祝中国共产党成立100周年主题宣传活动，广泛开展“十三五”成就宣传和“十四五”展望报道，持续巩固壮大主流思想舆论。坚持以人民为中心的工作导向，深化社会主义核心价值观教育，大力实施贯彻落实新时代爱国主义教育实施纲要、公民道德建设实施纲要两个《三年行动方案》。推动文艺作品质量提升和精品创作，深化大运河文化带无锡段建设，加快推进大拈花湾、惠山古镇二期三期、国家数字电影产业园三期等重大项目建设，不断提升文化服务供给水平，让人民群众有更多获得感。

三要建设坚强有力、作用突出的基层堡垒。党的基层组织是党的全部工作和战斗力的基础。要牢固树立大抓基层导向，以提升政治能力和组织力为重点，对照省“五聚焦五落实”三年行动计划，有力实施新一轮基层党建三年规划，扎实开展强基提质、赋能提优、融合提效、阵地提标、创新提升等“五大行动”，不断拓展“红梅花香”党建品牌内涵，推动基层组织建设全面加强、党员队伍活力持续激发。着力加强企业、农村、机关、学校、科研院所、街道社区、社会组织等各领域基层党建工作，推动人力、物力、财力等各类资源向基层倾斜，进一步为基层减负减压、赋能增能。认真执行《中国共产党基层组织选举工作条例》，精心做好村（社区）“两委”换届工作，确保配强带头人、建强好班子、增强战斗力。强化党建引领，聚焦疫情防控、乡村振兴、脱困转化、基层治理等重大任务，推动党员干部战斗在前、冲锋在前，在改革发展稳定的最前沿攻坚克难、发挥作用。

四要打造本领高强、担当作为的过硬队伍。贯彻新时代好干部标准，强化正确选人用人导向，健全“五突出五强化”选人用人制度体系，贯彻执行《中国共产党地方组织选举工作条例》，精心组织实施市县乡三级换届工作，着力选优配强党政正职，优化提升领导班子整体结构功能，切实畅通“三支队伍”交流渠道，把各级领导班子建设得更加坚强有力。按照中央统一部署，精心组织政法队伍教育整顿，锻造全面过硬政法队伍。加强党员干部思想淬炼、政治历练、实践锻炼、专业训练，推进“一把手”政治能力提升行动和党政干部专业素质锻造行动，实施大力发现培养选拔优秀年轻干部三年行动计划，探索实施年轻公务员培育“种子工程”，着力推动党员干部提升“七种能力”，不断增强干部队伍能力建设的针对性和实效性。完善“四千四万”精神干部教育培训体系，丰富具有时代亮点和无锡特色的教学主题，以“四千四万”精神激发干部担当作为的内在动力。充分发挥综合考核的指挥棒作用，围绕“十四五”发展规划、长三角一体化、太湖湾科创带建设等重点工作，优化设置关键性、支撑性指标，突出实干实绩、强化结果运用，推动各级干部比学赶超、奋勇争先。用好用活“三项机制”，开展“担当指数评定”和“担当作为领跑者”“四千四万开拓奖”评选工作，建立健全干部担当作为激励保护机制，真正使吃苦者吃香、优秀者优先、有为者有位。

五要营造崇廉尚洁、风清气正的良好环境。全面从严治党永远在路上，必须始终坚持“严”的主基调。要认真贯彻执行中央关于党委（党组）落实全面从严治党主体责任《规定》和省委《意见》、市委《实施意见》要求，进一步压实全面从严治党主体责任，推动党委（党组）主体责任、书记第一责任人责任、纪委监委监督责任贯通发力、同频共振。深化纪检监察体制改革，健全完善监督体系，推动“四项监督”贯通衔接，突出抓好政治监督，大力加强对权力运行的制约和监督，着力破解对“一把手”监督难题，加强对下级党组织的监督，做细做实日常监督，不断增强监督质效。锲而不舍落实中央八项规定精神，严查享乐主义、奢靡之风，精准纠治形式主义、官僚主义顽瘴痼疾，持续整治农村“三资”、教育医疗、养老社保、涉黑涉恶腐败等群众身边腐败和不正之风，加强对群众反映强烈问题的集中整治，始终以优良作风保持党同人民群众的血肉联系。把握“惩、治、防”辩证统一关系，聚焦“十四五”规划中政策支持力度大、资金资源集中、政策金融投资富集的领域和环节，坚决查处金融、国企、重大工程建设等行业领域的腐败问题，严查“影子股东”“雅贿”等隐性腐败，用好监督执纪“四种形态”，在严厉惩治、形成震慑的同时，扎牢制度笼子、规范权力运行、加强警示教育，打通“不敢腐、不能腐、不想腐”之间的内在联系，实现统筹联动、效应叠加。

政府工作报告（摘要）

——在无锡市第十六届人民代表大会第五次会议上

（2021年1月19日）

杜小刚

一、“十三五”时期工作回顾

“十三五”时期，面对错综复杂的宏观环境、前所未有的风险挑战特别是新冠肺炎疫情严重冲击，市政府坚持以习近平新时代中国特色社会主义思想为指导，在省委、省政府和市委坚强领导下，在市人大、市政协监督支持下，紧扣“强富美高”总目标，聚焦当好全省高质量发展领跑者，认真践行新发展理念，深入实施六大发展战略，坚决打好三大攻坚战，高水平全面建成小康社会胜利在望，抗击新冠肺炎疫情取得重大战略成果，“强富美高”新无锡建设取得重大阶段性成果。

2021年1月19日，市长杜小刚在无锡市第十六届人民代表大会第五次会议上作工作报告

（市政府办　供）

五年来，我们稳妥应对风险挑战，综合竞争力迈上更高台阶。全市地区生产总值由2015年的8681亿元增至12370亿元，人均地区生产总值保持全国城市前列。一般公共预算收入由830亿元增至1075.7亿元。进出口总额保持全省第二。重大产业项目招引创历史最好水平，累计引进50亿元以上项目33个。新增总部企业38家，现代服务业增加值占比升至54.6%。科技进步贡献率升至66%，保持全省第一。高新技术产业产值占比升至48.4%。新增境内外上市企业68家，总数达162家。居民人均可支配收入由3.95万元升至5.72万元，城乡居民收入比缩小至1.84 ∶ 1。

五年来，我们坚定推进产业强市，转型升级实现更大突破。净增规模以上工业企业2053家。数字经济核心产业规模达5500亿元；物联网产业营收增至3100亿元，规模全省第一；集成电路产业产值增至1350亿元，居全国前列；大数据和云计算产业销售收入增至280亿元；生物医药产业营收突破1000亿元。航空发动机和燃气轮机关键零部件产业成为具有全国影响力的新地标产业。获批首个国家级车联网先导区，国家智能交通测试基地正式启用。启动建设太湖湾科创带，建成国家超算（无锡）中心、国家集成电路特色工艺及封装测试创新中心、无锡先进技术研究院等重大创新平台，支持“奋斗者”号、神威·太湖之光等重大原创科技成果研发落地，深海技术科学太湖实验室获批省实验室。累计培育“太湖人才计划”创新创业项目349个，省级以上领军人才、团队增至760个，连续两年获评“中国最佳引才城市”。

五年来，我们全面深化改革开放，经济发展积蓄更强动能。供给侧结构性改革成效明显，关停取缔“散乱污”企业（作坊）12523家，关闭化工生产企业887家。完成新一轮行政区划调整、市县两级政府机构改革和基层整合审批服务执法力量改革。“放管服”改革持续深化，累计取消行政权力51项、下放387项。跻身全国社会信用体系建设示范城市。组建国发资本运营有限公司和众邦基金，重组城建发展集团，实施混改项目236个。市属国企资产规模增至5900亿元、全省第二，营收规模增至1380亿元、全省第一；资产证券化率25%，控股上市公司8家、全省第一。成功引进诚通国调基金(二期)，总规模超1000亿元。完成农村集体产权制度改革，村级股份合作社实现全覆盖。累计实际使用外资180.4亿美元，16家世界500强公司在锡新设立企业25家。成为国家跨境电商综合试验区、国家文化出口基地，获批国际邮件互换局(交换站)、药品进口口岸及进境肉类、冰鲜水产品指定监管场地。新增对外投资项目459个，柬埔寨西港特区入选第二届“一带一路”国际合作高峰论坛成果清单。

五年来，我们统筹城乡区域发展，全域一体展现更优面貌。市域初步形成“一轴一环三带”和“一体两翼两区”空间结构。锡澄城际轨道S1线、宜马快速通道、苏锡常南部高速等加快建设，地铁1号线南延线和3号线一期建成通车。城市大数据中心和公共数据开放平台建成。市区完成124条道路出新和227条背街小巷整治。完成棚户区改造350万平方米、旧住宅区整治1024万平方米。实施乡村振兴战略，全面启动农业农村基本现代化示范建设，高标准农田比重达83%，累计建成美丽乡村示范村110个。加强与沪、宁、杭等地合作交流，与南通、黄山等地签订战略合作协议，开展“智汇长三角科创太湖湾”全媒体新闻行动，成功举办第二届苏锡常一体化发展合作峰会，发布共建太湖湾科创带倡议。

五年来，我们致力构建生态文明，环境质量达到更好水平。完成长江干流岸线利用清理整治，全面落实长江流域“禁渔令”。国家治太骨干工程新沟河全面建成、新孟河全线通水。43个国省考断面水质优Ⅲ比例升至86%，较2015年提高57.1个百分点，升幅全省最大。深化排水达标区建设完成5155块。太湖连续13年实现安全度夏和“两个确保”。$PM_{2.5}$平均浓度33微克/立方米，较2015年下降45.9%。25家燃煤电厂整合至20家，清洁能源发电全额并网消纳，单位GDP能耗水平苏南最低。锡东垃圾焚烧发电厂原址复工投运，益多垃圾焚烧发电厂大修、惠联餐厨废弃物处理等项目完成，江阴秦望山危废处置项目、宜兴光大垃圾发电二期建成投用。危险废物处置能力较2015年增加3.9倍。近三年盘活低效用地46500亩，土地节约集约利用水平全省最高。开展“绿岛”建设试点。全市林木覆盖率升至27.7%。获评首批国家生态文明建设示范市。

五年来，我们切实加强社会建设，民生福祉取得更多改善。财政民生支出规模超4155亿元，占一般公共预算支出79.2%。城镇新增就业77.4万人，扶持自主创业11.4万人，就业满意度全省第一。企业职工基本养老金、居民基础养老金较2015年分别提高23%、56%。新建幼儿园71所、中小学校48所，义务教育和高中教育水平全省领先，入选全国首批现代学徒制试点城市。加强与江南大学市校合作共建，南京信息工程大学滨江学院、东南大学无锡国际校区、南京理工大学江阴校区建成启用。普通高等教育在校生由11.5万人增至14.9万人。江南大学附属医院建成启用，无锡及江阴、宜兴全部创成国家健康城市示范市。惠山古镇晋升AAAAA级景区，无锡博物院升格为国家一级博物馆，创成国家公共文化服务体系示范区。举办江南文脉论坛、国际友人文化周，开展无锡国专创立百年纪念活动，成为省书香城市建设示范市。创成省公共体育服务体系示范区，无锡马拉松获评中国田协“金牌赛事”和世界田联“银标赛事”。获评全国居家和社区养老服务改革优秀试点地区。荣获全国社会治安综合治理最高奖“长安杯”。荣膺全国双拥模范城“八连冠”，建成全国首个双拥模范城市群。全域创成省级食品安全示范县(市)、区。

刚刚过去的2020年，是无锡发展史上非常特殊、极不平凡的一年。在市委坚强领导下，市政府认真落实市十六届人大第四次会议确定的各项目标任务，统筹推进疫情防控和经济社会发展，各项事业取得了来之不易的成绩。

一是精准施策筑底线，疫情防控取得战略成果。第一时间成立市疫情防控应急指挥部，在全省率先启动重大突发公共卫生事件Ⅰ级响应，率先开发健康码进行分类识别，率先为复工企业提供核酸筛查检测服务，建成启用进口冷链食品“集中监管仓+追溯系统”。严格落实“四早”“四集中”要求，圆满实现“确诊患者零病亡、医务人员零感染”目标。全方位支持企业复工复产。全力服务全国全省疫情防控大局，先后组织221名专业人员支援湖北和新疆抗疫。

二是稳中求进促发展，经济运行持续回升向好。成立“六稳”“六保”工作专班。出台“惠企20条”等政策，新增减税降费超过315亿元。300个市级重大产业项目完成投资1180亿元，新引进10亿元以上产业项目67个。在全国同类城市中率先出台5G产业发展规划，5G网络覆盖率和网络质量全省领先。环太湖科创带发展纳入《长三角科技创新共同体建设发展规划》。有效期内高新技术企业达4033家，净增超1200家、历年最多。高规格举办日、韩产业合作专场，维护产业链供应链稳定。举办“锡惠有你”等惠民消费活动500余场，打响“今夜梁宵”等夜经济品牌，发放惠民消费券超1亿元，带动线下消费超5.5亿元。入选全国综合型信息消费示范城市。做好重要农产品稳产保供工作，粮食安全责任制考核全省第一。

三是全面发力优环境，市场主体活力有效释放。推进最优营商环境城市建设，打响“无难事、悉心办”品牌，开通“灵锡”“惠企通”服务新平台，施工许可审批时限压缩至80个工作日内，比省定目标提速20%。实施招商护商专员制度，构建“24小时不打烊、360度无死角”服务体系，设立投资服务云平台，建立优秀外资企业“白名单”制度，打造外商投资最满意城市。将11月1日设为“无锡企业家日”。2020中国企业500强、制造业企业500强、服务业企业500强、民营企业500强入围企业数均居全省第一。

四是聚焦精细提品质，美丽无锡建设布局展开。强化“抓美丽无锡建设就是抓经济发展”理念，打造全国最干净城市。推进历史文化名城保护。开展市容环境整治“春雷行动”“靓丽行动”和“红黑榜”考核，拆除违法建设414万平方米，裸露地块整治3827.5万平方米，电力架空线入地改造完成189千米，建成“城市家具”主题展示区。组织污染防治“百日攻坚”专项行动和“美丽河湖”三年行动，空气质量优良天数299天，在全省率先达到国家二级标准，816条重点河湖集中整治初见成效。美丽宜居乡村建设达标率100%。

五是用心用情惠民生，公共服务与社会建设全面加强。排查8个方面28项突出民生问题，完善补短板强弱项工作举措。10件45项为民办实事项目全面完成，评选出首届“民心工程奖”。在全省率先出台“民生保障20条”，发放临时补贴超1亿元，惠及群众68万人次。居民最低生活保障、特困供养标准分别提至每人每月1010元和1525元，实现大市统一、城乡一体。村级医疗互助救助制度实现全覆盖。市儿童福利院易地新建主体工程完成。国有物业企业进驻298个老旧小区实行托底管理。新、改建体育公园20个，新增体育场地面积100万平方米。推出“先通后办”“接访变下访”“一访定心”等民生服务品牌。深化安全生产专项整治，完成国务院和省督导组反馈问题整改，安全事故起数及死亡人数分别下降67.2%、68.7%。

六是雷厉风行抓作风，政府行政效能不断提升。自觉接受市人大法律监督、工作监督和市政协民主监督，市人大代表议案建议和市政协委员提案办理满意率创历史新高。落实“项目化、目标化、节点化、责任化”工作机制，建立重点工作双月座谈和专班推进机制。新增地方政府债券额度246.3亿元，同比增长71%。355个房屋征收扫尾项目完成率达到96%，24个攻坚拔点项目全部完成，房屋征收总面积超过900万平方米、同比增长45.5%，顺利解决了夹城里、民主街等47个征收跨度10年以上地块遗留难题。市本级“三公”经费支出下降15%以上。市公务用车平台建设列为国家示范点。

这五年，**我们坚定执著，践行嘱托。**坚持以习近平新时代中国特色社会主义思想为指导，深入贯彻总书记关于江苏工作系列重要讲话指示精神，全面落实中央和省委省政府决策部署，在市委坚强领导下，围绕“强富美高”新无锡建设总目标，以全省高质量发展领跑者的姿态，深入践行新发展理念。**我们凝聚共识，勇创一流。**磨砺滚石上山、负重爬坡的顽强斗志，保持攀高比强、奋勇争先的拼搏精神，坚定不移实施创新驱动核心战略、产业强市主导战略等六大战略，努力走出体现时代特征、地域特色的高质量发展无锡之路。**我们担当为民，克难奋进。**牢固树立以人民为中心发展思想，聚力建设华虹集成电路一期、SK海力士第二工厂、中环领先大直径硅片、中芯长电集成芯片封装等一大批重大产业项目，重启农房翻建改造、锡东电厂项目、地铁等基础设施建设，实施深化管办分离改革、行政区划调整等重大举措，解决一批长期停滞而没有解决的难题，办成许多过去想办而没有办成的大事。我们接续奋斗，善作善成。发扬筚路蓝缕、披荆斩棘奋斗精神，有效固化好经验、好做法，大胆探索新路径、新办法，着力推动创新性发展、引领性发展，为开启现代化建设新征程奠定坚实基础。

二、“十四五”发展主要目标任务

2035年的远景目标是：率先基本实现高水平社会主义现代化，基本建成具有国际竞争力的产业创新名城，具有国际美誉度的生态宜居名城，具有全国辐射力的交通枢纽名城，具有全国影响力的山水文旅名城，全市经济实力、科技实力、综合竞争力大幅提升，在2020年基础上人均地区生产总值实现翻番，居民人均收入实现翻一番以上，成为新时代社会主义现代化建设先行示范区，“强富美高”新无锡展现出现代化新图景。

锚定2035年远景目标，“十四五”时期政府工作必须以习近平新时代中国特色社会主义思想为指导，全面落实习近平总书记视察江苏重要讲话指示精神，牢牢把握“强富美高”总目标总定位和“争当表率、争做示范、走在前列”新使命新要求，认真落实省委、省政府和市委决策部署，坚持以人民为中心，坚持新发展理念，坚持深化改革开放，坚持系统观念，坚持稳中求进工作总基调，统筹发展和安全，加快建设具有无锡特色优势的现代化经济体系，加快在融入服务新发展格局中赢得主动，加快推进市域社会治理现代化试点，加快创造以共同富裕为基础的幸福生活，勇做全省“争当表率、争做示范、走在前列”排头兵，勇创全省“强富美高”建设示范区，勇当全省高质量发展领跑者，在现代化建设中体现无锡担当、作出无锡示范、贡献无锡力量，更有底气地喊出“高质量发展看无锡”，在国家强起来的历史进程中烙下“太湖印记”。

——持续深入解放思想。坚持用习近平新时代中国特色社会主义思想解放思想、统一思想，坚决纠正一切与习近平新时代中国特色社会主义思想和新发展理念不相适应的思想认识、思维定势、路径依赖和工作方式，注重系统思维，提升把握规律的能力水平，推动中央、省和市委决策部署得到更富创造性落实

——全力推动创新发展。坚持创新在现代化建设全局中的核心地位，坚持科技自立自强，坚持产业强市不动摇，举全市之力推进太湖湾科技创新带“头号工程”建设，打造科技强市、人才强市，勇当科技创新开路先锋，加快构建现代产业体系，成为具有国际竞争力的产业科创中心，打响中国第一工商名城品牌。

——主动融入国家战略。紧抓“一带一路”建设、长江经济带发展、长三角一体化发展等国家战略机遇，主动融入上海大都市圈，在做强市域一体化、加快苏锡常一体化、服务全省一体化中锻长板、补短板，统筹推进城市现代化、新型城镇化和乡村全面振兴，提升城市国际化功能品质，打造长三角世界级城市群的重要中心城市。

——勇于探索先行先试。坚持守正创新、开拓创新，主动融入新发展格局，蹄疾步稳深化重要领域和关键环节改革，形成高水平开放型经济新体制，实现改革和开放相互促进，力争在“普遍在做”的方面做得更好更快，在解决“共性问题”的方面积累先行经验，在“没有先例”的方面率先做出成功案例。

——努力实现人与自然和谐共生。以美丽无锡建设为总抓手，充分认识提前实现碳达峰的艰巨性，坚定不移走生态优先、绿色发展之路，建设宜居城市、绿色城市、人文城市，创成国家生态园林城市，成为美丽中国、美丽江苏样板城市。

——加快提升市域治理现代化水平。全面推进城市数字化转型，积极探索市域社会治理新模式，强化基层治理，健全完善风险防范机制，提高应急处突能力，建设更高水平的法治无锡、智慧无锡、平安无锡、诚信无锡。

——率先推动共同富裕。坚持以人民为中心发展思想，优化人口结构，健全富民增收机制，调整收入分配结构，构建优质均衡、覆盖全体的社会保障和公共服务体系，加快建设文化强市、教育强市、体育强市，全面建设健康无锡，持续改善生活品质。

三、2021年主要工作

今年是“十四五”开局之年，也是开启全面建设社会主义现代化新征程、向第二个百年奋斗目标进军第一年。今年政府工作总体要求是：坚持以习近平新时代中国特色社会主义思想为指导，认真贯彻党的十九大和十九届二中、三中、四中、五中全会精神和习近平总书记视察江苏重要讲话指示精神，全面落实中央经济工作会议、省委十三届九次全会和市委十三届十一次全会部署要求，立足新发展阶段，践行新发展理念，构建新发展格局，以推动高质量发展为主题，以供给侧结构性改革为主线，以改革创新为根本动力，以满足人民日益增长的美好生活需要为根本目的，坚持系统观念，巩固拓展疫情防控和经济社会发展成果，更好统筹发展和安全，扎实做好“六稳”工作、全面落实“六保”任务，努力保持经济健康发展和社会和谐稳定，确保“十四五”发展和现代化建设开好局、起好步，勇做全省“争当表率、争做示范、走在前列”排头兵，勇创全省“强富美高”建设示范区，勇当全省高质量发展领跑者，以优异成绩庆祝建党100周年。

全市经济社会发展主要预期目标是：**地区生产总值增长7%；规模以上工业增加值增长8%；社会消费品零售总额增长8%；外贸进出口稳中提质；实际使用外资38亿美元；一般公共预算收入增长5%，其中税收收入增长7%；城镇新增就业13.5万人，城乡居民收入增长与经济增长基本同步。**

重点抓好以下十个方面工作：

（一）着力抢占创新驱动发展新赛道

做强太湖湾科创带“主引擎”。出台突破性支持政策，设立太湖湾科创带创新发展基金，健全跨区域统筹协调和联动推进机制。实施重大科技基础设施“领航计划”，加快建设太湖实验室。支持江苏集成电路应用创新中心、无锡先进技术研究院等重大创新平台建设。落实苏南国家自主创新示范区一体化建设计划。启动太湖湾科创带规划展示馆建设，筹办太湖湾生命健康未来大会。

提升企业技术创新能力。深入实施创新型企业培育攻坚攀登计划，加大“雏鹰—瞪羚—准独角兽”梯次培育力度，有效期内高新技术企业增至4800家。全面推进“太湖之光”科技攻关计划，引导企业参与更多国家和省科技计划、高价值专利培育计划，探索“揭榜挂帅”组织方式，聚力攻克产业领域关键核心技术。

激发人才创新创业活力。创新升级“太湖人才计划”，深化实施“锡引”工程，办好太湖人才峰会和“清华大学周”“百企千才高校行”等活动，新引进高层次人才1万人、大学生10万人，集聚200个创新创业领军人才和团队。加大“名校优生”引进力度，制定科技招才地图，壮大高技能人才队伍。高品质建设人才服务综合体。

营造优良创新生态环境。梯队培育各级高新区和各类科技专业园

区，争创国家级孵化器和众创空间6个。推进中国（无锡）知识产权保护中心建设，高标准建设国家知识产权运营服务体系建设重点城市。加强与欧美、“一带一路”沿线国家及中国港澳台地区科技合作，深化与国内外顶级名校、大院大所战略合作。争创国家科创金融改革试验区和科技保险创新示范城市。用好用活“科技创新券”政策，完善科技创新法治保障体系。

（二）着力打造现代产业发展新高地

提高产业链供应链现代化水平。落实重点产业链（集群）培育发展机制。引导龙头企业和“隐形冠军”企业加强产业链主要环节资源整合。开展“百企引航”“千企升级”行动，培育一批“专精特新”企业，引育一批“链主企业”。提高工业互联网建设和应用水平。实施产业基础再造工程，推动国有企业加快布局关键环节和中高端领域。

加快建设制造强市。依靠创新提升实体经济发展水平，保持制造业比重基本稳定。物联网产业营收增长15%，集成电路产业产值增长10%，生物医药产业产值增长15%。争创国家首批先进制造业产业集群，建设中欧（无锡）生命科技创新产业园。前瞻布局人工智能、深海极地技术、星际网络等未来产业。争创国家新一代人工智能创新发展试验区。促进传统产业技术改造、设备更新和制造模式转变，争创国家服务型制造示范城市。建立企业“绿名单”管理制度，加大专项政策支持。深化质量强市建设。

推动现代服务业提档升级。实施生产性服务业倍增计划，争创中国软件特色产业名城。推动文化创意、旅游休闲、健康养老等生活性服务业向高品质、多样化升级。办好世界物联网博览会、国际新能源大会、设计博览会等品牌展会。完善商贸流通基础设施网络，深化城乡高效配送试点城市建设。推进现代服务业集聚示范区优化升级，培育“两业”深度融合试点示范项目15个。

壮大“三大经济”产业规模。培育市级大数据产业园3个，建设全国数字经济示范城市。推动物联网、区块链、大数据等科技创新与产业应用，建设网络安全高端产业基地。新增总部企业5家。构建全国性综合交通枢纽城市和华东地区重要物流与供应链枢纽，建设长三角枢纽经济创新高地。调整农副产品、钢贸、快递等物流布局。完善机场国际航空货运功能，提升配套服务能力，强化综保区与空港“区港联动”。深化无锡（江阴）港集疏运体系建设。

（三）着力迈出融入新发展格局新步伐

率先服务和融入“双循环”。以扩大内需为战略基点，扭住供给侧结构性改革，加强需求侧管理。畅通市域、城乡间经济循环，打造国内大循环重要支点、国际国内双循环重要枢纽。深度参与“一带一路”交汇点建设，积极发展“飞地经济”，推动境外投资向研产销全链条拓展，打造国际产能合作示范城市。

释放多元消费潜能。加快消费服务业数字化转型，拓展信息消费，挖掘乡村消费潜力，提升社区消费贡献，合理增加公共消费，提高教育、卫生等公共服务支出效率。推进“早餐工程”，加快农贸市场改造提升，引导“老字号”创新发展，创建一批放心消费示范点。争创国家级夜间文旅消费集聚区，争创国际消费中心城市。

加强有效投资支撑。推进闻泰半导体、中航重机航空部件、健适医疗器械等14个省级重大产业项目建设，市级重大产业项目当年完成投资额增长10%。加快“两新一重”建设，新增5G基站4000个以上，推进IPv6应用扩面升级。加强与央企战略合作对接，推进产业链招商、市场化招商、海外市外驻点招商，新引进超10亿元重大产业项目50个以上，江阴、宜兴、新吴各确保招引超百亿元产业项目1个以上。市级政府投资项目完成投资308.7亿元、增长13.8%。

推进开放强市建设。抢抓RCEP等全球投资贸易格局调整新机遇，完善更高水平开放型经济新体制。提高利用外资质量。加强出口信用保险支持，扩大海外仓建设，多元化开拓国际市场。加快建设国家外贸转型升级基地，打造服务贸易创新发展试点联动创新区。争创国家进口贸易促进创新示范区，高水平建设国家跨境电商综合试验区。推进综合保税区转型，争创自贸试验区联动创新发展区。实施新一轮开发区高质量发展提升工程，争创中日韩（江苏）产业合作示范区。推动无锡徐州工业园区创建南北共建省级创新试点园区。办好第三届江苏发展大会无锡行暨第五届全球锡商大会、国际友好城市产业对接合作大会等活动。

（四）着力谋求全面深化改革新突破

建设最优营商环境城市。优化企业服务机制，实现重点企业招商护商专员全覆盖。落实国家减税降费政策，优化纾困解难机制。开展“一照多址”住所登记改革，深化工程建设项目审批制度改革，推进“一件事”和“无证件办事”改革，加快实现政务服务一网通办、全域通办、异地可办。深化基层整合审批服务执法力量、综合行政执法体制、开发区管理体制机制改革，完成深化事业单位改革试点任务。加强“双随机、一公开”监管、信用监管和跨部门协同监管。

激发市场主体发展活力。推进国有资本布局优化和结构调整，创新医疗投资管理机制，强化国企在城建、民生、环保等领域支撑作用，做强做优做大国有企业。推进国企混合所有制改革，完善市场化薪酬分配机制和中长期激励机制，提高国有资产证券化水平。完善支持民营企业改革发展政策举措，促进非公有制经济健康发展和非公有制经济人士健康成长。

强化财税金融支撑作用。推进财政支出标准化，健全全过程预算绩效管理体系。推进融资平台市场化转型，继续做好政府性债务化解工作。强化地方政府债券争取力度，拓展政府与社会资本合作、不动产投资信托基金、政策性银行专项贷款等资金引进渠道，持续扩大民生领域投资。争取合格境外有限合伙人试点，支持宜兴争创国家绿色金融改革创新试验区。提升国有金融资本投资运营水平，促进在锡金融机构升格。新增上市公司15家，争创全省上市公司高质量发展示范区。

提高要素资源配置效率。促进生产要素自由流动并向优势地区集中。推进国土空间全域综合整治，实施自然资源要素链改革，优化项目用地保障及产业用地供给方式。建立统一的城市土地市场，规范集体经营性建设用地入市。深化山水林田湖等自然资源产权制度改革，探索生态产品价值实现机制。落实户籍准入新政，健全人力资源市场体系。落实公平竞争审查制度，做好反垄断相关工作。统筹负面清单和正面清单管理，防止资本无序扩张。

（五）着力塑造区域协调发展新优势

更深层次融入长三角一体化发展。积极参与G42沪宁沿线人才创新走廊、“一地六县”长三角产业合作区等建设，推动构建环太湖创新经济生态圈。推进一批对接服务上海龙头的具体项目。落实苏锡常一体化合作峰会议定事项，推出“苏锡常畅游卡”，促进医保经办服务一体化，共推共建苏锡、锡常协同发展区。倡议构建锡常泰湖纵向联动机制，加快江阴靖江长江隧道建设，推动盐泰锡常宜铁路开工建设，打造江阴—靖江工业园区跨江融合发展新样板。积极推进风城—梅里长江大跨越等重要输电工程。高标准建设环太湖城乡有机废弃物处理利用示范区。争取承办长三角金融工作会议。

促进市域基础建设协调发展。启动锡澄、锡宜协同发展区建设，推进霞客湾科学城、大拈花湾等重点项目。实施城市干线快速化改造和路网优化加密工程，推进312国道改造提升，规划建设城市货运新通道，建成苏锡常南部高速、宜长高速和丁蜀通用机场。提高“四网融合”规划建设水平，启动锡宜城际轨道S2线建设，落实“十四五”每年开工两条新线的目标，新建地铁4号线二期、5号线，地铁4号线一期建成投运。

提升中心城市发展品质。优化城市功能和公共服务资源布局。实施视觉形象建设工程，强化城市色彩和形态管理，推进城市亮化工程。加强蠡湖未来城、鸿山旅游度假区等重点片区规划设计。建立重要项目规划设计方案专家论证机制。实施大运河整治提升和文化带建设工程，争创江南古运河国家级旅游度假区。推进火车站南广场综合改造、锦园保护与改建工程等项目建设，启动烈士陵园改造和环境提升工程。强化太湖新城产业导入和城市功能配套，高水平建设国际会议中心等地标性建筑。实施做大做强梁溪区三年行动计划，加快中山路核心商圈及崇安寺整体改造升级，推进梁溪科技城建设试点，打造精彩城区。

推动乡村全面振兴。坚持把解决好“三农”问题放在全局工作重中之重，推进农业农村现代化示范建设。坚决遏制耕地“非农化”、防止“非粮化”，推进农田连片整治，新增高标准农田3万亩。实施现代种业产业化行动，保障粮食、生猪、蔬菜等重要农产品稳定供给。推进五大现代农业产业园和五大乡村建设先导区规划建设和融合发展。开展新一轮农房建设，探索利用集体建设用地建设租赁住房。深化“一推三治五化”专项行动，完成100个重要节点村庄整治，创建20个省级特色田园乡村，打造一批美丽乡村示范带。创新集体经济联合发展机制，确保村均集体收入超900万元。推进江阴全国乡村治理体系建设试点、宜兴国家城乡融合发展试点，支持阳山创建国家级旅游度假区。

（六）着力提升美丽无锡建设新形象

整合市域空间布局。构建全域全覆盖国土空间规划体系，统筹划定生态保护红线、永久基本农田、城镇开发边界三条控制线，科学布局生态、农业、城镇等功能空间。严格建设用地土壤环境准入管理，加强农用地、建设用地分类管控。推进林地、绿地、湿地、自然保护地同建同保，规划建设植物园，申办省园艺博览会。市区新增绿地200万平方米，创成省生态园林城市。推动长江经济带高质量发展，加强长江生态修复，打造长江生态安全示范区。

持续开展环境整治。推进“美丽河湖”专项行动，深化河湖环境集中整治，确保太湖无锡水域水质稳步改善、连续第14年实现安全度夏。推进武澄锡虞中片沿江河道治理等重大水利工程建设。实施污水处理提质增效和精准攻坚“333”行动，开工建设城北污水处理二厂及太湖新城污水处理厂扩建工程，实现污水管网全覆盖。提高排水达标区长效管理水平。实行$PM_{2.5}$和臭氧协同控制，稳定提升空气质量优良天数比率。持续推进塑料污染全链条治理。积极研究实施碳达峰工作方案。

提升城市宜居品质。实施城市更新行动，推进美丽宜居城市建设综合试点。推进威孚地块等重点区域改造，完成房屋征收面积1000万平方米，新开工棚改安置房2.2万套。改造老旧电梯1000台。实现国有物业企业进驻老旧小区托底管理全覆盖。提升裸露土地整治成效，新改建“口袋公园”20座，建设立体绿化示范项目15个。深入实施绿色建筑创建行动，推广装配式建筑。坚持“房住不炒”定位，促进房地产市场平稳健康发展。规范住房租赁市场，推进保障性租赁住房和共有产权房建设。

深化城市精细化管理。优化打造全国最干净城市政策体系。整合市区停车场资源，建成统一的智慧停车运营平台。健全完善道路交通管理组织、事故防控、文明治理、畅通提升体系。推进市政设施“多杆合一”“多箱合一”，规范设置道路井盖、导向标识、栏杆围挡。大力整治违法建设、违规户外广告设施。推广生活垃圾“四分类”定时定点投放，市区建成区居民小区覆盖率达50%。

（七）着力绘就江南文化名城新画卷

充分挖掘城市文化底蕴。擦亮城市文化标识。实施无锡文化研究工程，启动编纂《无锡史》。推进鸿山大遗址保护，设立市文物考古研究院。推进惠山古镇保护建设，完善清名桥、小娄巷、荣巷等历史文化街区功能，全面整修公花园。设立无锡国专纪念馆，推进东林书院、薛福成故居等文保单位和名人故居活化利用，新辟无锡历史文化名人雕塑公园。建设锡剧艺术中心。弘扬惠山泥人、紫砂、二胡等优秀传统文化。策划举办倪云林中国画双年展。

增强城市文化软实力。落实常态化文明城市创建机制。加强“四史”教育。加大文艺发展基金投入和公共文化服务政府购买力度，加快市美术馆、文化艺术发展中心建设。深化市属文艺院团改革，支持民族乐团发展，启动交响乐团建设。加强现实题材、红色题材、本土题材文艺精品创作。推进一批小剧场建设，开展精品剧目常态化展演，开展“百场锡戏庆百年”全国巡演。支持无锡国家数字电影产业园发展，争创国家电影产业创新实验区。继续办好江南文脉论坛、太湖文化艺术季和文博会。

优化公共体育服务供给。启动奥体中心项目，推进市体育中心改造。盘活市区闲置用地，新建公共体育设施项目177个。加大城市社区足球场地设施建设力度，推动“10分钟体育健身圈”提档升级。加强青少年体育工作，加快发展竞技体育，启动建设新的市体育运动学校。完善促进全民健身政策，推进场馆设施开放，培育民间社团，扩大大众体育消费。争创全国全民运动健身模范市。

促进文体旅深度融合。设立节日办，开展“无锡周”“周末惬意在无锡”等特色文旅活动，办好跆拳道世锦赛、无锡马拉松、环太湖国际公路自行车赛等重大赛事，打造国际化赛事节会新品牌。加强太湖国家旅游度假区建设，提升蠡湖风景区旅游品质，支持荡口古镇向“景区街区社区”转型，强化旅游景区3千米范围内景观改造和秩序管理。办好全国性“非遗”旅游消费活动。实施城市“微更新”项目，建设一批“家门口的好去处”，打造“处处是景、时时宜游”全域旅游目的地城市。

（八）着力满足人民美好生活新期待

加大富民惠民安民工作力度。扎实办好10件45项为民办实事项目，创新实施“微幸福”民生工程。开展高质量就业促进行动，保障高校毕业生、退役军人、残疾人、退捕渔民等重点群体就业创业，扶持自主创业2.3万人。实施全民参保计划，做好企业职工基本养老保险、工伤保险省级统筹，推动基本医疗和生育保险市级统筹。完善多层次养老服务体系，建设老年友好型社会。完善分层分类社会救助体系，健全专项救助和补充性救助制度，针对3%最低收入人员建立相对贫困帮扶机制。新建市救助管理站。继续做好对口帮扶工作，落实关爱援建干部举措。

打造现代化教育强市。完善各级教育资源布局，新建幼儿园、中小学校24所，扶持普惠性民办幼儿园。开展国家、省义务教育优质均衡县（市）区创建。落实高考改革新方案，推进普通高中新课程新教材实施国家级示范区建设，提高高中教育质量。推进苏锡常都市圈职业教育高质量发展样板建设。实施“锡教名师”培养工程和“我为良师”全员行动。促进民办教育健康发展。支持江南大学建设“双一流”研究型大学，建成江大宜兴校区。全力办好无锡学院。建成东南大学无锡校区微纳加工与测试公共服务平台。

创新实施健康城市行动。优化医疗卫生资源布局，规划建设市妇女儿童医疗中心，完善市二院北院区功能，推进江大附属医院北院区改造和二期建设，推进市急救中心易地新建。滚动实施“办名院、建名科、增名医”战略。筹建南京医科大学无锡医学中心。深化医药卫生体制改革，探索医疗集团运作模式。改革医联体合作机制，改善社区卫生服务水平。推进中医药事业传承创新。规范社会办医。扩大普惠托育服务供给。完善疾病预防控制体系。深化食品安全示范城市创建。

（九）着力打造市域社会治理新样板

毫不放松抓好常态化疫情防控。完善常态化防控机制。严格入境人员、中高风险地区来锡人员闭环管理和进口冷链食品监管。抓好口岸、社区、学校、市场等重点区域、重点单位、重点场所防控。规范做好疫苗管理和使用。完善公共卫生应急机制，加强物资、人才、检测、隔离等应急保障能力建设。深入开展爱国卫生运动。落实关心关爱疫情防控一线医护人员和防疫工作者措施。

提升公共安全水平。把安全发展贯穿于现代化建设各领域全过程。深化安全生产专项整治三年行动,健全公共安全隐患排查和安全预防控制体系。争创国家安全发展示范城市。常态化推进扫黑除恶专项斗争,推进新一代“雪亮工程”联网共享应用体系建设,深化城市巡防处置一体化改革。推进公安“一基地二站二所四中心”项目建设。启动实施“锡朗网络综治工程”,建设完善各级网络安全应急指挥中心、网络安全综合管理平台。深化非法集资专项整治和打击恶意逃废金融债务行动,维护经济金融秩序。

加强和创新社会治理。推进市域社会治理现代化试点,完善“大数据 + 网格化 + 铁脚板”治理机制,深化“星级 + 薪级”社区工作者职业体系建设,加大社会组织支持力度,推动形成社会治理新格局。加快矛盾纠纷多元化解体系平台和机制建设,推动社会治理重心下移、矛盾源头化解。建好用好基层“有事好商量”协商议事室。深入开展“排风险、建清单、除隐患、保稳定”专项行动,优化“接访变下访”“一访定心”等工作机制,有效化解信访积案。

推进韧性城市建设。建设“城市大脑”,启动市域治理现代化指挥中心建设,推动公共数据与社会数据融合试点,加强数据安全防护。完善三级应急指挥体系。加快修订市政设施建设和管养标准。健全完善气象、洪涝、森林火灾、地质灾害等自然灾害综合监测预警体系,提高防灾减灾抗灾救灾能力。完成省级海绵城市试点区建设和市区易积水点整治。

(十)着力展现政府自身建设新作为

切实依法履责。坚持党的全面领导,增强“四个意识”,坚定“四个自信”,做到“两个维护”,把稳正确政治方向。坚定贯彻中央、省决策部署和市委工作要求,确保政令畅通、令行禁止。坚持法治无锡、法治政府、法治社会一体建设,推进重点领域法规规章的立改废释。坚持科学决策、民主决策、依法决策,规范行政执法行为。深化政务公开,提高政府公信力和执行力。

涵养为民情怀。强化宗旨意识,站稳人民立场,厚植“万家忧乐在心头”的家国情怀。急群众所急,想群众所盼,切实为民担忧、为民担当。常接地气,直接听取基层意见,站在群众立场解难题、办实事,解决好一批群众身边的操心事、烦心事。

严格廉洁自律。落实全面从严治党主体责任,切实履行“一岗双责”,营造政府系统风清气正政治生态。持续改进政府工作作风,持之以恒纠治“四风”,推动基层减负举措落地见效。厉行勤俭节约,财政一般性支出持续压减,以政府“紧日子”换取百姓“好日子”。

勇于实干担当。胸怀“两个大局”,主动把无锡工作放到全国全省大格局中去谋划推动。加大对上争取力度,全力争政策、争牌子、争资金、争试点。大兴调查研究之风,紧贴实际加强创新性政策举措研发。设立政策创新奖。支持选派干部到国家部委及上海、深圳、雄安新区等地挂职锻炼。增强白驹过隙、时不我待的紧迫感,振奋“争第一、创唯一”精气神,浓厚“真抓实干、马上就办”干事创业氛围。

调研报告

无锡市近10年出生人口数变化分析报告

市卫生健康委

为配合做好"无锡市国民经济和社会发展第十四个五年规划",为我市在现代化新征程中开好局、起好步献策献力,我委对近十年来全市人口出生情况进行了专题分析,为地方政府制定相关政策措施提供决策参考,现报告如下。

一、现状分析

(一)2010 ~ 2020 年上半年无锡市出生人口数变化情况

2010 年至 2020 年上半年,无锡市出生人口数共计 672400 人,尤其是 2016 年实行"全面两孩"政策后,2016 年出生人口数达到高峰为 73920 人,2017 ~ 2019 年出生人口数高峰回落,呈逐年下降趋势;2020 年上半年出生人口数为 23426 人,比 2019 年同期下降 19.12%。2010 ~ 2020 年上半年,无锡市一孩出生人口数占比和结婚登记人数均呈逐年下降趋势,二孩及以上占比呈逐年上升趋势。见表 1、图 1、图 2。

表 1　2010 ~ 2020 年上半年无锡市出生人口数、结婚登记、性别比、一孩、二孩及以上情况统计表

时间	出生人口数(人)	结婚登记数(对)	性别比	一孩(人)	占比(%)	二孩及以上(人)	占比(%)
2010	58679	40033	111.8	39472	67.27	19207	32.73
2011	62880	48536	112.4	42243	67.18	20637	32.82
2012	71108	46531	112.3	47540	66.86	23568	33.14
2013	63231	46885	111.0	41601	65.79	21630	34.21
2014	72243	43728	110.9	46571	64.46	25672	35.54
2015	59123	42523	112.4	34008	57.52	25115	42.48
2016	73920	36342	108.8	41615	56.30	32305	43.70
2017	64450	33645	107.4	32901	51.05	31549	48.95
2018	62333	31560	106.9	31391	50.36	30942	49.64
2019	61007	29254	107.9	32211	52.80	28796	47.20
2020 年 1 ~ 6 月	23426	—	109.4	12155	51.89	11271	48.11
合计	672400	399037	110.1	401708	59.74	270692	40.26

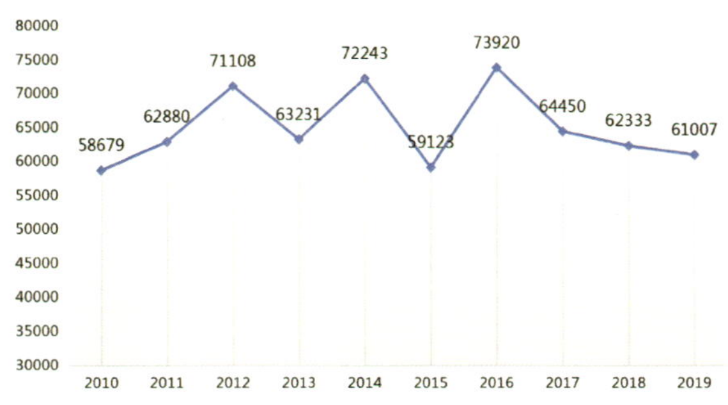

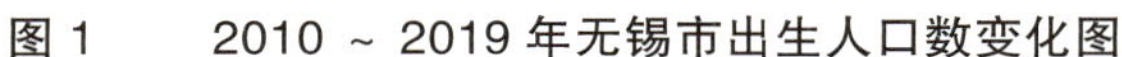

图 1 2010 ~ 2019 年无锡市出生人口数变化图

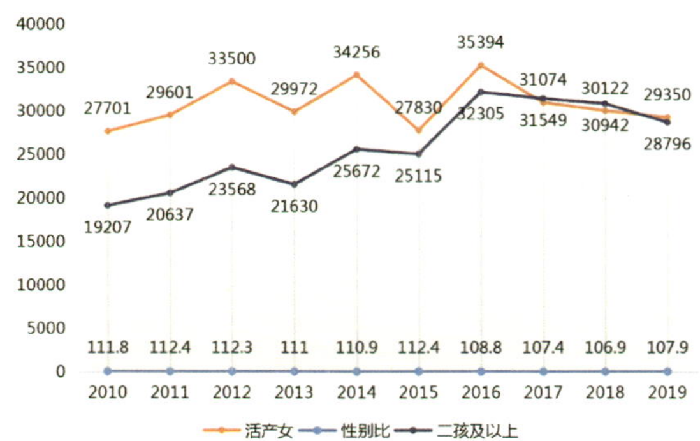

图 2 2010 ~ 2019 年无锡市活产女、性别比和二孩及以上出生数变化图

(二)2010 ~ 2020 年上半年无锡市分户籍出生人口数变化

2010 ~ 2020 年上半年,无锡市户籍出生人口数占比总体呈上升趋势,非户籍人口出生人口数占比总体呈下降趋势,近几年呈平缓趋势,分别稳定在 60% 和 40% 左右。见表 2、图 3。

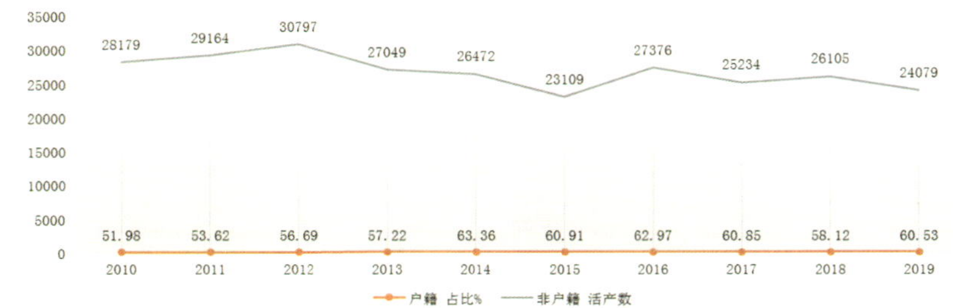

图 3 2010 ~ 2019 年无锡市分户籍出生人口数占比变化图

表 2 2010 ~ 2020 年上半年无锡市分户籍出生人口数统计表

时间	户籍		非户籍	
	出生人口数(人)	占比(%)	出生人口数(人)	占比(%)
2010	30500	51.98	28179	48.02
2011	33716	53.62	29164	46.38
2012	40311	56.69	30797	43.31
2013	36182	57.22	27049	42.78
2014	45771	63.36	26472	36.64
2015	36014	60.91	23109	39.09
2016	46544	62.97	27376	37.03
2017	39216	60.85	25234	39.15
2018	36228	58.12	26105	41.88
2019	36928	60.53	24079	39.47
2020 年 1 ~ 6 月	13881	59.25	9545	40.75

(三)2010 ~ 2020 年上半年无锡市分城乡出生人口数变化

2010 ~ 2020 年上半年，无锡市市区出生人口数占比呈逐年上升趋势，江阴市和宜兴市出生人口数占比呈逐年下降趋势。见表 3、图 4。

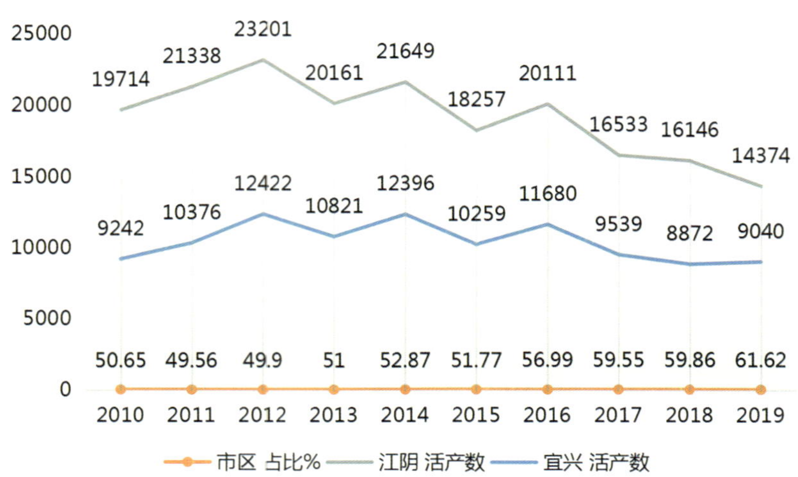

图 4　2010 ~ 2019 年无锡市分区域出生人口数占比变化示意图

表 3　2010 ~ 2020 年上半年无锡市分区域出生人口数统计表

时间	市区		江阴市		宜兴市	
	出生人口数（人）	占比（%）	出生人口数（人）	占比（%）	出生人口数（人）	占比（%）
2010	29723	50.65	19714	33.60	9242	15.75
2011	31166	49.56	21338	33.93	10376	16.50
2012	35485	49.90	23201	32.63	12422	17.47
2013	32249	51.00	20161	31.88	10821	17.11
2014	38198	52.87	21649	29.97	12396	17.16
2015	30607	51.77	18257	30.88	10259	17.35
2016	42129	56.99	20111	27.21	11680	15.80
2017	38378	59.55	16533	25.65	9539	14.80
2018	37315	59.86	16146	25.90	8872	14.23
2019	37593	61.62	14374	23.56	9040	14.82
2020 年 1 ~ 6 月	14833	63.32	5245	22.39	3348	14.29

（四）2010 ~ 2020 年上半年无锡市高龄、高危孕产妇变化

2010 ~ 2020 年上半年，无锡市临产高危孕产妇占比呈逐年上升趋势，2020 年上半年达 75.52%，比 2010 年提高了 30.64 个百分点；30 岁以上孕产妇占比呈逐年上升趋势，2020 年上半年最高为 43.02%，比 2010 年提高了 21.59 个百分点；35 岁以上高龄孕产妇占比呈逐年上升趋势，2020 年上半年相比 2010 年提高了 2.93 个百分点。见表 4。

表 4　2010 ~ 2020 年上半年无锡市一产、二产及以上、临产高危、高龄孕产妇情况统计表

时间	临产高危（人）	占比（%）	35 岁以上（人）	占比（%）	30 岁以上（人）	占比（%）
2010	26415	44.88	4369	7.42	12614	21.43
2011	29705	47.11	4468	7.09	13551	21.49
2012	37420	52.48	4732	6.64	15650	21.95
2013	29715	46.85	4426	6.98	14477	22.83
2014	37724	52.08	4599	6.35	16492	22.77
2015	31643	53.40	4673	7.89	19931	33.63
2016	39838	53.74	6145	8.29	17021	22.96
2017	38233	59.18	6697	10.37	22242	34.43
2018	42571	68.12	6136	9.82	22585	36.14
2019	42221	69.06	5532	9.05	23011	37.64
2020 年 1 ~ 6 月	17734	75.52	2430	10.35	10101	43.02

（五）2019 年和 2020 年上半年无锡市（县）区级及以上医院出生人口数情况

2019 年无锡市（县）区级及以上医院出生人口数 43730，占比达到全市出生人口数的 71.68%；2020 年上半年无锡市（县）区级及以上医院共出生人口数 17054 人，占比达到全市出生人口数的 72.8%。见表 5。

表 5　2019 年和 2020 年上半年无锡市县区级及以上医院出生人口数统计表

医院级别	出生人口数	
	2019 年	2020 年 1 ~ 6 月
县区级及以上医院	43730	17054
全市出生人口数	61007	23426
县区级及以上医院出生人口数占比 (%)	71.68	72.80

二、主要结论

（一）“全面两孩”政策实施后，出生人口数先上升后回落

2014年“单独两孩”政策在江苏省全面实施，2016年1月1日“全面两孩”政策实施，由此带来全市2016年出生人口数大幅提升，并达到高峰，但随后2017～2019年，出生人口数逐年回落，近5年全市分娩量仍持续稳定在6万以上；2020年上半年出生人口数、孕产妇保健手册建册人数分别比2019年同期相比下降19.12%、17.17%。由此预计2020年下半年全市分娩量也将较同期下降20%左右。

（二）出生人口结构和分布发生变化

2010～2020年上半年，无锡市户籍出生人口数占比总体呈上升趋势；市区出生人口数占比呈逐年上升趋势，江阴市和宜兴市出生人口数占比呈逐年下降趋势；无锡市一孩出生人口数占比明显呈逐年下降趋势，二孩及以上占比明显呈逐年上升趋势。

（三）母婴安全工作任务艰巨

目前，市（县）区级及以上医院承担了全市超70%的分娩量，分娩压力仍然未得到缓解，不利于提高产科服务质量。而基层医疗机构服务能力相对不足，未有效发生网底作用。2016年“全面两孩”政策放开后，全市分娩二孩及以上占比增多，同时高龄、高危孕产妇明显增多，导致危重孕产妇数量剧增，出现各种合并症和并发症，给母婴安全带来严峻考验，母婴安全工作任务艰巨。

三、对策建议

一是科学合理配置“十四五”期间的公共服务设施。根据分析，2016年是我市十年来出生人口最多的年份（出生7.392万人），与此对应，今年是全市新入幼儿园人数最多的年份。2017年以后，我市出生人口以平均每年近0.6万人的速度回落（预计今年新出生人口不超过5万人），按照惯性和育龄妇女人数规律，“十四五”期间每年出生人口可能在5万人左右。因此，建议市委市政府在规划“十四五”期间幼儿园和小学建设时，充分考虑出生人口逐年回落的情况，而非参照人口出生高峰年份需求进行规划。

二是优化0～3岁幼儿园托育机构资源供给。目前全市有0～3岁婴幼儿约25万人，共有托育机构203家，其中纯托育机构96家、幼儿园托班107家。据调查，有托育意愿的家庭接近50%，但实际入托率只有5%。一方面是家庭照料负担重，另一方面是托育机构招生难，尤其是疫情过后，托育机构发展更加迟滞，许多机构倒闭关停。全市托育机构发展呈现布局不均衡，供给侧资源与家庭托育需求不对应，服务质量参差不齐，从业人员资质混杂、流动性大等情况，与无锡城市规模和经济社会发展能级不相匹配。建议市委、市政府在“十四五”期间，结合住宅小区建设、老城区改造和美丽乡村建设，建立由政府主导的多元化的市场参与机制，促进家庭照护服务，加强科学育儿指导，加大社区婴幼儿照护服务设施投入，按需引导和支持社会力量举办托育机构，重视托育专业人员培养，同时强化对行业监督管理，不断满足婴幼儿家庭对托育服务的需求。

三是加大国家“全面两孩”生育政策扶持力度。分析我市一孩出生率逐年下降的原因，主要是结婚登记人数显著下降、已婚夫妇的生育理念变化，不愿生育或晚育的家庭增多，随着婚育年龄的延迟不孕不育的情况有所增多。建议市委、市政府相关部门加强跟踪分析，建立由机关、企事业单位职工和高校学生组成的宣讲队、志愿者，加强对青年和已婚夫妇的教育引导，倡导树立正确的家庭和婚育观念；同时支持卫生健康行政部门通过医疗行动帮助生育意愿强烈但生育困难家庭解决生育能力问题，进一步提高我市一孩出生率。针对我市二孩比例逐年提高，但主要受经济条件和抚育精力的影响，还未达到正常代际更替所要求水平的情况，建议我市参考周边城市的先进做法，积极探索延长产妇生育与哺乳假期、男方陪护假期，保障产妇假期经济收入稳定，给予生育二孩家庭一次性生育补贴等举措，推动“全面两孩”政策落地，促进我市“十四五”期间人口与经济、社会的协调发展。

四是全面提升基层医疗服务能力。针对“全面两孩”政策实施后高危产妇增多、出生缺陷风险加大和市（县）区以上医院承接产妇分娩数量过多、压力较重的情况，建议在“十四五”期间，进一步加大对基层医疗卫生机构基础设施、设备采购和人员配备等经费投入，同时进一步推进妇幼健康联合体和妇产科专科联盟建设，持续深入开展母婴安全行动计划，严格落实高危孕产妇24项管理制度，规范县区以上助产机构按照妊娠风险管理级别收治孕产妇，强化基层妇幼保健人员配备和业务指导，有序推进分级诊疗制度，促进优质医疗资源下沉，织牢织密妇女儿童服务基层网底防线，减少生育风险，保障母婴安全。

需求理性复苏　市场活力增强

——无锡促进居民消费情况调研报告

国家统计局无锡调查队

今年以来，各级政府不断深化落实“六稳”“六保”决策部署，多项促消费、扩内需、稳增长的政策举措出台落地。为了解政策实施成效，无锡调查队分别从消费需求端和供应端入手，对本地居民和商贸流通企业开展调研。总体看，政策实施后，消费需求理性复苏，消费市场活力有所增强，商贸企业等市场供应主体在挑战和创新中前行。

一、今年以来无锡消费基本情况

受疫情冲击和经济下行不利影响，今年以来，本地消费市场承受巨大挑战。随着疫情防控步入常态化，居民消费呈现稳步恢复向好局面。

（一）消费需求持续改善，限上零售恢复正增长

前三季度全市实现社会消费品零售总额2130.95亿元，同比下降3.9%，降幅分别较上半年和一季度收窄5.0和13.4个百分点。其中，限额以上社会消费品零售额恢复正增长，增速为0.9%。从23个大类商品限上零售额看，14个大类商品处于正增长，增长面超六成。

（二）收入增长逐季向好，消费水平稳步提高

前三季度无锡居民人均可支配收入为43299元，同比增长4.2%，分别较上半年和一季度提升1.7和2.4个百分点。收入增速高于全省平均水平0.2个百分点，高于全国平均水平0.3个百分点。同期，无锡居民人均生活消费支出25086元，同比下降1.4%，降幅较上半年和一季度分别收窄1.8和7.2个百分点。八大类消费中，支出占比位居前三的分别是食品烟酒（28.9%）、居住（23.3%）、交通通信（14.7%）；同比增速位居前三的分别是居住（6.7%）、生活用品及服务（5.8%）、食品烟酒（1.9%）。

（三）线上消费成为拉动消费生力军

今年以来，线上消费蓬勃发展。1～8月，无锡限上批零业网络零售额62.17亿元，同比增长22.6%；限上住餐业网络餐费收入10.02亿元，同比增长108.4%；共拉动全市限上零售额增长2.3个百分点。

二、消费需求侧：消费需求理性复苏

从需求端看，政策实施和节日效应叠加，助推居民消费需求加快释放。10月中旬，无锡调查队对疫情影响下居民消费意愿情况进行调查，回收有效调查问卷138份。调查结果显示，相关促进消费措施发挥成效，居民消费意愿理性回升。

（一）政策实施显成效，消费券撬动影响明显

今年6月份，无锡市政府出台了《关于进一步提升消费信心激发消费需求的若干条措施》，措施围绕发展新业态、策划节日活动、改造消费场所等提出了15条具体措施，积极挖掘消费潜力，鼓励和引导居民消费。其中，为期4个月的无锡惠民消费券发放活动中，派发的245万张百货、餐饮、文旅消费券累计带来5700万元购物优惠，撬动线下消费5.54亿元。从调研结果看，受访居民均认为相关政策对刺激本地消费发挥了积极的作用。从居民的消费体验看，各类促销补贴的提振作用最为直接，即时成效最为显著。此外，提升消费环境，举办节庆、会展活动也是促进消费的重要手段。惠民消费券、景区门票优惠政策、打造特色消费场所，以及举办购物、旅游、美食节庆活动等4项成为最受居民欢迎的刺激消费举措，发挥作用最为显著，选择人数占比分别为79.0%、47.1%、30.4%和26.1%。

（二）线上消费快速发展，生活实物消费比例高

从面上数据看，1～8月份无锡批零业中的综合零售业（包含百货、超市零售等）网络消费同比增长98.5%，住餐业中的快餐业网络消费同比增长116.8%。此次调研显示，线上消费快速发展，居民线上消费参与度和满意度都比较高，九成以上受访居民进行过线上消费，七成以上受访居民对线上消费满意。其中，有89.1%的在淘宝等电商平台进行过消费，有72.5%的在美团等外卖平台进行过消费。此外，微信小程序、生鲜派送、社区团购、线上教育等也是较常使用的线上消费平台。

在线上消费过程中，受访居民更倾向于满足日常生活需要的实物消费，生活日用品、食品餐饮、服装鞋帽这3个品类是居民在线上消费的主要消费项目，选择人数占比分别为76.8%、63.0%和58.0%。

（三）节日效应影响，消费需求加速释放

“十一”、中秋假期为居民消费提供充分消费的时机，前期受抑制、冻结的需求在政策和节日效应带动下加速释放。黄金周期间在外餐饮、线下购物、电影演出、外出旅游成消费热点，选择消费的人数占比分别为68.8%、53.6%、41.3%和31.9%。前期受疫情冲击显著的旅游消费有所恢复，54.4%的受访居民表示，在“十一”期间有过旅游出行，其中，有23.2%选择在无锡市内（包括江阴、宜兴）游玩，有21.0%的选择在江苏省内其他城市休闲旅游，有15.2%

的选择在国内其他省市休闲旅游。

（四）疫情风险抑制消费，消费者预期理性

受访居民表示，收入水平和预期、消费习惯和偏好、价格和优惠折扣等3项是影响自身消费的最主要因素，选择人数占比分别为64.5%、45.7%和37.0%。选择产品、服务质量、疫情防控进展等两项的人数占比分别为26.1%和24.6%。疫情带来的收入的不确定性及健康风险依旧是抑制消费的重要因素。

居民在消费方面保持较为理性的态度。现阶段，补偿性消费并未大规模出现。受访居民中，认为自身未进行补偿性消费的人数占比为73.9%。在选择补偿性消费的居民中，消费品类仍以在外餐饮、衣着鞋帽居多，选择买车换车等大宗商品消费的仅占全部受访居民的1.4%。

从对下阶段的消费预期来看，19.6%的受访居民选择适度消费，增加开支；56.5%的选择量入为出，不改变消费支出；有23.9%的选择精打细算，减少开支。

三、消费供给侧：在挑战和创新中前行

在此次疫情影响下，传统商贸流通企业应势而变，加快创新探索步伐，实现实体商业的转型升级。8月份下旬，无锡调查队对市区19家商贸流通企业开展调研，调研企业涵盖批发市场、农贸市场、连锁超市、百货商场和综合体等多种业态。调研中，73.7%的受访企业参加了本地惠民消费券让利活动；68.4%的企业建立或完善企业自身线上销售平台（自营网站、微信、App等）；57.9%的企业改造提升经营消费场所或是直接打折降价优惠促销；52.6%的企业尝试线上直播、网红推介等；47.4%的企业增强现有成熟电商平台推广力度（阿里巴巴、外卖平台等）；42.1%的企业开展线下单无接触物流配送服务；36.8%的企业举行线下内购会、社区团购等。

（一）疫情催生线上消费“宅经济”快速发展

疫情影响下，超过半数的调研企业上半年线上销售收入同比有所增长，其中两成以上企业线上销售同比增幅在20%以上，此类企业主要为农产品市场和连锁超市，得益于疫情防控期间居家的“宅经济”，同时拓宽线上下单线下配送的电商渠道，带动营业收入增长取得新亮点。以无锡天惠超市股份有限公司为例，通过不断完善电商物流平台等举措，今年上半年实现主营业务收入同比增长27.4%。与此形成对比的是传统百货零售业，由于人流来访大幅减少，销售受到明显冲击，市区中山路沿线三家百货公司上半年主营业务收入同比下滑幅度从10.9%到75.8%不等。

（二）商贸企业销售转型面临诸多考验

在尝试发展新型销售模式过程中，企业仍存在诸多考验和难关。其中，“消费客群固化”“电商平台推广费用高”“技术支持不足”3项为企业面临的普遍性问题，选择占比分别为63.2%、52.6%和42.1%。此外还有21.0%、10.5%、10.5%和5.3%的企业选择了“普及度不高”“用工需求无法满足”“资金缺口较大”和“物流成本高”等困难。调研中，42.1%的企业有进一步改变营销模式或是转型升级的计划，如提升亲民平台，加强网上推广和线下配送，实现思想观念转型，空间场景转型，新技术转型，店外营销能力转型。

（三）多数企业对消费市场走势持乐观预判

从销售情况来看，调研企业对于下阶段消费市场走势的预判在乐观中仍显谨慎，63.2%的企业认为年内市场将有所好转，其中预测“明显好转，市场将显著回暖”和“有所好转，但复苏有限”的企业占比分别为10.5%和52.7%；15.8%的企业认为市场将与上半年基本相同；21.0%的企业较为悲观，认为市场将保持下行。

四、扩大新时代居民消费，推动经济高质量发展

现阶段，居民消费的有效复苏提振仍是建立在疫情防控斗争取得重大战略成果的基础之上的。调研中发现，考虑到疫情风险，部分居民消费需求仍未得到充分释放，从源头上控制疫情，取得疫情防控最终胜利将是促进居民消费、提振市场信心的最重要保障。从中长期看，完善促进消费体制机制，需从居民收入、市场供给、公共服务水平3个发展变量入手，共同推动地方经济高质量发展。

（一）增加居民收入水平，扩大消费意愿

消费与收入高度相关，扩大消费的基础是不断提高城乡居民收入水平。在疫情防控背景下，全力做好保居民就业和稳就业工作，不断提高就业和创业服务水平，通过减费降税等再调节手段，增加居民实际可支配收入水平。深化城乡一体化发展，缩小城乡居民收入差距，充分发挥城乡居民群体的消费活力和积极性，扩大消费需求覆盖的广度和深度，增强社会总体消费支出能力。推广网络消费、智能消费，在常态化疫情防控条件下，着力补齐新型消费短板、以新业态新模式为引领加快新型消费发展，提高服务型消费比重，在消费规模、消费增速不断发展的同时，优化居民消费结构，引领经济高质量发展。

（二）扩大消费市场供给，提升消费满足感

需求决定供给，供给影响需求。在不断刺激推动消费需求的同时，也应积极推进消费供给侧改革，为消费者提供更高质量的商品和服务，提升消费群体的消费体验。加强市场经济的基础性制度建设，打造高标准法治化营商环境，鼓励优胜劣汰，增强消费市场供应主体的参与活跃度和积极性。支持鼓励发展线上消费，电商扶贫等新经济、新消费，积极推动物联网技术发展，加快现代化支付方式和物流体系建设，在供给端的基建技术层面实现消费环境的数字化转型升级，以消费供给结构性改革，增强消费的便利性，促进新时代居民消费发展。围绕中等收入群体这一主力消费人群，推出定制化、个性化产品，满足居民日益增长的物质文化需求；另一方面，加强政策兜底，优化收入再分配，加强对弱势群体的转移支付，保障低收入消费群体基本生活水平，提高一部分低中端收入人群的消费能力。

（三）提升公共服务水平，减少消费挤出效应

完善的社会保障是实现充分的居民消费的基础和前提。从公共服务和社会福利层面，不断完善城乡居民养老、医疗制度，加强对相对落后地区公共服务配套建设，实现公共医疗、教育资源充分均衡发展，是提振城乡居民消费信心的基石。从目前居民消费支出占比来看看，食品和居住仍是无锡市区居民消费占比最高的大类，改善居民消费结构，提升居民消费质量，需要着眼于需求侧，警惕高房价对居民消费升级的制约。坚持“房住不炒”原则，房地产调控政策不放松，防止地价房价过快上涨，长期完善住房管理体制改革，探索发展公租房、共有产权房试点发展，减少因房价快速上涨对居民消费造成的挤出效应。

先进名录

2020年全国劳动模范和全国先进工作者名录

全国劳动模范（8人）

周建平	海澜集团有限公司董事长、总经理
熊宝星	宜兴市宝星家庭农场农场主
王全智	无锡市穆桂英美食广场有限责任公司生产部部长
郭军伟	江苏红豆实业股份有限公司高级版师监
陆志林	无锡锡山特种风机有限公司技术部部长
陈　亮	无锡微研股份有限公司加工中心班组副班长
袁彩凤	电装天电子（无锡）有限公司主管
何光华	国网江苏省电力有限公司无锡供电分公司电缆运检室主任兼党支部书记

全国先进工作者（3人）

储小悦	宜兴市公安局副局长
任　勇	无锡市第五人民医院红丝带关爱中心负责人
徐夏民	无锡机电高等职业技术学校职业技能鉴定所主任

2020年江苏省五一劳动奖和工人先锋号名录

江苏省五一劳动奖状（12个）

双良集团有限公司
江苏雅克科技股份有限公司
无锡华洋滚动轴承有限公司
确成硅化学股份有限公司
江苏龙达纺织科技有限公司
无锡国家高新技术产业开发区（无锡市新吴区）行政审批局
无锡信捷电气股份有限公司
无锡零界净化设备股份有限公司
无锡市第三高级中学
江南大学附属医院
无锡市工业和信息化局
公安部交通管理科学研究所

江苏省五一劳动奖章（21人）

朱永方	江阴市长江房地产开发有限公司执行董事、总经理
刘丽艳	江苏阳光集团有限公司产品开发中心主任
谈成明	灵谷化工集团有限公司总经理、副董事长
杨　俊	宜兴均陶工艺有限公司技术员
凌士兄	无锡市梁溪区环境卫生管理处河道打捞工
钱　俊	无锡市科虹标牌有限公司部门主管
方宏伟	无锡市锡山区总工会主席
田维仑	无锡锡山建筑实业有限公司项目经理
王慧娟	无锡金球机械有限公司电焊工
徐立峰	无锡市惠山区教育局党委书记、局长
曹冬林	江苏南瑞恒驰电气装备有限公司工程师
杜　青	无锡市电站锅炉设备有限公司职工
陈桂平	无锡小天鹅电器有限公司产品经理
张小军	银邦金属复合材料股份有限公司研发主管
张长贵	无锡市辅仁高级中学教师
蔡佩源	无锡市人民医院副护士长
邓建清	无锡宏源机电科技股份有限公司技术中心主设计师
庄流石	无锡市应急管理局安全生产综合协调处处长
朱琰华	中国电信股份有限公司无锡分公司梁溪区局副局长
金　成	无锡太湖学院副校长
张　勇	中国航空工业集团公司雷华电子技术研究所副总工程师

江苏省五一劳动荣誉奖章（6人）

陈育新	江苏普莱医药生物技术有限公司董事长、首席执行官
包雯文	宜兴维多利亚家具有限公司总经理
池永訇	乐星汽车技术（无锡）有限公司总经理
戴　珊	阿斯利康制药有限公司生产副总裁
温益聖	希捷国际科技（无锡）有限公司副总裁
姜永守	SK海力士半导体（中国）有限公司总经理

江苏省工人先锋号(42个)

江阴市西郊环境卫生发展有限公司清扫保洁清运小组
优彩环保资源科技股份有限公司特种纤维生产一车间甲班
江苏锦明工业机器人自动化有限公司机器人研发与应用中心
江阴协统汽车附件有限公司发泡班组
国网江苏省电力有限公司宜兴市供电分公司调控运行班
江苏宜兴农村商业银行股份有限公司张渚支行
江苏沪宁钢机股份有限公司工艺放样所
江苏宝安电缆有限公司技术质量部
无锡市穆桂英美食广场有限责任公司穆桂英美食广场餐饮部
无锡盛阳食品城有限公司安保部水产班
无锡新得宝金属软管有限公司汽车波纹管装配二组
无锡隆达金属材料有限公司高温合金车间
无锡市安曼工程机械有限公司装配车间
无锡锡州机械有限公司挺杆车间数控班
无锡市第二人民医院重症医学科
苏南硕放机场有限公司信息技术部
无锡农村商业银行股份有限公司三农金融部
江苏北方湖光光电有限公司研发中心
中船澄西船舶修造有限公司钢结构事业部质量检验科
一汽解放汽车有限公司无锡柴油机厂重机部校车工段
无锡锡能电力实业有限公司新能源发展分公司
无锡双马钻探工具有限公司加厚车间
大明金属制品无锡有限公司仓储车间开平板班组
江苏麟龙新材料股份有限公司南航－麟龙新材料研究院研发班组
无锡派克新材料科技股份有限公司环机班组
雄宇重工集团股份有限公司擦窗机焊接班组
无锡市宇正铁路油封制造有限公司机器人集成班组
无锡智能自控工程股份有限公司生产部金工车间数控班
江苏腾旋科技股份有限公司通用接头车间
无锡航亚科技股份有限公司赛峰项目组
无锡胜喜路机械有限公司机加工车间
无锡速达新材料科技股份有限公司覆膜班组
无锡市粮食和物资储备局物资储备处
无锡市公安局交通警察支队高速公路一大队
无锡汽车工程高等职业技术学校车身修复教研室
无锡市第二人民医院重症医学科
中国邮政集团公司无锡市分公司荣巷营投部
中国移动通信集团江苏有限公司无锡分公司品质管理部投诉处理中心
中国航发控制系统研究所动控系统部外场服务团队
中国船舶重工集团公司第七〇二研究所岛礁海洋环境测量团队
中国电子科技集团有限公司第五十八研究所 CPU 团队
中铁四局集团有限公司无锡地铁 3 号线新梅车辆段项目经理部

（市总工会）

市辖区地名命名更名

【地名命名更名】 2020年，无锡市区命名、更名地名181条。其中：命名居民区53个，建筑物18座（含大厦2座、广场4个、中心7座、其他建筑物5座），道路73条，桥梁37座（含立交桥3座、人行天桥1座）。此外，地名属性调整24条。（韩科峰）

表70　　2020年无锡市地名命名、更名一览表

序号	类别	标准地名	隶属辖区	地理位置
居民地				
1	居民区	璀璨誉馨园	梁溪区	位于通江街道管理区域内，东南至规划道路，西南至兴源北路，西北沿规划道路与北新河相邻，东北隔空地与沪宁铁路相望
2	居民区	溪涧雅苑	梁溪区	位于通江街道管理区域内，东至通江大道，南至北兴塘河，西至惠勤路，北至庆丰路
3	居民区	铂翠名邸	梁溪区	位于广益街道管理区域内，东至广和路，南至广吉路，西至规划道路，北至广祥路
4	居民区	晓团悦园	梁溪区	位于迎龙桥街道管理区域内，东至曹张路，南至永乐西路，西、北至曹张新村
5	居民区	观河澜院	梁溪区	位于清名桥街道管理区域内，东至南长街，南至清名东路，西至金钩桥街（规划延伸段），北至蜻蜓浜弄
6	居民区	珺睿雅筑	梁溪区	位于金匮街道管理区域内，东至兴源中路，南至动力路，西至通泊路，北至规划道路
7	居民区	悦峰新邸	梁溪区	位于扬名街道管理区域内，东至曹张路（规划延伸段），南至永和路，西至青年路，北至永乐西路
8	居民区	悦蓉雅苑	梁溪区	位于惠山街道管理区域内，东南至通惠西路辅道，西南至新惠路，西北至规划道路，东北至运河西路
9	居民区	悦惠雅苑	梁溪区	位于惠山街道管理区域内，东南至规划道路，西南至新惠路，西北至九曲基河，东北至运河西路
10	居民区	文澜雅苑	梁溪区	位于山北街道管理区域内，东至惠东路（规划名称），南至新惠路，西至规划道路，北至双河
11	居民区	文晖铭苑	锡山区	位于东亭街道管理区域内，东至东亭新光路，南至明泉河，西至友谊中路，北至新明东路
12	居民区	春风南岸雅居	锡山区	位于安镇街道管理区域内，东至恒春路，南至恒畅路，西至春风南路，北至九里河和戴巷自然村
13	居民区	百郦华庭	锡山区	位于安镇街道管理区域内，东南至润锡中路，西南至九里河，西北至新华路，东北至和祥路
14	居民区	春岸雅筑	锡山区	位于安镇街道管理区域内，东南至九里河，西南至和祥路，西北至润锡中路，东北至东翔路
15	居民区	熙东铭筑	锡山区	位于安镇街道管理区域内，东至和祥路，南至锡山大道，西至协和南小学地块和金泽路，北至山河路
16	居民区	裕蓉名邸	锡山区	位于东北塘街道管理区域内，东至蓉裕路（规划延伸段），南至芙蓉三路和裕巷浜，西至裕巷新村，北至锡港路东北塘东段
17	居民区	塘悦雅苑	锡山区	位于东北塘街道管理区域内，东至承塘路，南至芙蓉四路，西至东旺路，北至家悦商业中心
18	居民区	悦澜嘉园	锡山区	位于云林街道管理区域内，东至熙悦府，南至二泉东路，西至云竹路，北至九里河

续表 70

序号	类别	标准地名	隶属辖区	地理位置
19	居民区	熙尚锦园	锡山区	位于羊尖镇管辖区域内，东至新羊大道，南至育才西路（规划延伸段），西至规划道路，北至规划道路
20	居民区	金港嘉苑	锡山区	位于东港镇管辖区域内，东至金港大道，南至朝阳村委会前杨自然村，西至怀仁路，北至新湖南苑
21	居民区	锦河雅苑	锡山区	位于东港镇管辖区域内，东至兴港路，南至锡北运河，西至港下新村，北至步行南街
22	居民区	凤栖雅苑	惠山区	位于堰桥街道管理区域内，东至凤宾路，南至天丰路，西至凤栖路，北至天昌路
23	居民区	云辉澜庭	惠山区	位于堰桥街道管理区域内，东至凤宾路，南至天盛路，西至凤栖路，北至天丰路
24	居民区	美悦华庭	惠山区	位于长安街道管理区域内，东至惠景路，南至静学路，西至惠宁路，北至利市路
25	居民区	星麓名邸	惠山区	位于长安街道管理区域内，东至规划道路（与惠山新城体育馆相邻），南至金惠路，西至惠力路和长安西界河，北至欣惠路和长安西界河
26	居民区	雍荣院	惠山区	位于钱桥街道管理区域内，东南至洋溪路，西南至林溪路和钱桥第二中心幼儿园，西北至上伟路，东北至空地与藕中路相望
27	居民区	璟西铭邸	惠山区	位于前洲街道管理区域内，东至保宁路，南至空地与谢印路相邻，西至洛洲路，北至万印河
28	居民区	常春名邸	惠山区	位于玉祁街道管理区域内，东至洛洲路，南至玉洁路，西至曙光路，北至玉祁客运站
29	居民区	雅锦南园	惠山区	位于洛社镇管辖区域内，东至洛社中心幼儿园，南至星河路，西至新雅路，北至河坊路
30	居民区	晨光静园	惠山区	位于洛社镇管辖区域内，东至洛竹路，南至洛南路，西至永辉路，北至新洛路
31	居民区	金玥湾雅苑	惠山区	位于洛社镇管辖区域内，东至惠洲大道，南至翠竹南路（规划名称），西至规划道路与后沈河相邻，北至规划道路与张三坝河相邻
32	居民区	誉湖雅园	滨湖区	位于河埒街道管理区域内，东至马鑫港，南至稻香东路，西至湖滨路和锦绣大厦，北至苏豪国际大厦
33	居民区	盛荣雅园	滨湖区	位于荣巷街道管理区域内，东至丹桂路，南至规划道路，西至荣巷龙山路，北至大池路
34	居民区	愉樾雅居	滨湖区	位于华庄街道管理区域内，东至南湖大道，南至清晏路，西至贡湖大道，北至震泽路
35	居民区	玖珑悦居	滨湖区	位于华庄街道管理区域内，东至规划道路，南至吴都路，西至华清大道，北至秀水河（与和畅路相邻）
36	居民区	铂晨名筑	滨湖区	位于华庄街道管理区域内，东至文教路（规划名称），南至清源路，西至规划道路（华庄睦邻中心），北至清晏路
37	居民区	辰风云庭	滨湖区	位于雪浪街道管理区域内，东至秀水河，南至清晏路，西至信成道，北至震泽路
38	居民区	铂云溪院	滨湖区	位于雪浪街道管理区域内，东至缘溪道，南至南横街（规划延伸段），西至笠泽路（规划延伸段），北至规划道路
39	居民区	逸坤雅园	滨湖区	位于马山街道管理区域内，东至陆马公路，南至长青路（规划延伸段），西至湖山河，北至碧波河
40	居民区	湖悦佳园	滨湖区	位于胡埭镇管辖区域内，东至刘闾路，南至规划道路，西至胡安路，北至环镇北路

续表 70

序号	类别	标准地名	隶属辖区	地理位置
41	居民区	璞悦雅苑	新吴区	位于新安街道管理区域内，东至净慧东道，南至科创路（规划名称），西至广场东路（规划名称），北至清晏路
42	居民区	文萃雅苑	新吴区	位于旺庄街道管理区域内，东南至香山路，西南至湘江路，西北至融智大厦，东北至凯宜医院
43	居民区	龙谦嘉园	新吴区	位于旺庄街道管理区域内，东至漓江路，南至新华路，西至珠江路，北至宅基浜
44	居民区	和韵上院	新吴区	位于旺庄街道管理区域内，东至兴源南路（规划延伸段），南至规划道路，西至城南路，北至旺庄路（规划延伸段）
45	居民区	永乐云筑	新吴区	位于江溪街道管理区域内，东至规划用地（与江海南路相邻），南至永乐东路，西至江海新村，北至张巷
46	居民区	泊月湾雅苑	新吴区	位于江溪街道管理区域内，东至坊育路（规划延伸段），南至泰山路，西至鑫明路（规划名称），北至兴泰路（规划名称）
47	居民区	澜亭水苑	新吴区	位于江溪街道管理区域内，东至无锡市春城实验小学，南至规划道路，西至行创四路，北至冷渎港
48	居民区	美卓华庭	新吴区	位于江溪街道管理区域内，东至规划道路，南至锡山大道，西至纺城大道，北至东安路
49	居民区	锦叙苑	新吴区	位于江溪街道管理区域内，东至广南路，南至叙康路，西至广南里，北至缇香路
50	居民区	奥锦雅苑	新吴区	位于江溪街道管理区域内，东至坊明路，南至泰山路，西至锡兴北路，北至坊泰路
51	居民区	金悦融庭	新吴区	位于梅村街道管理区域内，东至花半里，南至锡义路，西至新洲路，北至江苏中卫九洲医用工程有限公司
52	居民区	锡贤璟园	新吴区	位于梅村街道管理区域内，东至新南东路（规划名称），南至锡贤路，西至新华路，北至堰下路
53	居民区	康筑泓园	新吴区	位于鸿山街道管理区域内，东至沈家桥浜，南至锡协路，西至鸿山路，北至鸿达路
建筑物				
1	大厦	益智大厦	梁溪区	位于广益街道管理区域内，东、北至黄泥头佳苑三期，西至通江大道，南至广益路
2	大厦	汇鑫大厦	锡山区	位于东北塘街道管理区域内，东、南至白屈港，西至江苏双龙电瓶总经销，北至锡通物流
3	广场	锡望文化广场	锡山区	位于东亭街道管理区域内，东至张周桥港，南至锡州路，西至东亭中路，北至二泉中路
4	广场	智乐商业广场	锡山区	位于安镇街道管理区域内，东南至迎平路，西南至兴越路，西北至迎安路，东北至荟萃路
5	广场	弘业商业广场	锡山区	位于安镇街道管理区域内，东隔中心河与山河路相邻，南至弘业东路，西隔空地与吼山南路相望，北隔绿化带与九里河相邻
6	广场	吴文化广场	新吴区	位于鸿山街道管理区域内，东至美泰湖，南至至贤路，西至河道，北至泰伯陵
7	中心	江南食品科创中心（A区）	梁溪区	位于广益街道管理区域内，东至广新路（规划延伸段），南至食品北路（规划名称），西至通江大道辅道，北至崇安生活垃圾转运站
8	中心	江南食品科创中心（B区）	梁溪区	位于广益街道管理区域内，东至江苏电信无锡分公司物资采购中心，南至食品北路（规划名称），西、北至广新路（规划延伸段）
9	中心	锡钢浜商业中心	梁溪区	位于清名桥街道管理区域内，东至塘南路，南至规划道路，西至古运河，北至清名东路

续表 70

序号	类别	标准地名	隶属辖区	地理位置
10	中心	锡樾商业中心	梁溪区	位于北大街街道管理区域内，东南至北新河，西南至顾桥港，西北至规划道路，东北至兴源北路
11	中心	汇智科创中心	锡山区	位于安镇街道管理区域内，东南至新华路，西南至志达路，西北至迎平路，东北至兴越路
12	中心	家悦商业中心	锡山区	位于东北塘街道管理区域内，东至承塘路，南至瑭悦雅苑，西至东旺路，北至东政路
13	中心	清源科技中心	新吴区	位于新安街道管理区域内，东至慎思路，南至弘毅路，西至思贤路，北至大溪港
14	建筑物（群）	智行科创园	锡山区	位于安镇街道管理区域内，东至恒春路，南至先锋中路，西至春风南路，北至恒畅路
15	建筑物（群）	华清创智园	惠山区	位于长安街道管理区域内，东至清研路，南至堰新路，西至惠山大道，北至研园路
16	建筑物（群）	海冠智谷科技园	新吴区	位于新安街道管理区域内，东至菱湖大道，南至规划道路，西至净慧东道，北至高浪东路
17	建筑物（群）	净慧科创园	新吴区	位于新安街道管理区域内，东至净慧西道，南至吴都路，西至华谊路，北至规划道路
18	建筑物（群）	云智科技园	新吴区	位于江溪街道管理区域内，东至梅东河，南至锡泰路，西至南新一路（规划名称），北至景渎村工业园
道 路				
1	道路	陈白头巷	梁溪区	位于通江街道管理区域内，在兴源北路北面，东南至惠勤路，西北至北新河（与工艺路延伸段相接），长 238 米，宽 18 米
2	道路	德福弄	梁溪区	位于通江街道管理区域内，在德福花园和东方时代大厦之间，西南至工艺路延伸段，东北至陈白头巷，长 233 米，宽 18 米
3	道路	工艺路	梁溪区	位于通江街道管理区域内，在兴源北路和兴源中路西南面，东南至亭子桥，沿古运河往西北至北新河，沿北新河转向东北至陈白头桥（规划名称），长 1766 米，宽 16.1 米
4	道路	广福路	梁溪区	位于广益街道管理区域内，在广南路和广和路之间，南北走向，南至锡沪东路，北至广吉路，长 274 米，宽 10 米
5	道路	建运路	梁溪区	位于金星街道管理区域内，在建乐家园中间，东西走向，东至运河西路，西至建乐路，长 277 米，宽 14 米
6	道路	滨水路	梁溪区	位于金匮街道管理区域内，在新光路北面，东北至兴源中路，西南至清扬路，长 1791 米，宽 14 ～ 30 米
7	道路	中泰路	梁溪区	位于金匮街道管理区域内，在滨水路北面，东北至兴源中路，西南至通泊路，长 550 米，宽 24 米
8	道路	章村路	梁溪区	位于扬名街道管理区域内，在扬名花园西面，南北走向，南至梁东路，北至章村桥与大桥路（规划名称）对接，长 533.6 米，宽 24 米
9	道路	南尖巷	梁溪区	位于北大街街道南尖居委会，在县前华府周围，东起横街（规划名称），向西 130 米，转向南 350 米，再转向东 195 米接横街（规划名称），长 675 米，宽 6 米
10	道路	金建路	梁溪区	位于北大街街道后祁街居委会，在金太湖国际城和建设新村之间，西南起中山路，东北至建设新村 248 号外墙，长 175 米，宽 6 米
11	道路	缫工路	梁溪区	位于惠山街道金马居委会，在金马国际花园南面，东西走向，东至江尖公园，西至县前西街，长 300 米，宽 6 米
12	道路	派安路	梁溪区	位于黄巷街道管理区域内，在沪宁铁路西面，东南起江海西路，西北至锡澄运河旁停车场，长 850 米，宽 8 米

续表 70

序号	类别	标准地名	隶属辖区	地理位置
13	道路	广运路	梁溪区	位于黄巷街道管理区域内，在凤翔路和凤宾路之间，南北走向，南至兴源北路，北至民丰路，长 850 米，宽 13 ～ 18 米
14	道路	荣亭路	锡山区	位于东亭街道管理区域内，在柏庄路西面、华东装饰城东侧，南北走向，南至上马墩路（规划延伸段），北至锡沪路东亭西段，长 259 米，宽 14 米
15	道路	悦塘路	锡山区	位于东北塘街道管理区域内，在东政路南面、塘悦雅苑和家悦商业中心之间，东西走向，东至承塘路，西至东旺路，长 190 米，宽 10 米
16	道路	渔韵路	锡山区	位于东北塘街道兴塘居委会，在东亭北路西面，北至春塘路，向南 150 米后折向西 800 米，再折向北至春塘路，全长 1178 米，宽 15 米
17	道路	方渔路	锡山区	位于东北塘街道兴塘居委会，在东方天郡花园中间，南北走向，南至春塘路，北至芙蓉五路，长 450 米，宽 20 米
18	道路	钱家庄路	锡山区	位于云林街道云龙居委会，在嘉润公寓和嘉福公寓之间，东西走向，东至团结中路，西至云林苑东侧规划道路，长 140 米，宽 10 米
19	道路	希望路	锡山区	位于羊尖镇管辖区域内，在廊下小学北面，东至北圣塘桥，向北 60 米，折向西 500 米，再折向北 150 米至锡沪路羊尖西段，长 710 米，宽 10.8 米
20	道路	高巷路	锡山区	位于东港镇黄土塘村委会高巷自然村，在 S228 省道南面，东西走向，东至无锡市宏宇汽车配件制造有限公司，西至黄土塘路，长 620 米，宽 8 米
21	道路	坝里桥路	锡山区	位于东港镇黄土塘村委会坝里桥自然村，在黄土塘路东面，南北走向，南至横河，北至 S228 省道，长 700 米，宽 8 米
22	道路	堰文路	惠山区	位于堰桥街道管理区域内，在堰桥初级中学东侧，南北走向，南至堰韵路，北至长韵路，长 600 米，宽 18 米
23	道路	凤华路	惠山区	位于堰桥街道管理区域内，在惠山大道东侧、北环路北侧，东起天玥路，向西 500 米后折向北至天丰路，全长 1500 米，宽 15 米
24	道路	汀阳路	惠山区	位于堰桥街道管理区域内，在北环路南侧，东西走向，东至水澄北路，西至北环路匝道，长 400 米，宽 5 米
25	道路	汀枫路	惠山区	位于堰桥街道管理区域内，在北环路北侧，东西走向，东至水澄北路，西至北环路匝道，长 300 米，宽 5 米
26	道路	惠行路	惠山区	位于长安街道管理区域内，在全惠苑中间，东北至堰新路，西南至全惠西路，长 575 米，宽 14 米
27	道路	行业路	惠山区	位于长安街道管理区域内，在行知路北面，东西走向，东至雁归路，西至智慧路，长 155 米，宽 5 米
28	道路	惠德路	惠山区	位于长安街道管理区域内，在惠源路东面，南北走向，南至堰新路，北至启航路，长 508 米，宽 12 米
29	道路	长韵路	惠山区	位于长安街道管理区域内，在惠韵家园中间，东西走向，东至南北中心河，西至堰文路（规划名称），长 470 米，宽 11 米
30	道路	惠武路	惠山区	位于长安街道管理区域内，在惠韵家园中间，南北走向，南至堰裕路，北至长韵路，长 309 米，宽 10 米
31	道路	惠嘉路	惠山区	位于长安街道管理区域内，在惠源路东面，南北走向，南至华惠路，北至全惠路，长 558 米，宽 12 米
32	道路	惠利路	惠山区	位于长安街道管理区域内，在惠山大道西面，东北至华惠路，西南至中惠大道，长 403 米，宽 12 米
33	道路	惠吉路	惠山区	位于长安街道管理区域内，在吉星家园东面，南北走向，南至长宁路，北至春惠路，长 222 米，宽 10 米

续表 70

序号	类别	标准地名	隶属辖区	地理位置
34	道路	春晞路	惠山区	位于长安街道管理区域内，在春惠路北面、长宁苑中间，东西走向，东至惠翔路，西至惠萃路，长 1059 米，宽 8 米
35	道路	藕洛路	惠山区	位于钱桥街道管理区域内，在藕乐苑和盛世翡翠苑之间，南北走向，南至藕塘北路，北至 S342 省道，长 850 米，宽 12 米
36	道路	恒星路	惠山区	位于钱桥街道晓丰居委会，在晓星小区西侧，南北走向，南至江海西路，北至恒晓路，长 365 米，宽 4 米
37	道路	龙胜路	惠山区	位于钱桥街道晓丰居委会，在 G312 国道钱桥段西面，南北走向，南起胜石路，下穿沪宜高速公路，北至运河西路，长 360 米，宽 6 米
38	道路	潘丰路	惠山区	位于钱桥街道晓丰居委会，在胜丰路东面，南北走向，南至张姆泾工业园，北至运河西路，长 390 米，宽 7 米
39	道路	晓星路	惠山区	位于钱桥街道晓丰居委会，在晓星小区北侧，东西走向，东至钱威路，西至恒星路，长 640 米，宽 9 ~ 12 米
40	道路	恒晓路	惠山区	位于钱桥街道晓丰居委会，为 G312 国道钱桥段高架地面道路，东西走向，东至钱威路，西至恒星路，长 600 米，宽 8 米
41	道路	胜高路	惠山区	位于钱桥街道晓丰居委会，在运河西路南面，东西走向，东起胜石路，下穿沪宜高速公路，西至惠澄大道，长 715 米，宽 7 米
42	道路	胜石路	惠山区	位于钱桥街道晓丰居委会，在 G312 国道钱桥段北侧、惠运大桥西南，东北起胜丰路，向西过 G312 国道后折向西南，与国道平行走向 450 米，再折向东南，过国道接胜丰路，长 515 米，宽 7 米
43	道路	胜丰路	惠山区	位于钱桥街道晓丰居委会，南起江海西路，向北 400 米，折向东北 550 米，折向西 200 米，再折向北 350 米，沿 G312 国道平行走向至胜石路，折向东至潘丰路，全长 2200 米，宽 10 米
44	道路	龙钱路	惠山区	位于钱桥街道钱桥居委会，在钱荣路东面、龙山脚下，南北走向，南至钱桥安息堂，北至惠钱路，长 600 米，宽 5 米
45	道路	玉恒路	惠山区	位于玉祁街道管理区域内，在武玉路东面，南北走向，南至横绛河，北至祁北路，长 350 米，宽 7.5 米
46	道路	明剑路	惠山区	位于玉祁街道管理区域内，在五牧河东面，南北走向，南至薛暮桥故居，北至礼社路，长 200 米，宽 7 米
47	道路	文溶路	惠山区	位于玉祁街道管理区域内，在汇秀苑中间，东西走向，东至曙光路，西至湖西路，长 400 米，宽 10 米
48	道路	上源路	惠山区	位于阳山镇管辖区域内，在新渎河北面，东西走向，东至阳杨路，西至安阳路，长 687 米，宽 7 米
49	道路	许荣路	滨湖区	位于荣巷街道龙山居委会，在荣巷龙山路西面，南北走向，南至梁溪路，北至许巷新村南大门，长 300 米，宽 15 米
50	道路	震美路	滨湖区	位于蠡湖街道管理区域内，在蠡湖大道西面，南北走向，南至中南西路，北至太湖西大道，长 368 米，宽 8 米
51	道路	葛巷路	滨湖区	位于蠡湖街道管理区域内，在葛巷新村南面，东西走向，东至五湖大道，西至金水路，长 440 米，宽 8 米
52	道路	蠡春路	滨湖区	位于蠡湖街道蠡溪居委会，在蠡溪路西面，南北走向，南至中南西路，北至太湖西大道，长 358 米，宽 24 米
53	道路	万塘路	滨湖区	位于华庄街道管理区域内，在贡湖大道东面，东至兴梁道，向西折向北至塘铁桥路，长 300 米，宽 15 米
54	道路	和鸣路	滨湖区	位于太湖街道管理区域内，在和风路北面，东西走向，东至立信大道，西至观顺道，长 382 米，宽 20 米

续表 70

序号	类别	标准地名	隶属辖区	地理位置
55	道路	和谐支路	滨湖区	位于太湖街道管理区域内，在显云路北面，东西走向，东至规划道路，西至和谐道，长 98 米，宽 12 米
56	道路	雪新路	滨湖区	位于雪浪街道管理区域内,在雪新苑和雪溪苑之间、敦睦路西面，南北走向，南至具区路，北至清源路，长 778 米，宽 13 米
57	道路	方兴路	滨湖区	位于雪浪街道南泉集镇，在缘溪道北面，东西走向，东至兴隆路，西至方泉路，长 300 米，宽 12 米
58	道路	景贤路	新吴区	位于新安街道管理区域内，在观山路南面，东西走向，东至运河西路，西至华谊路，长 1600 米，宽 18 米
59	道路	科东路	新吴区	位于新安街道管理区域内，在新开港西面，南北走向，南至太湖大堤，北至具区路，长 906 米，宽 12 米
60	道路	慧湖路	新吴区	位于新安街道管理区域内，在具区路南面，东西走向，东至科东路，西至华谊路，长 3820 米，宽 15 米
61	道路	吴门口路	新吴区	位于新安街道管理区域内，在望虞河南面，东西走向，东至京杭大运河西岸苏州界，西至月城河，长 1250 米，宽 5 米
62	道路	智育路	新吴区	位于旺庄街道管理区域内，在沪宁城际铁路无锡新区站南侧，东西走向，东至长江南路，西至珠江路，长 610 米，宽 24 米
63	道路	智研路	新吴区	位于旺庄街道管理区域内，在智育路北面，东西走向，东至漓江路，西至珠江路，长 200 米，宽 20 米
64	道路	电科路	新吴区	位于旺庄街道管理区域内，在无锡阿尔卑斯电子有限公司东侧，南北走向，南至锡新二路（规划延伸段），北至新集路，长 300 米，宽 12 米
65	道路	电腾路	新吴区	位于旺庄街道管理区域内，在锡兴北路西面，南北走向，南至新晶路，北至新集路，长 201 米，宽 12 米
66	道路	新晶路	新吴区	位于旺庄街道管理区域内，在锡新二路（规划延伸段）北面，东西走向，东至锡兴北路，西至电科路，长 304 米，宽 12 米
67	道路	新集路	新吴区	位于旺庄街道管理区域内，在新晶路北面，东西走向，东至锡兴北路，西至电科路，长 286 米，宽 12 米
68	道路	新泾路	新吴区	位于硕放街道管理区域内，在锦鸿路北面，东西走向，东至中通路，西至溇金路，长 630 米，宽 7 ~ 10 米
69	道路	丰溪路	新吴区	位于江溪街道管理区域内，在米兰花园东区和西区之间，南北走向，南至江溪路，北至金城东路，长 300 米，宽 15 米
70	道路	新燕路	新吴区	位于梅村街道管理区域内，在新韵北路东面，南北走向，南至金城东路，北至群兴路（规划延伸段），长 1505 米，宽 24 米
71	道路	泰鸿路	新吴区	位于鸿山街道管理区域内，在伯渎港北面，东南至飞凤路，西北至通锡高速，长 2273 米，宽 16 米
72	道路	安鸿路	新吴区	位于鸿山街道管理区域内，在欣鸿路北面，东西走向，东至飞凤路，西至鸿运路，长 1941 米，宽 20 米
73	道路	童家湾路	新吴区	位于鸿山街道管理区域内，在鸿泰路北面，东西走向，东至飞凤路，西至新庆路，长 1336 米，宽 32 米
桥 梁				
1	桥梁	章村桥	梁溪区	位于扬名街道梁中居委会，在扬名花园西面，坐落在章村路上，跨章村浜，长 13 米，宽 24 米，最大跨径 13 米
2	桥梁	九曲基桥	梁溪区	位于惠山街道新惠路居委会，在凤翔南路西面，坐落在盛岸东路上，跨九曲基河，长 10.74 米，宽 44 米，最大跨径 9.7 米

续表 70

序号	类别	标准地名	隶属辖区	地理位置
3	桥梁	双惠桥	梁溪区	位于惠山街道管理区域内，在惠峰路与新惠路交叉路口南侧，坐落在惠峰路上，跨新惠河，长 22.84 米，宽 19 米，最大跨径 16 米
4	桥梁	田禾桥	梁溪区	位于惠山街道管理区域内，在凤翔南路东面，坐落在新惠路上，跨腐乳浜，长 22.85 米，宽 25 米，最大跨径 16 米
5	桥梁	新惠桥	梁溪区	位于惠山街道和山北街道管理区域内，在惠峰路西面，坐落在新惠路上，跨九曲基河，长 45.88 米，宽 25 米，最大跨径 13 米
6	桥梁	天星桥	梁溪区	位于山北街道管理区域内，在新惠桥西面，坐落在新惠路上，跨护渎河，长 29.84 米，宽 28 米，最大跨径 8 米
7	桥梁	蓄水桥	梁溪区	位于黄巷街道管理区域内，在沪宁铁路北面，坐落在广运路上，跨民丰河，长 20 米，宽 13 米，最大跨径 6 米
8	桥梁	唱晚桥	锡山区	位于东北塘街道兴塘居委会，在金瑚湾世家南面，坐落在渔韵路上，跨方巷浜，长 85 米，宽 15 米，最大跨径 25 米
9	桥梁	阙家桥	锡山区	位于云林街道管理区域内，在云林苑东侧，坐落在钱家庄路上，跨寺泾浜，长 20.2 米，宽 19.5 米，最大跨径 13 米
10	桥梁	盛家河桥	锡山区	位于厚桥街道嵩山村委会，在金城东路南面，坐落在飞凤路上，跨盛家河，长 33.04 米，宽 34.5 米，最大跨径 8 米
11	桥梁	庙浜河桥	锡山区	位于厚桥街道谢埭荡村委会，在厚谢路北面，坐落在新羊大道（规划延伸段）上，跨蒋家浜，长 16 米，宽 30 米，最大跨径 16 米
12	桥梁	西沿荡桥	锡山区	位于厚桥街道谢埭荡村委会，在厚谢路南面，坐落在新羊大道（规划延伸段）上，跨西沿荡，长 90 米，宽 30 米，最大跨径 16 米
13	桥梁	郑更上桥	锡山区	位于厚桥街道中东村委会，在西沿荡桥南面，坐落在新羊大道（规划延伸段）上，跨西沿荡，长 30 米，宽 30 米，最大跨径 10 米
14	桥梁	三新大桥	锡山区	位于鹅湖镇三新村委会，在锡张高速南面，坐落在飞凤路上，跨王家大桥河，长 126.1 米，宽 34.5 米，最大跨径 20 米
15	桥梁	延新桥	锡山区	位于鹅湖镇圆通村委会，在锡太路北面，坐落在新羊大道（规划延伸段）上，跨黄泥浜，长 13 米，宽 30 米，最大跨径 13 米
16	桥梁	越新桥	锡山区	位于鹅湖镇圆通村委会，在延新桥北面，坐落在新羊大道（规划延伸段）上，跨豪桥港，长 48 米，宽 30 米，最大跨径 16 米
17	桥梁	后村桥	惠山区	位于长安街道管理区域内，在惠莘路东面，在长乐苑北面，坐落在堰新东路上，跨塘南白荡，长 20 米，宽 34 米，最大跨径 20 米
18	桥梁	蠡春桥	滨湖区	位于蠡湖街道蠡溪居委会，在蠡溪路西面，坐落在蠡春路上，跨丁昌桥浜，长 34.04 米，宽 24 米，最大跨径 10 米
19	桥梁	建华桥	滨湖区 新吴区	位于滨湖区华庄街道和新吴区新安街道管理区域内，在景贤路南面，坐落在华谊路上，跨陆区桥河（规划新开河道），长 30 米，宽 34 米，最大跨径 10 米
20	桥梁	华甲里桥	滨湖区 新吴区	位于滨湖区华庄街道和新吴区新安街道管理区域内，在吴都路南面，坐落在华谊路上，跨夹绛上河（规划新开河道），长 20 米，宽 34 米，最大跨径 10 米

续表 70

序号	类别	标准地名	隶属辖区	地理位置
21	桥梁	种南桥	滨湖区 新吴区	位于滨湖区华庄街道和新吴区新安街道管理区域内，在华甲里桥南面，坐落在华谊路上，跨华甲里河（规划新开河道），长 33 米，宽 34 米，最大跨径 13 米
22	桥梁	船车浜桥	滨湖区 新吴区	位于滨湖区华庄街道和新吴区新安街道管理区域内，在和风路南面，坐落在华谊路上，跨和风路河（规划新开河道），长 16 米，宽 34 米，最大跨径 16 米
23	桥梁	袁家湾桥	滨湖区 新吴区	位于滨湖区华庄街道和新吴区新安街道管理区域内，在具区路北面，坐落在华谊路上，跨八士桥港（规划新开河道），长 33 米，宽 34 米，最大跨径 13 米
24	桥梁	双水车桥	滨湖区	位于雪浪街道石塘居委会，在澜岸铭邸东北侧，坐落在石塘路上，跨锡铁巷浜，长 18 米，宽 16 米，最大跨径 17 米
25	桥梁	张庄巷桥	滨湖区	位于雪浪街道石塘居委会，在双水车桥北面，坐落在石塘路上，跨张庄巷河，长 12 米，宽 8.5 米，最大跨径 10 米
26	桥梁	靳界桥	新吴区	位于梅村街道永新村委会，在新韵北路东面，坐落在锡贤路上，跨西仓浜，长 49.6 米，宽 31 米，最大跨径 16 米
27	桥梁	新元桥	新吴区	位于梅村街道东元自然村，在锡达路和群兴路之间，坐落在新洲路上，跨周泾河，长 38.04 米，宽 36.5 米，最大跨径 10 米
28	桥梁	马更上桥	新吴区	位于鸿山街道管理区域内，在锡东大道西面，坐落在锡贤路上，跨规划河道，长 47.88 米，宽 40 米，最大跨径 16 米
29	桥梁	张塘河大桥	新吴区	位于鸿山街道管理区域内，在鸿泰苑北面，坐落在飞凤路上，跨张塘河，长 576.02 米，宽 20 米，最大跨径 35 米
30	桥梁	鸿礼桥	新吴区	位于鸿山街道管理区域内，在鸿庆路东面，坐落在至礼路上，跨走马塘，长 54.89 米，宽 31 米，最大跨径 20 米
31	桥梁	至礼桥	新吴区	位于鸿山街道管理区域内，在至德大道西面，坐落在至礼路上，跨至德河，长 21.16 米，宽 34.5 米，最大跨径 13 米
32	桥梁	礼德桥	新吴区	位于鸿山街道管理区域内，在至礼路南面，坐落在至德大道上，跨至礼河，长 26.84 米，宽 49 米，最大跨径 20 米
33	桥梁	三让桥	新吴区	位于鸿山街道管理区域内，在鸿庆路东面，坐落在三让路上，跨走马塘，长 58.05 米，宽 24 米，最大跨径 20 米
34	立交桥	广运立交	梁溪区	位于黄巷街道管理区域内，在兴和路和兴昌北路之间，为广运路下穿沪宁铁路通道，长 165 米，宽 13 米
35	立交桥	厚鸿立交	锡山区	位于厚桥街道嵩山村委会，在联福路南面，为金城东路主线下穿飞凤路立交，下穿通道长 392 米，箱体宽 29.7 米
36	立交桥	厚南立交	锡山区 新吴区	位于锡山区厚桥街道、鹅湖镇和新吴区鸿山街道管理区域内，在京沪高速铁路西面，为飞凤路主线上跨锡张高速立交，长 744.68 米，宽 34.5 米，最大跨径 35 米
37	人行天桥	体育中心人行天桥	滨湖区	位于河埒街道和蠡湖街道管理区域内，在蠡湖大道西面，跨太湖西大道，北侧位于体育中心南大门西面，南侧位于震美路（规划名称）东面，长 67.5 米，宽 4 米，最大跨径 24.6 米
地名属性调整				
1	居民区（范围）	洋溪绿园	惠山区	位于钱桥街道管理区域内，东至静影路，南至洋溪路，西至藕中路，北至洛南西浜和规划道路
2	居民区（范围）	梅里花苑	新吴区	位于梅村街道管理区域内，东至梅西路、伯渎港支流和规划道路，南至梅育路，西至新洲路，北至梅苑路和伯渎港
3	居民区（范围）	鸿泰苑	新吴区	位于鸿山街道管理区域内，东至飞凤路，南至锡甘路，西至通锡高速（S19）和夏更上浜，北至纬三路（规划名称）和张塘河

续表 70

序号	类别	标准地名	隶属辖区	地理位置
4	道路（起止点）	广益路	梁溪区	位于广益街道、广瑞路街道和黄巷街道管理区域内，东至广安桥，西至东汀桥（与民丰路相连），长4600米，宽30～40米
5	道路（起止点）	光明路	梁溪区 新吴区	位于梁溪区南禅寺街道和新吴区江溪街道管理区域内，南至塘南路，向北折向西至羊腰湾路，长682米，宽6米
6	道路（起止点）	动力路	梁溪区	位于金匮街道管理区域内，在运河仁家南侧，东至兴源中路，西至通扬南路，长1435米，宽20米
7	道路（起止点）	通吴路	梁溪区	位于金匮街道管理区域内，在兴源中路西侧，南至滨水路，北至融府路，长815米，宽18米
8	道路（起止点）	通泊路	梁溪区	位于金匮街道管理区域内，在通吴路西侧，南至滨水路，北至融府路，长1350米，宽35米
9	道路（起止点）	钱皋路	梁溪区 惠山区	位于梁溪区山北街道、黄巷街道和惠山区洛社镇管辖区域内，南至惠钱路，北至广石西路，长4500米，宽30～40米
10	道路（起止点）	石澄路	梁溪区 惠山区	位于梁溪区黄巷街道和惠山区堰桥街道管理区域内，南至广石西路，北至天锦路（规划延伸段），长3000米，宽18～40米
11	道路（起止点）	蓉裕路	锡山区	位于东北塘街道管理区域内，南至芙蓉六路，北至锡港路东北塘东段，长2011米，宽20米
12	道路（起止点）	堰中路	惠山区	位于堰桥街道管理区域内，南至堰新路，北至长韵路，长1300米，宽8～18米
13	道路（起止点）	长韵路	惠山区	位于堰桥街道管理区域内，东至南北中心河，西至堰中路，长830米，宽11米
14	道路（起止点）	迎新路	惠山区	位于长安街道管理区域内，南至王家庄自然村，北至春晖路，长1546米，宽38米
15	道路（起止点）	堰新东路	惠山区	位于长安街道和堰桥街道管理区域内，东至石新路（规划延伸段），西至锡澄高速立交，长4312米，宽34米
16	道路（起止点）	雁归路	惠山区	位于长安街道管理区域内，南至政和大道，北至行业路，长277米，宽12米
17	道路（起止点）	和谐道	滨湖区	位于太湖街道管理区域内，在无锡市信访局西侧，南至和谐支路，北至观山路，长290米，宽14米
18	道路（起止点）	瑞景道	滨湖区	位于华庄街道和太湖街道管理区域内，在南湖大道东面，南至干城路，北至周新东路，长4386米，宽30米
19	道路（起止点）	兴梁道	滨湖区	位于华庄街道和太湖街道管理区域内，南至吴都路，北至周新东路，长3082米，宽25米
20	道路（起止点）	华谊路	滨湖区 新吴区	位于滨湖区华庄街道和新吴区新安街道管理区域内，南起干城路，北至高凯路，长7600米，宽34米
21	道路（起止点）	坊明路	新吴区	位于江溪街道管理区域内，南至泰山路，北至金城东路，长2260米，宽30米
22	道路（起止点）	锡贤路	新吴区	位于梅村街道和江溪街道管理区域内，东至锡东大道，西至团结南路，长7640米，宽24～40米
23	道路（起止点）	裕安路	新吴区	位于硕放街道管理区域内，东起东环路，西至走马塘（与长江东路连接），长5500米，宽38米
24	道路（起止点）	飞凤路	新吴区	位于鸿山街道和硕放街道管理区域内，北起金城东路，向南折向西至东环路（与裕安路对接），长14300米，宽40米

（韩科峰）

编辑　葛　红

说 明

该索引为综合性主题索引，包括正文部分 41 个类目和特载、专文、附录的内容。索引标目按汉语拼音字母顺序排列，同音字按声调顺序，同音同声者按第二字拼音字母顺序排列。标目后数字为页码，字母 a 为左栏，b 为中栏，c 为右栏。

D

E

F

G

H

J

K

L

M

N

O

P

Q

R

S

T

W

X

Y

Z